LES GRANDES ÉTAPES DE LA CIVILISATION FRANÇAISE

JEAN THORAVAL

*Professeur à la Faculté des Lettres
et Sciences humaines de Rennes.*

COLETTE PELLERIN

*Professeur de Première Supérieure
au Lycée Molière.*

MONIQUE LAMBERT

*Diplômée d'Études Supérieures
de Lettres.*

JEAN LE SOLLEUZ

Professeur au Lycée de Laval.

SOMMAIRE

PRÉFACE

Connaît-on un pays étranger lorsque, après quelques années d'études secondaires, on en a seulement appris la langue? On ne connaît pas davantage la peinture, lorsqu'on a seulement appris les lois des couleurs, ou la musique lorsqu'on s'est initié au solfège. L'âme d'un peuple est portée par une civilisation, une civilisation s'exprime dans une histoire, des techniques, une littérature, un art, une façon particulière de vivre la vie quotidienne.

Pour donner à nos lecteurs une connaissance plus complète de la France, nous avons entrepris de brosser un tableau de la civilisation française, telle qu'elle s'est modelée à travers les âges. Siècle par siècle, l'histoire, la vie quotidienne, les sciences et les techniques, les arts, la littérature, sont exposés dans leurs rapports mutuels et selon leur lien profond avec un même esprit. Nous avons fait une large place aux citations, pensant qu'il était vain de disserter sur un auteur littéraire sans donner quelques extraits de son œuvre, vain également d'exposer les préoccupations politiques, scientifiques, artistiques d'une époque, sans laisser les politiciens, les savants, les artistes nous confier eux-mêmes leur idéal, leurs difficultés, leurs espoirs.

On ne saurait dissocier les œuvres littéraires du contexte de civilisation au sein duquel elles sont nées, aussi avons-nous fait un bref rappel des faits historiques importants, des découvertes scientifiques notoires, des talents artistiques qui se sont imposés à la même époque. En effet, ces différents aspects de la civilisation sont en réalité inséparables. L'équilibre souverain du classicisme ne pouvait s'épanouir que dans le cadre d'une société fortement hiérarchisée, harmonieusement ordonnée, dans un climat de compréhension mutuelle entre les auteurs et leur public. Avant de s'imposer en littérature dans la seconde moitié du XIXe siècle, le réalisme s'est affirmé avec Courbet dans le domaine de la peinture. Au XXe siècle, l'avènement du surréalisme, conjointement dans le domaine de la littérature et de l'art, s'inscrit dans le cadre philosophique d'une exploration de l'inconscient. Bref, tous ces aspects de la civilisation s'interpénètrent et s'éclairent l'un l'autre. Etablir entre eux des cloisons fausserait la vérité.

Au reste, il ne suffit pas de constater cette interdépendance. Il convient d'en rendre compte par une juste perspective de l'ensemble. Pour situer les œuvres littéraires à leur vraie place, il faut montrer leur progression de front et comme au coude-à-coude avec les grands faits de la civilisation. C'est dans cet esprit qu'a été conçu le plan de notre ouvrage.

Chaque chapitre est illustré par des textes abondants où s'exprime le témoignage des contemporains. Significatifs et émouvants, ces messages nous offrent en même temps que le climat d'une époque le reflet d'une sensibilité. Sur les pas d'un héros de Flaubert, nous errons en 1848 à travers les rues de Paris, parmi les remous d'une foule bigarrée qui, presque sans s'en rendre compte, est en train de faire une révolution. Sous la plume de Roger Martin du Gard, le récit de l'assassinat de Jaurès, à la veille de la guerre de 1914, unit l'exactitude objective à une puissance pathétique presque insoutenable. D'autres textes, empruntés à des hommes d'action, à des artistes, à des techniciens, ne se trouvent pas dépaysés en cette brillante compagnie. Pour ne donner que quelques exemples, le peintre Delacroix, le sculpteur Rodin, le céramiste Bernard Palissy, l'ingénieur Vauban, Ambroise Paré, ce barbier qui fut un des précurseurs de la chirurgie moderne, se révèlent d'emblée des écrivains de race. Certains enfin parmi les grands talents dont s'honore la littérature française apparaîtront sous un jour différent de celui sous lequel les a fixés la postérité. Ainsi, le compte rendu des débats parlementaires au cours desquels Victor Hugo s'oppose à la dictature naissante de Napoléon III, nous le fait saisir sur le vif, dans le jeu des discussions qui s'engagent et des ripostes qui s'affrontent, virtuose de la réplique qui porte, de la formule qui frappe, tour à tour cinglant, ironique, pathétique, écrasant.

On voit aisément la contribution élargie que peuvent apporter à l'étude de la langue ces perspectives diverses et les textes qu'elles encadrent. D'ordinaire, les textes littéraires ont l'inconvénient de maintenir à l'écart les langues techniques et le langage courant. Le vocabulaire des métiers et des arts, celui de la vie de chaque jour se trouvent ici remis à l'honneur dans leurs propres cadres.

Souhaitons que ce panorama de la France, de son évolution depuis son plus lointain passé jusqu'à nos jours, facilite la tâche du lecteur pour qui la connaissance de la langue et de la littérature d'un pays doit être un moyen d'accès vers l'âme d'un peuple saisie à travers ses goûts, ses aspirations, le champ multiple de ses activités et les vicissitudes de son histoire.

I

LES ORIGINES DE LA FRANCE

La France n'est pas seulement une patrie territoriale, elle est aussi une patrie linguistique et culturelle qui appartient au domaine de la civilisation occidentale.

Elle est constituée par un isthme (1) dans la partie la plus occidentale de l'Europe, dont elle occupe une des zones les plus tempérées, favorisant toutes les activités humaines. La disposition de son relief offre une grande diversité : plaines de l'Ouest largement ouvertes aux influences océaniques, massifs anciens, parmi lesquels le bastion du Massif central surmonté de volcans, chaînes alpines dominées par le mont Blanc, le plus haut sommet d'Europe.

Les nuances infinies du climat permettent des ressources plus variées que celles des pays voisins : plaines atlantiques favorables aux cultures et aux herbages, régions montagnardes propres à la vie pastorale, enfin monde méditerranéen où croissent la vigne et l'olivier.

Située à la rencontre des grands axes européens de communications, accessible par la terre comme par la mer, elle fut de tous temps un carrefour de races et de civilisations. Chaque fouille révèle davantage l'importance de peuplements préhistoriques ; l'invasion celte, les empreintes grecque et romaine, l'installation massive des Germains ont tour à tour marqué son histoire ; des envahisseurs, des conquérants, des marchands ont pénétré son territoire.

LES INFLUENCES PRÉHISTORIQUES

1º Le paléolithique   Durant cette période, la vie des hommes a subi l'influence considérable des extensions glaciaires de l'hémisphère nord ; l'homme est alors tributaire de la faune qui l'entoure puisqu'il vit de la pêche et de la chasse.

Le plus ancien site préhistorique connu en France est celui de Montmaurin, dans la Haute-Garonne, gîte du Pithécanthrope d'Europe, souche possible des Néanderthaliens (2) d'Afrique et d'Asie.

Le sud-ouest de la France est particulièrement riche en témoignages d'activités humaines aux périodes interglaciaires : qu'il suffise de citer les découvertes archéologiques de La Chapelle-aux-Saints, de Moustier, de La Chaise en Charente. L'étude

---

(1) Réunissant l'Espagne et le Portugal au reste de l'Europe. — (2) Nom donné à l'une des plus anciennes races humaines, dont les restes ont été trouvés d'abord dans le Néanderthal, vallée de la Prusse rhénane.

scientifique des squelettes et du lieu de leur découverte indique la station verticale de l'homme, la pratique de l'inhumation des morts (dévoilant par là une forme primitive de sentiments religieux) et l'existence d'une première ébauche d'industrie : la corne, l'ivoire, l'os commencent à être utilisés pour la fabrication de couteaux, de grattoirs, d'aiguilles, etc. La faune de cette région comporte notamment des mammouths et des ours.

Un art véritable apparaît enfin. Ses premières manifestations remontent à l'âge du renne. Faut-il évoquer le « choc » que donne une visite à la grotte de Lascaux ou à la grotte de Niaux dans l'Ariège? Nous sommes saisis par la maîtrise d'une technique et d'un art qui savent encore nous donner une étonnante impression de vie : dans une matière ocre et noire, la peinture fait apparaître des mufles de taureaux, des courses de chevaux sauvages, des animaux percés de traits dont on pense qu'ils avaient peut-être une fonction magique, des personnages masqués qui sont probablement des sorciers ou des chefs.

Georges Bataille, dans *Lascaux ou la Naissance de l'Art* (Ed. Skira), nous dévoile les techniques de la peinture préhistorique.

Il est déconcertant d'apercevoir la perfection et la richesse de moyens que l'art de peindre atteignit dès les premiers temps...

Les matières colorantes étaient employées telles que les gisements les fournissaient, broyées et délayées dans l'eau ou dans une matière grasse. Tout d'abord les doigts furent les outils qui servirent à l'application de la peinture. Par la suite de nombreux moyens furent utilisés, tampon de matière végétale, touffes de poils, bâtons mâchés. En outre, les hommes de l'Age du renne, en particulier à Lascaux, ont certainement utilisé un procédé qu'emploient les Australiens de nos jours, qui consiste à introduire une poudre dans un tube creux et à souffler. C'est ainsi que l'on procéda pour obtenir les mains au patron qui, pour l'ensemble des grottes, sont assez nombreuses : on appliquait la main sur la paroi et l'on soufflait tout autour. A Lascaux l'usage de ce procédé était généralisé pour les teintes plates, en particulier pour les crinières des chevaux, dont la limite n'est pas nette.

2º Le néolithique

A l'âge néolithique les hommes deviennent sédentaires parce qu'ils s'adonnent à l'agriculture et à l'élevage, domestiquant le chien, le bœuf, le mouton.

De la fin de cette époque datent les monuments mégalithiques (1). Ils abondent dans tout l'Ouest et le Nord-Ouest : menhirs et dolmens (2), recouverts de terre, étaient, pense-t-on, des tombeaux-monuments; faits d'énormes pierres, leur érection a exigé la coordination des efforts d'un grand nombre d'individus.

Comme l'Europe Centrale, l'ouest a profité des contacts avec les Egéens (3). D'autre part, la révolution urbaine de l'Orient a permis la formation d'artisans spécialisés, dont les techniques ont été introduites par des marchands.

3º L'âge des métaux

A partir de l'an 1000 av. J.-C., l'industrie locale du bronze, jusqu'alors peu développée, progresse rapidement. Les artisans profitent des techniques orientales et les améliorent.

C'est ainsi qu'en France, la Préhistoire nous révèle un passé riche de créations humaines dans les domaines les plus variés. Le milieu physique et climatique exigeait un travail plus patient, des efforts plus âpres que dans le milieu méditerranéen, lorsqu'il fallait se défendre contre la nature, organiser les cultures, veiller aux conditions d'habitat.

---

(1) Monuments préhistoriques formés de gros blocs de pierre. — (2) Menhir : mot breton voulant dire « pierre levée ». Dolmen : mot de la même origine, signifiant « table de pierre ». — (3) Civilisations pré-helléniques, qui se sont développées dans les îles de la mer Egée et dans le Péloponnèse, vers l'an 2000 av. J.-C.

LA GAULE

La Gaule indépendante Les Gaulois sont surtout connus par les fouilles archéologiques et quelques textes de César, Strabon, Diodore de Sicile et Tacite.

Les Celtes, premiers habitants historiquement connus de la Gaule, sont des envahisseurs venus d'Europe Centrale. Leurs types physiques sont variés. Ils ne forment pas une nation, mais se divisent en une soixantaine de peuples, dominés par les nobles, possesseurs de terres et de troupeaux, comme les Parisii qui donneront à la capitale son nom.

Ils ont entre eux le lien de la langue (1); leur littérature se réduit presque exclusivement à la poésie, transmise oralement par les bardes. Les inscriptions en langue celtique sont rares : les Gaulois adopteront par la suite les caractères grecs. Ils sont aussi unis par le lien religieux : leurs prêtres, les druides, forment une communauté; en même temps qu'ils exercent leur sacerdoce, ils sont éducateurs des jeunes nobles; juges, ils servent d'arbitres entre les peuples.

La société gauloise est dominée par deux classes : celle des chevaliers et celle des druides. Nous tenons ces renseignements de César qui consacre aux druides deux chapitres de la *Guerre des Gaules*.

Les druides s'abstiennent habituellement d'aller à la guerre et ne paient pas d'impôt comme les autres : ils sont dispensés du service militaire et exempts de toute charge. Attirés par de si grands avantages, beaucoup viennent spontanément suivre leurs leçons, beaucoup sont envoyés par les familles. On dit qu'auprès d'eux ils apprennent par cœur un nombre considérable de vers. Aussi plus d'un reste-t-il vingt ans à l'école. Ils estiment que la religion ne permet pas de confier à l'écriture la matière de leur enseignement, alors que pour tout le reste en général, pour les comptes publics et privés, ils se servent de l'alphabet grec. Ils me paraissent avoir établi cet usage pour deux raisons, parce qu'ils ne veulent pas que leur doctrine soit divulguée, ni que, d'autre part, leurs élèves, se fiant à l'écri-ture, négligent leur mémoire; car c'est une chose courante : quand on est aidé par des textes écrits, on s'applique moins à retenir par cœur et on laisse se rouiller sa mémoire.

Le point essentiel de leur enseignement, c'est que les âmes ne périssent pas, mais qu'après la mort elles passent d'un corps dans un autre; ils pensent que cette croyance est le meilleur stimulant du courage, parce qu'on n'a plus peur de la mort. En outre, ils se livrent à de nombreuses spéculations sur les astres et leurs mouvements, sur les dimensions du monde et celles de la terre, sur la nature des choses, sur la puissance des dieux et leurs attributions, et ils transmettent ces doctrines à la jeunesse. (VI, 14).

Trad. L.-A. Constans.
(Ed. *Les Belles Lettres*.)

La vitalité de la Gaule indépendante se manifeste dans un art expressif d'un fond populaire authentique. Les objets d'or et de bronze trouvés dans la tombe de la princesse de Vix, à Châtillon-sur-Seine, attestent des relations avec les Étrusques et les Grecs. Le goût des Gaulois pour la parure et les bijoux se révèle dans les « torques », colliers de métal richement ornés; leur technique nous apparaît dans leurs charrues à roues et leurs moissonneuses qui ont émerveillé les Romains; l'usage s'en perdra et il faudra attendre le XIXe siècle pour qu'une nouvelle moissonneuse soit inventée.

La Gaule est aussi ouverte aux courants commerciaux et aux influences étrangères, en particulier à celles des Grecs et des Etrusques. Les contacts s'établissent par Marseille, comme l'attestent l'oppidum (2) d'Ensérune dans l'Hérault, et la découverte qu'on y fit d'un cratère (3) attique.

Les fouilles de Roquepertuse et d'Entremont, en Provence, ont révélé l'existence d'une école de sculpture qui nous laisse les images de dieux à l'allure hiératique.

---

(1) Langue indo-européenne, comme le latin. — (2) Ville fortifiée. — (3) Vase antique à large ouverture.

Elles offrent des témoignages de la religion des « têtes coupées », née de la conviction que le crâne conserve l'âme du mort : on voit encore des niches murales où s'encastraient les crânes des ancêtres ou des ennemis vaincus.

En revanche, les Gaulois n'ont pas de villes; leur architecture n'utilise pas de matériaux durs, si l'on excepte la construction de l' « oppidum » que protègent des remparts de poutres et de pierres, ce « murus gallicus » décrit avec minutie par César.

La civilisation gauloise est vigoureuse, originale par son individualisme, son sens pratique, ses trouvailles ingénieuses.

La conquête romaine Appelés par Marseille leur alliée, les Romains occupent la Gaule méridionale où ils fondent Aix et Narbonne. Cette province, la Narbonnaise, créée en 120 av. J.-C., établit des Alpes aux Pyrénées la liaison de l'Italie du nord ou Gaule Cisalpine avec l'Espagne, où sont créées des colonies romaines. Quelques années plus tard, deux peuples germains, les Cimbres et les Teutons, ravagent la Narbonnaise. Ils sont exterminés séparément en 102 et 101 par Marius. Désormais, la Gaule redoutera une nouvelle invasion des peuples germains qui ont pris la place des Celtes à l'est du Rhin. Quelques années plus tard, les Suèves, commandés par Arioviste, pénètrent en Gaule au moment où César arrive en Narbonnaise comme proconsul. Appelé par les Éduens, César contraint Arioviste à repasser le Rhin, et ses légions restent en Gaule; il obtient la soumission des peuplades belges en 57, celle des Aquitains et des peuples de l'Ouest en 56. Cette soumission est suivie d'une insurrection organisée par le jeune noble arverne Vercingétorix, qui impose à ses 80 000 soldats une discipline inconnue jusqu'alors des Gaulois.

Dans la *Guerre des Gaules* (VII, 4), César nous a laissé de Vercingétorix un portrait étonnant où la fougue passionnée de la jeunesse s'allie à l'impitoyable autorité de l'homme de guerre.

Vercingétorix, fils de Celtillos, Arverne, jeune homme qui était parmi les plus puissants du pays, dont le père avait eu l'empire de la Gaule et avait été tué par ses compatriotes parce qu'il aspirait à la royauté, convoqua ses clients et n'eut pas de peine à les enflammer. Quand on connaît son dessein, on court aux armes. Gobannitio, son oncle, et les autres chefs, qui n'étaient pas d'avis de tenter la chance de cette entreprise, l'empêchent d'agir; on le chasse de Gergovie. Pourtant, il ne renonce point, et il enrôle dans la campagne des miséreux et des gens sans aveu. Après avoir réuni cette troupe, il convertit à sa cause tous ceux de ses compatriotes qu'il rencontre; il les exhorte à prendre les armes pour la liberté de la Gaule; il rassemble de grandes forces, et chasse ses adversaires qui, peu de jours avant, l'avaient chassé lui-même. Ses partisans le proclament roi. Il envoie des ambassades à tous les peuples : il les supplie de rester fidèles à la parole jurée. Il ne lui faut pas longtemps pour avoir à ses côtés les Sénons, les Parisii, les Pictons, les Cadurques, les Turons, les Aulerques, les Lémovices, les Andes et tous les autres peuples qui touchent à l'Océan. A l'unanimité, on lui confère le commandement suprême. Investi de ces pouvoirs, il exige de tous ces peuples des otages, il ordonne qu'un nombre déterminé de soldats lui soit amené sans délai, il fixe quelle quantité d'armes chaque cité doit fabriquer, et avant quelle date; il donne un soin particulier à la cavalerie. A la plus grande activité il joint une sévérité extrême dans l'exercice du commandement; la rigueur des châtiments rallie ceux qui hésitent. Pour une faute grave, c'est la mort par le feu ou par toutes sortes de supplices; pour une faute légère, il fait couper les oreilles au coupable ou lui crever un œil, et il le renvoie chez lui, afin qu'il serve d'exemple et que la sévérité du châtiment subi frappe les autres de terreur.

Trad. L.-A. CONSTANS.
(Éd. *Les Belles Lettres*.)

César subit un échec devant Gergovie en Auvergne mais une imprudente chevauchée force le chef arverne à s'enfermer dans l'oppidum d'Alésia où il est bloqué par de formidables retranchements romains. Vercingétorix se livre au vainqueur en 52 : la Gaule entière devient province romaine.

La Gaule romaine La romanisation, faite à partir de la Narbonnaise, n'a rencontré qu'une résistance sporadique. L'Empire, débordé par sa conquête, n'a pas exercé de contrainte ni d'occupation pénible mais plutôt un protectorat. Très vite, le goût des Gaulois pour la guerre les conduira à s'enrôler dans l'armée romaine. Ils montent la garde sur le Rhin, perçoivent de hautes soldes et, revenus chez eux, sont fiers de leurs états de service : les épitaphes des monuments funéraires prouvent que la Gaule a fourni à Rome non seulement des soldats mais des généraux, comme Afranius Burrus de Vaison (1) au temps de Néron.

Le prestige et la souplesse de l'empereur Auguste ont fait beaucoup pour gagner l'adhésion gauloise à Rome. Il délègue en Gaule son beau-fils Drusus qui fonde à Lyon en 12 av. J.-C. l'autel de Rome et d'Auguste. La religion impériale scelle l'unité des populations et exalte leur loyalisme, et son culte est confié aux Gaulois eux-mêmes. Chaque année à Lyon, un grand conseil formé des délégués de tous les peuples se réunit : les fêtes religieuses et profanes permettent un « coude à coude » fructueux. L'œuvre d'Auguste en Gaule est marquée par la construction de deux très beaux temples : celui de Nîmes dédié à ses petits-fils Caius et Lucius César et celui de Vienne (Isère). Les successeurs d'Auguste, et tout particulièrement Tibère et Claude, ont été ses continuateurs; Claude devait prononcer un discours au Sénat romain en 48 pour y faire admettre des représentants de l'aristocratie gauloise, discours inscrit sur les tables de bronze découvertes à Lyon; enfin ce sera l'empereur Caracalla né à Lyon, appelée alors Lugdunum, qui en 212 donnera le droit de cité romaine à tous les hommes libres de l'Empire.

LES APPORTS DE ROME EN GAULE

La langue Le latin établit une solution de continuité entre le celtique et le français et beaucoup de vieux vocables se latinisent : arpennis donne arpent; leuca : lieue; alauda : alouette.

Le latin s'implante rapidement et élimine la langue celtique; il est un instrument très efficace d'unité, sa diffusion est favorisée par les techniques nouvelles, par l'organisation administrative, par le brassage démographique, par le rayonnement d'écoles de rhétorique comme celle d'Autun et celle de Bordeaux connue par Ausone, écrivain du IVe siècle : « Je chéris Bordeaux, j'adore Rome. » A la connaissance du latin s'ajoute souvent, dans l'aristocratie, celle du grec. La culture gréco-latine se transmettra à l'Occident en grande partie par les Gaulois.

La civilisation urbaine Sous l'influence romaine, la Gaule se couvre de villes grandioses, ce qui représente pour les Gaulois ruraux une révolution sociale. La construction de marchés (forums), de bâtiments administratifs, de routes, a contribué à forger l'unité des populations gauloises naguère éparpillées par la vie rurale : l'unification du peuple gaulois s'est faite par la modernisation rapide et rationnelle du territoire sous une même autorité puissante; l'architecture a été un instrument d'assimilation. Qu'il suffise de citer les vestiges imposants de Nîmes, d'Orange et d'Arles avec leurs grands entrepôts souterrains ou cryptoportiques (2), les ensembles de Vaison et de Glanum. Un urbanisme aussi puissant suppose un ravitaillement en eau rendu possible par la construction d'aqueducs géants, tel le Pont du Gard, de châteaux d'eau, de réservoirs, etc. Et dans les villes, même de moyenne importance, les thermes et les bains publics sont nombreux.

---

(1) Vaison-la-Romaine, où subsistent des monuments importants de cette époque. — (2) Portiques souterrains.

Dans ces villes, Rome implante une administration municipale confiée à l'aristocratie. Les artisans se groupent en corporations. « Ce que Rome développa le plus dans le pays, ce fut la vie municipale et la vie en corporations : et l'une et l'autre étaient imprégnées de pratiques italiennes. Ce que Rome y laissa du passé ce fut la puissance de l'aristocratie ! » (C. Jullian.)

L'équipement du territoire

La liaison entre les cités, le commerce du pays sont rendus possibles par la construction de chaussées qui sillonnent toute la Gaule avec les distances indiquées tantôt en milles, tantôt en lieues, avec relais, gîtes d'étapes et tavernes. Par voie de mer, le trafic commercial le plus important se fait à partir d'Arles, port bien aménagé.

L'art gaulois et gallo-romain

Le perfectionnement des techniques ne conduit pas seulement à une virtuosité, mais à un art véritable.

Apport original, les lignes courbes employées en orfèvrerie se retrouveront chez les artistes mérovingiens. Ce géométrisme curviligne trouvera son épanouissement dans les chapiteaux romans et les enluminures gothiques. Les artisans gaulois savent représenter les animaux et les hommes : la sculpture sur pierre existe avant l'arrivée des Romains dans le Midi rhodanien; en particulier, la sculpture en bas-relief ou en ronde-bosse (1), comme dans le sanctuaire de Roquepertuse et sur l'oppidum d'Entremont.

L'occupation romaine provoque un foisonnement d'œuvres classiques dont beaucoup sont dues non pas à des sculpteurs italiens, mais à des artistes locaux; la plupart de ces statues ne sont pas académiques, mais libérées de tout conformisme *(Hercule* du Musée archéologique de Dijon). Dans l'art funéraire, le réalisme triomphe avec l'évocation de scènes familières, de marchands, de comptables; c'est un art vivant, fantaisiste, anecdotique, que l'on retrouvera à l'époque romane. Certains visages sont si expressifs qu'ils traduisent la profondeur d'une vie intérieure comme cette tête de jeune femme qu'on a appelée *la Mélancolie.*

Il a été prouvé d'autre part que les influences romaines ne sont pas les seules à s'exercer sur l'art gaulois : à la fin du Ier siècle ap. J.-C., les Gaulois eurent des contacts directs avec la Grèce et utilisèrent la technique et le style hellénistiques; l'effet de cette influence est bien illustré par la *Minerve* de Poitiers.

Peintures et mosaïques abondent dans les riches demeures et les monuments publics. Les peintures à la fresque sont le plus souvent très détériorées; on peut citer comme l'une des plus intéressantes et des mieux conservées celle de *Vénus dans l'onde* dans une petite chapelle du village de Langon, près de Redon en Bretagne.

L'art de la mosaïque ne diffère guère en Gaule de celui d'Italie : le plus souvent, comme à la basilique de Grand dans les Vosges, les sujets sont mythologiques.

Dans l'ensemble, cet art est une sorte de synthèse de la verve et du réalisme gaulois et de l'art et de la technique antiques.

La vie gallo-romaine

L'estimation de la population des villes est très variable. Les plus peuplées : Arles, Narbonne, Nîmes, Autun, possèdent d'immenses amphithéâtres; les Gaulois ont un goût très vif pour les jeux du cirque.

---

(1) Sculpture aux reliefs plus accentués que le bas-relief.

Dans les campagnes, les terres défrichées, amendées, soumises à des labours profonds, produisent blé, légumes et fruits ; l'élevage est varié, le vignoble étendu. Ausone (1) vante entre autres choses les vins du Bordelais et les huîtres de la côte charentaise.

Lorsque les invasions ont menacé la Gaule, les *villas* ou domaines campagnards se sont développés tandis que les villes se sont repliées derrière des remparts. C'est la *villa*, noyau de la vie campagnarde, qui a été à l'origine des villages et des paroisses françaises.

Les épitaphes des tombeaux révèlent souvent la profondeur de la vie familiale : amour des enfants, des époux. Les portraits qui y sont représentés sont réalistes et expressifs.

En ce qui concerne les métiers, le travail du bois est très développé : il existe des équipes de bûcherons et de charpentiers. L'industrie du fer est également importante, comme en témoignent de nombreuses statues représentant des fondeurs et des forgerons. Le travail de l'or et de l'argent existe aussi. Enfin certains ateliers de céramique atteignent une production industrielle, en particulier la curieuse fabrication des santons (2) qui existe toujours dans le midi de la France.

LE CHRISTIANISME EN GAULE

Les Gaulois ont adopté la plupart des dieux romains, tout en gardant le culte des anciennes divinités celtiques comme Taranis et les déesses-mères. A la fin de l'Empire, la pénétration du culte de Cybèle (3) et son succès traduisent aussi une inquiétude spirituelle qui ouvre la voie au christianisme : aux IIe et IIIe siècles, cette religion universelle, fondée sur la primauté de la Foi, la valeur de la Justice et de la Charité et la valeur de la Personne, pénètre d'abord dans les villes. Un seul texte parle des persécutions, celui qui concerne les martyrs de Lyon en 177. Il s'agit d'une lettre adressée par la communauté prêtresse de Lyon aux églises d'Asie et relatant le martyre de l'évêque Pothin, et celui de l'esclave Blandine.

« Petite, fébrile, méprisée mais revêtue de la force du Christ... toute à la joie et à l'allégresse du prochain départ, on eût dit qu'elle était invitée à un repas de noces et non jetée aux bêtes... Les païens reconnaissaient que jamais femme n'avait subi de si cruels et de si nombreux tourments... »

A partir de 313, après l'Édit de Milan, Constantin, empereur de l'Occident et Licinius, empereur de l'Orient (4), opèrent un rapprochement avec les chrétiens.

... Lorsque moi, Constantin Auguste, et moi, Licinius Auguste, nous sommes venus sous d'heureux auspices à Milan et que nous y recherchions tout ce qui importait à l'avantage et au bien publics..., nous avons décidé en premier lieu et avant tout, de donner des ordres de manière à assurer le respect et l'honneur de la divinité, c'est-à-dire que nous avons décidé d'accorder aux chrétiens et à tous les autres le libre choix de suivre la religion qu'ils voudraient, de telle sorte que ce qu'il peut y avoir de divinité et de pouvoir céleste puisse nous être bienveillant, à nous et à tous ceux qui vivent sous notre autorité.

Ainsi donc, dans un dessein salutaire et tout à fait droit, nous avons décidé que notre volonté est qu'il ne faut refuser absolument à personne la liberté de suivre... la religion des chrétiens...

Cité par EUSÈBE DE CÉSARÉE,
Histoire ecclésiastique, X.
Trad. G. BARDY.
Sources chrétiennes. (Éd. du Cerf.)

(1) Poète bordelais du IVe siècle : « O ma patrie, illustre par tes vins, tes fleuves et tes hommes... ! » chantait-il à Bordeaux. — (2) Petits sujets d'argile coloriée, dont on orne les crèches de Noël en Provence. — (3) Déesse de la terre. — (4) Dioclétien (284-305) avait institué le système de la tétrarchie (ou des quatre empereurs) pour gouverner l'Empire. Deux Augustes — assistés de deux Césars — administraient l'un l'Orient, avec Nicomédie pour capitale, l'autre l'Occident, avec Milan pour capitale. Le système fut très éphémère.

Le début du monachisme et de l'évangélisation des campagnes au IVe siècle

Martin, ancien officier de la garde impériale né en Pannonie, s'installe à Ligugé près de Poitiers où il vit en ermite. Son exemple est contagieux. En 371, il devient évêque de Tours et s'établit à 3 kilomètres de la ville sur les bords de la Loire à Marmoutier où il fonde un monastère. L'élan est donné et le mouvement monastique s'étendra bientôt à toute la Gaule.

Saint Martin de Tours eut le souci d'évangéliser les campagnes, comme en témoigne cet écrit de Sulpice Sévère, son disciple :

« Dans les régions où le nom du Christ avait à peine pénétré, son apostolat et son exemple l'ont tellement propagé qu'il reste bien peu d'endroits qui ne soient couverts d'églises et de monastères. »

Les structures ecclésiastiques

L'union de l'Église et de l'État, reconnue officiellement par l'empereur Théodose, favorise la formation des structures ecclésiastiques. La cellule essentielle est l'évêché qui se limite à une cité. Contre 50 environ au temps de l'empereur Constantin au début du Ve siècle, on en compte alors 114 qui coïncident avec les 114 cités gallo-romaines du Bas-Empire. De plus, à la campagne, certains propriétaires gallo-romains installent sur leurs domaines des chapelles, qui seront les noyaux des futures paroisses. Peu à peu, une organisation provinciale s'établit, la désignation des évêques se fait par le clergé et par le peuple, l'épiscopat gaulois reconnaît l'autorité pontificale romaine.

L'Église a, dans l'ensemble, calqué ses institutions sur celles de l'Empire. Après les invasions, ce sera grâce à l'Église et à travers le christianisme que l'héritage de l'Antiquité parviendra à l'Occident.

LES INVASIONS

La fin de l'Empire d'Occident

En 395, pour assurer plus efficacement la défense de l'Empire que son immense étendue rend très vulnérable, l'empereur Théodose le divise en deux. L'Empire d'Orient et l'Empire d'Occident, devenus autonomes, vont connaître un destin très différent. En effet, les empereurs d'Orient résisteront aux invasions et leur Empire subsistera dix siècles encore jusqu'à la prise de Constantinople par les Turcs en 1453 ; au contraire, l'Empire d'Occident est submergé au Ve siècle par les envahisseurs et son dernier empereur disparaît en 476 : c'est la fin du monde antique. Alors commence le Moyen Age qui durera dix siècles et verra la naissance des nations de l'Europe occidentale.

La marche des peuples germains vers le Rhin et le Danube, frontières de l'Empire, est un phénomène très ample qui s'étale sur plusieurs siècles. Au début, il s'est agi, le plus souvent, d'une infiltration lente de petits groupes pénétrant dans l'Empire plus en solliciteurs qu'en conquérants. Ils acceptent de cultiver le sol comme colons et s'enrôlent comme soldats fédérés, défenseurs de l'Empire, jusqu'à la fin du IVe siècle : la grande poussée « barbare » est donc contenue. Mais à partir du Ve siècle, sous la pression exercée par les Huns, hordes asiatiques, les Germains entrent en force. C'est une terrible ruée qui crève le « limes » : la frontière, et permet l'invasion ; aucune région de Gaule n'est totalement épargnée. Francs saliens, Wisigoths et Burgondes prêtent main-forte au général romain Actius pour défendre la Gaule contre les Huns qui sont repoussés.

TÊTE EN IVOIRE, DITE
LA DAME DE BRASSEMPOUY
(Landes).
Une maîtrise des formes et un
souci de stylisation étonnamment
modernes.

Cl. Jean Vertut.

Musée de Saint-Germain.

APPLIQUE DE BRONZE DITE
LE GAULOIS MORT
Cette applique fut trouvée à Alésia. Le personnage
ne porte que les braies, le pantalon gaulois.

Cl. Archives photographiques.

**PIÈCE GALLO-ROMAINE
REPRÉSENTANT
VERCINGÉTORIX**
La technique et l'art du mon-
nayage attestent la profonde
originalité du génie créateur
gaulois.

**DÉESSE ATHÉNA DITE
MINERVE DE POITIERS.**
L'influence de l'art grec se fait
sentir en Gaule dès la fin du
premier siècle après J.-C.

La coexistence des barbares Toute la Gaule se couvre cependant de royaumes
et des Gallo-romains barbares : Wisigoths en Aquitaine, Burgondes à
l'Est, Francs au Nord. Les barbares sont peu nombreux (60 000 environ pour les Burgondes, 5 à 6 000 pour les Francs) et leurs chefs sont relativement modérés dans leurs exigences. Aussi ne s'adjugent-ils en général que le tiers des terres. Mais la cohabitation est pénible et les pillages fréquents.

« Ma maison était pleine d'agréments, écrit un Romain d'Aquitaine, Paulin de Pella, la table était élégamment servie, le mobilier brillant, les écuries bien garnies, les carrosses commodes. Une troupe de Goths ne se fit pas faute de la piller. »

Que dire des plaintes de Sidoine Apollinaire (430-489), futur évêque de Clermont, contraint d'héberger les Burgondes? Il écrit à l'un de ses amis : « Chanter en vers... quand je vis au milieu des hordes chevelues, assourdi par les sons de la langue germanique, obligé d'avoir l'air de louer quelquefois ce que chante, quand il est bien repu, le Burgonde aux cheveux graissés d'un beurre rance. »

Deux sociétés coexistent donc, l'une de civilisation urbaine, l'autre germanique, formée de tribus dirigées par des 'nobles qui élisent leurs rois, plus chefs de bandes que souverains. Cette coexistence contraint d'adopter le système de la « Personnalité des lois » : chacun est jugé selon les lois de son peuple : un Romain selon le droit romain, un Burgonde par la loi burgonde, un Franc par la loi franque. Pour les Germains, la loi, c'est la coutume orale (1) qui témoigne de la rudesse des mœurs avec l'emploi du duel judiciaire, combat ordonné par les juges entre l'accusateur et l'accusé, où le vaincu était considéré et traité comme coupable. Un trait original des coutumes germaniques est la possibilité de racheter un méfait en versant à la victime ou à sa famille une somme d'argent à titre de compensation : le Wergeld.

Pour le meurtre d'un homme de 20 à 50 ans, 300 sous d'or; de 50 à 65 ans, 200 sous; de plus de 65 ans, 100 sous... Pour le meurtre d'un enfant mâle de 14 ans, 140 sous; de 13 ans, 130 sous...; de 1 an, 60 sous. *Loi wisigothique.*	Si quelqu'un arrache à autrui une main, un pied, un œil, le nez, 100 sous. Mais si la main continue à pendre, 63 sous. Si quelqu'un arrache à autrui un pouce de la main ou du pied, 50 sous, mais s'il reste pendant, 30 sous. *Loi salique.*

Mais l'obstacle le plus sérieux entre les deux sociétés paraît être la question religieuse. A l'exception des Francs, qui sont demeurés païens, les « barbares » ont adopté l'arianisme, doctrine hérétique prêchée au début du IVe siècle par le prêtre égyptien Arius (2). Aussi Wisigoths et Burgondes sont-ils considérés par les évêques gallo-romains, tout-puissants dans leur cité, comme des hérétiques et ces évêques entretiennent contre eux la résistance des populations fidèles au catholicisme. C'est l'attitude de Sidoine Apollinaire : « S'il faut combattre, endurer la famine, c'est avec plaisir. C'est votre lâcheté qui a imaginé les clauses de la paix avec le Barbare. »

La chute de l'Empire d'Occident qui faisait disparaître la domination romaine en Gaule n'a pas été, comme certains contemporains l'ont pensé, la fin du monde mais la fin d'un monde. Une assimilation, une lente fusion se produiront peu à peu. Le siège du pouvoir en Gaule est Toulouse pour les Wisigoths et Lyon pour les Burgondes, mais bientôt une nouvelle domination barbare va supplanter les autres : celle des Francs. Un monde nouveau est en gestation.

---

(1) C'est ainsi que dans la France du XVIIIe siècle, on distinguera encore les pays de droit coutumier dans le Nord, où l'empreinte germanique a été plus marquée, et les pays de droit écrit dans le Sud, où le droit romain a survécu. — (2) Cette doctrine, qui niait la divinité de Jésus, fut condamnée par le Concile de Nicée.

II

LE MOYEN AGE

Le terme de Moyen Age *(Media aetas)* est relativement récent, puisqu'il date du XVIᵉ siècle. Historiquement, il désigne la période s'étendant de l'effondrement de l'Empire romain d'Occident (476) à la prise de Constantinople par les Turcs (1453), qui marque la disparition de l'Empire byzantin. On substitue parfois à cette dernière date celle de l'invention de l'imprimerie par Gutenberg (1457) ou celle de la découverte du Nouveau Monde (1492).

Cette période intermédiaire entre le monde antique et le monde moderne resta long-temps l'objet d'erreurs et de préjugés. Les hommes de la Renaissance jetèrent le discrédit sur ces siècles où la culture gréco-latine subit une éclipse. Il n'était pire crime à leurs yeux que l'ignorance des textes anciens, et leur mépris les rendit injustes. Ils ne virent dans le Moyen Age qu'ignorance et obscurantisme, traitèrent de gothique (c'est-à-dire « barbare ») l'architecture des cathédrales. Au XVIIᵉ siècle, avec Boileau, on jugea ces siècles « grossiers ». Les philosophes du *Siècle des lumières* (XVIIIᵉ siècle) se déchaînèrent contre cette époque de « ténèbres » où ils ne trouvaient que superstition, fanatisme religieux, absence totale de liberté de pensée. Il fallut l'admiration de Cha-teaubriand pour les cathédrales gothiques, qu'il célèbre dans son *Génie du Christia-nisme*, puis l'enthousiasme des romantiques devant cette « mer de poésie » (Hugo), pour que se formât dans l'opinion un courant favorable. Depuis la fin du XIXᵉ siècle, les travaux patients des érudits et des savants apportent de nouvelles raisons d'admirer ce Moyen Age que Verlaine qualifie d'« énorme et délicat ».

Il ne faut pas chercher dans ces dix siècles une uniformité. On peut y distinguer trois phases : une lente préparation, le « Haut Moyen Age », du IVᵉ au XIᵉ siècle, une période d'épanouissement aux XIIᵉ et XIIIᵉ siècles et un déclin aux XIVᵉ et XVᵉ siècles. Toutefois on peut dégager de cet ensemble un certain nombre de caractères dominants.

C'est à juste titre qu'on voit dans la diffusion du livre le début d'une ère nouvelle. Au Moyen Age, en effet, la presque totalité des gens ne savait pas lire. Mais illettré ne signifie pas alors « ignorant ». Les hommes du Moyen Age s'instruisaient non par des témoignages écrits, des signes tracés noir sur blanc, mais d'une façon beaucoup plus directe, au contact du réel, en regardant, en écoutant, et dans l'accomplissement de leur métier. C'est par la vue des scènes sculptées dans les églises, représentées sur les vitraux, jouées sur le parvis des cathédrales, qu'ils apprennent les vérités de leur religion. C'est en entendant les jongleurs et les trouvères qu'ils participent à la poésie et à la musique. C'est dans leurs années d'apprentissage que les artisans acquièrent le goût du travail bien fait, l'habileté dans l'exécution. L'image, la parole, le geste tiennent lieu de textes écrits et la promesse orale est un engagement sacré.

On demeure frappé aussi de la complexité d'un temps qui sut si bien accueillir et laissa coexister avec tant d'aisance des façons d'être qui nous paraissent incompatibles. L'époque de la courtoisie la plus raffinée est aussi celle des chansons les plus gaillardes, où la grossièreté se donne libre cours. Le plus ardent mysticisme n'exclut pas un robuste sens pratique. Le respect de la coutume et de la tradition est tout-puissant, l'homme est attaché à sa famille, à sa terre, — et que de monde sur les grands chemins ! caravanes de marchands, pèlerins se dirigeant vers les sanctuaires réputés, à Saint-Jacques-de-Compostelle ou en Terre Sainte, croisés partant pour des expéditions lointaines, étudiants allant d'une Université à l'autre, techniciens entreprenant de véritables voyages d'études, ouvriers allant se faire embaucher dans de nouveaux chantiers. On a beaucoup bougé, mais on a aussi beaucoup bâti, enraciné dans le sol d'immenses constructions.

Ce qui fait l'unité de ce Moyen Age, c'est la foi religieuse. La suprématie de l'Église s'affirme dans tous les domaines. Elle guide les consciences, instaure la chevalerie, humanise la vie quotidienne. Gardienne des manuscrits et de la pensée gréco-latine, c'est elle essentiellement qui forme les esprits, dans les écoles monastiques, les écoles capitulaires et les Universités. Elle suscite et dirige les grands élans collectifs : départs en croisades, édification des cathédrales.

Ces siècles ont connu de terribles moments, mais les terreurs produites par les épidémies et les guerres du XIVe siècle ne doivent pas nous empêcher d'en voir les aspects positifs. C'est une époque haute en couleur, une époque d'audaces, où les hommes se sont lancés dans des entreprises qui étaient aussi des aventures, avec une ardeur et une confiance dans l'avenir rarement égalées. C'est en somme une époque étonnamment vivante.

HISTOIRE

L'ÉPOQUE MÉROVINGIENNE

Au Ve siècle, des tribus germaniques — Francs, Ostrogoths, Wisigoths et Vandales — franchissent les limites de l'Empire romain et envahissent la Gaule. Les Francs se fixent entre la Belgique actuelle et l'Ile-de-France et fondent un royaume : ils donneront leur nom à la France.

Parmi les rois de la dynastie mérovingienne, le plus célèbre est Clovis. Il déplace sa capitale de Tournai à Paris, se convertit au christianisme et se fait baptiser à Reims en 496. Il accroît sa puissance par des conquêtes, au point qu'à sa mort (511) son royaume avait à peu près l'étendue de la France d'aujourd'hui (il faudrait toutefois y ajouter la Belgique actuelle, une partie des pays rhénans, et en ôter la Provence).

Dans cette période de troubles et de guerres, l'Église, fortement hiérarchisée, représente le seul élément de stabilité et d'unité. Les évêques se font les chefs et les défenseurs de leur diocèse. Ils s'efforcent aussi d'adoucir la brutalité des mœurs; ils créent par exemple le droit d'asile : les coupables qui trouvaient refuge dans les églises étaient placés sous la protection divine et échappaient à un châtiment immédiat et expéditif : torture, mutilation ou mort. Ils instaurent les fêtes religieuses chômées : Pâques,

Pentecôte, Noël, les Rogations. Dès le VIe siècle, ils fondent les paroisses rurales, qui deviendront nos « communes ». Ainsi leur influence pénètre profondément dans les campagnes.

Le rôle des monastères, à la même époque, est également capital. Les couvents de Ligugé, Marmoutier, Saint-Honorat étaient déjà célèbres, quand s'agrandit l'abbaye royale de Saint-Denis, quand se créent les monastères de Saint-Benoît-sur-Loire, Saint-Wandrille, Jumièges, pour ne citer que les plus célèbres, car les fondations sont tellement nombreuses qu'on a pu parler d'une « invasion monastique ». Selon les prescriptions de saint Benoît (480-547), fondateur de l'ordre des bénédictins, ces moines partagent leur temps entre les exercices religieux et le travail manuel :

L'oisiveté est l'ennemie de l'âme, et par conséquent, les frères doivent, à certains moments, s'occuper du travail des mains; dans d'autres à de saintes lectures. Nous croyons devoir régler cela ainsi. Depuis Pâques jusqu'aux calendes d'octobre, en sortant de prime (= 6 heures du matin), ils travailleront presque jusqu'à la quatrième heure (= 10 heures) à ce qui sera nécessaire; de la quatrième heure jusqu'à la sixième, ils vaqueront à la lecture. Après la sixième heure, en sortant de table, ils se reposeront dans leur lit sans bruit; ou si quelqu'un veut lire, qu'il lise, mais de manière à ne gêner personne; et que none soit dite au milieu de la huitième heure. Qu'ils travaillent ensuite jusqu'à vêpres à ce qui sera à faire. Et si la pauvreté du lieu, la nécessité ou la récolte des fruits les tient constamment occupés, qu'ils ne s'en affligent point, car ils sont vraiment moines, s'ils vivent du travail de leurs mains, ainsi qu'ont fait nos pères les apôtres; mais que toutes choses soient faites avec mesure, à cause des faibles.

(Extrait de la *Règle de saint Benoît*.)

Les moines bénédictins de cette époque nous sont toujours représentés avec une serpe : ce sont eux, en effet, qui commencent les grands travaux de défrichement, assèchent les marais, rendent aptes à la culture des terres stériles. Ils étudient aussi et copient des manuscrits. Ils sont à la fois les pionniers d'une économie nouvelle et les gardiens de la culture. Grâce à eux encore, se poursuit l'évangélisation des régions peu accessibles.

Ainsi l'influence de l'Église est immense, dans tous les domaines. La foi chrétienne, qui dominera tout le Moyen Age, pénètre alors profondément le royaume franc.

Après la mort de Clovis, la puissance des rois mérovingiens diminue. Si le règne de Dagobert (621-639) fut encore heureux et fort, il est suivi d'une période terne où les rois dits « fainéants » abandonnent leur pouvoir aux Maires du Palais. Charles Martel sut toutefois rétablir une unité compromise par les invasions et réussit à arrêter à Poitiers (732) les armées arabes qui menaçaient le monde occidental. Désormais les pillages de ceux qu'on nommait les « Sarrasins » seront localisés en Provence, où ils resteront jusqu'au Xe siècle la terreur des populations. Le nom de Charles sera gardé par les descendants de Charles Martel : une nouvelle dynastie était fondée, la dynastie carolingienne.

LA DYNASTIE CAROLINGIENNE

Le plus illustre des souverains carolingiens est Charlemagne (762-814), né à Jupille près de Liège, qui fut couronné empereur par le pape, à Rome, le jour de Noël de l'an 800.

Eginhard, lettré et ami de l'empereur, en a donné ce portrait, dans sa *Vie de Charles le Grand* :

Il était large et solide, grand, sans passer la mesure, puisqu'on s'accorde à dire que sa taille égalait sept fois la longueur de son pied; il avait le sommet du crâne rond, les yeux grands et vifs, le nez un peu plus grand que la moyenne, une belle chevelure blanche, l'air gai et de bonne humeur : tout cela lui donnait, tant assis que debout, beaucoup d'autorité et de dignité; bien qu'il eût le cou gros et un peu court, le ventre quelque peu proéminent, la juste proportion du reste du corps dissimulait ces défauts.

Il avait le pas ferme et l'allure virile, une voix claire, mais peu en rapport avec sa taille, une bonne santé, si l'on excepte de fréquents accès de fièvre dans ses quatre dernières années; il boitait même sur la fin. Et il faisait alors à sa fantaisie, plutôt que de suivre le conseil des médecins, à qui il en voulait presque de lui ordonner des bouillis au lieu de ses rôtis habituels.

Il pratiquait de façon suivie l'équitation et la chasse, et il tenait cela de sa race, car il n'y a pas au monde de nation qui puisse rivaliser avec les Francs dans ces exercices. Il aimait aussi la chaleur des eaux thermales, il y nageait souvent et si bien que nul ne pouvait l'égaler.

Grand conquérant, il doubla presque le royaume qu'il avait reçu de son père Pépin. Il vainquit les Lombards, s'empara du pays de Saxe et repoussa les Sarrasins, en Espagne, au-delà de l'Èbre. Les Chansons de geste l'ont transfiguré : Charlemagne « a deux cents ans », sa barbe est « blanche comme fleur en avril »; ailleurs il apparaît « tout de fer, coiffé d'un casque de fer, ganté de fer; il avait couvert sa poitrine de fer et ses larges épaules d'une cuirasse de fer ». Il fut, dans la réalité, un chef de guerre prévoyant et rigoureux, comme le montre cette note envoyée en 806 à l'abbé de Saint-Quentin :

Tu te présenteras prêt à entrer en campagne avec armes, bagages et tout le fourniment (1) de guerre en vivres et vêtements. Chaque cavalier aura un écu, une épée longue et une épée courte, un arc et un carquois muni de flèches. Dans vos chars, vous aurez des outils de toutes sortes, cognées, doloires (2), tarières, haches, pioches, pelles de fer, et le reste de l'outillage nécessaire en campagne. Vous aurez aussi dans vos chars des vivres pour trois mois, à compter du départ de Strassfurt, des armes et des vêtements pour une demi-année. Tu veilleras à ce qu'en cours de route et jusqu'au dit lieu, vous ne causiez aucun désordre, quelle que soit la partie de notre royaume où votre itinéraire vous fasse passer. Il ne devra être touché à rien en dehors de l'herbe, du bois et de l'eau.

Excellent administrateur, Charlemagne garda l'organisation ancienne, les officiers du palais et la division de pays en comtés. Mais il créa un lien entre le pouvoir central et l'autorité locale : les « missi dominici » (3), sortes d'inspecteurs choisis par l'empereur, qui veillaient à l'exécution de ses ordres à travers les 300 comtés de l'Empire.

Il voulut être un souverain obéi :

Que personne n'ose troubler en quoi que ce soit l'ordre du grand empereur, ni l'empêcher, ni le diminuer, ni faire des choses contraires à ses volontés ou à ses ordres.

Capitulaire de Villis.

Toujours entouré de trois sages conseillers, il tenait une fois par an une assemblée où étaient conviés nobles et évêques; il s'informait, sollicitait des avis, puis prenait ses décisions. Lues à haute voix et publiées, elles formaient un ensemble de prescriptions, appelées « Capitulaires » — aujourd'hui précieux document qui montre toutes les questions auxquelles s'étendait la sollicitude de l'empereur.

Soucieux d'équité, redoutant l'arbitraire et la brutalité des Comtes, il leur recommande :

Qu'aucun comte ne tienne ses plaids (4) s'il n'est à jeun et de sens rassis; qu'ils jugent selon la loi écrite et non selon leur bon plaisir; qu'ils n'aient pas l'audace d'accepter quelque présent pour exempter des hommes de service militaire.

Capitulaire de Villis.

---

(1) Equipement. — (2) Sortes de haches. — (3) *Missi dominici* : au sens littéral « envoyés du maître ». — (4) Assemblées judiciaires, tribunaux.

Il s'inquiète de l'état des églises :

Que les toitures soient toujours en bon état, les luminaires (1) allumés, les offices célébrés régulièrement.

Capitulaire de Villis.

Il donne des conseils pour l'administration de ses domaines :

Que nos intendants traitent bien nos serviteurs et ne les emploient pas à leur service particulier, qu'ils veillent à ce que tous travaillent à leur ouvrage, qu'ils leur rendent pleine et entière justice.

Nos intendants se procureront des semences de bonne qualité. Ils veilleront avec soin à ce que le lard, les viandes séchées ou salées, le vinaigre, le fromage, le beurre, la bière, l'hydromel, la farine soient faits et préparés avec une extrême propreté. Ils vendangeront avec soin, ils enfermeront le vin dans des vases en bon état. Il y aura toujours dans nos principales fermes au moins cent poules et trente oies... Il y aura dans les jardins toute espèce de plantes : lis, roses, melons, citrouilles, haricots, pois chiches, persil, chicorée...

A Noël, l'intendant nous présentera un compte exact des bœufs, des terres à labourer, du gibier pris dans nos forêts, des vignes, du foin, des coupes de bois, du grain récolté, des poules et des œufs, des oies...

Capitulaire de Villis.

Sous l'impulsion personnelle de Charlemagne, se manifeste une renaissance intellectuelle. « Nous vous exhortons non seulement à ne pas négliger l'étude des lettres, mais à vous y appliquer afin de mieux pouvoir pénétrer le sens des livres saints. Soyez dévots au-dedans, et savants au-dehors », écrit l'empereur à un abbé. Il incite les prêtres à ouvrir des écoles. Dans le palais impérial même, jeunes nobles, clercs et fils de pauvres gens reçoivent ensemble une instruction à la fois politique, intellectuelle et religieuse, sous la direction de lettrés que Charlemagne avait groupés autour de lui. Le plus célèbre de ces maîtres est Alcuin, précepteur de Pépin, second fils de Charlemagne. Il a laissé un étonnant dialogue où les questions traduisent l'interrogation devant le mystère de l'homme et du monde, où les réponses, particulièrement denses et d'une rare poésie, sont autant de sujets de méditation proposés à l'élève. En voici un court extrait :

Pépin. — Qu'est-ce que la vie?
Alcuin. — Une jouissance pour les heureux, une douleur pour les misérables. L'attente de la mort.
Pépin. — Qu'est-ce que la mort?
Alcuin. — Un événement inévitable, un voyage incertain, un sujet de pleurs pour les vivants, la confirmation des testaments, le larron des hommes.
Pépin. — Qu'est-ce que l'homme?
Alcuin. — L'esclave de la mort, un voyageur passager, hôte dans sa demeure.
Pépin. — Comment l'homme est-il placé?
Alcuin. — Comme une lanterne exposée au vent...
Pépin. — Qu'est-ce que le soleil?
Alcuin. — La splendeur de l'univers, la beauté du firmament, la grâce de la nature, la gloire du jour, le distributeur des heures...

Pépin. — Qu'est-ce que la terre?
Alcuin. — La mère de tout ce qui croît, la nourrice de tout ce qui existe, le grenier de la vie, le gouffre qui dévore tout.
Pépin. — Qu'est-ce que la mer?
Alcuin. — Le chemin des audacieux, la frontière de la terre, l'hôtellerie des fleuves, la source des pluies...
Pépin. — Quel est le sommeil de ceux qui sont éveillés?
Alcuin. — L'espérance.
Pépin. — Qu'est-ce que l'espérance?
Alcuin. — Le rafraîchissement du travail, un événement douteux.
Pépin. — Qu'est-ce que la foi?
Alcuin. — La certitude des choses ignorées et merveilleuses.

Après la mort de Charlemagne, l'empire perd sa puissance. Il est partagé en 843 par le traité de Verdun entre Charles le Chauve, Louis le Germanique et Lothaire. Les pirates normands et sarrasins profitent de cet affaiblissement pour piller les uns le

---

(1) Cierges et torches pour l'éclairage des églises.

sud de la France, les autres les vallées de la Meuse, de l'Escaut, de la Loire et de la Seine — remontant jusqu'à Jumièges, Paris et Saint-Denis. En 911, le roi Charles le Simple, pour stabiliser les envahisseurs normands, cède au Viking Rollon la partie de ses terres située à l'embouchure de la Seine : cette terre de Normands est l'actuelle Normandie. La dynastie carolingienne s'éteint en 987. La dynastie capétienne, fondée par Hugues Capet, la remplace.

La fin du siècle fut-elle effectivement dominée par ce qu'on a appelé les « terreurs de l'An Mil », par la peur que le monde vînt à disparaître avec le premier millénaire? Les derniers travaux des historiens s'efforcent de discréditer cette légende, créée, disent-ils, au XVIe siècle et magnifiquement exploitée par Michelet. Ils insistent, au contraire, sur l'étonnant dynamisme de cette époque.

L'ÉPOQUE FÉODALE (XIe-XIIIe siècle)

La société féodale   Pendant le Haut Moyen Age, les villes, devenues trop souvent la proie des invasions, se sont dépeuplées. La vie s'est concentrée dans les campagnes, et une nouvelle société s'est formée, composée du clergé, des chevaliers et des paysans.

« Les clercs doivent pour tous prier », dit Étienne de Fougères dans son *Livre des Manières*. Si la fonction liturgique est le premier devoir du clergé, son rôle ne s'arrête pas là. Le clergé possède des tribunaux particuliers où la justice est souvent rendue d'une façon moins arbitraire. C'est lui aussi qui dispense le savoir, et qui instruit, dans les écoles épiscopales et monastiques. Les biens considérables que possède alors l'Église lui permettent d'ouvrir des asiles et des hôpitaux, de soulager les pauvres et les malades. Poursuivant son effort d'humanisation des mœurs, le clergé s'efforce de maintenir la paix, ou au moins de réduire la guerre : les évêques et les abbés réunissaient les chevaliers en assemblées, pour leur faire adopter la « Paix de Dieu », qui interdisait de s'attaquer aux clercs, aux paysans et aux marchands. Plus tard, et pour limiter encore les effets d'une violence arbitraire, ils imposent la « Trêve de Dieu », qui, en mémoire de la Passion du Christ, interdit le combat du mercredi soir au dimanche soir. Raoul Glaber, moine du XIe siècle, nous précise cette décision dans ses célèbres chroniques :

L'an 1041 de l'Incarnation de Notre Seigneur, on vit des peuples d'Aquitaine et toutes les provinces des Gaules, à leur exemple, cédant à la crainte et à l'amour du Seigneur, adopter successivement une mesure qui leur était inspirée par la Grâce divine.

On ordonna que, depuis le mercredi soir jusqu'au matin du lundi suivant, personne n'eût la témérité de rien enlever par la violence ou de satisfaire quelque vengeance particulière, ou même d'exiger caution. Celui qui oserait violer ce décret public devait payer cet attentat de sa vie ou être banni de son pays et de la société des chrétiens. Tout le monde convint de donner à cette loi nouvelle le nom de Trêve de Dieu.

La chevalerie   C'est l'Église qui institua la chevalerie. Après une nuit passée en prières, le jeune écuyer recevait ses armes solennellement. En conférant à cette cérémonie de l'adoubement un caractère religieux, elle rappelait au chevalier ses devoirs moraux : combattre seulement pour le droit et la justice, défendre les faibles. A la brutalité, elle substituait l'honneur et la droiture. Voici quelques traits du cérémonial tels qu'ils sont rapportés dans la *Chanson d'Aspremont*, au moment où Roland, neveu de Charlemagne, est armé chevalier (V. 7480).

Quand le roi tint Durandal la tranchante,
Il la tire du fourreau, essaye la lame;
Puis il en ceignit son neveu Roland.

Le pape alors la bénit aussitôt.
Le roi lui dit avec un doux sourire :
Je te la ceins avec cette pensée.

Que Dieu te donne et vaillance et courage,
Force, vertu, grande bravoure aussi,
Grande victoire contre les mécréants.
Roland répond, le cœur tout plein de joie :
Que le vouloir de Dieu m'octroie cela !
Le roi le ceint de la lame d'acier,
Naîmes, le duc, devant lui s'agenouille ;

De l'éperon droit, il a chaussé Roland,
Le Danois Ogier lui a mis le gauche...
Il n'y avait là ni église, ni moutier (1).
On fait donc bénir le lieu de l'assemblée
Une chapelle y est alors dressée,
Le pape prend soin de l'utiliser.
A dire la messe, il va se préparer.

Les chevaliers sont des combattants pourvus d'un cheval et d'un armement complet. Le chevalier est souvent au service d'un suzerain, dont il devient le vassal. Une cérémonie, dont les gestes sont significatifs, consacre cet attachement. Le vassal rend hommage à son suzerain : à genoux devant lui, il met ses mains dans les siennes (attitude pleine de confiance et d'abandon), et se reconnaît son « homme ». Le suzerain l'embrasse. Le chevalier lui jure ensuite fidélité, la main sur l'Évangile, et lui promet aide et conseil. En retour, le suzerain accorde à son vassal un fief et sa protection. Les deux hommes se trouvent ainsi liés par un engagement personnel et réciproque. Qui manque à son serment est félon, et commet la pire faute qui soit. Le tel suzerain peut être lui-même vassal d'un suzerain plus puissant. Cette hiérarchie féodale, fondée sur la fidélité, subsistera jusqu'à la fin du XVe siècle. Quant au fief, signe matériel du contrat féodal, il consiste souvent en un domaine sur lequel le vassal exerce des droits seigneuriaux.

Les paysans

C'est aux paysans qu'il incombe de travailler la terre. On distingue les paysans libres, roturiers ou vilains (ces mots n'avaient pas alors le sens péjoratif qu'ils ont pris par la suite), et les serfs, attachés à un territoire qu'ils n'ont pas le droit de quitter, mais qu'on ne peut leur enlever. Tous dépendent de leur seigneur, qui est en même temps leur juge. Ils lui doivent redevances et corvées, dont l'importance varie selon les endroits. Au XIIIe siècle, les serfs seront progressivement affranchis. Voici quelques passages d'une charte d'affranchissement (1261), qui montrent ce que devait verser à son seigneur un paysan devenu libre :

Le Seigneur Astorg, pour soi et ses successeurs, a délivré sa terre de Peyre en Gévaudan de toutes tailles (2), quêtes, services, manœuvres sauf réserve du consentement de la communauté desdits habitants appelés et assemblés pour ce sujet :

1º Que le Seigneur Astorg et ses successeurs puissent prendre et lever annuellement de tout homme, tenant une ou plusieurs bêtes de labour, et pour chaque bête, à savoir une mesure de seigle, et cinq sous ;

2º De chaque troupeau de brebis, un fromage ;

4º De chaque troupeau de jeunes moutons, il aura un mouton, non pas le meilleur et le pire, mais un médiocre seulement ;

5º De chaque homme de sa terre, il aura un faix de foin seulement ;

7º Que le sieur Astorg pourra lever de chaque feu une poule... ;

13º Ceux qui, pour habiter ailleurs, voudront quitter sa terre, pourront le faire... ;

15º Que les hommes de sa terre seront tenus de payer dix mille sous quand le seigneur recevra l'ordre de la chevalerie, et pour marier une fois sa fille, et pour visiter le Saint Sépulcre, et de payer la moitié de sa rançon s'il était fait prisonnier ;

18º Que les habitants seront tenus, en cas de guerre, tenir son parti ;

21º Pourra le seigneur faire un four et moulin dans sa terre et prendre le droit de mouture et fournage ;

30º Et pour obliger le Seigneur Astorg d'observer ce qui est dessus expliqué, ladite communauté des habitants s'est obligée lui payer les redevances annuelles et autres droits, ci-dessus mentionnés.

---

(1) Forme ancienne du mot monastère, d'origine populaire, on le retrouve dans le nom de nombreux villages : Moutier-Malcard, Moutiers-sous-Chantemerle... — (2) Impôt créé par Philippe le Bel ; par extension, contributions diverses.

Les paysans, souvent très pauvres, verront peu à peu leurs conditions de vie s'améliorer à partir du XIᵉ siècle.

Avec la fin des invasions, le commerce reprend et les villes renaissent. Alors, en marge de cette société féodale où les fonctions étaient si nettement réparties (le clergé prie, le chevalier combat, le paysan cultive le sol), apparaît la bourgeoisie — étymologiquement : habitants des bourgs. Les souverains protégeront d'abord le développement des cités ; plus tard, ils s'appuieront sur cette nouvelle force pour détruire la puissance des seigneurs et imposer leur pouvoir personnel. Ils y seront aidés par deux circonstances : l'essor du grand commerce et le mouvement des Croisades.

LES CROISADES

Une guerre sainte   Un événement capital secoua le Moyen Age français : les Croisades. On désigne par là les expéditions militaires entreprises, du XIᵉ au XIIIᵉ siècle, pour élargir le domaine de la Chrétienté. La conquête des Lieux Saints tombés aux mains des Musulmans en constitue le principal épisode.

C'est le pape Urbain II qui fut l'instigateur du premier départ. Ému des persécutions que subissaient les pèlerins qui se rendaient à Jérusalem sur le tombeau du Christ, il fit appel aux chrétiens en 1095. La première croisade suscita un tel enthousiasme que de véritables foules (plus de 600 000 hommes) se mirent en marche, sous le commandement du moine français Pierre l'Ermite et du chevalier allemand Gauthier Sans Avoir. Les croisés, mal organisés, indisciplinés, ignorants des dangers de la route, furent dispersés et massacrés sans avoir pu arriver en Terre Sainte. Un chroniqueur anonyme nous fait part des difficultés qu'ils rencontrèrent dans le désert de Phrygie :

La faim et la soif nous assaillaient de tous côtés, et nous n'avions absolument plus rien à manger, sauf quand nous arrachions et frottions dans nos mains des épines : avec une telle nourriture, quelle existence extrêmement misérable nous menions ! Là moururent la plupart de nos chevaux, et par suite, bon nombre de nos chevaliers devinrent piétons. En raison du manque de chevaux, des bœufs nous tenaient lieu de montures, et, en ce besoin extrême, nous utilisions des chèvres, des moutons et des chiens pour porter nos fardeaux.

Histoire anonyme de la Première Croisade.

Deux ans plus tard, une expédition mieux organisée, et comprenant surtout des chevaliers, prit le chemin de Jérusalem sous la direction de Godefroy de Bouillon. Les croisés s'emparèrent de la ville en juillet 1099 :

En entendant prononcer le nom de Jérusalem, tous versèrent d'abondantes larmes de joie, heureux de se trouver si près des lieux saints, de la ville désirée, pour l'amour de laquelle ils avaient supporté tant de fatigues et de périls, et bravé la mort sous tant d'aspects divers. Leur ardent désir de voir de près la cité sainte leur fit promptement oublier leurs travaux et leur lassitude, et ils pressèrent leur marche plus qu'ils n'avaient coutume de le faire.

Ils allèrent ainsi, sans la moindre halte, jusqu'à ce qu'ils fussent arrivés devant les murs de Jérusalem, chantant des hymnes de louange, poussant des cris jusqu'au ciel et répandant des larmes de joie.

L'armée était alors forte de soixante mille individus environ, de l'un et de l'autre sexe.

ALBERT D'AIX

Les rois de France eux-mêmes participèrent aux Croisades. Louis VII prit la tête de la deuxième expédition, prêchée à Vézelay par saint Bernard, en 1146. Après la reprise de Jérusalem par le sultan Saladin, Philippe Auguste partira pour la troisième croisade (1187-1192). La quatrième croisade (1198-1204) fut déviée de son but. L'allégresse avait été grande, au moment du départ, comme le dit le chroniqueur Robert de Clari :

Et quand la flotte partit du port de Venise, et les dromons (1) et les riches nefs, et tant d'autres vaisseaux, c'était la plus belle chose à regarder qui fût depuis le commencement du monde. Car il y avait bien cent paires de trompettes, tant d'argent que d'airain, qui toutes sonnèrent au départ, et tant de timbales et tambours et autres instruments, que c'était une vraie merveille. Quand ils furent en mer et eurent tendu leurs voiles et mis leurs bannières au haut des châteaux des nefs, ainsi que leurs enseignes, il sembla que la mer fourmillât toute et qu'elle fût embrasée des nefs qu'ils menaient et de la grande joie qu'ils éprouvaient.

Conquête de Constantinople, XIII.

Mais, à la suite d'intrigues compliquées, les croisés se trouvèrent changés en conquérants de terres chrétiennes et s'emparèrent de Constantinople. La ville fut pillée et chacun reçut sa part de butin.

Leur gain fut si grand que nul ne saurait l'évaluer, d'or et d'argent, de vaisselles et de pierres précieuses, de samits (2), d'étoffes de soie, de robes de vair (3), de petits-gris et hermine, et de tous les biens les plus précieux qui furent jamais trouvés sur terre...

Alors il fut proclamé par toute l'armée, au nom du marquis Boniface de Montferrat, qui commandait l'armée, au nom des barons, au nom du duc de Venise, que tout le butin fût apporté et assemblé, comme il était promis et juré, sous peine d'excommunication. Et on désigna, comme lieu de dépôt trois églises, et on y mit les gardes français et vénitiens les plus loyaux que l'on put trouver. Et alors, chacun commença à apporter le butin, et à le joindre au reste. L'un apporta loyalement, l'autre sans loyauté, car convoitise, qui est la source de tous maux, ne fit pas trêve... Le butin fut assemblé, mais sachez que tout ne fut pas livré... Et celui qui fut convaincu de détournement, sachez qu'on lui fit sévèrement justice. Et il y en eut pas mal de pendus... Très grand devait être le butin, puisque, sans compter celui qui fut détourné et sans la part des Vénitiens, il resta bien plus de quatre cent mille marcs (4) d'argent, et plus de dix mille montures.

Villehardouin, *Conquête de Constantinople*.

Saint Louis et les dernières croisades

La quatrième croisade fit grand scandale, et ces expéditions où tant de chevaliers français avaient trouvé la mort devinrent impopulaires. Il fallut la piété de Louis IX, futur Saint Louis — artisan de la septième et de la huitième croisade — pour que se ranimât l'ardeur de la guerre sainte.

Joinville, qui accompagna le roi dans la septième croisade (1248-1250), a noté son émotion, au moment de quitter son château :

Ce fut l'abbé de Cheminon qui me donna mon écharpe et mon bourdon ; et alors je partis de Joinville sans rentrer au château jusqu'à mon retour, à pieds, déchaussé et en chemise ; et j'allai ainsi jusqu'à Blécourt et à Saint-Urbain, vers les corps saints qui y sont. Et tandis que j'allais à Blécourt et à Saint-Urbain, je ne voulus jamais tourner les yeux vers Joinville, de peur que mon cœur ne s'attendrît sur le beau château que je laissais et sur mes deux enfants.

Histoire de Saint Louis, XXVII.

L'armée modifie son itinéraire et passe par l'Afrique ; elle enlève Damiette, à l'embouchure du Nil, mais doit battre en retraite. Elle est décimée par l'épidémie :

... la maladie de l'armée était telle que la chair de nos jambes séchait toute, et que la peau de nos jambes devenait tavelée de noir et d'une couleur terreuse, comme une vieille botte ; et à nous qui avions telle maladie, il venait de la chair pourrie aux gencives, et nul ne s'échappait de cette maladie, mais il lui fallait mourir.

Joinville, LVIII.

---

(1) Navires de guerre à rames. — (2) Etoffe de soie de velours. — (3) Fourrure blanche et grise. — (4) Ancienne monnaie.

Cernés par les Sarrasins, les chevaliers se battent avec une rare bravoure, tel ce Gauthier de Chatillon :

Dans cette rue, était messire Gauthier de Chatillon, l'épée au poing, toute nue. Quand il voyait que les Turcs arrivaient dans la rue, il leur courait sus, l'épée au poing, et les chassait hors du village; et en fuyant devant lui, les Turcs (qui tiraient aussi bien devant eux que derrière) le couvraient de flèches. Quand il les avait chassés hors du village, il arrachait de lui les flèches qu'il avait sur lui, se dressait sur ses étriers, étendait les bras, l'épée au poing et criait : « Chatillon! chevaliers! où sont mes prud'hommes? » Quand il se retournait et voyait que les Turcs étaient entrés par l'autre côté, il leur courait sus à nouveau, l'épée au poing, et les chassait; et ainsi fit-il trois fois.

JOINVILLE, LXXVII.

Finalement, le roi et une partie importante des croisés sont faits prisonniers. Ils ne recouvreront leur liberté que moyennant une forte rançon.

L'on commença à faire le paiement le samedi matin, et l'on occupa à faire le paiement le samedi et le dimanche tout le jour jusqu'à la nuit; et on les payait à la balance et chaque balance valait 10 000 livres. Quand arriva le dimanche après-midi, les gens du roi qui faisaient le paiement avertirent le roi qu'il leur fallait bien encore 30 000 livres...

JOINVILLE, LXXV.

Enfin, la huitième croisade (1270) fut un échec total. Louis IX mourut de la peste, sous les murs de Tunis, où il avait débarqué avec l'espoir d'entraîner le Sultan dans sa lutte contre l'Égypte.

Grand péché commirent ceux qui lui conseillèrent l'expédition, à cause de la grande faiblesse de son corps, car il ne pouvait supporter ni la voiture ni le cheval... Après son arrivée à Tunis, devant la citadelle de Carthage, un flux de ventre le prit. Il s'alita et sentit qu'il passerait bientôt de ce siècle dans l'autre.

JOINVILLE, CXLIV-V.

Conséquences des Croisades

Les Croisades n'ont pas abouti au résultat escompté par la papauté, mais elles ont eu pour la France des conséquences extrêmement importantes. Des principautés chrétiennes avaient été créées en Palestine et en Syrie, pour protéger Jérusalem des attaques fortuites. Certains croisés, leur vœu accompli, se fixèrent dans ces nouveaux États. (« L'homme de Reims ou de Chartres, dit un chroniqueur de ce temps-là, s'est transformé en Tyrien ou en citoyen d'Antioche. »)

Ils se firent bâtisseurs (Crac des Chevaliers, Chastel Blanc) et législateurs. Leur influence fut profonde, et le prestige de la France dans le Levant demeura grand pendant des siècles. Par ailleurs le raffinement et la richesse de la civilisation orientale ne laissèrent pas indifférents les chevaliers : on se rappelle l'émerveillement de Robert de Clari devant les splendeurs de Constantinople. Rentrés chez eux, ils restèrent fascinés par les objets précieux, les étoffes de soie, la saveur des épices, les fruits et les légumes jusqu'alors inconnus. Sous l'influence du commerce, animé d'une impulsion nouvelle, les goûts changèrent; un autre mode de vie, moins fruste, se développa. Arts et sciences — médecine, diplomatie, architecture — subirent l'influence de l'Orient. A ces conséquences économiques et sociales, il faut ajouter des conséquences politiques. Au lieu de tourner leurs forces contre des seigneurs voisins, les croisés s'étaient unis contre un ennemi commun. Les nobles avaient cessé de se quereller et de se jalouser. Beaucoup d'entre eux moururent à la Croisade, la féodalité s'en trouva affaiblie et l'autorité du roi grandit.

LA ROYAUTÉ

Les grands rois capétiens   En 987, Hugues Capet avait été élu roi par les évêques
et les nobles :

Ce n'est point par droit héréditaire qu'il faut acquérir les royaumes; celui-là seul doit s'y élever qui joint aux perfections du corps la sagesse de l'esprit, la fidélité à sa parole, la générosité d'une grande âme...

dit alors l'archevêque de Reims.

La puissance du roi était réduite, et ses ressources limitées à celles de son propre domaine : l'Ile-de-France. Mais les Capétiens, forts de l'autorité morale que leur conférait le sacre — roi « par la grâce de Dieu » — ne cessèrent d'étendre leur royaume. Ils associèrent leur fils aîné au trône, en le faisant sacrer de leur vivant. Ainsi la royauté devint héréditaire.

Trois rois contribuèrent à donner à la Royauté un prestige incontesté : Philippe Auguste, Louis IX et Philippe le Bel.

Philippe Auguste   Philippe Auguste (1180-1223) réussit à ôter aux rois d'Angleterre
les fiefs qu'ils possédaient en France. Il sut habilement mener la lutte contre Richard Cœur de Lion, puis contre Jean sans Terre, et s'empara de la Normandie, de l'Anjou, de la Touraine, de la Bretagne. La victoire de Bouvines (1214), remportée sur le roi d'Angleterre, le comte de Flandre et l'empereur d'Allemagne coalisés, eut l'allure d'une victoire nationale :

Qui pourrait décrire sur le parchemin les hymnes de victoire, les danses innombrables, les chants des clercs, le carillon des cloches sous les coqs d'or, la parure des sanctuaires, les blanches tentures des demeures... la jonchée des routes et des rues où se répandaient les fleurs brillantes et les vertes ramures...
GUILLAUME LE BRETON.

Il sut prendre le parti des faibles contre les barons puissants, et se fit le protecteur des villes, leur accordant des privilèges, associant les bourgeois au gouvernement. Par toutes ces mesures, il affermit son autorité. Résidant souvent à Paris, il eut à cœur de lui donner un air de capitale :

Un jour que le roi allait par son palais, pensant à ses affaires, car il se préoccupait de maintenir et d'accroître son royaume, il s'appuya à une des fenêtres de la salle à laquelle il s'appuyait parfois pour regarder couler la Seine et prendre l'air. Or il arriva qu'à ce moment-là, des charrettes, qui passaient dans les rues, agitèrent et soulevèrent tant la fange et les ordures dont les rues étaient remplies, qu'une puanteur s'en dégagea... et si grande qu'elle monta jusqu'à la fenêtre où le roi était appuyé. Quand il sentit cette si horrible puanteur, il s'en alla de la fenêtre le cœur soulevé.

Cela le décida à faire une œuvre grande et coûteuse, mais fort nécessaire. Aucun de ses devanciers n'avait jamais osé en entreprendre une semblable, à cause des grandes dépenses qu'elle entraînait.

Il fit venir alors le prévôt et les bourgeois de Paris, et leur commanda de faire paver toutes les rues de grès solide et résistant, soigneusement et bien. Le roi agit ainsi parce qu'il voulait supprimer la raison pour laquelle ses anciens fondateurs avaient donné à la ville le nom de Lutèce. On l'appela de la sorte à cette époque Lutèce parce que « Lutèce » signifie ville pleine de boue. Et comme, en ce temps-là, les habitants avaient horreur de ce nom qui était laid, ils le changèrent et lui donnèrent le nom de Paris, en l'honneur de Pâris, fils aîné du roi de Troie Priam, car ils étaient descendus de cette belle lignée... *Chronique de Saint-Denis.*

Saint Louis   La figure de Louis IX (futur Saint Louis, 1235-1270), petit-fils de
Philippe Auguste, nous est bien connue grâce au chroniqueur
Joinville.

Chrétien fervent, il mit sa vie au service de sa foi. Sa piété et sa charité sont demeurées
célèbres :

Qu'aimeriez-vous mieux, être lépreux ou avoir fait un péché mortel? Et moi, qui jamais ne lui mentis, je lui répondis que j'aimerais mieux en avoir fait trente que d'être lépreux. Et quand les frères furent partis, il m'appela tout seul, et me fit asseoir à ses pieds et me dit : « Comment me dites-vous cela, hier? » Et je lui dis que je le disais encore. Et il me dit : « Vous avez parlé comme un étourdi, car vous devez savoir qu'il n'y a aucune lèpre si laide que d'être en péché mortel, car l'âme qui est en péché mortel est semblable au diable. »

JOINVILLE, IV.

La justice fut son grand souci. Il rendait lui-même les sentences, arbitrait les cas
difficiles :

Maintes fois, il arriva qu'en été il allait s'asseoir au bois de Vincennes, et s'adossait à un chêne, et il nous faisait asseoir autour de lui. Et tous ceux qui avaient affaire venaient lui parler, sans s'embarrasser d'huissier ou d'autre. Et alors il leur demandait de sa bouche : « Y a-t-il ici quelqu'un qui ait procès? » Et ceux-là se levaient, qui avaient procès. Et alors il disait : « Taisez-vous tous, et on vous expédiera (1) l'un après l'autre. » Et alors il appelait Monseigneur Pierre de Fontaines et Monseigneur Geoffroy de Villette et il disait à l'un d'eux : « Expédiez-moi ce procès. »
Et quand il voyait quelque chose à amender dans la sentence de ceux qui parlaient pour lui, ou dans la sentence de ceux qui parlaient pour autrui, il l'amendait lui-même de sa bouche. Je le vis parfois, en été, pour « expédier » ses gens, venir au jardin de Paris, vêtu d'une cotte (2) de camelot (3), d'un surcot (4) de tiretaine (5) sans manche, un manteau de cendal (6) noir autour du cou, très bien peigné et sans coiffe, et un chapeau de paon blanc sur la tête. Et il faisait étendre des tapis pour nous asseoir autour de lui et tous ceux qui avaient affaire devant lui étaient autour de lui en plaidant.

JOINVILLE, XII.

Par la forme familière qu'il sut donner aux procès, Louis IX resta par excellence
le roi justicier. Son ordonnance de 1254 va dans le même sens : il y précise les devoirs
de ses fonctionnaires, exige que la justice soit la même pour tous. Il créa le droit d'appel
au tribunal du roi, ou Parlement :

Nous, Louis, par la grâce de Dieu roi de France, ordonnons que tous nos baillis, vicomtes, prévôts, maires et tous les autres, en quelque affaire que ce soit, fassent serment qu'ils feront droit à chacun sans exception de personnes, aux pauvres comme aux riches, et à l'étranger comme à l'indigène et garderont les us et coutumes qui sont bonnes et éprouvées... et avec cela jureront qu'ils ne prendront, ni recevront, par eux ni par autres, ni or ni argent ni autres choses si ce n'est fruit, pain ou vin ou autre présent jusqu'à valeur de dix sols.

Sa haine de la guerre l'amena à préférer l'arbitrage et les règlements pacifiques de
préférence à tout autre. Seules les expéditions contre les Infidèles avaient grâce à ses
yeux ; c'est pourquoi il se croisa deux fois (dans les engagements armés, il se fit d'ailleurs
remarquer par son sang-froid et sa bravoure). Il mit fin, dans son royaume, au duel
judiciaire, cette ancienne coutume germanique en vertu de laquelle les deux plaignants
se battaient en duel : le jugement de Dieu devait désigner le coupable dans le vaincu.
Il signa, en 1259, avec l'Angleterre le traité de Paris, pour faire cesser le conflit avec
les Plantagenêts.

---

(1) On réglera vos affaires. — (2) Tunique. — (3) Grosse étoffe de poil de chameau ou de chèvre. —
(4) Blouse qui se porte sur la cotte. — (5) Grosse étoffe de laine. — (6) Etoffe de soie.

La paix qu'il fit avec le roi d'Angleterre, il la fit contre la volonté de son conseil qui lui disait : « Sire, il nous semble que vous perdez la terre que vous donnez au roi d'Angleterre, car il n'y a pas droit, puisque son père la perdit par jugement. » Et à cela, le roi répondit qu'il savait bien que le roi d'Angleterre n'y avait pas droit; mais qu'il y avait une raison de la lui donner. « Car nous avons pour femmes les deux sœurs, et nos enfants sont cousins germains; c'est pourquoi il convient qu'il y ait paix. Il m'est un grand honneur en la paix que je fais avec le roi d'Angleterre, du fait qu'il est mon vassal, ce qu'il n'était pas auparavant. »

JOINVILLE, XIV.

Louis IX rendait à l'Angleterre le Limousin et le Périgord, mais Henri III se considérait le vassal du roi de France pour la Guyenne, et il renonçait aux possessions de Normandie, d'Anjou, de Touraine et du Poitou. Le prestige de Louis IX donna à la royauté française une puissance qu'elle n'avait jamais eue.

Philippe le Bel   Les moyens utilisés par Philippe le Bel (1285-1314) pour accroître l'autorité royale furent tout différents. Conseillé par des légistes instruits en droit romain, il brisa sans scrupule toute résistance à son pouvoir. Il agrandit son royaume de la Champagne, de la Brie, d'une partie de la Flandre. Il entra en conflit avec le pape Boniface VIII et réussit à faire nommer un pape français, qui vint résider à Avignon. Pour faire face à ses besoins d'argent, il développa les impôts, les emprunts forcés, et n'hésita pas à confisquer les biens des Templiers (1307). Cet ordre fut institué par le pape en 1128. Les Templiers, véritables moines-soldats, devaient, à l'origine, protéger les pèlerins qui partaient pour la Terre Sainte. Soumis à des règles très sévères, dictées par Bernard de Clairvaux (le futur saint Bernard), ils inspirèrent rapidement une grande terreur aux musulmans. Mais ils s'enrichirent par les dons des princes et des nobles. Leur rôle militaire devenant moins important après les croisades, ils transformèrent leurs forteresses en véritables banques et devinrent banquiers des rois. Philippe le Bel mourut impopulaire, mais l'autorité des Capétiens était solidement affermie.

LA FIN DU MOYEN AGE

Age de plomb, temps pervers, ciel d'airain,
Terre sans fruit, et stérile, et brehaigne (1),
Peuple maudit, de toute douleur plein...
Hui (2) est le temps de tribulation.

Ces vers du poète Eustache Deschamps (1346-1407) peuvent s'appliquer à la fin du Moyen Age (XIVe siècle et première moitié du XVe siècle), période de guerres, de désastres et de famines, en proie à la hantise de la mort.

Les Valois et   Avec le dernier fils de Philippe le Bel, s'éteint en 1328 la
la guerre de Cent Ans dynastie des Capétiens. La couronne revient à Philippe de Valois (il prit le nom de Philippe VI), mais le roi d'Angleterre Édouard III — fils de la fille de Philippe le Bel — se pose en prétendant au trône de France. De cette question de succession va naître la guerre de Cent Ans, qui n'est que la reprise violente du vieux conflit entre Capétiens et Plantagenêts. La lutte commença en 1337. Mais l'armée française, montée à cheval et alourdie par le poids d'antiques armures, comme à l'époque des combats singuliers, ne sut s'adapter aux nouvelles

---

(1) Stérile (mot disparu). — (2) Aujourd'hui.

méthodes des Anglais. Ceux-ci, habitués à combattre à pied contre les Gallois et les
Écossais, sont passés maîtres dans le maniement de l'arc et utilisent les premières
bombardes dont le bruit effraie les chevaux. Les Français sont vaincus à Crécy. Au
soir de la bataille, après la charge imprudente de ses chevaliers, le roi se retrouva
seul, avec seulement cinq barons :

Ainsi chevaucha ledit roi tout lamentant et plaignant ses gens, jusqu'au château de la Broie. Quand il vint à la porte, il la trouva fermée, et le pont levé, car il était grand nuit et il faisait très brun et très épais. Adonc le roi fit appeler le châtelain, car il voulait entrer dedans. Il fut appelé, et il vint sur les guérites (1), et demanda tout haut : « Qui est là qui heurte à cette heure? ».

Le roi Philippe, qui entendit la voix, répondit et dit : « Ouvrez, châtelain, c'est l'infortuné roi de France. » Le châtelain sortit bientôt, qui reconnut la parole du roi de France, et qui savait déjà que les leurs étaient déconfits, par certains fuyards qui étaient passés dessous le château. Il abaissa le pont et ouvrit la porte.

FROISSART.

Les Anglais mettent le siège devant Calais, qui capitule après onze mois de siège;
l'héroïsme des six bourgeois de Calais venus s'offrir en otages, pour que la ville fût
épargnée, a été conté par Froissart :

Le roi gardant le silence resta immobile et les regarda d'un regard haineux, car il haïssait beaucoup les habitants de Calais, à cause des grands dommages et des grandes vexations qu'ils lui avaient faits sur mer au temps passé.

Ces six bourgeois se mirent aussitôt à genoux devant le roi et dirent ainsi en joignant les mains : « Noble sire et noble roi, nous voici six qui sommes par nos ancêtres bourgeois de Calais et grands marchands. Nous vous apportons les clefs de la ville et de la citadelle de Calais, et nous vous les rendons en votre bon plaisir, et nous vous mettons en tel point que vous voyez, en votre pure volonté pour sauver le reste du peuple de Calais. Aussi veuillez avoir de nous pitié et miséricorde par votre très haute noblesse » Certes il n'y eut alors sur la place seigneur, chevalier ni vaillant homme qui se pût abstenir de pleurer de sincère pitié, ni qui pût parler de longtemps. Le roi les regarda avec grande colère, car il avait le cœur si dur et si enflammé de grand courroux qu'il ne pouvait parler; et quand il parla, il commanda qu'on leur coupât la tête aussitôt. Tous les barons et les chevaliers qui étaient là en pleurant le priaient, aussi instamment qu'ils pouvaient, de vouloir bien en avoir pitié et miséricorde; mais il n'en voulait rien entendre.

Alors parla messire Gautier de Mauny et il dit : « Ha! noble sire, veuillez refréner votre courroux. Vous avez le renom de souveraine générosité et noblesse. Or ne veuillez faire chose par quoi votre renommée puisse être amoindrie; gardez-vous de faire parler de vous d'une manière désobligeante. Si vous n'avez pitié de ces gens, tout le monde dira que c'est grande cruauté de faire mourir ces honnêtes bourgeois, qui de leur propre volonté se sont mis en votre merci pour sauver les autres. » Alors le roi fit une grimace et dit : « Messire Gautier, restez en paix, il n'en sera pas autrement. Qu'on fasse venir le coupe-têtes. Ceux de Calais ont fait mourir tant de mes hommes qu'il faut que ceux-là meurent aussi. » Adonc la noble reine d'Angleterre fit une grande humilité et elle pleurait si tendrement de pitié qu'on ne le pouvait endurer. Elle se jeta à genoux devant le roi son seigneur et parla ainsi : « Ha! noble sire, depuis que je passai la mer jusqu'ici en grand péril, comme vous savez, je ne vous ai rien réclamé ni demandé aucun don. Mais maintenant je vous prie humblement et vous requiers comme don personnel, pour le fils de Sainte Marie et pour l'amour de moi, que vous veuillez avoir pitié de ces six hommes. »

Le roi attendit un moment avant de parler et regarda la bonne dame, sa femme, qui pleurait à genoux très tendrement. Alors son cœur s'amollit car il l'eût courroucée à contrecœur, dans l'état où elle était, et il lui dit : « Ha! dame, j'aurais mieux aimé que vous fussiez ailleurs qu'ici. Vous me priez si instamment que je n'ose vous refuser; et quoique je le fasse à contrecœur, tenez, je vous les donne; faites-en ce que vous voudrez. »

Alors la reine se leva et fit lever les six bourgeois; elle leur fit ôter les cordes qu'ils avaient au cou, les amena avec elle dans sa chambre, les fit revêtir et donner à dîner tout à leur aise; et puis elle donna à chacun six nobles et les fit conduire hors de l'armée en sûreté.

Livre I. Chap. 312.

Poitiers (1356) fut une nouvelle défaite française, où le roi Jean le Bon fut fait pri-

---

(1) Refuge, fortin.

sonnier. Le traité de Brétigny (1360) apporta une trêve : toute la France de l'Ouest était aux mains des Anglais.

A la guerre contre les Anglais s'ajouta la menace d'une guerre civile (tentative d'Étienne Marcel). D'autre part, une foudroyante épidémie de peste décima, de 1347 à 1349, le tiers de la population. Il en résulta un manque de main-d'œuvre, un appauvrissement des terres, la multiplication des pillards, des bandits, des hors-la-loi : les paysans (appelés les Jacques par les nobles) se révoltent, pillent les châteaux, massacrent les habitants ; Froissart nous parle de la Jacquerie :

Il advint une grande tribulation en plusieurs parties du royaume de France, en Beauvoisin, en Brie, et sur la rivière de Marne, en Valois, en pays de Laon, sur la terre de Coucy et aux environs de Soissons. Car certaines gens des villes champêtres, sans chef, s'assemblèrent en Beauvoisin ; et ne furent pas cent hommes les premiers ; et ils dirent que tous les nobles du royaume de France, chevaliers et écuyers, déshonoraient et trahissaient le royaume et que ce serait un grand bien de les détruire tous. Et chacun d'eux dit : « Il dit vrai ! Il dit vrai ! honni soit celui par qui il arrivera que tous les gentilshommes ne soient

pas détruits ! » Alors ils s'assemblèrent et s'en allèrent, sans autre conseil et sans aucune armure, si ce n'est des bâtons ferrés et des couteaux, en la maison d'un chevalier qui demeurait près de là. Ils brisèrent la maison, tuèrent le chevalier, la dame et les enfants petits et grands et mirent le feu à la maison... Ainsi firent-ils en plusieurs châteaux et bonnes maisons. Et ils grossirent tant qu'ils furent bien six mille ; et partout où ils arrivaient, leur nombre grandissait.

FROISSART.

Les mercenaires, libérés depuis la bataille de Poitiers, se groupèrent en Grandes Compagnies, qui se livrèrent au brigandage. L'insécurité régnait dans les campagnes, comme dans les villes. Aymerigot Marchès — qui devait mourir décapité en 1391 — était un de ces chefs de bande, de ces hors-la-loi :

Comme nous étions réjouis, quand nous chevauchions à l'aventure et pouvions trouver sur les champs un riche abbé, un riche prieur, marchand ou une file de mules de Montpellier, de Narbonne, de Limoux, de Fanjaux, de Béziers, de Toulouse et de Carcassonne, chargés de draps de Bruxelles ou de Moutier-Villiers, ou de pelleterie venant de la foire du Lendit, ou d'épiceries venant de Bruges, ou de draps de soie de Damas ou d'Alexandrie. Tout était nôtre et rançonné à notre volonté. Tous les jours nous avions nouvel

argent. Les vilains d'Auvergne et de Limousin nous pourvoyaient et nous amenaient en notre château les blés, la farine, le pain tout cuit, l'avoine pour les chevaux et la litière, les bons vins, les bœufs, les brebis et les moutons tout gras, la poulaille et la volaille. Nous étions pourvus comme roi ; et quand nous chevauchions, tout le pays tremblait devant nous... Par ma foi, cette vie était bonne et belle !

FROISSART.

Il faudra à Charles V l'aide d'un simple gentilhomme breton, vaillant homme de guerre, Bertrand Du Guesclin, pour éliminer les Grandes Compagnies et pour reprendre aux Anglais les terres qu'ils avaient conquises. Quand Du Guesclin mourut, en 1380, le roi le fit enterrer à Saint-Denis, sépulture des rois de France ; les poètes le chantèrent, et sa bravoure chevaleresque entra dans la légende.

Estoc (1) d'honneur et arbre de vaillance,
Cœur de lion épris de hardement (2)
La fleur des preux et la gloire de France,
Victorieux et hardi combattant,
Sage en vos faits et bien entreprenant,
Souverain homme de guerre,
Vainqueur de gens et conquéreur de terre,

Le plus vaillant qui onques (3) fut en vie,
Chacun pour vous doit noir vêtir et querre (4) :
Pleurez, pleurez, fleur de chevalerie.

1re *Strophe de la Ballade
en l'honneur de Du Guesclin*,
par E. DESCHAMPS.

(1) Tronc. — (2) Hardiesse. — (3) Jamais. — (4) Chercher.

ABBAYE DE JUMIÈGES
Abbayes et monastères ne répondent pas seulement à l'élan mystique qui traverse tout le Moyen Age, ils jouent également un rôle économique et social de premier ordre.

CITÉ DE CARCASSONNE
Le Moyen Age aime la guerre. La rivalité entre les seigneurs fait du voisin un ennemi : chaque fief s'isole et se retranche pour sa sécurité.

LIVRE DES PROPRIÉTÉS ET DES CHOSES : CONCERT
Jusqu'au XVe siècle, il existe une très grande liberté dans l'interprétation de la musique.
Une œuvre polyphonique est souvent en partie chantée, en partie jouée.

Telle est la première phase de la guerre de Cent Ans. La France en sortait victorieuse, mais épuisée.

Jeanne d'Arc et la fin de la guerre de Cent Ans

Profitant de l'appauvrissement du royaume, de la folie du roi Charles VI, et des rivalités entre Armagnacs et Bourguignons, les Anglais envahissent la France et conquièrent tous les pays au nord de la Loire. La bataille d'Azincourt (1415) et le traité de Troyes (1420) sont un désastre pour la France : la reine Isabeau de Bavière reconnaissait le roi d'Angleterre comme l'héritier du trône de France. A la mort de Charles VI, son fils prit pourtant le nom de Charles VII (1422), mais son autorité était faible. Il fallut l'énergie d'une bergère lorraine de seize ans, Jeanne d'Arc, pour regrouper les courages. Persuadée qu'elle était « envoyée de par Dieu », pour « bouter les Anglais hors de France », elle entra dans Orléans, dont les Anglais abandonnèrent le siège, puis mena sacrer Charles VII à Reims (17 juillet 1429).

Dès lors la confiance revint. L'armée marcha sur Paris, le premier assaut fut donné le 8 septembre.

La Pucelle (1) prit son étendard à la main et avec les premiers pénétra dans les fossés en face du marché aux porcs. L'assaut fut dur et long, et c'était extraordinaire d'entendre le bruit et le vacarme que faisaient les coups de canon et de couleuvrine des assiégés et toute sorte de traits en quantité innombrable. Bien que la Pucelle et un grand nombre de chevaliers, d'écuyers, de gens de guerre fussent descendus dans les fossés, et que les autres fussent sur les bords ou aux environs, il y en eut très peu de blessés; beaucoup, tant à pied qu'à cheval, furent frappés et jetés à terre par les coups de pierre des canons; mais, grâce à Dieu et au bonheur de la Pucelle, personne n'en mourut ni ne fut blessé au point de ne pouvoir retourner facilement à son logis sans aide.

L'assaut dura depuis midi environ jusque vers la tombée de la nuit. Après le coucher du soleil, la Pucelle fut blessée à la cuisse d'un trait de hausse-pied d'arbalète; ensuite elle n'en disait que plus fort à chacun de s'approcher des murs et que la place serait prise. Mais comme il était nuit, qu'elle était blessée et que les gens d'armes étaient lassés du long assaut qu'ils avaient donné, le sire de Gaucourt et d'autres vinrent prendre la Pucelle et l'emmenèrent hors des fossés contre sa volonté. C'est ainsi que manqua l'assaut.

D'après l'Édit. Quicherat.
Procès de Jeanne d'Arc.

Jeanne d'Arc comptait reprendre le combat le lendemain, mais le roi fit battre l'armée en retraite. Quelques mois plus tard, en mai 1430, Jeanne tomba aux mains des Bourguignons, qui la livrèrent aux Anglais. On sait le procès qui lui fut intenté : voulant déconsidérer sa mission, les Anglais la firent juger par un tribunal ecclésiastique, qui la déclara hérétique, et « envoyée du diable ». La minute du procès de condamnation montre la force d'âme et la noblesse de cette jeune fille de dix-huit ans, face aux interrogatoires insidieux et torturants des hommes d'Église. On la harcela de questions sur ces « voix », qui s'étaient manifestées à elle, depuis qu'elle avait treize ans, et qui lui avaient dicté tous ses actes :

Question. — Est-ce que vous appelez sainte Catherine et sainte Marguerite, ou viennent-elles sans qu'on les appelle?
Jeanne. — Elles viennent souvent sans que je les appelle. Mais si elles ne venaient bientôt, je requerrais Notre-Seigneur qu'Il les envoyât!
Question. — Y a-t-il des fois où vous les ayez appelées et qu'elles ne soient pas venues?

Jeanne. — Je n'en ai jamais eu tant soit peu besoin que je ne les aie...
Question. — Quand vous avez quitté père et mère, pensiez-vous point pécher?
Jeanne. — Puisque Dieu le commandait, il fallait le faire. Puisque Dieu le commandait, eussé-je eu cent pères et cent mères, eussé-je été fille de roi, que je serais partie.

(1) Jeanne d'Arc.

Question. — **Avez-vous demandé à vos voix s'il fallait avouer votre départ à votre père et à votre mère?**

Jeanne. — Pour ce qui est de mon père et de ma mère, elles étaient assez d'avis de le leur avouer, n'eût été la peine qu'ils auraient eue si je le leur avais dit. Mais moi, je ne le leur aurais avoué pour rien au monde. Les voix s'en rapportaient à moi de le dire à père ou mère ou bien de me taire.

Question. — **Quand vous voyiez saint Michel et les anges, est-ce que vous leur faisiez la révérence?**

Jeanne. — Oui; et je baisais la terre après leur départ, là où ils avaient reposé, en leur faisant la révérence. (*Interrogatoire du 12 mars.*)

Jeanne d'Arc fut brûlée vive, comme sorcière, sur la place du Vieux Marché, à Rouen, en 1431. L'opinion populaire n'attendit pas son procès de réhabilitation (entrepris en 1456) pour lui vouer son admiration. Elle est restée, jusqu'à nos jours, la plus célèbre des héroïnes nationales, exaltée par Michelet, chantée par Péguy, Claudel, Anouilh, Honegger.

Le mouvement d'enthousiasme qu'avait su créer cette jeune bergère alla en grandissant et, en 1453, les Anglais étaient chassés de France (ils ne gardaient que Calais). La guerre de Cent Ans prenait fin, faute de combattants.

Après cette longue lutte, la France offrait l'image de la dévastation :

A peine avez-vous posé le pied dans le royaume que l'aspect de la contrée devient sordide et raboteux : champs incultes, ronces, épines et buissons ; de rares cultivateurs hâves et exsangues, couverts de haillons ; des ruines nombreuses, de nombreuses demeures vides d'habitants.

TH. BASIN.

La fin de la féodalité

Il appartenait à Louis XI (1461-1483) de triompher du duché de Bourgogne, seul grand fief féodal qui pouvait encore porter ombrage au pouvoir royal. L'historien Commines a dépeint ce roi retors et cruel :

Il avait fait fabriquer, dit-il, de rigoureuses prisons, comme cages de fer ou de bois, couvertes de plaques de fer à l'extérieur et à l'intérieur, avec de terribles ferrures, de quelque huit pieds de large et de la hauteur d'un homme, plus un pied.

C'est là que Louis XI enfermait ceux qui s'opposaient à son pouvoir. Mais il était aussi habile calculateur, politique avisé, et, à la guerre, il préféra les intrigues diplomatiques. Commines a su rendre justice aux qualités de celui qu'on appela souvent « le terrible roi ».

Entre tous ceux que j'ai jamais connus, le plus sage pour se tirer d'un mauvais pas en temps d'adversité, c'était le roi Louis XI notre maître, et le plus humble en paroles et en habits; celui qui travaillait le plus à gagner un homme qui pouvait le servir ou qui pouvait lui nuire...

Il était par nature ennemi des gens de condition moyenne et ennemi de tous les grands qui pouvaient se passer de lui. Nul ne prêta tant l'oreille aux gens, ne s'informa de tant de choses que lui, et ne voulut connaître autant de gens. Car il connaissait tous les gens d'autorité et de valeur qui étaient en Angleterre, Espagne, Portugal, Italie et seigneuries du duc de Bour-gogne ou de Bretagne, aussi exactement que ses sujets. Et les procédés, les façons dont il usait, dont j'ai parlé plus haut, lui ont sauvé sa couronne, vu les ennemis qu'il s'était lui-même acquis lors de son avènement au trône.

Mais ce qui lui a le plus servi, c'est sa grande largesse car s'il se conduisait sagement dans l'adversité, par contre, dès qu'il se croyait en sûreté, ou seulement en trêve, il se mettait à mécontenter les gens, par des procédés mesquins qui lui servaient peu, et il pouvait à grand-peine supporter la paix.

Mémoires. Livre I. Chap. X.

A la mort de Louis XI, la féodalité était vaincue, au profit du roi. L'unité de la France était faite.

QUELQUES ASPECTS DE LA VIE QUOTIDIENNE

Des documents de tous ordres nous renseignent sur la vie quotidienne au Moyen Age. C'est au moment où la civilisation médiévale est dans son épanouissement, du XIIe siècle à la fin du XIVe siècle, qu'il convient de la saisir.

LA VIE PAYSANNE

La meilleure représentation que nous ayons de la vie paysanne est celle qu'en donnent les artistes du temps. Fidèlement, avec minutie et sympathie, ils nous montrent le paysan dans ses gestes les plus humbles. Sculptures, vitraux, tapisseries et miniatures ont comme sujet de prédilection les travaux des champs. Le paysan taille ses arbres, moissonne à la faucille, ou bien, le torse dévêtu, bat le blé au fléau. En automne, il laboure la terre et sème; ailleurs, encapuchonné, il fait paître ses troupeaux. Le froid venu, il tue le porc, prépare les provisions d'hiver, et se chauffe près d'une cheminée.

En littérature, c'est presque un lieu commun de décrire le paysan comme un rustre, un être affreusement laid. On s'en moque souvent, on le ridiculise. Toutefois dans la gracieuse chantefable d'*Aucassin et Nicolette* (XIIIe siècle), l'auteur s'est penché sur les soucis d'un pauvre valet de ferme.

Il était grand, étrange, laid, hideux. Il avait une grande hure (1) plus noire que le charbon, plus d'une main d'intervalle entre les deux yeux, de grandes joues, un immense nez plat, d'énormes narines ouvertes, de grosses lèvres plus rouges qu'une escarboucle, et de grandes dents jaunes et laides. Il était chaussé de houseaux (2), et de souliers en cuir de bœuf, maintenus par des cordes de tilleul, jusqu'au-dessus des genoux; il était affublé d'une chape à deux envers, et s'appuyait sur une massue...

Il raconte ensuite son histoire au jeune Aucassin, fils du comte Garin de Beaucaire.

— Je m'étais loué à un riche vilain et je conduisais sa charrue : il y avait quatre bœufs. Or, il y a trois jours, il m'arriva un grand malheur : je perdis le meilleur de mes bœufs, Rouget, le meilleur de la charrue, et je m'en vais, le cherchant. Je n'ai mangé, ni bu, depuis trois jours, et je n'ose aller à la ville, car on me mettrait en prison, parce que je n'ai pas de quoi le payer. De tout l'avoir du monde, je n'ai rien de plus que ce que vous voyez sur mon corps. J'avais une pauvre mère; elle ne possédait plus qu'un méchant matelas; on le lui a ôté de dessous le dos, et elle gît à même la paille; je souffre plus pour elle que pour moi, car l'argent va et vient : si aujourd'hui j'ai perdu, je gagnerai une autre fois; je paierai mon bœuf quand je pourrai, je ne vais pas pleurer pour cela!

— ... Et que valait ton bœuf?

— Sire, c'est vingt sous qu'on me réclame, et je n'en puis faire rabattre une seule maille (3).

— Tiens, fait Aucassin, voici vingt sous que j'ai dans ma bourse, paie ton bœuf.

— Sire, dit-il, grand merci.

Étienne de Fougères (deuxième moitié du XIIe siècle) décrit, dans son *Livre des Manières*, la condition des paysans, dont les travaux font vivre clercs et chevaliers :

Il a bien du travail et peine;
Au meilleur jour de la semaine,
Il sème seigle, il herse avoine.
Il fauche prés, il tond la laine.

Il fait palissade et enclos,
Il fait viviers sur les rivières,
Il fait corvées, et prestations,
Et obligations coutumières.

---

(1) Tête de sanglier. — (2) Sortes de guêtres. — (3) Très petite pièce de monnaie, d'où l'expression « avoir maille à partir avec ».

Jamais il ne mange bon pain;
Nous lui prenons le meilleur grain
Et le plus beau et le plus sain
Mais le mauvais reste au vilain
S'il a oie grasse ou poulette
Ou gâteau de blanche farine

A son seigneur il le destine...
Bons morceaux, jamais il ne tâte,
Ni un oiseau, ni un rôti.
S'il a pain de noire farine,
Et lait, et beurre, c'est son régal.

LA VIE SEIGNEURIALE

Certaines cours seigneuriales étalaient, surtout au moment des fêtes et des noces, un luxe et une magnificence qui nous étonnent aujourd'hui. Ainsi en témoigne ce texte, tiré du roman provençal *Flamenca* (XIIIᵉ siècle). L'auteur se laisse parfois emporter par son imagination. Mais tous les détails rapportés ici sont exacts, qui concernent les préparatifs du festin, l'ordonnance du repas, la variété des mets servis.

Archambaut fait orner la ville. On tend les rues de tapisseries, on y dispose des banquettes, dc riches tapis, des étoffes de soie, le sol est jonché d'herbes et de fleurs coupées... Par tout le bourg, chacun s'occupe de mettre les rues en état. Outardes, cygnes, grues, perdrix, canards, chapons, oies, poules et paons sont en telle abondance qu'on n'en saurait désirer davantage, mais il n'y avait point de viande de qualité inférieure. Archambaut fit approvisionner largement les hôtels de légumes, d'avoine, de cire; pour rien au monde, il n'eût voulu qu'on en manquât : il avait amassé assez d'épices, d'encens, de cannelle, de poivre, de girofle, de noix de muscade, de safran pour en faire brûler un plein chaudron à chaque carrefour...
(*Puis vient le moment du festin.*)
Après qu'on eût corné l'eau (1) et qu'ils se furent lavé les mains, tous s'assirent, non pas sur des bancs, mais sur des coussins de soie diaprée, et loin d'être rudes, les serviettes qu'on leur donna pour s'essuyer les mains étaient bien douces et bien unies. Les dames une fois assises, on servit des mets de toute espèce. Tout ce qui peut se faire de froment, de racines, de raisin, de fruits, de jeunes rejetons, toutes les bonnes choses que produisent l'air, la terre et les abîmes de la mer figuraient sur les tables.

Voici, tirée du *Ménagier de Paris,* composé vers 1392, une scène familière de la vie seigneuriale :

Le feu était clair et beau et les lits étaient bien parés et couverts de belles courtepointes et de tapis, et la dame était vêtue d'une pelisse toute neuve. Le seigneur vint des champs. La dame se précipita vers lui; elle lui ôta son manteau et voulut lui ôter ses éperons, mais le seigneur ne le voulut souffrir et les fit ôter à ses valets; la dame s'offrit beaucoup à le servir : elle court, elle lui apporte un manteau de deux draps, le lui met sur les épaules, lui prépare une chaise et lui met un coussin dessus. Elle le fait asseoir devant le feu et lui dit : « Sire, vous êtes assurément tout pâle de froid, chauffez-vous et prenez vos aises. »

LE NOUVEL ESSOR DES VILLES

Jusqu'au XIIᵉ siècle, les villes sont peu nombreuses en France. Pendant longtemps, les seigneurs vécurent en économie fermée sur leurs terres avec les paysans. La crainte périodique des invasions, la carence en voies de communication et l'importance très réduite du commerce intérieur ne favorisaient pas la création de nouveaux centres urbains, et les anciennes cités d'occupation romaine n'avaient plus le rôle politique et administratif pour lequel elles avaient été fondées. Mais, avec la fin des invasions, cesse la crainte de circuler. L'essor démographique considérable qui fit passer la population de huit à seize millions d'habitants du Xᵉ siècle au XVIᵉ siècle, a contraint à construire de nouveau. Mais ce sont également les Croisades qui ont indirectement favorisé la révolution urbaine. Les croisés ont de nombreux contacts avec les com-

(1) Appeler à son de trompe pour inviter les gens à se laver les mains avant le repas.

merçants musulmans, lombards et vénitiens qui franchissent la Méditerranée par bateau, ou les Alpes par caravane, pour vendre les produits qu'ils ont achetés en Afrique ou en Extrême-Orient. Les croisés, séduits par la richesse et le luxe orientaux, favorisent ce commerce. Bientôt, les négociants ouvrent des marchés d'échanges aux nœuds de communication : aux carrefours de routes, le long des rivières, près des ports, à côté des châteaux. Le bourg s'étend autour du marché et souvent est entouré d'une enceinte, destinée à le protéger. Ses habitants forment la nouvelle classe des bourgeois, distincte de la noblesse et de la paysannerie. Les nouveaux quartiers construits hors de l'enceinte sont les faubourgs. La plupart des maisons sont en bois, sauf l'église et le logement de certains notables, et les risques d'incendie sont très grands. Les maisons sont construites de façon désordonnée, au gré des besoins; les rues, étroites et tortueuses, sont rarement pavées. Les bourgeois, fiers de leur cité, contribuent à l'embellir, en construisant l'église, ou en érigeant un beffroi, qui symbolise l'indépendance de la communauté. Guillaume le Breton nous raconte comment le roi contribua à l'extension de la capitale :

... Philippe, roi magnanime, entoura tout Paris dans une enceinte, depuis la partie méridionale, jusqu'au fleuve de la Seine, des deux côtés; il enferma une très grande superficie de terres dans le tour des murs et poussa les possesseurs de champs et de vignes à louer ces terres et ces vignes à des habitants pour qu'ils construisent des maisons ou à bâtir eux-mêmes ces nouvelles demeures afin que toute la cité paraisse remplie d'habitations jusqu'aux murs.

LA VIE DANS UNE MAISON BOURGEOISE

Dans *le Ménagier de Paris*, un mari âgé donne à sa jeune femme des conseils pour bien tenir sa maison.

Le ménage doit être fait chaque matin :

La maîtresse de maison doit commander aux chambrières que les entrées de l'hôtel, c'est-à-dire la salle et les autres lieux par où les gens entrent et s'arrêtent en l'hôtel pour parler, soient de bon matin balayés et tenus proprement; et les tabourets, couvertures et housses qui sont sur les escabelles, dépoussiérées et secouées; et aussi les autres chambres pareillement nettoyées.

La sollicitude envers les animaux domestiques se manifeste d'une façon touchante :

Il faut penser principalement, et soigneusement et diligemment à vos bêtes de chambre tels que petits chiens, oiselets de chambre; et aussi aux autres oiseaux domestiqués, car ils ne peuvent parler et pour cette raison vous devez parler et penser pour eux, si vous en avez.

Parmi les recettes qui sont données, en voici une, pour préparer l'eau « à laver les mains », avant de se mettre à table.

Mettez bouillir de la sauge, puis coulez l'eau, et faites refroidir jusqu'à plus que tiède. Ou vous mettez au lieu de sauge, camomille, ou marjolaine, ou vous mettez du romarin; et cuire avec de l'écorce d'orange. Et les feuilles de laurier sont bonnes aussi.

Voici enfin un modèle de dîner pour jour gras :

1er *service* : Vin de Grenache et rôtis, pâtés de veau, pâtés de pinparneaux (1), boudins et saucisses.

2e *service* : Civet de lièvres et côtelettes, pois en purée, salé et grosse viande, bouillon d'anguilles et autres poissons.

3e *service* : Rôti : lapins, perdrix, poulets, brochets, carpes et potage.

4e *service* : Oiseaux de rivière, riz, bourrée à la sauce chaude et anguilles renversées.

5e *service* : Pâtés d'alouettes, rissoles, entremets sucrés.

6e *service* : Poires et dragées, nèfles et noix pelées. Vin sucré et mestiers (2).

_____

(1) Espèces d'anguilles. — (2) Sortes de gaufres minces.

LA VIE DES ÉTUDIANTS

Le savoir était tenu en haute estime au Moyen Age, et les enfants de toutes les conditions sociales recevaient une instruction sommaire dans les écoles attachées aux églises, aux couvents ou aux évêchés. L'autorité de l'évêque était toute-puissante, et c'est lui qui accordait la « licence » ou permission d'enseigner.

Mais au début du XIIIᵉ siècle, étudiants et maîtres, dans un souci d'émancipation, se groupèrent en associations indépendantes : ce furent les Universités. Chacune avait sa spécialité : à Montpellier, par exemple, on enseignait la médecine; à Orléans, le droit. La plus célèbre fut bientôt l'Université de Paris, cette « lampe resplendissante dans la Maison du Seigneur », comme l'appelle le pape Alexandre IV. On pouvait y apprendre non seulement les Arts Libéraux (trivium, c'est-à-dire grammaire, rhétorique, logique, et quadrivium, c'est-à-dire arithmétique, géométrie, musique et astronomie), mais encore la théologie, le droit, la médecine.

Ces universités sont une des gloires du Moyen Age. Des étudiants, venus de toutes les contrées, se pressaient pour écouter les plus grands maîtres de la scolastique faire leurs cours en latin. La scolastique désigne l'enseignement philosophique qui était distribué dans les écoles. Cet enseignement conciliait des méthodes d'argumentation logique avec le respect de la théologie et des philosophes anciens, dont le maître incontesté était Aristote. Le portail de Saint-Etienne à Notre-Dame de Paris montre, dans ses bas-reliefs sculptés, la vie, à la fois studieuse et turbulente des étudiants. A Paris, le quartier des Écoles — appelé « Quartier Latin » — était animé de leurs joyeuses farces, de leurs chansons gaillardes entonnées dans les tavernes. Beaucoup de ces jeunes gens, de condition très modeste, recevaient le vivre et le couvert dans les collèges, créés par des fondations charitables. Robert de Sorbon fonde ainsi le collège qui, par la suite, deviendra la Sorbonne, pour héberger les étudiants en théologie. Plus d'un texte se fait l'écho des difficultés matérielles rencontrées au cours des études.

Nous menons une vie de labeur studieux, dont la vertu n'est pas absente; mais le riche se rit des pauvres étudiants et leur donne même des coups.

Dans ma chambre qui n'est pas une haute chambre de château je fais de maigres repas; je n'ai pas d'argent, et les Parques ne me font pas de cadeaux. Bettes, fèves, pois font chez moi figure de plats fins; entre compagnons, nous plaisantons sur la viande, pour la bonne raison qu'on ne nous en donne pas. La carafe de vin que m'octroye le sort dépend de ma bourse, qui est plate.

Notre vertu intellectuelle en sort revivifiée; la vertu active la suit, qui nous dispose à acquérir des mérites.

Telle est la vie des clercs aux visages maigres, qui n'ont que la peau sur les os : cette vie nous purifie, elle fait parler les fantômes que nous sommes, nous fait dire pourquoi le soleil soudain pâlit, pourquoi la lune s'assombrit, pourquoi la mer s'apaise, sous quel tremblement s'ouvre la terre, d'où vient la grêle, la neige, la pluie, quand arrive la foudre, et l'été où les jours s'allongent, et l'hiver où ils se raccourcissent.

Jean de Garlande, *Morale Scholarium*.

LA VIE DES ARTISANS

Du XIᵉ siècle au début du XIIIᵉ siècle, les cités ont conquis leur autonomie. A l'abri de leurs murs, la vie urbaine s'organise. Les artisans travaillent, groupés en confréries, ou en associations de métiers que les historiens ont pris l'habitude, depuis le XVIIIᵉ siècle, d'appeler « corporations ».

Les conditions de travail des artisans nous sont assez bien connues, grâce au *Livre des Métiers*, rédigé par Étienne Boileau, au XIIIᵉ siècle, sur la demande de Saint Louis.

Voici quelques passages de la réglementation concernant les « couteliers faiseurs de manches » :

Quiconque veut être coutelier à Paris, c'est-à-dire faiseur de manches de couteaux d'os, de bois et d'ivoire, et faiseur de peignes d'ivoire, et emmancheur de couteaux, il peut l'être, sans payer de droit, pourvu qu'il œuvre selon les us et coutumes du métier qui sont tels :

Un coutelier ne peut avoir que deux apprentis, et il ne peut prendre son apprenti pour moins de huit ans de service, mais pour plus longtemps, il le peut, et avec de l'argent, si c'est possible.

Nul coutelier ne peut vendre son apprenti, s'il ne gît au lit, gravement malade, ou ne va outre-mer, ou ne laisse pour toujours le métier, ou ne le fait par pauvreté.

Si l'apprenti s'en va de chez son maître sans congé, par légèreté d'esprit, et par jeunesse de caractère, par trois fois, le maître ne doit pas le reprendre à la troisième fois, ni aucun autre du métier précité, ni comme serviteur, ni comme apprenti. Et cela les prud'hommes du métier l'établissent pour refréner la folie et légèreté des apprentis, car ils font grand dommage à leur maître et à eux-mêmes, quand ils s'enfuient.

Nul coutelier ne peut et ne doit mettre argent sur manche d'os.

Nul coutelier ne doit et ne peut travailler de nuit, ni un jour de fête célébré par l'ensemble de la cité.

Chaque ville travaillait à une fabrication particulière : par exemple les toiles à Douai et Cambrai, les feutres à Provins, la batterie de cuivre ou d'étain à Huy ou à Dinant. En Artois et en Champagne s'ouvrirent au XIIᵉ siècle de grands ateliers, où les ouvrières en soierie

De fil d'or et de soie ouvraient
Chacune au mieux qu'elles pouvaient.
Mais telle pauvreté avaient

Que aux coudes et aux mamelles
Leurs robes étaient en dentelle
CHRÉTIEN DE TROYES.

Leur misère a ému Chrétien de Troyes, il leur prête cette plainte :

Toujours draps de soie tisserons
Et n'en serons pas mieux vêtues,
Toujours serons pauvres et nues,
Et toujours faim et soif aurons;
Jamais tant gagner ne saurons
Que mieux en ayons à manger.
De pain, n'avons que chichement,
Au matin, peu, et au soir moins;
Et de l'ouvrage de nos mains
Chacune n'aura pour son vivre
Que quatre deniers de la livre.
Et de cela ne pouvons pas
Avoir assez viande et draps;
Car qui gagne pour sa semaine

Vingt sous n'est pas hors de peine.
Eh bien sachez, soyez certains
Qu'il n'y a pas une de nous
Qui ne gagne vingt sous au plus.
De cela serait riche un duc !
Et s'enrichit de nos salaires
Celui pour qui nous travaillons.
Des nuits, grand'partie veillons
Et tout le jour, pour avoir gain.
On nous menace de frapper
Nos membres, quand nous reposons :
Pour cela, reposer n'osons.

Yvain (Vers 5298-5324).

LA VIE DES MARCHANDS

Le commerce prend, aux XIIᵉ et XIIIᵉ siècles, une très grande expansion. Les échanges avec les pays du bassin méditerranéen se multiplient. Des caravanes de marchands remontent la vallée du Rhône, de la Saône, de la Meuse, passent en Flandre par l'Escaut, et débarquent en Angleterre. Malgré les périls auxquels ils pouvaient se trouver exposés, le long des routes souvent peu sûres, ils emportaient dans leurs ballots toutes sortes de produits rares et précieux.

— Quelles marchandises as-tu?
— Siglatons (1), Sire, draps de soie et toiles,
Etoffes vertes, écarlates et bleues,

Et blancs hauberts et forts heaumes luisants,
Epieux tranchants, bons écus pesants,
Claires épées au pommeau d'or luisant.

---

(1) Etoffe de soie.

Otran répond alors :

— C'est bien, marchand.
Guillaume dit : « Baron, prenez patience.
Viennent ensuite des objets plus précieux.

— Mais qu'est-ce donc? En premier lieu voici
Encre et soufre, encens et vif argent,
Alun, cochenille (1), poivre et safran,
Pelleteries, basane, cuir cordouan,
Et peaux de martre bonnes en leur temps. »

Les grandes foires, à Saint-Denis, Provins, Lagny notamment, et dans bien d'autres villes d'Ile-de-France et de Champagne étaient le rendez-vous des marchands ambulants. On pouvait y acheter toutes sortes de denrées. Un jongleur, qui se promène à travers la célèbre « Foire du Lendit » (à Saint-Denis), raconte ainsi ce qu'il voit :

Ici barbiers et cervoisiers (2),
Taverniers et puis tapissiers :
Assez près d'eux sont les merciers.
Sur la côte du grand chemin
Est la foire du parchemin.
Après, j'ai trouvé les pourpoints
Dont maint homme est vêtu à point,
Puis la grande pelleterie...
Je passai par les ferronniers,
Après je vis les chaudronniers,
Et cordonniers et bourreliers,
Selliers, éperonniers, cordiers.
Il trouve là, qui sait chercher,
Pierres à aiguiser, des Ardennes,
Haches, cognées et tarières,

Outils tranchants de toutes sortes.
Là je trouvai fondeurs, tanneurs,
Et fabricants de fines peaux,
Faiseurs de coffres et changeurs...

(L'énumération se poursuit, et l'auteur en vient à mentionner d'autres marchands.)

... Ceux qui amènent le bétail,
Vaches, bœufs, brebis et pourceaux,
Et ceux qui vendent les chevaux,
Roncins (3), palefrois (4), destriers (5),
Les meilleurs que l'on puisse trouver,
Juments, poulains et palefrois
Qui sont pour les Comtes et les Rois.

Poème anonyme.

Tout au long de l'année, les cités tenaient marché journalier où les paysans des environs apportaient à vendre fruits, légumes, œufs et volailles comme de nos jours. Mais l'on pouvait aussi s'approvisionner dans les boutiques, installées à demeure, par exemple chez les « regratiers » (6), ancêtres de nos épiciers :

Des regratiers de pain, de sel, de poisson de mer, et de toutes autres denrées, sauf poisson d'eau douce et cire ouvragée :
Quiconque a acheté le métier de regratier de pain à Paris, il peut vendre poisson de mer, chair cuite, sel à mines et à boisseaux, — à l'étal et à fenêtre, et pommes, et toutes autres sortes de fruits qui poussent au royaume de France, aulx, oignons, échalotes, dattes, figues et toute sorte de raisin, poivre, cumin, cannelle, réglisse et cire qui ne soit ouvragée.

E. BOILEAU, *Livre des Métiers.*

JEUX ET DIVERTISSEMENTS

Les distractions abondent au Moyen Age. Les fêtes religieuses sont célébrées avec éclat et s'accompagnent volontiers de festins. Dans les cités, chaque confrérie honore son saint patron : saint Crépin, pour les cordonniers, saint Nicolas, pour les bouchers. La statue du saint est portée en procession et les membres du métier défilent sous les bannières de la corporation. A cette occasion, la cité entière cesse le travail, et l'on a compté que le nombre des jours ainsi chômés s'élevait à 80 dans une année. La foule se presse aussi pour assister aux représentations théâtrales qui ont lieu sur le parvis des églises. Plus simplement, le dimanche, on joue aux boules, aux palets, aux quilles;

---

(1) Teinture rouge qui provient de l'insecte de ce nom. — (2) Fabricants de bière (cervoise). — (3) Cheval de bât. — (4) Cheval d'apparat. — (5) Cheval de bataille que l'écuyer conduisait de la main droite (dextre). — (6) Du vieux mot « regratter » : marchander, rabattre.

ou bien les cités rivalisent (Lille et Douai, par exemple, au XIIIᵉ siècle) dans les joutes. Les seigneurs se réservaient le plaisir de la chasse et de ces jeux souvent violents que furent les tournois.

UN TOURNOI

On dressa à l'une des portes de la ville, devant les prés, un grand échafaud (1) ayant vue sur la campagne; c'est là que se placeront les dames et ceux d'entre les barons qui ne porteront pas les armes...

Au matin, lorsque le soleil se montra rougissant, après qu'on eût sonné matines, vous eussiez entendu trompes et clairons, trompettes et cors, cymbales, tambours et flûtes, non point de bergers, mais de ceux qui sonnaient l'appel au tournoi et mettaient en mouvement chevaliers et chevaux. Le fracas fut grand, alors que retentirent les grelots des chevaux qui passaient, les uns au trot, les autres au galop, foulant les herbes et les fleurs. Le tournoi commence...

Le comte Alphonse, celui de Toulouse, le meilleur comte dont on ait jamais ouï parler, alla jouter (2) avec le comte de Louvain, qu'on nommait Gontaric. Tous deux étaient bons chevaliers : ils frappent de telle sorte qu'ils ont brisé leurs écus; les sangles sont rompues, ils tombent à terre. Les chevaliers accourent pour les relever; on se pousse, on se frappe, on se renverse; les lances se brisent, les arçons se déchirent; masses et bâtons tombent et retombent, les épées se heurtent aux heaumes et s'ébrèchent. Les heaumes sont bossués. Jamais on ne vit pareille mêlée...

Le comte de Champagne jouta avec le grand comte de Rodez. Chacun d'eux était vaillant chevalier; ils se portèrent des coups merveilleux; rênes, sangles, selles, boucles, étriers, tout craqua; cependant ils ne bronchèrent pas et tombèrent à terre sur leurs pieds, l'écu devant la poitrine, et la lance en arrêt, comme pour lutter à pied, — mais le roi fit interrompre aussitôt le tournoi.

Flamenca.

LES CRIS DE LA RUE

Aux bruits des artisans au travail, dont les échoppes ouvrent sur la rue, se mêlent, au Moyen Age, les cris et les boniments des marchands. On « crie » tout, à cette époque : on crie le vin à la porte des tavernes, on fait savoir à haute voix que les bains sont chauds, et cela très tôt le matin, au risque de réveiller ceux qui dorment (« Que nul ne crie ni fasse crier les étuves jusques à temps qu'il soit jour », rappelle E. Boileau dans son *Livre des métiers*). On crie sauce verte, sauce à l'ail, fèves chaudes, « Oisons, pigeons et chair salée », toutes les variétés de salades, de fromages et de fruits, — ceux mêmes que nous mangeons encore aujourd'hui. En passant dans les rues, on s'égosille à proposer chandelles de coton, almanachs, balais, aiguilles et semelles, et aussi ces petits pâtés, dont on se montrait alors si gourmand :

Et pour moi un tas de friands,
Pour Gautier, Guillaume ou Michaud,

Tous les matins je vais criant
Échaudés, gâteaux, pâtés chauds.

Le langage savoureux et cadencé que savaient trouver ces marchands pour signaler leur passage, et donner l'envie d'acheter, montre que les gens du peuple, à l'époque médiévale, avaient tout naturellement le goût du mot et le sens du rythme.

---

(1) Plate-forme en charpente. On exécutait les condamnés à mort sur cette plate-forme et le mot échafaud prit par extension le sens de peine de mort et, par la suite, de guillotine. — (2) Combattre en une joute, un combat courtois.

SCIENCES ET TECHNIQUES

Ce que nous appelons « science » n'existe pas, à proprement parler, au Moyen Age. A plusieurs siècles d'intervalle, les mêmes mots ne recouvrent pas les mêmes idées. Il serait plus juste de parler de « savoir », de « connaissance ». L'homme du Moyen Age est plus intéressé par le sens caché des choses que par les apparences. Pour lui, la réalité visible n'est que le symbole et le signe d'une vérité plus grande. Le savant médiéval et le savant moderne ont donc une façon radicalement différente de concevoir leurs disciplines.

C'est peut-être dans ce domaine que le Moyen Age reste le plus méconnu. Nous possédons un très grand nombre de traités médiévaux sur les questions les plus diverses, telles que l'astronomie, l'arithmétique et la médecine ; mais le dénombrement de ces traités est loin d'être fait, leur déchiffrement est souvent malaisé et nos vues en sont encore très fragmentaires.

Il est fort difficile d'isoler ce qui fut l'apport particulier de la France d'alors. Le savoir fut longtemps conservé dans les monastères, bon nombre de savants furent des religieux, et l'on assiste à d'incessants déplacements, d'un couvent à l'autre, d'un pays à l'autre. Un brassage se fait ainsi, par des échanges qui s'étendent de l'Irlande à la Dalmatie, non seulement entre les différentes parties du monde chrétien, mais avec le monde musulman et hébraïque, et à travers eux, avec l'Extrême-Orient. Gerbert (2e moitié du Xe siècle), moine à Aurillac, puis écolâtre à Reims, entre en contact, lors d'un séjour en Catalogne, avec la science arabe. Plus tard, au moment où se développeront les Universités (XIIe - XIIIe siècle), les étudiants iront écouter les savants à l'endroit même où ils enseignent et les maîtres déjà réputés, parfois déjà âgés, n'hésiteront pas à passer d'une Université à l'autre. Albert le Grand, né en Souabe, vient enseigner la théologie à l'Université de Paris. Il aura comme élève, en 1245, le Napolitain Thomas d'Aquin. Le médecin espagnol Arnauld de Villeneuve professera à Montpellier. Roger Bacon séjournera à Paris, tout comme Raymond Lulle. Pour l'élite intellectuelle de ce temps-là, les frontières n'existent pas et Paris représente un véritable rendez-vous international.

***L'expérience
et l'imagination***
Dans les ouvrages qui nous sont parvenus, des distinctions sont à opérer. Les uns montrent une précision étonnante dans la description, une observation minutieuse, et en ce sens, les travaux d'Albert le Grand s'apparentent à ceux des naturalistes modernes. Mais les autres (c'est le cas en particulier des « encyclopédies » rédigées à partir du XIIe siècle) sont écrits dans un esprit différent. Toutes sortes d'éléments s'y trouvent juxtaposés. A côté d'une représentation très juste des animaux, prennent place des légendes accréditées, des opinions couramment admises. Il s'agit dans les bestiaires (1), lapidaires (2), herbiers, de faire de vastes dénombrements, de donner la « somme » des connaissances du temps. Le monde est ainsi présenté comme un vaste répertoire des merveilles dans l'*Image du Monde* d'Hono-

---

(1) Recueils consacrés aux animaux. — (2) Recueils consacrés aux pierres.

rius d'Autun, dans le *Miroir* de Vincent de Beauvais, dans *le Livre du Trésor*, de Brunetto Latini, écrit en français. L'hirondelle, l'ours et la fourmi voisinent avec les monstres et les animaux fantastiques. Peut-on affirmer que les auteurs de tels ouvrages croyaient à l'existence des scinopodes qui n'ont qu'une jambe, ou des blémyes dont la bouche s'ouvre au milieu du ventre? On les a accusés d'absurdité. C'est peut-être notre naïveté qui est en cause. Traiterions-nous de naïves les peintures d'un Jérôme Bosch où grouillent des monstres, présentés sous des aspects et dans les situations les plus invraisemblables? L'imagination, la poésie même y trouvent leur compte, et, sans nul doute, aussi la symbolique. On sait par exemple que l'onocentaure, moitié âne, moitié homme, figure l'être humain qu'avilissent ses mauvais instincts; la licorne représente la pureté, et le phénix, oiseau unique de son espèce, qui renaît de ses cendres au bout de trois jours, est l'image du Christ, sortant vainqueur de la mort. Entre la science, la philosophie, la religion, il n'y a pas de barrières.

L'alchimie, l'arithmétique, l'astronomie

Le Moyen Age n'a pas ignoré l'expérimentation qui nous semble, avec l'observation, un des éléments de la science moderne. Tous les savants réputés furent plus ou moins tentés par l'alchimie. C'est dans sa recherche sur la transmutation des métaux qu'Arnauld de Villeneuve découvre l'essence de térébenthine, et l'utilisation de l'alcool comme solvant. C'est en recourant à la distillation, dans le même but alchimique, que Raymond Lulle pressent la chimie organique. Les expériences de Pierre de Maricourt, fort bien conduites — qu'il décrit en 1269, dans sa *Lettre sur la pierre d'aimant* — contribueront d'une manière déterminante à la théorie du magnétisme. Gerbert avait rapporté d'Espagne, à la fin du Xe siècle, l'abaque, table à calcul sur laquelle les chiffres prennent une valeur variable, selon la colonne où ils sont disposés. Cela, joint à l'introduction des chiffres arabes, favorisa l'essor de l'arithmétique. Pour pouvoir repérer à tout moment la position respective des astres, on perfectionna un ingénieux instrument : l'astrolabe. Jean de Lignières compose un vaste répertoire d'étoiles, cependant que Guillaume de Saint Cloud fait en 1292 de précieuses mesures astronomiques. On sait que Roger Bacon se servait de lentilles concaves et convexes. En médecine, à partir du XIVe siècle, la dissection, longtemps abandonnée pour des raisons religieuses, est remise en honneur à l'Université de Montpellier, où s'illustre le chirurgien Guy de Chauliac.

Il n'est pas question de faire ici le bilan des connaissances du Moyen Age. Il est bon toutefois de remarquer que l'idée de la rotondité de la terre était couramment répandue. Ainsi en témoigne ce texte de « vulgarisation », tiré du *Trésor* de Brunetto Latini (XIIIe siècle) :

Et à la vérité, la terre est aussi comme la pointe du compas, qui toujours est au milieu de son cercle, et qui ne s'éloigne pas plus d'un côté que d'un autre. Et pour cette raison, il est nécessaire que la terre soit ronde; car si elle était d'une autre forme, elle serait plus près du ciel et du firmament en un lieu qu'en un autre, et ce ne peut être; car s'il était chose possible qu'on pût creuser la terre et faire un puits, et qu'on y jetât une très grande pierre ou quelque objet lourd, je dis que cette pierre ne s'en irait pas ailleurs, mais se dirigerait toujours vers le milieu de la terre, c'est-à-dire sur la pointe du compas de la terre; et elle n'irait ni avant ni arrière, parce que l'air qui environne la terre entrerait par l'ouverture d'un côté et de l'autre, et ne permettrait pas qu'elle allât plus loin que le milieu, ni qu'elle retournât en arrière, si ce n'est un peu par la force de la chute...; et d'autre part toutes choses vont toujours au plus bas, et la chose la plus basse et la plus profonde qui soit au monde est la pointe de la terre, c'est-à-dire le centre qui est appelé abîme, où est situé l'enfer.

Il y a encore une autre raison qui montre d'une façon évidente que la terre est ronde : s'il n'y avait sur la face de la terre aucun empêchement et si un homme pouvait aller partout, certes il irait tout droit en tournant sur la terre, si bien qu'il reviendrait à l'endroit d'où il serait parti. Et si deux hommes, à partir d'un même lieu et d'un même jour, se mettaient à marcher l'un vers le soleil levant, l'autre vers le soleil couchant, assurément, ils se rencontreraient en ce lieu qui serait de l'autre côté de la terre, exactement à l'opposé du lieu d'où ils seraient partis.

Livre du Trésor, I, 3.

LES TECHNIQUES

Tout au long du Moyen Age, nous l'avons vu, les préoccupations scientifiques ont été liées à des préoccupations spirituelles. Mais n'allons pas croire que les savants se soient détournés des applications pratiques : la notion d'utilité n'est jamais absente de leurs recherches. De même, l'idéal mystique des chefs religieux va de pair avec leur sens des réalisations pratiques : les bénédictins sont aussi de grands défricheurs. Ils partagent cet esprit positif avec « l'homme moyen » de ce temps-là, attaché au réel, ennemi de l'abstraction. Ce sens pratique permit le développement exceptionnel de techniques qui ont apporté des changements spectaculaires dans l'existence quotidienne, comme dans la vie économique et sociale.

On peut dire qu'aux XIe et XIIe siècles, une révolution technique s'accomplit. L'homme devient en effet le maître de forces qu'il avait jusque-là ignorées ou mal utilisées, et la France participe d'une façon active à ce bouleversement que connut tout l'Occident médiéval.

Inventions et perfectionnements   A la fin du Xe siècle apparaît un changement dans la méthode de l'attelage. Jusque-là, on se servait d'une bande de cuir souple, passée autour du cou du cheval. Quand la traction devenait particulièrement difficile, l'animal, étranglé, était obligé de s'arrêter dans son effort. A partir du moment où l'on eut remplacé cette bande de cuir par le collier d'épaules, armature rigide qui s'appuyait sur les omoplates et laissait libre la respiration, toute la force de l'animal pouvait être utilisée. Cette invention anonyme s'accompagna d'autres perfectionnements : attelage en file, ferrures à clous, routes pavées, routes dites « souples », remplaçant les voies romaines faites de dalles. Désormais l'homme devenait le conducteur d'une force nouvelle. La traction animale eut des conséquences immenses. Le paysan se trouvait libéré des durs travaux, aidé par le bœuf ou le cheval : on vit le servage disparaître progressivement, et le nombre de jours de corvée diminuer. Pendant des siècles, dans les campagnes françaises, la traction animale sera la seule utilisée : il faut attendre la deuxième moitié du XXe siècle pour la voir s'effacer devant les tracteurs. Les grands défrichements purent être entrepris; des transports lourds et lointains devinrent possibles. La construction des cathédrales, le développement du commerce sont en relation étroite avec cette nouvelle utilisation de la traction animale.

Les machines   L'homme du Moyen Age conquit aussi la force hydraulique et la force éolienne. L'installation de moulins, sur les moindres cours d'eau, progresse de façon étonnante : on en compte, dans l'Aube, 14 au XIe siècle, 60 au XIIe siècle, et plus de 200 au XIIIe siècle. Ils servent à moudre le grain, mais aussi à fabriquer l'huile, la bière, la toile de chanvre. On utilise l'énergie hydraulique dans les forges, dans les scieries, pour soulever maillets et martinets et pour toutes sortes d'industries : travail des métaux, fabrication du papier. Les moulins à vent, déjà connus en Perse et en Espagne, se répandent en France dès le XIIe siècle.

Désormais, la machine tend à suppléer l'activité de l'homme, et toutes sortes de dispositifs ingénieux sont mis au point : appareils servant à élever de grosses pierres, presses à vis. L'art militaire même connaît des perfectionnements : l'arbalète meurtrière, l'artillerie au trébuchet.

La navigation   Les transports maritimes s'améliorent considérablement grâce à l'emploi de la boussole et du gouvernail d'étambot (pièce de bois fixée à la quille, capable de tourner sur des gonds, et manœuvrée depuis l'intérieur du navire par une barre). Ainsi les vastes nefs pouvaient tourner facilement : ce sont les débuts de la navigation moderne. Voici un embarquement d'hommes et de chevaux partant pour la Croisade, tel que le décrit Joinville :

Au mois d'août, nous entrâmes dans nos navires à la Roche de Marseille. Ce jour-là, on fit ouvrir la porte du navire et l'on fit entrer tous les chevaux que nous devions emmener outre-mer ; et puis l'on referma la porte et on la boucha bien, car quand la nef est en haute mer, toute la porte est dans l'eau. Quand les chevaux furent entrés, notre maître nautonier (1) cria à ses nautoniers qui étaient à l'avant de la nef et leur dit : « Elle est parée, votre besogne ? » Et ils répondirent : « Oui, sire, que les prêtres et les pèlerins avancent ! » Dès qu'ils furent arrivés, il leur cria : « Chantez, de par Dieu. » Et tous s'écrièrent ensemble : « Veni Creator Spiritus. » Et il cria à ses nautoniers : « Faites voiles, de par Dieu ! » Et ils le firent.

Histoire de Saint Louis, XXVIII.

On ne s'émerveillera jamais assez de cet esprit inventif dont bénéficient le laboureur : la charrue à roues se répand au XIIIᵉ siècle ; la femme qui file la laine : le rouet concurrence à partir de 1280 la quenouille et le fuseau, et l'intellectuel qui prolonge son travail, une fois la nuit venue, grâce à la diffusion de la chandelle de graisse et du cierge de cire. Savons-nous même que c'est au Moyen Age que nous devons la brouette, qui a encore sa place sur les chantiers modernes, le bouton et la chemise (le linge de corps apparaît au XIVᵉ siècle), les lunettes (XIIIᵉ siècle), le champagne (la champagnisation du vin blanc est réalisée à Clairvaux, au XIVᵉ siècle) ?

LES ARTS

L'ARCHITECTURE

Au Moyen Age, elle tient le premier rang des arts. Les architectures militaire (châteaux féodaux), monastique (abbayes bénédictines ou cisterciennes), et civile (palais construits à partir du XIVᵉ siècle surtout par les rois et les princes) ont laissé des édifices remarquables. Mais c'est à l'architecture religieuse que revient la suprématie : c'est à elle que nous nous attachons.

Le temps des cathédrales   Après les terreurs de l'An Mil, une intense activité se manifeste dans le royaume de France : on se met à bâtir des églises. « On eût dit que le monde avait dépouillé ses antiques haillons

---

(1) Navigateur, matelot.

pour se couvrir d'une blanche robe d'églises », écrit le chroniqueur Raoul Glaber. Certains de ces édifices ont des dimensions modestes, mais il en est dont les proportions nous surprennent aujourd'hui : 10 000 personnes peuvent trouver place dans la cathédrale d'Amiens, la voûte de Notre-Dame de Reims s'élève à 37,95 mètres. Si l'on se souvient que les fondations descendent parfois à dix mètres sous terre, on mesure le travail prodigieux que représentent les cathédrales.

Ce vaste mouvement de construction, qui va de 1050 à 1350, et qui connaît son apogée au XIIIᵉ siècle, souvent appelé le « siècle des cathédrales », ne fut possible que grâce à la foi fervente des bâtisseurs et des fidèles. Les églises de Conques, Caen, Saint-Benoît-sur-Loire, Cluny, Vézelay furent élevées sur l'initiative des monastères. Les riches cités, saisies à leur tour de la passion de bâtir, rivalisent entre elles : Sens, Noyon, Laon, Autun, Paris, Bourges, Chartres, Rouen, Reims, Amiens, Beauvais, Strasbourg, Nivelles, Tournai, Liège, Huy, Dinant, Mons, Bruxelles. Pendant la guerre de Cent Ans, les chantiers sont fermés, les constructions abandonnées. Quand la paix revint, l'enthousiasme était éteint. Le temps des cathédrales était fini.

La construction des cathédrales   Sur beaucoup de points, la construction des cathédrales reste obscure pour nous. C'est souvent un évêque qui en prenait l'initiative. Il est difficile d'imaginer les sommes d'argent nécessaires à de telles entreprises. On faisait appel aux largesses des princes, à la générosité des fidèles, qu'on sollicitait par des quêtes, des ventes d'indulgences, la procession de reliques vénérées. Les dons en nature même étaient admis. Plus d'une fois, les revenus des évêques constituèrent un apport précieux. Il arrivait aussi que l'argent manquât. Les travaux se trouvaient ralentis. Certaines critiques osaient alors s'exprimer : « C'est péché que de construire des églises comme on le fait à présent », écrit Pierre le Chantre en 1180. Mais l'enthousiasme venait à bout des difficultés et, un jour, la cathédrale était consacrée. Le temps nécessaire à la construction était toujours très long : qui assistait aux travaux de fondation savait qu'il ne verrait pas la cathédrale terminée de son vivant. Beaucoup de cathédrales restèrent même inachevées, celle de Beauvais, par exemple.

La première difficulté résidait dans le transport des matériaux. Les pierres, traînées par des bœufs, étaient amenées souvent de fort loin. On vit parfois les fidèles aider, par piété, à tirer les charrois. Ainsi en témoigne cette lettre du Frère Haimon adressée en 1145 à des religieux anglais :

Qui a jamais vu, qui a jamais pu entendre parler, dans toutes les générations passées, de rois, de princes, gonflés d'honneurs et de richesse en ce monde, d'hommes et femmes de naissance noble, qui attachaient sous le joug leurs cous emplis d'orgueil, s'attelaient à des chariots et traînaient vers l'asile du Christ, à la manière de bêtes brutes, des chars de vin, de froment, d'huile, de chaux, de pierres, de bois et de tout ce qui est nécessaire à la vie des ouvriers ou à la construction des églises ?

Or, pendant qu'ils tirent ces chariots, on peut voir quelque chose d'extraordinaire : mille personnes, parfois, ou plus, — hommes ou femmes — sont attelées à un chariot (tant la charge est grande, importante la machine, lourd le poids) ; pourtant la marche se fait dans un tel silence que pas une parole, pas un murmure ne s'entend, et si les yeux ne voyaient ce spectacle, on ne croirait pas être au milieu d'une si grande foule. Et lorsqu'ils s'arrêtent en chemin, le seul bruit qui retentisse est la confession des péchés, la supplication à Dieu, et une pure prière pour obtenir le pardon des fautes...

Mais ce ne fut là qu'un concours exceptionnel et momentané. C'est aux ouvriers des chantiers, en fait, qu'appartint le travail de construction. Jaloux de leurs salaires et de leurs prérogatives, ils voyaient d'ailleurs d'un très mauvais œil les bonnes volontés soucieuses d'actions méritoires et peu intéressées par le gain. Ainsi, dans la Chanson de geste des *Quatre fils Aymon* (fin XIIᵉ siècle), les maçons assomment à coups de marteau et jettent dans le Rhin Renaud de Montauban, qui s'est fait embaucher pour construire la cathédrale, car ils le voient appliqué sans relâche aux travaux les plus durs et n'acceptant pour tout salaire qu'un denier.

Sur les chantiers, les ouvriers étaient de toutes sortes : simples manœuvres, tailleurs de pierres, maçons et leurs aides : mortelliers (1) et plâtriers, et aussi charpentiers, couvreurs et plombiers. Tous les corps de métier étaient en effet appelés à participer à la construction. Ils avaient sans doute des secrets de fabrication, comme le laisse supposer Etienne Boileau, dans son *Livre des Métiers* :

Les maçons, mortelliers, plâtriers peuvent avoir autant d'aides et de valets en leur métier qu'il leur plaît, pour autant qu'ils ne montrent à aucun d'eux aucun point de métier.

Tous les maçons, tous les mortelliers, tous les plâtriers doivent jurer sur les Saints qu'ils garderont le métier cité et agiront bien et loyalement chacun en ce qui le concerne, et s'ils savent que quelqu'un commet une infraction en une chose qu'il ne fait pas selon les us et coutumes du métier cité, ils le feront savoir au maître toutes les fois qu'ils le sauront et sous serment.

Heures et jours de travail étaient soumis à des règles :

Nul ne peut travailler au métier précédemment cité (il s'agit des maçons) après que nonne (2) aura sonné à Notre-Dame, et en carême le samedi après que les vêpres soient chantées à Notre-Dame, si ce n'est pour fermer une voûte ou un escalier ou pour achever une porte qui donne sur la rue. Et si on travaillait après les heures dites, sauf pour les ouvrages désignés, et par nécessité, on paierait 4 deniers d'amende au maître qui garde le métier. Et le maître peut prendre les outils de celui qui serait pris, pour l'amende.

E. BOILEAU.

Les ouvriers formaient une main-d'œuvre libre, allant d'un chantier à l'autre. Près de la cathédrale, les tailleurs de pierres trouvaient un abri, ou loge, où ils rangeaient leurs outils, mangeaient, faisaient la sieste les jours d'été. Ces loges devinrent très vite un lieu de réunion particulièrement vivant.

C'est sous la direction d'un architecte que travaillaient les ouvriers (on l'appelle souvent, à tort, « maître d'œuvre ». Il serait plus exact de réserver ce terme au personnage désigné par le Chapitre pour s'occuper des comptes et régler tous les problèmes du chantier). Les noms de plusieurs grands architectes, gravés dans la pierre, nous sont parvenus : Robert de Luzarches dirigea les travaux de la cathédrale d'Amiens, Pierre de Montreuil fut l'architecte de Saint-Denis et construisit aussi la Sainte-Chapelle (son épitaphe le dit « fleur parfaite des bonnes mœurs, en son vivant docteur ès-pierres »), Jean de Chelles commença Notre-Dame de Paris. Le témoignage le plus précieux que nous ayons gardé des problèmes qui se posaient à un architecte de ce temps-là est le carnet de notes de Villard de Honnecourt (XIIIe siècle). A côté des plans d'église, des dessins de rosaces, de tours et de nombreux croquis pris sur le vif, Villard de Honnecourt s'intéresse à toutes les difficultés pratiques : comment lever les fardeaux, comment couper du bois dans l'eau, comment diviser une pierre « de telle façon que ses deux moitiés soient carrées ».

Ainsi s'édifiaient les cathédrales, demeures de Dieu et maisons de prières, souvent dédiées à la Vierge envers qui le Moyen Age montra, à l'exemple de saint Bernard, une dévotion fervente. Les fidèles venaient y prier, vénérer les reliques, écouter les « sermons illustrés » (L. Réau) que constituent les scènes édifiantes, sculptées ou

---

(1) Qui font le mortier. — (2) La neuvième heure.

peintes. Sans doute s'y sentaient-ils aussi chez eux, si l'on se rappelle la liberté avec laquelle ils y circulaient, accompagnés parfois de leurs chiens, y parlaient à voix haute, peut-être même s'y réunissaient pour parler des affaires de leur cité. Ils pouvaient y admirer, au cours des cérémonies, les objets sacrés, faits d'or et ornés de pierres précieuses, à l'exemple de ceux de Saint-Denis, fabriqués sur l'instigation de l'abbé Suger :

Si les coupes d'or, si les fioles d'or et les petits mortiers d'or servaient, selon la parole de Dieu et l'ordre du prophète, à recueillir le sang des boucs ou des veaux ou d'une génisse rouge, combien davantage pour recevoir le sang de Jésus-Christ, doit-on disposer les vases d'or, les pierres précieuses, et tout ce que l'on tient pour précieux dans la création. Nous avons adapté au service de l'autel un vase de porphyre admi-rablement fait de la main du sculpteur et du polisseur, — le transformant, d'amphore qu'il était précédemment, en la forme d'un aigle avec de l'or et de l'argent, un précieux calice fait d'une seule sardoine massive, et encore un autre vase qui semble comme de béryl ou de cristal.

ABBÉ SUGER.

Par-delà les siècles, les cathédrales demeurent un éclatant témoignage de la foi des hommes du Moyen Age, de leur sens de la beauté et de leur maîtrise des techniques.

L'architecture romane

Les églises carolingiennes couvertes d'une charpente de bois avaient eu souvent à souffrir des incendies provoqués par la foudre. Par souci de sécurité, et pour la beauté de l'édifice, les constructeurs adoptèrent dès le Xe siècle les voûtes de pierre.

L'architecture romane (de la fin du Xe siècle au milieu du XIIe siècle) connaît trois systèmes de voûtes : la voûte en berceau, qui prolonge l'arc en plein cintre et s'appuie sur les murs latéraux, la coupole, empruntée à l'art byzantin, et la voûte en arêtes, formée par l'intersection de deux voûtes en berceau. Selon les régions où elles sont élevées (Auvergne, Poitou, Périgord, Provence, Bourgogne, Normandie, pays Wallons), les églises adoptent une allure différente. Elles ont toutefois un air de parenté : solidement plantées sur le sol, elles laissent une impression puissante d'équilibre et d'harmonie. Ce sont des églises à la mesure de l'homme.

L'architecture gothique

Il n'y a pas de discontinuité entre l'architecture romane et l'architecture gothique. Mais alors que les églises romanes sont, le plus souvent, rurales ou attenantes à des monastères, les églises gothiques sont généralement construites dans les villes; parfois aussi, elles sont bâties à la place d'anciennes églises romanes. Elles sont destinées à recevoir des foules plus nombreuses, et les architectes doivent trouver des moyens de construire des nefs plus vastes, sans nuire à la solidité de l'ensemble : le déambulatoire, par exemple, contourne le chœur et permet aux pèlerins de circuler autour de l'autel qui contient les reliques des saints, sans perturber les offices. Le même matériau est utilisé : la pierre; le plan de l'église en forme de croix est conservé. Mais dès le milieu du XIIe siècle et jusqu'au début du XVIe siècle, la voûte sur croisée d'ogives se généralise. Au lieu d'être la lourde carapace des siècles précédents, la voûte devenait ainsi articulée, puisque chaque travée de la nef était indépendante, pesant seulement sur quatre piliers. Du même coup, le mur de l'édifice pouvait être allégé, largement percé de baies; des arcs-boutants extérieurs venaient assurer la résistance des piliers. Une tout autre architecture était possible, à laquelle on a donné le nom de gothique. Les parois de pierre seront en grande partie remplacées par d'immenses verrières et des rosaces, qui laissent entrer la lumière. Toutes les audaces en hauteur semblent désormais permises : les fûts des colonnes

ÉGLISE ROMANE D'AULNAY
EN CHARENTE (XIIe s.)

CHAPITEAU DE *NOTRE-DAME-DU-PORT*
À CLERMONT-FERRAND

La décoration romane, si
expressive qu'elle soit, est
toujours subordonnée à l'architecture.

CHAPITEAU DE MOZAC
(PUY-DE-DOME)

HISTOIRE DU DIACRE THÉOPHILE (TYMPAN DE *NOTRE-DAME DE PARIS*, PORTAIL NORD)

Comme le vitrail, la sculpture des portails s'adresse directement au peuple, pour lui enseigner ce qu'il doit croire, et lui proposer des modèles édifiants.

jaillissent vers le ciel; les tours, les flèches participent à cette verticalité. Par ses lignes ascendantes, la cathédrale gothique traduit l'élan de la prière, l'élévation de l'âme vers Dieu.

Une signification symbolique était d'ailleurs attachée à chacune des parties de l'église gothique, si l'on en croit ces fragments du *Speculum ecclesiae*, écrit au XIIIe siècle par Pierre de Roissy, chancelier de la cathédrale de Chartres :

Des pierres carrées et polies : Les pierres carrées signifient l'ensemble des quatre vertus propres aux Saints : la tempérance, la justice, le courage, la prudence. Les pierres polies signifient les saints polis par leur patience à supporter les maux.

De la forme de l'église : Il faut ajouter à ce qui vient d'être dit que l'église a une base carrée, et qu'elle tend vers le cône, ce qui figure l'unité de l'église...

Des vitraux : Les vitraux de l'église, qui arrêtent les vents et les pluies, et laissent passer la clarté du soleil symbolisent l'Ecriture Sainte, qui éloigne de nous les maux et qui nous apporte la lumière.

Des tours de l'église : Les tours symbolisent les prédicateurs et les prélats de l'église...

Du coq qui est placé au sommet de l'église : Ajoutons à ce qui a été dit qu'un coq est placé au sommet de l'église; il est placé sur un globe que dominent une croix et une tige de fer : cela pour signifier que le monde a été soumis à l'autorité de la croix.

Le coq symbolise le prélat, car comme le coq est exposé à tous les vents, ainsi est le prélat aux persécutions exercées contre l'église, tout comme une défense d'airain.

Le gothique flamboyant

A la fin du Moyen Age, la décoration prend en architecture la première place. Les murs sont ajourés à l'extrême, percés de fenêtres assemblées dont chacune rappelle la forme d'une flamme. Le dessin des rosaces se complique. Courbes et entrelacs donnent une impression de grâce excessive et finalement de gracilité. C'est l'époque des « dentelles de pierre » (XVe et XVIe siècles), des flèches audacieuses. Tel est le dernier terme de l'évolution d'une architecture marquée à ses débuts par la robuste simplicité des églises romanes.

LA SCULPTURE

A peu près inexistante depuis les invasions barbares, elle renaît au XIe siècle. Intimement liée à l'architecture religieuse, elle a une fonction décorative. Statues, scènes diverses sculptées dans la pierre ornent des emplacements précis : portails, par exemple, ou chapiteaux. Mais elle se propose aussi un autre but : instruire les fidèles, dont l'immense majorité ne savait pas lire, des vérités de la religion. Sa valeur didactique et son rôle de « prédication muette » ont souvent été rappelés; les thèmes illustrés sont choisis dans l'Ecriture Sainte, dans la légende des saints. La couleur venait rehausser les parties sculptées, et les faisait ressembler à de vastes enluminures.

La sculpture romane

On a parlé à son sujet de maladresse et de naïveté. Rien n'est moins vrai. Les déformations que présentent les figures humaines, aux tympans d'Autun, de Vézelay, de Moissac par exemple, témoignent d'une recherche de l'expression à tout prix. La partie agissante du corps a ses proportions accrues, ainsi la main, ou le doigt qui fait le geste, sur lequel le sculpteur veut attirer l'attention. La tête est démesurée, les yeux agrandis, car ils reflètent les sentiments. La haute taille du Christ est le signe de sa suprématie, les élus sont plus grands que les damnés, et la taille des animaux est inférieure à celle des hommes.

Le sujet choisi de préférence par les sculpteurs, pour orner les tympans, est le Christ en majesté, assis dans toute sa gloire, entouré des symboles des quatre évangélistes accompagné des apôtres ou des vieillards de l'Apocalypse.

Les chapiteaux constituent une des réussites les plus originales de la sculpture romane. L'art antique n'avait connu que la décoration dorique, ionienne et corinthienne ; avec une variété étonnante, au contraire, les « imagiers » médiévaux ont taillé dans la pierre de charmantes scènes de la vie du Christ (nativité, adoration des mages, fuite en Egypte) inspirées de la vie des paysans, et toutes sortes de monstres : dragons, griffons, aspics, basilics, et de démons grimaçants. Saint Bernard s'élevait pourtant contre de telles représentations :

Sous les yeux des frères occupés à lire et à méditer, à quoi bon tous ces monstres grotesques en peinture et en sculpture? A quoi sert cette difformité ou cette beauté difforme? Que signifient ces singes immondes, ces lions furieux, ces centaures monstrueux? Que signifient ces guerriers qui combattent, ces chasseurs qui donnent du cor, ces quadrupèdes à queue de serpent?

Lettre de saint Bernard
à l'abbé de Saint-Thierry.

La sculpture gothique

Les chapiteaux historiés disparaissent des cathédrales gothiques. Seule la décoration florale demeure. Les monstres n'apparaissent plus qu'à l'extérieur des édifices : gargouilles crachant l'eau de pluie.

La sculpture a gagné en sérénité et en noblesse. Portails et façades accueillent un peuple de statues (il y en a 1 200 à Notre-Dame de Paris, 3 000 à Reims), représentant le Christ, la Vierge, et les Saints popularisés au XIIIᵉ siècle par *la Légende dorée*. Le « Beau Dieu » d'Amiens est empreint de gravité. La Vierge a une attitude calme et majestueuse. Rois, prophètes et apôtres sont pleins de dignité. Mais le sourire éclaire le visage des anges de Reims, de la Vierge Dorée d'Amiens. Les traits des « Vierges Folles » de Strasbourg expriment une certaine malice.

Un souci d'ordre et de clarté apparaît sur les façades. « Pas de beauté sans ordre », disait saint Thomas d'Aquin. Les tympans, composés avec un soin extrême, sont faits de bandes superposées. Les scènes se lisent facilement. C'est ainsi qu'à Notre-Dame de Paris, le portail de la Vierge est constitué, de bas en haut, par des rois et prophètes montrant le texte des Écritures qui annonce la gloire de la Vierge, par sa résurrection, par son couronnement dans le ciel. A Amiens, les trois portails de la façade s'équilibrent savamment : à droite, celui de Marie, appelée la « Mère-Dieu », au centre, celui du Christ-Juge, à gauche celui des Saints du diocèse. Aux voussures, à la base des murs verticaux des portails, sont sculptés les tableaux des saisons et des mois, qui montrent les paysans dans leurs travaux de chaque jour.

Évolution de la sculpture à partir du XIVᵉ siècle

On se plaît à orner l'intérieur des églises par des galeries séparant la nef et le chœur, appelées jubés, ou par des sièges sculptés ou stalles. Les statues de la Vierge et des Saints n'ont jamais été aussi nombreuses. Marie portant son enfant a une tendresse souriante. Mais, influencés par les misères qui se sont abattues sur leur pays : guerre, peste, famine, les artistes représentent volontiers les scènes douloureuses du Calvaire, le Christ au Golgotha, la Vierge de Pitié, tenant sur ses genoux son fils détaché de la croix. Le goût des détails réalistes se développe, en particulier dans l'art funéraire, qui connaît alors son épanouissement. Jean de Lièges, par exemple, devient « tombier » du roi de France Charles V le Sage. Les grands personnages sont représentés « gisant », les mains jointes sur leur dalle funéraire, accompagnés parfois d'une frise de « pleurants » (tombeau de Philippe le Hardi, tombeau de Philippe Pot).

LA PEINTURE

La peinture murale   Toutes les églises romanes étaient couvertes de peintures : leurs murs, en effet, offraient à la décoration de vastes surfaces. Au cours des siècles, des couches d'enduit successives recouvrirent, et souvent protégèrent ces peintures murales, qu'on remet actuellement au jour. Berzé-la-Ville, en Mâconnais ; Saint-Savin-sur-Gartempe, en Poitou ; Saint-Martin-de-Vic, dans le Berry en offrent les ensembles les plus représentatifs.

La peinture murale disparaît des grands édifices gothiques, car les murs s'évident et s'ornent de vitraux, mais elle se maintient longtemps dans les villages, comme en témoigne, par exemple, le couronnement de la Vierge, à Vernais (Cher).

La peinture sur parchemin :   D'abord œuvre des moines, la peinture sur parche-
la miniature   min est exécutée à partir du XIIIe siècle par des laïcs, travaillant dans les ateliers d'enluminure installés notamment à Paris, près de l'église Saint-Séverin, dans le quartier de la Sorbonne. Là sont illustrés Bibles et Psautiers, pour les princes du temps. La guerre de Cent Ans n'arrêtera pas cette activité où les Parisiens étaient passés maîtres. « Il nous faut employer les calligraphes et les enlumineurs de Paris, disait Pétrarque, puisque les gens de notre pays sont incapables d'en faire autant. » Les *Très riches Heures du Duc de Berry*, sorties des délicats pinceaux des frères Paul et Jean de Limbourg, les *Grandes Heures de Rohan*, les *Heures d'Etienne Chevalier*, les *Heures d'Anne de Bretagne* témoignent de la richesse d'invention et de l'habileté de ces artistes.

LE VITRAIL

Les plus anciens vitraux connus datent de 1144 ; ils se trouvent à la basilique de Saint-Denis. Mais c'est à partir du Xe siècle qu'on prit l'habitude d'orner les fenêtres des églises d'une mosaïque de verres colorés. Protégés par une armature de fer, ces morceaux de verre étaient teintés dans la masse, sertis de plomb et assemblés de manière à figurer des scènes qui se lisaient de bas en haut. Comme les sculptures, les vitraux étaient faits, au dire du théologien Gerson, « pour montrer aux gens simples, qui ne savent pas lire, ce qu'ils doivent croire ». En même temps ces verres soufflés, qui parfois emprisonnaient des bulles d'air, font jouer la lumière. Ils voilent l'éclat trop cru du soleil, et selon les heures, selon les saisons, l'intérieur des cathédrales se colore ou s'assombrit, accordé à l'état changeant du ciel.

Les maîtres verriers romans n'utilisaient qu'un nombre limité de couleurs : bleu, rouge, vert, pourpre, mais ils ont su les disposer dans des compositions d'une somptuosité étonnante, qui rappellent certains tissus d'Orient, comme à Chartres, par exemple. Le Mans, Bourges, la Sainte-Chapelle, Amiens, Notre-Dame de Paris, Strasbourg, Huy, notamment, s'enorgueillissent à juste titre de verrières et de rosaces aux admirables coloris, qui ont gardé leur fraîcheur, malgré toutes sortes de vicissitudes. Le moine Théophile reconnaissait, déjà au XIIe siècle, la supériorité des Français en matière de vitrail : « Franci in hoc opere peritissimi » (1).

Les progrès de la technique seront fatals à cet art. Les couleurs se multiplient, on donne plus d'importance au modelé et au dessin et, à partir du XIVe siècle, le vitrail tend à devenir une simple peinture sur verre.

---

(1) Les Français sont très habiles dans ce genre de travail.

LA TAPISSERIE

Faite d'un entrecroisement de fils de trame et de fils de chaîne, la tapisserie connaît au Moyen Age une grande faveur : la couleur des laines est un ornement pour les murs des châteaux, et leur contexture serrée en fait d'excellentes tentures, permettant de lutter contre le froid. Faciles à rouler, à ranger dans des coffres, à transporter, les tapisseries avaient place dans les bagages de tout personnage important, quand il allait d'une résidence à l'autre.

Comme le vitrail, la tapisserie est un art essentiellement français. La pièce la plus ancienne qui nous soit parvenue n'est pas la longue *broderie* donnée au xie siècle par la reine Mathilde à l'évêque de Bayeux, et représentant la conquête de l'Angleterre par les Normands. Elle porte à tort le nom de *Tapisserie de Bayeux*, et fut sans doute réalisée par des brodeuses anglo-saxonnes. C'est l'*Apocalypse d'Angers*, commandée vers 1380 par le frère de Charles V, qui demeure la plus étonnante des tentures du Moyen Age.

Paris, Arras, Tournai, Bruxelles et Tours furent les principaux centres de fabrication de la tapisserie. Chacune de ces villes avait un style à elle. C'est ainsi que les tapisseries de Touraine évoquent, sur un fond semé de fleurs, de charmantes scènes de la vie seigneuriale ou rustique.

LA MUSIQUE

La réforme du pape Grégoire le Grand, au début du viie siècle, avait imposé, pour les cérémonies religieuses, une forme de prière chantée. Des écoles de chant dit « grégorien » s'ouvrirent alors en France : Chartres et l'abbaye de Saint-Benoît-sur-Loire, au xie siècle, puis Saint-Martial-de-Limoges, vers 1100, ont un rayonnement particulier ; Liège eut des chantres célèbres.

Mais la grande invention du Moyen Age français est la polyphonie, c'est-à-dire l'art de faire entendre ensemble des parties différentes. La riche harmonie de cette musique s'accordait avec les dimensions et la beauté des cathédrales nouvellement construites. Léonin, maître de chapelle à Notre-Dame de Paris, et surtout son successeur Pérotin (xiie s.) connurent une réputation internationale. G. de Machaut (xive s.), Guillaume Dufay et Josquin des Prés (xve s.) demeurent les plus grands noms de la musique médiévale.

La musique n'est pas seulement religieuse. Les danses villageoises tout comme les poèmes courtois ne se comprennent pas sans accompagnement musical. A la fin d'un festin, les musiciens s'avancent, et quelle variété dans les instruments !

Alors, vous eussiez entendu retentir des instruments accordés à tous les tons. Quiconque savait un nouvel air de viole, une chanson, un lai (1), faisait de son mieux pour se pousser en avant. L'un vielle le lai du Chèvrefeuille, l'autre celui de Tintagel... L'un joue de la harpe, l'autre de la viole ; l'un de la flûte, l'autre du rebec (2) ; l'un de la gigue (3), l'autre de la rote (4) ; l'un dit des paroles, l'autre l'accompagne ; l'un joue de la musette (5), l'autre du pipeau ; l'un de la cornemuse, l'autre du chalumeau (6) ; l'un de la mandoline, l'autre accorde le psaltérion (7) avec le monocorde (8).

Flamenca, Roman Provençal du xiiie siècle.

---

(1) Petit poème narratif ou lyrique. — (2) Sorte de violon. — (3) Sorte de mandoline. — (4) Sorte de cithare. — (5) Instrument à vent. — (6) Instrument de roseau comme la flûte. — (7) Instrument triangulaire à corde. — (8) Instrument à une corde.

LES LETTRES

Le Moyen Age littéraire débute tard. Les *Serments de Strasbourg* (842) sont le premier écrit qui atteste l'existence de la langue romane. Il faut attendre le XIIᵉ siècle pour qu'apparaissent les grands textes littéraires (*La Chanson de Roland* fut composée vers 1100). Mais à partir de ce moment, les œuvres foisonnent, étonnamment variées, puissamment originales, libres de ces emprunts qui, à partir de la Renaissance, seront règle courante. Le cadre étroit de cet ouvrage nous oblige à un choix difficile. Plutôt que de faire un tableau, forcément incomplet, de la littérature française au Moyen Age, nous nous attacherons donc à montrer à quel point elle reflète les préoccupations du temps. Cela nous permettra de dégager l'esprit même d'une époque marquée par la chevalerie et la courtoisie, où la féerie et le merveilleux existent à côté de la cocasserie, où la gaieté et la verdeur d'expression voisinent avec des débats pathétiques et le sentiment douloureux de la mort. Cette époque toute en contrastes est d'une vitalité prodigieuse.

LES CHANSONS DE GESTE ET LA CHEVALERIE

Les « chansons de geste » célèbrent les exploits des grands personnages historiques ou légendaires. Il n'y a pas lieu de rapporter ici les différentes théories proposées pour expliquer leur origine, — qui reste d'ailleurs incertaine. Ce qui est sûr, c'est la séduction qu'exercèrent sur les esprits ces poèmes épiques (environ 80) composés du XIIᵉ au XIVᵉ siècle, que les jongleurs chantaient, sur une mélodie simple, devant des publics très variés. Ainsi se trouve popularisée la figure du chevalier : hardi au combat, d'un courage invincible, doué de forces plus qu'humaines, toujours prêt à se battre pour son seigneur et pour son Dieu. Ses étonnantes prouesses frappaient les imaginations. On admirait ce sentiment de l'honneur qui ne connaît pas de défaillance, cette foi puissante qui sait accepter les souffrances et la mort même, comme des épreuves qui auront leur récompense en Paradis.

La «chanson de Roland» Parmi ces héros, le plus connu est Roland, neveu de Charlemagne, l'un des douze pairs. Placé à l'arrière-garde de l'armée qui revient d'Espagne, il est surpris par les Sarrasins, auprès de qui Ganelon l'a trahi. La bataille a été dure. Tous les Français sont morts, mais les ennemis ont fui, après avoir subi de lourdes pertes. Roland reste seul pour mourir, dans le saisissant décor de Roncevaux :

> « *Hauts sont les monts, et ténébreux, et grands.* »

Il quitte la vie en chevalier soucieux de son honneur, en homme qui se tourne avec émotion vers son pays, vers les êtres qu'il a aimés, en chrétien aussi, qui demande humblement à Dieu le pardon de ses fautes.

CLXXI

Lors, Roland sent qu'il a perdu la vue,
Se met sur pieds, tant qu'il peut s'évertue ;
De son visage, la couleur est perdue,
Tient Durandal, son épée, toute nue.
Par devant lui est une pierre bise (1) ;
Frappe dix coups, par douleur et par rage.
L'acier grince, ne se rompt, ne s'ébrèche
— Eh, dit Roland, Sainte Marie, à l'aide !
Eh, Durandal, bonne et si malheureuse !
Quand je me perds, de vous n'ai plus besoin.
Tant de batailles, avec vous, j'ai vaincues,
Et tant de terres immenses j'ai conquises,
Que Charles tient, à la barbe chenue (2).
De mon vivant ne me serez ôtée.
Un bon vassal vous a longtemps tenue.
Tel ne sera jamais en libre France.

CLXXIII

Roland frappa sur une pierre bise ;
Plus en abat que je ne sais vous dire.
L'épée grince, ne se froisse, ne se brise ;
Contre le ciel, en haut elle rebondit.
Quand le comte voit qu'il ne peut la fendre,
Très doucement, il la plaint en lui-même :
— Eh, Durandal, que tu es belle et sainte !
En ton pommeau d'or, sont maintes reliques :
Dent de saint Pierre, Sang de saint Basile,
Et cheveux de Monseigneur saint Denis,
Et du vêtement de Sainte Marie ;
Il ne convient pas que païens te tiennent ;
Par des chrétiens devez être servie ;
Que nul vous ait, qui fasse couardise (3) !
De vastes terres, par vous aurai conquises,
Que Charles tient, qui a barbe fleurie,
Et l'empereur en est puissant et riche.

CLXXIV

Lors sent Roland que la mort l'entreprend,
Que de la tête au corps elle lui descend.
Dessous un pin, il est allé courant,
Sur l'herbe verte, s'est couché sur les dents,
Dessous lui, met l'épée et l'olifant (4)
Tourna sa tête vers la gent païenne ;
Il fit cela car il voulut vraiment
Que Charles dise ainsi que tous ses gens :
— Le noble comte est mort en conquérant.
Il bat sa coulpe (5), à petits coups, souvent,
Pour ses péchés, tend à Dieu son gant.

CLXXVI

Le comte Roland gît dessous un pin ;
Vers l'Espagne, il a tourné son visage.
De maintes choses, le souvenir lui vint,
De tant de terres que vaillant il prit,
De douce France, des hommes de son lignage,
De Charles, son seigneur, qui l'a nourri ;
Ne peut manquer de pleurer, soupirer,
Mais il ne veut pas lui-même oublier.
Il bat sa coulpe, demande à Dieu pitié :
— Vrai père, toi qui jamais ne mentis,
Et ressuscita saint Lazare mort,
Et Daniel des lions défendis,
Guéris mon âme de tous les périls,
Pour les péchés que je fis en ma vie !
Son dextre gant, à Dieu il a offert ;
Saint Gabriel de sa main l'a pris ;
Roland, sur son bras, incline la tête ;
Les mains jointes, il est allé à sa fin.
Dieu envoya son ange chérubin
Et saint Michel du péril de la mer ;
Et avec eux saint Gabriel y vint.
L'âme du comte, ils portent en paradis.

LES ROMANS D'AVENTURES ET D'AMOUR ET L'ESPRIT COURTOIS

Le public aristocratique se lassa le premier de la simplicité et de la rudesse des chansons de geste. Dès la deuxième moitié du XIIe siècle, il était prêt à accueillir des formes d'art nouvelles. Les mœurs en effet se sont adoucies. Après la première Croisade, qui fit découvrir les beautés de Byzance, une vie élégante se développe autour des rois et des grands seigneurs. Parés d'étoffes soyeuses, de bijoux, et de fourrures rares, les chevaliers et leurs dames découvrent le plaisir de vivre. Une paix relative permet à la vie mondaine de se développer dans le pays d'Oc (6). Les cours provençales jouent un rôle essentiel dans cette transformation des manières et des goûts. Grâce à Aliénor d'Aquitaine, devenue reine de France, puis reine d'Angleterre, grâce surtout à ses deux filles Aélis de Blois et Marie de Champagne, la « courtoisie » se répand jusque dans le nord de la France.

La dame (latin : *domina*) prend la première place. Elle est comme la suzeraine. C'est pour elle, désormais, et non plus pour son Seigneur et son Dieu, que le chevalier accomplit ses prouesses. Il s'acquitte du « service d'amour », il lui voue un culte délicat.

---

(1) Gris brun ; on dit encore toile bise, pain bis. — (2) Blanchie par l'âge. — (3) Qui soit lâche. — (4) Cor des chevaliers, en ivoire (aliphant = éléphant). — (5) Demande la pardon de ses fautes, en se frappant la poitrine (latin : *culpa* = faute). — (6) Le midi de la France.

A elle vont ses hommages. Malheur à lui, s'il encourt la colère de sa dame, s'il ne lui montre un attachement parfait. Suivant en tout point celle qu'il aime, le chevalier devient raffiné dans ses gestes — les miniatures du temps le montrent bien — comme dans ses sentiments. Un code d'amour s'instaure, plein de subtilités, de règles, d'interdits.

C'est pour satisfaire aux exigences de ce public que sont écrits, dans la deuxième moitié du XII⁽ᵉ⁾ siècle et au XIII⁽ᵉ⁾ siècle, les romans d'aventures et d'amour. C'est à lui aussi que s'adressent les si nombreuses chansons d'amour composées par les troubadours et les trouvères.

« Tristan et Iseut » : l'amour passion

La légende de Tristan et d'Iseut passa de Bretagne en France au milieu du XII⁽ᵉ⁾ siècle. Elle inspira ce conte « d'amour et de mort » écrit par Thomas. On connaît l'histoire : Tristan est allé chercher en Irlande la fiancée de son oncle, le roi Marc. Sur le navire qui conduit Tristan et Iseut en Cornouailles, ils boivent par erreur un « vin herbé », philtre destiné aux futurs époux, qui devait leur assurer un amour éternel. Voilà Tristan et Iseut liés à jamais l'un à l'autre. Cet attachement se révèle, au cours du roman, plus fort que les lois humaines, plus fort même que les lois divines. La vie a séparé les amants, mais la mort les réunit.

Le vent sur la mer s'est levé
Et frappe au milieu de la voile,
Vers la terre il conduit la nef.
Iseut est de la nef sortie,
Entend les plaintes dans la rue,
Cloches aux moutiers, aux chapelles ;
Elle demande aux gens les nouvelles,
Pour qui font-ils telles sonneries,
Et pour qui sont donc tant de pleurs.
Alors un vieil homme lui dit :
— Belle dame, que Dieu m'assiste,
Nous avons si grande douleur
Que jamais n'y en eut si grande.
Tristan le preux, le franc, est mort :
De tous il était le soutien,
Large était pour les besogneux
Et charitable aux malheureux.
D'une plaie qu'il eut en son corps,
En son lit il vient de mourir.
Jamais telle calamité
N'arriva dans cette région.
Dès qu'Iseut ouït la nouvelle,
De douleur ne peut dire mot.
De sa mort est si affligée
Que par la rue va dégrafée,
Devant les autres, au palais.
Les Bretons ne virent jamais
Femme d'une telle beauté :
On se demande par la cité
D'où elle vient et qui elle est.
Iseut va où elle voit le corps,
Elle se tourne vers l'Orient,

Elle prie pour lui avec pitié :
— Ami Tristan, vous êtes mort,
Il n'est plus juste que je vive.
Vous êtes mort d'amour pour moi,
Et je meurs, ami, de tendresse,
Puisque n'ai pu venir à temps,
Pour vous guérir de votre mal.
Ami, ami, puisqu'êtes mort,
Je n'aurai plus de réconfort,
Joie, ni gaîté, ni nul plaisir.
Que cet orage soit maudit
Qui tant me fit rester en mer
Que n'ai pu arriver à vous !
Si assez tôt j'étais venue,
La vie, je vous l'aurais rendue,
Et parlé doucement à vous
De l'amour qui fut entre nous.
J'aurais pleuré notre aventure,
Notre joie, et notre bonheur,
La peine, et la grande douleur
Qui a été en notre amour.
Et j'aurais rappelé cela,
Vous aurais baisé, enlacé.
Puisque je n'ai pu vous guérir
Ensemble puissions-nous mourir !
Elle l'embrasse et elle s'étend,
Lui baise la bouche et la face,
Et très étroitement l'enlace,
Corps à corps, bouche contre bouche.
Alors elle a rendu l'esprit,
Et meurt ainsi, auprès de lui,
Pour la douleur de son ami.

Chrétien de Troyes : le débat amoureux

On peut considérer Chrétien de Troyes comme un des premiers romanciers français. Ses œuvres proposent des réponses diverses à une même question : un chevalier doit-il servir d'abord sa dame, ou sa gloire? Dans *Erec et Enide*, l'aventure passe avant l'amour; *Cligès ou la jausse morte* (1164) exalte la fidélité parfaite; *Lancelot* (vers 1168) illustre la soumission totale du chevalier, capable de passer pour couard, si sa dame le demande, car « moult est, qui aime, obéissant ». Le conflit entre les exploits et l'obéissance à la dame fait encore le sujet de *Yvain ou le chevalier au lion* (1170). Mais dans *Perceval* (vers 1182), d'ailleurs inachevé, l'idéal religieux remplace l'idéal chevaleresque : Perceval part en quête d'un vase mystérieux, le Graal. Célèbre à plus d'un titre, Chrétien de Troyes fut admiré, dès le XIIe siècle, pour la subtilité de ses analyses et aussi pour la malice amusée qu'il manifeste à l'égard de ses personnages.

La scène suivante, extraite d'*Yvain ou le chevalier au lion*, en offre un témoignage savoureux. Yvain s'est épris de Laudine, la veuve du sénéchal Ké qu'il vient de tuer en combat singulier. Lunette, une habile suivante, a su convaincre Laudine que seul le vainqueur de son époux était un prétendant digne d'elle. Allant de l'un à l'autre, elle a tour à tour rassuré et effrayé Yvain. Finalement, elle met en présence le chevalier et Laudine. La scène est joliment conduite. Yvain croit qu'il doit plaider sa cause et se faire pardonner. La dame se laisse faire la cour avec un plaisir évident. On arrive rapidement à une déclaration d'amour.

La demoiselle par la main
Emmène monseigneur Yvain
Où il sera le bienvenu;
Mais il croit être mal reçu,
Et s'il le croit, c'est naturel.
Par-dessus un coussin vermeil,
Ils trouvèrent la dame assise.
Grand'peur, je vous assure,
Eut messire Yvain à l'entrée
De la chambre, où il a trouvé
La dame qui ne lui dit mot;
Pour cela, plus grand'peur il eut :
Il fut de peur si étourdi,
Qu'il pensa bien être trahi;
Et il se tint debout loin d'elle
Jusqu'au moment où la pucelle
Lui dit : — Que soit aux cinq cents diables
Qui conduit dans chambre de dame,
Chevalier qui ne s'en approche,
Et qui n'a ni langue ni bouche
Ni esprit, dont il sacher user !
A ces mots, par le bras, le tire,
Et lui a dit : — Çà, avancez,
Chevalier, et n'ayez pas peur
Que ma dame aille vous mordre !...
— Dame, fait-il, par votre grâce,
Quand votre seigneur m'attaqua,
Quel tort ai-je eu de me défendre?
Celui qui veut tuer, ou prendre,
Si l'homme qui se défend le tue,

Dites-moi, quelle faute a-t-il faite?
— Point, si l'on regarde le droit.
Je crois qu'à rien ne servirait
Même de vous faire tuer.
Mais volontiers voudrais savoir
D'où peut bien venir cette force,
Qui vous commande d'obéir
A ma volonté sans réserve.
Des torts, des méfaits, je fais grâce,
Mais asseyez-vous et contez
Comment vous fûtes ainsi dompté.
— Dame, fait-il, la force vient
De mon cœur qui de vous dépend;
En ce vouloir m'a mis mon cœur.
— Et qui le cœur, beau doux ami?
— Dame, les yeux. — Et les yeux qui?
— Grande beauté qu'en vous je vis.
— Et la beauté qu'a-t-elle donc fait?
— Dame, aimer elle m'a fait.
— Aimer, et qui? — Vous, dame chère.
— Moi. — Vraiment, oui. — De quelle manière?
— Que plus grand amour ne se peut,
Que de vous ne bouge mon cœur,
Que je ne le sens pas ailleurs,
Qu'à d'autre objet ne peux penser,
Qu'à vous entièrement me donne,
Que je vous aime plus que moi,
Que s'il vous plaît, facilement,
Pour vous je veux mourir ou vivre.

Les chansons d'amour

L'amour est le thème essentiel de ces poèmes à forme fixe écrits en langue d'Oc, ou langue d'Oïl (1), au XIIe et au XIIIe siècle.

---

(1) OC = oui en provençal (du latin *hoc*); la langue d'oc était parlée dans le midi de la France. OIL = oui en français de l'Ile de France (du latin *hoc* + *il*, pronom personnel qui le renforçait); la langue d'oïl était parlée dans le nord de la France.

Dans la « chanson de toile » que les dames fredonnaient, assises à leur métier à broder ou à tisser, un drame d'amour est souvent évoqué. « La reverdie » célèbre le retour du printemps et la joie d'aimer, tandis que « l'aube » déplore l'arrivée du jour qui va séparer ceux qui s'aiment et avaient usé de la complicité de la nuit pour se rejoindre. Dans « la chanson dramatique », le chevalier soupire, loin de sa dame, ou la dame, demeurée seule, se plaint de l'absence de son ami, parti pour la Croisade. Un seigneur rencontre une bergère et la courtise : voilà le sujet de la « pastourelle (1) ». La plupart de ces œuvres sont anonymes. Quelques poètes, pourtant, nous demeurent connus : Jaufré Rudel, Conon de Béthune, Gace Brulé, Thibaud de Champagne, par exemple.

UNE CHANSON DE TOILE : BELLE DOETTE

Belle doette à la fenêtre assise,
Lit en un livre, mais son cœur n'y est point :
De son ami Doon il lui souvient,
Qui tout là-bas est parti tournoyer.
Et j'en ai douleur.

Un écuyer aux degrés de la salle
Est descendu, a détaché sa malle.
Belle doette les degrés lors dévale.
Elle ne croit pas à mauvaise nouvelle.
Et j'en ai douleur.

Belle doette alors lui demanda :
— Où est messire, que n'ai vu de long temps?
Il eut tel deuil que de pitié pleura.
Belle doette à l'instant se pâma.
Et j'en ai douleur.

Belle doette debout s'est redressée,
Voit l'écuyer, vers lui s'est avancée.
En son cœur est dolente et attristée
Pour son seigneur, qu'elle ne voit pas.
Et j'en ai douleur.

Belle doette se prit à demander :
Où est messire que je dois tant aimer?
— Au nom de Dieu, dame, ne puis le cacher,
Mort est messire, tué fut en joutant.
Et j'en ai douleur.

Belle doette se mit à lamenter :
— Pour mon malheur, tu partis débonnaire!
Pour votre amour, je vêtirai la haire (2);
Mon corps n'aura plus pelisse fourrée.
Et j'en ai douleur.
Pour vous deviendrai nonne en l'église Saint-Pol.

Pour vous je bâtirai une abbaye telle
Que lorsque viendra le jour de sa fête,
Si quelqu'un y vient, traître à son amour,
Jamais du moûtier ne saura l'entrée.
Et j'en ai douleur.
Pour vous deviendrai nonne en l'église Saint-Pol.

Belle doette fit bâtir l'abbaye
Qui est si grande et toujours grandira;
Tous ceux et celles, elle voudra attirer
Qui pour amour savent peine et souffrance.
Et j'en ai douleur.
Pour vous deviendrai nonne en l'église Saint-Pol.

PASTOURELLE DE THIBAUD DE CHAMPAGNE

J'allais l'autre jour errant
    Sans compagnon
Sur mon palefroi (3), pensant
    A faire une chanson,
Quand j'ouïs, ne sais comment,
    Près d'un buisson
La voix du plus bel enfant
    Que jamais vit-on,
Ce n'était pas un enfant,
    Avait quinze ans et demi,
Jamais créature ne vis
    De si gente façon.
Vers elle m'en vais sur-le-champ
    Et je lui dis :
— Belle, dites-moi comment
Par Dieu, vous nomme-t-on !
Elle saute en un instant

Sur son bâton :
— Si vous venez plus avant,
    Y aura discussion.
Sire, allez-vous-en d'ici !
    N'ai cure d'un tel ami;
Car j'ai bien plus beau choisi.
    Il s'appelle Robichon.
Quand je la vis effrayée
    Si fortement
Qu'elle ne daigne me regarder
    Ni faire autre manière
Lors commençai à penser
    Par quel moyen
Elle me pourrait aimer
    Et changer de désir.
A terre d'elle m'assis.
Plus regarde son clair vis,

---

(1) Chanson de berger (ou pâtre). — (2) Etoffe rude de l'habit que portent les religieuses. — (3) Cheval de parade.

Plus mon cœur se trouve épris,
  (Ce) qui double mon désir.
Lors me pris à demander
  Très gentiment
Qu'elle me daignât regarder
Et faire autre manière.
Elle commença à pleurer
  Et dit alors :
— Je ne vous peux écouter ;
Ne sais qu'allez cherchant.
Vers elle m'approche et lui dis :
— Ma belle, par Dieu pitié !
Elle rit et répondit :

— Ne faites rien ! les gens.
Devant moi, la fis monter
  Dès à présent
Et tout droit je m'en allai
Vers un bois verdoyant.
En bas, les prés regardai.
  J'ouïs criant
Deux bergers parmi le blé
Qui venaient hurlant.
Ils poussèrent un grand cri,
  Je fis plus vite que le dis :
Je la laisse et je m'enfuis,
  Je n'aime pas ces gens.

LE MERVEILLEUX

Le chevalier, héros de roman, toujours en quête de prouesses à réaliser, entraîne avec lui le public dans le monde de la féerie. Nature enchantée, peuplée d'êtres surnaturels, châteaux magiques, situations inconnues à l'univers habituel, étranges moyens de sortir de difficultés qui paraissaient insurmontables : l'imagination des poètes ne connaît pas de bornes. Le monde du mystère et du rêve a une place de choix dans la littérature romanesque du Moyen Age. Comme le passage est aisé, du quotidien au merveilleux !

Nous n'en citerons comme exemple que cette fontaine singulière, que décrit Chrétien de Troyes dans *Yvain ou le chevalier au lion.*

Tu verras fontaine qui bout
Bien plus froide que n'est le marbre.
Lui fait ombre le plus bel arbre
Que jamais put faire Nature.
En tous temps ses feuilles lui durent
Il ne les perd en nul hiver.
Il y pend un bassin de fer
Avec une si longue chaîne
Qu'elle va jusqu'à la fontaine.
Près de fontaine, trouveras
Un perron tel que tu verras
(Je ne sais pas te dire quel,
Car n'en vis jamais un pareil)
Et d'autre part une chapelle

Petite, mais elle est très belle.
Si avec (ce) bassin tu prends l'eau
Et sur le perron la répand
Lors, tu verras telle tempête
Qu'en ce bois ne restera bête,
Chevreuil ni daim, ni cerf, ni porc,
Même les oiseaux s'enfuiront
Car tu verras foudre tomber,
Venter, et arbres s'effondrer.
Pleuvoir, tonner, éclairs briller,
Et si tu peux t'en éloigner
Sans grand ennui et sans dommage,
Tu auras une meilleure chance
Que jamais n'eurent chevaliers.

LA GAIETÉ

La vitalité prodigieuse du Moyen Age s'est manifestée dans une franche gaieté, dans un besoin de rire et de faire rire. Sans doute la liberté de propos et même la verdeur de l'expression caractérisent-elles la littérature dite « bourgeoise ». Mais on peut penser que cette époque ne concevait pas la gravité à notre manière, puisque de véritables gags trouvent place dans une des plus anciennes chansons de geste, le *Pèlerinage de Charlemagne*, et que, dans les « Mystères », des scènes bouffonnes voisinent avec des débats dramatiques.

Le sens du cocasse :
les fatrasies
Jamais, peut-être, on n'eut autant le goût du mot pour le mot. Le désir de pur divertissement, sans aucun souci de la cohérence, a pu dicter ces Rêveries ou Fatrasies (1), dont Rabe-

---

(1) De fatras : ensemble incohérent.

lais se fera l'héritier. Le poète Paul Eluard avait adapté cette fatrasie de Philippe Rémi de Beaumanoir (fin du XIIIe siècle), pour son *Anthologie vivante de la Poésie du Passé*.

Un grand hareng-saur
Avait assiégé Gisors
De part et d'autre
Et deux hommes morts
Vinrent avec de grands efforts
Portant une porte.

Sans une vieille bossue
Qui alla criant : « Ah ! Hors ».
Le cri d'une caille morte
Les aurait pris avec de grands efforts
Sous un chapeau de feutre.

L'esprit gaulois : les fabliaux

Les fabliaux, que Joseph Bédier définissait comme des « contes à rire, en vers » sont aussi représentatifs de la littérature du Moyen Age que les Chansons de Geste et que les romans courtois. On en compte environ 150, écrits du XIIe au XIVe siècle. Ces histoires, pleines de bonne humeur, plaisaient à un public bourgeois et populaire mais aussi, à l'occasion, aux seigneurs. On s'y moque ouvertement des femmes, bavardes et coquettes, des paysans naïfs, des curés gourmands. Pour faire rire, tous les procédés sont bons : jeux de mots, malentendus, coups de bâton. La crudité, la grossièreté du langage sont de règle. On s'amuse de ces « bons tours », de ces farces, qui nous paraîtraient aujourd'hui inhumaines, mais la pitié a peu de place dans les Fabliaux. Ainsi, dans *les Trois Aveugles de Compiègne* de Cortebarbe, c'est aux dépens de trois aveugles qu'on rira, cependant que la vie des grands chemins et des hôtelleries est évoquée d'une façon pittoresque.

Trois aveugles s'en allaient de Compiègne à Senlis. Ils rencontrent un clerc, et lui demandent l'aumône. Étonné de les voir ainsi marcher sans guide, et doutant de leur infirmité, le clerc veut en avoir le cœur net. Il leur donne un besant pour les trois. Chacun croit que l'autre l'a reçu. Tout joyeux, les aveugles retournent à Compiègne avec l'intention de festoyer.

Vers Compiègne ils sont retournés
Ainsi comme ils sont équipés;
Ils étaient heureux et très gais.
Quant au clerc, de loin il suivait,
Il se disait qu'il les suivrait
Jusqu'au moment où il saurait
La fin. Dans la ville, ils entrèrent,
Prêtèrent l'ouïe, et entendirent
Qu'on criait autour du Château :
— Ici bon vin frais et nouveau,
Vin d'Auxerre, vin de Soissons,
Pain et viande, vin et poissons!
Ici, dépensez votre argent,
Ici, hôtel pour toutes gens;
C'est ici qu'il fait bon loger.
Ils y vont, sans hésitation,
Et ils entrent dans la maison;
A l'hôtelier, ils s'adressèrent :
— Occupez-vous de nous, font-ils,
Et ne nous tenez pas pour vils,
Si nous avons pauvres habits.
Vous vous servirez en privés.
Nous vous paierons mieux qu'élégants,
(Ont-ils dit, et lui, se sent aise)
Car nous voulons faire un festin.
L'hôte pense qu'ils disent vrai :

Telles gens ont plein de deniers.
De les servir, il s'est hâté;
Dans la salle haute, les mène :
— Seigneurs, dit-il, une semaine,
Vous pourriez ici séjourner;
Tous les bons morceaux de la ville,
Vous les aurez, si vous voulez.
— Sire, font-ils, dépêchez-vous,
Et donnez-nous tout ce qu'il faut.
— Laissez-moi faire, mes seigneurs,
Dit le bourgeois et il s'en va.
Sur cinq grands plats, il leur prépare
Pain, viande, pâtés et chapons
Et vins, pourvu qu'ils fussent bons;
Puis les leur fait là-haut porter,
Et fit au feu charbon jeter :
Se sont assis à haute table.
Le valet du clerc, à l'étable
Conduit les chevaux. Gîte est pris.
Le clerc de bonne éducation,
Bien vêtu et très élégant,
Avec l'hôte, en place d'honneur,
Prit le matin son déjeuner,
Et le soir aussi, son souper.
Les aveugles à leur étage,
Servis comme des chevaliers,

Menaient chacun grand bruit, grand train.
L'un à l'autre versait le vin :
— Tiens, je t'en donne; après, m'en donne !
Il a poussé sur vigne bonne !
Et ne croyez pas qu'ils s'ennuient.
C'est ainsi que jusqu'à minuit,
Ils s'égayèrent sans souci.
Les lits sont faits, ils vont dormir
Jusqu'au lendemain, de bonne heure;
Et le clerc, lui aussi, demeure
Pour savoir quelle sera la fin.
L'hôte se leva, au matin,
Et son valet. Tous deux comptèrent
Combien coûtaient viande et poisson.
Le valet dit : « En vérité,
Le pain, le vin et le pâté
Ont bien coûté plus de dix sous;
Tant ils en ont pris, à eux tous.
Le clerc, lui, en a pour cinq sous.
— De lui, je n'attends pas d'ennui.
Va là-haut et fais-moi payer.
Et le valet sans plus tarder
Vint aux aveugles et leur dit
Que chacun, vite, se vêtît,
Son maître veut être payé.
— Pourquoi, font-ils, vous inquiéter,
Puisque très bien nous le paierons;
Savez-vous ce que nous devons?
— Oui, dit-il, vous devez dix sous.
— Cela les vaut. Chacun se lève;
Tous trois sont en bas descendus.
Le clerc avait tout entendu,
En se chaussant, devant son lit.
Les trois aveugles à l'hôte ont dit :
— Sire, nous avons un besant.
Je crois qu'il est fort bien pesant;
Rendez-nous-en donc le surplus,
Sans attendre que devions plus.

— Très volontiers, leur répond l'hôte.
— L'un deux dit : — Eh bien, donne-le !
Lequel l'a? — Ah, je ne l'ai pas !
C'est donc Robert Barbe-Fleurie?
— Pas moi, mais vous l'avez, je sais.
— Corbleu, moi non plus, je ne l'ai !
— Lequel l'a donc? — Tu l'as? — L'as-tu?
— Payez, ou vous serez battus,
Dit l'hôtelier, seigneurs truands,
Et mis dans un recoin puant,
Avant que vous partiez d'ici.
Ils lui crient : Ah ! Par Dieu, pitié.
Sire, nous vous paierons très bien.
Et ils reprennent leur querelle :
— Robert, dit l'un, donnez-lui donc
Le besant; vous marchez devant :
Vous le reçûtes, étant premier.
— Mais vous qui venez par derrière,
Donnez-le, car je ne l'ai point.
— Je suis ici venu à point,
Dit l'hôte, car on rit de moi.
A l'un il envoie un soufflet
Puis fait apporter deux gourdins.
Le clerc qui s'était habillé
Trouvait l'affaire fort plaisante.
Plein d'aise, il se pâmait de rire.
Mais quand il vit le dénouement,
Il vint à l'hôte promptement,
Lui demande ce qu'il avait,
Ce qu'à ces gens il réclamait.
L'hôte dit : « Du mien, ils ont eu
Dix sous qu'ils ont mangé et bu.
Ils ne font que rire de moi;
Mais du bâton, vais leur donner :
De son corps chacun aura honte. »
— Mettez donc cela sur mon compte,
Dit le clerc, quinze sous pour moi !

Et les aveugles s'en vont quittes, mais le clerc, qui vient ainsi de faire le généreux, aura recours à une autre farce, afin de quitter la ville sans avoir versé un sou à l'hôtelier.

***Satire et parodie :
le « Roman de Renart »***
Une satire malicieuse des mœurs de l'époque apparaît dans les Fabliaux. La critique se fait souvent plus acerbe dans *le Roman de Renart*, qui n'est pas à proprement parler une œuvre suivie, mais un ensemble de vingt-sept poèmes indépendants, appelés « branches », écrits à la fin du XIIe et au XIIIe siècle, et inspirés de l'*Ysengrinus* de Nivard de Gand. Si le thème essentiel est la lutte de Renart, le Goupil, et d'Ysengrin, le Loup, cette rivalité est une occasion pour se moquer de la manière d'agir des humains, pour parodier les « chansons de geste » et les « romans courtois », pour dénoncer même, avec véhémence, certains abus : par exemple cette coutume si répandue de partir pour de lointains pèlerinages, jusqu'à Saint-Jacques-de-Compostelle ou en Terre Sainte.

Renart a été condamné à être pendu par Noble, le lion et sa cour. Tous les animaux s'en réjouissent. Grimbert, son cousin, sera le seul à manifester quelque pitié pour Renart.

Sur un mont, en haut d'un rocher,
Le roi fait dresser la potence
Pour pendre Renart, le Goupil :
Voilà Renart en grand péril.
Le singe lui fait la grimace.
Et lui donne un coup sur la joue.
Renart regarde derrière lui,
Il voit qu'ils viennent plus de trois.
L'un le tire, l'autre le pousse :
Qu'il ait peur n'est pas étonnant.
Couard, le lièvre, sur lui jette
Des pierres, et n'ose l'approcher...
Renart se voit fort accablé,
De toutes parts pris et lié.
Mais il ne peut trouver de ruse,
Un moyen pour en échapper.
Echapper, il ne le peut pas,
Sinon par une grande astuce.
Quand il vit dresser la potence,
Il n'y eut en lui que tristesse.
Il dit au roi : « Beau gentil Sire,
Laissez-moi parler un instant.
Vous m'avez fait lier et prendre,
Et me voulez sans crime pendre.
Mais j'ai fait de très grands péchés
Dont je suis très fort accablé.
Je veux venir à repentance.
Au nom de Sainte Pénitence
Je prendrai la croix pour aller
Si Dieu le veut, outre la mer.
Si je meurs, je serai sauvé.
Me pendre serait mal agir.
Ce serait bien pauvre vengeance.
Je veux venir à repentance. »
Alors, il tombe aux pieds du roi.
Le roi en prit grande pitié.
Grimbert revient, de son côté,

Et pour Renart il crie « pitié ».
« Sire, par Dieu, écoute-moi !
Agis sagement, souviens-toi
Que Renart est preux et courtois.
Si Renart revient dans cinq mois,
Tu auras grand besoin de lui,
C'est ton plus hardi serviteur. »
— Ce ne peut se dire, fait le roi.
A son retour, il serait pire !
Tous observent cette coutume :
Qui bon y part, mauvais revient.
Tout comme les autres il fera,
S'il échappe de ce péril.
— S'il ne peut alors s'amender,
Qu'il n'en revienne jamais, Sire !
Le roi dit : « Qu'il prenne la croix,
Et que là-bas, toujours, il reste ! »
Renart l'entend, il a grand' joie.
Il ne sait s'il fera la route,
Mais quoi qu'il en puisse advenir
On lui met la croix sur l'épaule.
On lui donne écharpe et bourdon (1).
Les animaux sont désolés :
Ceux qui l'ont frappé, malmené,
Disent qu'un jour, ils le paieront.
Voilà Renart le pèlerin,
Echarpe au cou, bourdon au poing.
Le roi lui dit de pardonner
Tous les maux qu'on a pu lui faire,
D'abandonner ruses et méfaits :
Et s'il meurt, il sera sauvé.
Et Renart ne refuse rien
De ce que demande le roi,
Mais il approuve tous ses dires
En attendant d'être parti.
Il rompt le fétu, leur pardonne.
De la cour, s'en va, avant None.

Renart réussit même à se faire donner l'anneau de la Reine. Une fois arrivé en haut du rocher, il jette bourdon et écharpe, insulte le roi et sa cour et se réfugie dans son château de Maupertuis, où il se barricade solidement.

Le théâtre comique

Ce n'est qu'à partir du XIIIe siècle qu'on peut parler de théâtre comique (*Jeu de Saint Nicolas*, écrit par Jean Bodel, d'Arras, *Jeu de la Feuillée*, *Jeu de Robin et Marion*, tous deux d'Adam de la Halle). Mais au XVe siècle, les pièces comiques foisonnent : monologues dramatiques parodiant les sermons, « moralités » qui se proposent de donner des leçons de morale, « soties » qui sont d'audacieuses satires, et farces.

La *Farce de Maître Pathelin*, écrite en 1464 et 1469, est une joyeuse comédie, habilement menée. La fourberie y règne d'un bout à l'autre, chaque personnage s'ingéniant à tromper l'autre. L'auteur, inconnu, s'affirme comme un des maîtres du comique. On comprend que la pièce ait été célèbre dès le XVe siècle et que Pathelin ait pris place parmi les héros de la ruse.

L'avocat Pathelin avait réussi à extorquer au drapier Guillaume une bonne coupe de drap, sans lui rien payer. A son tour, le voilà mis en échec par l'Agnelet, berger

---

(1) Bâton de pèlerin.

de Guillaume. En effet, Pathelin avait conseillé à l'Agnelet de faire la bête, et de ne répondre que par bée, dans le procès qui l'opposait à son maître. Quand il veut finalement se faire payer sa consultation, il n'en tire que ce même « bée ». C'est la dernière scène de la *Farce de Maître Pathelin*.

Pathelin :
Dis, Agnelet.
Le berger :
Bée !
Pathelin :
Viens, çà, viens.
Ta besogne est-elle bien faite ?
Le berger :
Bée !
Pathelin :
Ton adversaire est parti.
Plus de bée ! Ce n'est plus la peine.
Lui ai-je donné belle entorse (1) ?
T'ai-je pas conseillé à point ?
Le berger :
Bée !
Pathelin :
Il est temps que je m'en aille.
Paie-moi.
Le berger :
Bée !
Pathelin :
A dire vrai,
Tu as bien fait ton devoir,
Et as eu bonne contenance.
Ce qui lui a donné le change,
C'est que tu t'es tenu de rire.
Le berger :
Bée !
Pathelin :
Quel bée ! Ne faut plus le dire !
Paie-moi bien et gentiment.
Le berger :
Bée !
Pathelin :
Quel bée ! Parle sagement.
Et paie-moi, puis je m'en irai.
Le berger :
Bée !

Pathelin :
Sais-tu ce que je dirai ?
Je te prie, sans plus dire bée,
De penser à me payer.
Je ne veux plus de bêlement.
Paie-moi.
Le berger :
Bée !
Pathelin :
Est-ce moquerie ?
Est-ce tout ce que tu feras ?
Par mon serment ! tu me payeras.
Entends-tu ? si tu ne t'envoles !
Mon argent !
Le berger :
Bée !...
Pathelin :
Par Saint Jean ! Tu as raison :
Les oisons mènent les oies paître.
(à part)
Je croyais bien être le maître
Des trompeurs d'ici et d'ailleurs,
Des aigrefins et des bailleurs
De paroles en paiement
A rendre au jour du jugement :
Un berger des champs me surpasse !
(au berger)
Par Saint Jacques ! Si pouvais trouver
Un bon sergent, te ferais pendre !
Le berger :
Bée !
Pathelin :
Heu, bée ! qu'on puisse me pendre
Si je ne vais faire venir
Un bon sergent ! Malheur à lui
S'il ne peut pas t'emprisonner !
Le berger (prenant la fuite) :
S'il me trouve, je lui pardonne !

LE PATHÉTIQUE

**Les « Miracles »
et les « Mystères »** — Toute une partie de la littérature du Moyen Age est empreinte de gravité. Clercs et laïques écrivent des ouvrages didactiques où ils rappellent les grandes règles de la morale chrétienne, essayent de montrer le néant des vanités terrestres. La méditation sur la vie, le sens de la souffrance et de la mort pénétraient tellement ces siècles profondément religieux que les foules se pressaient, dès la fin du XIIe siècle, pour assister aux « Miracles », qui faisaient revivre la vie des Saints ou aux « Mystères », qui représentaient les scènes de l'Ancien et du Nouveau Testament. Toute la cité venait contempler la Passion du Christ, son agonie douloureuse et sa mort, apprenait à espérer en la Vierge. Sur le parvis des

---

(1) Lui ai-je joué un bon tour ?

cathédrales, une leçon de confiance et de piété était ainsi donnée, celle même que les fidèles voyaient sur les portails sculptés des églises et sur les vitraux.

Le « Mystère de la Passion »

Nous tirons du très célèbre *Mystère de la Passion* d'Arnould Gréban, écrit vers 1450 (œuvre monumentale de 34 574 vers) ce dialogue entre Jésus et Notre-Dame. A la requête de sa mère, humaine et douloureuse, qui voudrait voir écarter l'agonie de son fils, Jésus répond par l'obéissance aux Saintes Écritures.

Notre-Dame :

 Pour ôter cette mort dolente
 Qui deux cœurs pour un occirait,
 Il m'est avis que bon serait
 Que sans votre mort et souffrance
 Se fît l'humaine délivrance ;
 Ou que s'il vous convient mourir,
 Que ce soit sans peine souffrir ;
 Ou si la peine vous doit nuire,
 Consentez que première meure ;
 Ou s'il faut que mourir vous voie,
 Comme pierre insensible sois.
 Fils, humblement vous ai servi :
 Aussi je n'ai pas mérité
 Que vous deviez hésiter
 A m'octroyer l'une des quatre
 Car tous sont en votre puissance.

Jhésus :

 Ma mère et douce alliance,
 A qui obéissance dois,
 Ne vous déplaise cette fois
 S'il faut que je désobéisse,
 Et votre requête écondisse :
 Ces quatre ne vous puis donner,
 Non pas l'une ; et devez penser
 Que l'Ecriture ne ment point
 Et, pour répondre au premier point,
 Que requérez, que sans mourir
 Les humains doive (1) secourir,
 Mourir me convient, de plein gré,
 Montrant qu'Isaïe a dit vrai
 Quand dans ses très saintes paroles
 Il dit de moi : « Sicut ovis
 Ad occidendum ducitur ».

Notre-Dame :

 O fils, que ce parler m'est dur,
 Et quelle mauvaise saveur il a !

Jhésus :

 Il dit ainsi : « Comme brebis
 Est menée à l'occision (2),
 Il faut que l'exécution
 De la mort sur moi se termine (3).
 Le second point, mère bénigne,
 Auquel requérez que je meure,
 Sans peine qui me puisse nuire,
 Force est que vous ne l'obteniez ;
 Car, comme tous ceux d'Adam nés
 Ont péché jusqu'à vous et moi,
 Moi, qui l'humanité reçois
 Pour tous les humains délivrer,
 Dois sur tout mon corps endurer
 Excessive peine et amère :
 Oyez Isaïe, ma mère,
 Résignez-vous à ses paroles ;
 Dit-il pas : « A planta pedis
 Usque ad verticis metas
 Non est in eo sanitas » ?
 Il dit que je serai blessé
 Tant, que de la plante du pied
 Jusqu'à la tête, part hautaine,
 Il ne restera partie saine
 Qui n'ait souffrance, n'ait détresse.

Notre-Dame :

 O dolente mère angoissée !
 O pitié, ô compassion !
 Pourras-tu voir telle passion
 Sur ton cher fils exécuter ?
 O deuil ineffable à porter,
 Quel cœur te saura soutenir ?

LE SENS DE LA MORT

Hélinand et Villon

Le Moyen Age a vécu dans une grande familiarité avec la mort. Elle est parfois décrite simplement, parfois avec un réalisme terrifiant. Pour la chanter, deux poètes ont trouvé des accents encore jamais entendus : ce sont Hélinand et Villon. Hélinand, gentilhomme de Flandre, devenu moine à l'abbaye de Froidemont en Beauvaisis adresse vers 1195 à ses amis restés dans le monde un solennel et grave avertissement : il fait avec véhémence l'éloge de la mort, maîtresse du monde, grande niveleuse, grande justicière, et veut leur faire

---

(1) Je doive. — (2) A la mort. — (3) Se réalise.

partager sa crainte. Villon s'attendait à mourir de pendaison (1462), à la suite d'une rixe, quand il écrivit sa célèbre *Ballade des Pendus*. Il se voit déjà attaché au gibet et fait parler le cadavre qu'il sera. L'horreur de la mort physique est évoquée dans ce poème, en même temps qu'un cri jaillit à l'adresse de ses « frères humains », et que la pensée d'un châtiment éternel le fait frémir. Chez ces deux poètes, le lyrisme prend sa source dans la sincérité d'une émotion personnelle.

VERS DE LA MORT

Que vaut beauté, que vaut richesse
Que vaut honneur? que vaut hautesse (1),
Puisque la mort tout à son aise
Fait sur nous pluie et sécheresse,
Puisqu'elle a tout en sa puissance,
Qu'on la méprise ou qu'on l'estime?
Celui qui ne craint pas la mort,
C'est celui-là qu'elle provoque
Et c'est vers lui qu'elle se dirige.
Corps bien nourri, chair délicate
Fait chemise de vers, de feu (2) :
Qui plus se met aise, se blesse.
Mort prouve, je n'en doute pas,
Que « peu » vaut autant que « beaucoup »,
Pour tout ce qui meurt et dessèche.
Mort montre bien que tout est rien,
Tout ce qu'engloutit le glouton,
Tout ce que lèche le gourmand,
La mort fait que le saint ne pèche
Parce que rien ne l'a séduit
Où elle puisse donner un coup.
Mort égalise grange et crèche,
Vin et eau, et saumon et sèche;
Mort dit à tous agréments : « Pfuit! »
Mort est le rets (3) qui tout attrape,
Mort est la main qui tout agrippe;
Tout lui reste quand elle saisit.
Mort fait à tous sombre manteau
Et de pure terre linceul.
Mort nous sert tous également,
Mort met secrets à découvert,
Mort fait homme libre de serf,
Mort asservit et roi et pape,
Mort à chacun donne son dû.
Mort rend au pauvre ce qu'il perd,
Mort ôte au riche ce qu'il prit.

HÉLINAND.

BALLADE DES PENDUS

Frères humains qui après nous vivez,
N'ayez les cœurs contre nous endurcis.
Car si pitié de nous pauvres avez,
Dieu en aura plus tôt de vous merci (4).
Vous nous voyez ci attachés cinq, six :
Quant de la chair, que trop avons nourrie,
Elle est piéça (5) dévorée et pourrie,
Et nous, les os, devenons cendre et poudre.
De notre mal personne ne s'en rie (6) :
Mais priez Dieu que tous nous veuille absoudre !

Si frères vous clamons, pas n'en devez
Avoir dédain, quoi que fûmes occis
Par justice. Toutefois, vous savez
Que tous hommes n'ont pas le sens rassis;
Excusez-nous, puisque sommes transis (7),
Envers le fils de la Vierge Marie,
Que sa grâce ne soit pour nous tarie,
Nous préservant de l'infernale foudre.
Nous sommes morts, âme ne nous harie (8);
Mais priez Dieu que tous nous veuille absoudre !

La pluie nous a débués (9) et lavés,
Et le soleil desséchés et noircis :
Pies, corbeaux nous ont les yeux cavés (10)
Et arraché la barbe et les sourcils.
Jamais nul temps nous ne sommes assis;
Puis çà, puis là, comme le vent varie,
A son plaisir sans cesser nous charrie,
Plus becquetés d'oiseaux que dés à coudre.
Ne soyez donc de notre confrérie;
Mais priez Dieu que tous nous veuille absoudre !

VILLON.

---

(1) Dignité. — (2) Prépare pour plus tard un ensemble, une véritable « chemise » qui entourera le corps. — (3) Filet. — (4) Pitié. — (5) Voilà longtemps déjà qu'elle est. — (6) Subjonctif. — (7) Trépassés. — (8) Tourmente (subj.). — (9) Littéralement : lessivés. — (10) Creusés.

III

LE XVIᵉ SIÈCLE

LA RENAISSANCE

HISTOIRE

Il n'y a pas de coupure entre la fin du XVᵉ et le début du XVIᵉ siècle, ni dans la vie des hommes, ni dans le contenu ou la forme des œuvres artistiques ou littéraires, ni dans l'évolution de la langue française.

Pourtant quelques faits importants entraînent des transformations visibles dès la première moitié de ce siècle :

— les guerres transalpines révèlent à la noblesse française le vie brillante et raffinée des Italiens;

— l'exploration des régions lointaines recule les bornes du monde connu;

— les progrès de l'imprimerie permettent une diffusion plus rapide et plus large de textes anciens et modernes. Les connaissances philosophiques et scientifiques se renouvellent.

Ce n'est pas une révolution intellectuelle et morale, mais l'avènement d'un ordre différent, d'un ensemble d'activités, de réalisations, de tendances, à la place d'une civilisation affaiblie et sclérosée : la littérature était alors réduite à un jeu de phrases et de mots, la philosophie était devenue une scolastique formelle, la religion était enfermée dans des traditions stériles et figées.

Les hommes les plus actifs et ouverts de ce temps ont conscience de cet esprit nouveau et en sont fiers : c'est bien une régénération et un enrichissement de l'homme qu'ils cherchent dans les textes antiques dont la quête des originaux débute dès le XIVᵉ siècle, avec Pétrarque.

Cet humanisme prendra des formes fort diverses :

Évangélisme (1) des philosophes qui rêvent d'une religion épurée; réforme religieuse organisée par Calvin; restauration littéraire et poétique de la Pléiade; renaissance des arts.

---

(1) Retour à l'Evangile.

La férocité des guerres de religion apparaîtra comme un naufrage de tout l'optimisme de la Renaissance, mais la sagesse à la fois antique et familière de Montaigne assurera la permanence de cet humanisme qui, après tout, n'est autre chose que connaissance et respect de la dignité humaine, chez les autres et en soi-même.

A partir de la fin du XVᵉ siècle, le royaume de France acquiert une réelle unité territoriale scellée par le mariage de Charles VIII et d'Anne de Bretagne. La royauté s'efforce de parfaire cette unification : François Iᵉʳ impose le français comme langue officielle, commune au Nord et au Sud.

L'ordonnance de Villers-Cotterêts (août 1539), qui réforme la justice, stipule, dans ses articles 110 et 111 que tous les actes et opérations de justice se feront désormais en français.

... Et afin qu'il n'y ait cause de douter sur l'intelligence (1) desdits arrêts, nous voulons et ordonnons qu'ils soient faits et écrits si clairement, qu'il n'y ait ni puisse avoir aucune ambiguïté ou incertitude, ni lieu à demander interprétation.

Et pour ce que telles choses sont souvent advenues sur l'intelligence des mots latins contenus es dits arrêts (2), nous voulons d'ores en avant (3) que tous arrêts, ensemble toutes autres procédures, soit de nos cours souveraines et autres subalternes et inférieures, soit de registres, enquêtes, contrats, commissions, sentences, testaments et autres quelconques actes et exploits de justice, ou qui en dépendaient, soient prononcés, enregistrés et délivrés aux parties en langage maternel français et non autrement.

La France vit alors dans une stabilité politique assez remarquable : la puissance royale est bien équilibrée par celle d'une noblesse nombreuse et riche; les grands seigneurs qui vivent à la campagne sur leurs terres ont une réelle indépendance; la bourgeoisie des villes s'enrichit, la condition de vie des paysans s'améliore quelque peu.

LA ROYAUTÉ TENTE D'AFFERMIR SON AUTORITÉ

Les guerres d'Italie   A partir de 1492, la France s'engage dans des opérations militaires en Italie. Pour reconquérir le royaume de Naples qui avait appartenu à la maison française d'Anjou, mais dont Louis XI ne s'était pas soucié, Charles VIII entreprend une campagne victorieuse, à travers la péninsule, jusqu'à Naples où il se fait couronner roi; mais une coalition, qui groupe contre lui le Pape, la République de Venise et le duc de Milan, Ludovic le More, l'oblige à revenir précipitamment en France, sans rien conserver de ses conquêtes éphémères. Son sucesseur, Louis XII, mène à son tour une expédition contre Milan dont il s'empare, mais il est vaincu, lui aussi, par une coalition formée par le Pape Jules II, qui groupe à ses côtés Venise, l'Espagne et l'Angleterre. François Iᵉʳ, hardi et ambitieux, reprend la lutte et conquiert le Milanais après sa victoire à Marignan (1515) mais se heurte bientôt à Charles Quint, maître des Pays-Bas et de l'Espagne, qui a été élu empereur du Saint Empire Romain germanique après la mort de Maximilien d'Autriche et bénéficie en outre de l'alliance du roi d'Angleterre Henri VIII. Après avoir contenu d'abord l'ennemi sur trois fronts, en Picardie, aux Pays-Bas et en Champagne, la France est vaincue en Italie, à Pavie; François Iᵉʳ, fait prisonnier, signe sous la contrainte le désastreux traité de Madrid (1526). Libéré, il désavoue ce traité, poursuit patiemment une longue entreprise diplomatique, se ménage des alliés en Italie, négocie la neutralité de l'Angleterre (1532), esquisse un rapprochement avec les Turcs. Il peut ainsi jusqu'à sa mort, en 1547, poursuivre la lutte avec des fortunes diverses. Son successeur Henri II, après avoir tenu tête successivement à Charles Quint, puis à son fils Phi-

_____

(1) La compréhension. — (2) Dans ces arrêts. — (3) Dorénavant.

lippe II, signe la paix de compromis de Cateau-Cambrésis (1559) : il renonce à Milan et à l'Italie, mais les frontières françaises sont assurées au Nord et à l'Est. Lorsque le roi, grièvement blessé au tournoi (1) donné pour le mariage de sa fille avec Philippe II, meurt, la situation paraît stable.

L'absolutisme royal   En France, les guerres ont accéléré les progrès de l'absolutisme royal : la formule « Car tel est notre bon plaisir », portée au bas des ordonnances, traduit à la fois la volonté personnelle de François Ier et l'impulsion nouvelle imposée à la monarchie. Le choix du seul rival possible le connétable (2) Bourbon passé au service de Charles Quint, a servi la politique autoritaire et centralisatrice du roi. La haute noblesse, ruinée par la stagnation des revenus fonciers, décimée par la guerre, cherche à la cour protection et avantages financiers : maison du roi et maison militaire deviennent des organismes importants. Le clergé s'est soumis, à la suite du concordat de 1516 avec le pape Léon X Médicis : le roi nomme les évêques et les abbés, dont le pape se réserve seulement l'investiture canonique. Le roi gouverne avec son Conseil d'État, sans tenir compte des remontrances théoriques et timides d'un Parlement sans pouvoir. Les dépenses de la guerre, le faste de la cour et la politique de prestige entraînent une énorme augmentation des impôts. Dès 1522, la nécessité entraîne le recours à l'emprunt et suscite la détestable pratique de la vente des offices (3) : cette pratique est à l'origine de l'ascension extraordinaire de la bourgeoisie, qui acquiert honneur et puissance.

LE RETOUR AUX SOURCES DANS LE DOMAINE RELIGIEUX

Calvin suscite la réforme   De graves conflits se préparent : dans ce siècle de fermentation intellectuelle, les idées et les institutions religieuses sont étudiées et remises en question ; les hommes s'opposent et se heurtent violemment. Parallèlement à l'ardent mouvement réformiste de Luther en Allemagne et sans doute influencés par lui, des esprits sincèrement pieux protestent contre les abus : cumuls de bénéfices par les grands, attribution d'évêchés ou d'abbayes à des courtisans, voire à des femmes. Les érudits veulent revenir aux leçons de l'Écriture sainte : Lefèvre d'Étaples traduit les Évangiles, puis la Bible : cet évangélisme est condamné par la Sorbonne mais soutenu par la sœur du roi, Marguerite de Navarre, jusqu'à l'affaire des « placards » (4) injurieux qui provoquent le revirement de François Ier en 1534. Le roi, qui jusque-là avait favorisé les idées de réforme et de renouvellement à l'intérieur de l'Église, cède à l'opinion publique et adopte une attitude plus conservatrice. Les positions dès lors se durcissent : la réaction du roi autorise une répression qui deviendra de plus en plus violente (5) ; Jean Calvin, humaniste et juriste, s'écarte du catholicisme et s'enfuit à Bâle : il y publie en 1536 L'*Institution chrétienne* (6), et prend la tête d'un mouvement réformiste, plus radical que celui de Luther, dont il appliquera avec autorité les principes à Genève à partir de 1541.

---

(1) Il mourut d'un coup de lance dans l'œil, en combattant contre Montgomery. — (2) Le connétable de France était jadis commandant suprême de l'armée royale. Richelieu supprima cette charge en 1627. — (3) Procédé souvent utilisé par les successeurs de François Ier pour acquérir de l'argent. Ils allèrent jusqu'à créer de nouvelles charges, souvent sans raison d'être. Ce procédé d'expédients fut tout particulièrement utilisé par Louis XIV à Versailles : on devait payer pour l'honneur d'être barbier du roi, etc. — (4) Affiches collées aux portes du roi et dirigées contre la Messe. — (5) Les hérétiques seront massacrés dans le Midi de la France et en 1546, l'humaniste Etienne Dolet sera brûlé vif sur la place Maubert à Paris. — (6) Voir pp. 84-86.

Dans son *Catéchisme* (1542-1545) à l'usage de la jeunesse, Calvin présente, sous forme de questions et de réponses, les principaux thèmes de sa doctrine, parmi lesquels celui de la *Grâce* et celui de *l'indignité foncière de l'homme et de ses œuvres.*

Question : Pouvons-nous avoir la foi de nous-mêmes, ou si elle vient de Dieu?

Réponse : L'Écriture nous enseigne que c'est un don particulier du Saint-Esprit, et l'expérience nous le montre aussi.

Question : Comment?

Réponse : Parce que notre entendement est trop faible pour comprendre la sagesse spirituelle de Dieu, qui nous est révélée par la foi, et que nos cœurs ont trop de penchant à se défier de la bonté de Dieu, et à une confiance déréglée en nous-mêmes...; mais le Saint-Esprit nous illumine et nous éclaire pour nous rendre capables d'entendre ce qui autrement nous serait incompréhensible; il affermit aussi notre confiance en Dieu, en scellant et en imprimant les promesses du salut dans nos cœurs.

Question : ... Toutes nos œuvres sont-elles tellement réprouvées qu'elles ne puissent mériter grâce devant Dieu?

Réponse : Je réponds, en premier lieu, que toutes les œuvres que nous faisons de notre propre nature sont vicieuses d'elles-mêmes et que, par conséquent, elles ne peuvent que déplaire à Dieu et en être condamnées.

Question : Il faut donc conclure que nous ne pouvons prévenir Dieu par nos mérites, pour le porter à nous faire du bien, mais qu'au contraire, nous ne faisons que l'irriter contre nous?

Réponse : Oui, et c'est pour cela aussi que je dis que. c'est par sa seule bonté, et par sa pure miséricorde, sans aucune considération de nos œuvres, qu'il nous a pour agréables en Jésus-Christ, nous imputant sa justice, et ne nous imputant point nos fautes.

En France, le calvinisme se trouve dès l'avènement d'Henri II en butte à la persécution mais groupe de nombreux partisans dans la haute bourgeoisie et la noblesse, en particulier dans les puissantes familles des Coligny et des Bourbons; des églises protestantes de France tiennent leur premier synode à Paris en 1559 et adoptent une profession de foi rédigée par Calvin.

LES FACTIONS METTENT EN PÉRIL LA ROYAUTÉ

L'effort de rénovation et de régénération du catholicisme, entrepris par les papes Clément VII et Paul III après l'échec des espérances de réconciliation, trouve un écho dans la politique intérieure de la France : une noblesse catholique groupée derrière le connétable de Montmorency, François de Guise, et le cardinal de Lorraine, s'oppose aux calvinistes dirigés par les Bourbons, Antoine, roi de Navarre, le prince de Condé, et l'amiral de Coligny; Catherine de Médicis, régente à la mort de son mari Henri II, essaie de mettre d'accord les adversaires et réunit à Poissy un colloque (1) de théologiens.

L'humanisme généreux qu'exprime alors le chancelier Michel de l'Hospital, dans son *Discours aux États à Orléans* (13 déc. 1560), méritait d'être entendu et suivi :

Regardez comment et avec quelles armes vos prédécesseurs, anciens Pères, ont vaincu les hérétiques de leur temps; nous devons par tous les moyens essayer de retirer ceux qui sont en erreur, et ne faire comme celui qui, voyant l'homme ou bête chargée dedans le fossé, au lieu de la retirer, lui donne du pied; nous la devons aider sans attendre qu'on nous demande secours. Qui fait autrement est sans charité :

c'est plus haïr les hommes que les vices.

Priez Dieu incessamment pour eux, et faisons tout ce qui possible nous sera, tant qu'il y ait espérance de les réduire et convertir : la douceur profitera plus que la rigueur. Otons ces mots diaboliques, noms de partis, factions et séditions, luthériens, huguenots, papistes; ne changeons le nom du chrétien.

Les guerres de religion

Malheureusement les convictions étaient trop ardentes et les chefs trop orgueilleux. Le colloque échoue et bientôt, à la suite d'une querelle de partisans à Vassy, la guerre civile se déchaîne. La lutte est sans pitié : de nombreux chefs tombent sur le champ de bataille ou sont

_____

(1) Réunion d'hommes pour discuter de questions religieuses.

assassinés. Catherine de Médicis réussit à faire accepter en 1564 l'Édit de pacification d'Amboise, mais les combats reprennent. Des renforts espagnols et allemands, les « reîtres » (1), de sinistre mémoire, s'ajoutent à l'armée royale... Après la mort de Condé, à Jarnac, en 1569, Catherine accorde aux protestants, par l'Édit de Saint-Germain, la liberté de conscience et la disposition de quatre villes fortifiées, dont La Rochelle.

Une entente s'établit entre Coligny (2) et le jeune roi — dont Henri de Navarre, fils d'Antoine de Bourbon, épouse la sœur — mais Catherine de Médicis se rapproche des Guise et crée l'irréparable en faisant accepter par Charles IX, esprit influençable et faible, l'affreux massacre dit « de la Saint-Barthélemy ».

C'est ainsi que le jour de la Saint-Barthélemy, le 24 août 1572, plus de trois mille huguenots (3) sont exterminés par son ordre et l'un des premiers, l'amiral Gaspard de Coligny. Alors que la majeure partie de l'Europe s'en indigne, Catherine de Médicis célèbre ce qu'elle pense être un triomphe, dans une lettre à son gendre Philippe II, « roi très catholique » d'Espagne, datée du « XXVIIIe jour d'août 1572 ».

Monsieur mon fils, je ne fais nul doute que ne ressentiez comme nous-mêmes l'heur (4) que Dieu nous a fait de donner le moyen au Roi monsieur mon fils de se défaire de ses sujets rebelles à Dieu et à lui, et qu'il lui ait plu lui faire la grâce de le préserver et nous tous de la cruauté de leurs mains, de quoi nous assurons que en louerez Dieu avec nous, tant pour votre particulier comme pour le bien qui en reviendra à toute la chrétienté, et au service et honneur et gloire de Dieu ; ... et rendons par cet effet le témoignage de nos bonnes et droites intentions, car ne les avons jamais eues autres...

Les passions sont désormais effrénées (5), les protestants restés en France deviennent farouchement hostiles à la royauté, les catholiques identifient la cause de Dieu et la personne royale. Pourtant, quelques esprits raisonnables souhaitent une patrie unie, libre et sans parti pris et forment le parti « politique ».

Après la mort de Charles IX en 1574, la guerre reprend encore sous Henri III, jusqu'à 1576. Les protestants obtiennent la liberté du culte.

Mais la « Ligue », fraction la plus ardente des catholiques et instrument docile entre les mains du duc Henri de Guise, dit « le Balafré » (6), entre en conflit avec le roi Henri III. Chassé de Paris, Henri III riposte en faisant assassiner à Blois (7) le duc de Guise et son frère, le cardinal de Lorraine. Allié à Henri de Navarre (8), devenu héritier légitime malgré son excommunication récente, le roi doit assiéger sa capitale et tombe sous le poignard du moine fanatique Jacques Clément en 1589 : c'est la fin de la dynastie des Valois.

HENRI IV RESTAURATEUR DE L'UNITÉ

Henri de Navarre prend alors le nom d'Henri IV et se déclare prêt à maintenir le catholicisme. Paris est livré aux excès de la Ligue, mais les États généraux (9) qu'elle y convoque mettent en évidence la lassitude populaire et le progrès des « politiques », soucieux de restaurer l'autorité royale et l'unité nationale.

---

(1) Allemand : Reiter = cavalier. Désignait au Moyen Age les cavaliers allemands servant en France. Au sens moderne : soudards. — (2) Général de valeur, il devint un des chefs protestants durant la Réforme. — (3) Sobriquet péjoratif qui vient de l'allemand : Eidgenossen = confédéré, par lequel les catholiques désignaient les calvinistes. — (4) Le bonheur. — (5) Sans frein. — (6) Ce surnom lui était venu d'une blessure qu'il s'était faite au visage. — (7) Ville de la Loire célèbre pour son château Renaissance, une des résidences royales avant que Versailles ne soit construit. — (8) Henri de Navarre, devenu Henri IV, ajouta à la France le petit royaume de Navarre, s'étendant sur les deux versants des Pyrénées. — (9) Assemblée des représentants de la Nation, groupant les délégués de la noblesse, du clergé et du peuple ou tiers état.

La *Satire Ménippée* (1), œuvre collective parue à Tours à partir de 1593, exprime bien cette opinion modérée qui s'impose peu à peu.

Nous voulons un roi pour avoir la paix. Mais nous ne voulons pas faire comme les grenouilles, qui, s'ennuyant de leur roi paisible, élurent la cigogne qui les dévora toutes. Nous demandons un roi et chef naturel, non artificiel; un roi déjà fait et non à faire; et nous n'en voulons point prendre le conseil des Espagnols, nos ennemis invétérés, qui veulent être nos tuteurs par force... Nous ne voulons pour conseillers et médecins ceux de Lorraine, qui de longtemps béent après (2) notre mort. Le roi que nous demandons est déjà fait par la nature, né au vrai parterre des fleurs de lis de France : jeton (3)

droit et verdoyant du tige (4) de Saint Louis. Ceux qui parlent d'en faire un autre, se trompent, et ne sauraient en venir à bout : on peut faire des sceptres et des couronnes, mais non pas des rois pour les porter...

En un mot, nous voulons que Monsieur le Lieutenant sache que nous reconnaissons pour notre vrai roi, légitime, naturel, et souverain seigneur, Henri de Bourbon, ci-devant roi de Navarre : c'est lui seul par mille bonnes raisons que nous reconnaissons être capable de soutenir l'état de France, et la grandeur de la réputation des Français.

Henri IV saura habilement tirer parti de cet état d'esprit : il annoncera sa conversion au catholicisme en 1593, se fera sacrer à Reims en février 1594 et pourra entrer à Paris le 22 mars suivant.

En 1590, le peuple parisien, pressé par la famine, avait forcé les envoyés de la Ligue à demander la paix au roi. La réponse d'Henri IV éclaire bien ses sentiments et annonce ce que sera son action habile et ferme, lorsqu'il aura accédé au trône.

J'aime ma ville de Paris. C'est ma fille aînée, j'en suis jaloux. Je lui veux faire plus de bien, plus de grâce et de miséricorde qu'elle ne m'en demande. Mais je veux qu'elle m'en sache gré (5), et qu'elle doive ce bien à ma clémence, et non au duc de Mayenne ni au roi d'Espagne. S'ils lui avaient moyenné (6) la paix et la grâce que je lui veux faire, elle leur devrait ce bien, elle leur en saurait gré, elle les tiendrait pour libérateurs, et non point moi. Ce que je ne veux pas. Davantage, ce que vous demandez, différer la capitulation et reddition de Paris jusques à une paix universelle, qui ne se peut faire que par plusieurs allées et venues c'est chose trop préjudiciable à ma ville de Paris, qui ne peut attendre un si long terme. Il est déjà mort tant de personnes de faim, que si elle attend encore huit ou dix jours il en mourra dix ou vingt mille hommes, qui serait une étrange pitié. Je suis le vrai père de mon peuple. Je ressemble cette vraie mère dans Salomon. J'aimerais quasi mieux n'avoir point de Paris, que de l'avoir tout ruiné et dissipé (7) après la mort de tant de pauvres personnes. Ceux de la Ligue ne sont pas ainsi. Ils ne craignent

pas que Paris soit déchiré, pourvu qu'ils en aient une partie. Aussi sont-ils tous Espagnols ou espagnolisés. Il ne se passe jour que les faubourgs de Paris ne souffrent ruine de la valeur de 50 000 livres par les soldats qui les démolissent, sans tant de pauvres gens qui meurent. Vous, Monsieur le Cardinal, en devez avoir pitié. Ce sont vos ouailles (8) de la moindre goutte du sang desquelles vous serez responsable devant Dieu; et vous aussi, Monsieur de Lyon, qui êtes le primat par-dessus les autres évêques. Je ne suis pas bon théologien, mais j'en sais assez pour vous dire que Dieu n'entend point que vous traitiez ainsi le pauvre peuple qu'il vous a recommandé, même à l'appétit et pour faire plaisir au roi d'Espagne et à Bernardin Mendozze (9) et à M. le Légat. Vous en aurez les pieds chauffés en l'autre monde (10). Et comment voulez-vous espérer de me convertir à votre religion, si vous faites si peu cas du salut et de la vie de vos ouailles? C'est me donner une pauvre preuve de votre sainteté. J'en serais trop mal édifié.

Lorsqu'il eut reconquis tout le royaume, apaisé les esprits et triomphé des dernières résistances, il obtint l'absolution du pape Clément VIII en 1595 et mit fin aux guerres de religion, après de longues négociations, par le compromis de l'Édit de Nantes (1598) :

(1) Pamphlet politique contre la ligue. Etym. Ménippe : philosophe grec de l'école des Cyniques, auteur de plusieurs satires. — (2) Souhaitent. — (3) Rejeton. — (4) Quelquefois au masculin au XVIe siècle. — (5) Qu'elle m'en soit reconnaissante. — (6) Procuré. — (7) Renforce le sens de ruiné : dévasté. — (8) Etym. : latin ovicula = brebis. Figuré : chrétien. — (9) Ambassadeur d'Espagne. — (10) Dans cette lettre assez révélatrice du tempérament affable et sympathique de Henri IV, noter son sens de l'humour et son caractère bon enfant devenus légendaires.

il accordait la liberté de conscience aux protestants, la libre célébration du culte, l'égalité avec les catholiques et l'occupation de cent places fortes pendant huit ans.

Il réussit d'autre part à écarter les troupes étrangères; le traité de Vervins marqua le départ des Espagnols et la paix fut établie jusqu'à l'avènement de Louis XIII en 1610.

Henri IV, esprit vif, actif et décidé, se consacre dès lors avec vigueur et méthode au rétablissement de l'autorité royale. Il fait appel à tous les hommes de bonne volonté, mais tient les grands seigneurs éloignés des affaires publiques et punit sévèrement les conspirateurs.

Il sait parler haut et ferme, comme dans cette réponse aux députés du Parlement de Bordeaux, où après avoir joué (1) familièrement avec ses enfants, il déclare : « Je viens de faire le fol avec les enfants, je m'en vais maintenant faire le sage avec vous et vous donner audience ». Il écoute alors l'interminable harangue du président et lui dit :

Monsieur de Cheyssac, non seulement vous ne m'avez pas ennuyé par trop grande longueur, ains (2) plutôt je vous ai trouvé court, tant j'ai pris de plaisir à votre bien dire; car il faut que je confesse en votre présence que je n'ai jamais ouï mieux dire; mais je voudrais que le corps répondît au vêtement; car je vois bien que vos maximes et propositions sont les mêmes et semblables qu'étaient celles que faisait jadis le feu cardinal de Lorraine au feu roi en la ville de Lyon, retournant de Pologne, tendant à ce remuement d'état. Nous avons obtenu la paix tant désirée, Dieu merci, laquelle nous coûte trop pour la commettre (3) en troubles. Je la veux continuer, et châtier exemplairement ceux qui voudraient apporter l'altération. Je suis votre roi légitime, votre chef; mon royaume en est le corps; vous avez cet honneur d'en être membres, d'obéir et d'y apporter la chair, le sang, les os et tout ce qui en dépend. Vous dites que votre parlement seul est demeuré en l'obéissance de son roi, et partant que vous ne devez avoir pire condition que le parlement de Paris et Rouen, qui, devant les débordements et orages de la Ligue, se sont dévoyés (4). Certes ce vous a été beaucoup d'heur (5); mais après Dieu, il en faut rendre louange, non seulement à vous autres, qui n'avez eu faute de mauvaise volonté, pour remuer comme les autres mais à feu (6) le maréchal de Matignon qui vous tenait la bride courte (7), qui vous en a empêchés. Il y a longtemps qu'étant seulement roi de Navarre, je connaissais dès lors bien avant votre maladie, mais je n'avais les remèdes en main; maintenant que je suis roi de France, je les connais encore mieux et ai les matières en main pour y remédier et en faire repentir ceux qui voudront s'opposer à mes commandements. J'ai fait un édit, je veux qu'il soit gardé; et quoi que ce soit, je veux être obéi; bien vous en prendra si le faites. Mon chancelier vous dira plus en plein (8) ce qui est ma volonté.

Il est très bien secondé par son ancien compagnon devenu « surintendant général des finances », l'habile et honnête Sully, qui lutte contre le gaspillage, établit le service de la Dette publique, favorise l'agriculture, améliore les moyens de communication; et aussi par Barthélemy de Laffemas qui organise les métiers et les manufactures.

Les *Mémoires* de Sully nous donnent une idée de l'état de la France à la fin du siècle et nous permettent d'apprécier l'effort de restauration fourni par Henri IV.

... Par où commencer? Les dettes exorbitantes de l'État demandaient qu'on augmentât les impôts. La misère générale demandait encore plus fortement qu'on retranchât des anciens : et tout bien pesé, je trouvai que l'intérêt même du peuple voulait qu'on écoutât le cri de la misère publique. Rien assurément ne peut donner une idée de l'état accablant auquel étaient réduites les provinces, surtout celles de Provence, Dauphiné, Languedoc et Guyenne, long et sanglant théâtre de guerres et de violences qui les avaient épuisées. Je remis par tout le royaume le reste des impôts de 1596, qui étaient encore à payer; action autant de nécessité que de charité et de justice. Cette gratification, qui commença à faire respirer le peuple, fit perdre au roi vingt millions; mais aussi elle facilita le paiement des subsides de 1597, qui sans cela, serait devenu moralement impossible.

(1) Une peinture célèbre représente le roi à quatre pattes, s'amusant avec ses enfants, dont deux lui sont grimpés sur le dos. — (2) Mais. — (3) Compromettre. — (4) Egarés. — (5) Cela vous a été chose agréable. — (6) Défunt. — (7) Bridait. — (8) Plus complètement.

Après ce soulagement, je cherchai à procurer aux peuples de la campagne tous ce que je pouvais leur donner, fortement persuadé que ce ne peut être une somme de 30 millions perçue tous les ans dans un royaume de la richesse et de l'étendue de la France qui le réduit en l'état où je le voyais, et qu'il fallait que les sommes consistant en vexations et faux frais (1) excédassent infiniment celles qui entraient dans les coffres de Sa Majesté. Je pris la plume et entrepris ce calcul immense. Je vis, avec une horreur qui augmenta mon zèle, que pour ces 30 millions qui revenaient au roi, il en sortait de la bourse des particuliers, j'ai presque honte de le dire, 150 millions. La chose me paraissait incroyable; mais à force de travail, j'en assurai la vérité.

... Je me tournai contre les auteurs de cette violence, qui étaient tous les gouverneurs et autres officiers de guerre, aussi bien que de justice et de finance, qui, jusqu'aux moindres, faisaient tous un abus énorme de l'autorité que leurs emplois leur donnaient sur le peuple; et je fis rendre un arrêt du Conseil par lequel il était défendu, sous de grandes peines, de rien exiger du peuple, à quelque titre que ce pût être, sans une ordonnance en forme, au-delà de ce à quoi il était obligé pour sa part des tailles (2) et autres subsides réglées par sa Majesté; enjoint (3) au trésorier de France, sous peine d'en répondre personnellement, d'informer de tout ce qui se pratiquerait au contraire (II, 2).

Encouragé par le retour de la paix et de l'ordre public, le travail des paysans, des artisans et des commerçants provoque une véritable résurrection économique : le relèvement de la France était chose faite lorsque le roi tomba sous le couteau de Ravaillac, le 14 mai 1610.

SCIENCES ET TECHNIQUES

Une curiosité universelle   Les acquisitions scientifiques et techniques du XVIe siècle se succèdent dans le mouvement général de l'humanisme de la Renaissance et participent à l'éveil d'une curiosité universelle. L'érudition, la découverte, l'étude passionnée des manuscrits retrouvés ou réédités et l'observation attentive de la nature, des hommes, des animaux, des plantes, de l'univers se complètent sans se contrarier. Erasme de Rotterdam, professeur au Collège des Trois Langues de Louvain, mérite, par l'étendue remarquable de ses connaissances, le surnom de « Prince des humanistes ». Son *Éloge de la folie* paraît en 1511. On édite Platon en 1518, on le traduit de 1520 à 1540; en 1529, Budé publie ses *Commentaires sur la langue grecque;* en 1535, Robert Estienne publie le *Thesaurus Linguæ Latinæ;* Rabelais moine humaniste, bachelier en médecine à Montpellier, fait procéder en public à l'une des premières dissections vers 1532, est reçu docteur en 1536, peu avant que le barbier-chirurgien Ambroise Paré publie, en français, sa *Méthode pour Traiter les Plaies faites par Harquebuttes...* (4).

La seconde moitié du siècle voir paraître les *Vies* de Plutarque traduites par Amyot (1559), puis les *Œuvres Morales* (1572), le *Thesaurus Græciæ linguæ* d'Henri Estienne en 1572, mais aussi les *Recherches sur la France* de Pasquier en 1560, la *Recette véritable pour multiplier les trésors* de Palissy en 1563 et son *Discours admirable sur la nature des eaux et fontaines.*

Il ne s'agit pas d'une action méthodique et dirigée mais d'un immense appétit d'apprendre, d'une multiplicité de bonnes volontés et aussi d'une rencontre heureuse d'hommes intelligents, actifs et ambitieux, pleins de hardiesse dans leurs entreprises et d'une inaltérable patience dans leurs efforts.

---

(1) Dépenses secondaires superflues. — (2) Impôts sur les roturiers. — (3) Enjoindre : ordonner expressément. — (4) Arquebuses.

La fameuse lettre de Gargantua à Pantagruel traduit bien cet enthousiasme d'une génération avide de connaissances, soucieuse de formation morale et animée par la foi religieuse pour les immenses progrès qu'elle voit accomplir.

Encore que mon feu père de bonne mémoire Grand gousier eût adonné tout son étude (1) à ce que je profitasse en toute perfection et savoir politique, et que mon labeur et étude correspondît très bien, voire encore outrepassât son désir, toutefois, comme tu peux bien entendre, le temps n'était tant idoine (2), ni commode ès (3) lettres comme est de présent, et n'avais copie (4) de tels précepteurs comme tu as eu. Le temps était encore ténébreux, et sentant l'infélicité et calamité des Goths (5), qui avaient mis à destruction toute bonne littérature. Mais, par la bonté divine, la lumière et dignité a été de mon âge rendue ès lettres, et y vois tel amendement (6) que, de présent, à (7) difficulté serais-je reçu en la première classe des petits grimaux (8), qui (9), en mon âge viril, étais (non à tort) réputé le plus savant du dit siècle. ... Maintenant toutes disciplines (10) sont restituées (11), les langues instaurées (12) : grecque, sans laquelle c'est honte qu'une personne se dise savant; hébraïque, chaldaïque, latine. Les impressions (13) tant élégantes et correctes en usance (14), qui ont été inventées de mon âge par inspiration divine, comme, à contre-fil (15), l'artillerie par suggestion diabolique. Tout le monde est plein de gens savants, de précepteurs très doctes, de librairies (16) très amples, qu'il m'est avis que ni au temps de Platon, ni de Cicéron, ni de Papinien (17) n'était telle commodité d'étude qu'on y voit maintenant; et ne se faudra plus dorénavant trouver en place ni en compagnie, qui ne sera bien expoli en l'officine de Minerve (18). Je vois les brigands, les bourreaux, les aventuriers (19), les palefreniers de maintenant plus doctes que les docteurs et prêcheurs de mon temps. Que dirai-je? Les femmes et filles ont aspiré à cette louange et manne céleste de bonne doctrine. Tant y a qu'en l'âge où je suis, j'ai été contraint d'apprendre les lettres grecques, lesquelles je n'avais contemnées (20) comme Caton, mais je n'avais eu loisir de comprendre en mon jeune âge, et volontiers me délecte à lire les *Moraux* de Plutarque, les beaux *Dialogues* de Platon, les *Monuments* de Pausanias (21) et *Antiquités* d'Atheneus (22), attendant l'heure

qu'il plaira à Dieu mon créateur m'appeler et commander issir (23) de cette terre. Par quoi, mon fils, je t'admoneste qu'emploies ta jeunesse à bien profiter en étude et en vertus. Tu es à Paris, tu as ton précepteur Épistémon, dont l'un par vives et vocales instructions, l'autre (24) par louables exemples, te peut endoctriner (25). J'entends et veux que tu apprennes les langues parfaitement : premièrement la grecque, comme le veut Quintilien, secondement la latine, et puis l'hébraïque pour les saintes lettres (26), et la chaldaïque et arabique pareillement, et que tu formes ton style, quant à la grecque, à l'imitation de Platon, quant à la latine, à Cicéron, qu'il n'y ait histoire que tu ne tiennes en mémoire présente, à quoi t'aidera la cosmographie de ceux qui en ont écrit. Des arts libéraux, géométrie, arithmétique et musique, je t'en donnai quelque goût quand tu étais encore petit, en l'âge de cinq à six ans; poursuis le reste, et d'astronomie saches-en tous les canons (27). Laisse-moi l'astrologie divinatrice et l'art de Lullius (28), comme abus et vanités. Du droit civil, je veux que tu saches par cœur les beaux textes et me les confères (29) avec philosophie.

Et quant à la connaissance des faits de nature, je veux que tu t'y adonnes curieusement (30), qu'il n'y ait mer, rivière ni fontaine dont tu ne connaisses les poissons; tous les oiseaux de l'air, tous les arbres, arbustes et fructices (31) des forêts, toutes les herbes de la terre, tous les métaux cachés au ventre des abîmes, les pierreries de tout Orient et Midi, rien ne te soit inconnu.

Puis, soigneusement revisite (32) les livres des médecins grecs, arabes et latins, sans contemner (33) les talmudistes et cabalistes (34), et par fréquentes anatomies (35) acquiers-toi parfaite connaissance de l'autre monde qui est l'homme. Et par quelques heures du jour commence à visiter les saintes lettres, premièrement en grec le *Nouveau Testament* et *Epîtres des Apôtres*, et puis en hébreu le *Vieux Testament*. Somme (36), que je voie un abîme de science... Mais parce que, selon le sage Salomon, sapience (37) n'entre point en âme malivole (38),

---

(1) Donné tous ses soins. — (2) Approprié. — (3) En les. — (4) Abondance. — (5) Peuple du Moyen Age considéré comme barbare. — (6) Changement. — (7) Avec. — (8) Petits écoliers des classes inférieures. — (9) Moi qui. — (10) Sciences. — (11) Rétablies. — (12) Restaurées. — (13) Ouvrages imprimés. — (14) En usage. — (15) A l'inverse. — (16) Bibliothèques. — (17) Jurisconsulte romain (II\ufffd s. avant J.-C.). — (18) Poli dans l'atelier de la Sagesse. — (19) Soldats irréguliers vivant de pillage. — (20) Méprisées. — (21) Historien grec (II\ufffd s. après J.-C.). — (22) Grammairien (III\ufffd s. après J.-C.). — (23) Sortir. — (24) Paris. — (25) Instruire. — (26) Ecritures. — (27) Règles. — (28) Raymond Lulle (XIII\ufffd s.), alchimiste espagnol. — (29) Compares. — (30) Avec soin. — (31) Arbrisseaux. — (32) Etudie à nouveau. — (33) Mépriser. — (34) Médecins juifs très estimés à cette époque. — (35) Dissections. — (36) Bref. — (37) Sagesse. — (38) Malveillante.

et science sans conscience n'est que ruine de l'âme, il te convient servir, aimer et craindre Dieu et en lui mettre toutes tes pensées et tout ton espoir, et par foi, formée de charité, être à lui adjoint, en sorte que jamais n'en sois

désemparé (1) par péché. Aie suspects (2) les abus du monde. Ne mets ton cœur à vanité, car cette vie est transitoire, mais la parole de Dieu demeure éternellement.

Ton père, Gargantua.

Dans le domaine des sciences abstraites, la France n'a pas connu de savants aussi prestigieux que l'astronome polonais Copernic, les mathématiciens italiens Tartaglia, Ferrari, Cardan, l'Anglais Neper; pourtant un homme éminent, Viète, jette vers 1591 les fondements de l'algèbre moderne et de la géométrie analytique.

Mais, en fait, ce sont surtout les activités techniques et industrielles qui se développent : l'armement militaire et l'artillerie se perfectionnent à l'imitation des Italiens tandis que des fabriques de soie s'installent à Lyon.

LES TÉMOIGNAGES DES HOMMES DE SCIENCES SUR LEURS PROPRES TRAVAUX

Dans ce siècle de fermentation intellectuelle, de curiosité inlassable et d'activité intense, de nombreux savants, inventeurs ou techniciens s'efforcèrent de raconter leur expérience et d'exposer le résultat de leurs travaux.

Olivier de Serres (1539-1619) qui le premier cultiva le mûrier et produisit de la soie, écrivit un *Théâtre d'agriculture*, encore réédité en 1804, où les connaissances théoriques et pratiques, les souvenirs antiques et le bon sens paysan se marient heureusement.

Bernard Palissy (vers 1510-1589) passa des années de sa vie à chercher avec passion le secret de fabrication de l'émail italien. Il fut naturaliste, géologue, chimiste et artisan, inventeur et artiste à la fois. Sa *Recette Véritable par Laquelle tous les Hommes de France Peuvent Apprendre à Multiplier et Augmenter leurs Trésors* est avant tout le récit extraordinaire de ses échecs répétés, de ses efforts inouïs, d'un véritable héroïsme de la découverte.

UNE ÉPOPÉE DE LA TECHNIQUE : LA FABRICATION DE L'ÉMAIL

... Je me mis à chercher les émaux, comme un homme qui tâte en ténèbres (3). Sans avoir entendu de quelles matières se faisaient les dits émaux, je pilais (4) en ces jours-là de toutes les matières que (5) je pouvais penser qui pourraient faire quelque chose, et les ayant pilées et broyées, j'achetais une quantité de pots de terre, et après les avoir mis en pièces, je mettais des matières que j'avais broyées dessus icelles (6), et les ayant marquées, je mettais en écrit à part les drogues (7) que j'avais mis dessus chacune d'icelles, pour mémoire; puis ayant fait un

fourneau à ma fantaisie, je mettais cuire les dites pièces pour voir si mes drogues pourraient faire quelques couleurs de blanc : car je ne cherchais autre émail que le blanc; parce que j'avais entendu dire que le blanc était le fondement de tous les autres émaux. Or, parce que je n'avais jamais vu cuire terre, ni ne savais à quel degré de feu ledit émail se devait fondre, il m'était impossible de pouvoir rien faire par ce moyen, ore que (8) mes drogues eussent été bonnes, parce qu'aucune fois (9) la chose avait trop chauffé et autrefois trop

(1) Séparé. — (2) Tiens pour suspects. — (3) Qui cherche son chemin dans la nuit. — (4) Je réduisais en poudre avec un pilon. — (5) Auxquelles. — (6) Celles-là = les pièces. — (7) Ingrédients chimiques. — (8) Bien que. — (9) Une fois.

peu, et quand les dites matières étaient trop peu cuites ou brûlées. je ne pouvais rien juger de la cause pour quoi je ne faisais rien de bon.

Il me survint un autre malheur, lequel me donna grande fâcherie (1) qui est que le bois m'ayant failli (2), je fus contraint brûler les tables et planchers de la maison, afin de faire fondre la seconde composition. J'étais en une telle angoisse que je ne saurais dire : car j'étais tout tari et desséché à cause du labeur et de la chaleur du fourneau; il y avait plus d'un mois que ma chemise n'avait séché sur moi, et même ceux qui me devaient secourir, allaient crier

par la ville que je faisais brûler le plancher; et par tel moyen l'on me faisait perdre mon crédit, et m'estimait-on être fol... Les autres disaient que je cherchais à faire la fausse monnaie, qui était un mal qui me faisait sécher sur les pieds; et m'en allais par les rues tout baissé, comme un homme honteux : j'étais endetté en plusieurs lieux, et avais ordinairement deux enfants aux nourrices, ne pouvant payer leurs salaires; personne ne me secourait; mais au contraire ils se moquaient de moi en disant : il lui appartient bien de mourir de faim, parce qu'il délaisse son métier.

Ambroise Paré

Le grand médecin et chirurgien Ambroise Paré (1517-1590), par l'importance de son œuvre — *Méthode pour Traiter les Plaies faites par Harquebuttes* (1545); *Anatomie Universelle du Corps humain* (1561); *Dix Livres de la Chirurgie avec les Magasins des Instruments* (1564) —, par son action personnelle aussi bien que par l'étonnante aventure que fut sa vie, est, dans le domaine scientifique, la personnalité la plus marquante de ce temps.

D'origine modeste, il fut d'abord barbier, mais à une époque où les meilleurs barbiers se haussaient, à force d'habileté et de connaissance pratique du corps humain, à la situation plus brillante de chirurgien, Ambroise devint un chirurgien-barbier d'une extraordinaire compétence. Plusieurs campagnes à l'armée, une curiosité scientifique inlassable, une intelligence lucide et étendue firent de lui un maître incontesté.

La Faculté de Médecine lui reprocha de ne pas connaître le latin, mais la publication de ses œuvres en français assura un retentissement considérable à son traitement des « plaies par harquebuttes » et à sa méthode de ligature des artères et des veines après amputation qui supprimait la cruelle cautérisation au fer rouge.

Qui plus est, il apporte à la Renaissance un véritable humanisme médical dont le désir de servir la personne humaine, la confiance en Dieu et en la Nature constituent les principes essentiels.

Homme complet, érudit qui connaît tous les travaux de ses prédécesseurs, mais aussi homme de bon sens et de sens concret, capable d'utiliser un poireau pour sauver un glouton de l'étouffement, ou les tenailles d'un maréchal-ferrant pour ôter un fer de lance du crâne du duc de Guise, charitable et courtois, mais acharné contre ceux qui le jalousent et cherchent à lui nuire, observateur patient et attentif, mais aussi praticien habile et décidé, logicien raisonnable et croyant fervent, il est vraiment, autant que Rabelais et Ronsard, l'homme de la Renaissance.

Voici en quels termes il raconte la cure et guérison du marquis d'Auret, qui avait reçu un coup d'arquebuse près du genou, sept mois auparavant :

Je m'en allais, conduit par deux gentilshommes, au château d'Auret, qui est à une lieue et demie de Mons-en-Hainaut où était le dit marquis.

Subit étant arrivé (3), je le visitai et lui dis que le roi m'avait commandé de le venir voir et de panser sa blessure. Il me dit qu'il était bien joyeux de ma venue, et était grandement tenu (4) au roi, lui ayant fait tant d'honneur de m'avoir envoyé vers lui. Je le trouvai avec une grosse

fièvre les yeux fort enfoncés avec un visage moribond et jaunâtre, la langue sèche et aride et tout le corps fort émacié et maigre, la parole basse comme d'un homme fort près de la mort : puis trouvai sa cuisse fort enflée, apostumée (5), et ulcérée, jetant une sanie (6) verdoyante et fort fétide. Je la sondai avec une sonde d'argent. Par icelle trouvai une cavité près l'aîne, finissant au milieu de la cuisse, et d'autres autour du

---

(1) Grande contrariété. — (2) Manqué. — (3) Aussitôt arrivé. — (4) Grandement reconnaissant. — (5) Couverte d'abcès. — (6) Matière purulente sortant des plaies infectées.

génou, sanieuses et cuniculeuses (1), aussi certaines esquilles (2) d'os, les unes séparées, les autres non. La jambe était fort tuméfiée, et imbue d'un humeur pituiteux (3) froid et humide et flatulent (de sorte que la chaleur naturelle était en chemin d'être suffoquée et éteinte) et courbée et retirée vers les fesses : le croupion (4) ulcéré de la grandeur de la palme de la main et disait y sentir une extrême cuiseur (5) et douleur, et semblablement aux reins : de façon qu'il ne pouvait aucunement reposer jour ni nuit, et n'avait nul appétit de manger, mais de boire assez.

Il me fut dit que souvent tombait en défaillance de cœur et quelquefois en épilepsie et avait souvent envie de vomir avec un tremblement tel qu'il ne pouvait porter ses mains à sa bouche.

Voyant et considérant tous ces grands accidents, et les vertus (6) grandement abattus, véritablement j'eus un très grand regret d'être allé vers lui, parce qu'il me semblait avoir peu d'apparence qu'il pût réchapper de la mort. Toutefois, pour lui donner courage et bonne espérance, je lui dis que bientôt je le mettrai debout, par la grâce de Dieu et l'aide de ses Médecins et Chirurgiens.

L'ayant vu, je m'en allai promener en un jardin, là où je priai Dieu qu'il me fît cette grâce qu'il guérît; et qu'il bénît nos mains et le médicament à combattre tant de maladies compliquées. Je discourus en mon esprit les moyens qu'il me fallait tenir pour ce faire. On m'appela pour dîner : j'entrai à la cuisine là où je vis tirer d'une grande marmite demi-mouton, un quartier de veau, trois grosses pièces de bœuf, et deux volailles, et un gros lapin de lard, avec forces bonnes herbes : alors je dis en moi-même que ce bouillon de marmite était succulent et de bonne nourriture.

Après le dîner, tous les Médecins et Chirurgiens assemblés, nous entrâmes en conférence, en la présence de M. le duc d'Ascot et quelques gentilshommes qui l'accompagnaient. Je commençai à dire aux Chirurgiens que je m'émerveillais (7) grandement comment ils n'avaient fait des ouvertures à la cuisse de M. le Marquis, qui était toute apostumée, et que la boue qui en sortait était grandement fétide et puante, qui démontrait y être de longtemps croupie (8), et que j'avais trouvé avec la sonde carie (9) d'os, et des esquilles qui étaient là séparées. Ils me firent réponse que jamais il ne l'avait voulu consentir, et même qu'il y avait près de deux mois qu'on n'avait pu gagner à mettre des draps blancs en son lit, et n'osait-on qu'à peine toucher à la couverture, tant il sentait de douleurs. Lors je dis que pour le guérir, il fallait toucher autre chose que la couverture du lit. Chacun dit ce qu'il lui semblait de la maladie du dit seigneur, et pour conclusion, le tenaient tous déploré (10).

Je leur dis qu'il y avait encore quelque espérance, pour sa jeunesse, et que Dieu et Nature font quelquefois des choses qui semblent aux Médecins et Chirurgiens être impossibles...

Dans la suite du récit, Paré, se référant à son célèbre traité sur le traitement des plaies « par harquebuttes », commente les symptômes, explique les soins à donner, les complète même par des conseils pour l'alimentation et l'hygiène : nourriture, sommeil, amélioration de l'état général, apaisement de la douleur, rien n'est omis dans cette exemplaire leçon de pathologie médicale; pas même les recettes pharmaceutiques et culinaires. La rééducation de la jambe atteinte est prévue et préparée sans plus attendre.

Puis l'admirable praticien passe à l'action directe, immédiate :

La consultation achevée, nous en allâmes vers le malade, où je lui fis trois ouvertures à sa cuisse, desquelles sortit une bien grande quantité de boue et sanie, et dès l'heure je lui tirai quelque petite esquille d'os : et ne voulus sortir trop abondance de la dite sanie de peur de trop débiliter ses forces. Deux ou trois heures après je lui fis faire un lit près du sien où il y avait de beaux draps blancs, puis un homme fort le posa dedans et fut joyeux d'avoir été tiré hors de son lit sale et puant. Tôt après demanda à dormir, ce qu'il fit près de quatre heures : où tout le monde de la maison se commença à réjouir, et principalement M. le duc d'Ascot son frère.

Les jours suivants, je lui faisais des injections au profond et cavités des ulcères, faites d'Égyptiac (11) dissous tantôt en eau-de-vie, et autrefois en vin. J'appliquais pour mondifier (12) et sécher les chairs spongieuses et mollasses, des compresses au fond des sinuosités et tentes de plomb cannulées (13), à fin de toujours donner

---

(1) Purulentes et anfractueuses. — (2) Débris. — (3) Mucus. — (4) Partie inférieure et postérieure du bassin. — (5) Chaleur. — (6) Le courage. — (7) Je m'étonnais. — (8) Se dit en général des matières pourrissant dans l'eau stagnante. — (9) Maladie inflammatoire des os et des dents qui s'amollissent et pourrissent. — (10) Perdu. — (11) Onguent dont Paré a précisé ailleurs la composition. — (12) Rendre propre. — (13) Sondes creuses en plomb.

issue à la sanie; et par-dessus une grande emplâtre de diachalcitheos (1) dissous en vin. Pareillement je le bandais si dextrement qu'il n'avait nulle douleur : laquelle sédée (2), la fièvre commença lors à diminuer. Alors je lui fis boire du vin trempé médiocrement d'eau, sachant qu'il restaure et vivifie les vertus. Et toutes les choses que nous arrêtâmes en la consultation furent accomplies selon le temps et ordre : et ses douleurs et la fièvre cessées, commença toujours à se mieux porter. Il donna congé à deux de ses Chirurgiens et à un de ses Médecins, de façon que nous n'étions plus que trois avec lui.

Or, j'y demeurai environ deux mois, et ne fus sans voir plusieurs malades, tant riches que pauvres, qui venaient à moi de trois ou quatre lieues à l'entour. Il faisait bailler (3) à manger et à boire aux nécessiteux : tous lesquels me recommandait, et qu'en faveur de lui je les secourusse (4). Je proteste que je n'en refusai un seul, et leur faisais à tous ce qu'il m'était possible, dont il était joyeux. Lorsque je vis qu'il commençait à se bien porter, je lui dis qu'il fallait avoir des violes et violons, et quelque farceur pour le réjouir : ce qu'il fit.

En un mois nous fîmes en sorte qu'il se faisait tenir en une chaire (5), et se faisait porter et promener en son jardin, et à la porte de son château, pour voir passer le monde. Les villageois de deux et trois lieues (6) d'autour, sachant qu'on le pouvait voir, venaient aux fêtes chanter et danser, mâles et femelles, pêle-mêle à tire-larigot (7) en réjouissance de sa bonne convalescence, étant tous heureux de le voir, et n'était sans bien rire et bien boire. Il leur faisait toujours donner une barrique de bière, et buvaient tous à tirelarigot à sa santé...

Voyage de Flandres (vers 1570).

LES ACQUISITIONS DE LA SCIENCE ET LEUR CONTRIBUTION A LA DÉCOUVERTE DU MONDE

Les acquisitions de la science et de la technique vont aussi permettre d'élargir considérablement les limites du monde connu. La qualité accrue des navires, dont la solide caravelle fut le meilleur exemple, les perfectionnements des instruments de bord et particulièrement de la boussole, les progrès de la cartographie dus notamment au Flamand Mercator facilitent les lointains voyages, et désormais la hardiesse des navigateurs ne connaît plus de bornes.

Aux voyages illustres des Espagnols et des Portugais : Christophe Colomb, Amerigo Vespucci, Vasco de Gama, Albuquerque, Magellan, s'ajoutent les expéditions des Français : Parmentier à Sumatra et à Madagascar (1528), et surtout Jacques Cartier (1534-1535) à qui on doit la découverte du Canada. En 1561, la France fonde la colonie de Caroline; en 1608 Champlain construit la ville de Québec.

Les voyages de Pantagruel, parti avec Panurge pour consulter l'oracle de la Dive Bouteille (8) (au *Quart Livre*), sont à l'image de ces fabuleuses aventures, odyssées à la mesure d'un des plus grands moments de l'histoire universelle.

Champlain, qui fut gouverneur du Canada, a précisé dans le *Journal des découvertes de la Nouvelle France* (9), l'importance des voyages accomplis au XVIe siècle en Amérique du Nord.

Et est très certain et confessé de tous, que Sa Majesté très chrétienne a pris possession de ces terres avant tout autre prince chrétien, et assuré que les Bretons et les Normands trouvèrent premiers le grand Banc et les Terres Neuves, et ces découvertes faites en l'an 1504...

Et d'avantage tous confessent que par commandement du roi français, Jean Verazan prit possession des dites terres au nom de France, commençant dès le 33e degré de l'élévation jusqu'au 47; ce fut par deux voyages desquels le dernier fut fait l'an 1523 il y a 107 ans...

Outre (10) Jacques Cartier entra le premier en la grande rivière Saint-Laurent, par deux voyages qu'il y fit, et découvrit la plus grande part des côtes de Canada, à son dernier voyage de l'an 1535, il fut jusqu'au grand Saut Saint-Louis de la dite Grande Rivière.

(1) Médicament disparu de composition inconnue. — (2) Apaisée. — (3) Donner. — (4) Il me les recommandait tous pour qu'en faveur de lui je les secourusse. — (5) Siège à dossier. — (6) Une lieue = 4 kilomètres. — (7) En quantité. — (8) La divine bouteille. — (9) Les terres françaises du Canada. — (10) En outre.

Et en l'an 1541 il fit un autre voyage comme lieutenant de messire Jean-François de la Roque, sieur de Robert-Val, qui était lieutenant général au dit pays, ce fut son troisième voyage où il demeura ne pouvant vivre au pays avec les Sauvages qui étaient insupportables, et ne pouvait découvrir que ce qu'il avait fait, il se délibéra (1) de s'en retourner au printemps, ce qu'il fit en un vaisseau qu'il s'était réservé et étant le travers de l'île de Terre-Neuve, il fit rencontre du dit sieur de Robert-Val qui venait avec trois vaisseaux l'an 1542; il fit retourner Cartier à l'île d'Orléans où ils firent une habitation...

QUELQUES ASPECTS DE LA VIE QUOTIDIENNE

Les vicissitudes politiques et les transformations sociales font de la Renaissance une période de contrastes et de bouleversements : épanouie et prospère jusqu'en 1558, la vie devient chaotique et douloureuse pendant les guerres de religion, mais, de 1594 à 1610, retrouve avec Henri IV et Sully un équilibre et un bonheur inespérés. Les classes sociales connaissent des destins différents : la noblesse, avide de pouvoir et d'action, se laisse prendre peu à peu au mirage brillant de la cour; à moins qu'elle ne préfère gérer ses domaines de province ou se mêler aux affaires de religion. Les paysans connaissent une certaine aisance avant que ne s'abattent les dévastations de la guerre civile. Les marchands s'enrichissent irrégulièrement mais sûrement; leur importance s'accroît sans cesse.

L'HOMME DE LA RENAISSANCE

L'homme de la Renaissance a une personnalité qui épouse la complexité d'un monde en fermentation.

C'est un être à la fois vigoureux et instable :

— Il a le corps rompu à tous les exercices militaires et à la chasse, il aime les jeux de force et d'adresse, il endure la souffrance et la fatigue.

— Il a une sensibilité excessive, est prompt à la colère, aux larmes, à la violence, aux excès.

— Sa curiosité est insatiable, son appétit intellectuel sans bornes et sa capacité de travail incroyable. Il a d'ailleurs plus d'enthousiasme que de discernement et préfère souvent le luxe au bon goût.

— Il est capable de crimes inouïs, mais prêt à des sacrifices héroïques. Il peut montrer la crudité la plus naïve et faire preuve du spiritualisme le plus dépouillé. C'est un homme de contrastes et de surprises, endurci par une vie rude et dangereuse au spectacle de la souffrance et de la mort. Il sait pourtant goûter les subtilités du sentiment amoureux et les douceurs de l'amitié.

— Il est très artiste, et sa vive sensibilité le rend attentif aux images, aux sons et aux parfums; il admire la beauté du corps humain, il aime les belles maisons, les meubles les vêtements brillants et riches, les jardins et, par-dessus tout, la musique, qui fait partie de sa vie quotidienne.

— Il aime aussi le beau langage et pratique volontiers l'art de parler et d'écrire.

_____

(1) Il décida.

LA SOCIÉTÉ DE LA RENAISSANCE

Cet homme nouveau est sociable par nécessité et par goût.

Les Cours royales ont joué un grand rôle dans les progrès de la civilisation au XVIe siècle. François Ier a voulu faire de la sienne un centre d'art, d'élégance et de vie mondaine, aussi brillant que les cours italiennes qu'il avait connues. Sa sœur, Marguerite de Navarre, sut protéger un cercle également prestigieux de savants, d'écrivains et de philosophes.

L'architecture des châteaux de la Renaissance, tels que Chenonceaux et Chambord, illustre cette nouvelle conception de la vie : plus de lumière, plus de beauté, plus de liberté.

Les chasses sont à la fois des rencontres sportives et mondaines; les fêtes sont extraordinaires : réceptions de rois, de grands personnages, à grand renfort d'arcs de triomphe, de défilés, de musique et de danse, de tournois et de jeux divers, c'est toute une exubérance de vie, de gaieté et de mouvement... L'Abbaye de Thélème, imaginée par Rabelais dans son *Gargantua*, illustre l'idéal de cette société aristocratique nouvelle :

Toute leur vie était employée, non par lois, statuts ou règles, mais selon leur vouloir et franc arbitre. Se levaient du lit quand bon leur semblait, buvaient, mangeaient, travaillaient, dormaient quand le désir leur venait. Nul ne les éveillait, nul ne les parforçait (1) ni à boire, ni à manger, ni à faire chose quelconque. Ainsi l'avait établi Gargantua. En leur règle n'était que cette clause :

FAIS CE QUE VOUDRAS,

parce que gens libères (2), bien nés, bien instruits, conversant (3) en compagnies honnêtes, ont par nature un instinct et aiguillon qui toujours les pousse à faits vertueux et retire de vice, lequel ils nommaient honneur...

Par cette liberté, entraient en louable émulation de faire tous ce qu'à un seul voyaient plaire. Si quelqu'un ou quelqu'une disait :

« Buvons », tous buvaient. Si disait : « Jouons », tous jouaient. Si disait : « Allons à l'ébat ès (4) champs », tous y allaient. Si c'était pour voler ou chasser, les dames, montées sur belles haquenées (5), avec leur palefroi (6) gourrier (7), sur le poing mignonnement engantelé portaient chacune ou un épervier, ou un laneret, ou un émerillon (8); les hommes portaient les autres oiseaux.

Tant noblement étaient appris (9) qu'il n'était entre eux celui ni celle qui ne sût lire, écrire, chanter, jouer d'instruments harmonieux, parler de cinq à six langages, et en iceux composer, tant en carmes (10) qu'en oraison solue (11).

Jamais ne furent vues dames tant propres, tant mignonnes (12) moins fâcheuses, plus doctes à la main, à l'aiguille, à tout acte mulièbre (13) honnête et libre, que là étaient.

Gargantua (Ch. LVII).

La cour royale s'organise peu à peu : encore réduite à un cercle mondain sous la direction de Catherine de Médicis, elle devient plus importante et mieux ordonnée avec Henri III qui organise une véritable maison du roi en 1578. La vie de cour est brillante; théâtre, bals, promenades, chasses se succèdent sans relâche jusqu'aux troubles de 1585 et à l'assassinat d'Henri III en 1589, qui entraînent une décadence brutale de la vie sociale et des mœurs (14).

Le principal art d'agrément de cette société raffinée, plus encore que le bal ou la musique, dont la présence était constante (15), fut sans doute la conversation. Il nous en reste maints exemples dans les contes de Boccace et les œuvres de Rabelais, où se trouvent nombre de dialogues à peine transposés.

---

(1) Contraignait. — (2) Libres. — (3) Fréquentant. — (4) Aux. — (5) Juments. — (6) Cheval de promenade. — (7) Richement harnaché. — (8) Deux espèces de faucons. — (9) Instruits. — (10) Vers (latin carmen). — (11) Prose. — (12) Élégantes. — (13) Féminin. — (14) Après cinq ans d'anarchie et de brutalités, Henri IV fera renaître la cour en 1594. Mais son élégance sera plus tapageuse, son éclat plus bariolé, ses mœurs plus proches du luxe des parvenus que de la sùprême distinction de la Cour des Valois. — (15) Il y avait des instruments de musique dans toutes les maisons, et même chez les barbiers.

Les souverains encouragent les arts et la littérature : à l'imitation de Louvain, où il en existe un depuis 1517, François Iᵉʳ, conseillé par l'humaniste Guillaume Budé, fonde vers 1530 à Paris un Collège Royal ou Collège des Trois Langues (latin, grec, hébreu), enlevant ainsi à la Sorbonne le privilège du haut enseignement qui se trouve en même temps dégagé de l'emprise théologique (1). En 1570, Charles IX assiste aux séances de l'Académie royale (ancêtre de l'Académie française) et, en 1576, Henri III la restaure et la réorganise. Les cénacles mondains et littéraires se multiplient à Paris et en province.

Les cruautés des guerres de religion, qui ont étouffé cette civilisation brillante et riche, ne sont pas un phénomène inexplicable, mais la survivance des mœurs antérieures et d'une vie rude et guerrière. Les hommes de la haute noblesse sont restés, dans leur majorité, des féodaux sauvages, passionnés de batailles et de duels, prêts à toutes les violences par intérêt ou par ambition. Les crimes sont atroces et fréquents. La férocité est générale : une foule hystérique assiste aux exécutions capitales. Les hommes sont sincèrement religieux, mais enclins aux fanatismes et à toutes les terreurs superstitieuses et irrationnelles. On voit partout la main du diable, ou plutôt d'innombrables diables. De multiples procès de sorcellerie, qui reposent parfois sur des prétextes infimes et des dénonciations très vagues, provoquent de véritables exterminations, particulièrement dans le Pays Basque et en Lorraine.

Il n'est pas étonnant que cette cruauté se soit donné libre cours à la faveur des guerres civiles et qu'une société tout entière se soit replongée dans la barbarie, les duels parfois collectifs, l'orgie crapuleuse et les forfaits de toutes sortes : on doit d'autant plus apprécier la liberté d'esprit de Montaigne qui n'hésite pas à aller à contre-courant de la tendance générale.

Je vis en une saison (2) en laquelle nous abondons en exemples incroyables de ce vice, par la licence (3) de nos guerres civiles; et ne voit-on rien aux histoires anciennes de plus extrême, que ce nous en essayons (4) tous les jours : mais cela ne m'y a nullement apprivoisé (5). A peine me pouvais-je persuader, avant que je l'eusse vu qu'il se trouvé des âmes si farouches, qui, pour le seul plaisir du meurtre, le voulussent commettre; hacher et détrancher (6) les membres d'autrui; aiguiser leur esprit à inventer des tourments inusités et· des morts nouvelles, sans inimitié, sans profit, et pour cette seule fin de jouir du plaisant spectacle des gestes et mouvements pitoyables, des gémissements et voix lamentables, d'un homme mourant en angoisse. Car voilà l'extrême point où la cruauté puisse atteindre « Ut homo hominem, non iratus, non timens, tantum spectaturus, occidat » (7).

De moi, je n'ai pas su voir seulement, sans déplaisir, poursuivre et tuer une bête innocente qui est sans défense, et de qui nous ne recevons aucune offense et, comme il advient communément que le cerf, se sentant hors d'haleine et de force, n'ayant plus autre remède, se rejette et se rend à nous-mêmes qui le poursuivons, nous demandant merci (8) par ses larmes...

Ce m'a toujours été un spectacle très déplaisant, je ne prends guère bête en vie, à qui je ne redonne les champs (9); Pythagoras les achetait des pêcheurs et des oiseleurs, pour en faire autant...

Les naturels sanguinaires à l'endroit (10) des bêtes témoignent une propension naturelle à la cruauté. Après qu'on se fût apprivoisé à Rome aux spectacles des meurtres des animaux, on vint aux hommes et aux gladiateurs. Nature a, ce crains-je, elle-même attaché à l'homme quelque instinct à l'inhumanité.

Essais (II, 11).

Tout compte fait, le bilan reste largement positif, l'intelligence et la civilisation ont progressé dans les milieux cultivés. L'humanisme des écrivains, l'effort constructif du protestantisme, la renaissance catholique qu'illustre bientôt l'œuvre charitable

(1) Aujourd'hui les cours au Collège de France sont publics et ne préparent à aucun examen particulier. — (2) Epoque. — (3) Dérèglement moral. — (4) Connaissons. — (5) Accoutumé. — (6) Trancher. — (7) « Qu'un homme tue un autre homme, sans colère, sans crainte, seulement pour le voir mourir » (Sénèque, *Lettre à Lucilius*, 90). — (8) Miséricorde. — (9) La liberté. — (10) A l'égard de.

JEAN CLOUET : *FRANÇOIS 1*er
Un roi à l'image de son siècle : vigoureux, jouisseur, batailleur, mais aussi curieux des choses de l'esprit et amoureux du beau.

Moord van Hendrik de Vierde.

L'ASSASSINAT D'HENRI IV

Ravaillac, ce maître d'école d'Angoulême, a-t-il agi seul, ou ne fut-il qu'un instrument ? On ne le saura jamais.
Il fut écartelé et mourut sans avoir parlé, le 27 mai 1610.

de saint Vincent de Paul, l'éducation solide donnée dans les collèges des Jésuites, la pensée libre de Montaigne sont les signes très divers d'un progrès essentiel.

Les acquisitions matérielles ont eu aussi des conséquences durables. Comme le Portugal, l'Espagne et l'Angleterre, la France a profité des découvertes maritimes : l'afflux d'or venu du Pérou et du Mexique a décuplé la circulation monétaire dans l'Europe de l'Ouest. La hausse des prix a profité aux paysans, du moins jusqu'aux guerres de religion, et leur a permis d'acquérir une partie de la terre. L'apparition de la fortune mobilière a fait naître une classe nouvelle, la bourgeoisie, qui comprend tout un ensemble de commerçants enrichis, puissants et ambitieux, force nouvelle dans le pays et facteur de transformations politiques et économiques importantes : il est caractéristique que François Ier ait pris comme surintendant des finances le banquier Semblançay, fils d'un marchand de Tours (1).

Le pays dans son ensemble reste riche en ressources matérielles et en hommes ; aussi la politique économique intelligente de Sully, organisant les finances de la monarchie à partir de 1598, prenant la défense des agriculteurs et instituant des manufactures, ne tarde-t-elle pas à rétablir la prospérité et l'équilibre.

LES ARTS

L'ÉVOLUTION DES ARTS DU MOYEN AGE A FRANÇOIS Ier

Le XVIe siècle en France, comme un peu partout en Europe, est ainsi une période débordante de vie dans les domaines politique, religieux, social et culturel. Il ne s'agit pourtant pas ici d'une révolution universelle, mais d'une renaissance des esprits s'éveillant du sommeil des dernières années du XVe siècle et s'ouvrant aux horizons immenses que leur dévoilent les inventions scientifiques et techniques, les explorations lointaines des grands navigateurs, les révélations vertigineuses d'un Copernic et surtout la découverte, par les Italiens, de l'Antiquité, de ses idéaux plastiques et de son humanisme païen.

Cependant, dans le domaine des arts comme dans celui de la littérature, ce réveil ne se fera pas brutalement mais progressivement : l'art et la tradition gothiques survivront au Moyen Age et continueront de flamboyer, comme à Saint-Eustache à Paris, et de donner dans le macabre, jusque sous Henri II, inspirant à Ligier Richer son terrible squelette de l'église Saint-Pierre, à Bar-le-Duc. La jeunesse conquérante de Charles VIII leur portera un coup douloureux, il est vrai, mais le pâle Louis XII fait encore figure de monarque médiéval, économe, étroit d'esprit. Il faudra attendre l'avènement de François Ier pour voir s'animer le milieu artistique. Grâce aux ambitions de gloire et de prestige du nouveau roi, grâce aussi à son tempérament enthousiaste et généreux, à son amour d'un faste qu'il découvre dans les cours italiennes vis-à-vis desquelles il éprouve peut-être un peu de jalousie mais sûrement une admiration émerveillée et gourmande, les arts trouvent en lui un mécène de choix et de goût, qui ne cessera de les encourager à vivre et à s'épanouir. La Renaissance française est en présence de son Prince. Nombreux sont les artistes transalpins, et parmi eux les plus grands, qui seront invités à sa cour, et c'est en France que le plus célèbre d'entre eux, Léonard de Vinci, rédigera son *Traité de a Peinture*.

---

(1) Ainsi Louis XIV fera-t-il appel à Colbert.

L'ART DE LA RENAISSANCE

Un cadre de vie   Premier monarque français à en prendre l'initiative, François Iᵉʳ, à l'imitation des seigneurs italiens, lance l'entreprise d'un centre d'art, vaste ensemble architectural où la peinture et la sculpture auront leur part, et ouvre ses chantiers à tous les talents de France et d'Italie mais aussi à ceux des Flandres qui y apporteront une coloration chaude et voluptueuse. Le roi lui-même est à l'image de la civilisation à laquelle il appartient : grand et vigoureux, sensuel, curieux des choses de l'esprit, c'est aussi un homme d'action qui fait la guerre, mais qui avant tout aime le luxe et le raffinement, et sait vivre. Il transformera les forteresses médiévales en élégants châteaux de plaisance, sous le ciel le plus doux de France. C'est ainsi que les chefs-d'œuvre de la Renaissance française furent moins des œuvres picturales en soi, détachées de tout contexte, moins des œuvres sculpturales en soi, froids objets dont on peut faire le tour, que des œuvres picturales et sculpturales soumises à des cadres de vie, faites davantage pour orner le cadre de la vie quotidienne que pour satisfaire un pur plaisir esthétique. C'est l'architecture qui les prend à son service, et c'est dans ce domaine que l'artiste français adaptera le mieux les influences étrangères à sa personnalité propre, sera le plus original, le plus « français ».

Le XVIᵉ siècle, loin d'être un moment de décadence après les folles fantaisies du gothique flamboyant, fut en réalité un moment de transition, solide et riche d'expériences constructives, entre le Moyen Age et le Baroque.

L'influence italienne   Sous Charles VIII et Louis XII, la France, en découvrant l'Italie, avait découvert un décor séduisant et somptueux qui lui était inconnu, et une conception nouvelle de l'art, intellectuelle et savante, fondée sur l'érudition. Ces révélations vont être décisives dans l'évolution de son aventure artistique. Dès 1509, alors que de nombreux châteaux, celui d'Ussé et de Chaumont par exemple, sont encore entièrement gothiques, on verra la façade de l'un d'eux se transformer radicalement : celle du château de Gaillon, où des travées verticales de pilastres superposés et décorés d'arabesques laissent pressentir un équilibre géométrique nouveau et l'apparition prochaine des ordres (1).

Des créations originales :   Mais les plus heureuses tentatives de renouvellement
les châteaux de la Loire   furent faites sous François Iᵉʳ dans le cadre doux et paisible de la vallée de la Loire. La beauté et le charme extrêmement personnels de ces châteaux de contes de fées viennent sans doute de la séduisante ambiguïté de leur style. Nous y voyons, en effet, les structures et les silhouettes anachroniques et devenues inutilement défensives, mais combien majestueuses et pittoresques, des châteaux du Moyen Age : donjons, tours énormes, créneaux, mâchicoulis, s'humaniser sous une décoration et dans un « découpage » italianisants parfaitement adaptés. Les fenêtres rectangulaires laissent entrer à flot la lumière, pilastres et médaillons viennent agrémenter les façades, mais les lucarnes et les hautes toitures d'ardoises sont bien françaises. Toute la gracieuse beauté du château d'Azay-le-Rideau (1524-1527) est là dans cette poétique ambiguïté et l'on y voit les « échauguettes » (2) des constructions médiévales se transformer en élégantes tourelles.

Le plus célèbre de ces châteaux de rêve est sans doute Chambord (1526-1544) où l'on voit une des premières utilisations architecturales du décor italien qui jusque-là

---

(1) Systèmes architecturaux fondés par les Grecs : le dorique, l'ionique, et le corinthien. —
(2) Guérites de pierre qui se trouvaient au sommet des tours des châteaux forts.

n'avait apporté que des motifs d'ornementation : c'est la terrasse qui couronne la salle des gardes. Mais le charme insolite et fabuleux du château de Chambord ne vient pas de là, ni de ce balcon en corniche qui remplace les anciens créneaux, ni de sa structure en donjon, si surprenante soit-elle : il est tout entier dans le dialogue inattendu qui s'établit entre sa façade d'une sobriété exemplaire et cette délirante forêt de lanternes, de cheminées et de lucarnes qui transforme ses combles en un monde prodigieux, d'une richesse et d'une fantaisie étourdissantes. Ni Blois et son étrange façade des loges ni Chenonceaux et son aile pittoresque qui enjambe le Cher n'ont l'extraordinaire rayonnement de Chambord. Tout y est fait pour le mystère et la surprise y compris son étonnant escalier à double révolution, qui pourtant n'a pas l'élégante originalité plastique de l'escalier octogonal de Blois, mais qui crée une délicieuse atmosphère de jeu et de fantaisie gratuite. L'art des châteaux de la Loire est unique au monde, grâce au goût des maîtres-maçons français : ils surent en effet concilier les éléments décoratifs des ornementistes italiens qui travaillaient sans doute à leurs côtés, aux libres tendances de leur personnalité bien française qui les orientaient vers l'équilibre et l'harmonie des formes et des structures.

LA SECONDE RENAISSANCE

Un second mouvement artistique s'amorce en France vers 1530. On l'appellera « Seconde Renaissance » : l'art devient alors une science et une technique, grâce aux publications d'ouvrages sur l'art antique, et aux séjours en Italie d'artistes français qui, d'artisans qu'ils avaient été jusque-là, deviennent des architectes et nous laissent désormais leurs noms. Ce n'est plus alors par le truchement d'œuvres italiennes contemporaines qu'ils entrent en contact avec l'art antique, mais directement, à travers ses propres œuvres étudiées sur place. La séduisante liberté de la Première Renaissance, sa merveilleuse et géniale spontanéité, sa douce chaleur humaine, vont se plier aux nouveaux canons, stricts et abstraits. Mais malgré tout, grâce à l'originalité fondamentale de l'esprit français, les apports antiques ou italiens seront davantage l'objet de transpositions que de serviles adaptations : ainsi « nationalisés », et voisinant avec des éléments de pure tradition française, lucarnes, hautes toitures, cheminées, ces apports seront dégagés de toute insolence en étant harmonieusement accueillis. Ce style composite qui, il faut le dire, ne manque ni de grandeur ni d'élégance, aboutira finalement sous Henri II à l'œuvre de Pierre Lescot au Louvre. Le génie de l'architecte arrive ici à combattre la monotonie italienne, grâce à une composition absolument originale d'avant-corps aux colonnes engagées où s'étagent les différents ordres, et qu'ornent les œuvres élégantes de Jean Goujon.

L'École de Fontainebleau

Mais c'est à Fontainebleau que ce style se manifeste pour la première fois, Fontainebleau dont François Ier veut faire une demeure rivale de celles des princes italiens et digne en même temps de la beauté de sa favorite, la duchesse d'Étampes. C'est l'architecte Gilles Le Breton qui préside à la transformation de cette résidence de chasse médiévale en palais de rois. Les nouveaux bâtiments dessinent deux cours nouvelles, dont la fameuse Cour Ovale à laquelle on accède par un portique à entablement (1) et à deux ordres superposés. Pour cette immense entreprise que dirige l'architecte français, on fait appel à de nombreux décorateurs, peintres et mosaïstes, qui travaillent sous la direction de deux ita-

---

(1) Partie de l'édifice qui se trouve au-dessus des colonnes.

liens, le Primatice et le Rosso. Nous sommes en 1526, l'École de Fontainebleau est née. Son originalité sera d'allier à la somptueuse grandeur italienne, le charme mièvre du maniérisme français hérité du Moyen Age. La Galerie François Iᵉʳ, avec son lambris en bois sculpté, ses panneaux peints et ses motifs de stuc, éclate de la richesse italienne mais crée un décor composite tout à fait français et qui restera vivant pendant très longtemps. Henri II prolongera l'œuvre et l'intention de son père : c'est à sa maîtresse, la séduisante Diane de Poitiers, qu'il dédie l'ornementation du palais, sous le signe du croissant de Diane et de l'entrelacement de leurs deux initiales. C'est Philibert Delorme (1515-1570) qui s'en chargera et réalisera la salle la plus somptueuse du château, salle de bal immense, éclairée d'une frise de peinture à la fresque et couronnée d'un plafond à caissons octogones splendidement décoré. Jamais en France, les demeures royales n'avaient été aussi luxueusement aménagées.

Un art élégant Le mobilier de l'époque est dans le même ton ; il s'orne de marqueterie polychrome, multiplie les colonnettes des crédences (1), inaugure des fauteuils plus légers que les antiques cathèdres ; ce sont ces « caquetoires » (2) dont le nom est tout un programme... Ces meubles, comme tout le décor de cette vie nouvelle, sont faits pour poétiser la vie quotidienne des princes. Quant aux tapisseries, héritées du Moyen Age, elles n'ont jamais été aussi belles, comme en témoignent celles de la mystérieuse *Dame à la Licorne*. Elles ajoutent à ce cadre de vie une note non plus guerrière, mais bucolique et galante, et lui donnent l'éclat de leurs riches et vives couleurs.

L'ornementation des églises suit une évolution analogue : elles aussi adoptent les solutions élégantes. Le délicat jubé de Saint-Étienne-du-Mont à Paris, avec ses escaliers à spirale ajourés, a un charme bien païen que viennent souligner les deux Renommées (3) qui en ornent l'arc à ses extrémités. Tout l'art renaissant en France sera ainsi profondément enraciné dans la réalité sous toutes ses formes.

Peut-on parler alors d'une peinture française? L'École de Fontainebleau laisse une peinture avant tout décorative : figures mythologiques voluptueuses aux formes allongées, se prêtant volontiers à jouer des scènes anecdotiques, tel cet Olympe humanisé de nymphes et de dryades en qui les dames de la cour aiment à se reconnaître et qui offrent les couleurs molles et pâles de leurs nudités déliquescentes à une société moins soucieuse de plaisir esthétique que de plaisir tout court. Tout cela n'est pas bien sérieux et n'a pas la grandeur ni l'éclat des compositions italiennes, et c'est comme élément d'un admirable ensemble extraordinairement riche et homogène que cette peinture prend une dimension d'art. C'est à la personnalité artistique de Jean Clouet (v. 1475-1541) et de son fils François (v. 1510-1572), dont les portraits rigoureux ont une perfection déjà classique, que la France doit sa grande peinture « Renaissance ». Il est permis toutefois de préférer leurs dessins qui, mieux encore, par leur finesse psychologique et leur légèreté de crayon, laissent transparaître, comme naturellement, l'âme du modèle.

Deux sculpteurs de génie : Il y a donc peu de « noms » dans l'histoire de l'art
Jean Goujon, Germain Pilon en France sous la Renaissance. Deux artistes pourtant dominent l'art sculptural de ce temps et ne pâlissent pas à côté des maîtres italiens. Ce sont Jean Goujon et Germain Pilon.

---

(1) Meuble où l'on dépose les objets qui doivent servir pendant le repas. — (2) De « caqueter », babiller. — (3) Personnage mythologique enfanté par la Terre pour publier les crimes des dieux et représenté par une femme sonnant de la trompette.

Si l'Italie influence la sculpture française en y introduisant l'art des bas-reliefs, Jean Goujon (1515-1562) les transforme en œuvre personnelle. Car il a non seulement une science admirable de la composition, mais surtout une délicatesse exquise et unique à faire couler les drapés le long des corps souples et délicats de ses femmes, et un modelé sans égal pour y faire jouer la lumière. Ses nymphes de la *Fontaine des Innocents* et ses élégantes figures féminines de l'Hôtel Carnavalet à Paris, gracieusement à l'aise sur des surfaces aussi étroites, soulevées par on ne sait quelle mystérieuse brise marine, sont sans doute les œuvres les plus délicieuses de la Renaissance.

Germain Pilon (1535-1590) conservera ce charme exquis à ses œuvres et ses *Trois Grâces*, si elles n'ont pas l'envolée des nymphes de Jean Goujon, ont un rayonnement lumineux et sensuel qui est celui de la vie. Son multiple talent saura réaliser des chefs-d'œuvre extrêmement variés : le visage intensément expressif de son *Chancelier de Birague* et le réalisme bouleversant des gisants d'Henri II et de Catherine de Médicis à Saint-Denis donnent la mesure de la totalité de son génie. Germain Pilon est d'une autre « génération » que Jean Goujon, il est de celle de Montaigne : c'est un homme fervent, que la décoration intéresse moins que l'âme humaine ; ses portraits, dont celui de l'évêque Jean de Morvillier au faciès impressionnant de maigreur, sont ses plus grandes réussites et annoncent par la profondeur de leur psychologie une nouvelle conception de l'art, celle des Temps modernes (1).

D'HENRI IV A LOUIS XIII

L'avènement d'Henri IV marquera un nouveau moment dans l'histoire de l'art au xvie siècle. L'enthousiasme un peu fou de la Renaissance est assez étranger à ce monarque, dont le souci majeur est moins d'encourager les beaux-arts que de ramener l'ordre et la prospérité. Il est le chaînon qui doit assurer le lien entre deux mondes, celui de la Renaissance et celui de Louis XIII, et ce que le style dit « Louis XIII » aura de caractéristique, il le tiendra de celui que certains historiens appellent à juste titre le « style Sully ». C'est Sully en effet qui entreprend la transformation de Paris et réalise les projets grandioses d'urbanisme lancés par le roi. Des ponts sont construits, tel le Pont Neuf, premier pont de pierre de la capitale, des places s'élèvent, telles la place Dauphine et la place Royale (2), cet ensemble exceptionnel dont l'architecte nous est demeuré inconnu. Cette place qui, selon le plan du roi, doit créer un nouveau et beau quartier, est particulièrement vaste pour l'époque et a l'originalité de la symétrie. Ses pavillons ainsi « disciplinés » auraient pu être sévères, mais l'élégance de leurs proportions, à laquelle contribuent leurs hauts combles, et surtout le jeu discret des couleurs mêmes des matériaux utilisés, ardoises, briques, pierres, réalisent un chef-d'œuvre de sobriété souriante. Ce style original, où la polychromie joue un rôle capital, connaîtra une vogue inouïe jusqu'au « Grand Siècle ». Communément appelé style « Louis XIII », il est pourtant enraciné dans le xvie siècle et ce « château de brique à coins de pierre » qui hantera l'imagination de Gérard de Nerval, c'est déjà l'aile Louis XII du château de Blois ou mieux encore le château de Vallery en Sénonais construit de 1550 à 1560.

(1) Elève du Montois Jacques Broeucq († 1584) « le parfait tailleur d'images » de Marie de Hongrie, le sculpteur-architecte Jean de Bologne, originaire de Douai, fonde à Florence une école célèbre. — (2) Elle sera terminée après la mort du roi. Aujourd'hui, transformée en square, c'est la place des Vosges.

LA MUSIQUE INSTRUMENTALE ET VOCALE : UN DIVERTISSEMENT

De même qu'une civilisation de palais avait succédé à une civilisation de cathédrales, de même, à travers la découverte d'une païenne joie de vivre, une musique profane va se développer, au détriment de la musique religieuse qui ne donnera plus que des œuvres fades et médiocres, en attendant Couperin. La musique, au même titre que la peinture et la sculpture, est alors considérée comme un des agréments essentiels de la vie, accompagnant « gaillardes » et « pavanes » (1) ou tout simplement le chant. Les instruments à corde inaugurent un répertoire nouveau de danses tandis que les bois s'imposent davantage : flûte, hautbois, trompette, cornet, sacqueboute (2). Cette musique de danse d'une part et cette musique vocale accompagnée de l'autre se cultivent à la cour de François Iᵉʳ et bientôt se vulgarisent chez les grands seigneurs qui deviennent même exécutants amateurs, jouant du luth ou s'essayant au chant, ou encore chantant tout en s'accompagnant.

Cette vogue ira grandissant et ce phénomène d'amateurisme sera à la base d'une transformation extrêmement importante de la musique vocale. De polyphonique (3) qu'elle était jusque-là, elle tendra de plus en plus à laisser la prédominance à une seule des parties à laquelle les autres servent d'accompagnement, ceci correspondant à l'interprétation éventuelle de l'œuvre par une seule voix accompagnée d'instruments. De même l'accompagnement ira se simplifiant, se schématisant dans le sens de l'harmonie, délaissant le contrepoint qui nécessitait plusieurs instruments, pour venir à l'accord. C'est une démocratisation de la musique à laquelle on assiste alors, et qui se trouve d'autant plus facilitée qu'un nouveau mode de diffusion va paraître : l'imprimerie musicale qui, née à Venise en 1501, se développera en France à partir de 1528 et propagera les compositions de musiciens français dans tout le pays et à travers l'Europe.

Sous le règne de Charles IX, Ronsard rend hommage à François Iᵉʳ, « lequel pour découvrir (4) les étincelles de sa bien naissance, et pour montrer qu'il était accompli de toutes vertus, a tant honoré, aimé et prisé la musique, que tous ceux qui restent aujourd'hui en France bien affectionnés à cet art, ne le sont pas tant tous ensemble que tout seul particulièrement l'était », et affirme, dans cette lettre au roi qui préface un ensemble de chansons qu'il lui adressait en 1572, que la musique est non seulement un élément essentiel de culture mais un art inspiré, aux plus hautes valeurs morales.

Sire, tout ainsi que par la pierre de touche on éprouve l'or s'il est bon ou mauvais, ainsi que les anciens éprouvaient par la Musique les esprits de ceux qui sont généreux, magnanimes... Car celui, Sire, qui oyant (5) un doux accord d'instruments ou la douceur de la voix naturelle, ne s'en réjouit point, ne s'en émeut point, et de tête en pieds n'en tressaille point, comme doucement ravi, et aussi, ne sait comment, dérobé hors de soi, c'est signe qu'il a l'âme tortue (6), vicieuse et dépravée, et duquel il se faut donner garde, comme de celui qui n'est point heureusement né. Comment se pourrait-on accorder avec un homme qui de son naturel hait les accords? Celui n'est digne de voir la douce lumière du soleil, qui ne fait honneur à la Musique, comme petite partie de celle qui si harmonieusement (comme dit Platon) agite tout ce grand univers. Au contraire, celui qui lui porte honneur et révérence est ordinairement homme de bien, il a l'âme saine et gaillarde et de son naturel aime les choses hautes, la philosophie, le maniement des affaires politiques, le travail des guerres, et bref en tous offices honorables il fait toujours apparaître les étincelles de sa vertu.

---

(1) Danses à la mode. — (2) Espèce de trompette à quatre branches démontables. — (3) Le principe de la polyphonie est la superposition de plusieurs lignes mélodiques ou « voix » différentes. — (4) Manifester. — (5) Entendant. — (6) Tortueuse.

UNE RÉUSSITE : LA CHANSON

Cependant la musique polyphonique n'est pas près de disparaître. Au contraire, elle va atteindre, au cours de cette période d'intense activité créatrice, à son véritable âge d'or. Le temps est au sourire, à la joie, et c'est dans cette ambiance propice que la « Chanson française » va s'épanouir. Il ne s'agit pas d'une création, mais d'un achèvement. En effet, toutes les générations qui se sont succédé depuis la Guerre de Cent Ans y ont travaillé avec des maîtres de premier ordre comme Dufay et Josquin Des Prés ; et maintenant, grâce à leurs héritiers les plus marquants, parmi lesquels : Clément Janequin, Claude Lejeune et Roland de Lassus, cette « Chanson française » va arriver à son apogée. Elle sera d'inspiration multiple, allant de la galanterie la plus courtoise aux grossièretés les plus crues : l'homme de la Renaissance, à l'image de Rabelais, aime aussi la truculence qui est un signe de saine vitalité.

Clément Janequin domine son temps. Sans doute vécut-il entre 1480 et 1558 et il ne composa pas moins de 300 chansons dont la plupart sont arrivées jusqu'à nous sans une ride. La chanson, qui au contact de l'art populaire avait gagné en couleur et en légèreté, se teinte avec lui d'un pittoresque inouï qui frise la virtuosité. Mis à part ses délicieux rondeaux, ses chansons courtoises et lyriques, Janequin a surtout excellé dans la musique descriptive, et cette musique descriptive se double de la forme la plus hasardeuse de l'imitation vocale — l'onomatopée —, sans qu'une seule fois elle ne s'en trouve ridiculisée. *La Bataille de Marignan* (1), dont les sonorités sont impressionnantes, nous offre en ce sens le charivari le plus musical qui soit. Extraordinaire tableau vivant au rythme étourdissant, où les voix se superposent, se bousculent et s'entrecroisent dans un cliquetis de consonnes extrêmement suggestives, elle nous introduit dans le drame et nous en fait vivre la mêlée endiablée jusqu'à la victoire finale.

Écoutez, écoutez tous gentils Gallois	Suivez François la fleur des lys, suivez la
La victoire du noble roi François !	couronne !
Et orrez (2) (si bien écoutez)	Tricque, bricque, chipe, chope,
Des coups rués (3) de tous côtés	Torche, lorgne !
Alarme, alarme, chacun s'assaisonne	A mort, à mort, courage, frappez dessus !
La fleur de lys, fleur de haut prix y est en	Gentils galants soyez vaillants, fers émoulus
personne ;	Zin Zin Zin, ils sont défaits, ils sont perdus !
	Frappez, tuez, rompez, ils sont confondus...

Le Caquet des Femmes, les Cris de Paris, la Chasse sont dans le même ton des réussites exceptionnelles, tandis que le *Chant des Oiseaux* oppose à leur exubérance un lyrisme poétique qui dépasse la simple imitation. Janequin a inventé en quelque sorte le poème symphonique.

Claude Lejeune et Roland de Lassus Entre 1560 et 1670, c'est une nouvelle génération de musiciens qui, avec Claude Lejeune et Roland de Lassus, prend la relève de Clément Janequin. La France s'est alors ouverte aux influences étrangères et s'est mise à l'école de l'Italie. L'importation du madrigal

---

(1) Cette chanson célébrait la fameuse victoire de François Ier. — (2) Vous entendrez. — (3) Frappés.

va petit à petit modifier la « Chanson Française », lui apportant l'homophonie (1), tandis que la simplification qu'elle subit en France, de par sa popularité même, la dirige vers la monodie (2), que l'harmonie s'installe de plus en plus, consacrant pour de bon l'accord, et que paraît le chromatisme avec son échelle nuancée de demi-tons. La musique française en est à juste titre bouleversée et Claude Lejeune (1536-1600) en profite pour se lancer aussi dans des expériences nouvelles. C'est ainsi qu'il introduit dans la « Chanson française » une rythmique inédite, puisée dans l'art métrique antique que le poète Antoine de Baïf avait ressuscité, et qui faisait alors l'objet d'une véritable mode à Paris. Une « Académie de Musique et Poésie » avait même été créée dans ce sens et avait propagé cette rythmique, faite plus encore de technique que de vraie musique. Et pourtant elle avait tenté quelques compositeurs. Claude Lejeune fut donc parmi ceux-là, mais, grâce à son génie, il sut, à l'intérieur des limites et malgré la dure discipline imposée, faire évoluer magnifiquement la chanson dans une voie spécifiquement française, alors qu'elle tendait de plus en plus à prendre des colorations étrangères flamandes et italiennes. Cette chansonnette de Baïf en vers mesurés fut ainsi mise en musique par Claude Lejeune qui sut en respecter la métrique :

Babillarde, qui toujours viens
Le sommeil et songe troubler
Qui me fait heureux et content,
Babillarde aronde (3), tais-toi.

Babillarde aronde, veux-tu
Que de mes gluaux (4) affûtés
Je te fasse choir de ton nid?
Babillarde aronde, tais-toi.

Babillarde aronde, veux-tu
Que coupant ton aile et ton bec
Je te fasse pis que Térée (5)?
Babillarde aronde, tais-toi.

Si ne veux te taire, crois-moi,
Je me vengerai de tes cris,
Punissant ou toi ou les tiens.
Babillarde aronde, tais-toi.

C'est Roland de Lassus (1532-1594), dont le génie est « inclassable », qui donnera, dans une admirable synthèse de tous ces apports, son expression parfaite à la « Chanson française ». Hainuyer d'origine, ce grand voyageur dont toutes les cours d'Europe se disputent le talent, compose plus de 2 000 œuvres, parmi lesquelles 135 chansons françaises qui voisinent avec 93 Lieder allemand set 145 madrigaux italiens. C'est dire la diversité extraordinaire de son génie, son ouverture et sa démesure. Les 135 chansons sont à l'image de son talent, d'inspiration multiple. C'est l'esprit même de son siècle, de cette France de la Renaissance et des poésies de Ronsard, qui y revit : l'humour, le grotesque, le truculent, la satire et aussi l'amour, l'amour sous toutes ses formes, la mélancolie, l'élégie, la plus poignante nostalgie. Lassus est un magicien qui a essayé tous les genres et qui y a également excellé; il réussit même à réconcilier le contrepoint avec l'harmonie, la polyphonie avec l'homophonie. Ses chansons sautent de la verve la plus endiablée au recueillement le plus dépouillé, et toujours on y entend les voix dialoguer, bavarder, se perdre et se retrouver dans la même composition exceptionnelle, jamais la même, toujours en cours de métamorphose. Ce génie qui couronne l'âge d'or de la « Chanson française » nous donne à tous une leçon de rigueur et de maîtrise de soi.

---

(1) Musique s'exécutant à l'unisson ou à l'octave (en opposition avec la polyphonie). — (2) Chant exécuté par une seule voix. — (3) Hirondelle. — (4) Branchettes frottées de glu. — (5) Roi légendaire de Thrace qui avait fait couper la langue à sa belle-sœur Philomène.

LES LETTRES

L'ÉPANOUISSEMENT DE LA RENAISSANCE (1500-1560)

La littérature de la Renaissance est à la fois très savante et très vivante. Les humanistes comme Budé, Dorat, Calvin sont aussi des éducateurs et des hommes d'action. Un écrivain comme Rabelais, d'une culture fort étendue, mène une existence très active.

La poésie, un peu mondaine et artificielle encore chez Marot, s'élève au lyrisme le plus personnel et le plus original dans les vers de Ronsard et de du Bellay.

BONAVENTURE DES PÉRIERS

Sa vie et son œuvre   Né vers 1500, helléniste et latiniste distingué, il devint en 1532 valet de chambre et secrétaire de Marguerite d'Angoulême, reine de Navarre. Il publia en 1537 le *Cymbalum mundi*, qui est un dialogue sceptique à la manière de Lucien (1), et qu'un arrêt du Parlement condamna en 1538 pour athéisme. En mourant (1544), il laissa inédites ses *Nouvelles récréations et joyeux devis*, recueil de 90 contes en prose qui fut publié en 1558.

Son talent réaliste   Le conte *Du Poitevin* (2) *qui enseigne le chemin aux passants* est un tableau réaliste et piquant dont le dialogue vif et amusant, le patois authentique et savoureux montrent que, comme Rabelais, cet érudit philologue savait rire et faire rire de façon franche et populaire.

Prenez le cas que vous ayez à faire une diligence (3) et qu'il fasse froid ou quelque mauvais temps; en somme que vous soyez fâché de quelque autre chose, et par fortune vous ne sachiez votre chemin; vous avisez (4) un Poitevin assez loin de vous, qui laboure en un champ; vous vous prenez à lui demander : « Et hau! mon ami, où est le chemin de Parthenay? » Le pique-bœuf (5), encore qu'il vous entende, ne se hâte pas de répondre, mais il parle à ses bœufs : « Garea, Fremitin, Brichet, Castain, ven après moay, tu ves bien crelincou tant (6) », ce dit-il à son bœuf, et vous laisse crier deux ou trois fois bonnes et hautes. Puis, quand il voit que vous êtes en colère et que vous voulez piquer droit à lui, il sible (7) ses bœufs pour les arrêter et vous dit : « Qu'est-ce que vous dites? » Mais il a bien meilleure grâce au langage du pays : « Quet o que vous disez? » Pensez que ce vous est un grand plaisir, quand vous avez si longuement demeuré à vous étuder (8) et crié à gorge rompue, que ce bouvier vous demande ce que c'est que vous dites; et bien, si faut-il que vous parliez : « Où est le chemin de Parthenay? Dy (9). — De Parthenay? » vous dira-t-il. « Oui, de Parthenay. Que te vienne le cancre! — Et d'où venez-vous, monsieur? » dira-t-il. « Il faut rêver ou de cœur ou de bouche! D'où je viens! Où est le chemin de Parthenay? Y voulez-vous aller, monsieur? » Or sus (10) prenez patience. « Oui, mon ami, je m'y en vais. Où est le chemin? » A donc il appelera un autre pique-bœuf qui sera là auprès, et lui dira : « Micha, icoul homme demande le chemin de Parthenay; n'est o pas per qui aval? » L'autre répondra (s'il plaît à Dieu) : « O m'est avis qu'il est par de çà! » Pendant qu'ils sont

_____

(1) Philosophe et rhéteur grec du IIe siècle avant J.-C. qui attaqua de sa verve et de sa raillerie les traditions et les préjugés de son temps. — (2) Habitant du Poitou. — (3) Course pressée, urgente. Autres sens du mot : 1° promptitude dans l'exécution; 2° voiture. — (4) Apercevez. — (5) Expression comique s'appliquant au laboureur qui aiguillonne ses bœufs pour les faire avancer. — (6) Patois du pays. — (7) Siffle (en patois du Poitou et du Berry). — (8) Expression comique correspondant au français moderne : s'époumoner. Ici : avoir chaud à force de crier. — (9) Mis pour « Dieu ». — (10) Allons donc.

là tous deux à débattre de votre chemin, c'est à vous à adviser (1) si vous deviendrez fol ou sage. A la fin quand ces deux Poitevins ont bien disputé ensemble, l'un d'eux va vous dire : « Quand vous serez à icette grande cray, tournez à la bonne main et peu allez tout dret (2); vous ne sauriez faillir » (3). En avez-vous à cette heure? Allez hardiment' meshui (4) vous ne ferez mauvaise fin, étant si bien adressé (5)...

CLÉMENT MAROT

Sa vie   Clément Marot naquit à Cahors en 1496. Son père, grand poète rhéto-
riqueur, avait été le protégé d'Anne de Bretagne, femme de Louis XII. Page dès 1515, il se mêle à la joyeuse confrérie des Clercs de la Basoche (6), compose en 1515 le poème allégorique le *Temple de Cupido* et devient valet de chambre et secré-taire de Marguerite, duchesse d'Alençon, sœur du roi. Il rencontre chez elle des penseurs réformistes, compose épîtres, ballades et rondeaux. En 1516, il est emprisonné sur dénonciation d'avoir mangé « lard en carême » et transféré du Châtelet — qu'il décrira dans son *Enfer* de 1539 — à la prison plus libérale de l'évêque de Chartres, avant d'être relâché (7). Mais en 1527, il est arrêté à nouveau pour avoir aidé un prisonnier à échapper aux sergents et doit demander sa libération au roi (8) dont il a l'appui et la faveur.

Pourtant, en 1531, compromis dans l'affaire des Placards, il doit s'enfuir à la cour de Marguerite de Navarre, puis de Renée de France à Ferrare. Gracié par le roi, il doit abjurer à Lyon (1536), rentre à Paris, traduit les Psaumes en vers français en 1537, et en publie 30 en 1541. Mais à nouveau inquiété, il doit quitter la France en 1542, et se réfugie en Suisse puis en Italie. Il meurt à Turin en 1544.

La diversité de son talent   Poète savant, sans prétendre à l'érudition, comme
les poètes de la Pléiade, Marot connaît bien l'an-tiquité latine. Son *Enfer* est un catalogue mythologique plein de réminiscences virgi-liennes. Mais il n'oublie ni le *Roman de la Rose* qu'il adapte dans son *Temple de Cupido* ni Villon, qu'il édite en 1533.

Poète de l'amour, comme tous ceux de son siècle, homme du monde à l'exquise courtoisie qui exprime avec l'emphase nécessaire la beauté de la grande amie, de la belle dame, et la ferveur d'un sentiment presque toujours idéal et platonique, il chante ainsi *le Partement* (9) *d'Anne*.

Où allez-vous, Anne? que je le sache
Et m'enseignez avant que de partir
Comment ferai, afin que mon œil cache
Le dur regret d'un cœur triste et martyr.
Je sais comment; point ne faut m'avertir :

Vous le prendrez, ce cœur, je vous le livre;
L'emporterez pour le rendre délivre (10)
Du deuil (11) qu'aurait loin de vous en ce lieu;
Et pour autant qu'on ne peut sans cœur vivre
Me laisserez le vôtre, et puis adieu.

Mais il fut aussi un écrivain religieux très sincère qui renonça à la carrière confor-table et brillante de poète de cour, de flatteur aimable et choyé du roi, pour rejoindre les indisciplinés et les réformés en un exil volontaire et définitif. C'est avec une par-faite humilité qu'il s'est consacré à la traduction des Psaumes, composant ainsi des chants populaires que les protestants adoptèrent dans leurs églises dès 1542.

---

(1) Réfléchir. — (2) Tout droit. — (3) Vous tromper. — (4) Désormais. — (5) Renseigné. — (6) Corporation des clercs du Palais. — (7) L'épître à son ami Lyon, qui connaissait bien l'évêque de Chartres, nous raconte cette aventure sous la forme d'une fable amusante et familière. — (8) Dans l'épître au roi « pour sa délivrance ». — (9) Départ. — (10) Pour le délivrer. — (11) Profonde tristesse.

En fait, Marot est avant tout un poète de circonstance : c'est là sa véritable originalité, et l'explication de la variété de sujets et de tons dans sa poésie.

Le voici satirique ardent, dans l'*Epigramme pour Semblançay* (1) (1534) :

Lorsque Maillart, juge d'Enfer, menait
A Montfaucon Semblançay l'âme rendre,
A votre avis, lequel des deux tenait
Meilleur maintien? Pour vous le faire entendre

Maillart semblait homme qui mort va prendre
Et Semblançay fut si ferme vieillard
Que l'on cuidait (2) pour vrai qu'il menât pendre
A Montfaucon le lieutenant Maillart.

Il n'a jamais été si personnel, si original, si indépendant, que dans les innombrables poèmes écrits sous la pression des événements, dans une intention bien définie : être délivré de prison, obtenir une faveur, de l'argent, un cheval... Il a créé et porté à sa perfection le genre de l'épître familière, comme Ronsard a illustré l'ode, du Bellay le sonnet et, au siècle suivant, La Fontaine la fable. Chaque épître a son unité propre, sa composition, ses images, son style.

Cette *Epître au Roi pour Marot malade à Paris* fut écrite lorsque Marot, en avril 1531, était atteint de la peste. Son valet de chambre venait de lui voler l'argent donné par le roi. Jamais il ne s'est montré conteur plus vif, inattendu, plaisant, que dans le récit de ses mésaventures. Jamais personne n'a si bien su voiler, sous le rire et la fantaisie, une mélancolie profonde. Jamais aussi on n'a mêlé à l'expression d'une telle mélancolie le badinage subtil qui amène adroitement une prosaïque demande d'argent.

J'avais un jour un valet de Gascogne
Gourmand, ivrogne, et assuré menteur,
Pipeur (3), larron, jureur, blasphémateur,
Sentant la hart (4), de cent pas à la ronde
Au demeurant, le meilleur fils du monde...
Ce vénérable hillot (5) fut averti
De quelque argent que m'aviez départi
Et que ma bourse avait grosse apostume (6);
Si se leva plus tôt que de coutume,
Et me va prendre en tapinois (7) icelle (8);
Puis la vous mit très bien sous son aisselle,
Argent et tout, cela se doit entendre
Et ne crois point que ce fût pour la rendre,
Car oncques puis (9) n'en ai ouï parler.
Bref, le vilain ne s'en voulut aller
Pour si petit, mais encore il me happe
Saie (10) et bonnet, chausses, pourpoint et cape;
De mes habits, en effet, il pilla
Tous les plus beaux; et puis s'en habilla
Si justement, qu'à le voir ainsi être,
Vous l'eussiez pris, en plein jour, pour son
                                        maître.
Finalement, de ma chambre il s'en va
Droit à l'étable, où deux chevaux trouva;

Laisse le pire, et sur le meilleur monte,
Pique et s'en va. Pour abréger le conte,
Soyez certain qu'au sortir dudit lieu
N'oublia rien, fors (11) à me dire adieu.
Ainsi s'en va, chatouilleux de la gorge,
Ledit valet, monté comme un Saint George,
Et vous laissa Monsieur dormir son soûl,
Qui au réveil n'eût su finer (12) d'un sou.
Ce Monsieur-là, Sire, c'était moi-même,
Qui sans mentir, fus au matin bien blême,
Quand je me vis sans honnête vêture,
Et fort fâché de perdre ma monture;
Mais, de l'argent que vous m'aviez donné,
Je ne fus point de le perdre étonné;
Car votre argent, très débonnaire (13) prince,
Sans point de faute, est sujet à la pince (14)...
Ce néanmoins, ce que je vous en mande
N'est pour vous faire ou requête, ou demande :
Je ne veux point tant de gens ressembler
Qui n'ont souci autre que d'assembler;
Tant qu'ils vivront, ils demanderont, eux;
Mais je commence à devenir honteux,
Et ne veux plus à vos dons m'arrêter...

L'ÉCOLE LYONNAISE

Lyon, ville d'imprimeurs, de savants, d'écrivains et d'artistes, fut un foyer ardent de vie intellectuelle et de courtoisie mondaine. Lieu de passage et de séjour entre l'Italie et la France, elle posséda un brillant cercle de poètes : pleins d'admiration pour Pétrarque

---

(1) Jacques de Beaune, sieur de Semblançay, surintendant des Finances, accusé de détournements dont Louise de Savoie était seule coupable, fut exécuté sur l'ordre du lieutenant criminel Maillart en 1522. — (2) Croyait. — (3) Trompeur. — (4) Corde des pendus. — (5) Garçon. — (6) Enflure, tumeur. — (7) En cachette. — (8) Celle-ci. — (9) Jamais depuis. — (10) Casaque. — (11) Sauf. — (12) S'acquitter. — (13) Bon. — (14) Allusion à la dilapidation du Trésor.

ils désirent imiter la poésie sensible et recherchée qu'il consacre à Laure de Noves; ils
sont également influencés par la néo-platonisme (1) qui satisfait leurs aspirations à
un monde idéal, et passionnés de création artistique et de beaux vers.

Maurice Scève   Le plus brillant et le plus doué de ces poètes fut Maurice Scève,
                    qui vécut de 1510 à 1564, prétendit avoir découvert en 1533 le
tombeau de Laure, et publia en 1544 *Délie, objet de la plus haute vertu* consacré
à son amour pour la jeune Pernette du Guillet, bourgeoise et poétesse.

Cette œuvre importante et riche comporte une analyse pénétrante des souffrances
et des contradictions de l'amour qui dépasse largement les jeux subtils du pétrarquisme.
Le tourment amoureux aboutit parfois au désespoir métaphysique, à une explication
de l'angoisse humaine que Ronsard ne dépassera pas, mais l'amour peut aussi devenir
moyen d'accès à l'absolu, ce dont la musique du vers nous donne l'intuition sensible.

... Moins je la vois, certes plus je la hais :	Forte est l'amour, qui lors me vient saisir.
Plus je la hais, et moins elle me fâche,	Quand haine vient et vengeance me crie.
Plus je l'estime et moins compte j'en fais (2)	Ainsi me fait haïr mon vain désir.
Plus je la fuis, plus vous qu'elle me sache (3),	Celle pour qui mon cœur toujours me prie.
Et un moment deux divers traits (4) me lâche	**(XLIII)**
Amour et haine, ennui avec plaisir.	

Louise Labé   Au groupe lyonnais se rattache Louise Labé (1525-1565) qui a eu les
                    mêmes goûts et subi les mêmes influences littéraires, et chante en un
bref recueil d'excellents sonnets les plaisirs et les souffrances d'un amour aussi pétrar-
quiste que sincère.

Lut (5), compagnon de ma calamité,	Et si tu veux efforcer au contraire,
De mes soupirs témoin irréprochable,	Tu te détends et si me contrains taire :
De mes ennuis contrôleur (6) véritable	Mais me voyant tendrement soupirer,
Tu as souvent avec moi lamenté,	
	Donnant faveur à ma tant triste plainte,
Et tant le pleur piteux t'a molesté (7)	En mes ennuis (9) me plaire suis contrainte,
Que commençant quelque son délectable,	Et d'un doux mal douce fin espérer.
Tu te rendais tout soudain lamentable	**(XII.)**
Feignant le ton (8) que plein avait chanté.	

CALVIN

Sa vie   Né en 1509 à Noyon, en Picardie, Calvin fit des études humanistes à Paris
              puis à Orléans et à Bourges. Il publia en 1533 un Commentaire latin du
De clementia de Sénèque, et soutint les idées des Evangélistes (10); mais inquiété au
moment de l'affaire des placards (11) il dut s'enfuir à Bâle.

Il y publia en 1536 l'*Institution de la Religion chrétienne* rédigée en latin et séjourna
jusqu'en 1538 à Genève. Il se lia ensuite à Mélanchton (12) et à Luther, revint triom-

---

(1) On retient alors de la philosophie de Platon la conviction que les choses sensibles d'ici-bas ne
sont que le reflet d'une réalité supérieure ou « Idée ». Dans l'amour, notre âme s'attache à la
beauté, parce qu'elle croit y reconnaître l'image d'une beauté supérieure et divine. — (2) Moins
j'en fais cas. — (3) Connaisse. — (4) Flèche. — (5) Luth. — (6) Témoin. — (7) Blessé, tourmenté. — (8) Altérant le ton. — (9) Chagrins (le mot s'est affaibli). — (10) Ils prêchaient un
retour à l'Écriture Sainte comme seule source authentique des croyances chrétiennes. La plupart
des humanistes étaient de tendance évangéliste, en conflit avec la Sorbonne. La Bible fut traduite
en français en 1530 par Lefèvre d'Etaples, mais la traduction fut condamnée par la Sorbonne. —
(11) Voir p. 59. — (12) Réformateur allemand disciple de Luther, l'un des rédacteurs de la « Confession d'Augsbourg » (1530).

phalement à Genève en 1541 et publia la traduction française de son *Institution*. Il mourut à Genève en 1564.

L' « Institution Chrétienne »

L'*Institution de la religion chrétienne* était à l'origine une œuvre de circonstance destinée à répondre à une lettre de François Ier aux princes allemands, attaquant les réformés de France et d'Allemagne.

Mais l'auteur la traduisit en français pour toucher un public plus étendu : il en fit le manifeste du protestantisme français, sur le plan religieux, moral et politique. Ce souci de toucher les masses a donné à sa langue, à la fois dans le choix des mots et dans la structure des phrases, une clarté et un dépouillement qui situent son œuvre à l'avant-garde de la prose française de son temps.

Apologie des Réformés qui ne sont pas des rebelles, mais des esprits sincères attachés à la doctrine véritable de l'Évangile, l'*Institution* est aussi une explication du péché et une affirmation de la prédestination ; la tache originelle a souillé la nature humaine : Dieu seul peut nous sauver. Nous sommes élus ou réprouvés selon sa décision préalable et sans appel (II, *De la Connaissance de l'Homme*).

Notre nature n'est seulement vide et destituée de tous bien : mais elle est tellement fertile en toute espèce de mal qu'elle ne peut être oisive. Ceux qui l'ont appelée concupiscence n'ont point usé d'un mot impertinent : moyennant qu'on ajoutât ce qui n'est concédé de plusieurs : c'est que toutes les parties de l'homme, depuis l'entendement jusqu'à la volonté, depuis l'âme jusqu'à la chair, sont souillées et du tout remplies de cette concupiscence, ou bien pour le faire plus court, que l'homme n'est autre chose de soi-même que corruption.

Tous les grands problèmes politiques (nature et légitimité des régimes politiques, limites de l'obéissance due au pouvoir, et par suite rapports entre l'Église et l'État), ont été nettement posés par Calvin, et parfois résolus de façon très moderne.

Ainsi accepte-t-il comme une nécessité sociale, la diversité géographique des gouvernements, où Montesquieu, deux siècles plus tard, verra un des principes fondamentaux de *l'Esprit des lois*.

C'est la Providence qui a voulu la diversité des gouvernements et fondé l'autorité des rois. Ici, comme dans toute son œuvre, Calvin appuie son argumentation sur des textes empruntés à la Bible (XVI, *Du Gouvernement Civil*).

... Combien qu'il y ait diverses formes et espèces de supérieurs, toutefois ils ne diffèrent rien en ce point, que nous les devons recevoir tous pour ministres ordonnés de Dieu. Car Paul a compris toutes les dites espèces, quand il a dit : qu'il n'y a nulle puissance que de Dieu. Et celle qui est la moins plaisante aux hommes, est recommandée singulièrement par dessus toutes les autres, c'est à savoir la Seigneurie et domination d'un seul homme. Laquelle pourtant qu'elle emporte avec soi une servitude commune de tous, excepté celui seul, au plaisir duquel elle a assujetti tous les autres : elle n'a jamais été agréable à toutes gens d'excellent et haut esprit. Mais l'Écriture d'autre part, pour obvier à cette malignité des jugements humains, affirme nommément qu'il est fait par la providence de la sapience divine, que les rois règnent : et spécialement commande d'honorer les rois. Et certes, c'est vaine occupation aux hommes privés : lesquels n'ont nulle autorité d'ordonner les choses publiques, de disputer quel est le meilleur état de police (1). Et outre, c'est une témérité de déterminer simplement : vu que le principal gît en circonstances. Et encore quand on comparerait les polices ensemble, sans leurs circonstances il ne serait pas facile à discerner laquelle serait la plus utile, tellement elles sont quasi égales chacune en son prix. On compte trois espèces de régime civil : c'est à savoir Monarchie (qui est la domination d'un seul : soit qu'on le nomme roi ou duc ou autrement) ; Aristocratie, qui est une domination gouvernée par les principaux et gens d'apparence. Et

---

(1) Il s'agit ici de l'organisation de l'État.

Démocratie, qui est une domination populaire : en laquelle chacun du peuple a puissance. Il est bien vrai qu'un Roi ou autre à qui appartient la domination, aisément décline à être tyran. Mais il est autant facile, quand les gens d'apparence ont la supériorité, qu'ils conspirent à élever une domination inique. Et encore il est beaucoup plus facile, où le populaire a autorité, qu'il émeuve séditions. Outre plus si nous ne fichons (1) pas seulement nos yeux sur une ville, mais que nous regardions et considérions ensemblément tout le monde, ou bien que nous jetions la vue sur divers pays; certainement nous trouverons que cela ne s'est pas fait sans la providence de Dieu, que diverses régions fussent gouvernées par diverses manières de polices. Car comme les éléments ne se peuvent entretenir sinon par une proportion et température inégale : aussi les polices ne se peuvent pas bien entretenir sinon par certaine inégalité. Combien qu'il n'est ja (2) métier de remonstrer toutes choses à ceux auxquels la volonté de Dieu est suffisante pour toute raison. Car si c'est son plaisir de constituer rois sur les royaumes, et sur les peuples libres, autres supérieurs quelconques : c'est à nous à faire de nous rendre sujets et obéissants à quelconques supérieurs qui domineront au lieu où nous vivrons.

RABELAIS

Sa vie　　François Rabelais naît vers 1494 à La Devinière, près de Chinon. Il est en 1521 moine franciscain à Fontenay-le-Comte, puis en 1524 bénédictin à Maillezais, dans un milieu beaucoup plus humaniste et tolérant; il séjourne à Paris, puis à Montpellier où il est étudiant en médecine, enfin à Lyon en 1532 comme médecin à l'Hôtel Dieu. C'est alors qu'il publie son *Pantagruel*. En 1534, un nouvel ouvrage, *Gargantua père de Pantagruel*, précise ses idées sur la scolastique, l'humanisme, la guerre, la vie de société.

Après un voyage en Italie et la condamnation par la Sorbonne du *Tiers Livre* paru en 1546, il obtient, grâce à la faveur d'Henri II, le bénéfice de la cure de Meudon : le *Quart Livre* est publié en 1552. Rabelais meurt en 1553. L'authenticité du *Cinquième Livre* paru en 1564 est très discutée.

Le conteur　　Rabelais a le sens de l'action, du récit captivant et en même temps du comique direct et spontané. La verve du conteur se grise de phrases vives, de mots drôles accumulés, du spectacle même de la vie et du mouvement.

Voici comment, au début de *Pantagruel*, il décrit les réactions de Gargantua, après la naissance de son fils Pantagruel et la mort de sa femme. Ici, le comique naît non seulement de l'étrangeté de la situation, mais aussi de la satire du raisonnement scolastique : le rythme communicatif du rire et de la joie s'impose à nous progressivement, tandis que nous est évoquée, en toile de fond, la vie quotidienne du temps, observée dans ses détails vivants et pittoresques.

Quand Pantagruel fut né, qui fut bien ébahi et perplexe? Ce fut Gargantua son père. Car, en voyant d'un côté sa femme Badebec morte, et de l'autre son fils Pantagruel né, tant beau et tant grand, ne savait que dire ni que faire, et le doute qui troublait son entendement (3) était à savoir s'il devait pleurer pour le deuil de sa femme ou rire pour la joie de son fils. D'un côté et d'autre, il avait arguments sophistiques (4) qui le suffoquaient, car il les faisait très bien in modo figura (5), mais il ne les pouvait souldre (6), et par ce moyen, demeurait empêtré comme la souris empeignée (7), ou un milan (8) pris au lacet.

« Pleurerais-je? dit-il. Oui, car pourquoi? Ma tant bonne femme est morte, qui était la plus ceci, la plus cela qui fût au monde. Jamais je ne la verrai, jamais je n'en recouvrerai une telle : ce m'est une perte inestimable. O mon Dieu! que t'avais-je fait pour ainsi me punir? Que m'envoyas-tu la mort à moi premier qui à elle? Car vivre sans elle ne m'est que languir.

---

(1) Fixons. — (2) Jamais. — (3) Intelligence. — (4) Conçus selon la rhétorique sophiste : faux raisonnement conçu pour induire en erreur. — (5) Selon les méthodes des logiciens. — (6) Résoudre. — (7) Pris dans la poix. — (8) Oiseau de proie.

Ha! Badebec, ma mignonne, m'amie, ma tendrette, ma savate, ma pantoufle, jamais je ne te verrai. Ha! pauvre Pantagruel, tu as perdu ta bonne mère, ta douce nourrice, ta dame très aimée. Ha! fausse (1) mort, tant tu m'es malivole (2), tant tu m'es outrageuse, de me tollir (3) celle à laquelle immortalité appartenait de droit. »

Et, ce disant, pleurait comme une vache, mais, tout soudain, riait comme un veau, quand Pantagruel lui venait en mémoire. « Ho! mon petit-fils, disait-il, mon peton (4), que tu es joli : et tant je suis tenu (5) à Dieu de ce qu'il m'a donné un si beau fils, tant joyeux, tant riant, tant joli. Ho, ho, ho, ho! Que je suis aise! Buvons. Ho! Laissons toute mélancolie; apporte du meilleur, rince les verres, boute (6) la nappe; chasse ces chiens, souffle ce feu, allume la chandelle, ferme cette porte, taille ces soupes (7), envoie ces pauvres, baille-leur (8) ce qu'ils demandent, tiens ma robe que je me mette en pourpoint (9) pour mieux festoyer les commères. »

Ce disant, ouit la litanie et les mémentos (10) des prêtres qui portaient sa femme en terre, dont (11) laissa son bon propos et tout soudain fut ravi ailleurs disant : « Seigneur Dieu, faut-il que je me contriste encore? Cela me fâche, je ne suis plus jeune, je deviens vieux, le temps est dangereux, je pourrai prendre quelque fièvre : me voilà affolé. Foi de gentilhomme, il vaut mieux pleurer moins et boire davantage. Ma femme est morte, et bien, par Dieu (da jurandi) (12), je ne la ressusciterai pas par mes pleurs. Elle est bien; elle est en paradis pour le moins, si mieux n'est. Elle prie Dieu pour nous, elle est bien heureuse; elle ne se soucie plus de nos misères et calamités. Autant nous en pend à l'œil (13). Dieu garde le demeurant. Il me faut penser d'en trouver une autre.

Le penseur Ce conteur a des choses à dire, des convictions à affirmer sur la stupidité des guerres, les conquérants criminels, les princes raisonnables, les moines ignorants, comme il se plaît à le souligner dans la préface de *Gargantua*.

... vous convient être sages, pour fleurer (14), sentir et estimer ces beaux livres de haute graisse (15), légers (16) au pourchas (17) et hardis à la rencontre. Puis, par curieuse leçon (18) et méditation fréquente, rompre l'os et sucer la substantifique (19) moelle, c'est-à-dire que j'entends par ces symboles pythagoriques avec espoir certain d'être faits escors (20) et preux à la dite lecture, car en icelle bien autre goût trouverez, et doctrine plus absconse (21), laquelle vous révélera de très hauts sacrements (22) et mystères horrifiques, tant en ce qui concerne notre religion que aussi l'état politique et vie économique.

Le satirique Dans ses œuvres, la satire est constante, la présence des géants bienveillants, des joyeux compagnons, des hommes de bonne volonté, ne peut faire oublier la nombreuse cohorte des sots, des orgueilleux, des bigots et des méchants de toutes sortes : la critique est plus drôle que cruelle, plus salubre que destructive. Rabelais, optimiste, découvre plutôt des vaniteux, des imbéciles et des médiocres que de grands criminels.

Tel nous apparaît Bridoye, juge formaliste et ridicule, à travers cette conclusion de procès pour laquelle Rabelais déploie sa prodigieuse et irrésistible invention verbale. (*Tiers Livre, XXXIX.*)

Ayant bien vu, revu, lu, relu, paperassé et feuilleté les complaintes, ajournements, comparutions, commissions, informations, avant-procédés, productions, allégations, intendits, contredits, requêtes, enquêtes, répliques, dupliques, tripliques, écritures, reproches, griefs, salvations, récolements, confrontations, acarations, libelles, apostoles, lettres royaux, compulsoires, déclinatoires, anticipatoires, évocations, envois, renvois, conclusions, fin de non procéder, appointements, reliefs, confessions, exploits et autres dragées et épiceries d'une part et d'autre,

---

(1) Trompeuse. — (2) Malveillante. — (3) Enlever. — (4) Petit pied (langage d'enfant), ici terme affectueux. — (5) Reconnaissant. — (6) Mets. — (7) Pain trempé dans le bouillon. — (8) Donner. — (9) Vêtement qui couvrait le corps jusqu'à la ceinture. — (10) Prières pour les vivants et les morts. — (11) Par suite de quoi. — (12) « Permets-moi de jurer. » — (13) En français moderne : nous pend au nez, nous attend. — (14) Flairer. — (15) Comme une viande d'excellente qualité. — (16) Il convient que vous soyez légers. Un peu plus loin : il convient que vous soyez hardis. — (17) A la poursuite. — (18) Attentive lecture. — (19) Nourrissante. Image célèbre illustrant la soif de connaissance de R. et de son époque. — (20) Avisés. — (21) Obscure. — (22) Connaissances sacrées.

comme doit faire le bon juge... je pose sur le bout de la table en mon cabinet tous les sacs (1) du défendeur et lui livre chance premièrement (2), comme vous autres, Messieurs... Cela fait, je pose les sacs du demandeur, comme vous autres Messieurs, sur l'autre bout... Pareillement, et quant et quant (3) je lui livre sa chance.

L'humaniste   Rabelais nous donne aussi une leçon d'humanisme : non seulement Gargantua a pu acquérir, une fois débarrassé de ses précepteurs sophistes, une connaissance encyclopédique, une santé et un entraînement physique parfaits, une expérience étonnamment riche des hommes et du monde, mais encore il a la satisfaction de voir son fils aller plus loin encore dans la même voie.

Il exprime ouvertement sa joie de vivre à l'époque qui voit s'ouvrir toutes les voies du savoir, sa joie de découvrir l'antiquité païenne et chrétienne, et d'aller à la source même de la connaissance. Il éprouve une immense confiance en l'avenir des sciences, les progrès de la médecine, la solidarité humaine et aussi une immense confiance en un Dieu qui est nécessairement Dieu de vérité, de sagesse, et de charité humaine.

Cette confiance en l'homme, en l'art et en l'amour s'épanouit dans l'Abbaye de Thélème, rêve d'un sage très sociable imaginant une compagnie honnête de gens libres, bien nés, bien instruits, d'un philosophe qui croit à la bonté foncière de la nature et construit une société idéale où l'être humain trouverait un libre et harmonieux épanouissement.

ÉDUCATION DE GARGANTUA SELON SES PROFESSEURS SOPHISTES

Le nouveau précepteur, Ponocratès, laisse Gargantua faire selon ses habitudes anciennes pour mieux mettre en évidence l'absence d'hygiène, l'ignorance prétentieuse et la paresse morne de l'éducation « gothique » dispensée à son élève par son prédécesseur, Maître Tubal Holopherne. (*Gargantua*, XXI.)

Ponocrates, pour le commencement ordonna qu'il ferait à sa manière accoutumée, afin d'entendre par quel moyen, en si long temps, ses antiques précepteurs l'avaient rendu tant fat (4), niais et ignorant. Il dispensait donc son temps en telle façon que, ordinairement, il s'éveillait entre huit et neuf heures, fût jour ou non, ainsi l'avaient ordonné ses régents théologiques, alléguant ce que dit David : vanum est vobis ante lucem surgere (5).

Puis se gambayait, penadait, et paillardait (6), parmi le lit quelque temps, pour mieux esbaudir (7) ses esprits animaux (8) et s'habillait selon la saison, mais volontiers portait-il une grande et longue robe de grosse frise (9), fourrée de renards; après se peignait du peigne d'Almain (10), c'était des quatre doigts et le pouce; laver, et nettoyer était perdre temps en ce monde.

Puis, baillait, crachait, toussait, sanglotait, éternuait et déjeunait pour abattre la rosée et mauvais air : belles tripes frites, belles charbonnades (11), beaux jambons, belles cabirotades (12), et force soupes de prime (13)...

Puis étudiait quelque méchante demi-heure, les yeux assis dessus son livre; mais, comme dit le Comique (14), son âme était en la cuisine.

S'asseyait à table, et parce qu'il était naturellement flegmatique, commençait son repas par quelque douzaines de jambons, de langues de bœufs fumées, de boutargues (15), d'andouilles et tels autres avant-coureurs de vin. Cependant quatre de ses gens lui jetaient en la bouche l'un après l'autre, continûment, moutarde à pleines palerées (16). Puis buvait un horrifique (17) trait de vin blanc. Après, mangeait, selon la saison, viandes à son appétit, et lors cessait de manger

---

(1) Dans lesquels se trouve le dossier. — (2) Bridoye donne en sa faveur le premier coup de dés. — (3) En même temps, Bridoye donne le second coup de dés. — (4) Si stupide. — (5) « Il est vain de vous lever avant la lumière. » — (6) Gambadait, piaffait et se roulait sur la paillasse. — (7) Réjouir. — (8) Corpuscules qui répandent la vie dans les membres (voir Descartes, *Discours de la Méthode*, V). — (9) Étoffe de laine à poil frisé. — (10) Docteur scolastique de la Sorbonne. — (11) Grillades. — (12) Chevreau rôti. — (13) Soupe mangée par les moines après le premier office du matin. — (14) Térence, écrivain latin. — (15) Une espèce de caviar. — (16) Pelletées. — (17) Qui cause de l'horreur.

MÉDECIN ET APOTHICAIRE
Gravure de l'*Onomasticon Medicinae* de Otto Bruenfels.

Cl. Guiley-Lagache. B. N.

RABELAIS.   L'un ouvre la Renaissance, l'autre l'achève ; la modération succède à l'enthousiasme.   MONTAIGNE.

quand le ventre lui tirait. A boire n'avait point fin ni canon (1), car il disait que les mètes (2) et bornes de boire étaient quand la personne buvant, le liège de ses pantoufles enflait en haut d'un demi-pied.

Après avoir bien à point déjeûné, allait à l'église, et lui portait-on, dedans un grand panier, un gros bréviaire empantouflé (3) pesant, tant en graisse (4) qu'en fermoirs et parchemin, poi plus poi moins (5), onze quintaux six livres. Là oyait vingt et six ou trente messes.

— En contraste avec l'éducation « gothique », voici l'institution humaniste, donc idéale (XXIII).

En fait, la première était décrite de façon cocasse et burlesque, la deuxième est analysée avec la solennité sérieuse qui convient à un sujet si noble ; quant au programme, il est tout simplement universel : Hygiène, sports, et jeux, alimentation, sciences en tous genres, arts techniques, métiers, musique et chants, sans oublier prières et commentaires évangéliques, tout y est.

ÉDUCATION DE GARGANTUA PAR PONOCRATÈS

Après, en tel train d'étude le mit que ne perdait heure quelconque du jour : ains (6) tout son temps consommait en lettres et honnête savoir. S'éveillait donc Gargantua environ quatre heures du matin. Cependant qu'on le frottait, lui était lue quelque pagine (7) de la divine Ecriture hautement et clairement, avec prononciation compétente à la matière, et à ce était commis un jeune page, natif de Basché (8), nommé Anagnostes (9). Selon le propos et argument de cette leçon, souventes fois s'adonnait à révérer, adorer, prier et supplier le bon Dieu, duquel la lecture montrait la majesté et jugements merveilleux.

Ce fait, était habillé, peigné, testonné (10), accoutré et parfumé, durant lequel temps on lui répétait les leçons du jour d'avant. Lui-même les disait par cœur et y fondait quelques cas pratiques et concernant l'état humain, lesquels ils étendaient aucunes fois jusque deux ou trois heures, mais ordinairement cessaient lorsqu'il était du tout (11) habillé. Puis par trois bonnes heures lui était faite lecture.

Ce fait, issaient hors (12), toujours conférant des propos de la lecture, et se déportaient en Bracque (13), ou ès (14) près, et jouaient à la balle, à la paume, à la pile trigone (15), galantement s'exerçant les corps comme ils avaient les âmes auparavant exercé. Tout leur jeu n'était qu'en liberté car ils laissaient la partie quand leur plaisait, et cessaient ordinairement lorsque suaient parmi le corps, ou étaient autrement las. A donc (16), étaient très bien essuyés et frottés, changeaient de chemise, et, doucement se promenant, allaient voir si le dîner était prêt. Là attendant, récitaient clairement et éloquentement quelques sentences retenues de la leçon.

Cependant, Monsieur l'Appétit venait, et par bonne opportunité s'asseyaient à table. Au commencement du repas, était lue quelque histoire plaisante des anciennes prouesses, jusques à ce qu'il eût pris son vin. Lors, si bon semblait, on continuait la lecture, ou commençaient à deviser joyeusement ensemble, parlant, pour les premiers mots, de la vertu, propriété, efficace et nature de tout ce qui leur était servi à table : du pain, du vin, de l'eau, du sel, des viandes, poisson, fruits, herbes, racines et de l'apprêt d'icelles (17). Ce que faisant, apprit en peu de temps tous les passages à ce compétents en Pline, Athénée, Dioscoride Julius, Pollux, Aristoteles, Élien et autres. Iceux propos tenus, faisaient souvent, pour plus être assurés, apporter les livres susdits à table. Et si bien et entièrement retint en sa mémoire les choses dites, que, pour lors, n'était médecin qui en sût à la moitié tant comme il faisait. Après, devisaient des leçons au matin, et parachevant leur repas par quelque confection de cotoniat (18) se curaient les dents avec un trou (19) de lentisque, se lavaient les mains et les yeux de belle eau fraîche et rendaient grâces à Dieu par quelques beaux cantiques faits à la louange de la munificence et bénignité divine.

Ce fait, on apportait des cartes, non pour jouer, mais pour y apprendre mille petites gentillesses et inventions nouvelles, lesquelles toutes issaient (20) d'arithmétique. En ce moyen entra en affection d'icelle science numérale, et, tous les

---

(1) Ni limites, ni règles. — (2) Bornes. — (3) Enveloppé. — (4) Saleté, crasse. — (5) Un peu plus, un peu moins. — (6) Mais. — (7) Du latin *pagina* = page. — (8) Près de Chinon. — (9) En grec, signifie : lecteur. — (10) Coiffé. — (11) Entièrement. — (12) Ils sortaient. — (13) Jeu de paume. — (14) Dans les. — (15) A la balle à trois. — (16) Alors. — (17) De leur préparation. — (18) Confiture de coings. — (19) Trognon. — (20) Dérivaient.

jours après dîner et souper, y passait temps aussi plaisantement qu'il soulait (1) ès dés ou ès cartes.

Gargantua étudie de même géométrie, astronomie et musique.

La fin de la journée est consacrée aux « sports », puis Gargantua et ses maîtres rentrent au logis en herborisant. L'heure du souper arrive alors.

... Durant icelui (2) repas était continuée la leçon du dîner tant que bon semblait ; le reste était consommé en bons propos tous lettrés et utiles. Après grâces rendues, s'adonnaient à chanter musicalement, à jouer d'instruments harmonieux, ou de ces petits passe-temps qu'on fait ès cartes, ès dés et gobelets et là demeuraient faisant grand'chère, et s'ébaudissant aucune fois jusques à l'heure de dormir ; quelquefois allaient visiter les compagnies de gens lettrés, ou de gens qui eussent vu pays étranges (3).

En pleine nuit, devant que soi retirer, allaient au lieu de leur logis le plus découvert voir la face du ciel, et là notaient les comètes ; si aucunes étaient (4), les figures, situations, aspects, oppositions et conjonctions des astres.

Puis, avec son précepteur, récapitulait brièvement, à la mode des Pythagoriques, tout ce qu'il avait lu, vu, su, fait et entendu au décours de toute la journée.

Si priaient Dieu le Créateur, en l'adorant et ratifiant leur foi envers lui, et le glorifiant de sa bonté immense, et, lui rendant grâces de tout le temps passé, se recommandaient à sa divine clémence pour tout l'avenir. Ce fait entraient en leur repos.

LA PLÉIADE

Aux environs de 1550, se forme un petit groupe de jeunes hommes épris de beaux textes anciens d'art et de poésie. Ronsard et Baïf étaient disciples de H. Dorat, excellent philologue et ardent admirateur des poètes anciens, dont le Collège (Collège de Coqueret) avait aussi attiré Belleau, Jodelle, du Bellay et Pontus de Tyard ; l'idée leur vint de constituer « la Brigade », mouvement poétique révolutionnaire qui devait par la suite s'appeler la Pléiade.

Le programme de la Pléiade

Dans la *Défense et Illustration de la langue française* (1549), du Bellay précise l'ambitieux programme de la Pléiade. En face des savants et de certains artistes qui préfèrent écrire leurs ouvrages en latin, il affirme que la langue française peut et doit produire d'aussi grandes œuvres que les langues grecque et latine.

La langue française était pauvre. Il fallait donc enrichir son vocabulaire par des emprunts aux langues anciennes, aux dialectes provinciaux, aux langages techniques, et par des créations à partir de mots existant déjà (dérivation et composition).

Il fallait aussi restaurer la littérature et surtout la poésie, par l'imitation des grands genres antiques et du sonnet italien, abandonner les petits genres imparfaits du Moyen Age, substituer aux rondeaux, ballades et virelais (5), les épigrammes, odes et élégies, et remplacer la farce et la moralité par la comédie et la tragédie, plus nobles et plus dignes.

Sa conception de la poésie

De cet ambitieux manifeste ainsi que des écrits contemporains ou postérieurs *(Art poétique* de Peletier du Mans (1555) et de Vauquelin de la Fresnaye (1605) se dégage une conception générale et originale de la poésie : tous sont profondément convaincus de la grandeur de la poésie, seule capable d'assurer l'immortalité, tous pensent que le poète n'est pas un amuseur, mais un guide qui peut fréquenter « sans vergogne » (6) les princes, et conseiller les rois. Mais cette vocation grandiose comporte des devoirs : l'artiste, l'écri-

---

(1) Avait l'habitude. — (2) Ce. — (3) Étrangers. — (4) S'il y en avait. — (5) Poèmes sur deux rimes. — (6) Sans honte.

vain sont astreints à une rude discipline, à un épuisant et constant travail, comme témoignent ces lignes de la *Défense et Illustration de la langue française*.

Qui veut voler par les mains et bouches des hommes doit longuement demeurer en sa chambre et qui désire vivre en la mémoire de la postérité, doit, comme mort en soi-même, suer et trembler maintes fois, et, autant que nos poètes courtisans boivent, mangent et dorment à leur aise, endurer de faim, de soif, et de longues vigiles (1). Ce sont les ailes dont les écrits volent au ciel.

Sa fidélité à l'idéal de la Renaissance

Mais ces laborieux ne sont pas simplement des érudits qui ne voient rien au-delà de leurs grimoires. Leur inspiration poétique est conforme à l'esprit de la Renaissance : ces hommes respectent la beauté sous toutes ses formes, celle des femmes, des paysages, des châteaux, des fêtes, de la musique et de la poésie, symbole même, selon une large interprétation de Platon, de l'Idée, image perceptible de Dieu.

L'apport de la Pléiade

Il restera des efforts de la Pléiade un réel enrichissement du vocabulaire que le siècle suivant régularisera sans l'anéantir. C'est peut-être à la Pléiade que le public cultivé doit sa curiosité pour les problèmes posés par la langue française et par le métier des lettres. C'est elle qui est à l'origine d'une tradition poétique dont le classicisme, tout en prétendant en dédaigner l'exubérance et les débordements trop personnels, garde l'essentiel : admiration de l'antique, souci d'une beauté formelle, efforts constants vers la perfection. Enfin elle a restauré le prestige de la poésie lyrique, méritant ainsi l'hommage émouvant que lui rendront plus tard les Romantiques.

DU BELLAY

Sa vie

Joachim du Bellay, né en 1522 à Liré (Maine-et-Loire) d'une famille illustre, mais personnellement peu fortuné, fit des études de droit à Poitiers, y connut les humanistes Muret et Peletier du Mans, et suivit Ronsard en 1547 au Collège de Coqueret pour y écouter les leçons de Dorat. C'est lui qui rédigea la *Défense et Illustration de la langue française*, résumant les idées nouvelles sur la langue et la poésie, élaborées par le petit groupe qui s'était formé au collège de Coqueret.

Il publie la même année (1549) *l'Olive*, recueil de 50 sonnets augmenté et réédité en 1550, les treize odes de *Vers Lyriques* et un recueil de poèmes divers. De 1553 à 1557, il accompagne à Rome son oncle le cardinal Jean du Bellay, en mission diplomatique auprès du pape. De ce séjour décevant, il rapporte à son retour en France le recueil de 32 sonnets des *Antiquités de Rome*, les 191 sonnets des *Regrets* et les *Divers jeux rustiques* qu'il publie en 1558. En 1559, il écrit le poème satirique du *Poète Courtisan* et meurt prématurément à Paris le 1er janvier 1560.

Les « Antiquités de Rome »

Le voyage à Rome n'a pas seulement évoqué à du Bellay des souvenirs de Virgile, d'Horace et de Lucain. Le spectacle des ruines a été pour lui l'image même de la décadence de la Ville des Villes, et sa propre tristesse, d'homme déçu dans ses ambitions et d'humaniste désillusionné, lui a fait mieux comprendre la mort d'un empire, et le caractère « périssable de toute chose née », soumise à la cruauté du destin.

---

(1) Veilles.

COMME LE CHAMP SEMÉ...

Le sonnet suivant, construit sur une seule et saisissante image, le champ de blé, offre par la progression du mouvement qui l'anime — poussée ascendante de la sève, chute des épis à la moisson — le dessin même de l'évolution de la civilisation romaine : le lent épanouissement de l'Empire, sa destruction, et enfin les pillages dont il a été victime, à son déclin, par les barbares :

Comme le champ semé en verdure foisonne,
De verdure se hausse en tuyau (1) verdissant,
De tuyau se hérisse en épi florissant,
D'épi jaunit en grain, que le chaud assaisonne (2),

Et comme en la saison le rustique (3) moissonne
Les ondoyants cheveux du sillon blondissant,
Les met d'ordre en javelle (4), et du blé jaunissant
Sur le champ dépouillé mille gerbes façonne :

Ainsi de peu à peu crût l'empire romain,
Tant qu'il (5) fut dépouillé par la barbare main,
Qui ne laissa de lui que ces marques antiques

Que chacun va pillant, comme on voit le glaneur,
Cheminant pas à pas, recueillir les reliques
De ce qui va tombant après le moissonneur.
                                                                  (XXX.)

La poésie personnelle :
« les Regrets »

L'inspiration est plus intime encore dans les *Regrets* : Du Bellay y exprime sa nostalgie de la patrie, et plus particulièrement de son pays natal, la région angevine, et de la maison de ses aïeux; il nous dit l'amertume que suscitent la mesquinerie des occupations quotidiennes et l'éloignement de ses amis; il nous fait part de l'indignation que lui inspirent l'emphase, la prétention, l'hypocrisie et l'avarice des courtisans romains.

L'art du sonnet est porté ici à sa perfection, grâce à la dextérité et à la diversité de la composition, l'agencement simple et sobre des rimes, la solidité de l'alexandrin, seul utilisé dans ce recueil.

HEUREUX QUI COMME ULYSSE...

Évocation non dénuée d'humour du retour d'Ulysse et de Jason, touchante opposition de l'orgueil romain et de la douceur angevine, ce poème célèbre unit heureusement les souvenirs antiques et l'amour du pays natal :

Heureux qui, comme Ulysse, a fait un beau
                                                    voyage,
Ou comme cestuy-là (6) qui conquit la toison,
Et puis est retourné, plein d'usage et raison,
Vivre entre ses parents le reste de son âge (7).

Quand reverrai-je, hélas ! de mon petit village
Fumer la cheminée, et en quelle saison
Reverrai-je le clos (8) de ma pauvre maison,
Qui m'est une province et beaucoup davantage?

Plus me plaît le séjour qu'ont bâti mes aïeux
Que des palais romains le front audacieux,
Plus que le marbre dur, me plaît l'ardoise fine,

Plus mon Loire gaulois que le Tibre latin,
Plus mon petit Liré (9) que le mont Palatin,
Et plus que l'air marin la douceur angevine (10).
                                                                  (XXXI)

MARCHER D'UN GRAVE PAS...

La poésie satirique de du Bellay s'apparente à sa poésie lyrique. Sous ce tableau cocasse et vivant de la cour romaine, perce l'indignation profonde d'un homme déçu et blessé :

---

(1) Sens de tige. Le poète décrit ici la croissance de l'épi de blé. — (2) Mûrit à point. — (3) Paysan. — (4) Poignées de blé coupé, resté couché dans le sillon avant d'être lié en gerbes. — (5) Jusqu'à ce qu'il. — (6) Celui-là. Jason, qui alla conquérir la Toison d'or dans le Caucase, puis revint en Grèce. — (7) Sa vie. — (8) Jardin. — (9) Village natal du poète. — (10) Aujourd'hui encore, la paix, le calme dans la nature comme dans le mode de vie des habitants font tout le charme de l'Anjou.

Marcher d'un grave pas et d'un grave sourci (1),
Et d'un grave souris (2) à chacun faire fête,
Balancer (3) tous ses mots, répondre de la tête,
Avec un *Messer non* ou bien un *Messer si* (4);

Entremêler souvent un petti *E cosi* (5),
Et d'un *son Servitor* (6) contrefaire (7)
    l'honnête;
Et, comme si l'on eût sa part en la conquête,
Discourir sur Florence, et sur Naples aussi;

Seigneuriser (8) chacun d'un baisement de
    main,
Et, suivant la façon du courtisan romain,
Cacher sa pauvreté d'une brave (9) apparence :

Voilà de cette cour la plus grande vertu,
Dont souvent, mal monté (10), mal sain (11)
    et mal vêtu
Sans barbe (12) et sans argent, on s'en
    retourne en France
    (LXXXVI)

RONSARD

Sa vie et son œuvre Pierre de Ronsard naquit en 1524 au château de la Possonnière en Vendômois d'une famille noble, bien considérée à la
Cour. Très jeune, il fut page au service des Princes de sang royal et destiné à une
brillante carrière militaire ou diplomatique. Mais il devint sourd — ou demi-sourd —
en 1540, à la suite d'une grave maladie, renonça alors aux armes, et se consacra avec
enthousiasme à la poésie.

Il suit, de 1544 à 1549, les cours de Dorat au Collège de Coqueret et publie en 1550
les premiers livres des *Odes* et *le Bocage*, en 1552 *les Amours de Cassandre* (Cassandre
Salviati rencontrée à Blois en 1545), en 1554, le deuxième *Bocage*, en 1555 *les Amours
de Marie* (une simple paysanne angevine de quinze ans rencontrée cette année même)
et les *Hymnes*, grandes œuvres épiques et philosophiques.

A l'avènement de Charles IX (1560), Ronsard devient le poète officiel de la Cour et se
mêle aux événements religieux et politiques en écrivant le *Discours des Misères de ce
temps* et sa *Continuation* en 1562.

En 1572 et 1573, il joint à la 4e édition de ses œuvres les 4 premiers livres de la *Franciade*, épopée qui restera inachevée. En 1578, il ajoute à la 5e édition de ses œuvres
les Sonnets pour Hélène, inspirés par Hélène de Surgères, fille d'honneur de Catherine
de Médicis, qui fut le dernier et non le moins ardent des amours du poète. Il meurt le
27 décembre 1585, dans son prieuré de Saint-Cosme-les-Tours.

Les premières œuvres de Ronsard semblaient trop hermétiques, difficiles aux indoctes.
Il quitte alors le style haut pour le « beau style bas », le « doux style », et s'engage dans la
voie de la simplicité pour chanter la jeune paysanne Marie Pin — ou Dupin. Les
sonnets à Marie, écrits en alexandrins, sont célèbres par leur musicalité et leur fraîcheur
rustique.

COMME ON VOIT SUR LA BRANCHE...

Dans ce sonnet *Sur la Mort de Marie* (1578), le souvenir des mœurs antiques s'allie
au charme printanier de la rose de mai pour le plus délicat des hommages à la jeune
morte :

Comme on voit sur la branche, au mois de mai,
    la rose,
En sa belle jeunesse, en sa première fleur,
Rendre le ciel jaloux de sa vive couleur,
Quand l'aube de ses pleurs au point du jour
    l'arrose;

La Grâce dans sa feuille, et l'Amour se repose(13),
Embaumant les jardins et les arbres d'odeur;
Mais, battue ou de pluie ou d'excessive
    ardeur (14),
Languissante elle meurt, feuille à feuille
    déclose (15);

---

(1) Sourcil. — (2) Sourire. — (3) Peser. — (4) Non Monsieur, oui Monsieur. — (5) Termes d'approbation : c'est ainsi. — (6) Je suis votre serviteur. — (7) Prétendre être honnête. — (8) Traiter en
seigneur. — (9) Élégante et riche. — (10) Monté sur un mauvais cheval. — (11) Malade. — (12) Du
Bellay avait contracté la pelade. — (13) Accord du verbe avec le sujet le plus rapproché. —
(14) Chaleur. — (15) Ouverte.

Ainsi en ta première et jeune nouveauté,
Quand la terre et le ciel honoraient ta beauté,
La Parque t'a tuée, et cendre tu reposes.

Pour obsèques (1) reçois mes larmes et mes
pleurs,
Ce vase plein de lait, ce panier plein de fleurs,
Afin que vif et mort (2) ton corps ne soit que roses.

QUAND VOUS SEREZ BIEN VIEILLE...

L'écho du dernier amour de Ronsard, celui qu'il éprouva pour la belle et inaccessible Hélène de Surgères, fille d'honneur de Catherine de Médicis, anime ce sonnet *Pour Hélène* qui associe la prière amoureuse, le tableau d'intérieur et l'orgueil lucide du poète épicurien.

Quand vous serez bien vieille, au soir, à la
chandelle,
Assise auprès du feu, dévidant (3) et filant,
Direz, chantant mes vers, et vous
émerveillant (4) :
Ronsard me célébrait du temps que j'étais belle !

Lors (5), vous n'aurez servante oyant (6) telle
nouvelle,
Déjà sous le labeur à demi sommeillant,
Qui au bruit de Ronsard ne s'aille réveillant (7),
Bénissant votre nom de louange immortelle.

Je serai sous la terre, et, fantôme sans os,
Par les ombres myrteux (8) je prendrai mon
repos ;
Vous serez au foyer une vieille accroupie,

Regrettant mon amour et votre fier (9) dédain ;
Vivez, si m'en croyez, n'attendez à demain :
Cueillez dès aujourd'hui les roses de la vie.

AUTRES POÈTES DE LA PLÉIADE

On peut citer parmi les amis et disciples de Ronsard :

Pontus de Tyard (1521-1605); Jodelle (1532-1573); Remy Belleau (1528-1577) qui a chanté avec agrément la campagne; Baïf (1456-1547) qui rêva d'instaurer en poésie française une métrique fondée sur la quantité des syllabes, analogue à la métrique latine; Du Bartas (1544-1590) enfin, le plus puissant et le plus ambitieux de tous; celui qui s'approcha le plus dans *La Semaine ou la Création en sept journées* (publié en 1579) de l'épopée idéale que les poètes de la Pléiade auraient voulu créer, par la vigueur du souffle et l'ampleur de l'imagination.

LE THÉÂTRE

Le théâtre ne connaît pas au XVIᵉ siècle l'éclatant épanouissement de la poésie. A Paris, il n'existe qu'une seule salle de représentations publiques, celle de l'Hôtel de Bourgogne, que les Confrères de la Passion se réservent jusqu'en 1599, et seulement quelques sociétés d'amateurs, tandis que la province ne connaît que de misérables troupes.

Le théâtre du Moyen Age survit dans les mystères, les farces, soties et moralités. Les Confrères de la Passion jouent le *Mystère de la Passion* jusqu'en 1548, date où le Parlement interdit ces représentations à Paris. Les pièces comiques seront encore jouées devant un public populaire. Quant aux tragédies des écrivains humanistes, elles traitent souvent des sujets religieux : Théodore de Bèze compose ainsi en 1550 un *Abraham sacrifiant.*

---

(1) Offrandes. Les Anciens faisaient des offrandes pour accompagner le mort à sa dernière demeure. — (2) Expression souvent employée dans l'ordre « mort ou vif », vif ayant le sens de « en vie ». — (3) Mettre le fil en écheveau. — (4) Sens étymologique très fort, associant l'admiration et la surprise. — (5) Alors. — (6) Ouïr. — (7) Forme progressive en anglais. Ancien français : s'aller marchant. Français moderne : faire de la marche. — (8) A l'ombre des myrtes hantés par les amoureux. — (9) Farouche.

Mais c'est surtout l'imitation des pièces grecques et latines qui inspire les hommes de la Renaissance : le théâtre est alors l'affaire des érudits, des professeurs et des étudiants. Baïf traduit en vers dès 1537 l'*Électre* de Sophocle, et donne une définition de la tragédie : « calamités, meurtres et adversités survenues aux nobles et excellents personnages ». Ronsard traduit et joue en 1549 le *Plutus* d'Aristophane au collège de Coqueret; Jodelle donne en 1553 une *Cléopâtre captive*, et Grévin en 1560 la *Mort de César*.

Ces tragédies sont l'œuvre d'admirateurs de l'Antiquité, qui cherchent à faire revivre sa littérature; ils traduisent et jouent eux-mêmes les pièces sur des scènes improvisées et surtout dans les collèges où se forment peu à peu auteurs, acteurs et publics.

La Poétique de Scaliger, qui définit en latin les règles de la tragédie, est le symbole de cette élaboration tout d'abord artificielle d'un art nouveau. Pourtant la pièce de Robert Garnier (1544-1590) *les Juives* (1583) est plus qu'une tragédie de collège. Elle témoigne du talent de Garnier et des progrès de l'art dramatique, et sera fréquemment jouée après 1594. Garnier, qui avait commencé par imiter Sénèque, puis les tragiques grecs, a construit cette fois une véritable et solide œuvre dramatique. Le sujet biblique — châtiment du roi juif Sédécie par le roi d'Assyrie Nabuchodonosor — unit bien à la fatalité de la tragédie grecque, la puissance terrible du Dieu des Juifs. Les caractères sont nets, les dialogues expressifs et bien conduits.

Nabuchodonosor

Qui t'a mis en l'esprit de fausser ta parole?
N'en faire non plus cas que de chose frivole?
De parjurer ta foi? serait-ce point ton Dieu,
Ton Dieu, qui n'a crédit qu'entre le peuple
          hébreu?
N'est-ce point ce Pontife, et ces braves
          Prophètes
Les choses prédisant après qu'elles sont faites?
Réponds, traître, réponds, où t'es-tu confié
De guerroyer celui qui t'a gratifié?

Sédécie

Le Dieu que nous servons est le seul Dieu du
          monde,
Qui de rien a bâti le ciel, la terre et l'onde :
C'est lui seul qui commande à la guerre, aux
          assauts :

Il n'y a Dieu que lui, tous les autres sont faux.
Il déteste le vice, et le punit sévère,
Quand il connaît surtout que l'on y persévère.
Il ne conseille aucun de commettre un méfait,
Au contraire c'est lui qui la vengeance en fait.
Ses prophètes il a, que parfois il envoie.
Pour redresser son peuple alors qu'il se dévoie (1) :
Par eux de nos malheurs il nous fait avertir,
Afin qu'en l'invoquant les puissions divertir :
Mais hélas ! bien souvent notre âme est endurcie,
Ne faisant compte d'eux, ni de leur prophétie :
Et c'est quand il nous laisse, et nous donne en
          butin
Au peuple assyrien, arabe ou philistin :
Autrement soyez sûr que toute force humaine,
Quand il nous est propice, encontre nous est
          vaine.

LA LITTÉRATURE A L'ÉPOQUE DES GUERRES DE RELIGION
(1560 à 1600)

La dernière partie de ce siècle est marquée par la tragique flambée des guerres de religion, préparée par vingt-cinq ans de conflits idéologiques, de passions partisanes et d'intrigues politiques. Les écrivains humanistes et moralistes cèdent la place aux gens de guerre, qui d'ailleurs sont parfois aussi bons conteurs, comme Monluc, ou poètes inspirés comme Agrippa d'Aubigné.

Un grand écrivain, Montaigne, tirant une œuvre nouvelle de l'observation de lui-même et de son expérience quòtidienne, affirme heureusement la survie d'une sagesse humaine véritable.

---

(1) S'écarte du droit chemin.

BLAISE DE MONLUC (1)

Sa vie　　Ce terrible ennemi des protestants n'était en fait ni un fanatique religieux, ni un homme de parti, mais un soldat de métier, rude et franc.

Né en 1502, soldat dès l'âge de seize ans, Monluc fut de toutes les campagnes de François Iᵉʳ contre Charles Quint, prisonnier à Pavie, chef glorieux à Cérisoles, héros du siège de Sienne, il fut nommé « colonel général des gens de pied » pour l'assaut de Thionville en 1558. Pendant les guerres de religion, il est à la tête d'armées catholiques et le roi le nomme gouverneur de Guyenne ; il s'y montre d'une rigueur impitoyable contre les protestants, sujets rebelles et ennemis du roi. Il meurt en 1577.

Dans ses *Commentaires*, récit de toutes ses campagnes, commencé en 1570, continué jusqu'à sa mort et publié en 1592, il raconte sans remords ses cruautés. La sincérité évidente de son témoignage souligne le caractère impitoyable de la lutte et l'inhumanité si sûre d'elle-même de ces années terribles.

Monluc ayant assiégé la ville protestante de Rabastens en Béarn, les habitants se sont réfugiés dans le château. Au cours de l'assaut final, Monluc est blessé d'une arquebusade au visage qui le laissera défiguré et le forcera à porter un masque dit « touret de nez ». Mais le massacre continue :

... Voici M. de Madaillan, mon lieutenant, lequel était à mon côté quand j'allai à l'assaut, et M. de Gohas à l'autre, qui venait voir si j'étais mort, et me dit : « Monsieur, réjouissez-vous, prenez courage, nous sommes dedans. Voilà les soldats aux mains, qui tuent tout, et assurez-vous que nous vengerons votre blessure. » Alors je lui dis : « Je loue Dieu de ce que je vois la victoire nôtre avant mourir. Que, à cette heure, je ne me soucie point de la mort. Je vous prie vous en retourner, et montrez-moi tous l'amitié que vous m'avez portée, et gardez que (2) n'en échappe un seul qui ne soit tué. » Et s'en retourna, et tous mes serviteurs même y allèrent, de sorte qu'il ne demeura auprès de moi que deux pages, l'avocat de Las, et le chirurgien. L'on voulait sauver le ministre et le capitaine de là-dedans, nommé Ladon, pour le faire pendre devant mon logis ; mais les soldats les ôtèrent à ceux qui les tenaient, et les mirent en mille pièces. Les soldats en firent sauter cinquante ou soixante du haut de la grande tour, qui s'étaient retirés là dedans, dans le fossé, lesquels se noyèrent. Il ne se trouve que l'on en sauva que deux, qui s'étaient cachés. Il y avait tel prison-nier qui voulait donner quatre mille écus ; mais jamais homme ne voulut entendre à aucune rançon, et la plupart des femmes furent tuées, lesquelles aussi faisaient de grands maux avec les pierres. Il s'y trouva un Espagnol marchand, qu'ils tenaient prisonnier là-dedans et un autre marchand catholique aussi, qui furent sauvés. Voilà tout ce qui demeura en vie des hommes qui se trouvèrent là-dedans, qui furent les deux leurs (3), que quelqu'un déroba, et ces deux marchands qui étaient catholiques. Ne pensez pas, vous qui lirez ce livre, que je ne fisse faire cette exécution tant pour venger ma blessure que pour donner épouvante à tout le pays, afin qu'on n'eût le cœur de faire tête à notre armée ; et me semble que tout homme de guerre au commencement d'une conquête en doit faire ainsi contre celui qui oserait attendre son canon ; il faut qu'il ferme l'oreille à toute composition (4) et capitulation, s'il ne voit de grandes difficultés à son entreprise, et si son ennemi ne l'a mis en peine de faire brèche (5). Et comme il faut de la rigueur, appelez-la cruauté si vous voulez, aussi faut-il de l'autre côté de la douceur, si vous voyez qu'on se rende de bonne heure à votre merci.

AGRIPPA D'AUBIGNÉ

Sa vie　　Né en 1552, fils de Jean d'Aubigné qui voulut lui donner une excellente formation physique, intellectuelle et morale, Agrippa d'Aubigné sut très tôt le grec, le latin et l'hébreu. Il acquit une foi profonde mais aussi — car la foi ne se sépare guère de la partialité et de l'esprit de lutte à partir de 1560 — une haine affirmée pour l'Église catholique.

Il fit à Genève, puis à Lyon, de sérieuses études humanistes, religieuses, juridiques et même scientifiques, avant de se donner à l'action et de combattre dans les armées

---

(1) Blaise de Montesquiou, seigneur de Monluc ou Montluc. — (2) Veillez à ce que... — (3) Autrement dit : les deux protestants. — (4) Arrangement. — (5) Obtenir des succès.

protestantes. Après la paix de 1570, il séjourna à la cour de Charles IX, échappa par hasard à la Saint-Barthélemy, revint à la cour sous Henri III, en compagnie de son ami Henri de Navarre, et s'en éloigna avec lui en 1576 pour se laisser emporter dans le torrent de la guerre civile. Contraint à un repos momentané après une grave blessure au combat de Casteljaloux, il commença à composer le poème des *Tragiques*. Après l'abjuration d'Henri IV en 1593, il se retira en Poitou à Maillezais, en sortit pour intervenir avec une fougue toujours égale dans les assemblées protestantes, s'exila enfin à Genève en 1620 et y mourut en 1630, attristé par les victoires de Richelieu sur ses coreligionnaires, et par l'abjuration de son propre fils, Constant.

Son œuvre Par sa nature ardente et riche, il caractérise autant son siècle que Rabelais, Ambroise Paré ou Ronsard ; érudit, poète, homme d'action et homme de parti, brillant courtisan et visionnaire inspiré, il est capable de terribles cruautés et peut créer de délicats poèmes. Il a laissé une œuvre abondante et variée, qui révèle les aspects multiples de sa personnalité. Il est poète de l'amour, à la mode de Ronsard, dans le *Printemps* (publié en 1574), que lui inspire Diane Salviati, nièce de la Cassandre de Ronsard, qu'il a connue au château de Talcy, en Beauce ; il est poète religieux, lorsqu'il prétend mettre en vers *la Création ;* il est aussi conteur satirique dans les *Aventures du baron de Faenest*, ouvrage publié seulement en 1616.

Les « Tragiques » C'est dans le poème des *Tragiques* qui tient de l'épopée, de la satire et de l'hymne qu'il a fait le récit des événements de l'histoire de la France de son temps, rappelé ses haines, et confié des espérances suprêmes.

Ce poème est une œuvre engagée et qui se veut engagée :

Je n'écris plus les feux d'un amour inconnu
Mais par l'affliction plus sage devenu,

J'entreprends bien plus haut, car j'apprends
                  à ma plume
Un autre feu auquel la France se consume...

Il est également l'œuvre d'un combattant, d'un satirique indigné :

Fuyez, Loths de Sodome et Gomorrhe brûlantes
N'ensevelissez point vos âmes innocentes

Avec des réprouvés...

celle aussi d'un inspiré qui connaît à fond la Bible et la cite constamment, d'un prophète que « le doigt du Très Fort pousse à combattre », et qui vole du crime de Caïn à la Résurrection des morts.

Poème épique, enfin, aussi varié que pourra l'être *la Légende des Siècles* de Victor Hugo, *les Tragiques* vont des malédictions et des colères à l'éclatante apothéose du martyre, où « les cendres des brûlés sont précieuses graines », où la nature se fait consolatrice en Dieu même « au doux printemps d'un million de fleurs ».

L'allégorie de la *France mère affligée* extraite des *Misères*, premier livre des *Tragiques*, montre comment le patriotisme le plus sincère a pu s'allier dans les âmes du XVIe siècle, à l'esprit de parti le plus affirmé et le plus violent.

Je veux peindre la France une mère affligée,
Qui est entre ses bras de deux enfants chargée.
Le plus fort, orgueilleux, empoigne les deux
                    bouts
Des tétins (1) nourriciers ; puis, à force de coups

D'ongles, de poings, de pieds, il brise le
                    partage (2)
Dont nature donnait à son besson (3) l'usage ;
Ce voleur acharné, cet Ésaü malheureux (4),
Fait dégât du doux lait qui doit nourrir les deux,

(1) Le bout de la mamelle. — (2) La part. — (3) Jumeau. — (4) Maudit. Esaü incarne ici le parti catholique, et Jacob le parti protestant.

Si que (1), pour arracher à son frère la vie,
Il méprise la sienne et n'en a plus d'envie;
Lors son Jacob, pressé d'avoir jeûné meshui (2)

Ayant dompté longtemps en son cœur son
ennui, (3)
A la fin se défend, et sa juste colère
Rend à l'autre un combat dont le champ est la
mère.

MICHEL EYQUEM DE MONTAIGNE

Sa vie   Montaigne naquit en 1533. D'abord pensionnaire au collège de Guyenne à Bordeaux de 1539 à 1546, il fit ses études de droit à Toulouse. Nommé conseiller à la cour des Aides de Périgueux en 1554, il devint conseiller à Bordeaux en 1557. En 1559 il effectua un voyage à Paris et se fit recevoir à la Cour.

Peu après la mort de son ami La Boétie, il vend sa charge de conseiller en 1570 et se retire dans son château. Il publie en mars 1580 la première édition des *Essais* qui comprend deux livres, inspirés par ses nombreuses lectures et ses réflexions personnelles. Il fait alors un long voyage en Allemagne et en Italie, voyage au cours duquel il est élu maire de Bordeaux; il le restera jusqu'en 1584. Ayant retrouvé sa « librairie », il s'occupe ensuite pendant sept ans à la préparation d'une nouvelle édition des *Essais* qui est ainsi le fruit d'une riche expérience humaine : elle paraît en 1588, augmentée d'un troisième livre et de 600 additions aux deux premiers.

Montaigne fait un dernier voyage à Paris en 1588, puis entreprend une troisième édition des *Essais*, en vue de laquelle il relit un exemplaire de l'édition de 1588 en ajoutant en marge corrections et compléments. Il meurt en 1592, mais, après sa mort, Mademoiselle de Gournay, sa fille adoptive, et l'écrivain de Brach mettent au point, en utilisant les notes manuscrites, l'édition posthume, qui paraît en 1595.

Montaigne ne cherche ni les honneurs des poètes courtisans ni la gloire éternelle des grands inspirés, ne s'engage pas dans un combat politique ou religieux, mais devient écrivain pour suivre la pente de son esprit et les expériences de sa vie quotidienne. Sans prétendre tirer de son propre cas des règles universelles, il nous entraîne cependant à réfléchir sur la nature humaine en général.

Cette page montre l'originalité de Montaigne et explique son œuvre. Il lui manque les qualités du gentilhomme accompli de son temps mais il sait se contenter des capacités de sa nature et affirme l'indépendance d'une âme accoutumée à se conduire à sa mode (II, 17, *De la Présomption*).

J'ai au demeurant la taille forte et ramassée; le visage non pas gras, mais plein; la complexion entre le jovial et le mélancolique, moyennement sanguine et chaude (...) la santé forte et allègre, jusque bien avant en mon âge rarement troublée par les maladies. J'étais tel; car je ne me considère pas à cette heure que je suis engagé dans les avenues de la vieillesse, ayant piéça (4) franchi les quarante ans (...).

Ce que je serai dorénavant, ce ne sera plus qu'un demi-être, ce ne sera plus moi. Je m'échappe tous les jours et me dérobe à moi (...).

D'adresse et de disposition (5), je n'en ai point eu; et si (6) suis fils d'un père très dispos et d'une allégresse (7) qui lui dura jusques à son extrême vieillesse. Il ne trouva guère homme de sa condition qui s'égalât à lui en tout exercice du corps; comme je n'en ai trouvé guère aucun qui ne me surmontât, sauf au courir (en quoi j'étais des médiocres (8). De la musique, ni pour la voix que j'y ai très inapte, ni pour les instruments, on ne m'y a jamais su (9) rien apprendre. A la danse, à la paume, à la lutte, je n'y ai pu acquérir qu'une bien légère et vulgaire suffisance (10); à nager, à escrimer, à voltiger (11) et à sauter, nulle du tout. Les mains, je les ai si gourdes que je ne sais pas écrire seulement pour moi : de façon que, ce que j'ai barbouillé, j'aime mieux le refaire que de me donner la peine de le démêler. Et ne lis guère mieux : je me sens peser aux écoutants, autrement, bon clerc (12). Je ne sais pas clore à droit (13) une lettre, ni ne

(1) Si bien que. — (2) Aujourd'hui. — (3) Sens fort : grande douleur. — (4) Depuis longtemps. — (5) Agilité. — (6) Pourtant. — (7) Entrain physique. — (8) Moyens. — (9) Pu. — (10) Capacité. — (11) Faire des acrobaties équestres. — (12) Homme cultivé. — (13) Comme il faut.

sus jamais tailler plume, ni trancher à table, qui vaille, ni équiper un cheval de son harnais, ni porter à point (1) un oiseau et le lâcher, ni parler aux chiens, aux oiseaux, aux chevaux.

Mes conditions corporelles sont, en somme, très bien accordantes à celles de l'âme. Il n'y a rien d'allègre : il y a seulement une vigueur pleine et ferme. Je dure (2) bien à la peine ; mais j'y dure, si je m'y porte moi-même, et autant que mon désir m'y conduit (...).

Autrement, si je n'y suis alléché par quelque plaisir, et si j'ai autre guide que ma pure et libre volonté, je n'y vaux rien. Car j'en suis là que, sauf la santé et la vie, il n'est chose pour quoi je veuille ronger mes ongles, et que je veuille acheter au prix du tourment d'esprit et de la contrainte (...), extrêmement oisif, extrêmement libre, et par nature et par art. Je prêterais aussi volontiers mon sang que mon soin.

J'ai une âme toute sienne, accoutumée à se conduire à sa mode. N'ayant eu jusques à cette heure ni maître forcé, ni maître, j'ai marché aussi avant et le pas qu'il ma plu : cela m'a amolli et rendu inutile au service d'autrui et ne m'a fait bon qu'à moi. Et pour moi, il n'a été

besoin de forcer ce naturel pesant, paresseux et fainéant ; car m'étant trouvé en tel degré de fortune, dès ma naissance, que j'ai eu occasion de m'y arrêter (3), et en tel degré de sens que j'ai senti en avoir occasion, je n'ai rien cherché et n'ai aussi rien pris (...).

Je n'ai eu besoin que de la suffisance de me contenter, qui est pourtant un règlement d'âme, à la bien prendre, également difficile en toute sorte de condition, et que par usage nous voyons se trouver plus facilement encore en la nécessité qu'en l'abondance ; d'autant à l'aventure (4) que, selon le cours de nos autres passions, la faim des richesses est plus aiguisée par leur usage que par leur disette (5), et la vertu de la modération plus rare que celle de la patience. Et n'ai eu besoin que de jouir doucement des biens que Dieu par sa libéralité m'avait mis entre mains. Je n'ai goûté aucune sorte de travail ennuyeux. Je n'ai eu guère en maniement que mes affaires ; ou, si j'en ai eu, ç'a été en condition de les manier à mon heure et à ma façon, commis par gens qui s'en fiaient à moi et qui ne me pressaient pas et me connaissaient. Car encore tirent les experts quelque service d'un cheval rétif et poussif.

Montaigne devant les grands problèmes

Montaigne, cherchant à se connaître, va à la découverte de ses talents et de ses faiblesses et s'efforce de définir ce qu'il trouve en lui-même de droit et de retors, de comique et de douloureux. Il distingue en lui ce qui lui est propre et ce qui est le lot de tous. Au cours de cette investigation, tout à la fois sérieuse et souriante, il pose les petites questions qui concernent les détails de l'existence quotidienne, mais aussi les grands problèmes qu'ont essayé de résoudre les philosophes de l'Antiquité et la plupart des écrivains. C'est l'imagination pleine de souvenirs de Cicéron et de Lucrèce, le poète philosophe, qu'il aborde le problème de la mort. Ce problème est lié chez lui à une préoccupation toute pratique : comment nous préparer à mourir, pour échapper à la hantise de la mort? Il pose également le problème de la vérité, intéressant au premier chef la condition humaine. Ne devons-nous pas nous résigner à une impuissance naturelle, à une imperfection inhérente à notre nature? L'expérience toujours renouvelée de nos erreurs confirme les contradictions des philosophes : la moins mauvaise des ignorances est celle « qui se sait, se juge, et qui se condamne »; encore, ne connaît-elle pas ses limites. — « Que sais-je? », dit Montaigne, et non : « je ne sais pas »; car « je ne sais pas » impliquerait au moins qu'il connût les limites de son ignorance.

Sagesse de Montaigne : un humanisme individualiste et souriant

Montaigne a-t-il atteint la sagesse? Il a du moins compris où il ne fallait pas la chercher. Il n'a pas triomphé de la mort, mais il a découvert qu'il ne servait à rien de se raidir contre elle : l'exemple de ceux qui ne savent ni Aristote ni Caton vaut mieux que les efforts de la science : « Nature suggère mieux la constance et la patience que les leçons de l'école. »

Ce scepticisme souriant est la première étape vers la découverte d'un art de vivre,

---

(1) Comme il convient. — (2) Résiste. — (3) M'en contenter. — (4) Sans doute. — (5) Manque de choses nécessaires.

fondé sur l'adaptation aux circonstances et sur le raisonnement individuel, selon les besoins profonds de notre être. « J'aime la vie et la cultive, telle qu'il a plu à Dieu me l'octroyer. »

L'idéal pédagogique de Montaigne L'*Institution des enfants*, qu'on a souvent rapprochée des pages de Rabelais sur l'éducation, porte en fait davantage sur les méthodes de travail que sur le programme et les matières enseignées. Montaigne préconise avant tout une souple adaptation au tempérament et aux possibilités de chaque homme : car l'éducation ne prétend à aucune utilité immédiate, mais vise au plein épanouissement de chaque individu. Le « conducteur » qui doit avoir avant tout une « tête bien faite » doit cultiver la réflexion de l'enfant autant que sa mémoire, mettre au niveau de l'élève pour l'élever peu à peu, former son jugement au lieu de lui imposer des opinions par contrainte, tâcher de le rendre meilleur et plus sage. L'idéal pédagogique de Montaigne annonce « l'honnête homme » du XVIIᵉ siècle.

A un enfant de maison (1) qui recherche les lettres, non pour le gain (car une fin si abjecte est indigne de la grâce et faveur des Muses, et puis elle regarde et dépend d'autrui), ni tant pour les commodités externes que pour les siennes propres, et pour s'en enrichir et parer au dedans, ayant plutôt envie d'en tirer un habile homme qu'un homme savant, je voudrais aussi qu'on fût soigneux de lui choisir un conducteur qui eût plutôt la tête bien faite que bien pleine, et qu'on y (2) requît tous les deux, mais plus les mœurs et l'entendement que la science; et qu'il se conduisît en sa charge d'une nouvelle manière.

On ne cesse de criailler à nos oreilles, comme qui verserait dans un entonnoir; et notre charge, ce n'est que redire ce qu'on nous a dit. Je voudrais qu'il corrigeât cette partie, et que, de belle arrivée (3), selon la portée de l'âme qu'il a en main, il commençât à la mettre sur la montre (4), lui faisant goûter les choses, les choisir et discerner d'elle-même; quelquefois lui ouvrant chemin, quelquefois le lui laissant ouvrir. Je ne veux pas qu'il invente et parle seul, je veux qu'il écoute son disciple parler à son tour. Socrate et, depuis, Arcésilas (5), faisaient premièrement parler leurs disciples, et puis ils parlaient à eux...

Qu'il ne lui demande pas seulement compte des mots de sa leçon, mais du sens et de la substance; et qu'il juge du profit qu'il aura fait, non par le témoignage de sa mémoire, mais de sa vie. Que ce qu'il viendra d'apprendre, il le lui fasse mettre en cent visages et accommoder à autant de divers sujets, pour voir s'il l'a encore (6) bien pris et bien fait sien, prenant l'instruction de son progrès des pédagogismes de Platon. C'est témoignage de crudité et indigestion que de regorger la viande (7), comme on l'a avalée. L'estomac n'a pas fait son opération, s'il n'a fait changer la façon et la forme à ce qu'on lui avait donné à cuire...

Qu'il lui fasse tout passer par l'étamine (8), et ne loge rien en sa tête par simple autorité et à crédit; les principes d'Aristote ne lui soient principes, non plus que ceux des Stoïciens ou Épicuriens. Qu'on lui propose cette diversité de jugements : il choisira, s'il peut, sinon il en demeurera en doute. Il n'y a que les fols certains et résolus (...).

Car s'il embrasse les opinions de Xénophon et de Platon par son propre discours (9), ce ne seront plus les leurs, ce seront les siennes. Qui suit un autre, il ne suit rien. Qu'il sache qu'il sait, au moins. Il faut qu'il emboive (10) leurs humeurs, non qu'il apprenne leurs préceptes; et qu'il oublie hardiment, s'il veut, d'où il les tient mais qu'il se les sache approprier. La vérité et la raison sont communes à un chacun, et ne sont non plus à qui les a dites premièrement qu'à qui les dit après : ce n'est non plus selon Platon que selon moi puisque lui et moi l'entendons et voyons de même. Les abeilles pillotent deçà-delà les fleurs, mais elles en font après le miel, qui est tout leur; ce n'est plus thym ni marjolaine; ainsi les pièces empruntées d'autrui, il les transformera et confondra, pour en faire un ouvrage tout sien, à savoir son jugement. Son institution, son travail et étude ne vise qu'à le former (...).

Le gain de notre étude, c'est en être devenu meilleur et plus sage.

(I, 26.)

---

(1) De grande maison, noble. — (2) Chez le précepteur. — (3) Depuis le début. — (4) A l'épreuve. — (5) Philosophe grec (IIIᵉ siècle av. J.-C.). — (6) Déjà. — (7) Rendre la nourriture. — (8) Au crible. — (9) Raisonnement. — (10) S'imprègne de.

IV

LE XVIIᴱ SIÈCLE

Nul ne peut mettre en doute la magnificence, l'éclat et la grandeur du XVIIᵉ siècle qui offre à nos yeux une impressionnante unité. Cela ne veut pas dire qu'il n'y ait pas eu de grands changements, des premières années du règne de Louis XIII aux dernières du règne de Louis XIV, ni qu'il ne subsiste une grande variété dans les œuvres et les hommes : Bossuet ne ressemble pas à La Fontaine et Boileau n'a guère de traits communs avec Mᵐᵉ de La Fayette; on ne vit pas en province comme à Versailles, et Paris même est un monde en réduction...

Mais, du début de ce siècle jusqu'à son apogée, aux environs de 1660, il est possible de déceler les étapes d'une constante progression; à partir des efforts autoritaires de Richelieu, des combats et des ruses de Mazarin contre la Fronde, jusqu'à la triomphante majesté de Louis XIV, vainqueur des hérétiques, des libertins et des séparatistes de toutes sortes, le mouvement est irréversible : Malherbe chante par avance la paix et l'unité retrouvée, Corneille courbe déjà aux pieds du roi Horace et Rodrigue, Bossuet prêche l'unité religieuse et morale et prône une discipline nationale, Racine et Boileau seront les historiographes du souverain. Autour du « roi Soleil », que secondent les grands commis Colbert, Louvois, Letellier, toute une pléiade d'architectes, de peintres, d'artistes, tels Mansart, Coysevox, Lenôtre, Le Brun, Mignard, Philippe de Champaigne, Rigaud, construisent un décor d'apparat.

Ces écrivains, ces artistes, si différents par le tempérament et par la technique, ont trouvé un terrain d'entente et adopté des principes communs : la prédilection pour la raison, la clarté et l'ordre convient à une époque qui se veut intelligente, éclairée et disciplinée; le souci de politesse et de raffinement est nécessaire à une société civilisée qui veut affirmer sa supériorité sur les époques barbares et sur les peuples sauvages et grossiers; un intérêt constant doit être porté à l'homme, à la morale qui lui est nécessaire, à la religion qui définit sa place dans l'univers. Il subsiste un fond de cruauté et de violence que les crises — comme l'Affaire des Poisons — font reparaître. Mais la vie intellectuelle et les mœurs traduisent un effort certain d'épuration et de correction. L'œuvre d'art et l'œuvre littéraire sont faites pour cette élite d'honnêtes gens, de femmes brillantes, cette société polie et cultivée qui fréquente avec aisance les salons de Mme de Sévigné ou de Mme de La Fayette, écoute les sermons et les oraisons de Bossuet, sait goûter une fable de La Fontaine, une comédie de Molière et une tragédie de Racine, prend plaisir aux divertissements de Versailles, à la musique de Lulli, aux merveilleux feux d'artifice de Ruggieri.

Mais cette unité rayonnante n'est ni sclérose ni immobilité : les irréguliers du début du siècle, vigoureusement conduits par Mathurin Régnier, continuent à vivre — en marge il est vrai — mais non tout à fait isolés ; ce sont les écrivains baroques et truculents comme Scarron ou Saint-Amant, les poètes inspirés dont les œuvres émues et mélancoliques peuvent toujours ravir le lecteur sensible, comme Théophile de Viau ou Tristan L'Hermite, les libertins à la manière de La Mothe Le Vayer ou Gassendi, dont le réalisme critique ne serait pas démodé au XVIIIe siècle, de l'aveu même de Diderot. Des artistes comme Poussin et Lorrain, classiques dans leur pureté formelle, échappent à toute classification en raison de leur indépendance et de leur spontanéité. Enfin le spiritualisme lumineux de La Tour et le réalisme rustique de Le Nain ne relèvent d'aucune esthétique, et leur vérité n'a pas de rapport direct avec l'époque et la société qui les entoure.

Il n'est pas surprenant, dans ces conditions, de voir se répandre, dans les dernières années du siècle, une effervescence d'idées, de sentiments, de jugements, sur tous les sujets, même politiques et religieux, qui ne s'exprime pas seulement dans l'abondante production, libre et irrévérencieuse, de Bayle, dans les vulgarisations scientifiques, hardiment non conformistes, de Fontenelle, mais aussi dans l'humanisme politique du généreux Fénelon, dans les vues utopiques et géniales de Vauban.

C'est que ce siècle, incontestablement grand par les œuvres et par l'esprit, connut à son apogée un équilibre instable, que la forte personnalité d'un roi s'imposa quelque temps à un peuple en pleine évolution, à une noblesse dont les privilèges masquaient la faiblesse matérielle, à une bourgeoisie dont la puissance incontestée restait privée des prérogatives officielles ; cet équilibre aussi provisoire était fait de forces en action, de puissances dominées et de disciplines consenties.

HISTOIRE

LE RÈGNE DE LOUIS XIII (1610-1643)

**La Régence :
une période de désordres**

La restauration de l'unité, à laquelle s'était consacré Henri IV, va se trouver compromise, pour un temps, par sa disparition brutale. En effet, de sa mort jusqu'à l'entrée de Richelieu au Conseil, la France est plongée dans les intrigues, les rivalités d'ambitions et d'intérêts, les aventures romanesques. En 1610, Louis XIII n'a pas neuf ans ; Marie de Médicis se fait nommer Régente par le Parlement, et se laisse vite dominer par Concini, mari de sa sœur de lait, nommé maréchal d'Ancre. Les grands seigneurs, qui avaient depuis les guerres civiles armes et partisans, se font octroyer des pensions, mettant le trésor de Sully au pillage, et s'agitent dès qu'on parle de limiter les largesses. Les Etats Généraux (1) sont réunis vainement en 1614 et la reine mère réussit à garder le pouvoir jusqu'au moment où Louis XIII, poussé par son favori Albert de Luynes, se débarrasse de Concini en le faisant assassiner (avril 1617).

---

(1) Assemblée où siégeaient les représentants des trois classes de la société française (Clergé, Noblesse, Tiers-Etat) et qui se réunissait pour délibérer sur des questions d'intérêt public.

Marie de Médicis ne s'incline pas encore et fomente une nouvelle révolte, mais ses partisans sont battus aux Ponts-de-Cé en 1620. Les protestants, qui avaient profité de la régence pour conserver les places fortes concédées par Henri IV, s'enhardissent et entrent en lutte avec les troupes royales commandées par Luynes; celui-ci, promu connétable pour la circonstance, est vainqueur à Saint-Jean-d'Angély, mais battu à Montauban. Après sa mort, en 1621, le roi doit se résoudre à un traité qui laisse aux réformés leurs privilèges. Les intrigues de Marie de Médicis continuent et la politique étrangère traduit l'hésitation à choisir entre les puissances protestantes et la Contre-Réforme menée par l'Espagne, l'Autriche et la Papauté. C'est la reine mère qui introduit au Conseil du Roi son aumônier, Armand du Plessis de Richelieu, cadet d'une famille noble, devenu évêque de Luçon à vingt-deux ans. Intelligent, ambitieux et autoritaire, il réussit à s'imposer à Louis XIII, se fait nommer cardinal et devient pour dix-huit ans principal ministre d'État.

**Richelieu
serviteur de l'Etat**   Ayant décidé de faire de Louis XIII un souverain puissant, à l'autorité incontestée, il réorganise l'armée et la marine pour égaler et surpasser les Habsbourg d'Espagne et d'Autriche, n'hésite pas à négocier avec les Provinces-Unies, les Princes allemands et le roi de Danemark, puis à encourager le roi de Suède Gustave-Adolphe à la lutte contre Ferdinand II jusqu'à la mort de Gustave-Adolphe sur le champ de bataille en 1632. Puis il se procure l'alliance de nombreux petits États avant de déclarer au roi d'Espagne Philippe IV une guerre qui devait durer vingt-quatre ans : il repousse les Impériaux (1) qui occupaient la Bourgogne et la Picardie, jusqu'à Pontoise, il libère l'Alsace et s'empare du Roussillon en 1642, si bien que Ferdinand doit accepter l'ouverture de négociations.

A l'intérieur, son action est inspirée par le même souci de faire rentrer dans l'obéissance tous ceux qui méconnaissent l'autorité royale. Dès 1625, il reprend le combat contre les protestants, dont le parti lui semble menacer l'unité du royaume. En 1627, encouragé par l'expédition anglaise que commande Buckingham, il dirige personnellement le siège de La Rochelle, bien défendue par l'énergique Guitton; le siège dure près d'un an et 21 000 habitants périssent sur 27 000. En 1629, la paix d'Alès enlève aux réformés leurs privilèges et leurs places fortes, tout en leur laissant la liberté du culte.

D'autre part, Richelieu réprime vigoureusement les complots des Grands, qu'excitait constamment Gaston d'Orléans, frère cadet du roi, héritier présomptif jusqu'à la naissance du fils de Louis XIII en 1638, et les complots d'Anne d'Autriche et Marie de Médicis, soutenues par le « parti dévot » favorable à la Contre-Réforme. En 1626, il fait décapiter le comte de Chalais, accusé de conspiration et, en 1630, la fameuse « Journée des Dupes » (2) aboutit à sa victoire finale : le maréchal de Marillac est exécuté, la reine mère doit s'exiler. En 1632, c'est le duc de Montmorency, filleul de Henri IV qui est mis à mort, malgré toutes les supplications et, en 1642, la conspiration de Cinq-Mars, favori de Louis XIII, contre Richelieu est encore sanctionnée par l'exécution capitale.

A la mort du Cardinal, en 1642, l'unité et l'ordre de l'État n'étaient pas définitivement assurés, mais la monarchie avait considérablement accru son prestige et sa force. Le *Testament Politique* de Richelieu marque nettement les progrès accomplis, par ce simple rappel de la situation en 1624 :

Lorsque Votre Majesté se résolut de me donner en même temps et l'entrée de ses Conseils et grande part en sa confiance pour la direction de ses affaires, je puis dire avec vérité que les

---

(1) Les armées de l'Empire (maison de Habsbourg). — (2) Journée du 11 novembre 1630, ainsi nommée parce que les ennemis de Richelieu, qui comptaient sur sa défaite, furent trompés dans leurs espérances.

Huguenots partageaient l'Etat avec Elle, que les Grands se conduisaient comme s'ils n'eussent pas été ses sujets, et les plus puissants Gouverneurs des Provinces, comme s'ils eussent été Souverains en leurs charges.

... Je puis dire que chacun mesurait son mérite par son audace; qu'au lieu d'estimer les bienfaits qu'ils recevaient de Votre Majesté par leur propre prix, ils n'en faisaient cas qu'autant qu'ils étaient proportionnés au dérèglement de leur fantaisie et que les plus entreprenants étaient estimés les plus sages et se trouvaient souvent les plus heureux. Je puis dire encore que les Alliances Etrangères étaient méprisées; les intérêts particuliers préférés aux publics; en un mot la dignité de Votre Majesté Royale tellement ravalée (1) et si différente de ce qu'elle devait être, par le défaut de ceux qui avaient lors la principale conduite de vos affaires, qu'il était presque impossible de la reconnaître...

LA MINORITÉ DE LOUIS XIV ET LA RÉGENCE D'ANNE D'AUTRICHE (1643-1660)

Mazarin   A la mort de Louis XIII, le 14 mai 1643, Louis XIV n'a pas encore cinq ans. La régente Anne d'Autriche s'empresse de faire supprimer le conseil de sept membres prévu dans le testament royal, mais au lieu de favoriser les princes de sang et la haute noblesse, elle fait appel à l'Italien Mazarini, ami de Richelieu qui, homme d'Église et nonce (2) du pape, était passé au service du roi en 1636 et devenu cardinal en 1642, sans avoir la prêtrise.

Cet homme habile, patient, rusé, ne tarde pas, avec l'appui d'Anne d'Autriche, à exercer toute la réalité du pouvoir. Grâce à Condé et à Turenne, le roi d'Espagne sort battu de Rocroi en dépit de l'héroïsme des bandes wallonnes, les Impériaux sont vaincus à Fribourg et Nordlingen, puis en Bavière à Zusmarshausen, et la paix est signée en 1648. Les traités de Westphalie établissent un équilibre européen et mettent fin à l'hégémonie des Habsbourg. Avec l'aide de Condé, révolté contre le roi et Mazarin, la Cour d'Espagne continue cependant la lutte jusqu'au traité de paix des Pyrénées, en 1659, qui accorde l'Artois et le Roussillon à la France. La guerre a malheureusement aggravé l'état déjà désastreux des finances, et l'on doit multiplier les impôts et les taxes, pour trouver des ressources nouvelles.

UNE NOBLESSE TURBULENTE FREINE LA MARCHE VERS LE POUVOIR ABSOLU

La Fronde   A l'intérieur, Mazarin doit reprendre les hostilités contre la haute noblesse, mais c'est tout d'abord le Parlement qui se révolte contre lui, protestant contre les nouveaux impôts, la réduction des rentes et le rachat obligatoire de quatre années de gages (3) par les magistrats. Les remontrances des parlements, enhardis par l'impopularité de Mazarin, aboutissent à une déclaration en vingt-sept articles qui prétend limiter l'absolutisme royal. La reine provoque, en arrêtant le conseiller Broussel, la grave émeute appelée « Journée des Barricades », mais elle doit alors céder et faire appel aux troupes de Condé; elle quitte secrètement Paris le 5 janvier 1649.

La Fronde dura trois ans. Condé bloqua Paris avec 15 000 hommes; le Parlement, soutenu par Paul de Gondi, coadjuteur (4) de l'archevêque de Paris, mena cette guerre comme un jeu romanesque mais conclut bientôt avec la régente la paix de Rueil, en 1649.

En revanche, la guerre reprend en 1650 par suite des exigences et des ambitions diverses de Condé et de Gondi. Anne d'Autriche fait arrêter Condé : sa femme, nièce de Richelieu, et sa sœur, la duchesse de Longueville, provoquent alors la révolte de

---

(1) Dépréciée, rabaissée. — (2) Ambassadeur du pape. — (3) Une contribution sur les bénéfices des quatre années à venir. — (4) Adjoint.

plusieurs provinces, tandis que Gondi réussit à soulever à nouveau le parlement et les bourgeois parisiens. Mazarin libère Condé et quitte la France : les conjurés ne tardent pas à s'opposer les uns aux autres. Le 2 juillet 1652, la Grande Mademoiselle (Mlle de Montpensier, fille de Gaston d'Orléans) fait tirer le canon de la Bastille contre les troupes du roi pour sauver Condé pris entre les assaillants et les murs de Paris. Mais ce coup d'État n'a pas de suite, car les conjurés ne parviennent pas à s'entendre. Condé quitte Paris pour se mettre au service des Espagnols et la reine rentre à Paris en octobre avec le jeune roi Louis XIV, qui n'oubliera jamais ces désordres.

Le cardinal de Retz

Toute la vie de Paul de Gondi, cardinal de Retz, qui fut arrêté peu après, en décembre, est caractéristique de ces temps aventureux, héroïques et fous. Destiné à l'Église dès son plus jeune âge, éternel conspirateur, tantôt contre Richelieu, tantôt contre Mazarin, coadjuteur de l'archevêque de Paris, son oncle, il fut emprisonné à Vincennes, puis à Nantes d'où il s'évada, passa huit ans en exil et revint en France pour y mener une vie calme et retirée.

Ses *Mémoires*, composés à partir de 1671, sont la chronique vivante et pittoresque des intrigues de la Fronde, en même temps qu'une biographie de ce grand seigneur ambitieux, intelligent et lucide, souvent sincère, parfois cynique. Ainsi nous raconte-t-il, en se donnant le beau rôle, la journée du 4 juillet 1652 pendant laquelle on ne sait quels provocateurs avaient réussi à soulever une fois de plus la population parisienne pourtant bien lasse des guerres civiles et de leurs inextricables complications.

Comme la sédition avait commencé vers la place Dauphine, par des poignées de paille (1) que l'on forçait tous les passants de mettre à leur chapeau, M. de Cumont, conseiller au Parlement et serviteur particulier de M. le Prince, qui y avait été obligé comme les autres qui avaient passé par là, alla en grande diligence à Luxembourg pour en avertir Monsieur et le supplier d'empêcher que M. le Prince, qui était dans la galerie, ne sortît dans cette émotion « laquelle apparemment dit Cumont à Monsieur est faite ou par les mazarins (2) ou par le cardinal de Retz, pour faire périr M. le Prince ». Monsieur court aussitôt après Monsieur son cousin, qui descendait le petit escalier pour monter en carrosse, et pour venir chez moi et y exécuter son dessein. Il le retint par autorité et il le mena ensuite à l'Hôtel de Ville, où l'assemblée dont je vous ai parlé se devait tenir ; ils en sortirent après qu'ils eurent remercié la Compagnie et témoigné la nécessité qu'il y avait de songer aux moyens de se défendre contre le Mazarin. La vue d'un trompette qui arriva, dans ce temps-là, de la part du Roi, et qui porta ordre de remettre l'assemblée à huitaine échauffa le peuple, qui était dans la Grève (3) et qui criait sans cesse qu'il fallait que la ville s'unît avec MM. les Princes. Quelques officiers, que M. le Prince avait mêlés le matin, dans la populace, n'ayant point reçu l'ordre qu'ils attendaient, ne purent employer sa fougue ; elle se déchargea sur l'objet le plus présent.

L'on tira dans les fenêtres de l'Hôtel de Ville ; l'on mit le feu aux portes, l'on entra dedans l'épée à la main ; l'on massacra M. le Gras, maître des requêtes, M. Janvri, conseiller au Parlement, M. Miron, maître des Comptes, un des hommes de bien et des plus accrédités dans le peuple qui fussent à Paris. Vingt-cinq ou trente bourgeois y périrent aussi ; et M. le Maréchal de l'Hospital ne fut tiré de ce péril que par un miracle, et par le secours de M. le Président Barentin. Un garçon de Paris, appelé Noblet, duquel je vous ai déjà parlé à propos de ce qui m'arriva avec M. de la Rochefoucauld, eut encore le bonheur de servir utilement le maréchal en cette occasion. Vous vous pouvez imaginer l'effet que le feu de l'Hôtel de Ville et le sang qui y fut répandu produisirent dans Paris. La consternation d'abord y fut générale ; toutes les boutiques y furent fermées en moins d'un clin d'œil. L'on demeura quelque temps en cet état, l'on se réveilla un peu vers les six heures, en quelques quartiers, où l'on fit des barricades pour arrêter les séditeux qui se dissipèrent toutefois presque d'eux-mêmes. Il est vrai que Mademoiselle y contribua : elle alla elle-même, accompagnée de M. de Beaufort, à la Grève, où elle en trouva encore quelques restes, qu'elle écarta. Ces misérables n'avaient pas rendu tant de respect au saint sacrement que le curé de Saint-Jean leur présenta, pour les obliger d'éteindre le feu qu'ils avaient mis aux portes de l'Hôtel de Ville.

---

(1) Condé avait imaginé ce signe de reconnaissance pour les ennemis de Mazarin. — (2) Partisans de Mazarin. — (3) Place de Grève, aujourd'hui place de l'Hôtel-de-Ville.

LES ANNÉES DU RÈGNE PERSONNEL (1660-1715)

La royauté de droit divin   A la mort de Mazarin, le 9 mars 1661, Louis XIV, qui a vingt-trois ans, déclare qu'il n'aura pas de Premier ministre et exerce dès lors avec régularité son « métier de roi ». Il s'en fait d'ailleurs une idée fort précise : il se considère comme le lieutenant de Dieu dans son royaume, maître absolu des biens, des personnes et même des esprits de ses sujets.

Il est assisté de quelques ministres : le chancelier, le contrôleur général des Finances, les quatre secrétaires d'État, et il est aidé par les Conseils (Conseils d'en haut, des finances, des dépêches (1), des parties (2) ; il est représenté dans les provinces par les gouverneurs, dont la fonction n'a plus qu'un caractère honorifique, et par les intendants, véritables délégués pourvus en son nom de tous les pouvoirs dans leur généralité (3).

La cour, qui a pris une extraordinaire ampleur — 10 000 hommes dans la maison militaire, 4 000 dans la maison civile, rassemblant toute la haute noblesse —, n'est pas seulement le cadre prestigieux où se donne le spectacle solennel de la vie quotidienne du roi, mais aussi un organisme politique : elle est un moyen sûr pour dominer et même pour domestiquer ces Grands, si encombrants et dangereux dans la première moitié du siècle : ruinée par le luxe, le jeu, le besoin de paraître, la noblesse de cour ne peut se passer des pensions et des faveurs du roi, et finit par dépendre entièrement de son bon vouloir.

C'est que Louis XIV s'était formé très tôt un idéal politique très précis dont il poursuivit la réalisation par tous les moyens. On peut tirer de ses écrits, dont la netteté grammaticale et la propriété des termes attestent la fermeté de doctrine et l'autorité magistrale, un véritable code de la monarchie absolue.

A partir de 1660, le roi déclare gouverner lui-même, affirme une prééminence de droit divin qui entraîne pour ses sujets un devoir d'obéissance totale : toute justice dépend de lui, tous les biens du royaume lui appartiennent. Il choisit lui-même ses collaborateurs, s'informe et décide de son propre chef, à l'intérieur comme à la guerre. Aucun aspect de son royaume ne saurait lui être étranger.

Le Cardinal Mazarin est mort; MM. les Ministres, c'est à moi que vous vous adresserez désormais. Je veux à l'avenir gouverner moi-même mon royaume; j'espère que Dieu me fera la grâce de m'en bien acquitter, et de bénir mes bonnes intentions d'agir selon la justice et la raison; je ne veux point de premier ministre; je me servirai de ceux qui ont des charges pour agir sous moi selon leurs fonctions et, s'il arrive que j'ai besoin de vos conseils, je vous en demanderai (1661).

Nous n'avons rien dont nous devions être jaloux que cette prééminence qui fait la principale beauté de la place que nous tenons. Toutes les choses qui la marquent ou qui la conservent nous doivent être infiniment précieuses; il n'y va pas seulement de notre intérêt; c'est un bien dont nous sommes comptables au public et à nos successeurs. Nous n'en pouvons point disposer comme bon nous semble, et nous ne devons pas douter qu'il ne soit du nombre de ces droits de la couronne qui ne peuvent être valablement aliénés (1666).

La nation ne fait pas corps en France; elle réside entière dans la personne du roi.

L'Etat, c'est moi.

Quelque mauvais que soit un prince, la révolte de ses sujets est toujours criminelle; celui qui a donné des rois aux hommes a voulu qu'on les respectât comme ses lieutenants, se réservant, à lui seul, le droit d'examiner leur conduite; sa volonté est que quiconque né sujet obéisse sans discernement (4); cette loi si expresse et si universelle n'est (5) parfaite en faveur des princes seuls, mais est salutaire aux peuples mêmes, qui ne la peuvent jamais violer sans s'exposer à des maux plus terribles que ceux dont ils prétendent se garantir (6). Il n'est point de maxime plus établie par le christianisme, que cette humble soumission des sujets envers ceux qui

----

(1) Chargé de l'administration et des rapports des intendants. — (2) Sorte de tribunal suprême. — (3) Territoire sur lequel s'étend le pouvoir des délégués. — (4) Sans discussion, aveuglément. — (5) N'est (pas). — (6) Se protéger.

leur sont préposés : en effet, ceux qui jetteront la vue sur les temps passés reconnaîtront aisément combien ont été rares, depuis le Christ ces funestes révolutions qui arrivaient si souvent dans le paganisme (1667).

Les sujets doivent avoir la soumission entière et attendre la vengeance de leurs torts de la main du souverain et du maître commun de tous, qu'il ne doit pas porter l'un contre l'autre, parce que tous sont également à lui. Blâmer ceux qui n'estiment à eux que ce qui est en leurs coffres, que ceux qui servent sous leur nom ou dans les emplois, qui même paraissent le plus être de son service. Tous contribuent également en toutes professions. Les aimer, tous, être persuadé que tous contribuent à notre service. N'être jamais partie, mais toujours juge et père commun...

Tout ce qui se trouve, dans l'étendue de nos Etats, de quelque nature qu'il soit, nous appartient à un même titre, et nous doit être également cher (1666).

Il écarte volontairement la noblesse du pouvoir réel pour s'entourer de bourgeois intelligents et actifs dont il assure lui-même la réussite, la richesse et le dévouement.

C'est manquer de prévoyance que de mettre les gouvernements des provinces entre les mains des princes du sang, et surtout des fils de France, lesquels, pour le bien de l'Etat, ne doivent jamais avoir d'autre retraite que la cour, ni d'autre place de sûreté que dans le cœur du souverain (1666).

Pour vous découvrir toute ma pensée, il n'était pas de mon intérêt de prendre des sujets d'une qualité éminente. Il fallait, avant tout, établir ma réputation, et faire connaître au public, par le rang même d'où je les prenais, que je ne partageais pas mon autorité avec eux. Il m'importait qu'ils ne conçussent pas eux-mêmes de plus hautes espérances que celles qu'il me plairait de leur donner : ce qui est difficile aux gens d'une grande naissance (1661).

Ne point prendre de premier ministre; si vous m'en croyez mon fils, et tous vos successeurs après vous, le nom en sera pour jamais aboli en France : rien n'étant plus indigne que de voir d'un côté toute la fonction, de l'autre le seul titre de roi (1661).

La politique économique : Colbert

Après l'arrestation du surintendant des Finances Fouquet, en septembre 1661 (1), son ennemi Colbert joua un rôle essentiel. Descendant d'une famille de marchands de drap et devenu intendant personnel des biens de Mazarin, Colbert cumula lui-même tous les pouvoirs d'un ministre des Finances, de l'Economie nationale, du Commerce et de la Marine. Le Tellier occupait, pendant ce temps, le secrétariat à la Guerre, fonction qu'il passa ensuite à son fils Louvois, et de Lionne avait la charge du secrétariat aux Affaires étrangères, où le frère de Colbert lui succéda en 1680.

Cet homme intelligent et actif n'hésite pas à faire preuve d'autorité et parfois de rigueur. En matière de finances, il s'efforce de mettre de l'ordre dans une situation difficile et jette les bases d'une comptabilité publique moderne, en prônant un « état de prévoyance » des dépenses à engager. Il s'efforce de diminuer les dettes et de faire des économies — reprochant même au roi les folles prodigalités de la cour —; mais les charges croissantes de la guerre le forcent à renoncer à la réorganisation de l'impôt et à recourir à des taxes nouvelles, surtout à partir de 1680.

Sa politique économique est fondée sur des idées neuves : le travail étant la source essentielle des richesses, de la grandeur même du pays, l'abondance de la monnaie traduit l'activité et la réussite de ce pays et il faut la développer par tous les moyens, fabriquer et vendre plus et mieux que les autres. Aussi s'intéresse-t-il particulièrement à l'industrie, créant des inspecteurs, accordant des privilèges aux maîtres et aux ouvriers les plus compétents, attirant les techniciens étrangers, soumettant le monde du travail et du commerce à une réglementation précise et rigoureuse pour assurer la qualité parfaite des marchandises françaises.

---

(1) Après avoir amassé une immense fortune, grâce à ses fonctions (ce qui lui permit, en particulier, de construire le château de Vaux-le-Vicomte), Fouquet fut arrêté sur les dénonciations de Colbert et condamné comme dilapidateur.

Quelques articles du Règlement Corporatif de la « Corporation des Maistres et Marchands ouvriers en drap d'or, d'argent et de soie » nous donnent un bon exemple de cette réglementation.

... tous les Marchands, Maistres et Ouvriers dudit état seront tenus (1) d'ouvrir leurs maisons, boutiques, magasins, chambres, armoires, coffres, comptoirs et lieux où se feront et débiteront ou vendront les étoffes dépendantes dudit état, pour être vues et visitées par lesdits Maîtres et Gardes jurés : et en cas qu'il s'en trouve quelques défectueuses et contraires aux articles des présents statuts, seront saisies, confisquées et enlevées, dont sera fait rapport par-devant M. le Procureur du Roi au Châtelet, et les délinquants condamnés en telles amendes qu'il appartiendra...

Aucun ne pourra être reçu Marchand et Maître dudit état, s'il ne fait chef-d'œuvre dans le Bureau commun, sur l'un des quatre draps ci-après nommés : savoir, sur le velours plein,

le satin plein, le damas, le brocart d'or ou d'argent. Et, pour perfectionner d'autant plus la manufacture desdites grandes étoffes, et faire en sorte que personne ne soit admis dans ledit Corps, qui ne soit très capable d'y travailler, les fils des Maîtres seront tenus de faire expérience...

Lesdits Marchands et Maistres dudit état, tant ceux qui y sont à présent reçus, que ceux qui se feront ci-après recevoir par chef-d'œuvre, pourront travailler et faire travailler, vendre, acheter, troquer (2), échanger et débiter, tant en gros qu'en détail toutes les étoffes ci-après déclarées (velours, draps d'or ou d'argent, de soie, etc...) et dépendantes dudit état et manufacture, tant de cette ville de Paris qu'autres de ce royaume.

La politique extérieure

Pour satisfaire l'ambition et l'orgueil de Louis XIV, désireux d'avoir le premier rang en Europe, Le Tellier et son fils Louvois réorganisent l'armée et les services, établissent une hiérarchie précise, affermissent la discipline. Vauban, excellent ingénieur, construit près de 300 places fortes et fait de la fortification un art véritable.

En prévision d'une éventuelle succession d'Espagne, Louis XIV, qui avait proposé à l'empereur Léopold un traité de partage en 1665, envahit la Flandre, puis la Franche-Comté, mais, inquiet de la Triple Alliance qui se constitue entre les Provinces Unies, l'Angleterre et la Suède, il renonce à la Franche-Comté par le traité d'Aix-la-Chapelle, en 1668, pour garder onze places fortes en Flandre.

Détestant la Hollande, république, concurrent commercial, point de départ d'intrigues calvinistes et de pamphlets hostiles, Louis XIV, après de soigneux préparatifs militaires et diplomatiques et même de ruineuses gratifications aux neutres, envahit le territoire ennemi en 1672 et force le passage du Rhin; mais l'inondation volontaire du pays par les habitants arrête l'avance des troupes. En 1673, une véritable coalition se forme contre la France : l'Électeur de Brandebourg, l'empereur germanique, le duc de Lorraine, le roi d'Espagne s'unissent au prince Guillaume d'Orange. La guerre s'étend. Louis XIV reprend à l'Espagne la Franche-Comté, Vauban s'empare des places fortes des Pays-Bas, Turenne dégage l'Alsace. En 1678, la paix de Nimègue cède à Louis XIV la Franche-Comté et douze places fortes en Flandre : l'Espagne sort diminuée de la guerre qui n'enlève rien aux Provinces Unies. Le roi de France, maître de l'Europe pour dix ans, profite de sa puissance pour annexer Strasbourg (1681), et la trêve de Ratisbonne consacre sa prééminence (1684).

La politique religieuse

Louis XIV, roi Très Chrétien et monarque absolu, ne peut se désintéresser des questions religieuses qui mettent en cause l'unité du royaume et le caractère absolu de son autorité. C'est surtout à partir de 1679 et de sa conversion à une religion plus exigeante et sévère qu'il s'en préoccupe. Dès 1678, il entre en conflit avec la papauté à propos du « droit de régale », prétendant étendre aux évêchés du Midi la disposition qui lui permettrait de jouir des revenus des diocèses vacants et d'y procéder à des nominations ecclésiastiques. Le pape

---

(1) Devront, seront dans l'obligation de. — (2) Échanger une marchandise pour une autre.

condamne ce qu'il considère comme une usurpation. Le roi fait alors proclamer par une assemblée de prélats français un exposé de principes, la *Déclaration des Quatre Articles*, rédigé par Bossuet, qui est une véritable charte du gallicanisme (1), précisant que les rois « ne sont soumis à aucune puissance ecclésiastique, par l'ordre de Dieu, dans les choses temporelles ». Le conflit dura onze ans, pendant lesquels Innocent XI refusa d'instituer les trente-cinq évêques choisis par le roi. A la mort du pape, en 1689, Louis XIV consentit à prendre une position moins intransigeante, désavoua les *Quatre Articles* et la Papauté accepta une transaction raisonnable.

A l'égard des Jansénistes (2), le roi intervint dès le début de son règne pour faire pression sur eux et leur faire signer un formulaire qui condamnait Jansénius, mais il ne put empêcher le monastère de Port-Royal-des-Champs de devenir le siège brillant d'une renaissance catholique active et moderne. A partir de 1679, l'hostilité de Louis XIV se montre ouvertement et d'autant plus brutalement que sa réconciliation avec le pape lui permet d'agir librement. En 1684, un formulaire antijanséniste est imposé aux membres des congrégations. En 1709, les religieuses de Port-Royal sont expulsées et dispersées et en 1710 le monastère est entièrement détruit. Le roi obtient du pape la bulle *Unigenitus* contre les Jansénistes et en fait emprisonner plusieurs centaines.

Durant les premières années de son règne, il avait appliqué l'Édit de Nantes sans bienveillance et favorisé les abjurations. L'Édit de Nantes avait été promulgué en 1598 par Henri IV à l'égard des protestants. A partir de 1679, cette hostilité se transforme en une véritable persécution : on dresse les enfants contre les parents, on exclut les réformés de toutes sortes d'offices, de professions, de dignités, on les force à loger des gens de guerre : ce sont les abominables « dragonnades » (3), généralisées par Louvois en 1685. Le 18 octobre 1685, le catastrophique édit de *Révocation de l'Édit de Nantes* complète cette guerre sourde et inégale. Cet édit de révocation signé à Fontainebleau correspond vraiment à un tournant de l'histoire, aussi bien à l'extérieur qu'à l'intérieur. Il décide la démolition des temples, le bannissement des ministres du culte et l'interdiction définitive de ce culte aux fidèles. Les biens protestants sont confisqués ou utilisés au profit des convertis. Tout un peuple (de 80 à 300 000 hommes selon les estimations) quitte clandestinement la France pour les pays protestants (Hollande, Angleterre, Irlande et Brandebourg). Ceux qui restent sont en butte à des brimades (4) constantes.

Dans les Cévennes, où les réformés restent nombreux, les paysans, exaspérés par la persécution, constituent de véritables maquis « au désert » et finissent par se révolter, immobilisant de 1702 à 1705 pour cette « guerre des Camisards (5) » des troupes importantes et le maréchal Villars lui-même; ils ne sont pas anéantis, puisque le pasteur Court peut tenir un synode en 1715.

Une grande partie des Français, qu'on avait habitués à considérer les protestants comme de dangereux opposants hostiles au roi et par suite à la Nation, applaudit à cette politique, mais quelques esprits moins conformistes voient plus clair, tel Saint-Simon.

La révocation de l'Édit de Nantes sans le moindre prétexte et sans aucun besoin, et les diverses proscriptions plutôt que déclarations qui la suivirent, furent les fruits de ce complot affreux qui dépeupla un quart du royaume, qui ruina son commerce, qui l'affaiblit dans toutes ses parties, qui le mit si longtemps au pillage public et avoué des dragons, qui autorisa les tourments et les supplices dans lesquels ils firent réellement mourir tant d'innocents de tout sexe par milliers, qui ruina un peuple si nombreux, qui déchira un monde de familles, qui arma les

(1) Doctrine qui défend les libertés de l'Eglise de France (gallicane) face à l'autorité du pape. — (2) Qui suivaient la doctrine de Jansénius; voir p. 124. — (3) Nom donné aux persécutions exécutées par les dragons (soldats de la cavalerie de ligne) royaux contre les protestants, dans certaines provinces de France. — (4) Persécutions. — (5) Non donné aux calvinistes des Cévennes.

enfants contre les parents pour avoir leur bien et les laissa mourir de faim; qui fit passer nos manufactures aux étrangers, fit fleurir et regorger leurs Etats aux dépens du nôtre et leur fit bâtir de nouvelles villes, qui leur donna le spectacle d'un si prodigieux peuple proscrit, nu, fugitif, errant sans crime, cherchant asile loin de sa patrie; qui mit nobles, riches, vieillards, gens souvent très estimés pour leur piété, leur savoir, leur vertu, des gens aisés, faibles, délicats, à la rame et sous le nerf très effectif du comité, pour cause unique de la religion; enfin qui pour comble de toutes horreurs, remplit toutes les provinces du royaume de parjures et de sacrilèges, où tout retentissait d'hurlements de ces infortunées victimes de l'erreur, pendant que tant d'autres sacrifiaient leurs consciences à leurs biens et à leur repos, et achetaient l'un et l'autre par des abjurations simulées d'où sans intervalle on les traînait à adorer ce qu'ils ne croyaient point, et à recevoir réellement le divin corps du Saint des Saints, tandis qu'ils demeuraient persuadés qu'ils ne mangeaient que du pain qu'ils devaient encore abhorrer. Telle fut l'abomination générale enfantée par la flatterie et par la cruauté...

Les guerres et la ruine à la fin du règne

La révocation de l'Édit de Nantes renforce l'hostilité des États protestants : l'empereur Léopold, le roi de Suède, les électeurs bavarois et palatins concluent, en 1686, contre Louis XIV, une ligue défensive, dite « Ligue d'Augsbourg », à laquelle se joint le catholique roi d'Espagne. Louis XIV, inquiet des progrès de l'empereur et poussé par Louvois, orgueilleux et enclin aux gestes d'intimidation, prend une attitude de défi. La révolution d'Angleterre, qui chasse Jacques II et fait roi Guillaume d'Orange, aggrave la situation. La France se trouve isolée — « Seul contre tous », proclame le ministre de la Guerre — dans cette guerre de neuf ans qui s'étend à toutes les frontières, sur terre et sur mer, et même en Amérique et dans les Indes; les troupes du roi sont commandées par les maréchaux de Luxembourg et Catinat, Tourville est à la tête de la flotte, secondé par les corsaires Duguay-Trouin, Jean Bart, Cassard.

Louvois procède à une systématique et atroce dévastation du Palatinat, Luxembourg remporte des victoires aux Pays-Bas, mais Tourville subit un grave échec à la Hougue devant les Anglais; en revanche, les succès français au Canada provoquent l'inquiétude de leurs rivaux, soucieux de leurs possessions d'Amérique. Les belligérants, d'ailleurs, sont tous las et épuisés : cette guerre ruine à la fois les finances et le commerce. Aussi la paix est-elle signée à Ryswick près de La Haye, en 1697. Louis XIV reconnaît Guillaume d'Orange comme roi d'Angleterre, accorde des avantages commerciaux aux Hollandais, rend les places conquises au roi d'Espagne, mais conserve Strasbourg et l'Alsace.

Pour assurer la succession d'Espagne, Louis XIV négocie en 1700 avec l'Angleterre et la Hollande le « traité de partage » de Londres, qui concède Naples, la Sicile et le Milanais à son fils et le reste de la succession à l'archiduc Charles, fils de l'empereur; mais le roi d'Espagne, avant de mourir (le 1ᵉʳ novembre 1700), préfère instituer comme unique héritier le duc d'Anjou, petit-fils de Louis XIV, qui est reconnu roi sous le nom de Philippe V. L'opinion étrangère s'inquiétant des ambitions françaises (1), l'Angleterre, la Hollande, l'empereur et les princes allemands refont une Grande Alliance, et la guerre recommence. Cette guerre de succession d'Espagne, qui dura treize ans, s'étendit à toute l'Europe occidentale, aux mers et aux colonies. La France y connut des fortunes diverses, succès au début, grâce à Louis de Vendôme et Villars, revers à partir de 1704, devant les troupes de Churchill, duc de Marlborough, et du prince Eugène de Savoie, à Blenheim (1704), Ramillies (1706), Audenarde (1709). Le roi doit solliciter la paix en 1709, mais rompt les pourparlers devant les exigences des alliés et reconstitue une armée malgré l'état déplorable du royaume accablé par la guerre et la famine. Battu à nouveau à Malplaquet en 1709, il s'indigne des conditions de paix déshonorantes et, aimant mieux faire la guerre « à ses ennemis qu'à ses enfants », il reprend les hostilités

(1) Dès 1701, Louis XIV prétend administrer les Pays-Bas au nom de son petit-fils.

en 1710. Tandis que Vendôme est victorieux des Anglais et des Autrichiens à Villaviciosa en 1710, Villars réussit à sauver le royaume en battant à Denain (1712) les troupes du prince Eugène qui menaçaient Paris.

Les traités d'Utrecht en 1713 puis de Rastadt en 1714 assuraient à Philippe V, qui renonçait à la couronne de France, l'Espagne et ses colonies, à l'empereur Charles VI les Pays-Bas et les possessions italiennes, et à l'Angleterre d'importants avantages commerciaux et coloniaux.

Ainsi la politique de grandeur de Louis XIV aboutit à une France plus unie qu'en 1661, mais sa prépondérance européenne des années 1678 à 1688 avait disparu tandis que celle de l'Autriche et de l'Angleterre avait progressé sensiblement.

L'état du royaume est désastreux dans les dernières années du règne : la charge des guerres continuelles est devenue intolérable ; l'exode des industriels, des commerçants et des ouvriers protestants désorganise l'activité économique ; la répartition de l'impôt est déplorable, surtout depuis la mort de Colbert : la taille, qui ne pèse que sur les paysans, est fort injuste et paralyse tout esprit d'amélioration et d'initiative ; les impôts indirects perçus par les fermiers ou « traitants » donnent lieu à de multiples abus, les taxes sur le sel ou « gabelle », les « aides » (1) et « traites » (2) apparaissent comme des vexations insupportables et illogiques. La crise monétaire européenne de la fin du XVIIe siècle qui correspond à une diminution progressive des stocks d'or et d'argent aggrave la situation : la production industrielle s'effondre, la misère s'installe et le désarroi financier ne permet pas la réforme fiscale (3) qui serait nécessaire. Vauban essaie en vain de convaincre le roi dans sa *Dîme royale* en 1707 ; son livre est condamné et mis au pilon (4). Le gouvernement se contente de multiplier les expédients les plus fâcheux, tels que les manipulations monétaires et les créations d'offices inutiles, sans pouvoir écarter la menace de banqueroute.

Dans cette faiblesse généralisée des finances et de l'économie, les mauvaises récoltes, les épidémies, les cataclysmes naturels provoquent de terribles famines en 1687, en 1693 et 1694, en 1709. La population diminue et on peut compter 2 millions de mendiants sur 17 millions d'habitants.

Aussi le mécontentement s'accroît, les pamphlets se répandent, les émeutes, et particulièrement les jacqueries des paysans se répètent ; les mémoires des commissaires du roi de 1687, les rapports des intendants, les *Mémoires* de Saint-Simon, de Boisguillebert, de Vauban en donnent de nombreux exemples. Mais le témoignage le plus saisissant est peut-être celui de Fénelon qui, dans sa *Lettre au Roi* de 1693, le supplie d'écouter une vérité qu'il n'est « guère accoutumé à entendre » tout en s'exprimant sur un ton de déférence et de respect.

Depuis environ trente ans, vos principaux ministres ont ébranlé et renversé toutes les anciennes maximes de l'Etat, pour faire monter jusqu'au comble votre autorité, qui était devenue la leur, parce qu'elle était dans leurs mains. On n'a plus parlé de l'Etat ni des règles, on n'a parlé que du roi et de son bon plaisir. On a poussé vos revenus et vos dépenses à l'infini. On vous a élevé jusqu'au ciel, pour avoir effacé, disait-on, la grandeur de tous vos prédécesseurs ensemble, c'est-à-dire, pour avoir appauvri la France entière, afin d'introduire à la Cour un luxe monstrueux et incurable. Ils ont voulu vous élever sur les ruines de toutes les conditions de l'Etat ; comme si vous pouviez être grand en ruinant tous vos sujets, sur qui votre grandeur est fondée. Il est vrai que vous avez été jaloux de l'autorité, peut-être même trop dans les choses extérieures ; mais pour le fond, chaque ministre a été le maître de l'étendue de son administration. Vous avez cru gouverner, parce que vous avez réglé les limites entre ceux qui gouvernaient. Ils ont bien montré au public leur puissance, et on ne l'a que trop sentie. Ils ont été

---

(1) Taxe sur les boissons. — (2) Sorte de droits de douane perçus même entre les provinces. — (3) Fiscale : fisc = administration chargée de la perception des impôts. — (4) Détruit.

durs, hautains, injustes, violents, de mauvaise foi. Ils n'ont connu d'autre règle, ni pour l'administration du dedans de l'Etat, ni pour les négociations étrangères, que de menacer, que d'écraser, que d'anéantir tout ce qui leur résistait. Ils ne vous ont parlé, que pour écarter de vous tout mérite qui pouvait leur faire ombrage. Ils vont ont accoutumé à recevoir sans cesse des louanges outrées qui vont jusqu'à l'idolâtrie, et que vous auriez dû, pour votre honneur, rejeter avec indignation. On a rendu votre nom odieux, et toute la nation française insupportable à tous nos voisins. On n'a conservé aucun ancien allié parce qu'on n'a voulu que des esclaves. On a causé depuis plus de vingt ans des guerres sanglantes. Par exemple, Sire, on fit entreprendre à Votre Majesté, en 1671, la guerre de Hollande pour votre gloire, et pour punir les Hollandais, qui avaient fait quelque raillerie, dans le chagrin où on les avait mis en troublant les règles du commerce établies par le cardinal de Richelieu. Je cite en particulier cette guerre, parce qu'elle a été la source de toutes les autres. Elle n'a eu pour fondement qu'un motif de vengeance, ce qui ne peut jamais rendre une guerre juste; d'où il s'ensuit que toutes les frontières que vous avez étendues par cette guerre sont injustement acquises dans l'origine. Il est vrai, Sire, que les traités de paix subséquents semblent couvrir et réparer cette injustice puisqu'ils vous ont donné les places conquises : mais une guerre injuste n'en est pas moins injuste, pour être (1) heureuse.

... Cependant vos peuples, que vous devriez aimer comme vos enfants, et qui ont été jusqu'ici si passionnés pour vous, meurent de faim. La culture des terres est presque abandonnée : les villes et la campagne se dépeuplent, tous les métiers languissent et ne nourrissent plus les ouvriers. Tout commerce est anéanti. Par conséquent vous avez détruit la moitié des forces réelles du dedans de votre Etat, pour faire et pour défendre de vaines conquêtes au-dehors. Au lieu de tirer de l'argent de ce pauvre peuple, il faudrait lui faire l'aumône et le nourrir. La France entière n'est plus qu'un grand hôpital désolé et sans provision. Les magistrats sont avilis et épuisés. La noblesse dont tout le bien est en décret (2), ne vit que de lettres d'Etat (3). Vous êtes importuné de la foule des gens qui demandent et qui murmurent. C'est vous-même, Sire, qui vous êtes attiré tous ces embarras, car, tout le royaume ayant été ruiné, vous avez tout entre vos mains, et personne ne peut plus vivre que de vos dons. Voilà ce grand royaume si florissant sous un roi qu'on nous dépeint comme les délices du peuple, et qui le serait en effet si les conseils flatteurs ne l'avaient point empoisonné.

Versailles est devenue la résidence officielle de la cour depuis 1681. Le roi, subissant l'influence de Mme de Maintenon et du parti dévot, a renoncé aux intrigues amoureuses et aux scandales publics du début du règne, mais a renforcé une étiquette sévère et pointilleuse. Tous les courtisans deviennent dévots par imitation ou par hypocrisie, ce qui ne les empêche pas de participer à des affaires louches et de s'allier aux parvenus, aux financiers retors et suspects que le trafic d'argent et le crédit ont enrichis au détriment des intérêts publics.

Les dernières années sont plus sombres encore; le roi est attristé par des deuils répétés, perdant la même semaine, en 1711, son « petit-fils, sa petite-belle-fille et leur fils ». Il se croit puni par Dieu et, avant de mourir, avec la dignité et la grandeur d'âme dont il a toujours fait preuve, il se tient responsable de l'état du royaume et regrette ses dépenses excessives et ses guerres continuelles; il le déclare hautement dans son testament politique et notamment dans ses *Conseils du Roi à son fils* :

Mon fils, vous allez être bientôt roi d'un grand royaume. Ce que je vous recommande plus fortement, c'est de n'oublier jamais les obligations que vous avez à Dieu. Souvenez-vous que vous lui devez tout ce que vous êtes. Tâchez de conserver la paix avec vos voisins. J'ai trop aimé la guerre : ne m'imitez pas en cela, non plus que dans les trop grandes dépenses que j'ai faites. Prenez conseil en toutes choses, et cherchez à connaître le meilleur, pour le suivre toujours. Soulagez vos peuples, le plus tôt que vous le pourrez, et faites ce que j'ai eu le malheur de ne pouvoir faire moi-même.

---

(1) Bien qu'elle soit. — (2) N'existe que par des titres théoriques et non en réalité. — (3) Pensions et avantages octroyés.

SCIENCES ET TECHNIQUES

DE GRANDS ESPRITS A LA RECHERCHE D'UNE ARCHITECTURE DES SCIENCES

Dans l'histoire scientifique et technique du XVIIe siècle ainsi que dans l'histoire politique et militaire et dans les lettres, quelques hommes intelligents et actifs tels que Fermat, Descartes, Pascal en France, Galilée, Newton, Kepler, Harvey, Van Helmont, Bernoulli, Leibniz dans leur pays, ont joué un rôle déterminant. Ces savants ne travaillent guère en équipe, mais des discussions passionnées et une correspondance abondante provoquent un échange d'idées sans cesse accru en Europe occidentale. Plusieurs écrivains français divulguent les découvertes étrangères : Marin Mersenne traduit les œuvres de Galilée, Peiresc fait connaître sa doctrine.

On a pu parler d'un « miracle des années 1620 », parce qu'à cette époque on commence à substituer l'étude quantitative des phénomènes à leur description qualitative : au lieu de faire intervenir des propriétés théoriques, on cherche à comparer, à mesurer les phénomènes, on s'efforce de découvrir dans l'ensemble de la nature, un édifice rationnel susceptible d'être défini en langage mathématique. Cette façon nouvelle de voir le monde donne lieu à des constructions trop ambitieuses, mais se révèle finalement très profitable ; à partir de 1650 règne un esprit scientifique plus prudent et plus efficace : on poursuit méthodiquement la recherche de principes qui permettront une étude positive de la nature inanimée ou animée ; le monde apparaît désormais comme un système cohérent de forces à étudier, les conditions mêmes de création de la science moderne sont définitivement établies.

Les mathématiques   Ce siècle voit s'épanouir et triompher les sciences mathématiques, en véritable effervescence dans toute l'Europe. En France, Viète, mort en 1603, avait eu des vues originales et fécondes sur l'algèbre et sur la géométrie, mais c'est surtout le génial Fermat (1601-1661) qui fonde l'arithmétique moderne, renouvelle l'algèbre et établit la théorie des nombres. Le calcul infinitésimal naît de ses travaux, complétés par ceux de Descartes et de Roberval (1600-1671). Le calcul des probabilités apparaît dans la correspondance de Fermat avec Pascal, alors âgé de trente et un ans. Desargues (1591-1661) étudie avec un génie sûr la géométrie pure, et l'explique en une langue simple et commune, — provoquant le même scandale que Descartes lorsqu'il publie en français le *Discours de la Méthode*, — pour rompre avec la tradition d'écrire en latin des livres savants.

Les mathématiques ont été ainsi l'objet d'une extraordinaire abondance de publications, d'une constante émulation dans l'analyse et la recherche.

La physique   La physique fait aussi de grands pas en avant grâce aux progrès des mathématiques qui permettent d'en élargir le champ d'application. Descartes et Pascal, Roberval, Mariotte, Denis Papin l'enrichissent constamment par le raisonnement et la recherche expérimentale. On assimile bientôt la dynamique de Galilée et de Newton, l'astronomie de Galilée et de Kepler ; Colbert fait venir Huygens à Paris. Descartes et Malebranche étudient l'optique.

Les savants s'adonnent à la fois aux débats métaphysiques soulevés par la science qu'ils étudient et à ses méthodes pratiques ; ils cherchent les fondements d'une science positive qu'ils définissent peu à peu, précisant son vocabulaire, perfectionnant l'outil mathématique, instituant des principes durables.

La connaissance Dans le domaine de la médecine, il n'y eut rien en France qui
de l'homme fût comparable à la découverte de la circulation du sang par
Harvey. Les théories de Descartes qui assimilent l'homme à
une machine *(Traité de l'homme, 1664)* peuvent paraître démodées à nos yeux, mais il
ne faut pas oublier que cette façon un peu naïve d'envisager le corps comme un ensemble
mécanique était la marque d'un esprit nouveau et fort utile : ce sont désormais d'innombrables études de détail, analyses chimiques, physiques, examens des micro-organismes
qui vont peu à peu transformer la connaissance de l'homme et de ses fonctions. C'est
grâce à elles que la médecine cesse d'être empirique pour devenir scientifique. En outre,
les théories d'école, les discussions professionnelles abolissent peu à peu le secret des
thérapeutiques et des techniques et permettent une diffusion généralisée des progrès
médicaux et pharmaceutiques.

Guy Patin (1602-1672), professeur au Collège de France puis doyen de la Faculté
de médecine, n'hésita pas à prendre position dans les grandes discussions qui opposèrent
les savants et les praticiens de son époque. Il désapprouve les nouveaux remèdes et en
particulier l'antimoine, et se montre partisan de la tradition d'Hippocrate et de Galien.
C'est ainsi qu'il défend avec conviction la saignée (1) dans une lettre de 1645.

Dans le premier paquet que je vous enverrai, vous trouverez la thèse de M. du Pré : de la saignée fréquente et copieuse des Médecins de Paris... Nos Parisiens font ordinairement peu d'exercice, boivent et mangent beaucoup et deviennent fort pléthoriques (2) : en cet état, ils ne sont presque jamais soulagés de quelque mal qu'il leur vienne, si la saignée ne marche devant, puissamment et copieusement... Les idiots qui n'entendent pas notre métier, s'imaginent qu'il n'y a qu'à purger, mais ils se trompent... J'ai autrefois traité en cette ville un jeune gentil-homme âgé de sept ans, qui tomba dans une grande pleurésie pour s'être trop échauffé à jouer à la paume (3). Son tuteur haïssait fort la saignée et je ne pus opposer à cette haine qu'un bon conseil, qui fut d'appeler encore deux de nos anciens, MM. Seguin et Coufinot. Il fut saigné treize fois et fut guéri dans quinze jours comme par miracle : le tuteur même en fut converti. Je vous dirai en passant qu'en ces maladies de poitrine je me sers fort peu de sirops béchiques (4) des boutiques et que je crois que ce sont des visions (5) pour enrichir les apothicaires...

L'HOMME DU XVIIᵉ SIÈCLE : RENÉ DESCARTES

La vie et l'œuvre de Descartes se confondent avec l'histoire de la science dans la
première moitié du XVIIᵉ siècle : philosophe, mathématicien, physicien, physiologiste,
musicien même, non seulement il s'est intéressé à tous les aspects des sciences de son
temps, sans en négliger l'aspect matériel et les applications pratiques, mais encore il
a su tirer de sa propre expérience une méthode rationnelle et peut être considéré à bon
droit comme le père de la philosophie moderne française.

Né à La Haye (Touraine), en 1596, il fait de bonnes études classiques au collège des
Jésuites de La Flèche, puis des études supérieures de droit et de médecine à Poitiers.
Mais, en méditant sur la valeur de ses connaissances, il s'aperçoit qu'elles n'offrent
aucune certitude et décide de chercher une méthode qui lui permette d'accéder indubi-
tablement à la vérité.

Après avoir servi dans l'armée hollandaise, puis voyagé, il se retire en Hollande.
En 1629, il rédige un ouvrage de physique qu'il renonce à publier, par prudence. A
partir de 1630, il cherche les moyens de construire une science universelle, dont les
éléments découlent rationnellement les uns des autres et dont la vérité soit fondée
sur une certitude inébranlable.

Il fait paraître en 1637 le *Discours de la Méthode*, ouvrage rédigé en français, qui

---

(1) Ouverture d'une veine, pour tirer une certaine quantité de sang. Ce traitement était très en
vogue à l'époque. — (2) Ont trop de sang, trop d'humeurs. — (3) Ancien jeu français, précurseur
du tennis. — (4) Sirops contre la toux. — (5) Idées folles.

nous raconte la genèse de ses réflexions et nous expose ses nouveaux principes. Dans les *Méditations sur la philosophie première, dans lesquelles sont démontrées l'existence de Dieu et la distinction de l'âme et du corps*, parues en latin en 1641, Descartes présente sa philosophie de façon plus systématique.

Il séjourne en Hollande jusqu'en 1649, mais suspecté et accusé d'athéisme par les Universités d'Utrecht et de Leyde, il accepte l'invitation de la reine Christine de Suède et se rend à Stockholm en 1649 : il y publie le *Traité des passions* (1649) et y meurt l'année suivante.

La philosophie cartésienne tient une grande place dans l'histoire de la pensée. Descartes définit le doute méthodique indispensable à une pensée juste et après avoir exercé son examen critique à l'égard de toutes les connaissances — en laissant à l'écart la religion et les institutions politiques — il élabore une chaîne de connaissances « vraies », à partir de l'évidence première « Je pense, donc je suis » et se propose de déduire, aussi loin qu'il le pourra, une science exacte, sur le modèle des mathématiques.

Descartes a la conviction que les progrès de la science supposent l'évidence et la simplicité de ses principes, la clarté et la rigueur de sa méthode. La physique, la médecine, la psychologie, la morale même ne sont que les parties d'un même savoir. « Il faut bien se convaincre — écrit-il — que toutes les sciences sont tellement liées ensemble, qu'il est plus facile de les apprendre toutes à la fois, que d'en isoler une des autres » (*Regulae*, I). Le savant doit tourner le dos aux préjugés, refuser les idées toutes faites et les principes obscurs qui égarent l'esprit au lieu de le guider et, loin de suivre aveuglément l'autorité établie, qu'elle soit scientifique ou théologique, il ne doit se fier qu'au seul exercice de sa raison. Cet extrait des *Principes de la Philosophie* (1644) nous montre comment il conçoit les rapports des différentes parties de la science entre elles et comment finalement il fonde leur vérité dans la raison, par la métaphysique :

LA PHILOSOPHIE EST COMME UN ARBRE

Toute la philosophie est comme un arbre, dont les racines sont la métaphysique, le tronc est la physique, et les branches qui sortent de ce tronc sont toutes les autres sciences, qui se réduisent à trois principales, à savoir la médecine, la mécanique et la morale; j'entends la plus haute et la plus parfaite morale, qui présuppose une entière connaissance des autres sciences, est le dernier degré de la sagesse.

Or, comme ce n'est pas des racines ni du tronc des arbres qu'on cueille les fruits, mais seulement des extrémités de leurs branches, ainsi la principale utilité de la philosophie dépend de celle de ses parties qu'on ne peut apprendre que les dernières. Mais, bien que je les ignore presque toutes, le zèle que j'ai toujours eu pour tâcher de rendre service au public est cause que je fis imprimer, il y a dix ou douze ans, quelques essais des choses qu'il me semblait avoir apprises. La première partie de ces essais fut un discours touchant la Méthode pour bien conduire sa raison et chercher la vérité dans les sciences, où je mis sommairement les principales règles de la logique et d'une morale imparfaite, qu'on peut suivre par provision pendant qu'on n'en sait point encore de meilleure.

Le *Discours de la Méthode* est à la fois le récit d'une expérience personnelle où Descartes, faisant l'histoire de sa pensée, passe au crible (1) du doute méthodique les connaissances scolaires et livresques, et l'effort de construction d'une méthode qui lui permette de progresser peu à peu dans la découverte de la vérité.

LES RÈGLES DE LA MÉTHODE

Mais, comme un homme qui marche seul et dans les ténèbres, je me résolus d'aller si lentement et d'user de tant de circonspection en toutes choses, que, si je n'avançais que fort peu, je me garderais bien au moins de tomber : même je ne voulus point commencer à rejeter tout à fait aucune des opinions qui s'étaient pu glisser autrefois en ma créance sans y avoir été

---

(1) Examine et juge à partir de.

introduites par la raison, que je n'eusse auparavant employé assez de temps à faire le projet de l'ouvrage que j'entreprenais et à chercher la vraie méthode pour parvenir à la connaissance de toutes les choses dont mon esprit serait capable.

Et comme la multitude des lois fournit souvent des excuses aux vices, en sorte qu'un Etat est bien mieux réglé lorsque, n'en ayant que fort peu, elles y sont fort étroitement observées; au lieu de ce grand nombre de préceptes dont la logique est composée, je crus que j'aurais assez des quatre suivants, pourvu que je prisse une ferme et constante résolution de ne manquer pas une seule fois à les observer.

Le premier était de ne recevoir jamais aucune chose pour vraie que je ne la connusse évidemment (1) être telle : c'est-à-dire d'éviter soigneusement la précipitation et la prévention, et de ne comprendre rien de plus en mes jugements que ce qui se présenterait si clairement et si distinctement à mon esprit que je n'eusse aucune occasion de le mettre en doute.

Le second, de diviser chacune des difficultés que j'examinais en autant de parcelles (2) qu'il se pourrait et qu'il serait requis pour les mieux résoudre.

Le troisième, de conduire par ordre mes pensées, en commençant par les objets les plus simples et les plus aisés à connaître, pour monter peu à peu comme par degrés (3) jusques à la connaissance des plus composés, et supposant même de l'ordre entre ceux qui ne se précèdent point naturellement les uns les autres.

Et le dernier de faire partout des dénombrements si entiers et des revues si générales, que je fusse assuré de ne rien omettre.

Ces longues chaînes de raisons, toutes simples et faciles, dont les géomètres ont coutume de se servir pour parvenir à leurs plus difficiles démonstrations, m'avaient donné occasion de m'imaginer que toutes les choses qui peuvent tomber sous la connaissance des hommes s'entresuivent en même façon et que, pourvu seulement qu'on s'abstienne d'en recevoir aucune pour vraie qui ne le soit, et qu'on garde toujours l'ordre qu'il faut pour les déduire les unes des autres, il n'y en peut avoir de si éloignées auxquelles enfin on ne parvienne, ni de si cachées qu'on ne découvre. Et je ne fus pas beaucoup en peine de chercher par lesquelles il était besoin de commencer; car je savais déjà que c'était par les plus simples et les plus aisées à connaître; et, considérant qu'entre tous ceux qui ont ci-devant recherché la vérité dans les sciences, il n'y a pas eu que les seuls mathématiciens qui ont pu trouver quelques démonstrations c'est-à-dire quelques raisons certaines et évidentes, je ne doutais point que ce ne fût par les mêmes qu'ils ont examinées; bien que je n'en espérasse aucune autre utilité, sinon qu'elles accoutumeraient mon esprit à se repaître de vérités et ne se contenter point de fausses raisons.

La troisième des *Méditations métaphysiques : De Dieu, qu'il existe*, est consacrée à l'existence de Dieu. Descartes, cherchant à définir sa « nature pensante », fait l'inventaire de ses idées, parmi lesquelles il rencontre celle de Dieu; cette idée, il ne pourra en trouver l'origine qu'en Dieu lui-même. Pour définir la pensée en lui, il commence donc par écarter toutes images des choses matérielles afin de « *se rendre peu à peu plus connu et familier à lui-même* ».

JE SUIS UNE CHOSE QUI PENSE

Je fermerai maintenant les yeux, je boucherai mes oreilles, je détournerai tous mes sens, j'effacerai même de ma pensée toutes les images des choses corporelles, ou du moins, parce qu'à peine cela se peut-il faire, je les réputerai comme (4) vaines et comme fausses; et ainsi m'entretenant seulement moi-même, et considérant mon intérieur je tâcherai de me rendre peu à peu plus connu et plus familier à moi-même. Je suis une chose qui pense, c'est-à-dire qui doute, qui affirme, qui nie, qui veut, qui ne veut pas, qui imagine aussi, et qui sent. Car ainsi que j'ai remarqué ci-devant (5), quoique les choses que je sens et que j'imagine ne soient peut-être rien du tout hors de moi et en elles-mêmes, je suis néanmoins assuré que ces façons de penser, que j'appelle sentiments et imaginations, en tant seulement qu'elles sont des façons de penser, résident et se rencontrent certainement en moi.

Et dans ce peu que je viens de dire, je crois avoir rapporté tout ce que je sais véritablement, ou du moins tout ce que jusques ici j'ai remarqué que je savais. Maintenant je considérai plus exactement si peut-être il ne se retrouve point en moi d'autres connaissances que je n'ai pas encore aperçues. Je suis certain que je suis une chose qui pense, mais ne sais-je donc pas aussi ce qui est requis pour me rendre certain de quelque chose? Dans cette première connaissance il ne se rencontre rien qu'une claire et distincte perception de ce que je connais; laquelle de vrai (6) ne serait pas suffisante pour m'assurer qu'elle est vraie, s'il pouvait jamais arriver, qu'une chose que je concevrais ainsi clairement et distinctement se trouvât fausse : et partant il me semble que déjà je puis établir pour règle générale, que toutes les choses que nous concevons fort clairement et fort distinctement sont toutes vraies.

---

(1) Evidemment = qui frappe l'esprit par l'évidence claire et distincte. Mot clef à ne pas prendre au sens contemporain affaibli. — (2) Eléments simples. — (3) Pour remonter par ordre et progression du simple au complexe. — (4) Tiendrai pour. — (5) Précédemment. — (6) Conformément à la vérité.

UN GÉNIE UNIVERSEL : BLAISE PASCAL

Pascal (1), fut à la fois un grand mystique pour qui la foi était une exaltation de toutes les valeurs humaines et non une évasion hors du monde et un écrivain vigoureux, le pamphlétaire brillant des *Provinciales* et l'analyste précis des profondeurs de l'âme. Il ne cessa jamais d'être en même temps le savant génial, mathématicien et physicien, l'ingénieur qui sut concevoir une machine arithmétique et l'organisateur pratique qui créa un service de carrosses à 5 sols pour le transport en commun du peuple parisien. Bien plus, comme Descartes, il réussit, à mesure qu'il progressait, à fixer les règles de son activité et à définir une méthode de recherche générale, écartant définitivement les traditions retardataires et les préjugés de l'ancienne physique.

Les expériences sur le vide auxquelles Pascal procède avec méthode en 1648, pour vérifier les découvertes de Torricelli (2), nous offrent une excellente leçon de rigueur scientifique. Après la narration, les faits et l'énumération des résultats, l'auteur conclut le récit de son expérience en rappelant la démarche de sa pensée : critique des idées reçues, expérimentation prudente, explication de l'erreur, proclamation de la vérité.

Mon cher lecteur, le consentement universel des peuples et la foule des philosophes concourent à l'établissement de ce principe, que la nature souffrirait plutôt sa destruction propre, que le moindre espace vide; quelques esprits des plus élevés en ont pris un plus modéré : car encore qu'ils aient cru que la nature a de l'horreur pour le vide, ils ont néanmoins estimé que cette répugnance avait des limites, et qu'elle pouvait être surmontée par quelque violence; mais il ne s'est encore trouvé personne qui ait avancé ce troisième : que la nature n'a aucune répugnance pour le vide, qu'elle ne fait aucun effort pour l'éviter, et qu'elle l'admet sans peine et sans résistance.

Les expériences que je vous ai données dans mon Abrégé (3) détruisent, à mon jugement, le premier de ces principes; et je ne vois pas que le second puisse résister à celle que je vous donne maintenant : de sorte que je ne fais plus de difficulté de prendre ce troisième, que la nature n'a aucune répugnance pour le vide; qu'elle ne fait aucun effort pour l'éviter; que tous les effets qu'on a attribués à cette horreur procèdent de la pesanteur et de la pression de l'air; qu'elle en est la seule et véritable cause et que, manque de la connaître, on avait inventé exprès cette horreur imaginaire du vide, pour en rendre raison. Ce n'est pas en cette seule rencontre que, quand la faiblesse des hommes n'a pu trouver les véritables causes, leur subtilité en a substitué

d'imaginaires, qu'ils ont exprimées par des noms spéciaux qui remplissent les oreilles et non pas l'esprit : c'est ainsi que l'on dit que la sympathie et l'antipathie des corps naturels sont les causes efficientes et univoques (4) de plusieurs effets comme si des corps inanimés étaient capables de sympathie et antipathie, il en est de même de l'antipéristase (5) et de plusieurs autres causes chimériques, qui n'apportent qu'un vain soulagement à l'avidité qu'ont les hommes de connaître les vérités cachées; et qui, loin de les découvrir ne servent qu'à couvrir l'ignorance de ceux qui les inventent, et à nourrir celle de leurs sectateurs.

Ce n'est pas toutefois sans regret, que je me dépars de ces opinions si généralement reçues; je ne le fais qu'en cédant à la force de la vérité qui m'y contraint. J'ai résisté à ces sentiments nouveaux, tant que j'ai eu quelque prétexte pour suivre les anciens; les maximes que j'ai employées en mon Abrégé le témoignent assez. Mais enfin, l'évidence des expériences me force de quitter les opinions où le respect de l'antiquité m'avait retenu. Aussi je ne les ai quittées que peu à peu, et je ne m'en suis éloigné que par degrés : car du premier de ces trois principes que la nature a pour le vide une horreur invincible, j'ai passé à ce second, qu'elle en a de l'horreur, mais non pas invincible; et de là je suis enfin arrivé à la croyance du troisième, que la nature n'a aucune horreur pour le vide...

En 1658, revenu aux sciences à la demande du duc de Roannez, Pascal étudiera le problème de la roulette (cycloïde) et ira jusqu'à mettre sur pieds les éléments d'une théorie mathématique, point de départ du calcul intégral moderne.

(1) Voir pp. 162-167. — (2) Cette expérience faite en septembre 1648 sur ses indications, par son beau-frère Périer au Puy de Dôme, consistait à mesurer la pression de l'air en haut et en bas de la montagne. — (3) *Nouvelles expériences touchant le vide* de 1647, qui portent le même nom, alors qu'elles sont différentes. — (4) De même nature. — (5) Action de deux qualités contraires qui se renforcent du fait de leur opposition.

L'ÉTAT PROTECTEUR DES SCIENCES

Cette activité scientifique fut encouragée par la Royauté : Mazarin, puis Colbert protégèrent les savants français, firent venir à Paris des savants étrangers célèbres, ainsi que des techniciens réputés et un grand nombre d'ouvriers spécialisés. En 1666, l'Académie des Sciences est fondée à Paris, à peu près en même temps que la Société Royale à Londres. En 1667, on commence la construction de l'Observatoire, où l'illustre famille des Cassini va s'illustrer pendant plus d'un siècle.

Colbert vit très bien le profit technique que la France pouvait tirer de tout le progrès scientifique et n'hésita pas à encourager, par tous les moyens, la création de manufactures royales, embryon de l'industrie française moderne.

Un extrait du mémoire au roi sur les finances de 1670 traduit bien ce souci d'une économie nationale puissante et autonome.

... comme Votre Majesté a voulu travailler avec diligence au rétablissement de ses forces maritimes, et pour cela qu'il a été nécessaire de faire une dépense fort considérable, que toutes les marchandises, munitions et manufactures venaient auparavant de Hollande et des pays du Nord, il a été absolument nécessaire de s'appliquer particulièrement à trouver dans le royaume ou à y établir tout ce qui pouvait être nécessaire à ce grande dessein.

Pour cet effet, la manufacture de goudron a été établie en Médoc, Auvergne, Dauphiné et Provence.

Les canons de fer, en Bourgogne, Nivernais, Saintonge et Périgord.

Les grosses ancres en Dauphiné, Nivernais, Bretagne et Rochefort.

Les toiles à voiles pour le Levant en Dauphiné.

Les étamines en Auvergne.

Tous les ustensiles des pilotes et autres, à Dieppe et La Rochelle.

La coupe des bois propres pour les vaisseaux, en Bourgogne, Dauphiné, Bretagne, Normandie, Poitou, Saintonge, Provence, Guyenne et Pyrénées.

Les mâts qui étaient inconnus dans le royaume ont été trouvés en Provence, Languedoc, Auvergne, Dauphiné et dans les Pyrénées.

Le fer qui se tirait de Suède et de Biscaye, se fabrique à présent dans le royaume.

Le chanvre fin pour cordages qui venait de Prusse et de Piémont, se prend à présent en Bourgogne, Mâconnais, Bresse, Dauphiné ; et depuis que l'on en a établi les achats en Berry et Auvergne, ce qui donne toujours de l'argent dans ces provinces et le retient au-dedans du royaume...

UN PRÉCURSEUR DE LA SCIENCE-FICTION : CYRANO DE BERGERAC

La curiosité des gens cultivés pour les problèmes scientifiques de tous ordres, les questions qu'ils se posaient au sujet des lois qui régissent le monde, l'intérêt même qu'ils portaient à l'existence possible de planètes inconnues apparaissent dans les œuvres étranges de Cyrano de Bergerac (1619-1655), véritables romans d'anticipation où la fantaisie la plus débridée se mêle aux conceptions scientifiques les plus hardies. Une page de *l'Histoire comique du Voyage dans la Lune*, décrivant l'ascension céleste du héros grâce à une machine à fusée, donne une idée de l'originalité de ce disciple de Gassendi et de La Mothe Le Vayer.

... après m'être fortifié le cœur d'une bouteille d'essence cordiale je m'en retournai chercher ma machine, mais je ne la trouvai point, car certains soldats, qu'on avait envoyés dans la forêt couper du bois pour faire le feu de la Saint-Jean, l'ayant rencontrée par hasard, l'avaient apportée au Fort, où, après plusieurs explications de ce que ce pouvait être, quand on eut découvert l'invention du ressort, quelques-uns dirent qu'il y fallait attacher quantité de fusées volantes, parce que, leur rapidité les ayant enlevées bien haut, et le ressort agitant ses grandes ailes, il n'y

aurait personne qui ne prît cette machine pour un dragon de feu. Je la cherchai longtemps, cependant, mais enfin je la trouvai, au milieu de la place de Québec, comme on y mettait. La douleur de rencontrer l'œuvre de mes mains en un si grand péril me transporta tellement, que je courus saisir le bras du soldat qui y allumait le feu, je lui arrachai sa mèche, et me jetai tout furieux dans ma machine pour briser l'artifice dont elle était environnée, mais j'arrivai trop tard, car à peine y eus-je les deux pieds, que me voilà enlevé dans la nue. L'horreur dont je fus consterné ne renversa point tellement les facultés de mon âme, que je ne me sois souvenu depuis de tout ce qui m'arriva en cet instant. Car, dès que la flamme eut dévoré un rang de fusées, qu'on avait disposées six à six, par le moyen d'une amorce qui bordait chaque demi-douzaine, un autre étage s'embrasait, puis un autre; en sorte que le salpêtre, en prenant feu, éloignait le péril en le croissant. La matière, toutefois, étant usée, fit que l'artifice manqua, et, lorsque je ne songeais plus qu'à laisser ma tête sur quelque montagne, je sentis, sans que je remuasse aucunement mon élévation continuée, et ma machine prenant congé de moi, je la vis retomber sur la terre.

QUELQUES ASPECTS DE LA VIE QUOTIDIENNE

LA VIE QUOTIDIENNE DE LOUIS XIII A LOUIS XIV

LA VIE DE SOCIÉTÉ

La cour et les salons Louis XIII, personnellement au pouvoir depuis 1617, juge nécessaire de résider au Louvre et se plie au foisonnement de serviteurs et de visiteurs qui assure depuis 1585, selon les directives d'Henri III, la vie publique et le prestige officiel du roi. Il préside avec assiduité le Conseil, donne audience quotidiennement dans la grande salle avec un soin jaloux de son autorité propre, mais il fait sans plaisir ce métier de représentation, préférant au cérémonial solennel les plaisirs de la chasse, les exercices d'adresse et de force (paume, volant, passemail), et même les travaux manuels et la pâtisserie où il excelle.

Aussi néglige-t-il la cour dont il délaisse à peu près totalement les festivités, laissant à la jeune reine Anne d'Autriche bals, comédies, réceptions et ballets et aussi les intrigues, les galanteries et les conjurations où se complaît une haute noblesse romanesque et aventureuse. Peu à peu se développe toute une activité mondaine et précieuse à laquelle il ne participe pas. Cette activité va d'ailleurs se répartir inégalement tout au long du siècle entre le palais royal et les salons parisiens. Il y avait une vieille tradition de courtoisie dans la noblesse française : la cour royale avait été brillante sous les Valois, mais Henri IV aimait la chasse et les plaisirs sportifs plus que les réunions mondaines ; aussi les nobles, qui se plaisaient à des rencontres élégantes et à des conversations galantes, formèrent des cercles qui prirent de plus en plus d'importance après l'arrivée au pouvoir de Richelieu et la stabilisation de la vie politique. Plus tard les salons gardèrent tout leur succès tandis que la cour prenait une allure solennelle et peu libre.

Les palais construits à cette époque ont de grands salons, les hôtels moins importants ont des chambres de réception, ou des chambres à coucher pourvues de « ruelles » et d'« alcôves » où peuvent se réunir des groupes assez importants d'invités choisis.

L'Hôtel de Rambouillet fut le siège du plus brillant et du plus durable des salons du XVIIᵉ siècle. Dans la « Chambre bleue » qu'y avait fait aménager Catherine de Vivonne, grands seigneurs et gens de lettres communiaient dans les belles manières, les distractions littéraires et les conversations spirituelles.

Un phénomène social : La préciosité, réaction sociale contre les grossièretés de
la préciosité la vie de cour sous Henri IV, fait un effort constant pour atteindre la distinction, non seulement dans le langage et les œuvres artistiques, mais aussi dans la conduite quotidienne. Elle s'oppose à la nature brute, aux vulgarités de l'instinct : paroles affectées, politesses recherchées, parfums exquis ne sont que les marques extérieures de cette purification. L'amour est

la principale occupation des précieux, mais il s'agit d'un amour décent et supérieur, où les sens n'ont plus de part.

Le désir de distinction aristocratique est évident dans le langage ; il faut écarter les mots populaires, les termes vieillis ou techniques, vulgaires ou bas, employer au besoin des périphrases (1) qui cernent les moindres nuances d'une pensée toujours subtile : tout cela est essentiel à un siècle où la conversation joue un rôle éminent dans la vie sociale et où la correspondance est encore une conversation à distance.

Cette préciosité du langage est portée à son point culminant dans la poésie : les poètes des cercles raffinés cherchent à plaire et, pour plaire, visent à la perfection de la forme, à la subtilité aiguë de l'expression. Dans les genres mineurs où ils sont passés maîtres (lettre, épigramme, blason, madrigal, rondeau, sonnet, bout-rimé, portrait), ils utilisent avec une ingéniosité expérimentée toutes les figures et tous les procédés, antithèses, jeux de mots, pointes, comparaisons, métonymies, complications de toutes sortes.

Leurs vers recherchés, abstraits et élégants à l'audition, font l'enchantement d'un public qui parle la même langue et poursuit dans leurs livres le dialogue commencé dans les ruelles.

La préciosité   Tous les écrivains du XVIIᵉ siècle, de Malherbe à Molière et
et la littérature   La Bruyère, qui ont pourtant lutté contre l'affectation et
                          l'artifice, ont été touchés par la préciosité : la subtilité dans
l'analyse des sentiments amoureux, la recherche d'une langue pure et distinguée, le désir de perfection formelle sont le bien commun du siècle ; certains d'entre eux, tels Malleville, Voiture, Godeau, Benserade, Ménage, Cotin, Sarasin, lui ont même dû toute leur notoriété.

Les plus doués furent Voiture (1597-1648), roturier (2) qui avait réussi à s'attacher à la maison d'Orléans et devint le familier de l'Hôtel de Rambouillet, auteur inépuisable de lettres, de poèmes, de jeux de toutes sortes (3) et Benserade (1613-1691), bourgeois de Paris qui sut se rendre indispensable dans la société précieuse et composa poèmes et ballets au goût du jour.

Emprunté par du Bellay à la poésie italienne, le thème de « La Belle Matineuse », comparaison de l'être aimé avec le Soleil levant, la plus éclatante des beautés matérielles, est sans doute celui qui fut traité le plus fréquemment dans la poésie galante du XVIᵉ et du XVIIᵉ siècle. Le sonnet de Voiture nous en offre une version particulièrement précieuse ; agréable à l'oreille, absolument dépourvue de tout trait descriptif et de tout sentiment personnel, elle déroule des images molles et recherchées qui s'épanouissent en une apothéose finale de feux, de flammes et de rayons dorés, en l'honneur de Philis, « l'astre du jour ».

Des portes du matin l'amante de Céphale (4)
Ses roses épandait (5) dans le milieu des airs,
Et jetait sur les cieux nouvellement ouverts
Ces traits d'or et d'azur qu'en naissant elle étale.

Quand la nymphe divine, à mon repos fatale,
Apparut, et brilla de tant d'attraits divers,
Qu'il semblait qu'elle seule éclairait l'univers
Et remplissait de feux la rive orientale.

Le soleil se hâtant pour la gloire des cieux
Vint opposer sa flamme à l'éclat de ses yeux
Et prit tous les rayons dont l'Olympe se dore.

L'onde, la terre et l'air s'allumaient à l'entour.
Mais auprès de Philis on le prit pour l'Aurore,
Et l'on crut que Philis était l'astre du jour.

---

(1) *Le Grand Dictionnaire des Précieuses ou La Clef du Langage des Ruelles* (1660-1661), d'Antoine Baudeau nous en donne de nombreux exemples, parmi lesquels : *les chers souffrants* (les pieds) ; *les Trônes de la pudeur* (les joues) ; *la jeunesse des vieillards* (la perruque) ; *se délabyrinther les cheveux* (se peigner)... Certaines expressions sont restées, comme *perdre son sérieux, laisser mourir la conversation*. — (2) Qui n'est pas noble. — (3) Sa fécondité touche au prodige ; c'est un « créateur de bulles de savon » a écrit René Bray. — (4) Céphale fut enlevé par l'Aurore. — (5) Répandait ses roses.

Imitant une mode italienne du XVe siècle, Benserade avait composé toute une série de blasons consacrés aux parties du corps de sa belle. Le *Blason des beaux yeux* ne manque ni d'exagérations ni de comparaisons recherchées, mais il met en valeur des mots suggestifs et sa musique a bien du charme.

Beaux yeux dont l'atteinte profonde
Trouble des cœurs incessamment
Le doux repos, qui ne se fonde
Que sur un si doux mouvement ;

De tout ce qu'on dit en aimant,
Beaux yeux, source vive et féconde ;
Beau refrain, doux commencement
Des plus belles chansons du monde ;

Beaux yeux qui sur les cœurs avez
Tant de puissance et qui savez
Si bien jouer de la prunelle ;

Beaux yeux, divin charme des sens,
Votre amour est en sentinelle
Pour attraper tous les passants.

L'Astrée, d'Honoré d'Urfé, marquis de Verrone, comte de Châteauneuf (1568-1625) avait eu un prodigieux succès à partir de 1610 lorsque parurent les deux premières parties et fut apprécié de Bossuet et La Fontaine. En dépit du cadre dans lequel il se déroule, le roman — « où par plusieurs histoires et sous personnages de bergers et d'autres sont déduits les divers effets de l'honnête amitié » — n'a jamais prétendu décrire la Gaule barbare du Ve siècle, mais bien plutôt peindre les mœurs galantes du temps, exposer les conceptions nouvelles de l'amour et de la vie sentimentale qui fleurissaient dans les salons à la mode et qu'avaient illustrées l'Hôtel de Rambouillet et ses fidèles. *L'Astrée* eut une influence capitale sur la sensibilité du siècle, annonçant la théorie cornélienne de l'amour raisonné et de l'héroïsme.

UNE CIVILISATION D'HOMMES D'ARMES

Malgré ce progrès des manières et ces raffinements de civilisation, les hommes en général restent violents, emportés, impulsifs. Il ne faut pas oublier que les jeunes nobles qui passent six mois dans les salons sont le reste du temps à l'armée où la vie est rude et les mœurs sauvages, que le duel est la distraction préférée, qui fait périr des centaines de gentilshommes stupidement chaque année, malgré les édits d'Henri IV et de Richelieu. La tragédie de Corneille est la rencontre de belles âmes lucides, volontaires et généreuses, avec un monde rude, fermé, brutal, qui est celui de la Rome antique et de l'Espagne féodale.

Les mœurs bourgeoises sont rudes et le resteront tout au long du siècle : si la préciosité fait une place de premier plan aux femmes dans les œuvres littéraires, ainsi que dans les salons, il faut reconnaître que leur situation reste peu enviable dans la plupart des familles : les formules apparemment exagérées, grotesques même des *Maximes du mariage* d'Arnolphe, dans *l'École des Femmes* (III, 2) de Molière (1662), expriment en réalité la conviction de beaucoup de maris.

I. Maxime (1)

Celle qu'un lien honnête
Fait entrer au lit d'autrui,
Doit se mettre dans la tête,
Malgré le train d'aujourd'hui
Que l'homme qui la prend ne la prend que pour
lui.

II. Maxime

Elle ne se doit parer
Qu'autant que peut désirer
Le mari qui la possède.
C'est lui que touche seul le soin de sa beauté,
Et pour rien doit être compté,
Que les autres la trouvent laide.

---

(1) Ces maximes sont une imitation de *l'institution à Olympia* de Saint-Grégoire de Nysse, qu'avait traduite Desmarets de Saint-Sorlin et que les dévots répandaient alors comme un texte édifiant.

III. Maxime

Loin ces études d'œillades,
Ces eaux, ces blancs, ces pommades,
Et mille ingrédients qui font des teints fleuris !
A l'honneur tous les jours ce sont drogues
                                mortelles ;
  Et les soins de paraître belles
  Se prennent peu pour les maris.

IV. Maxime

Sous la coiffe, en sortant, comme l'honneur
                                l'ordonne,
Il faut que de ses yeux elle étouffe les coups ;
  Car pour bien plaire à son époux,
  Elle ne doit plaire à personne.

V. Maxime

Hors ceux dont au mari la visite se rend,
  La bonne règle défend
  De recevoir aucune âme ;
  Ceux qui, de galante humeur,
  N'ont affaire qu'à Madame,
  N'accommodent pas Monsieur.

VI. Maxime

  Il faut des présents des hommes
  Qu'elle se défende bien ;
  Car dans le siècle où nous sommes,
  On ne donne rien pour rien.

VII. Maxime

Dans ses meubles, dût-elle en avoir de l'ennui,
Il ne faut écritoire, encre, papier, ni plumes :
  Le mari doit, dans les bonnes coutumes,
  Ecrire tout ce qui s'écrit chez lui.

VIII. Maxime

  Ces sociétés déréglées,
  Qu'on nomme belles assemblées,
Des femmes, tous les jours, corrompent les esprits.
En bonne politique on les doit interdire ;
  Car c'est là que l'on conspire
  Contre les pauvres maris.

IX. Maxime

Toute femme qui veut à l'honneur se vouer
  Doit se défendre de jouer,
  Comme d'une chose funeste ;
  Car le jeu, fort décevant,
  Pousse une femme souvent
  A jouer de tout son reste.

X. Maxime

  Des promenades du temps,
  Ou repas qu'on donne aux champs,
  Il ne faut point qu'elle essaye :
  Selon les prudents cerveaux,
  Le mari, dans ces cadeaux,
  Est toujours celui qui paye...

Cette époque abonde en oppositions et en contrastes. Si la haute société vit avec distinction dans les salons et à la cour, Paris reste une ville inconfortable et pénible : les abords campagnards sont agréables, mais les maisons sont mal disposées, les rues très sales et nauséabondes. Les vagabonds sont très nombreux — 50 000 dit-on — et se groupent en dangereuses bandes. Les émeutes populaires sont fréquentes et atroces. En 1617, on déterre le cadavre du maréchal d'Ancre que le roi avait fait tuer, on le traîne dans la boue, un furieux lui arrache le cœur, la violence déchaînée n'a plus de borne ni de pudeur.

LA RÉGLEMENTATION DE LA LANGUE

La fondation de l'Académie française traduit le besoin éprouvé par un bon nombre de gens du monde, d'écrivains, d'artistes et de savants, d'une amélioration de la langue française troublée par les jargons divers, les négligences généralisées, le mauvais usage. Les esprits éclairés ressentent alors la nécessité d'une discipline consentie, et d'une règle sur laquelle puissent s'appuyer les gens de goût et de bon sens.

A la suite de l'intervention de quelques hommes de lettres comme Godeau et Malherbe, l'Académie fut créée sur l'intervention de Richelieu et la première séance eut lieu le 13 mars 1634. Des « lettres patentes » du roi Louis XIII, en date de janvier 1635, donnèrent une existence officielle à la Compagnie et définirent sa raison d'être qui était de « contribuer à l'épanouissement des belles-lettres et au perfectionnement de la langue française ».

« Nous avons de notre grâce spéciale, pleine puissance et autorité royale, permis, approuvé et autorisé, permettons, approuvons et autorisons par ces présentes, signées de notre main, les dites assemblées et conférences ; voulons qu'elles se continuent désormais en notre bonne ville de Paris sous le nom de l'Académie française ; que notre dit cousin (1) s'en puisse dire et nommer le chef et le protecteur ; que le nombre en soit limité à quarante personnes. »

Signé : Louis.

---

(1) Richelieu.

Les Quarante se réunirent jusqu'en 1643 tantôt chez l'un, tantôt chez l'autre, puis, après la mort de Richelieu, dans l'hôtel du chancelier Séguier et, enfin, à partir de 1672, au Louvre. Les élections devaient être approuvées par le roi. Les discours « de réception » prononcés par les nouveaux admis furent souvent des exposés importants pour l'histoire littéraire, surtout à partir de 1672, lorsque les réceptions devinrent publiques. Ceux de Fénelon et de La Bruyère, par exemple, furent de véritables commentaires critiques de la littérature contemporaine.

L'Académie ne publia pas de grammaire, mais les *Remarques sur la langue française* publiées par l'académicien Vaugelas (1647) en tinrent lieu. A partir de 1639, on commença à travailler au dictionnaire, confié à la responsabilité exclusive de l'assemblée; Furetière, exclu en 1685, réussit à en publier un dès 1690, avant celui de l'Académie (1694), qui ne parut pas sans difficultés ni querelles.

LES MOUVEMENTS RELIGIEUX SOUS LOUIS XIII ET LOUIS XIV

La renaissance catholique, qui commence dès le début du siècle grâce à saint François de Sales, Bérulle et saint Vincent de Paul (1), n'est pas seulement un effort de rénovation de l'Église par la réforme des ordres monastiques, l'amélioration du sacerdoce et l'éducation des prêtres, mais aussi une campagne de perfectionnement moral, d'adoucissement des mœurs et de charité attentive.

Saint François de Sales François de Sales (1567-1622) entra dans les ordres en 1595, devint évêque du diocèse de Genève et publia en 1608 *l'Introduction à la vie dévote* et en 1616 *le Traité de l'amour de Dieu*. Il a joué un grand rôle dans la renaissance catholique par son action personnelle de conseiller spirituel et par ses œuvres, caractéristiques d'un humanisme dévot; il voit dans la religion le parfait accomplissement des qualités humaines, unissant aux leçons de Montaigne le plus pur amour de Dieu.

UNE RELIGION AIMABLE

Comme Josué et Caleb protestaient que non seulement la terre promise était bonne et belle, mais aussi que la possession en serait douce et agréable, de même le Saint-Esprit par la bouche de tous les saints, et notre Seigneur par la sienne nous assure que la vie dévote est une vie douce, heureuse et aimable.

Le monde voit que les dévots jeûnent, prient et souffrent les injures, servent les malades, donnent aux pauvres, veillent, contraignent leur colère, suffoquent et étouffent leurs passions, se privent des plaisirs sensuels et font telles et autres sortes d'actions lesquelles en elles-mêmes et de leur propre substance et qualité sont âpres et rigoureuses; mais le monde ne voit pas la dévotion intérieure et cordiale, laquelle rend toutes ces actions agréables, douces et faciles. Regardez les abeilles sur le thym : elles y trouvent un suc fort amer, mais en le suçant elles le convertissent en miel, parce que telle est leur propriété. O mondains, les âmes dévotes trouvent beaucoup d'amertume en leurs exercices de mortification, il est vrai, mais en les faisant elles les convertissent

en douceur et suavité. Les feux, les flammes, les roues et les épées semblaient des fleurs et des parfums aux martyrs, parce qu'ils étaient dévots; que si la dévotion peut donner de la douceur aux plus cruels tourments et à la mort même, qu'est-ce qu'elle fera pour les actions de la vertu?

Le sucre adoucit les fruits mal mûrs et corrige la crudité et nuisance de ceux qui sont bien mûrs. Or la dévotion est le vrai sucre spirituel, qui ôte l'amertume aux mortifications et la nuisance aux consolations : elle ôte le chagrin aux pauvres et l'empressement aux riches, la désolation à l'oppressé et l'insolence au favorisé, la tristesse aux solitaires et la dissolution à celui qui est en compagnie; elle sert de feu en hiver et de rosée en été, elle sait abonder et souffrir pauvrette, elle rend également utile l'honneur et le mépris, elle reçoit la douleur et le plaisir avec un cœur presque toujours semblable, et nous remplit d'une suavité merveilleuse.

Introduction à la Vie dévote
(Chapitre II).

---

(1) Saint Vincent de Paul est aumônier des galériens en 1622 et crée en 1638 l'œuvre des « Enfants trouvés ».

Port-Royal et le jansénisme   L'abbaye de Port-Royal, d'abord dans la vallée de Chevreuse, ensuite transférée à Paris, fut le principal centre de la réforme catholique au XVIIᵉ siècle. Cette communauté féminine avait été réformée dès 1608 par son abbesse, la mère Angélique Arnauld, et l'abbé de Saint-Cyran, qui en fut le directeur de 1633 à 1638, était disciple de Jansénius, évêque d'Ypres dont l'*Augustinus* fut publié en 1640. Prétendant redonner toute sa rigueur à la doctrine de saint Augustin sur la parfaite gratuité et la seule efficacité de la grâce, Jansénius insistait sur la gravité de la faute originelle et sur l'importance de la grâce divine, qui peut être ainsi refusée à des justes et accordée à des pécheurs (1). Il réagissait donc violemment contre Molina qui, dans son *Accord du libre arbitre et de la grâce* publié en 1588, avait assoupli la thèse augustinienne (2).

Saint-Cyran introduit ces idées à la fois chez les religieuses de Port-Royal et chez les Solitaires, groupe de chrétiens fervents qui, autour d'Antoine Arnauld, de Nicole et de Lancelot, se consacrent à l'étude, à la méditation, et aussi à l'enseignement soigneux d'une élite de jeunes gens. Ainsi l'exigeante religion, les patientes études et la rigueur morale de Port-Royal se trouvent liées à la doctrine sévère que Jansénius a tirée de l'œuvre de saint Augustin.

Cette doctrine ne devait pas tarder à être combattue par les jésuites, disciples de Molina et bientôt par le pouvoir royal. En 1653, le pape condamnera cinq propositions tirées de l'*Augustinus;* de véritables persécutions sont organisées et l'on refuse l'absolution à des fidèles considérés comme jansénistes notoires. Malgré l'effort de Pascal gagné aux idées jansénistes depuis 1654, pour toucher et convaincre l'opinion publique, la persécution continuera : l'abbaye de Port-Royal sera détruite par ordre du roi en 1710 et ses religieuses dispersées.

L'influence du jansénisme fut grande au XVIIᵉ siècle dans la société et aussi dans la littérature; on la retrouve dans toute l'œuvre de Pascal et dans celle de Racine, en particulier dans ses dernières pièces.

EN FACE DES ESPRITS RELIGIEUX : LES LIBERTINS

Au cours du XVIIᵉ siècle, essentiellement chrétien, se maintient pourtant un courant de libre pensée qui prolonge le naturalisme païen de la Renaissance et annonce les Encyclopédistes. L'audace de ces incrédules, qu'on appelle « les libertins », est durement réprimée au début du siècle et l'Italien Vanini, auteur des *Secrets de la nature*, qui niait dans ses écrits l'immortalité de l'âme, est condamné au bûcher en 1619 tandis que le poète Théophile de Viau est emprisonné. La Fronde (1648-1653) et l'affaiblissement du pouvoir leur donnent à nouveau l'occasion de se manifester.

Le libertinage mondain   C'est parmi les mondains que se manifeste, souvent d'une manière agressive, cet esprit d'incrédulité. Beaucoup hantent le salon de Ninon de Lenclos qui garde toute sa vie et même devant la mort la conviction qu'elle n'a pas d'âme. Certains sont cyniques et railleurs comme Baudin, un familier du cardinal de Richelieu qui répond à un ami étonné de le voir se découvrir sur le passage du Saint-Sacrement : « Nous nous saluons mais nous ne

---

(1) Il était ainsi plus proche de Calvin, qui croyait à la prédestination, que de Pélage, qui croyait l'homme responsable de son salut. — (2) En effet, ce jésuite espagnol, qui répondait à Calvin, soutenait qu'en face de l'action surnaturelle de Dieu, l'homme avait la liberté de saisir les « grâces suffisantes » que, contrairement à la « grâce efficace », Dieu procure à tous.

nous parlons pas. » Le prince de Condé, la princesse Palatine et son médecin Bourdelot entreprennent un jour de brûler un morceau de la Vraie Croix. Le cardinal de Retz, Brissac, Fontrailles chargent l'épée haute contre le crucifix d'un enterrement en criant : « Voilà l'ennemi. »

De ces grands seigneurs libertins d'esprit autant que de mœurs, Molière trace audacieusement le portrait par la bouche de Sganarelle, qui définit sans ambiguïté, avec toute la saveur de sa verve populaire, son maître dom Juan :

... je t'apprends, *inter nos* (1), que tu vois en Don Juan, mon maître, le plus grand scélérat que la terre ait jamais porté, un enragé, un chien, un diable, un Turc, un hérétique, qui ne croit ni Ciel, ni Enfer, ni loup-garou (2), qui passe cette vie en véritable bête brute, un pourceau d'Epicure (3), un vrai Sardanapale (4), qui ferme l'oreille à toutes les remontrances qu'on lui peut faire et traite de billevesées tout ce que nous croyons. Tu me dis qu'il a épousé ta maîtresse : crois qu'il aurait plus fait pour sa passion, et qu'avec elle il aurait encore épousé toi, son chien et son chat. Un mariage ne lui coûte rien à contracter; il ne se sert point d'autres pièges pour attraper les belles, et c'est un épouseur à toutes mains (5). Dame, demoiselle, bourgeoise, paysanne, il ne trouve rien de trop chaud ni de trop froid pour lui; et si je te disais le nom de toutes celles qu'il a épousées en divers lieux, ce serait un chapitre à durer jusques au soir. Tu demeures surpris et changes de couleur à ce discours; ce n'est là qu'une ébauche du personnage et, pour en achever le portrait, il faudrait bien d'autres coups de pinceau. Suffit qu'il faut que le courroux du Ciel l'accable quelque jour; qu'il me vaudrait bien mieux d'être au diable que d'être à lui, et qu'il me fait voir tant d'horreurs, que je souhaiterais qu'il fût déjà je ne sais où. Mais un grand seigneur méchant homme est une terrible chose; il faut que je lui sois fidèle, en dépit que j'en aie (6)...

Dom Juan. I, 1.

Le libertinage philosophique

Chez les philosophes, l'incrédulité se manifeste avec plus de mesure et de prudence. Libres dans leurs propos, ils se gardent dans leurs écrits d'aller jusqu'au bout de leur pensée. La Mothe Le Vayer (1588-1672), dont le scepticisme s'étend à tous les domaines, y compris le domaine religieux, s'attache notamment à montrer que la croyance aux miracles n'est qu'un aspect de l'attrait du merveilleux contre laquelle il convient de se mettre en garde. Mais, prudemment, il prétend dégager aussi de la religion les superstitions qui s'y rattachent, l'épurer et non la détruire. Gassendi (1592-1655) fait dépendre de l'exercice des sens le développement de l'intelligence, mais dans les discussions où il s'affronte à Descartes, celui-ci ne manque pas de souligner l'aspect matérialiste d'une telle conception de l'homme. « O pur esprit ! » disait Gassendi à Descartes. Et Descartes répliquait à Gassendi : « Dites-moi donc, je vous prie, ô chair... » (7). Saint-Évremond (1610-1703), qui dut s'exiler en Angleterre pour avoir exercé sa verve contre Mazarin et le traité des Pyrénées, laisse volontiers percer l'indépendance de sa pensée et la qualité meurtrière de son ironie.

Les quelques pages presque trop éloquentes qu'il a consacrées à l'apologie du catholicisme paraissent plus opportunistes que sincères. En revanche, quand, à l'adresse du maréchal de Créqui, il entreprend d'exprimer « ce qu'il pense sur toutes choses », il ne craint pas d'insinuer que notre foi en l'immortalité est née de notre horreur instinctive de l'anéantissement. Enfin, dans la *Conversation du Maréchal d'Hocquincourt avec le Père Canaye* (1655), il ressort assez clairement de la confession naïve du premier comme de l'exposé pontifiant du second que l'ardeur de la foi suppose

---

(1) Entre nous, Sganarelle s'adresse à Don Gusman, écuyer d'Elvire, épouse de Don Juan. — (2) Superstition populaire : homme qui la nuit devient loup. — (3) Expression du poète latin Horace. — (4) Roi d'Assyrie, type du débauché. — (5) C'est un homme prêt à tous les mariages. — (6) Malgré la répugnance que j'en aie... — (7) Cité par Paul Hazard, dans *la Crise de la conscience européenne* (Boivin, éd.).

d'abord l'abdication de la raison. La verve satirique de Saint-Évremond se donne ici libre cours dans une véritable scène de comédie.

« Je ne l'ai que trop aimée la philosophie, dit le Maréchal, je ne l'ai que trop aimée; mais j'en suis revenu, et je n'y retourne pas. Un diable de philosophe m'avait tellement embrouillé la cervelle de premiers parents, de pomme, de serpent, de paradis terrestre et de chérubins, que j'étais sur le point de ne rien croire. Le Diable m'emporte si je croyais rien. Depuis ce temps-là je me serais crucifié pour la Religion. Ce n'est pas que j'y voie plus de raison; au contraire, moins que jamais : mais je ne saurais que vous dire, je me serais crucifié sans savoir pourquoi. — Tant mieux, Monseigneur, reprit le Père d'un ton de nez fort dévot, tant mieux : ce ne sont point mouvements humains, cela vient de Dieu. Point de raison! c'est la vraie religion cela. Point de raison! Que Dieu vous a fait, Monsieur,

une belle grâce! *Estote sicut infantes;* soyez comme des enfants. Les enfants ont encore leur innocence; et pourquoi? parce qu'ils n'ont point de raison. *Beati pauperes spiritu;* bienheureux les pauvres d'esprit, ils ne pèchent point : la raison? c'est qu'ils n'ont point de raison. Point de raison; je ne saurais que vous dire; je ne sais pourquoi : les beaux mots! Ils devraient être écrits en lettres d'or. Ce n'est pas que j'y voie plus de raison; au contraire moins que jamais. En vérité cela est divin pour ceux qui ont le goût des choses du Ciel. Point de raison! Que Dieu vous a fait, Monseigneur, une belle grâce! »

Le Père eût poussé plus loin la sainte haine qu'il avait contre la raison : mais on apporta des Lettres de la Cour à M. le Maréchal; ce qui rompit un si pieux entretien.

LA ROCHEFOUCAULD

Sa vie   Né à Paris en 1613, François, duc de La Rochefoucauld, a une jeunesse aventureuse. Dès l'âge de seize ans, il fait ses premières armes en Italie. Se rangeant aux côtés d'Anne d'Autriche contre Richelieu, il participe au complot de Mᵐᵉ de Chevreuse. Puis, sous la régence d'Anne d'Autriche, il prend part à la Fronde, aux côtés de son amie, Mᵐᵉ de Longueville. Vaincu et grièvement blessé, il renonce à l'action, se retire dans ses terres (1652) et entreprend la rédaction de ses mémoires.

De retour à Paris en 1656, il fréquente les salons, notamment celui de Mᵐᵉ de Sablé. En 1665 paraissent ses *Maximes* qui connaîtront cinq éditions de son vivant. La tendre amitié de Mᵐᵉ de La Fayette l'aide à supporter les infirmités d'une vieillesse chagrine et la perte cruelle de l'un de ses fils. Il meurt le 17 mars 1680.

Son œuvre   Déçu dans ses ambitions, aigri, désabusé, La Rochefoucauld, comme il est naturel, offre dans ses *Maximes* une vision peu consolante de la nature humaine. L'amour propre ou, pour mieux dire, l'égoïsme, y apparaît le mobile essentiel de toutes nos actions, même de celles qui semblent inspirées par les plus nobles sentiments. Mais cette conception n'est pas aussi radicalement pessimiste qu'il paraît au premier abord. Çà et là, La Rochefoucauld consent à exempter de la rigueur de ses jugements un petit nombre d'êtres assez privilégiés. Il exalte, à l'occasion, quelques hautes vertus qui ne sont donc pas à ses yeux sans exemples. En particulier, l'éloge qu'il fait de l'intrépidité est un hommage à certaines âmes d'élite en qui s'associent, comme chez les héros cornéliens, le courage indomptable et la calme lucidité de la raison.

La Rochefoucauld est un grand écrivain. Il excelle à donner à ses *Maximes* ce tour brillant ou piquant qui, selon les lois du genre, rehausse la finesse de l'analyse par la qualité de l'expression. Il sait tirer parti des symétries de construction, des oppositions de termes, des comparaisons et des images. Mais chez lui il ne s'agit jamais d'une virtuosité cultivée gratuitement pour la simple recherche de l'effet, et les facettes du style contribuent toujours à mettre en valeur les nuances de la pensée. Le sens même dans lequel inlassablement, d'une édition à l'autre, il retouche la forme de ses phrases, est significatif : sans cesse il élague, visant à la concision et à la densité et toujours, par un choix plus judicieux des mots, il serre de plus près la pensée.

MAXIMES

Les vertus se perdent dans l'intérêt, comme les fleuves se perdent dans la mer. (Ed. I.)

Nous aurions souvent honte de nos plus belles actions, si le monde voyait tous les motifs qui les produisent. (Ed. 4.)

Ce qui paraît générosité n'est souvent qu'une ambition déguisée, qui méprise de petits intérêts, pour aller à de plus grands. (Ed. I.)

L'amour de la justice n'est, en la plupart des hommes, que la crainte de souffrir l'injustice. (Ed. I.)

La clémence des princes n'est souvent qu'une politique pour gagner l'affection des peuples. (Ed. I.)

Maxime retouchée :

— L'amitié la plus sainte et la plus sacrée n'est qu'un trafic où nous croyons toujours gagner quelque chose. *(Manuscrit.)*

— L'amitié la plus désintéressée n'est qu'un trafic où notre amour-propre se propose toujours quelque chose à gagner. *(Ed. de 1665.)*

— L'amitié la plus désintéressée n'est qu'un commerce où notre amour-propre se propose toujours quelque chose à gagner. *(Ed. de 1666-1671-1675.)*

— Ce que les hommes ont nommé amitié n'est qu'une société, qu'un ménagement réciproque d'intérêts et qu'un échange de bons offices; ce n'est enfin qu'un commerce où l'amour-propre se propose toujours quelque chose à gagner. *(Ed. de 1678.)*

LA VIE QUOTIDIENNE SOUS LOUIS XIV, DE 1660 A 1682

LA COUR RESTE LE CENTRE DES ACTIVITÉS SOCIALES ET CULTURELLES

La cour s'est transformée après la disparition de Richelieu et de sa discipline. Les vingt premières années du règne de Louis XIV ne font qu'accentuer cette évolution : les intrigues inextricables, les rivalités amoureuses se multiplient ; la séduisante Henriette d'Angleterre, belle-sœur du roi, est entourée d'une société brillante et libertine; des aventuriers comme Guiches, Lauzun, Vardes défrayent la chronique, se mêlant sans vergogne des amours des princes et jouant un rôle très suspect. Les personnages et les aventures de ce temps évoquent les romans de cape et d'épée les plus invraisemblables, les comédies les plus extravagantes. La vie sentimentale du roi lui-même constitue un scandale public et permanent : Louise de La Vallière et Mme de Montespan sont sur le même plan que la reine.

Les activités quotidiennes de la cour constituent une fête perpétuelle : carrousels, mascarades, opéras, comédies, ballets, feux d'artifice, chasses se succèdent sans interruption et le souverain y joue son rôle ; le luxe est inouï, les modes sont éphémères et compliquées (1), les dépenses publiques et privées sont effrayantes.

Même les enterrements, les services funèbres des grands personnages, ont la somptueuse solennité d'une fête et ces cérémonies sont sans doute les plus caractéristiques du grand siècle, par leur majestueux apparat et leur rigoureuse ordonnance.

---

(1) Les coiffures féminines sont extraordinaires : « à l'hurluberlu », « à la Fontanges », quelquefois même surmontées d'une frégate.

Le service du chancelier Séguier à l'Oratoire nous est rapporté par Mᵐᵉ de Sévigné dont le style même en reproduit la surcharge d'ornements.

A Madame de Grignan.
                    A Paris, vendredi 6 mai (1672).

Ma bonne, il faut que je vous conte une raderie (1) que je ne puis éviter. Je fus hier à un service de M. le Chancelier à l'Oratoire. Ce sont les peintres, les sculpteurs, les musiciens et les orateurs qui en ont fait la dépense : en un mot, les quatre arts libéraux. C'était la plus belle décoration qu'on puisse imaginer : Le Brun avait fait le dessin. Le mausolée (2) touchait à la voûte, orné de mille lumières et de plusieurs figures convenables à celui qu'on voulait louer. Quatre squelettes en bas étaient chargés des marques de dignité, comme lui ôtant les honneurs de la vie. L'un portait son mortier (3), l'autre sa couronne de duc, l'autre son ordre, l'autre ses masses (4) de chancelier. Les quatre Arts étaient éplorés et désolés d'avoir perdu leur protecteur : la Peinture, la Musique, l'Eloquence et la Sculpture. Quatre Vertus soutenaient la première représentation : la Force, la Justice, la Tempérance et la Religion. Quatre anges ou quatre génies recevaient au-dessus cette belle âme. Le mausolée était encore orné de plusieurs anges qui soutenaient une chapelle ardente, qui tenait à la voûte. Jamais il ne s'est rien vu de si magnifique, ni de si bien imaginé : c'est le chef-d'œuvre de Le Brun. Toute l'église était parée de tableaux, de devises, d'emblèmes qui avaient rapport à la vie ou aux armes du chancelier. Plusieurs actions principales y étaient peintes. Mme de Verneuil voulait acheter toute cette décoration un prix excessif. Ils ont tous, en corps, résolu d'en parer une galerie, et de laisser cette marque de leur reconnaissance et de leur magni-

ficence à l'éternité. L'assemblée était grande et belle, mais sans confusion. J'étais auprès de M. de Tulle (5), de M. Colbert et M. de Monmouth (6), beau comme du temps du Palais-Royal, qui, par parenthèse, s'en va à l'armée trouver le Roi. Il est venu un jeune Père de l'Oratoire pour faire l'oraison funèbre. J'ai dit à M. de Tulle de le faire descendre, et de monter à sa place, et que rien ne pouvait soutenir la beauté du spectacle et la perfection de la musique, que la force de son éloquence. Ma bonne, ce jeune homme a commencé en tremblant : tout le monde tremblait aussi. Il a débuté par un accent provençal ; il est de Marseille ; il s'appelle Laisné ; mais en sortant de son trouble, il est entré dans un chemin lumineux. Il a si bien établi son discours ; il a donné au défunt des louanges si mesurées, il a passé par tous les endroits délicats avec tant d'adresse ; il a si bien mis dans son jour tout ce qui pouvait être admiré ; il a fait des traits d'éloquence et des coups de maître si à propos et de si bonne grâce, que tout le monde, je dis tout le monde, sans exception, s'en est écrié (7), et chacun était charmé d'une action si parfaite et si achevée. C'est un homme de vingt-huit ans, intime ami de M. de Tulle, qui s'en va avec lui. Nous le voulions nommer le chevalier Mascaron ; mais je crois qu'il surpassera son aîné.

Pour la musique, c'est une chose qu'on ne peut expliquer. Baptiste (8) avait fait un dernier effort de toute la musique du Roi. Ce beau Miserere (9) y était encore augmenté ; il y a eu un Libera (10) où tous les yeux étaient pleins de larmes. Je ne crois point qu'il y ait une autre musique dans le ciel.

Le roi est jeune et galant ; ses armées sont victorieuses et il éprouve une sorte d'ivresse, d'orgueil et de puissance. Il se croit tout permis à tous points de vue : ses divertissements somptueux et ses plaisirs continuels lui paraissent le cortège nécessaire de la gloire et de la grandeur. Il est vraiment le roi Soleil.

Les vaines admonestations de Bossuet

Bossuet qui prêcha le carême (11) au Louvre en 1662, ne manqua pas, malgré son admiration pour le roi, de lui rappeler ses devoirs (12), en particulier à l'égard

---

(1) Sujet de conversation mondaine. — (2) Monument funéraire. — (3) Bonnet de velours que portaient les présidents de Parlements. — (4) Bâtons à tête d'or ou d'argent, emblèmes du Chancelier. — (5) Mascaron, nommé évêque de Tulle en 1681. — (6) Le fils naturel de Charles II, roi d'Angleterre. — (7) A poussé des cris d'admiration. — (8) Jean-Baptiste Lulli, alors surintendant de la musique du roi. — (9) Musique composée sur un psaume de David qui se chante à la messe des morts. — (10) Prière chantée pour les morts. — (11) Le carême était pour la cour l'occasion de nombreuses messes avec les sermons des meilleurs prédicateurs. Bossuet prêcha trois fois la seconde semaine de carême : le dimanche il parla de la mort du mauvais riche ; le mercredi, de sa damnation ; le vendredi, il expliqua les desseins de la Providence. — (12) Le roi assistait au sermon avec sa cour et Bossuet n'hésita pas à adapter la vérité évangélique aux besoins spirituels de son auditoire.

des pauvres qui mouraient de faim « à la porte du Louvre », la récolte ayant été très mauvaise en 1661.

Parmi les cris furieux de ces pauvres impudents et insatiables (1), se peut-il faire que vous entendiez la voix languissante des pauvres (2), qui tremblent devant vous, qui, accoutumés à surmonter leur pauvreté par leur travail et par leurs sueurs, se laissent mourir de faim plutôt que de découvrir leur misère? C'est pourquoi ils meurent de faim : oui, Messieurs, ils meurent de faim dans vos terres, dans vos châteaux, dans les villes, dans les campagnes, à la porte et aux environs de vos hôtels; nul ne court à leur aide : hélas! ils ne vous demandent que le superflu, quelques miettes de votre table, quelques restes de votre grande chère. Mais ces pauvres que vous nourrissez trop bien au-dedans épuisent tout votre fonds. La profusion c'est leur besoin; non seulement le superflu, mais l'excès même, leur est nécessaire; et il n'y a plus aucune espérance pour les pauvres de Jésus-Christ, si vous n'apaisez ce tumulte et cette sédition intérieure : et cependant ils subsisteraient, si vous leur donniez quelque chose de ce que votre prodigalité répand, ou de ce que votre avarice ménage.

Mais sans être possédé de toutes ces passions violentes, la félicité toute seule, et je prie que l'on entende cette vérité, oui, la félicité toute seule est capable d'endurcir le cœur de l'homme.

L'aise, la joie, l'abondance remplissent l'âme de telle sorte, qu'elles en éloignent tout le sentiment de la misère des autres, et mettent à sec, si l'on n'y prend garde, la source de la compassion. C'est ici la malédiction des grandes fortunes; c'est ici que l'esprit du monde paraît le plus opposé à l'esprit du christianisme : car qu'est-ce que l'esprit du christianisme? esprit de fraternité, esprit de tendresse et de compassion, qui nous fait sentir les maux de nos frères, entrer dans leurs intérêts, souffrir de tous leurs besoins. Au contraire, l'esprit du monde, c'est-à-dire l'esprit de grandeur, c'est un excès d'amour-propre, qui, bien loin de penser aux autres, s'imagine qu'il n'y a que lui. Écoutez son langage dans le prophète Isaïe : « Tu as dit en ton cœur : Je suis, et il n'y a que moi sur la terre. » « *Dixisti in corde tuo : Ego sum, et praeter me non est alter.* » Je suis; il se fait un Dieu, et il semble vouloir imiter celui qui a dit : « Je suis celui qui est. » Je suis, il n'y a que moi : toute cette multitude, ce sont des têtes de nul prix, et, comme on parle, des gens du néant. Ainsi chacun ne compte que soi; et tenant tout le reste dans l'indifférence on tâche de vivre à son aise, dans une souveraine tranquillité des fléaux qui affligent le genre humain.

L'amour du jeu Mais Louis XIV n'oublie pas ses desseins politiques et son autorité est satisfaite : les conditions de vie ruineuse de la cour lui permettent d'emprisonner la haute noblesse dans un esclavage doré dont la passion du jeu est un des aspects les plus caractéristiques.

Mme de Sévigné nous donne un excellent témoignage de ce monde où se mêlent étrangement l'éclat matériel et la déliquescence morale; fort heureuse de raconter à sa fille la soirée qu'elle a passée dans l'appartement du roi, elle dresse un catalogue précis de « ce qui s'appelle la cour de France », cite les paroles du roi, décrit le brillant Dangeau, véritable joueur professionnel, peint Mme de Montespan dans tout son éclat.

Le jeu tient une grande place dans ces soirées et elle nous parle complaisamment du « reversi », des jetons, des marques, des poules, du « quinola ». Un monde étincelant de lumières et de musique, dans un tourbillon étourdissant d'allées et venues, surgit de ces pages dont le décousu même est pittoresque : la narratrice n'a garde d'oublier les détails de la mode féminine et la « triomphante beauté » de la favorite, pour l'agrément de Mme de Grignan... et de toutes ses lectrices.

A Madame de Grignan.

A Paris, mercredi 29 juillet 1676.

Voici, ma bonne, un changement de scène qui vous paraîtra aussi agréable qu'à tout le monde. Je fus samedi à Versailles avec les Villars : voici comme cela va. Vous connaissez la toilette de la

Reine, la messe, le dîner; mais il n'est plus besoin de se faire étouffer, pendant que Leurs Majestés sont à table; car, à trois heures, le Roi, la Reine, Monsieur, Madame, Mademoiselle, tout ce qu'il y a de princes et princesses, Mme de Montespan, toute la suite, tous les courtisans, toutes les dames, enfin ce qui s'appelle la cour de France, se trouve dans ce bel appartement

---

(1) Bossuet a précisé précédemment « Je veux dire : nos passions et nos convoitises ». — (2) Les vrais pauvres, cette fois.

du Roi que vous connaissez. Tout est meublé divinement, tout est magnifique. On ne sait ce que c'est que d'y avoir chaud; on passe d'un lieu à l'autre sans faire la presse en nul lieu. Un jeu de reversi (1) donne la forme, et fixe tout. C'est le Roi (Mme de Montespan tient la carte) Monsieur, la Reine et Mme de Soubise; Dangeau et compagnie; Langlée et compagnie. Mille louis sont répandus sur le tapis, il n'y a point d'autres jetons. Je voyais jouer Dangeau; et j'admirais combien nous sommes sots auprès de lui. Il ne songe qu'à son affaire et gagne où les autres perdent; il ne néglige rien, il profite de tout, il n'est point distrait : en un mot, sa bonne conduite défie la fortune; aussi les deux cent mille francs en dix jours, les cent mille écus en un mois, tout cela se met sur le livre de sa recette. Il dit que je prenais part à son jeu, de sorte que je fus assise très agréablement et très commodément. Je saluai le Roi, comme vous me l'avez appris; il me rendit mon salut, comme si j'avais été jeune et belle. La Reine me parla aussi longtemps de ma maladie que si c'eût été une couche. Elle me parla aussi de vous. M. le Duc me fit mille de ces caresses à quoi il ne pense pas. Le maréchal de Lorges m'attaqua sous le nom du chevalier de Grignan, enfin tutti quanti (2) vous savez ce que c'est que de recevoir un mot de tout ce qu'on trouve en chemin. Mme de Montespan me parla de Bourdon et me pria de lui conter Vichy, et comme je m'en étais trouvée; elle dit que Bourdon, au lieu de lui guérir un genou, lui a fait mal aux deux. Je lui trouvai le dos bien plat, comme disait la maréchale de la Meilleraye; mais, sérieusement, c'est une chose surprenante que sa beauté; et sa taille qui n'est pas de la moitié si grosse qu'elle était, sans que son teint ni ses yeux, ni ses lèvres en soient moins bien. Elle était tout habillée de point de France (3); coiffée de mille boucles; les deux des temps lui tombaient fort bas sur les deux joues; des rubans noirs sur la tête, des perles de la maréchale de l'Hospital, embellies de boucles et de pendeloques de diamant de la dernière beauté, trois ou quatre poinçons (4), une boîte, point de coiffe, en un mot, une triomphante beauté à faire admirer à tous les ambassadeurs. Elle a su qu'on se plaignait qu'elle empêchait toute la France de voir le Roi; elle l'a redonné, comme vous voyez; et vous ne sauriez croire la joie que tout le monde en a, ni de quelle beauté cela rend la cour. Cette agréable confusion, sans confusion, de tout ce qu'il y a de plus choisi, dure jusqu'à six heures depuis trois. S'il vient des courriers, le Roi se retire pour lire ses lettres, et puis revient. Il y a toujours quelque musique qu'il écoute et qui fait un très bon effet. Il cause avec celles qui ont accoutumé d'avoir cet honneur. Enfin, on quitte le jeu à l'heure que je vous ai dit; on n'a du tout point de peine à faire les comptes; il n'y a point de jetons ni de marques; les poules (5) sont au moins de cinq, six ou sept cents louis, les grosses (6) de mille, de douze cents. On en met d'abord vingt chacun, c'est cent; et puis celui qui fait en met dix. On donne chacun quatre louis à celui qui a le quinola (7); on passe; et quand on fait jouer, et qu'on ne prend pas la poule, on en met seize à la poule, pour apprendre à jouer mal à propos. On parle sans cesse, et rien ne demeure sur le cœur. « Combien avez-vous de cœur? J'en ai deux, j'en ai trois, j'en ai un, j'en ai quatre. » Il n'en a donc que trois, que quatre, et, de tout ce caquet (8) Dangeau est ravi : il découvre le jeu, il tire ses conséquences, il voit ce qu'il y a à faire; enfin j'étais ravie de voir cet excès d'habileté : vraiment, c'est bien lui qui sait le dessous des cartes, car il sait toutes les autres couleurs. A six heures donc, on monte en calèche, le Roi, Mme de Montespan, Monsieur, Mme de Thianges, et la bonne d'Heudicourt sur le strapontin, c'est-à-dire comme en paradis, ou dans la gloire de Niquée (9). Vous savez comme ces calèches sont faites : on ne se regarde point, on est tourné du même côté. La Reine était dans une autre avec les princes et ensuite tout le monde, attroupé selon sa fantaisie. On va sur le canal dans les gondoles, on y trouve de la musique, on revient à dix heures, on trouve la comédie; minuit sonne, on fait médianoche (10) : voilà comme se passa le samedi. Nous revînmes quand on monta en calèche.

29 juillet 1676.

Les distractions sportives et culturelles

La bonne société aime aussi les jeux sportifs tels que la paume et le mail : il y a plus de cent jeux de paume à Paris; on se rencontre et on fait étalage de toilettes dans les endroits à la mode, au Cours-la-Reine, au Jardin des Tuileries, au Bois de Boulogne; mais la principale distraction reste le théâtre, que le roi aime beaucoup et qu'il protège.

(1) Sorte de jeu de cartes qui se joue à quatre. — (2) Tous tant qu'ils sont (expression italienne qui désigne l'ensemble des instruments de l'orchestre). — (3) Etoffe brodée. — (4) Epingle à tête dont se servaient les femmes pour s'arranger les cheveux. — (5) Mise de chaque joueur dont l'ensemble constitue l'enjeu. — (6) Ensemble des mises. — (7) Valet de cœur, carte la plus importante du jeu. — (8) Bavardages inutiles. — (9) Une des féeries du roman *Amadis des Gaules* : un palais merveilleux aux colonnes de jaspe, à la coupole de cristal, au trône enrichi de drap d'or. — (10) Souper après minuit.

Jusqu'en 1673, il y a trois troupes : celle du théâtre de Bourgogne, dite « troupe royale » avec la permission de Louis XIII, où brillent Montfleury, la Champmeslé et Baron, le théâtre du Marais que domine le célèbre Mondory, et enfin la troupe de Molière. Ces deux dernières fusionnent en 1673, puis la troupe de l'hôtel de Bourgogne les rejoint à son tour en 1680, pour former la Comédie-Française. Le public aime vraiment la comédie et les comédiens; c'est le public du parterre, remuant, gouailleur (1), tapageur, mais vif et prompt à l'enthousiasme, plus encore que les privilégiés dont certains font parade sur la scène même et osent troubler la pièce en arrivant en retard.

UNE FORCE QUI MONTE : LA BOURGEOISIE

Le fait social le plus important du règne est sans doute la prodigieuse ascension de la bourgeoisie; le rôle que Louis XIV a permis de jouer à Le Tellier et Colbert et les égards qu'il témoigne au banquier Samuel Bernard en sont les signes éclatants. Cette réussite est évidente dans la vie de chaque jour : la haute bourgeoisie, et la noblesse de robe (2) qui en sort, fait construire de magnifiques hôtels à Paris, mène un train de vie fastueux; les riches commerçants parisiens, les chefs d'industrie que protège la politique d'expansion économique de Colbert constituent une classe privilégiée et ambitieuse qui joue un rôle essentiel dans la vie de l'État.

L'égoïsme de ces parvenus révoltera La Bruyère, qui nous donnera dans ses *Caractères* le repoussant portrait de Gnathon. Bourgeois parisien sans doute, Gnathon nous est présenté dans le vivant contexte de sa vie quotidienne. Sa tenue à table nous est peinte avec une vérité que confirme le *Traité de Civilité* d'Antoine de Courtin, qui laissait entendre que ces mêmes malpropretés étaient alors d'un usage courant qu'il fallait combattre : il est indécent, disait ce manuel, de « prendre les viandes avec ses mains pour les couper » et il recommandait « pour empêcher d'avoir les doigts gras de ne pas manger avec, mais avec la fourchette ». Mais tous ces détails, s'ils sont pittoresques, visent à nous peindre non seulement un grotesque, mais un ennemi du genre humain.

Gnathon ne vit que pour soi, et tous les hommes ensemble sont à son égard comme s'ils n'étaient point. Non content de remplir à une table la première place, il occupe lui seul celle de deux autres; il oublie que le repas est pour lui et pour toute la compagnie; il se rend maître du plat, et fait son propre (3) de chaque service; il ne s'attache à aucun des mets, qu'il n'ait achevé d'essayer de tous; il voudrait pouvoir les savourer tous tout à la fois. Il ne se sert à table que de ses mains; il manie les viandes, les remanie, démembre, déchire, et en use de manière qu'il faut que les conviés, s'ils veulent manger, mangent ses restes. Il ne leur épargne aucune de ces malpropretés dégoûtantes, capables d'ôter l'appétit aux plus affamés; le jus et les sauces lui dégouttent (4) du menton et de la barbe; s'il enlève un ragoût de dessus un plat, il le répand en chemin dans un autre plat et sur la nappe : on le suit à la trace; il mange haut et avec grand bruit; il roule les yeux en mangeant; la table est pour lui un râtelier (5); il écure (6) ses dents, et il continue à manger. Il se fait, quelque part où il se trouve, une manière d'établissement, et ne souffre pas d'être plus pressé au sermon ou au théâtre que dans sa chambre. Il n'y a dans un carrosse que les places du fond qui lui conviennent : dans tout autre, si on veut l'en croire, il pâlit et tombe en faiblesse. S'il fait un voyage avec plusieurs, il les prévient (7) dans les hôtelleries et il sait toujours se conserver dans la meilleure chambre le meilleur lit. Il tourne tout à son usage; ses valets, ceux d'autrui, courent dans le même temps pour son service; tout ce qu'il trouve sous sa main lui est propre, hardes, équipages. Il embarrasse tout le monde, ne se contraint pour personne, ne plaint personne, ne connaît de maux que les siens, que sa réplétion (8) et sa bile, ne pleure point la mort des autres, n'appréhende que la sienne, qu'il rachèterait volontiers de l'extinction du genre humain.

---

(1) Railleur. — (2) Noblesse due à une concession du roi et non pas au titre de naissance. — (3) Sa propriété. — (4) Tombent goutte à goutte. — (5) Endroit où l'on pose le foin des chevaux à l'écurie. — (6) Récure, nettoie. — (7) Arrive avant eux. — (8) Surabondance de sang.

La Bruyère ira plus loin, jusqu'à viser certains courtisans parvenus, personnages insinuants et flatteurs qui se poussent par tous les moyens dans une société futile qui les apprécie fort.

Les cours ne sauraient se passer d'une certaine espèce de courtisans, hommes flatteurs, complaisants (1), insinuants, dévoués aux femmes, dont ils ménagent les plaisirs, étudient les faiblesses et flattent les passions : ils leur soufflent à l'oreille des grossièretés, leur parlent de leurs maris dans les termes convenables, devinent leurs chagrins et leurs maladies; ils font les modes, raffinent sur le luxe et sur la dépense, et apprennent à ce sexe de prompts moyens de consumer de grandes sommes en habits, en meubles et en équipages; ils ont eux-mêmes des habits où brillent l'invention et la richesse, et ils n'habitent d'anciens palais qu'après les avoir renouvelés et embellis. Ils mangent délicatement et avec réflexion; il n'y a sorte de volupté qu'ils n'essayent, et dont ils ne puissent rendre compte. Ils doivent à eux-mêmes leur fortune, et ils la soutiennent avec la même adresse qu'ils (2) l'ont élevée : dédaigneux et fiers, ils n'abordent plus leurs pareils, ils ne les saluent plus; ils parlent où tous les autres se taisent; entrent, pénètrent en des endroits et à des heures où les grands n'osent se faire voir : ceux-ci, avec de longs services, bien des plaies sur le corps, de beaux emplois, ou de grandes dignités, ne montrent pas un visage si assuré, ni une contenance si libre. Ces gens ont l'oreille des plus grands princes, sont de tous leurs plaisirs et de toutes leurs fêtes, ne sortent pas du Louvre ou du Château (3) où ils marchent et agissent comme chez eux et dans leur domestique (4), semblent se multiplier en mille endroits, et sont toujours les premiers visages qui frappent les nouveaux venus à une cour : ils embrassent, ils sont embrassés; ils rient, ils éclatent, ils sont plaisants, ils font des contes : personnes commodes, agréables, riches, qui prêtent et qui sont sans conséquence.

Moraliste chrétien et philosophe épris de justice humaine, il voit avec colère les dégradations morales et sociales qu'entraîne l'importance croissante attribuée à l'argent et il décrit les gens de finance en des portraits d'une brièveté violente et vengeresse.

Sosie, de la livrée (5) a passé, par une petite recette, à une sous-ferme (6) et, par les concussions, la violence et l'abus qu'il a fait de ses pouvoirs, il s'est enfin, sur les ruines de plusieurs familles, élevé à quelque grade. Devenu noble par une charge, il ne lui manquait que d'être homme de bien : une place de marguillier (7) a fait ce prodige.

L'on porte Crésus au cimetière : de toutes ses immenses richesses, que le vol et la concussion lui avaient acquises, et qu'il a épuisées par le luxe et par la bonne chère, . .ne lui est pas demeuré de quoi se faire enterrer; il est mort insolvable, sans biens, et ainsi privé de tous les secours : l'on n'a vu chez lui ni julep (8), ni cordiaux, ni médecins, ni le moindre docteur (9) qui l'ait assuré de son salut.

Champagne (10), au sortir d'un long dîner qui lui enfle l'estomac, et dans les douces fumées d'un vin d'Avenay ou de Sillery, signe un ordre qu'on lui présente, qui ôterait le pain à toute une province si l'on n'y remédiait : il est excusable; quel moyen de comprendre, dans la première heure de la digestion, qu'on puisse quelque part mourir de faim?

UN HOMME SOUCIEUX DU BONHEUR DU PEUPLE : VAUBAN

Avant La Bruyère, Vauban eut le courage de parler du peuple, de ce peuple qu'une société d'arrivistes oubliait volontiers.

Le maréchal de Vauban (1633-1707) fut un des hommes les plus remarquables de son temps par l'action et par la pensée. Ingénieur du roi à vingt-deux ans, commandant de compagnie, bientôt collaborateur de Louvois et de Colbert, chargé de toutes les fortifications du royaume, il se préoccupa constamment des souffrances des soldats, des misères des paysans, peut-être parce qu'il était né dans l'humble chaumière de nobles ruinés.

Dans *la Dîme royale*, « ni lettré » ni « homme de finances » mais honnête homme « affectionné à sa patrie » et à son roi, il eut la hardiesse extraordinaire de proposer un

---

(1) Qui cherchent à plaire. — (2) Avec laquelle ils l'ont élevée. — (3) Château de Versailles. — (4) A l'intérieur de leur ménage. — (5) L'uniforme de laquais. — (6) Le receveur est le plus humble collecteur de l'impôt, le sous-fermier est le suivant dans la hiérarchie. — (7) Celui qui tient les registres d'une paroisse. — (8) Potion. — (9) Docteur en théologie. — (10) Nom de laquais.

impôt équitablement réparti entre tous les citoyens, sans distinction de classe ou de rang (1) ; il voulait ainsi à la fois lutter contre le désordre désastreux des finances et assurer l'amélioration économique du pays, en particulier l'amélioration des conditions de vie du peuple, dont il connaissait la misère, par les statistiques qu'il établissait et utilisait de façon méthodique et moderne.

Je me sens encore obligé d'honneur et de conscience de représenter à Sa Majesté qu'il m'a paru que de tout temps on n'avait pas eu assez d'égards en France pour le menu peuple (2), et qu'on en avait fait trop peu de cas ; aussi c'est la partie la plus ruinée et la plus misérable du royaume ; c'est elle, cependant, qui est la plus considérable par son nombre et par les services réels et effectifs qu'elle lui rend ; car c'est elle qui porte toutes les charges, qui a toujours le plus souffert, et qui souffre encore le plus et c'est sur elle aussi que tombe toute la diminution des hommes qui arrive dans le royaume...

C'est encore la partie basse du peuple qui, par son travail et son commerce, et par ce qu'elle paye au roi, l'enrichit et tout son royaume ; c'est elle qui fournit tous les soldats et matelots de ses armées de terre et de mer, et grand nombre d'officiers, tous les marchands et les petits officiers de judicature (3) ; c'est elle qui exerce et qui remplit tous les arts et métiers ; c'est elle qui fait tout le commerce et les manufactures de ce royaume, qui fournit tous les laboureurs, vignerons et manœuvres de la campagne, qui garde et nourrit les bestiaux, qui sème les blés et les recueille ; qui façonne les vignes et fait le vin, et pour achever de le dire en peu de mots, c'est elle qui fait tous les gros et menus ouvrages de la campagne et des villes.

Voilà en quoi consiste cette partie du peuple si utile et si méprisée, qui a tant souffert et qui souffre tant de l'heure que j'écris ceci. On peut espérer que l'établissement de la Dîme royale pourra réparer tout cela en moins de quinze années de temps, et remettre le royaume dans une abondance parfaite d'hommes et de biens ; car quand les peuples ne seront pas si oppressés, ils se marieront plus hardiment, ils se vêtiront et nourriront mieux, leurs enfants seront plus robustes et mieux élevés ; ils prendront un plus grand soin de leurs affaires ; enfin, ils travailleront avec plus de force et de courage, quand ils verront que la principale partie du profit qu'ils y feront leur demeure.

Il est constant que la grandeur des rois se mesure par le nombre de leurs sujets ; c'est en quoi consiste leur bien, leur bonheur et toute la considération qu'ils ont dans le monde. On ne saurait donc rien faire de mieux pour leur service et pour leur gloire, que de leur remettre souvent cette maxime devant les yeux ; car puisque c'est en cela que consiste tout leur bonheur, ils ne sauraient trop se donner de soin pour la conservation et augmentation de ce peuple qui leur doit être si cher (4).

Ces documents nous laissent pressentir tout ce qui se cachait d'injustice et d'égoïsme sous un décor brillant et somptueux. Un autre aspect, terrifiant cette fois, de « l'envers du grand siècle », qui fut aussi une ère de frayeurs, de révoltes et de tortures, se révèle dans une lettre où Mme de Sévigné nous conte les derniers jours de « La Voisin », empoisonneuse célèbre (5). Elle ne nous fait grâce d'aucun détail horrible, mais cette précision n'est sans doute ni cruauté, ni insensibilité : elle témoigne d'une curiosité de femme, mêlée d'un peu de bravade, d'une observation passionnée de psychologue, enfin de l'art consommé d'un narrateur qui sait suspendre l'attention du lecteur, et crée autour du personnage une atmosphère trouble et inquiétante.

DERNIERS JOURS D'UNE EMPOISONNEUSE

A Madame de Grignan.

A Paris, vendredi 23 février 1680.

Je ne vous parlerai que de Mme Voisin : ce ne fut point mercredi, comme je vous l'avais mandé (6), qu'elle fût brûlée, ce ne fut qu'hier.

Elle savait son arrêt dès lundi, chose fort extraordinaire. Le soir elle dit à ses gardes : « Quoi ? nous ne ferons point médianoche (7). » Elle mangea avec eux à minuit, par fantaisie, car il n'était point jour maigre ; elle but beaucoup de vin, elle chanta vingt chansons à boire. Le mardi

---

(1) La noblesse et le clergé étaient exempts d'impôts. — (2) La classe sociale la plus modeste. — (3) Justice. — (4) Qu'ils doivent aimer. — (5) De 1670 à 1680, de sinistres affaires d'empoisonnement émurent le public parisien. Il fallut constituer un tribunal spécial, la « Chambre ardente », pour juger les empoisonneurs et leurs complices. Le procès de la marquise de Brinvilliers en 1676 et de la Voisin en 1680 furent les plus sensationnels. Cette dernière fut convaincue d'avoir vendu des « poudres de succession » et brûlée vive... — (6) Annoncé. — (7) Souper après minuit.

elle eut la question ordinaire, extraordinaire (1) ; elle avait dîné et dormi huit heures ; elle fut confrontée à Mmes de Dreux, le Féron, et plusieurs autres, sur le matelas : on ne dit pas encore ce qu'elle a dit ; on croit toujours qu'on verra des choses étranges. Elle soupa le soir, et recommença, toute brisée qu'elle était, à faire la débauche avec scandale : on lui en fit honte, et on lui dit qu'elle ferait bien mieux de penser à Dieu et de chanter un « Ave maris stella », ou un « Salve », que toutes ses chansons : elle chanta l'un et l'autre en ridicule, elle mangea le soir et dormit. Le mercredi se passa de même en confrontations, et débauches, et chansons : elle ne voulut point voir de confesseur. Enfin, le jeudi, qui était hier, on ne voulut lui donner qu'un bouillon : elle en gronda, craignant de n'avoir pas la force de parler à ces Messieurs. Elle vint en carrosse de Vincennes à Paris ; elle étouffa un peu, et fut embarrassée ; on la voulut faire confesser, point de nouvelles. A cinq heures, on la lia et avec une torche à la main, elle parut dans le tombereau (2), habillée de blanc ; c'est une sorte d'habit pour être brûlée ; elle était fort rouge et l'on voyait qu'elle repoussait le confesseur et le crucifix avec violence. Nous la vîmes passer à l'hôtel de Sully, Mme de Chaulnes et Mme de Sully, la Comtesse et bien d'autres. A Notre-Dame, elle ne voulut jamais prononcer l'amende honorable, et, à la Grève (3), elle se défendit, autant qu'elle put, de sortir du tombereau ; on l'en tira de force, on la mit sur le bûcher, assise et liée avec du fer ; on la couvrit de paille ; elle jura beaucoup ; elle repoussa la paille cinq ou six fois ; mais enfin le feu s'augmenta, et on l'a perdue de vue, et ses cendres sont en l'air présentement. Voilà la mort de Mme Voisin, célèbre par ses crimes et par son impiété. On croit qu'il y aura de grandes suites qui nous surprendront. Un juge à qui mon fils disait l'autre jour que c'était une étrange chose que de la faire brûler à petit feu lui dit : « Ah ! Monsieur, il y a certains petits adoucissements à cause de la faiblesse du sexe. Eh quoi ! Monsieur, on les étrangle ? Non, mais on leur jette des bûches sur la tête ; les garçons du bourreau leur arrachent la tête avec des crocs de fer. » Vous voyez bien, ma fille, que cela n'est pas si terrible que l'on pense : comment vous portez-vous de ce petit conte ? Il m'a fait grincer des dents.

LES PROBLÈMES PÉDAGOGIQUES ET LES GRANDS ÉDUCATEURS

L'éducation des princes

Les problèmes de la formation intellectuelle et morale de la jeunesse ont été constamment en lumière au XVIIᵉ siècle. Non seulement les grands écrivains, les prélats catholiques, les esprits cultivés se sont préoccupés, comme Ronsard l'avait fait jadis, de l'éducation des princes, dont l'importance politique était évidente dans une monarchie, mais Louis XIV lui-même voulut confier le dauphin aux soins attentifs de Bossuet, et le duc de Bourgogne à ceux de Fénelon ; le Grand Condé s'en remit à La Bruyère pour l'instruction du duc de Bourbon, son petit-fils ; Pascal souhaita, selon le témoignage de Nicole, une tâche semblable, et le *Traité de l'éducation d'un prince*, publié par ce dernier, rappelle les conseils oraux donnés par l'auteur des *Pensées* au fils aîné du duc de Luynes âgé de quatorze ans (4).

L'éducation des nobles et des bourgeois

De nombreux collèges étaient ouverts, à Paris et en province, pour l'éducation des jeunes nobles et bourgeois, auxquels leur situation de famille permettait de dépasser l'instruction élémentaire ; celle-ci, fort irrégulière, dépendait essentiellement des conditions locales, mais était en général assez faible. Certains collèges furent rattachés à l'Université de Paris qui, depuis les statuts publiés par Henri IV, ne dépendait plus de l'autorité ecclésiastique mais du roi lui-même ; ainsi le collège d'Harcourt (5), le collège de Navarre, de Montaigu, la Sorbonne dispensaient à des élèves, âgés de neuf ans au moins, un enseignement où le latin jouait un rôle essentiel, et dont les idées philosophiques restaient dans la tradition d'Aristote. Ces établissements paraissent démodés en face des nouveaux collèges fondés depuis le début du siècle par l'ordre des Jésuites,

(1) Torture plus ou moins violente infligée aux accusés pour leur arracher des aveux. — (2) Charrette. — (3) Place de Grève, aujourd'hui place de l'Hôtel-de-Ville. — (4) Voir Pascal, Bossuet, Fénelon, La Bruyère, dans la partie *Lettres*. — (5) Sur l'emplacement de l'actuel lycée Saint-Louis.

les Oratoriens, et Port-Royal. Les collèges des Jésuites restaient attachés à un enseignement classique et rhétorique, mais s'efforçaient d'en tirer une formation littéraire et morale d'une valeur générale; cet humanisme chrétien a marqué leurs nombreux élèves, parmi lesquels Condé, Bossuet, Descartes, Corneille, Molière, Fontenelle dont la vie et les œuvres furent pourtant si diverses.

Les collèges de Jésuites se sont considérablement développés et multipliés, en France comme dans toute l'Europe du XVIIᵉ siècle : le succès du collège de Clermont (1) qui, fondé en 1563, passe de 2 000 élèves en 1651 à 3 000 en 1675, en est un éclatant exemple.

Infiniment plus modeste par ses effectifs — quelques centaines d'élèves répartis dans les « petites écoles » de Paris, ou des campagnes avoisinantes —, l'enseignement de Port-Royal a eu cependant une très grande importance, sur le plan des idées pédagogiques et de la formation intellectuelle en général.

On y développe à la fois l'enseignement du grec et celui du français, on y introduit les langues étrangères. D'excellents pédagogues s'efforcent de substituer des explications logiques à un enseignement formel et mécanique de la grammaire et préfèrent la lecture directe des auteurs à celle de leurs éditions expurgées et défigurées.

Nicole, Fontaine, Lancelot, le Grand Arnauld lui-même publient d'excellents traités sur « l'art de penser », la langue grecque, la langue italienne, la « grammaire raisonnée, la logique, la géométrie ». Racine qui fut le plus célèbre de leurs élèves n'oublia pas leurs excellentes leçons malgré une brouille passagère à propos de la moralité du théâtre.

L'éducation des femmes

Enfin il est utile de noter que l'éducation des femmes mêmes — dont le rôle dans la société du XVIIᵉ siècle fut si important au point de vue de la famille et des mœurs, mais la situation juridique et les droits civils si réduits — n'a pas été tout à fait négligée. Les boutades de Chrysale dans *les Femmes Savantes* sont aussi exagérées que les tirades des pédants qu'il raille et ne peuvent être considérées comme une déclaration de principes de la part de Molière.

Précieuses et femmes savantes apportent le témoignage d'un désir d'instruction, fort respectable à l'origine, même si les manifestations de ce désir ne sont pas toujours raisonnables ni heureuses.

Les efforts des religieuses de Port-Royal pour prendre en charge l'éducation de jeunes filles — en très petit nombre il est vrai — est une entreprise louable, dont les Constitutions rédigées par la Mère Agnès précisent la portée morale et sociale.

Fénelon (2), surtout, a eu le mérite de s'occuper réellement et avec beaucoup de conviction de l'éducation des jeunes filles, à la fois comme directeur des « Nouvelles Catholiques » de Paris, puis en rédigeant pour les huit filles de la duchesse de Beauvilliers son *Traité de l'éducation des filles*.

Fénelon ne se montre pas un moraliste de pure théorie; il unit les principes chrétiens et le respect de la personne humaine à une observation pratique de l'économie des familles et de l'organisation de la société française.

Ce directeur de conscience avisé connaît bien la psychologie des femmes « nées soigneuses, attentives au détail, industrieuses, insinuantes et persuasives », et ses remarques sur la négligence dont on fait preuve pour l'éducation des filles ne sont pas toutes périmées.

Rien n'est plus négligé que l'éducation des filles. La coutume et le caprice des mères y décident souvent de tout; on suppose qu'on doit donner à ce sexe peu d'instruction...

Il est vrai qu'il faut craindre de faire des savantes ridicules. Les femmes ont d'ordinaire l'esprit encore plus faible et plus curieux que les hommes; aussi n'est-il point à propos de les

---

(1) Qui deviendra l'actuel lycée Louis-le-Grand. — (2) Voir pp. 187-189.

engager dans les études dont elles pourraient s'entêter; elles ne doivent ni gouverner l'Etat, ni faire la guerre, ni entrer dans le ministère des choses sacrées. Ainsi elles peuvent se passer de certaines connaissances étendues qui appartiennent à la politique, à l'art militaire, à la jurisprudence, à la philosophie et à la théologie. La plupart même des arts mécaniques ne leur conviennent pas. Elles sont faites pour des exercices modérés. Leur corps, aussi bien que leur esprit, est moins fort et moins robuste que celui des hommes. En revanche, la nature leur a donné en partage l'industrie, (1) la propreté (2) et l'économie pour les occuper tranquillement dans leurs maisons.

Mais que s'ensuit-il de la faiblesse naturelle des femmes? Plus elles sont faibles, plus il est important de les fortifier. N'ont-elles pas des devoirs à remplir, mais des devoirs qui sont les fondements de toute la vie humaine? N'est-ce pas elles qui ruinent ou qui soutiennent les maisons, qui règlent tout le détail des choses domestiques, et qui, par conséquent, décident de ce qui touche de plus près à tout le genre humain? Par là, elles ont la principale part aux bonnes ou aux mauvaises mœurs de presque tout le monde. Une femme judicieuse, appliquée et pleine de religion, est l'âme de toute une grande maison; elle y met l'ordre pour les biens temporels et pour le salut. Les hommes mêmes qui ont toute l'autorité en public ne peuvent par leurs délibérations établir aucun bien effectif, si les femmes ne leur (3) aident à l'exécuter.

Le monde n'est point un fantôme, c'est l'assemblage de toutes les familles; et qui est-ce qui peut les policer (4) avec un soin plus exact que les femmes, qui outre leur autorité naturelle et leur assiduité dans leur maison ont encore l'avantage d'être nées soigneuses, attentives au détail, industrieuses, insinuantes et persuasives? Mais les hommes peuvent-ils espérer pour eux-mêmes quelque douceur de vie, si leur plus étroite société, qui est celle du mariage, se tourne en amertume? Mais les enfants, qui feront dans la suite tout le genre humain, que deviendront-ils, si les mères les gâtent dès leurs premières années?

Voilà donc les occupations des femmes qui ne sont guère moins importantes au public que celles des hommes, puisqu'elles ont une maison à régler, un mari à rendre heureux, des enfants à bien élever : ajoutez que la vertu n'est pas moins pour les femmes que pour les hommes; sans parler du bien ou du mal qu'elles peuvent faire au public, elles sont la moitié du genre humain racheté du sang de Jésus-Christ, et destiné à la vie éternelle.

Enfin il faut considérer outre le bien que font les femmes quand elles sont bien élevées, le mal qu'elles causent dans le monde quand elles manquent d'une éducation qui leur inspire la vertu. Il est constant que la mauvaise éducation des femmes fait plus de mal que celle des hommes, puisque les désordres des hommes viennent souvent et de la mauvaise éducation qu'ils ont reçue de leurs mères, et des passions que d'autres femmes leur ont inspirées dans un âge plus avancé.

Quelles intrigues se présentent à nous dans les histoires, quel renversement des lois et des mœurs, quelles guerres sanglantes, quelles nouveautés contre la religion, quelles révolutions d'Etat, causées par le dérèglement des femmes ! Voilà ce qui prouve l'importance de bien élever les filles.

LA VIE QUOTIDIENNE SOUS LOUIS XIV, DE 1682 A 1715

PARIS DÉLAISSÉ POUR VERSAILLES

La cour s'est installée à Versailles en 1681; moins galante, plus austère qu'auparavant, elle reste tout aussi brillante et devient plus solennelle encore. 10 000 personnes servent le roi et respectent une étiquette minutieuse : le lever, la promenade, le souper, le coucher sont des cérémonies officielles dont chaque détail a été défini par un règlement précis et compliqué; la haute noblesse, définitivement domptée, est obligatoirement présente et participe à ce culte royal, se disputant l'honneur d'être admise au lever du roi, et de faire partie de sa maison. En revanche, la noblesse de province, qui ne touche pas de pension et ne bénéficie d'aucun avantage, se ruine et disparaît peu à peu.

---

(1) L'adresse. — (2) Le soin. — (3) On dirait aujourd'hui : ne *les* aident. — (4) Régir, administrer.

HOTEL SULLY, PAR JEAN ANDROUET DU CERCEAU
L'équilibre classique ne manque ici ni de variété ni de chaleur.

FORTIFICATIONS A LA
VAUBAN (PLAN EN RELIEF
DU MUSÉE DE L'ARMÉE)
Les fortifications à la Vauban
influenceront l'art militaire pen-
dant près de deux siècles.

LA BÉNÉDICTION DU LENDIT

La vie grouillante des marchés est la même depuis le Moyen Age.

LE MARCHÉ AU PAIN ET A LA VOLAILLE, QUAI DES GRANDS-AUGUSTINS VERS 1670

D'ailleurs le roi finit par être coupé de tout ce qui n'est pas à Versailles et à la cour. Il a pratiquement délaissé Paris et les 500 000 habitants qui y vivent entassés dans 20 000 immeubles peu confortables (1), formant une agglomération aux rues étroites et sales, rarement aérées par des places exiguës. Le grouillement de ces rues, les chocs et les dangers courus par le passant, carrosses, chevaux, bœufs et mulets, les cris et le vacarme de la capitale, revivent en une succession de notes précises, de croquis sur le vif, d'instantanés amusants sous la plume de Boileau. Les phrases précipitées, les vers au rythme accéléré ajoutent encore à la vérité de ces *Embarras de Paris*.

En quelque endroit que j'aille, il faut fendre
      la presse
D'un peuple d'importuns qui fourmillent sans
      cesse;
L'un me heurte d'un ais (2) dont je suis tout
      froissé :
Je vois d'un autre coup mon chapeau renversé.
Là d'un enterrement la funèbre ordonnance,
D'un pas lugubre et lent vers l'église s'avance,
Et plus loin des laquais, qu'un l'autre
      s'agaçants (3)
Font aboyer les chiens, et jurer les passants.
Des paveurs en ce lieu me bouchent le passage.
Là je trouve une croix de funeste présage :
Et des couvreurs grimpés au toit d'une maison,
En font pleuvoir l'ardoise et la tuile à foison.
Là sur une charrette une poutre branlante
Vient menaçant de loin la foule qu'elle augmente;
Six chevaux attelés à ce fardeau pesant,
Ont peine à l'émouvoir (4) sur le pavé glissant;
D'un carrosse en passant il accroche une roue,
Et du choc le renverse en un grand tas de boue,
Quand un autre à l'instant s'efforçant de passer
Dans le même embarras se vient embarrasser.
Vingt carrosses bientôt arrivant à la file

Y sont en moins de rien suivis de plus de mille;
Et pour surcroît de maux, un sort malencontreux
Conduit en cet endroit un grand troupeau de
      bœufs;
Chacun prétend passer; l'un mugit, l'autre jure;
Des mulets en sonnant augmentent le murmure;
Aussitôt, cent chevaux dans la foule appelés
De l'embarras qui croît ferment les défilés (5)
Et partout des passants enchaînant les
      brigades (6),
Au milieu de la paix font voir les barricades (7)
On n'entend que des cris poussés confusément :
Dieu, pour s'y faire ouïr, tonnerait vainement.
Moi donc, qui dois souvent en certain lieu me
      rendre,
Le jour déjà baissant, et qui suis las d'attendre,
Ne sachant plus tantôt (8) à quel saint me
      vouer,
Je me mets au hasard de me faire rouer (9).
Je saute vingt ruisseaux, j'esquive, je me
      pousse;
Guenaud (10) sur son cheval en passant
      m'éclabousse;
Et n'osant plus paraître en l'état où je suis,
Sans songer où je vais, je me sauve où je puis.

Sous l'impulsion de Colbert un grand mouvement de construction monumentale et officielle commence à transformer la physionomie de la capitale; on voit s'élever l'Observatoire, les Gobelins, la colonnade du Louvre, le Dôme des Invalides, la porte Saint-Denis. Mais la ville présente encore d'innombrables taudis; on y a compté onze « cours des miracles « (11) véritables quartiers réservés, et la seule solution officielle à la misère et à la mendicité a paru être le rassemblement des malheureux dans un « hôpital général » qui ne diffère guère d'une prison. Les hôpitaux sont d'ailleurs tous misérables : « honte et supplice des pauvres » a dit Saint-Simon; les malades sont trois ou quatre par lit, l'hygiène n'existe pas. Les efforts magnifiques des sociétés charitables restent insuffisants devant l'étendue de la misère.

---

(1) A l'exception de quelques centaines d'immeubles magnifiques de construction récente. — (2) Planche de bois menuisé. — (3) Qui s'agacent l'un l'autre. — (4) Vieil emploi : mouvoir. — (5) Passages. — (6) Groupes, colonnes de passants bloqués par ce qu'on appelle de nos jours « embouteillage ». — (7) Rappel de la Fronde. — (8) Bientôt. — (9) Je m'expose au risque de me faire écraser. — (10) Médecin parisien très connu à l'époque et qui allait toujours à cheval. — (11) Endroit où se réunissaient autrefois les gueux et les mendiants. Le jour, aveugles, infirmes, estropiés allaient mendier dans les rues. Le soir, ils s'y retrouvaient et se débarrassaient de toutes leurs infirmités simulées. Miracle quotidien d'où ces endroits tiraient leur nom. Voir la page de *Notre-Dame de Paris* qui lui est consacrée, pp. 357-358.

LES COMMUNICATIONS

Malgré les efforts notables de Colbert pour améliorer les routes des grands parcours, et pour rendre navigables les fleuves et les rivières, les voies de communication restent médiocres au XVIIe siècle. Dans les grandes villes comme à Paris, la circulation est difficile par les rues étroites et souvent tortueuses ; les routes des campagnes sont raboteuses et irrégulières, les itinéraires difficiles à suivre faute de signalisation, les auberges rares ; les voies navigables deviennent périlleuses en cas d'orages, impossibles au moment des inondations.

Des hommes habiles ont essayé d'améliorer la circulation en perfectionnant les voitures, dont la possession est une marque d'aisance et de réussite sociale. En ville, les carrosses, désormais dotés de glaces — apanage des grands seigneurs —, les fiacres à deux places, qu'on loue aux usagers, les chaises à porteurs, importées d'Angleterre, et les calèches, grandes voitures découvertes, peuvent satisfaire les besoins les plus divers. Pascal imagine même les carrosses « à 5 sols », astreints à un parcours fixe, premier exemple de transports en commun économiques. Pour les voyages à longue distance, on construit des coches, carrosses lourds et solides, mais lents (1) et peu confortables, ancêtres des berlines et des diligences du siècle suivant. A partir de 1630, les « coches » sur route l'emportent sur les « coches d'eau ».

Tout voyage est une aventure : sans parler des rencontres de brigands, de tire-laine, de pillards de poste de tous genres, des auberges mal famées et des compagnons indésirables. Que d'accidents variés ! on est toujours à la merci d'une rupture d'essieux, d'une voiture embourbée, d'un carrosse versé dans le fossé, de chevaux emballés, ou même d'enlisements dans la neige et de ponts emportés par les pluies. Mémoires et lettres sont pleins d'anecdotes plaisamment contées, mais fort pénibles pour les victimes. C'est dans la correspondance de Mme de Sévigné que nous trouvons la mine de renseignements la plus riche et la plus variée : elle a beaucoup voyagé, elle a imaginé par la pensée toutes les aventures de sa fille partie au loin, elle connaît tout. Elle nous décrit de Vichy l'équipage somptueux de Mme de Montespan : ses deux calèches à six chevaux, ses deux fourgons, ses six mulets, ses douze cavaliers d'escorte et voici l'aventure arrivée à Mme de Chaulnes, bloquée entre la Guerche et Vitré :

Mme de Chaulnes arriva dimanche ; mais savez-vous comment ? à beau pied sans lance (2), entre onze heures et minuit ; on pensait à Vitré que ce fussent des bohèmes (3). Elle ne voulut aucune cérémonie à son entrée : elle fut servie à souhait, on ne la regarda pas, et ceux qui la virent comme elle était, la prirent pour ce que je viens de vous dire. Elle venait de Nantes par la Guerche ; son carrosse et son chariot étaient demeurés entre deux rochers à demi-lieue de Vitré, parce que le contenu était plus grand que le contenant : ainsi il fallut travailler dans le roc et cet ouvrage ne fut fait qu'à la pointe du jour, que tout arriva à Vitré. Je fus la voir lundi...

Lettre du 22 juillet 1671.

Un autre jour, elle nous confie plaisamment ses impressions de voyage en « coche d'eau » :

Voici une bizarre date. *Je suis dans un bateau, dans le courant de l'eau, fort loin de mon château* : je pense même que je puis achever : *ah, quelle folie* (4) ! car les eaux sont si basses, et je suis si souvent engravée (5), que je regrette mon équipage, qui ne s'arrête point et qui va son train. On s'ennuie sur l'eau quand on y est seule ; il faut un petit comte des Chapelles et une Mlle de Sévigné. Mais enfin c'est une folie de s'embarquer quand on est à Orléans, et peut-être à Paris, c'est pour dire, une gentillesse : il est vrai cependant qu'on se croit obligé de prendre des bateliers à Orléans, comme à Chartres d'acheter des chapelets...

Lettre du 17 septembre 1675.

---

(1) Il faut quatorze jours pour aller de Paris à Bordeaux. — (2) Expression familière : à pied, sans bagages. — (3) Bohémiens. — (4) Phrase extraite d'une chanson connue de l'époque. — (5) Échouée

LA TRISTE CONDITION DU PEUPLE A LA FIN DU SIÈCLE

Après 1680, le déficit sans cesse accru des finances interdit toute amélioration générale. Les compagnons « ouvriers » mènent une vie très précaire, emprisonnés dans le dirigisme corporatif, étatisé et renforcé par Colbert. Les paysans, écrasés d'impôts, sont misérables quand la récolte est mauvaise. Les disettes locales et les famines sont nombreuses et provoquent des émeutes sévèrement punies. En 1675, l'aggravation des taxes provoque une révolte qui s'étend à quarante paroisses et aboutit à une répression féroce, dont Saint-Simon dans ses *Mémoires* nous a donné un compte rendu très précis.

DISETTE ET TROUBLES EN 1709

L'hiver, comme je l'ai déjà remarqué, avait été terrible et tel que, de mémoire d'homme, on ne se souvenait d'aucun qui en eût approché. Une gelée qui dura près de deux mois de la même force avait, dès ses premiers jours, rendu les rivières solides jusqu'à leur embouchure, et les bords de la mer capables de porter des charrettes qui y voituraient les plus grands fardeaux. Un faux dégel fondit les neiges qui avaient couvert la terre pendant ce temps-là ; il fut suivi d'un subit renouvellement de gelée aussi forte que la précédente trois autres semaines durant. La violence de toutes les deux fut telle, que l'eau de la reine de Hongrie, les élixirs les plus forts et les liqueurs les plus spiritueuses cassèrent leurs bouteilles dans les armoires de chambres à feu et environnées de tuyaux de cheminées dans plusieurs appartements du château de Versailles, où j'en vis plusieurs ; et, soupant chez le duc de Villeroy, dans sa petite chambre à coucher, les bouteilles sur le manteau de la cheminée, sortant de sa très petite cuisine, où il y avait grand feu, et qui était de plain-pied à sa chambre, une très petite anti-chambre entre-deux, les glaçons tombaient dans nos verres. C'est le même appartement qu'a aujourd'hui son fils. Cette seconde gelée perdit tout. Les arbres fruitiers périrent ; il ne resta plus ni noyers, ni oliviers, ni pommiers, ni vignes, à si peu près que ce n'est pas la peine d'en parler. Les autres arbres moururent en très grand nombre, les jardins périrent, et tous les grains dans la terre. On ne peut comprendre la désolation de cette ruine générale. Chacun resserra son vieux grain ; le pain enchérit à proportion du désespoir de la récolte (1). Les plus avisés ressemèrent des orges dans les terres où il y avait eu du blé, et furent imités de la plupart : ils furent les plus heureux, et ce fut le salut ; mais la police s'avisa de le défendre, et s'en repentit trop tard. Il se publia divers édits sur les blés, on fit des recherches des amas (2), on envoya des commissaires par les provinces trois mois après les avoir annoncés, et toute cette conduite acheva de porter au comble l'indigence et la cherté, dans le temps qu'il était évident, par les supputations, qu'il y avait pour deux années entières de blé en France, pour la nourrir tout entière, indépendamment d'aucune moisson. Beaucoup de gens crurent donc que Messieurs des finances avaient saisi cette occasion de s'emparer des blés par des émissaires répandus dans tous les marchés du Royaume, pour le vendre ensuite aux prix qu'ils y voudraient mettre au profit du Roi, sans oublier le leur. Une quantité fort considérable de bateaux de blé se gâtèrent sur la Loire, qu'on fut obligé de jeter à l'eau, et que le Roi avait achetés, ne diminuèrent pas cette opinion, parce qu'on ne put cacher l'accident. Il est certain que le prix du blé était égal dans tous les marchés du Royaume ; qu'à Paris, des commissaires y mettaient le prix à mainforte (3), et obligeaient souvent les vendeurs à le hausser malgré eux ; que, sur les cris du peuple combien cette cherté durerait, il échappa à quelques-uns des commissaires, et dans un marché à deux pas de chez moi, près de Saint-Germain-des-Prés, cette réponse assez claire : tant qu'il vous plaira, comme faisant entendre, poussés de compassion et d'indignation tout ensemble, tant que le peuple souffrirait qu'il n'entrât de blé dans Paris que sur les billets d'Argenson ; et il n'y entrait point autrement. D'Argenson, que la Régence a vu tenir les sceaux, était alors lieutenant de police, et fut fait en ce même temps conseiller d'Etat sans quitter la police. La rigueur de la contrainte fut poussée à bout sur les boulangers, et ce que je raconte fut uniforme par toute la France, les intendants faisant dans leurs généralités (4) ce qu'Argenson faisait à Paris, et par tous les marchés, le blé qui ne se trouvait pas vendu au prix fixé à l'heure marquée pour finir le marché se remportait forcément, et ceux à qui la pitié le faisait donner à un moindre prix étaient punis avec cruauté.

---

(1) Le prix du pain augmenta en même mesure que le désespoir de la récolte à venir. — (2) Sur les grains de blé amassés. — (3) De façon autoritaire, en forçant la main aux vendeurs. — (4) Portions du territoire placées sous leur autorité.

LES ARTS

RICHESSE ET COMPLEXITÉ DU TEMPS DE LOUIS XIII

Sous Louis XIII, la vie artistique est à l'image de la vie littéraire et de la vie politique: mouvementée, exubérante, extrêmement complexe. Curieux de tout, les artistes tentent toutes les possibilités offertes par les grands maîtres étrangers de la Renaissance, en même temps que s'impose un courant individualiste venu de Montaigne, avec tout ce qu'il comporte de richesse et de contradiction.

C'est ce désordre même, admirable de vitalité et de fécondité, qui déclencha le mouvement vers l'unité classique. Car cet excès de liberté devait nécessairement amener une réaction dans le sens opposé, et cette réaction prit la forme d'une exigence de discipline et de raison, parallèle ici à celle des philosophes et des écrivains, parallèle également à celle de Louis XIV, lorsque au début de son règne il organisa la société.

Il en sortit un art qui, parti d'une multiplicité de sources et d'influences étrangères — italiennes, flamandes, espagnoles —, trouva son unité et devint proprement national. Cet art, devenu officiel sous Louis XIV, eut la destinée que l'on sait : de par sa qualité foncièrement française, il réussit à se maintenir, notamment dans l'architecture, en dépit du danger de sclérose amené par l'académisme stérile de la fin du siècle et en dépit de la grande tentation baroque du XVIIIe siècle. Le triomphe de la ligne chez Ingres au XIXe siècle et les spéculations de l'art contemporain dans les rapports entre forme et fonction, vision et style, montrent bien que la grande préoccupation classique d'équilibre et d'harmonie n'a pas fini d'inquiéter l'esprit de l'art.

La flamme de la curiosité, la richesse de la contradiction...

... *Dans l'architecture* Le Palais du Luxembourg construit par Salomon de Brosse pour Marie de Médicis de 1615 à 1621, le Palais Cardinal — notre Palais-Royal — construit par Le Mercier pour Richelieu en 1635, notre actuelle Bibliothèque Nationale, palais transformé et achevé par François Mansart pour Mazarin en 1644, sans compter de somptueux hôtels dans le quartier du Marais, autant de résidences princières que nous offre à l'intérieur même des murs de Paris cette architecture « royale » du XVIIe siècle, atteinte, elle aussi, par cette vague de fantaisie qui agita tous les arts plastiques au début du siècle.

En effet, de 1610, année de la mort d'Henri IV et de l'achèvement de la Renaissance française, aux années 60, en même temps qu'elle recherche son équilibre, l'architecture suit les multiples méandres de l'imagination lyrique et effervescente qui caractérise l'époque, suivant sans doute une interprétation gauche et trop échevelée des modèles antiques et italiens. Le bizarre, le rare, le fantastique, le goût du jour pour la fiction et l'illusion ne se fait pas seulement sentir dans les décors tarabiscotés (1) des opéras ou les savants truquages de mise en scène des pièces à machines; sans compter le pittoresque de rocaille et de guirlandes dans la décoration des intérieurs, la fantaisie insolite de la Fontaine de Médicis d'un Salomon de Brosse et celle bien romantique de l'hôtel de Beauvais d'un Antoine Lepautre reflètent cette très grande liberté dans l'imagination et l'expression. Aux Pays-Bas méridionaux, Pierre Huyssens († 1637) inaugure à Namur les méandres et les arabesques du style jésuite.

---

(1) Compliqués, surchargés.

Ceux mêmes qui compteront parmi les représentants les plus parfaits de l'architecture française, François Mansart, Claude Perrault, Louis Le Vau, ne pourront pas se préserver de la tentation baroque.

Les premiers projets de François Mansart (1598-1666) pour le château de Maisons-Laffitte par exemple et ceux de Perrault (1613-1688) pour la colonnade du Louvre montrent une complaisance certaine à tourmenter lignes et structures d'ornements inattendus et de fausses perspectives. Louis Le Vau (1612-1670) donnera l'exemple achevé du malaise et de la complexité d'un style qui se cherche encore, hésitant entre la séduction des fantaisies irrationnelles du baroque et un élan intérieur, spontané et irrésistible vers le dépouillement abstrait du classicisme : c'est le château de Vaux-le-Vicomte (1656-1660) avec ses jeux de volumes et ses effets ornementaux.

On retrouve la même variété dans l'architecture religieuse, caractérisée par le fronton à la manière antique et la coupole, du style dit « Jésuite », du nom de l'église du *Gesù* à Rome. Lemercier fait en 1625 un des premiers essais du dôme en France avec la Chapelle de la Sorbonne, tandis que l'église Saint-Paul-Saint-Louis (1627-1691) est un modèle du genre, à la fois strict et orné. Ce style, par son très long succès, témoigne, au même titre que les hésitations d'un François Mansart ou d'un Claude Perrault, d'une certaine continuité dans l'architecture au XVIIe siècle, malgré toutes les contradictions d'un âge trop riche par sa liberté même.

... Dans la peinture

C'est plus clairement encore dans la peinture que l'on trouve l'expression de cette dualité qui oppose la tendance classique aux multiples élans d'imagination d'une époque mouvementée. Les vingt ans de silence ou de bavardage maniériste qui ouvrirent le siècle firent que les plus représentatifs des peintres du temps de Louis XIII se trouvèrent les contemporains de ceux qui allaient devenir les grands artisans du classicisme. Cette période d'efforts était en somme nécessaire à l'émancipation de la grande peinture classique française, car elle lui permit de naître en donnant le temps aux vrais artistes d'élaborer et d'adopter une attitude neuve, véritable prise de position à l'égard des modèles étrangers. Parmi les plus représentatifs de ces peintres, qui naquirent aux alentours de 1594, année de la naissance de Nicolas Poussin, émergent Jacques Callot, Georges de La Tour et Louis Le Nain.

C'est Jacques Callot (1592-1635), dont les symbolistes se rappelleront les immortelles silhouettes de gueux, incisives et dépravées, semblant venir tout droit de quelque cour des Miracles, qui fera vibrer, jusque dans son réalisme, la note insolite caractéristique de l'époque. Cette imagination débridée trouva dans le maniérisme finissant où s'engager et quelle expression prendre. Toute la fantaisie multiforme de Callot retrouva celle des Italiens de Rome et de Florence ; et les visions fantastiques ou baroques où elle se complut, même à l'occasion de sujets bibliques, nous donnent peine à penser qu'elles furent contemporaines de l'abstraction mystique d'un Georges de La Tour. Et pourtant...

Le grand renouveau du sentiment religieux qu'avait amené la Contre-Réforme et que venait encore alimenter une réaction contre la trop grande suprématie de l'intellectualisme qui avait sévi pendant toute la Renaissance, explique le retour à la spiritualité qui éclaire déjà les tableaux de La Tour avant de devenir l'âme même du classicisme. Quoique nous ignorions presque tout de la vie de Georges de La Tour (1593-1652), c'est sans doute d'Italie et plus précisément des œuvres du Caravage, comme Gérard Douffet, maître de l'école liégeoise, qu'il a dû recevoir la révélation de la lumière. Mais il ne vit que la lumière et ne retint rien des gesticulations et du réalisme baroques qui caractérisent l'œuvre du maître italien. Ses contemporains restèrent également insen-

sibles à la chaleur passionnée des Flamands comme Rubens qui, en 1622 déjà, travaillait à la Galerie Médicis. Ce choix, venu sans doute d'une exigence de spiritualité très
pure et très profonde, montre bien tout ce qui sépare la qualité de la lumière de La Tour
de celle du Caravage. Effet théâtral d'idéalisation chez ce dernier, la lumière subit
une entière métamorphose chez La Tour, où abstraite et symbolique, elle n'est plus
que l'émanation des âmes même de ses personnages. Son rôle est nouveau : au lieu de
dissoudre les volumes en de mystiques éblouissements, elle les fixe au contraire dans
un parfait équilibre, dans une calme et sereine ordonnance architecturale. Les personnages de La Tour émergent de la nuit à la manière de leurs torches, droits et immobiles,
dépouillés de toute humanité. Cette concentration extrême, qui donne sa dimension
d'intensité à l'œuvre de Georges de La Tour, fut redécouverte au XXᵉ siècle ; on y vit
alors une des premières expressions de l'harmonie et de la plénitude classiques.

Louis Le Nain (1593-1648) subit les deux tendances contradictoires qu'illustrent
Callot et La Tour. Provincial, étranger aux abstractions du raisonnement, il subit
le charme de son Laonnois natal. C'est ce qui le sauva de la tentation des bambochades (1)
dans le goût du jour, à laquelle, avec son frère Antoine, il avait succombé quelque temps.
Ses scènes de paysans baignent dans une lumière étrangère, elle aussi, à celle des
caravagesques, de par sa qualité même. Ce ne sont plus des tableaux à l'italienne. Dans
la mesure où, grâce à leur style ferme et serein, palpite un silence méditatif intense,
instant d'éternité dans lequel des personnages se libèrent de leur aspect anecdotique
pour devenir élément de poésie, ses tableaux, comme la *Famille de paysans dans un
intérieur*, le *Repas de paysans* ou encore la *Halte du Cavalier* sont déjà classiques.

... Dans la sculpture

Au cours de la période s'étendant de 1590 à 1660, c'est la
sculpture qui, parmi les arts plastiques, connut le moins
de fluctuations : elle décrit une courbe constante et tenace vers l'ordre classique. Jean
Goujon qui avait retrouvé la vraie source, le vrai secret, de la technique antique et qui
par là s'était préservé de toute influence italienne, avait inauguré dès la première moitié
du XVIᵉ siècle un nouveau style ; c'est dans le succès considérable de ce style que
l'on peut voir le premier geste d'émancipation de la sculpture française ; c'était le
premier pas, mais décisif, qui la dégageait définitivement des influences ultramon-
taines (2). Né d'une véritable « Renaissance à retardement », dans la mesure où il promut
la notion de beauté antique, ce style eut une destinée heureuse : après s'être élaboré ainsi
pendant cette période, il se verra finalement consacré, dogmatisé, préservé envers et
contre tous par l'Académie, toute-puissante machine à normaliser le bon goût.

Sarazin (1588-1660), un des fondateurs de cette Académie, fut le chef de file des
sculpteurs d'alors, réunissant dans son atelier bon nombre d'entre eux, dont Vouet
et les frères Anguier. Revenu baroque d'Italie où il avait passé dix-huit ans, il ne le
resta pas longtemps, ce qui prouve la force de l'engouement (3) d'alors pour le nouveau
style. A l'autel très classique qu'avait fait Vouet pour l'église Saint-Nicolas-des-Champs
et à *l'Assomption* qu'il célèbre, Sarazin collabora, l'entourant d'anges voltigeurs qui
ont tout encore de leurs frères italiens ; mais ce sont des bas-reliefs très classiques
— illustrant les *Triomphes de Pétrarque* — qu'il modèlera pour le tombeau du prince de
Condé, dont une reproduction se trouve aujourd'hui à Chantilly. C'est à Sarazin également et à ses collaborateurs que l'on doit les célèbres cariatides ornant le pavillon de
l'Horloge au Louvre.

Mais ce furent François (1604-1669) et Michel Anguier (1614-1686) qui débarrassèrent

---

(1) Tableaux dans le genre champêtre populaire, un peu grotesque ou burlesque. — (2) D'au-delà
des Alpes par rapport à la France, autrement dit italiennes. — (3) Enthousiasme excessif.

le nouveau style de toute équivoque. Pour le tombeau élevé par la duchesse de Montmorency à son mari, ils groupent, autour de l'effigie du couple, des Vertus Chrétiennes, sœurs des Muses, sœurs des Dieux avec lesquels elles s'associent ici.

Mais ce n'est pas seulement par l'imagerie mythologique que fut influencé alors l'art religieux. Sa prééminence sur l'art profane jusqu'en 1660 est due surtout à ce même élan mystique qui animait la charité de saint Vincent de Paul et les écrits de saint François de Sales. C'est alors qu'on vit les monastères réclamer un décor et, comme celle du Val-de-Grâce, les façades des églises se peupler de statues d'anges et d'apôtres ; la famille Duquesnoy peuple de statues les églises de Rome et des Pays-Bas ; les statues funèbres comme celles de Thomas, Barthélemy et Michel Baudin se multipliaient dans les églises à Paris et en province. Celles de Diane de France, de Sully, de Louis XI et tant d'autres reflètent bien ce qu'avait d'ostentatoire la dévotion mondaine de l'époque ; mais ce goût théâtral dans les ornements et les tombeaux est peut-être plus sincère qu'on le croit souvent... Pourquoi dénierait-on à la foi cette expression que lui donna toute la mentalité d'un siècle ?

SPLENDEUR DE L'ART CLASSIQUE

Poussin   La tentative de coordination du classicisme dans les lettres et les arts, que rendra officiel un état d'esprit, s'affirmait de plus en plus depuis le début du siècle. Elle aboutit au succès que l'on sait, non seulement parce que Louis XIV fut un monarque au goût sûr et à l'esprit méthodique et organisateur, mais aussi parce qu'elle faisait partie d'un mouvement de civilisation qui s'imposait déjà sur tous les plans depuis Descartes. Cela explique que Poussin (1594-1665), que l'on considère comme le « Racine de la Peinture », ait été en fait contemporain de ce même Descartes et soit mort deux ans avant la première représentation d'*Andromaque*.

D'un côté, la vie d'exilé qu'il mena en Italie et qui lui permit, loin du bouillonnement artistique français, d'édifier la parfaite unité de son art, et de l'autre, la spontanéité « naïve » et passionnée de son approche des œuvres antiques ainsi que des œuvres modernes — celles de Raphaël surtout — sont à la base de la puissante originalité de Poussin, au même titre que cet amour de la nature, ce sens du concret, voire cette jouissance du réel que sa nature paysanne conserva toujours. Poussin, homme complet, réalisa dans son œuvre l'alliance difficile du rationnel et du sensible. Ses merveilleux lavis (1) de la campagne romaine, brossés comme par impulsion, aussi bien que ses grandes compositions allégoriques, constituent le plus génial des apports classiques à la peinture.

Cette lettre adressée à M. de Chambray en 1665, ultime message de Poussin, exprime justement le double aspect de sa personnalité qui, tout en rendant justice à la rigueur classique, n'hésita pas à reconnaître la part de l'inspiration dans tout grand art. Par ailleurs on ne saurait rester insensible à son accent pathétique, véritable testament du peintre qui devait mourir en cette même année.

Monsieur,

Il faut à la fin tâcher à se réveiller après un si long silence, il faut se faire entendre pendant que le pouls nous bat encore un peu. J'ai eu tout loisir de lire et examiner votre livre de la parfaite idée de la peinture, qui a servi d'une douce pâture à mon âme affligée, et me suis réjoui de ce que vous êtes le premier des Français qui avez ouvert les yeux à ceux qui ne voyaient que par ceux d'autrui, se laissant abuser d'une fausse opinion commune (2). Or vous venez d'échauffer et amollir une matière rigide et difficile à manier, de sorte que désormais il se pourra

(1) Dessins faits à l'encre de Chine, au bistre, ou à la sépia. — (2) Noter chez cet artiste le même souci que chez les philosophes de remise en question rationnelle des préjugés acquis.

trouver quelqu'un qui, dessous votre guide, nous pourra donner quelque chose du sien au bénéfice de la peinture.

Après avoir considéré la division que fait le seigneur François Junius des parties de ce bel art, j'ai osé mettre ici brièvement ce que j'en ai appris.

Il est nécessaire premièrement de savoir ce que c'est que cette sorte d'imitation et la définir.

Cette imitation faite avec lignes et couleurs en quelque superficie de tout ce qui se voit dessous le soleil, sa fin (1) est la délectation (2).

PRINCIPES QUE TOUT HOMME
CAPABLE DE RAISON PEUT APPRENDRE

Il ne se donne point de visible sans lumière.
Il ne se donne point de visible sans moyen transparent.
Il ne se donne point de visible sans terme (3).
Il ne se donne point de visible sans couleur.
Il ne se donne point de visible sans distance.
Il ne se donne point de visible sans instrument.

Ce qui suit ne s'apprend point,

Ce sont parties du peintre.

Mais premièrement de la matière :

Elle doit être prise noble, qui n'ait reçu aucune qualité de l'ouvrier. Pour donner lieu au peintre de montrer son esprit et industrie (4), il la faut prendre capable de recevoir la plus excellente forme. Il faut commencer par la disposition puis par l'ornement, le décoré, la beauté, la grâce, la vivacité, le costume, la vraisemblance et le jugement partout. Ces dernières parties sont du peintre et ne se peuvent apprendre. C'est le rameau d'or de Virgile que nul ne peut trouver ni cueillir s'il n'est conduit par la fatalité. Ces neuf parties contiennent plusieurs belles choses dignes d'être écrites de bonnes et savantes mains mais je vous prie de considérer ce petit échantillon et m'en dire votre sentiment sans aucune cérémonie. Je sais fort bien que non seulement vous savez moucher la lampe (5), mais encore y verser de bonne huile. Je dirai plus, mais quand je m'échauffe maintenant le devant de la tête par quelque forte attention, je m'en trouve mal. Au surplus j'ai toujours honte de me voir colloqué (6) avec des hommes, le mérite et la valeur desquels est au-dessus de moi plus que l'étoile de Saturne n'est au-dessus de notre tête. C'est un effet de votre amitié qui vous fait me voir plus grand de beaucoup que je ne suis. Je vous en suis redevable à toujours et suis, Monsieur, votre très humble et très obéissant serviteur.

Nous trouvons une autre expression de l'originalité de Poussin dans cet extrait d'une lettre adressée à de Noyers et citée par Félibien. Effectivement, dans cette notion de « prospect » telle qu'il la présente ici, on pourrait voir une première forme du comportement que préconiseront aux peintres Delacroix et Baudelaire, quand ils condamneront la photographie passive du réel au profit d'une vision subjective et poétique des choses.

Il faut savoir (...) qu'il y a deux manières de voir les objets, l'une en les voyant simplement, et l'autre en les considérant avec attention. Voir simplement n'est autre chose que recevoir naturellement dans l'œil la forme et la ressemblance de la chose vue. Mais voir un objet en le considérant, c'est qu'outre la simple et naturelle réception de la forme dans l'œil, l'on cherche avec une application particulière le moyen de bien connaître ce même objet; ainsi on peut dire que le simple aspect est une opération naturelle et que ce que je nomme le Prospect est un office de raison qui dépend de trois choses, savoir de l'œil du rayon visuel, et de la distance de l'œil à l'objet; et c'est de cette connaissance dont il serait à souhaiter que ceux qui se mêlent de donner leur jugement fussent bien instruits.

Claude Lorrain Après Poussin, ce n'est peut-être pas au Bruxellois de Paris Philippe de Champaigne — malgré les splendides portraits que donnèrent à la peinture française son réalisme sobre et sévère et sa spiritualité bien janséniste — que l'art classique doit sa plus parfaite expression; mais c'est bien à Claude Lorrain (1600-1682), cet ami de Poussin qui, lui aussi, vécut en Italie, lui aussi, dut la plus grande part de son originalité à une sensibilité paysanne, qui lui permit de donner au paysage français sa véritable dimension d'art. Et ceci, en grande partie grâce à son extrême sensibilité à la lumière solaire — dont le culte atteindra sa phase

(1) Son but. — (2) Il s'agit du plaisir esthétique. — (3) Limites dans l'espace. — (4) Habileté. — (5) Oter le bout carbonisé de la mèche d'une lampe. — (6) Placé.

la plus aiguë avec les impressionnistes plus de deux cents ans plus tard. Mais ce n'est pas seulement sur le plan de l'esthétique pure que la lumière apporte la vie aux tableaux de Claude Lorrain. Si elle nous invite à y entrer, à nous perdre dans leurs échappées vers l'extase de soleils couchants, en même temps elle nous fait percevoir l'écho de l'âme même de Lorrain. Cette âme semble symbolisée par la forme féminine perdue dans la solitude romantique du *Château enchanté*, dans le rêve et l'attente; c'est une âme hantée par l'éternelle nostalgie, par ce désir d'évasion qui est le thème même de tant de toiles de Lorrain, ces *Embarquements* et ces *Ports de mer au soleil couchant* dont les titres même sont autant d'invitations au voyage.

Ces deux grands maîtres éclipseront Mignard et Le Brun, qu'ils reléhueront au rang de décorateurs ou d'anecdotiers du siècle, en dépit de leurs fonctions importantes, en particulier de celle qu'occupait Le Brun au sein de l'Académie.

VERSAILLES : SYNTHÈSE DES ARTS SOUS LOUIS XIV

Avec la stricte hiérarchisation de la société et les nouvelles et solides structures de la monarchie absolue, l'architecture, à l'image d'un pouvoir dont elle ne pouvait être que la plus parfaite expression plastique, connut avec Louis XIV et la nouvelle génération une splendeur que celle des plus puissants régimes totalitaires du XXe siècle n'arriveront pas à égaler, en dépit de tous les progrès techniques. Tous les autres arts semblèrent alors s'effacer et ne plus exister que pour la servir et la rehausser.

Versailles, fruit d'une immense collaboration d'artistes, dont le travail fut étroitement et constamment contrôlé et guidé par le roi lui-même, offre l'ensemble le plus parfait que nous puissions avoir de tous les arts plastiques de cette seconde partie du siècle. Sa plus grande beauté réside sans doute dans son plan, grandiose par sa simplicité. Le petit hôtel de Lemercier se développa au nord, au sud, à l'est, à l'ouest à partir des appartements royaux qui devinrent l'axe même de la nouvelle construction, tandis que la cour s'agrandissait démesurément et que le jardin se transformait en un parc fabuleux.

Le Parc C'est en fait ce parc fabuleux, conçu et ordonné par le génie de Le Nôtre (1613-1700) qui détermina l'architecture définitive du palais. La noblesse du cadre servit de théâtre à ces fêtes d'une féerique somptuosité que donna le roi au cours de son long règne. Certaines d'ailleurs sont restées fameuses, comme celle dédiée à Louise de Lavallière : *Les Plaisirs de l'Ile enchantée*. Le Nôtre, ce jardinier génial, architecte-paysagiste avant la lettre, fut un des créateurs les plus représentatifs de l'art classique. Déjà à Vaux-le-Vicomte il en avait donné l'exemple le plus géométrique et le plus dépouillé; à Versailles, l'harmonie qu'il imposera entre jardins et bâtiment, la disposition parfaitement symétrique des allées et de leurs perspectives, des bosquets et des ornements sculptés, des parterres enfin et des bassins, en offriront avec les jets d'eau et les cascatelles rigoureusement réglés (1), l'expression la plus intellectuelle et la plus abstraite. Tout ici, et en particulier la nature vaincue et disciplinée, célèbre l'intelligence.

En 1672, Le Brun prit la direction des chantiers de Versailles, mais lui qui devait pourtant donner le dessin de tout ce qui s'y fit, en peinture, sculpture et orfèvrerie, des grandes compositions picturales aux plus petits détails, ne fit rien de plus qu'illustrer l'agencement de Le Nôtre. Une armée de sculpteurs, qui comptait les plus grands

---

(1) Les jeux d'eau de Versailles ne furent possibles que grâce aux solutions techniques suggérées par le baron de Ville de Huy et réalisées par le maître artisan liégeois Rennequin Sualem, auteur de la machine de Marly.

artistes de France, des Pays-Bas, du Pays de Liège et d'ailleurs, travailla sous ses ordres, peuplant le parc de tout un monde de dieux, de nymphes et de tritons, et aussi d'animaux familiers ou fabuleux, mis à la mode par La Fontaine.

A côté du Vase de Coysevox — le premier sculpteur du temps — et de celui de Tuby, auxquels viennent aboutir les tracés de Le Nôtre, une foule de statues, les unes signées par des maîtres connus et même célèbres comme Girardon et ses émules Regnaudin, Marsy, Legros et Lehongre, les autres, œuvres d'artistes restés inconnus, servent de point de départ ou de point d'arrivée aux allées. Ce jardin mythologique où règne l'allégorie antique est le fruit de talents bien français; il montre le triomphe de l'art nouveau, que viennent confirmer l'échec du Bernin en France et l'isolement de Pierre Puget (1620-1694), dont l'œuvre faite de fougue et de paroxysme ne fut comprise qu'au XIXᵉ siècle. Son *Milon de Crotone* et son *Persée délivrant Andromède* surent toutefois trouver grâce aux yeux de Colbert et de Le Nôtre, en particulier, qui les plaça à l'entrée du Tapis vert.

Le Château   Jusqu'en 1678, Le Brun resta le maître d'œuvre de Versailles et prit part personnellement à la décoration du palais. Les peintures de la voûte de la Grande Galerie révèlent une tendance baroque qui, bien que discrète, nous paraîtrait étrange si elle ne trouvait son explication dans un contresens que Le Brun fit sur cette phrase de Descartes : « Ce qui est passion dans l'âme est action dans le corps. » Le malheur voulut que l'Académie érigeât ensuite ce contresens en dogme.

C'est en 1678, qu'appelé par le roi, Jules Hardouin-Mansart (1646-1708), petit-neveu de François Mansart, alors âgé de trente-deux ans, entreprit de transformer et d'agrandir le premier Versailles de Le Vau qui, dans l'équilibre dépouillé de sa façade, avait sans doute atteint le point culminant de l'architecture classique. C'est lui qui, prenant alors en main l'ensemble des travaux, fera triompher à Versailles l'aspect purement spectaculaire de l'harmonie architecturale. Son chef-d'œuvre est la façade sur le parc, qui chante la gloire d'une ligne horizontale que viennent seulement équilibrer les colonnes et les pilastres, et les trophées de la corniche. L'ardoise et la brique, matériaux pittoresques des châteaux Louis XIII, ont disparu pour faire place à la sobriété lumineuse de la pierre nue. Toute la sûre majesté du siècle y est présente. Avec Jules Hardouin-Mansart, Versailles consacrera l'avènement de l'âge antique et de l'âge du bronze. Coysevox, Tuby et leur équipe fondront des fleuves et des nymphes imités de ceux du Vatican et de la galerie Borghèse, qui garderont les parterres d'eau devant l'immense façade. Mais Mansart dut bientôt abandonner la direction des sculptures à Girardon, pour pouvoir mener à bien les travaux du Grand Trianon en même temps que ceux des places royales de Paris — place Vendôme, place des Victoires — et de la chapelle des Invalides, si proche de la manière de François Mansart. Elle fut achevée, comme celle du château, par Robert de Cotte. La chapelle de Versailles annonce déjà ce qui sera connu sous le nom de « goût moderne »; elle est sans doute ce qu'elle est grâce à la collaboration personnelle de Louis XIV. C'est lui en effet qui imposa la pierre nue pour les piliers que Jules Hardouin-Mansart voulait revêtir de marbres polychromes, et donna ainsi tout leur relief aux ornements et aux fresques qui, ici, célèbrent autant Sa Majesté qu'ils chantent la gloire de Dieu.

Les dernières années du siècle, par la pauvreté de leur production picturale, risquent quelquefois de ternir l'éclat de la réussite classique. L'Académie en est responsable car, en prônant le stéréotypé, elle finit par scléroser un art dont elle avait tué le génie. Mais, fort heureusement, parmi les sculpteurs et les ornementateurs de Versailles, le siècle suivant devait trouver une nouvelle source de vie.

LA MUSIQUE

La Musique de Cour   C'est sous Louis XIII que la musique, après avoir toujours été spécifiquement populaire, devint l'affaire d'un petit groupe de lettrés et de gens de cour. Le temps n'est plus des représentations en plein air sur le parvis des cathédrales ou dans les cours des collèges : commence celui des spectacles en salles closes devant un public d'élite. L'aristocratie va s'emparer de la musique comme elle s'est emparée de l'opinion et du goût. C'est alors que se perfectionna l'Air de Cour qui avait paru vers 1570. A l'origine, c'était une chanson de caractère élégiaque à une voix accompagnée; avec les salons et l'influence des précieux, il s'appropriera petits morceaux et poèmes galants et deviendra mièvre et maniéré, à la manière des exercices de style d'alors. Ces airs de cour, qu'ils soient de Pierre Guédron et d'Antoine Besset, artistes talentueux, ou de musiciens moins doués, plaisent à un public frivole et raffiné qui ne connaît pas encore la musique italienne. Mais comme celui de la péninsule, il apprécie par-dessus tout les mises en scène fastueuses des Ballets de Cour, genre de revues à grand spectacle qui nécessitaient la collaboration d'un poète, d'un ou de plusieurs compositeurs, de chanteurs, d'un machiniste, de baladins et d'accompagnateurs. Les titres de ces ballets, *les Argonautes*, *le Triomphe de Minerve* ou *les Aventures de Tancrède* laissent deviner leur extravagance et les prodiges de mise en scène dont ils étaient l'occasion, décors insolites et costumes luxueux rivalisant de pittoresque. Le « Grand Ballet » qui couronnait l'ensemble réclamait la participation effective du roi et des grands seigneurs qui prenaient part aux danses — ce n'étaient encore que des mimes rythmés —, tandis que violons, cornets, hautbois, flûtes et musettes accompagnaient ce spectacle étrange et hétéroclite.

L'Opéra : Lulli
champion de l'Opéra français   La musique italienne s'infiltrait de plus en plus en France et bientôt, au Carnaval de 1646, Mazarin révéla aux Parisiens étonnés et méfiants l'*Orfeo* de Luigi Rossi, qu'interprétaient les meilleurs chanteurs italiens. C'était la Grande Première en France de l'Opéra, mais une Grande Première qui n'eut pas le succès qu'elle escomptait. Les Français, dépaysés, ne s'y faisaient pas encore et se contentaient seulement d'en colorer leurs traditionnels ballets et airs de cour. Mais voilà qu'allait grandir et s'imposer à Paris la personnalité la plus formidable — et la plus détestable à la fois — de toute l'histoire de la musique française : un Italien, Jean-Baptiste Lulli (1632-1687). Arriviste et courtisan, il sut s'attirer la faveur du roi et obtint ainsi la surintendance de la musique. Alors commença son vrai règne.

Fort heureusement, cet opportuniste était un homme de génie et c'est à lui que la musique française doit sa première grande expression dramatique. Sachant que n'avait de succès que ce qui plaisait et que ce qui plaisait alors n'était pas la musique de son pays, il oublia qu'il était italien. Il se mit à assimiler la musique française, à en découvrir les beautés et les faiblesses afin de pouvoir s'en servir pour réaliser ce qu'il avait toujours voulu tenter : la tragédie lyrique. Il commença par collaborer aux comédies-ballets de Molière dans lesquelles, de *la Princesse d'Elide* au *Bourgeois gentilhomme*, il fit entrer tous les éléments du ballet de cour traditionnel. C'est ici que l'on peut juger du génie de cet homme qui eut à un tel degré de finesse l'intelligence de la langue et des subtilités de l'esprit français qu'il trouva avec un rare bonheur les accents d'humour ou de bouffonnerie qu'il fallait pour accompagner et prolonger, sans aucune fausse note, la verve de Molière. Quand il prit la charge d'administrateur de cette *Académie d'Opéra* qu'avait fondée en 1672 un de ses précurseurs, Cambert, c'est alors, en 1673, qu'il réalisa, en collaboration avec Quinault, sa première tragédie lyrique :

Cadmus et Hermione. Ce fut la création en même temps que le triomphe d'un opéra spécifiquement français. Le roi enthousiasmé l'encouragea à continuer et ce fut cette longue suite de pièces s'échelonnant de 1673 à 1686 et parmi lesquelles prit place son vrai chef-d'œuvre, *Armide.* Parallèlement à ses opéras, Lulli répondait toujours au goût du jour en créant un bon nombre de pastorales-ballets. Une d'entre elles, *le Triomphe de l'Amour*, alla même jusqu'à mettre en scène, nouveauté hardie, des ballerines. C'est bien à Lulli que reviennent l'originalité et la force surprenantes de l'opéra français au XVIIᵉ siècle. Son art sut épouser les formes simples et rigoureuses du classicisme ; en le soumettant étroitement au texte qu'il illustrait, il le sauva du bavardage lyrique du « bel canto » et créa un style du récitatif qui a la vigueur et les qualités dramatiques de celui de Racine.

L'opéra, genre nouveau, triompha en France malgré l'opposition de lettrés comme Boileau, ou d'hommes d'église comme Bossuet. Perrault lui rendit hommage dans *les Parallèles :*

« Les opéras » ont le don de plaire à toutes sortes d'esprits, aux grands génies de même qu'au menu peuple, aux vieillards comme aux enfants : ces chimères bien maniées endorment et amusent la raison quoique contraires à cette même raison et la charment davantage que toute la vraisemblance imaginable ; ainsi nous pouvons dire que l'invention ingénieuse des opéras n'est pas un accroissement peu considérable à la belle et grande poésie.

Un peu plus tard Campra et son élève Destouches continueront de le perfectionner, préparant ainsi la voie à l'œuvre du grand Rameau.

La Musique d'Église :   Mis à part les compositeurs qui tentèrent sous Louis XIII
Chant choral   les nouvelles techniques italiennes dans la musique reli-
et musique d'orgue   gieuse, et dont l'œuvre est restée en grande partie inédite,
   les grands noms qui nous sont parvenus de la musique religieuse au XVIIᵉ siècle appartiennent à la génération de Versailles.

C'est au XXᵉ siècle que reviennent l'honneur et le mérite d'avoir tiré de l'oubli, grâce au concert et au disque surtout, les œuvres de Charpentier et de Lalande.

Charpentier   Marc-Antoine Charpentier (1634-1704), dont les accents éclatants
   du *Te Deum* sont entrés dans notre vie quotidienne grâce à l'indicatif d'une émission de télévision, n'eut pas au début de sa carrière la faveur qu'il a aujourd'hui. S'opposant en tous points au redoutable dictateur musical qu'était devenu Lulli, il ne put éclipser son adversaire. Mais c'est lui, le Français, qui italianisa la musique religieuse d'alors, en y apportant tout ce qu'il avait appris au cours des trois ans qu'il avait passés à l'école de Carissimi à Rome. L'art officiel qui suivait la baguette de Lulli inspira d'abord ses messes, ses motets et ses hymnes, même ses oratorios dont il était pourtant le premier à avoir introduit le genre en France et qui allaient préparer la voie à Bach. Mais fort heureusement, à la mort de Lulli, la France le reconnut enfin ; le roi l'admira et Philippe, duc de Chartres, le prit pour professeur. Son œuvre était sauvée. On put alors entendre ses grandes compositions non seulement à la Sainte-Chapelle où il était devenu maître de musique, mais aussi à la chapelle du Louvre et à l'église des Pères de l'Oratoire ; l'histoire et le goût l'avaient finalement adopté. Marc-Antoine Charpentier composa maintes musiques de scènes — dont celle du *Malade imaginaire* en 1672 —, qui eurent sans doute du succès, mais c'est surtout par sa musique religieuse qu'il se fit connaître et admirer, et c'est encore celle-là que nos disques nous font entendre. La grande variété de ton que nous offre cette partie de son œuvre, allant

de la délicieuse *Messe de Minuit sur des Noëls anciens* au jubilant *Magnificat* à huit voix dont les hardiesses extrêmes et les nouveautés harmoniques étonnent encore, est prodigieuse. Si le retentissement de l'opéra n'avait pas fait reculer la musique religieuse devant la musique profane, il est certain que Marc-Antoine Charpentier eût été un des princes de la musique de son temps.

Lalande   C'est seulement par son immense talent que Michel-Richard de Lalande (1657-1726) put accéder aux plus hautes charges musicales; devenu surintendant de la musique à la mort de Lulli, il finira par remplir toutes celles qui existaient alors. C'est ainsi qu'il fut appelé à faire aussi bien de la musique profane que de la musique religieuse. Mais ni ses très heureuses *Symphonies pour les Soupers du Roi*, ni sa fort belle musique de ballet n'égalent en profondeur la merveilleuse réussite de ses grands motets. — C'est Du Mont (1610-1684) qui en avait jeté les premiers jalons, en élargissant et en enrichissant le motet à une ou deux voix qui existait alors —. Les grands chœurs accompagnés de l'orchestre, les effets dramatiques des voix et des instruments manquent peut-être de recueillement, mais ils reflètent bien, comme l'opulence de la décoration des églises, la majesté grandiloquente et somptueuse des célébrations liturgiques du Grand Siècle. Lalande fit la synthèse entre le style bien français du Wallon Du Mont et le style italien de Marc-Antoine Charpentier; c'est en ce sens qu'il ne manqua pas d'influencer Bach et Haendel.

Couperin   On ne peut évoquer la musique du XVIIᵉ siècle sans prononcer le nom de Couperin. François, surnommé « le Grand » (1668-1733), qui appartenait à cette illustre famille qui, de génération en génération, tint l'orgue de Saint-Gervais, donna justement, dans le domaine instrumental de la musique religieuse et plus précisément dans celui de l'orgue, la plus belle expression de son génie. C'est lui qui rendit à la musique d'église son intégrité religieuse en la sauvant des influences aimables du style concert ou du style opéra qui avaient transformé dès 1660 l'art liturgique en art de cour. Il sut dans ses deux *Messes* d'orgue, à l'usage des paroisses et à l'usage des couvents, revenir aux thèmes grégoriens, en les ornant sans les laïciser. Les plus tendres mélodies qui s'y mêlent ne deviennent pas pour autant profanes, mais, au contraire, animent d'une pure et sincère émotion le sentiment vraiment religieux qu'elles paraphrasent.

LES LETTRES

I. ENTRE L'ORDRE ET LA GLOIRE (1600-1643)

Cette période confuse voit s'imposer peu à peu la discipline et la politesse dans les mœurs et dans les œuvres, tandis que persistent le souci de la gloire personnelle, de l'originalité, de la fantaisie, de la liberté. Quelques hommes puissants et convaincus, tels que Richelieu, Malherbe, Corneille et Descartes établissent les fondements du pouvoir royal, de la langue et de la poésie, du théâtre et de la philosophie.

MALHERBE

Sa vie   François de Malherbe naquit à Caen en 1558 ; il était l'aîné d'une famille nombreuse de modeste noblesse de robe. A la fin de ses études, il se chercha un protecteur et ce fut d'abord Henri II, gouverneur de Provence, qu'il suivit à Aix en 1576. Mais il revint à Caen après la mort de ce dernier et végéta bien des années. De retour à Aix en 1595, il offrit à la jeune reine Marie de Médicis l'*Ode sur sa bienvenue en France* (1600) et enfin en 1605 il fut présenté au roi Henri IV qui le chargea de composer des vers sur son voyage en Limousin.

Il devint dès lors poète officiel, s'installa à Paris et s'imposa au monde littéraire comme un maître avisé et sûr de lui. Malgré les ennemis que sa cinglante sévérité lui attira, il poursuivit sa tâche avec la même ardeur et la même ténacité jusqu'à sa mort en 1628.

Sa doctrine   Grâce à l'orgueilleuse idée qu'il se fait de son œuvre et à sa conception même de la poésie, Malherbe oriente la littérature de son temps, mais il laisse aussi de beaux vers, exemples parfaits d'un art accordé au siècle qui, renonçant aux guerres civiles, politiques ou religieuses, s'est fixé un idéal d'ordre, d'unité et de grandeur. Ainsi sa doctrine et son exemple vont-ils dans le même sens que l'Académie française qui vient de se créer avec la protection de Richelieu, et dont les « Lettres patentes » du roi précisent qu'il faut rendre la langue française « trop négligée de ceux qui l'eussent pu rendre la plus parfaite des modernes... non seulement élégante mais capable de traiter tous les arts et toutes les sciences... »

Malherbe n'a pas composé d'art poétique, mais les traits essentiels de sa doctrine apparaissent dans ses poèmes et aussi dans son commentaire sévère mais détaillé des œuvres de Desportes. Il est constamment guidé par la raison et la réflexion. Les comparaisons éclairant toujours l'idée sont plus expressives que brillantes ; le plan est simple jusqu'à l'évidence. D'autre part, il sait accepter et même s'imposer avec joie une discipline cohérente : règles de la grammaire, usage reconnu des mots, genres littéraires, principes de versification — il les fixe lui-même si cela lui semble nécessaire. En fait, quand cet homme loue le roi qui ramène l'ordre dans le pays tout entier, il satisfait encore son idéal de classement, d'organisation, d'unité réalisée pour le bien commun. Mais il a surtout, au suprême degré, le souci de la beauté de la forme et le désir de perfection ; c'est là sa véritable noblesse et sa plus haute leçon : dans la symétrie souveraine des grandes odes, dans l'harmonie ineffable des strophes amoureuses, se détachent des vers d'une très pure harmonie, admirables de plénitude.

PRIÈRE POUR LE ROY HENRI LE GRAND ALLANT EN LIMOUSIN (Stances)

Ce poème prend appui sur des idées simples et fortes : il proclame le courage, la vertu, la prudence et la grandeur du roi, la confiance en Dieu qui l'inspire, son espoir en des années pacifiques et fécondes. La composition en est logique et nette ; après une prière à Dieu pour le roi dont tout dépend, puis un rappel des luttes qu'il a apaisées, Malherbe se laisse aller à de magnifiques rêves d'avenir.

La forme est belle par la plénitude de la phrase et du vers dont le rythme soutenu donne véritablement l'impression d'un monde embelli et heureux.

Un malheur inconnu glisse parmi les hommes
Qui les rend ennemis du repos où nous sommes :
La plupart de leurs vœux tendent au changement ;

Et comme s'ils vivaient des misères publiques,
Pour les renouveler ils font tant de pratiques,
Que qui n'a point de peur n'a point de jugement.

En ce fâcheux état ce qui nous réconforte,
C'est que la bonne cause est toujours la plus
                                             forte,
Et qu'un bras si puissant t'ayant pour son
                                             appui,
Quand la rébellion plus qu'une hydre féconde
Aurait pour le combattre assemblé tout le
                                             monde,
Tout le monde assemblé s'enfuirait devant lui.

Conforme donc, Seigneur, ta grâce à nos
                                          pensées;

Ote-nous ces objets qui des choses passées (1)
Ramènent à nos yeux le triste souvenir;
Et comme sa valeur, maîtresse de l'orage,
A nous donner la paix a montré son courage.

Fais luire sa prudence à nous l'entretenir (2).
Il n'a point son espoir au nombre des armées,
Étant bien assuré que ces vaines fumées (3)
N'ajoutent que de l'ombre à nos obscurités.
L'aide qu'il veut avoir, c'est que tu le conseilles;
Si tu le fais, Seigneur, il fera des merveilles,
Et vaincra nos souhaits par nos prospérités...

PARAPHRASE DU PSAUME CXLV

Vanité des choses humaines, impuissance de tous les hommes, même les plus grands, devant la mort, tels sont les sentiments qui dominent cette page. Les images sont plus expressives que rares, mais les mots précis et forts prennent un relief saisissant grâce aux oppositions, au mouvement de la phrase, au rythme du vers, donnant à l'ensemble puissance et profondeur.

N'espérons plus, mon âme, aux promesses du
                                           monde;
Sa lumière est un verre, et sa faveur une onde
Que toujours quelque vent empêche de calmer (4);
Quittons ces vanités, lassons-nous de les suivre :
    C'est Dieu qui nous fait vivre,
    C'est Dieu qu'il faut aimer.

En vain, pour satisfaire à nos lâches envies,
Nous passons près des rois tout le temps de nos
                                           vies,
A souffrir des mépris, et ployer les genoux;
Ce qu'ils peuvent n'est rien; ils sont comme
                                        nous sommes,
    Véritablement hommes,
    Et meurent comme nous.

Ont-ils rendu l'esprit, ce n'est plus que poussière
Que cette majesté si pompeuse et si fière,
Dont l'éclat orgueilleux étonnait l'univers;
Et dans ces grands tombeaux, où leurs âmes
                                           hautaines
    Font encore les vaines (5),
    Ils sont mangés des vers.

Là se perdent ces noms de maîtres de la terre,
D'arbitres de la paix, de foudres de la guerre :
Comme ils n'ont plus de sceptre, ils n'ont plus
                                        de flatteurs,
Et tombent avec eux, d'une chute commune,
    Tous ceux que leur (6) fortune
    Faisait leurs serviteurs.

MATHURIN RÉGNIER

Sa vie et son œuvre   Né à Chartres en 1573, Mathurin Régnier suit le cardinal de Joyeuse en Italie, regagne Paris en 1605 et y fréquente une société fort libre. Il meurt à Rouen en 1613.

Neveu de Desportes, Régnier s'intéresse à la vie littéraire de son temps; n'hésitant pas à s'élever contre la doctrine et aussi l'autorité tyrannique de Malherbe, il revendique hautement la liberté du poète. Son œuvre est peu abondante : quelques épîtres, élégies, odes, épigrammes; mais ses seize satires restent très vivantes par la vérité intense de l'observation, l'originalité des idées, la verve et la fantaisie du conteur qui nous entraîne à sa suite.

Dans cette satire, la plus ancienne de Régnier qui la composa à l'âge de vingt-six ans, l'auteur fait une peinture pittoresque et mordante des poètes misérables et sottement vaniteux qui ont perverti le bel art de Ronsard et de Desportes : il décrit leurs attitudes

(1) Les guerres. — (2) La conserver. — (3) Celles des canons. — (4) Se calmer. — (5) Orgueilleuse. — (6) La fortune des rois.

et imite leurs déclarations prétentieuses tout en exprimant une philosophie un peu désabusée.

Cependant sans souliers, ceinture, ni cordon,
L'œil farouche et troublé, l'esprit à l'abandon,
Vous viennent accoster comme personnes ivres,
Et disent pour bonjour : « Monsieur, je fais des livres ;
On les vend au Palais, et les doctes du temps,
A les lire amusés, n'ont d'autre passe-temps. »
De là, sans vous laisser, importuns ils vous suivent,
Vous alourdent (1) de vers, d'allégresse vous privent,

Vous parlent de fortune, et qu'il faut acquérir
Du crédit, de l'honneur, avant que de mourir ;
Mais que, pour leur respect (2), l'ingrat siècle où nous sommes
Au prix de la vertu (3) n'estime point les hommes ;
Que Ronsard, Du Bellay, vivants ont eu du bien,
Et que c'est honte au roi de ne leur donner rien.
Puis, sans qu'on les convie, ainsi que vénérables,
S'asseyent en prélats les premiers à vos tables,
Où le caquet leur manque, et, des dents discourant,
Semblent avoir des yeux regret au demeurant (4).

THÉOPHILE DE VIAU

Sa vie   Né près d'Agen en 1590 de parents huguenots, Théophile de Viau entre, après une jeunesse aventureuse, au service du comte de Candale, qui est du parti des Princes ; puis, à partir de 1616, il se rapproche de la cour. Contrairement à la légende tardive qui fait de lui un suppôt de tavernes et de mauvais lieux, il mène le train d'un courtisan fastueux. Il est exilé en 1619 en raison des intrigues de la cour plus encore que pour la hardiesse de ses écrits. Rentré en grâce, il abjure prudemment le protestantisme, mais il est dénoncé par les jésuites Garasse et Voisin pour avoir collaboré à un recueil de vers libertins, condamné à mort par contumace (5), puis arrêté en 1623 ; il fait deux années de prison avant d'être libéré et meurt en 1626, sans doute à la suite des souffrances subies dans son cachot. Trois recueils de ses poèmes seront publiés avant sa mort et Georges de Scudéry en publiera une édition posthume en 1632.

Son œuvre   Dramatique exemple des vicissitudes de la littérature sceptique et satirique au début du XVIIe siècle et aussi des rivalités politiques de la cour, Théophile de Viau laisse une œuvre poétique riche et originale, indépendante des leçons de Malherbe qu'il admire en refusant de l'imiter.

Il exprime « dans une langue moderne la sensibilité d'une âme moderne » (A. ADAM) : il aime sincèrement et spontanément « la nature, la vie, la société, l'océan, ses vagues ; son calme... la musique, les beaux habits, la chasse, les beaux chevaux, les bonnes odeurs, la bonne chère »... ainsi évoque-t-il naturellement toutes les beautés du monde lorsqu'il veut adresser un bon éloge au roi, ou supplier Cloris de lui accorder « un amoureux plaisir ».

Mais il a aussi chanté les formes les plus sombres de la passion : faiblesses et déceptions, humiliations et chagrin d'amour, et il a découvert avec l'exil la tristesse profonde de la condition humaine.

On comprend que, jusqu'à Boileau, Saint-Amant et Tristan L'Hermite, et plus longtemps qu'eux, Théophile de Viau ait eu une renommée éclatante.

---

(1) Alourdissent. — (2) A leur égard. — (3) Du mérite. — (4) Ils jettent des regards de regret sur ce qui reste encore dans les plats. — (5) En l'absence du prévenu qui ne s'est pas présenté devant le tribunal.

Depuis *les Regrets* de Du Bellay, il n'est pas un sonnet qui traduise de façon plus poignante et plus sobre que celui sur son exil le désespoir et la douleur de vivre.

Quelque si doux espoir où ma raison s'appuie,
Un mal si découvert ne se saurait cacher :
J'emporte, malheureux, quelque part où je fuis,
Un trait (1) qu'aucun secours ne me peut arracher.

Je viens dans un désert mes larmes épancher,
Où la terre languit, où le soleil s'ennuie,
Et, d'un torrent de pleurs qu'on ne peut étancher,
Couvre l'air de vapeur et la terre de pluie.

Parmi ces tristes lieux traînant mes longs regrets,
Je me promène seul dans l'horreur des forêts
Où la funeste orfraie (2) et le hibou se perchent.

Là, le seul réconfort qui peut m'entretenir
C'est de ne craindre point que les vivants me cherchent
Où le flambeau du jour n'osa jamais venir.

MARC-ANTOINE DE SAINT-AMANT

Sa vie   Né à Rouen en 1594, fils de marin, il fait de nombreux voyages en Europe, en Amérique, en Afrique, aux Indes, accompagne les armées et la flotte du roi dans plusieurs expéditions. Protestant de naissance, il se convertit au catholicisme, par précaution peut-être, car il se montre fort libre et même libertin dans ses œuvres. Pourtant dans ses dernières années, poète attitré du duc de Liancourt, il exprime une piété qui semble sincère. Il meurt en 1661.

L'originalité de son œuvre   Homme d'action et de voyages, Saint-Amant élargit considérablement le domaine de la poésie. Seul Blaise Cendrars peut-être a conçu ainsi la poésie comme la somme des impressions, des expériences et des curiosités d'une vie d'aventures. Les titres de ses poèmes sont éloquents : *Le Passage de Gibraltar, l'Eté de Rome, l'Automne des Canaries, l'Hyver des Alpes, Sonnet sur Amsterdam, la Vistule sollicitée*. Narration de campagnes ou de traversées ou même de simples promenades au bord de la mer, description de paysages, de régions étranges, d'hommes extraordinaires, natures mortes (melon, fromage, cidre, fumée de sa pipe), sa poésie est aussi riche et variée que la vie même, tantôt héroïque ou dangereuse, tantôt simple et rustique, toujours spontanée et sincère.

Ainsi, dans *le Contemplateur*, il passe de l'observation de la mer à une rêverie philosophique et religieuse, du tir au cormoran à l'angoisse métaphysique.

Comme Malherbe et Théophile de Viau, il est résolument moderne. Il prétend ignorer le grec et le latin mais connaît admirablement l'anglais, l'espagnol et l'italien. Il a imité d'ailleurs la poésie descriptive du poète italien Marino. Musicien, savant admirateur de Copernic et de Galilée, il suit sa raison et non une autorité quelconque. Il se distingue de Malherbe, quand il affirme la nécessité pour le poète d'être soi-même et de « suivre sa nature », et son œuvre ne doit rien aux principes de l'Académie, dont il fit pourtant partie, ni au goût des salons mondains.

Sa poésie amoureuse renouvelle la tradition : c'est ainsi qu'aux plaintes de l'amant bafoué s'ajoutent les émotions que suggère à Tircis une nature hostile et inquiétante.

C'est un bon vivant, un homme ouvert et gai, et non le débauché qu'a imaginé une sotte légende, un écrivain qui a voulu amuser ses lecteurs avec des œuvres variées, originales et libres; il est heureux de traiter n'importe quel sujet en une langue toujours vigoureuse, de tirer parti de toutes les richesses du vocabulaire, d'utiliser même les expressions populaires quand elles sont justes et pittoresques. Il évolue avec aisance entre l'héroïque et le trivial, le grandiose et le bouffon, entonne une chanson à boire avant de plonger dans des visions de cauchemars, et de nous confier les terreurs et les angoisses inséparables de la condition humaine.

---

(1) Une flèche. — (2) Oiseau de proie.

LES VISIONS

Peintre de la réalité multiforme, Saint-Amant a voulu aussi traduire l'indicible, suggérer l'angoisse. Comme dans les histoires d'Edgar Poe, comme dans les films de Hitchcock, le point de départ est bien net et concret : un grand chien noir hurle devant la porte...

Le cœur plein d'amertume et l'âme ensevelie
Dans la plus sombre humeur de la mélancolie,
Damon, je te décris mes travaux intestins (1),
Où tu verras l'effort des plus cruels destins
Qui troublèrent jamais un pauvre misérable,
A qui le seul trépas doit être désirable.
Un grand chien maigre et noir, se traînant
        lentement,
Accompagné d'horreur (2) et d'épouvantement,
S'en vient toutes les nuits hurler devant ma
         porte,
Redoublant ses abois d'une effroyable sorte.
Mes voisins, éperdus à ce triste réveil,
N'osent ni ne sauraient rappeler le sommeil,
Et chacun, le prenant pour un sinistre augure,
Dit avec des soupirs tout ce qu'il s'en figure.
Moi, qu'un sort rigoureux outrage à tout propos

Et qui ne puis goûter ni plaisir, ni repos
Les cheveux hérissés, j'entre en des rêveries,
Des contes de sorciers, de sabbats, de furies;
J'erre dans les enfers, je rôde dans les cieux;
L'âme de mon aïeul se présente à mes yeux;
Ce fantôme léger, coiffé d'un vieux suaire,
Et tristement vêtu d'un long drap mortuaire,
A pas affreux et lents s'approche de mon lit;
Mon sang en est glacé, mon visage en pâlit,
De frayeur mon bonnet sur mes cheveux se
         dresse,
Je sens sur l'estomac un fardeau qui m'oppresse.
Je voudrais bien crier, mais je l'essaie en vain :
Il me ferme la bouche avec sa froide main.
Puis d'une voix plaintive en l'air évanouie,
Me prédit mes malheurs, et longtemps sans ciller
Me contemple debout contre mon oreiller.

TRISTAN L'HERMITE

Sa vie et son œuvre   Né en 1601, il mène une vie aventureuse, errant de ville en ville et d'emploi en emploi, jusqu'en 1621 où il entre au service de Gaston d'Orléans, puis, après vingt ans de médiocrité, au service du duc de Guise; il meurt en 1655.

Ce solitaire est un grand poète qui compose une abondante œuvre lyrique : *Plaintes d'Acante* (1633), *les Amours de Tristan* (1638), *la Lyre* (1641), *Vers héroïques* (1648) en sont les principaux recueils.

Chantre de l'amour, il joint au pétrarquisme hérité de la Renaissance, les accents plus sensuels imités de l'italien Marino : « Donnons-nous des baisers sans nombre et joignons à la fois nos lèvres et nos cœurs... »; il aime les « concetti », les périphrases.

Homme de rêverie et de solitude, il analyse ses contemplations mélancoliques ou heureuses et possède incontestablement le sentiment de la nature qu'il sait d'ailleurs admirer en artiste et en curieux. C'est ainsi que dans cette dernière strophe de l'ode *la Mer*, qu'il écrit au siège de La Rochelle, il s'efforce de décrire les effets pittoresques de la lumière.

Souvent, de la pointe où je suis,
Lorsque la lumière décline,
J'aperçois des jours et des nuits
En même endroit de la marine;
C'est lorsqu'enfermé de brouillard

Cet astre lance des regards
Dans un nuage épais et sombre,
Qui, réfléchissant à côté,
Nous fait voir des montagnes d'ombre
Avec des sources de clarté.

---

(1) Préoccupations. — (2) Frayeur

Tristan a chanté les joies de l'amour et les consolations épicuriennes. Le temps qui emporte toutes les belles choses l'avertit de « faire des bouquets en la saison des roses ». Mais il sait aussi les déceptions, les souffrances et le malheur inévitable de la condition humaine, comme dans ce sonnet des *Amours*.

Venir à la clarté (1) sans force et sans adresse,
Et n'ayant fait longtemps que dormir et manger,
Souffrir mille rigueur d'un secours étranger,
Pour quitter l'ignorance en quittant la faiblesse;

Après, servir longtemps une ingrate maîtresse,
Qu'on ne peut acquérir, qu'on ne peut obliger,
Ou qui, d'un naturel inconstant et léger,
Donne fort peu de joie et beaucoup de tristesse;

Cabaler (2) dans la cour, puis devenu grison (3),
Se retirant du bruit, attendre en sa maison
Ce qu'ont nos derniers ans de maux inévitables :

C'est l'heureux sort de l'homme. O misérable
                                              sort !
Tous ces attachements sont-ils considérables,
Pour aimer tant la vie, et craindre tant la mort?

LES ROMANS PRÉCIEUX

La préciosité continue à fleurir — l'hôtel de Rambouillet brille de tout son éclat jusqu'à 1645 — en ce milieu du siècle, dans la profusion des petits poèmes de Malleville, Voiture (mort en 1648), Godeau, Ménage, Cotin, Sarasin, Benserade, et surtout dans d'innombrables romans : on en a cité plus de 1 200 au cours du siècle.

Les romans de Gomberville : *Polexandre*, publié de 1619 à 1651, et ceux de Madeleine de Scudéry : *Artamène ou le Grand Cyrus*, publié de 1649 à 1653, et *Clélie*, publié de 1654 à 1660, sont parmi les plus appréciés. Plus invraisemblables, moins fraîchement poétiques que *l'Astrée*, plus touffus et souvent insipides, ils constituent pourtant de véritables codes de politesse mondaine, des guides précis des convenances et du langage amoureux à l'usage de la meilleure société.

LA CARTE DU TENDRE

La célèbre *Carte du Tendre* est le symbole de ce petit monde qui a inventé l'amitié amoureuse pour se consoler des mariages d'intérêt et de convenance et fait de la conversation galante une forme supérieure de civilisation et un idéal de vie.

Afin que vous compreniez mieux le dessein de Clélie, vous verrez qu'elle a imaginé qu'on peut avoir de la tendresse par trois causes différentes : ou par une grande estime, ou par reconnaissance, ou par inclination; et c'est ce qui l'a obligée d'établir ces trois villes de Tendre sur trois rivières qui portent ces trois noms, et de faire aussi trois routes d'Ionie, et Cumes sur la mer Tyrrhène, elle fait qu'on dit Tendre sur Inclination, Tendre sur Estime, Tendre sur Reconnaissance. Cependant comme elle a présupposé que la tendresse qui naît par Inclination, n'a besoin de rien d'autre chose pour être ce qu'elle est, Clélie, comme vous le voyez, Madame, n'a mis nul village le long des bords de cette rivière qui va si vite, qu'on n'a que faire de logement le long de ses rives pour aller de Nouvelle Amitié à Tendre. Mais pour aller à Tendre sur Estime, il n'en est pas de même; car Clélie a ingénieusement mis autant de villages qu'il y a de petites et de grandes choses qui peuvent contribuer à faire naître par estime cette tendresse dont elle entend parler. En effet vous voyez que de Nouvelle Amitié on passe à un lieu qu'elle appelle Grand Esprit, parce que c'est ce qui commence ordinairement l'estime; ensuite vous voyez ces agréables villages de Jolis Vers, de Billet Galant, de Billet Doux, qui sont les opérations les plus ordinaires du grand esprit dans les commencements d'une amitié. Ensuite pour faire un plus grand progrès dans cette route, vous voyez Sincérité, Grand Cœur, Probité, Générosité, Respect, Exactitude et Bonté, qui est tout contre Tendre, pour faire connaître qu'il ne peut y avoir de véritable estime sans bonté, et qu'on ne peut arriver à Tendre de ce côté-là

----

(1) Venir au monde, naître. — (2) Intriguer. — (3) Vieux.

sans avoir cette précieuse qualité. Après cela, Madame, il faut s'il vous plaît retourner à Nouvelle Amitié pour voir par quelle route on va de là à Tendre sur Reconnaissance. Voyez donc, je vous en prie, comment il faut aller d'abord de Nouvelle Amitié à Complaisance; ensuite à ce petit village qui se nomme Soumission, et qui en touche un autre fort agréable, qui s'appelle Petits Soins. Voyez, dis-je, que de là, il faut passer par Assiduité, pour faire entendre que ce n'est pas assez d'avoir durant quelques jours tous ces petits soins obligeants, qui donnent tant de reconnaissance, si on ne les a assidûment. Ensuite vous voyez qu'il faut passer à un autre village qui s'appelle Empressement, et ne faire pas comme certaines gens tranquilles, qui ne se hâtent pas d'un moment, quelque prière qu'on leur fasse, et qui sont incapables d'avoir cet empressement qui oblige (1) quelquefois si fort. Après cela vous voyez qu'il faut passer à Grands Services, et que pour marquer qu'il y a peu de gens qui en rendent de tels, ce village est plus petit que les autres. Ensuite, il faut passer à Sensibilité, pour faire connaître qu'il faut sentir jusqu'aux plus petites douleurs de ceux qu'on aime. Après, il faut pour arriver à Tendre, passer par Tendresse, car l'amitié attire l'amitié.

Ensuite il faut aller à Obéissance, n'y ayant presque rien qui engage plus le cœur de ceux à qui on obéit que de le faire aveuglément, et pour arriver enfin où l'on veut aller, il faut passer à Constante Amitié, qui est sans doute le chemin le plus sûr pour arriver à Tendre sur Reconnaissance. Mais, Madame, comme il n'y a point de chemins où l'on ne se puisse égarer, Clélie a fait, comme vous le pouvez voir, que si ceux qui sont à Nouvelle Amitié prenaient un peu plus à droite ou un peu plus à gauche, ils s'égareraient aussi; car si au partir de Grand Esprit, on allait à Négligence, que vous voyez tout contre sur cette carte, qu'ensuite continuant cet égarement, on allât à Inégalité, de là à Tiédeur, à Légèreté, et à Oubli, au lieu de se trouver à Tendre sur Estime, on se trouverait au Lac d'Indifférence que vous voyez marqué sur cette carte et qui par ses eaux tranquilles représente sans doute fort juste la chose dont il porte le nom en cet endroit. De l'autre côté, si au partir de Nouvelle Amitié, on prenait un peu trop à gauche, et qu'on allât à Indiscrétion, à Perfidie, à Orgueil, à Médisance ou à Méchanceté, au lieu de se trouver à Tendre sur Reconnaissance, on se trouverait à la mer d'Inimitié, où tous les vaisseaux font naufrage.

LES ROMANS RÉALISTES

Le bon sens bourgeois, l'observation sincère de la réalité quotidienne avaient entraîné très tôt une réaction vive contre les débauches d'imagination et les débordements stylistiques des romans précieux. Le succès des traductions de *Don Quichotte*, de 1614 à 1618, encouragea ce mouvement, contrebalançant le succès des précieux Espagnols et Italiens, de Gongora et de Marini.

C'est ainsi que Sorel publia de 1623 à 1632 *Francion*, et de 1627 à 1633 *le Berger extravagant. Le Page disgracié*, de Tristan (1643), *le Roman comique*, de Scarron (publié de 1651 à 1657) et, plus tard, *le Roman bourgeois*, de Furetière (1666), correspondent à une double intention : faire la parodie et la critique des romans d'aventures galantes et d'expression précieuse, peindre les gens de la rue dans leur vie de chaque jour.

« On voulait des histoires feintes qui représentassent les personnes comme elles sont et qui fussent une naïve peinture de leur condition et de leur naturel. »

Ainsi les romans réalistes, si l'on fait abstraction de quelque exagération bouffonne ou de quelque déformation burlesque, ont le mérite de nous montrer un aspect important de la société du XVIIᵉ siècle; tandis que les romans précieux nous aident à évoquer le grand monde, ceux-ci font revivre la bourgeoisie et le peuple et racontent « les choses comme elles sont ».

SCARRON

Paul Scarron (1610-1660), impotent à la suite de rhumatismes déformants, publia de nombreux ouvrages en vers et en prose où dominent le comique et la parodie. Il se consola de ses infirmités par une activité intellectuelle débordante, épousa la belle et

---

(1) Rend service.

fort jeune Françoise d'Aubigné, qui sera un jour Mme de Maintenon. A son *Virgile travesti* et à son *Typhon ou la Gigantomachie*, nous préférons *le Roman comique*, histoire de comédiens en tournée dans le Maine, à travers laquelle nous essayons d'imaginer les années de pérégrination de Molière, et dont les scènes de la vie de province ont gardé tout leur pittoresque.

LA PARTIE DE CAMPAGNE

Les deux comédiens, La Rancune et l'Olive, se trouvent en compagnie de l'avocat Ragotin, petit homme rageur et vaniteux qui les invite dans sa maison de campagne non loin du Mans.

Débraillé (1) pittoresque des personnages, désordre vivant des aventures, exactitude concrète et abondance des mots caractérisent cette œuvre dont le réalisme joyeux garde toute sa saveur.

Je vous dirai donc seulement que la maison était au-deçà du Gange, et n'était pas loin de Sillé-le-Guillaume. Quand il arriva, il la trouva occupée par une compagnie de Bohémiens qui, au grand déplaisir de son fermier, s'y étaient arrêtés sous prétexte que la femme du capitaine avait été pressée d'accoucher ou plutôt par la facilité que ces voleurs espérèrent de trouver à manger impunément des volailles d'une métairie écartée du grand chemin. D'abord Ragotin se fâcha en petit homme fort colère (2) et menaça les Bohémiens du Prévost du Mans dont il se dit allié à cause qu'il (3) avait épousé une Portail; et là-dessus il fit un long discours pour apprendre aux auditeurs de quelle façon les Portails étaient parents des Ragotins, sans que son long discours apportât aucun tempérament (4) à sa colère immodérée et l'empêchât de jurer scandaleusement. Il les menaça aussi du lieutenant de Prévost la Rapinière au nom duquel tout genou fléchissait, même le capitaine Bohème le fit enrager à force de lui parler civilement et fut assez effronté pour le louer de sa bonne mine qui sentait son homme de qualité et qui ne le faisait pas peu repentir d'être entré par ignorance dans son château (c'est ainsi que le scélérat appela sa maisonnette qui n'était fermée que de haies). Il ajouta encore que la dame en mal d'enfant serait bientôt délivrée du sien et que la petite troupe délogerait après avoir payé à son fermier ce qu'il leur avait fourni pour eux et pour leurs bêtes. Ragotin se mourait de dépit de ne pouvoir trouver à quereller avec un homme qui lui riait au nez et lui faisait mille révérences, mais ce flegme du Bohémien allait enfin échauffer la bile de Ragotin, quand la Rancune et le frère du capitaine se reconnurent pour avoir été autrefois grands camarades et cette reconnaissance fit grand bien à Ragotin qui s'allait sans doute engager en une mauvaise affaire pour l'avoir prise d'un ton trop haut. La Rancune le pria donc de s'apaiser, ce qu'il avait grande envie de faire et ce qu'il eût fait de lui-même si son orgueil naturel eût pu y consentir. Dans ce même temps la dame bohémienne accoucha d'un garçon. La joie en fut grande dans la petite troupe et le capitaine pria à souper les comédiens et Ragotin qui avait déjà fait tuer des poulets pour en faire une fricassée. On se mit à table. Les Bohémiens avaient des perdrix et des lièvres qu'ils avaient pris à la chasse et deux poulets d'Inde et autant de cochons de lait qu'ils avaient volés. Ils avaient aussi un jambon et des langues de bœuf et on y entama un pâté de lièvre dont la croûte même fut mangée par quatre ou cinq bohémillons (5) qui servirent à table. Ajoutez à cela la fricassée de six poulets de Ragotin et vous avouerez que l'on n'y fit pas mauvaise chère. Les convives, outre les comédiens, étaient au nombre de neuf, tous bons danseurs et encore meilleurs larrons. On commença des santés par celle du Roi et de Messieurs les Princes et on but en général celles de tous les Seigneurs qui recevaient dans leurs villages les petites troupes. Le capitaine pria les comédiens de boire à la mémoire de défunt Charles Dodo, oncle de la dame accouchée et qui fut pendu pendant le siège de La Rochelle, par la trahison du capitaine La Grave. On fit de grandes imprécations contre ce capitaine faux frère et contre tous les prévôts, et on fit une grande dissipation du vin de Ragotin dont la vertu fut telle que la débauche fut sans noise (6) et que chacun des conviés, sans même en excepter le misanthrope la Rancune, fit des protestations d'amitié à son voisin, le baisa de tendresse et lui mouilla le visage de larmes.

---

(1) Laisser-aller. — (2) Coléreux. — (3) Parce qu'il, formule usuelle au XVIIᵉ siècle. — (4) Adoucissement. — (5) Jeunes bohémiens. — (6) Discorde bruyante.

CORNEILLE

Sa vie   Pierre Corneille naquit à Rouen le 6 juin 1606 dans une famille de moyenne
bourgeoisie, y fit des études brillantes et précoces, fut reçu avocat et
acquit des charges royales qu'il garda jusqu'en 1650. La vie littéraire est fort active
à Rouen, ville d'imprimeurs et de libraires, au début du siècle. Le jeune Corneille
fréquente les salons littéraires et rime tôt des poèmes, selon la mode précieuse (sonnets
galants, stances et madrigaux). Il écrit dès 1629 une comédie, *Mélite*, dont le succès
engage le célèbre acteur Mondory à la jouer à Paris. Jusqu'en 1636, il fait jouer sept
autres pièces, parmi lesquelles *Clitandre* (tragi-comédie), *la Galerie du Palais* (comédie), *la place Royale* (comédie), *Médée* (tragédie), *l'Illusion Comique*, pièce complexe
joignant à la comédie la tragédie et la farce. Tant de diversité montre la richesse et la
variété de son génie.

     La représentation du *Cid* en 1636 le situe d'emblée parmi les plus grands auteurs
classiques de son temps, non seulement parce qu'elle donne lieu à des controverses
passionnées sur sa « régularité (1) » et fournit à Chapelain l'occasion de préciser les
« sentiments de l'Académie », mais surtout parce que Corneille a su tirer du drame
espagnol de Guilhem de Castro la première tragédie « classique », dont la psychologie
et la morale forment le ressort dramatique et l'intérêt principal : son immense succès
oriente toute l'évolution du théâtre français.

     L'histoire de Corneille se confond dès lors avec la succession de ses nombreuses
pièces; nous ne savons pas grand chose de sa vie privée, mais tout nous laisse à penser
qu'elle fut calme et banale.

     Après *le Cid*, ce sont *Horace* (1640), *Cinna* (1640), *Polyeucte* (1642), trois drames
où s'impose le désir ardent de la gloire et où triomphe la volonté. En 1643, il fait jouer
la Mort de Pompée et revient brillamment à la comédie avec *le Menteur*. En 1644,
Rodogune obtient un grand succès.

     Corneille entre à l'Académie en 1647. Ses tragédies deviennent de plus en plus
complexes, mais sont très habilement construites; *Nicomède* (1651) est une véritable
fresque historique et politique. Après l'échec de *Pertharite* (1652), Corneille abandonne
la scène et se consacre pendant quelques années à une adaptation en vers de *l'Imitation
de Jésus-Christ* qui sera publiée de 1652 à 1656. Il revient čependant au théâtre de
1659 à 1674, écrit alors onze pièces dont les meilleures semblent être *Sertorius*, *Sophonisbe*, *Attila*, *Tite et Bérénice*, *Suréna*. Ses dix dernières années se passent dans une
retraite pieuse, tandis que le public, qui avait peu apprécié ses dernières œuvres, s'intéresse de nouveau à ses grandes tragédies et les applaudit, en France comme à l'étranger.

     Il meurt le 1ᵉʳ octobre 1684.

LA TRAGÉDIE CORNÉLIENNE A L'IMAGE DE SON TEMPS

Hors de l'ordre commun...   Un destin terrible oppose sans cesse les hommes, les
partis, les nations : la politique noue ses grands conflits
d'intérêts, d'ambitions, de jalousie; la raison d'État, l'honneur féodal, la grandeur
romaine, l'autorité royale sont de puissants ressorts; l'amour se heurte aux rivalités
de familles ou de patries; la mort est sans cesse présente : cinq combattants sur six
succombent dans *Horace*, le survivant tue sa propre sœur et réclame la mort. Il ne
s'agit pas là d'un pathétique romanesque ou légendaire : le théâtre de Corneille nous
présente le reflet d'un monde déchiré par la guerre, d'une société qui, après les guerres
de religion, s'est jetée dans les folles aventures de la Fronde, d'une noblesse qui s'ex-

---

(1) Au sens propre du terme : conformité aux règles des trois unités — de temps, de lieu, d'action
— et aux bienséances.

termine en duels fratricides, malgré les édits royaux. L'Espagne déchirée par les rivalités des grands seigneurs et menacée par les Maures, la République romaine combattant pour un avenir grandiose, l'empire d'Auguste émergeant péniblement des guerres
civiles, le christianisme qui s'affirme peu à peu par les sacrifices sanglants de ses
martyrs, voilà les chapitres d'une épopée dramatique où tout est tension, conflit, lutte.

Des âmes peu communes.

De telles époques, de tels combats ne peuvent
convenir qu'à des âmes peu communes, des indi-
vidualités fortes que Corneille ne se lasse pas d'admirer et de peindre. Lucides, ses
héros ont tôt fait de prendre un parti en pleine connaissance de cause ; volontaires, ils
conforment leur conduite à leur décision, quoi qu'il leur en coûte, qu'il s'agisse d'ailleurs
d'honneur du nom et de la race, du salut et de la grandeur de la patrie, ou de profession
de foi en Dieu. Ils mettent leur gloire à faire triompher leur liberté dans une difficile
générosité.

Il importe peu que leur volonté les sépare de leurs amis, de leurs parents, de leurs
concitoyens, de l'humanité dans son ensemble : ils acceptent d'avance l'incompréhension, la solitude morale ; ils acceptent la mort...

L'amour est pour eux interdit et immuable : Chimène et Rodrigue ne peuvent que
s'estimer, donc se combattre, sans cesser de s'aimer. Pauline adore Polyeucte à l'heure
où il se sépare volontairement d'elle.

S'élever jusqu'à la tragédie.

La progression dramatique de la tragédie renouvelée par Corneille est faite pour de tels person-
nages : l'élan vertigineux de Rodrigue, la rigueur croissante d'Horace, la grandeur
d'âme d'Auguste, l'élévation mystique de Polyeucte l'entraînent et l'expliquent.

La phrase est une création originale et vivante qui joint à l'ampleur de la période
classique la vigueur nette et ferme des hommes d'action ; elle découvre parfois le
chant intérieur et l'émotion pure de la poésie.

LE CID

RODRIGUE RETROUVE CHIMÈNE

Rodrigue, après avoir tué en duel le père de sa fiancée Chimène, est revenu la voir
(III, 4).

L'entrevue est surprenante et contraire à toutes les « bienséances » ; c'est que
Corneille a voulu nous présenter deux êtres d'une grandeur et d'une noblesse
exceptionnelles : Rodrigue assume pleinement son acte — « Je le ferais encore si j'avais
à le faire » — et demande à mourir de la main de Chimène.

Chimène a cette même conception de la gloire — elle ne pourrait aimer un homme
sans honneur — et se plie, elle aussi, à l'affreux devoir de demander sa mort.

Ainsi les deux amants sont à la fois ardemment épris l'un de l'autre, et violemment
opposés l'un à l'autre par leur devoir ; mais Chimène avoue qu'elle espère « ne rien
pouvoir » et le dialogue ennemi se transforme en un étrange et poétique duo d'amour.

Chimène

... n'attends pas de mon affection
De lâches sentiments pour ta punition.
De quoi qu'en ta faveur notre amour
              m'entretienne (1),

Ma générosité (2) doit répondre à la tienne :
Tu t'es, en m'offensant, montré digne de moi ;
Je me dois, par ta mort, montrer digne de toi.

---

(1) Malgré l'indulgence à laquelle mon amour pour toi me pousse. — (2) Ma grandeur d'âme (le
sens cornélien du mot est mis en lumière ici).

Don Rodrigue

Ne diffère donc plus ce que l'honneur t'ordonne :
Il demande ma tête, et je te l'abandonne ;
Fais-en un sacrifice à ce noble intérêt ;
Le coup m'en sera doux, aussi bien que l'arrêt.
Attendre après mon crime une lente justice,
C'est reculer ta gloire autant que mon supplice.
Je mourrai trop heureux, mourant d'un coup si
                           beau.

Chimène

Va, je suis ta partie (1) et non pas ton bourreau.
Si tu m'offres ta tête, est-ce à moi de la prendre ?
Je la dois attaquer, mais tu dois la défendre ;
C'est d'un autre que toi qu'il me faut l'obtenir,
Et je dois te poursuivre, et non pas te punir.

Don Rodrigue

De quoi qu'en ma faveur notre amour t'entretienne,
Ta générosité doit répondre à la mienne ;
Et pour venger un père emprunter d'autres bras,
Ma Chimène, crois-moi, c'est n'y répondre pas :
Ma main seule du mien a su venger l'offense,
Ta main seule du tien doit prendre la vengeance.

Chiméne

Cruel, à quel propos sur ce point t'obstiner ?
Tu t'es vengé sans aide, et tu m'en veux donner.
Je suivrai ton exemple, et j'ai trop de courage
Pour souffrir qu'avec toi ma gloire se partage.
Mon père et mon honneur ne veulent rien devoir
Aux traits (2) de ton amour ni de ton désespoir.

Don Rodrigue

Rigoureux point d'honneur hélas ! quoi que je fasse,
Ne pourrai-je à la fin obtenir cette grâce ?
Au nom d'un père mort, ou de notre amitié (3),
Punis-moi par vengeance, ou du moins par pitié ;
Ton malheureux amant aura bien moins de peine
A mourir par ta main qu'à vivre avec ta haine.

Chimène

Va, je ne te hais point.

Don Rodrigue
                 Tu le dois.

Chimène
                     Je ne puis.

Don Rodrigue

Crains-tu si peu le blâme, et si peu les faux bruits ?
Quand on saura mon crime, et que ta flamme dure
Que ne publieront point l'envie et l'imposture ?
Force-les au silence, et sans plus discourir,
Sauve ta renommée en me faisant mourir.

Chimène

Elle éclate bien mieux en te laissant la vie ;
Et je veux que la voix de la plus noire envie
Elève au ciel ma gloire et plaigne mes ennuis,
Sachant que je t'adore et que je te poursuis.
Va-t'en, ne montre plus à ma douleur extrême
Ce qu'il faut que je perde, encore que je l'aime.

Dans l'ombre de la nuit cache bien ton départ :
Si l'on te voit sortir, mon honneur court hasard (4).
La seule occasion qu'aura la médisance,
C'est de savoir qu'ici j'ai souffert ta présence :
Ne lui donne point lieu d'attaquer ma vertu.

Don Rodrigue

Que je meure.

Chimène
            Va-t'en.

Don Rodrigue
                 A quoi te résous-tu ?

Chimène

Malgré des feux si beaux, qui troublent ma colère
Je ferai mon possible à bien venger mon père ;
Mais malgré la rigueur d'un si cruel devoir,
Mon unique souhait est de ne rien pouvoir.

Don Rodrigue

O miracle d'amour.

Chimène
              O comble de misères.

Don Rodrigue

Que de maux et de pleurs nous coûteront nos pères.

Chimène

Rodrigue, qui l'eût cru ?

Don Rodrigue
               Chimène, qui l'eût dit ?

Chimène

Que notre heur (5) fût si proche et sitôt se perdît ?

Don Rodrigue

Et que si près du port, contre toute apparence,
Un orage si prompt brisât notre espérance ?

Chimène

Ah ! mortelles douleurs !

Don Rodrigue
               Ah ! regrets superflus !

Chimène

Va-t'en, encore un coup, je ne t'écoute plus.

Don Rodrigue

Adieu : je vais traîner, une mourante vie,
Tant que (6) par ta poursuite elle me soit ravie.

Chimène

Si l'on obtient l'effet, je t'engage ma foi
De ne respirer pas un moment après toi.
Adieu : sors, et surtout garde bien qu'on te voie.

Elvire

Madame, quelques maux que le ciel nous envoie...

Chimène

Ne n'importune plus, laisse-moi soupirer,
Je cherche le silence et la nuit pour pleurer...

---

(1) Adversaire. Terme de la langue juridique. — (2) Actions, mouvements provoqués par la passion (vocabulaire galant). — (3) Amour. — (4) Est menacé. — (5) Bonheur. — (6) Jusqu'à ce que.

POLYEUCTE

DERNIÈRE ENTREVUE DE POLYEUCTE ET DE PAULINE

La scène 3 de l'acte V est la dernière où nous pouvons voir et entendre Polyeucte qui va vers le martyre; c'est la dernière aussi où Pauline essaie de fléchir son mari et de le sauver d'une mort imminente.

Il y a là face à face trois personnages séparés par une incompréhension profonde : l'intensité dramatique de la situation les pousse peu à peu à révéler leurs sentiments vrais, à se montrer tels qu'ils sont. Pauline s'irrite de son impuissance à convaincre son mari, et finit par lui crier son amour. Félix supplie, fait appel à l'émotion, donne des arguments, et finit par menacer.

Polyeucte, qui a renoncé à Pauline, va jusqu'à lui souhaiter d'être heureuse avec Sévère, son premier soupirant; cette attitude peut paraître inhumaine et surprenante; n'oublions pas cependant que nous assistons à l'ascension mystique du héros qui abandonne volontairement le monde terrestre pour acquérir la gloire du martyre et la béatitude céleste. Un pareil renoncement n'est pas sans exemple à l'époque où Corneille écrit *Polyeucte* : M. de Renty, en 1642, sur le point de perdre sa femme, éprouve, de son propre aveu, une si grande joie à l'idée de sacrifier à Dieu ce qu'il a de plus cher que, dit-il, « si la bienséance ne m'empêchait, je la ferais éclater au-dehors et en donnerais des témoignages publics ».

Pauline

Que t'ai-je fait, cruel, pour être ainsi traitée,
Et pour me reprocher, au mépris de ma foi,
Un amour si puissant que j'ai vaincu pour toi?
Vois, pour te faire vaincre un si fort adversaire,
Quels efforts à moi-même (1) il a fallu me faire;
Quels combats j'ai donnés pour te donner un
                      cœur
Si justement acquis à son premier vainqueur;
Et si l'ingratitude en ton cœur ne domine,
Fais quelque effort sur toi pour te rendre à
                      Pauline :
Apprends d'elle à forcer ton propre sentiment;
Prends sa vertu pour guide en ton aveuglement;
Souffre que de toi-même elle obtienne ta vie,
Pour vivre sous tes lois à jamais asservie.
Si tu peux rejeter de si justes désirs,
Regarde au moins ses pleurs, écoute ses soupirs;
Ne désespère pas une âme qui t'adore.

Polyeucte

Je vous l'ai déjà dit, et vous le dis encore,
Vivez avec Sévère, ou mourez avec moi.
Je ne méprise point vos pleurs ni votre foi;
Mais de quoi que pour vous notre amour
                   m'entretienne,
Je ne vous connais plus, si vous n'êtes chrétienne...

Félix

Malheureux Polyeucte, es-tu seul insensible?
Et veux-tu rendre seul ton crime irrémissible?
Peux-tu voir tant de pleurs d'un œil si détaché?
Peux-tu voir tant d'amour sans en être touché?
Ne reconnais-tu plus ni beau-père, ni femme,
Sans amitié pour l'un, et pour l'autre sans flamme?
Pour reprendre les noms et de gendre et d'époux,
Veux-tu nous voir tous deux embrasser tes
                        genoux?

Polyeucte

Que tout cet artifice est de mauvaise grâce.
Après avoir deux fois essayé la menace,
Après m'avoir fait voir Néarque dans la mort,
Après avoir tenté l'amour et son effort,
Après m'avoir montré cette soif du baptême,
Pour opposer à Dieu l'intérêt de Dieu même,
Vous vous joignez ensemble. Ah ! ruse de
                   l'enfer (2)!
Faut-il tant de fois vaincre avant de triompher?
Vos résolutions usent trop de remise (3);
Prenez la vôtre enfin, puisque la mienne est prise.
Je n'adore qu'un Dieu, maître de l'univers,
Sous qui tremblent le ciel, la terre, et les enfers,
Un Dieu qui, nous aimant d'une amour infinie,
Voulut mourir pour nous avec ignominie,
Et qui par un effort de cet excès d'amour,
Veut pour nous en victime être offert chaque jour.

---

(1) Sur moi-même. — (2) Prononcez : *enfé* (c'est la rime dite normande, en raison de la prononciation). — (3) Retard.

Mais j'ai tort d'en parler à qui ne peut
                      m'entendre (1).
Voyez l'aveugle erreur que vous osez défendre :
Des crimes les plus noirs vous souillez tous vos
                        Dieux;
Vous n'en punissez point qui n'ait son maître
                      aux cieux :
La prostitution, l'adultère, l'inceste,
Le vol, l'assassinat, et tout ce qu'on déteste,
C'est l'exemple qu'à suivre offrent vos
                      immortels (2).
J'ai profané leur temple, et brisé leurs autels;
Je le ferais encore, si j'avais à le faire,
Même aux yeux de Félix, même aux yeux de Sévère,
Même aux yeux du Sénat, aux yeux de
                      l'Empereur.

Félix

Enfin ma bonté cède à ma juste fureur :
Adore-les, ou meurs.

Polyeucte
        Je suis chrétien.

Félix
                  Impie,
Adore-les, te dis-je, ou renonce à la vie.

Polyeucte

Je suis chrétien.

Félix

Tu l'es? O cœur trop obstiné!
Soldats, exécutez l'ordre que j'ai donné.

Pauline

Où le conduisez-vous?

Félix
        A la mort.

Polyeucte
                A la gloire!
Chère Pauline, adieu : conservez ma mémoire (3).

Pauline

Je te suivrai partout, et mourrai si tu meurs.

Polyeucte

Ne suivez point mes pas, ou quittez vos erreurs.

Félix

Qu'on l'ôte de mes yeux, et que l'on m'obéisse
Puisqu'il aime à périr, je consens qu'il périsse.

BLAISE PASCAL

Sa vie et son œuvre   Blaise Pascal naquit en 1623 à Clermont-Ferrand; son père, président à la cour des aides, aimait les sciences et se tenait en relation avec des savants réputés tels que le Père Mersenne, Fermat, Roberval. L'enfant montra des dons précoces pour les mathématiques puis pour la physique, assimilant dès l'âge de douze ans les propositions d'Euclide, rédigeant à seize ans un traité sur les coniques, et construisant à dix-neuf ans la première machine à calculer. Ainsi que toute sa famille, il prend contact avec les idées jansénistes en 1646, mais continue à vivre dans le siècle, non seulement en savant qui joue un rôle décisif dans la démonstration expérimentale des principes entrevus par Torricelli, mais aussi pour trouver une détente dans la fréquentation de mondains, et même de libertins, et dans l'étude de philosophes profanes comme Epictète et Montaigne.

Le 23 novembre 1654, après une nuit d'extase mystique, il « se convertit », c'est-à-dire qu'il se tourne vers une vie chrétienne plus complète, et bientôt il se plie à des règles plus rigoureuses dont Port-Royal (4) lui offre le modèle.

Pascal et le jansénisme   Au moment où Pascal, en une « renonciation totale et douce », fait sa « soumission totale à Jésus-Christ et à son directeur », Port-Royal se trouve entraîné dans un rude combat :

Les Jésuites, disciples de Molina et adversaires de Jansénius, multiplient leurs attaques à partir de la publication de l'*Augustinus* (5). En 1653, ils font condamner par la papauté cinq propositions tirées de cet ouvrage. Arnauld affirme que les propositions condamnées n'en font pas partie et étudie avec les Messieurs de Port-Royal un projet de justification. L'idée vient de confier à Pascal la rédaction d'un « factum » qui serait capable de toucher le grand public, de le désabuser en lui montrant l'inanité des chicanes, la sottise

---

(1) Me comprendre. — (2) Inversion du sujet, ainsi mis en valeur. — (3) Mon souvenir. — (4), (5) Voir p. 124.

des reproches faits aux jansénistes. Pascal écrit aussitôt la première *Lettre écrite à un provincial par un de ses amis sur le sujet des disputes présentes de la Sorbonne; de Paris, 23 janvier 1656.*

Il en écrit dix-sept autres jusqu'au 24 mars 1657 (1); tantôt sous forme de dialogues dont le mouvement et la vie nous amènent peu à peu à la victoire de la thèse janséniste, tantôt sous forme d'apostrophes passionnées à ses adversaires, Pascal énonce les principes essentiels, invoque la raison et le bon sens. Il rejette les théories des jésuites sur la grâce, qui ne font pas assez de place à l'intervention divine et conduisent à une indulgence blâmable; il condamne leur casuistique (2) qui, en cherchant les excuses possibles de la faute, aboutit à une morale relâchée, par la pratique de la direction d'intention ou de la restriction mentale (3). Les exemplaires de ces *Petites Lettres* publiées et vendues clandestinement eurent un très grand succès et intéressèrent un large public à des problèmes théologiques et moraux auxquels il n'avait jamais eu accès auparavant.

Histoire des « Pensées »

C'est avant tout aux indifférents, qu'il voulait éveiller aux problèmes religieux, que Pascal destinait sa grande apologie de la religion chrétienne. Il en exposa le dessein général dès 1658, mais le livre ne put jamais être mené à son terme : à sa mort, en 1662, on trouva des liasses de notes, des fragments plus ou moins achevés et sans aucun ordre. Port-Royal en fit une publication partielle en 1670, en les groupant arbitrairement. Au XIXᵉ et au XXᵉ siècle, on s'efforça de retrouver les intentions de Pascal à partir de son manuscrit, tantôt en adoptant un plan méthodique qui regroupait les extraits autour de quelques problèmes essentiels (édition Brunschvig), tantôt en essayant de reconstituer le plan initial de Pascal (édition Chevalier). Du moins les travaux des érudits permettent-ils d'avoir un texte exact grâce à une étude attentive du manuscrit (édition Lafuma).

L'auteur y fait appel à la fois à l'intelligence et à la sensibilité. Il ne s'adresse ni à un croyant, ni à un athée convaincu, mais à un homme du monde, ou à un libertin, qui ne pense pas à Dieu. Il fait une peinture de la condition humaine saisie dans sa grandeur et dans sa faiblesse; montre que les philosophes ne peuvent guérir son inquiétude, et que l'Ecriture Sainte seule apporte des solutions raisonnables et accordées à sa vraie nature.

Son état de santé s'aggrave encore en 1659 et l'oblige à se reposer un an : il en tire des leçons d'une grande élévation spirituelle, rédige alors la *Prière, pour demander à Dieu le bon usage des maladies*, et continue à agir pour Dieu et pour les pauvres; c'est pour ces derniers qu'il se préoccupe du problème pratique de l'établissement à Paris des « carrosses publics à l'instar des coches de la campagne », en 1662.

Lorsque les religieuses de Port-Royal reçurent l'ordre de signer le formulaire reconnaissant la présence dans l'*Augustinus* des propositions condamnées à Rome, Pascal ne put se résigner à un tel désaveu des *Provinciales* et se montra plus intransigeant qu'Arnauld et Nicole. Mais cette conviction ardente ne l'empêcha pas de mourir, le 19 avril 1662, avec une parfaite humilité, après avoir pratiqué la mortification et la charité les plus édifiantes.

Originalité de Pascal

Cet homme, dont l'existence souvent menacée se déroula au milieu des souffrances physiques, a vécu une des aventures les plus extraordinaires de son siècle et de l'histoire même de la pensée,

---

(1) La guérison miraculeuse de sa nièce Marguerite Périer lui parut un encouragement céleste. — (2) Partie de la théologie morale portant sur les cas de conscience. — (3) Ils prétendent, selon lui, supprimer le péché en ôtant l'intention de pécher.

ayant été toute sa vie en quête de la vérité, d'une vérité vivante, éblouissante, totale, dont une nuit d'extase lui avait donné la vision inoubliable. Ce fut d'abord la Vérité dans l'ordre des sciences, et en particulier des mathématiques, où il fut à la fois un enfant prodige et un créateur génial, capable d'assimiler tout ce qui avait été commencé avant lui et d'envisager un problème dans toutes ses conséquences, de voir plus vite et plus loin que tous ; ce fut aussi un esprit méthodique qui, à mesure qu'il avance, explique sa démarche et la rend exemplaire et universelle.

Mais Pascal fut également un homme d'action dont la science n'excluait jamais les applications pratiques, ni les illustrations concrètes, dont la foi mystique n'écartait pas le désir de convaincre les autres et de communiquer la certitude qui le possédait : *les Provinciales* sont à la fois une œuvre géniale de vulgarisation et de polémique ; jamais pamphlet n'eut une portée plus largement humaine. C'est que l'auteur vécut personnellement la restauration catholique entreprise par les jansénistes et que son œuvre se confond avec sa vie même. Dans les *Pensées*, nous ne trouvons pas seulement une recherche intellectuelle, un effort de réflexion et de démonstration ; les problèmes concernant la religion, la condition de l'homme, et l'existence même de Dieu y sont envisagés à travers la pensée vivante d'un homme toujours présent. La leçon suprême de l'apologie c'est que seule la religion chrétienne apporte à l'homme une satisfaction totale, comblant simultanément son corps, son esprit et son cœur.

LES PROVINCIALES

LE MEURTRE EST-IL PERMIS PARFOIS?...

Dans cette *Septième Lettre :* « De la méthode de diriger l'intention selon les casuistes ; de la permission qu'ils donnent de tuer pour la défense de l'honneur ou des biens », comme dans les précédentes, Pascal fait parler le « bon père » qui, avec naïveté, accommode la religion aux faiblesses des hommes (sinon, dit-il, il faudrait exclure tous les gentilshommes des confessionnaux) et cherche à concilier « deux choses aussi opposées en apparence que la piété et l'honneur ». Pascal répond seulement : « Elle m'étonne, cette entreprise », et le bon père s'enferre lui-même et pour « diriger l'intention », il admet que l'homicide est « justifié en mille rencontres ». L'auteur mène le jeu avec malice car il suppose que la justification précède le meurtre et encourage le meurtrier. Nous voyons s'opposer ici deux morales : l'une exigeante, l'autre plus réaliste dans son indulgence ; ce sont deux conceptions de la religion et de l'homme.

... il me parla des maximes de ses casuistes touchant les gentilshommes, à peu près en ces termes :

Vous savez, me dit-il, que la passion dominante des personnes de cette condition est ce point d'honneur qui les engage à toute heure à des violences qui paraissent bien contraires à la piété chrétienne de sorte qu'il faudrait les exclure presque tous de nos confessionnaux, si nos Pères n'eussent un peu relâché de la sévérité de la religion pour s'accommoder à la faiblesse des hommes. Mais comme ils voulaient demeurer attachés à l'Évangile par leur devoir envers Dieu, et aux gens du monde par leur charité pour le prochain, ils ont eu besoin de toute leur lumière pour trouver des expédients qui tempérassent les choses avec tant de justesse, qu'on pût maintenir et réparer son honneur par les moyens dont on se sert ordinairement dans le monde, sans blesser néanmoins sa conscience ; afin de conserver tout ensemble deux choses aussi opposées en apparence que la piété et l'honneur.

Mais autant que ce dessein était utile, autant l'exécution en était pénible ; car je crois que vous voyez assez la grandeur et la difficulté de cette entreprise. Elle m'étonne, lui dis-je assez froidement. Elle vous étonne? me dit-il : je le crois, elle en étonnerait bien d'autres. Ignorez-vous que, d'une part, la loi de l'Évangile ordonne de ne point rendre le mal pour le mal, et d'en laisser la vengeance à Dieu, et que, de l'autre, les lois du monde défendent de souffrir les injures, sans en tirer raison soi-même, et souvent par la mort de ses ennemis? Avez-vous jamais rien vu qui paraisse plus contraire? Et cependant, quand je vous dis que nos Pères ont accordé ces choses, vous me dites simplement que cela vous étonne. — Je ne m'expliquais pas assez, mon Père. Je tiendrais la chose impossible, si, après ce que j'ai vu de vos Pères, je ne savais qu'ils peuvent faire facilement ce qui est impossible aux autres hommes. C'est ce qui me fait croire qu'ils en ont bien trouvé quelque moyen, que j'admire sans le connaître, et que je vous prie de me déclarer.

Puisque vous le prenez ainsi, me dit-il, je ne puis vous le refuser. Sachez donc que ce principe merveilleux est notre grande méthode de diriger l'intention, dont l'importance est telle dans notre morale, que j'oserais quasi la comparer à la doctrine de la probabilité. Vous en avez vu quelques traits en passant, dans de certaines maximes que je vous ai dites. Car, lorsque je vous ai fait entendre comment les valets peuvent faire en conscience de certains messages fâcheux, n'avez-vous pas pris garde que c'était seulement en détournant leur intention du mal dont ils sont les entremetteurs, pour la porter au gain qui leur en revient? Voilà ce que c'est que diriger l'intention. Et vous avez vu de même que ceux qui donnent de l'argent pour des bénéfices seraient de véritables simoniaques (1) sans une pareille diversion. Mais je veux maintenant vous faire voir cette grande méthode dans tout son lustre sur le sujet de l'homicide, qu'elle justifie en mille rencontres, afin que vous jugiez par un tel effet tout ce qu'elle est capable de produire. Je vois déjà, lui dis-je, que par là tout sera permis, rien n'en échappera. Vous allez toujours d'une extrémité à l'autre, répondit le Père : corrigez-vous de cela. Car, pour vous témoigner que nous ne permettons pas tout, sachez que, par exemple, nous ne souffrons jamais d'avoir l'intention formelle de pécher pour le seul dessein de pécher; et que quiconque s'obstine à n'avoir point d'autre fin dans le mal que le mal même, nous rompons avec lui; cela est diabolique : voilà qui est sans exception d'âge, de sexe, de qualité. Mais quand on n'est pas dans cette malheureuse disposition, alors nous essayons de mettre en pratique notre méthode de diriger l'intention, qui consiste à se proposer pour fin de ses actions un objet permis. Ce n'est pas qu'autant qu'il est en notre pouvoir nous ne détournions les hommes des choses défendues; mais quand nous ne pouvons pas empêcher l'action, nous purifions au moins l'intention; et ainsi nous corrigeons le vice du moyen par la pureté de la fin (2).

Voilà par où nos Pères ont trouvé moyen de permettre les violences qu'on pratique en défendant son honneur. Car il n'y a qu'à détourner son intention du désir de vengeance, qui est criminel, pour la porter au désir de défendre son honneur, qui est permis selon nos Pères. Et c'est ainsi qu'ils accomplissent tous leurs devoirs envers Dieu et envers les hommes.

LES PENSÉES

LES DEUX INFINIS

Dans ce texte des *Pensées*, dont les phrases expressives et les termes concrets et frappants donnent la vie à des conceptions grandioses et à des visions cosmiques, deux mouvements symétriques nous entraînent, en une progression vertigineuse; d'une part, des objets bas jusqu'à la circonférence incommensurable où notre imagination se perd; d'autre part, de notre corps aux merveilles inaccessibles de petitesse du ciron (3), abîme nouveau où nous nous perdons encore. Ainsi se trouve définie la place de l'homme dans la nature, « néant à l'égard de l'infini, tout à l'égard du néant, milieu entre rien et tout ».

Que l'homme contemple donc la nature entière dans sa haute et pleine majesté; qu'il éloigne sa vue des objets bas qui l'environnent. Qu'il regarde cette éclatante lumière, mise comme une lampe éternelle pour éclairer l'univers; que la terre lui paraisse comme un point au prix du vaste tour que cet astre décrit, et qu'il s'étonne de ce que ce vaste tour lui-même n'est qu'une pointe très délicate à l'égard de celui que les astres qui roulent dans le firmament embrassent. Mais si notre vue s'arrête là, que l'imagination passe outre (4); elle se lassera plutôt de concevoir, que la nature de fournir. Tout ce monde visible n'est qu'un trait imperceptible dans l'ample sein de la nature. Nulle idée n'en approche. Nous avons beau enfler nos conceptions au-delà des espaces imaginables,

---

(1) Simoniaques : de Simon le Magicien qui voulait acheter le pouvoir de conférer les dons du Saint-Esprit. Le Simoniaque est donc celui qui trafique sur des choses spirituelles. — (2) Formule percutante, qui porte d'autant plus. — (3) Le plus petit des animaux visible à l'œil nu; avant l'invention du microscope, il était le symbole de ce qu'il y avait de plus petit au monde. — (4) Aille au-delà.

nous n'enfantons que des atomes, au prix de la réalité des choses. C'est une sphère infinie dont le centre est partout, la circonférence nulle part. Enfin c'est le plus grand caractère sensible de la toute-puissance de Dieu, que notre imagination se perde dans cette pensée.

Que l'homme, étant revenu à soi, considère ce qu'il est au prix de ce qui est ; qu'il se regarde comme égaré dans ce canton détourné de la nature ; et que, de ce petit cachot où il se trouve logé, j'entends l'univers, il apprenne à estimer la terre, les royaumes, les villes et soi-même à son juste prix. Qu'est-ce qu'un homme dans l'infini ?

Mais pour lui présenter un autre prodige aussi étonnant, qu'il recherche dans ce qu'il connaît les choses les plus délicates. Qu'un ciron lui offre, dans la petitesse de son corps, des parties incomparablement plus petites, des jambes, du sang dans ses veines, des humeurs dans ce sang, des gouttes dans ces humeurs, des vapeurs dans ces gouttes ; que, divisant encore ces dernières choses, il épuise ses forces en ces conceptions, et que le dernier objet où il peut arriver soit maintenant celui de notre discours ; il pensera peut-être que c'est là l'extrême petitesse de la nature. Je veux lui faire voir là-dedans un abîme nouveau. Je lui veux peindre non seulement l'univers visible mais l'immensité qu'on peut concevoir de la nature, dans l'enceinte de ce raccourci d'atome. Qu'il y voie une infinité d'univers, dont chacun a son firmament, ses planètes, sa terre, en la même proportion que le monde visible : dans cette terre, des animaux, et enfin des cirons dans lesquels il retrouvera ce que les premiers ont donné ; et trouvant encore dans les autres la même chose, sans fin et sans repos, qu'il se perde dans ces merveilles, aussi étonnantes dans leur petitesse que les autres par leur étendue ; car qui n'admirera que notre corps, qui tantôt n'était pas perceptible dans l'univers, imperceptible lui-même dans le sein du tout, soit à présent un colosse, un monde, ou plutôt un tout, à l'égard du néant où l'on ne peut arriver ?

Qui se considérera de la sorte s'effrayera de soi-même et, se considérant soutenu dans la masse que la nature lui a donnée, entre ces deux abîmes de l'infini et du néant, il tremblera dans la vue de ces merveilles ; et je crois que, sa curiosité se changeant en admiration, il sera plus disposé à les contempler en silence qu'à les rechercher avec présomption.

Car enfin qu'est-ce que l'homme dans la nature ? Un néant à l'égard de l'infini, un tout à l'égard du néant, un milieu entre rien et tout. Infiniment éloigné de comprendre les extrêmes, la fin des choses et leur principe sont pour lui invinciblement cachés dans un secret impénétrable, également incapable de voir le néant d'où il est tiré et l'infini où il est englouti.

Que fera-t-il donc, sinon d'apercevoir quelque apparence du milieu des choses, dans un désespoir éternel de connaître ni leur principe ni leur fin ? Toutes ces choses sont sorties du néant et portées jusqu'à l'infini. Qui suivra ces étonnantes démarches ? L'auteur de ces merveilles les comprend. Tout autre ne le peut faire.

VÉRITÉ AU DEÇA DES PYRÉNÉES, ERREUR AU DELA

Pascal ne se fait pas plus d'illusion que Montaigne sur la justice des hommes, mais il ne se contente pas de dire son indignation ; il explique cette étrange acceptation de l'injustice réelle par la faiblesse de la raison humaine, trop souvent dupée par la coutume et par l'imagination « maîtresse d'erreur et de fausseté ». On ne saurait manquer d'être frappé par le caractère moderne de cette page et par l'universalité de la leçon que Pascal nous y donne.

Pourquoi me tuez-vous ? Eh quoi ne demeurez-vous pas de l'autre côté de l'eau ? Mon ami, si vous demeuriez de ce côté, je serais un assassin et cela serait injuste de vous tuer de la sorte ; mais puisque vous demeurez de l'autre côté, je suis un brave, et cela est juste...

... Sur quoi la fondera-t-il, l'économie du monde qu'il veut gouverner ? Sera-ce sur le caprice de chaque particulier ? Quelle confusion ! Sera-ce sur la justice ? il l'ignore. Certainement s'il la connaissait, il n'aurait pas établi cette maxime, la plus générale de toutes celles qui sont parmi les hommes que chacun suive les mœurs de son pays : l'éclat de la véritable équité aurait assujetti tous les peuples, et les législateurs n'auraient pas pris pour modèle, au lieu de cette justice constante, les fantaisies et les caprices des Perses et Allemands. On la verrait plantée par tous les États du monde et dans tous les temps, au lieu qu'on ne voit rien de juste ou d'injuste qui ne change de qualité en changeant de climat. Trois degrés d'élévation du pôle renversent toute la jurisprudence, un méridien décide de la vérité ; un peu d'années de possession, les lois fondamentales changent ; le droit a ses époques, l'entrée de Saturne au Lion nous marque l'origine d'un tel crime. Plaisante justice qu'une rivière borne ! Vérité au deçà des Pyrénées, erreur au delà.

LE ROSEAU PENSANT

Cette pensée (347), rédigée sous une forme presque mathématique, nous montre, en un saisissant raccourci, le paradoxe du destin de l'homme, mélange de néant et de grandeur, tandis que les images elles-mêmes en renforcent le pathétique. Mais Pascal ne se laisse aller ni au scepticisme ni au désespoir : ce savant garde sa foi en l'homme ; ce chrétien trouve dans la religion chrétienne l'explication et l'acceptation de sa dualité fondamentale.

L'homme n'est qu'un roseau, le plus faible de la nature, mais c'est un roseau pensant. Il ne faut pas que l'univers entier s'arme pour l'écraser ; une vapeur, une goutte d'eau suffit pour le tuer. Mais quand l'univers l'écraserait, l'homme serait encore plus noble, que ce qui le tue, puisqu'il sait qu'il meurt, et l'avantage que l'univers a sur lui, l'univers n'en sait rien.

Toute notre dignité consiste donc en la pensée. C'est de là qu'il nous faut relever et non de l'espace et de la durée, que nous ne saurions remplir.

Travaillons donc à bien penser : voilà le principe de la morale (347).

II. ÉQUILIBRE ET MATURITÉ (1643-1685)

Quarante années fécondes en chefs-d'œuvre : Les Comédies de Molière, les Tragédies de Racine, les *Oraisons funèbres* de Bossuet, les *Fables* de La Fontaine peuvent être considérées comme la perfection d'un genre littéraire, l'apogée d'une civilisation privilégiée.

MOLIÈRE

Sa vie Jean-Baptiste Poquelin, fils de Jean Poquelin, marchand tapissier du roi, naît à Paris en janvier 1622. Après avoir reçu une solide éducation, il prend la décision de se faire comédien et en 1643 il signe un contrat avec *l'Illustre Théâtre*, — c'est-à-dire avec la comédienne Madeleine Béjart et sa famille —, prend en 1644 le nom de Molière, rencontre d'inévitables difficultés matérielles et se heurte à des rivalités de toutes sortes : *l'Illustre Théâtre*, dont il est devenu le directeur, fait faillite en 1645. De 1645 à 1658, les comédiens mènent une vie de voyages et d'aventures, parcourant le midi et l'ouest de la France. Molière fait jouer en 1653 *l'Étourdi*, que suivra *le Dépit amoureux*, joué à Béziers en 1656.

Rentré à Paris en 1658, Molière, dont la troupe a obtenu la protection de Monsieur, frère du roi, donne en 1659 *les Précieuses Ridicules* et en 1661 *Dom Garcie de Navarre*, une tragi-comédie qui fut un échec. Il épouse en 1662 Armande Béjart, sœur de Madeleine, qui a vingt ans de moins que lui. La représentation de *l'Ecole des Femmes*, la même année, provoque des discussions passionnées. *Tartuffe* en 1664 rencontre l'hostilité des dévots ; la pièce est interdite et ne sera représentée en public, grâce au soutien du roi, qu'en 1669. Molière donne ensuite *Dom Juan* (1665), *le Misanthrope* (1666), *l'Avare* (1668), *le Bourgeois Gentilhomme* (1670), *les Femmes Savantes* (1672). A la quatrième représentation du *Malade imaginaire* (1673) il a une défaillance sur la scène et meurt quelques heures plus tard.

Son œuvre L'œuvre de Molière est une véritable Comédie humaine. Riche d'idées, de jugements, elle est un vaste rassemblement d'êtres réels, et non de types généraux et simplifiés ; ses personnages, enracinés dans leur époque, leur quartier, leur classe sociale (qu'ils s'appellent Harpagon, Monsieur Jourdain, Alceste, Dom Juan ou Dorine), sont complexes, nuancés, parfois en contradiction avec eux-mêmes; au total, fort différents les uns des autres, comme les hommes que nous rencontrons chaque jour.

Molière classe et apprécie ses personnages selon leur sincérité, leur bon sens et tout simplement leur bonté. Il a en horreur l'hypocrisie, la tromperie, le mensonge des faux dévots, les prudes de toutes sortes. Il raille tout ce qui est pédant, vaniteux, compliqué, se moque des petits marquis, des précieux, des faux savants. Il déteste ceux qui font souffrir les autres par cupidité, par jalousie, par égoïsme ou par sottise.

Cette œuvre est d'un comique constant et vigoureux, comique de satire qui nous venge des personnages odieux, rire purificateur qui repousse les stupidités et les malveillances, mais aussi verve spontanée, gaieté de bon aloi, joie de vivre, de jouer et d'être un homme parmi les hommes.

L'ÉCOLE DES FEMMES

DANGEREUSE NAIVETÉ

Arnolphe, tuteur de la jeune Agnès, s'efforce de l'élever dans l'ignorance la plus complète. Cette méfiance n'est peut-être pas si habile qu'il le croit, car le jeune Horace, qui le connaît sous un nom d'emprunt, vient lui raconter qu'il a fait la connaissance d'une belle jeune fille : c'est précisément Agnès. Aussi Arnolphe s'empresse-t-il d'interroger sa pupille (II, 5).

On notera la naïveté des réponses, les inutiles détours du tuteur, la curiosité candide d'Agnès, attirée instinctivement vers Horace.

Arnolphe
La promenade est belle.

   Agnès
   Fort belle.

Arnolphe
     Le beau jour.
   Agnès
Fort beau.

   Arnolphe
  Quelle nouvelle?

   Agnès
    Le petit chat est mort.

   Arnolphe
   C'est dommage; mais quoi?
Nous sommes tous mortels, et chacun est pour
       soi.
Lorsque j'étais aux champs, n'a-t-il point fait
      de pluie?
   Agnès
Non.

   Arnolphe
  Vous ennuyait-il?

Agnès
  Jamais je ne m'ennuie.

   Arnolphe
Qu'avez-vous fait encor ces neuf ou dix jours-ci?

   Agnès
Six chemises, je pense, et six coiffes aussi.

   Arnolphe (ayant un peu rêvé)
Le monde, chère Agnès, est une étrange chose.
Voyez la médisance, et comme chacun cause :
Quelques voisins m'ont dit qu'un jeune homme
        inconnu
Était en mon absence à la maison venu,
Que vous aviez souffert (1) sa vue et ses
       harangues;
Mais je n'ai point (2) pris foi sur ces méchantes
       langues
Et j'ai voulu gager (3) que c'était faussement...

   Agnès
Mon Dieu, ne gagez pas : vous perdriez
       vraiment.

   Arnolphe
Quoi! c'est la vérité qu'un homme...

---

(1) Toléré. — (2) Forme légèrement archaïque : je n'ai pas... — (3) Parier.

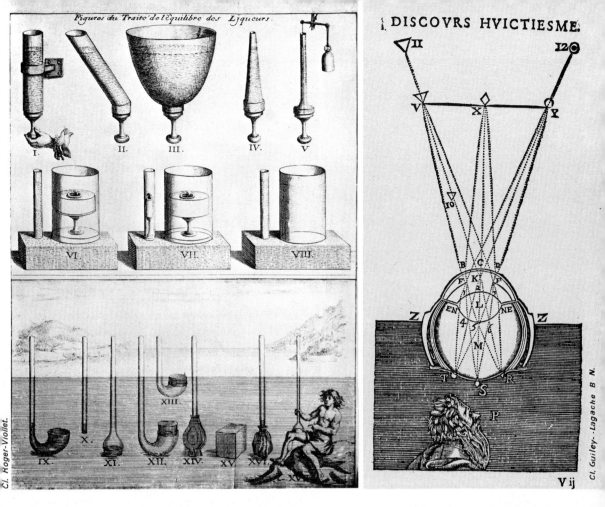

FIGURES DU *TRAITÉ DE L'ÉQUILIBRE DES LIQUEURS* DE PASCAL

GRAVURE DE LA *DIOPTRIQUE* DE DESCARTES

GRAVURE DE LA *DIOPTRIQUE* DE DESCARTES
Machine à tracer les hyperboles.

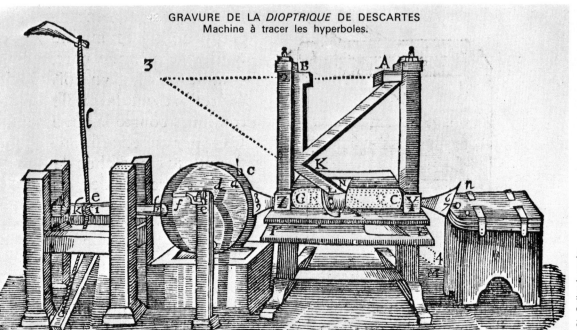

QUELQUES INTERPRÈTES MODERNES DU THÉATRE DE MOLIÈRE

En haut à gauche, Raimu dans *Le Bourgeois Gentilhomme.*
En haut à droite, Robert Hirsch dans *Les Fourberies de Scapin.*
En bas, Jean Vilar et Christiane Minazolli dans *L'Avare.*

Agnès

Chose sûre.
Il n'a presque bougé de chez nous, je vous jure.

Arnolphe (à part)

Cet aveu qu'elle fait avec sincérité
Me marque pour le moins son ingénuité.
Mais il me semble, Agnès, si ma mémoire est
                                    bonne,
Que j'avais défendu que vous vissiez personne.

Agnès

Oui; mais quand je l'ai vu, vous ignorez
                                    pourquoi,
Et vous en auriez fait, sans doute, autant que
                                    moi.

Arnolphe

Peut-être. Mais enfin contez-moi cette histoire.

Agnès

Elle est fort étonnante, et difficile à croire.
J'étais sur le balcon à travailler au frais,
Lorsque je vis passer sous les arbres d'auprès
Un jeune homme bien fait, qui rencontrant ma
                                    vue
D'une humble révérence aussitôt me salue :
Moi, pour ne point manquer à la civilité,
Je fis la révérence aussi de mon côté.
Soudain il me refait une autre révérence :
Moi, j'en refais de même une autre en diligence;
Et lui d'une troisième aussitôt repartant,
D'une troisième aussi j'y repars à l'instant.
Il passe, vient, repasse, et toujours de plus belle
Me fait à chaque fois révérence nouvelle;
Et moi, qui tous ces tours fixement regardais,
Nouvelle révérence aussi je lui rendais :
Tant que, si sur ce point la nuit ne fût venue,
Toujours comme cela je me serais tenue,
Ne voulant point céder, et recevoir l'ennui (1)
Qu'il me pût estimer moins civile que lui...

LES FEMMES SAVANTES

CLITANDRE, HENRIETTE ET « LES FEMMES SAVANTES »

Molière nous apporte ici (I, 3) le jugement d'un homme de bon sens sur les excès ridicules du snobisme de la science et des belles-lettres chez certaines bourgeoises de son temps et brosse le portrait bref mais vigoureux d'un « héros d'esprit », l'ineffable Trissotin. Mais il nous introduit aussi à l'intérieur d'une famille réelle, analyse les rapports entre le mari et la femme — à laquelle on ne résiste guère —, laisse voir la diplomatie intime d'Henriette, fine et avisée qui ne désire qu'une chose : être heureuse avec Clitandre qui l'aime et qu'elle aime

Ainsi nous ne suivons pas seulement une discussion d'idées; nous regardons vivre des hommes sensés ou ridicules, nous prenons parti, nous raillons ou nous aimons.

Henriette

... Le plus sûr est de gagner ma mère :
Mon père est d'une humeur à consentir à tout,
Mais il met peu de poids aux choses qu'il résout :
Il a reçu du Ciel certaine bonté d'âme,
Qui le soumet d'abord à ce que veut sa femme;
C'est elle qui gouverne, et d'un ton absolu
Elle dicte pour loi ce qu'elle a résolu.
Je voudrais bien vous voir pour elle, et pour ma
                                    tante,
Une âme, je l'avoue, un peu plus complaisante,
Un esprit qui, flattant les visions du leur,
Vous pût de leur estime attirer la chaleur.

Clitandre

Mon cœur n'a jamais pu, tant il est né sincère,
Même dans votre sœur flatter leur caractère,
Et les femmes docteurs ne sont point de mon
                                    goût.
Je consens qu'une femme ait des clartés de tout,
Mais je ne lui veux point la passion choquante
De se rendre savante afin d'être savante;
Et j'aime que souvent, aux questions qu'on fait,
Elle sache ignorer les choses qu'elle sait;
De son étude enfin je veux qu'elle se cache,
Et qu'elle ait du savoir sans vouloir qu'on le
                                    sache,
Sans citer les auteurs, sans dire de grands mots,
Et clouer de l'esprit à ses moindres propos.
Je respecte beaucoup Madame votre mère;
Mais je ne puis du tout approuver sa chimère,
Et me rendre l'écho des choses qu'elle dit,
Aux encens qu'elle donne à son héros d'esprit.
Son M. Trissotin me chagrine, m'assomme,
Et j'enrage de voir qu'elle estime un tel homme,
Qu'elle nous mette au rang des grands et beaux
                                    esprits
Un benêt (2) dont partout on siffle les écrits,
Un pédant dont on voit la plume libérale
D'officieux papiers fournir toute la halle (3).

---

(1) Contrariété (sens fort). — (2) Imbécile. — (3) Place publique, marché.

Henriette

Ses écrits, ses discours, tout m'en semble
                                    ennuyeux,
Et je me trouve assez votre goût et vos yeux;
Mais, comme sur ma mère il a grande puissance,
Vous devez vous forcer à quelque complaisance.
Un amant fait sa cour où s'attache son cœur,
Il veut de tout le monde y gagner sa faveur;
Et pour n'avoir personne à sa flamme contraire,
Jusqu'au chien du logis il s'efforce de plaire.

Clitandre

Oui, vous avez raison; mais M. Trissotin
M'inspire au fond de l'âme un dominant
                                    chagrin.
Je ne puis consentir pour gagner ses suffrages,

A me déshonorer en prisant ses ouvrages;
C'est par eux qu'à mes yeux il a d'abord paru,
Et je le connaissais avant que l'avoir vu.
Je vis, dans le fatras des écrits qu'il nous donne,
Ce qu'étale en tous lieux sa pédante personne :
La constante hauteur de sa présomption,
Cette intrépidité de bonne opinion,
Cet indolent état de confiance extrême
Qui le rend en tout temps si content de
                                    soi-même,
Qui fait qu'à son mérite incessamment il rit,
Qu'il se sait si bon gré de tout ce qu'il écrit;
Et qu'il ne voudrait pas changer sa renommée
Contre tous les honneurs d'un général d'armée.

Henriette

C'est avoir de bons yeux que de voir tout cela.

TARTUFFE

DIALOGUE ENTRE TARTUFFE ET ELMIRE

On a beaucoup parlé de Tartuffe dans les deux premiers actes de la pièce. Orgon et Madame Pernelle ont loué sa sainteté. Dorine, Cléante, Damis ont déploré son influence néfaste et l'importance qu'il a prise dans la maison.

Il apparaît enfin en personne à la scène 2 de l'Acte III, avec toute son « affectation » et ses démonstrations de vertu et de piété; mais, presque sans transition, il se conduit de façon étrange au cours de son entrevue avec Elmire... Ici (III, 3) est mise en évidence la duplicité de Tartuffe, qui n'est pas seulement un faux dévot, dont les déclarations religieuses et les protestations vertueuses sont purement intéressées et factices, mais encore un homme profondément immoral et cynique. Cette hypocrisie est mise en valeur par la finesse et l'intégrité discrète et pourtant ferme d'Elmire : obligée d'écouter Tartuffe, car elle songe à l'amour de Mariane, sa fille, pour Valère, elle réussit, sans vaine brusquerie, à garder ses distances et se tire avec adresse d'un pas fort délicat.

Elmire

J'ai voulu vous parler en secret d'une
                                affaire (1)
Et suis bien aise ici qu'aucun ne nous éclaire.

Tartuffe

J'en suis ravi de même, et sans doute il m'est
                                doux,
Madame, de me voir seule à seul avec vous :
C'est une occasion qu'au Ciel j'ai demandée,
Sans que jusqu'à cette heure il me l'ait
                                accordée.

Elmire

Pour moi, ce que je veux, c'est un mot
                                d'entretien,
Où tout votre cœur s'ouvre, et ne me cache rien.

Tartuffe

Et je ne veux aussi pour grâce singulière
Que montrer à vos yeux mon âme tout entière,
Et vous faire serment que les bruits que j'ai faits
Des visites qu'ici reçoivent vos attraits
Ne sont pas envers vous l'effet d'aucune haine,
Mais plutôt d'un transport de zèle qui
                                m'entraîne
Et d'un pur mouvement...

Elmire

                Je le prends bien aussı,
Et crois que mon salut vous donne ce souci.

Tartuffe (Il lui serre le bout des doigts)
Oui, Madame, sans doute; et ma ferveur est telle...

---

(1) Il s'agit du mariage de Mariane et de Valère, mais Tartuffe croit que ce n'est qu'un prétexte.

Elmire

Ouf vous me serrez trop.

Tartuffe

C'est par excès de zèle
De vous faire autre mal, je n'eus jamais dessein,
Et j'aurais bien plutôt...

(Il met la main sur le genou)

Elmire

Que fait là votre main?

Tartuffe

Je tâte votre habit : l'étoffe en est moelleuse.

Elmire

Ah! de grâce, laissez, je suis fort chatouilleuse.
(Elle recule sa chaise, et Tartuffe rapproche la
sienne.)

Tartuffe (maniant le fichu d'Elmire)

Mon Dieu que de ce point l'ouvrage est
merveilleux
On travaille aujourd'hui d'un air miraculeux (1);
Jamais, en toute chose, on n'a vu si bien faire.

Elmire

Il est vrai. Mais parlons un peu de notre affaire.
On tient que mon mari veut dégager sa foi,
Et vous donner sa fille. Est-il vrai, dites-moi?

Tartuffe

Il m'en a dit deux mots; mais, Madame, à vrai
dire,
Ce n'est pas le bonheur après quoi je soupire;
Et je vois autre part les merveilleux attraits
De la félicité qui fait tous mes souhaits.

Elmire

C'est que vous n'aimez rien des choses de la
terre.

Tartuffe

Mon sein n'enferme pas un cœur qui soit de
pierre.

Elmire

Pour moi, je crois qu'au Ciel tendent tous vos
soupirs,
Et que rien ici-bas n'arrête vos désirs.

Tartuffe

L'amour qui nous attache aux beautés
éternelles
N'étouffe pas en nous l'amour des temporelles;
Nos sens facilement peuvent être charmés
Des ouvrages parfaits que le Ciel a formés.
Ses attraits réfléchis brillent dans vos pareilles;
Mais il étale en vous ses plus rares merveilles :
Il a sur votre face épanché des beautés

Dont les yeux sont surpris, et les cœurs
transportés,
Et je n'ai pu vous voir, parfaite créature,
Sans admirer en vous l'auteur de la nature,
Et d'une ardente amour sentir mon cœur atteint,
Au plus beau des portraits où lui-même il s'est
peint.
D'abord j'appréhendai que cette ardeur secrète
Ne fût du noir esprit (2) une surprise adroite;
Et même à fuir vos yeux mon cœur se résolut,
Vous croyant un obstacle à faire mon salut.
Mais enfin je connus, ô beauté toute aimable,
Que cette passion peut n'être point coupable,
Que je puis l'ajuster avecque la pudeur
Et c'est ce qui m'y fait abandonner mon cœur.
Ce m'est, je le confesse, une audace bien grande
Que d'oser de ce cœur vous adresser l'offrande;
Mais j'attends en mes vœux tout de votre bonté,
Et rien des vains efforts de mon infirmité (3);
En vous est mon espoir, mon bien, ma quiétude,
De vous dépend ma peine ou ma béatitude,
Et je vais être enfin, par votre seul arrêt,
Heureux, si vous voulez, malheureux, s'il vous
plaît.

Elmire

La déclaration est tout à fait galante,
Mais elle est, à vrai dire, un peu bien
surprenante.
Vous deviez, ce me semble, armer mieux votre
sein,
Et raisonner un peu sur un pareil dessein.
Un dévot comme vous, et que partout on
nomme...

Tartuffe

Ah! pour être dévot, je n'en suis pas moins
homme;
Et lorsqu'on vient à voir vos célestes appas,
Un cœur se laisse prendre, et ne raisonne pas.
Je sais qu'un tel discours de moi paraît étrange;
Mais, Madame, après tout, je ne suis pas un ange;
Et si vous condamnez l'aveu que je vous fais,
Vous devez vous en prendre à vos charmants
attraits.
Dès que j'en vis briller la splendeur plus
qu'humaine
De mon intérieur vous fûtes souveraine;
De vos regards divins l'ineffable douceur
Força la résistance où s'obstinait mon cœur,
Elle surmonta tout, jeûnes, prières, larmes,
Et tourna tous mes vœux du côté de vos charmes.
Mes yeux et mes soupirs vous l'ont dit mille fois,
Et pour mieux m'expliquer j'emploie ici la voix.
Que si vous contemplez d'une âme un peu
bénigne (4)
Les tribulations (5) de votre esclave indigne,
S'il faut que vos bontés veuillent me consoler
Et jusqu'à mon néant daignent se ravaler (6)
J'aurai toujours pour vous, ô suave merveille,
Une dévotion à nulle autre pareille.

---

(1) D'une façon miraculeuse. — (2) Du malin, Satan. — (3) Ma faiblesse. — (4) Bonne, bienveillante. — (5) Adversité, souffrances morales. — (6) Se rabaisser.

Votre honneur avec moi ne court point de hasard,
Et n'a nulle disgrâce à craindre de ma part.
Tous ces galants de cour, dont les femmes sont
                                                    folles,
Sont bruyants dans leurs faits et vains dans
                                            leurs paroles.
De leurs progrès sans cesse on les voit se targuer ;
Ils n'ont point de faveurs qu'ils n'aillent
                                                divulguer,
Et leur langue indiscrète, en qui l'on se confie,

Déshonore l'autel où leur cœur sacrifie.
Mais les gens comme nous brûlent d'un feu
                                                    discret,
Avec qui pour toujours on est sûr du secret :
Le soin que nous prenons de notre renommée
Répond de toute chose à la personne aimée,
Et c'est en nous qu'on trouve, acceptant notre
                                                    cœur,
De l'amour sans scandale et du plaisir sans
                                                    peur.

LA FONTAINE

Sa vie   Né en 1621 à Château-Thierry, Jean de La Fontaine y exerça, après son
                  père, la charge de maître des eaux et forêts. Épicurien et nonchalant, il
eut la chance de trouver tout au long de sa vie des protecteurs dévoués : le surintendant
Fouquet auquel il témoigne un attachement émouvant après sa disgrâce, Madame de
La Sablière chez qui il passe plus de vingt ans (1672-1693) et Madame d'Hervart chez
qui il meurt en 1693.

Son œuvre   Son œuvre est une œuvre de maturité. Le premier recueil des *Fables*
                  paraît en 1668, quelques années après la publication des *Contes et
Nouvelles* et le second recueil paraîtra en 1678. Renouvelant la tradition du genre,
La Fontaine y fait entrer un tableau satirique de la société de son temps. Il y manifeste
son talent de conteur, son sens de l'observation pittoresque. Ce Champenois transplanté tardivement à Paris a gardé le goût de la nature. Il sait peindre sur le vif aussi
bien les petites gens — artisans et paysans — que les gens de cour et les bourgeois.
Il emprunte tour à tour les tons les plus divers, coupe volontiers l'ordonnance d'un
récit par l'agrément d'une citation où la malice d'une remarque, prolonge une fable
familière en une méditation lyrique ou philosophique. Sa fantaisie est inimitable.

LA JEUNE VEUVE

La Fontaine aurait pu insérer cette fable dans un de ses recueils de contes : on y
retrouve le même scepticisme aimable, s'exprimant sur un ton de badinage léger que
rehausse une note de poésie gracieuse et précieuse. En face de la « jeune veuve », si
délicieusement spontanée, superficielle et naïve, à la fois dans ses réactions de veuve
momentanément inconsolable et dans ses exigences d'enfant gâtée, le père de famille,
dans la note traditionnelle, exprime une philosophie souriante, indulgente et désabusée,
la philosophie de La Fontaine (VI, 21).

La perte d'un époux ne va point sans soupirs,
On fait beaucoup de bruit ; et puis on se console :
Sur les ailes du Temps la tristesse s'envole,
   Le Temps ramène les plaisirs.
   Entre la veuve d'une année
   Et la veuve d'une journée
La différence est grande ; on ne croirait jamais
   Que ce fût la même personne :
L'une fait fuir les gens, et l'autre a mille
                                                attraits.
   Aux soupirs vrais ou faux celle-là
                                        s'abandonne ;

C'est toujours même note et pareil entretien ;
   On dit qu'on est inconsolable ;
   On le dit, mais il n'en est rien,
   Comme on verra par cette fable,
   Ou plutôt par la vérité.

   L'époux d'une jeune beauté
Partait pour l'autre monde. A ses côtés, sa femme
Lui criait : « Attends-moi, je te suis ; et mon âme,
Aussi bien que la tienne, est prête à s'envoler. »
   Le mari fait seul le voyage.
La belle avait un père, homme prudent et sage ;

Il laissa le torrent couler.
A la fin, pour la consoler :
« Ma fille, lui dit-il, c'est trop verser de larmes :
Qu'a besoin le défunt que vous noyiez vos
                                        charmes?
Puisqu'il est des vivants, ne songez plus aux
                                        morts.
Je ne dis pas que tout à l'heure
Une condition meilleure
Change en des noces ces transports;
Mais, après certain temps, souffrez qu'on vous
                                        propose
Un époux beau, bien fait, jeune, et tout autre
                                        chose
Que le défunt. — Ah! dit-elle aussitôt,
Un cloître est l'époux qu'il me faut. »

Le père lui laissa digérer sa disgrâce.
Un mois de la sorte se passe;
L'autre mois, on l'emploie à changer tous les
                                        jours
Quelque chose à l'habit, au linge, à la coiffure;
Le deuil enfin sert de parure,
En attendant d'autres atours;
Toute la bande des Amours
Revient au colombier; les jeux, les ris (1), la danse,
Ont aussi leur tour à la fin :
On se plonge soir et matin
Dans la fontaine de Jouvence (2)
Le père ne craint plus ce défunt tant chéri;
Mais comme il ne parlait de rien à notre belle :
« Où donc est le jeune mari
Que vous m'avez promis? » dit-elle.

LES OBSÈQUES DE LA LIONNE

La satire, tour à tour ironique, amusée et véhémente, prend pour cible l'étiquette et le cérémonial de cour, le monarque infatué et naïf, les courtisans serviles à l'égard du roi et impitoyables à l'égard d'autrui. Pour en tempérer l'audace, La Fontaine met en scène des animaux. Mais en entremêlant délibérément des mots et des détails disparates dont les uns conviennent à des animaux et les autres à des hommes, il accentue le caractère conventionnel de cet élément traditionnel de la fable et en tire de délicieux effets de fantaisie burlesque (VIII, 14).

La femme du lion mourut;
Aussitôt chacun accourut
Pour s'acquitter envers le prince
De certains compliments de consolation
Qui sont surcroît d'affliction.
Il fit avertir sa province
Que les obsèques se feraient
Un tel jour, en tel lieu; ses prévôts y seraient
Pour régler la cérémonie,
Et pour placer la compagnie.
Jugez si chacun s'y trouva.
Le prince aux cris s'abandonna,
Et tout son antre en résonna;
Les lions n'ont point d'autre temple.
On entendit, à son exemple,
Rugir en leur patois messieurs les courtisans.
Je définis la cour un pays où les gens,
Tristes, gais, prêts à tout, à tout indifférents,
Sont ce qu'il plaît au prince, ou, s'ils ne peuvent
                                        l'être,
Tâchent au moins de le paraître :
Peuple caméléon, peuple singe du maître;
On dirait qu'un esprit anime mille corps :
C'est bien là que les gens sont de simples ressorts (3).
Pour revenir à notre affaire,
Le cerf ne pleura point. Comment eût-il pu faire?
Cette mort le vengeait : la reine avait jadis
Etranglé sa femme et son fils.
Bref, il ne pleura point. Un flatteur l'alla dire,
Et soutint qu'il l'avait vu rire.

La colère du roi, comme dit Salomon,
Est terrible; et surtout celle du roi lion;
Mais ce cerf n'avait pas accoutumé de lire.
Le monarque lui dit : « Chétif hôte des bois,
Tu ris, tu ne suis pas ces gémissantes voix.
Nous n'appliquerons point sur tes membres
                                        profanes
Nos sacrés ongles : venez, loups,
Vengez la reine; immolez tous
Ce traître à ses augustes mânes. »
Le cerf reprit alors : « Sire, le temps des pleurs
Est passé; la douleur est ici superflue.
Votre digne moitié, couchée entre des fleurs,
Tout près d'ici m'est apparue;
Et je l'ai d'abord reconnue :
« Ami, m'a-t-elle dit, garde que ce convoi,
Quand je vais chez les dieux, ne t'oblige à des
                                        larmes;
Aux champs Elysiens j'ai goûté mille charmes,
Conversant avec ceux qui sont saints comme
                                        moi.
Laisse agir quelque temps le désespoir du roi :
J'y prends plaisir. » A peine on eut ouï la chose,
Qu'on se mit à crier : « Miracle! Apothéose! »
Le cerf eut un présent, bien loin d'être puni.

Amusez les rois par des songes,
Flattez-les, payez-les d'agréables mensonges :
Quelque indignation dont leur cœur soit rempli,
Ils goberont (4) l'appât; vous serez leur ami.

(1) Rires. — (2) Fontaine légendaire dont l'eau redonne jeunesse à ceux qui l'ont perdue. —
(3) Noter la violence à peine déguisée de ce passage. — (4) Saisiront.

BOSSUET

Sa vie   Jacques-Bénigne Bossuet naquit à Dijon, en 1627, dans une famille de magistrats, fit ses études au collège des Jésuites de la ville, puis sa théologie au collège de Navarre à Paris de 1642 à 1652 et fut reçu docteur en Sorbonne en 1652 peu après avoir été ordonné prêtre. Il prêchera à Paris de 1659 à 1669.

Nommé évêque de Condom en 1669, reçu à l'Académie française en 1671, il est chargé de l'éducation du Grand Dauphin en 1670; c'est pour le prince qu'il compose *le Discours sur l'Histoire universelle* (1681) et *le Traité de la Connaissance de Dieu et de soi-même*, après avoir complété ses connaissances sur l'histoire et la politique, et avoir médité sur la nature humaine.

Chargé de l'oraison funèbre d'Henriette de France, reine d'Angleterre (1665), puis de celle d'Henriette d'Angleterre, duchesse d'Orléans (1670), il sait joindre au rappel nécessaire de l'histoire de son temps, et aux vicissitudes dramatiques de ces grandes destinées, une haute leçon sur le sens chrétien de la mort.

Évêque de Meaux de 1681 à 1704, après le mariage du Dauphin, il se consacre avec ardeur à son diocèse. Il prononce encore pourtant les oraisons funèbres de la reine (1683), d'Anne de Gonzague (1685), de Le Tellier (1685) et de Condé (1687).

L'âge ne ralentit pas son activité et n'affaiblit pas la vigueur de sa pensée : il continue ses controverses avec les protestants, en écrivant l'*Histoire des variations des deux églises protestantes*, tout en souhaitant la réunion des Églises, à propos de laquelle il entretient une intéressante correspondance avec le philosophe allemand Leibniz. Il prend violemment à parti le théâtre contemporain et l'œuvre de Molière, qu'il accuse de corrompre les mœurs dans ses *Maximes et réflexions sur la Comédie* (1694). Il attaque sans merci tout ce qui lui paraît déviation du dogme ou hérésie, avec une rigueur plus proche de la méfiance janséniste que de la douceur apostolique de saint François de Sales, comme s'il réfutait par avance un dix-huitième siècle indiscipliné et sceptique : c'est ainsi qu'il repousse, en défenseur rigoureux de l'orthodoxie et de la tradition, les exégèses d'Ellies du Pin et de Richard Simon, qu'il condamne la casuistique, qu'il attaque Fénelon et le quiétisme (1), se refusant à admettre son mysticisme trop individualiste et sa piété indépendante et peu conformiste, jusqu'à le faire condamner par le pape en 1699. Mais il rédige aussi des œuvres, dont la prose musicale a la puissance de suggestion de la poésie lyrique, comme le *Traité de la Concupiscence* qui ne sera publié qu'en 1732. Il meurt à Paris en 1704.

Sa personnalité   Moraliste avant tout, ce directeur de conscience, auquel des études approfondies et une logique ferme ont apporté la certitude, est à chaque instant conscient des responsabilités qui lui incombent : il veut la chasteté des mœurs, la régularité de la vie, la charité à l'égard des pauvres, en bon disciple de saint Vincent de Paul (2). Or ce moraliste exigeant est un psychologue avisé. Il a connu le monde, vécu dans le Paris de la Fronde, vu les pièces de Corneille, lu la littérature profane, avant de se détacher à vingt et un ans de toutes ces vanités. Il connaît les insuffisances de notre nature; il a découvert l'horreur de la mort, non parce qu'il la craint lui-même, mais parce qu'il a été touché par le sort d'Henriette d'Angleterre; il a senti non moins profondément que Pascal le malheur de la condition humaine. Mais il possède aussi la solution de tous nos malheurs et le remède à tous nos défauts, nos révoltes et nos erreurs : de même que, selon lui, l'histoire universelle s'explique par

---

(1) Voir p. 187. — (2) Chez qui il a fait retraite en 1652, au moment de son ordination.

les desseins de la Providence, que le peuple doit trouver justice et bonheur dans une monarchie héréditaire conforme à la loi naturelle, de même toute notre vie matérielle et morale s'ordonne définitivement dans l'amour de Dieu. L'œuvre de Bossuet tout entière vise à reconstituer cette unité parfaite, qui est la volonté même de Dieu : sensibilité, imagination, harmonie du mouvement, lyrisme et raison tendent à un ordre à la fois classique et chrétien car

tout ce qui ne va pas aux vérités éternelles est vain.

ORAISON FUNÈBRE D'HENRIETTE-MARIE DE FRANCE (1) . REINE D'ANGLETERRE
(Exorde)

UNE « GRANDE ET TERRIBLE LEÇON »

« Grand genre » classique en prose, l'oraison funèbre a la noblesse de l'épopée ou de la tragédie. Celle que Bossuet prononça le 16 novembre 1669 en l'honneur d'Henriette de France remémore une destinée semblable à celles qui inspiraient Corneille ; cette grande reine est une héroïne véritable, et la période de Bossuet n'est pas inférieure à l'alexandrin. Mais l'oraison funèbre n'est pas une œuvre d'art désintéressée, elle constitue une démonstration éclatante de la puissance divine.

Monseigneur,

Celui qui règne dans les cieux, et de qui relèvent tous les empires, à qui seul appartient la gloire, la majesté et l'indépendance, est aussi le seul qui se glorifie de faire la loi aux rois, et de leur donner, quand il lui plaît, de grandes et de terribles leçons. Soit qu'il élève les trônes, soit qu'il les abaisse, soit qu'il communique sa puissance aux princes, soit qu'il la retire à lui-même et ne leur laisse que leur propre faiblesse, il leur apprend leurs devoirs d'une manière souveraine et digne de lui. Car, en leur donnant sa puissance, il leur commande d'en user comme il fait lui-même pour le bien du monde ; et il leur fait voir, en la retirant, que toute leur majesté est empruntée, et que pour être assis sur le trône, ils n'en sont pas moins sous sa main et sous son autorité suprême. C'est ainsi qu'il instruit les princes, non seulement par des discours et par des paroles, mais encore par des effets et par des exemples. *Et nunc, Reges, intelligite ; erudimini, qui judicatis terram* (2). Chrétiens, que la mémoire d'une grande reine, fille, femme, mère de rois si puissants, et souveraine de trois royaumes, appelle de tous côtés à cette triste cérémonie, ce discours vous fera paraître un de ces exemples redoutables qui étalent aux yeux du monde sa vanité tout entière. Vous verrez dans une seule vie toutes les extrémités des choses humaines : la félicité sans bornes, aussi bien que les misères ; une longue et paisible jouissance d'une des plus nobles couronnes de l'univers ; tout ce que peuvent donner de plus glorieux la naissance et la grandeur accumulées sur une tête, qui ensuite est exposée à tous les outrages de la fortune ; la bonne cause d'abord suivie de bons succès, et, depuis, des retours soudains ; des changements inouïs ; la rébellion longtemps retenue, à la fin tout à fait maîtresse ; nul frein à la licence ; les lois abolies, la majesté violée par des attentats jusques alors inconnus ; l'usurpation et la tyrannie sous le nom de liberté ; une reine fugitive, qui ne trouve aucune retraite dans trois royaumes, et à qui sa propre patrie n'est plus qu'un triste lieu d'exil ; neuf voyages sur mer entrepris par une princesse malgré les tempêtes ; l'Océan étonné de se voir traversé tant de fois en des appareils si divers, et pour des causes si différentes ; un trône indignement renversé, et miraculeusement rétabli. Voilà les enseignements que Dieu donne aux rois : ainsi fait-il voir au monde le néant de ses pompes et de ses grandeurs. Si les paroles nous manquent,

---

(1) Henriette Marie de France, fille d'Henri IV et de Marie de Médicis, née au Louvre en 1609, mariée à Charles Ier d'Angleterre en 1625, aida efficacement lors de la lutte contre le Parlement, participa aux combats avant de fuir en France en 1644, où elle apprit la défaite et l'exécution de son mari ; elle assista de façon inespérée au couronnement de son fils, mais se retira au couvent de Chaillot pour y mourir en fervente chrétienne (1669). — (2) Voir plus bas dans le texte la traduction qu'en donne Bossuet.

si les expressions ne répondent pas à un sujet si vaste et si relevé, les choses parleront assez d'elles-mêmes. Le cœur d'une grande reine, autrefois élevé par une si longue suite de prospérités, et puis plongé tout à coup dans un abîme d'amertumes, parlera assez haut; et s'il n'est pas permis aux particuliers de faire des leçons aux princes sur des événements si étranges, un roi me prête ses paroles pour leur dire : *Et nunc, Reges, intelligite; erudimini qui judicatis terram.* « Entendez, ô Grands de la terre; instruisez-vous, arbitres du monde. »

ORAISON FUNÈBRE D'HENRIETTE-ANNE D'ANGLETERRE (1)

LA MORT DE MADAME

Récit saisissant de la mort de Madame, où l'émotion se propage à travers les cris des témoins, le sourd tocsin des mots abstraits, des adjectifs moraux, le mouvement même de l'âme de l'orateur qui revit ces heures de douleur et d'étonnement, cette admirable page est aussi un avertissement divin et un irréfutable exemple de l'inconstance des choses humaines.

Considérez, Messieurs, ces grandes puissances que nous regardons de si bas. Pendant que nous tremblons sous leur main, Dieu les frappe pour nous avertir. Leur élévation en est la cause; et il les épargne si peu qu'il ne craint pas de les sacrifier à l'instruction du reste des hommes. Chrétiens, ne murmurez pas si Madame a été choisie pour nous donner une telle instruction. Il n'y a rien ici de rude pour elle, puisque, comme vous le verrez dans la suite, Dieu la sauve par le même coup qui nous instruit. Nous devrions être assez convaincus de notre néant, mais s'il faut des coups de surprise à nos cœurs enchantés de l'amour du monde, celui-ci est assez grand et assez terrible. O nuit désastreuse, ô nuit effroyable, où retentit tout à coup, comme un éclat de tonnerre, cette étonnante nouvelle : Madame se meurt, Madame est morte! Qui de nous ne se sentit frappé à ce coup, comme si quelque tragique accident avait désolé sa famille? Au premier bruit d'un mal si étrange, on accourut à Saint-Cloud de toutes parts; on trouve tout consterné, excepté le cœur de cette princesse. Partout on entend des cris, partout on voit la douleur et le désespoir, et l'image de la mort. Le roi, la reine, Monsieur, toute la cour, tout le peuple, tout est abattu, tout est désespéré, et il me semble que je vois l'accomplissement de cette parole du prophète : « le roi pleurera, le prince sera désolé, et les mains tomberont au peuple, de douleur et d'étonnement ».

Mais et les princes et les peuples gémissaient en vain. En vain Monsieur, en vain le roi tenait Madame serrée par de si étroits embrassements. Alors ils pouvaient dire l'un et l'autre, avec saint Ambroise : *Stringebam brachia, sed jam amiseram quam tenebam.* « Je serrais les bras, mais j'avais déjà perdu ce que je tenais. » La princesse leur échappait parmi des embrassements si tendres, et la mort plus puissante nous l'enlevait entre ces royales mains. Quoi donc, elle devait périr si tôt! Dans la plupart des hommes, les changements se font peu à peu, et la mort les prépare ordinairement à son dernier coup. Madame cependant a passé du matin au soir, ainsi que l'herbe des champs. Le matin elle fleurissait, avec quelles grâces, vous le savez : le soir, nous la vîmes séchée, et ces fortes expressions, par lesquelles l'Écriture sainte exagère l'inconstance des choses humaines, devaient être pour cette princesse si précises et si littérales...

JEAN RACINE

Sa vie   Né à La Ferté-Milon en 1639, Jean Racine resta orphelin de bonne heure. Après avoir été l'élève du collège de Beauvais, il poursuivit durant trois ans (1655-1658) ses études à Port-Royal. Aux austères jansénistes qui y furent ses maîtres, il doit pour une large part sa vision peu consolante de l'âme humaine livrée à ses passions

---

(1) Henriette-Anne Stuart, fille de Charles Iᵉʳ et d'Henriette de France, eut du succès dès sa présentation à la cour en 1660. Elle épousa le duc d'Orléans, frère du roi, protégea Molière et Racine, fut chargée d'importantes missions diplomatiques et mourut subitement et assez mystérieusement en 1670.

et esclave de sa faiblesse. A l'helléniste Lancelot en particulier, il doit cette culture grecque, assez rare chez les écrivains de son temps, qui l'orientera si souvent dans le choix du sujet de ses pièces et affinera son sens de la beauté et de l'harmonie. Au reste, la forte empreinte de ses anciens maîtres se manifeste à toutes les étapes essentielles de sa vie. Il rompt avec eux, par une lettre ironique et cruelle, quand il vient de s'orienter vers la vie mondaine et le théâtre. Et c'est alors, d'*Andromaque* (1667) à *Phèdre* (1677), la période des grands chefs-d'œuvre : *Britannicus* (1669), *Bérénice* (1670), *Bajazet* (1672), *Mithridate* (1673), *Iphigénie* (1674).

L'échec de *Phèdre* (1677) est l'occasion d'une réconciliation avec Port-Royal, à la suite de laquelle, à trente-sept ans et dans la pleine maturité de son génie, il abandonne le théâtre. Il n'y reviendra que douze ans plus tard, sur la demande de Mme de Maintenon, pour composer deux pièces d'inspiration religieuse, *Esther* et *Athalie*, à l'intention des demoiselles de Saint-Cyr. A sa mort, en 1699, il fut, comme il l'avait demandé, enterré à Port-Royal.

L'originalité de son talent Chez Racine, la finesse de l'analyse psychologique s'attache avec prédilection aux âmes sensibles, changeantes et tourmentées. L'armature rigoureusement logique de ses pièces apparaît non seulement dans les grandes lignes mais encore dans l'ordonnance des scènes ; l'action y progresse par l'évolution des sentiments des personnages et, quand Racine a recours aux coups de théâtre, ils sont provoqués par leurs revirements et leurs volte-face. La puissance suggestive de son talent poétique le montre également apte à tracer un tableau de la Rome impériale avec ses intrigues de cour et ses mouvements colorés de foules, à restituer l'atmosphère lourde d'un sérail et, par l'évocation de tout un cortège de légendes, à créer autour d'un drame humain un climat étrange et mystérieux où s'exerce une inexpiable malédiction.

BRITANNICUS

NARCISSE REPREND NÉRON SOUS SA TUTELLE

L'empereur Néron avait décidé de faire périr son frère Britannicus. Agrippine sa mère, dont il a secoué la tutelle, avait intercédé en vain en sa faveur. Mais Burrhus, gouverneur de Néron, vient de réussir à le dissuader de commettre son crime. Narcisse intervient alors et, un instant décontenancé par ce changement d'attitude, s'applique avec adresse pour provoquer un second revirement de Néron, à exaspérer tour à tour en lui la jalousie, la soif d'indépendance, le mépris à l'égard d'une foule servile, et même à piquer au vif sa vanité de cabotin (1). A nouveau, la folie de Néron met Britannicus en danger (IV, 4).

Narcisse

Seigneur, j'ai tout prévu pour une mort si juste.
Le poison est tout prêt. La fameuse Locuste (2)
A redoublé pour moi ses soins officieux :
Elle a fait expirer un esclave à mes yeux;
Et le fer est moins prompt, pour trancher une vie,
Que le nouveau poison que sa main me confie.

Néron

Narcisse, c'est assez; je reconnais (3) ce soin,
Et ne souhaite pas que vous alliez plus loin.

Narcisse

Quoi? pour Britannicus votre haine affaiblie
Me défend...

Néron

Oui, Narcisse, on nous réconcilie.

Narcisse

Je me garderai bien de vous en détourner,
Seigneur; mais il s'est vu tantôt emprisonner :
Cette offense en son cœur sera longtemps nouvelle.
Il n'est point de secrets que le temps ne révèle;

---

(1) Prétentieux qui joue un rôle pour éblouir les autres. — (2) Empoisonneuse connue qui avait fourni le poison pour le meurtre de Claude. — (3) Je vous suis reconnaissant pour...

Il saura que ma main lui devait présenter
Un poison que votre ordre avait fait apprêter.
Les Dieux de ce dessein puissent-ils le distraire (1)!
Mais peut-être il fera ce que vous n'osez faire.

Néron

On répond de son cœur; et je vaincrai le mien.

Narcisse

Et l'hymen de Junie en est-il le lien?
Seigneur, lui faites-vous encor ce sacrifice?

Néron

C'est prendre trop de soin. Quoi qu'il en soit,
                                        Narcisse,
Je ne le compte plus parmi mes ennemis.

Narcisse

Agrippine, Seigneur, se l'était bien promis :
Elle a repris sur vous son souverain empire.

Néron

Quoi donc? Qu'a-t-elle dit? Et que voulez-vous
                                        dire?

Narcisse

Elle s'en est vantée assez publiquement.

Néron

De quoi?

Narcisse

        Qu'elle n'avait qu'à vous voir un moment :
Qu'à tout ce grand éclat, à ce courroux funeste
On verrait succéder un silence modeste;
Que vous-même à la paix souscririez le premier
Heureux que sa bonté daignât tout oublier.

Néron

Mais, Narcisse, dis-moi, que veux-tu que je fasse?
Je n'ai que trop de pente à punir son audace;
Et si je m'en croyais, ce triomphe indiscret (2)
Serait bientôt suivi d'un éternel regret.
Mais de tout l'univers quel sera le langage?
Sur les pas des tyrans veux-tu que je m'engage,
Et que Rome, effaçant tant de titres d'honneur,
Me laisse pour tous noms celui d'empoisonneur?
Ils mettront ma vengeance au rang des parricides.

Narcisse

Et prenez-vous, Seigneur, leurs caprices pour
                                        guides?
Avez-vous prétendu (3) qu'ils se tairaient
                                        toujours?
Est-ce à vous de prêter l'oreille à leurs discours?
De vos propres désirs perdez-vous la mémoire?
Et serez-vous le seul que vous n'oserez croire?
Mais, Seigneur, les Romains ne vous sont pas
                                        connus.
Non, non, dans leurs discours ils sont plus
                                        retenus.
Tant de précaution affaiblit votre règne :
Ils croiront en effet mériter qu'on les craigne.
Au joug depuis longtemps ils se sont façonnés :
Ils adorent la main qui les tient enchaînés.
Vous les verrez toujours ardents à vous
                                        complaire.
Leur prompte servitude a fatigué Tibère.
Moi-même, revêtu d'un pouvoir emprunté,
Que je reçus de Claude avec la liberté,
J'ai cent fois, dans le cours de ma gloire passée,
Tenté leur patience, et ne l'ai point lassée.
D'un empoisonnement vous craignez la noirceur?
Faites périr le frère, abandonnez la sœur :
Rome, sur ses autels, prodiguant les victimes,
Fussent-ils innocents, leur trouvera des crimes;
Vous verrez mettre au rang des jours infortunés
Ceux où jadis la sœur et le frère sont nés.
...Quoi donc? ignorez-vous tout ce qu'ils osent
                                        dire?
« Néron, s'ils en sont crus, n'est point né pour
                                        l'Empire;
Il ne dit, il ne fait que ce qu'on lui prescrit :
Burrhus conduit son cœur, Sénèque son esprit.
Pour toute ambition, pour vertu singulière (4),
Il excelle à conduire un char dans la carrière (5),
A disputer des prix indignes de ses mains,
A se donner lui-même en spectacle aux Romains,
A venir prodiguer sa vie sur un théâtre,
A réciter des chants qu'il veut qu'on idolâtre,
Tandis que des soldats, de moments en moments,
Vont arracher pour lui les applaudissements. »

Néron

Viens, Narcisse. Allons voir ce que nous devons
                                        faire.

PHÈDRE

LES AVEUX DE PHÈDRE

Phèdre, épouse de Thésée, aime son beau-fils Hippolyte. Consumée à la fois par sa passion incestueuse et par le remords, en proie à une immense détresse physique et morale, elle inspire plus de compassion que d'horreur. Le déroulement de la scène,

---

(1) Au sens premier : détourner. — (2) Exagéré, excessif. — (3) Supposé, espéré. — (4) Particulière, qui n'appartient qu'à lui. — (5) L'arène.

en une progression irrésistible, nous montre Phèdre cédant peu à peu devant les instances de sa nourrice Œnone, et bientôt acculée à un aveu qui révolte sa pudeur mais
la libère (I. 3).

Phèdre

Noble et brillant auteur d'une triste famille (1),
Toi, dont ma mère osait se vanter d'être fille,
Qui peut-être rougis du trouble où tu me vois,
Soleil, je te viens voir pour la dernière fois.

Œnone

Quoi? vous ne perdrez point cette cruelle envie?
Vous verrai-je toujours, renonçant à la vie,
Faire de votre mort les funestes apprêts?

Phèdre

Dieux que ne suis-je assise à l'ombre des forêts!
Quand pourrai-je, au travers d'une noble
                                        poussière,
Suivre de l'œil un char fuyant dans la carrière (2)?

Œnone

Quoi, Madame?

Phèdre

        Insensée, où suis-je? et qu'ai-je dit?
Où laissé-je égarer mes vœux et mon esprit?
Je l'ai perdu : les Dieux m'en ont ravi l'usage.
Œnone, la rougeur me couvre le visage :
Je te laisse trop voir mes honteuses douleurs;
Et mes yeux, malgré moi, se remplissent de
                                        pleurs.

Œnone

Ah! s'il vous faut rougir, rougissez d'un silence
Qui de vos maux encore aigrit la violence.
Rebelle à tous nos soins, sourde à tous nos discours,
Voulez-vous sans pitié laisser finir vos jours?
Quelle fureur les borne au milieu de leur course?
Quel charme ou quel poison en a tari la source?
Les ombres par trois fois ont obscurci les cieux
Depuis que le sommeil n'est entré dans vos yeux,
Et le jour a trois fois chassé la nuit obscure
Depuis que votre corps languit sans nourriture.
A quel affreux dessein vous laissez-vous tenter?
De quel droit sur vous-même osez-vous attenter?
Vous offensez les Dieux auteurs de votre vie;
Vous trahissez l'époux à qui la foi vous lie;
Vous trahissez enfin vos enfants malheureux,
Que vous précipitez sous un joug rigoureux.
Songez qu'un même jour leur ravira leur mère,
Et rendra l'espérance au fils de l'étrangère (3),
A ce fier ennemi de vous, de votre sang,
Ce fils qu'une Amazone a porté dans son flanc,
Cet Hippolyte...

Phèdre

Ah, Dieux!

Œnone

        Ce reproche vous touche.

Phèdre

Malheureuse, quel nom est sorti de ta bouche?

Œnone

Hé bien votre colère éclate avec raison.
J'aime à vous voir frémir à ce funeste nom.
Vivez donc. Que l'amour, le devoir vous excite.
Vivez, ne souffrez pas que le fils d'une
                                        Scythe (4),
Accablant vos enfants d'un empire odieux,
Commande au plus beau sang de la Grèce et
                                        des Dieux.
Mais ne différez point : chaque moment vous tue.
Réparez promptement votre force abattue,
Tandis que de vos jours, prêts à se consumer,
Le flambeau dure encore, et peut se rallumer.

Phèdre

J'en ai trop prolongé la coupable durée.

Œnone

Quoi? de quelques remords êtes-vous déchirée?
Quel crime a pu produire un trouble si pressant?
Vos mains n'ont point trempé dans le sang
                                        innocent?

Phèdre

Grâces au ciel, mes mains ne sont point
                                        criminelles.
Plût aux Dieux que mon cœur fût innocent
                                        comme elles.

Œnone

Et quel affreux projet avez-vous enfanté
Dont votre cœur encor doive être épouvanté?

Phèdre

Je t'en ai dit assez. Épargne-moi le reste.
Je meurs, pour ne point faire un aveu si funeste.

Œnone

Mourez donc, et gardez un silence inhumain;
Mais pour fermer vos yeux cherchez une autre
                                        main.
Quoiqu'il vous reste à peine une faible lumière,
Mon âme chez les morts descendra la première.
Mille chemins ouverts y conduisent toujours,
Et ma juste douleur choisira les plus courts.
Cruelle, quand ma foi vous a-t-elle déçue?
Songez-vous qu'en naissant mes bras vous ont
                                        reçue?
Mon pays, mes enfants, pour vous j'ai tout
                                        quitté.
Réserviez-vous ce prix à ma fidélité?

---

(1) Phèdre est fille de Minos et de Pasiphaé, elle-même fille du Soleil, ennemi de Vénus dont il
avait dévoilé les amours. — (2) L'arène. — (3) Hippolyte est fils d'Antiope, reine des Amazones.
— (4) Scythes : barbares nomades à l'est de la mer Caspienne.

Phèdre

Quel fruit espères-tu de tant de violence?
Tu frémiras d'horreur si je romps le silence.

Œnone

Et que me direz-vous qui ne cède, grands Dieux,
A l'horreur de vous voir expirer à mes yeux?

Phèdre

Quand tu sauras mon crime, et le sort qui
m'accable,
Je n'en mourrai pas moins, j'en mourrai plus
coupable.

Œnone

Madame, au nom des pleurs que pour vous j'ai
versés,
Par vos faibles genoux que je tiens embrassés,
Délivrez mon esprit de ce funeste doute.

Phèdre

Tu le veux. Lève-toi.

Œnone

Parlez, je vous écoute.

Phèdre

Ciel que lui vais-je dire, et par où commencer?

Œnone

Par de vaines frayeurs cessez de m'offenser.

Phèdre

O haine de Vénus! O fatale colère!
Dans quels égarements l'amour jeta ma mère!

Œnone

Oublions-les, Madame; et qu'à tout l'avenir
Un silence éternel cache ce souvenir.

Phèdre

Ariane, ma sœur, de quel amour blessée
Vous mourûtes aux bords où vous fûtes
laissée (1)!

Œnone

Que faites-vous, Madame? et quel mortel
ennui (2)
Contre tout votre sang vous anime aujourd'hui?

Phèdre

Puisque Vénus le veut, de ce sang déplorable
Je péris la dernière et la plus misérable.

Œnone

Aimez-vous?

Phèdre

De l'amour j'ai toutes les fureurs.

Œnone

Pour qui?

Phèdre

Tu vas ouïr le comble des horreurs.
J'aime... A ce nom fatal, je tremble, je frissonne.
J'aime...

Œnone

Qui?

Phèdre

Tu connais ce fils de l'Amazone,
Ce prince si longtemps par moi-même opprimé?

Œnone

Hippolyte? Grands Dieux!

Phèdre

C'est toi qui l'as nommé.

MADAME DE SÉVIGNÉ

Sa vie   Marie de Rabutin-Chantal naquit à Paris en 1626. Orpheline à l'âge
de sept ans elle fut élevée par son oncle Christophe de Coulanges,
abbé de Livry, qui lui fit donner une éducation très soignée. Elle épouse en 1644 le
marquis de Sévigné, gentilhomme séduisant mais volage et dépensier, qui meurt en
duel en 1651. Veuve avec deux enfants, elle renonce à se remarier, fréquente la société
mondaine et les salons littéraires où elle a de nombreux amis. Elle vit tantôt à Paris,
tantôt à Livry, tantôt aux « Rochers » près de Vitré.

Le mariage de sa fille tendrement chérie lui cause un grand chagrin : cette dernière
suit en 1669 son mari, le comte de Grignan, nommé lieutenant général en Provence.
Dès lors, elle lui envoie de nombreuses lettres où elle lui exprime sa tendresse et la
tient au courant des événements et des potins de sa vie quotidienne.

Un long séjour de Mme de Grignan à Paris, trois séjours de Mme de Sévigné à Grignan,
les rapprochent sans diminuer l'ardeur de cette affection maternelle à laquelle nous
devons l'essentiel de la correspondance la plus riche, la plus intéressante, la plus artiste
de notre littérature. C'est au cours d'un de ces trois séjours à Grignan que Mme de Sévigné
meurt de la petite vérole en 1696.

---

(1) Elle avait été abandonnée par Thésée. — (2) Désespoir.

L'*épistolière* Les lettres de Mme de Sévigné sont le plus vivant reportage sur la vie et l'histoire, au jour le jour, du dernier tiers du XVIIᵉ siècle.

Les grands événements de la cour, de la ville et de la province y sont évoqués : le procès de Fouquet, le passage du Rhin, les troubles en Bretagne, le mariage de Lauzun, la mort de Vatel, les échos mondains sur la faveur croissante de Mme de Maintenon, la disgrâce de Pomponne, l'affaire des poisons, les grandes premières théâtrales, rien ne manque à ce commentaire minutieux des petits et grands événements du royaume ; les faits divers du voisinage s'y insèrent tout naturellement, comme dans une conversation vive et spontanée : un incendie spectaculaire, le geste furieux d'un exalté mystique qui se donne des coups de couteau, la sottise de Mme Paul, qui, malgré son âge, épouse un benêt de vingt-cinq ans, voilà des petits faits qui piquent notre curiosité.

Ces lettres sont parfois des lettres d'amour. Mme de Sévigné exprime avec une ardeur, une impatience et une exigence extrêmes son amour exclusif pour une fille dont elle ne put jamais se résoudre à être séparée. Aucune réserve d'amour-propre ou de dignité maternelle, aucune fausse pudeur n'atténuent le ton de ces lettres où s'affirme une sensibilité ardente, qui inspirera les pages consacrées à la mort de Turenne et à celle du jeune duc de Longueville. Un siècle avant *la Nouvelle Héloïse* de Rousseau, les lettres adressées à Mme de Grignan sont déjà, par l'expression et le contenu, les confessions d'une âme affinée par la sensibilité, la délicatesse et l'humour.

Cette femme qui n'écrivit que des lettres intimes est un des plus grands écrivains classiques : non seulement elle parle une langue aisée, souple et précise par le vocabulaire et la syntaxe, mais encore elle a un sens inné de la composition narrative qui suscite la curiosité et tient l'attention en éveil, le don de l'humour, quand elle présente sous forme de devinette le rhumatisme qui la torture, ou se peint en piteux appareil sous la douche thermale de Vichy ; elle sait également saisir et traduire le pittoresque d'un soleil couchant admiré aux « Rochers », les magnifiques muscats et figues de Grignan, les couleurs vives des feuillages d'automne.

Je suis venue ici achever les beaux jours, et dire adieu aux feuilles : elles sont encore toutes aux arbres ; elles n'ont fait que changer de couleur : au lieu d'être vertes, elles sont aurore, et de tant de sortes d'aurore que cela compose un brocart d'or riche et magnifique...

(A Livry, 3 novembre 1677.)

UNE MÈRE PASSIONNÉE

Venant de quitter sa fille, Mme de Sévigné lui écrit avec une tendre et inquiète sollicitude ; ses sentiments sont ardents et même exaltés, elle nous laisse voir un peu de jalousie à l'égard de son gendre, montre beaucoup de spontanéité et de franchise.

La phrase « sensible » que Rousseau retrouvera dans *la Nouvelle Héloïse* apparaît déjà ici avec ses caractères essentiels ; rompue par les répétitions, les exclamations et les apostrophes, elle est plus proche du cri que du discours.

A Madame de Grignan.

A Paris, mercredi 27 septembre 1679.

Je suis venue ici un jour ou deux, avec le bon abbé, pour mille petites affaires. Ah ! mon Dieu ! ma très-aimable, quel souvenir que le jour de votre départ ! J'en solennise (1) souvent la mémoire ; je ne puis encore du tout en soutenir la pensée ; on dit qu'il faut la chasser, elle revient toujours. Il y a justement aujourd'hui quinze jours, ma chère enfant, que je vous voyais et vous embrassais encore : il me semble que je ne pourrai jamais avoir le courage de passer un

_____

(1) Je célèbre avec solennité, avec gravité...

mois, et deux mois, et trois mois. Ah! ma fille, c'est une éternité! J'ai des bouffées et des heures de tendresse que je ne puis contenir. Quelle possession vous avez prise de mon cœur, et quelle « trace » vous avez faite « dans la tête ». Vous avez raison d'en être bien persuadée; vous ne sauriez aller trop loin; ne craignez point de passer le but; allez, allez, portez vos idées où vous voudrez, elles n'iront pas au delà; et pour vous, ma fille, ah! ne croyez point que j'aie pour remède à ma tendresse la pensée de n'être pas aimée de vous : non, non, je crois que vous m'aimez, je m'abandonne sur ce pied-là (1), et j'y compte sûrement. Vous me dites que votre cœur est comme je le puis souhaiter, et comme je ne le crois pas : défaites-vous de cette pensée; il est comme je le souhaite, et comme je le crois. Voilà qui est dit, je n'en parlerai plus; je vous conjure de vous en tenir là, et de croire vous-même qu'un mot, un seul mot sera toujours capable de me remettre cette vérité devant les yeux, qui est toujours dans le fond de mon cœur, et que vous y trouverez quand vous voudrez m'ôter les illusions et les fantômes qui ne font que passer; mais je vous l'ai dit une fois, ma fille, ils me font peur et me font transir (2), tout fantômes qu'ils sont : ôtez-les-moi donc, il vous est aisé; et vous y trouverez toujours, je dis toujours, le même cœur persuadé du vôtre, ce cœur qui vous aime uniquement, et que vous appelez votre bien avec justice, puisqu'il ne peut vous manquer. Finissons ce chapitre, qui ne finirait pas naturellement, la source étant iné-puisable, et parlons, ma chère enfant, de toutes les fatigues infinies de votre voyage.

Pourquoi prendre la route de Bourgogne, puisqu'elle est si cruelle? C'est la diligence, je comprends bien cela. Enfin, vous voilà arrivée à Grignan. J'ai reçu toutes vos lettres aimables de Chagny, de Châlons, du bateau, de Lyon; j'ai tout reçu à la fois. Je comptais fort juste : je vous vis arriver vendredi à Lyon; je n'avais pas vu M. de Gordes, ni la friponnerie de vous attacher à un grand bateau pour vous faire aller doucement, et épargner les chevaux; mais j'avais vu tous les compliments de Châlons; j'avais vu le beau temps qui vous a accompagnée jusque-là, le soleil et la lune faisant leur devoir à l'envi; j'avais vu votre chambre chez Mme de Rochebonne, mais je ne savais pas qu'elle eût une si belle vue. Je ne sais pas bien si vous êtes partis le dimanche ou le lundi; mais je sais que très assurément vous étiez hier au soir à Grignan, car je compte sur l'honnêteté du Rhône. Vous voilà donc, ma chère enfant, dans votre château : comment vous y portez-vous? Le temps est un peu changé ici depuis quatre jours; la bise vous a-t-elle reçue? vous reposez-vous? Il faut un peu rapaiser votre sang, qui a été terriblement ému pendant le voyage, et c'est pour cela que le repos vous est absolument nécessaire. Pour moi, je ne veux qu'une feuille de votre écriture, aimant mieux prendre sur moi-même, car je préfère votre santé à toutes choses, à ma propre satisfaction, qui ne peut être solide que quand vous vous porterez bien.

MADAME DE LA FAYETTE

Sa vie   Née en 1634 d'une famille de petite noblesse, fille d'honneur d'Anne d'Autriche en 1649, mariée dès 1655 au comte de La Fayette, plus âgé qu'elle de dix-huit ans, elle est en relation avec le monde littéraire, l'écrivain Huet, le poète Segrais, prend des leçons de latin avec Ménage, et finit par se fixer à Paris tandis que son mari réside le plus souvent en Auvergne. Elle écrit alors plusieurs romans dont *Zaïde*, roman à la manière espagnole (publié en 1670) et *la Princesse de Clèves*, publié en 1678, sans nom d'auteur. Elle mène une vie active, s'occupe de l'avenir de ses fils et se charge même de missions diplomatiques. Après avoir perdu un ami très cher en La Rochefoucauld (1680) et son mari (1683), elle meurt en 1693.

La Princesse de Clèves   *La Princesse de Clèves*, son principal roman, est une grande œuvre. Cette histoire sentimentale se passe à la cour d'Henri II : Mlle de Chartres a été mariée à seize ans au prince de Clèves qui l'aime avec ferveur. Elle ne trouve l'amour qu'en rencontrant le duc de Nemours, et cet amour est payé de retour. La jeune femme résiste à sa passion, l'avoue à son mari, mais celui-ci éprouve un désespoir profond et finit par mourir. Elle n'épousera jamais le duc de Nemours et ne survivra guère à M. de Clèves. Aussi fine dans l'analyse psychologique

---

(1) Je me laisse aller à cette idée. — (2) Me saisissent d'inquiétude.

que n'importe quel roman précieux, cette œuvre les dépasse tous par la simplicité et la vraisemblance naturelle; sa force dramatique et sa sobriété d'expression sont comparables à celles des tragédies de Racine.

L'AMOUR IMPOSSIBLE

La cruauté de l'amour est aussi évidente dans *la Princesse de Clèves* que dans *Andromaque* ou *Bérénice*. M. de Clèves meurt de n'être pas aimé de sa femme; Mme de Clèves, qui se sent responsable de la mort de son mari, ne pourra jamais accepter les hommages de M. de Nemours, qu'elle aime avec ardeur et dont elle se sépare à tout jamais. Or cette cruauté s'allie à une parfaite politesse : M. de Clèves regrette sa jalousie et déplore seulement que sa femme n'ait pas pour lui les sentiments qu'elle a pour un autre. Mme de Clèves, incapable de supprimer sa passion, éprouve une affliction profonde à la mort de son mari... L'élégance de l'expression, la noble sobriété des attitudes font de cette œuvre le symbole d'une humanité à la fois digne et passionnée.

Mme de Clèves était si éloignée de s'imaginer que son mari pût avoir des soupçons contre elle qu'elle écouta toutes ces paroles sans les comprendre, et sans avoir d'autre idée, sinon qu'il lui reprochait son inclination pour M. de Nemours; enfin, sortant tout d'un coup de son aveuglement :

— Moi, des crimes! s'écria-t-elle; la pensée même m'en est inconnue. La vertu la plus austère ne peut inspirer d'autre conduite que celle que j'ai eue; et je n'ai jamais fait d'action dont je n'eusse souhaité que vous eussiez été témoin.

— Eussiez-vous souhaité, répliqua M. de Clèves, en la regardant avec dédain, que je l'eusse été des nuits que vous avez passées avec M. de Nemours? Ah! Madame, est-ce de vous dont je parle, quand je parle d'une femme qui a passé des nuits avec un homme?

— Non, Monsieur, reprit-elle; non, ce n'est pas de moi dont vous parlez. Je n'ai jamais passé ni de nuits ni de moments avec M. de Nemours. Il ne m'a jamais vue en particulier; je ne l'ai jamais souffert, ni écouté, et j'en ferais tous les serments...

— N'en dites pas davantage, interrompit M. de Clèves; de faux serments ou un aveu me feraient peut-être une égale peine.

Mme de Clèves ne pouvait répondre; ses larmes et sa douleur lui ôtaient la parole; enfin, faisant un effort :

— Regardez-moi du moins; écoutez-moi, lui dit-elle. S'il n'y allait que de mon intérêt, je souffrirais ces reproches; mais il y va de votre vie. Écoutez-moi, pour l'amour de vous-même : il est impossible qu'avec tant de vérité, je ne vous persuade mon innocence.

— Plût à Dieu que vous me la puissiez persuader, s'écria-t-il; mais que me pouvez-vous dire? M. de Nemours n'a-t-il pas été à Coulommiers avec sa sœur? Et n'avait-il pas passé les deux nuits précédentes avec vous dans le jardin de la forêt?

— Si c'est là mon crime, répliqua-t-elle, il m'est aisé de me justifier. Je ne vous demande point de me croire; mais croyez tous vos domestiques, et sachez (1) si j'allai dans le jardin de la forêt la veille que (2) M. de Nemours vint à Coulommiers, et si je n'en sortis pas le soir d'auparavant (3) deux heures plus tôt que je n'avais accoutumé.

Elle lui conta ensuite comme elle avait cru voir quelqu'un dans ce jardin. Elle lui avoua qu'elle avait cru que c'était M. de Nemours. Elle lui parla avec tant d'assurance, et la vérité se persuade si aisément lors même qu'elle n'est pas vraisemblable, que M. de Clèves fut presque convaincu de son innocence.

BOILEAU

Sa vie   Nicolas Boileau-Despréaux, naquit à Paris en 1636; son père était greffier au Parlement. Il fit de bonnes études classiques, puis étudia la théologie et le droit; mais il se mêla tôt aux poètes satiriques que fréquentait son frère Gilles, ami de Chapelain et de l'abbé d'Aubignac, ennemi de Ménage. Après 1657, l'héritage paternel lui permet de vivre indépendant et il commence à écrire des satires

(1) Cherchez à savoir. — (2) La veille du jour où. — (3) Le soir précédent.

dont le contenu varie selon les circonstances : son admiration pour Molière, rencontré en 1661, et sa colère contre Chapelain (1663) s'y inscrivent tout naturellement. En 1666, il compose le *Dialogue des Héros de roman*, satire des romans d'aventures galantes. Ces années sont marquées par une véritable petite guerre de pamphlets, satires, discours et opuscules de toutes sortes. Coten et Coras attaquent violemment Boileau, Molière et Furetière.

Mais à partir de 1668, Boileau mène une vie plus régulière et rédige des œuvres moins combatives; il fréquente les salons, et en particulier l'Académie du président Lamoignon, se fait présenter au roi en 1674 et reçoit une pension de 2 000 livres. Il devient même historiographe du roi en 1677, ainsi que Racine qu'il défend au moment de la Cabale de *Phèdre*. Tout en ne publiant que peu d'œuvres poétiques, il continue à jouer un grand rôle dans la vie littéraire : il est élu en 1684 à l'Académie française et intervient dans la lutte des Anciens et des Modernes déclenchée par Claude Perrault qui avait soutenu que les Modernes égalaient et parfois surpassaient les Anciens (1).

En 1694, il publie des *Réflexions Critiques*; en 1698, trois épîtres, dont l'une défend avec vigueur les thèses jansénistes. Il meurt en 1711, sans avoir publié sa douzième satire, dirigée elle aussi contre la casuistique.

L'écrivain satirique

Observateur pittoresque, Boileau se fit d'abord connaître par ses satires, dont les notations exactes et l'expression brillante et vive captent toujours l'attention. Les premières sont surtout morales; les détails concrets y traduisent les vices des hommes : le désordre des rues de Paris est le signe extérieur de la corruption des mœurs. L'ensemble constitue un tableau sombre mais amusant de la sottise et de la folie des hommes du temps, et les écrivains ridicules n'y sont pas oubliés. Ce redoutable satirique est aussi critique littéraire, dans la parodie du *Dialogue des héros de roman* qui est une véritable démolition par le ridicule des romans héroïques et galants comme ceux de Madeleine de Scudéry; le bon sens pratique, le respect de l'histoire et la simple psychologie y condamnent sans recours l'héroïsme factice, l'invraisemblance des sentiments et des gestes, la mascarade anachronique des personnages et des situations.

Le théoricien

Boileau n'a pas été, comme on l'a cru longtemps, le législateur du Parnasse et le maître des grands classiques; il n'a pas approfondi les grands principes qui régissaient l'art de son temps, il n'a pas cherché à élucider les mystères de la création littéraire, ou à préciser la signification humaine des grandes œuvres, mais il a réalisé une synthèse commode qui nous aide, bien que partielle, à voir clair dans ce siècle fécond. Il fait preuve d'un goût sévère, mais souvent sûr, et la postérité n'a eu qu'à ratifier sa vigoureuse apologie de Racine et de Molière.

L'ART POÉTIQUE

Exposé méthodique des caractéristiques de la tragédie telle qu'elle est conçue à l'époque, le début du *Chant III* est aussi un rappel des grands principes de l'art classique dont elle est le « grand genre » le plus représentatif. Boileau y refait, après Aristote, la théorie de l'imitation, mais aussitôt il note la nécessité de plaire et de toucher. Puis il précise les impératifs techniques : le sujet doit être au plus tôt expliqué, le lieu et le temps bien définis et limités, l'action unique; de façon générale, l'œuvre doit être

---

(1) Voir pp. 189-190.

vraisemblable, acceptable pour l'esprit : une progression dramatique qui s'éclaire tout à coup par une révélation raisonnable satisfait pleinement l'intelligence. Ainsi se mêlent habilement les précisions techniques et les vues générales qui assimilent peu à peu la tragédie et l'essence même de l'art classique.

Il n'est point de serpent, ni de monstre odieux,
Qui par l'art imité ne puisse plaire aux yeux.
D'un pinceau délicat l'artifice agréable
Du plus affreux objet fait un objet aimable.
Ainsi, pour nous charmer, la Tragédie en pleurs
D'Œdipe tout sanglant fit parler les douleurs,
D'Oreste parricide exprima les alarmes,
Et pour nous divertir nous arracha des larmes.
   Vous donc, qui d'un beau feu pour le Théâtre
                   épris,
Venez en vers pompeux y disputer le prix,
Voulez-vous sur la scène étaler des ouvrages,
Où tout Paris en foule apporte ses suffrages,
Et qui toujours plus beaux, plus ils sont
                   regardés,
Soient au bout de vingt ans encor redemandés (1)?
Que dans tous vos discours la passion émue
Aille chercher le cœur, l'échauffe, et le remue.
Si d'un beau mouvement l'agréable fureur
Souvent ne nous remplit d'une douce terreur,
Ou n'excite en notre âme une pitié charmante,
En vain vous étalez une scène savante :
Vos froids raisonnements ne feront qu'attiédir
Un spectateur toujours paresseux d'applaudir,
Et qui des vains efforts de votre Rhétorique,
Justement fatigué, s'endort, ou vous critique.
Le secret est d'abord de plaire et de toucher :
Inventez des ressorts qui puissent m'attacher.
   Que dès les premiers vers l'action préparée,
Sans peine, du sujet aplanisse l'entrée.
Je me ris d'un acteur qui lent à l'exprimer,
De ce qu'il veut d'abord ne sait pas m'informer,
Et qui débrouillant mal une pénible intrigue

D'un divertissement me fait une fatigue.
J'aimerais mieux encor qu'il déclinât son nom,
Et dise : je suis Oreste, ou bien Agamemnon
Que d'aller par un tas de confuses merveilles,
Sans rien dire à l'esprit, étourdir les oreilles.
Le sujet n'est jamais assez tôt expliqué (2).
   Que le lieu de la scène y soit fixe et marqué.
Un rimeur, sans péril, delà les Pyrénées (3),
Sur la scène en un jour renferme des années.
Là souvent le héros d'un spectacle grossier,
Enfant au premier acte, est barbon au dernier.
Mais nous, que la Raison à ses règles engage,
Nous voulons qu'avec art l'action se ménage :
Qu'en un lieu, qu'en un jour, un seul fait
                  accompli
Tienne jusqu'à la fin le théâtre rempli.
   Jamais au spectateur n'offrez rien
                 d'incroyable.
Le Vrai peut quelquefois n'être pas vraisemblable.
Une merveille absurde est pour moi sans appas.
L'esprit n'est point ému de ce qu'il ne croit pas.
Ce qu'on ne doit point voir, qu'un récit nous
                 l'expose :
Les yeux en le voyant saisiraient mieux la chose.
Mais il est des objets que l'Art judicieux
Doit offrir à l'oreille, et reculer des yeux.
   Que le trouble toujours croissant de scène en
                 scène
A son comble arrivé se débrouille sans peine.
L'esprit ne se sent point plus vivement frappé,
Que lorsque en un sujet d'intrigue enveloppé,
D'un secret tout à coup la vérité connue
Change tout, donne à tout une face imprévue.

FIN DE SIÈCLE TROUBLÉE (1685-1715)

Les écrivains sensibles à toutes les inquiétudes de ces années difficiles — La Bruyère, Fénelon, Fontenelle, Saint-Simon — ouvrent largement leur œuvre à l'actualité sociale; l'humanisme classique tend à un examen attentif des problèmes contemporains.

LA BRUYÈRE

Sa vie   Jean de La Bruyère naquit à Paris en 1645. Ses parents, qui avaient huit enfants, étaient de petits-bourgeois parisiens vivant chichement d'un office de contrôle des rentes. Reçu avocat au Parlement de Paris, il n'exerça pas le métier paternel, mais acheta, grâce à un héritage, un office de trésorier des finances; il put ainsi mener une vie calme et solitaire et observer les hommes de son temps.

---

(1) Allusion aux critiques. — (2) Problème de l'exposition. — (3) Au-delà des Pyrénées, à l'étranger.

A quarante ans, il entre dans la maison de Condé comme précepteur de M. le Duc (le duc de Bourbon). Les Condé ne sont pas gens d'humeur facile et régulière, et deux années de préceptorat ne lui apportent guère de satisfaction. Pourtant, après la mort du « Grand Condé », le plus estimable et celui qui l'aimait le mieux, il reste au château de Chantilly, afin sans doute de continuer à étudier la cour et la ville.

Après quelques hésitations, il livre au public en 1688, sans nom d'auteur, les *Caractères de Théophraste*, traduits du grec, avec *les Caractères ou les Mœurs de ce siècle*.

Le succès est immédiat et retentissant : trois éditions sont épuisées en un an. Peu à peu, on veut chercher les originaux des portraits ; des « clefs » circulent et La Bruyère, tout en protestant contre ces procédés, multiplie les portraits dans les éditions successives (1689-1690-1691-1692-1694), triplant ainsi l'épaisseur de son ouvrage.

Il se présente en 1691 à l'Académie française, où il a l'appui de Bossuet, de Boileau et de Racine, mais il est en butte à l'hostilité des partisans de Corneille, des « modernes » comme Perrault et Charpentier ; il n'est admis qu'en 1693 et la séance de réception est l'occasion de pointes et de sarcasmes contre lui. Une véritable campagne s'organise, dont il se défend dans la préface de son édition de 1694, en précisant les intentions morales et religieuses des *Caractères*. Il travaillait à une nouvelle édition de son œuvre, quand il mourut en 1696.

Les Caractères

La Bruyère ajoute à la précision de l'analyse psychologique, bien commun des écrivains classiques, un tableau étendu des mœurs contemporaines : il a vu et retenu petits travers et grands vices des hommes de son temps, il a minutieusement observé les manies, les vanités, les mensonges, les égoïsmes, la futilité, la coquetterie féminine. Il ne se contente pas d'en décrire les aspects amusants, pour flatter la curiosité de ses lecteurs ; en moraliste chrétien, il connaît les faiblesses graves de la nature humaine et s'efforce de les corriger.

C'est surtout l'examen critique de la société qui lui a paru nécessaire, et qui reste pour nous la partie la plus importante des *Caractères*. Il s'est indigné de la dégradation de cette société, si profondément ressentie par les esprits lucides et soucieux de justice comme Fénelon et Vauban : il décrit l'envers d'une monarchie prestigieuse, la bassesse des courtisans, la vilenie des financiers parvenus, la puissance corruptrice de l'argent, la misère du peuple, l'humiliation des pauvres, les abus judiciaires qu'inspire l'intelligence brimée : sa critique ne diffère de celle du XVIIIᵉ siècle que parce qu'elle épargne les institutions elles-mêmes.

ARRIAS

On ne peut trouver plus grand hâbleur (1) que cet Arrias qui explique à l'ambassadeur venu d'une cour du Nord ce qui se passe dans cette cour. La Bruyère a soigneusement ménagé la surprise finale, imitant la verve du menteur et nous donnant l'impression de l'entendre parler.

Arrias a tout lu, a tout vu ; il veut le persuader ainsi : c'est un homme universel, et il se donne pour tel ; il aime mieux mentir que de se taire ou de paraître ignorer quelque chose. On parle à la table d'un grand d'une cour du Nord ; il prend la parole, et l'ôte à ceux qui allaient dire ce qu'ils en savent ; il s'oriente dans cette région lointaine comme s'il en était originaire ; il discourt des mœurs de cette cour, des femmes du pays, de ses lois et de ses coutumes ; il récite des historiettes qui y sont arrivées ; il les trouve plaisantes, et il en rit le premier jusqu'à éclater. Quelqu'un se hasarde de le contredire, et lui prouve nettement qu'il dit des choses qui ne sont pas vraies ;

_____

(1) Grand bavard, vantard qui exagère toujours.

Arrias ne se trouble point, prend feu au contraire contre l'interrupteur. « Je n'avance, lui dit-il, je ne raconte rien que je ne sache d'original ; je l'ai appris de Sethon, ambassadeur de France dans cette cour, revenu à Paris depuis quelques jours, que je connais familièrement, que j'ai fort inter-rogé, et qui ne m'a caché aucune circonstance. » Il reprenait le fil de sa narration avec plus de confiance qu'il ne l'avait commencée, lorsque l'un des conviés lui dit : « C'est Sethon à qui vous parlez, lui-même, et qui arrive de son ambassade. »

FEMMES DU MONDE

Moraliste sévère, La Bruyère a sévèrement critiqué la coquetterie, l'artifice et le mauvais goût des femmes du monde. Un paradoxe apparent, amorcé par une supposition cocasse et aboutissant à une pointe cruelle, met en valeur la stupidité de leur conduite.

Si les femmes veulent seulement être belles à leurs propres yeux et se plaire à elles-mêmes, elles peuvent sans doute, dans la manière de s'embellir, dans le choix des ajustements et de la parure, suivre leur goût et leur caprice : mais si c'est aux hommes qu'elles désirent de plaire, si c'est pour eux qu'elles se fardent ou qu'elles s'enluminent (1), j'ai recueilli les voix, et je leur prononce, de la part de tous les hommes ou de la plus grande partie, que le blanc et le rouge les rend affreuses et dégoûtantes ; que le rouge seul les vieillit et les déguise ; qu'ils haïssent autant à les voir avec de la céruse (2) sur le visage qu'avec de fausses dents en la bouche, et des boules de cire dans les mâchoires ; qu'ils protestent sérieusement contre tout l'artifice dont elles usent pour se rendre laides ; et que, bien loin d'en répondre devant Dieu, il semble au contraire qu'il leur ait réservé ce dernier et infaillible moyen de guérir des femmes.

FÉNELON

Sa vie   Né en 1651, François de Salignac de la Motte-Fénelon entre au séminaire de Saint-Sulpice. Ordonné prêtre en 1655, il devient supérieur de la « Congrégation des Nouvelles Catholiques » qui réunissait de jeunes protestantes récemment converties. Désigné en 1689 précepteur du duc de Bourgogne, petit-fils de Louis XIV, puis élu à l'Académie française, il est bientôt nommé archevêque de Cambrai.

Mais l'affaire du quiétisme (3) provoque sa disgrâce. La publication de son *Télémaque*, où l'on voit une satire du roi et de la cour, achève de le discréditer. Exilé dès lors dans son diocèse, il verra s'évanouir avec la mort de son élève en 1712 le dernier espoir qu'il gardait de rétablir son crédit perdu. Il meurt en 1715 à Cambrai, un an après la rédaction de la *Lettre sur les occupations de l'Académie*.

Son œuvre   Auteur du *Traité de l'éducation des filles* (1687) (4) et précepteur, habile à force de patience, du duc de Bourgogne, héritier du trône, Fénelon est un éducateur né, plein de douceur et de fermeté ; il est indulgent en apparence, mais ne perd pas de vue le but qu'il poursuit. C'est ainsi qu'il n'hésite pas à insérer dans les aventures de *Télémaque* une intrigue amoureuse, pour mettre son élève en garde contre les charmes féminins ; il nous peint son jeune héros si près de succomber aux ruses de Vénus, que Mentor le jette à l'eau pour le forcer à quitter l'île.

(1) Se parent de couleurs. — (2) Pâte blanche longtemps utilisée en peinture. — (3) Doctrine de certains mystiques, selon laquelle il faut s'anéantir soi-même pour s'unir à Dieu et se tenir dans un état de contemplation passive. Elle fut condamnée comme hérétique par le pape Innocent XII en 1699. — (4) Voir pp. 135-136.

LES AVENTURES DE TÉLÉMAQUE

EN QUOI CONSISTE L'AUTORITÉ DU ROI?

La politique tient dans les œuvres de Fénelon, plus de place que chez aucun autre écrivain du XVIIᵉ siècle. Le *Télémaque*, rédigé vers 1695, est sous une forme légendaire et romancée une initiation à l'art d'être roi.

Accompagné de Mentor (qui n'est autre que Minerve), Télémaque, parti à la recherche de son père, est jeté par la tempête sur l'île de Calypso. Au cours du récit qu'il fait à la déesse de ses aventures, nous le voyons témoin du bonheur des Crétois sous le sage gouvernement du roi Minos (l. V).

En condamnant le despotisme et en prônant chez le monarque le souci du bien public, la justice et l'humanité, Fénelon annonce la monarchie libérale et vertueuse que définira Montesquieu, tandis qu'en condamnant le luxe il annonce les principes de Jean-Jacques Rousseau. On comprend la sympathie que devaient avoir pour Fénelon les philosophes du XVIIIᵉ siècle.

Je lui (1) demandai en quoi consistait l'autorité du roi, et il me répondit : « Il peut tout sur les peuples; mais les lois peuvent tout sur lui. Il a une puissance absolue pour faire le bien, et les mains liées dès qu'il veut faire le mal. Les lois lui confient les peuples comme le plus précieux de tous les dépôts, à condition qu'il sera le père de ses sujets. Elles veulent qu'un seul homme serve, par sa sagesse et par sa modération, à la félicité de tant d'hommes; et non pas que tant d'hommes servent, par leur misère et par leur servitude lâche, à flatter l'orgueil et la mollesse d'un seul homme. Le roi ne doit rien avoir au-dessus des autres, excepté ce qui est nécessaire ou pour le soulager dans ses pénibles fonctions, ou pour imprimer aux peuples le respect de celui qui doit soutenir les lois. D'ailleurs le roi doit être plus sobre, plus ennemi de la mollesse, plus exempt de faste et de hauteur, qu'aucun autre. Il ne doit point avoir plus de richesse et de plaisirs, mais plus de sagesse, de vertu et de gloire que le reste des hommes. Il doit être au dehors le défenseur de la patrie, en commandant les armées; et au dedans, le juge des peuples, pour les rendre bons, sages et heureux. Ce n'est point pour lui-même que les dieux l'ont fait roi : il ne l'est que pour être l'homme des peuples : c'est aux peuples qu'il doit tout son temps, tous ses soins, toute son affection : et il n'est digne de la royauté qu'autant qu'il s'oublie lui-même pour se sacrifier au bien public. Minos n'a voulu que ses enfants régnassent après lui qu'à condition qu'ils régneraient suivant ces maximes : il aimait encore plus son peuple que sa famille. C'est par une telle sagesse qu'il a rendu la Crète si puissante et si heureuse; c'est par cette modération qu'il a effacé la gloire de tous les conquérants qui veulent faire servir les peuples à leur grandeur, c'est-à-dire à leur vanité; enfin, c'est par sa justice qu'il a mérité d'être aux enfers le souverain juge des morts.

L'examen de conscience d'un roi comporte des conseils pertinents et précis. Il s'agit ici des enrôlements militaires :

Laisser prendre les hommes sans choix et malgré eux, faire languir et souvent périr toute une famille abandonnée par son chef; arracher le laboureur de sa charrue, le tenir dix, quinze ans dans le service, où il périt souvent de misère dans des hôpitaux dépourvus des secours nécessaires; lui casser la tête ou lui couper le nez s'il déserte, c'est ce que rien ne peut excuser ni devant Dieu, ni devant les hommes...

Fénelon eut le courage de s'adresser personnellement à Louis XIV en mai 1693. La hardiesse des critiques, la nouveauté des principes énoncés dans le *Télémaque* provoquèrent sa disgrâce : il n'était là rien qui ne fut inspiré par une foi ardente et profonde, mais il était révolutionnaire par son désir sincère de faire régner la justice de Dieu et l'amour des hommes; comme chez Bossuet, la politique rejoint ici la révélation mystique.

---

(1) A Mentor.

Que vois-je dans toute la Nature? Dieu, Dieu partout, et encore Dieu seul. Quand je pense, Seigneur, que tout l'être est en vous, vous épuisez et vous engloutissez, ô abîme de vérité, toute ma pensée; je ne sais ce que je deviens, tout ce qui n'est point vous disparaît, et à peine me reste-t-il de quoi me trouver encore moi-même. Qui ne voit point n'a rien vu; qui ne vous goûte point n'a jamais rien senti, il est comme s'il n'était pas.

(Existence de Dieu.)

LA QUERELLE DES ANCIENS ET DES MODERNES

Au cours des dernières années du siècle, un mouvement, qui est le reflet d'un état d'esprit général, s'opère vers une émancipation de la pensée et de l'art. C'est alors qu'est remis en question le culte de l'Antiquité qui, depuis la Renaissance, n'a cessé de croître. En effet, les apports de la civilisation dans tous les domaines ouvraient des perspectives nouvelles sur le génie proprement « moderne » et certains esprits hardis, tels Descartes et Pascal, en prônant les conquêtes de l'esprit humain, s'étaient faits partisans du progrès contre le préjugé rétrograde de la supériorité des Anciens.

Attaques et contre-attaques Une vraie querelle éclata. On vit Charles Perrault, l'auteur des contes, déclarer la guerre aux Anciens et tenter de les démystifier :

Ils sont grands, il est vrai, mais hommes comme nous;
Et l'on peut comparer, sans crainte d'être injuste
Le siècle de Louis au beau siècle d'Auguste...

On vit Boileau contre-attaquer avec de violentes épigrammes, telle celle-ci : *Sur ce qu'on avait lu à l'Académie des vers contre Homère et contre Virgile.*

Clio (1), vint l'autre jour, se plaindre au dieu (2)
                                             des vers
    Qu'en certain lieu de l'univers
On traitait d'auteurs froids, de poètes stériles,
Les Homères et les Virgiles.
« Cela ne saurait être; on s'est moqué de vous,
Reprit Apollon en courroux;

Où peut-on avoir dit une telle infamie?
Est-ce chez les Hurons (3), chez les
                                          Topinambous (4)?
— C'est à Paris. — C'est donc dans l'hôpital
                                                 des fous?
— Non, c'est au Louvre, en pleine Académie. »

Dans cette lutte Boileau est entouré de ses amis Racine, La Fontaine et La Bruyère.

Victoire des « Modernes » Cependant de 1688 à 1692, la défense des « Modernes » va leur assurer un solide succès. Leurs armes, plus efficaces que l'injure ou l'épigramme, seront des « raisons », autrement dit des arguments. *La Digression sur les Anciens et les Modernes*, de Fontenelle et *les Parallèles des Anciens et des Modernes*, de Perrault sont publiés la même année, en 1688. Rejoignant Pascal (5), dans cette comparaison de l'humanité avec un seul homme, Fontenelle introduit dans la « querelle » un élément de réflexion philosophique.

La nature a entre les mains une certaine pâte qui est toujours la même, qu'elle tourne et retourne sans cesse en mille façons, et dont elle forme les hommes, les animaux et les plantes; et certainement elle n'a point formé Platon, Démosthène, ni Homère d'une argile plus fine

---

(1) Muse de l'Histoire. — (2) Apollon. — (3) Peuplade de l'Amérique du Nord. — (4) Peuplade du Brésil. — (5) Fragment d'un *Traité du vide* qui ne devait être publié qu'en 1779 et que Fontenelle n'avait donc pas connu.

ni mieux préparée que nos philosophes, nos orateurs et nos poètes d'aujourd'hui...

La comparaison des hommes de tous les siècles à un seul homme peut s'étendre sur toute notre question des anciens et des modernes. Un bon esprit cultivé est, pour ainsi dire, composé de tous les esprits des siècles précédents; ce n'est qu'un même esprit qui s'est cultivé pendant tout ce temps-là. Ainsi cet homme, qui a vécu depuis le commencement du monde jusqu'à présent, a eu son enfance, où il ne s'est occupé que des besoins les plus pressants de la vie, sa jeunesse où il a assez bien réussi aux choses d'imagination, telles que la poésie et l'éloquence, et où même il a commencé à raisonner, mais avec moins de solidité que de feu.

Il est maintenant dans l'âge de la virilité, où il raisonne avec plus de force et plus de lumières que jamais...

Rien n'arrête tant le progrès des choses, rien ne borne tant les esprits, que l'admiration excessive des anciens. Parce qu'on s'était tout dévoué à l'autorité d'Aristote, et qu'on ne cherchait la vérité que dans ses écrits énigmatiques, et jamais dans la nature, non seulement la philosophie n'avançait en aucune façon, mais elle était tombée dans un abîme de galimatias et d'idées inintelligibles, d'où l'on a eu toutes les peines du monde à la retirer... Si l'on allait s'entêter un jour de Descartes et le mettre à la place d'Aristote, ce serait à peu près le même inconvénient.

L'intelligence et la clairvoyance de Fontenelle devaient gagner l'opinion à la cause de son parti; la victoire des « Modernes » sera soulignée par son élection à l'Académie en 1691.

Le pacificateur : Fénelon

La Bruyère et Boileau devaient revenir à la charge : après une trêve plus apparente que réelle qui devait pourtant durer vingt ans, il y eut encore des escarmouches. Mais l'opinion avait changé. Fénelon, que son respect pour les Anciens n'empêchait pas d'admirer ses contemporains, fut le conciliateur des deux partis. Il écrit dans sa *Lettre sur les occupations de l'Académie* (1714) :

Je n'ai garde de vouloir juger; je propose seulement aux hommes qui ornent notre siècle de ne mépriser point ceux que tant de siècles ont admirés. Je ne vante point les Anciens comme des modèles sans imperfection; je ne veux point ôter à personne l'espérance de les vaincre, je souhaite au contraire de voir les Modernes victorieux par l'étude des Anciens même qu'ils auront vaincus. Mais je croirais m'égarer au delà de mes bornes, si je me mêlais de juger jamais pour le prix entre les combattants...

C'était la fin de la querelle. Le XVIIIᵉ siècle, avec son ouverture aux problèmes politiques et sociaux et son sens des réalités contemporaines, consacrera la victoire définitive des « Modernes » : cette victoire aura des prolongements considérables.

V

LE XVIIIE SIÈCLE

Il ne faut pas réduire à des formules simples et sèches ce siècle ardent et riche en contradictions. Cinquante ans après que le peuple de France eût prié passionnément pour la guérison de Louis XV « le Bien-Aimé », Louis XVI fut exécuté publiquement. Les fêtes galantes les plus raffinées de l'ancien régime, épanouissement d'une civilisation à son apogée, seront bientôt suivies des émeutes les plus sauvages ; les édifices juridiques et scientifiques les plus durables n'empêcheront pas d'inutiles destructions. Le siècle des lumières est aussi celui de la grande peur.

De cette gestation tumultueuse d'un monde nouveau en France et en Europe, retenons que tous les grands problèmes politiques ou sociaux de l'avenir sont alors posés ou abordés : droits de l'homme et limites des pouvoirs de l'État, définition de la liberté individuelle, rapports de l'Église et de l'État, droits des peuples à disposer d'eux-mêmes, égalité civile devant la justice et la loi.

La mort de Louis XIV, en 1715, marque la fin d'une époque dont sa puissante personnalité assurait l'unité, malgré les revers extérieurs, les mécontentements et les impatiences. La régence du duc d'Orléans donne immédiatement de l'audace aux opposants de toutes sortes : parlementaires, haute noblesse tenue auparavant en respect, jansénistes, et même écrivains et philosophes qui discutent dans les salons et les Académies : le jeune Voltaire commence à briller dans un monde où l'esprit est apprécié autant que la beauté sous toutes ses formes et Montesquieu, grave magistrat, publie en 1721 les très impertinentes *Lettres persanes*.

Cependant les institutions et les cadres sociaux sont toujours en place. Louis XV, qui règne à partir de 1723, laisse le cardinal Fleury, vieillard habile et actif, remettre en ordre les finances et pacifier les esprits de 1726 à 1743. Mais la guerre menace un équilibre financier fragile ; les utiles projets de réforme des impôts de Machault d'Arnouville sont abandonnés en 1751, après une âpre lutte contre les privilégiés. Les insuffisances de la politique étrangère et les échecs militaires aggravent le mécontement.

Le milieu du siècle est marqué par une effervescence générale et les sciences progressent rapidement : Buffon publie en 1749 le premier tome de *l'Histoire naturelle*. Le sens critique n'aboutit pas seulement à des persiflages de salon et des discussions stériles, mais aussi à des constructions sérieuses et durables comme *l'Esprit des lois* de Montesquieu (1748), *le Siècle de Louis XIV* de Voltaire (1751), ou son *Essai sur les mœurs* (1756).

Le prestige de Paris n'a jamais été plus éclatant et la société mondaine plus raffinée. La délicatesse de Watteau (mort en 1721) se perpétue dans la peinture de Nattier, Boucher et Fragonard, ornant d'admirables hôtels particuliers meublés d'une façon exquise. Le goût classique n'est pas détruit mais prolongé; Marivaux fait suite à Molière, Montesquieu et Voltaire parlent toujours la langue parfaite de La Fontaine et de Racine.

Mais les dernières années de Louis XV voient les nuages sombres s'amonceler, malgré les efforts de Choiseul, soutenu par les philosophes et Mme de Pompadour, pour redresser l'État. Une tentative de Maupeou pour réformer radicalement la magistrature échoue également devant la résistance des parlements. Quand le roi meurt, son impopularité s'est étendue à la monarchie elle-même. Comment Louis XVI, qui n'a guère d'autorité, pourrait-il soutenir le programme intelligent de Turgot (économies, réforme fiscale, libération du commerce et appel à l'opinion publique)? Les privilégiés bloquent tout. Aussi la crise financière toujours plus aiguë rend nécessaire la convocation des États généraux (1). Cependant, la lutte philosophique devient plus âpre et les écrivains se montrent de plus en plus agressifs contre les traditions religieuses ou politiques, plus audacieux contre les institutions sociales. Ils s'autorisent de l'accélération du progrès scientifique, et des découvertes de d'Alembert, Lagrange, Laplace, Lavoisier, fondateurs de la science moderne, pour diffuser leurs idées et s'imposer.

Un autre ennemi de l'ordre établi apparaît : Jean-Jacques Rousseau, au nom du cœur, de la sensibilité, de la nature, vitupère à son tour la société hypocrite et immorale de son temps.

A partir de 1787, les événements se précipitent; les États généraux sont convoqués à Versailles le 5 mai 1789 et le processus irréversible est déclenché : l'assemblée renverse bientôt l'ancien régime et instaure, par la Constitution de 1791, une monarchie constitutionnelle. L'insurrection du 10 août 1792 aboutit à un gouvernement républicain qui prend en 1795 la forme d'un Directoire, jusqu'au coup d'État du 18 brumaire (9 novembre 1799), qui met fin à la Révolution en instituant la dictature de Bonaparte.

Le tumulte et les périls de ces années difficiles étouffent momentanément l'activité intellectuelle et artistique, prête à renaître dès que le calme reviendra.

HISTOIRE

LA MINORITÉ DE LOUIS XV ET LA RÉGENCE (1716-1723)

La situation après   La mort de Louis XIV provoqua immédiatement des diffi-
la mort de Louis XIV   cultés politiques. Louis XV, arrière-petit-fils du roi défunt,
                                n'avait que cinq ans; le testament prévoyait un Conseil
de Régence présidé par Philippe d'Orléans, mais confiait les pouvoirs essentiels au duc du Maine. Philippe d'Orléans s'entendit avec le Parlement de Paris et la haute noblesse pour faire annuler ce testament et imposer sa seule autorité.

La crise financière était aiguë, les caisses de l'État étaient vides; les dettes publiques

---

(1) Voir p. 102, note 1.

étaient énormes, les recettes dérisoires et celles de 1716 étaient déjà dépensées par anticipation; le désordre des comptes était général.

A l'extérieur, la France se trouvait isolée : l'Angleterre possédait depuis le Traité de Rastadt (1714) la prépondérance maritime et commerciale et elle avait réussi à entourer sa rivale d'États tampons (1), de barrières de villes fortifiées : incontestablement maîtresse de la mer, elle pouvait mobiliser à son profit les armées terrestres des puissances continentales alliées. Et c'est en vain que Louis XIV avait essayé, à partir de 1713, de se réconcilier avec ses voisins.

Les volte-face de la Régence   Pendant de longues années, Louis XIV avait imposé son autorité et ses décisions. Comme il est naturel, on n'eut rien de plus pressé que de prendre, dès sa disparition, une orientation opposée à la sienne. Ainsi, la politique du Régent fut tout d'abord une réaction nette et généralisée contre la politique antérieure : il s'appuya sur la haute noblesse et le Parlement, auparavant écartés du pouvoir, et s'entendit avec l'Angleterre que Louis XIV avait détestée. A la cour et dans la haute société, l'austérité des mœurs fit place à un libertinage affiché dont le duc d'Orléans donnait l'exemple. Dans l'ameublement, la mode et les manières, la facilité et la légèreté succédèrent à la noble symétrie et à la simplicité solennelle.

D'abord le Régent s'empressa de rendre le droit de remontrances au Parlement, remit en liberté les jansénistes emprisonnés et recruta, parmi les plus grandes familles nobles, les six Conseils qui remplaçaient le Contrôleur des Finances et les Secrétaires d'État. Pour parer à la crise financière, il eut recours au banquier écossais John Law qui, fondant son système sur la nécessité d'une abondante circulation de monnaie de papier, émit des billets de banque au nom de l'État : il voulait ainsi rembourser les dettes publiques et réorganiser le budget.

Mais, très tôt, la politique de la Régence se modifia, et on revint progressivement à l'absolutisme : les Conseils formés de grands seigneurs se révélèrent incompétents et furent supprimés; le Parlement, qui faisait une opposition de plus en plus vive et multipliait les remontrances, se vit sévèrement réprimander par le lit de justice (2) de 1718.

Le récit pittoresque et féroce que Saint-Simon donne de ce lit de justice exprime à merveille l'atmosphère de la cour avec ses rivalités intestines et traduit le souverain mépris des grands seigneurs pour le Parlement et « les bourgeois orgueilleux » qui le composent.

Le garde des sceaux, après un cérémonial solennel, prononce un premier discours.

Une consternation générale se répandit sur tous leurs visages. Presque aucun de tant de membres n'osa parler à son voisin. Je remarquai seulement que l'abbé Pucelle, qui, bien que conseiller-clerc, était dans les bancs vis-à-vis de moi, fut toujours debout toutes les fois que le garde des sceaux parla, pour mieux entendre. Une douleur amère et qu'on voyait pleine de dépit, obscurcit le visage du premier président.

La honte et la confusion s'y peignit. Ce que le jargon du Palais appelle le grand banc, pour encenser (3) les mortiers (4) qui l'occupent, baissa la tête à la fois comme par un signal, et, bien que le garde des sceaux ménageât le ton de sa voix, pour ne la rendre qu'intelligible, il le fit pourtant en telle sorte qu'on ne perdît dans toute l'assemblée aucune de ses paroles, dont aussi n'y en eut-il aucune qui ne portât. Ce fut bien pis à la lecture de la déclaration. Chaque période semblait redoubler tout à la

(1) Etat neutre situé entre deux États hostiles. — (2) Réunion du Parlement, sous la présidence du roi qui peut imposer ses décisions sans discussion. — (3) Sens ironique : louer, flatter. — (4) Bonnet de velours que portaient certains magistrats comme un signe de leur dignité. D'où l'expression *président à mortier*.

fois l'attention et la désolation de tous les officiers du Parlement et ces magistrats si altiers, dont les remontrances superbes ne satisfaisaient pas encore l'orgueil et l'ambition, frappés d'un châtiment si fort et si public, se virent ramenés au vrai de leur état avec cette ignominie, sans être plaints que de leur petite cabale (1). D'exprimer ce qu'un seul coup d'œil rendit dans ces moments si curieux, c'est ce qu'il est impossible de faire et, si j'eus la satisfaction que rien ne m'échappa, j'ai la douleur de ne le pouvoir rendre. La présence d'esprit de Blancmesnil me surprit au dernier point. Il parla sur chaque chose où son ministère le requit, avec une contenance modeste et sagement embarrassée, sans être moins maître de son discours, aussi délicatement aménagé que s'il eût été préparé.

Après les opinions, comme le garde des sceaux eut prononcé, je vis ce prétendu grand banc s'émouvoir. C'était le premier président qui voulait parler, et faire la remontrance qui a paru pleine de la malice la plus raffinée, d'impudence à l'égard du Régent et d'insolence pour le Roi. Le scélérat tremblait toutefois en la prononçant. Sa voix entrecoupée, la contrainte de ses yeux, le saisissement et le trouble visible de toute sa personne, démentaient le reste de venin dont il ne put refuser la libation à lui-même et à sa Compagnie. Ce fut là où je savourai, avec toutes les délices qu'on ne peut exprimer, le spectacle de ces fiers légistes, qui osent nous refuser le salut, prosternés à genoux, et rendre à nos pieds un hommage au trône, tandis qu'assis et couverts (2), sur les hauts sièges, aux côtés du même trône. Ces situations et ces postures, si grandement disproportionnées, plaident seules avec tout le perçant de l'évidence la cause de ceux qui, véritablement et d'effet, sont *laterales Regis* (3) contre ce *vas electum* (4) du tiers état. Mes yeux fichés, collés sur ces bourgeois superbes (5), parcouraient tout ce grand banc à genoux ou debout, et les amples replis de ces fourrures ondoyantes à chaque génuflexion longue et redoublée, qui ne finissait que par le commandement du Roi par la bouche du garde des sceaux, vil petit-gris (6) qui voudrait contrefaire l'hermine en peinture, et ces têtes découvertes et humiliées à la hauteur de nos pieds. La remontrance finie, le garde des sceaux monta au (7) Roi, puis sans reprendre aucun avis, se remit en place, jeta les yeux sur le premier président, et prononça : « Le Roi veut être obéi, et obéi sur-le-champ. » Ce grand mot fut un coup de foudre qui atterra présidents et conseillers de la façon la plus marquée. Tous baissèrent la tête et la plupart furent longtemps sans la relever. Le reste des spectateurs, excepté les maréchaux de France, parurent peu sensibles à cette désolation.

Une innovation financière qui tourne mal : le système de Law

Soutenu par le Régent, Law créa pour gérer la Louisiane, nouvelle colonie d'Amérique, la Compagnie du Mississipi, devenue ensuite la Compagnie des Indes, qui émit un énorme emprunt pour rembourser les dettes de l'État. Il fut nommé contrôleur général des Finances.

Mais la spéculation rapide et excessive provoqua des inquiétudes dans le public ; les actionnaires, pris de panique, demandèrent le remboursement, provoquant des émeutes graves : ce fut la banqueroute et la ruine de Law et de son système. Ces quelques années de révolution monétaire stimulèrent le commerce maritime, mais anéantirent la confiance du public pour les affaires bancaires et bouleversèrent les fortunes.

Saint-Simon fut un bon témoin des émeutes provoquées par le discrédit des billets de banque, en juillet 1720 :

On projeta un édit pour rendre la Compagnie des Indes Compagnie de Commerce, laquelle s'obligeait, ce moyennant (8), à rembourser dans un an, pour 600 millions de billets de banque en payant 50 millions par mois : telle fut la dernière ressource de Law et de son système. Aux tours de passe-passe (9) du Mississipi il avait fallu chercher à substituer quelque chose de réel, surtout depuis l'événement de l'arrêt du 22 mai dernier, si célèbre, et si funeste au papier. On voulut donc substituer aux chimères une Compagnie réelle des Indes et ce fut ce nom et cette chose qui succéda et qui prit la place de ce qui ne se connaissait auparavant que sous le nom de Mississipi. On avait eu beau donner à cette Compagnie la ferme du tabac (10)

---

(1) Intrigue, menée secrète. — (2) Tournure elliptique : tandis que nous étions assis et couverts (nous les grands seigneurs). — (3) Ceux qui se tiennent aux côtés du roi. — (4) Vases d'élection, c'est-à-dire partie choisie... — (5) Orgueilleux. — (6) Variété d'écureuil de Russie. — (7) Auprès de. — (8) En échange. — (9) Tours de prestidigitation, autrement dit leurres. — (10) La perception de l'impôt sur le tabac.

et quantité d'autres revenus immenses, ce n'était rien pour faire face au papier répandu dans le public, quelque soin qu'on eût pris de le diminuer... Il fallut chercher d'autres expédients. Il ne s'en trouva point que de rendre cette compagnie Compagnie de Commerce; c'était sous un nom plus doux, mais obscur et simple, lui attribuer le commerce exclusif en entier. On peut juger comment une telle résolution put être reçue dans le public, poussé à bout de défense sévère, sous de grandes peines, d'avoir plus de cinq cents livres en argent chez soi, d'y être visité et fouillé partout et de ne pouvoir user que de billets de banque pour payer journellement les choses les plus médiocres et les plus nécessaires à la vie. Aussi opéra-t-elle deux choses : une fureur qui s'aigrit tellement par la difficulté de toucher son propre argent, jour par jour, pour sa subsistance journalière, que ce fut merveille comment l'émeute s'apaisa et que tout Paris ne se révoltât pas tout à la fois; l'autre, que le Parlement, prenant pied sur cette émotion publique, tint ferme jusqu'au bout contre l'enregistrement de l'édit. Le 15 juillet, le Chancelier montra chez lui le projet de l'édit aux députés du Parlement, qui furent chez lui jusqu'à neuf heures du soir sans s'être laissés persuader. Le lendemain 16, le projet de l'édit fut montré au Conseil de Régence. M. le duc d'Orléans,

soutenu de Monsieur le Duc, y parla bien parce qu'il ne pouvait parler mal, même dans les plus mauvaises thèses. Personne ne dit mot et on ploya les épaules. Il fut résolu de la sorte d'envoyer le lendemain, 17 juillet, l'édit au Parlement.

Ce même jour 17, au matin, il y eut une telle foule à la Banque et dans les rues voisines, pour avoir chacun de quoi aller au marché, qu'il y eut dix ou douze personnes étouffées. On porta tumultuairement trois de ces corps morts à la porte du Palais-Royal, où le peuple voulait entrer à grands cris. On y fit promptement marcher un détachement des compagnies de la garde du roi des Tuileries. La Vrillière et Le Blanc haranguèrent séparément ce peuple. Le lieutenant de police y accourut; on fit venir des brigades du guet, on fit après emporter les corps morts et, par douceur et cajoleries, on vint enfin à bout de (1) renvoyer le peuple, et le détachement de la garde du roi s'en retourna aux Tuileries. Sur les dix heures du matin, que tout cela finissait, Law s'avisa d'aller au Palais-Royal; il reçut force imprécations par les rues. M. le duc d'Orléans ne jugea pas à propos de le laisser sortir du Palais-Royal, où, deux jours après, il lui donna un logement. Il renvoya son carrosse, dont les glaces furent cassées à coups de pierre. Son logis en fut attaqué aussi avec grand fracas de vitres.

LE RÈGNE PERSONNEL DE LOUIS XV (1723-1774)

La politique d'apaisement et d'équilibre de Fleury

En février 1723, Louis XV ayant atteint sa treizième année fut proclamé majeur. Le duc d'Orléans mourut subitement en décembre; l'évêque de Fréjus, Fleury, précepteur du jeune roi, devint bientôt ministre d'État (1726), fut nommé cardinal, et garda jusqu'à sa mort, en 1743, la confiance entière de Louis XV.

Ce vieillard — il avait soixante-dix ans en 1723 — pratiqua une politique d'apaisement et d'équilibre dans tous les domaines : alors que l'Autriche et l'Espagne venaient de conclure contre la France et l'Angleterre un traité d'alliance, le cardinal s'efforça, avec le ministre anglais Walpole, de calmer les esprits et se rapprocha de l'Espagne (1729).

Chauvelin, secrétaire d'État aux Affaires étrangères depuis 1727, profita de l'affaire de la succession de Pologne pour pousser Louis XV à soutenir la candidature de son beau-père Stanislas Leczinski contre l'électeur de Saxe, parent et allié de l'empereur d'Autriche. Fleury tira parti des premiers succès pour conclure un traité qui établissait en Italie les Bourbons de Naples et faisait espérer l'annexion ultérieure de la Lorraine à la France.

Mais la situation s'assombrit dans les dernières années du ministère Fleury : la rivalité commerciale provoque en 1739 la guerre entre l'Espagne et l'Angleterre et en 1740 s'ouvre la crise de la succession d'Autriche; la France s'unit à la Prusse et à

---

(1) On réussit enfin à.

l'Espagne contre Marie-Thérèse, mais la souveraine réussit à dissocier la coalition et à repousser en 1743 le maréchal de Belle-Isle.

Bien secondé aux Finances par l'excellent contrôleur général Orry, Fleury administre avec soin et avec économie le trésor, et l'année 1739 voit un budget en équilibre. Le développement économique favorisé par une reprise générale en Europe fut encouragé : le commerce maritime et les ports de Bordeaux, de Nantes, de Marseille connurent une grande prospérité.

Au point de vue religieux, le cardinal, tout en maintenant l'interdiction contre les jansénistes contenue dans la bulle *Unigenitus*, s'efforça de calmer l'agitation latente. Dans la délicate affaire des « Convulsionnaires » du cimetière Saint-Médard (1) dont les désordres prenaient des proportions inquiétantes, il sut mêler habilement les mesures de police et les négociations secrètes, et finit par rétablir le calme.

L'affaiblissement de la monarchie

Après la mort de Fleury, Louis XV décide de ne plus avoir de Premier ministre et de s'occuper lui-même de l'État. Il est d'une intelligence indéniable et ne manque pas de courage, mais il est par tempérament et par éducation terriblement indifférent et blasé ; il se montre quelquefois maladroit avec ceux qui ont affaire à lui, renonce souvent à l'action, alors même qu'il la sait nécessaire. Les séances du Conseil l'ennuient — il aime mieux la chasse — et, à la vie de parade, il préfère la vie de famille et la compagnie de ses favorites : ce seront tour à tour la duchesse de Châteauroux, qui de 1742 à 1745 eut le mérite d'essayer de l'encourager à s'occuper des intérêts de l'État, et, à partir de 1743, Mme Lenormant d'Étioles, une jeune bourgeoise qu'il créa marquise de Pompadour. Cette dernière devint la véritable souveraine des fêtes, des plaisirs et des arts, mais elle prétendit jouer un rôle politique et, en dépit de l'appui qu'elle apporta à Choiseul à la fin du règne de Louis XV, elle contribua surtout à la désorganisation du pouvoir, aggrava le délabrement des finances et rendit le roi impopulaire par ses dépenses excessives.

Pourtant, trois ministres intelligents essayaient de réorganiser la monarchie : le marquis d'Argenson, secrétaire d'État aux Affaires étrangères, de 1744 à 1747, son frère le comte d'Argenson, secrétaire d'État à la guerre à partir de 1743, et Machault d'Arnouville, contrôleur général des Finances de 1745 à 1756 puis secrétaire d'État à la marine de 1754 à 1757.

La situation internationale s'est transformée en ce qui concerne la succession d'Autriche. L'Angleterre a mis sur pied en faveur de Marie-Thérèse, avec la Hollande puis la Saxe, la ligue de Worms, dirigée contre la France, contre son candidat Charles VII et l'Espagne. Les coalisés passent le Rhin et pénètrent en Alsace. Le roi lui-même prend alors la tête des armées et Frédéric II, en s'alliant à nouveau à la France en 1744, rétablit un équilibre des forces qui arrête l'invasion. En 1745, les troupes françaises entreprennent la conquête des Pays-Bas et, malgré une nouvelle volte-face de Frédéric II qui signe en 1744 un accord avec Marie-Thérèse, remportent sous le commandement du brillant Maurice de Saxe le grand succès de Fontenoy (1745), en présence du roi, puis les victoires de Raucoux (1746) et de Laufeld (1747). Mais Louis XV se hâte de conclure à Aix-la-Chapelle, en 1748, une paix qui est surtout avantageuse « pour le roi de Prusse » et dont l'opinion publique fut tout à fait ulcérée.

---

(1) Des fanatiques jansénistes s'y étaient livrés à des scènes d'hystérie collective sur la tombe du diacre Pâris qu'ils tenaient pour faiseur de miracles.

Vers un mécontentement général   Les difficultés financières étaient aiguës : Machault
d'Arnouville, intendant honnête et travailleur,
entreprit de remettre en ordre les caisses publiques en s'attaquant aux privilèges du
clergé et de la noblesse; il fit le projet d'un impôt du « vingtième » sur les revenus de
tous, pour alimenter une caisse d'amortissement de la dette publique. La résistance
du Parlement et du clergé fut très vive; les opposants furent emprisonnés, mais le roi
finalement céda aux pressions et fit ordonner en décembre 1751 l'exemption de l'Église,
ruinant ainsi l'essentiel de la réforme.

L'apaisement religieux, que le cardinal Fleury avait maintenu tant bien que mal,
se trouva rompu dès 1746 par l'affaire des « billets de confession » : certains évêques
avaient ordonné à leurs prêtres, pour lutter contre l'hérésie janséniste, d'exiger un billet
de confession orthodoxe (1) avant d'accorder les derniers sacrements; de nombreux
incidents provoquèrent des protestations et des émeutes. Le Parlement de Paris saisit
l'occasion d'intervenir contre l'archevêque et alla jusqu'à rédiger les *Grandes Remontrances*. Le roi prit d'abord de sévères mesures, emprisonna et exila des récalcitrants,
puis faiblit et demanda l'intervention du pape qui ne suffit pas pour calmer l'agitation;
le roi dut accepter en 1757 un véritable compromis où la faiblesse de l'autorité royale
et l'existence d'une opposition puissante étaient nettement mises en évidence.

En ces années sombres, la monarchie française semble fléchir partout : la paix établie
à Aix-la-Chapelle se révèle éphémère; Frédéric II, qui craint d'être isolé, décide de se
rapprocher de George II pour le détacher de l'Autriche et le 15 janvier 1756, par le
traité de Whitehall, l'Angleterre, le Hanovre — alors possession du roi d'Angleterre —
et la Prusse font alliance contre la Russie et la France. Marie-Thérèse, en revanche, fait
tous ses efforts pour établir un accord avec Louis XV et le roi saisit l'occasion de cette
alliance, conclue à Versailles le 1er mai 1756, pour éviter l'isolement dont il se sent
menacé à son tour. Frédéric II, s'étant jeté sans déclaration de guerre sur la Saxe et
ayant battu l'armée saxonne, les petits princes allemands indignés se joignirent à la
coalition et un second traité de Versailles affermit l'accord entre l'Autriche et la France
en 1757. Ainsi, la guerre de Sept Ans s'engagea dans des conditions peu favorables pour
le roi de Prusse, mais la situation de la France entraînée dans une conflagration ruineuse
sur le continent n'était pas sans péril, au moment où la concurrence de la puissance maritime anglaise se faisait inquiétante et agressive.

Pourtant, c'est la politique intérieure de la monarchie et la vie privée du roi qui
provoquèrent le mécontentement général. Depuis la mort de Louis XIV, la diffusion
des œuvres philosophiques (*Lettres persanes* et *Considérations sur les Romains* de
Montesquieu, *Lettres anglaises* de Voltaire) a développé l'esprit critique : la royauté
absolue n'est plus considérée comme la seule forme possible de gouvernement et surtout
la politique et la personne même du roi provoquent des protestations et des sarcasmes (2);
les pamphlets, les manifestations populaires se multiplient.

On voit s'élever une antipathie extraordinaire   tout le peuple révolté vomit à foison des propos
entre le roi et son peuple, surtout le peuple de   exécrables contre le roi,
Paris. Dans les émeutes du mois de mai dernier,

écrit le marquis d'Argenson dans ses *Mémoires* à la date du 23 juillet 1750.

Un article du *Dictionnaire portatif*, dont Voltaire eut l'idée dès 1757 et qu'il enrichit
constamment, traduit bien ce développement d'une opinion publique de plus en plus

---

(1) Conforme à l'enseignement de l'Eglise et, plus précisément ici, aux directives contenues
dans la bulle *Unigenitus*. — (2) Ainsi, Voltaire fait une satire déguisée de Louis XV, en décrivant
le Siècle de Louis XIV.

consciente des injustices et des insuffisances du temps, qui réclame la liberté d'information et de pensée...

LIBERTÉ D'IMPRIMER. — ... On a imprimé 5 à 6 000 brochures en Hollande contre Louis XIV; aucune n'a contribué à lui faire perdre les batailles de Blenheim, de Turin et de Ramillies.

En général, il est de droit naturel de se servir de sa plume comme de sa langue, à ses périls, risques et fortunes. Je connais beaucoup de livres qui ont ennuyé; je n'en connais point qui ait fait de mal réel. Des théologiens ou de prétendus politiques crient : « La religion est détruite, le gouvernement est perdu, si vous imprimez certaines vérités ou certains paradoxes. Ne vous avisez jamais de penser qu'après en avoir demandé la licence (1) à un moine ou à un commis. Il est contre le bon ordre qu'un homme pense par soi-même. Homère, Platon, Cicéron, Virgile, Pline, Horace n'ont jamais rien publié qu'avec l'approbation des docteurs de Sorbonne et de la Sainte Inquisition (2).

Voyez dans quelle décadence horrible la liberté de la presse a fait tomber l'Angleterre et la Hollande! Il est vrai qu'elles embrassent le commerce du monde entier et que l'Angleterre est victorieuse sur terre et sur mer; mais ce n'est qu'une fausse grandeur, une fausse opulence, elles marchent à grands pas à leur ruine. Un peuple éclairé ne peut subsister...

... Non, Rome n'a point été vaincue par des livres (3); elle l'a été pour avoir révolté l'Europe par ses rapines, par la vente publique des indulgences; pour avoir insulté aux hommes pour avoir voulu les gouverner comme des animaux domestiques, pour avoir abusé de son pouvoir à un tel excès qu'il est étonnant qu'il lui soit resté un seul village. Henri VIII, Elisabeth, le duc de Saxe, le landgrave de Hesse, les princes d'Orange, les Condé, les Coligny ont tout fait, et les livres rien. Les trompettes n'ont jamais gagné de batailles et n'ont fait tomber de murs que ceux de Jéricho.

Vous craignez les livres comme certaines bourgades ont craint les violons. Laissez lire, et laissez danser, ces deux amusements ne feront jamais de mal au monde.

Le gouvernement royal s'efforça de lutter contre la propagande philosophique : en 1734, le Parlement de Paris fit brûler les *Lettres anglaises* de Voltaire; mais, au milieu du siècle, les idées philosophiques s'étaient répandues dans l'ensemble du public cultivé et les mesures que prenaient parfois les autorités inquiètes n'aboutissaient qu'à accroître le mécontentement : ce fut le cas par exemple en 1752, de l'arrêt porté par le Conseil d'État contre l'*Encyclopédie*, à la suite d'une intervention de la Faculté de Théologie. L'autorité centrale d'ailleurs n'était pas sans contradictions et l'*Encyclopédie* profita, contre les Jésuites et le parti dévot, de l'appui de Mme de Pompadour.

ARRÊT DU CONSEIL INTERDISANT L'ENCYCLOPÉDIE

7 février 1752.

Le roi, s'étant fait rendre compte de ce qui s'est passé au sujet d'un ouvrage appelé Encyclopédie, ou Dictionnaire raisonné des sciences, des arts et des métiers, par une société de gens de lettres, dont il n'y a encore que deux volumes imprimés, S. M. a reconnu que, dans ces deux volumes, on a affecté d'insérer plusieurs maximes tendant à détruire l'autorité royale, à établir l'esprit d'indépendance et de révolte et, sous des noms obscurs et équivoques, à élever les fondements de l'erreur, de la corruption des mœurs, de l'irréligion et de l'incrédulité. S. M., toujours attentive à ce qui touche l'ordre public et l'honneur de la religion, ordonne que les deux premiers volumes de l'ouvrage intitulé Encyclopédie... seront et demeureront supprimés.

L'attentat de Damiens (4) contre le roi en 1757, qui ne fut après tout que le geste d'un exalté, apparut caractéristique d'une grande exaspération des esprits et des nerfs. Le gouvernement crut bon d'exiler et d'envoyer aux galères des écrivains. Dans l'immédiat, cet attentat permit à Mme de Pompadour d'obtenir du roi la disgrâce de Machault et d'Argenson.

_____

(1) La permission. — (2) Juridiction ecclésiastique formée pour rechercher et châtier les hérétiques. — (3) Voltaire répond ici à ceux qui prétendent que « les livres de Luther et de Calvin ont détruit la religion romaine dans la moitié de l'Europe ». — (4) Damiens avait blessé le roi, très légèrement, d'un coup de canif.

La politique de Choiseul   En octobre 1758, le duc de Choiseul fut nommé
                                                secrétaire d'État aux Affaires étrangères (il fut
ensuite chargé aussi de la Guerre et de la Marine); officier général, puis ambassadeur,
ce courtisan habile s'efforça de se concilier l'opinion publique.

Dans la querelle qui opposait les jésuites aux Parlements de Paris et de province,
favorables aux thèses gallicanes et aux jansénistes, Choiseul renonça à soutenir la
Compagnie de Jésus, comme l'avait toujours fait dans le passé la monarchie française. A
l'occasion de la banqueroute du père La Valette aux Antilles, le Parlement de Paris
avait rendu un arrêt qui condamnait l'activité et les constitutions mêmes de l'ordre;
Choiseul poussa le roi à sanctionner officiellement cet arrêt en 1764 et enfin à bannir
les jésuites de France par un édit promulgué en 1767.

A l'extérieur, la guerre de Sept Ans avait commencé par quelques succès français,
mais le génie militaire de Frédéric II avait retourné la situation à la suite de ses victoires
de Rossbach et de Leuthen à la fin de 1757. Ni Richelieu ni Soubise n'étaient capables
de mener des opérations efficaces contre l'armée prussienne. A son arrivée au pouvoir,
Choiseul essaya d'éviter une extension de la guerre en Allemagne, mais les troupes françaises se contentèrent de lutter contre les troupes anglaises pour reprendre le Hanovre :
elles n'y parviendront pas, en raison de l'incompétence des généraux jaloux les uns des
autres.

Malgré les efforts de Choiseul sur le plan diplomatique — il réussit à grouper en un
« pacte de famille » tous les Bourbons — la France dut accepter le traité de Paris qui
cédait aux Anglais de nombreuses colonies françaises (10 février), et le 15 février 1763
le traité d'Hubertbourg rétablit le statu quo en Allemagne. Profondément ulcéré par
cette conclusion désastreuse de sept années d'une guerre ruineuse, Choiseul fit un effort
vigoureux pour rétablir la discipline, former des officiers expérimentés, perfectionner
l'artillerie. Il réorganisa également la marine, créa de nouveaux arsenaux, augmenta
le nombre des navires de guerre.

En 1766, à la mort du roi Stanislas, l'annexion de la Lorraine à la France se fit selon
les traités antérieurs. Mais en 1768, l'annexion de la Corse, qui appartenait jusque-là
en droit à la République de Gênes, fut la conséquence de l'action diplomatique habile
et efficace du secrétaire d'État.

La rébellion des Parlements   En revanche, les difficultés financières sont inextri-
                                             cables : le contrôleur général Silhouette, désigné
par Choiseul, essaie en vain d'instituer un impôt sur la richesse que les privilégiés font
vite échouer et il faut revenir aux désastreux expédients traditionnels : ventes d'offices
et augmentation des impôts existants. Les parlements saisissent d'ailleurs tous les
prétextes — mesures fiscales quelles qu'elles soient, projets de réforme de toute nature —
pour protester et faire des remontrances, tout en prétendant défendre les sujets accablés.
En 1763, le Parlement de Paris en vient à réclamer la convocation d'États généraux.

Enfin une véritable révolte éclate à Rennes en 1765; l'animosité qui opposait le
procureur général La Chalotais et le duc d'Aiguillon, gouverneur de la province,
adversaire des jésuites, aboutit à l'arrestation du procureur qui provoque la démission
en masse du Parlement de Rennes, puis de tous les autres parlements. Louis XV fit
lire une déclaration, où il affirmait son autorité, à la séance de « Flagellation » du
3 mars 1766, où il se trouvait en personne, mais il céda ensuite, en rappelant le duc
d'Aiguillon. Le Parlement de Rennes inculpa ce dernier d'abus de pouvoir, mais le roi
interdit le procès qui avait été porté devant le Parlement de Paris. Les parlementaires
devaient réagir en se mettant en grève (décembre 1770).

Ouvertement attaqué d'autre part par le parti dévot, privé de la protection de
Mme de Pompadour morte en 1764, Choiseul se voit reprocher à la fois ses concessions
et ses résistances, et se trouve définitivement disgracié en décembre 1770.

La réforme de Maupeou

Après la disgrâce de Choiseul, le duc d'Aiguillon est nommé
ministre des Affaires étrangères et avec Maupeou, chancelier
depuis 1768, et l'abbé Terray, contrôleur général depuis 1769, il forme le « Triumvirat »
qui va gouverner la France jusqu'à la mort de Louis XV. Maupeou engage la lutte contre
le Parlement, dont l'obstruction et les grèves menacent la royauté même et qui prétend
constituer un corps unique. Lettres d'exil, expulsions, confiscations de charges se multiplient. Malgré l'opposition des princes du sang, Maupeou entreprend en 1771 sa « grande
réforme » qui diminue l'étendue du Parlement de Paris, supprime la vénalité des offices
et de la justice. Les résistances sont vives, les conflits nombreux, mais Louis XV, ulcéré
d'une telle hostilité, a déclaré : « Je ne changerai jamais. » L'opinion publique n'a aucune
sympathie pour les magistrats, dont l'intolérance et la partialité ont été dénoncées
vigoureusement par les philosophes, comme ce fut le cas, par exemple, dans l'affaire
Calas. La réforme s'impose, les esprits s'apaisent peu à peu.

La confusion des dernières années

Au point de vue financier, l'abbé Terray, qui ne manquait
ni d'intelligence ni d'autorité, se débattait contre les dépenses
excessives et essayait de faire face au déficit par les expé-
dients habituels : emprunts forcés, réduction de rentes, arrêt des paiements de l'État,
non sans provoquer de graves troubles. Il voulut diminuer la charge que les fermiers
généraux imposaient à l'État, mais il ne pouvait lutter contre le roi et la cour qui béné-
ficiaient d'avantages personnels dans ce système désastreux pour le bien public. Rien
n'atténua les pertes entraînées par la crise industrielle et les mauvaises récoltes. On lui
reprocha finalement, ainsi qu'au roi, d'accaparer le blé par spéculation, alors qu'il
espérait en faire baisser le prix. Des émeutes répétées marquèrent l'échec de sa politique.

Enfin la politique étrangère provoqua de cruelles désillusions. Les Polonais, qui
s'étaient révoltés contre la domination étrangère, furent écrasés. D'Aiguillon se montra
incapable de rétablir la situation et le démembrement de la Pologne — alliée de longue
date à la France — entre l'Autriche, la Prusse et la Russie ruina toutes les espérances
que pouvait susciter encore la diplomatie de Louis XV ; la France n'exerça plus aucune
influence et l'opinion publique en fut profondément blessée.

Les dernières années du règne furent pénibles : les ministres se heurtaient constamment,
le roi était détesté et n'osait plus se montrer à Paris. A la fin d'avril 1774, il mourut
de petite vérole et son cortège funèbre qui gagnait Saint-Denis (1) à la nuit tombante
fut salué par les cris joyeux et les sarcasmes des assistants qui criaient : « Taïaut !
Taïaut ! (2) Voilà le plaisir, voilà le plaisir ! »

LE RÈGNE DE LOUIS XVI (1774-1792)

Louis XVI, petit-fils et successeur de Louis XV, marié en 1770 à l'archiduchesse Marie-
Antoinette, a vingt ans en 1774. Physiquement très puissant mais maladroit, timide, la
parole difficile, négligé dans sa mise, il est au dire de la reine elle-même « un pauvre

---

(1) Basilique qui fut le lieu de sépulture des rois de France à partir de Saint Louis. — (2) Cris
par lesquels on encourage les chiens de chasse.

LA RUE QUINCAMPOIX EN 1720

Paris a succédé à Versailles. Une animation extraordinaire règne dans certains quartiers comme en témoignent ces deux gravures.

LES GALERIES DU PALAIS-ROYAL A LA FIN DU XVIIIe SIÈCLE.

LE BUREAU DE
LOUIS XV

FAUTEUIL DE LA
CHAMBRE DE M. LE PRINCE

*Cl. Boudot-
Lamotte.
Versailles.*

CONSOLE EN ROCAILLE
DES APPARTEMENTS DE
MESDAMES

Cl. Boudot-Lamotte. Versailles.

MOBILIER LOUIS XV

MARQUISE LOUIS XVI

*Collection particulière.
Cl. Giraudon.*

BUREAU A CYLINDRE
DU BOUDOIR DE MARIE-
ANTOINETTE

A la fantaisie et à l'ornement,
succède l'équilibre dépouillé
mais élégant de la ligne droite.

FAUTEUIL LOUIS XVI

*Musée des Arts Décoratifs.
Cl. Giraudon.*

MOBILIER LOUIS XVI

homme ». Il ne manque pourtant ni de bon sens ni de connaissances, il est humain et honnête, mais le métier de roi ne lui convient pas du tout, et on ne le lui a jamais appris. Il ne s'intéresse qu'à la chasse et à la serrurerie et sa faiblesse de caractère est inquiétante.

Pourtant son règne commence par une décision ferme et lucide : il renvoie d'Aiguillon, Maupeou et Terray, dont l'impopularité était grande, et nomme Maurepas ministre d'État. Ce dernier, homme intelligent et expérimenté, choisit comme ministre des affaires étrangères Vergennes, diplomate habile, comme contrôleur général des Finances Turgot, qui avait fort bien administré pendant treize ans l'intendance de Limoges et que les philosophes estimaient particulièrement, et complète son ministère par Malesherbes, Sartine et Saint-Germain, animés par un même souci de l'intérêt public.

La tentative de redressement de Turgot Turgot, magistrat au Parlement de Paris, avait acquis une très complète formation d'économie politique, d'abord théorique en étudiant les physiocrates (1) Quesnay, Gournay, Adam Smith, puis pratique, en développant l'activité économique du Limousin. Il voulut avant tout rétablir la situation des finances en réduisant toutes les dépenses — en particulier celles de la cour — et remplacer tous les impôts par une contribution unique dite « subvention territoriale », à laquelle seraient soumis tous les propriétaires. Il espérait que le développement des richesses accroîtrait naturellement le rendement de l'impôt et que la suppression des contraintes de toutes sortes (corvées, réquisitions, règles et réglementations) fournirait une impulsion efficace. Pour réaliser ce programme ambitieux, il souhaitait, entre la monarchie et le peuple, une entente qu'il imaginait facile à réaliser par l'intermédiaire d'une pyramide de municipalités aboutissant à une assemblée nationale.

Il écrivait notamment :

Point de banqueroute;
Point d'augmentation d'impôts;
Point d'emprunts.

Tant que la finance sera continuellement aux expédients pour assurer les services, Votre Majesté sera toujours dans la dépendance des financiers et ceux-ci seront toujours les maîtres de faire manquer, par des manœuvres de place, les opérations les plus importantes. Il n'y aura aucune amélioration possible, ni dans les impositions pour soulager les contribuables, ni dans aucun arrangement relatif au gouvernement intérieur et à la législation. L'autorité ne sera jamais tranquille, parce qu'elle ne sera jamais chérie; et que les mécontentements et les inquiétudes des peuples sont toujours le moyen dont les intrigants et les malintentionnés se servent pour exciter des troubles. C'est donc surtout de l'économie que dépend la prospérité de votre règne, le calme dans l'intérieur, la considération au-dehors, le bonheur de la nation et le vôtre.

Je dois faire observer à Votre Majesté que j'entre en place dans une conjoncture fâcheuse, par les inquiétudes répandues sur les subsistances, inquiétudes fortifiées par la fermentation des esprits depuis quelques années, par la variation des principes des administrateurs, par quelques opérations imprudentes et surtout par une récolte qui paraît avoir été médiocre. Sur cette matière, comme sur beaucoup d'autres, je ne demande point à Votre Majesté d'adopter mes principes, sans les avoir examinés et discutés, soit par elle-même, soit par des personnes de confiance en sa présence; mais quand elle en aura reconnu la justice et la nécessité, je la supplie d'en maintenir l'exécution avec fermeté, sans se laisser effrayer par des clameurs qu'il est absolument impossible d'éviter en cette matière, quelque système qu'on suive, quelque conduite qu'on tienne.

Voilà les points que Votre Majesté a bien voulu me permettre lui rappeler. Elle n'oubliera pas qu'en recevant la place de contrôleur général, j'ai senti tout le prix de la confiance dont elle m'honore; j'ai senti qu'elle me confiait le soin de ses peuples et, s'il m'est permis de le dire, le soin de faire aimer sa personne et son autorité. Mais en même temps j'ai senti tout le danger

---

(1) La doctrine des physiocrates présentait une théorie générale de la société reposant sur deux conceptions, l'une philosophique, celle de *l'ordre naturel*, l'autre économique, celle du *produit net*.

auquel je m'exposais. J'ai prévu que je serais seul à combattre contre les abus de tout genre, contre les efforts de ceux qui gagnent à ces abus; contre la foule des préjugés qui s'opposent à toute réforme, et qui sont un moyen si puissant dans les mains des gens intéressés à éterniser le désordre. J'aurai à lutter même contre la bonté naturelle, contre la générosité de Votre Majesté et des personnes qui lui sont les plus chères. Je serai craint, haï même de la plus grande partie de la cour, et tout ce qui sollicite des grâces. On m'imputera tous les refus; on me peindra comme un homme dur, parce que j'aurai représenté à Votre Majesté qu'elle ne doit pas enrichir même ceux qu'elle aime, aux dépens de la subsistance de son peuple. Ce peuple auquel je me serai sacrifié est si aisé à tromper, que peut-être j'encourrai sa haine par les mesures mêmes que je prendrai pour le défendre contre la vexation. Je serai calomnié, et peut-être avec assez de vraisemblance pour m'ôter la confiance de Votre Majesté, dès que je ne pourrai espérer de lui être utile; mais son estime, la réputation d'intégrité, la bienveillance publique qui ont déterminé son choix en ma faveur, me sont plus chères que la vie et je cours le risque de les perdre, même en ne méritant à mes yeux aucun reproche.

Votre Majesté se souviendra que c'est sur la foi de ses promesses que je me charge d'un fardeau peut-être au-dessus de mes forces, que c'est à elle personnellement, à l'homme honnête, à l'homme juste et bon plutôt qu'au roi, que je m'abandonne.

J'ose lui répéter ici ce qu'elle a bien voulu entendre et approuver. La bonté attendrissante avec laquelle elle a daigné presser mes mains dans les siennes, comme pour accepter mon dévouement, ne s'effacera jamais de mon souvenir. Elle soutiendra mon courage. Elle a pour jamais lié mon bonheur personnel avec les intérêts, la gloire et le bonheur de Votre Majesté.

Turgot ne disposa que de deux ans pour accomplir cette œuvre. Dès 1774, un édit proclama la liberté du commerce des grains, abolissant la frontière des provinces; en janvier 1776, la corvée (1) exigée des paysans fut supprimée et remplacée par une contribution que devaient payer tous les propriétaires; la même année, un autre édit libérait toutes les professions, supprimant les corporations, les jurés et les maîtres.

Comme Turgot l'avait prévu, les courtisans se dressèrent contre lui; la reine se plaignit des économies qui la gênaient, le Parlement de Paris fit des remontrances, et le roi qui avait confiance en lui n'eut pas le courage de tenir tête à son entourage et à la reine. Le 13 mai, il lui donna l'ordre d'abandonner ses fonctions; avec lui, disparurent Malesherbes, qui avait fait de louables efforts pour humaniser les prisons, adoucir la torture et améliorer la condition des protestants, et Saint-Germain qui avait discipliné l'armée, lutté contre le favoritisme, perfectionné le matériel.

La crise financière et l'obstruction de la noblesse obligent Louis XVI à convoquer les États généraux

Necker, banquier genevois installé à Paris, connu, d'une part pour sa grande compétence financière, et d'autre part pour sa grande réputation de philanthropie et d'humanisme, fut appelé à réorganiser le budget. Il fit des emprunts, habilement lancés pour parer au plus pressé, réussit à couvrir les frais de l'intervention française en Amérique de 1778, mais n'osa réaliser que très partiellement les économies indispensables. Il créa des « Assemblées provinciales », moins ambitieuses que les « municipalités » projetées par Turgot.

Il se heurta comme Turgot à l'égoïsme obstiné des privilégiés et à la faiblesse de Louis XVI et dut démissionner en 1781; c'était la fin des tentatives de réforme.

Cependant, le traité d'alliance, conclu en 1778 entre la France et les « Insurgents » américains en lutte contre l'Angleterre, s'était traduit en 1779 par l'envoi d'un corps expéditionnaire, commandé par Rochambeau, qui avait débarqué en juillet 1780. Avec l'aide de La Fayette et le soutien apporté par la flotte de l'amiral de Grasse, les insurgés forcèrent le général anglais Cornwallis à capituler le 19 octobre 1781. Tenue en respect sur mer par Suffren et La Motte-Picquet, l'Angleterre conclut avec les Américains des

---

(1) Travail gratuit que le paysan devait fournir à l'État ou à son Seigneur.

préliminaires qui, avec l'accord de la France et de ses alliés, aboutirent au traité de Versailles le 3 septembre 1783; c'était le véritable acte de fondation des États-Unis.

Ce traité rendait à la France un prestige militaire et diplomatique appréciable, mais les dépenses provoquées par la guerre aggravèrent encore la crise financière. Calonne, devenu contrôleur général des Finances en 1783, fit d'abord de nombreux emprunts, puis finit par constater la nécessité d'un impôt qui toucherait même les privilégiés et par imaginer un système d'assemblées consultatives pour administrer les provinces. Mais il se heurta aux privilégiés qui composaient l'assemblée des Notables et Louis XVI le congédia en avril 1787. Loménie de Brienne, son successeur, n'eut pas plus de succès.

La lutte devenait aiguë, des émeutes éclataient en province; le roi fut contraint — la situation financière étant désespérée — de convoquer les États généraux pour le 1er mai 1789; il renonça aux mesures contre le Parlement et rappela Necker, seul capable d'obtenir des banques l'argent immédiatement indispensable.

La révolution politique et Louis XVI procéda à l'ouverture des États généraux,
sociale et l'établissement le 5 mai 1789, à Versailles. Les trois ordres (1) entrèrent
d'une monarchie en conflit aussitôt, et le 17 juin, le tiers état se déclara
constitutionnelle Assemblée nationale et proclama sa souveraineté en
matière d'impôts; le 19 juin, il fut rejoint par une partie
des députés du clergé. Le roi essaie en vain de préserver son autorité et finit par ordonner à l'ensemble de la noblesse et du clergé de siéger auprès du tiers état, à cette assemblée qui devient l'Assemblée Nationale Constituante le 9 juillet 1789.

Pourtant la lutte se poursuit entre la cour et les représentants de la nation. Des troupes sont massées autour de Paris, et les manifestations populaires se multiplient (2). Une municipalité révolutionnaire se constitue, une milice nationale de 12 000 hommes est formée, et le 14 juillet, après avoir pillé l'Hôtel des Invalides, la foule prend d'assaut la forteresse-prison de la Bastille, symbole des injustices et des abus du régime.

Le roi cède, éloigne les troupes et accepte le fait accompli. Désormais, dans la France entière, se formeront des municipalités nouvelles et des milices qui deviendront les «gardes nationales». Au moment de la Grande Peur, véritable épidémie de terreur collective provoquée par les rumeurs et les fausses nouvelles, les paysans et les habitants des villes s'uniront pour résister aux aristocrates et aux « brigands ».

Le 4 août, dans un élan d'enthousiasme extraordinaire, sur la proposition de quelques nobles d'idées libérales, l'Assemblée décide de supprimer les privilèges seigneuriaux et des redevances de toutes sortes; elle proclamait en fait l'égalité de tous devant la loi. Le 26 août, la *Déclaration des droits de l'homme* ratifie cette révolution sociale et juridique, et l'on commence à discuter la Constitution.

DÉCLARATION DES DROITS DE L'HOMME ET DU CITOYEN

Art. 1er. — Les hommes naissent et demeurent libres et égaux en droits. Les distinctions sociales ne peuvent être fondées que sur l'utilité commune.

Art. 2. — Le but de toute association politique est la conservation des droits naturels et imprescriptibles de l'homme. Ces droits sont la liberté, la propriété, la sûreté, la résistance à l'oppression.

Art. 3. — Le principe de toute souveraineté repose essentiellement dans la nation; nul corps, nul individu ne peut exercer d'autorité qui n'en émane expressément.

---

(1) La noblesse, le clergé, le tiers état (autrement dit la bourgeoisie). — (2) Voir le discours de Mirabeau prononcé le 8 juillet 1789, pp. 271-272.

Art. 4. — La liberté consiste à pouvoir faire tout ce qui ne nuit pas à autrui. Ainsi l'exercice des droits naturels de chaque homme n'a de bornes que celles qui assurent aux autres membres de la société la jouissance de ces mêmes droits. Ces bornes ne peuvent être déterminées que par la loi.

Art. 5. — La loi n'a le droit de défendre que les actions nuisibles à la société. Tout ce qui n'est pas défendu par la loi ne peut être empêché, et nul ne peut être contraint à faire ce qu'elle n'ordonne pas.

Art. 6. — La loi est l'expression de la volonté générale. Tous les citoyens ont droit de concourir personnellement, ou par leurs représentants, à sa formation. Elle doit être la même pour tous, soit qu'elle protège, soit qu'elle punisse. Tous les citoyens étant égaux à ses yeux, sont également admissibles à toutes dignités, places et emplois publics selon leur capacité et sans autre distinction que celle de leurs vertus et de leurs talents.

Art. 7. — Nul homme ne peut être accusé, arrêté, ni détenu que dans les cas déterminés par la loi, et selon les formes qu'elle a prescrites. Ceux qui sollicitent, expédient, exécutent ou font exécuter des ordres arbitraires, doivent être punis; mais tout citoyen appelé ou saisi en vertu de la loi doit obéir à l'instant : il se rend coupable par la résistance.

Art. 8. — La loi ne doit établir que des peines strictement et évidemment nécessaires, et nul ne peut être puni qu'en vertu d'une loi établie et promulguée antérieurement au délit, et légalement appliquée.

Art. 9. — Tout homme étant présumé innocent jusqu'à ce qu'il ait été déclaré coupable, s'il est jugé indispensable de l'arrêter, toute rigueur qui ne serait pas nécessaire pour s'assurer de sa personne doit être sévèrement réprimée par la loi.

Art. 10. — Nul ne doit être inquiété pour ses opinions, même religieuses, pourvu que leur manifestation ne trouble pas l'ordre public établi par la loi.

Art. 11. — La libre communication des pensées et des opinions est un des droits les plus précieux de l'homme : tout citoyen peut donc parler, écrire, imprimer librement, sauf à répondre de l'abus de cette liberté dans les cas déterminés par la loi.

Art. 12. — La garantie des droits de l'homme nécessite une force publique : cette force est donc instituée pour l'avantage de tous, et non pour l'utilité particulière de ceux à qui elle est confiée.

Art. 13. — Pour l'entretien de la force publique et pour les dépenses d'administration, une contribution commune est indispensable; elle doit être légalement répartie entre tous les citoyens en raison de leurs facultés.

Art. 14. — Tous les citoyens ont le droit de constater par eux-mêmes ou par leurs représentants, la nécessité de la contribution publique, de la consentir librement, d'en suivre l'emploi et d'en déterminer la quotité, l'assiette, le recouvrement et la durée.

Art. 15. — La société a droit de demander compte à tout agent public de son administration.

Art. 16. — Toute société dans laquelle la garantie des droits n'est pas assurée, ni la séparation des pouvoirs déterminée, n'a point de constitution.

Art. 17. — La propriété étant un droit inviolable et sacré, nul ne peut en être privé, si ce n'est lorsque la nécessité publique, légalement constatée, l'exige évidemment et sous la condition d'une juste et préalable indemnité.

Les difficultés du nouveau régime

Louis XVI n'avait pas accepté les décisions du 4 août mais, sous la pression des émeutes populaires du 5 octobre et du 6 octobre — jour où le peuple déchaîné envahit le Palais de Versailles et pénétra jusqu'à la chambre de la reine — il dut consentir à s'installer aux Tuileries et l'Assemblée le rejoignit à Paris.

D'octobre 1789 à septembre 1791, la Constituante va s'efforcer de résoudre la crise financière en confisquant les biens du clergé pris comme garantie des assignats, papier-monnaie qui doit permettre d'amortir la dette publique. Mais l'excessive quantité d'assignats mis en circulation provoqua très tôt leur dépréciation. La Constitution définit une monarchie constitutionnelle avec un système électoral fondé sur la fortune : seuls les propriétaires, dont les biens semblent offrir une garantie d'indépendance, sont électeurs. Elle répond aux principes de la souveraineté du peuple et de la séparation des pouvoirs, définit une France décentralisée et réorganise le clergé, séparé de la Papauté selon la Constitution civile. Cette dernière mesure, qu'une grande partie des prêtres refusa d'admettre, fut condamnée par le pape Pie VI (mars-avril 1791).

Louis XVI décide de s'appuyer sur les souverains et les troupes étrangères pour reprendre son pouvoir et quitte secrètement les Tuileries; mais, rattrapé à Varennes, dans la Meuse, le 21 juin, il est ramené à Paris.

Les républicains groupés dans le club des Cordeliers (1), beaucoup plus audacieux que les bourgeois révolutionnaires du club des Jacobins, sont battus par la majorité modérée et dispersés par les gardes nationaux au Champ-de-Mars. Louis XVI est alors rétabli dans ses pouvoirs de roi constitutionnel et reconduit aux Tuileries; le 30 septembre 1791, l'Assemblée Constituante se sépare, « sa mission remplie et ses séances terminées ».

L'Assemblée législative :
« la patrie en danger »

L'Assemblée législative, qui se réunit le 1er octobre 1791, comprend des députés nouveaux répartis entre les Feuillants (2) à droite (263 sièges), les indépendants au centre (300) et les Jacobins à gauche (136). Les troubles continuent; le roi, qui espère que l'on renoncera à la Constitution, pratique la politique du pire. A la fin de 1791, l'Assemblée prend des décrets contre les émigrés et les réfractaires, et en janvier 1792, elle adresse un ultimatum à l'Empereur d'Autriche Léopold II : la guerre devient inévitable entre François II son successeur et le belliqueux ministère français; elle est déclarée le 20 avril 1792. Aussitôt, l'impopularité du roi s'accroît : une violente manifestation populaire le bloque et le menace aux Tuileries, mais ne réussit pas à lui faire retirer son veto aux décrets de l'Assemblée.

Celle-ci proclame « la patrie en danger » :

DÉCRET DU 11 JUILLET 1792

Des troupes nombreuses s'avancent vers nos frontières : tous ceux qui ont horreur de la liberté s'arment contre notre constitution.

Citoyens, la patrie est en danger. Que ceux qui vont obtenir l'honneur de marcher les premiers pour défendre ce qu'ils ont de plus cher, se souviennent toujours qu'ils sont Français et libres : que leurs concitoyens maintiennent dans leurs foyers la sûreté des personnes et des propriétés; que les magistrats du peuple veillent attentivement; que tous, dans un courage calme, attribut de la véritable force, attendent pour agir le signal de la loi, et la patrie sera sauvée.

Tandis que les enrôlements se multiplient dans toute la France, le peuple de Paris est encouragé par les clubs et exalté par les groupes fédérés venus de province, dont l'un, venu de Marseille, entre dans la capitale en chantant l'hymne nouveau qu'on appellera la « Marseillaise » (3); il s'exaspère lorsque est diffusé le manifeste du duc de Brunswick, lieutenant de Frédéric II, menaçant la ville de représailles si on touche au roi ou à la reine : dans la nuit du 9 ou 10 août, une commune insurrectionnelle se forme à l'Hôtel de ville; le château des Tuileries est pris d'assaut.

La Convention
et la chute de la royauté

L'Assemblée s'incline, vote la suspension du roi, décide que le peuple entier élira une nouvelle Assemblée Constituante, la « Convention », marquant ainsi la fin de la monarchie constitutionnelle et l'instauration d'un régime nouveau.

---

(1) Cordeliers, nom donné avant la Révolution aux franciscains. Le *Club des Cordeliers* fut fondé en 1790 par Danton, Marat et Desmoulins, dans un ancien couvent de Cordeliers. Le *Club des Jacobins* est un autre club révolutionnaire, fondé aussi dans le local d'un couvent. — (2) Nom donné aux modérés ou royalistes constitutionnels, dont le club siégeait dans l'ancien couvent des Feuillants. — (3) Voir p. 271.

Cependant, la gravité des événements militaires (prise de Longwy par les Prussiens le 23 août, investissement de Verdun le 30) entraînent des mesures de défense vigoureuses et de terribles massacres dans les prisons. Mais Dumouriez et Kellermann réussissent à remporter à Valmy, le 20 septembre 1792, une victoire dont l'importance matérielle était mince, mais dont la portée morale fut immense, comme l'a fort bien vu Gœthe.

Élue au suffrage universel, la Convention vota à l'unanimité des présents (300 sur 749) l'abolition de la royauté, le 21 septembre 1792, et la République fut proclamée le lendemain.

DÉCRET DU 22 SEPTEMBRE 1792

... Il est décrété que tous les actes publics porteront dorénavant la date de l'an premier de la République française.

LA RÉPUBLIQUE (1792-1804)

La lutte entre la Montagne et la Gironde et l'exécution de Louis XVI   Entre la Montagne — dirigée par Robespierre, Marat et Danton — qui siégeait à gauche, et la Gironde, qui avait gardé ses anciens chefs Vergniaud, Brissot, Condorcet et Roland, la lutte fut immédiate et acharnée. Les Montagnards étaient prêts à employer tous les moyens pour assurer la victoire de la République. Le roi, accusé de collusion avec les puissances étrangères, fut jugé, reconnu coupable par 708 voix sur 719, condamné à mort par 387 voix contre 334 et exécuté le 21 janvier 1793 sur la place Louis XV (devenue aujourd'hui place de la Concorde). Le fossé entre la Révolution et ses ennemis de l'intérieur et de l'extérieur fut dès lors creusé.

La « dictature » de la Montagne   Une vaste coalition se forma et la France fut envahie à nouveau ; le recrutement de 200 000 hommes provoqua le soulèvement des Vendéens, qui n'avaient jamais admis la Constitution civile du clergé, et formèrent alors de nombreuses bandes armées. La Convention prit des mesures énergiques et créa des comités chargés de lutter contre les réfractaires : les Montagnards finirent par éliminer les Girondins en mai et juin, en faisant arrêter 31 d'entre eux. Il leur fallut alors lutter contre l'insurrection vendéenne qui s'était étendue notablement, contre l'insurrection girondine (ou « fédéraliste ») puissante dans le Sud-Ouest et la vallée du Rhône, et contre les armées étrangères, qui envahissaient la France au Nord, au Nord-Est, au Sud-Est, et au Sud-Ouest. Pour cela, ils transformèrent peu à peu la Convention en un véritable gouvernement révolutionnaire, coordonnant en décembre 1793 l'action des Comités (de Salut public et de Sûreté générale), du Tribunal révolutionnaire et des Représentants en mission ; ils prirent en outre des mesures militaires et économiques rigoureuses : levée en masse (1), loi du maximum taxant les objets de première nécessité, loi contre l'accaparement. Enfin, ils « placèrent la Terreur à l'ordre du jour », pour « éliminer tous les opposants » qui pouvaient être arrêtés sans délai par application de la loi « des suspects » du 17 septembre. Le Tribunal révolutionnaire multiplia les condamnations à mort ; la reine Marie-Antoinette, le duc d'Orléans, Mme Roland, inspiratrice des Girondins, furent exécutés.

---

(1) Service militaire obligatoire.

Une politique de « déchristianisation », comportant la substitution d'un calendrier révolutionnaire (1) au calendrier traditionnel en octobre 1793, et la fermeture de nombreuses églises, fut appliquée malgré l'opposition de Robespierre. Les Vendéens furent décimés au combat du Mans et à Savenay, tandis que les Autrichiens et les Prussiens étaient repoussés à la suite des combats de Wattignies et de Wissembourg.

L'action de Robespierre   Robespierre dut lutter à l'assemblée même, à la fois contre les extrémistes de gauche ou Hébertistes (2), et ceux de droite où « Indulgents » qui, groupés autour de Danton, Desmoulins et Fabre d'Églantine, souhaitaient un apaisement de la Terreur : il fit arrêter et guillotiner les principaux Hébertistes, puis les Dantonistes. Parmi ces Dantonistes guillotinés le 5 avril de cette année, se trouvait Camille Desmoulins. Homme doux et clément, il fut une des nombreuses victimes du fanatisme aveugle de la Révolution qui ne sut pas épargner ceux-là même qui l'avaient aidée à naître. Quatre jours avant sa mort il écrivait une lettre émouvante à sa femme Lucile (3) :

... Le sommeil bienfaisant a suspendu mes maux : on n'a pas le sentiment de sa captivité, on est libre quand on dort. Le ciel a eu pitié de moi. Il n'y a qu'un moment, je te voyais en songe, je vous embrassais tour à tour, toi, Horace et Daronne (4), qui était à la maison; mais notre petit avait perdu un œil où je voyais comme une taie : ma douleur de cet accident m'a réveillé. Je me suis retrouvé dans un cachot : il faisait un peu de jour...

J'ai découvert une fente à mon appartement; j'ai appliqué mon oreille, j'ai entendu gémir; j'ai hasardé quelques paroles, j'ai entendu la voix d'un malade qui souffrait; il m'a demandé mon nom. Je le lui ai dit : « O mon Dieu! s'est-il écrié en retombant sur son lit, je suis Fabre d'Eglantine (5). Mais toi ici? la contre-révolution est donc faite? » Nous n'osons cependant nous parler, de peur que la haine ne nous envie cette faible consolation, et que, si on venait à nous entendre, nous ne fussions séparés et resserrés plus étroitement...

Dans ce moment les commissaires du Tribunal révolutionnaire viennent de m'interroger. Ils m'ont fait cette question : si j'avais conspiré contre la République. Quelle dérision! et peut-on ainsi insulter au républicanisme le plus pur! Je vois le sort qui m'attend... Tu vois que mes craintes étaient fondées, que mes pressentiments furent toujours vrais. Mes derniers moments ne te déshonoreront point. J'étais né pour te rendre heureuse, pour nous composer, avec ta mère et mon père, et quelques hommes selon notre cœur, un Otaïti (6). J'ai fait des songes de l'abbé de Saint-Pierre (7). J'avais rêvé une République que tout le monde eût adorée, je ne pouvais penser que les hommes fussent si injustes et si féroces. Comment croire que quelques plaisanteries dans mes écrits (8), contre des collègues qui m'avaient provoqué, effaceraient le souvenir de tant de services! Je ne me dissimule point que je meurs victime de ces plaisanteries et de mon amitié pour le malheureux Danton...

Malgré mon supplice, je crois qu'il y a un Dieu. Mon sang effacera mes fautes, les faiblesses de l'humanité; et ce que j'ai eu de bon, mes vertus, mon amour de la patrie, sans doute ce Dieu le récompensera...

Robespierre exerça ainsi un pouvoir absolu d'avril à juillet 1794. Figure mystérieuse, homme à la fois honnête et orgueilleusement convaincu, il prétend établir une égalité

---

(1) Le calendrier révolutionnaire, qui restera en vigueur treize ans, commençait à l'équinoxe d'automne, le 22 septembre, et comprenait douze mois de trente jours dont les noms, dus à Fabre d'Eglantine, évoquaient les saisons : *vendémiaire* était le mois des vendanges, *brumaire* celui des brumes, *frimaire* celui des frimas, *nivôse* celui des neiges, *pluviôse* celui des pluies, *ventôse* celui des vents, *germinal* celui de la germination, *floréal* celui des fleurs, *prairial* celui des prairies, *messidor* celui des moissons, *thermidor* celui de la chaleur, et *fructidor* celui des fruits. Les fêtes chrétiennes étaient abolies et les jours, qui ne marquaient plus les fêtes des saints et portaient des noms latins, divisaient des décades : *primidi, duodi, tridi, quartidi...* — (2) Hébert était un homme politique, rédacteur du *Père Duchesne*, journal révolutionnaire des plus violents. — (3) Elle devait être guillotinée quelques jours après son mari pour avoir tenté de le faire évader. — (4) Son fils et sa belle-mère. — (5) Cet ami de Camille Desmoulins devait être guillotiné le même jour que lui. — (6) L'île de Tahiti, considérée alors comme un paradis. — (7) Auteur d'un *Projet de paix perpétuelle*. — (8) Il fut un des plus grands journalistes de son temps. Voir p. 272.

sociale, basée sur l'abolition de la pauvreté, par la « redistribution » des biens des suspects et l'organisation d'une « bienfaisance nationale »; il fonde une religion révolutionnaire et patriotique, ayant pour principe l'existence de l' « Etre Suprême » et l'immortalité de l'âme et préside en son honneur une fête solennelle au Champ-de-Mars le 20 prairial (8 juin).

Il croit cependant nécessaire de renforcer le régime de la Terreur par la loi du 22 prairial, qui entraîne un millier d'exécutions, dont celles du chimiste Lavoisier et du poète Chénier; ce durcissement provoque contre lui une conspiration où se regroupent autour de Fouché, Tallien, Barras, anciens représentants en mission, les modérés de la Plaine, les amis de Danton et les Girondins (1). Finalement battu à la Convention, il est arrêté et aussitôt guillotiné avec ses partisans, le 10 thermidor an II (28 juillet 1794).

La conjuration disparate qui l'avait renversé ne tarda pas à évoluer vers une réaction politique, qui limitait les pouvoirs du comité de salut public, adoucissait le Tribunal révolutionnaire, s'efforçait de pacifier la Vendée par des concessions ou « Conventions », rétablissait la liberté religieuse et affirmait la séparation de l'Église et de l'État. Mais il lui fallut combattre une agitation royaliste à peine déguisée à Paris, et bientôt très violente dans le Sud-Est, et des mouvements jacobins qui provoquèrent les émeutes populaires de germinal (avril 1795) et prairial (mai 1795). Ces mouvements ne furent écrasés que par des interventions militaires, en particulier celle du général d'artillerie Bonaparte, appelé le 13 vendémiaire (5 octobre) par Barras pour défendre la Convention.

Le Directoire

Le 27 octobre 1795, en vertu de la nouvelle Constitution (celle de l'an III), « cinq Directeurs » entrent en fonction : aux prises avec les agitations royaliste et jacobine, manquant d'argent, disposant seulement d'un papier-monnaie déprécié, le Directoire dut se battre constamment. Il écrasa la Conspiration des Égaux, partisans d'un régime communiste prôné par Babeuf, en 1797 ; les royalistes, qui avaient remporté des succès notables aux élections de la même année, furent écartés par le coup d'État militaire du 18 fructidor an V (septembre 1797); en floréal an VI (mai 1798), c'est contre les Jacobins qu'il fallut réagir. Mais ce jeu de balance trop compliqué conduit l'opinion publique à souhaiter la présence au pouvoir d'un homme qui rétablirait la paix.

Du Consulat à l'Empire : l'avènement de Napoléon Ier

Le 18 brumaire an VIII (9 novembre 1799), avec la complicité de son frère Lucien, de Sieyès, Ducos, Cambacérès et Talleyrand, Bonaparte, à qui la faiblesse du gouvernement a permis de tirer prestige et pouvoir de sa brillante campagne d'Italie (2) et de son audacieuse expédition d'Égypte, supprime le Directoire par un coup d'État militaire et politique, et le remplace par le triple Consulat : Sieyès - Ducos - Bonaparte.

C'est dans les termes suivants qu'il harangue les soldats pour justifier son coup d'État :

Soldats, l'armée s'est unie de cœur avec moi, comme je me suis uni de cœur avec elle, comme je me suis uni avec le corps législatif. La République serait bientôt détruite si les conseils ne prenaient des mesures fortes et décisives.

Dans quel état j'ai laissé la France, et dans quel état je l'ai retrouvée ! Je vous avais laissé la paix, et je retrouve la guerre ! Je vous avais laissé des conquêtes, et l'ennemi presse vos frontières ! J'ai laissé nos arsenaux garnis, et

---

(1) Plaine et Girondins : à la Convention, les Girondins occupaient la droite, les Montagnards l'extrême gauche et la Plaine, appelée aussi le Marais, comprenait tous les modérés et les indécis. — (2) Victoires de Milan, du pont d'Arcole, de Rivoli et traité de Campo-Formio par lequel Bonaparte avait obtenu pour la France les Pays-Bas, les îles Ioniennes et la rive gauche du Rhin.

je n'ai pas retrouvé une arme! J'ai laissé les millions de l'Italie, et je retrouve partout des lois spoliatrices et la misère! Nos canons ont été vendus! Le vol a été érigé en système! Les ressources de l'État épuisées! On a eu recours à des moyens vexatoires, réprouvés par la justice et le bon sens! On a livré le soldat sans défense! Où sont-ils les braves, les cent mille camarades que j'ai laissés couverts de lauriers?...

La Constitution de l'an VIII (décembre 1799), plébiscitée par le peuple en 1800 sous une apparence libérale (suffrage universel et assemblées partageant le pouvoir législatif avec le premier Consul), donne en fait la réalité du pouvoir à Bonaparte qui décide de la guerre et de la paix, choisit les ministres et nomme les fonctionnaires.

Il consolide sans tarder la société issue de la révolution par une administration centralisée, institue les préfets, réorganise les finances et la justice, établit et rédige lui-même le *Code civil*. Par ailleurs, en rétablissant de bons rapports entre l'Église et l'État (Concordat de juillet 1801), il se concilie l'influence encore puissante du clergé et assure la paix religieuse jusqu'en 1804. A l'extérieur, il réussit à vaincre les Autrichiens (bataille de Marengo, 14 juin 1800 et traité de Lunéville, 9 février 1801) et à signer un accord de compromis avec l'Angleterre (Préliminaires de Londres, 1er octobre 1801 et paix d'Amiens le 25 mars 1802). Réélu Consul pour dix ans par le Sénat en mai 1802, Bonaparte se fait proclamer Consul à vie en août après un plébiscite triomphal; enfin, il devient Empereur des Français, après le vote du Tribunat, et se fait sacrer par le Pape, le 2 décembre 1804, à Notre-Dame de Paris.

Senatus Consulte
du 28 floréal an XII (18 mai 1804)

Titre 1er

Article 1

Le gouvernement de la République est **confiée** à un Empereur qui prend le titre d'*Empereur*

des Français. La justice se rend, au nom de *l'Empereur,* par les officiers qu'il institue.

Article 2

Napoléon Bonaparte, premier consul actuel de la République, *est Empereur des Français.*

SCIENCES ET TECHNIQUES

NAISSANCE ET ÉPANOUISSEMENT DE L'ESPRIT CRITIQUE : LA RÉALISATION DES PRINCIPES CARTÉSIENS

Le XVIIIe siècle a vu un remarquable développement de l'esprit critique et du progrès scientifique. On a tiré toutes les conséquences du *Discours de la Méthode* de Descartes et nul domaine n'échappe désormais à la raison et au doute méthodique; la recherche expérimentale complète la réflexion théorique dans l'investigation scientifique, la curiosité intellectuelle est insatiable.

C'est « un mouvement général des esprits, varié, libre, sans intentions précises, et comme une recherche joyeuse de nouveautés » (Ernest Lavisse).

A l'aube du XVIIIe siècle, la littérature devient de plus en plus philosophique et scientifique; l'œuvre littéraire devient polémique, elle est désormais une démonstration, une discussion, un combat.

Pierre Bayle   Pierre Bayle (1647-1706), qui a passé la plus grande partie de
                           sa vie en Hollande, fut un des premiers grands écrivains qui
prétendit exercer librement sa raison, appliquer son esprit d'examen et de critique
aux opinions admises par la majorité, aux traditions morales et aux superstitions,
mais en même temps aux cérémonies religieuses et aux pratiques chrétiennes. Il est
l'auteur des *Pensées diverses sur la Comète* (1682) et du *Dictionnaire historique et critique*
(1697).

Des deux lois inviolables de l'Histoire... j'ai observé religieusement celle qui ordonne de rien dire de faux; mais pour l'autre qui ordonne d'oser dire tout ce qui est vrai, je ne me saurais vanter de l'avoir toujours suivie; je la crois quelquefois contraire non seulement à la prudence, mais aussi à la raison.

Ne croyez pas que je me vante de n'avoir rien dit que de vrai; je ne garantis que mon intention, et non pas mon ignorance. Je n'avance rien comme vrai lorsque, selon ma persuasion, c'est un mensonge; mais combien y a-t-il de choses que je n'ai pas bien comprises, ou dont les idées se sont confondues ensemble pendant la composition? Combien de fois arrive-t-il à la plume de trahir notre pensée? Nous avons dessein d'écrire un chiffre ou le nom d'un homme et quelquefois, faute d'attention, ou même par trop d'attention à d'autres choses, nous en écrivons un autre. Ainsi je ne doute point que, outre mes péchés d'omission qui sont infinis, il ne m'en soit échappé un très grand nombre de commission (1). Je m'estimerai très redevable à ceux qui auront la bonté de me redresser.

Fontenelle   Fontenelle (1657-1757), neveu de Thomas Corneille, vient très
                          tôt à Paris; esprit fort intelligent et curieux, il est aussi un
homme du monde et des salons. Il écrit des vers précieux, collabore au *Mercure Galant*,
s'intéresse au théâtre.

Élu à l'Académie française en 1691, il prend résolument le parti des Modernes contre
les Anciens, et montre sa confiance dans les progrès de l'humanité et la diffusion des
connaissances (*Digression sur les Anciens et les Modernes*, 1688). Membre de l'Académie
des Sciences, il joue un grand rôle dans la vulgarisation des connaissances nouvelles et
s'efforce de mettre l'astronomie à la portée du public cultivé en publiant les *Entretiens
sur la pluralité des mondes*. En 1752, il publie encore la *Théorie des Tourbillons cartésiens*.

Mais son action la plus durable est celle qu'il exerce comme philosophe ou plutôt
comme maître à penser. Dès 1683, le *Dialogue des morts*, où apparaissent Socrate,
Montaigne, Sénèque, Lulle, constitue une sorte de manuel du scepticisme.

L'*Histoire des oracles*, inspiré de l'ouvrage historique d'un médecin hollandais, est
en fait un catalogue de toutes les erreurs humaines touchant la prédiction de l'avenir,
et par suite tout le « merveilleux » des religions antiques...

SECRET DES ORACLES, IMPOSTURES DES PRÊTRES

Fontenelle prend ici une attitude vraiment scientifique et philosophique : il n'admet
que les vérités observées et démontrées. Aussi étudie-t-il de façon critique les croyances
antérieures au christianisme. Il s'arrête là, mais sous-entend que la même méthode
peut bien s'appliquer aussi au christianisme.

Quand la Pythie (2) se mettait sur le trépied, c'était dans son sanctuaire, lieu obscur et éloigné d'une petite chambre où se tenaient ceux qui venaient consulter l'oracle. L'ouverture même de ce sanctuaire était couverte de feuillages de laurier; et ceux à qui on permettait d'en approcher n'avaient garde d'y rien voir.

D'où croyez-vous que vienne la diversité avec laquelle les anciens parlent de la forme de leurs Oracles? C'est qu'ils ne voyaient point ce qui se passait dans le fond de leurs temples.

Par exemple, ils ne s'accordent point les uns avec les autres sur l'oracle de Dodone (3); et cependant que devait-il y avoir de plus connu des

_____

(1) Par opposition à *péché d'omission*, péché correspondant à une action. — (2) Célèbre
prêtresse d'Apollon. — (3) Ancienne ville d'Épire où se trouvait un temple de Zeus.

Grecs? Aristote, au rapport de Suidas, dit qu'à Dodone il y a deux colonnes, sur l'une desquelles est un bassin d'airain, et sur l'autre la statue d'un enfant qui tient un fouet, dont les cordes étant aussi d'airain, font du bruit contre le bassin, lorsqu'elles y sont poussées par le vent.

Démon, selon le même Suidas, dit que l'oracle de Jupiter Dodonéen est tout environné de bassins qui, aussitôt que l'un est poussé contre l'autre, se communiquent ce mouvement en rond, et font un bruit qui dure assez de temps.

D'autres disent que c'était un chêne résonnant qui secouait ses branches et ses feuilles lorsqu'il était consulté, et qui déclarait ses volontés par les prêtresses nommées Dodonides.

Il paraît bien, par tout cela, qu'il n'y avait que le bruit de constant, parce qu'on l'entendait du dehors; mais comme on ne voyait point le dedans du lieu où se rendait l'oracle, on ne savait que par conjecture ou par le rapport infidèle des prêtres ce qui causait le bruit. Il se trouve pourtant dans l'histoire que quelques personnes ont eu le privilège d'entrer dans ces sanctuaires; mais ce n'était pas des gens moins considérables qu'Alexandre et Vespasien. Strabon rapporte de Callisthène qu'Alexandre entra seul avec le prêtre dans le sanctuaire d'Ammon (1) et que tous les autres n'entendirent l'oracle que du dehors.

Tacite dit aussi que Vespasien, étant à Alexandrie et ayant déjà des desseins sur l'empire, voulut consulter l'oracle de Sérapis (2); mais qu'il fit auparavant sortir tout le monde du temple. Peut-être cependant n'entra-t-il pas pour cela dans le sanctuaire. A ce compte, les exemples d'un tel privilège seront très rares; car mon auteur avoue qu'il n'en connaît point d'autres que ces deux-là, si ce n'est peut-être qu'on veuille ajouter ce que Tacite dit de Titus, à qui le prêtre de la Vénus de Paphos (3) ne voulut découvrir qu'en secret beaucoup de grandes choses qui regardaient les desseins qu'il méditait alors; mais cet exemple prouve encore moins que celui de Vespasien la liberté que des prêtres accordaient aux grands d'entrer dans les sanctuaires de leurs temples. Sans doute il fallait un grand crédit pour les obliger à la confidence de leurs mystères, et même ils ne faisaient qu'à des princes naturellement intéressés à leur garder le secret et qui, dans le cas où ils se trouvaient, avaient quelque raison particulière de faire valoir les oracles.

LES APPORTS DU NOUVEL ÉTAT D'ESPRIT

Les sciences et la philosophie des sciences

Des sciences nouvelles se dégagent de cette fermentation critique. De l'analyse attentive des institutions et des mœurs amorcées par Montesquieu dès les *Lettres persanes* et les *Considérations sur la grandeur des Romains et leur décadence*, naît la philosophie juridique et politique de l'*Esprit des lois*. L'observation de la réalité provinciale et l'expérience de l'administration et des affaires publiques sont le fondement de la science politique de Turgot et de Condorcet. Le sensualisme (4) de Condillac et de Cabanis annonce à la fois une explication matérialiste de l'homme, et une psychologie autonome de tendance nouvelle. Enfin, entre la publication de son *Histoire de Charles XII* et de son *Siècle de Louis XIV*, Voltaire parvient à définir l'objet, la méthode et le style de l'histoire.

L'intérêt pour les sciences est considérable : la physique expérimentale est à la mode; la diffusion des idées de Locke et de Newton est rapide dans les milieux cultivés, Voltaire et le géomètre Clairaut contribuent à les faire connaître, d'Alembert les adopte et les prolonge; l'astronomie et la physique cartésiennes, défendues par Fontenelle, sont détrônées, à partir de 1730, par le système newtonien : une double expédition patronnée par l'Académie des Sciences, à l'Équateur et au cercle polaire (1736), démontre l'aplatissement de la terre au pôle, affirmé par Newton, et le mathématicien Maupertuis, qui vient d'y participer, est l'homme à la mode de tous les salon parisiens.

Dieu parle, et le chaos se dissipe à sa voix :
Vers le centre commun tout gravite à la fois.
Ce ressort si puissant, l'âme de la nature,

Était enseveli dans une nuit obscure :
Le compas de Newton, mesurant l'ùnivers,
Lève enfin ce grand voile, et les cieux sont ouverts,

---

(1) Dieu égyptien du soleil. — (2) Autre dieu égyptien. — (3) Ancienne ville de l'île de Chypre. — (4) Système philosophique dont les principes avaient été posés par l'Anglais Locke, et selon lequel toute la vie intellectuelle provient des sensations.

écrit Voltaire dans une Épître à Mme du Châtelet, en 1738, année où il publie également les *Éléments de la philosophie de Newton*, remarquable ouvrage de vulgarisation qui consacre définitivement le succès du savant anglais.

Le progrès des sciences   Le progrès des sciences est général : les sciences abstraites, qui avaient reçu leur impulsion des savants français du xviiᵉ siècle, se développent dans l'analyse mathématique de d'Alembert, les travaux de Lagrange et de Monge en géométrie, de Laplace en algèbre. Les sciences expérimentales sont illustrées par les découvertes de Coulomb en électricité, et par celles de Lavoisier qui fonde véritablement la chimie moderne, en posant le principe de la conservation de la masse dans les réactions chimiques, en distinguant corps pondérables et impondérables, en découvrant le rôle de l'oxygène dans la combustion et la respiration. Les acquisitions des sciences de la nature enfin sont considérables, non seulement parce que Linné précise la notion d'espèce en biologie, et parce que Lamarck, en posant les principes du transformisme, donne les éléments d'une explication générale du monde organisé, mais aussi parce que l'Académie des Sciences et le Jardin du Roi sont le siège de recherches actives et fécondes et l'origine de voyages d'exploration célèbres, comme ceux de Bougainville et de La Pérouse ; la médecine, de son côté, tire parti de la découverte que fit l'Anglais Harvey au siècle précédent de la circulation du sang et l'anatomie et la physiologie progressent grâce à Bichat, Broussais, Bordeu et Réaumur.

Mais le génie le plus représentatif de cette époque est sans aucun doute Buffon.

Buffon   Georges-Louis Leclerc, qui sera créé comte de Buffon en 1772, naquit en 1707 à Montbard (Bourgogne), où son père était conseiller au Parlement de Dijon, et fit de bonnes études au Collège des jésuites de cette ville, puis à Angers. Après des voyages en Italie, en Suisse et en Angleterre, il se fait connaître par des ouvrages de mathématiques et de physique, est nommé en 1739 intendant du Jardin et du Cabinet du Roi. Il vit surtout à Montbard, et se consacre pendant quarante ans, à partir de 1744, à une *Histoire complète et scientifique de la Nature*. Il en publie les trois premiers volumes en 1749 (Terre-Histoire de l'homme), douze volumes de 1753 à 1778 (Quadrupèdes vivipares), neuf volumes de 1770 à 1783 (Oiseaux), cinq volumes de 1783 à 1788 (Minéraux) et sept volumes de supplément de 1774 à 1789, dont le *Discours sur le style* (1777) et *les Époques de la Nature* (1778).

Il meurt en 1788 et Lacépède achève son œuvre en 1789.

LES ÉPOQUES DE LA NATURE

HISTOIRE DU GLOBE TERRESTRE

Partisan de l'observation et de l'expérience, Buffon réagit contre les classifications artificielles de certains naturalistes, comme Linné, qui lui semblent contredire l'unité réelle de la Création ; puis il admet peu à peu l'idée d'une transformation des espèces et cherche à définir un système du monde où l'homme occupe une place essentielle, mais n'exerce plus une royauté absolue. En grand écrivain, il réussit à imaginer la marche épique du globe avant le premier homme, montrant une fois encore (1) qu'au xviiiᵉ siècle, la science et la littérature peuvent s'unir harmonieusement.

---

(1) Après Voltaire dans *le Siècle de Louis XIV*, Diderot dans *le Rêve de d'Alembert*, Montesquieu dans *l'Esprit des lois*.

Buffon a divisé l'histoire de la terre en sept époques; à la fin de la quatrième époque, le globe, d'abord constitué d'une masse de chaleur et de feu, est devenu un continent couvert d'une mer universelle.

La phrase périodique de Buffon exprime avec une grandeur épique les terrifiants bouleversements géologiques des premiers âges, équilibrant avec rigueur les notions scientifiques et la poésie de l'imagination qui crée le mouvement et la vie.

Notre globe, pendant trente-cinq mille ans, n'a donc été qu'une masse de chaleur et de feu, dont aucun être sensible ne pouvait approcher; ensuite, pendant quinze ou vingt mille ans, sa surface n'était qu'une mer universelle : il a fallu cette longue succession de siècles pour le refroidissement de la terre et pour la retraite des eaux, et ce n'est qu'à la fin de cette seconde période que la surface de nos continents a été figurée.

Mais ces derniers efforts de l'action des courants de la mer ont été précédés de quelques autres effets encore plus généraux, lesquels ont influé sur quelques traits de la face entière de la terre. Nous avons dit que les eaux, venant en plus grande quantité du pôle austral, avaient aiguisé toutes les pointes des continents; mais après la chute complète des eaux, lorsque la mer universelle eut pris son équilibre, le mouvement du midi au nord cessa, et la mer n'eut plus à obéir qu'à la puissance constante de la lune, qui, se combinant avec celle du soleil, produisit les marées et le mouvement constant d'orient en occident. Les eaux, dans leur premier avènement, avaient d'abord été dirigées des pôles vers l'équateur parce que les parties polaires, plus refroidies que le reste du globe, les avaient reçues les premières; ensuite, elles ont gagné successivement les régions de l'équateur; et lorsque ces régions ont été couvertes comme toutes les autres par les eaux, le mouvement d'orient en occident s'est dès lors établi pour jamais; car non seulement il s'est maintenu pendant cette longue période de la retraite des mers, mais il se maintient encore aujourd'hui. Or ce mouvement général de la mer d'orient en occident a produit sur la surface de la masse terrestre un effet tout aussi général, c'est d'avoir escarpé toutes les côtes occidentales des continents terrestres et d'avoir en même temps laissé tous les terrains en pente douce du côté de l'orient.

A mesure que les mers s'abaissaient et découvraient les pointes les plus élevées des continents, ces sommets, comme autant de soupiraux qu'on viendrait à déboucher, commencèrent à laisser exhaler les nouveaux feux produits dans l'intérieur de la terre par l'effervescence des matières qui servent d'aliment aux volcans. Le domaine de la terre, sur la fin de cette seconde période de vingt mille ans, était partagé entre le feu et l'eau; également déchirée et dévorée par la fureur de ces deux éléments, il n'y avait nulle part ni sûreté ni repos; mais heureusement ces anciennes scènes, les plus épouvantables de la nature, n'ont point eu de spectateurs, et ce n'est qu'après cette seconde période entièrement révolue que l'on peut dater la naissance des animaux terrestres; les eaux étaient alors retirées, puisque les deux continents étaient unis vers le nord et également peuplés d'éléphants; le nombre des volcans était aussi beaucoup diminué, parce que leurs éruptions ne pouvant s'opérer que par le conflit de l'eau et du feu, elles avaient cessé dès que la mer, en s'abaissant, s'en était éloignée. Qu'on se représente encore l'aspect qu'offrait la terre immédiatement après cette seconde période, c'est-à-dire à cinquante-cinq ou soixante mille ans de sa formation. Dans toutes les parties basses, des mares profondes, des courants rapides et des tournoiements d'eau; des tremblements de terre presque continuels, produits par l'affaissement des cavernes et par les fréquentes explosions des volcans, tant sous mer que sur terre; des orages généraux et particuliers, des tourbillons de fumée et des tempêtes excitées par les violentes secousses de la terre et de la mer; des inondations, des débordements, des déluges occasionnés par ces mêmes commotions; des fleuves de verre fondu, de bitume et de soufre, ravageant les montagnes et venant dans les plaines empoisonner les eaux; le soleil même presque toujours offusqué (1) non seulement par des nuages aqueux (2), mais par des masses épaisses de cendres et de pierres poussées par les volcans; et nous remercierons le Créateur de n'avoir pas rendu l'homme témoin de ces scènes effrayantes et terribles qui ont précédé et pour ainsi dire annoncé la naissance de la nature intelligente et sensible.

LES APPLICATIONS TECHNIQUES DES NOUVELLES DÉCOUVERTES

Ce siècle a connu aussi un grand développement des techniques, ou plutôt la science à cette époque a presque toujours été accompagnée d'un développement simultané de ses applications techniques.

(1) Assombri. — (2) Chargés d'eau.

Voltaire a déclaré que le génie créateur était « plus fécond que la saine philosophie même », et Buffon et Lavoisier furent aussi bons techniciens que bons savants.

De la machine à vapeur de Papin en 1690, jusqu'au chariot à feu de Cugnot en 1770, en passant par ces merveilles mécaniques que sont les automates de Vaucanson, on peut citer une multitude d'inventions, de perfectionnements, d'améliorations de toutes sortes dans la métallurgie, les textiles et dans tous les métiers. Le ballon sphérique de Montgolfier en 1782, magnifique application des découvertes scientifiques, est cependant moins représentatif que les progrès apportés à la navigation grâce aux perfectionnements de la cartographie, aux acquisitions de l'astronomie qui permettent l'établissement des longitudes, grâce enfin à l'invention du chronomètre. Outre ces diverses applications techniques, la science a entraîné, au XVIIIe siècle, une transformation de la vie pratique : l'amélioration matérielle de la vie quotidienne, la recherche d'un confort plus grand sont une préoccupation constante de ce temps ; architecture et aménagement intérieur des maisons, urbanisme, mobiliers, vêtements, cuisine, moyens de transport furent étudiés par de nombreux savants, inventeurs et artisans, et occupèrent des milliers d'ouvriers.

La révolution ne ralentit pas le progrès technique et les recherches artisanales : c'est ainsi que le décret de levée en masse (1) du 23 août 1793 précise :

Le Comité de Salut Public est chargé de prendre toutes les mesures pour établir, sans délai, une fabrication extraordinaire d'armes de tout genre, qui réponde à l'état et à l'énergie du peuple français ; il est autorisé en conséquence à former tous les établissements, manufactures, ateliers et fabriques qui seront jugés nécessaires à l'exécution des travaux, ainsi qu'à requérir pour cet objet, dans toute la République, les artistes et les ouvriers qui peuvent concourir à leur succès.

(Article 5 du projet Barrère proposé le 16 août 1793.)

L'ENCYCLOPÉDIE

L'Encyclopédie, premier ouvrage d'enseignement technique, résume et illustre l'immense apport du XVIIIe siècle dans ce domaine, en même temps que l'effort scientifique et philosophique du temps.

Le projet   Le libraire-éditeur Le Breton, voulant publier un dictionnaire moderne, décide de faire traduire en français la *Cyclopedia des Arts et Sciences* de Chambers, éditée à Londres en 1727. Diderot accepte de réaliser ce projet et conçoit l'ouvrage comme un dictionnaire philosophique qui résumera les progrès de l'humanité. Il s'assure la collaboration du mathématicien d'Alembert et lance en 1750 le *Prospectus* qui expose l'objet de l'œuvre et attire de nombreuses souscriptions.

Histoire de « l'Encyclopédie »   Le premier volume paraît en 1751. Les sept volumes suivants seront publiés de 1752 à 1757, malgré de multiples difficultés (poursuites de collaborateurs, suppression de deux tomes en 1752) et des attaques souvent perfides contre d'Alembert et contre Helvétius, dont le livre *De l'Esprit* est condamné au feu en 1758, ce qui entraîne l'interdiction des tomes parus. Les tomes VIII à XVII paraîtront clandestinement en 1765.

Diderot, bien que parfois découragé, réussit à écarter tous les obstacles. De nouveaux volumes de planches sont ajoutés en 1772. Des éditions plus commodes se répandent à l'étranger.

---

(1) Véritable mobilisation générale.

Le dessein   L'œuvre est bien une « machine de guerre » philosophique et rationaliste.
Elle prétend dresser un « tableau général des efforts de l'esprit humain dans tous les genres et dans tous les siècles » et décrire les progrès des sciences et des arts.

Elle veut aussi contribuer à ce progrès des connaissances et de l'intelligence et, pour cela, s'efforce d'exercer une action sociale, politique et religieuse. Sous des apparences prudemment sérieuses, elle glisse, par l'intermédiaire de renvois à d'autres articles, d'allusions voilées, de naïvetés feintes, une doctrine, ou du moins un ensemble de critiques violentes des institutions et de la société, de vues hardies, de jugements non conformistes sur la politique, le clergé et la vie économique.

Mais elle est aussi un excellent instrument de vulgarisation scientifique, de diffusion des connaissances nouvelles dans l'Europe tout entière ; elle est une tribune où les meilleurs spécialistes, le mathématicien d'Alembert, le chimiste d'Holbach, le médecin Tronchin, les économistes Quesnay et Turgot, des théoriciens brillants comme Condorcet, Condillac et Helvétius, viennent exposer leur système et débattre leurs idées.

Enfin, grâce aux patientes recherches de Diderot, les douze volumes de planches, admirablement présentées et illustrées constituent un magnifique répertoire des techniques, des arts et des métiers, qui permet une divulgation universelle des connaissances pratiques, aussi dignes d'intérêt que les notions purement littéraires ou esthétiques (1).

L'Encyclopédie reste pour nous un document unique et inépuisable sur la vie quotidienne au XVIIIe siècle, le travail et les travailleurs, et constitue le premier monument d'une civilisation technique qui ne fera que grandir.

AUTORITÉ POLITIQUE

Dans cette page, Diderot, après avoir montré que la seule autorité naturelle est la puissance paternelle, explique l'autorité politique par la violence ou le consentement des peuples. Dans les deux cas elle est limitée ; Dieu seul est un maître absolu.

Ainsi la critique des puissances politiques (donc du roi) est prudemment compensée par l'acceptation de la toute-puissance divine.

La puissance qui s'acquiert par la violence n'est qu'une usurpation (2) et ne dure qu'autant que la force de celui qui commande l'emporte sur celle de ceux qui obéissent ; en sorte que si ces derniers deviennent à leur tour les plus forts et qu'ils secouent le joug, ils le font avec autant de droit et de justice que l'autre qui le leur avait imposé. La même loi qui a fait l'autorité la défait alors : c'est la loi du plus fort.

Quelquefois l'autorité qui s'établit par la violence change de nature ; c'est lorsqu'elle continue et se maintient du consentement exprès de ceux qu'on a soumis : mais elle rentre par là dans la seconde espèce dont je vais parler ; et celui qui se l'était arrogée, devenant alors prince, cesse d'être tyran.

La puissance qui vient du consentement des peuples suppose nécessairement des conditions qui en rendent l'usage légitime utile à la société, avantageux à la république et qui la fixent et la restreignent entre des limites ; car l'homme ne peut ni ne doit se donner entièrement et sans réserve à un autre homme, parce qu'il a un maître supérieur au-dessus de tout, à qui seul il appartient tout entier. C'est Dieu, dont le pouvoir est toujours immédiat sur la créature, maître aussi jaloux qu'absolu, qui ne perd jamais de ses droits et ne les communique point. Il permet pour le bien commun et le maintien de la société que les hommes établissent entre eux un ordre de subordination, qu'ils obéissent à l'un d'eux ; mais il veut que ce soit par raison et avec mesure, et non pas aveuglément et sans réserve, afin que la créature ne s'arroge (3) pas les droits du créateur. Toute autre soumission est le véritable crime d'idolâtrie. Fléchir le genou devant un homme ou devant une image n'est qu'une cérémonie extérieure, dont le vrai Dieu qui demande le cœur et l'esprit ne se soucie guère, et qu'il abandonne à l'institution des hommes pour en faire, comme il leur conviendra, des marques d'un culte civil et politique, ou d'un culte de religion. Ainsi ce ne sont pas des cérémonies en elles-mêmes, mais l'esprit de leur établissement qui en rend la pratique innocente ou criminelle.

---

(1) Le sous-titre de l'*Encyclopédie* était : Dictionnaire raisonné des Sciences, des Arts et des Métiers. — (2) Prise de pouvoir non légitime. — (3) Ne s'attribue illégitimement.

RECHUTES APRÈS INOCULATION

Le problème de l'inoculation (ou vaccination) a passionné le XVIIIᵉ siècle. Le grand médecin Tronchin fait l'histoire de cette pratique jusqu'en 1759, et répond à treize objections de toutes sortes en s'appuyant sur trente années d'observation et d'expérience.

L'article est d'un plan net et précis, la démonstration est rigoureuse, la phrase ferme et incisive; ce texte est un bon exemple de la littérature scientifique et militante du siècle philosophique.

Quant aux prétendues rechutes après l'inoculation, ce qui peut servir de fondement à ces bruits, c'est que parmi diverses éruptions cutanées, tout à fait différentes de la petite vérole et dont celle-ci ne garantit point, il y en a qui s'annoncent par des symptômes qui leur sont communs avec la petite vérole ordinaire, mais la différence essentielle et caractéristique de cette espèce d'éruption est que les pustules en sont claires, transparentes et remplies de sérosité, qu'elles disparaissent, s'affaissent et se sèchent le troisième jour et sans suppuration. Cette maladie est connue et caractérisée il y a plus d'un siècle en Italie, en France, en Allemagne et en Angleterre. Elle a été décrite et distinguée de la vraie petite vérole avant qu'on sût dans notre Europe ce que c'était qu'inoculer. On lui donne différents noms, tels que ceux de vérolette, petite vérole lymphatique, séreuse, crystalline, volante, fausse petite vérole. Les Allemands l'ont nommée *Scheffblattern* (pustules de brebis), les Anglais *chikenpox*, les Italiens *ravaglioni*. Mais tous conviennent qu'elle n'a rien de commun avec la petite vérole dont elle ne préserve pas et qui ne garantit pas non plus de cette maladie : celle-ci, d'ailleurs, n'est nullement dangereuse. Elle est épidémique et plus ordinaire aux enfants qu'aux personnes âgées. La plupart des gardes-malades, des chirurgiens, des apothicaires de campagne, la prennent ou feignent de la prendre pour la vraie petite vérole, pour donner plus d'importance à leurs soins; quelques médecins, faute d'expérience, ont pu s'y méprendre. Il y a des exemples en Angleterre et en Hollande d'inoculés qui ont eu cette indisposition qu'ils ont voulu faire passer pour la petite vérole.

Tel est celui du baron de Louk qui, pour détruire ce bruit, se crut obligé de publier dans le journal déjà cité, l'histoire de sa maladie. Il ne garda la chambre qu'un jour et parut aussitôt à la cour de La Haye : il en est de même de ses cousines, filles de la comtesse d'Athlone. Tel encore l'exemple du jeune de la Tour, inoculé en 1756 par M. Tronchin, et dont on a tant parlé à Paris. Les anti-inoculistes publièrent que cet enfant avait eu, en 1756, une seconde petite vérole. Il est prouvé que le quatrième jour il était debout et jouait avec ses camarades. La nature de sa maladie a été bien éclaircie par un rapport public publié par quatre médecins, Messieurs Vernage, Fournié, Petit père et Petit fils, Messieurs Bourdelin et Bouvart en ont porté le même jugement. Tels sont les exemples sur lesquels les anti-inoculistes s'appuient pour prouver l'inutilité de l'inoculation.

L'article se termine par un appel aux pouvoirs publics et particulièrement aux Facultés de Théologie et de Médecine pour bannir les scrupules entraînés par l'ignorance et les préjugés.

L'ENSEIGNEMENT ET LES PROBLÈMES PÉDAGOGIQUES

Beaucoup de grandes écoles scientifiques et techniques ont été créées ou réorganisées dans la seconde moitié du XVIIIᵉ siècle : Écoles des Ponts et Chaussées, des Mines, du Génie, des Constructions navales, École Polytechnique, qui constituaient un enseignement supérieur de qualité et formèrent des générations de savants, de chercheurs et d'hommes d'action.

Mais pour le reste de l'enseignement, ce siècle d'informations savantes et de vulgarisation généralisée fut, à première vue, bien peu novateur : ses réalisations concrètes sont rares, les structures héritées de l'époque antérieure restent immuables.

Jean-Jacques Rousseau (1)   Pourtant, un homme, que sa vie ne semblait guère prédisposer à une vocation d'éducateur, mais que ses thèses sur les rapports de l'homme et de la société devaient nécessairement conduire

_____

(1) Voir pp. 261-266.

aux problèmes de l'éducation et de la formation des jeunes, Jean-Jacques Rousseau, met d'emblée ces problèmes à l'ordre du jour. Avant lui, en vérité, l'abbé de Saint-Pierre, Rollin, Mme de Lambert avaient écrit sur le même sujet, et la traduction du traité d'éducation de Locke avait été réédiTée sans cesse depuis 1695 ; mais Rousseau retient une fois de plus les lecteurs par une conviction passionnée dans l'*Émile*, traité romancé paru en 1762. L'idéal pédagogique de Rousseau consiste en une éducation individuelle et non sociale, négative (1) et non conformiste, concrète et non livresque, expérimentale et pratique plutôt qu'intellectuelle et abstraite.

Rousseau veut sauver la spontanéité de l'enfant. Selon une idée qui lui est chère, il pense que la corruption a son origine dans une déformation de l'homme par la société. Pour rendre l'homme bon, il faut, dès son enfance, sauvegarder en lui la droiture et le bon sens naturels. L'ouvrage commence par ces mots : « Tout est bien sortant des mains de l'auteur des choses, tout dégénère entre les mains de l'homme. » Au lieu d'imposer à l'enfant une éducation toute faite et de le conformer, dès sa naissance, à un moule social, il faut former son jugement libre. Juger sainement, selon Rousseau, c'est avant tout suivre la sagesse du sentiment naturel inscrit au cœur de l'homme, plutôt que les maximes de la raison, le plus souvent obscurcies par l'emprise des préjugés. Il faut corriger la raison par le sentiment. Un autre principe de Rousseau, et non moins important, est de traiter l'enfant en enfant. Il pense, et ceci est une idée nouvelle à l'époque, qu'il y a une évolution du corps et de l'esprit qu'il faut savoir respecter, et qu'un éducateur doit se comporter d'une façon différente avec l'enfant, aux différentes étapes de sa croissance physique et intellectuelle.

Un court extrait du livre III montre les intentions de Rousseau :

ÉMILE A QUINZE ANS

Émile a peu de connaissances, mais celles qu'il a sont véritablement siennes, il ne sait rien à demi. Dans le petit nombre des choses qu'il sait et qu'il sait bien, la plus importante est qu'il y en a beaucoup qu'il ignore et qu'il peut savoir un jour, beaucoup plus que d'autres hommes savent et qu'il ne saura de sa vie, et une infinité d'autres qu'aucun homme ne saura jamais. Il a un esprit universel, non par les lumières, mais par la faculté d'en acquérir ; un esprit ouvert, intelligent, prêt à tout et, comme dit Montaigne, sinon instruit, du moins instruisable. Il me suffit qu'il sache trouver l'à quoi bon sur tout ce qu'il fait et le pourquoi sur tout ce qu'il croit. Encore une fois, mon objet n'est point de lui donner la science, mais de lui apprendre à l'acquérir au besoin, de la lui faire estimer exactement ce qu'elle vaut, et de lui faire aimer la vérité par-dessus tout. Avec cette méthode on avance peu, mais on ne fait jamais un pas inutile et l'on n'est point forcé de rétrograder.

L'*Émile* provoqua une vive réaction dès sa parution. L'hostilité qu'il suscita dut son origine, non pas tant sans doute à la conception que Rousseau s'y faisait de l'éducation, qu'à l'esprit de polémique que ses juges y décelaient, aux germes d'anticonformisme et de révolte qu'ils y devinaient et qui se retrouvent à d'autres titres dans le *Discours sur l'Origine de l'Inégalité* ou dans le *Contrat Social*. L'ouvrage fut condamné et brûlé publiquement par le bourreau et son auteur saisi de prise de corps, condamnation approuvée par le pape Clément XIII.

Les établissements d'enseignement   En fait, l'enseignement des collèges était assez efficace et suffisait à la formation de la noblesse et de la bourgeoisie : un effort sérieux de construction et d'organisation, à partir de 1748, rendit moins sensible la suppression de 200 collèges, conséquence du départ

---

(1) Dans la mesure où l'enfant doit être élevé loin du monde, à l'abri de tout contact avec la société.

des jésuites en 1762. Mais les « petites écoles », assez nombreuses, puisqu'on en trouvait, au moins pour les garçons, dans les trois quarts des communes, étaient défectueuses dans l'organisation matérielle, et très insuffisantes au point de vue de la qualité de l'enseignement et de la compétence des maîtres. Sur ce point, concordent les critiques de nombreux cahiers de doléances de 1789, qui déplorent la dictature de l'Église et souhaitent la création d'une « éducation nationale ».

Des notions nouvelles apparaissent : idée de l'utilité commune de l'enseignement — véritable nécessité nationale — mais aussi conviction que chaque homme a droit à une instruction en rapport avec ses possibilités, ce qui n'est pas étranger à l'individualisme prôné par Jean-Jacques Rousseau : « Quoique personne ne puisse parvenir à tout savoir, il faut néanmoins qu'il soit possible de tout apprendre. »

Aussi l'Assemblée Constituante affirme-t-elle dans la Constitution de 1791 (14 septembre) le principe d'une : « ... instruction publique commune à tous les citoyens, gratuite à l'égard des parties d'enseignement indispensables à tous les hommes, et dont les établissements seront distribués graduellement dans un rapport combiné avec la division du royaume. »

La conception s'impose peu à peu d'un enseignement de degrés différents — écoles primaires, moyennes et spéciales — dont une partie serait obligatoire pour tous, et gratuite; un texte publié par l'Assemblée Législative, nous en donne une résumé fort caractéristique :

L'instruction nationale est pour la puissance publique un devoir de justice. Il faut donner à tous l'instruction qu'il est possible d'étendre sur tous, et ne refuser à aucune partie des citoyens l'instruction plus élevée qu'il est impossible de faire partager à la masse entière des individus.

... Il faut donc des établissements qui embrassent le système entier des connaissances humaines.

(Projet inspiré par Condorcet au Comité de l'Instruction Publique de l'Assemblée Législative.)

QUELQUES ASPECTS DE LA VIE QUOTIDIENNE

LES STRUCTURES SOCIALES ONT PEU CHANGÉ

Un apport nouveau : le prestige de l'argent   La structure de la société française du XVIIIe siècle est la même que celle du siècle précédent : le roi et la cour sont au sommet de l'édifice. La cour n'a rien perdu de son apparat (1); le roi, il est vrai, préfère ses petits appartements, mais son « Cabinet » reste le centre de la vie publique; la noblesse s'épuise à paraître et suit une mode raffinée jusqu'à l'extravagance, — jamais les coiffures féminines n'ont été si compliquées, elles reproduisent même des paysages et les frégates de la flotte —, elle mène un jeu ruineux, et noue de multiples intrigues amoureuses. En fait, pourtant, la noblesse d'épée a perdu son pouvoir réel, au profit d'une noblesse de robe (2) orgueilleuse et puissante, et aussi

---

(1) Même sous Louis XVI, Chateaubriand, lors de sa présentation au roi, en eut le sentiment très net : « Louis XIV était toujours là. » — (2) Noblesse d'épée et de robe : titre dû à la naissance ou à une concession du souverain dans l'armée et dans la magistrature.

d'une bourgeoisie bien nantie qui, s'étant assuré une place essentielle sous le règne de Louis XIV, a su par la suite consolider ses avantages et ses richesses grâce à l'essor industriel et commercial. L'argent, sous toutes ses formes, a pris une importance énorme dans cette société : le *Turcaret* de Lesage (1) est l'exemple saisissant de ces parvenus contre lesquels déjà Molière et La Bruyère s'étaient acharnés. Financiers et brasseurs d'argent jouent un rôle politique de premier plan. Law et Pâris-Duverney ont eu en main quelques temps toutes les affaires de l'État. La puissance de fermiers généraux comme Crozat et Helvétius est presque sans limites. Toutes les classes sociales ont été touchées par la fureur de la spéculation et de la finance, au point que la faillite de Law a bouleversé Paris.

La révolution n'a pas anéanti du jour au lendemain les cadres et les classes sociales. Les aristocrates qui n'avaient pas émigré ont mené une vie souvent misérable ; les prisons mêmes peu confortables, mais d'une discipline assez libérale, ont laissé subsister une vie mondaine aussi brillante que factice jusqu'à la Terreur. La réaction thermidorienne révèle l'éclosion d'une nouvelle société de parvenus. Les difficultés économiques et financières ont enrichi, au détriment du reste de la nation, une minorité de spéculateurs, de trafiquants et d'agioteurs, qui affichent un luxe provocant. Les « Merveilleux » qui se font remarquer par leurs costumes indécents et excentriques et leur prononciation affectée sont l'image de cette classe corrompue.

La famille est toujours la cellule essentielle de la société, mais les mariages sont un des aspects les plus contestables de la vie des grandes maisons : ils reposent uniquement sur les convenances traditionnelles et les intérêts matériels. On fait encore sortir les jeunes filles du couvent alors qu'elles sont très jeunes — parfois à douze ans — pour les marier à un homme qu'elles n'ont jamais vu ; il n'est pas étonnant que ces unions soient souvent malheureuses ; pourtant, seules les femmes mariées ont une importance sociale et jouissent du respect et de la considération.

La liberté : un vain mot

La liberté individuelle est encore un vain mot (2) : pour peupler la Louisiane, les autorités n'hésitent pas à déporter, à partir de 1717 et jusqu'au milieu du siècle, des centaines de jeunes filles et de jeunes gens orphelins, prisonniers, délinquants de toutes sortes ; la triste aventure de Manon Lescaut (3) arriva à bien des malheureuses. Le recrutement de l'armée pour un service de six à huit ans se fait par des méthodes exécrables ; les désertions sont nombreuses et cruellement châtiées.

Au chapitre III de *Candide*, Voltaire a placé en Bulgarie la scène suivante, tableau de ce qui se passait alors en France :

Notre homme (3), tout transi, se traîna le lendemain vers la ville voisine, qui s'appelle Valderghoff-trartk-dikdorff. N'ayant point d'argent, mourant de faim et de lassitude, il s'arrêta tristement à la porte d'un cabaret ; deux hommes habillés de bleu le remarquèrent. « Camarade, dit l'un, voilà un jeune homme très bien fait et qui a la taille requise. » Ils s'avancèrent vers le jeune homme et le prièrent à dîner très civilement. « Messieurs, leur dit-il, avec une modestie charmante, vous me faites beaucoup d'honneur ; mais je n'ai pas de quoi payer mon écot. »

— Ah ! Monsieur, lui dit un des bleus, les personnes de votre figure et de votre mérite ne payent jamais rien. N'avez-vous pas cinq pieds huit pouces de haut ?

— Oui, Messieurs, c'est ma taille, dit-il, en faisant la révérence.

— Ah ! Monsieur, mettez-vous à table : non seulement nous vous défrayerons, mais nous ne souffrirons jamais qu'un homme comme vous manque d'argent ; les hommes ne sont faits que pour se secourir les uns les autres.

— Vous avez raison », dit-il.

---

(1) Voir pp. 246-248.— (2) Bien que les philosophes le prononcent de plus en plus.—(3) Héroïne d'un roman de l'abbé Prévost, qui porte ce titre. Voir p. 261. — (4) Candide, le héros du conte.

On le prie d'accepter quelques écus; il les prend et veut faire son billet (1); on n'en veut point; on se met à table.

« N'aimez-vous pas tendrement le roi des Bulgares?

— Point du tout, dit-il, car je ne l'ai jamais vu.

— Comment? C'est le plus charmant des rois et il faut boire à sa santé.

— Oh! très volontiers, Messieurs. »

Et il boit.

« C'en est assez, lui dit-on : vous voilà l'appui, le soutien, le défenseur, le héros des Bulgares; votre fortune est faite et votre gloire est assurée. »

On lui met sur-le-champ les fers aux pieds et on le mène au régiment.

La police est sévère et brutale, les méthodes judiciaires sont atroces : l'attentat commis contre Louis XV par Damiens en 1757 est puni par des tortures indicibles; la férocité du public et des grandes dames venus se repaître de l'horrible spectacle est plus honteuse encore. Il a fallu l'effort patient des philosophes, l'humour de Montesquieu, les sarcasmes de Voltaire et les larmes de Rousseau pour émouvoir peu à peu l'opinion publique et toucher les hommes au pouvoir : la question préparatoire (2) est abolie en 1780, la question préalable (3) en 1788, les droits civils étendus aux non-catholiques la même année.

LE BONHEUR ET LA JOIE DE VIVRE : L'ÉPANOUISSEMENT DE LA VIE MONDAINE

Mais les cruautés persistantes ne sont que l'envers d'un monde séduisant : les étrangers en voyage louent l'amabilité de l'accueil qui leur est fait, admirent l'urbanisme parisien, l'élégance des manières et des costumes que le théâtre de Marivaux (3) a si bien illustré. Le siècle s'est effectivement adouci : les « âmes sensibles » se sont rassemblées à l'appel de Rousseau et de nombreuses sociétés humanitaires ont été créées. En réaction contre les horreurs de la Traite des noirs et de l'esclavage, la Société des Amis des Noirs fut fondée à Paris en 1788, peu après celle de Londres. La charité publique et privée fut particulièrement active au cours du dur hiver de 1788-1789.

Les survivants de cette époque brillante (4) n'eurent guère besoin de transformer leurs souvenirs pour y retrouver cette « douceur de vivre » que Voltaire avait évoquée dès 1736 dans le Mondain, et qu'il oppose avec impertinence à tout ascétisme religieux.

Regrettera qui veut le bon vieux temps
Et l'âge d'or, et le règne d'Astrée (5),
Et les beaux jours de Saturne (6) et de Rhée,
Et le jardin de nos premiers parents,
Moi je rends grâce à la nature sage
Qui, pour mon bien, m'a fait naître en cet âge
Tant décrié par nos tristes frondeurs :
Ce temps profane est tout fait pour mes mœurs.
J'aime le luxe et même la mollesse,
Tous les plaisirs, les arts de toute espèce,
La propreté, les goûts, les ornements,

Tout honnête homme (7) a de tels sentiments.
Il est bien doux pour mon cœur très immonde
De voir ici l'abondance à la ronde,
Mère des arts et des heureux travaux,
Nous apporter, de sa source féconde
Et des besoins et des plaisirs nouveaux.
L'or de la terre et les trésors de l'onde,
Leurs habitants et les peuples de l'air,
Tout sert au luxe, aux plaisirs de ce monde.
Oh! le bon temps que ce siècle de fer!

---

(1) Une reconnaissance de dette. — (2) Question préparatoire et question préalable : tortures administrées aux prévenus pour les faire avouer.— (3) Voir pp. 255-258.— (4) Talleyrand, par exemple. — (5) Fille de Zeus et de Thémis, qui répandait parmi les hommes le sentiment de la justice au temps de l'âge d'or. L'Astrée fut aussi le titre d'un roman célèbre d'Honoré d'Urfé; voir p. 121. — (6) Chassé du ciel par Jupiter, Saturne s'était réfugié dans le Latium où il avait apporté la paix et l'abondance et enseigné aux hommes l'agriculture. C'est son règne que les poètes ont appelé l'Age d'or. Rhéa était son épouse. — (7) Tout homme cultivé.

Paris remplace Versailles   La société mondaine est le miroir lumineux de cette
vie brillante : les salons ont repris l'importance
qu'ils avaient au début du XVIIe siècle : salons de Mme de Lambert, de Mme de Tencin,
de Mme Geoffrin, de la marquise du Deffand, où se rencontrent les grands seigneurs,
les écrivains, les financiers, les artistes, les savants.

Marmontel (1), dans le sixième livre de ses *Mémoires*, nous parle du salon de
Mme Geoffrin. Parmi les habitués de ce salon, nous ne retiendrons que d'Alembert
et Marivaux qui apparaissent ici pris sur le vif dans toute la vérité de leur comportement
quotidien.

... Assez riche pour faire de sa maison le rendez-vous des lettres et des arts, et voyant que c'était pour elle un moyen de se donner dans sa vieillesse une amusante société et une existence honorable, Mme Geoffrin avait fondé chez elle deux dîners : l'un (le lundi) pour les artistes, l'autre (le mercredi) pour les gens de lettres ; et une chose assez remarquable, c'est que, sans aucune teinture ni des arts ni des lettres, cette femme qui, de sa vie, n'avait rien lu ni rien appris qu'à la volée, se trouvant au milieu de l'une ou de l'autre société, ne leur était point étrangère. Elle y était même à son aise ; mais elle avait le bon esprit de ne parler jamais que de ce qu'elle savait très bien, et de céder, sur tout le reste, la parole à des gens instruits, toujours poliment attentive, sans même paraître ennuyée de ce qu'elle n'entendait (2) pas, mais plus adroite encore à présider, à surveiller, à tenir sous sa main ces deux sociétés naturellement libres, à marquer des limites à cette liberté et à l'y ramener par un mot, par un geste, comme par un fil invisible, lorsqu'elle voulait s'échapper...

De cette société, l'homme le plus gai, le plus animé, le plus amusant dans sa gaieté, c'était d'Alembert. Après avoir passé sa matinée à chiffrer de l'algèbre et à résoudre des problèmes de dynamique ou d'astronomie, il sortait de chez sa vitrière (3) comme un écolier échappé du collège, ne demandant qu'à se réjouir ; et, par le tour vif et plaisant que prenait alors cet esprit si lumineux, si profond, si solide, il faisait oublier en lui le philosophe et le savant, pour n'y plus voir que l'homme aimable...

Marivaux aurait bien voulu avoir aussi cette humeur enjouée ; mais il avait dans la tête une affaire qui le préoccupait sans cesse et lui donnait l'air soucieux. Comme il avait acquis par ses ouvrages la réputation d'esprit subtil et raffiné, il se croyait obligé d'avoir toujours de cet esprit-là et il était continuellement à l'affût des idées susceptibles d'opposition ou d'analyse, pour les faire jouer ensemble ou pour les mettre à l'alambic...

Soit qu'il fût entré dans le plan de Mme Geoffrin d'attirer chez elle les plus considérables des étrangers qui venaient à Paris et de rendre, par-là, sa maison célèbre dans toute l'Europe, soit que ce fût la suite et l'effet naturel de l'agrément et de l'éclat que donnait à cette maison la société des gens de lettres, il n'arrivait d'aucun pays ni prince, ni ministre, ni hommes ou femmes de nom qui, en allant voir Mme Geoffrin, n'eussent l'ambition d'être invités à l'un de nos dîners et ne se fissent un grand plaisir de nous voir réunis à table...

En même temps que les salons connaissent une faveur nouvelle, les cafés se multiplient à Paris (4) : on y discute aussi passionnément que dans les clubs, les académies (5) et les loges maçonniques, où se façonne peu à peu une opinion publique de plus en plus puissante.

Le rayonnement de la France est à son apogée ; ses artistes et ses écrivains sont accueillis avec faveur dans l'Europe entière, et la bonne société de tous les pays parle français : c'est en français qu'en mars 1721, Jean-Sébastien Bach dédie ses *Six concerts avec plusieurs instruments* au Margrave de Brandebourg.

La vie de Paris   Paris a connu au cours de ce siècle des améliorations
et ses nouvelles libertés   et des embellissements remarquables. Beaucoup de
rues, il est vrai, ne sont que des ruelles boueuses

---

(1) Jean-François Marmontel (1723-1799), auteur des *Contes moraux*. — (2) Ne comprenait pas. — (3) D'Alembert enfant trouvé avait été élevé par la femme d'un vitrier chez qui il habita jusqu'à cinquante ans. — (4) Parmi lesquels *le Procope* qui existe encore aujourd'hui. — (5) Sociétés de gens de lettres, de savants, d'artistes, très nombreuses et actives en province.

et nauséabondes, des passages ou des « culs-de-sac » (1) où stagne une vie secrète et misérable; mais certains quartiers, comme le Palais-Royal, les boulevards, le Jardin des Tuileries, qui est le rendez-vous de la noblesse élégante, puis le vestibule et le forum de l'Assemblée Nationale à partir de 1789, connaissent une animation extraordinaire. Une rage de construction et de spéculation immobilière s'est emparée des habitants fortunés; l'éclairage des rues a été nettement amélioré; les théâtres — le Théâtre-Français, l'Opéra, le Théâtre des Italiens — sont florissants. Le prestige de la Cité est considérable : « on ne vit qu'à Paris, on végète ailleurs », écrit Casanova. Les visiteurs étrangers apprécient surtout le mouvement et la gaieté des rues, dont Sébastien Mercier (2) nous a laissé une évocation précise et pittoresque dans son *Tableau de Paris*.

LES « FALOTS » ET LES CRIS DE PARIS

On appelle ainsi les « porteurs de lanternes numérotées » qui, après dix heures du soir, parcourent les rues pour aider ceux qui rentrent chez eux.

A la sortie des spectacles, ces porte-falots sont les commettants des fiacres; ils les font avancer ou reculer, selon la pièce qu'on leur donne. Comme c'est à qui en aura, il faut les payer grassement, sans quoi vous ne voyez ni conducteurs, ni chevaux. Ces drôles, alors, s'égaient entre eux. Quand ils voient sortir un garçon bien sec avec ses bas tout crottés, ils croisent leurs feux pour éclairer sa triste figure, et puis ils lui crient aux oreilles : « Monseigneur veut-il son équipage? Comment se nomme le cocher de monseigneur? » Ils distribuent à tous les fantassins dont ils se moquent les titres de M. le Comte, de M. le Marquis, de M. le Duc, de milords. Un « épétier » (3) est un colonel, et un clerc de notaire en appétit, qui file précipitamment, en cheveux longs, pour arriver à table avant le dessert, ces polissons le poursuivent en l'appelant « M. le Président ».

Le porte-fanal se couche très tard, rend compte le lendemain de tout ce qu'il a aperçu. Rien ne contribue mieux à entretenir l'ordre et prévenir plusieurs accidents que ces fanaux qui, circulant de côté et d'autre, empêchent par leur subite présence les délits nocturnes.

D'ailleurs, au moindre tumulte, ils courent au guet et portent témoignage sur le fait.

Il n'y a que leur cri qui soit fatigant; mais si le falot crie la nuit, qui ne crie pas dans le jour? Le petit peuple est naturellement braillard à l'excès; il pousse sa voix avec une discordance choquante. On entend de tous côtés des cris rauques, aigus, sourds. « Voilà le maquereau qui n'est pas mort; il arrive, il arrive! Des harengs qui glacent, des harengs nouveaux! Pommes cuites au four! Il brûle, il brûle, il brûle! » Ce sont des gâteaux froids. « Voilà le plaisir des dames, voilà le plaisir. » C'est du croquet (4). « A la barque, à la barque! A l'écailler! » Ce sont des huîtres. « Portugal, Portugal! » Ce sont des oranges.

Joignez à ces cris les clameurs confuses des tripiers ambulants, des vendeurs de parasols, de vieilles ferrailles, des porteurs d'eau. Les hommes ont des cris de femmes et les femmes des cris d'hommes. C'est un glapissement perpétuel; et l'on ne saurait peindre le ton et l'accent de cette pitoyable criaillerie, lors que toutes ces voix réunies viennent à se croiser dans un carrefour.

Le ramoneur et la marchande de merlans chantent encore ces cris discordants en songe quand ils dorment, tant l'habitude leur en fait une loi.

Cette animation persiste jusqu'en 1792 : la foule reste vive et optimiste. Tandis que la haute société continue à fréquenter les salons — il y en avait de nouveaux, comme celui de la libérale Mme Roland —, les théâtres, les cafés et les expositions — celle du sculpteur Houdon en 1790 par exemple —, les artisans et les ouvriers exercent leur activité coutumière. La mode s'est transformée : les hommes portent culottes longues et gilets courts, les femmes ont des jupes plates, des corsages « pierrot » plus simples et des coiffures plus strictes.

Mais après 1792, les mœurs se transforment; on affecte une liberté et un laisser-aller

---

(1) Rue sans issue. — (2) Polygraphe intarissable, devenu célèbre grâce à ce *Tableau de Paris* édité en Suisse en 1781, souvent réimprimé et augmenté jusqu'à douze volumes édités de 1783 à 1788. — (3) Un homme qui, sans être soldat ou officier, porte une épée. — (4) Petit biscuit sec aux amandes.

agressifs, la carmagnole (1) et le bonnet rouge sont de rigueur, on se tutoie et on remplace « Monsieur » par « Citoyen », on débaptise les rues de Paris pour supprimer les vestiges de l'ancien régime.

De leur côté, Merveilleuses et Incroyables (2), ou plutôt « incoyables », selon leur prononciation, introduiront à nouveau dans la vie parisienne extravagances, frivolités et luxe effréné.

EN PROVINCE : LA CONDITION DU PEUPLE

Il n'est pas très facile de savoir ce que fut la vie de la province au XVIIIᵉ siècle. Certaines régions prospéraient sous la gestion avisée d'intendants actifs, d'autres végétaient. Les ports de Nantes, Brest, Bordeaux profitèrent des traités économiques avec l'Angleterre, mais les industries lyonnaises périclitèrent. D'autre part, la vie économique connut des mutations brutales, en particulier une grave crise de quinze années (1775-1790); mais, jusqu'à cette date, l'ensemble du pays connut une amélioration très nette : la population passa de 15 millions en 1715 à 24 millions en 1789; la durée moyenne de la vie s'éleva. Les villes s'agrandirent, mais les campagnes progressèrent aussi grâce à une forte natalité. On construisit beaucoup de grandes routes, on améliora les voies d'eau; la production d'énergie augmenta (en particulier sous la Fronde, on établit de nombreux moulins à eau); la circulation monétaire s'accrut; l'augmentation des revenus fonciers provoqua une plus large demande de constructions, de meubles et de textiles : l'essor commercial fut intense.

La situation des paysans est alors moins mauvaise qu'à la fin du règne de Louis XIV. Certains même ont pu s'affranchir et devenir propriétaires, profitant de l'appauvrissement d'une partie de la noblesse : un quart du sol leur appartient, mais la plupart ne possèdent que des terres d'une étendue très insuffisante; les méthodes de travail s'améliorent lentement, les jachères (3) diminuent, mais les impôts sont lourds et les mauvaises récoltes peu supportables. Cependant, on ne voit plus les famines meurtrières du début du siècle et, dans son ensemble, l'économie française progresse de façon satisfaisante.

La crise de 1775 dégrade profondément cette économie essentiellement rurale. De 1773 à 1789, les mauvaises récoltes qui se succèdent provoquent la disette, ruinent ou appauvrissent les propriétaires, provoquent la chute des prix et le marasme (4) de l'industrie et du commerce. Indirectement, cette situation entraîne la « réaction nobiliaire » des seigneurs qui cherchent, par la « révision des terriers » (5), à retrouver des revenus dans les droits tombés en désuétude, tandis que monte une colère toujours plus vive contre la fiscalité royale dont le poids paraît insupportable en des moments de crise.

C'est sur cette période que porte l'intéressant témoignage du célèbre voyageur Young dans ses *Voyages en France*. Peut-être tire-t-il des conséquences un peu pessimistes de l'absence de chaussures, résultat du prix excessif du cuir sur lequel pesaient de lourdes taxes; mais il reste que bien des régions étaient défavorisées dans les années

---

(1) Veste courte portée par les révolutionnaires, qui donna son nom à une ronde populaire dansée en 1793 et à la chanson révolutionnaire qui l'accompagnait. — (2) Sobriquet donné sous le Directoire à de jeunes royalistes élégants et affectés. — (3) Terres non cultivées. — (4) Affaiblissement ou arrêt d'activité. — (5) Livre qui contenait le dénombrement des droits seigneuriaux.

précédant la révolution, que la misère fut grande et que la cherté du blé entraîna bien des émeutes.

10 juin 1787

Traversé Payrac (1) et vu beaucoup de mendiants, ce qui ne nous était pas encore arrivé. Dans tout le pays, les filles et les femmes de paysans ne portent ni chaussures, ni bas; les laboureurs, à leur travail, n'ont ni sabots, ni chaussettes. C'est une misère qui frappe à sa racine la prospérité nationale, une large consommation des pauvres ayant bien plus de conséquence que celle des riches; la prospérité d'une nation repose sur sa circulation et sa consommation; le cas des pauvres s'abstenant de tout objet en cuir ou en lainage devrait être considéré comme un mal de la plus grande importance. Cela me rappelle la misère de l'Irlande.

30 juin 1789

Il me donna un aperçu effrayant de la misère du peuple : des familles entières, dans la plus complète détresse; ceux qui travaillent n'ont qu'un salaire insuffisant pour se nourrir et beaucoup ont bien de la peine à en trouver du tout. J'interrogeai M. de Guerchy sur ce que l'on m'avait dit; il déclara que c'était la vérité.

Par ordre des magistrats, et pour prévenir l'accaparement (2), personne n'est autorisé à acheter au marché plus de deux boisseaux de blé; pour qui a le sens commun, il est clair que de pareilles réglementations ont une tendance directe à accroître le mal, mais c'est en vain que l'on voudrait raisonner avec des gens dont les idées sont fixées d'une façon immobile. Le jour du marché je vis le blé vendu conformément à ce règlement, avec un piquet de dragons (3) au milieu de la place pour empêcher toute violence. Le peuple se dispute avec les boulangers, prétendant que les prix qu'ils demandent pour le pain sont hors de proportions avec ceux du blé; des injures on passe aux coups; c'est l'émeute, et l'on se sauve avec du pain et du blé sans rien payer; c'est arrivé à Naugis et dans maints autres marchés; la conséquence, ce fut que ni cultivateurs, ni boulangers ne voulurent rien apporter, jusqu'au moment où il y eut danger de famine et, quand cela arriva, les prix, par suite des circonstances, montèrent énormément, ce qui aggrava le mal, au point que des troupes furent réellement nécessaires pour donner quelque sécurité aux gens qui approvisionnaient les marchés.

A Paris aussi, les années qui précédèrent la révolution furent pénibles pour le peuple accablé par le prix de la vie, et la situation s'aggrava en 1789 : le pain était rare et exécrable. En 1790, le ravitaillement s'améliora, mais en 1793 la crise devint aiguë : il fallut instituer la « carte de viande » et organiser le rationnement.

LA CONDITION DES OUVRIERS

Les ouvriers, dont le salaire était nettement insuffisant et les conditions de vie plus que précaires, dans les mines et le textile en particulier, furent aussi les victimes de cette crise des subsistances : il y eut des agitations un peu partout dans le pays et surtout à Amiens et à Chaumont. Mais un autre problème devait accroître ce malaise : celui du chômage qu'entraînait, avec la paix rétablie sur le continent, le retour des soldats à la vie civile. Le nombre des ouvriers diminua d'une façon inquiétante dans les soieries de Lyon comme dans les ganteries de Grenoble, tandis qu'augmentait celui des mendiants et que se développait la criminalité. Mais, en dépit de l'éloquent manifeste de Gracchus Babeuf, aucune solution ne fut apportée à ce tragique état de fait. Cet extrait du *Manifeste des Égaux* montre pourtant avec quelle vigoureuse lucidité Babeuf faisait la critique constructive de la société de son temps.

...La nature a donné à chaque homme un droit égal à la jouissance de tous les biens.
Le but de la société est de défendre cette

égalité souvent attaquée par le fort et le méchant dans l'état de nature et d'augmenter, par le concours de tous, les jouissances communes.

---

(1) Dans le Lot. — (2) Monopolisation. — (3) Gardes militaires.

La nature a imposé à chacun l'obligation de travailler : nul n'a pu, sans crime, se soustraire au travail.

Les travaux et la puissance doivent être en commun.

Il y a oppression quand l'un s'épuise par le travail et manque de tout, tandis que l'autre nage dans l'abondance sans rien faire...

Nul ne peut, par l'accumulation de tous les moyens, priver un autre de l'instruction nécessaire pour son bonheur. L'instruction doit être commune.

Le but de la Révolution est de détruire l'inégalité et de rétablir le bonheur commun.

La Révolution n'est pas finie, parce que les riches absorbent tous les biens et commandent exclusivement tandis que les pauvres travaillent en véritables esclaves, languissent dans la misère et ne sont rien dans l'État.

Ainsi les conditions de la vie matérielle des hommes apparaissent-elles moins transformées à la fin du XVIIIe siècle que leur situation juridique et politique.

LES ARTS

L'ART ÉTROITEMENT LIÉ A L'ÉVOLUTION DES MŒURS

Au XVIIIe siècle, plus encore qu'à n'importe quelle autre époque, l'art s'intègre à la civilisation et bat au rythme même de la vie sociale. La génération de la Régence et sa soif de liberté après les heures austères du « règne » de Mme de Maintenon, son goût immodéré pour le luxe et son cortège de plaisirs, sa détente heureuse en pleine illusion, où la vie se joue plus qu'elle ne se vit, orientent tout le mouvement artistique de cette époque, et les chefs-d'œuvre plastiques et picturaux, dans leurs thèmes et leurs « manières », en sont l'expression la plus fidèle. Jamais architectes, peintres, sculpteurs ne furent davantage des témoins de leur temps. Avec eux, accède à l'éternité cette génération du sourire, de l'arabesque et du pastel, de l'intimité et de la grâce qui, sous Louis XV encore, rêve de toutes les évasions et cultive une nostalgie profonde du bonheur. Sous le pinceau ou le ciseau, ce bonheur nous apparaît terrestre et irréel à la fois, charnel et rêvé. C'est qu'il semble bien réaliser le paradoxe du *Mondain* de Voltaire qui, dans un nuage d'illusion, s'écrie : « Le Paradis est où je suis. » Mais un tel appétit de plaisir de vivre et un optimisme aussi forcené révèlent l'instabilité et le malaise profond d'un siècle en marche. Fraîchement émancipé, il s'est mis à tout aimer, à tout désirer. Et la sensibilité française, bridée au cours du siècle précédent, prend conscience d'elle-même, s'affine, s'aiguise et bientôt s'exaspère. On assiste alors à l'humanisation de l'œuvre d'art. Avec ce que nous appelons maintenant le « préromantisme », la littérature, qui est déjà le principal outil des philosophes dans tous les domaines de la pensée, envahit celui des beaux-arts. La peinture en particulier se met à vibrer, à s'émouvoir et à émouvoir, et même à édifier, comme les meilleurs drames de Sedaine et de Diderot : les arabesques du style « rocaille » du début du siècle ne sont plus alors qu'un moyen d'expression au service du sentiment tout-puissant.

L'assujettissement de l'art à l'émotion humaine et littéraire aurait été total, sans ce retour à l'équilibre classique qu'annonçait le style Louis XVI et qui se prolongea avec l'intransigeance de l'âge révolutionnaire. Ce mouvement qui se mit à faire de l'antique à tout prix pour y retrouver noblesse et rigueur, s'il ne fut pas toujours une réussite, sut toutefois faire retrouver aux beaux-arts à la fois leur autonomie et une certaine sagesse perdue.

Le XVIIIe siècle, non seulement dans le domaine de l'esprit, mais aussi dans le domaine artistique, peut être considéré comme le siècle français par excellence. Jamais la France ne connut un tel prestige ni un tel rayonnement culturel. Les plus grands souverains d'Europe, en même temps qu'ils adoptèrent la langue française, se mirent à rêver d'avoir leur Versailles et, répondant au goût nouveau de « collectionner », furent les meilleurs clients des peintres et sculpteurs français. C'est ainsi que tant de chefs-d'œuvre, de Watteau à Houdon, se trouvent aujourd'hui en Allemagne, en Suède ou en Russie.

L'ARCHITECTURE

Sous la Régence et Louis XV : les transformations de Paris et l'humanisation des demeures

A la civilisation de Versailles, succède au XVIIIe siècle la civilisation des villes, parmi lesquelles Paris fait figure de modèle et donne le ton non seulement à la France mais à l'Europe tout entière. Repeuplées de leurs hommes de génie que la cour n'attire plus, elles deviennent autant de capitales nouvelles de l'esprit, de la culture et du goût. Les architectes, qui naguère se seraient consacrés au service du roi, s'occupent maintenant d'urbanisme et répondent en premier lieu, non à des commandes officielles comme on pourrait le croire, mais à celles de plus en plus pressantes de particuliers à qui de récentes fortunes et le bouleversement social de ce début de siècle apportent de nouvelles exigences. C'est donc d'abord sur le plan résidentiel que des villes comme Paris se transforment. Les années qui s'écoulent de 1715 à 1750 voient éclore de véritables petites cités au sein de la grande ville : ce sont les quartiers du faubourg Saint-Germain et du faubourg Saint-Honoré, sans compter celui du Marais qui continue de se développer. Les hôtels particuliers, de plus en plus luxueux, véritables petits châteaux en miniature sont alors signés Robert de Cotte, Jacques Gabriel, Germain Boffrand : ces architectes font le pont entre le siècle de la grandeur et de la noblesse et le XVIIIe siècle, qui deviendra le siècle de l'élégance et du raffinement — et plus encore peut-être celui de l'intimité et du confort.

L'habitation nouvelle, invisible de la rue, est avant tout aimable, accueillante. Dès l'extérieur elle s'humanise : les ordres ont disparu des façades qui, si elles perdent en noblesse, gagnent en charme, grâce à l'élégance de leurs sculptures ornementales et à l'extrême diversité de forme des fenêtres et des lucarnes. La ligne droite, l'angle droit, s'oublient maintenant au profit de la ligne courbe et même contournée : cette époque a horreur de la monotonie. Quant aux appartements, beaucoup plus réduits, ils n'ont plus les salles d'apparat du siècle précédent, mais des pièces qui se spécialisent. La chambre à coucher par exemple se distingue maintenant du salon et la salle à manger devient ce qu'elle est encore de nos jours. Le premier essai de transformation en ce sens aurait été fait par Lassurance au Palais-Bourbon en 1722. Toutes les demeures suivront cet exemple et même des châteaux comme Versailles ou Chantilly. Les petits appartements privés, dont Gabriel dotera la maison de Mansart, sont très proches de ceux des hôtels particuliers dont ils ont les boiseries et la décoration. Le monumental cède la place à l'intime et au familier : les boudoirs et les petits salons en rotonde, leur décoration rapportée de bois sculpté doré, leurs couleurs claires — gris perle, bleu, rose, vert-d'eau, lilas — les formes légères et dansantes des meubles et des objets usuels sont empreints d'un raffinement et d'une délicatesse qui témoignent bien de la prépondérance féminine pendant toute cette partie du siècle.

L'argent transforme l'art   Mais la prospérité du temps de Fleury et les fortunes scandaleuses qu'avait fait surgir le système de Law introduisirent, au milieu de tant de grâce et de finesse, le luxe et la somptuosité qui devaient les perdre. Ce luxe et cette somptuosité se déployèrent avec tout leur éclat dans le domaine de l'ornementation; celle-ci était accessoire, elle devint primordiale. L'hôtel Soubise, reconstruit par Delamair de 1705 à 1709, en offre l'exemple le plus achevé par la richesse des peintures de Boucher et de Carle Van Loo et les sculptures de Jean-Baptiste Le Moyne et des frères Adam — parmi tant d'autres. Cette danse trépidante des ors et des couleurs, cette fantaisie débridée de coquilles et de guirlandes, cette prolifération de scènes mythologiques et pastorales, fera naître de l'art rocaille (1) sa caricature et son exagération : l'art rococo, contre lequel réagira la génération de 1750.

L'architecture religieuse et   Mais avant 1750, les églises adoptent également le
urbaine au goût du jour   nouveau style où l'ornement est roi. Les élégances de la nouvelle mode pénètrent dans les chœurs d'Amiens et de Bourges, dans ceux de Saint-Merri et de Saint-Germain-l'Auxerrois à Paris, avec leurs grilles de fer forgé, leurs revêtements de stucs et de bois sculpté, leurs « gloires », leurs baldaquins surplombant les autels; dans les tribunes, autour des buffets d'orgue, les lignes droites des tuyaux les assagissent enfin et leur permettent de réaliser de vrais chefs-d'œuvre de grâce et d'équilibre.

Ce style « décor » transforme même l'aspect de la ville. A côté des hôtels qui préservent jalousement leur intimité, s'épanouissent les édifices publics; l'École Militaire est fondée par Louis XV et réalisée par Jacques-Ange Gabriel (1698-1782). Sa merveilleuse façade, aux proportions parfaites, échappe aux excès de la trop grande liberté des formes contemporaines, comme le petit Trianon, cet autre chef-d'œuvre du même artiste, qui est du « Louis XVI » avant la lettre. Le plus grand sans doute parmi les architectes du XVIIIe siècle a ainsi continué, prolongé même l'œuvre de son père, cette œuvre d'équilibre par excellence qui avait donné les places royales de Rennes et de Bordeaux. Il couronna même cette œuvre, en dotant Paris de cette place qui restera jusqu'à nos jours la plus grande et la plus célèbre du monde : la place Louis XV qui, après la Révolution, deviendra la place de la Concorde. De par son plan qui l'ouvre au sud sur la Seine, à l'ouest et à l'est sur les jardins des Tuileries et des Champs-Élysées, tandis que l'Hôtel Crillon et le Garde-Meuble de la Couronne (2) lui donnent, pour l'achever, sa troisième dimension monumentale, cette place est sans doute la réalisation artistique la plus parfaite et la plus grandiose du XVIIIe siècle. En outre, sa situation, choisie par le roi lui-même, en marge alors du centre des affaires, et l'importance de ses proportions prouvent que le siècle du progrès par excellence pressentait déjà l'éclatement de nos villes modernes.

Mais, c'est à Nancy que triomphent la liberté et l'originalité de cette génération, avec la place Stanislas, de Héré. L'imprévu de son plan — la place Stanislas communique par un arc de triomphe avec l'ancienne carrière et celle-ci avec la cour ovale du Palais du Gouvernement — et, chef-d'œuvre de Jean Lamour, cette luxuriante décoration de fer forgé rehaussé d'or qui étreint les balcons et les portes d'accès et comble tous les vides, sont sans nul doute ce que l'art rocaille a achevé de plus personnel et de plus osé.

---

(1) Style empruntant ses éléments à la botanique comme à la géologie et caractérisé par une absence de symétrie inspirée des accidents de la nature. — (2) Aujourd'hui le ministère de la Marine.

Vers la sobriété : du style Louis XVI   Mais à partir de 1750 environ se produit
à l'austérité révolutionnaire   en France un revirement du goût. Le
                                             style qu'on appellera style Louis XVI
existe déjà bien avant le règne de ce roi, puisque l'on peut en retrouver les caractéristiques dans l'ensemble de l'œuvre de Jacques-Ange Gabriel. Il peut se définir comme
une réaction aux fioritures du baroque Louis XV, un retour à l'équilibre dépouillé
de la ligne droite et finalement à la rectitude du style antique.

L'abstraction progressive de la forme, aux dépens de l'ornementation, nous ramène
à l'allure architecturale du mobilier classique. L'architecture elle-même perd l'élégance
un peu mièvre de ses ornements et de ses fantaisies contournées. L'influence du nouveau
style est immense. Paris détrône de plus en plus Versailles, en même temps que les
édifices publics retrouvent une noblesse et une magnificence dignes du Grand Siècle.
Les églises — comme l'église Sainte-Geneviève, construite par Soufflot — avec leurs
ordres retrouvés, leur coupole et leur péristyle à l'antique, gagnent en majesté et du
même coup se laïcisent. Il ne sera pas étonnant de les voir se transformer dans ce sens
sous la révolution et cette même église Sainte-Geneviève devenir Panthéon à la romaine,
tandis que les églises plus anciennes se font massacrer. L'architecture civile, elle, sera
plus importante que sous Louis XV et beaucoup plus variée, mais restera toujours
sous le signe de l'antique et du monumental. Victor-Louis (1731-1802), qui achève le
Grand Théâtre de Bordeaux en 1780, entreprend des « galeries marchandes » pour
enclore le jardin du Palais-Royal, demeure du duc d'Orléans, lesquelles, abritant derrière
leurs nobles colonnades, boutiques et restaurants, deviendront un centre de la vie
parisienne. Ledoux (1736-1806), qui, avec Victor-Louis, est sans doute le plus grand
architecte de l'époque, dotera la barrière douanière des fermiers généraux de bureaux
d'octroi sévères et solennels. Bachaumont écrit à leur sujet dans son journal : « A
toutes les ouvertures on bâtit des logements pour les commis des fermes ; ils ressemblent
à des citadelles. En outre, comme le sieur Ledoux aime beaucoup les colonnes et en
met partout, il n'a pas manqué de les y prodiguer, ce qui donne un air de luxe à ces
repaires de maltôtiers » (1). De ces « citadelles », il nous reste les rotondes du Parc
Monceau et de la Villette, et les barrières de Denfert et de la Nation.

L'attrait de la nature et   A côté des hôtels qui connaissent toujours la même
l'éveil de la sensibilité   faveur, princes, financiers et riches particuliers se font
                                     construire des « folies », adorables pavillons nichés
dans des parcs ou des bois, dont la plupart malheureusement ont disparu au cours du
XIXe siècle. Mais l'exquis pavillon de Bagatelle nous donne un aperçu de ce qu'étaient
ces coûteuses et frivoles fantaisies. Son histoire elle-même est éloquente au même titre
que son nom : à la suite d'un pari entre le comte d'Artois et sa belle-sœur la reine,
l'architecte Bélanger improvise en soixante jours cette réduction du Petit-Trianon.
Voilà un caprice de grand seigneur, significatif de la décadence de toute une civilisation
qui s'attache avec ivresse au plaisir de vivre. Mais ce caprice inspire un chef-d'œuvre
d'équilibre, de simplicité, et d'intimité. Car nous sommes à une époque où la sombre
austérité du Temple de l'Amour est contemporaine de l'aimable et rustique refuge du
Hameau, tous deux réalisés d'ailleurs par le même Richard Mique. Cette dualité se
remarque jusque dans les jardins et leurs rapports avec les colonnes doriques ou corinthiennes des demeures qu'ils encadrent. Ces jardins ne sont plus des réalisations mathématiques de l'intelligence, mais se veulent des improvisations de la sensibilité : par de

─────────────

(1) Mot péjoratif s'appliquant aux percepteurs d'impôts.

savantes imitations de la nature, les allées n'aboutissent nulle part, les bosquets remplacent les parterres, et leur mystère engendre et cultive une récente importation d'Angleterre qui s'appelle la mélancolie.

Un retour à l'Antique   Quant à la décoration intérieure, elle devient plus sage, et
qui annonce l'Empire   bientôt trop sage. Le Grec, le Romain, l'Étrusque, le
Pompéien, mis à la mode par les récentes fouilles archéologiques, transforment Versailles et Fontainebleau. Oves et perles (1) remplacent volutes et rocailles ; plus de motifs floraux : seuls les motifs géométriques ont droit de cité. La bibliothèque de Louis XVI et la chambre de Marie-Antoinette au Petit-Trianon marquent ce retour à la sobriété dans un de ses moments les plus heureux où la délicatesse tempère ce que la ligne droite a de trop sévère. Mais le rationalisme de l'époque révolutionnaire ira trop loin dans sa volonté d'abstraction et aboutira à la lourde et pesante rigueur du style impérial.

LA SCULPTURE

L'évolution de la sculpture au XVIIIe siècle suit, comme l'architecture et la peinture, un rythme parallèle à celui de l'évolution des mœurs. C'est ainsi qu'elle connaît de nouvelles orientations avec la transformation de la clientèle et le nouveau mode de vie, tandis qu'elle prend une certaine autonomie vis-à-vis de l'architecture. Elle était essentiellement décorative au siècle précédent et, de ce fait, soumise aux exigences des grands bâtisseurs de palais, de châteaux et de jardins ; elle se veut maintenant expressive et vraie. C'est ce qui explique la prodigieuse fortune du buste. Par ailleurs, après avoir été monumentale, elle devient objet d'art et s'introduit dans les salons. Au milieu des hésitations du siècle, entre le délire et la gesticulation de l'art rocaille et la froide et fausse grandeur néo-antique, ce sont les deux grandes réussites du XVIIIe siècle dans ce domaine de l'art.

Le Buste : une mode prestigieuse   Versailles et Marly continuent pourtant la
qui devient un art   tradition du XVIIe siècle et la grande sculpture
décorative y subsiste ; dans les églises, elle dresse encore de grandiloquentes mises en scènes derrière les autels et sur les tombeaux. Slodtz, le Lorrain, les Adam, les Coustou et les Le Moyne s'y consacrent, comme ils continuent de parer de bas-reliefs frémissants les nouvelles résidences urbaines. Mais tous ces effets dramatiques nous paraissent de second ordre à côté du portrait fidèle et multiple, et si profondément vrai, que nous donnent les bustes de l'ensemble de la société du XVIIIe siècle. C'est une époque où le Français prend conscience de son individualité et s'attache à l'affirmer : il veut se voir et se faire voir. Les sculpteurs reçoivent de nombreuses commandes venant de tous les horizons de la société et ainsi certains d'entre eux, comme Houdon, sont même amenés à délaisser d'autres genres de sculpture pour devenir « bustiers malgré eux ». Mais ces bustes, qui à première vue sembleraient le caprice d'une mode, amenèrent leurs artistes à une approche réelle de la psychologie de leurs modèles ; et c'est en cela qu'ils constituent une étape décisive dans l'évolution du portrait.

---

(1) Ornements en forme d'œuf et de perles.

Jean-Baptiste Le Moyne et les jeux fugitifs de physionomie qu'il saisit avec tant de réalisme, Pigalle et ce souci de l'humble vérité humaine que révèlent ses bustes d'enfants, Falconet qui travestit ses modèles et traduit ainsi dans l'allégorie ce penchant pour le masque et la comédie qui est dans l'esprit même de son temps, Pajou enfin, qui, soutenu par Mme du Barry et devenu sculpteur officiel de Louis XVI, apporte la simplicité antique à l'art du portrait, autant d'artistes originaux et vrais dont les œuvres constitueront la partie la plus représentative de la sculpture au XVIIIᵉ siècle.

Jean-Antoine Houdon

Cependant c'est avec Houdon (1741-1828) que le portrait accède au grand art. Son œuvre qui jalonne toute la seconde partie du siècle voit le jour à une époque particulièrement favorable, il est vrai : période d'équilibre entre l'expressivité baroque et la fausse simplicité antique, où la manière de Slodtz et celle de Pigalle — l'idéalisme et le réalisme — aboutissent finalement, par un phénomène de décantation, à la vérité classique. La plus belle partie de cette œuvre est une immense galerie de portraits dont l'intérêt dépasse même les limites de l'esthétique pure : littérateurs, musiciens, artistes, avocats, financiers, chirurgiens, rois, princes et grandes dames ou simplement parents, enfants, amis, toute la société y est représentée. Plus que chez les autres sculpteurs de son temps, l'observation et l'étude systématique du corps humain sont à la base de son art. Il n'est pas surprenant que l'Académie de Chirurgie de Paris et celles de province aient réclamé son *Écorché* comme indispensable à leur enseignement de l'anatomie. D'ailleurs, considérant lui-même cette connaissance du corps comme essentielle, Houdon écrivait : « Un des plus beaux attributs de l'art si difficile du statuaire est de conserver avec toute la vérité des formes et de rendre presque impérissable l'image des hommes qui ont fait la gloire ou le bonheur de leur patrie. Cette idée m'a constamment suivi et encouragé dans mes longs travaux. » L'épais visage aux lourdes bajoues de son bailli de Suffren, les traits empâtés de son Louis XVI ou encore la face grêlée (1) de son Mirabeau illustrent bien le réalisme presque scientifique avec lequel il traduisait ses modèles. Mais ce réalisme n'aboutit pas à l'excès d'expressivité baroque, au contraire : soucieux avant tout de saisir et d'exprimer la vérité psychologique, Houdon ne s'attache à reproduire avec fidélité les détails physiques de ses modèles que dans la mesure où ces détails sont révélateurs de leur personnalité profonde. C'est ce qui explique l'extrême vérité humaine de ses bustes et par là même, toute leur originalité. Par ailleurs, dans l'étonnante vie qui se dégage de ses portraits d'hommes, dans le charme captivant de ses portraits de femmes et dans ses attendrissantes frimousses d'enfants, c'est toute l'intelligence et toute la fragilité du siècle que l'on retrouve. Cependant Houdon, qui fit palpiter de vie ses terres cuites, ses bronzes et ses marbres et qui le premier illumina ses portraits de vie intérieure, dut à la parfaite discipline de ses techniques et surtout à l'extrême rigueur de son génie d'être classique. C'est ainsi que le souci d'harmonie inhérent au génie français recommença de préoccuper les esprits.

La Petite Sculpture ou Sculpture « de Genre »

Le nouveau cadre de vie, intime, familier, réduit à l'échelle humaine, en même temps que le goût du jour pour le fragile et le précaire, favorisent le développement des petits groupes et petits sujets de terre cuite et de biscuit qui deviennent du même coup éléments de décoration. C'est alors que Falconet (1716-1791), dirigeant la manufacture royale de Sèvres, inaugure ces modèles réduits de grands sujets allégoriques et mythologiques qui, par leur finesse exquise et cette précieuse délicatesse qui venait

---

(1) Marqué de la petite vérole.

de leur fragilité même, connurent un succès immense. Grâce à la possibilité de les reproduire à l'infini, ils firent en même temps la fortune de la manufacture qui acquit une renommée européenne.

Clodion (1738-1814) y travailla aussi, mais c'est surtout dans la sculpture décorative de terre cuite qu'il excella. On l'appelle à juste titre « Le Fragonard de la sculpture », non seulement parce qu'il reproduisit *la Gimblette*, une des célèbres œuvres du peintre, mais surtout parce que son œuvre, statuettes de nymphes et de bacchantes délicates et raffinées, est pénétrée de cette grâce sensuelle qui fait chez Fragonard palpiter les couleurs. C'est encore Clodion qui représente l'aspect « galant » de la sculpture de son temps, avec les statuettes et les bas-reliefs dont il orne les « folies ». Ici encore, l'Antiquité se plie au goût du jour et lui fournit la note païenne indispensable à ce nouveau charme de « vie sensible » que découvre le siècle.

Le prodigieux succès de ce genre mineur illustre bien l'esprit d'un temps qui, à la veille de la révolution, continue de cultiver cette nouvelle forme de bonheur en s'entourant d'un décor aimable et charmant, dont l'aspect frivole et illusoire peut nous sembler maintenant quelque peu inquiétant.

LA PEINTURE

Une révolution dans la conception même du tableau et de l'artiste
Le XVIIIe siècle français marqua pour les beaux-arts le commencement d'une ère nouvelle : c'est au cours de ce siècle que l'on commença à s'intéresser vraiment aux problèmes de l'esthétique, que l'histoire de l'art se distingua ainsi de l'histoire des artistes, que le Musée fut créé en même temps que le « Commerce d'art » et enfin qu'apparut « l'amateur », ce nouveau type de collectionneur. L'histoire de la peinture de ce temps nous montre bien que ce bouillonnement de forces créatrices et ce nouvel état d'esprit de la clientèle étaient l'expression d'un bouleversement fondamental. Quelque chose avait changé en profondeur : c'était d'une part le regard de l'artiste, libéré des œillères de l'Académie et, de l'autre, le nouveau mode de vie d'une société qui s'éveillait à la sensibilité. C'est à partir de là que s'oriente toute la peinture du XVIIIe siècle. A côté des genres classiques existant déjà, mais dont la conception se renouvelle — le portrait, le paysage ou la nature morte —, les peintres découvrent de nouveaux sujets qui font éclore de nouveaux genres : la peinture de la vie quotidienne, cette vie concrète aux dimensions humaines où les philosophes, et tout le siècle avec eux, voient la source même du bonheur, celle des fêtes galantes, qui reproduit avec tant d'authenticité l'étrange conception de la vie et du monde, vaporeuse et fugitive, que se fait une société qui rêve la réalité, celle enfin de l'exotisme, que devait consacrer cette même société avide d'évasions et de changements. A côté de tant de genres nouveaux, ce siècle en marche encourage également l'épanouissement d'expressions picturales secondaires et donne ainsi leurs lettres de noblesse au pastel et au dessin. Le charme subtil qui se dégage de leur caractère d'improvisation et leur fragilité même, sans parler de la nature de leurs sujets, portent la marque de l'influence prépondérante qu'exerça la femme dans le domaine de l'art; sa royauté s'exerce encore ici comme elle s'exerce partout alors, dans la vie politique et dans la vie sociale.

On voit combien l'art du XVIIIe siècle témoigne de l'esprit même de cette civilisation et palpite de sa vie la plus intime. C'est ainsi que la peinture, comme la littérature qui exerce sur elle une influence capitale et regrettable, suit l'évolution de la sensibilité

du temps et en affecte le ton. Après l'énorme et affligeante production du genre « moralisateur » et du genre « sensible », l'époque révolutionnaire, qui remet à l'ordre du jour
l'intransigeant idéal antique, entraîne les peintres à célébrer, en même temps que tous
les autres artistes, le triomphe d'un retour au rationalisme. Ce mouvement se fait
d'ailleurs dans l'enthousiasme que suscitent les récentes découvertes archéologiques
d'Herculanum et de Pompéi et la mise à jour de la villa d'Hadrien.

Le public
du peintre a changé

Le regard du peintre change mais aussi l'attitude de ses
clients vis-à-vis de lui. Aristocrates amateurs d'art et
bourgeois enrichis, conscients de toute la puissance de leur
influence, lui imposent leurs goûts non seulement dans le choix des sujets, mais également dans les genres à adopter : c'est ce qui explique la profusion des scènes dites « de
genre » et des tableaux de chevalets dont la raison d'être est purement décorative, et
dont les dimensions sont exigées par la taille réduite des nouveaux appartements.
C'est une peinture d'agrément qui orne galeries, salons et boudoirs, y apportant un
élément nouveau de bonheur de vivre. Par la plume Diderot, le bien-pensant et l'homme
de goût diront de ces tableaux sans envergure et quelquefois coquins : « Toujours
petits tableaux, petites idées, compositions frivoles, propres au boudoir d'une petite
maîtresse, à la petite maison d'un petit-maître, faites pour de petits abbés, de petits
robins, de gros financiers ou autres personnages sans mœurs et d'un petit goût » (*Salon
de 1767*).

En revanche, si le public du peintre oriente indiscrètement son art selon son bon
plaisir, du moins sait-il déceler et apprécier sa personnalité propre et l'originalité de sa
facture. Le XVIIIe siècle, qui redécouvre l'individu en l'Homme, sera le premier à
découvrir dans un tableau le talent de l'artiste et à établir ainsi des rapports entre
l'œuvre et le génie. On peut y voir l'origine de la prodigieuse destinée de la critique d'art.
Diderot sera le véritable créateur du genre et cet extrait du *Salon de 1761* relatif à
des tableaux de Boucher, illustre justement la nouvelle attitude de l'amateur d'art qui,
dans ses éloges comme dans ses critiques, aboutit en dernière analyse à ce qui, pour
lui, est devenu l'essentiel : l'artiste.

Personne n'entend comme Boucher l'art de
la lumière et des ombres. Il est fait pour tourner
la tête à deux sortes de personnes, les gens
du monde et les artistes. Son élégance, sa
mignardise (1), sa galanterie romanesque, sa
coquetterie, son goût, sa facilité, sa variété,
son éclat, ses carnations (2) fardées, sa débauche,
doivent captiver les petits-maîtres, les petites
femmes, les jeunes gens, les gens du monde,
la foule de ceux qui sont étrangers au vrai
goût, à la vérité, aux idées justes, à la sévérité
de l'art. Comment résisteraient-ils au saillant,
aux pompons, aux nudités, au libertinage, à
l'épigramme de Boucher? Les artistes qui voient
jusqu'à quel point cet homme a surmonté les
difficultés de la peinture, et pour qui c'est tout
ce mérite qui n'est guère bien connu que
d'eux, fléchissent le genou devant lui; c'est
leur dieu. Les gens d'un grand goût, d'un goût
sévère et antique, n'en font nul cas. Au reste,
ce peintre est à peu près en peinture ce que
l'Arioste (3) est en poésie. Celui qui est enchanté
de l'un est inconséquent s'il n'est pas fou de
l'autre. Ils ont, ce me semble, la même imagination, le même goût, le même style, le même
coloris. Boucher a un faire qui lui appartient
tellement que dans quelque morceau de peinture
qu'on lui donnât une figure à exécuter, on la
reconnaîtrait sur-le-champ.

Le Portrait : l'ornement cède
la place à la psychologie

Si le portrait d'apparat et ce qu'il comporte de
mise en scène subsistent toujours, si la mythologie
et le théâtre leur ajoutent la fausse poésie de

---

(1) Délicatesse. — (2) Teint. — (3) Célèbre poète italien de la Renaissance.

PORTRAIT DE MARIE-
ANTOINETTE PAR MADAME
VIGÉE-LEBRUN

LA MODE
AU XVIIIᵉ SIÈCLE

Dès le XVIIIᵉ siècle, les boutiques de Paris séduisent les
étrangers. La mode se permet
toutes les fantaisies, elle marque
la prépondérance féminine à
l'époque.

COIFFURE DITE LA
FREGATE

*Nouvelle Coiffure dite
la Frégate la Junon*

LA JOLIE MERCIÈRE
Illustration de Louis Binet pour
Les Contemporaines de Restif
de la Bretonne.

On a pris l'esquisse des machines et des outils. On n'a rien omis de ce qui pouvait les montrer distinctement aux yeux. Dans le cas où une machine mérite des détails par l'importance de son usage et par la multitude de ses parties, on a passé du simple au composé. On a commencé par assembler dans une première figure autant d'éléments qu'on en pouvait apercevoir sans confusion. Dans une seconde figure, on voit les mêmes éléments avec quelques autres. C'est ainsi qu'on a formé successivement la machine la plus compliquée, sans aucun embarras ni pour l'esprit ni pour les yeux.

« Discours Préliminaire. »

PLANCHE DE L'*ENCYCLOPÉDIE*

leurs attributs et de leurs travestissements, et le style rocaille le maniérisme de ses lignes contournées, on y décèle pourtant quelque chose qui les différencie de ceux du siècle précédent : une vitalité qui va bientôt révolutionner l'art du portrait. Rigaud, qui avait peint le roi Soleil dans toute sa gloire, peint maintenant son petit-fils Louis XV à l'âge de cinq ans; s'il se montre encore ici soucieux de servir la majesté de la monarchie par une somptueuse accumulation de velours et d'hermine, et dans l'attitude même qu'il donne au jeune roi, du moins ce visage est celui d'un vrai enfant, amusé, souriant, insolite par son naturel dans un cadre aussi factice et arrangé. Quant à Nattier, naguère encore il souscrivait avec enthousiasme et habileté au goût du jour pour les jeux du travestissement allégorique et mythologique et parait les favorites du roi des grâces et des attributs de déesses olympiennes; maintenant, il sait sacrifier ces accessoires de convention à l'analyse du visage humain qui, du coup, devient le centre de ses tableaux. Les portraits de Marie Leczinska, où toute attitude fausse est bannie, révèlent une personnalité réelle, celle d'une femme effacée et timide qui laisse affleurer à son‘ visage les pâles tonalités de sa sensibilité.

Après avoir été brillant et pompeux au début du siècle, le portrait devient ainsi intimiste et sentimental, se préoccupant davantage de révéler la vie intérieure des êtres que de reproduire leur simple apparence extérieure, jouée ou réelle. Chardin (1699-1779) est celui qui ira le plus loin dans ce sens. Choisissant ses sujets parmi des gens simples et humbles, il les représente dans leurs gestes les plus quotidiens et les plus familiers : un enfant qui joue, une gouvernante qui montre à lire à son élève, des femmes qui reviennent du marché. Avec lui, l'instantané remplace le portrait posé et figé, tandis que le portraitiste devient plus profondément psychologue, en abolissant bientôt tout accessoire et en adoptant le gros plan pour le visage qui seul maintenant attire l'attention. Ses autoportraits sur fond neutre sont bouleversants de vie et de vérité.

La psychologie l'emporte encore dans les portraits de Maurice Quentin de La Tour (1704-1788) et de Jean-Baptiste Perronneau (1715-1783), spécialistes du pastel, qui fixèrent tant de visages de la société d'alors. Le premier, qui veut « descendre au fond » de ses modèles, nous fait voir dans ses « préparations », mieux encore que dans ses portraits achevés, l'étonnante facilité qu'il avait à saisir leurs jeux d'expressions et l'intensité de leurs regards; le second, moins séduisant sans doute, moins ambitieux, mais plus coloriste et plus luministe, laisse davantage encore parler ses modèles, ne leur imposant même plus le sourire de rigueur, les saisissant dans leur vérité la plus fugitive mais aussi la plus impitoyable.

Diderot, dans son *Salon de 1767*, semble faire le tour des problèmes que posait l'art du portrait à cette époque, en faisant ressortir d'une part le mensonge mais aussi la pérennité du portrait d'apparat, et d'autre part, l'honnêteté, mais aussi ce qu'on pensait être les limites, du portrait réaliste.

Pourquoi un peintre d'histoire est-il communément un mauvais portraitiste? Pourquoi un barbouilleur du pont Notre-Dame fera-t-il plus ressemblant qu'un professeur de l'Académie? C'est que celui-ci ne s'est jamais occupé de l'imitation rigoureuse de la nature; c'est qu'il a l'habitude d'exagérer, d'affaiblir, de corriger son modèle; c'est qu'il a la tête pleine de règles qui l'assujettissent et qui dirigent son pinceau, sans qu'il s'en aperçoive; c'est qu'il a toujours altéré les formes d'après ces règles du goût, et qu'il continue de les altérer; c'est qu'il fond, avec les traits qu'il a sous les yeux et qu'il s'efforce en vain de copier rigoureusement, des traits empruntés des antiques qu'il a étudiés, des tableaux qu'il a vus et admirés et de ceux qu'il a faits; c'est qu'il est savant; c'est qu'il est libre, et qu'il ne peut se réduire à la condition de l'esclave et de l'ignorant; c'est qu'il a son faire, son tic, sa couleur, auxquels il revient sans cesse; c'est qu'il exécute une caricature en beau et que le barbouilleur, au contraire, exécute une caricature en laid. Le portrait ressemblant du barbouilleur meurt avec la personne; celui de l'habile homme reste à jamais. C'est d'après ce dernier que nos neveux se forment les images des grands hommes qui les ont précédés.

Sous Louis XVI, le portrait gagnera en simplicité et en rigueur. Ici comme ailleurs la ligne droite s'affirmera. Certains portraits de Mme Vigée Le Brun et de Mme Labille Guiard en tirent une gravité nouvelle qui coïncide avec l'évolution d'ensemble des beaux-arts. Cette évolution d'ailleurs ne fait que suivre l'orientation générale de la pensée et de la vie sociale.

Le Paysage : une nouvelle approche de la nature   Siècle créateur par excellence, le XVIIIᵉ siècle ne se contente donc pas de prolonger les genres, il les renouvelle. C'est une nouvelle manière de voir qui, grâce à Chardin et à son style, fait accéder la nature morte à cette réelle dimension d'art que le XXᵉ siècle saura consacrer plus tard avec Cézanne, mais c'est aussi une nouvelle manière de sentir et de goûter la nature qui fera évoluer le paysage vers cette première forme moderne qu'est le tableau fait « sur le motif ». La nature, qui n'avait guère été connue au siècle précédent, dut aux œuvres littéraires d'être mise à l'ordre du jour vers le milieu du siècle. On se mit à voyager, et on découvrit la campagne et la montagne, jusque-là ignorées ou dédaignées. Cette approche fut sans doute avant tout sentimentale, mais elle dégagea progressivement la peinture de paysage de tout ce qu'elle avait de fictif ou d'artificiel et, à travers une émotion vraie, mit le peintre en contact direct avec la transparence de l'air, le frémissement des feuilles, la vie profonde de la nature tout entière. Il sut alors faire naître le paysage sur sa toile, pas encore avec réalisme, mais du moins avec une profonde sincérité. Les scènes de chasse de Desportes, d'Oudry, de Van Loo, ou encore les pastorales de Boucher, avec leurs bouquets d'arbres bien disposés ou leurs lointains bleutés, ne sont toujours que des scènes anecdotiques ou idylliques où la nature, bien que viable, sert uniquement de cadre. Mais déjà Hubert Robert (1733-1808), malgré son amour pour « l'art ajouté à la nature », statues, jets d'eau, charmilles, allées, équilibrant la composition de ses bois et de ses parcs, Vernet (1714-1789), malgré ses mises en scène théâtrales, et encore Fragonard, bien qu'il ne fasse que pasticher ses maîtres hollandais, nous montrent que la peinture est en train de se dégager de plus en plus de l'emprise du paysage de genre. Ainsi, le paysagiste va maintenant dehors pour observer la nature sur place et il cherche surtout à en donner une impression plus exacte par une plus grande précision du détail et par un rendu plus fidèle et nuancé de la lumière. Enfin, avec Louis Moreau (1739-1805), le genre achève de se dépouiller de tout élément accessoire ou complémentaire et s'affranchit des transpositions et de la composition gratuite pour laisser la nature s'épanouir tout entière et à elle seule dans toute son authenticité et sans travestissement. Annonçant Corot, les toiles de Louis Moreau chantent la vraie transparence des ciels d'Ile-de-France, traduisent la magie subtile et ensoleillée du plein air.

Le point de vue de l'amateur de paysages   Cependant, il ne faudrait pas se méprendre sur l'attitude de l'amateur d'art du XVIIIᵉ siècle vis-à-vis des œuvres des paysagistes de son temps, et croire qu'il y recherchait, à la manière de nos contemporains, un pur plaisir esthétique. Cet homme du XVIIIᵉ siècle, dont la sensibilité vient de se libérer, avide de la faire vibrer à toutes les émotions, y recherchera avant toutes choses ce que Diderot dans son _Salon de 1763_ apprécie avec tant de chaleur chez Vernet : la révélation du « secret » de la nature, du charme qu'elle exerce alors sur ses nouveaux amis, poètes, philosophes et artistes, en soulevant dans leur cœur — ce cœur qui est roi — une certaine turbulence des sentiments et ces vagues de joie ou de tristesse, d'enthousiasme ou de désespoir, de sérénité ou de mélancolie, sur lesquelles, à l'époque, se fondent et se jugent toutes les valeurs, sur lesquelles aussi le siècle des philosophes bâtit un nouvel art de vivre.

Que ne puis-je, pour un moment, ressusciter les peintres de la Grèce et ceux tant de Rome ancienne que de Rome nouvelle, et entendre ce qu'ils diraient des ouvrages de Vernet! Il n'est presque pas possible d'en parler, il faut les voir.

Quelle immense variété de scènes et de figures! quelles eaux! quels ciels! quelle vérité! quelle magie! quel effet!

S'il allume du feu, c'est à l'endroit où son éclat semblerait devoir éteindre le reste de la composition. La fumée se lève épaisse, se raréfie peu à peu, et va se perdre dans l'atmosphère, à des distances immenses.

S'il projette des objets sur le cristal des mers, il sait l'en teindre à la plus grande profondeur sans lui faire perdre ni sa couleur naturelle ni sa transparence.

S'il y fait tomber la lumière, il sait l'en pénétrer; on la voit trembler et frémir à sa surface.

S'il met des hommes en action, vous les voyez agir.

S'il répand des nuages dans l'air, comme ils y sont suspendus légèrement! comme ils marchent au gré des vents! quel espace entre eux et le firmament!

S'il élève un brouillard, la lumière en est affaiblie et, à son tour, la masse vaporeuse en est empreinte et colorée. La lumière devient obscure et la vapeur devient lumineuse.

S'il suscite une tempête, vous entendez siffler les vents et mugir les flots; vous les voyez s'élever contre les rochers et les blanchir de leur écume. Les matelots crient; les flancs du bâtiment s'entrouvrent, les uns se précipitent dans les eaux, les autres, moribonds, sont étendus sur le rivage. Ici des spectateurs élèvent leurs mains aux cieux; là une mère presse son enfant contre son sein; d'autres s'exposent à périr pour sauver leurs amis ou leurs proches; un mari tient entre ses bras sa femme à demi pâmée; une mère pleure sur son enfant noyé; cependant le vent applique ses vêtements contre son corps et vous en fait discerner les formes; des marchandises se balancent sur les eaux et des passagers sont entraînés au fond des gouffres.

C'est Vernet qui sait rassembler les orages, ouvrir les cataractes du ciel et inonder la terre; c'est lui qui sait aussi, quand il lui plaît, dissiper la tempête et rendre le calme à la mer, la sérénité aux cieux. Alors toute la nature, sortant comme du chaos, s'éclaire d'une manière enchanteresse et reprend tous ses charmes.

Comme ses jours sont sereins! comme ses nuits sont tranquilles! comme les eaux sont transparentes! C'est lui qui crée le silence, la fraîcheur et l'ombre dans les forêts. C'est lui qui ose sans crainte placer le soleil ou la lune dans son firmament. Il a volé à la nature son secret; *tout ce qu'elle produit, il peut le répéter* (1).

Et comment ses compositions n'étonneraient-elles pas?

Il embrasse un espace infini; c'est toute l'étendue du ciel sous l'horizon le plus élevé, c'est la surface d'une mer, c'est une multitude d'hommes occupés du bonheur de la société, ce sont des édifices immenses et qu'il conduit à perte de vue.

L'exotisme   La poésie de la nature, pour les paysagistes et les amateurs de paysages du XVIIIᵉ siècle, ne résidait donc pas exclusivement dans son aspect purement matériel, mais surtout dans ce que cet aspect purement matériel pouvait contenir et communiquer de pathétique. Toutefois, dans la mesure où elle pouvait les dépayser et répondre à leur désir toujours renouvelé d'impressions inédites et rares, la vision réelle et immédiate d'une certaine nature les captiva et les enchanta : celle de la nature exotique. L'Orient était à la mode en France depuis la fin du XVIIᵉ siècle et les récits et « journaux » de voyages continuaient de passionner les amateurs, sans compter cette traduction des *Mille et Une Nuits* que Galland avait publiée au début du siècle, et qui avait révélé l'extraordinaire féerie de ces pays d'éternel printemps. La Compagnie des Indes contribuait à ce renouvellement des mirages exotiques et ramenait en France non seulement épices et bois précieux, mais aussi des images fascinantes et des thèmes originaux qui appuyaient les thèses nouvelles des encyclopédistes et bouleversaient les imaginations. Les peintres comme les écrivains ne pouvaient y rester

---

(1) A comparer avec les conceptions esthétiques du XIXᵉ siècle, celles de Baudelaire en particulier.

insensibles. C'est ainsi que les salons, où se pressaient nobles ou bourgeois travestis en Persans ou en Turcs et que servaient des domestiques noirs, s'ornaient de toiles décoratives à sujets exotiques que peignaient Boucher ou Van Loo, Huet ou Desportes.

Tandis que le meuble suivait l'engouement du jour et s'enrichissait de décors à la laque de Chine, la tapisserie d'Aubusson, des Gobelins ou de Beauvais se mettait à célébrer, d'après les cartons de Van Loo et de Boucher, ce même délire exotique en « turqueries » et « chinoiseries » exubérantes.

Le réalisme familier : la démocratisation de la peinture

Le nouvel aspect d'intimité qu'avait pris la vie sociale au XVIIIᵉ siècle n'influença pas seulement l'architecture mais aussi la peinture, à laquelle il offrit des thèmes originaux. C'est ainsi que d'innombrables tableaux illustrent la vie quotidienne de l'époque et constituent maintenant pour nous une précieuse documentation iconographique. Intérieurs bourgeois ou nobles, gestes quotidiens de la vie de famille ou de la vie de salon, scènes intimes révèlent sur la toile le nouveau confort et l'étonnant raffinement auxquels est parvenu l'art de vivre. Les bourgeois comme les nobles se laissent volontiers surprendre par le peintre : Drouais peint la comtesse de Meulan à sa toilette, tandis que Boilly saisit en instantané la bourgeoise famille Gohin. Repas princiers ou agapes champêtres continuent de célébrer dans leurs cadres cet immense appétit de vivre qui est celui de la première moitié du siècle ; mais voilà que l'intimité du *Benedicite* de Chardin annonce déjà l'apaisement et la gravité retrouvés des dernières années, où l'exubérance s'assagit en une calme mais rayonnante intériorisation de la douceur de vivre. On ne peut pas ici ne pas penser à l'influence des maîtres intimistes de la peinture hollandaise.

Cependant, les peintres, que l'observation humaine passionnait, ne se contentèrent pas de cerner l'homme du XVIIIᵉ siècle au sein de sa vie privée ; ils le retrouvèrent dans la rue au milieu des réjouissances populaires et dans ses occupations professionnelles, le poursuivirent à travers toutes les classes de la société, à la ville comme à la campagne, et nous laissèrent ainsi une vision d'ensemble pittoresque ou anecdotique, mais toujours passionnante, de la vie véritable de leur temps. Quelquefois même, grâce au génie de quelques-uns, l'anecdote prend une réelle dimension d'art : Watteau fit une enseigne, pour son client et ami le marchand de tableaux Gersaint, sur laquelle tout, attitudes, gestes, mouvements, contribue à faire revivre intensément les activités de ce commerce ; Chardin, dans la tradition des Le Nain, donne de la vie paysanne une profusion d'images émues et vraies.

Malheureusement, ce genre devait dégénérer. Avec les nouvelles exigences de sensibilité des bourgeois, sous l'influence de Diderot et de son « art moralisateur », des romans de Rousseau et de leurs leçons de vertu, des *Contes Moraux* de Marmontel et des *Comédies* de Sedaine, des peintres comme Greuze entreprirent de transformer cette peinture en une école de morale, et se mirent à prêcher les bonnes mœurs à travers les effets trop faciles d'une sentimentalité larmoyante et finalement ennuyeuse. *Le Père de famille expliquant la Bible, le Paralytique servi par ses Enfants, le Mauvais Fils puni*, autant de titres éloquents, révélateurs des intentions moralisatrices de Greuze : la peinture descend au rang de l'imagerie populaire. Il faut croire que Diderot et ses contemporains ne furent pas sensibles à la sensualité trouble et équivoque qui se dégage des personnages féminins de Greuze, pour ignorer ainsi l'hypocrisie latente de ce supposé prédicateur de morale et ne chanter que ses louanges. Écoutons Diderot exprimer son engouement, et celui de sa génération, pour tous ces sermons pathétiques ; il faut avouer qu'il nous est moins facile aujourd'hui de le partager.

Voici votre peintre et le mien, le premier qui se soit avisé, parmi nous, de donner des mœurs à l'art, et d'entraîner des événements d'après lesquels il serait facile de faire un roman *(Salon de 1765)*.

Et déjà dans le *Salon de 1763* :

C'est vraiment là mon homme que ce Greuze. Oubliant pour un moment ses petites compositions, qui me fourniront des choses agréables à lui dire, j'en viens tout de suite à son tableau de la *Piété filiale*, qu'on intitulerait mieux : *De la récompense de la bonne éducation donnée*.

D'abord le genre me plaît; c'est la peinture morale. Quoi donc! Le pinceau n'a-t-il pas été assez et trop longtemps consacré à la débauche et au vice? Ne devons-nous pas être satisfaits de le voir concourir enfin avec la poésie dramatique à nous toucher, à nous instruire, à nous corriger et à nous inviter à la vertu? Courage, mon ami Greuze, fais de la morale en peinture, et fais-en toujours comme cela! Lorsque tu seras au moment de quitter la vie, il n'y aura aucune de tes compositions que tu ne puisses te rappeler avec plaisir. Que n'étais-tu à côté de cette jeune fille qui, regardant la tête de ton Paralytique, s'écria avec une vivacité charmante : « Ah! mon Dieu, comme il me touche! Mais si je le regarde encore, je crois que je vais pleurer. » Et que cette jeune fille n'était-elle la mienne! Je l'aurais reconnue à ce mouvement. Lorsque je vis ce vieillard éloquent et pathétique, je sentis comme elle mon âme s'attendrir et des pleurs prêts à tomber de mes yeux.

Les fêtes galantes : Watteau

En 1717, un tableau « représentant une fête galante » faisait recevoir Antoine Watteau à l'Académie de Peinture. Cette appellation vague, qui sous-titrait une de ses œuvres les plus fameuses, *l'Embarquement pour Cythère*, consacra un genre de peinture, le plus prestigieux sans doute du XVIIIe siècle, et s'appliqua aux œuvres de toute une école de peintres. Watteau (1684-1721) est le témoin le plus significatif et le plus représentatif de cette grande révolution dans la façon de voir et de vivre, qui sépare le tout gracieux siècle de Louis XV du sublime siècle de Louis XIV. A la charnière des deux civilisations, il célèbre déjà la grande découverte de la grâce et de la sensibilité féminines, et celle du charme de la nature, en même temps qu'il traduit en profondeur ce malaise d'être qui caractérise la nouvelle génération. Ce refus du réel en soi, ce refus d'un monde auquel tournent le dos tant de ses personnages en marche vers on ne sait quel paradis, et que d'autres s'efforcent d'ignorer en faisant de la musique, en jouant la comédie ou en se cachant derrière des masques et sous de fantasques déguisements, cette humeur fugace, frivole et nostalgique, dont témoigne l'atmosphère de poésie et de rêve dans laquelle baignent ses grands parcs bleus et mélancoliques, cette évasion vers un univers où l'imaginaire se charge de métamorphoser le réel en vie enchantée, c'est tout le programme que se donne cette civilisation nouvelle. Et tout le vague à l'âme de cette société insatisfaite et bientôt mécontente est là, dans le charme subtil et troublant de ses personnages falots (1) qui passent, indifférents et gracieux, sous leurs déguisements d'Arlequins et de Colombines.

Le théâtre qui passionne le XVIIIe siècle, et en particulier le théâtre italien qui avait séduit Watteau par tout ce qu'il comportait de délicieuse fantaisie, est le principal élément de cette nouvelle peinture qui, avec Pater et Lancret, essaie de survivre à son créateur. Mais la grâce de *l'Escarpolette* de Pater, la légèreté de *la Camargo* de Lancret seront les dernières lueurs de ce genre exquis et fragile qui devait si vite céder à la médiocrité de la convention et de l'artifice.

L'homme du XVIIIe siècle : Fragonard

Fragonard (1732-1806) a tout essayé, a tout fait : il pourrait illustrer à lui seul toute l'histoire de la peinture au XVIIIe siècle. Son génie artistique puise aux sources les plus diverses, italiennes, hollandaises et même françaises, mais reste

---

(1) Insignifiants, sans personnalité.

pourtant profondément original et peut être considéré comme complet : dessinateur et peintre, il est un merveilleux luministe aussi bien qu'un prestigieux coloriste; sa sensibilité est commune à tous les hommes de son siècle, mais il lui donne la vivacité et la chaleur méditerranéennes; curieux de tout, il s'attache aussi bien au charme du corps féminin et à la sensualité des couleurs qu'aux créations de l'imagination et à l'abstraite gratuité de l'arabesque. Toute la complexité, riche et vivante, du XVIIIᵉ siècle est là. S'essayant à tous les sujets et à tous les thèmes, il passe successivement de la froide peinture d'histoire aux polissonneries de la peinture galante et, chose inattendue, il les délaisse enfin pour prêcher les bons sentiments dans le genre moralisateur. Sans doute faut-il déceler ici l'influence du mouvement littéraire et celle du mariage bourgeois qu'il venait de faire. Mais, à laisser se bousculer librement quelques-uns des titres de ses œuvres, on obtient une danse capricieuse qui ne manque pas de sel. *Le Grand Prêtre Corésus qui se sacrifie pour sauver Callirrhoé, les Hasards heureux de l'escarpolette, la Chemise enlevée, le Feu aux poudres, la Visite à la nourrice, la Bonne Mère, l'Heureuse Famille...* Cet apparent éclectisme révèle l'étonnante souplesse de son génie.

Fragonard ne sacrifia qu'un temps à l'académisme, le temps de se faire admettre au sein du temple officiel du goût. Peut-être en cela suivit-il le conseil que lui aurait donné Boucher, au sujet de Michel-Ange et de Raphaël : « Si tu prends ces gens-là au sérieux tu es un garçon foutu »... Il n'est pas moins vrai que les tableaux qu'il fait sur des sujets allégoriques ou légendaires ne lui semblent être, tout compte fait, que des prétextes à laisser tourbillonner son pinceau au rythme d'un tempérament exubérant. Selon les caprices de la mode, il se fit même portraitiste et paysagiste ! C'est ainsi que sa fantaisie créa d'admirables portraits, plus décoratifs, sans doute que ressemblants, mais auxquels les effets dramatiques donnent une vitalité originale et un dynamisme intense. Quant à ses paysages, leur extrême variété n'a pas fini de surprendre. Cependant, c'est dans la peinture du genre galant que Fragonard brilla le plus. Son extrême habileté à ne pas dépasser les limites du bon goût, son exquise délicatesse dans le traitement des sujets les plus osés, la fraîcheur délicieuse de ses femmes et la douceur lumineuse et fluide de ses coloris sauvent sa peinture de toute vulgarité et donnent à la sensualité qui s'en dégage des tonalités qui appartiennent à la vraie poésie.

D'une civilisation à l'autre

L'exubérante richesse d'inspiration et de facture des tableaux au XVIIIᵉ siècle fut taxée d'incohérence et de désordre par l'époque révolutionnaire qui vit dans un retour à l'antique la seule démarche possible pour retrouver l'équilibre et la mesure perdus. Ce retour à l'antique fut en même temps une redécouverte du classicisme français et l'on vit ressusciter Poussin dans le nouveau paysage, tandis que le souci d'une composition plus stricte et plus architecturale préoccupait l'artiste dans le domaine du portrait et de la peinture de genre. Mais, devenue sèche et froide, cette peinture finit par s'éloigner de plus en plus de l'esprit même du XVIIIᵉ siècle et enfin, avec David et les outrances de son esprit de système, se sclérosa en un triste exercice de style.

« Pensées détachées » de Diderot

Avec Diderot, une véritable révolution s'opère dans l'approche des chefs-d'œuvre artistiques : la critique subjective s'empare de l'Art, le discute, le juge. En outre, le XIXᵉ siècle s'annonce : déjà la couleur s'affirme comme aussi expressive que le dessin, l'harmonie comme plus vraie que l'exactitude réaliste. Enfin, et paradoxalement chez cet admirateur de la peinture moralisatrice, une intuition géniale lui fait pressentir l'existence d'une peinture qui ne serait que de la peinture, autrement dit, la totale autonomie de l'Art, ce qui colore d'une étonnante actualité ces pensées vieilles de deux siècles.

J'en demande pardon à Aristote; mais c'est une critique vicieuse que de déduire des règles exclusives des ouvrages les plus parfaits, comme si les moyens de plaire n'étaient pas infinis. Il n'y a presque aucune de ses règles que le génie ne puisse enfreindre avec succès. Il est vrai que la troupe des esclaves, tout en admirant, crie au sacrilège.

**

La tête d'un homme sur le corps d'un cheval nous plaît; la tête d'un cheval sur le corps d'un homme nous déplaira. C'est au goût à créer des monstres. Je me précipiterai peut-être entre les bras d'une sirène; mais si la partie qui est femme était poisson et celle qui est poisson était femme, je détournerais mes regards.

**

Tout morceau de sculpture ou de peinture doit être l'expression d'une grande maxime, une leçon pour le spectateur; sans quoi il est muet.

**

Eclairez vos objets selon votre soleil, qui n'est pas celui de la nature; soyez le disciple de l'arc-en-ciel, mais n'en soyez pas l'esclave.

**

Pourquoi l'art s'accommode-t-il si aisément des sujets fabuleux, malgré leur invraisemblance? C'est par la même raison que les spectacles s'accommodent mieux des lumières artificielles que du jour. L'art et ces lumières sont un commencement de prestige et d'illusion. Je penserais volontiers que les scènes nocturnes auraient sur la toile plus d'effet que les scènes du jour, si l'imitation en était aussi facile. Voyez à Saint-Nicolas-des-Champs, Jouvenet (1) ressuscitant le Lazare, à la lueur des flambeaux. Voyez sous le cloître des Chartreux, saint Bruno expirant à des lumières artificielles. J'avoue qu'il y a une convenance secrète entre la mort et la nuit, qui nous touche sans que nous nous en doutions. La résurrection en est plus merveilleuse, la mort en est plus lugubre.

**

Le silence accompagne la majesté. Le silence est quelquefois dans la foule des spectateurs; et le fracas est sur la scène. C'est en silence que nous sommes arrêtés devant les *Batailles* de Le Brun (2). Quelquefois, il est sur la scène; et le spectateur se met le doigt sur les lèvres et craint de le rompre.

**

Otez aux tableaux flamands et hollandais la magie de l'art, et ce seront des croûtes abominables. Le Poussin aura perdu toute son harmonie; et le *Testament d'Eudamidas* restera une chose sublime.

**

C'est la couleur qui attire, c'est l'action qui attache; ce sont ces deux qualités qui font pardonner à l'artiste les légères incorrections du dessin; je dis à l'artiste peintre, et non à l'artiste sculpteur. Le dessin est de rigueur en sculpture; un membre même faiblement estropié ôte à une statue presque tout son prix.

**

C'est un artifice fort adroit que d'emprunter d'un reflet cette demi-teinte, qui semble entraîner l'œil au-delà de la partie visible du contour. C'est bien alors une magie; car le spectateur sent l'effet, sans en pouvoir deviner la cause.

**

Vénus est plus blanche au milieu des trois Grâces que seule; mais cet éclat qu'elle en reçoit, elle le leur rend. Les reflets d'un corps obscur sont moins sensibles que les reflets d'un corps éclairé; et le corps éclairé est moins sensible aux reflets que le corps obscur.

LA MUSIQUE

Un ornement de la vie quotidienne   Ouvert à tous les agréments de la vie, sensible à tous ses charmes, le XVIIIe siècle offrait à la musique toutes les possibilités de s'épanouir. Elle tira parti de toutes les circonstances qui se présentaient alors : d'un auditoire beaucoup plus large, parce qu'il pouvait désormais s'étendre à toutes les classes de la société, des bonnes dispositions du roi et des grands, de l'universelle curiosité des philosophes, des prétentions culturelles des nouveaux riches et aussi des précieuses initiatives de quelques amateurs éclairés. Toute

(1) Peintre français (1644-1717), portraitiste et peintre religieux. — (2) Charles Lebrun (1619-1690). La série des *Batailles d'Alexandre* (Louvre) forme la partie principale de son œuvre.

l'atmosphère du siècle lui était donc favorable, et des horizons nouveaux lui étaient ouverts, grâce aux échanges culturels que la France multipliait avec l'étranger, l'Italie bien sûr, mais aussi les pays germaniques.

L'année 1725 marque une date dans l'aventure musicale française. Cette année-là, en effet, s'inaugure au Palais des Tuileries, dans la Salle des Suisses, une première saison officielle d'auditions musicales publiques. C'est Anne Danican Philidor qui en est le promoteur. Il s'engage alors à donner tous les ans trente-deux concerts spirituels composés d'œuvres instrumentales et vocales sur paroles latines. L'élan est donné; d'autres initiatives le prolongent. Les orchestres privés ne se comptent plus : la cour en a perdu l'exclusivité. Ils se font entendre chez Mme de Pompadour à Bellevue, chez la duchesse du Maine à Sceaux et dans les salons des grands, où des amateurs se plaisent à interpréter eux-mêmes à la flûte ou à la musette des airs faciles, bucoliques et pastoraux, dans le ton des bergeries littéraires. Parmi les fermiers généraux qui s'intéressent à la musique, La Poplinière fait figure de mécène et favorise les nouveautés. C'est chez lui qu'en 1750 paraît pour la première fois en France la clarinette. Aux instruments à corde de l'orchestre, le XVIIIᵉ siècle français ajoute ainsi les instruments à vent, flûte, cor, clarinette, hautbois, basson, révélés par l'orchestre de Mannheim, qui fait connaître en même temps aux Parisiens une musique de chambre allemande dont ils ignoraient l'existence.

L'individualisme grandissant du XVIIIᵉ siècle, qui incite au « culte de la personnalité » dans tous les domaines, met aussi en vedette le talent des virtuoses qui ajoute aux orchestres une note brillante, toute nouvelle, et fait naître chez le public ce rien d'angoisse et d'émotion dont il était friand, et qui le faisait frémir par de savantes prouesses techniques. Ainsi Jean-Marie Leclair chez le duc de Gramont.

Quand les littéraires interviennent

Si la musique religieuse se meurt (1) en ce siècle laïque, sceptique, anti-religieux, la musique profane devient un ornement essentiel de la vie culturelle et sociale et, à côté de la musique instrumentale, l'opéra continue d'évoluer. Mais bientôt naît une nouvelle forme de spectacle musical : l'opéra-comique qui, parallèlement au drame bourgeois et à la peinture moralisante, vient offrir aux sensibilités gourmandes des émotions délicieusement pathétiques. A l'origine de cette nouveauté, se trouvent les hommes de lettres, ces philosophes dramaturges qui ont lancé la mode de la sentimentalité et des larmes. Ces derniers ne se contentent pas d'influencer certains genres musicaux, ils veulent aussi discuter musique comme ils discutent politique, science et religion. C'est sans doute à cause de leur ignorance fondamentale en la matière, de leur esprit frondeur et quelquefois bêtement polémique que la musique française, discutée et critiquée d'une façon étroite en nombre de « querelles » qui l'opposaient à la musique italienne, s'affadit dangereusement, tomba dans le piège de la facilité et de l'outrance transalpines et connut la plus grande décadence de son histoire.

La France déclare la guerre à sa musique nationale

Il suffit de lire certains extraits de l'article que l'Encyclopédie consacre à la musique pour se rendre compte qu'il s'agit moins ici de définir le génie musical français que de démontrer qu'il n'existe pas, que la musique française ne vaut rien, parce qu'un Rameau (2) a osé lui reconnaître une certaine indépendance vis-à-vis de la littérature et des sentiments, en un mot vis-à-vis de la musique italienne. Étranger

---

(1) Bien que l'on continue à la jouer, elle n'intéresse plus ou guère les compositeurs. —
(2) Voir pp. 243-245.

à l'harmonie et à ses exigences mathématiques, Diderot l'attaque avec agressivité et rancœur et lui oppose une musique facile et sentimentale. Ainsi, au sujet de « nos opéras modernes » :

— Quoi ! ce chaos, cette confusion de parties, cette multitude d'instruments différents qui semblent s'insulter l'un l'autre, ce fracas d'accompagnements qui étouffent les voix sans les soutenir, tout cela fait-il donc les véritables beautés de la musique? Est-ce de là qu'elle tire sa force et son énergie? Il faudrait donc que la musique la plus harmonieuse fût en même temps la plus touchante. Mais le public a assez appris le contraire. Considérons les Italiens, nos contemporains, dont la musique est la meilleure, ou plutôt la seule bonne de l'univers, au jugement unanime de tous les peuples, excepté des Français qui lui préfèrent la leur. Voyez quelle sobriété dans les accords, quel choix dans l'harmonie! Ces gens-là ne s'avisent point de mesurer au nombre des parties l'estime qu'ils font d'une musique; proprement leurs opéras ne sont que des duos et toute l'Europe les admire et les imite. Ce n'est certainement pas à force de multiplier les parties de leur musique que les Français parviendront à la faire goûter aux étrangers.

...(Dans la musique ancienne), les voix chantaient sans se forcer, les instruments ne miaulaient point sans cesse aux environs du chevalet (1); les sons faux et sourds qu'on tire du démanché (2), les glapissements d'une voix qui s'excède, sont-ils faits pour émouvoir le cœur? L'ancienne musique savait l'attendrir en flattant les oreilles; la nouvelle, en les écorchant, ne fera jamais qu'étonner l'esprit.

Il n'est pas nécessaire d'être connaisseur pour goûter du plaisir lorsqu'on entend de la bonne musique, il suffit d'être sensible; la connaissance et l'amour, ou le goût qui les suivent de près, peuvent augmenter ce plaisir mais ne le font pas tout : dans bien des cas, au contraire, ils le diminuent; l'art nuit à la nature...

Rousseau qui, fier de son *Devin de Village*, se piquait de musique (3), aggrava encore le cas des philosophes par ses raisonnements partiaux et ses affirmations gratuites. Dans sa violente *Lettre sur la Musique française* (1753), il n'hésita pas à dénier tout sens musical aux Français, à condamner leurs plus grands compositeurs et à s'ériger en professeur, dispensant conseils et méthodes aux musiciens de son temps.

Il parle ici des fugues :

... imitations, doubles desseins et autres beautés arbitraires et de pure convention, qui n'ont presque de mérite que la difficulté vaincue, et qui toutes ont été inventées dans la naissance de l'art pour faire briller le savoir, en attendant qu'il fût question de génie...
Tout cela n'aboutit qu'à faire du bruit, ainsi que la plupart de nos chœurs si admirés, est également indigne d'occuper la plume d'un homme de génie et l'attention d'un homme de goût. A l'égard des contrefugues, doubles fugues, fugues renversées, basses contraintes et autres sottises difficiles que l'oreille ne peut souffrir et que la raison ne peut justifier, ce sont évidemment des restes de barbarie et de mauvais goût qui ne subsistent, comme les portails de nos églises gothiques, que pour la honte de ceux qui ont eu la patience de les faire.

Plus loin :

S'il m'est permis de vous dire naturellement ma pensée, je trouve que plus notre musique se perfectionne en apparence et plus elle se gâte en effet. Il était peut-être nécessaire qu'elle vînt au point où elle est pour accoutumer insensiblement nos oreilles à rejeter les préjugés de l'habitude et à goûter d'autres airs que ceux dont nos nourrices nous ont endormis; mais je prévois que, pour la porter au très médiocre degré de bonté dont elle est susceptible, il faudra tôt ou tard commencer par redescendre ou remonter au point où Lulli l'avait mise.

Au sujet des opéras modernes :

Le caractère traînant de la langue, le peu de flexibilité de nos voix et le ton lamentable qui règne perpétuellement dans notre opéra, mettent presque tous les monologues français sur un mouvement lent; et comme la mesure ne s'y fait sentir ni dans le chant, ni dans la basse, ni dans l'accompagnement, rien n'est si traînant, si lâche, si languissant, que ces beaux monologues que tout le monde admire en bâillant : ils voudraient être tristes, et ne sont qu'ennuyeux; ils voudraient toucher le cœur, et ne font qu'affliger les oreilles.

---

(1) Support des cordes d'un violon. — (2) Action d'avancer la main près de corps du violon. — (3) Il avait pratiqué par intermittence, tout au long de sa vie, le métier de « copieur de musique », avait mis au point une réforme du système de notation musicale et entrepris de rédiger un *Dictionnaire de musique*.

Enfin, pour conclure sur cette musique « méthodique, composée, mais sans génie, sans invention et sans goût », Rousseau achève sa *Lettre* par ce paragraphe, dont le ton véhément et catégorique peut prêter à sourire :

Je crois avoir fait voir qu'il n'y a ni mesure, ni mélodie dans la musique française, parce que la langue n'en est pas susceptible; que le chant français n'est qu'un aboiement continuel, insupportable à toute oreille non prévenue; que l'harmonie en est brute, sans expression et sentant uniquement son remplissage d'écolier; que les airs français ne sont point des airs; que le récitatif français n'est point du récitatif. D'où je conclus que les Français n'ont point de musique et n'en peuvent avoir ou que, si jamais ils en ont une, ce sera tant pis pour eux.

La Révolution engagera la musique française dans une voie nouvelle. Il ne s'agira plus ici de génies ou de talents. La musique n'appartient plus qu'à l'actualité politique qu'elle commente ou qu'elle célèbre; les chants patriotiques, vulgaires souvent et toujours grandiloquents, sont faits pour soulever les masses (1). La musique, en tant qu'art, a cessé de vivre; en descendant dans la rue, elle n'est devenue qu'un instrument de propagande. Mais tout n'est pas perdu : en 1795, est créé un Institut National de Musique. Cet institut, qui deviendra en 1831 l'actuel Conservatoire National de Musique, est le signe d'une future renaissance.

La musique instrumentale : la naissance de l'orchestre moderne

L'orchestre moderne naît au XVIIIe siècle. En 1777, il groupera violons, alti, violoncelles, contrebasses, flûtes, hautbois, clarinettes, bassons, cors, trompettes, timbales, jusqu'à 77 musiciens, ce qui explique la richesse des compositions instrumentales de l'époque. Trois grands genres se les partagent : la Sonate, le Concerto, la Symphonie.

Dès la fin du XVIIe siècle, la Sonate, dérivée des « suites » — ou arrangements de danses à la mode — avait trouvé son caractère définitif de composition pour un, deux ou trois instruments en plusieurs mouvements. Puis au XVIIIe siècle, sous l'influence italienne, ces mouvements au nombre de quatre ont le plus souvent la disposition suivante : une introduction lente suivie de trois mouvements, vif, lent, vif. Ce sont les violonistes italiens qui, alors, illustrent le plus brillamment ce genre musical et semblent même en détenir le monopole. Cependant, un Français réussit à s'imposer : c'est Jean-Marie Leclair (1697-1764). Ce virtuose du violon eut la chance de beaucoup voyager, et c'est sans doute le contact direct qu'il put prendre à Turin avec la musique italienne qui lui donna l'occasion d'établir des rapports concrets et fructueux entre les réalisations transalpines et les tâtonnements français, et d'en faire le point. C'est ainsi qu'il conduisit la sonate française à son point de perfection, dans sa structure comme dans sa richesse intérieure, la faisant bénéficier de l'expérience italienne, dans la mesure où cette dernière pouvait l'aider à se révéler à elle-même, tout en lui conservant ainsi une originalité authentique. Ses sonates pour un, deux, trois violons en sont le plus bel exemple. Les hardiesses que lui inspiraient sa parfaite technique et sa sensibilité profonde et passionnée permettaient ainsi à Leclair des allegros et des fugues aussi brillantes qu'audacieuses en même temps que des adagios et des arias déjà romantiques. Mais, bien tôt, lavogue des instruments à claviers, du clavecin — pour lequel d'ailleurs Rameau composa tant de pièces célèbres — et du piano-forte, à cordes frappées, qui allait bientôt détrôner le clavecin et devenir le père de notre piano moderne, fit pâlir l'étoile du violon, auquel pendant longtemps on n'attribua plus qu'un rôle subalterne d'accompagnateur.

---

(1) Voir p. 271.

Pour Jean-Marie Leclair, exécutant soliste, les instruments en soi n'avaient pas de secret et comme, d'autre part, il possédait en profondeur le génie et la science de l'orchestration, il n'est pas étonnant qu'il ait été séduit par la forme du concerto. Il en composa un grand nombre pour violon, et ceux-là, avec son concerto pour flûte, sont sans doute parmi les plus beaux et les plus originaux du XVIIIᵉ siècle, grâce à leur lyrisme passionné. Ces concertos, opposant un instrument soliste à l'orchestre, sont donc très éloignés de ces « concerts » ou « musique d'ensemble » d'où ils tirent leur origine. Leur structure en trois mouvements est déjà proche au contraire de celle qui deviendra avec Mozart la structure type du concerto : deux mouvements rapides encadrant un mouvement lent.

Cette époque brillante de la musique française, qui voyait les orchestres s'agrandir de plus en plus, favorise les premières ébauches de la symphonie moderne, issue sans doute des ouvertures d'opéra et de la sonate à trois. Guignon (1702-1774) composa des *Concerts de Symphonies* et avec lui d'autres musiciens comme Gossec, Blainville et Michel Corette. De ces œuvres essentiellement orchestrales, naît la Symphonie concertante qui lui emprunte ses tutti comme elle emprunte au concerto l'intervention de solistes. Forme hybride qui ne manquait pas de séductions, elle fut exploitée par nombre de musiciens français et c'est à Paris que Mozart devait la découvrir.

La révolution de Rameau : l'opéra

Comme Lulli, Jean-Philippe Rameau (1683-1764), organiste, claveciniste, compositeur de cantates et de motets, vient très tard au théâtre. Ses tragédies lyriques sont encore assez proches de celles du Florentin et, comme elles, pêchent quelquefois par un certain excès d'ornements et de divertissements qui nuisent à leur unité et à la cohérence de leurs intrigues. Cependant, avec lui, l'opéra évolue, non seulement sur le plan du spectacle, où grâce à l'importance donnée aux décors et aux ballets il devient « une vaste synthèse décorative où collaborent tous les arts; fête des sons, des couleurs, des mouvements rythmés, enchantement des oreilles et des yeux » (Paul Hazard), mais surtout sur le plan proprement musical. Rameau, dans ses opéras, attribue un rôle nouveau à la musique. Elle devient plus autonome et indépendante et elle éveille l'attention du spectateur, tout autant que le livret qui mettait autrefois le texte et l'action au premier plan. Elle commence à prendre dans l'œuvre la place qui lui sera assignée par le génie de Mozart. C'est à ce dernier, en effet, que nous devons la conception d'une musique d'opéra enfin libérée : elle est seulement le contrepoint du drame et peut librement mettre en œuvre son indicible pouvoir émotif; elle ne trahit pas le fil conducteur de l'action, mais peut au contraire en évoquer les idées et les sentiments avec vigueur, dans la mesure où elle n'a plus la seule fonction d'accompagnement qu'on lui assignait jusqu'alors et utilise spontanément toutes ses ressources.

En ce siècle de discussions et de polémiques d'une part, d'hommes tendres et sentimentaux d'autre part, une théorie si nouvelle fondée sur une science profonde, mathématique, de l'harmonie ne pouvait que déclencher une petite révolution. Aussi toutes les publications de Rameau, exposés et démonstrations rencontrèrent une farouche opposition de la part des dévots de la musique italienne qui crurent lancer contre lui l'anathème en le traitant de « géomètre », autrement dit d'intellectuel sclérosé. Rameau ne resta pas insensible aux attaques et aux sarcasmes. Dans cette lettre à Houdart de la Motte (1727), nous le voyons s'insurger contre ceux qui prétendaient réduire la musique à l'expression spontanée de sentiments, et défendre sa propre conception musicale qui est déjà étrangement moderne : la musique est une science inséparable de l'enthousiasme créateur, car l'harmonie soutient toute expression musicale de qualité.

Quelques raisons que vous ayez, monsieur, pour ne pas attendre de ma musique théâtrale un succès aussi favorable que celle d'un auteur plus expérimenté en apparence dans ce genre de musique, permettez-moi de les combattre et de justifier en même temps la prévention où je suis en ma faveur, sans prétendre tirer de ma science d'autres avantages que ceux que vous sentirez aussi bien que moi devoir être légitimes. Qui dit un savant musicien, entend ordinairement par là un homme à qui rien n'échappe dans les différentes combinaisons des notes; mais on le croit en même temps tellement absorbé dans ces combinaisons, qu'il y sacrifie tout, le bon sens, le sentiment, l'esprit et la raison. Or ce n'est là qu'un musicien de l'école, école où il n'est question que de notes, et rien de plus; de sorte qu'on a raison de lui préférer un musicien qui se pique moins de science que de goût. Cependant celui-ci dont le goût n'est formé que par des comparaisons à la portée de ses sensations, ne peut tout au plus exceller que dans de certains genres, je veux dire dans des genres relatifs à son tempérament. Est-il naturellement tendre? il exprime bien la tendresse; son caractère est-il vif, enjoué, badin, etc.? sa musique y répond pour lors; mais sortez-le de ces caractères qui lui sont naturels, vous ne le reconnaissez plus. D'ailleurs, comme il tire tout de son imagination, sans aucun secours de l'art, par ses rapports avec ces expressions, il s'use à la fin. Dans son premier feu, il était tout brillant; mais ce feu se consume à mesure qu'il veut le rallumer et l'on ne trouve plus chez lui que des redites ou des platitudes.

Il serait donc à souhaiter qu'il se trouvât pour le théâtre un musicien qui étudiât la nature avant que de la peindre et qui, par sa science, sût faire le choix des couleurs et des nuances dont son esprit et son goût lui auraient fait sentir le rapport avec les expressions nécessaires. Je suis bien éloigné de croire que je sois ce musicien, mais du moins j'ai au-dessus des autres la connaissance des couleurs et des nuances, dont ils n'usent à propos que par hasard. Ils ont du goût et de l'imagination mais le tout est borné dans le réservoir de leurs sensations, où les différents objets se réunissent en une petite portion de couleurs aussi, au-delà desquelles ils n'aperçoivent plus rien. La nature ne m'a pas tout à fait privé de ses dons, et je ne me suis pas livré aux combinaisons des notes jusqu'au point d'oublier leur liaison intime avec le beau naturel qui suffit seul pour plaire, mais qu'on ne trouve pas facilement dans une terre qui manque de semences et qui a fait surtout ses derniers efforts. Informez-vous de l'idée qu'on a de deux cantates, qu'on m'a prises depuis une douzaine d'années, et dont les manuscrits sont tellement répandus en France que je n'ai pas cru devoir les faire graver, puisque j'en pourrais être pour les frais, à moins que je n'y en joignisse quelques autres, ce que je ne puis faire faute de paroles; l'une a pour titre l'Enlèvement d'Oritie : il y a du récitatif et des airs caractérisés; l'autre a pour titre Thétis, où vous pourrez remarquer le degré de colère que je donne à Neptune et à Jupiter, selon qu'il appartient de donner plus de sang-froid ou plus de possession à l'un qu'à l'autre, et selon qu'il convient que les ordres de l'un et l'autre soient exécutés. Il ne tient qu'à vous de venir entendre comment j'ai caractérisé le chant et la danse des Sauvages qui parurent sur le Théâtre-Italien, il y a un ou deux ans, et comment j'ai rendu ces titres, Les Soupirs, Les Tendres Plaintes, Les Cyclopes, Les Tourbillons (c'est-à-dire les tourbillons de poussière excités par de grands vents), L'Entretien des Muses, Une Musette, Un Tambourin, etc. Vous verrez pour lors que je ne suis pas novice dans l'art et qu'il ne paraît pas surtout que je fasse grande dépense de ma science dans mes productions, où je tâche de cacher l'art par l'art même; car je n'y ai en vue que les gens de goût et nullement les savants puisqu'il y en a beaucoup de ceux-là et qu'il n'y en a presque point de ceux-ci. Je pourrais encore vous faire entendre des motets à grand chœur où vous reconnaîtriez si je sens ce que je veux exprimer. Enfin en voilà assez pour vous faire faire des réflexions. Je suis avec toute la considération possible, monsieur, votre très humble et très obéissant serviteur.

Paris, 15 octobre 1727

Tous les opéras de Rameau, que ce soient des tragédies comme *Hippolyte et Aricie*, des comédies comme *Platée*, ou *la Princesse de Navarre*, des opéras-ballets comme *les Indes galantes*, *les Fêtes d'Hébé*, ou *le Temple de la Gloire*, ou simplement des œuvres brèves comme *Pygmalion*, *les Sybarites* ou *Anacréon*, tirent leur véritable grandeur, non de leurs effets purement spectaculaires, mais de leur splendeur symphonique : les ouvertures, les passages descriptifs, les commentaires lyriques des états d'âme des personnages, enfin les symphonies de danses brillantes, variées à l'infini et toujours expressives, font oublier la médiocrité des livrets et font ressortir par contraste l'étonnant génie d'un musicien authentique.

Sachons gré à Voltaire de réhabiliter à nos yeux l'esprit critique des philosophes du XVIIIᵉ siècle en matière de musique, dans cette lettre en date du 11 septembre 1735 où, admettant le principe d'une évolution de l'ouïe, il fait de la musique de Rameau une étape inéluctable de l'histoire de la musique.

On dit que, dans *les Indes (les Indes galantes)*, l'opéra de Rameau pourrait réussir. Je crois que la profusion de ses doubles croches peut révolter les Lullistes; mais, à la longue, il faudra bien que le goût de Rameau devienne le goût dominant de la nation, à mesure qu'elle sera plus savante. Les oreilles se forment petit à petit. Trois ou quatre générations changent les organes d'une nation. Lulli nous a donné le sens de l'ouïe que nous n'avions point, mais les Rameau le perfectionneront. Vous m'en donnerez des nouvelles dans cent cinquante ans d'ici.

Une invention de la sensibilité française : l'opéra-comique

Cependant, que la musique de Rameau fût bonne ou ne le fût pas, le fait est qu'elle ne comblait pas l'attente du public parisien, qui venait au théâtre moins pour entendre de la belle musique que pour satisfaire les obscurs désirs d'une sensibilité maladive. Cette sensibilité, que la noble convention de la tragédie musicale ne touchait plus, était surtout avide de « vraisemblable » pathétique et de sentimentalité « vécue ». Il lui fallait une nouvelle forme de théâtre lyrique qui fût à sa portée et qui pût lui offrir d'abord une musique simple et facile, où la parole eût sa place à côté du chant, une intrigue avant tout sentimentale, où le ton fût non plus tragique mais pathétique, enfin des personnages cessant d'être nobles pour lui ressembler : en un mot un « drame bourgeois » lyrique. C'est ainsi que ce public fit un accueil enthousiaste, délirant à l'opéra-comique, ce genre nouveau fait pour lui qui, typiquement français, pourrait à lui seul illustrer toute une phase de l'histoire de la sensibilité en France. Il acquit d'ailleurs très vite ses lettres de noblesse et en 1781, Favart prit la direction d'un théâtre fait pour lui : le Théâtre de l'Opéra-Comique. Nombre de musiciens se mirent alors à composer les pièces que ce genre nouveau réclamait : pièces hybrides mi-lyriques, mi-dramatiques, toujours chargées d'émotions. Certaines d'entre elles furent des manières de chefs-d'œuvre, comme *le Déserteur* de Monsigny, et tout le monde applaudissait Favart, Laruette, qui fut aussi un des créateurs de l'opérette, Grétry, formé à l'école liégeoise, et tant d'autres. Mais l'Opéra-Comique, malgré l'intelligence certaine du même Grétry, malgré son immense succès, ne pouvait aspirer au grand art; en se voulant coûte que coûte fidèle à une réalité médiocre ou simpliste, sentimentale ou touchante, il se condamna lui-même à demeurer au rang des petits genres.

Gluck et la réforme de l'opéra français

L'Opéra-Comique eut toutefois une influence constructive : il entraîna la réforme de l'opéra. Ce fut un étranger, le compositeur allemand Gluck (1714-1787), qui se chargea de transformer l'opéra français. Diplomate, il sut admirer *le Devin de Village* de Rousseau et ainsi s'attirer la sympathie du plus grand ennemi de la musique française. Par ailleurs, il s'attira celle de la reine et enfin surtout celle d'un public qu'il honorait en lui exposant ses théories en des épîtres et des préfaces. *Alceste, Iphigénie en Aulide, Orphée*, comme toutes ses pièces, illustrent sa conception originale de l'opéra : on y remarque justement une plus grande fusion entre la musique et l'intrigue, laquelle devient plus rigoureuse et plus dramatique, et une plus grande simplicité de structure, grâce à l'absence de ces ornements gratuits et inutiles que l'on trouvait chez Lulli et Rameau. Avec Gluck, l'opéra, moins grave que la tragédie lyrique lulliste et plus sage que l'opéra-spectacle de Rameau, gagne en souplesse et en pureté. C'est sans doute pour cela que Gluck fut combattu par ces mêmes amateurs de l'outrance italienne — Rousseau mis à part — qui naguère encore attaquaient Rameau. Accusé de n'être pas assez italianisant, il dut quitter Paris.

Voici toute la réforme de Gluck, dans l'apologie de son *Alceste* qu'il adresse au Grand-Duc de Toscane (1). Cette pièce, jouée sans succès à Paris, avait recueilli à Vienne tous les suffrages.

Lorsque j'entrepris d'écrire la musique de l'*Alceste,* je me proposai de la dépouiller entièrement de tous ces abus qui, introduits soit par la vanité mal entendue des chanteurs, soit par une complaisance exagérée des maîtres, défigurent depuis longtemps l'opéra italien, et font du plus pompeux et du plus beau de tous les spectacles une chose ridicule et ennuyeuse. Je voulus réduire la musique à son véritable but, qui est de fortifier la poésie par une expression nouvelle, de rendre plus saisissantes les situations de la fable, sans interrompre l'action, sans même la refroidir avec des ornements inutiles. Je pensai que la musique devait être au poème ce que sont à un dessin correct et bien agencé la vivacité des couleurs et le contraste bien ménagé des lumières et des ombres qui servent à animer les figures sans en altérer les contours.

Je n'ai pas voulu arrêter l'acteur dans la chaleur du dialogue pour attendre une insipide ritournelle, ni couper un mot pour le retenir sur une voyelle favorable, pour faire valoir dans un long passage l'agilité de sa belle voix; je n'ai pas compris non plus que l'orchestre par une cadence donnât le temps au chanteur de reprendre haleine. Je n'ai pas cru devoir glisser rapidement sur la seconde partie d'un air, peut-être la plus passionnée et la plus importante, répéter quatre fois les paroles de la première partie, et terminer l'air, bien que le sens ne soit pas complet, afin de permettre au chanteur de varier capricieusement l'air de plusieurs manières. En somme,

j'ai cherché à bannir de la musique tous ces abus contre lesquels protestent en vain le bon sens et la raison.

J'ai pensé que l'ouverture devait éclairer les spectateurs sur l'action et en être pour ainsi dire l'argument, la préface; que la partie instrumentale devait se mesurer à l'intérêt et à la passion des situations; qu'il ne fallait pas permettre qu'une coupure disparate entre l'air et le récitatif vînt tronquer à contresens la période et enlever à l'action sa force et sa chaleur.

J'ai cru, en outre, que tout mon travail devait tendre à la recherche d'une noble simplicité, évitant de faire ostentation de difficultés au préjudice de la clarté; la découverte de quelque nouveauté ne m'a semblé précieuse qu'autant qu'elle était d'accord avec la situation; enfin il n'y a pas de règle que je n'aie cru devoir sacrifier de plein gré en faveur de l'effet.

Tels sont mes principes. Par un sort heureux, le libretto se prêtait à merveille à mes desseins; le célèbre auteur (2), imaginant un plan de drame tout nouveau, avait substitué aux descriptions fleuries, aux comparaisons superflues, aux sentencieuses et froides moralités, le langage du cœur, les passions fortes, les situations intéressantes, et un spectacle toujours varié. Le succès a justifié mes principes, et l'approbation générale que j'ai recueillie dans une ville aussi éclairée (3) m'a fait voir sûrement que la simplicité, la vérité et le naturel sont les seules règles du beau dans toutes les productions artistiques.

LES LETTRES

LES SYMPTOMES DE L'ESPRIT NOUVEAU (1715-1734)

De 1715 à 1734, toutes les formes classiques subsistent et les mêmes genres littéraires restent à l'honneur : la tragédie, la comédie, le roman; mais la critique et la satire se développent et s'étendent à tous les domaines, et l'esprit nouveau touche la politique, la société, la religion même.

LESAGE

Sa vie et son œuvre   Alain-René Lesage naquit à Sarzeau (Morbihan) en 1668.
     Il fit de bonnes études au Collège des jésuites de Vannes, mais, orphelin dès l'âge de quinze ans, il fut obligé de gagner sa vie. Devenu avocat comme

---

(1) La traduction de cette épître est de G. de Chacé. — (2) Le bailli de Rollet qui avait écrit le livret de l'*Alceste.* — (3) Vienne.

son père, il abandonna bientôt le barreau pour tenter de vivre de sa plume. Il traduisit d'abord un grand nombre de romans picaresques (1) et de pièces espagnoles, puis composa lui-même *Crispin rival de son maître* (1707) et *Turcaret* (1708), comédies de mœurs dont la vigueur, comparable à celle des grandes pièces de Molière, fit scandale. Il revint au roman avec *Gil Blas de Santillane*, publié en 1715 (1re partie), 1724 (2e partie) et 1735 (dernière partie). Il rédigea, pour vivre, de nombreuses études, des vaudevilles, des traductions et des romans dont le picaresque *Bachelier de Salamanque*, frère spirituel de Gil Blas. Il mourut en 1747.

TURCARET

Turcaret, ancien laquais devenu riche à force de spéculations malhonnêtes, est resté le type du financier parvenu, impitoyable avec les faibles, ridicule et désarmé devant plus rusé que lui, caricature en laquelle le peuple, écrasé de charges, reconnaît aisément les commis « fermiers » ou « partisans » des Compagnies chargées du recouvrement des impôts.

La scène 5 de l'acte III met face à face — en présence de la Baronne que courtise Turcaret — le Marquis, jeune libertin dépensier et insolent, qui ne manque ni de classe ni de perspicacité, et Turcaret, vexé de se voir percé à jour, mais très humble devant un gentilhomme.

Le Marquis, à part

Je parie que je ne trouverai point encore ici le chevalier (2).

M. Turcaret, à part

Ah ! Morbleu ! c'est le marquis de la Tribaudière... La fâcheuse rencontre.

Le Marquis, à part

Il y a près de deux jours que je le cherche. (Apercevant M. Turcaret.) Eh ! que vois-je... Oui... non... pardonnez-moi.... Justement... c'est lui-même, M. Turcaret. (A la baronne.) Que faites-vous de cet homme-là, madame ? Vous le connaissez ? Vous empruntez sur gages ? Palsambleu ! il vous ruinera.

La Baronne

Monsieur le marquis...

Le Marquis, l'interrompt

Il vous pillera, il vous écorchera ; je vous en avertis. C'est l'usurier le plus juif ; il vend son argent au poids de l'or.

M. Turcaret, à part

J'aurais mieux fait de m'en aller.

La Baronne, au marquis

Vous vous méprenez, monsieur le marquis ; M. Turcaret passe dans le monde pour un homme de bien et d'honneur.

Le Marquis

Aussi l'est-il, madame, aussi l'est-il. Il aime le bien des hommes et l'honneur des femmes. Il a cette réputation-là.

M. Turcaret

Vous aimez à plaisanter, monsieur le marquis... (A la baronne.) Il est badin, madame, il est badin. Ne le connaissez-vous pas sur ce pied-là ?

La Baronne

Oui, je comprends bien qu'il badine, ou qu'il est mal informé.

Le Marquis

Mal informé ! Morbleu ! madame, personne ne saurait vous en parler mieux que moi : il a de mes nippes actuellement.

M. Turcaret

De vos nippes, monsieur ? Oh ! je ferais bien serment du contraire.

Le Marquis

Ah ! parbleu ! vous avez raison. Le diamant est à vous à l'heure qu'il est, selon nos conventions ; j'ai laissé passer le terme.

La Baronne

Expliquez-moi tous deux cette énigme.

M. Turcaret

Il n'y a point d'énigme là-dedans, madame. Je ne sais ce que c'est.

Le Marquis, à la baronne

Il a raison, cela est fort clair, il n'y a point d'énigme. J'ai eu besoin d'argent il y a quinze mois. J'avais un brillant de cinq cents louis ; on m'adressa à M. Turcaret. M. Turcaret me renvoya à un de ses commis, à un certain M. Ra... Ra... Rafle. C'est celui qui tient son bureau

---

(1) Le roman picaresque, roman d'aventures, mouvementé et pittoresque, était né en Espagne au xvie siècle. — (2) Petit-Maître dont la baronne est amoureuse et qui lui emprunte sans cesse de l'argent.

d'usure. Cet honnête M. Rafle me prêta sur ma bague onze cent trente-deux livres six sols huit deniers. Il me prescrivit un temps pour la retirer. Je ne suis pas fort exact, moi : le temps est passé : mon diamant est perdu.

M. Turcaret

Monsieur le marquis, monsieur le marquis, ne me confondez point avec M. Rafle, je vous prie. C'est un fripon que j'ai chassé de chez moi. S'il a fait quelque mauvaise manœuvre, vous avez la voie de la justice. Je ne sais ce que c'est que votre brillant; je ne l'ai jamais vu ni manié.

Le Marquis

Il me venait de ma tante; c'était un des plus beaux brillants; il était d'une netteté, d'une forme d'une grosseur à peu près comme... (Regardant le diamant de la baronne.) Eh! le voilà, madame! Vous vous en êtes accommodée avec M. Turcaret, apparemment?

La Baronne, au marquis

Autre méprise, monsieur, je l'ai acheté, assez cher même, d'une revendeuse à la toilette.

Le Marquis

Cela vient de lui, madame. Il a des vendeuses à sa disposition, et à ce qu'on dit, même dans sa famille.

M. Turcaret

Monsieur! monsieur!

La Baronne, au marquis

Vous êtes insultant, monsieur le marquis.

Le Marquis

Non, madame, mon dessein n'est pas d'insulter : je suis trop serviteur de M. Turcaret, quoiqu'il me traite durement. Nous avons eu autrefois ensemble un petit commerce d'amitié. Il était laquais de mon grand-père; il me portait sur ses bras. Nous jouions tous les jours ensemble; nous ne nous quittions presque point. Le petit ingrat ne s'en souvient plus.

M. Turcaret

Je me souviens... je me souviens... Le passé est passé; je ne songe qu'au présent.

MARIVAUX

Sa vie   Pierre Carlet de Chamblain de Marivaux, né à Paris en 1688, vécut à Riom et à Limoges, puis revint à Paris, fut reçu dans les salons à la mode de Mme de Lambert, Mme de Tencin, Mme Geoffrin (1), fréquenta La Motte, Fontenelle, Helvétius et commença tôt à écrire des romans, des parodies des anciens et des articles pour *le Nouveau Mercure*.

Après 1720, ruiné par la banqueroute de Law, il cherche à vivre de sa plume, fait des publications diverses mais surtout compose des comédies originales : *le Jeu de l'amour et du hasard* (1730), *la Double Inconstance* (1723), *les Fausses Confidences* (1737), *l'Épreuve* (1740), où il étudie avec beaucoup de finesse et de précision les sentiments amoureux. Il fait jouer ses pièces de préférence au théâtre des Italiens. Après avoir donné des farces improvisées, ceux-ci avaient monté des spectacles plus raffinés, tout en gardant la vie, la liberté et la fantaisie de leurs origines. Marivaux écrivit pour eux, et prit leurs propres « types » pour personnages : Silvia, Colombine, Arlequin, Gilles. Sa principale et meilleure interprète sera Zanetta Benozzi, pour qui il éprouve une très grande admiration. Il écrit aussi deux romans importants : *la Vie de Marianne*, publiée de 1731 à 1741 et *le Paysan parvenu*, publié en 1735 et 1736, où il étudie avec beaucoup de vérité les mœurs contemporaines à travers des personnages vivants et concrets. En 1742, il avait été élu à l'Académie. Il meurt, un peu oublié, en 1763.

L'originalité de Marivaux   Cet oubli est étrange; l'unité de l'œuvre de Marivaux est peut-être le symbole de ce que le XVIIIᵉ siècle, en psychologie, en littérature et en art, a de plus séduisant : l'élégance aisée des personnages, si proches de Watteau, l'équilibre instable, mais délicieux, des sentiments que Rousseau

---

(1) Voir p. 221.

détruira, une modération morale aussi éloignée du rigorisme que du libertinage. Enfin, la délicatesse de l'expression, appuyée sur le mot juste et l'harmonie subtile de la phrase, épouse toutes les nuances des sentiments.

Le mot « marivaudage (1) », qui fut alors péjoratif, mais qui en réalité exprimait bien tout ce que cette analyse raffinée de la complexité du cœur avait d'original, est devenu le symbole d'un monde charmant et menacé que Musset et Giraudoux ranimeront et perpétueront jusqu'à nous.

LE JEU DE L'AMOUR ET DU HASARD

Silvia, déguisée en soubrette, éprouve une vive attirance pour Arlequin, qui par bonheur n'est autre que Dorante, le fiancé qu'on lui destine; elle ignore qu'il s'est travesti en valet (II, 7).

Marivaux analyse avec une extrême délicatesse les émotions de l'amour naissant, l'agacement de la jeune fille qui ne veut pas admettre la réalité de ses sentiments, puis les excuses qu'elle se donne naïvement à elle-même, dans le monologue de la scène 8.

Silvia

Je vous trouve admirable de ne pas le renvoyer tout d'un coup et de me faire essuyer les brutalités de cet animal-là.

Lisette

Pardi! Madame, je ne puis pas jouer deux rôles à la fois : il faut que je paraisse ou la maîtresse ou la suivante, que j'obéisse ou que j'ordonne.

Silvia

Fort bien; mais puisqu'il n'y est plus, écoutez-moi comme votre maîtresse. Vous voyez bien que cet homme-là ne me convient point.

Lisette

Vous n'avez pas eu le temps de l'examiner beaucoup.

Silvia

Êtes-vous folle avec votre examen? Est-il nécessaire de la voir deux fois pour juger du peu de convenance? En un mot, je n'en veux point. Apparemment que mon père n'approuve pas la répugnance qu'il me voit, car il me fuit et ne me dit mot; dans cette conjoncture, c'est à vous à me tirer tout doucement d'affaire en témoignant adroitement à ce jeune homme que vous n'êtes pas dans le goût de l'épouser.

Lisette

Je ne saurais, Madame.

Silvia

Vous ne sauriez? Et qu'est-ce qui vous en empêche?

Lisette

M. Orgon me l'a défendu.

Silvia

Il vous l'a défendu! Mais je ne reconnais point mon père à ce procédé-là!

Lisette

Positivement défendu.

Silvia

Eh bien! je vous charge de lui dire mes dégoûts, et de l'assurer qu'ils sont invincibles; je ne saurais me persuader qu'après cela il veuille pousser les choses plus loin.

Lisette

Mais, Madame, le futur, qu'a-t-il donc de si désagréable, de si rebutant?

Silvia

Il me déplaît, vous dis-je, et votre peu de zèle aussi.

Lisette

Donnez-vous le temps de voir ce qu'il est, voilà tout ce qu'on vous demande.

Silvia

Je le hais assez, sans prendre du temps pour le haïr davantage.

Lisette

Son valet, qui fait l'important, ne vous aurait-il point gâté l'esprit sur son compte?

Silvia

Hum! la sotte! son valet a bien affaire ici!

Lisette

C'est que je me méfie de lui, car il est raisonneur.

Silvia

Finissez vos portraits, on n'en a que faire. J'ai soin (2) que ce valet me parle peu, et dans le peu qu'il m'a dit, il ne m'a jamais rien dit que de très sage.

---

(1) Synonyme de complications, sentiments affectés et préciosité verbale. — (2) Soucis.

Lisette

Je crois qu'il est homme à vous avoir conté des histoires maladroites pour faire briller son bel esprit.

Silvia

Mon déguisement ne m'expose-t-il pas à m'entendre dire de jolies choses? A qui en avez-vous? D'où vous vient la manie d'imputer à ce garçon une répugnance à laquelle il n'a point de part? Car enfin, vous m'obligez à le justifier; il n'est pas question de le brouiller avec son maître ni d'en faire un fourbe pour me faire une imbécile, moi, qui écoute ses histoires.

Lisette

Oh! Madame, dès que vous le défendez sur ce ton-là, et que cela va jusqu'à vous fâcher, je n'ai plus rien à dire.

Silvia

Dès que je le défends sur ce ton-là? Qu'est-ce que c'est que le ton dont vous dites cela vous-même? Qu'entendez-vous par ce discours? Que se passe-t-il dans votre esprit?

Lisette

Je dis, Madame, que je ne vous ai jamais vue comme vous êtes, et que je ne conçois (1) rien à votre aigreur. Eh bien! si ce valet n'a rien dit, à la bonne heure; il ne faut pas vous emporter pour le justifier; je vous crois, voilà qui est fini; je ne m'oppose pas à la bonne opinion que vous en avez, moi.

Silvia

Voyez-vous le mauvais esprit! comme elle tourne les choses. Je me sens dans une indignation... qui... va jusqu'aux larmes.

Lisette

En quoi donc, Madame? Quelle finesse (2) entendez-vous à ce que je dis?

Silvia

Moi, j'y entends finesse! moi! je vous querelle pour lui! j'ai bonne opinion de lui! Vous me manquez de respect jusque-là. Bonne opinion, juste ciel! bonne opinion! Que faut-il que je réponde à cela! Qu'est-ce que cela veut dire? A qui parlez-vous? Qui est-ce qui est à l'abri de ce qui arrive? Où en sommes-nous?

Lisette

Je n'en sais rien, mais je ne reviendrai de longtemps de la surprise où vous me jetez.

Silvia

Elle a des façons de parler qui me mettent hors de moi. Retirez-vous, vous m'êtes insupportable; laissez-moi, je prendrai d'autres mesures.

Scène VIII

Silvia, seule

Je frissonne encore de ce que je lui ai entendu dire. Avec quelle impudence les domestiques ne nous traitent-ils pas dans leur esprit! Comme ces gens-là vous dégradent! Je ne saurais m'en remettre; je n'oserais songer aux termes dont elle s'est servie, ils me font toujours peur. Il s'agit d'un valet. Ah! l'étrange chose! Écartons l'idée dont cette insolente est venue me noircir l'imagination. Voici Bourguignon, voilà cet objet en question pour lequel je m'emporte; mais ce n'est pas sa faute, le pauvre garçon; et je ne dois pas m'en prendre à lui.

LES PHILOSOPHES

A partir de 1734, date de publication des *Considérations sur la grandeur des Romains et leur décadence* de Montesquieu et des *Lettres philosophiques* de Voltaire, la philosophie, sous ses différents aspects, historique, politique, métaphysique, scientifique, et même pratique, devient l'objet essentiel de la littérature : l'histoire des œuvres se confond avec l'histoire des idées.

MONTESQUIEU

Sa vie Charles-Louis de Secondat, qui sera baron de Montesquieu, naît le 18 janvier 1689 au château de la Brède en Gironde. Après des études classiques et des études de droit, il est conseiller en 1714, puis en 1716 « président à mortier » (3) au Parlement de Guyenne. Il fréquente alors à la fois les salons et les académies et rédige des mémoires scientifiques. Il compose en outre un roman par lettres, d'apparence orientale pour satisfaire à la mode, dans lequel il glisse sous une intrigue un peu légère, une vigoureuse satire des mœurs du temps et des aperçus hardis sur toutes sortes de problèmes moraux, politiques et religieux : les *Lettres Persanes* paraissent

---

(1) Comprends. — (2) Subtilité de sens. — (3) Le « mortier » était un bonnet de velours que portaient les « grands présidents », ou présidents de Parlement.

sans nom d'auteur en 1721. Faisant de nombreux séjours à Paris, Montesquieu fréquente la société parisienne, les salons, le club de l'Entresol (1). Élu à l'Académie française en 1728, il s'intéresse de plus en plus aux problèmes politiques et juridiques et, de 1728 à 1732, procède à de longs voyages d'études en Allemagne, en Autriche, en Italie, en Suisse, en Hollande et en Angleterre où il séjourne deux ans. De retour en France en 1731, il se retire à La Brède pour y rassembler ses réflexions et résumer ses observations en vue d'élaborer un grand ouvrage sur l'histoire et l'explication des lois.

En 1734, il publie les *Considérations sur les causes de la grandeur des Romains et de leur décadence*, qui sont à la fois un chapitre détaché de l'ouvrage en cours, et aussi une sorte de vérification expérimentale de ses premières constatations.

Désormais, l'histoire de sa vie se confond avec l'élaboration du monumental *Esprit des lois* qui étudie les rapports entre les institutions et la nature des choses, c'est-à-dire, en fait, toute la législation humaine. Cette œuvre immense ne procède pas seulement du plaisir de connaître et d'expliquer, mais aussi du désir de réformer les lois pour les mettre davantage en accord avec la raison et la réalité même du monde et des hommes.

L'Esprit des lois paraît en 1748 à Genève, connaît un succès considérable et provoque des attaques auxquelles Montesquieu répond en 1751 par une *Défense de l'Esprit des lois*.

Il meurt à Paris en 1755.

Son œuvre et sa pensée   Les *Lettres Persanes* (1721) et *l'Esprit des lois* (1748) sont deux ouvrages fort différents par la forme et par le ton. Mais il est facile d'y découvrir l'unité profonde de la pensée de Montesquieu. Dès le premier ouvrage, l'observation piquante aboutit souvent à une comparaison déjà scientifique ; le sens critique s'accompagne d'une méditation sur les mœurs et sur les régimes politiques, et distingue sous les apparences passagères les réalités profondes.

Si Montesquieu abandonne Paris et la Perse pour la Rome antique, c'est afin d'y faire une expérience nouvelle et nous proposer une méthode de recherche et d'exposition rationnelles. Examinant les faits historiques, il cherche les lois dont dépend le destin des États et des gouvernements ; il ébauche ainsi une véritable Philosophie de l'Histoire.

Enfin *l'Esprit des lois* nous offre une synthèse d'observations historiques et géographiques, un système rationnel et complet d'institutions et de principes exemplaires, accordés aux circonstances et à la nature humaine. L'ensemble constitue une leçon de méthode scientifique et philosophique qui reste aussi efficace au XXe siècle qu'elle l'était au milieu du XVIIIe siècle.

Le style   Le style de Montesquieu reflète un véritable art d'écrire. A la rigueur logique et disciplinée de la phrase et du paragraphe, il sait allier la finesse du trait humoristique ou même caricatural qui vise à « accrocher » son lecteur. Son œuvre de philosophie politique a également ce brillant, ce souci de l'image et de l'effet qui combattent l'austérité abstraite de l'argumentation.

LES LETTRES PERSANES

PARIS

Les embarras de la circulation à Paris sont un sujet inépuisable et toujours d'actualité ! Cette *Lettre* pittoresque et amusante va jusqu'à la farce mimée, mais elle est aussi une satire politique et sociale où l'humour se fait mordant (XXIV).

---

(1) Où l'on discutait les affaires d'Etat et les questions d'actualité. On appela « clubs », pour imiter les Anglais, les cercles nombreux qui se fondèrent à partir de 1724.

Paris est aussi grand qu'Ispahan (1). Les maisons y sont si hautes qu'on jurerait qu'elles ne sont habitées que par des astrologues. Tu juges bien qu'une ville bâtie en l'air, qui a six ou sept maisons les unes sur les autres, est extrêmement peuplée, et que, quand tout le monde est descendu dans la rue, il s'y fait un bel embarras.

Tu ne le croiras pas peut-être : depuis un mois que je suis ici, je n'y ai encore vu marcher personne. Il n'y a point de gens au monde qui tirent mieux parti de leur machine que les Français : ils courent; ils volent. Les voitures lentes d'Asie, le pas réglé de nos chameaux les feraient tomber en syncope. Pour moi, qui ne suis point fait à ce train, et qui vais souvent à pied sans changer d'allure, j'enrage quelquefois comme un chrétien : car encore passe qu'on m'éclabousse depuis les pieds jusqu'à la tête; mais je ne puis pardonner les coups de coude que je reçois régulièrement et périodiquement. Un homme qui vient après moi et qui me passe, me fait faire un demi-tour, et un autre, qui me croise de l'autre côté, me remet soudain où le premier m'avait pris; et je n'ai pas fait cent pas, que je suis plus brisé que si j'avais fait dix lieues.

COMMENT PEUT-ON ETRE PERSAN?

Comprendre les différences entre les hommes, avoir le sens du relatif dans les sciences, dans l'histoire, aussi bien que dans la vie quotidienne, c'est une des grandes conquêtes de la philosophie du siècle. Dans cette *Lettre*, Montesquieu note d'abord l'impuissance des Parisiens à sortir d'eux-mêmes, impuissance ridicule par sa naïveté même, puis il procède à une contre-épreuve : nul ne remarque le Persan s'il s'habille comme les Parisiens et tous s'esclaffent d'entendre dire qui il est... (XXX).

Les habitants de Paris sont d'une curiosité qui va jusqu'à l'extravagance. Lorsque j'arrivai, je fus regardé comme si j'avais été envoyé du ciel : vieillards, hommes, femmes, enfants, tous voulaient me voir. Si je sortais, tout le monde se mettait aux fenêtres; si j'étais aux Tuileries (2), je voyais aussitôt un cercle se former autour de moi : les femmes mêmes faisaient un arc-en-ciel, nuancé de mille couleurs, qui m'entourait; si j'étais aux spectacles, je trouvais d'abord cent lorgnettes dressées contre ma figure : enfin jamais homme n'a tant été vu que moi. Je souriais quelquefois d'entendre des gens qui n'étaient presque jamais sortis de leur chambre, qui disaient entr'eux : « Il faut avouer qu'il a l'air bien persan. » Chose admirable! je trouvais de mes portraits partout; je me voyais multiplié dans toutes les boutiques, sur toutes les cheminées : tant on craignait de ne m'avoir pas assez vu.

Tant d'honneurs ne laissent pas d'être à charge : je ne me croyais pas un homme si curieux et si rare; et, quoique j'aie très bonne opinion de moi, je ne me serais jamais imaginé que je dusse troubler le repos d'une grande ville où je n'étais point connu. Cela me fit résoudre à quitter l'habit persan et à en endosser un à l'européenne, pour voir s'il resterait encore dans ma physionomie quelque chose d'admirable. Cet essai me fit connaître ce que je valais réellement : libre de tous les ornements étrangers, je me vis apprécié au plus juste. J'eus sujet de me plaindre de mon tailleur, qui m'avait fait perdre en un instant l'attention et l'estime publique; car j'entrai tout à coup dans un néant affreux. Je demeurais quelquefois une heure dans une compagnie sans qu'on m'eût regardé, et qu'on m'eût mis en occasion d'ouvrir la bouche. Mais si quelqu'un par hasard, apprenait à la compagnie que j'étais Persan, j'entendais aussitôt autour de moi un bourdonnement : « Ah! ah! Monsieur est Persan? C'est une chose extraordinaire! Comment peut-on être Persan? »

L'ESPRIT DES LOIS

PRÉFACE

Cette introduction à la fois enthousiaste et sereine caractérise bien l'esprit et la méthode de Montesquieu. Étude attentive des lois et des mœurs, recherche des principes et vérification par les cas particuliers, elle manifeste une volonté d'éclairer le peuple pour qu'il aime « mieux ses devoirs, son prince, sa patrie et ses lois ». Elle traduit

---

(1) Ancienne capitale d'Iran, au sud de Téhéran. — (2) Dont les jardins étaient une promenade célèbre.

enfin la satisfaction profonde de l'architecte qui a vu son ouvrage « commencer, croître, s'avancer et finir ».

Si, dans le nombre infini des choses qui sont dans ce livre, il y en avait quelqu'une qui, contre mon attente, pût offenser, il n'y en a pas du moins qui ait été mise avec mauvaise intention. Je n'ai point naturellement l'esprit désapprobateur. Platon remerciait le ciel de ce qu'il était né du temps de Socrate; et moi je lui rends grâces de ce qu'il m'a fait naître dans le gouvernement où je vis, et de ce qu'il a voulu que j'obéisse à ce qu'il m'a fait aimer.

Je demande une grâce que je crains qu'on ne m'accorde pas; c'est de ne pas juger, par la lecture d'un moment, d'un travail de vingt années; d'approuver ou de condamner le livre entier, et non pas quelques phrases. Si l'on veut chercher le dessein de l'auteur, on ne le peut bien découvrir que dans le dessein de l'ouvrage.

J'ai d'abord examiné les hommes, et j'ai cru que, dans cette infinie diversité de lois et de mœurs, ils n'étaient pas uniquement conduits par leurs fantaisies.

J'ai posé les principes et j'ai vu les cas particuliers s'y plier comme d'eux-mêmes, les histoires de toutes les nations n'en être que les suites, et chaque loi particulière liée avec une autre loi, ou dépendre d'une autre plus générale.

Quand j'ai été rappelé à l'antiquité, j'ai cherché à en prendre l'esprit pour ne pas regarder comme semblables des cas réellement différents, et ne pas manquer les différences de ceux qui paraissent semblables.

Je n'ai point tiré mes principes de mes préjugés, mais de la nature des choses.

Ici, bien des vérités ne se feront sentir qu'après qu'on aura vu la chaîne (1) qui les lie à d'autres. Plus on réfléchira sur les détails plus on sentira la certitude des principes. Ces détails mêmes, je ne les ai pas tous donnés; car qui pourrait dire tout sans un mortel ennui?

On ne trouvera point ici ces traits saillants qui semblent caractériser les ouvrages d'aujourd'hui. Pour peu qu'on voie les choses avec une certaine étendue, les saillies s'évanouissent; elles ne naissent d'ordinaire que parce que l'esprit se jette tout d'un côté, et abandonne tous les autres.

Je n'écris point pour censurer ce qui est établi dans quelque pays que ce soit. Chaque nation trouvera ici les raisons de ses maximes; et on en tirera naturellement cette conséquence, qu'il n'appartient de proposer des changements qu'à ceux qui sont assez heureusement nés pour pénétrer d'un coup de génie toute la constitution d'un État.

Il n'est pas indifférent que le peuple soit éclairé. Les préjugés des magistrats ont commencé par être les préjugés de la nation. Dans un temps d'ignorance, on n'a aucun doute, même lorsqu'on fait les plus grands maux; dans un temps de lumière, on tremble encore lorsqu'on fait les plus grands biens. On sent les abus anciens, on en voit la correction; mais on voit encore les abus de la correction même. On laisse le mal, si l'on craint le pire; on laisse le bien, si on est en doute du mieux. On ne regarde les parties que pour juger du tout ensemble; on examine toutes les causes pour voir tous les résultats.

Si je pouvais faire en sorte que tout le monde eût de nouvelles raisons pour aimer ses devoirs, son prince, sa patrie, ses lois; qu'on pût mieux sentir son bonheur dans chaque pays, dans chaque gouvernement, dans chaque poste où l'on se trouve, je me croirais le plus heureux des mortels.

Si je pouvais faire en sorte que ceux qui commandent augmentassent leurs connaissances sur ce qu'ils doivent prescrire, et que ceux qui obéissent trouvassent un nouveau plaisir à obéir, je me croirais le plus heureux des mortels.

Je me croirais le plus heureux des mortels, si je pouvais faire que les hommes pussent se guérir de leurs préjugés. J'appelle ici préjugés non pas ce qui fait qu'on ignore de certaines choses, mais ce qui fait qu'on s'ignore soi-même...

C'est en cherchant à instruire les hommes que l'on peut pratiquer cette vertu générale qui comprend l'amour de tous. L'homme, cet être flexible, se pliant dans la société aux pensées et aux impressions des autres, est également capable de connaître sa propre nature lorsqu'on la lui montre, et d'en perdre jusqu'au sentiment lorsqu'on la lui dérobe.

J'ai bien des fois commencé et bien des fois abandonné cet ouvrage; j'ai mille fois abandonné aux vents les feuilles que j'avais écrites; je sentais tous les jours les mains paternelles tomber; je suivais mon objet sans former de dessein; je ne connaissais ni les règles ni les exceptions; je ne trouvais la vérité que pour la perdre : mais quand j'ai découvert mes principes, tout ce que je cherchais est venu à moi et dans le cours de vingt années, j'ai vu mon ouvrage commencer, croître, s'avancer et finir.

LA SÉPARATION DES POUVOIRS

Le principe énoncé ici par Montesquieu s'est imposé à toute les constitutions démocratiques et à toutes les nations civilisées. Il commence par définir nettement les trois

---

(1) Le lien logique, l'enchaînement.

pouvoirs possibles et montre ensuite par des exemples les inconvénients que présente leur réunion sur la tête d'un seul homme ou dans un corps de magistrature (chap. VI).

Il y a dans chaque État trois sortes de pouvoirs : la puissance législative, la puissance exécutrice des choses qui dépendent du droit des gens, et la puissance exécutrice de celles qui dépendent du droit civil.

Par la première, le prince ou le magistrat fait des lois pour un temps ou pour toujours, et corrige ou abroge celles qui sont faites. Par la seconde, il fait la paix ou la guerre, envoie ou reçoit des ambassades, établit la sûreté, prévient les invasions. Par la troisième, il punit les crimes ou juge les différends des particuliers. On appellera cette dernière la puissance de juger ; et l'autre, simplement la puissance exécutrice de l'État.

La liberté politique, dans un citoyen, est cette tranquillité d'esprit qui provient de l'opinion que chacun a de sa sûreté ; et, pour qu'on ait cette liberté, il faut que le gouvernement soit tel qu'un citoyen ne puisse pas craindre un autre citoyen.

Lorsque dans la même personne ou dans le même corps de magistrature la puissance législative est réunie à la puissance exécutrice, il n'y a

point de liberté, parce qu'on peut craindre que le même monarque ou le même Sénat ne fasse des lois tyranniques pour les exécuter tyranniquement.

Il n'y a point encore de liberté si la puissance de juger n'est pas séparée de la puissance législative et de l'exécutrice. Si elle était jointe à la puissance législative, le pouvoir sur la vie et la liberté des citoyens serait arbitraire ; car le juge serait législateur. Si elle était jointe à la puissance exécutrice, le juge pourrait avoir la force d'un oppresseur.

Tout serait perdu si le même homme, ou le même corps des principaux ou des nobles, ou du peuple, exerçaient ces trois pouvoirs : celui de faire des lois, celui d'exécuter les résolutions publiques, et celui de juger les crimes ou les différends des particuliers.

Dans la plupart des royaumes de l'Europe, le gouvernement est modéré, parce que le prince, qui a les deux premiers pouvoirs, laisse à ses sujets l'exercice du troisième. Chez les Turcs, où ces trois pouvoirs sont réunis sur la tête du sultan, il règne un affreux despotisme.

VOLTAIRE

Sa vie   François-Marie Arouet naquit à Paris le 21 novembre 1694 ; son père était notaire au Châtelet. Après ses études chez les jésuites, il s'introduisit tôt dans la société libertine du Temple (1). Il se livra alors à quelques incartades et rédigea des écrits assez insolents pour être embastillé onze mois. En 1718, il fit représenter un *Œdipe* et mena une vie brillante à la cour. Mais le duc de Rohan, à qui Voltaire avait répondu avec impertinence, lui rappela, en le faisant bâtonner, qu'il n'était pas noble et il dut partir pour l'Angleterre en 1726.

Ce séjour lui fut aussi agréable que profitable : il y découvrit la philosophie de Locke, les pièces de Shakespeare et aussi une liberté politique qu'il apprécia fort et qu'il louera dans ses *Lettres Anglaises*, publiées en 1734, cinq ans après son retour. La même année, il rencontre Mme du Châtelet avec laquelle il resta lié seize ans. Il voyage souvent, mais revient toujours chez elle, à Cirey, où il se livre à des expériences scientifiques, donne des représentations théâtrales et compose son essai sur le *Siècle de Louis XIV*.

En 1744, il est appelé à Versailles par son ami d'Argenson devenu ministre des Affaires étrangères. Historiographe du roi, il compose des poèmes divers et rédige *Zadig*. Mais son humeur satirique lui attire des hostilités.

En 1750, il part pour Berlin sur l'invitation pressante du roi de Prusse ; il est fort bien accueilli à Potsdam et continue de travailler au *Siècle de Louis XIV* qui paraît en 1751. Mais il se brouille avec le roi et revient en France en 1753.

En mai 1755, il s'établit aux « Délices », dans la banlieue de Genève : il s'occupe de ses intérêts, embellit la propriété et y installe un théâtre. C'est alors qu'il publie *l'Essai sur les mœurs* (1756) et *Candide* (1759), et qu'il rédige de nombreux pamphlets et

(1) Société de libertins se réunissant chez le chevalier de Vendôme, grand prieur de l'Ordre des Templiers.

opuscules. Il se brouille bientôt avec Rousseau, mais aussi avec les Genevois, et achète en 1759 le château de Ferney pour y être « maître absolu » chez lui. Il a trouvé là une retraite sûre qui lui permet de passer rapidement de France en Suisse, sans pour autant dépendre de Genève : son activité y est intense.

Il écrit le *Traité sur la Tolérance* (1763) et le *Dictionnaire philosophique* (1764), mène la lutte philosophique et critique sur tous les plans, lutte contre l'intolérance et les iniquités judiciaires (parmi beaucoup d'autres, l'affaire de l'Amiral Byng, de Calas, de Sirven, de Lally-Tollendal, condamnés à tort), crible ses adversaires de sarcasmes, encourage ou supplie d'innombrables correspondants, mais aussi enrichit Ferney, améliorant dans sa région l'agriculture et l'industrie, donnant des réceptions brillantes et des représentations théâtrales où il joue lui-même.

A quatre-vingt-quatre ans, il fait un voyage triomphal à Paris et meurt au cours du voyage, après avoir assisté au triomphe de sa pièce *Irène* à la Comédie-Française et appris la réhabilitation de Lally-Tollendal.

La diversité de l'œuvre et l'unité de la pensée

L'œuvre de Voltaire est riche de contradictions apparentes, comme sa vie même. Il utilise tous les genres, la tragédie, l'histoire, l'épopée, l'épître, le pamphlet, l'article de dictionnaire ; il se montre à la fois désireux de réformer la société et charmé par la vie mondaine de son temps, philosophe au sens critique aigu et homme d'action et de combat, impitoyable avec ses adversaires et capable de générosité et de dévouement pour ceux qu'il aime.

Il a su pourtant se donner peu à peu une unité interne, autour de quelques grandes lignes de force : l'humanisme, le désir de vérité, l'art de vivre.

La croyance en un progrès réel de l'humanité, et le désir d'y contribuer, en créant une civilisation réellement humaniste sont un aspect essentiel de la pensée de Voltaire. Il ne conçoit pas ce progrès comme une marche en avant constante et régulière : les sottises des hommes sont nombreuses, la cruauté renaît sans cesse. L'homme n'est pas naturellement bon ; il faut pourtant l'aimer et le rendre meilleur : l'humanisme voltairien unit la pensée optimiste de la Renaissance et la méfiance moraliste des classiques. Aussi peut-il prôner sans contradiction l'esprit chevaleresque du Moyen Age, admirer sincèrement le Grand Siècle, tout en gardant les yeux ouverts sur l'actualité, les découvertes scientifiques, la société mondaine, les arts, les spectacles.

Puisque le progrès de l'humanité n'est pas une nécessité matérielle et fatale, il faut sans cesse lutter contre les injustices, les ignorances, l'erreur. La recherche de la vérité est le souci majeur, la passion personnelle de Voltaire ; pendant soixante ans, il a exercé un effort critique sans hésitations ni défaillances, lutté contre les préjugés scientifiques, les superstitions, les déformations stupides ou volontaires de la réalité historique, les erreurs judiciaires, la vanité des hommes et même celle des philosophes ; la présomption n'est-elle pas une des formes de l'erreur? En ce qui concerne les grands problèmes métaphysiques, au lieu de mettre de l'eau au moulin dans une polémique stérile qui engendre le fanatisme et l'intolérance, mieux vaut reconnaître l'insuffisance de notre esprit à percer le secret de sa nature, accepter notre condition fondamentale, et organiser notre vie le mieux qu'il nous est possible de le faire.

Cette acceptation que fait Voltaire n'est pas un renoncement : son humanisme est combatif et sa résignation active ; il regrette aussi vigoureusement le jansénisme morose et décourageant qu'un épicurisme sans perspective généreuse ou altruiste. Il lutte contre les persécutions, la guerre, l'intolérance, les fanatismes de race et de religion, les abus de pouvoir, les violences de tout genre. Il ne néglige pas les problèmes matériels, gère fort bien sa richesse, pratique à Ferney une économie avisée, mettant en valeur tout le canton pour le meilleur profit des habitants et le sien propre.

Il a découvert peu à peu un art de vivre : « paix, lucidité prospérité », où l'amitié, l'humour, la bonne humeur ont leur place, et dont le rayonnement illumine ses innombrables lettres.

Voltaire et Rousseau

Le vieil homme de lettres blasé, mais sage et indulgent — c'est du moins l'image que Voltaire veut donner de lui-même — expose, à propos du *Discours sur l'origine et les fondements de l'inégalité parmi les hommes* (1755) (1), son mépris humoristique à l'égard de la vie « sauvage ». Il feint de croire que Rousseau pensait surtout à ses propres malheurs, montre que les persécutions touchent tous les philosophes et qu'il en a eu lui-même sa très bonne part.

J'ai reçu, monsieur, votre nouveau livre contre le genre humain, je vous en remercie. Vous plairez aux hommes, à qui vous dites leurs vérités, mais vous ne les corrigerez pas. On ne peut peindre avec des couleurs plus fortes les horreurs de la société humaine, dont notre ignorance et notre faiblesse se promettent tant de consolations. On n'a jamais employé tant d'esprit à vouloir nous rendre bêtes; il prend envie de marcher à quatre pattes quand on lit votre ouvrage. Cependant, comme il y a plus de soixante ans que j'en ai perdu l'habitude, je sens malheureusement qu'il m'est impossible de la reprendre, et je laisse cette allure naturelle à ceux qui en sont plus dignes que vous et moi. Je ne peux non plus m'embarquer pour aller trouver les sauvages du Canada : premièrement, parce que les maladies dont je suis accablé me retiennent auprès du plus grand médecin de l'Europe (2), et que je ne trouverais pas les mêmes secours chez les Missouris; secondement, parce que la guerre est portée dans ces pays-là, et que les exemples de nos nations ont rendu les sauvages presque aussi méchants que nous. Je me borne à être un sauvage paisible dans la solitude que j'ai choisie auprès de votre patrie (3), où vous devriez être.

Je conviens avec vous que les belles-lettres et les sciences ont causé quelquefois beaucoup de mal. Les ennemis du Tasse (4) firent de sa vie un tissu de malheurs; ceux de Galilée le firent gémir dans les prisons, à soixante et dix ans, pour avoir connu le mouvement de la terre; et ce qu'il y a de plus honteux, c'est qu'ils l'obligèrent à se rétracter. Dès que vos amis eurent commencé le Dictionnaire encyclopédique, ceux qui osèrent être leurs rivaux les traitèrent de déistes, d'athées, et même de jansénistes.

Si j'osais me compter parmi ceux dont les travaux n'ont eu que la persécution pour récompense, je vous ferais voir des gens acharnés à me perdre du jour que je donnai la tragédie d'*Œdipe*; une bibliothèque de calomnies ridicules imprimées contre moi; un prêtre ex-jésuite, que j'avais sauvé du dernier supplice, me payant par des libelles diffamatoires du service que je lui avais rendu; un homme, plus coupable encore, faisant imprimer mon propre ouvrage du *Siècle de Louis XIV* avec des notes dans lesquelles la plus crasse ignorance vomit les plus infâmes impostures; un autre, qui vend à un libraire quelques chapitres d'une prétendue Histoire universelle, sous mon nom; le libraire assez avide pour imprimer ce tissu informe de bévues, de fausses dates, de faits et de noms estropiés; et enfin des assez lâches et assez méchants pour m'imputer la publication de cette rapsodie (5)... 30 août 1755.

CANDIDE

IL FAUT CULTIVER NOTRE JARDIN

Le jeune Candide, chassé de chez le baron de Thunder-Tentronckh, parcourt le monde à la recherche du bonheur. A travers ses multiples aventures, il découvre la vanité des idées optimistes que lui avait inculquées, chez le baron, le précepteur Pangloss. En compagnie de ce dernier et du philosophe Martin, il achève sa burlesque odyssée.

La brusquerie du derviche (6) leur rappelle que la métaphysique est sans issue, l'aventure des vizirs et du mufti (7) que les ambitions politiques sont funestes, l'exemple du vieillard que la sagesse véritable est dans une simplicité active et sociale non dénuée de sens pratique et même commercial (8).

---

(1) Dans ce *Discours*, Rousseau opposait la vertu et le bonheur de l'homme primitif à la misère et à la corruption de l'homme social. — (2) Le médecin genevois Tronchin. — (3) La république de Genève. — (4) Poète italien du XVIᵉ siècle. — (5) Œuvre composée de morceaux disparates. — (6) Religieux musulman. — (7) Chef religieux musulman. — (8) Celle de Voltaire lui-même à Ferney.

Les trois amis gardent pourtant leur personnalité et Pangloss conserve ses illusions ; le travail se révèle le plus précieux remède contre l'ennui, le vice et le besoin.

Il y avait dans le voisinage un Derviche très fameux, qui passait pour le meilleur philosophe de la Turquie ; ils allèrent le consulter. Pangloss porta la parole, et lui dit : « Maître, nous venons vous prier de nous dire pourquoi un aussi étrange animal que l'homme a été formé ? — De quoi te mêles-tu ? dit le Derviche, est-ce là ton affaire ? — Mais, mon Révérend Père, dit Candide, il y a horriblement de mal sur la Terre. — Qu'importe, dit le Derviche, qu'il y ait du mal ou du bien ? Quand Sa Hautesse (1) envoie un vaisseau en Égypte, s'embarrasse-t-elle si les souris qui sont dans le vaisseau sont à leur aise ou non ? — Que faut-il donc faire ? dit Pangloss. — Te taire, dit le Derviche. — Je me flattais, dit Pangloss, de raisonner un peu avec vous des effets et des causes du meilleur des Mondes possibles, de l'origine du mal, de la nature de l'âme, et de l'harmonie préétablie (2). » Le Derviche à ces mots leur ferma la porte au nez.

Pendant cette conversation, la nouvelle s'était répandue qu'on venait d'étrangler à Constantinople deux Vizirs du Banc (3) et le Mufti (4), et qu'on avait empalé plusieurs de leurs amis. Cette catastrophe faisait partout un grand bruit pendant quelques heures. Pangloss, Candide et Martin, en retournant à la petite métairie, rencontrèrent un bon vieillard qui prenait le frais à sa porte sous un berceau d'orangers. Pangloss qui était aussi curieux que raisonneur, lui demanda comment se nommait le Mufti qu'on venait d'étrangler. « Je n'en sais rien, répondit le bon homme, et je n'ai jamais su le nom d'aucun Mufti, ni d'aucun Vizir. J'ignore absolument l'aventure dont vous me parlez ; je présume qu'en général ceux qui se mêlent des affaires publiques périssent quelquefois misérablement, et qu'ils le méritent ; mais je ne m'informe jamais de ce qu'on fait à Contantinople ; je me

contente d'y envoyer vendre les fruits du jardin que je cultive. » Ayant dit ces mots, il fit entrer les étrangers dans sa maison. Ses deux filles et ses deux fils leur présentèrent plusieurs sortes de sorbets qu'ils faisaient eux-mêmes, du kaïmak, piqué d'écorces de cédra confit, des oranges, des citrons, des limons, des ananas, des pistaches, du café de Moka qui n'était point mêlé avec le mauvais café de Batavia et des Iles. Après quoi les deux filles de ce bon Musulman parfumèrent les barbes de Candide, de Pangloss et de Martin.

« Vous devez avoir, dit Candide au Turc, une vaste et magnifique terre ? — Je n'ai que vingt arpents, répondit le Turc ; je les cultive avec mes enfants : le travail éloigne de nous trois grands maux, l'ennui, le vice et le besoin. »

Candide en retournant dans sa métairie, fit de profondes réflexions sur le discours du Turc. Il dit à Pangloss et à Martin : « Ce bon vieillard me paraît s'être fait un sort bien préférable à celui des six Rois avec qui nous avons eu l'honneur de souper. — Les grandeurs, dit Pangloss, sont fort dangereuses, selon le rapport de tous les philosophes. Car enfin Églon Roi des Moabites fut assassiné par Aod ; Absalon fut pendu par les cheveux et percé de trois dards. Le Roi Nadab, fils de Jéroboam, fut tué par Baza, le Roi Éla par Zambri, Okosias par Jehu, Attalia par Joiada, les Rois Joakim, Jéconias, Sédécias furent esclaves. Vous savez comment périrent Crésus, Astiage, Darius, Denys de Syracuse, Pyrrhus, Persée, Annibal, Jugurtha, Arioviste, César, Pompée, Néron, Othon, Vitellius, Domitien, Richard second d'Angleterre, Édouard second, Henri six, Richard trois, Marie Stuart, Charles premier, les trois Henri de France, l'Empereur Henri quatre ? Vous savez... — Je sais aussi, dit Candide, qu'il faut cultiver notre jardin... »

PRIÈRE A DIEU

En 1762, à l'occasion de « l'Affaire Calas », la lutte que mène Voltaire contre l'intolérance et l'injustice atteint son point culminant. Un protestant toulousain, Jean Calas, accusé sans preuves évidentes d'avoir fait pendre un de ses fils qui avait voulu se faire catholique, avait été condamné au supplice de la roue. Voltaire se met en campagne, soulève l'opinion et obtient sa réhabilitation. A la fin de son *Traité sur la Tolérance*, qu'il publie en 1763, Voltaire très habilement amène une *Prière à Dieu*, dont l'appel à la réconciliation saura émouvoir le public et le gagner à sa cause. D'abord instrument de polémique, cette prière lui permet d'attaquer d'une façon indirecte toutes les mani-

---

(1) Le sultan de Turquie. — (2) Allusion aux théories optimistes de Wolf, disciple du philosophe Leibniz. — (3) Ministre du Conseil du sultan. — (4) Voltaire a entendu parler de l'instabilité des hauts fonctionnaires turcs, mais vise aussi les changements fréquents de ministres sous Louis XV.

festations de fanatisme religieux, mais elle exprime aussi la foi en un Dieu qui ne saurait s'accommoder de l'imposture ou de la superstition, et qui, au-dessus de toute secte, unit les hommes dans la paix et la fraternité.

Ce n'est donc plus aux hommes que je m'adresse, c'est à toi, Dieu de tous les êtres, de tous les mondes et de tous les temps, s'il est permis, à de faibles créatures perdues dans l'immensité, et imperceptibles au reste de l'univers, d'oser te demander quelque chose, à toi qui as tout donné, à toi dont les décrets sont immuables comme éternels. Daigne regarder en pitié les erreurs attachées à notre nature : que ces erreurs ne fassent point nos calamités. Tu ne nous as point donné un cœur pour nous haïr et des mains pour nous égorger; fais que nous nous aidions mutuellement à supporter le fardeau d'une vie pénible et passagère; que les petites différences entre les vêtements qui couvrent nos débiles corps, entre tous nos langages insuffisants, entre tous nos usages ridicules, entre toutes nos lois imparfaites, entre toutes nos opinions insensées, entre toutes nos conditions si disproportionnées à nos yeux, et si égales devant toi; que toutes ces petites nuances qui distinguent les atomes appelés hommes, ne soient pas des signaux de haine et de persécution...

Puissent tous les hommes se souvenir qu'ils sont frères! qu'ils aient en horreur la tyrannie exercée sur les âmes, comme ils ont en exécration le brigandage qui ravit par la force le fruit du travail et de l'industrie paisible! Si les fléaux de la guerre sont inévitables, ne nous haïssons pas, ne nous déchirons pas les uns les autres dans le sein de la paix, et employons l'instant de notre existence à bénir également en mille langages divers, depuis Siam jusqu'à la Californie, ta bonté qui nous a donné cet instant!

LA FIN DU SIÈCLE
VOIT LA NAISSANCE D'UNE LITTÉRATURE NOUVELLE

A partir de 1761, date de publication de *La Nouvelle Héloïse*, un esprit différent se révèle ou plutôt s'étend dans la littérature française. Rousseau, Diderot, Beaumarchais cherchent à exprimer une conception originale de l'homme, du monde et de la vie.

DIDEROT

Sa vie   Denis Diderot, fils d'un artisan coutelier, naquit à Langres en 1713. Il fit de bonnes études chez les jésuites de cette ville et à Paris, fut employé chez un procureur, mais abandonna vite l'étude du droit pour mener une vie à la fois très libre et très studieuse.

Le libraire Le Breton lui confie en 1745 la direction de l'*Encyclopédie*, tâche énorme poursuivie jusqu'en 1772, qui ne l'a pourtant pas totalement absorbé, tant son activité littéraire, théâtrale, artistique était inépuisable. Il écrit plusieurs ouvrages de polémique philosophique : les *Pensées philosophiques* (1746), la *Lettre sur les Aveugles à l'Usage de Ceux qui Voient* (1749) — qui lui vaut d'être emprisonné à Vincennes pour athéisme —, *De l'interprétation de la Nature* (1753), qui prône un matérialisme hardi et nouveau. Il publie en 1757 le *Fils naturel ou les épreuves de la Vertu*, et expose dans les *Entretiens sur le Fils naturel*, ses idées sur le drame et la comédie. Il se brouille avec Rousseau, fréquente Mme d'Épinay, le baron d'Holbach, se lie avec Sophie Volland à qui il écrit des lettres fort vivantes et sensibles, et publie en 1759 un *Salon* qui inaugure une série de comptes rendus qui durera vingt ans (1).

En 1765, Catherine de Russie lui achète sa bibliothèque; Diderot lui rend visite en 1773 et séjourne plusieurs mois à Saint-Pétersbourg.

_____

(1) Voir le chapitre consacré aux Arts.

Cette période de sa vie est particulièrement féconde et les ouvrages philosophiques se succèdent : *Entretien entre d'Alembert et Diderot* (1769), *le Rêve de d'Alembert* (1770), *Ceci n'est pas un conte* (1772) ; en 1773, *Jacques le Fataliste* est en préparation, ainsi que le *Paradoxe sur le comédien*, qui paraîtra en 1778.

A son retour de Russie (1774), bien que surmené, il continue à se dépenser en études et travaux divers : il rédige un essai sur la vie de Sénèque, termine le *Paradoxe sur le comédien* (1778), *le Neveu de Rameau* et enfin *Est-il bon est-il méchant* (1781). Il meurt d'apoplexie en 1784.

Son œuvre   Une grande partie de l'œuvre de Diderot n'est publiée qu'après sa mort : *La Religieuse* est un roman mi-sensible, mi-scandaleux sur la vie des couvents ; *Jacques le Fataliste*, succession originale d'aventures amoureuses entremêlées de réflexions sur la matière, la fatalité, l'art et la vie, est une œuvre désordonnée et captivante ; *le Neveu de Rameau* enfin, roman sans équivalent dans la littérature française, est à la fois une confidence personnelle sincère et vive, presque cynique, un tableau coloré de la pittoresque clientèle des cafés du Palais-Royal, et aussi un vertigineux débat sur le parasitisme, la paresse, l'échec de l'individu et les fautes de la société. Cet ouvrage fut traduit en allemand par Gœthe en 1805.

Dans toute cette œuvre extraordinairement variée et foisonnante, en dehors de *l'Encyclopédie* (1), œuvre collective, dont il fut à la fois l'animateur et le principal artisan, on peut distinguer certains aspects essentiels : la vulgarisation scientifique et philosophique qui repose sur la conviction de la prépondérance de la matière, le réalisme, le don de la description pittoresque, le sens du mouvement et de la vie. Diderot fut à la fois le philosophe, le conteur habile et naturel, le critique d'art, dont il importe peu que les jugements puissent être discutés, l'essentiel étant qu'il se soit interrogé sur le tableau, sur les intentions du peintre, sur la nature même de l'art.

LE RÊVE DE D'ALEMBERT

Diderot lance dans ce texte des idées hardies qui le situent à l'avant-garde de son temps. Il raisonne en philosophe matérialiste : la nature est un tout dont les différents composants — minéral, végétal, animal, animal pensant — sont interdépendants, animés d'un même dynamisme qui est celui de la matière éternelle, principe premier (2). L'agrément d'une conversation piquante est allié ici à la liberté apparente du rêve, qui aboutit à une sorte de vertige intellectuel, de lyrisme scientifique original et suggestif.

Mademoiselle de l'Espinasse. — **Vous avez raison ;** est-ce qu'il reprendrait son rêve ?

Bordeu (3). — Écoutons.

D'Alembert. — **Pourquoi suis-je tel ?** c'est qu'il a fallu que je fusse tel... Ici, oui, mais ailleurs ? au pôle ? mais sous la ligne (4) ? mais dans Saturne ?... Si une distance de quelque mille lieues change mon espèce, que ne fera point l'intervalle de quelques milliers de diamètres terrestres ?... Et si tout est un flux général, comme le spectacle de l'univers me le montre partout, que ne produiront point ici et ailleurs la durée et les vicissitudes de quelques millions de siècles ? Qui sait ce qu'est l'être pensant et sentant en Saturne ?... Mais y a-t-il en Saturne du sentiment et de la pensée ?... pourquoi non ?... L'être sentant et pensant en Saturne aurait-il plus de sens que je n'en ai ? Si cela est, ah ! qu'il est malheureux le Saturnien !... Plus de sens, plus de besoins.

---

(1) Voir pp. 214-216. — (2) C'est l'hypothèse de la « Chaîne des êtres » formulée par le philosophe anglais Locke et reprise par le matérialisme français La Mettrie. — (3) Médecin arrivé à Paris en 1752, devenu célèbre après la publication de ses *Recherches sur le pouls*. — (4) L'équateur.

Bordeu. — Il a raison; les organes produisent les besoins et réciproquement les besoins produisent les organes (1).

Mademoiselle de l'Espinasse. — Docteur, délirez-vous aussi?

Bordeu. — Pourquoi non? J'ai vu deux moignons devenir à la longue deux bras.

Mademoiselle de Lespinasse. — Vous mentez.

Bordeu. — Il est vrai, mais à défaut de deux bras qui manquaient j'ai vu deux omoplates s'allonger, se mouvoir en pince, et devenir deux moignons.

Mademoiselle de l'Espinasse. — Quelle folie!

Bordeu. — C'est un fait. Supposez une longue suite de générations manchottes, supposez des efforts continus, et vous verrez les deux côtés de cette pincette s'étendre, s'étendre de plus en plus, se croiser sur le dos, revenir par devant, peut-être se digiter (2) à leurs extrémités et refaire des bras et des mains. La conformation originelle s'altère ou se perfectionne par la nécessité et les fonctions habituelles. Nous marchons si peu, nous travaillons si peu et nous pensons tant, que je ne désespère pas que l'homme ne finisse par n'être qu'une tête.

Mademoiselle de l'Espinasse. — Une tête! Une tête! c'est bien peu de chose; j'espère que la galanterie effrénée... Vous me faites venir des idées bien ridicules.

Bordeu. — Paix.

D'Alembert. — Je suis donc tel, parce qu'il a fallu que je fusse tel. Changez le tout, vous me changez nécessairement, mais le tout change sans cesse. L'homme n'est qu'un effet commun, le monstre qu'un effet rare, mais tous les deux également naturels, également nécessaires, également dans l'ordre universel et général... Et qu'est-ce qu'il y a d'étonnant à cela?... Tous les êtres circulent les uns dans les autres, par conséquent toutes les espèces... tout est en un flux perpétuel... Tout animal est plus ou moins plante, toute plante est plus ou moins animal. Il n'y a rien de précis en nature...

PARADOXE SUR LE COMÉDIEN

Étonnant éveilleur des esprits, Diderot n'hésite jamais à s'opposer aux idées reçues. Son *Paradoxe sur le comédien*, qu'ont lu passionnément de grands acteurs et metteurs en scène comme Louis Jouvet, Jean Vilar et Jean-Louis Barrault, souligne l'écart qui existe entre le jeu théâtral et la vie réelle, et met en valeur la science et la lucidité de l'excellent acteur, artiste conscient et supérieur.

... Avant de dire :
   « Zaïre, vous pleurez! »
   ou «Vous y serez, ma fille » (3),
l'acteur s'est longtemps écouté lui-même; c'est qu'il s'écoute au moment où il vous trouble, et que tout son talent consiste non pas à sentir comme vous le supposez, mais à rendre si scrupuleusement les signes extérieurs du sentiment, que vous vous y trompiez. Les cris de sa douleur sont notés dans son oreille. Les gestes de son désespoir sont de mémoire, et ont été préparés devant une glace. Il sait le moment précis où il tirera son mouchoir et où les larmes couleront; attendez-les à ce mot, à cette syllabe ni plus tôt ni plus tard. Ce tremblement de voix, ces mots suspendus, ces sons étouffés ou traînés, ce frémissement des membres, ce vacillement des genoux, ces évanouissements, ces fureurs, pure imitation, leçon recordée (4) d'avance, grimace pathétique, singerie sublime dont l'acteur garde le souvenir longtemps après l'avoir étudiée, dont il avait la conscience présente au moment où il l'exécutait, qui lui laisse, heureusement pour le poète, pour le spectateur et pour lui, toute la liberté de son esprit, et qui ne lui ôte ainsi que les autres exercices, que la force du corps. Le socque (5) ou le cothurne (6) déposé, sa voix est éteinte, il éprouve une extrême fatigue, il va changer de linge ou se coucher; mais il ne lui reste ni trouble ni douleur, ni mélancolie ni affaissement d'âme. C'est vous qui remportez toutes ces impressions. L'acteur est las, et vous tristes; c'est qu'il s'est démené sans rien sentir, et que vous avez senti sans vous démener. S'il en était autrement, la condition du comédien serait la plus malheureuse des conditions; mais il n'est pas le personnage, il le joue, et le joue si bien que vous le prenez pour tel : l'illusion n'est que pour vous; il sait bien, lui, qu'il ne l'est pas.

---

(1) Par cette formule brutale, l'auteur rejette le « finalisme » qui admet une destination fixée par Dieu à chaque organe, pour adopter l'idée nouvelle de l'évolution, transformation progressive des êtres par sélection ou par adaptation. — (2) Prendre la forme de doigts. — (3) Extrait de *Zaïre* de Voltaire et d'*Iphigénie* de Racine. — (4) Mot vieilli = apprise par cœur. — (5) Chaussure antique des acteurs comiques. — (6) Chaussure antique à haute semelle des acteurs de tragédie.

L'ABBÉ PRÉVOST

Sa vie et son œuvre   Antoine-François Prévost, né en 1687, fut novice chez les
jésuites, et les quitte en 1716 pour s'engager dans l'armée.
Il revient pourtant à la vie religieuse et il est ordonné prêtre en 1726. Mais il s'enfuit
l'année suivante, et se rend en Angleterre et en Hollande. Après avoir achevé les sept
volumes des *Mémoires et aventures d'un homme de qualité* (1728-1731), puis rédigé
L'Histoire de M. Cleveland (8 volumes) (1731-1737), il devient aumônier du prince de
Conti (1735) et, dans ses vingt dernières années, un peu moins aventureuses, qu'il
passe à Paris, il compose ou traduit de l'anglais de nombreux romans. Il meurt en 1763.
De cet inépuisable amas d'aventures extraordinaires et souvent sinistres, que
constituent, à l'image de sa vie, les *Mémoires et aventures d'un Homme de Qualité*, se
dégage un court récit (le tome VII) qui sera publié à part en 1753 : *La Véritable Histoire
du Chevalier des Grieux et de Manon Lescaut.*

MANON LESCAUT

PREMIERS SOUPÇONS

A dix-sept ans, le chevalier des Grieux a tout quitté pour s'enfuir à Paris avec Manon,
jeune femme séduisante et frivole. L'amour fatal qui le possède le pousse peu à peu à
toutes les compromissions, à toutes les folies.

Dans cette page, l'auteur analyse avec finesse la naissance du soupçon, les souffrances
de l'amant troublé, ses efforts désespérés pour se mentir à lui-même. La violence des
sentiments annonce Rousseau et les romantiques, mais la phrase garde une sobriété
et une discrétion qui contribuent au charme du récit.

Un jour que j'étais sorti l'après-midi et que je
l'avais avertie que je serais dehors plus longtemps
qu'à l'ordinaire, je fus étonné qu'à mon retour
on me fît attendre deux ou trois minutes à la
porte. Nous n'étions servis que par une petite
fille qui était à peu près de notre âge. Étant venue
m'ouvrir, je lui demandai pourquoi elle avait
tardé si longtemps. Elle me répondit d'un air
embarrassé qu'elle ne m'avait point entendu
frapper. Je n'avais frappé qu'une fois ; je lui dis :
« Mais si vous ne m'avez pas entendu, pourquoi
êtes-vous donc venue m'ouvrir ? » Cette question la déconcerta si fort que, n'ayant point assez
de présence d'esprit pour y répondre, elle se mit à
pleurer, en m'assurant que ce n'était point sa
faute et que Madame lui avait défendu d'ouvrir la
porte jusqu'à ce que M. de B... fût sorti par
l'autre escalier, qui répondait au cabinet. Je
demeurais si confus que je n'eus point la force
d'entrer dans l'appartement. Je pris le parti de
descendre sous prétexte d'une affaire et j'ordon-
nai à cette enfant de dire à sa maîtresse que je
retournerais dans le moment, mais de ne
pas faire connaître qu'elle m'eût parlé de
M. de B...

Ma consternation fut si grande que je versai
des larmes en descendant l'escalier, sans savoir
encore de quel sentiment elles partaient. J'entrai
dans le premier café et m'y étant assis près d'une
table, j'appuyai la tête sur mes deux mains pour
y développer ce qui se passait dans mon cœur.
Je n'osais rappeler ce que je venais d'entendre.
Je voulais le considérer comme une illusion, et
je fus près deux ou trois fois de retourner au logis
sans marquer que j'y eusse fait attention. Il me
paraissait si impossible que Manon m'eût trahi,
que je craignais de lui faire injure en la soupçon-
nant. Je l'adorais, cela était sûr, je ne lui avais
donné plus de preuves d'amour que je n'en avais
reçu d'elle ; pourquoi l'aurais-je accusée d'être
moins sincère et moins constante que moi ?
Quelle raison aurait-elle eue de me tromper ?
Il n'y avait que trois heures qu'elle m'avait accablé des plus tendres caresses, et qu'elle avait reçu
les miennes avec transport ; je ne connaissais
pas mieux mon cœur que le sien. Non, non,
repris-je, il n'est pas possible que Manon me
trahisse. Elle n'ignore pas que je ne vis que pour
elle. Elle sait trop bien que je l'adore. Ce n'est
pas là un sujet de me haïr.

JEAN-JACQUES ROUSSEAU

Sa vie   Né à Genève, le 28 juin 1712, dans une famille protestante d'origine
française, orphelin dès sa naissance, Jean-Jacques Rousseau est élevé d'une
manière irrégulière par un père fantasque et instable. En 1728, trouvant les portes de

la ville fermées au retour d'une trop longue promenade, il part pour l'aventure, se fait héberger par un curé catholique qui l'adresse à Mme de Warens ; il est baptisé à Turin sur les instances de sa protectrice, essaie plusieurs métiers, y compris celui de laquais, court les routes de Suisse et de France et retrouve Mme de Warens à Chambéry, puis aux Charmettes (1737). Il devient ensuite précepteur à Lyon, puis décide de chercher fortune à Paris en 1742. Il est bien reçu dans la haute société, accompagne l'ambassadeur de France à Venise, à titre de secrétaire, se brouille avec lui (1741), revient en France et se lie avec une servante d'auberge de nature et de manières assez vulgaires, Thérèse Levasseur, qui restera sa compagne jusqu'à sa mort.

Allant voir Diderot incarcéré à Vincennes, il lit dans le *Mercure de France* la question mise au concours par l'Académie de Dijon : « *Si le rétablissement des sciences et des arts a contribué à épurer les mœurs.* » Il répond par la négative dans le *Discours sur les sciences et les arts* (1750), remporte le prix et dès lors, conforme toute sa vie à cette nouvelle conception de la société : l'homme est bon par nature, corrompu par la société et la civilisation. En 1755, il écrit le *Discours sur l'origine et les fondements de l'inégalité parmi les hommes*, pour répondre à une nouvelle question de l'Académie de Dijon.

Il revient à Genève et abjure le catholicisme, puis séjourne dans la propriété de Mme d'Épinay à Montmorency jusqu'en 1757, se brouille avec Diderot, et à l'occasion d'un article de l'*Encyclopédie* sur Genève, dénonce dans la *Lettre à d'Alembert* (1758) l'immoralité du théâtre.

Il se laisse héberger au château du maréchal de Luxembourg et publie en 1761 *La Nouvelle Héloïse*, en 1762 *Du Contrat Social* et l'*Émile*. Ces trois dernières œuvres, roman sentimental, dissertation politique, et traité d'éducation romancé, ont en commun le désir de mettre en valeur l'homme selon la nature, dans sa vie sentimentale, dans le cadre politique qui lui convient, avec l'éducation qui le développera sans le déformer. L'*Émile* est brûlé par décret du Parlement. Rousseau s'enfuit alors en Suisse, à Yverdon, puis à Motiers dans le Val Travers, enfin en Angleterre. Mais s'étant brouillé avec le philosophe Hume, il rentre en France en 1767 et finit par s'installer à Paris en 1770.

Pour se défendre contre les calomnies de ses adversaires, il rédige de mars 1765 à août 1767 les six premiers livres des *Confessions*, consacrés à son enfance et à sa jeunesse, et en 1769 et 1770 les six derniers livres, qui concernent la période de sa vie allant de 1741 à 1765.

De 1776 à 1778, il renonce aux confidences polémiques et s'adonne à une méditation plus intime et plus sereine, à une analyse plus profonde et moins acerbe de son âme, à une explication spirituelle et parfois mystique de sa vie tout entière : ce sont *les Rêveries du Promeneur Solitaire*.

Il meurt le 20 mai 1778 à Ermenonville et est enterré en cet endroit même qu'il avait beaucoup aimé.

Son œuvre   On peut distinguer trois aspects essentiels dans l'œuvre abondante de Rousseau. Les écrits théoriques comportent une critique de la civilisation, des arts, du théâtre, des institutions politiques, plus étendue que celle des autres philosophes ; la reconstruction d'un régime politique idéal, fondé sur un contrat social mieux adapté à la nature humaine ; un système d'éducation révolutionnaire parce que fondé sur la vérité et la liberté individuelle, voire une religion, révélée par les élans mêmes du cœur et de l'imagination.

Sa création romanesque, qui est à la fois une glorification de la passion amoureuse, une explosion de sentiments généreux, l'exaltation d'âmes sensibles captivées par les beautés de la nature et par la solitude, l'apologie d'un monde moral nouveau, dont se souviendront les héros de Lamartine, Hugo, Vigny et de tant d'autres écrivains, est aussi une exploration plus originale et plus importante de l'âme humaine, la découverte même et la traduction directe de la vie intérieure. Le roman devient une confidence dépouillée, une évasion dans l'imagination et le rêve, et aussi l'expression de l'émotion pure et de la rêverie intime dans ce qu'elles ont d'insaisissable et d'unique. La phrase se confond ici avec le rythme de l'âme elle-même qui trouve dans la poésie son expression la plus fidèle.

DISCOURS SUR L'ORIGINE DE L'INÉGALITÉ

PREMIÈRES INÉGALITÉS SOCIALES

Il y a entre les hommes des inégalités naturelles inévitables, mais l'idée de propriété a aggravé le mal. Rousseau oppose avec une éloquence passionnée l'homme de la nature « libre, sain, bon et heureux » et la société corrompue (1).

Le premier qui ayant enclos un terrain s'avisa de dire : ceci est à moi, et trouva des gens assez simples pour le croire, fut le vrai fondateur de la société civile. Que de crimes, de guerres, de meurtres, que de misères et d'horreurs n'eût point épargnés au genre humain celui qui, arrachant les pieux ou comblant le fossé, eût crié à ses semblables : « Gardez-vous d'écouter cet imposteur ; vous êtes perdus si vous oubliez que les fruits sont à tous, et que la terre n'est à personne ! » Mais il y a grande apparence qu'alors les choses en étaient déjà venues au point de ne pouvoir plus durer comme elles étaient : car cette idée de propriété, dépendant de beaucoup d'idées antérieures qui n'ont pu naître successivement, ne se forma pas tout d'un coup dans l'esprit humain : il fallut faire bien des progrès, acquérir bien de l'industrie (2) et des lumières, les transmettre et les augmenter d'âge en âge, avant que d'arriver à ce dernier terme de l'état de nature. Reprenons donc les choses de plus haut, et tâchons de rassembler sous un seul point de vue cette lente succession d'événements et de connaissances dans leur ordre le plus naturel.

Tant que les hommes se contentèrent de leurs cabanes rustiques, tant qu'ils se bornèrent à coudre leurs habits de peaux avec des épines ou des arêtes, à se parer de plumes et de coquillages, à se peindre le corps de diverses couleurs, à perfectionner ou embellir leurs arcs et leurs flèches, à tailler avec des pierres tranchantes quelques canots de pêcheurs ou quelques grossiers instruments de musique ; en un mot, tant qu'ils ne s'appliquèrent qu'à des ouvrages qu'un seul pouvait faire, et qu'à des arts qui n'avaient pas besoin du concours de plusieurs mains ils vécurent libres, sains, bons et heureux autant qu'ils pouvaient l'être par leur nature et continuèrent à jouir entre eux des douceurs d'un commerce indépendant : mais dès l'instant qu'un homme eut besoin du secours d'un autre, dès qu'on s'aperçut qu'il était utile à un seul d'avoir des provisions pour deux, l'égalité disparut, la propriété s'introduisit, le travail devint nécessaire, et les vastes forêts se changèrent en des campagnes riantes qu'il fallut arroser de la sueur des hommes, et dans lesquelles on vit bientôt l'esclavage et la misère germer et croître avec les moissons.

LETTRE A D'ALEMBERT SUR LES SPECTACLES

APOLOGIE D'ALCESTE

Rousseau s'attaque au théâtre qui est l'institution la plus artificielle et la plus séduisante de la société de son temps parce qu'elle encourage le vice sous prétexte de plaire aux spectateurs.

La comédie de Molière est impuissante à corriger les mœurs. *Le Misanthrope* nous en offre une démonstration éclatante : Alceste est incontestablement un homme vertueux — Rousseau ne se reconnaît-il pas un peu en lui ? — et c'est lui que Molière présente comme ridicule !

Qu'est-ce donc que le misanthrope de Molière ? Un homme de bien qui déteste les mœurs de son siècle et la méchanceté de ses contemporains ;

qui, précisément parce qu'il aime ses semblables, hait en eux les maux qu'ils se font réciproquement et les vices dont ces maux sont l'ouvrage

(1) Voir la réponse de Voltaire p. 256. — (2) Habileté et savoir-faire.

S'il était moins touché des erreurs de l'humanité, moins indigné des iniquités qu'il voit, serait-il plus humain lui-même? Autant vaudrait soutenir qu'un tendre père aime mieux les enfants d'autrui que les siens, parce qu'il s'irrite des fautes de ceux-ci et ne dit jamais rien aux autres.

Ces sentiments du misanthrope sont parfaitement développés dans son rôle. Il dit, je l'avoue, qu'il a conçu une haine effroyable contre le genre humain. Mais en quelle occasion le dit-il? Quand, outré d'avoir vu son ami trahir lâchement son sentiment et tromper l'homme qui le lui demande, il s'en voit encore plaisanter lui-même au plus fort de sa colère. Il est naturel que cette colère dégénère en emportement et lui fasse dire alors plus qu'il ne pense de sang-froid. D'ailleurs la raison qu'il rend de cette haine universelle en justifie pleinement la cause :
« Les uns parce qu'ils sont méchants,
Et les autres, pour être aux méchants
                                    complaisants. »
Ce n'est donc pas des hommes qu'il est ennemi, mais de la méchanceté des uns et du support que cette méchanceté trouve dans les autres. S'il n'y avait ni fripons ni flatteurs, il aimerait tout le genre humain. Il n'y a pas un homme de bien qui ne soit misanthrope en ce sens; ou plutôt les vrais misanthropes sont ceux qui ne pensent pas ainsi; car, au fond, je ne connais point de plus grand ennemi des hommes que l'ami de tout le monde, qui, toujours charmé de tout, encourage incessamment les méchants, et flatte, par sa coupable complaisance, les vices d'où naissent tous les désordres de la société.

Cependant ce caractère si vertueux est présenté comme ridicule. Il l'est en effet, à certains égards; et ce qui démontre que l'intention du poète est bien de le rendre tel, c'est celui de l'ami Philinte, qu'il met en opposition avec le sien. Ce Philinte est le sage de la pièce : un de ces honnêtes gens du grand monde dont les maximes ressemblent beaucoup à celles des fripons, de ces gens si doux, si modérés, qui trouvent toujours que tout va bien, parce qu'ils ont intérêt que rien n'aille mieux, qui sont toujours contents de tout le monde, parce qu'ils ne se soucient de personne, qui, autour d'une bonne table, soutiennent qu'il n'est pas vrai que le peuple ait faim, qui, le gousset bien garni, trouvent fort mauvais qu'on déclame en faveur des pauvres qui, de leur maison bien fermée, verraient voler, piller, égorger, massacrer tout le genre humain sans se plaindre, attendu que Dieu les a doués d'une douceur très méritoire à supporter les malheurs d'autrui.

LA NOUVELLE HÉLOISE (1)

La Nouvelle Héloïse est un roman par lettres, conformément à une mode du temps. Saint-Preux, qu'un amour impossible unit à Julie d'Étanges, lui écrit sa passion, tandis qu'à ses amis il confie la mélancolie et l'angoisse qu'il éprouve à la revoir dans un cadre qui lui rappelle les souvenirs délicieux de leurs premiers aveux. Le genre épistolaire permet à Rousseau un style libre et spontané qui épouse tous les mouvements d'une âme sensible et passionnée.

EXALTATION DU DÉPART

Julie a obtenu de Saint-Preux qu'il consente à s'éloigner d'elle quelque temps. Il est au comble du désespoir. Rousseau utilise ici une syntaxe peu régulière : les phrases inachevées sont coupées d'interrogations ou d'exclamations, le monologue est discontinu et dramatique, pour traduire le désarroi de la pensée et la fièvre des sentiments.

I

Pourquoi n'ai-je pu vous voir avant mon départ? Vous avez craint que je n'expirasse en vous quittant? Cœur pitoyable, rassurez-vous. Je me porte bien... je ne souffre pas... je vis encore... je pense à vous... je pense au temps où je vous fus cher... j'ai le cœur un peu serré... la voiture m'étourdit... je me trouve abattu... Je ne pourrai longtemps vous écrire aujourd'hui. Demain peut-être aurai-je plus de force... ou n'en aurai-je plus besoin...

II

Où m'entraînent ces chevaux avec tant de vitesse? Où me conduit avec tant de zèle cet homme qui se dit mon ami? Est-ce loin de toi, Julie? Est-ce par ton ordre? Est-ce en des lieux où tu n'es pas?... Ah! fille insensée!... je mesure des yeux le chemin que je parcours si rapidement. D'où viens-je? où vais-je? et pourquoi tant de diligence? Avez-vous peur, cruels, que je ne coure pas assez tôt à ma perte? O amitié! ô amour! est-ce là votre accord? sont-ce là vos bienfaits?...

(1) Le titre du roman souligne l'analogie entre Julie d'Etanges et Héloïse, la célèbre amoureuse d'Abélard, éprise comme elle de son précepteur et dont l'amour est impossible (1101-1164).

L'ÉTÉ DE HOUDON

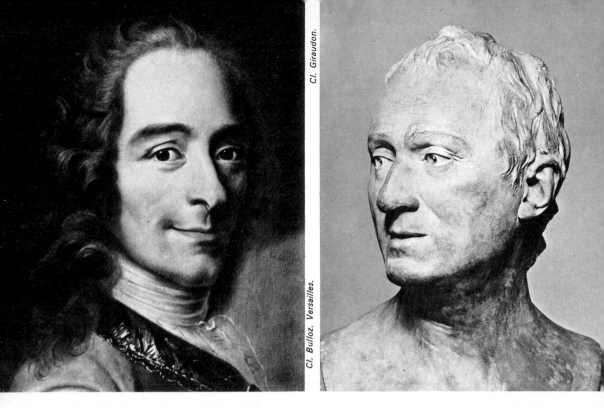

VOLTAIRE PAR LA TOUR

DIDEROT PAR HOUDON

ROUSSEAU PAR HOUDON

RAMEAU Par J.-J. CAFFIERI

III

As-tu bien consulté ton cœur en me chassant avec tant de violence? As-tu pu, dis, Julie, as-tu pu renoncer pour jamais... Non, non : ce tendre cœur m'aime, je le sais bien. Malgré le sort, malgré lui-même, il m'aimera jusqu'au tombeau. Je le vois, tu t'es laissé suggérer... Quel repentir éternel tu te prépares!... Hélas! il sera trop tard... Quoi! tu pourrais oublier... Quoi! je t'aurai mal connue!... Ah! songe à toi, songe à moi, songe à... Écoute, il en est temps encore... Tu m'as chassé avec barbarie, je fuis plus vite que le vent... Dis un mot, un seul mot, et je reviens plus prompt que l'éclair. Dis un mot, et pour jamais nous sommes unis : nous devons l'être... nous le serons... Ah! l'air emporte mes plaintes!... et cependant je fuis! Je vais vivre et mourir loin d'elle!... Vivre loin d'elle!...

Seconde partie.
Lettre II.

PROMENADE SUR LE LAC

Dans cette lettre, Saint-Preux raconte une promenade qu'il a faite avec Julie — devenue Mme de Wolmar — sur le lac de Genève, là où jadis, au temps de leur amour, il était venu passer quelques semaines. Ici, l'émotion pathétique rejoint le lyrisme le plus pur. Rousseau développe un thème qui sera cher aux romantiques et que reprendra Lamartine dans *le Lac*, celui du souvenir. Il apparaît encore comme un initiateur dans la mesure où, dans ce texte, l'on sent s'ébaucher une certaine complicité entre l'homme et la nature, une harmonie que rechercheront, approfondiront les poètes romantiques, et dont la théorie baudelairienne de la correspondance universelle sera comme un aboutissement. Rousseau crée une phrase musicale fort souple, aux modulations variées, qui traduit *la suite des sentiments* : c'est à la fois un genre nouveau qui s'annonce ici, la méditation en prose ou en vers, et une forme nouvelle qui s'ébauche, la prose poétique.

Après le souper, nous fûmes nous asseoir sur la grève en attendant le moment du départ. Insensiblement la lune se leva, l'eau devint plus calme, et Julie me proposa de partir. Je lui donnai la main pour entrer dans le bateau; et, en m'asseyant à côté d'elle, je ne songeai plus à quitter sa main. Nous gardions un profond silence. Le bruit égal et mesuré des rames m'excitait à rêver. Le chant assez gai des bécassines*, me retraçant les plaisirs d'un autre âge, au lieu de m'égayer, m'attristait. Peu à peu je sentis augmenter la mélancolie dont j'étais accablé. Un ciel serein, la fraîcheur de l'air, les doux rayons de la lune, le frémissement argenté dont l'eau brillait autour de nous, le concours des plus agréables sensations, la présence même de cet objet chéri, rien ne put détourner de mon cœur mille réflexions douloureuses.

Je commençai par me rappeler une promenade semblable faite autrefois avec elle durant le charme de nos premières amours. Tous les sentiments délicieux qui remplissaient alors mon âme s'y retracèrent pour l'affliger; tous les événements de notre jeunesse, nos études, nos entretiens, nos lettres, nos rendez-vous, nos plaisirs,

E tanta fede, e si dolce memorie,
E si lungo costume (1)

ces foules de petits objets qui m'offraient l'image de mon bonheur passé, tout revenait, pour augmenter ma misère présente, prendre place en mon souvenir. C'en est fait, disai-je en moi-même; ces temps, ces temps heureux ne sont plus; ils ont disparu pour jamais. Hélas! ils ne reviendront plus; et nous vivons, et nous sommes ensemble, et nos cœurs sont toujours unis! Il me semblait que j'aurais porté plus patiemment sa mort ou son absence, et que j'avais moins souffert tout le temps que j'avais passé loin d'elle. Quand je gémissais dans l'éloignement, l'espoir de la revoir soulageait mon cœur; je me flattais qu'un instant de sa présence effacerait toutes mes peines; j'envisageais au moins dans les possibles un état moins cruel que le mien. Mais se trouver auprès d'elle, mais la voir, la toucher, lui parler, l'aimer, l'adorer, et, presque en la possédant encore, la sentir perdue à jamais pour moi; voilà ce qui me jetait dans des accès de fureur et de rage qui m'agitèrent par degrés jusqu'au désespoir.

Quatrième partie.
Lettre XVII.

(*) *Note de Rousseau* : la bécassine du lac de Genève n'est point l'oiseau qu'on appelle en France du même nom. Le chant plus vif et plus animé de la nôtre donne au lac durant les nuits d'été un air de vie et de fraîcheur qui rend ses rives encore plus charmantes. — (1) Rousseau a lui-même traduit ces vers du poète Métastase (1698-1782) : « Et cette foi si pure et ces doux souvenirs et cette longue familiarité. » (*Demofoonte* III, 9).

LES RÊVERIES DU PROMENEUR SOLITAIRE

RÊVERIE A L'ILE SAINT-PIERRE

Exprimant l'admiration d'une nature riante et le charme de la solitude, cette page est aussi une merveilleuse traduction, par l'harmonie et le rythme de la phrase, de la naissance même de la rêverie.

Quand le soir approchait, je descendais des cimes de l'île et j'allais volontiers m'asseoir au bord du lac, sur la grève, dans quelque asile caché ; là, le bruit des vagues et l'agitation de l'eau, fixant mes sens et chassant de mon âme toute autre agitation, la plongeaient dans une rêverie délicieuse, où la nuit me surprenait souvent sans que je m'en fusse aperçu. Le flux et le reflux (1) de cette eau, son bruit continu, mais renflé par intervalles, frappant sans relâche mon oreille et mes yeux, suppléaient aux mouvements internes que la rêverie éteignait en moi et suffi-saient pour me faire sentir avec plaisir mon existence, sans prendre la peine de penser. De temps à autre naissait quelque faible et courte réflexion sur l'instabilité des choses de ce monde, dont la surface des eaux m'offrait l'image : mais bientôt ces impressions légères s'effaçaient dans l'uniformité du mouvement continu qui me berçait et qui, sans aucun concours actif de mon âme, ne laissait pas de m'attacher au point qu'appelé par l'heure et par le signal convenu je ne pouvais m'arracher de là sans effort.

Cinquième Rêverie.

BEAUMARCHAIS

Sa vie et son œuvre　　Pierre-Auguste Caron, né en 1732 d'un père horloger, refuse d'apprendre le métier paternel, puis se ravise, invente même un mécanisme d'horlogerie, devient horloger de la cour, puis maître de harpe des filles de Louis XV ; il prend le nom de Beaumarchais, acquiert une charge à la table du roi (2), et se transforme en financier.

En 1764, il est à Madrid, y fait d'étonnants projets de commerce mêlés d'intrigues politiques, hérite en partie les biens du financier Pâris Duverney, ce qui l'entraîne dans un procès de huit ans. Il se défend avec acharnement, en utilisant sans scrupule tous les moyens possibles, et en rédigeant contre le conseiller Goezman, son adversaire, des *Mémoires* aussi brillants que vigoureux. En 1775, il fait jouer *le Barbier de Séville* qui, après un premier échec, connaît bientôt le triomphe avec une légère modification de la composition. Sa vie est toujours aussi aventureuse et dispersée. Il vend des armes en Amérique, fonde la Société des Auteurs Dramatiques, se bat contre la censure, et fait jouer en 1784 *le Mariage de Figaro* qui connaît un très grand succès. Pendant la révolution, il compose un drame moralisateur, part pour l'étranger, revient à Paris, reconstitue sa fortune et meurt en 1799. Au cours de cette vie irrégulière et romanesque. Beaumarchais réussit à composer plusieurs pièces, en accord avec son *Essai sur le genre dramatique sérieux*, vertueuses et exemplaires ; mais *le Barbier de Séville* et *le Mariage de Figaro* les surclassent toutes. Beaumarchais s'y laisse aller à une hardiesse dans la satire sociale et politique, qui nous rappelle celle de Diderot dans le domaine philosophique et religieux, et celle de Laclos, en ce qui concerne les mœurs mondaines et la vie de société. L'amertume de la satire y est voilée par le torrent de la verve et du rire, qui est le mouvement même de la vie.

---

(1) Mouvement alternatif de l'eau provoqué par le vent. — (2) Il est contrôleur de la Maison du Roi à Versailles, autrement dit, il appartient à l'intendance du palais.

LE MARIAGE DE FIGARO

MONOLOGUE DE FIGARO

Figaro a cru que sa fiancée Suzanne était sur le point de le tromper avec le comte Almaviva, son maître. Dans ce monologue, il la maudit violemment, puis ajoute à ses insultes une acerbe satire des privilèges de la noblesse et de l'inégalité sociale, enfin proteste avec vigueur en faveur de la liberté d'écrire et de publier. L'expression est extraordinairement vivante et variée, les mots sont concrets et pittoresques, la phrase s'adapte aux tourbillons de la pensée, à la verve étourdissante de Figaro.

Figaro, seul, se promenant dans l'obscurité, dit du ton le plus sombre :

O femme, femme, femme! créature faible et décevante!... Nul animal créé ne peut manquer à son instinct; le tien est-il donc de tromper? Après m'avoir obstinément refusé quand je l'en pressais devant sa maîtresse, à l'instant qu'elle me donne sa parole, au milieu même de la cérémonie... il riait en le lisant le perfide, et moi comme un benêt!... Non, monsieur le comte, vous ne l'aurez pas... Vous ne l'aurez pas... Parce que vous êtes un grand seigneur, vous vous croyez un grand génie! Noblesse, fortune, un rang, tout cela rend si fier. Qu'avez-vous fait pour tant de biens? Vous vous êtes donné la peine de naître, et rien de plus : du reste homme assez ordinaire; tandis que moi, morbleu! perdu dans la foule obscure, il m'a fallu déployer plus de science et de calculs pour subsister seulement, qu'on n'en a mis depuis cent ans à gouverner toutes les Espagnes; et vous voulez jouter (1)... On vient... c'est elle... ce n'est personne. — La nuit est noire en diable, et me voilà faisant le sot métier de mari, quoique je ne le sois qu'à moitié! *(Il s'assied sur un banc.)* Est-il rien de plus bizarre que ma destinée! Fils de je ne sais pas qui; volé par des bandits; élevé dans leurs mœurs, je m'en dégoûte et veux courir une carrière honnête; et partout je suis repoussé! J'apprends la chimie, la pharmacie, la chirurgie; et tout le crédit d'un grand seigneur peut à peine me mettre à la main une lancette vétérinaire! — Las d'attrister des bêtes malades, et pour faire un métier contraire, je me jette à corps perdu dans le théâtre; me fussé-je mis une pierre au cou! Je broche (2) une comédie dans les mœurs du sérail; auteur espagnol, je crois pouvoir y fronder Mahomet, sans scrupule; à l'instant, un envoyé... de je ne sais où, se plaint que j'offense dans mes vers la Sublime Porte (3), la Perse, une partie de la presqu'île de l'Inde, toute l'Égypte, les royaumes de Barca, de Tripoli, de Tunis, d'Alger et de Maroc; et voilà ma comédie flambée, pour plaire aux princes mahométans, dont pas un, je crois, ne sait lire, et qui nous meurtrissent l'omoplate, en vous disant : Chiens de chrétiens! — Ne pouvant avilir l'esprit, on se venge en le maltraitant. — Mes joues creusaient, mon terme était échu : je voyais de loin arriver l'affreux recors (4), la plume fichée dans sa perruque : en frémissant je m'évertue. Il s'élève une question sur la nature des richesses; et comme il n'est pas nécessaire de tenir les choses pour en raisonner, n'ayant pas un sol, j'écris sur la valeur de l'argent et sur son produit net; sitôt je vois, du fond d'un fiacre, baisser pour moi le pont d'un château fort (5), à l'entrée duquel je laissai l'espérance (6) et la liberté. *(Il se lève.)* Que je voudrais bien tenir un de ces puissants de quatre jours, si légers sur le mal qu'ils ordonnent, quand une bonne disgrâce a cuvé son orgueil! Je lui dirais... que les sottises imprimées n'ont d'importance qu'aux lieux où l'on en gêne le cours; que sans la liberté de blâmer, il n'est point d'éloge flatteur; et qu'il n'y a que les petits hommes qui redoutent les petits écrits...

(Il retombe assis.) O bizarre suite d'événements! Comment cela m'est-il arrivé? Pourquoi ces choses et non pas d'autres? Qui les a fixées sur ma tête? Forcé de parcourir la route où je suis entré sans le savoir, comme j'en sortirai sans le vouloir, je l'ai jonchée d'autant de fleurs que ma gaieté me l'a permis; encore je dis ma gaieté, sans savoir si elle est plus à moi que le reste, ni même quel est ce moi dont je m'occupe : un assemblage informe de parties inconnues; puis un chétif être imbécile : un petit animal folâtre; un jeune homme ardent au plaisir; ayant tous les goûts pour jouir; faisant tous les métiers pour vivre; maître ici, valet là, selon qu'il plaît à la fortune; ambitieux par vanité; laborieux par nécessité, mais paresseux... avec délices; orateur selon le danger; poète par délassement; musicien par occasion, amoureux par folles bouffées : j'ai tout vu, tout fait, tout usé.

V, 3.

---

(1) Vous mesurer à moi. — (2) Compose. — (3) Le gouvernement du sultan des Turcs. — (4) Mot disparu ≐ aide qui accompagne l'huissier. — (5) Evidemment la Bastille. — (6) « Vous qui entrez ici, laissez toute espérance » : inscription sur la porte de l'Enfer, selon Dante.

LES ROMANCIERS DE L'IMMORALITÉ

Trois écrivains, Restif de la Bretonne, Sade et Choderlos de Laclos introduisent dans la littérature la description d'aspects de la nature humaine jusque-là passés sous silence; les audaces de Montesquieu, de Voltaire et de Diderot ne concernaient que le domaine des idées, leurs attaques ne battaient en brèche que les institutions juridiques, politiques ou religieuses. L'insolence de Rousseau n'est qu'apparente; s'il s'en prend à la morale sociale et aux traditions, c'est pour édifier un monde nouveau, promulguer un ordre vertueux où la bonté naturelle de l'individu pourra s'épanouir, et non pour détruire tout idéal et toute espérance humaine.

A travers les œuvres de Restif de la Bretonne, Sade et Laclos, c'est une vision toute différente de la réalité, de la vie, de l'homme, que nous découvrons. Peu importe que chacun d'eux ait ajouté à ses œuvres une conclusion plus ou moins moralisante; leur originalité essentielle, à la fois inquiétante et fascinante, réside dans une incroyable « descente aux enfers » des turpitudes de l'homme.

Restif de la Bretonne   Nicolas Restif de la Bretonne (1734-1806) peut bien se réclamer de Rousseau, soit par habileté, soit par inconscience. Il reste surtout du monceau de ses 220 volumes *le Paysan Perverti ou les Dangers de la Ville* (1775), *la Paysanne Pervertie* (1776), *Monsieur Nicolas* (1797), fresque d'une société corrompue, criminelle et malheureuse.

Sade   Donatien, marquis de Sade, dont le nom a servi à nommer une perversion pathologique, le sadisme, est vraiment un « cas » exceptionnel dans l'histoire de la littérature et de la société. Né en 1740, officier de cavalerie, marié en 1763, il se livre à des désordres si scandaleux qu'il est arrêté à plusieurs reprises et finit par passer sept ans à Vincennes, puis six ans à la Bastille. Sorti de prison à la faveur de la Révolution française, il est arrêté à nouveau en 1801 et définitivement incarcéré jusqu'à sa mort (1814).

D'une œuvre abondante, souvent obscène [*Philosophie dans le Boudoir* (1795), *Justine ou les Malheurs de la Vertu* (1791)], officiellement ignorée au XIXᵉ siècle, mais connue de Baudelaire et de Flaubert, mise en lumière par Apollinaire au début du XXᵉ siècle, et peu à peu considérée comme une révélation indispensable par les psychologues et les médecins, se dégage la conviction que l'homme n'est pas bon. L'œuvre de Sade est une démonstration expérimentale — bien dans la ligne scientifique du siècle de l'*Encyclopédie* — de l'existence du mal, de la cruauté, de la violence. Ses personnages éprouvent un plaisir démoniaque dans les souffrances morales et physiques qu'ils infligent à des êtres innocents, sous l'impulsion d'une imagination aussi féconde que perfide et cruelle.

Choderlos de Laclos   Le meilleur de ces trois écrivains est sans conteste Pierre Choderlos de Laclos (1741-1803). Capitaine d'artillerie avant la révolution, maréchal de camp en 1792, général de brigade après le coup d'État de Brumaire, il a écrit de nombreux poèmes frivoles selon la mode de cette époque, une *Éducation des femmes* inspirée de *l'Émile*, mais il est devenu célèbre grâce aux seules *Liaisons dangereuses* (1782). Dans ce roman par lettres, la peinture du mal, plus psychologique, plus intellectuelle que chez Sade, n'en est pas moins cruelle; il nous apparaît lié à une société décadente, sceptique et futile (« J'ai vu les mœurs de mon temps » cite l'épigraphe), mais aussi à l'insondable perversité du cœur humain. (Mme de Merteuil est un « cœur incapable d'amour ».) Le langage merveilleusement accordé aux personnages contribue à la perfection de ce roman qui, en deux siècles, n'a nullement vieilli.

LES LIAISONS DANGEREUSES

SCRUPULES D'UNE FEMME SENSIBLE

La présidente de Tourvel, sur le point de céder à la passion, supplie le vicomte de Valmont de s'éloigner d'elle. Mais nous devinons, à travers cette lettre émouvante et sincère, le pouvoir redoutable et machiavélique du séducteur. On ne sait ce qu'il faut admirer le plus ici, de la précision de l'examen de conscience ou de la pureté remarquable de la langue et du vocabulaire : l'une et l'autre se complètent admirablement.

La présidente de Tourvel au vicomte de Valmont :

« Je désire beaucoup, Monsieur, que cette lettre ne vous fasse aucune peine ; ou si elle doit vous en causer, qu'au moins elle puisse être adoucie par celle que j'éprouve en vous l'écrivant. Vous devez me connaître assez, à présent, pour être bien sûr que ma volonté n'est pas de vous affliger ; mais vous, sans doute, vous ne voudriez pas non plus me plonger dans un désespoir éternel. Je vous conjure donc, au nom de l'amitié tendre que je vous ai promise, au nom même des sentiments peut-être plus vifs, mais à coup sûr pas plus sincères, que vous avez pour moi, ne nous voyons plus ; partez, et jusque-là, fuyons surtout ces entretiens particuliers et trop dangereux où par une inconcevable puissance, sans jamais parvenir à vous dire ce que je veux, je passe mon temps à écouter ce que je ne devrais pas entendre.

Hier encore, quand vous vîntes me joindre dans le parc j'avais bien pour unique objet de vous dire ce que je vous écris aujourd'hui ; et cependant qu'ai-je fait ? que m'occuper de votre amour... de votre amour, auquel jamais je ne dois répondre ! Ah ! de grâce, éloignez-vous de moi...

... Déjà assaillie par la honte, à la veille des remords, je redoute et les autres et moi-même ; je rougis dans le cercle, et je frémis dans la solitude, je n'ai plus qu'une vie de douleurs ; je n'aurai de tranquillité que par votre consentement. Mes résolutions les plus louables ne suffisent pas pour me rassurer ; j'ai formé celle-ci dès hier, et cependant j'ai passé cette nuit dans les larmes.

Voyez votre amie, celle que vous aimez, confuse et suppliante vous demander le repos et l'innocence. Ah ! Dieu ! sans vous, eût-elle jamais été réduite à cette humiliante demande ? Je ne vous reproche rien ; je sens trop par moi-même combien est difficile de résister à un sentiment impérieux. Une plainte n'est pas un murmure. Faites par générosité ce que je fais par devoir ; et à tous les sentiments que vous m'avez inspirés, je joindrai celui d'une éternelle reconnaissance. Adieu, adieu, Monsieur. »

CHÉNIER

Sa vie   André Chénier naquit en 1762, près de Constantinople, d'une mère grecque.
Son père était consul et il vint très tôt habiter Paris. Il fit de bonnes études au Collège de Navarre, connut, dans la brillante société qui fréquentait le salon de ses parents, bon nombre d'artistes comme David, d'écrivains comme l'abbé Barthélemy, de savants comme Brunck qui admiraient l'Antiquité grecque, il se passionna pour la littérature, la philosophie, les arts ; il séjourna à Rome, et quitta Paris en 1787 pour Londres, où il était nommé secrétaire d'Ambassade.

Pendant la Révolution, il se mêle activement à la vie politique, fonde la « Société de 89 », s'oppose aux Jacobins, prépare la défense du roi Louis XVI ; mais, arrêté en 1794 et incarcéré à Saint-Lazare, il est condamné et guillotiné.

Son œuvre   L'œuvre de Chénier ne fut connue qu'après sa mort ; Henri de Latouche
en publia la première édition en 1819 : ce fut une révélation. Jusqu'à la Révolution, elle est à la fois antique et moderne : Chénier pratique avec brio tous les genres d'imitation ; tantôt il compose « des vers nouveaux » sur des « pensers antiques » (*Idylles* ou *Bucoliques* écrites de 1785 à 1788), tantôt des vers classiques ou d'une beauté « à l'antique » sur des « pensers nouveaux » (esquisses et fragments de l'*Hermès* et de l'*Amérique*, élégies).

Après la Révolution, Chénier écrit des œuvres de doctrine et de combat [*Avis au peuple français sur ses véritables ennemis* (1790)], mais continue à composer aussi des poèmes d'un lyrisme sincère et touchant (*Pièces à Fanny*), et des poèmes de satire personnelle et passionnée (*Iambes*) d'une rare vigueur.

Il n'est pas surprenant que les romantiques aient été ravis de découvrir en 1819 cette œuvre inconnue du seul grand poète du XVIIIe siècle.

LA JEUNE TARENTINE

Cette idylle traite un sujet bien émouvant pour « les âmes sensibles » : la mort accidentelle en mer d'une jeune fiancée; le décor évoque la Grèce antique, par les cérémonies, les objets, les mots eux-mêmes; la hardiesse du vers (coupes et rejets originaux) s'enveloppe d'une délicieuse musique.

Pleurez, doux alcyons (1), ô vous, oiseaux sacrés !
Oiseaux chers à Thétis (2), doux alcyons, pleurez !
Elle a vécu, Myrto, la jeune Tarentine (3).
Un vaisseau la portait aux bords de Camarine (4).
Là, l'hymen (5), les chansons, les flûtes, lentement
Devaient la reconduire au seuil de son amant.
Une clef vigilante a, pour cette journée
Dans le cèdre (6) enfermé sa robe d'hyménée
Et l'or dont au festin ses bras seraient parés,
Et pour ses blonds cheveux les parfums préparés.
Mais, seule sur la proue, invoquant les étoiles,
Le vent impétueux qui soufflait dans ses voiles
L'enveloppe. Étonnée, et loin des matelots,
Elle crie, elle tombe, elle est au sein des flots.
Elle est au sein des flots, la jeune Tarentine.
Son beau corps a roulé sous la vague marine.
Thétis (7), les yeux en pleurs, dans le creux
                d'un rocher

Aux monstres dévorants eut soin de le cacher.
Par ses ordres bientôt les belles Néréides (8)
L'élèvent au-dessus des demeures humides,
Le portent au rivage, et dans ce monument
L'ont, au cap du Zéphyr (9), déposé mollement.
Puis de loin à grands cris appelant leurs
                compagnes,
Et les Nymphes des bois, des sources, des
                montagnes,
Toutes, frappant leur sein et traînant un long
                deuil,
Répétèrent : « Hélas ! » autour de son cercueil.
Hélas ! chez ton amant tu n'es point ramenée.
Tu n'as point revêtu ta robe d'hyménée.
L'or autour de tes bras n'a point serré
                nœuds.
Les doux parfums n'ont point coulé sur tes
                cheveux.

VIENNE, VIENNE LA MORT !

En prison, après sa condamnation par le Tribunal révolutionnaire, Chénier écrit les *Iambes*, poèmes satiriques où il proteste contre la mort qui le bâillonne, réclame le fouet de la vengeance contre ses bourreaux barbouilleurs de lois, affirme hautement la justesse de sa cause et la hauteur de son âme.

Vienne, vienne la mort ! — Que la mort me
                délivre !
   Ainsi donc mon cœur abattu
Cède au poids de ses maux? Non, non. Puissé-je
                vivre !
   Ma vie importe à la vertu.
Car l'honnête homme enfin, victime de l'outrage,
   Dans les cachots, près du cercueil,
Relève plus altiers son front et son langage,
   Brillants d'un généreux orgueil.
S'il est écrit aux cieux que jamais une épée
   N'étincellera dans mes mains,

Dans l'encre et l'amertume une autre arme
                trempée
   Peut encor servir les humains.
Justice, Vérité, si ma main, si ma bouche,
   Si mes pensers les plus secrets
Ne froncèrent jamais votre sourcil farouche,
   Et si les infâmes progrès,
Si la risée atroce, ou, plus atroce injure,
   L'encens de hideux scélérats
Ont pénétré vos cœurs d'une longue blessure,
   Sauvez-moi. Conservez un bras
Qui lance votre foudre, un amant qui vous venge.

---

(1) Oiseau marin fabuleux. — (2) Déesse de la mer, une des Néréides. — (3) Tarente : port de l'Italie méridionale. — (4) Port de Sicile : la jeune fille se rend de Tarente à Camarine pour rejoindre son fiancé. — (5) Cortège nuptial. — (6) Dans un coffre de cèdre. — (7) Thétis : la mer personnifiée par cette déesse. — (8) Divinités maritimes. — (9) Le cap de Zéphir, au sud de l'Italie.

Mourir sans vider mon carquois !
Sans percer, sans fouler, sans pétrir dans leur
fange
Ces bourreaux barbouilleurs de lois !
Ces vers cadavéreux de la France asservie,
Égorgée ! O mon cher trésor,
O ma plume ! fiel, bile, horreur, Dieux de ma
vie !
Par vous seuls je respire encor :
Comme la poix brûlante agitée en ses veines
Ressuscite un flambeau mourant,
Je souffre ; mais je vis. Par vous, loin de mes
peines,
D'espérance un vaste torrent
Me transporte. Sans vous, comme un poison
livide (1),
L'invisible dent du chagrin,
Mes amis opprimés, du menteur homicide
Les succès, le sceptre d'airain ;

Des bons (2) proscrits par lui la mort ou la ruine,
L'opprobre de subir sa loi,
Tout eût tari ma vie ; ou contre ma poitrine
Dirigé mon poignard. Mais quoi !
Nul ne resterait donc pour attendrir l'histoire
Sur tant de justes massacres ?
Pour consoler leur fils, leurs veuves, leur
mémoire.
Pour que des brigands abhorrés
Frémissent aux portraits noirs de leur
ressemblance,
Pour descendre jusqu'aux enfers
Nouer le triple fouet (3), le fouet de la vengeance
Déjà levé sur ces pervers ?
Pour cracher sur leurs noms, pour chanter leur
supplice ?
Allons, étouffe tes clameurs ;
Souffre, ô cœur gros de haine, affamé de justice.
Toi, Vertu, pleure si je meurs.

LA LITTÉRATURE MILITANTE SOUS LE SIGNE DE LA RÉVOLUTION

La Révolution n'a pas seulement inspiré, comme dans les *Iambes* de Chénier, des protestations indignées. Elle a développé dans les dix dernières années du XVIIIᵉ siècle, chez ceux qui en furent les artisans, une littérature militante dont la principale caractéristique est l'éloquence. La langue, il est vrai, reste mêlée de réminiscences antiques, la rhétorique classique est toujours en honneur et les appels au sentiment et à la vertu sont fréquents, mais l'appel au combat, à la vengeance est constant. Ainsi, le chant patriotique, avec sa vigueur et sa grandiloquence, remplace l'élégie :

LA MARSEILLAISE

Allons, enfants de la Patrie,
Le jour de gloire est arrivé !
Contre nous de la tyrannie
L'étendard sanglant est levé ! (*bis*)
Entendez-vous dans les campagnes
Mugir ces féroces soldats ?
Ils viennent jusque dans nos bras
Égorger nos fils, nos compagnes.

Amour sacré de la Patrie,
Conduis, soutiens nos bras vengeurs !
Liberté, Liberté chérie,
Combats avec tes défenseurs ! (*bis*)
Sous nos drapeaux, que la Victoire
Accoure à tes mâles accents !
Que tes ennemis expirants
Voient ton triomphe et notre gloire !

Aux armes citoyens ! formez vos bataillons !
Marchons ! Marchons !
Qu'un sang impur abreuve nos sillons !

L'éloquence　　Les orateurs sont nombreux, vigoureux, convaincants, combatifs.
　　　　　　　Mirabeau, Sieyès, Vergniaud, Danton, Robespierre, Saint-Just ont été particulièrement brillants et écoutés.

DISCOURS DE MIRABEAU A LA SÉANCE DU 8 JUILLET 1789

Le Gouvernement avait concentré de nombreuses troupes autour de Versailles et de Paris. L'Assemblée nationale se juge alors menacée et offensée. Mirabeau prononce un grand discours, pour proposer l'envoi au roi d'une adresse. Ce discours sonne encore comme un monologue de Corneille, mais il a pour fin d'engager le roi à retirer ses troupes,

---

(1) Qui rend livide. — (2) Adj. substantivé. — (3) Le fouet des Trois Furies qui punissent les criminels.

et précise fort bien les conditions pratiques de cette opération. Il est intéressant de noter ici le mélange des expressions classiques et des mots nouveaux, ou employés de façon inédite, tels que « députés, nation, tyrans, usurpateurs ».

... Trente-cinq mille hommes sont déjà répartis entre Paris et Versailles. On en attend vingt mille. Des trains d'artillerie les suivent. Des points sont désignés pour des batteries. On s'assure de toutes les communications. On intercepte tous les passages; nos chemins, nos ponts, nos promenades sont changés en postes militaires. Des événements publics, des faits cachés, des ordres secrets, des contre-ordres précipités, les préparatifs de la guerre, en un mot, frappent tous les yeux et remplissent d'indignation tous les cœurs.

Ainsi ce n'était pas assez que le sanctuaire de la liberté eût été souillé par des troupes! Ce n'était pas assez qu'on eût donné le spectacle inouï d'une Assemblée nationale astreinte à des consignes militaires et soumises à une force armée! Ce n'était pas assez qu'on joignît à cet attentat toutes les inconvenances, tous les manques d'égard, et pour trancher le mot, la grossièreté de la police orientale!.....

... Messieurs, quand il ne s'agirait ici que de nous, quand la dignité de l'Assemblée nationale serait seule blessée, il ne serait pas moins convenable, juste, nécessaire, important pour le roi lui-même, que nous fussions traités avec décence, puisque enfin nous sommes les députés de cette même nation qui seule fait sa gloire, qui seule constitue la splendeur du trône, de cette nation qui rendra la personne du roi honorable, à proportion de ce qu'il l'honorera plus lui-même.

Puisque c'est à des hommes libres qu'il veut commander, il est temps de faire disparaître ces formes odieuses, ces procédés insultants, qui persuadent à ceux dont le prince est entouré, que la majesté royale consiste dans les rapports avilissants du maître à l'esclave, qu'un roi légitime et chéri doit partout et en toute occasion ne se montrer que sous l'aspect des tyrans irrités, ou de ces usurpateurs tristement condamnés à méconnaître le sentiment si doux, si honorable de la confiance...

Le journalisme   La *Déclaration des Droits de l'Homme* (1), en proclamant la liberté de la presse, lui avait permis un prodigieux développement. Les premiers quotidiens avaient alors fait leur apparition, et avec eux le journalisme politique (2).

L'APPEL DE CAMILLE DESMOULINS

Camille Desmoulins (1760-1794) (3) fut sans doute le plus grand journaliste de son temps. Dans le numéro 4, resté célèbre, du *Vieux Cordelier* qu'il dirigeait, il eut l'étonnant courage de dénoncer les excès du terrorisme révolutionnaire, son injustice et sa folie. Cette audace devait lui coûter la vie. Mais son appel pathétique pour l'institution d'un comité de clémence allait bouleverser l'opinion.

... Non, la liberté, descendue du ciel, ce n'est point une nymphe de l'Opéra (4), ce n'est point un bonnet rouge, une chemise sale ou des haillons. La liberté, c'est le bonheur, c'est la raison, c'est l'égalité, c'est la justice, c'est la déclaration des droits, c'est votre sublime Constitution! Voulez-vous que je la reconnaisse, que je tombe à ses pieds, que je verse tout mon sang pour elle? Ouvrez les prisons à ces deux cent mille citoyens que vous appelez suspects; car, dans la déclaration des droits il n'y a point de maison de suspicion, il n'y a que des maisons d'arrêt. Le soupçon n'a point de prisons, mais l'accusateur public; il n'y a point de gens sus-

pects, il n'y a que des prévenus de délits fixés par la loi. Et ne croyez pas que cette mesure serait funeste à la République. Ce serait la mesure la plus révolutionnaire que vous eussiez jamais prise. Vous voulez exterminer tous vos ennemis par la guillotine! Mais y eut-il jamais plus grande folie? Pouvez-vous en faire périr un seul à (5) l'échafaud, sans vous faire dix ennemis de sa famille ou de ses amis? Croyez-vous que ce soient ces femmes, ces vieillards, ces cacochymes (6), ces égoïstes, ces traînards de la Révolution, que vous enfermez, qui sont dangereux? De vos ennemis, il n'est resté parmi vous que les lâches et les malades. Les braves

_____

(1) Voir pp. 203-204. — (2) Sous l'Ancien régime, les journaux hebdomadaires ou mensuels étaient surtout culturels. — (3) Voir p. 207. — (4) Allusion à l'allégorie de la Liberté qui avait été représentée à une fête révolutionnaire célébrant la Raison. — (5) Sur. — (6) Homme de constitution débile.

et les forts ont émigré. Ils ont péri à Lyon (1) ou dans la Vendée (2); tout le reste ne mérite pas votre colère...

Que des bénédictions s'élèveraient alors de toutes parts! Je pense bien différemment de ceux qui vous disent qu'il faut laisser la terreur à l'ordre du jour. Je suis certain, au contraire, que la liberté serait consolidée, et l'Europe vaincue, si vous aviez un Comité de Clémence...

Les proclamations impériales

Le dernier aspect de cette littérature engagée et militante, nous le trouverons dans les proclamations de Napoléon à ses soldats : la plus célèbre d'entre elles, celle d'Austerlitz, en est le modèle; félicitations aux braves, confiance ferme en l'avenir, affirmation de la force, et promesse de récompenses, tout y est fait pour flatter les hommes et nourrir la mystique impériale (3).

AUSTERLITZ, 2 frimaire an XIV (4)

Soldats, je suis content de vous. Vous avez, à la journée d'Austerlitz, justifié tout ce que j'attendais de votre intrépidité. Vous avez décoré vos aigles (5) d'une immortelle gloire.

Une armée de cent mille hommes, commandée par les empereurs de Russie et d'Autriche, a été en moins de quatre heures ou coupée ou dispersée. Ce qui a échappé à votre fer s'est noyé dans les lacs. Quarante drapeaux, les étendards de la garde impériale de Russie, cent vingt pièces de canon, vingt généraux, plus de trente mille prisonniers sont le résultat de cette journée à jamais célèbre. Cette infanterie tant vantée et en nombre supérieur n'a pas pu résister à votre choc, et désormais vous n'avez plus de rivaux à redouter. Ainsi en deux mois, cette troisième coalition a été vaincue et dissoute. La paix ne peut plus être éloignée; mais comme je l'ai promis à mon peuple avant de passer le Rhin, je ne ferai qu'une paix qui nous donne des garanties et assure des récompenses à nos alliés.

Soldats, lorsque le peuple français plaça sur ma tête la couronne impériale, je me confiai à vous pour la maintenir toujours dans ce haut éclat de gloire qui, seul, pouvait lui donner du prix à mes yeux; mais dans le même temps, nos ennemis pensaient à la détruire et à l'avilir, et cette couronne de fer conquise par le sang de tant de Français, ils voulaient m'obliger à la placer sur la tête de nos plus cruels ennemis; projets téméraires et insensés que, le jour même de l'anniversaire de votre Empereur, vous avez anéantis et confondus. Vous leur avez appris qu'il est plus facile de nous braver et de nous menacer que de nous vaincre.

Soldats, lorsque tout ce qui nous est nécessaire pour assurer le bonheur et la prospérité de notre patrie sera accompli, je vous ramènerai en France. Là, vous serez l'objet de mes tendres sollicitudes. Mon peuple vous reverra avec joie, et il vous suffira de dire : j'étais à la bataille d'Austerlitz, pour qu'on vous réponde : « Voilà un brave! »

---

(1) Allusion au soulèvement des hommes contre la Convention, en 1793. — (2) Allusion au soulèvement des vendéens monarchistes. — (3) Voir p. 208-209. — (4) 2 décembre 1805. — (5) Etendard de l'armée impériale qui, à l'image des étendards romains, avaient l'aigle pour emblème.

VI

LE XIXe SIÈCLE

Étrange et confus XIXe siècle, où le passé se heurte à l'avenir, la culture traditionnelle aux goûts nouveaux, les anciennes classes sociales aux masses ouvrières en formation ; siècle fécond en promesses et riche en souvenirs !

Jusqu'en 1815, la volonté de Napoléon domine la politique étrangère, l'activité intérieure du pays, et même sa vie intellectuelle. L'université est dotée d'une constitution. Les écrivains se soumettent ou se révoltent. Les savants sont honorés et favorisés, les artistes encouragés à faire renaître en architecture, en sculpture et en peinture le style antique dont David devient le grand maître.

La Restauration tantôt libérale, sous la garantie de la Charte, tantôt réactionnaire lors de la prépondérance des ultras, voire intransigeante sous le règne de Charles X, après 1829, donne lieu à une reprise de la vie politique. La royauté bourgeoise de Louis-Philippe se maintient contre les pressions de l'extrême droite et contre celles des libéraux en progrès jusqu'à la révolution de 1848.

Cependant une brillante constellation d'écrivains et de peintres affirme son opposition à l'art classique et postclassique ; de nombreuses œuvres, parues de 1820 à 1830, expriment des sentiments passionnés et personnels, une conception originale d'un monde où l'enthousiasme et le rêve dominent, un goût du pittoresque, de l'exotisme de la couleur : ce sont celles de Géricault, Delacroix, Devéria, Lamartine, Hugo, Vigny, parmi tant d'autres.

A partir de 1830, ce mouvement se teinte de plus en plus d'intentions politiques : les recueils de poèmes et les pièces de théâtre se multiplient. Victor Hugo définit la fonction du poète, « mage » chargé de conduire les peuples vers une destinée meilleure.

C'est une coalition générale d'ouvriers socialistes, de bourgeois parisiens et d'intellectuels romantiques qui renverse la monarchie en 1848, mais la deuxième République évolue rapidement vers un régime conservateur et se laisse vite dominer par le prince-président : le coup d'État du 2 décembre 1851, consacrant l'écrasement des républicains, marque le retour à un gouvernement personnel que Louis-Napoléon Bonaparte s'efforce de consolider par le prestige militaire et la prospérité économique, laquelle était fondée sur le développement des banques, du commerce et de l'industrie. Le régime s'assouplit et devient plus libéral à partir de 1860 mais se heurte à une opposition croissante ;

les échecs militaires au Mexique, et la grave défaite de 1870 dans la guerre contre la Prusse provoquent la chute du second Empire.

L'arrivée de Napoléon III au pouvoir avait marqué la disparition ou la transformation du romantisme : ce fut la retraite de Vigny et de Lamartine et l'exil, fécond il est vrai, de Victor Hugo. Une réaction se produit alors contre les excès du lyrisme, de la passion, et aussi contre les intentions politiques qui s'étaient manifestées dans l'art ; on prône un art objectif, une rigueur scientifique dans l'observation et dans l'expression. L'art pour l'art, le Parnasse, le roman réaliste, voire expérimental et naturaliste, ont en commun la haine des œuvres de confidences ou de passions désordonnées, sinon « débraillées ». Le moment est venu où philosophes et savants renoncent au débat métaphysique, pour engager une réflexion et un dialogue sur les conditions d'une connaissance objective de la réalité sous toutes ses formes. Le mathématicien et philosophe Auguste Comte avait rédigé un *Cours de philosophie positive;* le physiologiste Claude Bernard expose, dans l'*Introduction à l'étude de la médecine expérimentale,* les principes fondamentaux qui, selon lui, doivent gouverner toute science digne de ce nom ; Louis Pasteur, à son tour, veut donner à l'étude des phénomènes biologiques une méthode rationnelle ; Hippolyte Taine, de son côté, tente une explication positive des « faits » historiques, littéraires et artistiques.

La société bourgeoise en plein essor traduit, à sa façon, en réalités financières et en bien-être immédiat ce goût des choses concrètes et solides : c'est le triomphe du capitalisme organisé. La naissance du syndicalisme — le droit de coalition est accordé en 1864 — n'équilibre pas cette prépondérance des hommes d'affaires et d'argent, si tôt prévue par Balzac.

Mais dans le domaine de la peinture, le retour à l'objet, loin d'aboutir à une esthétique conservatrice, provoque un sain retour à la nature, au paysage, au vrai, chez Millet, Corot et Daumier, mais surtout chez Courbet et Manet.

Le grand poète Baudelaire symbolise une autre tendance qui s'écarte à la fois du romantisme et du positivisme. Réaliste, par son refus des hypocrisies et des fausses pruderies, idéaliste et même mystique dans ses efforts pour créer le monde merveilleux de son imagination et de ses rêves, il annonce un art nouveau, malgré la condamnation des *Fleurs du Mal* en 1857, par le tribunal correctionnel. Rimbaud, Lautréamont, Verlaine transfigurent à leur tour les mouvements secrets de l'âme, par une poésie originale.

Pendant les vingt-cinq années qui suivent la chute de l'Empire, et qui s'ouvrent par la terrible répression de la Commune, les incertitudes politiques sont grandes : la République de 1875 paraît fort provisoire, mais elle est consolidée peu à peu par l'action prudente et habile de la haute bourgeoisie. L'équipement économique du pays n'est pas compromis par le paiement d'une lourde contribution de guerre. La France organise des expéditions coloniales hardies et affirme sa place dans un monde en expansion.

L'opposition des artistes et des écrivains ne désarme pas, contre un monde égoïste et intéressé, contre un optimisme scientifique et industriel outrancier. Tous se révoltent ou s'isolent : les traditionalistes comme Barbey d'Aurevilly, les mystiques ardents comme Villiers de L'Isle-Adam et Huysmans, les polémistes catholiques enflammés comme Léon Bloy, les impressionistes comme Monet ou Sisley, en peinture, et comme Debussy, en musique, réfugiés dans leur sensibilité et développant leur particulière vision du monde, les symbolistes livrés à la contemplation de leur propre aventure spirituelle. D'autres comme Zola, dont la fameuse lettre *J'accuse* éclate en 1898, ou comme Anatole France, choisissent la cause ouvrière, le socialisme et la lutte ouverte, reprenant ainsi à leur façon l'engagement des romantiques de 1840 dans une société dont la fraction dirigeante paraît satisfaite et décidée à une immobilité égoïste.

HISTOIRE

LA PUISSANCE IMPÉRIALE

Un despotisme éclairé   De 1804 à 1807, Napoléon Ier, empereur des Français, garde les structures essentielles de la République, mais à partir de cette date il se comporte en monarque tout-puissant, travailleur infatigable.à l'intelligence méthodique, mais d'une ambition et d'un orgueil prodigieux. Il a lui-même choisi pour ministres des hommes compétents, susceptibles d'exécuter ses projets avec zèle : Talleyrand est aux Affaires étrangères, Gaudin est aux Finances, Fouché est à la Police. L'administration est centralisée et puissante, la police joue un rôle essentiel. L'Église même, honorée et favorisée, devient un soutien du régime, du moins jusqu'en 1810, où éclate un conflit avec le Pape, provoqué par des annexions répétées dans les États pontificaux. D'autre part, l'empereur essaie de reconstituer une noblesse autour de sa propre famille, des dignitaires de la cour et des maréchaux d'empire. La Légion d'honneur, ordre de chevalerie national fondé en 1802 et très hiérarchiquement institué dès 1804, constitue une sorte d'ennoblissement personnel qui récompense le mérite et les succès.

La bourgeoisie d'affaires, favorisée par le développement de l'économie, protégée par l'État, et officiellement encouragée pour tenir tête à l'Angleterre, est florissante. Les paysans vendent facilement leurs produits et, jusqu'en 1812, les charges fiscales sont notablement atténuées par les contributions de guerre imposées aux pays vaincus.

Mais, après avoir été source de profits, de gloire et de prestige, ces guerres continuelles finiront par placer l'Empereur et la France dans une situation de plus en plus difficile.

La gloire des armes   Dès 1805, Napoléon, après de brillantes victoires en Italie, se trouve isolé face aux Anglais, dont la puissance économique exige des débouchés étendus, et aux Russes, rejoints bientôt par l'Autriche et la Suède. Il entreprend alors de battre l'Angleterre sur mer, mais la flotte française et la flotte espagnole sont détruites par Nelson à Trafalgar en 1805 et la puissance navale anglaise reste incontestée.

En revanche, la campagne contre l'Autriche se termine le 2 décembre 1805 par la victoire d'Austerlitz qui marque la fin de la coalition.

La puissance impériale est à son apogée. Des États vassaux sont établis en Europe, l'Italie presque entière est assujettie, l'Allemagne est réorganisée sous la protection de Napoléon. Mais une quatrième coalition se forme, à laquelle prennent part la Prusse, l'Angleterre et la Russie. L'empereur, rejoignant la Grande Armée en Allemagne, lui adresse le 6 octobre 1806 la proclamation suivante :

Soldats, l'ordre pour votre rentrée en France était parti. Vous vous en étiez déjà rapprochés de plusieurs marches (1). Des fêtes triomphales vous attendaient, et les préparatifs pour vous recevoir étaient déjà commencés dans la capitale.

Mais lorsque nous nous abandonnions à cette trop confiante sécurité, de nouvelles trames s'ourdissaient sous le masque de l'amitié et de l'alliance. Des cris de guerre se sont fait entendre à Berlin. Depuis deux mois nous sommes provoqués chaque jour davantage.

La même faction, le même esprit de vertige qui, à la faveur de nos dissensions intestines conduisit, il y a quatorze ans, les Prussiens au milieu des plaines de la Champagne, domine dans leurs conseils. Si ce n'est plus Paris qu'ils veulent brûler et renverser jusque dans ses fondements, c'est aujourd'hui leur drapeau qu'ils

---

(1) Etapes parcourues à pied par l'armée.

se vantent de planter dans la capitale de nos alliés.

Ils veulent que nous évacuions l'Allemagne à l'aspect (1) de leurs armes. Les insensés! Qu'ils sachent donc qu'il serait mille fois plus facile de détruire la grande capitale que de flétrir l'honneur du grand peuple et de ses alliés.

Soldats, il n'est aucun de vous qui veuille retourner en France par un autre chemin que celui de l'honneur. Nous ne devons y rentrer que sous des arcs de triomphe.

Eh quoi! nous aurions donc bravé les saisons, les mers, les déserts, vaincu l'Europe plusieurs fois coalisée contre nous, porté notre gloire de l'Orient à l'Occident, pour retourner aujour-

d'hui dans notre patrie comme des transfuges après avoir abandonné nos alliés et pour entendre dire que l'aigle française (2) a fui, épouvantée, à l'aspect des armes prussiennes!

Mais déjà ils sont arrivés sur nos avant-postes! Marchons donc puisque la modération n'a pu les faire sortir de cette étonnante ivresse! Que l'armée prussienne éprouve le même sort qu'elle éprouva il y a quatorze ans; qu'ils apprennent que, s'il est permis d'acquérir un accroissement de domaine et de puissance avec l'amitié du grand peuple, son inimitié, qu'on ne peut provoquer que par l'abandon de tout esprit de sagesse et de raison, est plus terrible que les tempêtes de l'Océan!

Il remporte sur les Prussiens les victoires d'Iéna et d'Auerstaedt (1806) et sur les Russes celles d'Eylau et de Friedland (1807). Après ces combats meurtriers, une entrevue sur le Niémen avec le tsar aboutit au traité franco-russe de Tilsit. La Russie se joint au blocus continental, par lequel, en 1806, Napoléon décide de réduire l'Angleterre à la disette, en lui fermant tous les ports du continent et en généralisant la guerre maritime et commerciale. Ce système entraîne de nouveaux conflits. Après la prise de Barcelone et de Madrid en 1808, l'Espagne est occupée, pour soutenir la cause de Charles IV, allié de l'empereur. Cette mesure provoque un soulèvement populaire, qui prend vite le caractère d'une sorte de guerre sainte. La capitulation du général Dupont à Baylen force Napoléon à intervenir avec brutalité; ce premier échec sur terre donne un espoir à tous les pays occupés, à Saragosse, par exemple, mise en état de siège en 1808 et 1809. La pacification définitive est loin d'être obtenue.

Une coalition, unissant l'Autriche et l'Angleterre est tenue en échec grâce à la sanglante victoire de Wagram, et le traité de Vienne est imposé à l'Autriche en 1809. En avril 1810, Napoléon, après l'annulation de son mariage avec Joséphine de Beauharnais, épouse Marie-Louise, fille de l'empereur d'Autriche : l'Europe semble alors stabilisée sous son hégémonie.

LE DÉCLIN ET LA CHUTE

L'Empire français s'étend jusqu'au Rhin, aux Apennins et à l'Empire turc. Les souverains de Toscane, de Westphalie, de Naples et d'Espagne sont des parents ou des familiers de l'empereur, la confédération du Rhin est sous sa protection. Les entrebrises napoléoniennes constituent cependant un effort démesuré pour la nation; le blocus continental ralentit les affaires et appauvrit la population mécontente; la conscription, de plus en plus lourde, touche en 1813 toute une génération. Les intrigues naissent à l'intérieur, les résistances s'organisent à l'étranger. Pourtant, l'influence française s'impose dans l'administration et même dans la vie sociale des peuples de l'Europe, sauf en Angleterre et en Russie. L'œuvre napoléonienne est complexe; l'installation d'un régime nouveau, dont l'esprit d'individualisme juridique et de libéralisme économique bouleverse les structures féodales traditionnelles, mais aussi l'occupation autoritaire et le lourd assemblage de taxes et de contributions diverses suscitent une prise de conscience nationale dont les conséquences seront durables.

(1) A la vue de leurs armes. — (2) Au féminin, quand il a le sens d'étendard.

*Les défaites militaires
et la première abdication*

En 1812, Napoléon, refusant de renoncer à la restauration de la Pologne, se heurte au tsar et entreprend la campagne de Russie; il avance rapidement, mais l'armée russe se dérobe; l'entrée des troupes françaises à Moscou est bientôt suivie de l'incendie de la ville commencé le 19 octobre par les Russes eux-mêmes. Privée d'abris et de vivres, la Grande Armée doit l'évacuer et la terrible retraite ne laisse survivre que quelques milliers d'hommes.

Le soulèvement de la Prusse donne naissance en 1813 à la cinquième coalition que Napoléon réussit à refouler à Lützen et Bautzen sous l'arbitrage de l'Autriche; des négociations pour la paix s'engagent à Prague, mais elles échouent, et l'Autriche se joint à la Prusse et à la Russie. C'est la sixième coalition. La campagne d'Allemagne met aux prises des centaines de milliers de combattants et se termine par la gigantesque bataille de Leipzig où l'empereur, abandonné en pleine action par les Saxons et les Wurtembergeois, subit sa première grande défaite.

Cette bataille des nations entraîne la défection de tous les États allemands. Avant d'engager la campagne de France, les coalisés s'efforcent de séparer le peuple français de Napoléon, en affirmant qu'ils ne font la guerre qu'à l'empereur lui-même et en s'engageant à respecter les frontières naturelles du pays. Trois armées envahissent la France. Napoléon utilise avec brio les 70 000 hommes qui restent à sa disposition contre des troupes cinq fois plus nombreuses, mais ne peut empêcher l'encerclement puis l'occupation de Paris, le 31 mars.

A la suite d'intrigues habilement menées par Talleyrand, la déchéance de l'empereur est proclamée. Le 6 avril 1814, il doit abdiquer sans condition et, après avoir fait ses adieux à la garde, se retirer à l'île d'Elbe. Le traité de Paris ramène la France à ses limites du 1ᵉʳ janvier 1792.

Les Cent-Jours : Waterloo

Les maladresses de la première Restauration, réalisée sur l'intervention des armées étrangères, et le prestige gardé par Napoléon provoquent bientôt un revirement de l'opinion, dont l'exilé de l'île d'Elbe profite avec audace; il s'enfuit le 26 février 1815, débarque au golfe Juan, non loin de Cannes, et le 1ᵉʳ mars 1815, après avoir adressé une proclamation ardente à ses soldats, il prend la route des Alpes, ralliant au passage régiments et officiers.

Soldats! venez vous ranger sous les drapeaux de votre chef. Son existence ne se compose que de la vôtre; ses droits ne sont que ceux du peuple et les vôtres; son intérêt, son honneur, sa gloire ne sont autres que votre intérêt, votre honneur et votre gloire. La gloire marchera au pas de charge : l'aigle, avec les couleurs nationales, volera de clocher en clocher jusqu'aux tours de Notre-Dame; alors vous pourrez montrer avec honneur vos cicatrices, alors vous pourrez vous vanter de ce que vous aurez fait, vous serez les libérateurs de la patrie! Dans votre vieillesse, entourés et considérés de vos concitoyens, ils vous entendront avec respect raconter vos hauts faits, vous pourrez dire avec orgueil : Et moi aussi je faisais partie de cette Grande Armée qui est entrée deux fois dans les murs de Vienne, dans ceux de Rome, de Berlin, de Madrid et de Moscou, qui a délivré Paris de la souillure que la trahison et la présence de l'ennemi y ont empreinte : honneur à ses braves soldats, la gloire de leur patrie, et honte éternelle aux Français criminels dans quelque rang que la fortune les ait fait naître, qui combattirent vingt-cinq ans avec l'étranger pour déchirer le sein de la patrie!

De retour aux Tuileries, il s'efforce de se concilier l'ensemble du peuple mais les républicains sont réticents et les royalistes s'agitent.

La coalition se reforme aussitôt. Napoléon veut prendre les alliés de vitesse et pénètre en Belgique avec 125 000 hommes. Après une bataille indécise, où il ne réussit pas à vaincre Wellington, l'arrivée inopinée des troupes de Blücher entraîne sa défaite, malgré l'héroïsme de la vieille garde : Waterloo, le 18 juin 1815, marque la chute de Napoléon qui sera contraint d'abdiquer et de se rendre aux mains des Anglais. Il sera déporté peu après dans l'île de Sainte-Hélène.

Chateaubriand analyse dans une page célèbre du livre V des *Mémoires d'outre-tombe* les sentiments que lui inspira la bataille. On n'y trouvera pas seulement le témoignage d'un contemporain sur un événement d'une importance capitale. D'une portée infiniment plus large, cette méditation nous montre comment un patriote sait faire taire son ressentiment contre un ennemi personnel et n'accepte pas de se réjouir d'une victoire sanglante de son parti, si elle comporte comme tribu la domination étrangère.

Le 18 juin 1815, vers midi, je sortis de Gand par la porte de Bruxelles; j'allai seul achever ma promenade sur la grande route. J'avais emporté les *Commentaires* de César et je cheminais lentement plongé dans ma lecture. J'étais déjà à plus d'une lieue de la ville, lorsque je crus ouïr un roulement sourd : je m'arrêtai, regardai le ciel assez chargé de nuées, délibérant en moi-même si je continuerais d'aller en avant, ou si je me rapprocherais de Gand dans la crainte d'un orage. Je prêtai l'oreille; je n'entendis plus que le cri d'une poule d'eau dans les joncs et le son d'une horloge de village. Je poursuivis ma route : je n'avais pas fait trente pas que le roulement recommença, tantôt bref tantôt long et à intervalles inégaux; quelquefois il n'était sensible que par une trépidation de l'air, laquelle se communiquait à la terre sur ces plaines immenses, tant il était éloigné. Ces détonations moins vastes, moins onduleuses, moins liées ensemble que celles de la foudre, firent naître dans mon esprit l'idée d'un combat. Je me trouvais devant un peuplier planté à l'angle d'un champ de houblon. Je traversai le chemin et je m'appuyai debout contre le tronc de l'arbre, le visage tourné du côté de Bruxelles. Un vent du sud s'étant levé m'apporta plus distinctement le bruit de l'artillerie. Cette grande bataille, encore sans nom, dont j'écoutais les échos au pied d'un peuplier, et dont une horloge de village venait de sonner les *funérailles inconnues*, était la bataille de Waterloo (1).

Auditeur silencieux et solitaire du formidable arrêt des destinées, j'aurais été moins ému si je m'étais trouvé dans la mêlée : le péril, le feu, la cohue de la mort ne m'eussent pas laissé le temps de méditer; mais seul sous un arbre, dans la campagne de Gand, comme le berger des troupeaux qui paissaient autour de moi, le poids des réflexions m'accablait : quel était ce combat? Était-il définitif? Napoléon était-il là en personne? Le monde, comme la robe du Christ, était-il jeté au sort? Succès ou revers de l'une ou l'autre armée? Quelle serait la conséquence de l'événement pour les peuples, liberté ou esclavage? Mais quel sang coulait! chaque bruit parvenu à mon oreille n'était-il pas le dernier soupir d'un Français? Était-ce un nouveau Crécy, un nouveau Poitiers, un nouvel Azincourt (2) dont allaient jouir les plus implacables ennemis de la France? S'ils triomphaient, notre gloire n'était-elle pas perdue? Si Napoléon l'emportait, que devenait notre liberté? Bien qu'un succès de Napoléon m'ouvrit un exil éternel, la patrie l'emportait dans ce moment dans mon cœur, mes vœux étaient pour l'oppresseur de la France s'il devait, en sauvant notre honneur, nous arracher à la domination étrangère. Wellington triomphait-il? La légitimité (3) rentrerait donc dans Paris derrière ces uniformes rouges qui venaient de reteindre leur pourpre au sang des Français! La royauté aurait donc pour carrosses de son sacre les chariots d'ambulance remplis de nos grenadiers mutilés! Que sera-ce qu'une restauration accomplie sous de telles auspices?

LA RESTAURATION

Une monarchie constitutionnelle   Louis XVIII, frère de Louis XVI, institue une monarchie constitutionnelle, en octroyant une Charte qui accepte l'égalité civile et la liberté individuelle, mais réserve au roi des pouvoirs étendus.

Le préambule de cette Charte est significatif : tout en mettant l'accent sur les libertés accordées, il s'attache à souligner que des mesures ont été prises pour que l'intégrité

---

(1) Le bourg de Waterloo se trouve à 15 kilomètres de Bruxelles. — (2) Trois défaites célèbres de la guerre de Cent ans. — (3) Autrement dit la restauration de la monarchie.

du pouvoir royal ne soit nullement remise en question, en conformité avec l'esprit de libéralisme, qui, s'il faut l'en croire, anime de tout temps ce pouvoir.

Une Charte constitutionnelle était sollicitée par l'état actuel du royaume : nous l'avons promise; et nous la publions. Nous avons considéré que, bien que l'autorité tout entière résidât en France, dans la personne du roi, nos prédécesseurs n'avaient point hésité à en modifier l'exercice selon la différence des temps : que c'est ainsi que les communes ont dû leur affranchissement à Louis le Gros, la confirmation et l'extension de leurs droits à Saint Louis et à Philippe le Bel, que l'ordre judiciaire a été établi et développé par les lois de Louis XI, de Henri II et de Charles IX; enfin que Louis XIV a réglé presque toutes les parties de l'administration publique,

par différentes ordonnances, dont rien encore n'avait surpassé la sagesse.

Nous avons dû, à l'exemple des Rois nos prédécesseurs, apprécier les effets des progrès toujours croissants des lumières, les rapports nouveaux que ces progrès ont introduits dans la société, la direction imprimée aux esprits depuis un demi-siècle, et les graves altérations qui en sont résultées; nous avons reconnu que le vœu de nos sujets pour une Charte constitutionnelle était l'expression d'un besoin réel; mais en cédant à ce vœu, nous avons pris toutes les précautions pour que cette Charte fût digne de nous et du peuple que nous sommes fiers de commander.

L'ultra-royalisme et l'opposition libérale   La vie politique de la Restauration se concentre autour des ministres et de la Chambre, élue par une minorité de riches propriétaires. La lutte s'engage entre les constitutionnels tels que de Broglie, Royer-Collard, Molé, et les ultra-royalistes menés par le comte d'Artois, frère du roi, Villèle et Bonald, en accord avec le mouvement catholique de la Congrégation : la « terreur blanche » (1) règne pendant quelques années; les bandes ultras provoquent des désordres et commettent des attentats, et ce seront les royalistes extrémistes qui domineront la première Chambre que Louis XVIII sera enfin obligé de dissoudre.

Le nouveau régime obtient l'évacuation du territoire par les troupes alliées en 1818; le baron Louis et son successeur Corvetto effectuent un redressement appréciable des finances. Quelques mesures libérales sont prises, mais l'assassinat du duc de Berry, héritier de la maison de Bourbon, déchaîne les passions. La politique royale se fait alors plus réactionnaire, de nouvelles lois électorales permettent un succès « ultra » qui aboutit au ministère de Villèle.

L'opposition libérale, qui s'est développée depuis 1818, assez vive chez les étudiants, se traduit par la création de sociétés secrètes et par des émeutes sévèrement réprimées, comme celle amorcée par quatre sergents de La Rochelle qui furent décapités. A la mort de Louis XVIII (1824), il est vrai, son frère le comte d'Artois devenu Charles X marque une volonté de réaction monarchique et nobiliaire et fait voter la « loi du milliard » (2) qui apporte de substantielles compensations aux émigrés. Mais les élections de 1827 marquent à nouveau les progrès des libéraux : Charles X essaie de constituer un ministère de transition qui cède bientôt la place au ministère de Polignac. Celui-ci entre en conflit avec la Chambre. Le roi la dissout alors et signe des ordonnances qui restreignent le régime constitutionnel et la liberté de la presse, provoquant ainsi les trois journées d'insurrection des 27, 28 et 29 juillet 1830, qui lui font perdre le trône. Après les protestations de nombreux journalistes et hommes politiques, les insurgés marchent sur le centre de Paris et Charles X abdique. L'accord se fait sur la candidature du duc d'Orléans qui devient « roi des Français », selon le titre que la Constituante avait déjà donné à Louis XVI; il ne manque pas d'intelligence et montre une bonhomie de bon aloi.

---

(1) Nom donné aux excès des royalistes dans le Midi de la France pendant la Restauration. (Le blanc était la couleur de la royauté.) — (2) Loi accordant aux nobles émigrés pendant la Révolution des indemnités, dont le montant s'élevait à un milliard.

NAPOLÉON, PAR DAVID

L'austérité de la tenue militaire contraste avec les ors solennels du mobilier Empire.

LA DANSE, PAR CARPEAUX (*original*).
Par des jeux savants de lumière et d'ombre, Carpeaux crée un rythme circulaire rayonnant la joie.

LA MONARCHIE DE JUILLET (1830-1848)

Les proclamations affichées à Paris en faveur du duc d'Orléans, et celle qu'il rédigea lui-même pour les Parisiens, expriment un libéralisme large et net.

PROCLAMATION EN FAVEUR DE LOUIS-PHILIPPE

Charles X ne peut plus rentrer dans Paris : il a fait couler le sang du peuple.

La République nous exposerait à d'affreuses divisions; elle nous brouillerait avec l'Europe.

Le duc d'Orléans est un prince dévoué à la cause de la Révolution.

Le duc d'Orléans ne s'est jamais battu contre nous.

Le duc d'Orléans était à Jemmapes.

Le duc d'Orléans est un roi-citoyen.

Le duc d'Orléans a porté au feu les couleurs tricolores, le duc d'Orléans peut seul les porter encore. Nous n'en voulons point d'autres.

Le duc d'Orléans ne se prononce pas. Il attend notre vœu.

Proclamons ce vœu, et il acceptera la charte comme nous l'avons toujours entendue et voulue. C'est du peuple français qu'il tiendra sa couronne.

PROCLAMATION DU DUC D'ORLÉANS AUX HABITANTS DE PARIS
31 JUILLET-5 AOUT 1830

Habitants de Paris,

Les députés de la France, en ce moment réunis à Paris, m'ont exprimé ce désir que je me rendisse dans cette capitale pour y exercer les fonctions de lieutenant général du royaume.

Je n'ai pas balancé (1) à venir partager vos dangers, à me placer au milieu de votre héroïque population, et à faire tous mes efforts pour vous préserver des calamités de la guerre civile et de l'anarchie.

En rentrant dans la ville de Paris, je portais avec orgueil ces couleurs glorieuses que vous avez reprises, et que j'avais moi-même longtemps portées.

Les chambres vont se réunir : elles aviseront aux moyens d'assurer le règne des lois et le maintien des droits de la nation.

La charte (2) sera désormais une vérité.

Louis-Philippe d'Orléans.

Dissensions et oppositions   On pouvait donc s'attendre à voir Louis-Philippe et son gouvernement prendre bientôt des décisions en accord avec ces professions de foi libérales (3). Mais des dissensions profondes existaient parmi ceux qui l'avaient porté au pouvoir. Les uns, comme Guizot et Casimir Périer, souhaitaient s'en tenir à des mesures plus symboliques que profondes : c'est ainsi que le préambule de la Charte fut supprimé, de même que l'article qui désignait la religion catholique comme « Religion de l'État ». Les autres, comme le banquier Laffite et La Fayette, voulaient, par une extension du droit de vote, entraîner le régime vers une évolution vraiment démocratique. Or, la loi électorale du 19 avril 1831 ne pouvait les satisfaire car, en excluant du droit de vote ceux qui ne payaient pas une somme importante d'impôts directs, elle maintenait un régime de privilégiés de la fortune. En outre, une double opposition se manifesta, celle des légitimistes, restés fidèles à Charles X, et celle des Républicains, qui s'appuyaient sur le mécontentement du peuple dont la misère allait croissant en raison d'une crise économique aiguë. Les prix montaient, les salaires baissaient. A Lyon, une insurrection violente des canuts (ouvriers de la soie) fut durement réprimée. Aristide Bruant la célébrera encore à la fin du siècle dans une chanson restée fameuse :

C'est nous les canuts
Nous sommes tout nus

Pour chanter Veni Creator
Il faut une chasuble d'or,
Nous en tissons pour vous, Grands de l'Église,
Et nous, pauvres Canuts, n'avons pas de chemise.

Pour gouverner il faut avoir
Manteaux ou rubans en sautoir,

Nous en tissons pour vous, Grands de la Terre,
Et nous, pauvres canuts, sans drap on nous enterre.

Mais notre règne arrivera
Quand votre règne finira,
Nous tisserons le linceul du vieux monde,
Car on entend déjà la révolte qui gronde.

C'est nous les canuts
Nous n'irons plus nus.

---

(1) Je n'ai pas hésité. — (2) La charte constitutionnelle octroyée par Louis XVIII, mais révisée ensuite, et sur laquelle Louis-Philippe prêtera serment. — (3) Sur le plan extérieur, le nouveau régime apporte un soutien aux provinces belges révoltées contre le roi des Pays-Bas.

Une monarchie parlementaire   Après plusieurs années d'instabilité ministérielle, le roi trouve enfin en Guizot un chef de gouvernement qui partage ses idées, qui lui laisse, comme il le souhaite, une large part dans la direction des affaires. Guizot se maintiendra au pouvoir jusqu'à la chute de Louis-Philippe. C'est un régime d'immobilisme politique et social qui s'installe, en même temps qu'une nouvelle prospérité économique dont se félicite la bourgeoisie de province : les sept années de ce gouvernement constituent l'apogée des riches propriétaires fonciers (1) et des gens d'affaires. Voici un discours (*Madame Bovary*, II, 8) où Flaubert a plaisamment caricaturé l'éloquence officielle, avec ses longues phrases organisées en périodes, ses images incohérentes, ses énumérations interminables, ses épithètes banales, ses interrogations oratoires. Mais il n'empêche que, sous l'optimisme de commande et les formules emphatiques, l'orateur donne une image assez fidèle de la prospérité économique du temps.

Messieurs,

Qu'il me soit permis d'abord (avant de vous entretenir de l'objet de cette réunion d'aujourd'hui, et ce sentiment, j'en suis sûr, sera partagé par vous tous), qu'il me soit permis, dis-je, de rendre justice à l'administration supérieure, au gouvernement, au monarque (2), Messieurs, à notre souverain, ce roi bien-aimé à qui aucune branche de la prospérité publique ou particulière n'est indifférente, et qui dirige à la fois d'une main si ferme et si sage le char de l'État parmi les périls incessants d'une mer orageuse, sachant d'ailleurs faire respecter la paix comme la guerre, l'industrie, le commerce, l'agriculture et les beaux-arts.

Le temps n'est plus, Messieurs, où la discorde civile ensanglantait nos places publiques, où le propriétaire, le négociant, l'ouvrier lui-même, en s'endormant le soir d'un sommeil paisible, tremblaient de se voir réveillés tout à coup au bruit des tocsins incendiaires, où les maximes les plus subversives sapaient audacieusement les bases...

... Mais, Messieurs, poursuivit le Conseiller, que si, écartant de mon souvenir ces sombres tableaux, je reporte mes yeux sur la situation actuelle de notre belle patrie : qu'y vois-je? Partout fleurissent le commerce et les arts; partout des voies nouvelles dans le corps de l'État, y établissent des rapports nouveaux; nos grands centres manufacturiers ont repris leur activité; la religion, plus affermie, sourit à tous les cœurs; nos ports sont pleins, la confiance renaît, et enfin la France respire!...

La révolution de 1848   Mais à partir de 1847, la bourgeoisie libérale, mécontente du système électoral, organise une véritable « campagne des banquets » où l'on prononce à la fin des repas des discours passionnés en faveur d'une réforme de ce système; ces banquets servent bientôt de prétexte à des manifestations populaires. Le 22 février 1848, l'interdiction, à Paris, de l'un d'entre eux, va provoquer la révolution.

Cette page de *l'Education sentimentale* (III, 1) est le récit d'un témoin oculaire : au moment de l'insurrection, Flaubert s'était trouvé en personne aux endroits où il fait évoluer son personnage. Le récit est pris sur le vif : c'est un homme perdu dans la foule qui note au passage, pêle-mêle, les détails tragiques, les détails familiers ou comiques. Mais il est aussi historiquement vrai, et les faits qu'il relate sont tous exacts : l'épisode tragique du boulevard des Capucines où des soldats ont tiré sur les manifestants et qui a transformé l'émeute en révolution, les mesures politiques prises dans l'affolement, l'interposition de la garde nationale, favorable à la réforme, entre la troupe et les émeutiers, le massacre de la garnison du poste du Château-d'Eau, l'abdication de Louis-Philippe et sa fuite. Mais l'atmosphère surtout est étonnamment restituée.

---

(1) Qui possédaient des terres. — (2) Louis-Philippe.

La veille au soir, le spectacle du chariot contenant cinq cadavres recueillis parmi ceux du boulevard des Capucines avait changé les dispositions du peuple; et, pendant qu'aux Tuileries les aides de camp se succédaient, et que M. Molé, en train de faire un cabinet nouveau, ne revenait pas, et que M. Thiers tâchait d'en composer un autre, et que le Roi chicanait, hésitait, puis donnait à Bugeaud (1) le commandement général pour l'empêcher de s'en servir, l'insurrection, comme dirigée par un seul bras, s'organisait formidablement. Des hommes d'une éloquence frénétique haranguaient la foule au coin des rues; d'autres dans les églises sonnaient le tocsin à pleine volée; on coulait du plomb, on roulait des cartouches; les arbres des boulevards, les vespasiennes (2), les bancs, les grilles, les becs de gaz, tout fut arraché, renversé : Paris, le matin, était couvert de barricades. La résistance ne dura pas; partout la garde nationale s'interposait si bien qu'à huit heures, le peuple, de bon gré ou de force, possédait cinq casernes, presque toutes les mairies, les points stratégiques les plus sûrs. D'elle-même, sans secousses, la monarchie se fondait dans une dissolution rapide; et on attaquait maintenant le poste du Château-d'Eau, pour délivrer cinquante prisonniers, qui n'y étaient pas.

Frédéric (3) s'arrêta forcément à l'entrée de la place. Des groupes en armes l'emplissaient. Des compagnies de la ligne occupaient les rues Saint-Thomas et Fromenteau. Une barricade énorme bouchait la rue de Valois. La fumée qui se balançait à sa crête s'entr'ouvrit, des hommes couraient dessus en faisant de grands gestes, ils disparurent; puis la fusillade recommença. Le poste y répondait, sans qu'on vît personne à l'intérieur; ses fenêtres, défendues par des volets de chêne, étaient percées de meurtrières; et le monument avec ses deux étages, ses deux ailes, sa fontaine au premier étage et sa petite porte au milieu, commençait à se moucheter de taches blanches sous le heurt des balles. Son perron de trois marches restait vide.

...Les tambours battaient la charge. Des cris aigus, des hourras de triomphe s'élevaient. Un remous continuel faisait osciller la multitude. Frédéric, pris entre deux masses profondes ne bougeait pas, fasciné d'ailleurs et s'amusant extrêmement. Les blessés qui tombaient, les morts étendus n'avaient pas l'air de vrais blessés, de vrais morts. Il lui semblait assister à un spectacle.

Au milieu de la houle (4), par-dessus des têtes, on aperçut un vieillard en habit noir sur un cheval blanc, à selle de velours. D'une main, il tenait un rameau vert, de l'autre un papier, et les secouait avec obstination. Enfin, désespérant de se faire entendre, il se retira.

La troupe de ligne avait disparu et les municipaux restaient seuls à défendre le poste. Un flot d'intrépides se rua sur le perron; ils s'abattirent, d'autres survinrent et la porte, ébranlée sous des coups de barre de fer, retentissait; les municipaux ne cédaient pas. Mais une calèche bourrée de foin, et qui brûlait comme une torche géante, fut traînée contre les murs. On apporta vite des fagots, de la paille, un baril d'esprit-de-vin (5). Le feu monta le long des pierres, l'édifice se mit à fumer partout comme un solfatare (6); et de larges flammes, au sommet, entre les balustres de la terrasse, s'échappaient avec un bruit strident. Le premier étage du Palais-Royal s'était peuplé de gardes nationaux. De toutes les fenêtres de la place, on tirait : les balles sifflaient; de l'eau de la fontaine crevée se mêlait avec le sang, faisait des flaques par terre; on glissait dans la boue sur des vêtements, des shakos, des armes. Frédéric sentit sous son pied quelque chose de mou : c'était la main d'un sergent en capote grise, couché la face dans le ruisseau. Des bandes nouvelles du peuple arrivaient toujours, poussant les combattants sur le poste. La fusillade devenait plus pressée. Les marchands de vin étaient ouverts; on allait de temps à autre y fumer une pipe, boire une chope, puis on retournait se battre. Un chien perdu hurlait. Cela faisait rire.

Frédéric fut ébranlé par le choc d'un homme qui, une balle dans les reins, tomba sur son épaule, en râlant. A ce coup, dirigé peut-être contre lui, il se sentit furieux; et il se jetait en avant quand un garde national l'arrêta :

— C'est inutile! le Roi vient de partir. Ah! si vous ne me croyez pas, allez-y voir!

LA SECONDE RÉPUBLIQUE (1848-1851)

Un gouvernement provisoire formé de Lamartine, Ledru-Rollin, Louis Blanc, Arago, proclame à l'Hôtel de ville, la République.

(1) Le maréchal Bugeaud, haï par le peuple parisien parce qu'il avait, en 1834, réprimé avec brutalité une insurrection républicaine. — (2) Urinoirs publics. — (3) Frédéric : le héros du roman. — (4) Mouvement d'ondulation de la mer. Evoque ici les mouvements de la foule. — (5) D'alcool. — (6) Terrain d'où se dégagent des vapeurs sulfureuses.

PRÉAMBULE DE LA CONSTITUTION DE LA RÉPUBLIQUE FRANÇAISE
DU 4 NOVEMBRE 1848

En présence de Dieu et au nom du peuple français, l'Assemblée Nationale proclame :

I. — La France s'est constituée en République. En adoptant cette forme définitive de gouvernement, elle s'est proposé pour but de marcher plus librement dans la voie du progrès et de la civilisation, d'assurer une répartition de plus en plus équitable des charges et des avantages de la société, d'augmenter l'aisance de chacun par la réduction graduée des dépenses publiques et des impôts, et de faire parvenir tous les citoyens sans nouvelle commotion, par l'action successive et constante des institutions et des lois, à un degré toujours plus élévé de moralité, de lumière et de bien-être.

II. — La République française démocratique une et indivisible.

Une politique humanitaire La présence au gouvernement de personnalités socialistes oriente la politique dans un sens humanitaire et social que déclarations et proclamations traduisent très nettement.

DÉCLARATION ET ARRETÉ DU 28 FÉVRIER-2 MARS

Au nom du peuple français,

Considérant que la Révolution faite par le peuple doit être faite pour lui,

Qu'il est temps de mettre un terme aux longues et injustes souffrances des travailleurs,

Que la question du travail est d'une importance suprême,

Qu'il n'en est pas de plus haute, de plus digne des préoccupations d'un gouvernement républicain,

Qu'il appartient surtout à la France d'étudier ardemment et de résoudre un problème posé aujourd'hui chez toutes les nations industrielles de l'Europe,

Qu'il faut aviser sans le moindre retard à garantir au peuple les fruits légitimes de son travail,

Le gouvernement provisoire arrête :

Une commission permanente, qui s'appellera *commission de gouvernement pour les travailleurs*, va être nommée avec mission expresse et spéciale de s'occuper de leur sort.

Pour montrer quelle importance le gouvernement provisoire de la République attache à la solution de ce grand problème, il nomme président de la *commission de gouvernement pour les travailleurs* un de ses membres. M. Louis Blanc, et pour vice-président un autre de ses membres, M. Albert, ouvrier.

Des ouvriers seront appelés à faire partie de la commission.

Le siège de la commission sera au Palais du Luxembourg.

La peine de mort infligée pour des raisons politiques est abolie, l'esclavage est supprimé aux colonies, le suffrage universel est décidé : le nombre des électeurs passe de 240 000 à un million; mais une grave crise économique et financière menace cet enthousiasme républicain. Les modérés l'emportent aux élections sur les socialistes. Les mesures sociales sont abandonnées ou faussées. Les émeutes populaire de juin 1848 sont brutalement réprimées, et les ouvriers se détournent avec amertume de la vie politique.

Louis Bonaparte
président de la République Le « parti de l'ordre » triomphe aux élections de mai 1849; en décembre, Louis-Napoléon Bonaparte, neveu de Napoléon Iᵉʳ, homme de quarante ans, dont la carrière assez mouvementée avait abouti en septembre à la députation, nature pleine d'assurance et d'optimisme, aussi avisé en matière économique et sociale que dépourvu d'expérience politique et administrative, est élu président de la République pour quatre ans.

Il laisse la droite s'organiser peu à peu, grâce à la loi Falloux qui donne à l'Église catholique la haute main sur l'enseignement, aux lois sur les élections et sur la presse, mais, pour garder le pouvoir, il finit par s'appuyer sur l'opinion publique contre l'Assemblée.

Le compte rendu de la séance de l'Assemblée législative du 17 juillet 1851 donne une idée de cette période d'incertitude et de duperies, où pesait la menace d'un rétablissement de l'Empire au profit du prince président; elle offre également un brillant exemple des qualités oratoires de Victor Hugo député.

Victor Hugo.

Messieurs,

Maintenant votre Empire, causons-en, je le veux bien *(rires à gauche)*; Messieurs, des murmures tant que vous voudrez, mais pas d'équivoques. On me crie : « Personne ne songe à l'Empire. » J'ai pour habitude d'arracher les masques.

Il ne faut pas que la France soit prise par surprise et se trouve un beau matin avoir un empereur sans savoir pourquoi! *(Applaudissements.)*

Un empereur! Discutons un peu la prétention. Quoi! parce qu'il y a eu un homme qui a gagné la bataille de Marengo, et qui a régné, vous voulez régner, vous qui n'avez gagné que la bataille de Satory (1)? *(A gauche : très bien! très bien! bravo!)*

Ferdinand Barrot. — Il y a trois ans qu'il gagne une bataille : celle de l'ordre contre l'anarchie.

Victor Hugo. — Quoi! parce qu'il y a dix siècles de cela, Charlemagne, après quarante années de gloire, a laissé tomber sur la face du globe un sceptre et une épée tellement démesurés que personne encore n'a pu et n'a osé y toucher, et pourtant il y a eu François Ier, Henri IV, Louis XIV! Quoi! parce que mille ans après, un autre génie est venu qui a ramassé ce glaive et ce sceptre et qui s'est dressé debout sur le continent, qui a fait l'histoire gigantesque dont l'éblouissement dure encore, qui a enchaîné la révolution en France et qui l'a déchaînée en Europe, qui a donné à son nom, pour synonymes éclatants, Rivoli, Iéna, Essling, Friedland, Montmirail! Quoi! parce que dix ans d'une gloire immense, d'une gloire presque fabuleuse, à force de grandeur, il a, à son tour, laissé tomber d'épuisement ce sceptre et ce glaive qui avaient accompli tant de choses colossales, vous venez, vous, vous voulez, vous, les ramasser après lui, comme il les a ramassés, lui, Napoléon après Charlemagne, et prendre dans vos petites mains ce sceptre des Titans, cette épée des Géants! Pour quoi faire? *(Longs applaudissements.)*

Quoi! après Auguste, Augustule (2)! Quoi! parce que nous avons eu Napoléon le Grand, il faut que nous ayons Napoléon le Petit! *(La gauche applaudit, la droite crie. La séance est interrompue pendant plusieurs minutes. Tumulte inexprimable.)*

Victor Hugo. — Je réponds à M. le Ministre et à M. le Président, qui m'accusent d'offenser M. le Président de la République, qu'ayant le droit constitutionnel d'accuser M. le Président de la République, j'en userai le jour où je le jugerai convenable, et je ne perdrai pas mon temps à l'offenser; mais ce n'est pas l'offenser que de dire qu'il n'est pas un grand homme. *(Vives réclamations sur quelques bancs de la droite.)*

Caulaincourt. — Il y a des injures qui ne peuvent l'atteindre, sachez-le bien!

Victor Hugo. — Voici ce que j'ai à dire, et M. le Président ne m'empêchera pas de compléter mon explication *(vive agitation)*. Ce que nous demandons à M. le Président responsable de la République, ce que nous attendons de lui, ce que nous avons le droit d'attendre de lui, ce n'est pas qu'il tienne le pouvoir en grand homme, c'est qu'il le quitte en honnête homme.

Clary. — Ne le calomniez pas, en attendant.

Victor Hugo. — Ceux qui l'offensent, ce sont ses amis qui laissent entendre que le deuxième dimanche de mai il ne quittera pas le pouvoir purement et simplement, comme il le doit, à moins d'être séditieux.

Viellard. — Ce sont là des calomnies. M. Victor Hugo le sait bien.

Victor Hugo. — Messieurs de la majorité; vous avez supprimé la liberté de la presse; voulez-vous supprimer la liberté de la tribune? *(Mouvement.)* Je ne viens pas demander de la faveur — je viens demander de la franchise.

Le soldat qu'on empêche de faire son devoir brise son épée; si la liberté de la tribune est morte, dites-le-moi, afin que je brise la mienne; j'en descendrai pour n'y plus remonter. *(A droite : le beau malheur!)* La tribune sans liberté n'est acceptable que pour l'orateur sans dignité! *(Profonde sensation.)*

Eh bien! si la tribune est respectée je vais voir. Je continue. Non! après Napoléon le Grand je ne veux pas de Napoléon le Petit!

Allons, respectez les grandes choses. Trêves aux parodies! Pour qu'on puisse mettre un aigle sur les drapeaux, il faut d'abord avoir un aigle (3) aux Tuileries! Où est l'aigle? *(Longs applaudissements.)*

---

(1) La phrase est ironique et perfide : à Satory, au cours d'une prise d'armes devant le président Louis-Napoléon, des cavaliers ont crié : « Vive l'empereur! » — (2) Allusion au dernier empereur d'Occident, Romulus, surnommé Augustule par dérision. — (3) Jeu de mots féroce : l'aigle est l'emblème de l'Empire. Mais le même terme sert à désigner, d'une manière imagée, un homme supérieur.

LE SECOND EMPIRE

Un coup d'État plébiscité   Le 2 décembre 1851, pendant la nuit, avec l'aide du
duc de Morny et du duc de Persigny, son conseiller,
Louis-Napoléon procède à un coup d'État militaire et fait arrêter les chefs de l'opposition, au milieu de l'indifférence générale des ouvriers.

Le Président de la République décrète :

1º L'Assemblée Nationale est dissoute ;

2º Le suffrage universel est rétabli : la loi du 31 mai est abrogée ;

3º Le peuple français est convoqué dans ses comices (1) à partir du 14 décembre jusqu'au 21 décembre suivant ;

4º L'état de siège est décrété dans l'étendue de la première division militaire ;

5º Le Conseil d'État est dissous...

Signé : Louis-Napoléon Bonaparte

Au plébiscite du 21 décembre 1851, il obtient 7 350 000 oui contre 650 000 non. L'opposition républicaine est écrasée. C'est le pouvoir personnel et le gouvernement autoritaire qui s'imposent alors par l'intermédiaire des préfets, dont le rôle devient essentiel en province. Finalement, la dignité impériale est restituée à la famille de Louis-Napoléon en 1852.

Une politique
de grands travaux   La bourgeoisie riche apporte volontiers son appui au
nouveau régime dont la politique financière et économique la favorise particulièrement. Les saint-simoniens (2), Pereire et Michel Chevalier ont la confiance de Napoléon III ; l'essor industriel et commercial est indéniable : les grands réseaux de chemins de fer, les grandes compagnies maritimes se développent rapidement ; Lesseps entreprend la réalisation du canal de Suez, Haussmann bouleverse la physionomie de Paris par de gigantesques travaux.

L'important traité de commerce de 1860 institue la liberté des échanges. L'exposition de 1867 résume et illustre les acquisitions matérielles d'une nation en pleine expansion.

Vers
une hégémonie française   A l'extérieur, Napoléon III se laisse guider par des désirs
contradictoires : il voudrait la paix, pour consolider sa politique économique, mais aurait besoin de succès pour servir ses ambitions et son prestige personnel.

Dans le conflit sur la possession des lieux saints, il s'allie aux Anglais protecteurs de l'Empire turc contre l'agressif tsar Nicolas Iᵉʳ. Le principal épisode de cette « guerre de Crimée » est la prise de Sébastopol, enlevée en 1855 par Mac-Mahon, après un siège meurtrier (75 000 soldats meurent de maladie). L'esprit de conciliation d'Alexandre II, successeur de Nicolas Iᵉʳ, permet la conclusion de la paix, après le Congrès de Paris (mars 1856). En Italie, Cavour dirige le mouvement libéral du Risorgimento (3), avec l'appui total du roi Victor-Emmanuel II ; désirant accélérer le développement du Piémont, il profite de l'attentat d'Orsini contre Napoléon III en 1858 pour pousser celui-ci à une intervention armée contre l'Autriche. Les victoires de Magenta et de Solférino sont fort coûteuses, mais l'unité italienne progresse et Cavour rentre à Turin tandis que Nice et la Savoie sont rattachées à la France. En 1860, les mille volontaires de Garibaldi soutiennent les Siciliens révoltés. Les troupes de Napoléon III — pressé

---

(1) Réunions d'électeurs. — (2) Saint-Simon et ses disciples souhaitaient une organisation collective et rationnelle de la production et de l'industrie. — (3) Mouvement en faveur de l'unité de l'Italie.

d'intervenir contre cette menace de sécession — n'osent traverser les États pontificaux et se contentent de conserver au pape Rome et les alentours. L'Italie est consolidée par la Convention de 1864 et la Vénétie reste seule à l'écart.

La guerre de 1870

Les incertitudes de cette politique extérieure exaspèrent les républicains sans satisfaire les partisans de l'ordre; à partir de 1859, le mécontentement grandit et l'opposition s'agite. Aux élections de 1863, on voit apparaître un tiers parti, guidé par Émile Ollivier, qui veut incliner l'Empire vers le libéralisme. Mais les événements extérieurs se précipitent : c'est la néfaste expédition au Mexique, où Napoléon III s'efforce vainement de placer l'archiduc Maximilien sur le trône; c'est l'intervention contre Garibaldi à Rome; c'est surtout le conflit avec la Prusse qui, après sa victoire sur l'Autriche à Sadowa, a réussi à réorganiser l'Allemagne à son profit. C'est alors que Bismarck, dans l'espoir d'encercler la France, force le prince Léopold de Hohenzollern à poser sa candidature au trône d'Espagne vacant. Mais le gouvernement français, en la personne d'Ollivier, devenu président du Conseil, et celle du duc de Gramont, ministre des Affaires étrangères, réagit et menace de déclarer la guerre à la Prusse, si « la candidature Hohenzollern » n'est pas retirée. Le prince Léopold se désistera le 12 juillet, mais l'affaire n'en restera pas là. Gramont voudrait que le roi de Prusse, Guillaume Ier, garantisse à la France que cette décision serait irrévocable. Celui-ci, qui séjourne à Ems, refuse cette garantie et Bismarck, qu'irrite encore son échec, rédige alors « la dépêche d'Ems » qui laisse croire que Guillaume a brutalement refusé de recevoir l'envoyé français, alors qu'il n'avait usé que de termes très courtois. Le gouvernement français se trouva insulté et déclara la guerre le 15 juillet 1870.

La réforme de l'armée prussienne se révèle bientôt très efficace. La France, isolée au point de vue diplomatique et trompée par une fausse sécurité, se trouve en réalité en état d'infériorité matérielle : après un mois de guerre, le maréchal Mac-Mahon évacue l'Alsace, malgré l'héroïsme désespéré des cuirassiers qui chargent à Reichshoffen contre les armées du maréchal Moltke. Le maréchal Bazaine se laisser enfermer à Metz et Mac-Mahon à Sedan.

Le début de la célèbre nouvelle de Maupassant, *Boule de Suif*, évoquant l'arrivée des Prussiens à Rouen, constitue un témoignage saisissant sur cette « année terrible » qui voit la tragique débâcle des armées françaises.

Pendant plusieurs jours de suite des lambeaux d'armée en déroute avaient traversé la ville. Ce n'était point de la troupe, mais des hordes débandées. Les hommes avaient la barbe longue et sale, des uniformes en guenilles, et ils avançaient d'une allure molle, sans drapeau, sans régiment. Tous semblaient accablés, éreintés; incapables d'une pensée ou d'une résolution, marchant seulement par habitude, et tombant de fatigue sitôt qu'ils s'arrêtaient. On voyait surtout des mobilisés, gens pacifiques, rentiers tranquilles pliant sous le poids du fusil; de petits moblots (1) alertes, faciles à l'épouvante et prompts à l'enthousiasme, prêts à l'attaque comme à la fuite; puis, au milieu d'eux, quelques culottes rouges, débris d'une division moulue dans une grande bataille; des artilleurs sombres alignés avec ces fantassins divers; et, parfois le casque brillant d'un dragon (2) au pied pesant qui suivait avec peine la marche plus légère des lignards (3).

Des légions de francs-tireurs aux appellations héroïques : « Les Vengeurs de la Défaite — les Citoyens de la Tombe — les Partageurs de la Mort » passaient à leur tour, avec des airs de bandits. Leurs chefs, anciens commerçants en draps ou en graines, ex-marchands de suif ou de savon, guerriers de circonstance nommés officiers pour leurs écus ou la longueur de leurs

(1) Nom donné familièrement aux gardes mobiles. — (2) Garde mobile. Formation organisée avec des jeunes gens qui ne faisaient pas de service militaire. — (3) Soldat de la cavalerie de ligne, créée pour combattre à pied et à cheval.

moustaches, couverts d'armes, de flanelle et de galons, parlaient d'une voix retentissante, discutaient plans de campagne, et prétendaient soutenir seuls la France agonisante sur leurs épaules de fanfarons ; mais ils redoutaient parfois leurs propres soldats, gens de sac et de corde (1) souvent braves à outrance, pillards et débauchés.

Les Prussiens allaient entrer dans Rouen, disait-on.

La garde nationale qui, depuis deux mois, faisait des reconnaissances très prudentes dans les bois voisins, fusillant parfois ses propres sentinelles, et se préparant au combat quand un petit lapin remuait sous des broussailles, était rentrée dans ses foyers. Ses armes, ses uniformes, tout son attirail meurtrier, dont elle épouvantait naguère les bornes des routes nationales à trois lieues à la ronde, avaient subitement disparu.

Les derniers soldats français venaient enfin de traverser la Seine pour gagner Pont-Audemer par Saint-Sever et Bourg-Achard ; et, marchant après tous, le général, désespéré, ne pouvant rien tenter avec ces loques disparates, éperdu lui-même dans la grande débâcle d'un peuple habitué à vaincre et désastreusement battu malgré sa bravoure légendaire, s'en allait à pied, entre deux officiers d'ordonnance.

Puis un calme profond, une attente épouvantée et silencieuse avaient plané sur la cité.

L'angoisse de l'attente faisait désirer la venue de l'ennemi.

Dans l'après-midi du jour qui suivit le départ des troupes françaises, quelques uhlans (2) sortis on ne sait d'où, traversèrent la ville avec célérité. Puis, un peu plus tard, une masse noire descendit de la côte Sainte-Catherine, tandis que deux autres flots envahisseurs apparaissaient par les routes de Darnetal et de Boisguillaume. Les avant-gardes des trois corps, juste au même moment, se joignirent sur la place de l'Hôtel-de-Ville ; et, par toutes les rues voisines, l'armée allemande arrivait déroulant ses bataillons qui faisaient sonner les pavés sous leur pas dur et rythmé.

Napoléon III capitule en septembre et la République est proclamée par un gouvernement provisoire ; le général Trochu, qui en est président, déclare continuer la guerre.

PROCLAMATION AU PEUPLE FRANÇAIS (4 SEPTEMBRE 1870)

Français !

Le peuple a devancé la Chambre qui hésitait. Pour sauver la patrie en danger, il a demandé la République.

Il a mis ses représentants non au pouvoir mais au péril.

La République a vaincu l'invasion en 1792, la République est proclamée.

La Révolution s'est faite au nom du droit, du salut public.

Citoyens, veillez sur la Cité qui vous est confiée, demain vous serez avec l'armée les vengeurs de la Patrie !

La résistance dure cinq mois. Paris est assiégé et affamé. Gambetta, alors ministre de l'Intérieur, réussit, de Tours, à mettre sur pied de nouvelles armées. Une sortie malheureuse est tentée par les Parisiens à Buzenval. Enfin l'armistice est signé le 28 janvier 1871 et Gambetta se retire.

Une Assemblée nationale, élue au suffrage universel, amène au pouvoir 400 royalistes contre 200 républicains qui désiraient continuer la guerre.

Adolphe Thiers, président de la République, négocie en février les préliminaires de paix qui aboutiront au traité de Francfort : il cède l'Alsace-Lorraine et accepte de payer une indemnité de 5 milliards. La défaite française permet à Bismarck de proclamer Guillaume Iᵉʳ empereur des Allemands et de sceller définitivement l'unité de l'Allemagne.

La Commune Cependant le peuple parisien, exaspéré par les souffrances du siège, hostile à la dissolution prochaine de la Garde nationale et craignant, non sans quelque raison, l'éventualité d'une restauration monarchique, s'organise en un gouvernement révolutionnaire, la Commune. Thiers, qui s'est retiré à Versailles, reconstitue sans tarder une armée de 100 000 hommes de troupes régulières qui, sous le commandement de Mac-Mahon, se lance à l'assaut de la capitale. Pendant une

---

(1) Scélérats : on les pendait au bout d'une corde ou on les noyait dans un sac. — (2) La cavalerie allemande.

« semaine sanglante », la bataille fait rage dans les rues de Paris : l'Hôtel de Ville et les Tuileries sont incendiés, 20 000 hommes sont tués; la répression est impitoyable. Cette guerre sociale aura duré de mars à mai 1871.

En mars 1873, Thiers réussissait à payer l'indemnité, grâce aux emprunts que les banquiers favorisaient, et à faire évacuer le territoire. Cependant les modérés avaient progressé peu à peu et avaient obtenu un net succès aux élections partielles de 1872. Thiers accepte cette évolution et considère la République comme le gouvernement légal du pays; mais la majorité qui reste monarchiste le force à démissionner (24 mai 1873).

Elle le remplace par Mac-Mahon. La restauration de la royauté semble d'autant plus proche que le comte de Paris, petit-fils de Louis-Philippe, s'efface devant Henri V, comte de Chambord, petit-fils de Charles X. Mais les exigences de ce dernier, hostile à une monarchie parlementaire, font échouer les projets en cours. La République s'organise progressivement : les cinq lois de la Constitution sont votées en 1875. L'amendement Wallon, voté à une voix de majorité, introduit pour la première fois l'expression « Président de la République »; le mouvement apparaît irréversible à partir des élections de 1876 où le parti républicain triomphe.

LES DÉBUTS DE LA TROISIÈME RÉPUBLIQUE

Après un bref ministère Gambetta, Jules Ferry, soutenu par la grande bourgeoisie commerçante, réalise une politique de développement économique : il étend le réseau ferré, améliore les canaux, et continue l'expansion coloniale amorcée par ses prédécesseurs. Napoléon III avait achevé la conquête de l'Algérie et rêvé de devenir le chef d'un vaste empire arabe. Jules Ferry encourage méthodiquement au Sénégal, en Syrie, puis en Chine, les hardiesses des explorateurs et les expéditions militaires; le traité du Bardo confie à la France l'organisation de la Tunisie; à Madagascar, un traité est signé avec la reine Ranavalo; le Tonkin reconnaît en 1885 le protectorat français.

Cette politique d'action et de prestige a contribué à affermir le régime. A l'intérieur, la liberté de réunion et d'association a été proclamée, l'enseignement primaire gratuit, obligatoire et laïque a été institué.

Le Boulangisme   Pourtant, après la chute de Jules Ferry, la popularité immense du général Boulanger, ministre de la Guerre en 86-87, va mettre la république en péril. Il groupe autour de lui les nationalistes qui forment, avec Déroulède comme chef de file, la « Ligue des Patriotes ». Ses partisans voient en lui l'instrument d'une revanche contre l'Allemagne, ainsi que la plupart des royalistes qui espèrent, grâce à lui, renverser le régime parlementaire. Son prestige, allié à une adroite propagande, lui vaut à l'occasion de nombreuses élections partielles, après lesquelles il se désiste toujours, des réussites spectaculaires. Après un dernier succès écrasant, cette fois à Paris, ses fidèles tentent de le décider à faire un coup d'État.

Sur l'atmosphère de cette journée, qui faillit être « historique », un grand écrivain, Maurice Barrès, qui fut en même temps un fervent « boulangiste », nous offre un témoignage saisissant dans cette page de *l'Appel au Soldat :*

Autour de Floquet (1) atterré, ses collaborateurs estimaient n'avoir pas les moyens de se défendre. On savait qu'à l'Élysée le poste livrerait les portes; que les soldats sortis de leur caserne acclameraient Boulanger, que la garde républicaine, colonel en tête, s'offrait pour un coup de main.

_____

(1) Le Président du Conseil.

Au premier étage du restaurant Durand, s'achevait dans le plus grand désordre un dîner de vingt-cinq couverts, présidé par Déroulède. Dans la salle du rez-de-chaussée, dans les escaliers et dans les couloirs, c'était une cohue de dévouements bruyants qui, à travers les rues, noires d'une foule pressée, avaient couru... pour apporter les chiffres de la victoire. Chaque résultat partiel augmentait la majorité du chef et faisait déborder la joie dont était comblé, depuis les premiers chiffres, le cœur des grands lieutenants... Ils discutaient bruyamment, et de la manière la plus compromettante, l'opportunité d'un coup de main.

Le général demanda quelques minutes de solitude. Demeuré avec ses intimes dans un cabinet, il subit leur assaut, leur instante prière de réaliser par un acte le vœu plébiscitaire de la Seine... Déroulède développa que tout homme a dans sa destinée deux courbes, une ascendante, une descendante.

— Vous êtes arrivé au point d'intersection, au sommet, mon général !

A tous leurs plans d'action immédiate, Boulanger répondit :

— Et si j'échouais?... Vous dites que je réussirai; je le crois; mais pourquoi voulez-vous que j'aille conquérir illégalement un pouvoir où je suis sûr d'être porté dans six mois par l'unanimité de la France?... Si le prince Louis-Napoléon avait eu la patience d'attendre un nouveau verdict populaire, il eût épargné à sa mémoire les massacres de décembre. L'Empire est mort du 2 décembre.

Un trait principal de Déroulède, c'est de ne point admettre une volonté qui lui résiste. Il attaque de front, de flanc et s'acharne :

— Mon général, je ne vous demande pas de marcher sur l'Élysée; les actions de nuit sont dangereuses. Je vous dis : venez demain à la Chambre; nous tenons encore nos cadres électoraux, nos comités; nous aurons vingt mille hommes convoqués; il en viendra deux cent mille. Montez à la tribune. Demandez la Dissolution, la Révision. On vous les refusera. Sortez alors, et nous rentrerons.

Mais Boulanger n'ose prendre le pouvoir. Menacé d'arrestation, il s'enfuit à Bruxelles, où il se suicidera en 1891. Les élections de 1889 avaient entre-temps consacré la faillite du boulangisme.

Au cours des années suivantes, la vie politique est assez calme, mais les difficultés s'accroissent : une crise économique est provoquée par l'afflux de blé australien et américain, des dégâts importants sont causés au vignoble par le phylloxéra, la concurrence d'industries étrangères en plein essor devient menaçante. Les propriétaires fonciers sont durement touchés; la bourgeoisie voit ses revenus péricliter. Le socialisme renaît dans les couches populaires et le syndicalisme prend une importance de plus en plus grande.

QUELQUES ASPECTS DE LA VIE QUOTIDIENNE

LA BOURGEOISIE CONQUÉRANTE

Le XIXᵉ siècle vit l'apogée de la bourgeoisie. Dès 1799, les banquiers parisiens apportent leur appui à Napoléon Iᵉʳ, contribuent au succès de la réorganisation financière et en profitent eux-mêmes. Convertis sans hésitation à la Restauration, ils triomphent sans conteste en 1830, détournant à leur avantage la révolution et se ralliant à Louis-Philippe, fondateur d'une véritable royauté bourgeoise, qui leur assure le pouvoir, la sécurité matérielle, la perpétuité des bénéfices, voire le contrôle des idées et des mœurs. La concurrence étrangère est inconnue, les négociants et fabricants font d'excellentes affaires : « Enrichissez-vous » est le mot d'ordre de Guizot à cette société sur laquelle veille la garde nationale, véritable milice bourgeoise.

Une page de l'amusant roman satirique de Louis Reybaud paru en 1843, *Jérôme*

Paturot à la recherche d'une position sociale, où nous voyons le sympathique et naïf héros se transformer en directeur de la « Société française des Bitumes du Maroc », décrit avec une précision à peine exagérée les progrès de l'affairisme et de la spéculation.

Ce cabinet n'était ni celui d'un homme d'étude, ni celui d'un artiste, et peut-être l'aspect en eût-il été énigmatique, si de larges cartons, munis de leurs étiquettes, n'eussent servi à dissiper les doutes et à préciser la destination du local. Ces étiquettes étant tracées en fort grosses lettres, il me fut facile de lire, ici Chemins de fer de Brive-la-Gaillarde, là, Charbonnages de Perlimpinpin ; plus loin le Villa-Viciosa (1), château en Espagne, au prix de 5 F le coupon et pour être tiré sous les yeux de la reine ; enfin, ailleurs, papier de froment, fer de paille, pavage en caoutchouc, etc... Plus d'illusion, j'étais dans le cabinet de ce qu'on appelle vulgairement un homme d'affaires.

C'était le moment où ces industriels florissaient. La France était leur proie ; ils disposaient de la fortune publique. Une sorte de vertige semblait avoir gagné toutes les têtes. La commandite (2) régnait et gouvernait. A l'aide d'un fonds social, divisé par petits coupons, combinaison bien simple comme vous le voyez, on parvint alors à extraire de l'argent de bourses qui ne s'étaient jamais ouvertes, à exercer une rafle générale sur les épargnes des pauvres gens. Tout était bon, tout était prétexte à commandite. On eût mis le Chimborazo (3) en actions, que le Chimborazo eût trouvé des souscripteurs ; on l'eût coté à la bourse. Quel temps, Monsieur, quel temps ! On a parlé de la fièvre du dernier siècle, et de l'agiotage de la rue Quincampoix. Notre époque a vu mieux. Quand Law (4) vantait les merveilles du Mississipi, il comptait sur la distance ; mais ici, c'était à nos portes mêmes qu'on faisait surgir des existences fabuleuses, des richesses imaginaires. Et que pensera-t-on de nous dans vingt ans, quand on dira que les dupes se précipitaient sur ces valeurs fictives, sans s'enquérir même si le gage existait ?

Nous étions au fort de la crise. On venait d'improviser, par la grâce de la commandite, des chemins de fer, des mines de charbon, d'or, de mercure, de cuivre, des journaux, des métaux, mille inventions, mille créations toutes plus attrayantes les unes que les autres. Chacune d'elles devait donner des rentes inépuisables au moindre souscripteur : tout Français allait marcher couvert d'or ; les chaumières étaient à la veille de se changer en palais. Seulement il fallait, il fallait se presser, car les coupons disparaissaient à vue d'œil : il n'y en avait pas assez pour tout le monde.

Je me trouvais donc devant l'un des souverains du moment, devant l'un des promoteurs de cette grande mystification industrielle. Certes l'orgueil lui était permis car il avait eu autant de puissance que Dieu. De rien il avait fait quelque chose : il avait donné une valeur au néant. Aussi le sentiment de sa puissance et de sa position se peignait-il sur son visage : il était content de lui-même, il semblait écouter le murmure d'applaudissements intérieurs. Enfin il daigna jeter les yeux sur moi, et se souvint que j'étais là.

— Mon cher, dit-il, excusez ma distraction, je combinais une affaire. 4 200 000 F ; coupons 200 F ; sous-coupons 50 F. C'est bien, ça doit marcher. Je suis à vous maintenant. Votre nom, s'il vous plaît ?

— Jérôme Paturot.

— Jérôme ! mauvais nom, s'écria-t-il ; trivial, sans couleur. Nous changerons cela : nous mettrons Napoléon Paturot.

— Mais Monsieur...

— Jeune homme, pas de mots perdus. Vous m'êtes recommandé comme un sujet docile, prêt à tout. Tâchez d'obéir et de signer. Le reste nous regarde.

— ...

— Voici la chose. La mine de charbon baisse, le chemin de fer est usé, il n'y a plus que le bitume aujourd'hui. Le tour du bitume est arrivé. Napoléon, décidément, nous vous mettrons à la tête du bitume...

Le reste de la nation se sent brimé et grince des dents : les révolutionnaires authentiques s'indignent, les écrivains et les artistes romantiques se montrent railleurs et méprisants ; c'est le cas de ces deux étudiants de 1836, dont Balzac analyse l'état d'âme dans *Zacharie Marcas.*

Tout en remarquant l'ilotisme (5) auquel est condamnée la jeunesse, nous étions étonnés de la brutale indifférence du pouvoir pour tout ce qui tient à l'intelligence, à la pensée, à la poésie.

Quels regards, Juse et moi, nous échangions souvent, en lisant les journaux, en apprenant les événements de la politique, en parcourant les débats des Chambres, en discutant la conduite

---

(1) Burlesque : assemblage de noms réels (Brive-la-Gaillarde en France, Villa-Viciosa en Espagne) et de sociétés illusoires. — (2) Société commerciale dans laquelle les associés n'ont ni fonction ni responsabilité, mais fournissent les capitaux. — (3) Volcan éteint des Andes, point réputé le plus éloigné du centre de la terre. — (4) Voir p. 194-195. — (5) Au sens figuré : état d'abjection et d'ignorance.

des courtisans, à la médiocrité des hommes qui forment une haie autour du nouveau trône, tous sans esprit ni portée, sans gloire ni science, sans influence ni grandeur ! Quel éloge de la cour de Charles X, que la cour actuelle, si tant est que ce soit une cour ! Quelle haine contre le pays dans la naturalisation de vulgaires étrangers sans talent, intronisés (1) à la Chambre des Pairs ! Quel déni de justice ! Quelle insulte faite aux jeunes illustrations, aux ambitions nées sur le sol ! Nous regardions toutes ces choses comme un spectacle, et nous en gémissions sans prendre un parti sur nous-mêmes.

MOUVEMENTS SOCIAUX ET RELIGIEUX

Par contraste, il est vrai, de 1830 à 1848, les penseurs socialistes, Fourier, Saint-Simon, Proudhon, échafaudent, tour à tour, des théories sociales, où ils cherchent à définir les fondements d'une cité idéale. Proudhon, épris de liberté et de justice, se veut le défenseur de l'individualité. Hostile à la tyrannie de l'étatisme, il pense que « le gouvernement de l'homme par l'homme, c'est la servitude ». Il définit la condition prolétarienne, pose le problème fondamental : *Qu'est-ce que la propriété ?* et esquisse un programme d'action indépendant des mouvements politiques, dont le syndicalisme à tendance anarchiste s'inspirera largement :

Si j'avais à répondre à la question suivante : « Qu'est-ce que l'esclavage ? » et que d'un seul mot je répondisse : « C'est l'assassinat », ma pensée serait d'abord comprise. Je n'aurais pas besoin d'un long discours pour montrer que le pouvoir d'ôter à l'homme la pensée, la volonté, la personnalité, est un pouvoir de vie et de mort, et que faire un homme esclave, c'est l'assassiner. Pourquoi donc à cette autre demande : « Qu'est-ce que la propriété ? » ne puis-je répondre de même : « c'est le vol », sans avoir la certitude de n'être pas entendu bien que cette seconde proposition ne soit que la première transformée.

J'entreprends de discuter le principe même de notre gouvernement et de nos institutions, la propriété, je suis dans mon droit ; je puis me tromper dans la conclusion qui ressortira de mes recherches, je suis dans mon droit ; il me plaît de mettre la dernière pensée de mon livre au commencement, je suis toujours dans mon droit.

Tel auteur enseigne que la propriété est un droit civil, né de l'occupation et sanctionné par la loi, tel autre soutient qu'elle est un droit naturel, ayant sa source dans le travail ; et ces doctrines, tout opposées qu'elles semblent, sont encouragées, applaudies. Je prétends que ni le travail, ni l'occupation, ni la loi ne peuvent créer la propriété ; qu'elle est un effet sans cause ; suis-je répréhensible ?

Ces divers travaux sont à l'origine d'une vaste réflexion sociologique dont le *Manifeste* de Karl Marx en 1847 et le *Capital* en 1867 seront l'expression achevée et l'illustration ; la loi sur le droit de grève (1864) en marquera la diffusion pratique et la portée juridique. Lamennais, plein d'ardeur et de générosité, tente de réconcilier le catholicisme et la démocratie ; mais ses efforts sont condamnés à Rome et son échec aggrave le fossé entre l'Église catholique et le socialisme naissant. En désaccord à partir de 1850 avec la noblesse de province qui ne s'est pas ralliée à l'Empire, le clergé, après 1870, rejoint les partis conservateurs et royalistes, tandis que se creuse peu à peu dans le pays une coupure entre la droite et la gauche, dont l'affaire Dreyfus marquera bientôt la gravité.

LA BOURGEOISIE TRIOMPHANTE

Sous le second Empire, la bourgeoisie a continué à prospérer : la circulation monétaire est intense, l'industrie en plein essor, les spéculations financières font naître de grosses fortunes. Les banques se multiplient, les financiers sont tout-puissants.

---

(1) Etabli souverainement.

Le luxe et le goût des plaisirs sont insolents dans les milieux fortunés. Les fêtes, les spectacles, les toilettes sont les signes nets d'une telle réussite matérielle : l'exposition universelle de 1867 constitue l'apothéose de cette expansion économique et l'aboutissement de la politique prônée par Guizot vingt-cinq ans plus tôt.

Paris toujours favorisé.
Le confort matériel s'installe
mais ne touche que les privilégiés

La civilisation urbaine se développe : dans des villes plus nombreuses et plus importantes, les grands immeubles se multiplient; l'éclairage des rues s'améliore, le confort de la vie quotidienne progresse. A Paris, les transformations matérielles sont considérables; le préfet Haussmann bouleverse le centre de la capitale pour créer la grande croisée de la rue de Rivoli et du boulevard Sébastopol, et aménager de larges artères.

De grands ensembles architecturaux se réalisent : l'Étoile, les Champs-Élysées; le bois de Boulogne et le bois de Vincennes sont dessinés. Ainsi les barricades, qui, dans les journées d'émeute, permettaient à un peuple bien décidé de paralyser tout mouvement de troupes, deviennent inefficaces. L'ouest et le centre bien dégagés se transforment en quartiers résidentiels et élégants tandis que la population plus modeste et les ouvriers se massent dans les faubourgs est et nord et la proche banlieue. Ce phénomène de sécession géographique — qu'on observe aussi dans des villes comme Lyon et Lille, où se constitue une véritable « ceinture rouge » — correspond à une réelle séparation des classes sociales que la naissance de l'industrie moderne a aggravée. Bien que l'analphabétisme recule et que l'instruction primaire élémentaire se répande, les bourgeois aisés et les ouvriers n'ont à peu près rien de commun, ni le vêtement, ni l'alimentation, ni le logement, ni les distractions.

Les progrès sensibles de la construction et du confort ne profitent guère qu'à la classe fortunée; l'augmentation notable de la consommation de viande et de sucre ne touche guère les plus pauvres.

La province connaît moins de contrastes et d'inégalités. Les fortunes y sont moins scandaleuses, la misère s'y voit moins : les nouveautés parisiennes d'ailleurs ne parviennent dans les petites villes qu'avec beaucoup de retard. Il faut encore onze jours pour recevoir à Toulouse les marchandises parties de Paris et un voyageur pressé ne peut espérer couvrir cette distance en moins de huit jours.

Aussi est-ce de loin que la province suit, pendant les trois quarts du siècle, les événements auxquels elle ne participe pas : elle est presque étrangère à l'abdication de Napoléon Ier, à l'expulsion de Charles X, à la Révolution de 1848, au coup d'État du 2 décembre, au mouvement de la Commune.

Le Prolétariat :
une nouvelle classe sociale qui s'affirme

C'est au XIXe siècle que la question sociale se pose pour la première fois sous sa forme moderne : il y a toujours eu en France des riches et des pauvres; les mauvaises récoltes ont toujours entraîné disettes et misère, mais la souffrance des humbles prend un aspect nouveau depuis la naissance de la grande industrie : le chômage qu'entraîne la mévente, conséquence d'une surproduction inorganisée et d'une concurrence anarchique, le terrible travail des femmes et des enfants, les mauvaises conditions de vie posent des problèmes inconnus jusque-là.

Dans les ateliers des artisans, la condition de l'ouvrier était autrefois régie par les rapports humains avec un patron, un maître présent et proche; la concentration de centaines et parfois de milliers d'ouvriers dans les manufactures de textiles ou les usines métallurgiques fait d'eux des prolétaires qui vivent au jour le jour, percevant un maigre salaire en échange d'une activité machinale et pénible.

On peut suivre dans la littérature cette évolution des classes populaires. En 1830, à la demande du Comité de Bienfaisance, qui s'efforce de secourir les milliers d'ouvriers réduits à la misère aux portes de Rouen, Victor Hugo écrit un poème où l'opposition entre le riche et le pauvre prend la forme d'une parabole évangélique.

POUR LES PAUVRES

Donnez, riches ! L'aumône est sœur de la prière,
Hélas ! quand un vieillard, sur votre seuil de
        pierre,
Tout roidi par l'hiver, en vain tombe à genoux ;
Quand les petits enfants, les mains de froid
        rougies,
Ramassent sous vos pieds les miettes des orgies,
La face du Seigneur se détourne de vous.

Donnez ! Il vient un jour où la terre nous laisse.
Vos aumônes là-haut vous font une richesse.
Donnez ! Afin qu'on dise : il a pitié de nous !

Afin que l'indigent que glacent les tempêtes,
Que le pauvre qui souffre à côté de vos fêtes,
Au seuil de vos palais fixe un œil moins jaloux.

Donnez ! pour être aimés du Dieu qui se fit homme,
Pour que le méchant même en s'inclinant vous
        nomme,
Pour que votre foyer soit calme et fraternel ;

Donnez ! afin qu'un jour à votre heure dernière,
Contre tous vos péchés vous ayez la prière
D'un mendiant puissant au ciel.

Mais dans *Germinal*, il ne s'agit plus de charité individuelle ni de rachat chrétien des fautes : c'est la revendication violente, la plainte aiguë des ouvriers malheureux, que nous fait entendre Zola par la bouche d'un des meilleurs d'entre eux, Étienne Lantier, dans sa harangue aux mineurs.

... Il remontait au premier Maheu, il montrait toute cette famille usée à la mine, mangée par la compagnie, plus affamée après cent ans de travail et, devant elle, il mettait ensuite les ventres de la Régie (1), qui suaient l'argent, toute la bande des actionnaires entretenus depuis un siècle, à ne rien faire, à jouir de leur corps. N'était-ce pas effroyable : un peuple d'hommes crevant au fond de père en fils, pour qu'on paie des pots-de-vin à des ministres (2), pour que des générations de grands seigneurs et de bourgeois donnent des fêtes ou s'engraissent au coin de leur feu ! Il avait étudié les maladies des mineurs (3), il les faisait défiler toutes, avec des détails effrayants : l'anémie, les scrofules, la bronchite noire, l'asthme qui étouffe, les rhumatismes qui paralysent. Ces misérables, on les jetait en pâture aux machines, on les parquait ainsi que du bétail dans les corons (4), les grandes compagnies les absorbaient peu à peu, réglementant l'esclavage, menaçant d'enregistrer tous les travailleurs d'une nation, des millions de bras, pour la fortune d'un millier de paresseux. Mais le mineur n'était plus l'ignorant, la brute écrasée dans les entrailles du sol. Une armée poussait des profondeurs des fosses, une moisson de citoyens dont la semence germait et ferait éclater la terre, un jour de grand soleil. Et l'on saurait alors si, après quarante années de service, on oserait offrir cent cinquante francs de pension à un vieillard de soixante ans, crachant de la houille, les jambes enflées par l'eau des tailles. Oui ! le travail demanderait des comptes au capital, à ce dieu impersonnel, inconnu de l'ouvrier accroupi quelque part, dans le mystère de son tabernacle, d'où il suçait la vie des meurt-la-faim qui le nourrissaient ! On irait là-bas, on finirait bien par lui voir sa face aux clartés des incendies, on le noierait sous le sang, ce pourceau immonde, cette idole monstrueuse, gorgée de chair humaine !

C'est que peu à peu est apparue, à côté de la masse de la population rurale, encore essentielle en 1848 et qui assura le succès de Napoléon III en tous ses plébiscites, une classe ouvrière qui dépasse un million d'hommes au milieu de ce siècle, et atteindra huit millions au début du siècle suivant. Admise au gouvernement en 1848, mais presque aussitôt réduite au silence par les classes dominantes, appelée au pouvoir de façon

---

(1) L'ensemble des dirigeants de la société. — (2) Achète le concours des ministres. — (3) Maladie qui se traduit par l'inflammation des ganglions. — (4) Maisons et villages de mineurs dans le nord de la France et en Belgique.

bien partielle et improvisée par la Commune de 1871, écrasée ensuite par la réaction que conduisit Thiers au nom de « l'ordre, la justice, la civilisation », cette classe ne cessera plus d'exister, comme une force qui a pris conscience d'elle-même, éclairée par les progrès de l'instruction primaire, encouragée par les progrès du syndicalisme et des unions mutualistes; sa progression est un des faits décisifs de la fin du siècle.

L'Association Internationale des Travailleurs, qui sera la première Internationale, fut fondée à la suite du grand meeting auquel participèrent Tolain et Limousin, représentants des ouvriers français. Le manifeste qui marque cet événement, et que rédigera Karl Marx, montre bien l'évolution en cours.

Considérant que l'émancipation des travailleurs doit être l'œuvre des travailleurs eux-mêmes, que les efforts des travailleurs pour conquérir leur émancipation ne doivent pas tendre à constituer de nouveaux privilèges mais à établir pour tous les mêmes droits et les mêmes devoirs;

Que l'assujettissement du travailleur au capital est la source de toute servitude politique, morale, matérielle;

Que, pour cette raison, l'émancipation économique des travailleurs est le grand but auquel doit être subordonné tout mouvement politique;

Que tous les efforts faits jusqu'ici ont échoué, faute de solidarité entre les ouvriers des diverses professions dans chaque pays, et d'une union fraternelle entre les travailleurs des diverses contrées;

Que l'émancipation des travailleurs n'est pas un problème simplement local ou national, qu'au contraire ce problème intéresse toutes les nations civilisées, sa solution étant nécessairement subordonnée à leur concours théorique et pratique;

Que le mouvement qui s'accomplit parmi les ouvriers des pays les plus industrieux de l'Europe, en faisant naître de nouvelles espérances, donne un solennel avertissement de ne pas retomber dans les vieilles erreurs et conseille de combiner tous ces efforts encore isolés;

Par ces raisons :

Les soussignés, membres du Conseil élu par l'Assemblée tenue le 28 septembre 1864 à Saint-Martin's Hall, à Londres, ont pris les mesures nécessaires pour fonder l'Association Internationale des Travailleurs; ils déclarent que cette association internationale, ainsi que toutes les sociétés ou individus y adhérant, reconnaîtront, comme devant être la base de leur conduite envers tous les hommes, la vérité, la justice, la morale, sans distinction de couleur, de croyance ou de nationalité;

Ils considèrent comme un devoir de réclamer non seulement pour eux les droits de l'homme et du citoyen, mais encore pour quiconque accomplit ses devoirs. Pas de droits sans devoirs, pas de devoirs sans droits.

28 septembre 1864.

Les pouvoirs publics ne restent pas étrangers à cette évolution des problèmes que pose l'émancipation du monde ouvrier et agissent dans le sens d'un relèvement de la condition des travailleurs : en 1874, une loi interdit le travail des enfants de moins de douze ans et fixe à douze heures la journée de ceux qui sont âgés de douze à seize ans; en 1892, une autre loi limite à douze heures la journée des hommes et à onze heures celle des femmes; et en 1898, une loi engage la responsabilité pécuniaire du patron en cas d'accidents de travail survenant à ses ouvriers. Mais les salaires, malgré l'appel à la justice lancé par l'Encyclique *Rerum Novarum* (1) (1891), restent très bas, excepté pour les ouvriers spécialisés. Il n'y a pas de congés payés et il faudra attendre la loi de 1906 pour rendre obligatoire le repos hebdomadaire. Ainsi, malgré ses efforts, la France reste, dans le domaine de la législation sociale, en retard par rapport à la Grande-Bretagne et à l'Allemagne.

Évolution de l'enseignement : Le XIXe siècle n'a pas connu les grandes fermentations
vers la démocratisation d'idées pédagogiques du XVIe ou du XVIIIe siècle;
et la laïcisation il a plutôt été un siècle de réalisations concrètes et
d'organisation, pendant lequel les hommes au pouvoir ont tenté une difficile synthèse des institutions existantes, des idées nouvelles et des besoins d'une société en pleine évolution.

_____

(1) Lettre circulaire par laquelle Léon XIII faisait connaître aux évêques de la chrétienté l'attitude de l'Église vis-à-vis du problème ouvrier, de la lutte des classes et du socialisme matérialiste.

La loi du 11 floréal an X (2 mai 1802) distinguait les écoles primaires et les écoles secondaires, dont les meilleurs élèves iraient dans les lycées, rattachés au pouvoir central et dirigés par un proviseur. Les lois de 1806 et 1808 créent l'Université Impériale, dont le Grand Maître est nommé par l'Empereur, organisent les Académies dirigées par les recteurs, prévoient des inspecteurs généraux à Paris, des inspecteurs d'Académie en province. L'enseignement supérieur et l'enseignement secondaire ont trouvé leur structure définitive. L'enseignement primaire est pratiquement laissé aux Frères des Écoles chrétiennes (petites écoles).

La Restauration garde la même organisation, mais rattache l'Université au ministère de l'Intérieur. De 1830 à 1850, de nombreux établissements libres, profitant de dispositions administratives favorables, s'ajoutent aux lycées nationaux et aux collèges municipaux.

Des acquisitions importantes seront apportées par le libéral Victor Duruy : la gratuité des écoles primaires n'est encore que facultative, mais la loi oblige les communes de 500 habitants à ouvrir une école publique de filles. Un enseignement « spécial », ébauche de l'enseignement secondaire public de jeunes filles, est créé en 1865.

Il faut attendre les lois républicaines de 1881 et 1882 (lois Ferry) et 1886 (loi Goblet) pour voir s'imposer « gratuité », « obligation », et « laïcité » de l'enseignement, véritable dogme de la République française. Ces lois vont provoquer une nette progression de l'enseignement primaire public que l'Empire avait négligé.

Le bilan du siècle a donc été largement positif. (1)

SCIENCES ET TECHNIQUES

L'ÉLAN DONNÉ PAR LE XVIIIᵉ SIÈCLE SE POURSUIT

A partir de 1800, le développement des sciences devient général; il n'y a aucune rupture entre le XVIIIᵉ et le XIXᵉ siècle. De grands savants, comme Lagrange, Monge, Laplace, continuent leur œuvre, mais les nouvelles générations bénéficient désormais plus largement des acquisitions de leurs prédécesseurs. L'effort méthodique entrepris par les Encyclopédistes, classifications, définitions, récapitulations des connaissances dispersées, porte ses fruits; les cours magistraux des grandes écoles créées par la Révolution ont répandu l'esprit scientifique; un corps de professionnels convaincus, savants, chercheurs, professeurs, s'est constitué. Enfin les instruments de travail, bibliothèques, laboratoires, collections de toutes sortes, se sont considérablement perfectionnés.

Le système métrique, dont l'unité de base, selon une décision de l'Académie des Sciences prise en 1791, correspond à la dix millionième partie du méridien terrestre, prend une existence légale par un décret du 2 novembre 1801, abolissant du même coup les multiples mesures existant auparavant en France. Sa diffusion générale, rendue obligatoire à partir de 1840, facilitera toutes les mesures, pesées, évaluations diverses, qui sont le fondement de la physique et de la chimie modernes.

---

(1) En Belgique, la question scolaire opposant les partisans de l'école publique et de l'école libre n'aboutit qu'en 1914 au vote de l'instruction obligatoire.

Le domaine des mathématiques s'élargit constamment. La continuation des travaux de Newton et de Leibniz est assurée en France par Cauchy, par Galois, qui renouvelle l'algèbre, par Darboux, qui définit la géométrie infinitésimale. En 1846, Le Verrier découvre par le calcul la planète Neptune, dont l'observation céleste vérifie bientôt l'existence.

Dans tous les domaines cette époque a connu des intelligences d'élite et a vu naître quantité d'inventions d'une portée incalculable.

En physique, des progrès décisifs sont réalisés dans l'étude des gaz et dans l'optique par Dulong et Petit, Lebon, Gay-Lussac, Arago, Fresnel, Sadi Carnot qui ouvre la voie aux travaux de l'Allemand Helmholtz; Ampère étudie l'électromagnétisme; Gramme invente la première dynamo industrielle; l'électricité fait naître un monde nouveau.

LE DOMAINE DES GRANDS CRÉATEURS : L'HISTOIRE DE LA VIE

**Lamarck,
Geoffroy Saint-Hilaire,
Cuvier**

En sciences naturelles dominent trois esprits puissants et créateurs : Lamarck, Geoffroy Saint-Hilaire et Cuvier. Lamarck (1744-1829) est l'initiateur de la théorie du transformisme, que complétera Darwin. L'étude des espèces animales le conduit à une conclusion qui s'oppose ainsi radicalement aux thèses soutenues jusqu'alors (*Philosophie Zoologique*, VII).

CONCLUSION ADMISE JUSQU'A CE JOUR

La nature (ou son auteur), en créant les animaux, a prévu toutes les sortes possibles de circonstances dans lesquelles ils avaient à vivre et a donné à chaque espèce une organisation constante, ainsi qu'une forme déterminée et invariable dans ses parties qui force chaque espèce à vivre dans les lieux et les climats où on la trouve et à conserver les habitudes qu'on lui connaît.

MA CONCLUSION PARTICULIÈRE

La nature, en produisant successivement toutes les espèces d'animaux, en commençant par les plus imparfaits et les plus simples, pour terminer son ouvrage par les plus parfaits, a compliqué graduellement leur organisation; et, ces animaux se répandant généralement sur toutes les régions habitables du globe, chaque espèce a reçu de l'influence des circonstances dans lesquelles elle s'est rencontrée, les habitudes que nous lui connaissons et les modifications dans ses parties que l'observation nous montre entre elles.

Geoffroy Saint-Hilaire (1772-1844), dans ce même courant de pensée scientifique, conçoit un plan unique de classification des espèces et Cuvier (1769-1832) crée l'anatomie comparée et la paléontologie.

Dans cette page de son *Discours sur les Révolutions du Globe*, Cuvier explique sa méthode de reconstitution des animaux préhistoriques à partir de fragments d'os ou de traces de pas et en montre la valeur scientifique.

Tout être organisé forme un ensemble, un système unique et clos, dont les parties se correspondent mutuellement et concourent à la même action définitive par une action réciproque. Aucune de ces parties ne peut changer sans que les autres changent aussi, et par conséquent chacune d'elles prise séparément indique et donne toutes les autres.

Ainsi, si les intestins d'un animal sont orga-nisés de manière à ne digérer que de la chair et de la chair récente, il faut aussi que ses mâchoires soient construites pour dévorer une proie; ses griffes pour la saisir et la déchirer; ses dents pour la couper et la diviser; le système entier de ses organes du mouvement pour la poursuivre et pour l'atteindre; ses organes des sens pour l'apercevoir de loin; il faut même que la nature ait placé dans son cerveau l'instinct nécessaire pour savoir se cacher et tendre des pièges à ses victimes. Telles seront les conditions générales du régime carnivore...

... puisque ces rapports sont constants, il faut bien qu'ils aient une cause suffisante; mais comme nous ne la connaissons pas, nous devons suppléer au défaut de la théorie par le moyen de l'observation : elle nous sert à établir des lois empiriques, qui deviennent presque aussi certaines que les lois rationnelles quand elles reposent sur des observations assez répétées; en sorte qu'aujourd'hui quelqu'un qui voit seulement la piste d'un pied fourchu peut en conclure que l'animal qui a laissé cette trace ruminait; et cette conclusion est tout aussi certaine qu'aucune autre en physique ou en morale. Cette seule piste donne à celui qui l'observe et la forme des dents, et la forme des mâchoires, et la forme des vertèbres; et la forme de tous les os des jambes, des cuisses, des épaules et du bassin de l'animal qui vient de passer. C'est une marque plus sûre que toutes celles de Zadig (1)...

Or, en adoptant ainsi la méthode de l'observation comme un moyen supplémentaire quand la théorie nous abandonne, on arrive à des détails faits pour étonner. La moindre facette d'os, la moindre apophyse (2) ont un caractère déterminé relatif à la classe, à l'ordre, au genre, à l'espèce auxquels ils appartiennent : au point que, toutes les fois qu'on a seulement une extrémité d'os bien conservée, on peut avec de l'application et en s'aidant, avec un peu d'adresse, de l'analogie et de la comparaison effective, déterminer toutes ces choses aussi sûrement que si on possédait l'animal entier. J'ai fait bien des fois l'expérience de cette méthode sur des portions d'animaux connus, avant d'y mettre entièrement ma confiance pour les fossiles; mais elle a toujours eu des succès si infaillibles que je n'ai aucun doute sur la certitude des résultats qu'elle a donnés.

LA RECHERCHE SCIENTIFIQUE, SES APPORTS PRATIQUES

En chimie, on progresse dans la définition des corps simples, grâce à l'école de Gay-Lussac. Chevreul et Dumas fondent la chimie organique, tandis que Liebig et Wohler réalisent en Allemagne des progrès parallèles.

Tous les cantons de l'immense domaine de la médecine sont marqués par des noms illustres : ce sont des savants, des maîtres d'anatomie, des praticiens, des experts, des inventeurs de techniques nouvelles d'exploration ou de guérison, comme Pinel, Magendie, Broussais, Bichat, comme Laënnec, qui fait progresser l'auscultation de façon décisive.

Ce bouillonnement d'idées, cette conquête insatiable des mondes inconnus entraînent des modifications techniques importantes, qui transforment la vie même des hommes.

En 1828, la chaudière tubulaire de Seguin améliore considérablement la machine à vapeur déjà utilisée à l'étranger (par Fulton pour son bateau à vapeur, Stephenson pour sa locomotive). Aussi, de 1828 à 1842, s'installent plusieurs lignes de chemins de fer d'intérêt local; c'est une révolution. Songeons qu'à cette date de 1828, les diligences des messageries royales parcouraient les routes françaises à la vitesse de 6 kilomètres à l'heure, c'est-à-dire à la vitesse des chars romains, presque vingt siècles auparavant... Victor Hugo, en 1834, fera Paris-Brest, moins de 600 kilomètres, « en trois nuits de malle-poste sans compter les jours... »

La photographie naît avec Niepce en 1824 et Daguerre en 1839. Le télégraphe électrique s'introduit dans la vie quotidienne; la première ligne, Paris-Rouen, est inaugurée en 1844.

L'AVÈNEMENT D'UNE ÈRE CHIMIQUE

Berthelot Après 1850, les conquêtes de la chimie s'accélèrent encore. Inventeur de synthèses nouvelles, Berthelot (1827-1907) explore toutes les voies de la chimie et découvre les possibilités infinies de cette science en plein essor.

---

(1) Allusion à une scène du conte célèbre de Voltaire où Zadig, à partir des traces qu'elle a laissées sur le sable, et sans l'avoir vue, décrit exactement la chienne de la reine. — (2) Excroissance à la surface d'un os.

Voici un extrait de son discours du 5 avril 1894, au banquet de la Chambre syndicale des Produits chimiques :

L'AN 2000... OU L'AVENIR DE LA CHIMIE

... Est-il nécessaire de vous rappeler les progrès accomplis par vous pendant le siècle qui vient de s'écouler? La fabrication de l'acide sulfurique et de la soude artificielle, le blanchiment et la teinture des étoffes, le sucre des betteraves, les alcaloïdes thérapeutiques, le gaz d'éclairage, la dorure et l'argenture, et tant d'autres inventions, dues à nos prédécesseurs? Sans surfaire notre travail personnel, nous pouvons déclarer que les inventions de l'âge présent ne sont certes pas moindres : l'électrochimie transforme en ce moment la vieille métallurgie et révolutionne ses pratiques séculaires; les matières explosives sont perfectionnées par les progrès de la thermochimie et apportent à l'art des mines et à celui de la guerre le concours d'énergies toutes-puissantes; la synthèse organique surtout, œuvre de notre génération, prodigue ses merveilles dans l'invention des matières colorantes, des parfums, des agents thérapeutiques et antiseptiques.

Mais, quelque considérables que soient ces progrès, chacun de nous en entrevoit bien d'autres : l'avenir de la chimie sera, n'en doutez pas, plus grand encore que son passé. Laissez-moi vous dire à cet égard ce que je rêve : il est bon d'aller en avant par l'acte quand on le peut, mais toujours par la pensée. C'est l'espérance qui pousse l'homme et lui donne l'énergie des grandes actions; l'impulsion une fois donnée, si on ne réalise pas toujours ce qu'on a prévu, on réalise quelque autre chose, et souvent plus extraordinaire encore : qui aurait osé annoncer, il y a cent ans, la photographie et le téléphone?

Laissez-moi donc vous dire mes rêves : le moment est propice, c'est après boire que l'on fait ses confidences; on a souvent parlé de l'état futur des sociétés humaines; je veux à mon tour les imaginer, telles qu'elles seront en l'an 2000, au point de vue chimique bien entendu, nous parlons chimie à cette table.

Dans ce temps-là, il n'y aura plus dans le monde ni agriculture, ni pâtres, ni laboureurs; le problème de l'existence par la culture du sol aura été supprimé par la chimie; il n'y aura plus de mines de charbon de terre, ni d'industries souterraines, ni par conséquent de grèves de mineurs; le problème des combustibles aura été supprimé par le concours de la chimie et de la physique.

Déjà nous avons vu la force des bras humains remplacée par celle de la vapeur, c'est-à-dire par l'énergie chimique empruntée à la combustion de charbon, mais cet agent doit être extrait péniblement du sein de la terre et la proportion en diminue sans cesse. Il faut trouver mieux. Or le principe de cette invention est facile à concevoir : il faut utiliser la chaleur solaire, il faut utiliser la chaleur centrale de notre globe. Les progrès constants de la science font naître l'espérance de capter des sources d'une énergie illimitée. Pour capter la chaleur centrale par exemple, il suffirait de creuser des puits de quatre à cinq mille mètres de profondeur : ce qui ne surpasse peut-être pas les moyens des ingénieurs actuels, et surtout ceux des ingénieurs de l'avenir. On trouvera de la chaleur, origine de toute vie et de toute industrie. Ainsi l'eau atteindrait au fond de ces puits une température élevée et développerait une pression capable de faire marcher toutes les machines possibles. Sa distillation continue produirait cette eau pure, exempte de microbes, que l'on recherche aujourd'hui à si grands frais, à des fontaines parfois contaminées. A cette profondeur, on posséderait une source d'énergie thermo-électrique sans limites et incessamment renouvelée. On aurait donc la force partout présente, sur tous les points du globe, et bien des milliers de siècles s'écouleraient avant qu'elle éprouvât une diminution sensible. Mais revenons à nos moutons, je veux dire à la chimie. Qui dit source d'énergie calorifique ou électrique, dit source d'énergie chimique. Avec une telle source, la fabrication de tous les produits chimiques devient facile, économique, en tout temps, en tout lieu, en tout point de la surface du globe.

C'est là que nous trouverons la solution économique du plus grand problème qui relève de la chimie, celui de la fabrication des produits alimentaires. En principe, il est déjà résolu; la synthèse des graisses et des huiles est réalisée depuis quarante ans, celle des sucres et des hydrates de carbone s'accomplit de nos jours. Ainsi le problème des aliments, ne l'oublions pas, est un problème chimique. Le jour où l'énergie sera obtenue économiquement, on ne tardera pas guère à fabriquer des aliments de toutes pièces, avec le carbone emprunté à l'acide carbonique, avec l'hydrogène pris à l'eau, avec l'azote et l'oxygène tirés de l'atmosphère.

Ce que les végétaux ont fait jusqu'à présent, à l'aide de l'énergie empruntée à l'univers ambiant, nous l'accomplissons bien mieux d'une façon plus étendue et plus parfaite que ne le fait la nature; car telle est la puissance de la synthèse chimique.

Un jour viendra où chacun emportera pour se nourrir sa petite tablette azotée, sa petite motte de matière grasse, son petit morceau de fécule ou de sucre, un petit flacon d'épices aromatiques, accommodés à son goût personnel : tout cela fabriqué économiquement et en quantités inépuisables par nos usines; tout cela indépendant des saisons irrégulières, de la pluie ou de la sécheresse, de la chaleur qui déssèche les plantes ou de la gelée qui détruit l'espoir de fructification : tout cela enfin exempt de ces microbes pathogènes, origine des épidémies et ennemis de la vie humaine.

Ce jour-là, la chimie aura accompli dans le monde une révolution radicale dont personne ne peut mesurer la portée ; il n'y aura plus ni champs couverts de moissons, ni vignobles, ni prairies remplies de bestiaux. L'homme gagnera en douceur et en moralité, parce qu'il cessera de vivre par le carnage et la destruction des créatures vivantes. Il n'y aura plus de distinction entre les régions fertiles et les régions stériles. Peut-être même que les déserts de sable deviendront le séjour de prédilection des civilisations humaines, parce qu'ils sont plus salubres que ces alluvions empestées et ces plaines marécageuses, engraissées de putréfaction, qui sont aujourd'hui les sièges de notre agriculture.

Dans cet empire universel de la force chimique, ne croyez pas que l'art, la beauté, le charme de la vie humaine soient destinés à disparaître. Si la surface terrestre cesse d'être utilisée comme aujourd'hui, et disons-le tout bas, défigurée par les travaux géométriques de l'agriculture, elle se recouvrira alors de verdure, de bois, de fleurs ; la terre deviendra un vaste jardin, arrosé par les eaux souterraines et où la race humaine vivra dans l'abondance et dans la joie du légendaire âge d'or.

Gardez-vous cependant de penser qu'elle vivra dans la paresse, et la corruption morale. Le travail fait partie du bonheur. Or il a été dit dans le livre de la Sagesse : « Qui accroît la science, accroît le travail. » Dans le futur âge d'or, chacun travaillera plus que jamais. Or l'homme qui travaille est bon, le travail est la source de toute vertu. Dans ce monde renouvelé, chacun travaillera avec zèle, parce qu'il jouira du fruit de son travail ; chacun trouvera dans cette rémunération légitime et intégrale les moyens pour pousser au plus haut point son développement intellectuel, moral, esthétique.

LES DIMENSIONS NOUVELLES
DE LA BIOLOGIE ET DE LA PHYSIOLOGIE

Claude Bernard — La biologie et la physiologie, elles aussi, se renouvellent de fond en comble : le grand savant Claude Bernard (1813-1878) définit le rôle du foie et, en expliquant le rôle du déterminisme en physiologie, tire brillamment la leçon philosophique de ses découvertes et de son activité même dans *l'Introduction à l'étude de la médecine expérimentale.*

Ainsi nous montre-t-il comment nous devons, grâce à l'expérience, dépasser les théories admises pour découvrir la vérité (II, 3).

La première condition que doit remplir un savant qui se livre à l'investigation dans les phénomènes naturels, c'est de conserver une entière liberté d'esprit assise sur le doute philosophique. Il ne faut pourtant point être sceptique ; il faut croire à la science, c'est-à-dire au déterminisme, au rapport absolu et nécessaire des choses, aussi bien dans les phénomènes propres aux êtres vivants que dans tous les autres ; mais il faut en même temps être bien convaincu que nous n'avons ce rapport que d'une manière plus ou moins approximative, et que les théories que nous possédons sont loin de représenter des vérités immuables. Quand nous faisons une théorie générale dans nos sciences, la seule chose dont nous soyons certains, c'est que toutes ces théories sont fausses, absolument parlant. Elles ne sont que des vérités partielles et provisoires qui nous sont nécessaires, comme des degrés sur lesquels nous nous reposons, pour avancer dans l'investigation ; elles ne représentent que l'état actuel de nos connaissances et, par conséquent, elles devront se modifier avec l'accroissement de la science, et d'autant plus souvent que les sciences sont moins avancées dans leur évolution. D'un autre côté, nos idées, ainsi que nous l'avons dit, nous viennent à la vue des faits qui ont été préalablement observés et que nous interprétons ensuite. Or des causes d'erreurs sans nombre peuvent se glisser dans nos observations, et, malgré toute notre attention et notre sagacité, nous ne sommes jamais sûrs d'avoir tout vu parce que souvent les moyens de constatation nous manquent ou sont trop imparfaits. De tout cela il résulte donc que, si le raisonnement nous guide dans la science expérimentale, il ne nous impose pas nécessairement ses conséquences. Notre esprit peut toujours rester libre de les accepter ou de les discuter. Si une idée se présente à nous, nous ne devons pas la repousser par cela seul qu'elle n'est pas d'accord avec les conséquences logiques d'une théorie régnante. Nous pouvons suivre notre sentiment et notre idée, donner carrière à notre imagination, pourvu que toutes nos idées ne soient que des prétextes à instituer des expériences nouvelles qui puissent nous fournir des faits probants ou inattendus et féconds...

Mais il n'omet pas de souligner le caractère propre de la science biologique et précise la nature spécifique de la vie, création continue et originale (II, 2).

S'il fallait définir la vie d'un seul mot qui, en exprimant bien ma pensée, mît en relief le seul caractère qui, suivant moi, distingue nettement la science biologique, je dirais : la vie, c'est la *création*. En effet, l'organisme créé est une machine qui fonctionne nécessairement en vertu des propriétés physico-chimiques de ses éléments constituants. Nous distinguons aujourd'hui trois ordres de propriétés manifestées dans les phénomènes des êtres vivants : propriétés physiques, propriétés chimiques et propriétés vitales. Cette dernière dénomination de propriétés vitales n'est elle-même que provisoire; car nous appelons vitales les propriétés organiques que nous n'avons pas encore pu réduire à des considérations physico-chimiques; mais il n'est pas douteux qu'on y arrivera un jour. De sorte que ce qui caractérise la machine vivante, ce n'est pas la nature de ses propriétés physico-chimiques, si complexes qu'elles soient, mais bien la création de cette machine qui se développe sous nos yeux dans les conditions qui lui sont propres et d'après une idée définie qui exprime la nature de l'être vivant et l'essence même de la vie.

Quand un poulet se développe dans un œuf, ce n'est point la formation du corps animal, et tant que le groupement d'éléments chimiques, qui caractérise essentiellement la force vitale. Ce groupement ne se fait que par suite des lois qui régissent les propriétés chimico-physiques de la matière; mais ce qui est essentiellement du domaine de la vie et ce qui n'appartient ni à la chimie ni à la physique, ni à rien autre chose c'est l'idée directrice de cette évolution vitale.

Dans tout germe vivant il y a une idée créatrice qui se développe et se manifeste par l'organisation. Pendant toute sa durée, l'être vivant reste sous l'influence de cette même force vitale créatrice, et la mort arrive lorsqu'elle ne peut plus se réaliser. Ici, comme partout, tout dérive de l'idée qui elle seule crée et dirige; les moyens de manifestation physico-chimiques sont communs à tous les phénomènes de la nature et restent confondus pêle-mêle, comme les caractères de l'alphabet dans une boîte où une force va les chercher pour exprimer les pensées ou les mécanismes les plus divers.

Pasteur Louis Pasteur (1822-1895), d'abord cristallographe, puis excellent chimiste, découvre en 1857 la fermentation microscopique et en déduit le procédé auquel on devait donner son nom, la pasteurisation.

Ses recherches donnent naissance à l'antisepsie, à l'asepsie, à l'immunisation, et transforment la médecine comme la pharmacie et même les conditions matérielles de notre vie. Il a exposé ses idées avec ardeur et ténacité; nous en avons un exemple dans cette célèbre conférence publique du 7 avril 1864 à la Sorbonne, dans laquelle il combat la théorie de la « génération spontanée ».

La matière peut-elle s'organiser d'elle-même? En d'autres termes, des êtres peuvent-ils venir au monde sans parents, sans aïeux? Voilà la question à résoudre.

Il faut bien le dire : la croyance aux générations spontanées a été une croyance de tous les âges : universellement acceptée dans l'antiquité, plus discutée dans les temps modernes et surtout de nos jours. C'est cette croyance que je vais combattre.

Sa durée pour ainsi dire indéfinie à travers les âges m'inquiète fort peu, car vous savez sans doute que les plus grandes erreurs peuvent compter par siècles leur existence; et d'ailleurs, si cette durée pouvait vous paraître un argument, il me suffirait de rappeler ici la puérilité des motifs allégués autrefois en faveur de la doctrine.

Voici par exemple ce qu'écrivait encore au XVIIᵉ siècle un célèbre médecin alchimiste Van Helmont :

« L'eau de fontaine la plus pure, mise dans un vase imprégné de l'odeur d'un ferment, se moisit et engendre des vers. Les odeurs qui s'élèvent du fond des marais produisent des grenouilles, des limaces, des sangsues, des herbes. »

Et ailleurs — notez bien que l'expérience dont je vais parler, Van Helmont l'avoir faite : ce sera dans cette leçon la première preuve qu'il est aisé de faire des expériences, mais très malaisé d'en faire d'irréprochables — :

« Si l'on comprime une chemise sale dans l'orifice d'un vaisseau contenant des grains de froment, le ferment sorti de la chemise sale, modifié par l'odeur du grain, donne lieu à la transmutation du froment en souris après vingt et un jours environ. »

Et Van Helmont ajoute que les souris sont adultes : qu'il en est de mâles et de femelles et qu'elles peuvent reproduire l'espèce.

Voilà, Messieurs, les expériences qui au XVIIᵉ siècle appuyaient la doctrine de la génération spontanée.

Pasteur en vient alors aux défenseurs actuels de la génération spontanée et critique vivement leur expérimentation. Il montre que les expériences ont été mal faites : les reprenant devant son auditoire, il prouve d'abord qu'il est impossible de manipuler sur la cuve à mercure sans faire pénétrer dans l'intérieur du vase les poussières qui sont à sa surface et, par suite, sans introduire des germes. Il passe alors à une deuxième expérience :

Voici, Messieurs, une infusion de matière organique d'une limpidité parfaite, limpide comme de l'eau distillée et qui est extrêmement altérable. Elle a été préparée aujourd'hui. Demain déjà elle contiendra des animalcules, de petits infusoires ou des flocons de moisissures.

Je place une portion de cette infusion de matière organique dans un vase à long col, tel que celui-ci. Je suppose que je fasse bouillir le liquide et qu'ensuite je laisse refroidir. Au bout de quelques jours il y aura des moisissures ou des animalcules infusoires développés dans le liquide. En faisant bouillir, j'ai détruit les germes qui pouvaient exister dans le liquide et à la surface des parois du vase. Mais comme cette infusion se trouve remuée au contact de l'air, elle s'altère comme toutes les infusions. Maintenant, je suppose que je répète cette expérience, mais qu'avant de faire bouillir le liquide j'étire à la lampe d'émailleur le col du ballon, de manière à l'effiler en laissant toutefois son extrémité ouverte. Cela fait, je porte le liquide du ballon à l'ébullition, puis je laisse refroidir. Or le liquide de ce deuxième ballon restera complètement inaltéré non pas deux jours, non pas trois, quatre, non pas un mois, une année, mais trois ou quatre années, car l'expérience dont je vous parle a déjà cette durée. Le liquide reste parfaitement limpide, limpide comme de l'eau distillée. Quelle différence y a-t-il donc entre ces deux vases? Ils renferment le même liquide, ils renferment tous deux de l'air, tous les deux sont ouverts. Pourquoi donc celui-ci s'altère-t-il tandis que celui-là ne s'altère pas? La seule différence, Messieurs, qui existe entre les deux vases, la voici. Dans celui-ci les poussières sont en suspension dans l'air et leurs germes peuvent tomber par le goulot du vase et arriver au contact du liquide où ils trouvent un élément approprié et se développent. De là les êtres microscopiques. Ici, au contraire, il n'est pas possible ou du moins il est très difficile, à moins que l'air ne soit vivement agité, que les poussières en suspension dans l'air puissent entrer dans ce vase. Où vont-elles? Elles tombent sur le col recourbé. Quand l'air rentre dans le vase par les lois de la diffusion et de la variation de température, celles-ci n'étant jamais brusques, l'air rentre lentement et assez lentement pour que ses poussières et toutes les particules solides qu'il charrie tombent à l'ouverture du col, ou s'arrêtent dans les premières parties de la courbure.

Cette expérience est pleine d'enseignements. Car remarquez bien que tout ce qu'il y a dans l'air, tout hormis ses poussières peut entrer très facilement dans l'intérieur du vase et arriver au contact du liquide. Imaginez ce que vous voudrez dans l'air : l'électricité, magnétisme, ozone et même ce que nous n'y connaissons pas encore, tout peut entrer et venir au contact de l'infusion. Il n'y a qu'une chose qui ne puisse pas rentrer facilement, ce sont les poussières en suspension dans l'air, et la preuve que c'est bien cela, c'est que si j'agite vivement le vase deux ou trois fois, dans deux ou trois jours il renferme des animalcules et des moisissures. Pourquoi? Parce que la rentrée de l'air a eu lieu brusquement et a entraîné avec lui des poussières.

Et, par conséquent, Messieurs, moi aussi, pourrais-je dire en vous montrant ce liquide, j'ai pris dans l'immensité de la création une goutte d'eau et je l'ai prise toute pleine de la gelée féconde, c'est-à-dire, pour parler le langage de la science, toute pleine des éléments appropriés au développement des êtres inférieurs. Et j'attends, et j'observe et je l'interroge et je lui demande de vouloir bien recommencer pour moi la primitive création : ce serait un si beau spectacle. Mais elle est muette! Elle est muette, depuis plusieurs années que ces expériences sont commencées. Ah! c'est que j'ai éloigné d'elle et que j'éloigne encore en ce moment, la seule chose qu'il n'est pas été donné à l'homme de produire, j'ai éloigné d'elle les germes qui flottent dans l'air, car la vie c'est le germe et le germe c'est la vie.

Jamais la doctrine de la génération spontanée ne se relèvera du coup mortel que je lui porte.

NAISSANCE D'UNE PHILOSOPHIE DES SCIENCES

Le philosophe et le savant De tels textes tiennent une grande place dans l'histoire des idées. Ils montrent à quel point l'évolution de la philosophie tend, au XIXᵉ siècle, à suivre le développement général des conceptions scientifiques. La philosophie devient de plus en plus une réflexion sur l'orientation nouvelle de la science, et les travaux scientifiques s'accompagnent presque toujours d'un commentaire critique sur la légitimité des méthodes employées, le fondement de la théorie élaborée, la portée des découvertes et leur incidence sur la façon même d'envisager la recherche. Philosophes et savants tendent, tour à tour, chacun à la lumière de sa discipline, de donner une cohérence interne à la pensée scientifique et, par elle, de jeter une lumière nouvelle sur les domaines de la connaissance qui s'ouvrent à chaque étape de la science, sur les limites du savoir, sur la place de l'homme enfin, dans ce monde qu'il définit peu à peu.

Maine de Biran L'œuvre de Maine de Biran n'est ni politique ni scientifique, mais son importance mérite qu'on lui fasse une place dans cette histoire des idées au XIXᵉ siècle. Après avoir été tenté par des théories assez proches du sensualisme de Condillac, ce philosophe revint à des conceptions plus proches de la tradition humaniste héritée de Pascal, de Fénelon, et aussi de Jean-Jacques Rousseau. Il les fonde sur une étude originale et approfondie de l'habitude et de l'effort qui la contrarie, et découvre dans cette lutte le mouvement intérieur de la conscience, preuve de notre existence. Cette analyse lui permet d'édifier une morale de l'effort qui n'a guère vieilli : « Il faut savoir ce qu'il y a en nous de libre et de volontaire et s'y attacher uniquement. »

Auguste Comte Auguste Comte, dont la doctrine philosophique, le
et le positivisme « positivisme », exercera une influence prépondérante sur l'orientation et les ambitions de la philosophie, de la critique littéraire, de l'histoire et de la littérature dans la seconde moitié du XIXᵉ siècle, fonde sur sa philosophie des sciences les principes d'une politique et les dogmes d'une religion.

Mais avant d'aboutir à cette religion nouvelle, dont Auguste Comte s'institue le fondateur, ou d'inciter aux exagérations du scientisme, cette philosophie eut l'incontestable mérite de souligner le respect que l'on doit à la science désintéressée et l'importance qu'elle mérite d'avoir dans la société moderne, espérance d'un humanisme scientifique qui n'était pas sans grandeur.

Une page d'Auguste Comte, tirée de son *Cours de philosophie positive* (2ᵉ leçon), précise fort bien cette « véritable destination des sciences » :

Sans doute, quand on envisage l'ensemble complet des travaux de tout genre de l'espèce humaine, on doit concevoir l'étude de la nature comme destinée à fournir la véritable base rationnelle de l'action de l'homme sur la nature, puisque la connaissance des lois des phénomènes, dont le résultat constant est de nous les faire prévoir, peut seule évidemment nous conduire à les modifier à notre avantage les uns par les autres. Nos moyens naturels et directs pour agir sur les corps qui nous entourent sont extrêmement faibles et tout à fait disproportionnés à nos besoins. Toutes les fois que nous parvenons à exercer une grande action, c'est seulement parce que la connaissance des lois naturelles nous permet d'introduire parmi les circonstances déterminées sous l'influence desquelles s'accomplissent les divers phénomènes, quelques éléments modificateurs qui, quelque faibles qu'ils soient en eux-mêmes, suffisent dans certains cas pour faire tourner à notre satisfaction les résultats définitifs de l'ensemble des causes extérieures. En résumé, science, d'où prévoyance; prévoyance, d'où action, telle est la formule très simple qui exprime d'une manière exacte la relation générale de la science et de l'art en prenant ces deux mots dans leur acception totale.

Mais malgré l'importance capitale de cette relation qui ne doit jamais être méconnue, ce serait se former des sciences une idée bien imparfaite que de les concevoir seulement comme les bases des arts, et c'est à quoi malheureusement on n'est que trop enclin de nos jours. Quels que soient les immenses services rendus à l'industrie par les théories scientifiques; quoique, suivant l'énergique expression de Bacon, la puissance soit nécessairement proportionnée à la connaissance, nous ne devons pas oublier que les sciences ont avant tout une destination plus directe et plus élevée, celle de satisfaire au besoin fondamental qu'éprouve notre intelligence de connaître les lois des phénomènes. Pour sentir combien ce besoin est profond et impérieux, il suffit de penser un instant aux effets physiologiques de l'étonnement, et de considérer que la sensation la plus terrible que nous puissions éprouver est celle qui se produit toutes les fois qu'un phénomène nous semble s'accomplir contradictoirement aux lois naturelles qui nous sont familières...

L'intelligence humaine, réduite à ne s'occuper que de recherches susceptibles d'une utilité pratique immédiate se trouverait par cela seul, comme l'a très justement remarqué Condorcet, tout à fait arrêtée dans ses progrès même à l'égard de ces applications auxquelles on aurait imprudemment sacrifié les travaux purement spéculatifs; car les applications les plus importantes dérivent constamment de théories formées dans une simple intention scientifique et qui souvent ont été cultivées pendant plusieurs siècles sans produire aucun résultat pratique. On en peut citer un exemple bien remarquable dans les belles spéculations des géomètres grecs sur les sections coniques, qui, après une longue

suite de générations, ont servi, en déterminant la rénovation de l'astronomie, à conduire finalement l'art de la navigation au degré de perfectionnement qu'il a atteint dans ces derniers temps et auquel il ne serait jamais parvenu sans les travaux si purement théoriques d'Archimède et d'Apollonius; tellement que Condorcet a pu dire avec raison à cet égard : « Le matelot, qu'une exacte observation de la longitude préserve du naufrage, doit la vie à une théorie conçue deux mille ans auparavant, par des hommes de génie qui avaient en vue de simples spéculations géométriques. »

Il est donc évident qu'après avoir conçu d'une manière générale l'étude de la nature comme servant de base rationnelle à l'action sur la nature, l'esprit humain doit procéder aux recherches théoriques en faisant complètement abstraction de toute considération pratique; car nos moyens pour découvrir la vérité sont tellement faibles que si nous ne les concentrions pas exclusivement vers ce but, et si, en cherchant la vérité, nous imposions en même temps la condition étrangère d'y trouver une utilité pratique immédiatement, il nous serait presque toujours impossible d'y parvenir.

La religion de la science

Les découvertes, les réalisations brillantes font naître, en même temps qu'un enthousiasme général, une confiance presque mystique dans l'avenir de la science. *L'Avenir de la Science*, c'est le titre d'un ouvrage d'Ernest Renan, qui nous offre dans les lignes suivantes un témoignage significatif de cet état d'esprit :

Oui, il viendra un jour où l'humanité ne croira plus, mais elle saura le monde métaphysique et moral, comme elle sait déjà le monde physique; un jour où le gouvernement de l'humanité ne sera plus livré au hasard et à l'intrigue, mais à la discussion rationnelle du meilleur et des moyens les plus efficaces de l'atteindre. Si tel est le but

de la science, si elle a pour but d'enseigner à l'homme sa fin et sa loi, de lui faire saisir le vrai sens de la vie, de composer, avec l'art, la poésie et la vertu, le divin idéal qui seul donne du prix à l'existence humaine, peut-elle avoir de sérieux détracteurs?

PROGRÈS DES TECHNIQUES

Naissance de l'ère des laboratoires

Un prodigieux développement des techniques diverses, qui ne sera jamais ralenti par la suite, accompagne les progrès scientifiques. Il n'y a pas en fait d'opposition entre les sciences et la technique : elles s'épaulent et se complètent. Les travaux de Berthelot et de Pasteur transforment l'industrie mais inversement les travaux de laboratoires les plus utilitaires ouvrent la voie aux découvertes les plus générales : c'est en étudiant la fermentation des boissons, que Pasteur s'oriente vers l'étude de la vie...

A cette époque où la science a encore un aspect artisanal, les savants travaillent souvent chacun de leur côté, dans des locaux et avec un matériel de fortune. Pasteur, avec une ouverture de vue toute moderne, fait appel aux pouvoirs publics pour obtenir ces laboratoires, indispensables à tout progrès de la connaissance (*Le Budget de la Science*, 1868).

Les conceptions les plus hardies, les spéculations les plus légitimes, ne prennent un corps et une âme que le jour où elles sont consacrées par l'observation et l'expérience. Laboratoires et découvertes sont des termes corrélatifs. Supprimez les laboratoires, les sciences physiques deviendront l'image de la stérilité et de la mort. Elles ne seront plus que des sciences d'enseignement, limitées et impuissantes, et non des sciences de progrès et d'avenir. Rendez-leur les laboratoires, et avec eux reparaîtra la vie, sa fécondité et sa puissance.

Hors de leurs laboratoires, le physicien et le chimiste sont des soldats sans armes sur le champ de bataille.

La déduction de ces principes est évidente : si les conquêtes utiles à l'humanité touchent votre cœur, si vous restez confondus devant les effets surprenants de la télégraphie électrique, du daguerréotype, de l'anesthésie et de tant d'autres découvertes admirables ; si vous êtes jaloux de la part que votre pays peut revendiquer dans l'épanouissement de ces merveilles, prenez intérêt, je vous en conjure, à ces demeures sacrées que l'on désigne du nom expressif de laboratoires. Demandez qu'on les multiplie et qu'on les orne : ce sont les temples de l'avenir, de la richesse et du bien-être. C'est là que l'humanité grandit, se fortifie et devient meilleure. Elle y apprend à lire dans les œuvres de la nature, œuvres de progrès et d'harmonie universelle, tandis que ses œuvres à elle sont trop souvent celles de la barbarie, du fanatisme et de la destruction.

Civilisation du chemin de fer Dans le domaine de l'énergie, des transports et des communications, les réalisations sont extraordinaires : 6 000 machines à vapeur sont utilisées en 1848 ; en 1870, on en compte 28 000. La turbine hydraulique de Fourneyron prouve qu'on peut capter dans de très bonnes conditions les forces de la nature. Le moteur à explosion, réalisé par Lenoir dès 1860, contient en germe le prodigieux développement de l'automobile. On met au point le dirigeable (1). On lance des « Clippers », navires à armature de fer dont la perfection, la vitesse et la beauté correspondent à l'apogée du navire à voile. Mais le XIXᵉ siècle est avant tout le siècle des chemins de fer : le parc français comprend 12 000 locomotives et on compte 500 000 cheminots (2).

Mais cette invention ne réunit pas du premier coup tous les suffrages des usagers. Cette machine, dont la « vapeur foudroyante » avait semé la crainte dans l'âme poétique de Vigny, intimidera quelques-uns, parmi lesquels Gautier, à qui l'indignation fait dresser un parallèle entre la locomotive et le cheval, « cette machine vivante qui se reproduisait d'elle-même, s'attelait à des voitures, se laissait mettre des selles sur le dos, et nous transportait d'un endroit à un autre avec une rapidité qui avait paru suffisante jusqu'à présent ; mais il y a des gens qui ne sont jamais contents de rien. Ces gens-là sont parvenus à fabriquer un animal de fer, de cuivre et d'acier, qui boit de l'eau bouillante et mange du feu, a des roues au lieu de jambes et ne peut marcher que sur des tringles... » D'autres heureusement reviennent bien vite sur leur effarouchement premier. Victor Hugo écrit à sa femme en août 1837 : « Je suis réconcilié avec le chemin de fer... » et, admirant la rapidité avec laquelle il avait fait Paris-Bruxelles-Paris il poursuit :

C'est un mouvement magnifique et qu'il faut avoir subi pour s'en rendre compte. La rapidité est inouïe. Les fleurs au bord du chemin ne sont plus des fleurs, ce sont des taches ou plutôt des raies rouges ou blanches ; les blés sont de grandes chevelures jaunes, les luzernes sont de longues tresses vertes ; les villes, les clochers et les arbres dansent et se mêlent follement à l'horizon ; de temps en temps une ombre, une forme, un spectre, debout, paraît et disparaît comme l'éclair à côté de la portière ; c'est un garde du chemin qui, selon l'usage, porte militairement les armes au convoi...

---

(1) Ballon. — (2) Employé de chemin de fer, ne pas confondre avec chemineau = vagabond.

Mais le chemin de fer constitue surtout un fait social et économique. La construction des voies, des machines et des wagons nécessite un immense effort humain et financier, donnant un coup de fouet à l'industrie minière et métallurgique, provoquant la formation de puissantes sociétés, appuyées sur des banques solides, étape décisive dans l'histoire de la concentration des entreprises, que marque bien la création du Comité des Forges en 1864.

Une page célèbre du roman d'Émile Zola, *la Bête humaine*, dont le personnage principal est la locomotive, nous montre l'activité d'une grande gare parisienne à la fin de ce siècle voué aux mécaniques et aux machines :

GARE SAINT-LAZARE VERS 1890

... le sous-chef de gare, ayant ouvert une fenêtre s'y accouda.

C'était impasse Amsterdam, dans la dernière maison de droite, une haute maison où la Compagnie de l'Ouest logeait certains de ses employés. La fenêtre, au cinquième, à l'angle du toit mansardé qui faisait retour, donnait sur la gare, cette tranchée large trouant le quartier de l'Europe, tout un déroulement brusque de l'horizon, que semblait agrandir encore, cet après-midi-là, un ciel gris du milieu de février, d'un gris humide et tiède, traversé de soleil.

En face, sous ce poudroiement de rayons, les maisons de la rue de Rome se brouillaient, s'effaçaient, légères. A gauche, les marquises des halles couvertes ouvraient leurs porches géants, aux vitrages enfumés, celle des grandes lignes, immense, où l'œil plongeait, et que les bâtiments de la poste et de la bouillotterie séparaient des autres, plus petites, celles d'Argenteuil, de Versailles et de la Ceinture (1); tandis que le pont de l'Europe, à droite, coupait de son étoile de fer la tranchée, que l'on voyait reparaître et filer au-delà, jusqu'au tunnel des Batignolles. Et, en bas de la fenêtre même, occupant tout le vaste champ, les trois doubles voies qui sortaient du pont se ramifiaient, s'écartaient en un éventail dont les branches de métal, multipliées, innombrables, allaient se perdre sous les marquises. Les trois postes d'aiguilleur, en avant des arches, montraient leurs petits jardins nus. Dans l'effacement confus des wagons et des machines encombrant les rails, un grand signal rouge tachait le jour pâle.

Pendant un instant, Roubaud s'intéressa, comparant, songeant à sa gare du Havre. Chaque fois qu'il venait de la sorte passer un jour à Paris, et qu'il descendait chez la mère Victoire, le métier le reprenait. Sous la marquise des grandes lignes, l'arrivée d'un train de Mantes avait animé les quais; et il suivit des yeux la machine de manœuvre, une petite machine-tender, aux trois roues basses et couplées qui commençait le débranchement du train, alerte besogneuse, emmenant, refoulant les wagons sur les voies de remisage (2). Une autre machine, puissante celle-là, une machine d'express, aux deux grandes roues dévorantes, stationnait seule, lâchait par sa cheminée une grosse fumée noire, montant droit, très lente dans l'air calme. Mais toute son attention fut prise par le train de trois heures vingt-cinq, à destination de Caen, empli déjà de ses voyageurs, et qui attendait sa machine. Il n'apercevait pas celle-ci, arrêtée au-delà du pont de l'Europe; il l'entendait seulement demander la voie, à légers coups de sifflet pressés, en personne que l'impatience gagne. Un ordre fut crié, elle répondit par un coup bref qu'elle avait compris. Puis, avant la mise en marche, il y eut un silence, les purgeurs furent ouverts, la vapeur siffla au ras du sol, en un jet assourdissant. Et il vit alors déborder du pont cette blancheur qui foisonnait, tourbillonnante comme un duvet de neige, en volée à travers les charpentes de fer. Tout un coin de l'espace en était blanchi, tandis que les fumées accrues de l'autre machine élargissaient leur voile noir. Derrière, s'étouffaient des sons prolongés de trompe, des cris de commandement, des secousses de plaques tournantes. Une déchirure se produisit, il distingua, au fond, un train de Versailles et un train d'Auteuil, l'un montant, l'autre, descendant, qui se croisaient.

L'ESSOR DÉMOGRAPHIQUE URBAIN

Naissance de l'agglomération commerciale et industrielle

L'ampleur de la révolution industrielle correspond à une transformation générale de la vie matérielle des individus et des sociétés, dont les conséquences sont évidentes vers 1880. La population s'est concentrée autour

---

(1) Chemin de fer dont les voies font le tour de Paris. — (2) Voies de garage.

des grandes villes : l'agglomération parisienne et celle du département de la Seine s'accroissent d'un million d'habitants en vingt-cinq ans. L'industrie connaît une véritable fièvre de production. L'activité commerciale est intense : le signe le plus éclatant de cette réussite impressionnante est peut-être l'extension des grands magasins comme le Bon Marché et La Samaritaine.

Zola consacre tout son roman *Au Bonheur des Dames* (1) à la description de ce monde nouveau, complexe et vivant, que constitue un grand magasin moderne.

FOLIE FURIEUSE DES ACHATS DANS UN GRAND MAGASIN A LA FIN DU XIXe SIECLE

Toute la journée, on a procédé avec fièvre au « Bonheur des Dames », magasin de nouveautés à l'encoignure de la rue de la Michodière et de la rue Neuve-Saint-Augustin, à la grande « mise en vente des nouveautés d'hiver ». Et voici la scène observée par Zola :

Lentement, la foule diminuait. Des volées de cloche, à une heure d'intervalle, avaient déjà sonné les deux premières tables du soir ; la troisième allait être servie, et dans les rayons, peu à peu déserts, il ne restait que des clientes attardées, à qui leur rage de dépense faisait oublier l'heure. Du dehors, ne venaient plus que les roulements des derniers fiacres, au milieu de la voix empâtée de Paris, un ronflement d'ogre repu, digérant les toiles et les draps, les soies et les dentelles, dont on le gavait depuis le matin. A l'intérieur, sous le flamboiement des becs de gaz, qui, brûlant dans le crépuscule, avaient éclairé les secousses suprêmes de la vente, c'était comme un champ de bataille encore chaud du massacre des tissus. Les vendeurs, harassés de fatigue, campaient parmi la débâcle de leurs casiers et de leurs comptoirs, que paraissait avoir saccagés le souffle furieux d'un ouragan. On longeait avec peine les galeries du rez-de-chaussée, obstruées par la débandade des chaises ; il fallait enjamber, à la ganterie, une barricade de cartons, entassés autour de Mignot ; aux lainages, on ne passait plus du tout, Liénard (2) sommeillait au-dessus d'une mer de pièces, où des piles restées debout, à moitié détruites, semblaient des maisons dont un fleuve débordé charrie des ruines ; et, plus loin, le blanc avait neigé à terre, on butait contre les banquises de serviettes, on marchait sur les flocons légers des mouchoirs. Mêmes ravages en haut, dans les rayons de l'entresol : les fourrures jonchaient les parquets, les confections s'amoncelaient comme des capotes de soldats mis hors de combat, les dentelles et la lingerie, dépliées, froissées, jetées au hasard, faisaient songer à un peuple de femmes qui se serait déshabillé là, dans le désordre d'un coup de désir ; tandis que, en bas, au fond de la maison, le service du départ, en pleine activité, dégorgeait toujours les paquets dont il éclatait et qu'emportaient les voitures,

dernier branle de la machine surchauffée. Mais, à la soie surtout, les clientes s'étaient ruées en masse ; là, elles avaient fait place nette ; on y passait librement, le hall restait nu, tout le colossal approvisionnement du Paris-Bonheur venait d'être déchiqueté, balayé, comme sous un vol de sauterelles dévorantes. Et, au milieu de ce vide, Hutin et Favier feuilletaient leurs cahiers de débit, calculaient leur tant pour cent, essoufflés de la lutte. Favier s'était fait quinze francs, Hutin n'avait pu arriver qu'à treize, battu ce jour-là, enragé de sa mauvaise chance. Leurs yeux s'allumaient à la passion du gain, tout le magasin autour d'eux alignait également des chiffres et flambait d'une même fièvre, dans la gaieté brutale des soirs de carnage...

Comme tous les soirs, l'homme, premier caissier de la vente, venait de centraliser les recettes particulières de chaque caisse ; après les avoir additionnées, il affichait la recette totale, en embrochant dans sa pique de fer la feuille où elle était inscrite ; et il montait ensuite cette recette à la caisse centrale, dans un porte-feuille et dans des sacs, selon la nature du numéraire. Ce jour-là, l'or et l'argent dominaient, il gravissait lentement l'escalier portant trois sacs énormes. Privé de son bras droit, coupé au coude, il les serrait de son bras gauche contre sa poitrine, il en maintenait un avec son menton, pour l'empêcher de glisser. Son souffle fort s'entendait de loin, il passait, écrasé et superbe, au milieu du respect des commis.

— Combien, l'homme ? demanda Mouret (3).

Le caissier répondit :

— Quatre vingt mille sept cent quarante-deux francs dix centimes !

Un rire de jouissance souleva le « Bonheur des Dames ». Le chiffre courait. C'était le plus gros chiffre qu'une maison de nouveautés eût encore jamais atteint en un jour (chap. IV).

---

(1) Pour composer ce « poème de l'activité moderne », Zola s'était soigneusement documenté sur les grands magasins du « Louvre » et du « Bon Marché ». — (2) Mignot, Liénard, comme plus bas Hutin et Favier : vendeurs du magasin. — (3) Mouret : le directeur du magasin.

CONSÉQUENCE DU PROGRÈS DES SCIENCES : UN OPTIMISME BÉAT

La croyance en un progrès indéfini des sciences, la conviction d'une réussite générale toute proche, l'espoir d'un bonheur matériel immédiat et complet se répandent partout; que cette croyance soit d'ailleurs implicite ou proclamée ouvertement ne change rien. Malgré les nuages sombres des crises économiques, malgré les récriminations de quelques prophètes isolés comme Villiers de L'Isle-Adam ou Léon Bloy (*Le Désespéré* paraît en 1886), malgré les pressentiments de Poincaré et l'imminence de la grande révolution logique d'Einstein, ce sont véritablement les phrases, triomphales jusqu'à l'insolence, de Berthelot qui marquent la fin de ce siècle parvenu :

Nous assistons en ce moment à un retour offensif du mysticisme contre la science : il prétend reconquérir sur elle, par des arguments oratoires, la domination du monde qu'il a perdue, après l'avoir si longtemps maintenue par le fer et le feu. C'est là une vieille querelle qui n'a jamais cessé depuis les temps mystiques du Paradis terrestre et du vieil Enoch, temps où les « anges révoltés contre Dieu révélèrent aux hommes la science maudite du bien et du mal et les arts défendus ». Le mysticisme réclame de nouveau le monopole de la morale, au nom des principes religieux.

Cette prétention repose sur des affirmations erronées : l'histoire du développement de la race humaine et des civilisations prouve, en effet, que les origines et les progrès de la morale ont été tirés de tout autres sources. Les religions se sont approprié la morale, elles ne l'ont pas créée, et elles en ont trop souvent combattu l'évolution et les progrès. En réalité dans ce domaine, elles n'ont fait autre chose qu'emprunter aux connaissances de leur époque des notions et des hypothèses, qu'elles ont érigées aussitôt en systèmes absolus, en dogmes définitifs.

Mais les temps sont changés. La science, si longtemps mise en interdit, la science persécutée pendant tout le Moyen Age, a conquis aujourd'hui son indépendance, à force de services rendus aux hommes, elle peut dédaigner les négations des mystiques. Aussi bien la jeunesse a refusé de suivre ces guides fallacieux : quelles que puissent être les séductions de leur langage et la sincérité de leurs croyances, elle professe de son côté des convictions plus hautes, plus certaines et plus généreuses. Elle sait que la prétendue banqueroute de la science est une illusion de personnes étrangères à l'esprit scientifique; elle sait que la science a tenu les promesses faites en son nom par les philosophes de la nature, depuis le XVIIe et le XVIIIe siècle : c'est la science seule qui a transformé depuis lors et même depuis le commencement des temps, les conditions matérielles et morales de la vie des peuples.

Les changements accomplis à partir du début des civilisations n'ont pas eu d'autre promoteur que la science, quoique l'origine véritable en soit restée longtemps cachée et comme obscurcie par le mélange d'éléments empruntés à l'imagination. Voici deux siècles et demi seulement que la méthode scientifique s'est dégagée de tout alliage étranger et manifestée dans sa pureté : son efficacité a été attestée dans les ordres les plus divers, par une évolution industrielle et sociale sans cesse accélérée.

Certes il existe, et il existera toujours bien des choses blâmables, bien des souffrances, bien des iniquités dans le monde. Mais ce qui a donné crédit à la science, c'est qu'au lieu de se borner à engourdir les mortels dans le sentiment de leur impuissance et dans la passivité des résignations, elle les a poussés à réagir contre la destinée, et elle leur a enseigné par quelle voie sûre ils peuvent diminuer la somme de ces douleurs et de ces injustices, c'est-à-dire accroître leur bonheur et celui de leurs semblables. Cette œuvre, en effet, elle ne l'exécute pas à l'aide d'exhortations verbales ou de raisonnements « a priori »; mais en vertu de règles et de procédés vraiment efficaces, parce qu'ils sont empruntés à l'étude même des conditions de l'existence et des causes de nos maux. Tel est le but que la science n'a cessé et ne cessera jamais de poursuivre, avec un dévouement infatigable à l'idéal et à la vérité, avec un amour sans bornes pour l'humanité. Aujourd'hui son influence s'exerce surtout sur les nations de l'Occident, jusqu'au moment où elle aura étendu sur toute la surface de la terre sa domination bienfaisante.

La Science et la Morale.

LES ARTS

UNE RÉVOLUTION ARTISTIQUE INCOMPRISE

En dépit de l'instabilité politique du XIXe siècle et des préoccupations permanentes dont elle troublait les consciences, la vie artistique de ce temps a été animée d'une étonnante vitalité.

A vrai dire, rien au début du siècle ne laissait pressentir la révolution qui allait s'opérer. En effet, dans le domaine des arts, le Directoire et l'Empire ne faisaient que prolonger le mouvement déjà amorcé par le style dit « Louis XVI » vers le dépouillement et la rigueur antiques. Cette antiquité gréco-romaine, que la Révolution avait consacrée en la prenant pour modèle, lui empruntant ses consuls et ses tribuns, et jusqu'au bonnet phrygien (1), l'emblème de sa liberté reconquise était alors comme le symbole d'une renaissance morale et sociale : celle de l'ordre et de la raison. Avec Napoléon, cette même antiquité devint le signe extérieur, l'expression plastique de la grandeur et de la puissance impériales. C'est ainsi qu'elle inspira non seulement l'organisation de la vie politique et sociale mais surtout les arts plastiques, et l'on vit Paris se couvrir de temples, d'arcs de triomphe et de « basiliques » à la manière d'une Rome ressuscitée.

Cependant, la société mondaine d'alors, nouvelle noblesse d'empire et petits-bourgeois enrichis, se lassa de ce cadre de vie solennel et froid que la grâce d'une décoration « pompéienne » à la mode n'arrivait pas à humaniser. Et, faute de formes nouvelles que cette génération fatiguée et affaiblie par la révolution ne pouvait plus créer, elle se rabattit sur les anciennes formes des siècles passés, et surtout celles du siècle de Louis XV. En effet, cette société artificielle et parvenue, soucieuse sans doute d'étaler ses richesses, y trouvait ce luxe d'ornements et d'arabesques, naguère condamné, mais dont elle avait impérieusement besoin. Le mauvais goût « XIXe siècle » commença là, avec le pastiche des styles d'autrefois. Il alla s'épanouissant avec le pittoresque de pacotille dont l'enrichit l'orientalisme, remis à l'ordre du jour par la campagne de Bonaparte en Égypte et les voyages d'artistes, comme Delacroix, en Afrique du Nord, et enfin avec la nouvelle vogue du gothique, venue d'un vieux fond de nationalisme qu'avaient ranimée certains hommes de lettres en réaction contre l'engouement antique et néo-classique. Cet éclectisme sera le fait des arts décoratifs jusqu'à l'avènement du « New Style ».

Le grand bouleversement annoncé dès le salon de 1819 par le scandale du *Radeau de la Méduse* approche cependant, et les années 1830, si elles furent comme on l'a dit « le 1789 de la littérature », voient également s'opérer une véritable révolution dans le domaine artistique. C'est l'heure de toutes les libérations : une nouvelle conception de la peinture est née qui s'affirmera de plus en plus, en dépit des luttes sans fin qu'elle aura à mener contre le conformisme et l'académisme du style néo-classique décadent. C'est donc la peinture qui déclenche ce mouvement révolutionnaire, appelé à transformer l'univers des formes et à remettre en question non seulement ses principes fondamentaux mais la réalité même de son existence. Aucune époque, depuis le XVIe siècle, n'avait joué un rôle aussi décisif dans l'évolution des arts. Dès le salon de 1824, Delacroix, avec *les Massacres de Scio*, consomme la défaite de David. C'est la première affirmation du style nouveau, le premier pas de la peinture moderne.

---

(1) Bonnet rouge semblable à celui que portaient les Phrygiens, et qui avait été adopté en France sous la Ire République.

La grande révélation rousseauiste du « moi » (1) et de la sensibilité bouleverse alors l'esthétique et la notion même de réalité. On dénie toute existence à un Beau Idéal et on bat en brèche les principes et le dogmatisme classiques. Chaque individu ayant sa propre interprétation du monde également vraie, la Réalité devient multiple et d'une richesse inépuisable. On accorde à l'œuvre d'art d'être une valeur en soi et à la peinture d'être la seule fin que le peintre doit poursuivre. Ainsi libéré, l'artiste cesse d'être un artisan, le « fournisseur » de quelques privilégiés : en marge des préjugés, il fait ce qu'il veut; pour lui, la peinture n'est plus qu'une écriture, un langage, une expression souveraine.

Mais le romantisme ne se contente pas de transformer l'esthétique : comme il l'a fait pour la littérature, il ouvre aux arts plastiques des horizons nouveaux en célébrant l'univers de la réalité sensible, de la nature vivante et des êtres de chair. Et, s'il laisse au rêve sa place, on lui doit aussi ce grand courant réaliste qui commence avec Courbet et trouve son aboutissement extrême, son expression « limite » avec l'Impressionnisme. Grâce au progrès des chemins de fer et des moyens de communication, la Normandie, sa campagne et ses plages sont aux portes de Paris et les artistes y découvrent le plein air et le vertige de la lumière; par ailleurs, le courant scientiste, dont l'influence pénètre partout, dans la philosophie comme dans la littérature, les pousse à leur tour à une analyse subtile de tous les phénomènes qu'ils observent. La vie de l'art était ainsi liée à toute une évolution de la civilisation qui, par une plus grande facilité des échanges, faisait du mouvement romantique un mouvement européen et du domaine des arts un monde sans frontières. L'exposition des œuvres de Bonington et de Constable à Paris en 1824, comme plus tard la venue en France de peintres tels que Jongkind et Whistler était le premier signe d'une consécration que devait parachever le grand exode des artistes étrangers vers Paris avant 1914 : la capitale de la France devenait la capitale des arts.

Cependant, le goût du public, toujours plus ou moins teinté d'académisme, n'allait pas au rythme de l'évolution esthétique. C'est pourquoi tant de chefs-d'œuvre firent scandale et choquèrent le bourgeois, portant atteinte à son conformisme serein et inviolable; toute la seconde partie du siècle ne fut qu'une suite de luttes entre le petit esprit bien pensant du bataillon des bourgeois et le génie ébloui d'une phalange d'artistes combatifs.

Le scandale de l'*Olympia* de Manet au salon de 1865 avait déjà fait couler beaucoup d'encre. *Le Journal amusant* avait alors publié une caricature du fameux tableau que sous-titrait cette légende : « *Nanette ou la femme de l'ébéniste*, par Manet » :

Ce tableau de M. Manet est le clou de l'exposition. Le moment choisi par le grand coloriste est celui où cette dame va prendre un bain qui nous semble impérieusement réclamé.

Mais lorsque le groupe des impressionnistes se lança dans des expositions « indépendantes », la presse y vit la manifestation même de leur extravagance. *Le Figaro* du 5 avril 1877, sous la plume du « Baron Grimm », mit ainsi en garde ses lecteurs :

Une curiosité malsaine nous a conduits dans le local où s'étale ce musée des horreurs qu'on appelle l'Exposition des Impressionnistes : on sait que le but des Impressionnistes est de faire impression. A ce point de vue les peintres qui se sont voués à cette haute idée aussi funambulesque que peu artistique, atteignent aisément le résultat qu'ils cherchent; ils font impression mais ce n'est peut-être pas celle qu'ils ont cherchée. Vue dans son ensemble l'Exposition des Impressionnistes ressemble à une collection de toiles fraîchement peintes sur lesquelles on aurait répandu des flots de crème à la pistache, à la vanille et à la groseille...

_____

(1) Voir pp. 261-266.

Quelles limites donner au mouvement artistique du XIXᵉ siècle? On peut dire qu'il s'achève avec les derniers sursauts du mouvement romantique, au moment où Paris, métamorphosé en capitale moderne sous la pioche du baron Haussmann, se repose enfin des révolutions et de la guerre dont elle a été le théâtre, au moment où commence en fait la « belle époque » des bourgeois conquérants. Haussmann symbolisait déjà la fin d'un monde, quand il fit de Paris la ville « confortable » que nous connaissons aujourd'hui, avec ses avenues rectilignes, ses quartiers aérés et l'harmonie un peu abstraite de ses grandes artères. 1884, date du premier projet de la tour Eiffel, c'est déjà notre monde moderne qui naît, c'est aussi un nouvel élan qui est donné aux beaux-arts avec le mouvement néo-impressionniste. Cette période, qui s'étendra jusqu'à la guerre de 1914, a vu s'élaborer toutes les tendances de l'art contemporain; c'est pourquoi elle est inséparable de l'histoire du XXᵉ siècle.

L'ARCHITECTURE

Une stratégie impériale
La crise politique et sociale qui dura jusqu'en 1794 avait été non seulement un temps mort pour la construction, mais était allée jusqu'à inciter certains fanatiques au vandalisme. Ces derniers, rappelons-le, avaient fini par voir dans les portails des cathédrales non plus des réalisations plastiques, transcendant les limites des affaires humaines, mais une infâme propagande monarchiste qu'il fallait mutiler à tout prix; et ils n'y avaient pas épargné leurs peines. Ce fut seulement avec l'Empire que le mouvement architectural reprit vie.

Napoléon sentait bien l'importance d'un renouveau architectural pour le prestige de son régime, quand il disait : « L'exécution des grands travaux est aussi nécessaire à l'intérêt de mon peuple qu'à ma propre satisfaction... » Aussi entreprit-il de faire de Paris la plus belle et la plus grandiose cité du monde. Cette cité pour être la plus belle et la plus grandiose qui existât ne pouvait être faite que sur un modèle : celui qu'offrait la perfection, alors indiscutée, des cités antiques et de leurs monuments. En effet, la noble grandeur, stricte et dépouillée, sévère même, du style antique répondait admirablement à la volonté de puissance et de discipline de Napoléon, tandis qu'elle était l'expression de ce Beau Idéal auquel les architectes croyaient encore.

La folie des grandeurs
Alors commença la « romanisation » de Paris. L'Empereur a des idées précises et bien arrêtées : c'est lui qui choisit l'architecte Vignon pour la construction du « Temple à la Gloire » (1) qu'il veut élever en l'honneur de la Grande Armée; sa façade, avec ses colonnes et son fronton, s'harmonisera avec celle que fait Poyet pour le siège du Corps législatif, de l'autre côté de la Seine, tandis que, dans le même esprit, Brongniart dessine le péristyle de cette autre « basilique » : la Bourse.

Il fait dresser au centre de la place Vendôme une colonne qui, à la manière de celle de Trajan à Rome, raconte les fastes militaires de l'Empire, et ordonne la construction de deux arcs monumentaux : l'un sur la place de l'Étoile, qui sera terminé longtemps après lui, l'autre à l'entrée des Tuileries, pour commémorer Austerlitz. Inspiré de celui de Septime Sévère, ce dernier, chef-d'œuvre de Percier et Fontaine, hommes de

---

(1) Aujourd'hui l'église de la Madeleine.

confiance de Napoléon, fit d'emblée l'admiration de tous leurs contemporains : la parfaite élégance de ses proportions et la note délicate de ses marbres polychromes humanisaient, en effet, la sévère ordonnance antique.

Pour que soient mis en valeur ces temples grecs et ces arcs romains, il faut ouvrir dans Paris de nouvelles perspectives qui soient à l'échelle de la noblesse de leur conception ; c'est pourquoi l'Empereur favorise de nouveaux plans d'urbanisme, qui annoncent déjà la grande entreprise de Haussmann sous le second Empire. Ici encore, les grands maîtres d'œuvre sont Percier et Fontaine. Des carrefours sont aménagés ; celui de l'Etoile, qui révèle l'avenue des Champs-Élysées, dessine déjà la place prestigieuse que nous connaissons. De nouvelles rues sont percées, telle la rue de Rivoli, la rue la plus « architecturale » de Paris avec ses maisons symétriques et ses arcades. De nouveaux ponts enjambent la Seine ; le pont d'Iéna met en valeur la colline de Chaillot, où Percier et Fontaine auraient construit le palais du Roi de Rome, si la chute de l'Empire n'avait interrompu leurs travaux ; le pont des Arts, premier pont construit en fer et ouvert seulement aux piétons, devient le vestibule de l'Institut et fait découvrir en même temps une vue unique sur l'île de la Cité et le Pont-Neuf. L'empereur pense aussi aux marchés qu'il faut construire, aux salles de spectacle dont il faut doter Paris : le théâtre de l'Odéon est refait par Chalgrin, à qui a déjà été confié l'Arc de Triomphe de l'Étoile, et la salle du Théâtre-Français est réaménagée. De nouvelles fontaines se dressent sur les places ; elles sont monumentales, comme il se doit, et quelquefois « orientalisantes », comme le « Palmier » de la place du Châtelet.

Le dictateur n'a garde d'oublier ces symboles de puissance que sont les palais : il fait agrandir le Louvre, embellir ses résidences, les Tuileries, la Malmaison, Saint-Cloud, Versailles, Compiègne, Fontainebleau et envoie même des architectes à l'étranger, en Italie, en Hollande, en Westphalie, pour lui en construire qui soient digne de sa grandeur. Les intérieurs se transforment alors et sont réaménagés selon le goût du jour pour le noble et le colossal ; les escaliers prennent des dimensions monumentales, les appartements perdent leur caractère intime et les glaces qui se multiplient les agrandissent encore, en ouvrant des perspectives illimitées, tandis que le rouge et le vert, ces couleurs chaudes et soutenues des tentures et des tissus, essaient de contrebalancer la sévérité inconfortable et massive du mobilier. La bourgeoisie, qui adopte ces nouvelles formes lourdes et riches, adopte également la décoration qui les accompagne : motifs antiques remis à l'honneur, cariatides, vases grecs, sphinx égyptiens, figures mythologiques et allégoriques, mosaïques.

Un mouvement nationaliste : la réhabilitation du Moyen Age

Avec la chute de l'Empire et la Restauration, la France met fin au complot antique qui se tramait contre son génie national. Le romantisme, qui remonte aux sources, découvre et met à la mode le Moyen Age. Le succès de *Notre-Dame de Paris* de Victor Hugo (1831) consacre ce nouvel engouement qui saisit alors l'Europe tout entière.

Les formes architecturales du Moyen Age sont réhabilitées en même temps que le renouveau catholique, déjà signalé par l'œuvre de Chateaubriand, éveille les sensibilités à l'élan mystique des cathédrales. Toute une période néo-gothique commence. Elle verra Gau construire Sainte-Clotilde et l'équipe de Viollet-le-Duc restaurer Notre-Dame, Vézelay, le château de Pierrefonds et Carcassonne, tandis que le mobilier et même les objets usuels reproduiront en miniature les constructions ogivales du XIIIᵉ siècle. Le style « Troubadour » envahit tous les domaines de l'art.

Cependant, si ce retour intempestif au style gothique favorisa des copies plates sans génie, médiocres comme les temples romains de l'époque napoléonienne, il eut tout de

NAPOLÉON III,
PHOTOGRAPHIÉ PAR
NADAR

EMBELLISSEMENTS DE PARIS SOUS
NAPOLÉON III

La vue de cette nouvelle percée de la rue de Rennes a
été prise de la rue du Vieux-Colombier. Sous la pioche
du baron Haussmann, préfet de la Seine, nombre de
quartiers de Paris sont sacrifiés pour permettre à la
ville moderne de respirer.

Cl. X.

Cl. Sirot.

AU BON MARCHÉ

Cette maison de « nouveautés », créée par Boucicaut en 1852, est le premier « grand magasin ». Remarquez de gauche à droite les trois façades correspondant à trois époques successives de la maison.

AFFICHE POUR L'INAUGURATION DU CHEMIN DE FER DE PARIS A ORLÉANS

Cl. Roger-Viollet. B. N.

même une conséquence heureuse car les architectes, en étudiant les formes du passé, furent amenés à renouveler leur technique. Ils découvrirent de nouvelles structures architecturales et, grâce aux possibilités immenses que leur offrait maintenant le fer, nouvel apport du progrès industriel, certains d'entre eux, comme Labrouste à la Bibliothèque Sainte-Geneviève et à la Bibliothèque Nationale, réalisèrent des ouvrages extrêmement hardis et d'une étonnante légèreté. On y remarque également un souci fonctionnel tout à fait nouveau, qui montre l'évolution de la nouvelle optique architecturale.

Naissance du Paris d'aujourd'hui : l'œuvre du baron Haussmann

Le même souci présida à l'immense entreprise d'urbanisme que lança le second Empire : l'exigence d'adapter Paris aux nécessités nouvelles et urgentes du développement démographique, comme à celle qu'entraînaient les problèmes nouveaux de la circulation, fit donner à Haussmann (1809-1891) ce premier coup de pioche qui devait transformer Paris pendant si longtemps en un immense chantier. Haussmann se voulait résolument moderne et faisait passer les intérêts d'ordre pratique avant tout souci d'esthétique ou de pittoresque sentimental : c'est pourquoi Paris perdit tant de pavés historiques, de ruelles charmantes et d'hôtels somptueux ; nombre de ses quartiers furent éventrés et défigurés, pour permettre la lancée de nouveaux axes de circulation ; le faubourg Saint-Germain fut un de ceux-là et tout son beau monde émigra vers les Champs-Élysées.

Mais l'œuvre d'Haussmann, tant décriée, si destructrice qu'elle fût, permit à Paris d'être à l'avant-garde des cités du monde, au même titre que Londres. Elle lui donna sa physionomie actuelle, ses vingt arrondissements, ses larges artères rectilignes, ses places dégagées, ses parcs, ses squares et ses parterres. Paris a moins changé qu'on ne pourrait le supposer, depuis le second Empire qui l'agrandit à ses limites actuelles et créa sa banlieue, grâce au progrès des omnibus et du chemin de fer. Il est impossible d'énumérer tout ce que la ville acquit alors : on n'y a sans doute jamais autant construit. Sous l'égide d'Haussmann et de ses collaborateurs, de nouveaux quartiers sont créés, tandis que s'achèvent les travaux entrepris antérieurement, comme les façades des immeubles sur les Champs-Élysées et l'agrandissement du Louvre confié à l'architecte Visconti ; des gares sont construites : celle du Nord allie curieusement des souvenirs Renaissance à l'utilisation moderne d'éléments en fer ; des églises, où l'on retrouve cette même caractéristique, sont édifiées aux points de départ ou d'arrivée des nouvelles avenues, et l'Opéra, de Garnier, ferme noblement et pompeusement la perspective d'une des plus larges artères de la capitale.

L'urbanisme et ses conforts bourgeois

Dans le domaine de l'utilité publique, les améliorations sont également fort importantes : l'eau pure est acheminée vers Paris par l'aqueduc de la Vanne, les Halles sont reconstruites et un immense et admirable réseau d'égouts est aménagé. Cette fièvre de modernisation et de construction gagne alors la province, jusque-là complètement éclipsée par la capitale, et des villes comme Lyon et Marseille s'offrent, comme Paris, des grands boulevards, des gares et des théâtres. Ce dynamisme extraordinaire acheva de faire du XIXe siècle une civilisation essentiellement urbaine.

Dans ces villes, les bourgeois, dont le cadre de vie devient de plus en plus confortable, calfeutrent leurs petits plaisirs dans des intérieurs de plus en plus prétentieux et vulgaires, au décor criard et surchargé. Au milieu de leurs flacons et de ces bibelots mis à la mode par les voyages en pays exotiques, et qui envahissent les appartements, iis prolongent la faune balzacienne. Cet intérieur décrit dans *Une fille d'Ève* se retrouvera en France jusqu'à la fin du siècle :

Aux portes, aux croisées, un de ces tapissiers qui sont de vrais artistes avait drapé de moelleux rideaux en cachemire d'un bleu pareil à celui de la tenture. Une lampe d'argent ornée de turquoises et suspendue par trois chaînes d'un beau travail, descend d'une jolie rosace placée au milieu du plafond. Le système de la décoration est poursuivi dans les plus petits détails et jusque dans ce plafond en soie bleue, étoilé de cachemire blanc dont les longues bandes plissées retombent à d'égales distances sur la tenture, agrafées par des nœuds de perles. Les pieds rencontrent le chaud tissu d'un tapis belge, épais comme un gazon et à fond gris de lin semé de bouquets bleus. Le mobilier, sculpté en plein bois de palissandre d'après les beaux modèles du vieux temps, rehausse par ses tons riches la fadeur de cet ensemble, un peu trop flou, dirait un peintre. Le dos des chaises et des fauteuils offre à l'œil des pages menues en belle étoffe de soie blanche, brochée de fleurs bleues et largement encadrées par des feuillages finement découpés dans le bois. De chaque côté de la croisée, deux étagères montrent leurs mille bagatelles précieuses, les fleurs des arts mécaniques écloses au feu de la pensée. Sur la cheminée en marbre turquin (1), les porcelaines les plus folles du vieux Saxe, ces bergers qui vont à des noces éternelles en tenant de délicats bouquets à la main, espèces de chinoiseries allemandes, entourent une pendule en platine, niellée (2) d'arabesques...

LA SCULPTURE

L'État désolidarise la sculpture de l'architecture
Les bouleversements sociaux et culturels eurent une influence décisive sur l'évolution de la sculpture au XIXᵉ siècle, renouvelant sa clientèle et transformant son rôle.

Cette clientèle, qui jusqu'alors avait été constituée en majeure partie de princes et de grands seigneurs, se trouve réduite, avec l'avènement de Napoléon, à un élément quasi unique et tout-puissant : l'État. C'est l'État qui impose les styles et dispose des œuvres, d'une part en favorisant par le truchement de son Institut des Arts un développement envahissant du style antique et du style académique, et d'autre part en donnant aux œuvres elles-mêmes une fonction nouvelle, celle de parer la voie publique, en embellissant les places et les carrefours et en parachevant de bas-reliefs les monuments gréco-romains du nouveau Paris. C'est aussi l'État qui fait d'une certaine sculpture, jusqu'alors fonctionnelle et complémentaire des arts décoratifs, un objet de musée, en inaugurant au Louvre une étonnante collection d'antiques; cela aura pour conséquence de transformer fondamentalement la conception même de l'œuvre d'art, en lui reconnaissant une parfaite autonomie et une valeur purement plastique.

Ce fut sans doute une heureuse initiative qui fit ainsi descendre la sculpture dans la rue et l'intégra à la vie quotidienne des Parisiens, tandis qu'au Louvre, tant de chefs-d'œuvre ramenés de si loin étaient mis à la portée de tous. Elle créa cependant un malentendu : du fait que le sculpteur n'était plus soumis à l'architecte et que ses œuvres étaient conçues pour elles-mêmes et non dans la perspective d'un ensemble ou d'un cadre donné, ces dernières furent très souvent des éléments décoratifs hétérogènes, beaucoup plus que de réelles sculptures monumentales. Il faudra attendre le XXᵉ siècle pour retrouver la réalisation pure et authentique des vrais principes de la sculpture monumentale, car même le grand Rodin fut victime de ce « contre-sens » sculptural commis par l'Empire.

Quant à la petite sculpture, sa fortune fut considérable, car la vogue du « bibelot » chez le bourgeois la démocratisa; mais, très vite commercialisée et victime de son

---

(1) Variété de marbre bleu. — (2) Ornée d'incrustations d'émail noir.

succès, elle devint bientôt, selon le mot de Baudelaire, « un art de salon et de chambre à coucher » et continua de se survivre dans une affligeante médiocrité.

La révolution tardive   Tout cela explique la pauvreté de la sculpture au XIXe siècle et l'émancipation assez tardive de cet art par rapport à la peinture. Pourtant les thèmes se renouvelaient : lasse des affabulations mythologiques et des compositions médiévales, la sculpture avait découvert avec Jehan Duseigneur et son *Roland Furieux* (1831) la vie et son dynamisme passionné, tandis qu'avec Barye (1833), elle découvrait le réalisme dramatique du monde animal. Mais le sursaut romantique qui, dans les autres arts, avait opéré un bouleversement d'une richesse féconde, ne réussit qu'à la disperser dans un éclectisme plus désordonné que constructif et les rares génies qui réalisèrent leur œuvre en dépit de cet état de choses eurent à mener des luttes sans merci contre l'incompréhension agressive d'un public borné. La sculpture du XIXe siècle semble avoir été la victime d'un mystérieux complot. Nombre de romantiques la condamnèrent, et parmi eux Gautier fervent de l'idéal antique : « De tous les arts, écrivait-il, celui qui se prête le moins à l'expression de l'idée romantique c'est assurément la sculpture. Elle semble avoir reçu de l'antiquité sa forme définitive... Tout sculpteur est forcément classique. Il est toujours au fond du cœur de la religion des Olympiens. »

Baudelaire, lui, va au cœur du problème et accuse non le style mais la médiocrité foncière des œuvres et l'absence d'inspiration réelle :

Nous avons le goût de facile composition et notre dilettantisme peut s'accommoder tour à tour de toutes les grandeurs et de toutes les coquetteries. Nous savons aimer l'art mystérieux et sacerdotal de l'Égypte et de Ninive, l'art de la Grèce charmant et raisonnable à la fois, l'art de Michel-Ange, précis comme une science, prodigieux comme le rêve, l'habileté du XVIIIe siècle, qui est la fougue dans la vérité; mais dans ces différents modes de la sculpture, il y a la puissance d'expression et la richesse de sentiment, résultat inévitable d'une imagination profonde qui chez nous maintenant fait trop souvent défaut.

Salon de 1859.

L'Académie et le goût antique   Au début du siècle, l'art religieux, accusé d'être « vestiges de la féodalité et de la superstition », a complètement disparu. La sculpture, qui vient de vivre la période la plus anarchique de son histoire, a perdu toute unité et toute vitalité. L'Académie supprimée, il était réconfortant de penser que le nouveau régime, conscient des principes anachroniques et livresques qui régentaient cette institution, donnerait un nouvel élan au mouvement sculptural, grâce à son Institut des Arts. Il n'en fut rien. Napoléon, fanatique de « virtu » (1) romaine, entendait prolonger l'engouement qu'avait eu la Révolution pour l'antiquité : l'État tout-puissant réinstaura en même temps que le dogme sévère et intolérant du Beau Idéal, l'hégémonie du style antique. L'Italien Canova est alors l'homme de l'empereur et se voit invité à s'installer en France. Il « romanisera » (2) non seulement Napoléon lui-même, mais nombre de ses parents, parmi lesquels Pauline Borghèse, dont la très pure beauté plastique lui inspirera son chef-d'œuvre. A l'exemple de la famille impériale, la société bourgeoise, qui plus que jamais se contemple avec béatitude, se fait immortaliser coiffée ou drapée à l'antique, à la mode du jour. Les artistes les plus sollicités sont alors Chinard, Cartellier et Chardet. La médiocrité de leurs œuvres est flagrante et, si le buste de Mme Récamier, par Chinard, se fait remarquer, c'est qu'exceptionnellement le pittoresque antique, coiffure et drapé, y est dominé par une vérité psychologique certaine : tout le charme ambigu de l'amie de Chateau-

(1) Qualité virile. — (2) En les représentant habillés et coiffés à l'antique.

briand revit ici avec sa grâce mutine et sa coquetterie étudiée. A côté du portrait, c'est alors le triomphe du nu à l'antique et des sujets mythologiques où toute expression est bannie ; seule demeure le tracé froid et abstrait du dessin.

Le style académique et sa stricte observance des canons du Beau Idéal survivra à la révolution romantique et continuera de se manifester sporadiquement jusqu'à la fin du siècle : il restera la consolation et l'espérance de ces amateurs d'œuvres sages que le lyrisme romantique n'a pas encore fini de scandaliser.

La restauration du passé

Avec la Restauration, coïncide une résurrection simultanée de la foi religieuse et de l'histoire nationale. La sculpture évolue alors parallèlement à l'architecture et à la littérature, et se passionne de médiévisme : c'est le style Troubadour, première forme du style néo-gothique romantique. Un désir d'évasion, la nostalgie d'un certain « exotisme » courtois ou chevaleresque, « merveilleux » ou mystique, renouvellent l'inspiration et les thèmes des sculpteurs qui font revivre tout un passé héroïque. D'innombrables *Jeanne d'Arc*, toutes descendantes de celle de Gois (1808), prennent alors la place des nymphes et des déesses de naguère. Cependant, ce n'est pas seulement le Moyen Age qui ressuscite alors sous le ciseau du sculpteur, mais l'ensemble des siècles passés : c'est ainsi que Bosio, Cortot et Lemot remettent les statues équestres des rois Louis XIV, Louis XIII, Henri IV sur les places publiques et dans les squares.

Ce style Troubadour fera également la fortune de la manufacture de Sèvres : les groupes et les statuettes en biscuit de cette époque connaîtront une vogue sans précédent. Les amateurs de cette petite sculpture faisaient sans doute partie de cette foule enthousiaste qui avait eu, sous l'Empire, la révélation de la sculpture gothique, lors de ces expositions organisées par Lenoir et qui groupaient déjà un grand nombre de fragments sauvés du vandalisme révolutionnaire. Une nouvelle passion de l'histoire était née. Car il s'agissait alors d'histoire, plus encore que d'art. Un fait semble significatif : c'est en visitant une des expositions de Lenoir que Michelet se découvrit une vocation d'historien. Cet engouement pour l'histoire se prolongera tout au long du XIXᵉ siècle.

Le Romantisme et l'amour de l'histoire

La sculpture subit, elle aussi, les remous du bouleversement romantique. Toute l'atmosphère des années 30 favorisait une renaissance : la littérature avait libéré la personnalité et réhabilité le cœur et, en abolissant les barrières et les préjugés, avait élargi l'inspiration artistique aux dimensions de la réalité tout entière. Pourtant, il semble que les sculpteurs n'aient pas su exploiter les immenses possibilités qui leur étaient offertes. Parmi ceux qui sculptèrent entre 1830 et 1884, il y eut peu de grands artistes et les œuvres considérées alors comme révolutionnaires le furent sans lendemains. Il est d'ailleurs excessif de parler ici de « révolution ». Car le *Roland Furieux* (1831) de Jehan Duseigneur bien qu'il ait été considéré par Gautier comme la « *Préface de Cromwell* de la sculpture », n'en avait ni l'audace ni l'originalité. Tout au plus pouvait-on voir dans cette œuvre d'inspiration académique un certain dynamisme théâtral dans l'attitude et le modelé, dont la nouveauté était fort peu révolutionnaire. La sculpture se libéra très lentement et ce n'est qu'au Salon de 1833 qu'elle suscita un scandale : ce fut avec *la Tuerie*, bas-relief de Préault. Ici un lyrisme échevelé, pathétique, bouleverse composition et perspective ; tout est mouvement, expressivité hurlante, atroce. Illustrant la nouvelle tendance néo-gothique, *la Tuerie*, dans son sujet comme dans la tension émotionnelle dont elle est chargée, est enfin « romantique » avec une destinée tapageuse dans le ton de celle d'*Hernani* (1) : l'année suivante, en effet, le jury, rétrospectivement effrayé, la condamna à être « pendue au gibet ». Les exclusions commencent à partir de ce moment-là, les polémiques battent leur plein, la Presse se déchaîne et, en 1848, le jury sera dissous par Ledru-Rollin, alors ministre de l'Intérieur.

La sculpture romantique était donc « lancée ». Elle s'intéressa alors aux nouvelles découvertes de son temps, à l'archéologie surtout, qui remettait à l'honneur l'art grec révélé par les métopes du Parthénon rapportés en Angleterre par Lord Elgin, à l'art gothique, et mit à la mode le quattrocento italien. L'école romaine était bel et bien anéantie.

Simart, Viollet-le-Duc, Félicie de Fauveau illustrent ce nouvel engouement, apparenté à cette grande passion historique qui soulève tout le siècle et trouve en Frémiet son héros. Cependant, si l'abondance des œuvres et leur éclectisme témoignent d'un élan vital certain, les personnalités font défaut.

Trois individualités de génie :   Trois noms seulement se détachent, sur le fond généralement médiocre de la sculpture romantique. Ce sont trois artistes indépendants, Rude, Barye et Carpeaux.

Rude   Pour nos contemporains, Rude (1784-1855) est surtout l'auteur de *la Marseillaise*. Cette étiquette pathétique et fougueuse donnée par l'admiration et le patriotisme populaires à l'allégorie du *Départ*, que fit Rude pour un des piédroits de l'Arc de Triomphe de l'Étoile, montre bien l'élan impétueux et communicatif qui se dégage de ce groupe : la Patrie hurlante — on semble l'entendre — entraîne des volontaires vaillants et subjugués dans quelque combat surhumain. Tout contribue à l'expression, chez cet artiste qui reste pourtant classique dans son admiration pour les anciens. Son *Mercure* tendu par l'élan, son *Napoléon* décharné qui, bien que touché par la mort, se dégage du suaire, enfin son *Maréchal Ney* chargeant et criant l'espoir, à pleine voix, un espoir pathétique, ce sont là ses plus grandes œuvres, frémissantes et chargées d'un dynamisme dramatique. Déjà, dans son *Jeune Pêcheur Napolitain* (1833), figure équilibrée et vraie, on pouvait déceler cet amour du mouvement qui devait être le souci majeur de Rude jusqu'à ses dernières œuvres, parmi lesquelles cette *Hébé*, romantique par excellence, dont l'élégance du geste et de l'attitude tout entière révèlent une vie captive émouvante de jeunesse.

Barye   Le Romantisme, ennemi de la civilisation et amoureux de la nature sauvage et de ses fauves, eut son homme en Barye (1795-1875). Jouant un rôle analogue à celui du paysage en peinture, l'animal remis à l'honneur et étudié d'après nature reparaissait dans la sculpture ; grâce au libéralisme et à l'universalisme de l'esprit romantique, les animaliers pouvaient enfin conquérir leurs lettres de noblesse. Mène, Cordier, Frémiet illustrent ce genre nouvellement réhabilité d'œuvres imitatives ou documentaires très vraies, mais le poète en est Barye. Chez lui, une connaissance extrêmement approfondie de l'anatomie et de la nature des animaux, acquise au Muséum et à partir des études de Lacépède, Cuvier et Geoffroy Saint-Hilaire, s'unissait à une parfaite maîtrise de la technique et à la flamme intérieure d'un artiste de génie. Observateur passionné du réel vivant, Barye rend lions et sangliers, serpents et jaguars avec

---

(1) Drame de Victor Hugo, qui fit scandale en 1830. Préault avait d'ailleurs fait partie des fougueux défenseurs du poète, à la première bataille d'*Hernani*. C'est lui qui aurait lancé à l'orchestre et au balcon « pavés de crânes académiques et classiques » l'apostrophe fameuse : « A la guillotine les genoux ! »

une vérité qui confond. Il pousse jusqu'au trompe-l'œil l'imitation des pelages et des musculatures; mais ces forces animales déchaînées, reproduites avec tant de vérité et de violence, dépassent le simple réalisme. C'est en cela que Barye est le sculpteur le plus complet de son temps : les muscles et les attitudes sont avant tout chez ses fauves l'expression d'une tension extrême et d'une passion dévorante; ce jeu de forces et de volumes qui aurait pû n'être qu'une parfaite mais banale transcription des apparences, devient avec Barye, grâce à son génie passionné mais contenu, une expression lyrique, un langage.

Carpeaux Le XVIIIe siècle, qui semblait avoir eu un moment de résurrection en 1847 dans la voluptueuse douleur de *la Femme piquée par un serpent* de Clésinger, renaît avec tout ce qu'il comportait de fougue vitale et de jubilant bonheur dans les œuvres de Carpeaux (1827-1875). Tempérament combatif et volontaire, Carpeaux ne cessa de célébrer, dans son œuvre, la victoire des forces triomphantes de la vie sur la tristesse, la souffrance et les déceptions qui furent toujours son lot. L'effroi horrible et dramatique dont s'épouvante son *Ugolin* vient de la vie frémissante qu'il lui a insufflée, cette même vie qui, dans un autre registre, anime, épanouit et transfigure la ronde du *Triomphe de Flore* du Louvre, celle, bondissante, des *Trois Grâces*, celle enfin, exubérante et radieuse, de *la Danse* de l'Opéra, sans compter l'envolée des *Quatre Parties du Monde* de la fontaine de l'Observatoire. Toutes les œuvres de Carpeaux sont éclatantes de vie, étincelantes. Par un certain impressionnisme dans la facture, touches d'ombre et de lumière jouant entre elles par une géniale disposition des saillies et des creux, Carpeaux crée le mouvement, nous le fait suivre des yeux et nous entraîne dans son rythme circulaire, tandis que les volumes rayonnent de grâce et de chaleur humaine et nous communiquent une réelle impression de bonheur. Or ce message parut insolent et indécent à la génération tristement bourgeoise de 70 qui se scandalisa à la vue de *la Danse* : « Ces Ménades aux chairs flasquent sentent le vice et puent le vin », s'écria un journaliste, et un vicomte écrivit à Garnier, ardent défenseur de Carpeaux : « J'ai une femme, monsieur, et des filles passionnées pour la musique et qui vont souvent à l'Opéra. Cela leur est impossible maintenant. Car jamais je ne consentirai à les mener dans un monument dont l'enseigne est celle d'un mauvais lieu ! » *La Danse* reçut ces outrages, on lui lança même une bouteille d'encre, mais elle resta à sa place. Carpeaux avait libéré la sculpture de plus d'un demi-siècle de dictature.

LA PEINTURE

La peinture à l'avant-garde des révolutions Au début du siècle, rien ne laissait prévoir le rôle de figure de proue que devait jouer vingt ans plus tard la peinture dans le domaine des arts : l'Empire au goût sévère ne faisait que prolonger un classicisme académique anachronique, où la double personnalité de David et le lyrisme de Gros passaient inaperçus. Dans un article sur Ingres (*Exposition Universelle de 1855*), Baudelaire écrit :

Je me rappelle fort distinctement le respect prodigieux qui environnait au temps de notre enfance toutes ces figures, fantastiques sans le vouloir, tous ces spectres académiques; et moi-même je ne pouvais contempler sans une espèce de terreur religieuse tous ces grands flandrins (1) hétéroclites, tous ces beaux hommes minces et solennels, toutes ces femmes bégueule-ment (2) chastes, classiquement voluptueuses, les uns sauvant leur pudeur sous des sabres antiques, les autres derrière des draperies pédantesquement transparentes. Tout ce monde, véritablement hors nature, s'agitait, ou plutôt posait sous une lumière verdâtre, traduction bizarre du vrai soleil.

(1) Hommes minces, élancés et gauches. — (2) Exagérément prudes.

Mais la chute de l'Empire, qui mettait fin à la dictature politique et sociale, libéra du même coup les forces de révolte accumulées depuis le XVIIᵉ siècle dans l'âme artistique, et amena un bouleversement inévitable, qui devait ébranler les principes fondamentaux de l'esthétique. Ce bouleversement opéra en profondeur, car ce ne sont pas vraiment les thèmes et les techniques qui changèrent, mais plutôt la vision du monde par le peintre et, partant, sa conception même de l'art : il ne s'agit plus tant pour lui de rendre sur sa toile un reflet objectif et choisi des apparences, qu'une impression, subjective et unique du monde, saisie à travers le prisme de ses émotions et de ses sensations. Cette nouvelle façon d'appréhender le monde et d'envisager l'art, cette nouvelle faculté de création, Baudelaire l'appelle « Imagination » :

L'artiste, le vrai artiste, le vrai poète, ne doit peindre que selon qu'il voit et qu'il sent. Il doit être *réellement* fidèle à sa propre nature. Il doit éviter comme la mort d'emprunter les yeux et les sentiments d'un autre homme, si grand qu'il soit car alors les productions qu'il nous donnerait seraient, relativement à lui, des mensonges, et non des *réalités*...

... Un bon tableau, fidèle et égal au rêve qui l'a enfanté, doit être produit comme un monde...

... Tout l'univers visible n'est qu'un magasin d'images et de signes auxquels l'imagination donnera une place et une valeur relative; c'est une espèce de pâture que l'imagination doit digérer et transformer. Toutes les facultés de l'âme humaine doivent être subordonnées à l'imagination, qui les met en réquisition toutes à la fois. De même que bien connaître le dictionnaire n'implique pas nécessairement la connaissance de l'art de la composition, et que l'art de la composition lui-même n'implique pas l'imagination universelle, ainsi un bon peintre peut n'être pas un grand peintre. Mais un grand peintre est forcément un bon peintre, parce que l'imagination universelle renferme l'intelligence de tous les moyens et le désir de les acquérir.

Salon de 1859.

L'esthétique moderne, « la véritable esthétique » comme l'appelle Baudelaire, était née. Cette libération de la sensibilité artistique et le changement d'optique qu'elle entraînait établissaient de nouveaux rapports entre l'artiste et la nature, l'artiste et sa toile, l'artiste et lui-même, et permettaient toutes les découvertes. Ce phénomène justifie ainsi la naissance et la prolifération des écoles de peinture, du romantisme à nos jours, autorisant et valorisant la multiplicité des styles et des genres. Toute la complexité de la production picturale de ce temps et du nôtre est le fait de la révolution romantique, ainsi d'ailleurs que l'indépendance de la peinture par rapport au goût du grand public, déjà ratifiée à cette époque par la création du « Salon des Refusés » (1863).

Le néo-classicisme et ses avatars (1) : David et Ingres

David (1748-1825) devait exercer une véritable dictature sur les arts pendant tout le début du siècle, en imposant le grand dogme de la pureté et le culte du style antique. Peintre « engagé », dans la mesure où ses œuvres ne sont en définitive que des morceaux d'éloquence et une suite de manifestes, il lutte avant tout contre le maniérisme du XVIIIᵉ siècle finissant : « Mieux vaut imiter et copier que de créer des productions qui préparent la chute des arts », dit-il. C'est dans l'atelier du maître que se réunissent alors les grands espoirs de la peinture française : ils apprennent de lui le refus de l'expression « tournant vite à ma grimace » et l'implacable doctrine du Beau Idéal. Dans ses portraits — celui, inachevé, de Bonaparte par exemple —, le psychologue perce pourtant sous le classique et comme malgré lui, révélant ainsi le double aspect de son génie; chez quelques-uns de ses élèves, il n'a pu empêcher non plus une certaine originalité de se faire jour sous l'apparente soumission à l'idéal qu'il leur enseignait. C'est ainsi qu'en marge du groupe de Gérard, Girodet et Guérin, ses pâles imitateurs, Gros et Prud'hon se détachent l'un par le sentiment, l'autre par la grâce, tous deux par leur lyrisme, et annoncent par là la révolution prochaine, tandis

(1) Métamorphoses.

que toute l'œuvre d'Ingres (1780-1867), le plus remarquable de ses disciples, sera dominée par une lutte permanente et acharnée entre les froids principes reçus et une sensibilité d'artiste authentique, faite à la fois d'une très fine réceptivité sensorielle et d'un
culte passionné pour la plasticité pure. Incompris des romantiques par son mépris de
la touche et de la couleur pour elle-même, trop peu engagé dans un classicisme à la façon
de David — la ligne sensuelle et le rose nacré de ses baigneuses en témoignent —, Ingres
est un artiste solitaire au XIXᵉ siècle. Pourtant, par son souci majeur du dessin, de la
ligne abstraite et de la perfection architecturale des formes, dont témoignent l'ovale
trop pur de ses visages et le cou anormal de sa *Thétis*, il annonce la grande expérience
géométrique et intellectuelle tentée par Cézanne et les cubistes.

Ingres détestait Rubens : « Chez Rubens, disait-il, il y a du boucher, il y a avant tout
de la chair fraîche dans sa pensée et de l'étal dans sa mise en scène », et il ne cessa de
célébrer l'importance et la valeur du dessin :

LE DESSIN EST LA PROBITÉ DE L'ART

Dessiner ne veut pas dire simplement reproduire des contours; le dessin ne consiste pas simplement dans le trait : le dessin c'est encore
l'expression, la forme intérieure, le plan, le
modelé. Voyez ce qui reste après cela ! Le dessin
comprend les trois quarts et demi de ce qui constitue la peinture. Si j'avais à mettre une enseigne
au-dessus de ma porte, j'écrirais : École de
dessin, et je suis sûr que je ferais des peintres.

**

Le dessin comprend tout, excepté la teinte.

**

Il faut toujours dessiner, dessiner des yeux
quand on ne peut dessiner avec le crayon. Tant
que vous ne ferez pas marcher l'inspection avec
la pratique, vous ne ferez rien de vraiment bon.

**

En étudiant la nature, n'ayez d'yeux d'abord
que pour l'ensemble. Interrogez-le et n'interro-
gez que lui. Les détails sont des petits importants
qu'il faut mettre à la raison. La forme large et
encore large ! La forme : elle est le fondement
et la condition de tout; la fumée même doit
s'exprimer par le trait.

**

Plus les lignes et les formes sont simples, plus

il y a de beauté et de force. Toutes les fois que
vous partagez les formes, vous les affaiblissez. Il
en est de cela comme du fractionnement en
toutes choses.

**

Les belles formes, ce sont des plans droits
avec des rondeurs. Les belles formes sont celles
qui ont de la fermeté et de la plénitude, où les
détails ne compromettent pas l'aspect des grandes
masses.

**

Il ne faut pas rechercher outre mesure les
sujets : un peintre peut faire de l'or avec quatre
sous. J'ai conquis ma réputation avec un ex-voto,
et tous les sujets peuvent produire des poèmes.
On ne doit pas non plus trop se préoccuper des
accessoires; il faut les sacrifier à l'essentiel, c'est
la tournure, c'est le contour, c'est le modelé des
figures. Les accessoires doivent jouer dans un
tableau le même rôle que les confidents dans les
tragédies. Les auteurs les y mettent pour encadrer les héros et les faire saillir : nous devons,
nous, peintres, entourer nos figures, mais de
façon que cet entourage serve à fixer l'attention
sur elles et à enrichir le principal de tout l'éclat
que nous enlevons à ce qui les environne.

Pensées d'Ingres, Ed. Plon, 1870.

Le néo-classicisme devait encore survivre dans l'œuvre des disciples d'Ingres. Aucun
pourtant ne reçut le vrai message du maître : les uns furent de froids académiques,
comme Flandrin, les autres, comme Chassériau, des intuitifs plus ardents et plus
personnels que l'artiste probe que se voulait Ingres.

Le Romantisme : L'avènement de la couleur et de l'expressivité

Entre 1820 et 1840, flamboie la peinture romantique. C'est en France, d'une façon plus
vigoureuse et plus impérative que dans les
autres pays d'Europe, que devait se définir et se préciser cette nouvelle conception
de la peinture, diamétralement opposée à celle des classiques et des élèves d'Ingres.
A côté du dessin, de l'équilibre architectural, de la valeur des formes on découvre la

couleur, le mouvement, la valeur de la touche : Delacroix en face d'Ingres. Ces deux tendances ne cesseront de s'affronter jusqu'aujourd'hui, avec moins de violence sans doute qu'au cours de ces années de tension extrême, mais avec non moins de conviction. Déjà, le Salon de 1812 avait lancé le scandale de cette nouvelle peinture ; un jeune homme de vingt ans y avait exposé un *Officier de la Garde impériale chargeant*, dont le dynamisme magnifiquement audacieux avait effaré les critiques : c'était Géricault (1791-1824), un créateur de génie. Plus tard, au Salon de 1819, son *Radeau de la Méduse*, par son sujet puisé dans la trivialité des faits divers, révélait une réalité picturale insolemment différente de celle, faussement tragique, des peintures d'histoire, et remettait son nom à l'ordre du jour. Une émotion esthétique toute nouvelle et inquiétante naissait de cette composition grandiose, qui donnait une vie intense et bouleversante à une scène qui n'était en soi qu'un fait divers et aurait pu devenir une simple image d'Épinal : Géricault célébrait la fin d'un monde et la naissance d'un nouvel état d'esprit pétri de sensibilité. Son tempérament bouillant lui faisait aimer dans la réalité, la plus quotidienne ou la plus atroce, tout ce qu'elle avait d'exaltant dynamisme et d'intensité dramatique. Le spectacle de la rue, les courses de chevaux le fascinaient autant que l'univers des fous, et ses toiles, qui font ainsi vibrer la réalité en des couleurs soutenues, révèlent un pionnier du romantisme. Mais en même temps il ouvrait la porte à toutes les investigations et à toutes les expériences du réalisme et même de l'expressionnisme.

Delacroix   Malgré son refus d'appartenir à quelque école que ce fût, malgré son souci de la construction rigoureuse et son respect pour les grands classiques, Delacroix (1758-1863) devait incarner l'âme même du romantisme et prolonger, en le couronnant, le scandale de Géricault. *La Barque de Dante*, exposée au Salon de 1822, et *les Massacres de Scio* du Salon de 1824 étaient l'expression même de tout le programme romantique. On le retrouve tout particulièrement dans la seconde de ces toiles, où sont rendus tout le tragique de la vie et toute l'angoisse de la mort, ce « frisson nouveau » ; ce drame contemporain, proche de lui, Delacroix a dû le ressentir vivement et le revivre intensément grâce à sa sensibilité exacerbée : quand il le reproduit, il le fait donc dramatiquement, en associant au mouvement pathétique des masses la lutte farouche des tons éclatants : le rouge sanglant des vêtements, des blessures et de l'incendie se heurte au blanc du linge et à la pâleur des visages. Tout y est « expression », non seulement les couleurs qui s'affrontent, mais également la torsion du corps de la captive, le mouvement enlevé du cheval qui s'emporte, le regard tragique de la vieille femme, ouvert sur l'horreur et l'angoisse. En même temps, l'exotisme est lancé ; c'est la couleur locale qui permet à Delacroix de faire chatoyer les jaunes et les rouges, de bronzer les corps et d'utiliser la richesse inquiétante des accessoires. Toutes ses toiles sont déjà ici en puissance : on y retrouve leur animation et leur tumulte coloré, leur orientalisme pittoresque, l'équilibre magistral de leurs volumes, leur rythme lyrique, l'expressivité bouleversante de leurs visages, enfin cette atmosphère d'air pur, respirable, et de lumière, qu'il avait trouvée chez les paysagistes anglais. Delacroix devait écrire plus tard : « Enregistré bon gré mal gré dans la coterie romantique, je suppose que c'est à partir des *Massacres de Scio* que je commençai à devenir pour l'École (1) un objet d'antipathie et une espèce d'épouvantail. » Le fait est que tout l'esprit du romantisme s'y retrouvait et en particulier tout le romantisme pictural. Personnalité romantique par excellence, artiste transcendant qui avait su cristalliser en lui le génie coloré de Rubens et des Vénitiens, la force expressive de Michel-Ange et la sensibilité à la lumière d'un Constable, Delacroix eut à livrer des luttes tenaces contre l'exubérance de son génie

---

(1) Académique.

de peintre, contre son tempérament trop passionné, contre les élans trop impétueux de son imagination fiévreuse et exaltée. Il réussit le tour de force de conserver toujours en face de sa toile un parfait contrôle de lui-même et de son pinceau.

Le Journal de Delacroix marque les premiers pas d'une esthétique moderne qui affirme l'autonomie de la peinture par rapport aux autres arts et à la littérature ; qui découvre la couleur, son langage propre ; qui veut donner naissance à une émotion purement picturale et ineffable. « Ce qu'il y a de plus réel pour moi, ce sont les illusions que je crée avec ma peinture. Le reste est un sable mouvant. »

IL Y A UNE RÉALITÉ PICTURALE

La nature n'est qu'un dictionnaire... Pour bien comprendre l'étendue du sens impliqué dans cette phrase, il faut se figurer les usages ordinaires et nombreux du dictionnaire. On y cherche le sens des mots, la génération des mots, l'étymologie des mots, enfin on en extrait tous les éléments qui composent une phrase ou un récit ; mais personne n'a jamais considéré le dictionnaire comme une composition, dans le sens poétique du mot. Les peintres qui obéissent à l'imagination cherchent dans leur dictionnaire les éléments qui s'accommodent à leur conception ; encore, en les ajustant avec un certain art, leur donnent-ils une physionomie toute nouvelle. Ceux qui n'ont pas d'imagination copient le dictionnaire. Il en résulte un très grand vice, le vice de la banalité, qui est plus particulièrement propre à ceux d'entre les peintres que leur spécialité rapproche davantage de la nature dite inanimée, par exemple les paysagistes, qui considèrent généralement comme un triomphe de ne pas montrer leur personnalité. A force de contempler et de copier, ils oublient de sentir et de penser.

(Cité par Baudelaire
dans *l'Œuvre et la Vie d'E. Delacroix*.)

L'ART EST AU-DELA DE LA RÉALITÉ

La froide exactitude n'est pas l'art ; l'ingénieux artifice, quand il plaît ou qu'il exprime, est l'art tout entier. La prétendue conscience de la plupart des peintres n'est que la perfection apportée à l' « art d'ennuyer ». Ces gens-là, s'ils le pouvaient, travailleraient avec le même scrupule l'envers de leurs tableaux. Il serait curieux de faire un traité de toutes les faussetés qui peuvent composer le vrai.

(18 juillet 1850.)

LE PLAISIR ESTHÉTIQUE

... Ce genre d'émotion propre à la peinture est tangible en quelque sorte ; la poésie et la musique ne peuvent le donner. Vous jouissez de la représentation réelle de ces objets, comme si vous les voyiez véritablement, et en même temps le sens que renferment les images pour l'esprit vous échauffe et vous transporte. Ces figures, ces objets, qui semblent la chose à même une certaine partie de votre âge intelligent, semblent comme un pont solide sur lequel l'imagination s'appuie pour pénétrer jusqu'à la sensation mystérieuse et profonde dont les formes sont en quelque sorte l'hiéroglyphe, mais un hiéroglyphe bien autrement parlant qu'une froide représentation, qui ne tient que la place d'un caractère d'imprimerie : art sublime dans ce sens, si on le compare à celui où la pensée n'arrive à l'esprit qu'à l'aide des lettres mises dans un ordre convenu ; art beaucoup plus compliqué, si l'on veut, puisque le caractère n'est rien et que la pensée semble être tout, mais cent fois plus expressif, si l'on considère qu'indépendamment de l'idée, le signe visible, hiéroglyphe parlant, signe sans valeur pour l'esprit dans l'ouvrage du littérateur, devient chez le peintre une source de la plus vive jouissance, c'est-à-dire la satisfaction que donnent, dans le spectacle des choses, la beauté, la proportion, le contraste, l'harmonie de la couleur, et tout ce que l'œil considère avec tant de plaisir dans le monde extérieur, et qui est un besoin de notre nature.

(17 octobre 1853.)

Le premier mérite d'un tableau est d'être une fête pour l'œil. Ce n'est pas à dire qu'il n'y faut pas de la raison : c'est comme les beaux vers, toute la raison du monde ne les empêche pas d'être mauvais, s'ils choquent l'oreille. On dit : avoir de l'oreille ; tous les yeux ne sont pas propres à goûter les délicatesses de la peinture. Beaucoup ont l'œil faux ou inerte ; ils voient littéralement les objets, mais l'exquis, non.

(22 juin 1863.)

LE LANGAGE DE LA TOUCHE

Touche. — Beaucoup de maîtres ont évité de la faire sentir, pensant sans doute se rapprocher de la nature qui effectivement n'en présente pas. La touche est un moyen comme un autre de contribuer à rendre la pensée dans la peinture. Sans doute une peinture peut être très belle sans montrer la touche, mais il est puéril de penser qu'on se rapproche de l'effet de la nature en ceci : autant vaudrait-il faire sur son tableau de véritables reliefs colorés, sous prétexte que les corps sont saillants ! (...) Tout dépend au reste, dans l'ouvrage d'un véritable maître, de la distance commandée pour regarder son tableau. A une certaine distance, la touche se fond dans l'ensemble, mais elle donne à la peinture un accent que le fondu des teintes ne peut produire...

(23 janvier 1857.)

Personne mieux que Baudelaire, cet esthéticien génial, n'a été sensible à la peinture nouvelle de Delacroix *(Exposition Universelle de 1855 : E. Delacroix) :*

D'abord il faut remarquer, et c'est très important, que, vu à une distance trop grande pour analyser ou même comprendre le sujet, un tableau de Delacroix a déjà produit sur l'âme une impression riche, heureuse ou mélancolique. On dirait que cette peinture, comme les sorciers et les magnétiseurs, projette sa pensée à distance. Ce singulier phénomène tient à la puissance du coloriste, à l'accord parfait des tons, et à l'harmonie (préétablie dans le cerveau du peintre) entre la couleur et le sujet. Il semble que cette couleur, qu'on me pardonne ces subterfuges de langage pour exprimer des idées fort délicates, pense par elle-même, indépendamment des objets qu'elle habille. Puis ces admirables accords de sa couleur font souvent rêver d'harmonie et de mélodie, et l'impression qu'on emporte de ses tableaux est souvent quasi musicale. Un poète a essayé d'exprimer ces sensations subtiles dans des vers dont la sincérité peut faire passer la bizarrerie :

Delacroix, lac de sang hanté des mauvais anges,
Ombragé par un bois de sapins toujours vert,
Où, sous un ciel chagrin, des fanfares étranges
Passent comme un soupir étouffé de Weber.

Lac de sang : le rouge ; — hanté des mauvais anges : surnaturalisme ; — un bois toujours vert : le vert, complémentaire du rouge ; — un ciel chagrin : les fonds tumultueux et orageux de ses tableaux ; — les fanfares et Weber : idées de musique romantique que réveillent les harmonies de sa couleur.

Toujours de Baudelaire, dans son *Catalogue de la Collection Crabbe*, on trouve cette impression brute :

Eugène Delacroix. — Chasse au tigre. Delacroix alchimiste de la couleur. Miraculeux, profond, mystérieux, sensuel, terrible ; couleur éclatante et obscure, harmonie pénétrante. Le geste de l'homme et le geste de la bête. La grimace de la bête, les reniflements de l'animalité.

Vert, lilas, vert sombre, lilas tendre, vermillon, rouge sombre, bouquet sinistre.

En réaction contre le classicisme, de nombreux peintres suivirent l'élan donné par Géricault et Delacroix vers un renouvellement de la peinture. Sensibles comme eux à la réalité dans sa multiplicité, ils cultivèrent et prolongèrent leur goût pour la couleur et le mouvement. Les scènes mythologiques firent place aux scènes bourgeoises de Devéria, la froide beauté académique fit place au pittoresque coloré de Decamps et Fromentin, et la peinture de l'Antiquité fut détrônée par celle de l'histoire contemporaine avec Raffet et Horace Vernet, ou par celle de la vie moderne, mondaine, anecdotique, avec Guys et Gavarni.

Du romantisme au réalisme : Courbet

La peinture réaliste, lancée par Géricault, se retrouve et s'épanouit après 1840. Comme la peinture romantique, dans le même esprit de liberté et de révolte, elle est la conséquence et l'expression de la grande réaction du siècle contre les artifices du maniérisme et du classicisme, contre l'intrusion de la littérature dans l'art, enfin contre tout esprit de système.

Elle marque un retour à une certaine naïveté originelle, réceptive à la nature sensible et concrète, source première de toute beauté. Courbet (1819-1877), cet homme de la terre à la personnalité puissante, élémentaire, en sera le champion : « L'Art en peinture, ne saurait consister que dans la représentation des objets visibles et tangibles pour l'artiste. » C'est une profession de foi. Le premier, il pénètre ses toiles de ce nouveau paganisme et son exposition de 1855 fait crier au scandale visiteurs et critiques. Cette même exposition éveille cependant chez les hommes de lettres, les poètes et les romanciers, un sentiment nouveau pour la réalité nue, exacte et vraie : ce sera le premier germe du réalisme littéraire. La peinture de Courbet semble un défi lancé aussi bien au classicisme qu'au romantisme : tout enthousiasme en est banni, en même temps que tout souci d'idéalisation. Sensible au seul rayonnement extérieur des choses, et s'intégrant physiquement au réel qu'il peint, Courbet le laisse s'épanouir sur sa toile dans tout son dépouillement. C'est ainsi que revivent dans leur émouvante vérité les scènes de l'humble vie d'Ornans, sa petite ville natale, et qu'il découvre les charmes de la vraie nature, vivante, de la lumière solaire et du plein air : en ce sens, on peut dire que *les Demoiselles des bords de la Seine* annoncent l'impressionnisme.

Mais Courbet, champion du réalisme, est également le promoteur de toute la peinture individualiste moderne, en se défendant d'être maître ou disciple :

Le titre de réaliste m'a été imposé comme on a imposé aux hommes de 1830 le titre de romantiques. Les titres, en aucun temps, n'ont donné une idée juste des choses ; s'il en était autrement les œuvres seraient superflues.

Sans m'expliquer sur la justesse plus ou moins grande d'une qualification que nul, il faut l'espérer, n'est tenu de bien comprendre, je me bornerai à quelques mots de développement pour couper court aux malentendus.

J'ai étudié en dehors de tout système et sans parti pris, l'art des anciens et l'art des modernes. Je n'ai pas plus voulu imiter les uns que copier les autres ; ma pensée n'a pas été davantage d'arriver au but oiseux de « l'art pour l'art ». Non ! J'ai voulu tout simplement puiser dans l'entière connaissance de la tradition le sentiment raisonné et indépendant de ma propre individualité.

Savoir pour pouvoir, telle fut ma pensée. Etre à même de traduire les mœurs, les idées, l'aspect de mon époque, selon mon appréciation ; être non seulement un peintre, mais encore un homme ; en un mot, faire de l'art vivant, tel est mon but.

Courbet raconté à lui-même et à ses amis.

Dans une lettre à ses « élèves » datée du 25 décembre 1861, où il s'explique sur son rôle auprès d'eux, il leur définit très précisément sa conception de la peinture :

... Les vrais artistes sont ceux qui prennent l'époque juste au point où elle a été amenée par les temps antérieurs. Rétrograder, c'est ne rien faire, c'est agir en pure perte, c'est n'avoir ni compris ni mis à profit l'enseignement du passé. Ainsi s'explique que les écoles archaïques de toutes sortes se réduisent toujours aux plus inutiles complications.

Je tiens aussi que la peinture est un art essentiellement « concret » et ne peut consister que dans la représentation des choses « réelles et existantes ». C'est une langue toute physique, qui se compose pour mots, de tous les objets visibles : un objet « abstrait », non visible, non existant, n'est pas du domaine de la peinture.

L'imagination dans l'art consiste à savoir trouver l'expression la plus complète d'une chose existante, mais jamais à supposer ou à créer cette chose même.

Le beau est dans la nature, et se rencontre dans la réalité des formes les plus diverses. Dès qu'on l'y trouve, il appartient à l'art, ou plutôt à l'artiste qui sait l'y voir. Dès que le beau est réel et visible, il a en lui-même son expression artistique. Mais l'artiste n'a pas le droit d'amplifier cette expression. Il ne peut y toucher qu'en risquant de la dénaturer, et par suite de l'affaiblir. Le beau donné par la nature est supérieur à toutes les conventions de l'artiste.

Le beau, comme la vérité, est une chose relative au temps où l'on vit et à l'individu apte à le concevoir. L'expression du beau est en raison directe de la puissance de perception acquise par l'artiste.

Voilà le fond de mes idées en art. Avec de pareilles idées, concevoir le projet d'ouvrir une école pour y enseigner des principes de convention, ce serait rentrer dans les données incomplètes et banales qui ont jusqu'ici dirigé partout l'art moderne.

Il ne peut pas y avoir d'écoles, il n'y a que des peintres. Les écoles ne servent qu'à rechercher les procédés analytiques de l'art. Aucune école ne saurait conduire isolément à la synthèse. La peinture ne peut sans tomber dans l'abstraction, laisser dominer un côté partiel de l'art, soit le dessin, soit la couleur, soit la composition, soit tout autre des moyens si multiples dont l'ensemble seul constitue cet art.

Je ne puis donc pas avoir la prétention d'ouvrir une école, de former des élèves, d'enseigner telle ou telle tradition partielle de l'art. Je ne puis qu'expliquer à des artistes, qui seraient mes collaborateurs et non mes élèves, la méthode par laquelle, selon moi, on devient peintre, par laquelle j'ai tâché moi-même de le devenir dès mon début, en laissant à chacun l'entière direction de son individualité, la pleine liberté de son expression propre dans l'application de cette méthode. Pour ce but, la formation d'un atelier commun, rappelant les collaborations si fécondes des ateliers de la Renaissance, peut certainement être utile et contribuer à ouvrir la phase de la peinture moderne, et je me prêterai avec empressement à tout ce que vous désirerez de moi pour l'atteindre...

Dans le même esprit de contradiction et avec le même souci d'authenticité, Daumier (1808-1879) transformera les gestes quotidiens de la comédie bourgeoise en caricatures pathétiques et essentiellement picturales, tandis que Millet (1814-1875), plus sentimental que peintre, témoignera dans ses peintures de l'humble vie paysanne d'une certaine foi retrouvée dans l'homme « naturel » et dans la terre.

L'École de Barbizon

L'élan réaliste qui avait poussé Courbet à entrer en contact direct avec la nature amène tout un groupe de peintres à quitter Paris pour respirer l'air libre des environs de la grande ville. L'École de Barbizon, près de la forêt de Fontainebleau, cultive un amour enthousiaste et presque religieux pour la nature. Théodore Rousseau (1812-1867), son chef de file, plus profondément sensible encore que Courbet à la lumière, la fait rayonner à travers les couleurs claires de sa palette. Variée à l'infini, cette lumière nouvelle ensoleille ses toiles comme celles de Diaz et de Daubigny. L'École de Barbizon est une école du paysage ; avec elle, le genre se dépouille de ses mises en scène théâtrales et de toute contamination sentimentale pour devenir une représentation objective du réel, tandis que le peintre sort maintenant de son atelier pour peindre en plein air « sur le motif ». C'est le début de l'immense fortune que le paysage connaîtra jusqu'à la fin du siècle ; c'est aussi le début de la familiarité qui s'établira bientôt entre les peintres « impressionnistes » et l'éclat vivant et brutal de la lumière solaire.

Corot

Dans l'aventure du paysage au cours de ces années qui ont précédé la révolution impressionniste, un homme reste à l'écart de toute lutte d'écoles. Artiste complet, Corot (1796-1875) réalise un parfait équilibre entre les valeurs fondamentales de la peinture, structures et couleurs, en même temps qu'il reste profondément personnel. Dans ses paysages, où l'on sent une prédilection pour les constructions, les ponts et les viaducs, dont l'équilibre des masses fait jouer les contrastes de la lumière et de l'ombre, il recrée ce qu'il voit à travers son émotion immédiate. C'est ainsi qu'avec un sens inné de l'harmonie, il capte la fluidité de l'air ou sa douceur vaporeuse, selon les lieux et les heures, selon qu'il est en Italie ou dans les environs de Paris. C'est lui qui le premier prononça le mot « impression » : « Ne jamais perdre la première impression qui nous a émus », disait-il, et il écrivait sur un album :

... Le beau dans l'art, c'est la vérité baignée dans l'impression que nous avons reçue à l'aspect de la nature. Je suis frappé en voyant un lieu quelconque. Tout en cherchant l'imitation consciencieuse, je ne perds pas un seul instant l'émotion qui m'a saisi. Le réel est une partie de l'art ; le sentiment complète. Sur la nature, cherchez d'abord la forme ; après, les valeurs ou rapports de tons, la couleur et l'exécution ; et le tout soumis au sentiment que vous avez éprouvé. Ce que nous éprouvons est bien réel. Devant tel site, tel objet, nous sommes émus par une certaine grâce élégante. N'abandonnons jamais cela et, en cherchant la vérité et l'exactitude, n'oublions jamais de lui donner cette enveloppe qui nous a frappés. N'importe quel site, quel objet ; soumettons-nous à l'impression première. Si nous avons été réellement touchés, la sincérité de notre émotion passera chez les autres.

La méthode de Corot établit un pont entre la rigueur constructive classique et l'alchimie impressionniste :

Je cherche toujours à voir tout de suite l'effet; je fais comme un enfant qui gonfle une bulle de savon. Elle est toute petite, mais elle est déjà sphérique; puis il gonfle tout doucement jusqu'à ce qu'il ait la crainte qu'elle n'éclate. De même, je travaille dans toutes les parties de mon tableau à la fois, en perfectionnant tout doucement, jusqu'à ce que je trouve l'effet complet.

Je commence toujours par les ombres, et c'est logique; car comme c'est ce qui vous frappe le plus, c'est aussi ce que l'on doit rendre d'abord.

Ce qu'il y a à voir en peinture, ou plutôt ce que je cherche, c'est la forme, l'ensemble, la valeur des tons. La couleur pour moi vient après. C'est comme une personne que l'on accueille. Parce qu'elle sera probe, honnête, sans reproche, on la recevra sans crainte et même avec plaisir.

Si elle a un mauvais caractère, son honnêteté le fera passer. Si maintenant elle a un bon caractère, ce sera un charme de plus dont on profitera; mais ce n'était pas là le point essentiel. C'est pourquoi la couleur, pour moi, vient après : car j'aime avant tout l'ensemble, l'harmonie dans les tons; tandis que la couleur vous donne quelquefois du heurté que je n'aime pas. C'est peut-être l'excès de ce principe qui fait que l'on dit que je fais souvent des tons plombés...

Il y a toujours dans un tableau un point lumineux; mais il doit être unique. Vous pouvez le placer où vous voudrez : dans un nuage, dans la réflexion de l'eau ou dans un bonnet; mais il ne doit y avoir qu'un seul ton de cette valeur.

(Propos rapportés par Mme Aviat.)

Trois individualistes : Manet, Degas, Renoir

A partir de 1858, un phénomène d'éclatement se produit dans la peinture qui sera alors représentée moins par des mouvements collectifs que par des personnalités totalement indépendantes.

Manet (1832-1883) est le premier peintre dont l'œuvre soit entièrement débarrassée de sentimentalisme et de littérature. Avec lui, la peinture acquiert une véritable autonomie et le tableau devient une réalité indépendante. C'est sans doute pour cela qu'il effraya le jury du Salon plus encore que ne l'avaient fait Delacroix et Courbet réunis. Car on eut beau parler « d'offense à la pudeur » et de « réalisme » à l'occasion des deux scandales du *Déjeuner sur l'Herbe* (1863) et de l'*Olympia* (1865), en vérité c'était moins leurs sujets, thèmes classiques en soi, qui déconcertaient que leur « modernité » et la technique nouvelle et insolite dont ils étaient l'expression. L'œil, encore classique, des juges de Manet ne se faisait pas à cette juxtaposition brutale et sans transition de tons vifs et contrastés auxquels il n'était pas habitué. *Le Fifre* (1866), qui fut également refusé, consacre justement cette technique « de carte à jouer », comme disait avec ironie Courbet; influencé comme tant de ses contemporains par l'art japonais, Manet « invente » ici une perspective nouvelle anti-réaliste, réduite finalement à deux dimensions, suggérée non plus par les volumes mais par l'intensité de ton des différents plans colorés et par leur répartition sur la toile. Il n'y a rien de commun entre la nature et cette peinture, entre la lumière naturelle et cette lumière étonnamment vraie obtenue par le jeu des contrastes : un univers proprement pictural est créé.

C'est cet univers que Degas (1834-1917), ennemi des impressionnistes, défendra par un art savant et rythmé, tandis que Renoir (1841-1919), malgré ses thèmes et quelques toiles irradiées de lumière, restera le plus souvent en dehors du groupe de Manet et sera avant tout soucieux de formes. L'originalité de Renoir tient surtout à ce qu'on peut appeler son «dessin» : un dessin original, qui naît de l'organisation des couleurs, des volumes pleins et charnus qu'elles suggèrent. C'est ce modelage de l'intérieur qui donne à ses baigneuses leur plasticité somptueuse et épanouie.

L'aboutissement extrême du réalisme : l'impressionnisme

Héritiers directs de Courbet, des paysagistes anglais et de ceux de Barbizon, de Boudin enfin, ce Normand que Corot appelait « le Roi des Ciels », poussés comme eux et plus qu'eux par une quête de la réalité toujours plus impérieuse, toujours plus précise et bientôt exaspérée, un groupe de peintres, parmi lesquels on peut compter Pissarro, Bazille, Sisley et Monet, lancent à partir de 1858 la grande expérience « impressionniste ». Il s'agit bien là en effet d'un mouvement de recherche expérimentale, amenée en partie sans doute par l'esprit scientifique de l'époque, vers la découverte et la conquête de la lumière et de ses rapports avec les formes et les couleurs. Les « séries » de Monet (1840-1926), ses *Cathédrales de Rouen*, ses vues de Londres et de Venise, qui pourraient bien s'intituler « études », le confirment. D'éclairage plaqué qu'elle était jusque-là, la lumière tend alors de plus en plus à devenir la matière même des paysages. Une étude approfondie des vibrations de l'atmosphère, de leurs métamorphoses sans cesse renouvelées et de leurs impressions sur la rétine de l'œil humain, conduit Monet à la contemplation de l'eau, miroir prismatique du soleil. Il y perçoit l'éclatement moléculaire de la lumière, la dissociation de ses composantes colorées et, enfin, la désagrégation des formes par une illusion qui touche à la magie : tout l'impressionnisme est là et toute sa technique picturale, faite de touches divisées, brèves, vives et complexes, se superposant à la manière d'un contrepoint musical et aboutissant, à travers le chromatisme de leurs couleurs complémentaires, à un éblouissement fluide et rayonnant. Monet sera ainsi amené, au bout de son expérience, à faire une peinture qui, après être partie d'une représentation exacte de la nature, se soustraira finalement à l'emprise de l'espace, pour toucher à une sorte d'irréalisme. Le réalisme impressionniste, poussant jusqu'à ses limites extrêmes l'observation des apparences, les détruit donc et conduit à une certaine abstraction lyrique très proche du symbolisme. La série des *Nymphéas* en est l'ultime expression.

Pissarro (1830-1933) et Sisley (1838-1899) ne seront pas aussi « destructeurs » que Monet. Au scintillement et au mouvement de ses toiles, le premier opposera l'équilibre statique, immobile et calme de ses campagnes et apportera à la ferveur impressionniste un souci de construction classique et une épaisseur humaine qui leur était étrangère. De même, Sisley y apportera la sérénité des ciels de l'Ile-de-France dont la lumière douce et fine est au service d'une réalité qui le touche et l'émeut.

En définitive, l'impressionnisme, en bouleversant la vision du peintre et sa technique, allait permettre toutes les audaces ; la spontanéité de la sensation, en entraînant la spontanéité du langage pictural, lui avait donné la fraîcheur et la liberté de l'esquisse : c'est là une suprême expression de la libération romantique.

MONET RACONTE L'HISTOIRE DU MOT « IMPRESSIONNISTE »

Le paysage n'est qu'une impression instantanée, d'où cette étiquette qu'on nous a donnée, à cause de moi, du reste. J'avais envoyé une chose faite au Havre, de ma fenêtre ; du soleil dans la buée, et, au premier plan, quelques mâts de navires pointant... On me demanda le titre pour le catalogue, ça ne pouvait vraiment pas passer pour une vue du Havre ; je répondis : « Mettez impression. » On en fit impressionnisme et les plaisanteries s'épanouirent.

(Rapporté par M. Guillemot.)

L'esprit analogique et séduisant d'Élie Faure (1873-1937), premier sans doute des « psychologues » de l'art, semble ici commenter la peinture impressionniste, son génie et ses limites :

... La peinture, même parvenue au bord de la musique, ne doit pas plus échapper que la sculpture à la force qui la maintient dans l'orbe d'une logique empruntant sa vigueur à l'exemple des organismes vivants. Elle se disperse et se dissout si tous ses organes ne reconnaissent pas pour centre un squelette continu dont on sent la présence dans les mouvements les plus désordonnés qu'ils se permettent, et qui les ramène toujours par le moyen de l'arabesque en profondeur et en surface, à reconnaître sa secrète domination.

Presque tous les peintres — je parle des vrais — partent des surfaces colorées vers qui leur impulsion sensuelle les attire et sur qui, par malheur, elle les retient le plus souvent. Les plus grands — les plus grands seulement — retournant à l'enchaînement organique des formes en fonction, cherchent leur ossature sous leurs saillies lumineuses, et leur contour sous la dégradation de l'atmosphère et la succession des valeurs.

L'Esprit des Formes.

LA MUSIQUE

Retard de la musique dans l'évolution des arts
En contemplant le vaste panorama des lettres et des arts au XIXe siècle, on est frappé tout d'abord par le retard de la musique sur la littérature et les arts plastiques. Tandis que les trente premières années abondent en chefs-d'œuvre poétiques, que l'originalité de Victor Hugo et de Delacroix fait scandale, le ciel musical reste serein et n'est troublé par aucune innovation et aucune controverse. Le public va à l'Opéra pour applaudir l'aigu d'un ténor ou le contre-ut d'un soprano et faire pour la semaine sa provision de mélodies faciles à retenir et toujours écrites sur des harmonies du XVIIIe siècle. *Le Calife de Bagdad*, de Boieldieu (1801), *Joseph*, de Méhul (1807), *le Barbier de Séville*, de Rossini (1819) connaissent à Paris de francs succès, bien que leurs compositeurs utilisent encore un système musical mis au point par Rameau et par Mozart cinquante ans plus tôt.

En outre, un net décalage entre les goûts d'un public épris de tradition et les conceptions hardies de certains jeunes compositeurs empêche ces derniers de s'exprimer devant un large auditoire. La vie musicale ne coïncide plus avec l'histoire des grandes œuvres de la musique. Ainsi, l'auteur de la *Symphonie fantastique* reste-t-il ignoré de la grande masse des mélomanes, tandis que celle-ci se prosterne successivement devant deux idoles étrangères, Rossini et Meyerbeer. Les critiques musicaux, comme Fétis, Scudo et Castil Blaze, trop pétris du langage conventionnel de la scolastique, sont incapables de déceler la marque du génie. La jeune génération romantique manque d'une éducation musicale suffisante pour découvrir l'originalité authentique. Les héros de Balzac ou de Stendhal se pâment à l'audition de certains passages de *Moïse* ou de *Robert le Diable*. Peut-être cette attitude est-elle imputable à la survivance des idées de Rousseau sur la musique. Avec quelle véhémence l'auteur de *la Nouvelle Héloïse* critiquait-il le génie de Rameau, pour célébrer celui de Pergolèse, et réclamait-il en même temps la primauté de la mélodie sur la symphonie ! Au XIXe siècle, la querelle entre les partisans de la musique française et ceux de la musique italienne n'est pas terminée. Elle va connaître une nouvelle phase avec les trois représentations de *Tannhäuser* à l'Opéra de Paris en 1861.

Un autre trait caractéristique de l'époque est la prédominance de l'opéra et de ses formes dérivées sur les autres genres musicaux. L'art lyrique résume alors, à lui seul, toutes les platitudes et toutes les hardiesses de la vie musicale. Il est à l'origine d'une décadence de la musique, puis de son brillant renouveau, tant dans le domaine de la mélodie que dans celui de la symphonie. Aucun compositeur ne résiste à son pouvoir d'attraction. Son histoire est à la fois riche, variée et ininterrompue. Enfin, du *Calife de Bagdad* à *Pelléas et Mélisande*, en gestation pendant les dernières années du siècle, une progression rapide conduit l'opéra aux réformes téméraires qui annoncent notre XXe siècle musical.

Triomphe de l'Art lyrique
Si paradoxal que cela puisse paraître, la Révolution de 1789 n'avait communiqué aucun renouveau à l'art des sons. Les compositeurs des chants révolutionnaires s'étaient faits sous l'Empire les artisans d'un style mi-gracieux, mi-pompeux, héritiers en droite ligne du style

Louis XV. L'Empereur ne nourrissait d'ailleurs pas un penchant particulier pour la musique et avait même en horreur la musique bruyante. Il fallait toutefois certaines œuvres de circonstance (pour le Sacre par exemple), et surtout beaucoup de musique gracieuse pour divertir la société mondaine, et faire oublier pour un temps les misères inhérentes à l'épopée napoléonienne. Les compositeurs Méhul, Gossec, Catel, Lesueur, se chargent donc d'élaborer cette « musique d'Empire », et laissent au répertoire *Joseph*, *Toinon et Toinette*, *les Bayadères*, *les Bardes*, œuvres agréables et sans outrance, mais désespérément académiques.

Pendant les quarantes années suivantes (de 1820 à 1860 environ), la vie musicale est le monopole de deux étrangers, Parisiens d'adoption, l'Italien Rossini et l'Allemand Meyerbeer.

Le premier s'installe définitivement à Paris en 1823 et devient bientôt le musicien le plus en vue de l'époque de la Restauration. Doué d'une facilité d'écriture peu commune et doublé d'un excellent homme d'affaires, il obtient bientôt la direction du Théâtre Italien. Il y fait admirer le « Bel Canto », où la mélodie souple et facile, agrémentée de fioritures, de vocalises et de points d'orgue, met en valeur la virtuosité et le charme de la voix. Si *le Barbier de Séville* est considéré, à juste titre, comme le chef-d'œuvre du maître italien, son dernier opéra, *Guillaume Tell* (1829), contient des accents romantiques indéniables et n'obtient de ce fait qu'un succès mitigé. En 1830, quelques mois après la « première » de *Guillaume Tell*, Meyerbeer arrive à Paris où il éclipse bientôt son puissant rival. Ancien condisciple de Weber en Allemagne, il conserve du romantisme certains procédés d'orchestration, l'utilisation judicieuse des masses vocales et orchestrales, et le souci des nuances savamment dosées. Il possède surtout, et au plus haut degré, le sens du goût du public et sait s'adjoindre un librettiste habile en la personne de Scribe. Ses opéras sont accueillis avec délire : *Robert le Diable* (1831), *les Huguenots* (1836), *le Prophète* (1849) déploient un romantisme tout extérieur, qui tient beaucoup plus du livret, des jeux de scène, du faste des décors, de l'emphase des interprètes que de la musique proprement dite. Meyerbeer régentera, pour ainsi dire, pendant près de seize années la vie musicale de la France.

Encouragés par cet exemple, de nombreux musiciens français s'essayent avec un certain bonheur dans le genre de l'Opéra-Comique. Auber se rend célèbre par *la Muette de Portici* (1828), *Fra Diavolo* (1830), *le Domino noir* (1837); Halévy (1799-1862) par *la Juive* (1835); Hérold (1791-1833) par *Zampa* (1831) et *le Pré aux Clercs* (1832); Adam par *le Chalet* (1834), *le Postillon de Longjumeau* (1836) et surtout *Giselle* (1841), premier ballet romantique, sur un argument de Théophile Gautier et de Saint-Georges.

Tandis que l'immense talent d'Hector Berlioz (1803-1869) est éclipsé par les succès peu méritoires mais tapageurs de nos scènes lyriques, Wagner arrive à Paris en conquérant dès 1859. Son salon de la rue Newton devient le centre d'une petite coterie d'artistes et de poètes d'avant-garde parmi lesquels Baudelaire et le romancier réaliste Champfleury. Malgré la cabale qui accueille les trois représentations de *Tannhäuser* à l'Opéra en 1861, Wagner détrône Meyerbeer et finit par faire triompher sa conception d'un drame lyrique fondé sur une synthèse de la poésie et de la musique. Mais quoi qu'on dise, cette « fusion des arts » n'est pas l'apanage du compositeur allemand. Il y a longtemps que l'idée est dans l'air. Berlioz a monté *la Damnation de Faust* en 1846 après avoir repris *Huit scènes sur Faust* écrites en 1828. Gounod termine son propre *Faust* en 1859; *Samson et Dalila* de Camille Saint-Saëns sera donné par Liszt à Weimar en 1877.

Une musique « littéraire »   Après l'expérience dite wagnérienne, le langage musical se met au service de diverses écoles littéraires et donne naissance à des œuvres qui, tout en gardant leur originalité propre, se différencient davantage par leur conception dramatique que par leur substance musicale. Reyer, l'auteur de *Sigurd* (1884), anime un courant post-romantique, tandis qu'un réalisme musical s'affirme dans les œuvres d'Alfred Bruneau telles que *l'Attaque du Moulin* ou *le Rêve*, qu'il compose sur un livret de Zola, et dans celles de Gustave Charpentier : *Louise* (1900) est un « roman musical »; mais déjà dans sa *Carmen* (1875), Bizet nous avait livré des pages réalistes et colorées à l'opposé de l'esthétique wagnérienne. Enfin, c'est d'après un texte essentiellement symboliste de Maurice Maeterlinck que Claude Debussy (1862-1918) conçoit son drame lyrique de *Pelléas et Mélisande*, qui provoquera en 1902 un véritable scandale à l'Opéra-Comique. Ce n'est pas le symbolisme du livret que le public attaquera principalement, mais les hardiesses de l'écriture musicale. Pour expliquer celles-ci, il nous faut mettre à jour quelques courants de musique pure qui circulent pendant tout le siècle, bien que recouverts par le flot impétueux et parfois bourbeux d'une production lyrique surabondante.

Quelques écoles ou   Tandis qu'on applaudit un romantisme de convention sur
cénacles musicaux   les scènes parisiennes, Berlioz compose des chefs-d'œuvre qui
     ne seront goûtés que par de rares initiés. Ainsi en est-il de la
Symphonie Fantastique (1830), de la *Symphonie dramatique de Roméo et Juliette* (1839), avec son étincelant scherzo de la Reine Mab, et de la tragédie lyrique des *Troyens* (1855-1858). Théophile Gautier a bien raison de s'écrier au lendemain de la représentation qu'« Hector Berlioz paraît former avec Hugo et Eugène Delacroix la trinité de l'Art Romantique ». En fait, Berlioz fait figure de novateur intrépide, non seulement par son mépris d'une scolastique desséchante, mais aussi par son respect pour l'inspiration et ses découvertes orchestrales; comme on l'a dit très justement, il fut le vrai créateur de l'orchestre moderne : dans une lettre à Liszt (1841), il confesse les affres et les extases du compositeur-chef d'orchestre.

... le public arrive, l'heure sonne; exténué, abîmé de fatigues de corps et d'esprit, le compositeur se présente au pupitre-chef, se soutenant à peine, incertain, éteint, dégoûté jusqu'au moment où les applaudissements de l'auditoire, la verve des exécutants, l'amour qu'il a pour son œuvre le transforment tout à coup en machine électrique, d'où s'élancent invisibles, mais réelles, de foudroyantes irradiations. Et la compensation commence. Ah! c'est alors, j'en conviens, que l'auteur directeur vit d'une vie aux virtuoses inconnue! Avec quelle joie furieuse il s'abandonne au bonheur de « jouer de l'orchestre »! Comme il presse, comme il embrasse, comme il étreint cet immense et fougueux instrument! L'attention multiple lui revient; il a l'œil partout; il indique d'un regard les entrées vocales et instrumentales, en haut, en bas, à droite, à gauche; il jette avec son bras droit de terribles accords qui semblent éclater au loin comme d'harmonieux projectiles : puis il arrête,

dans les points d'orgue, tient ce mouvement qu'il a communiqué; il enchaîne toutes les attentions; il suspend tous les bras, tous les souffles, écoute un instant le silence... et redonne plus ardente carrière au tourbillon qu'il a dompté...

Et dans les grands adagios, est-il heureux de se bercer mollement sur son beau lac d'harmonie! prêtant l'oreille aux cent voix enlacées qui chantent les hymnes d'amour en semblant confier les plaintes du présent, les regrets du passé à la solitude et à la nuit. Alors souvent, mais seulement alors, l'auteur-chef oublie complètement le public; il s'écoute, il se juge; et si l'émotion lui arrive, partagée par les artistes qui l'entourent, il ne tient plus compte des impressions de l'auditoire, trop éloigné de lui. Si son cœur a frissonné au contact de la poétique mélodie, s'il a senti cette ardeur intime qui annonce l'incandescence de l'âme, le but est atteint, le ciel de l'art lui est ouvert, qu'importe la terre!...

Tout autre est le tempérament d'un César Franck (1822-1890). Modeste, sincèrement mystique, travailleur infatigable, ce Liégeois d'origine, organiste de Sainte-Clotilde, s'achemine lentement vers une transformation totale de notre système harmonique. *les Béatitudes* (1869-1879), *Rédemption* (1873-1874), la *Symphonie en ré mineur* (1886-1888), la *Sonate en la pour violon et piano* (1886), le *Quintette en fa mineur* (1878-1879), le lumineux *Quatuor à cordes en ré majeur* (1886-1888), les *Trois chorals d'orgue* (1890) sont des chefs-d'œuvre de première grandeur. Titulaire de la classe d'orgue du Conservatoire, « le Père Franck » voit bientôt venir à lui un groupe de jeunes compositeurs qu'on surnomma « la bande à Franck », et parmi les quels il faut citer Chausson, Guillaume Lekeu, Vincent d'Indy et Henri Duparc (1843-1933), le véritable rénovateur de la mélodie française, le génial compositeur de *l'Invitation au Voyage*, sur un poème de Baudelaire.

Gabriel Fauré (1845-1924) fait école lui aussi. Poussant plus avant les hardiesses franckistes, il invente un système harmonique personnel et remet à l'honneur les vieux modes grecs et grégoriens. Une sensibilité pleine de retenue le pousse vers les genres les plus intimes qui se prêtent à la confidence : la mélodie, la musique pour piano, la musique de chambre. Son *Clair de Lune*, sur un poème de Verlaine, est un véritable « pastel musical » tout en finesse. Son *Requiem* (1887-1888) est une page « religieuse » et sensible, pénétrée de vrai recueillement.

Mais dans quel groupe classer Léo Delibes, Chabrier, Lalo, Gabriel Pierné, Paul Dukas, ou encore Bizet, auteur de la délicate *Symphonie en ut*, et Saint-Saëns, créateur d'une majestueuse symphonie avec orgue? Il semble que ces musiciens aient en commun ce besoin d'un renouveau de l'École française et qu'ils préparent le chemin à ces deux grands génies du XXᵉ siècle que sont Claude Debussy (1862-1918) et Maurice Ravel (1875-1937).

Le bilan du XIXᵉ siècle est déjà une révolution; il suffit, pour s'en convaincre, de comparer l'ouverture du *Calife de Bagdad* (1800) au *Prélude à l'après-midi d'un faune* de Debussy (1854); tout a changé : la forme, le système tonal, la mélodie, l'harmonie, l'orchestration; le bon usage d'antan est devenu à la fin du siècle une atteinte au bon goût.

LES LETTRES

GENÈSE ET ÉPANOUISSEMENT DU ROMANTISME (1800-1851)

Après quinze années de transition, où des œuvres philosophiques, proches de l'esprit du XVIIIᵉ siècle, coexistent avec les créations préromantiques de Chateaubriand, riches en émotions et en idées nouvelles, nous assistons à l'épanouissement lyrique des grands poètes romantiques : Lamartine, Musset, Hugo, Vigny.

Les romanciers contemporains Balzac et Stendhal accordent une égale attention aux sentiments et aux passions de leurs personnages, tout en se préoccupant de l'exactitude des descriptions et de la vérité des circonstances.

CHATEAUBRIAND

Sa vie Né à Saint-Malo le 4 septembre 1768, François-Auguste-René de Chateaubriand y restera jusqu'à l'âge de neuf ans. En 1777, la famille s'installe au château de Combourg où l'enfant, devenu adolescent, passera plusieurs années d'ennui et de rêveries.

En 1791, il s'embarque pour l'Amérique, visite la région des Grands Lacs, et, peut-être, l'Ohio et le Mississipi; il est de retour en France en janvier 1792. Mais il n'y reste pas longtemps et part pour l'Angleterre, où il publie en 1797 *l'Essai sur les révolutions*. De libertin qu'il était devenu, il revient à la foi catholique après avoir appris la mort de sa mère et de sa sœur.

Rentré en France en 1800, il publie, avec l'approbation de Bonaparte, premier consul, *Atala*, puis *le Génie du Christianisme* et *René* qui en fait partie. Il est bientôt secrétaire d'ambassade à Rome, mais démissionne en apprenant l'exécution du duc d'Enghien (1) et effectue de 1806 à 1807 un long voyage en Orient.

A son retour, il mène une vie politique mouvementée et, devenu ensuite ministre des Affaires étrangères, il joue un rôle important dans la déclaration de la guerre à l'Espagne pour le rétablissement de Ferdinand VII. Après avoir servi successivement Louis XVIII et Charles X, il se retire de la politique et se consacre à des travaux littéraires et aux *Mémoires d'outre-tombe* qui lui permettent de retrouver toutes les péripéties de sa vie variée et aventureuse.

Il meurt en 1848 et, selon son vœu, est enterré face à la mer, sur le rocher du Grand Bé, à Saint-Malo.

L'originalité de son génie

Inventeur du vague des passions et subtil interprète des mélancolies de l'adolescence, conteur plaisant, mystérieux, ému, toujours captivant, et peintre extasié de paysages grandioses, témoin attentif des vicissitudes dramatiques d'un demi-siècle de l'histoire de la France et du monde, Chateaubriand a tenu une place de premier plan dans la littérature du XIXe siècle et on comprend aisément la déclaration ambitieuse du jeune Victor Hugo : « Je veux être Chateaubriand ou rien. »

René est en grande partie une autobiographie romancée. En effet, le héros, ce jeune homme rêveur, à l'âme inquiète, et dont la sensibilité a été avivée par les circonstances et les événements d'une vie douloureuse, ressemble beaucoup à Chateaubriand. Ce « beau ténébreux (2) », en proie au vague des passions, qui se complaît dans son ennui et sa solitude, préfigure déjà le héros romantique.

RÊVERIES DE RENÉ

On aurait tort de considérer comme démodés les sentiments de René : s'il est vrai que le désir d'évasion vers des régions inconnues était devenu un thème privilégié pour les romantiques des années 20 à 40, il faut reconnaître que nul n'a su mieux que Chateaubriand rattacher la mélancolie de l'adolescence aux incertitudes de l'automne. Au moyen de symboles émouvants : la feuille séchée, l'étang désert, les oiseaux de passage, la saison de la migration, il traduit avec une magie infiniment suggestive l'exaltation fiévreuse des jeunes années.

L'automne me surprit au milieu de ces incertitudes : j'entrai avec ravissement dans les mois des tempêtes. Tantôt j'aurais voulu être un de ces guerriers errant au milieu des vents, des nuages et des fantômes; tantôt j'enviais jusqu'au sort du pâtre que je voyais réchauffer ses mains à l'humble feu de broussailles qu'il avait allumé au coin d'un bois. J'écoutais ces chants mélancoliques, qui me rappelaient que dans tout pays, le chant naturel de l'homme est triste, lors même qu'il exprime le bonheur. Notre cœur est un instrument incomplet, une lyre où il manque

---

(1) Ce dernier, descendant des Bourbon-Condé, avait été enlevé puis fusillé par ordre de Bonaparte, après le complot royaliste qui venait d'être organisé contre lui, pour que son cas servît d'exemple.
(2) L'expression est de Sainte-Beuve (1804-1869).

des cordes, et où nous sommes forcés de rendre les accents de la joie sur le ton consacré aux soupirs.

Le jour je m'égarais sur de grandes bruyères terminées par des forêts. Qu'il fallait peu de chose à ma rêverie : une feuille séchée que le vent chassait devant moi, une cabane dont la fumée s'élevait dans la cime dépouillée des arbres, la mousse qui tremblait au souffle du nord sur le tronc d'un chêne, une roche écartée, un étang désert où le jonc flétri murmurait ! Le clocher du hameau, s'élevant au loin dans la vallée, a souvent attiré mes regards ; souvent j'ai suivi des yeux les oiseaux de passage qui volaient au-dessus de ma tête. Je me figurais les bords ignorés, les climats lointains où ils se rendent ; j'aurais voulu être sur leurs ailes. Un secret instinct me tourmentait ; je sentais que je n'étais moi-même qu'un voyageur ; mais une voix du ciel semblait me dire : « Homme, la saison de ta migration n'est pas encore venue ; attends que le vent de la mort se lève, alors tu déploieras ton vol vers ces régions inconnues que ton cœur demande. »

Levez-vous vite, orages désirés, qui devez emporter René dans les espaces d'une autre vie ! Ainsi disant, je marchais à grands pas, le visage enflammé, le vent sifflant dans ma chevelure, ne sentant ni pluie ni frimas (1), enchanté, tourmenté, et comme possédé par le démon de mon cœur.

La nuit, lorsque l'aquilon (2) ébranlait ma chaumière, que les pluies tombaient en torrent sur mon toit, qu'à travers ma fenêtre, je voyais la lune sillonner les nuages amoncelés, comme un pâle vaisseau qui laboure les vagues, il me semblait que la vie redoublait au fond de mon cœur, que j'aurais eu la puissance de créer des mondes.

SOIRÉES D'AUTOMNE ET D'HIVER A COMBOURG

Cette page, où se mêle étrangement au sentiment de la solitude au milieu de la famille, et aux fantasmes d'une imagination exaltée, l'exacte notation d'objets caractéristiques et quotidiens, est un bon exemple de l'art de Chateaubriand : la scène vécue y devient un drame mystérieux, le souvenir passé y prend les dimensions de l'histoire, de la légende, d'une épopée de temps révolus et poétiques.

A huit heures, la cloche annonçait le souper. Après le souper, dans les beaux jours, on s'asseyait sur le perron. Mon père, armé de son fusil, tirait des chouettes qui sortaient à l'entrée de la nuit. Ma mère, Lucile et moi, nous regardions le ciel, les bois, les derniers rayons du soleil, les premières étoiles. A dix heures on rentrait et l'on se couchait.

Les soirées d'automne et d'hiver étaient d'une autre nature. Le souper fini et les quatre convives revenus de la table à la cheminée, ma mère se jetait, en soupirant, sur un vieux lit de jour de siamoise (3) flambée ; on mettait devant elle un guéridon (4) avec une bougie. Je m'asseyais auprès du feu avec Lucile ; les domestiques enlevaient le couvert et se retiraient. Mon père commençait alors une promenade, qui ne cessait qu'à l'heure de son coucher. Il était vêtu d'une robe de ratine (5) blanche, ou plutôt d'une espèce de manteau que je n'ai vu qu'à lui. Sa tête, demi-chauve, était couverte d'un grand bonnet blanc qui se tenait tout droit. Lorsqu'en se promenant il s'éloignait du foyer, la vaste salle était si peu éclairée par une seule bougie qu'on ne le voyait plus ; on l'entendait seulement encore marcher dans les ténèbres : puis il revenait lentement vers la lumière et émergeait peu à peu de l'obscurité comme un spectre, avec sa robe blanche, son bonnet blanc, sa figure longue et pâle. Lucile et moi, nous échangions quelques mots à voix basse quand il était à l'autre bout de la salle ; nous nous taisions quand il se rapprochait de nous. Il nous disait, en passant : « De quoi parliez-vous ? » Saisis de terreur, nous ne répondions rien ; il continuait sa marche. Le reste de la soirée, l'oreille n'était plus frappée que du bruit mesuré de ses pas, des soupirs de ma mère et du murmure du vent.

Dix heures sonnaient à l'horloge du château : mon père s'arrêtait ; le même ressort, qui avait soulevé le marteau de l'horloge, semblait avoir suspendu ses pas. Il tirait sa montre, la montait, prenait un grand flambeau d'argent surmonté d'une grande bougie, entrait un moment dans la petite tour de l'ouest, puis revenait, son flambeau à la main, et s'avançait vers sa chambre à coucher, dépendante de la petite tour de l'est. Lucile et moi, nous nous tenions sur son passage ; nous l'embrassions, en lui souhaitant une bonne nuit. Il penchait vers nous sa joue sèche et creuse sans nous répondre, continuait sa route et se retirait au fond de la tour, dont nous entendions les portes se refermer sur lui.

Mémoires d'Outre-Tombe, I, III.

---

(1) Brouillard épais et froid qui se congèle en tombant. — (2) Vent du Nord. — (3) Etoffe de coton. — (4) Petite table à un seul pied. — (5) Etoffe de laine.

LA POÉSIE ROMANTIQUE

LAMARTINE

Sa vie   Alphonse de Lamartine, né à Mâcon le 10 octobre 1790, grandit à la campagne, dans la propriété familiale de Milly. Après des études chez les jésuites de Belley, il mène pendant quelques années une vie oisive, consacrée à lire et à voyager.

En 1816, il rencontre à Aix-les-Bains une jeune femme malade, Julie Charles, pour qui il éprouve une vive passion. Elle meurt en décembre 1817. L'amour et la douleur lui inspirent *les Méditations*, poèmes qui paraissent en 1820 et dont le succès est prodigieux.

Marié la même année à une jeune Anglaise, Lamartine entre dans la carrière diplomatique, sans cesser d'écrire des vers; il publie tour à tour *Nouvelles Méditations* (1823) et *Harmonies poétiques et religieuses* (1830).

Cependant, attiré par les idées libérales, il consacre bientôt à la politique la plus grande partie de son temps et sera député de 1833 à 1851. Il se fait remarquer à la Chambre par des dons d'orateur exceptionnels (1) et un sens aigu des réalités. Ses écrits reflètent son idéal généreux, comme en témoignent *Jocelyn* (1836), *la Chute d'un ange* (1838) et *les Recueillements* (1839). Alors qu'il avait joué un rôle de premier plan dans le gouvernement provisoire, la faveur populaire l'abandonne après la Révolution de 1848, et le coup d'État du 2 décembre 1851 voit la fin de sa carrière politique

Les vingt dernières années de Lamartine s'écoulent dans les difficultés financières. Sa prodigalité et des spéculations agricoles malheureuses ont endetté le poète, qui doit s'employer à des « travaux littéraires forcés » : il écrit des romans où il idéalise sa vie (*Graziella*, *Raphaël*), des ouvrages historiques, et un *Cours familier de Littérature*. Soigné par sa nièce Valentine de Cessiat, il meurt paisiblement le 28 février 1869.

Sa poésie   Lamartine affectait un certain dédain pour le travail poétique : « Le bon public croit que j'ai passé trente années de ma vie à aligner des rimes et à contempler les étoiles; je n'y ai pas employé trente mois, et la poésie n'a été pour moi que ce qu'est la prière, le plus beau et le plus intense des actes de la pensée, mais le plus court et celui qui dérobe le moins de temps au travail du jour. La poésie, c'est le chant intérieur. » Il est resté le poète de l'âme. Pour exprimer « les plus intimes et les plus insaisissables nuances du sentiment », il a su trouver une fluidité et des harmonies qui le feront saluer par les symbolistes comme étant : « mieux qu'un poète, la poésie pure ».

LE LAC

Après leur première rencontre, le poète et Julie Charles s'étaient donné rendez-vous pour l'été suivant, au bord de ce même lac du Bourget. Le poète l'attendait; trop malade, elle ne put venir le rejoindre. Seul dans ces lieux où ils ont été heureux ensemble, Lamartine exprime les sentiments qui l'envahissent, dans une « méditation » célèbre dès sa parution. Les contemporains surent déceler, à côté d'un certain nombre de rémi-

---

(1) Son discours de 1843, resté célèbre, fera maintenir le drapeau tricolore, malgré les délégations venues imposer le drapeau rouge.

niscences littéraires, une sincérité d'un ton très neuf. Écartant tout rappel trop précis d'une aventure personnelle, Lamartine atteignait d'emblée une vérité universelle : à la brièveté de la vie de l'homme s'oppose l'éternité de la nature; c'est donc seulement grâce au souvenir qu'en garde la nature que l'amour humain échappe à l'action destructrice du temps (1).

Ainsi, toujours poussés vers de nouveaux
                            rivages,
Dans la nuit éternelle emportés sans retour,
Ne pourrons-nous jamais sur l'océan des âges
    Jeter l'ancre un seul jour?

O lac! l'année à peine a fini sa carrière,
Et près des flots chéris qu'elle devait revoir,
Regarde! je viens seul m'asseoir sur cette pierre
    Où tu la vis s'asseoir!

Tu mugissais ainsi sous ces roches profondes;
Ainsi tu te brisais sur leurs flancs déchirés;
Ainsi le vent jetait l'écume de tes ondes
    Sur ses pieds adorés.

Un soir, t'en souvient-il? nous voguions en
                            silence;
On n'entendait au loin, sur l'onde et sous les
                            cieux,
Que le bruit des rameurs qui frappaient en
                          cadence
    Tes flots harmonieux.

Tout à coup des accents inconnus à la terre
Du rivage charmé (2) frappèrent les échos;
Le flot fut attentif, et la voix qui m'est chère
    Laissa tomber ces mots :

« O temps, suspends ton vol! et vous, heures
                         propices,
    Suspendez votre cours!
Laissez-nous savourer les rapides délices
    Des plus beaux de nos jours!

« Assez de malheureux ici-bas vous implorent :
    Coulez, coulez pour eux;
Prenez avec leurs jours les soins (3) qui les
                         dévorent;
    Oubliez les heureux.

« Mais je demande en vain quelques moments
                         encore,
    Le temps m'échappe et fuit;
Je dis à cette nuit : « Sois plus lente »; et
                        l'aurore
    Va dissiper la nuit.

« Aimons donc, aimons donc! de l'heure
                        fugitive,
    Hâtons-nous, jouissons!

L'homme n'a point de port, le temps n'a point
                        de rive;
    Il coule, et nous passons! »

Temps jaloux, se peut-il que ces moments
                       d'ivresse,
Où l'amour à longs flots nous verse le bonheur,
S'envolent loin de nous de la même vitesse
    Que les jours de malheur?

Hé quoi! n'en pourrons-nous fixer au moins
                       la trace?
Quoi! passés pour jamais? Quoi! tout entiers
                       perdus?
Ce temps qui les donna, ce temps qui les efface,
    Ne nous les rendra plus?

Éternité, néant, passé, sombres abîmes,
Que faites-vous des jours que vous engloutissez?
Parlez : nous rendrez-nous ces extases sublimes
    Que vous nous ravissez?

O lac! rochers muets! grottes! forêt obscure!
Vous que le temps épargne ou qu'il peut
                       rajeunir,
Gardez de cette nuit, gardez, belle nature,
    Au moins le souvenir!

Qu'il soit dans ton repos, qu'il soit dans tes
                       orages,
Beau lac, et dans l'aspect de tes riants coteaux,
Et dans ces noirs sapins, et dans ces rocs
                       sauvages
    Qui pendent sur tes eaux!

Qu'il soit dans le zéphyr qui frémit et qui passe,
Dans les bruits de tes bords par tes bords
                       répétés,
Dans l'astre au front d'argent qui blanchit ta
                       surface
    De ses molles clartés!

Que le vent qui gémit, le roseau qui soupire,
Que les parfums légers de ton air embaumé,
Que tout ce qu'on entend, l'on voit ou l'on
                       respire,
    Tout dise : « Ils ont aimé! »

Méditations poétiques, XIV.

_____

(1) Voir J.-J. Rousseau, p. 265. — (2) Sens étymologique : sous leur emprise magique. — (3) Sens ancien et fort : soucis, préoccupations.

ODE SUR LES RÉVOLUTIONS

Écrite en 1831, cette ode qui fait partie des *Harmonies poétiques et religieuses*, illustre la volonté de Lamartine de faire servir la poésie à l'expression des idées politiques. Dans cette marche irrésistible vers le progrès qui emporte le genre humain, les Révolutions constituent des étapes inévitables. Ce mouvement est voulu par Dieu, et un jour la démocratie permettra de réaliser la fraternité évangélique.

De cette ode de 320 vers, nous ne citons qu'une partie de la fin.

Enfants de six mille ans (1) qu'un peu de bruit
          étonne,
Ne vous troublez donc pas d'un mot nouveau
          qui tonne,
D'un empire éboulé, d'un siècle qui s'en va !
Que vous font ces débris qui jonchent la
          carrière?
Regardez en avant et non pas en arrière :
     Le courant roule à Jéhovah !

Que dans vos cœurs étroits vos espérances
          vagues
Ne croulent pas sans cesse avec toutes les
          vagues :
Ces flots vous porteront, hommes de peu de foi !
Qu'importent bruit et vent, poussière et
          décadence,

Pourvu qu'au-dessus d'eux la haute Providence
     Déroule l'éternelle loi !

Vos siècles page à page épellent l'Évangile :
Vous n'y lisiez qu'un mot et vous en lirez mille;
Vos enfants plus hardis y liront plus avant !
Ce livre est comme ceux des sibylles (2) antiques
Dont l'augure trouvait les feuilles prophétiques
     Siècle à siècle arrachées au vent.

Dans la foudre et l'éclair votre Verbe aussi vole :
Montez à sa lueur, courez à sa parole,
Attendez sans effroi l'heure lente à venir,
Vous, enfants de celui qui, l'annonçant
          d'avance,
Du sommet d'une croix vit briller l'espérance
     Sur l'horizon de l'avenir.

VIGNY

Sa vie   Alfred de Vigny, né à Loches en 1797, fut élevé entre une mère sévère et un père vieillissant, ancien officier qui développa en son fils le sens de l'honneur et le regret de l'ancienne noblesse. Attiré par la carrière militaire, où il débute en 1814, il ne connaîtra guère que la monotonie et l'ennui de la vie de garnison. Pour tromper son oisiveté, il écrit des vers, publie en 1822 un recueil intitulé *Poèmes* et en 1824 *Éloa*.

Après son mariage avec une jeune Anglaise (1825), il quitte l'armée et s'installe à Paris. Lié avec Victor Hugo, il fréquente les milieux littéraires romantiques, fait paraître en 1826 les *Poèmes antiques et modernes*, ainsi que *Cinq-Mars*, un roman historique.

La Révolution de 1830 l'incline à la pitié pour les misères humaines. Il célèbre le poète incompris dans un roman : *Stello* (1832) et dans un drame : *Chatterton* (1835). Il chante le soldat, « cet autre paria moderne », dans *Servitude et grandeur militaires* (1835).

Après la mort de sa mère (fin 1837) et la rupture de sa liaison avec la comédienne Marie Dorval, il s'enferme dans son manoir du Maine-Giraud en Charente. Il mène dès lors une vie très retirée; c'est l'époque des grands poèmes : *La Mort du Loup* (1838), *la Colère de Samson* (1839), *le Mont des Oliviers* (1839), *la Sauvage* (1842), *la Maison du Berger* (1844), *la Bouteille à la mer* (1847).

Ses dernières années se passent à soigner sa femme devenue impotente. *L'Esprit pur* (mars 1863) est comme le testament spirituel du poète, qui meurt quelques mois plus tard. Il laissait des œuvres inédites : le poème *les Destinées*, écrit en 1849, le roman *Daphné*, et un ensemble de notes qui seront réunies sous le titre *Journal d'un Poète*.

---

(1) Age de l'humanité selon la Bible. — (2) Prophétesses qui rendaient les oracles.

Un poète philosophe   L'œuvre de Vigny est celle d'un philosophe et d'un poète. Le monde est mené par des forces qui écrasent l'homme : de ce pessimisme métaphysique, exprimé dès 1823, Vigny ne guérira jamais. Mais à partir de 1840, il lui oppose un optimisme social : les hommes, par leur travail et leur esprit d'entraide, peuvent rendre la vie sur terre supportable. Un jour, triomphera « l'esprit pur ». L'œuvre s'achève sur cette confiance. Poète, Vigny l'est surtout par la richesse exceptionnelle de ses images et la beauté de ses symboles.

LA MORT DU LOUP

Le cadre de cette chasse nocturne au loup est le Maine-Giraud. Vigny emprunte tous les éléments de sa description à la réalité. Le loup symbolise ici le silence stoïque devant la mort ; mais la pensée est plus complexe et c'est la valeur de la solitude, mais aussi la nécessité du devoir social que le poète veut également affirmer.

I

Les nuages couraient sur la lune enflammée
Comme sur l'incendie on voit fuir la fumée,
Et les bois étaient noirs jusques à l'horizon.
Nous marchions, sans parler, dans l'humide
                                        gazon,
Dans la bruyère épaisse et dans les hautes
                                  brandes (1),
Lorsque, sous des sapins pareils à ceux des
                                       Landes,
Nous avons aperçu les grands ongles marqués
Par les loups voyageurs que nous avions
                                      traqués (2).
Nous avons écouté, retenant notre haleine
Et le pas suspendu. — Ni les bois ni la plaine
Ne poussaient un soupir dans les airs ; seulement
La girouette en deuil criait au firmament ;
Car le vent, élevé bien au-dessus des terres,
N'effleurait de ses pieds que les tours solitaires,
Et les chênes d'en bas, contre les rocs penchés,
Sur leurs coudes semblaient endormis et
                                        couchés.
Rien ne bruissait donc, lorsque, baissant la tête,
Le plus vieux des chasseurs qui s'étaient mis
                               en quête (3)
A regardé le sable en s'y couchant ; bientôt
Lui que jamais ici l'on ne vit en défaut,
A déclaré tout bas que ces marques récentes
Annonçaient la démarche et les griffes puissantes
De deux grands loups-cerviers (4) et de deux
                                    louveteaux.
Nous avons tous alors préparé nos couteaux,
Et, cachant nos fusils et leurs lueurs trop
                                     blanches,
Nous allions, pas à pas, en écartant les branches.
Trois s'arrêtent, et moi, cherchant ce qu'ils
                                      voyaient,
J'aperçois tout à coup deux yeux qui
                                  flamboyaient,

Et je vois tout à coup quatre formes légères
Qui dansaient sous la lune au milieu des
                                      bruyères,
Comme font, chaque jour, à grand bruit sous
                                     nos yeux,
Quand le maître revient, les lévriers joyeux.
Leur forme était semblable et semblable la
                                       danse ;
Mais les enfants du Loup se jouaient en silence,
Sachant bien qu'à deux pas, ne dormant qu'à
                                        demi,
Se couche dans ses murs l'homme, leur ennemi.
Le père était debout, et plus loin, contre un
                                       arbre,
Sa louve reposait, comme celle de marbre
Qu'adoraient les Romains, et dont les flancs
                                       velus
Couvaient les demi-dieux Rémus et
                               Romulus (5).
Le Loup vient et s'assied, les deux jambes
                                   dressées,
Par leurs ongles crochus dans le sable
                                  enfoncées.
Il s'est jugé perdu, puisqu'il était surpris,
Sa retraite coupée et tous ses chemins pris,
Alors il a saisi, dans sa gueule brûlante,
Du chien le plus hardi la gorge pantelante,
Et n'a pas desserré ses mâchoires de fer,
Malgré nos coups de feu qui traversaient sa
                                        chair,
Et nos couteaux aigus qui, comme des tenailles,
Se croisaient en plongeant dans ses larges
                                     entrailles,
Jusqu'au dernier moment où le chien étranglé,
Mort longtemps avant lui, sous ses pieds a roulé.
Le Loup le quitte alors et puis il nous regarde.
Les couteaux lui restaient au flanc jusqu'à la
                                       garde,
Le clouaient au gazon tout baigné dans son sang ;
Nos fusils l'entouraient en sinistre croissant.

(1) Bruyère sèche des terrains pauvres. — (2) Poursuivis. — (3) Qui cherchaient la piste. — (4) Races de loups particulièrement féroces. — (5) Rémus et Romulus qui furent, selon la légende, allaités par une louve.

Il nous regarde encore, ensuite il se recouche,
Tout en léchant le sang répandu sur sa bouche,
Et, sans daigner savoir comment il a péri
Refermant ses grands yeux, meurt sans jeter
                                          un cri.

II

J'ai reposé mon front sur mon fusil sans poudre,
Me prenant à penser, et n'ai pu me résoudre
A poursuivre sa Louve et ses fils, qui tous trois
Avaient voulu l'attendre, et, comme je le crois,
Sans ses deux louveteaux, la belle et sombre
                                          veuve
Ne l'eût pas laissé seul subir la grande épreuve;
Mais son devoir était de les sauver, afin
De pouvoir leur apprendre à bien souffrir la
                                          faim,
A ne jamais entrer dans le pacte des villes
Que l'homme a fait avec les animaux serviles
Qui chassent devant lui, pour avoir le coucher,
Les premiers possesseurs du bois et du rocher.

III

Hélas! ai-je pensé, malgré ce grand nom
                                    d'Hommes,
Que j'ai honte de nous, débiles que nous sommes!
Comment on doit quitter la vie et tous ses maux,
C'est vous qui le savez, sublimes animaux!
A voir ce que l'on fut sur terre et ce qu'on laisse,
Seul le silence est grand; tout le reste est
                                    faiblesse.
— Ah! je t'ai bien compris, sauvage voyageur,
Et ton dernier regard m'est allé jusqu'au cœur.
Il disait : « Si tu peux, fais que ton âme arrive,
A force de rester studieuse (1) et pensive,
Jusqu'à ce haut degré de stoïque fierté
Où, naissant dans les bois, j'ai tout d'abord
                                          monté.
Gémir, pleurer, prier, est également lâche.
Fais énergiquement ta longue et lourde tâche
Dans la voie où le sort a voulu t'appeler,
Puis, après, comme moi, souffre et meurs sans
                                          parler. »

HUGO

Sa vie   « Ce siècle avait deux ans », quand Victor Hugo naquit à Besançon, où son
            père, officier d'infanterie, était en garnison. Mme Hugo vient ensuite à
Paris avec ses enfants et le poète a gardé un souvenir ému de ces jours heureux passés
de 1809 à 1813, avec sa mère et ses frères, de leurs jeux dans le jardin de l'ancien couvent
des Feuillantines.

Dès ses premiers vers (1817), Hugo connaît la gloire. Après les *Odes* (1822), il s'essaye
au roman avec *Han d'Islande* (1823) et commence à fréquenter les milieux littéraires.
La préface de sa pièce *Cromwell* (1827) réclame la liberté de l'art. Les *Odes et Ballades*
(1828) et les *Orientales* (1829) montrent un sens du pittoresque et une virtuosité remarquables.

La bataille à laquelle donnent lieu les premières représentations d'*Hernani* (1830)
fait triompher les « Jeune-France » (2) sur les partisans des classiques. Hugo est reconnu
comme le chef de la nouvelle école.

Jusqu'en 1840, sa réputation ne fera que s'affirmer. Quatre recueils lyriques, *les
Feuilles d'automne* (1831), *les Chants du crépuscule* (1835), *les Voix intérieures* (1837)
et *les Rayons et les ombres* (1840) révèlent l'élargissement des préoccupations du
poète. Un roman, *Notre-Dame de Paris* (1831) et des succès au théâtre avec *Ruy Blas*
(1838) lui conquièrent un large public.

L'année 1843 est pour lui une année sombre : le 4 septembre, Léopoldine, sa fille aînée,
mariée depuis quelques mois se noie avec son mari près de Rouen, au cours d'une promenade en barque. Pendant dix ans, Hugo ne publie rien. Il semble se détourner de
la littérature, songe à faire une carrière politique, défend les idées libérales. Le coup
d'État du 2 décembre 1852 et l'arrivée au pouvoir de Louis-Napoléon Bonaparte
ruinent tous ses espoirs et l'obligent à s'exiler.

Il ne rentrera en France que dix-huit ans plus tard, en 1870, après la chute de l'Empire.
C'est à Jersey, puis à Guernesey qu'Hugo connaîtra sa plus grande activité littéraire.

---

(1) Appliquée. — (2) Groupe de jeunes étudiants et d'artistes, parmi lesquels les poètes Gérard
de Nerval et Théophile Gautier, qui constituait la phalange combative du mouvement romantique.

Paraissent en 1853 *les Châtiments*, violente satire qui dénonce les crimes de « Napo-léon le petit »; en 1856, un grand recueil lyrique, *les Contemplations* : « C'est l'existence humaine sortant de l'énigme du berceau et aboutissant à l'énigme du cercueil »; en 1859, un recueil épique, *la Légende des siècles* (1re partie); *les Misérables* (1862), *les Travailleurs de la mer* (1866) et *l'Homme qui rit* (1869) sont trois romans qui affirmeront la sollicitude de Hugo pour les humbles. Sur son rocher battu par les tempêtes, le poète fait figure de penseur et de mage; l'exilé devient le symbole de la liberté proscrite : il est la voix de la justice. A son retour, le peuple de Paris l'acclame avec enthousiasme.

Il a désormais un visage de grand-père à barbe blanche. Robuste et vigoureux, il ne renonce pas dans sa vieillesse au travail littéraire; il publie en 1872 et 1883 la deuxième et troisième série de *la Légende des siècles*. Sa mort, en 1885, est un deuil national. Il est enterré au Panthéon (1).

Le poète   Nul poète n'a eu, plus que Victor Hugo, le sens du mot et de la magie verbale. Cette langue sonore et colorée, orchestrée par un rythme puissant, le poète l'a mise au service de tous les grands sentiments, les plus délicats et les plus tumultueux. Il a chanté les humbles joies et les délicatesses de l'amour, mais aussi la haine et la colère; il a traduit en visions grandioses son attirance et son effroi devant l'invisible. Enthousiasmé pour tout ce qui touchait au passé de son pays, il a essayé de faire revivre les époques révolues et ranimé le souffle de l'épopée. Il s'est fait justi-cier, en dénonçant l'injustice sociale. Les hommes les plus humbles se sont reconnus dans ses vers. Aucun poète français n'est plus populaire.

O SOUVENIR! PRINTEMPS! AURORE!...

Le quatrième livre des *Contemplations*, intitulé *Pauca meae*, contient dix-sept poèmes écrits en souvenir de Léopoldine. Les uns expriment les sentiments du père, l'abat-tement, le désespoir, ou la résignation *(A Villequier)*; les autres, comme celui-ci, évoquent l'enfant ou la jeune fille. La simplicité du ton, la discrétion de l'émotion et l'absence de mièvrerie rendent l'évocation particulièrement attachante.

O souvenirs! printemps! aurore!
Doux rayon triste et réchauffant!
— Lorsqu'elle était petite encore,
Que sa sœur était tout enfant... —

Connaissez-vous, sur la colline
Qui joint Montlignon à Saint-Leu,
Une terrasse qui s'incline
Entre un bois sombre et le ciel bleu? (2)

C'est là que nous vivions. — Pénètre,
Mon cœur, dans ce passé charmant! —
Je l'entendais sous ma fenêtre
Jouer le matin doucement.

Elle courait dans la rosée,
Sans bruit, de peur de m'éveiller;
Moi, je n'ouvrais pas ma croisée,
De peur de la faire envoler.

Ses frères riaient... — Aube pure!
Tout chantait sous ces frais berceaux,
Ma famille avec la nature,
Mes enfants avec les oiseaux!

Je toussais, on devenait brave;
Elle montait à petits pas.
Et me disait d'un air très grave :
J'ai laissé les enfnts en bas.

Qu'elle fût bien ou mal coiffée,
Que mon cœur fût triste ou joyeux,
Je l'admirais. C'était ma fée,
Et le doux astre de mes yeux!

Nous jouions toute la journée.
O jeux charmants! chers entretiens!
Le soir, comme elle était l'aînée,
Elle me disait : « Père, viens!

(1) Église de Paris, transformée par l'Assemblée constituante en un temple, pour abriter les cendres des grands hommes. — (2) C'est très exactement la situation du domaine de La Terrasse, dans la vallée d'Enghien, près de la forêt de Montmorency, où la famille Hugo passa l'été en 1840 et 1841.

« Nous allons t'apporter ta chaise,
« Conte-nous une histoire, dis ! » —
Et je voyais rayonner d'aise
Tous ces regards du paradis.

Alors, prodiguant les carnages,
J'inventais un conte profond
Dont je trouvais les personnages
Parmi les ombres du plafond.

Toujours, ces quatre douces têtes
Riaient, comme à cet âge on rit,

De voir d'affreux géants très bêtes
Vaincus par des nains pleins d'esprit.

J'étais l'Arioste (1) et l'Homère
D'un poème éclos d'un seul jet ;
Pendant que je parlais, leur mère
Les regardait rire, et songeait.

Leur aïeul, qui lisait dans l'ombre,
Sur eux parfois levait les yeux,
Et moi, par la fenêtre sombre
J'entrevoyais un coin des cieux !

BOOZ ENDORMI

Dans *la Légende des siècles*, Hugo se proposait d' « exprimer l'humanité en une espèce d'œuvre cyclique ». *Booz endormi* figure dans la première partie : *D'Ève à Jésus*.

Le sujet est tiré de la Bible (Livre de Ruth). Il y est dit comment Ruth et sa belle-mère Noémi vinrent de Moab en Arabie au pays de Juda, pour fuir la famine, et comment Ruth conquit le cœur du riche Booz qui l'épousa malgré sa vieillesse. Leur fils devait être Jessé, père de David, et ancêtre du Christ. La rencontre de Ruth et de Booz préfigure déjà la naissance du Messie, à Bethléem.

Ce poème, d'une beauté très étudiée, allie la familiarité patriarcale à la grandeur épique. L'évocation pittoresque des temps bibliques, des échanges empreints de liberté et de simplicité entre le ciel et la terre, se traduit dans la douceur murmurante de l'expression, dans l'harmonie chaude et voilée des sonorités, et dans le fondu discret du rythme.

Booz s'était couché de fatigue accablé ;
Il avait tout le jour travaillé dans son aire (2) ;
Puis avait fait son lit à sa place ordinaire ;
Booz dormait auprès des boisseaux pleins de blé.

Ce vieillard possédait des champs de blés et
                                  d'orge ;
Il était, quoique riche, à la justice enclin ;
Il n'avait pas de fange (3) en l'eau de son moulin,
Il n'avait pas d'enfer dans le feu de sa forge.

Sa barbe était d'argent comme un ruisseau
                                    d'avril.
Sa gerbe n'était point avare ni haineuse ;
Quand il voyait passer quelque pauvre glaneuse :
« Laissez tomber exprès des épis », disait-il.

Cet homme marchait pur, loin des sentiers
                                  obliques,
Vêtu de probité candide et de lin blanc (4) ;
Et, toujours du côté des pauvres ruisselant,
Ses sacs de grains semblaient des fontaines
                                  publiques.

Booz était bon maître et fidèle parent ;
Il était généreux, quoiqu'il fût économe ;

Les femmes regardaient Booz plus qu'un jeune
                                    homme,
Car le jeune homme est beau, mais le vieillard
                                    est grand.

Le vieillard, qui revient vers la source première,
Entre aux jours éternels et sort des jours
                                    changeants ;
Et l'on voit de la flamme aux yeux des jeunes
                                    gens,
Mais dans l'œil du vieillard on voit de la lumière.

*
* *

Donc, Booz dans la nuit dormait parmi les
                                    siens ;
Près des meules, qu'on eût prises pour des
                                    décombres,
Les moissonneurs couchés faisaient des
                                    groupes sombres ;
Et ceci se passait dans des temps très anciens.

Les tribus d'Israël avaient pour chef un juge (5) ;
La terre, où l'homme errait sous la tente, inquiet
Des empreintes de pieds de géants qu'il voyait,
Était encor mouillée et molle du déluge.

---

(1) Poète épique italien, auteur du célèbre *Roland furieux* (1516). — (2) Espace plat où l'on bat le grain. — (3) Boue. — (4) « Vêtu de probité candide et de lin blanc » : cette alliance de mots, l'un abstrait, l'autre concret, est restée célèbre par son audace réussie. — (5) Les « juges » étaient les magistrats du peuple d'Israël.

Comme dormait Jacob (1), comme dormait
                       Judith (2),
Booz, les yeux fermés, gisait sous la feuillée ;
Or, la porte du ciel s'étant entre-bâillée
Au-dessus de sa tête, un songe en descendit.

Et ce songe était tel, que Booz vit un chêne
Qui, sorti de son ventre, allait jusqu'au ciel bleu ;
Une race y montait comme une longue chaîne ;
Un roi (3) chantait en bas, en haut mourait un
                       dieu (4).

Et Booz murmurait avec la voix de l'âme :
« Comment se pourrait-il que de moi ceci vînt ?
Le chiffre de mes ans a passé quatre-vingt,
Et je n'ai pas de fils, et je n'ai plus de femme.

« Voilà longtemps que celle avec qui j'ai dormi,
O Seigneur ! a quitté ma couche pour la vôtre ;
Et nous sommes encor tout mêlés l'un à l'autre,
Elle à demi vivante et moi mort à demi.

« Une race naîtrait de moi ! Comment le croire ?
Comment se pourrait-il que j'eusse des enfants ?
Quand on est jeune, on a des matins triomphants,
Le jour sort de la nuit comme d'une victoire ;

« Mais, vieux, on tremble ainsi qu'à l'hiver
                       le bouleau ;
Je suis veuf, je suis seul, et sur moi le soir tombe,
Et je courbe, ô mon Dieu ! mon âme vers la
                       tombe,
Comme un bœuf ayant soif penche son front
                       vers l'eau. »

Ainsi parlait Booz dans le rêve et l'extase,
Tournant vers Dieu ses yeux par le sommeil
                       noyés ;
Le cèdre ne sent pas une rose à sa base,
Et lui ne sentait pas une femme à ses pieds.

* * *

Pendant qu'il sommeillait, Ruth, une Moabite,
S'était couchée aux pieds de Booz, le sein nu,
Espérant on ne sait quel rayon inconnu,
Quand viendrait du réveil la lumière subite.

Booz ne savait point qu'une femme était là,
Et Ruth ne savait point ce que Dieu voulait
                       d'elle.
Un frais parfum sortait des touffes d'asphodèle ;
Les souffles de la nuit flottaient sur Galgala (5).

L'ombre était nuptiale, auguste et solennelle ;
Les anges y volaient sans doute obscurément,
Car on voyait passer dans la nuit, par moment,
Quelque chose de bleu qui paraissait une aile.

La respiration de Booz qui dormait
Se mêlait au bruit sourd des ruisseaux sur la
                       mousse.
On était dans le mois où la nature est douce,
Les collines ayant des lis sur leur sommet.

Ruth songeait et Booz dormait ; l'herbe était
                       noire,
Les grelots des troupeaux palpitaient vaguement ;
Une immense bonté tombait du firmament ;
C'était l'heure tranquille où les lions vont boire.

Tout reposait dans Ur et dans Jérimadeth (6) ;
Les astres émaillaient le ciel profond et sombre ;
Le croissant fin et clair parmi ces fleurs de
                       l'ombre
Brillait à l'occident, et Ruth se demandait,

Immobile, ouvrant l'œil à moitié sous ses voiles,
Quel dieu, quel moissonneur de l'éternel été
Avait, en s'en allant, négligemment jeté
Cette faucille d'or dans le champ des étoiles.

GÉRARD DE NERVAL

Sa vie   Gérard Labrunie naquit à Paris en mai 1808 et passa ses premières années dans la région de Senlis dont sa famille maternelle était originaire. A peine sorti du collège Charlemagne, il montre un enthousiasme déclaré pour la poésie du XVIe siècle et pour la littérature allemande qu'il connaît admirablement, et participe avec ardeur à la bataille d'*Hernani* en compagnie des jeunes romantiques.

Il traduit *Faust* en 1828, publie des poèmes et des contes où il fait preuve à la fois d'une imagination fertile et d'un goût très sûr, tout en menant la vie insouciante et bohème des artistes et poètes de la rue du Doyenné. Il emprunte à une terre de son Valois, le clos de Nerval « sis terroir de Mortefontaine », le pseudonyme qu'il rendra célèbre de « Gérard de Nerval ».

La chanteuse Jenny Colon lui inspire un grand amour, mais le quitte bientôt pour se marier. Il ne se console qu'en apparence : l'image de Jenny prend place dans ses

---

(1) et (2) Jacob et Judith firent des rêves prophétiques. — (3) David. — (4) Le Christ. — (5) Galgala : collines, à trois lieues de Jérusalem. — (6) Jérimadeth : nom inventé par Hugo. Ur, ville de Chaldée.

souvenirs embués de rêve, se confond peu à peu avec le fantôme charmant de celles qu'il a aimées et perdues, apparences fugitives d'un être insaisissable et éternel. Il effectue en 1843 un voyage en Orient qui lui permet d'enrichir encore sa sensibilité et son imagination par une enquête sur tous les mysticismes orientaux, enquête que fera revivre son étincelant *Voyage en Orient*, publié en 1851; mais son état mental, qui avait subi en 1841 une première atteinte, aboutit en 1851 à une seconde crise de démence et à un séjour en clinique.

Pourtant il publie en 1853 *Sylvie*, recueil de nouvelles où les émotions de sa jeunesse, les images du Valois et la sereine harmonie de la phrase se fondent en une œuvre exquise et simple. Malgré sa santé irrégulière, ses séjours répétés en clinique, le poète, luttant désespérément contre la démence, réussit à terminer le recueil de sonnets *les Chimères* en 1853, *les Filles du feu* en 1854; mais le 26 janvier 1855, vers six heures du matin, on le trouve pendu à une grille dans la ruelle sordide de la Vieille Lanterne (1).

Un poète surnaturaliste   Poète plein de mystère, héritier des traditions pythago-
riciennes (2), néo-païennes (3) ou panthéistes (4), il a essayé de traduire avec beaucoup de bonheur les « Rêveries surnaturalistes ».

Artiste savant et lucide, il a excellé à évoquer les vieilles coutumes, les fêtes rustiques, les danses de jeunes filles, en maître subtil de la phrase et du mot toujours exact et suggestif.

Visionnaire enfin et « révélateur » inspiré, il a vécu, avant Baudelaire et Rimbaud, une étonnante descente aux enfers, une irremplaçable expérience intérieure qui n'a d'expression que la Poésie même.

FANTAISIE

Image historique, vision pittoresque et précise, mais aussi réminiscence d'une vie antérieure, où apparaît la dame en habits anciens de ses rêveries, ce poème, à la fois simple dans sa forme et mystérieux par ses résonances musicales et sentimentales, caractérise bien l'art subtil de Nerval, précurseur du symbolisme.

Il est un air pour qui je donnerais
Tout Rossini, tout Mozart et tout Weber (5),
Un air très vieux, languissant et funèbre,
Qui pour moi seul a des charmes secrets.

Or, chaque fois que je viens à l'entendre,
De deux cents ans mon âme rajeunit :
C'est sous Louis-Treize... — et je crois voir
                       s'étendre
Un coteau vert que le couchant jaunit;

Puis un château de brique à coins de pierre,
Aux vitraux teints de rougeâtres couleurs,
Ceint de grands parcs, avec une rivière
Baignant ses pieds, qui coule entre des fleurs.

Puis une dame, à sa haute fenêtre,
Blonde aux yeux noirs, en ses habits anciens...
Que, dans une autre existence, peut-être,
J'ai déjà vue — et dont je me souviens!

ADRIENNE ET SYLVIE

Douloureuse et délicate histoire d'amours de jeunesse, *Sylvie* est aussi un poème du souvenir, du rêve, des profondeurs de l'âme, accordé aux paysages calmes et harmonieux du « vieux pays de Valois », tout embelli d'histoire et de légende.

Je me représentais un château du temps de Henri IV avec ses toits pointus couverts d'ardoises et sa face rougeâtre aux encoignures dentelées de pierres jaunies, une grande place verte encadrée d'ormes et de tilleuls, dont le soleil couchant perçait le feuillage de ses traits enflam-

(1) Rue de l'ancien quartier du Châtelet. — (2) Pythagore et son école considéraient le *nombre* comme le principe de toutes choses et admettaient la métempsycose. — (3) Qui marquent un retour au paganisme antique. — (4) Selon le panthéisme, Dieu s'identifie à l'ensemble des êtres. — (5) Prononcer *Wèbre*.

més. Des jeunes filles dansaient en rond sur la pelouse en chantant de vieux airs transmis par leurs mères, et d'un français si naturellement pur, que l'on se sentait bien exister dans ce vieux pays du Valois, où, pendant plus de mille ans, a battu le cœur de la France.

J'étais le seul garçon dans cette ronde, où j'avais amené ma compagne toute jeune encore, Sylvie, une petite fille du hameau voisin, si vive et si fraîche, avec ses yeux noirs, son profil régulier et sa peau légèrement hâlée!... Je n'aimais qu'elle, je ne voyais qu'elle, — jusque-là! A peine avais-je remarqué, dans la ronde, où nous dansions, une blonde, grande et belle qu'on appelait Adrienne. Tout d'un coup, suivant les règles de la danse, Adrienne se trouva placée seule avec moi au milieu du cercle. Nos tailles étaient pareilles. On nous dit de nous embrasser, et la danse et le chœur tournaient plus vivement que jamais. En lui donnant ce baiser, je ne pus m'empêcher de lui presser la main. Les longs anneaux roulés de ses cheveux d'or effleuraient mes joues. De ce moment, un trouble inconnu s'empara de moi. — La belle devait chanter pour avoir le droit de rentrer dans la danse. On s'assit autour d'elle, et aussitôt, d'une voix fraîche et pénétrante, légèrement voilée, comme celle des filles de ce pays brumeux,

elle chanta une de ces anciennes romances pleines de mélancolie et d'amour, qui racontent toujours les malheurs d'une princesse enfermée dans sa tour par la volonté d'un père qui la punit d'avoir aimé. La mélodie se terminait à chaque stance par ces trilles chevrotants que font valoir si bien les voix jeunes, quand elles imitent par un frisson modulé la voix tremblante des aïeules.

A mesure qu'elle chantait, l'ombre descendait des grands arbres et le clair de lune naissant tombait sur elle seule, isolée de notre cercle attentif. — Elle se tut, et personne n'osa rompre le silence. La pelouse était couverte de faibles vapeurs condensées, qui déroulaient leurs blancs flocons sur les pointes des herbes. Nous pensions être en paradis. — Je me levai enfin, courant au parterre du château, où se trouvaient des lauriers, plantés dans de grands vases de faïence peints en camaïeu (1). Je rapportai deux branches, qui furent tressées en couronne et nouées d'un ruban. Je posai sur la tête d'Adrienne cet ornement, dont les feuilles lustrées éclataient sur ses cheveux blonds aux rayons pâles de la lune. Elle ressemblait à la Béatrice de Dante qui sourit au poète errant sur la lisière des saintes demeures.

Chap. II.

EL DESDICHADO

El Desdichado, le Déshérité, c'est le chevalier inconnu qui entre en lice dans le roman célèbre de Walter Scott : *Ivanhoé*, mais c'est aussi le poète lui-même, avec tous ses rêves irréalisables, ses souvenirs féminins et les créatures imaginaires de ses songes ; cette véritable descente aux enfers tient à la fois du délire, et de la révélation mystique. Ce qu'on a appelé l'hermétisme de Gérard de Nerval, ce mystère ineffable et envoûtant qui se dégage de ses vers, est ici l'aboutissement subtil du jeu magique et incantatoire des mots, des images, des rythmes et des sonorités, révélant le monde ignoré et fascinant des fantasmes secrets de l'âme, de ses mythes et de ses symboles. Chef-d'œuvre de poésie pure, ce poème annonce les expériences et les réussites du surréalisme :

Je suis le Ténébreux, — le Veuf, — l'Inconsolé,
Le Prince d'Aquitaine (2) à la Tour abolie :
Ma seule *étoile* est morte, — et mon luth constellé
Porte *le Soleil* noir (3) de la *Mélancolie*.

Dans la nuit du Tombeau, Toi qui m'as consolé,
Rends-moi le Pausilippe (4) et la mer d'Italie,
La *fleur* qui plaisait tant à mon cœur désolé
Et la treille où le Pampre à la Rose s'allie.

Suis-je Amour ou Phœbus?... Lusignan (5) ou Biron (6)?
Mon front est rouge encor du baiser de la Reine ;
J'ai rêvé dans la Grotte où nage la Sirène...

Et j'ai deux fois vainqueur traversé l'Achéron :
Modulant tour à tour sur la lyre d'Orphée
Les soupirs de la Sainte et les cris de la Fée (7).

Les Chimères.

---

(1) Teinture qui emploie les tons variés d'une couleur unique. — (2) Nerval se croyait issu d'une noble famille possédant des châteaux au bord de la Dordogne. — (3) Allusion à une gravure célèbre de Dürer, dont le « soleil noir » devient ici un symbole. — (4) Promontoire qui domine la baie de Naples. — (5) Illustre famille du Poitou. — (6) Noble compagnon d'Henri IV. — (7) « Adrienne » et « Aurélia », les deux femmes rêvées qu'il a aimées toute sa vie et souvent confondues.

MUSSET

Sa vie et son œuvre   Né à Paris en 1810, Musset, après une enfance heureuse et des études brillantes, est fêté dans les milieux littéraires parisiens comme un jeune homme plein de charme et de génie. Son premier recueil de vers, *Contes d'Espagne et d'Italie* (1830), est goûté pour ses rythmes audacieux et ses images colorées. L'échec, au théâtre, de *la Nuit vénitienne* l'incite à écrire désormais des pièces sans les faire jouer : *La Coupe et les lèvres, A quoi rêvent les jeunes filles* (1832), *les Caprices de Marianne* (1833), *Fantasio* (1834).

Sa passion pour George Sand, vécue en partie dans le cadre romantique de Venise et traversée d'orages, ne durera que de 1833 à 1835. Mais elle fit, au dire même de Musset, « un homme d'un enfant ».

L'apaisement une fois venu, le poète connaît, jusqu'en 1840 environ, une période de grande activité littéraire. L'écho de ses amours se retrouve dans ses poèmes : *Les Nuits* (1835-1837), *Lettre à Lamartine* (1836), *Souvenir* (1841). Mais son génie ne se limite pas à la poésie et il fait paraître des pièces de théâtre : *On ne badine pas avec l'amour* (1834), *Lorenzaccio* (1835), *Il ne faut jurer de rien* (1836), *Un caprice* (1837), ainsi que des nouvelles et des essais de critique littéraire.

Brusquement, sa verve créatrice se tarit après 1840. Sa santé décline, et il meurt en 1857, usé par les plaisirs et l'alcool.

Musset a souvent affirmé sa vénération pour certains écrivains classiques, tels que La Fontaine ou Molière, et s'est maintes fois moqué des romantiques. Néanmoins, il est bien un poète romantique. Pour lui, l'émotion est la source de l'inspiration :

> « Ah ! frappe-toi le cœur, c'est là qu'est le génie. »

LA NUIT DE MAI

Musset, depuis sa rupture avec George Sand, n'avait plus écrit de vers. Au printemps 1835, il sent renaître en lui l'inspiration poétique. Il écrit alors ce dialogue entre le poète, encore mal guéri de son amour, et la Muse, qui l'appelle à reprendre la plume et en même temps à retrouver goût à la vie : si la douleur est source de poésie, la poésie est consolatrice. Dans ce passage du poème, Musset reprend le symbole chrétien du pélican qui donne sa vie pour ses petits et utilise la comparaison, procédé classique par excellence. Mais il lui confère une dimension nouvelle, en l'organisant sous la forme d'un drame pathétique au sein d'un cadre spécifiquement romantique.

LA MUSE

Rien ne nous rend si grands qu'une grande douleur.
Mais, pour en être atteint, ne crois pas, ô poète,
Que ta voix ici-bas doive rester muette.
Les plus désespérés sont les chants les plus beaux,
Et j'en sais d'immortels qui sont de purs sanglots.
Lorsque le pélican, lassé d'un long voyage,
Dans les brouillards du soir retourne à ses roseaux,
Ses petits affamés courent sur le rivage
En le voyant au loin s'abattre sur les eaux.
Déjà, croyant saisir et partager leur proie,
Ils courent à leur père avec des cris de joie
En secouant leurs becs sur leurs goitres hideux.

Lui, gagnant à pas lents une roche élevée,
De son aile pendante abritant sa couvée,
Pêcheur mélancolique, il regarde les cieux.
Le sang coule à longs flots de sa poitrine ouverte ;
En vain il a des mers fouillé la profondeur :
L'Océan était vide et la plage déserte ;
Pour toute nourriture il apporte son cœur.
Sombre et silencieux, étendu sur la pierre,
Partageant à ses fils ses entrailles de père,
Dans son amour sublime il berce sa douleur,
Et, regardant couler sa sanglante mamelle,
Sur son festin de mort il s'affaisse et chancelle,
Ivre de volupté, de tendresse et d'horreur.
Mais parfois, au milieu du divin sacrifice,
Fatigué de mourir dans un trop long supplice,
Il craint que ses enfants ne le laissent vivant ;
Alors il se soulève, ouvre son aile au vent,
Et, se frappant le cœur avec un cri sauvage,

Il pousse dans la nuit un si funèbre adieu,
Que les oiseaux des mers désertent le rivage,
Et que le voyageur attardé sur la plage,
Sentant passer la mort, se recommande à Dieu.
Poète, c'est ainsi que font les grands poètes.
Ils laissent s'égayer ceux qui vivent un temps ;
Mais les festins humains qu'ils servent à leurs fêtes

Ressemblent la plupart à ceux des pélicans.
Quand ils parlent ainsi d'espérances trompées,
De tristesse et d'oubli, d'amour et de malheur,
Ce n'est pas un concert à dilater le cœur.
Leurs déclamations sont comme des épées :
Elles tracent dans l'air un cercle éblouissant,
Mais il y pend toujours quelque goutte de sang.

SOUVENIR

En septembre 1840, Musset avait traversé avec émotion la forêt de Fontainebleau, où il s'était promené avec George Sand aux premiers temps de leur liaison. Le souvenir des moments heureux lui revient alors. De même inspiration que *le Lac* de Lamartine et utilisant la même strophe élégiaque — trois alexandrins suivis d'un vers de six pieds —, ce poème en diffère pourtant par la thèse qui s'y inscrit ; ici, c'est le souvenir gardé par le cœur de l'homme qui fait la vraie valeur de l'amour et donne sa réalité au bonheur.

J'espérais bien pleurer, mais je croyais souffrir
En osant te revoir, place à jamais sacrée,
O la plus chère tombe et la plus ignorée
 Où dorme un souvenir !

Que redoutiez-vous donc de cette solitude,
Et pourquoi, mes amis, me preniez-vous la main,
Alors qu'une si douce et si vieille habitude
 Me montrait ce chemin ?

Les voilà, ces coteaux, ces bruyères fleuries,
Et ces pas argentins sur le sable muet,
Ces sentiers amoureux, remplis de causeries,
 Où son bras m'enlaçait.

Les voilà, ces sapins à la sombre verdure,
Cette gorge profonde aux nonchalants détours,
Ces sauvages amis dont l'antique murmure
 A bercé mes beaux jours.

Les voilà, ces buissons où toute ma jeunesse,
Comme un essaim d'oiseaux, chante au bruit
       de mes pas.
Lieux charmants, beau désert où passa ma
       maîtresse,
 Ne m'attendiez-vous pas ? (...)

Oui, sans doute, tout meurt ; ce monde est un
       grand rêve,
Et le peu de bonheur qui nous vient en chemin,
Nous n'avons pas plutôt ce roseau dans la main
 Que le vent nous l'enlève.

Oui, les premiers baisers, oui, les premiers serments
Que deux êtres mortels échangèrent sur terre,

Ce fut au pied d'un arbre effeuillé par les vents
 Sur un roc en poussière.

Ils prirent à témoin de leur joie éphémère
Un ciel toujours voilé qui change à tout moment,
Et des astres sans nom que leur propre lumière
 Dévore incessamment.

Tout mourait autour d'eux, l'oiseau dans le
       feuillage,
La fleur entre leurs mains, l'insecte sous leurs
       pieds,
La source desséchée où vacillait l'image
 De leurs traits oubliés ;

Et, sur tous ces débris joignant leurs mains
       d'argile,
Etourdis des éclairs d'un instant de plaisir,
Ils croyaient échapper à cet Etre immobile
 Qui regarde mourir ! (...)

La foudre maintenant peut tomber sur ma tête,
Jamais ce souvenir ne peut m'être arraché ;
Comme le matelot brisé par la tempête,
 Je m'y tiens attaché.

Je ne veux rien savoir, ni si les champs fleurissent,
Ni ce qu'il adviendra du simulacre humain,
Ni si ces vastes cieux éclaireront demain
 Ce qu'ils ensevelissent.

Je me dis seulement : « A cette heure, en ce lieu,
Un jour, je fus aimé, j'aimais, elle était belle.
J'enfouis ce trésor dans mon âme immortelle,
 Et je l'emporte à Dieu ! »

LE THÉATRE ROMANTIQUE

LES SOURCES

Le mélodrame La tragédie est en pleine décadence. Les intrigues sont languissantes, les personnages sans vie, le style ridiculement pompeux, comme en témoigne, entre tant d'autres, ce vers que Népomucène Lemercier, un des moins médiocres pourtant parmi les auteurs tragiques de l'époque, place dans la bouche de Christophe Colomb :

« J'étonne un hémisphère en lui découvrant l'autre. »

Au contraire, depuis la fin du XVIIIᵉ siècle, un genre populaire, le mélodrame, connaît une vogue grandissante. Le public des boulevards raffole de ces pièces où se mêlent, au cours d'une action semée de péripéties sans nombre, le gros comique, l'émouvant, l'horrifiant et le macabre.

Ainsi Monvel, dans *les Victimes cloîtrées*, offrait déjà en 1791 une illustration assez saisissante de ce genre au pathétique facile, qui bouleversait l'âme populaire mais qui, de nos jours, prête à sourire.

La scène représente deux sombres cachots, séparés par un mur qui en occupe le milieu. Deux jeunes fiancés, victimes innocentes d'un traître aux noirs desseins, y languissent, ignorant chacun le sort de l'autre. Eugénie, la jeune fille, exhale ses plaintes en un monologue emphatique.

> O que le sommeil des malheureux est pénible... Quoi ! porter jusqu'au sein du repos le souvenir de ses douleurs et le sentiment de ses peines ! Si la faiblesse et l'anéantissement que j'éprouve ferment un moment ma paupière, des songes affreux m'agitent... un spectre gémissant se présente... il voudrait pénétrer dans ma tombe... Le sommeil fuit, et mes yeux s'ouvrent pour observer la mort.

Dans le second cachot, Dorval, le jeune homme, voisine avec « deux tombes noires ». Il explore l'une d'elles en frissonnant et y découvre, auprès d'un cadavre, un papier écrit avec du sang, où il déchiffre ces lignes :

> Qui que tu sois, profite de mes vains travaux *(s'interrompant)* : Juste ciel ! *(continuant :)* Depuis vingt ans que je péris ici, je suis parvenu à détacher une barre de fer qui lie cette tombe à la muraille, tu la trouveras sous les décombres. *(Il fouille dans le tombeau, en retire la barre de fer, et dit, avec explosion :)* La voilà ! *(Il continue :)* Une dalle de pierre a caché mon travail ; reconnais-la au sang dont elle est teinte *(il regarde, il aperçoit la pierre imprégnée de sang).* Voici du sang... En voici !... *(Il poursuit la lecture :)* Lève cette dalle, et peu d'instants te suffiront pour achever mon ouvrage. Je péris, adieu, plains-moi et aime-moi.

Grâce à ce message providentiel, Dorval, retrouve sa liberté et délivre la jeune captive en qui il reconnaîtra, avec une joie délirante... sa fiancée !

Ainsi on voit déjà face à face les trois personnages qui désormais, dans le mélodrame, s'affronteront inéluctablement : une jeune et palpitante héroïne, un traître férocement attaché à sa perte et un jeune premier séduisant, le sauveur et le justicier. Les décors et les costumes se piquent de restituer la « couleur locale ». Le plus célèbre des auteurs de mélodrames, Pixérécourt, poussera le souci du dépaysement jusqu'à faire converser sur la scène des sauvages, en langue caraïbe.

Le mélodrame exercera sur les conceptions du théâtre romantique une influence qui n'est pas négligeable.

Le théâtre de Shakespeare

En même temps, le théâtre de Shakespeare, dont Guizot publie une traduction en 1821, s'introduit sur la scène française, non sans provoquer quelques remous. En 1822, à Paris, une troupe d'acteurs anglais se heurte à l'hostilité bruyante du public, comme en témoignent ces quelques lignes pittoresques de Charles Maurice, anecdotier du temps : « On a commencé *Othello* mais bientôt les interruptions, les quolibets et les injures, que Barton, tragédien de talent n'a pu même conjurer, ont arrêté la pièce. Une boxe horrible s'en est suivie. »

Mais cinq ans plus tard, en septembre 1827, au théâtre de l'Odéon, *Roméo et Juliette* soulèvent l'enthousiasme de l'auditoire.

Cet élargissement du goût s'explique aussi en grande partie par l'influence de certains écrits théoriques comme le *Racine et Shakespeare* de Stendhal (1826).

Selon lui, les pièces de Racine, emprisonnées dans l'étroitesse des conventions classiques, manquent de ressort dramatique. A l'exemple de Shakespeare, il faut s'affranchir de ces règles trop strictes et s'orienter vers une forme de « tragédie en prose qui dure plusieurs mois et se passe en divers lieux ».

LE THÉÂTRE D'ALEXANDRE DUMAS

Le premier succès romantique au théâtre fut, en 1829, *Henri III et sa cour*, œuvre d'un jeune homme de vingt-cinq ans inconnu la veille, Alexandre Dumas. Cette pièce a pour sujet les amours d'un jeune favori d'Henri III, Saint-Mégrin, et de la duchesse de Guise. Le duc de Guise attire son rival dans un guet-apens et le fait assassiner. De ce drame de la passion, Dumas s'attache à faire aussi un tableau d'histoire : il évoque les intrigues politiques qui mettent aux prises le roi, le duc de Guise et Catherine de Médicis, mère du roi.

Dans une scène essentielle et caractéristique, on voit le duc de Guise contraindre la duchesse à écrire, sous sa dictée, un billet à Saint-Mégrin, pour lui fixer un rendez-vous où il trouvera la mort (III, 5).

Dumas y pratique avec adresse l'art du « suspense » : comme les spectateurs, la duchesse ne prend conscience que progressivement du dessein impitoyable de son mari. Par l'évanouissement de la jeune femme, par l'exhibition de son bras meurtri, il obtient des effets d'un pathétique facile. Tout cela s'apparente assez étroitement au mélodrame.

Le Duc

Voulez-vous bien me servir de secrétaire ?

La Duchesse

Moi, Monsieur ! et pour écrire à qui ?

Le Duc

Que vous importe ! c'est moi qui dicterai. *(En approchant une plume et du papier.)* Voilà ce qu'il vous faut.

La Duchesse

Je crains de ne pouvoir former un seul mot ; ma main tremble ; ne pourriez-vous par une autre personne ?...

Le Duc

Non, Madame, il est indispensable que ce soit vous.

La Duchesse

Mais au moins, remettez à plus tard...

Le Duc

Cela ne peut se remettre, Madame, d'ailleurs il suffira que votre écriture soit lisible... Écrivez donc.

La Duchesse

Je suis prête...

Le Duc (dictant)

« Plusieurs membres de la Sainte-Union (1) se rassemblent cette nuit à l'hôtel de Guise ; les portes resteront ouvertes jusqu'à une heure du matin ; vous pouvez, à l'aide d'un costume de ligueur (2), passer sans être aperçu... L'appartement de Mme la Duchesse de Guise est au deuxième étage... »

La Duchesse

Je n'écrirai pas davantage, que je ne sache à qui est destiné ce billet...

Le Duc

Vous le verrez, Madame, en mettant l'adresse.

La Duchesse

Elle ne peut être pour vous, Monsieur, et, à tout autre elle compromet mon honneur...

Le Duc

Votre honneur !... Vive Dieu ! Madame, et qui doit en être plus jaloux que moi ?... Laissez-m'en juge, et suivez mon désir...

La Duchesse

Vous n'obtiendrez rien de moi en me contraignant à rester...

Le Duc

(lui saisissant le bras avec son gant de fer) (3)

Écrivez.

La Duchesse

Oh ! laissez-moi.

Le Duc

Écrivez.

(1) La Ligue : mouvement organisé par le duc de Guise, sous prétexte de défendre le catholicisme contre les protestants, mais en fait pour tenter de détrôner Henri III et mettre à sa place un prince de la famille des Guise. — (2) Partisan de la Ligue. — (3) Le duc est revêtu de son armure.

La Duchesse
(essayant de dégager son bras)

Vous me faites mal, Henri.

Le Duc

Écrivez, vous dis-je.

La Duchesse

Vous me faites bien mal, Henri; vous me faites horriblement mal... Grâce! Grâce! Ah!

Le Duc

Écrivez donc.

La Duchesse

Le puis-je? Ma vue se trouble... Un sueur froide... O mon Dieu! mon Dieu! je te remercie, je vais mourir. *(Elle s'évanouit.)*

Le Duc

Eh! non, Madame.

La Duchesse

Qu'exigez-vous de moi?

Le Duc

Que vous m'obéissiez.

La Duchesse

Oui! oui! j'obéis... La douleur seule m'a vaincue... Elle a été au-delà de mes forces. Tu l'as permis, ô mon Dieu! le reste est entre tes mains.

Le Duc (dictant)

« L'appartement de Madame la Duchesse de Guise est au deuxième étage, et cette clé en ouvre la porte. » L'adresse maintenant.

(Pendant qu'il plie la lettre, Mme de Guise relève sa manche, et l'on voit sur son bras des traces bleuâtres.)

La Duchesse

Que dirait la noblesse de France, si elle savait que le Duc de Guise a meurtri un bras de femme avec un gantelet de chevalier?

Le Duc

Le Duc de Guise en rendra raison à quiconque viendra la lui demander. Achevez : « A Monsieur le Comte de Saint-Mégrin. »

La Duchesse

C'était donc bien à lui?

Le Duc

Ne l'aviez-vous pas deviné?

La Duchesse

Monsieur le Duc, ma conscience me permettait d'en douter du moins.

Le Duc

Assez, assez. Appelez un de vos pages, et remettez-lui cette lettre *(allant à la porte du salon et ôtant la clé)* et cette clé...

LE THÉÂTRE DE VICTOR HUGO

La théorie du drame Le premier drame de Hugo, *Cromwell* (1827), tant par la complication de l'intrigue et la multiplicité des personnages que par la durée du spectacle qui s'étendait sur sept heures, était injouable (1). Mais l'importante préface qui l'accompagnait exposait les vues de l'auteur sur le théâtre. Il s'opposait à la conception classique au nom d'un principe essentiel : « l'art doit être la représentation de la nature ». Cette reproduction doit être totale, et puisque dans la vie « le laid existe à côté du beau », le grotesque à côté du sublime, le théâtre romantique n'hésitera pas à les faire figurer côte à côte : ce principe exclut la distinction des genres. Cette représentation doit être fidèle; il faut laisser se développer sur la scène les événements que les classiques resserraient en des récits, il faut que le décor, élément essentiel du drame, soit vrai et approprié aux scènes capitales qui s'y déroulent. Ainsi, les unités de temps et de lieu doivent être sacrifiées, en vertu du principe même qui les rendait nécessaires aux yeux des classiques, la vraisemblance (2). La liberté est le grand principe de l'art : « Il n'y a ni règles, ni modèles; le poète ne doit prendre conseil que de la nature, de la vérité et de l'inspiration. »

Les œuvres dramatiques Les drames de Hugo sont pleins d'entrain et de mouvement; les péripéties, les coups de théâtre s'y multiplient. La psychologie y est assez sommaire et les personnages s'apparentent par plus d'un

---

(1) En 1956, une version abrégée en fut donnée dans la cour du Louvre, mais sans succès. — (2) Pour les classiques, la vraisemblance exigeait que l'action se déroulât en un temps aussi voisin que possible de la durée du spectacle et que le même décor subsistât d'un bout à l'autre de la pièce, afin d'entretenir l'illusion du spectateur.

trait à ceux du mélodrame. Mais les dons poétiques de l'écrivain, sa verve intarissable, l'irrésistible maîtrise de la langue qui lui permet de ménager sans fin des effets grandiloquents et burlesques, s'y manifestent sous la forme de couplets lyriques ou de larges fresques épiques. Le style est vivant et coloré. Grâce à l'emploi habituel de l'alexandrin, assoupli par le jeu des coupes et des rejets, la forme est brillante sans être guindée. *Hernani* et *Ruy Blas* sont restés les deux pièces les plus célèbres de cette œuvre dramatique.

HERNANI

Doña Sol doit « dans une heure » épouser contre son gré son oncle, le vieux Don Ruy Gomez de Silva. A Hernani qu'elle aime et qui l'aime d'un amour profond, elle confie son intention de se tuer pour ne pas appartenir à un autre. Hernani exhale son désespoir.

Dans cette tirade, se dépeint le héros romantique, esclave de la fatalité, qui entraîne au malheur tous ceux qui l'approchent. L'évocation de ses compagnons disparus s'élargit en un tableau épique. Le thème de la mort et celui de la fatalité du destin se prêtent aux accents lyriques. Le rythme haletant, les images, la puissance d'évocation des noms propres, la souplesse du vers donnent une expression pathétique à ces sentiments tumultueux (III, 4).

> *Hernani*
> Monts d'Aragon! Galice! Estramadoure!
> — Oh! je porte malheur à tout ce qui
> m'entoure! —
> J'ai pris vos meilleurs fils; pour mes droits,
> sans remords
> Je les ai fait combattre, et voilà qu'ils sont morts!
> C'étaient les plus vaillants de la vaillante Espagne.
> Ils sont morts! ils sont tous tombés dans la
> montagne,
> Tous sur le dos couchés, en braves, devant Dieu,
> Et, si leurs yeux s'ouvraient, ils verraient le
> ciel bleu!
> Voilà ce que je fais de tout ce qui m'épouse!
> Est-ce une destinée à te rendre jalouse?
> Doña Sol, prends le duc, prends l'enfer, prends
> le roi (1)!
> C'est bien. Tout ce qui n'est pas moi vaut
> mieux que moi!
> Je n'ai plus un ami qui de moi se souvienne,
> Tout me quitte, il est temps qu'à la fin ton
> tour vienne,
>
> Car je dois être seul. Fuis ma contagion.
> Ne te fais pas d'aimer une religion (2)!
> Oh! par pitié pour toi, fuis! — Tu me crois
> peut-être
> Un homme comme sont tous les autres, un être
> Intelligent, qui court droit au but qu'il rêva.
> Détrompe-toi. Je suis une force qui va!
> Agent aveugle et sourd de mystères funèbres!
> Une âme de malheur faite avec des ténèbres!
> Où vais-je? je ne sais. Mais je me sens poussé
> D'un souffle impétueux, d'un destin insensé.
> Je descends, je descends, et jamais ne m'arrête.
> Si parfois, haletant, j'ose tourner la tête,
> Une voix me dit : Marche! et l'abîme est
> profond,
> Et de flamme ou de sang je le vois rouge au
> fond!
> Cependant, à l'entour de ma course farouche,
> Tout se brise, tout meurt. Malheur à qui me
> touche!
> Oh! fuis! détourne-toi de mon chemin fatal,
> Hélas! sans le vouloir, je te ferais du mal!

Grâce à la magnanimité de son autre rival Don Carlos, devenu l'empereur Charles Quint, Hernani épousera Doña Sol. Mais, esclave d'une promesse faite naguère à Don Gomez, il doit se tuer. Doña Sol l'accompagnera dans la mort.

LE THÉATRE DE MUSSET

Un théâtre original　　Musset a sans doute donné avec *Lorenzaccio* (1835) un des chefs-d'œuvre du drame romantique. Cette histoire du meurtre d'Alexandre de Médicis par son neveu Lorenzo est remarquable tant par la peinture puissance de ce héros sceptique et idéaliste qu'on a pu comparer à Hamlet, que par la juste évocation de l'atmosphère de Florence au XVIe siècle.

---

(1) Don Carlos, qui est aussi amoureux de Doña Sol. — (2) Un scrupule de confiance.

Pourtant, les comédies de Musset méritent davantage encore qu'on s'y attarde. Elles apportent au théâtre une note originale, spirituelle et charmante.

A QUOI RÊVENT LES JEUNES FILLES
Comédie
La scène est où l'on voudra.

Acte I, Scène première.

Déjà la désinvolture qui situe la pièce partout et nulle part nous rappelle que ce « Théâtre dans un fauteuil » n'a pas été écrit pour être joué. Sur un ton ironique et attendri, dans un cadre familier, Musset présente ses héroïnes, deux jeunes filles délicieusement naïves et romanesques, dont la pensée vagabonde en constantes virevoltes tout en revenant sans cesse à ce problème sentimental qui les intrigue, les affole et les enchante.

NINON, NINETTE

Ninette

Onze heures vont sonner. — Bonsoir, ma chère
                                           sœur.
Je m'en vais me coucher.

Ninon

                    Bonsoir. Tu n'as pas peur
De traverser le parc pour aller à ta chambre?
Il est si tard! — Veux-tu que j'appelle Flora?

Ninette

Pas du tout. — Mais vois donc quel beau ciel
                                        de septembre!
D'ailleurs, j'ai Bacchanal qui m'accompagnera.
Bacchanal! Bacchanal!
           (Elle sort en appelant son chien.)

Ninon (s'agenouillant à son prie-Dieu)

    O Christe ! dum fixus cruci
    Expandis orbi brachia,
    Amare da crucem, tuo
    Da nos in amplexu mori.
                (Elle se déshabille.)
Ninette
(rentrant épouvantée, et se jetant dans un fauteuil).
           Ma chère, je suis morte.

Ninon

Qu'as-tu? qu'arrive-t-il?

Ninette

                    Je ne peux plus parler.

Ninon

Pourquoi, mon Dieu! je tremble en te voyant
                                        trembler.
Ninette

Je n'étais pas, ma chère, à trois pas de la porte;
Un homme vient à moi, m'enlève dans ses bras,
M'embrasse tant qu'il peut, me repose par terre,
Et se sauve en courant.

Ninon

           Ah! mon Dieu! comment faire?
C'est peut-être un voleur.

Ninette

           Oh! non, je ne crois pas.
Il avait sur l'épaule une chaîne superbe,
Un manteau d'Espagnol, doublé de velours noir,
Et de grands éperons qui reluisaient dans l'herbe.

Ninon

C'est pourtant une chose étrange à concevoir,
Qu'un homme comme il faut tente une horreur
                                        semblable.
Un homme en manteau noir, c'est peut-être
                                        le diable.
Oui, ma chère. Qui sait? peut-être un revenant.

Ninette

Je ne crois pas, ma chère : il avait des
                                        moustaches.
Ninon

J'y pense, dis-moi donc, si c'était un amant!

Ninette

S'il allait revenir! — Il faut que tu me caches.

Ninon

C'est peut-être papa qui veut te faire peur.
Dans tous les cas, Ninette, il faut qu'on te
                                        ramène.
Holà! Flora! Flora! reconduisez ma sœur.
                (Flora paraît sur la porte.)
Adieu, va, ferme bien ta porte.

Ninette

                    Et toi la tienne.
(Elles s'embrassent. Ninette sort avec Flora.)

Ninon (seule mettant le verrou)

Des éperons d'argent, un manteau de velours!
Une chaîne! un baiser! — C'est extraordinaire.
                (Elle se décoiffe.)
Je suis mal en bandeaux; mes cheveux sont
                                        trop courts.
Bah! j'avais deviné! — C'est sans doute mon
                                        père.
Ninette est si poltronne! — Il l'aura vu passer.
C'est tout simple, sa fille, il peut bien
                                        l'embrasser.

Mes bracelets vont bien.
(Elle les détache.)
Ah! demain, quand j'y pense,
Ce jeune homme étranger qui va venir dîner!
C'est un mari, je crois, que l'on veut nous
donner.
Quelle drôle de chose! Ah! j'en ai peur
d'avance.
Quelle robe mettrai-je?
(Elle se couche.)
Une robe d'été?
Non, d'hiver : cela donne un air plus convenable.
Non, d'été : c'est plus jeune et c'est moins
apprêté.
On le mettra sans doute entre nous deux à table.
Ma sœur lui plaira mieux. — Bah! nous
verrons toujours.

— Des éperons d'argent! — Un manteau de
velours!
Mon Dieu! comme il fait chaud pour une nuit
d'automne.
Il faut dormir, pourtant. — N'entends-je pas
du bruit?
C'est Flora qui revient; — non, non, ce n'est
personne.
Tra la, tra deri da. — Qu'on est bien dans son
lit!
Ma tante était bien laide avec ses vieux panaches
Hier soir à souper. — Comme mon bras est
blanc!
Tra deri da. — Mes yeux se ferment. — Des
moustaches...
Il la prend, il l'embrasse et se sauve en courant.
(Elle s'assoupit.)

LE ROMAN

STENDHAL

Sa vie   Né en 1783 à Grenoble, où il passe sans joie son enfance et son adolescence, Henri Beyle, qui prendra en littérature le pseudonyme de Stendhal, vient à Paris avec l'intention de se présenter à l'École Polytechnique. Il y renonce et s'oriente vers la carrière militaire; il est d'abord sous-lieutenant à l'armée d'Italie (1800-1802) puis, après quelques années de vie civile qu'il passe à Paris, complétant sa culture par d'importantes lectures et cherchant sans succès dans le domaine du théâtre sa voie d'écrivain, il entre dans les services de l'intendance où il demeurera jusqu'à la chute de Napoléon (1806-1814). Il se fixe alors à Milan pour quelques années, revient ensuite à Paris et publie quelques ouvrages dont *Racine et Shakespeare* et *le Rouge et le Noir* (1831). Après la Révolution de 1830, il exerce en Italie, à Trieste puis à Civitavecchia les fonctions de Consul. Au cours d'un long congé passé en France il écrit *la Chartreuse de Parme* (1839). Son état de santé l'oblige à regagner Paris; il meurt en 1842, d'une attaque d'apoplexie.

L'homme et l'œuvre   Stendhal nous livre son caractère dans *la Vie d'Henri Brulard*, un ouvrage autobiographique. Il s'y révèle un être frémissant et passionné. Pour lui, la vie ne doit avoir d'autre but que la recherche d'une plénitude heureuse qui s'affirmera dans les joies de l'amour et les satisfactions de l'ambition. Le culte de l'énergie permet de triompher de tous les obstacles, qu'ils viennent des êtres, des circonstances ou de la contrainte sociale.

Ses romans sont d'inspiration réaliste. Autour d'un sujet qu'il se plaît à emprunter à des événements vécus, il recrée sans indulgence l'atmosphère d'une époque. Quant aux personnages principaux, il leur prête beaucoup de lui-même, mais choisit pour eux un cadre de vie et un enchaînement de circonstances différents de ceux que lui a offerts sa propre existence. Il peut ainsi développer pleinement, chez des êtres fictifs, certains traits de caractère qui chez lui n'ont pas eu l'occasion de s'épanouir. Il vit à travers ses héros une existence plus riche et plus exaltante que la sienne. L'acuité de son analyse psychologique trouve le plus efficace et le plus désintéressé des moyens d'expression dans un style qui, par sa précision sèche et par son mépris de la phrase, se veut l'émule de celui du Code civil.

LE ROUGE ET LE NOIR

LES PREMIERS PAS

Julien Sorel, un jeune homme issu du peuple, ambitieux et passionné, a réussi à se faire aimer de Mme de Rênal chez qui il a été engagé comme précepteur. Obligé de quitter la ville à cause du scandale, il est venu à Paris où le marquis de la Mole l'a engagé comme secrétaire.

Stendhal nous relate ici, avec le style précis et dépouillé dont il est coutumier, une des premières journées que passe Julien au service du marquis. Sous une évocation apparemment banale, la page est très riche : elle offre une peinture sans indulgence, à travers le marquis et son fils, d'une aristocratie dont la politesse est parfaite, la conversation et l'esprit superficiels. Surtout, elle montre Julien remportant ici sa première victoire; il gagne par sa bonne grâce la sympathie du marquis et de ses familiers et provoque même l'intérêt amusé de l'altière Mathilde, sa fille (II, 3).

Le comte Norbert parut dans la bibliothèque vers les trois heures; il venait étudier un journal, pour pouvoir parler politique le soir, et fut bien aise de rencontrer Julien dont il avait oublié l'existence. Il fut parfait pour lui; il lui offrit de monter à cheval.

— Mon père nous donne congé jusqu'au dîner.

Julien comprit ce *nous* et le trouva charmant.

— Mon Dieu, monsieur le comte, dit Julien, s'il s'agissait d'abattre un arbre de quatre-vingts pieds de haut, de l'équarrir et d'en faire des planches, je m'en tirerais bien, j'ose le dire; mais monter à cheval, cela ne m'est pas arrivé six fois en ma vie.

— Eh bien, ce sera la septième, dit Norbert.

Au fond, Julien se rappelait l'entrée du roi de ***, à Verrière, et croyait monter à cheval supérieurement. Mais, en revenant du bois de Boulogne, au beau milieu de la rue du Bac, il tomba, en voulant éviter brusquement un cabriolet, et se couvrit de boue. Bien lui prit d'avoir deux habits. Au dîner, le marquis voulant lui adresser la parole, lui demanda des nouvelles de sa promenade; Norbert se hâta de répondre en termes généraux.

— Monsieur le comte est plein de bonté pour moi, reprit Julien, je l'en remercie, et j'en sens tout le prix. Il a daigné me faire donner le cheval le plus doux et le plus joli; mais enfin il ne pouvait pas m'y attacher, et, faute de cette précaution, je suis tombé au beau milieu de cette rue si longue, près du pont.

Mademoiselle Mathilde essaya en vain de dissimuler un éclat de rire, ensuite son indiscrétion demanda des détails. Julien s'en tira avec beaucoup de simplicité; il eut de la grâce sans le savoir.

— J'augure bien de ce petit prêtre, dit le marquis à l'académicien; un provincial simple en pareil occurrence! c'est ce qui ne s'est jamais vu et ne se verra plus; et encore il raconte son malheur devant des *dames!*

Julien mit tellement les auditeurs à leur aise sur son infortune qu'à la fin du dîner, lorsque la conversation générale eut pris un autre cours, mademoiselle Mathilde faisait des questions à son frère sur les détails de l'événement malheureux. Ses questions se prolongeant, et Julien rencontrant ses yeux plusieurs fois, il osa répondre directement, quoiqu'il ne fût pas interrogé, et tous trois finirent par rire, comme auraient pu faire trois jeunes habitants d'un village au fond d'un bois.

Désormais la réussite du jeune homme s'affirme. Il gagne la confiance du marquis de la Mole. Mathilde, subjuguée par lui, est devenue sa maîtresse et va l'épouser. Mais Mme de Rênal jalouse dessert Julien auprès du marquis. Pour se venger, il tire sur elle deux coups de pistolet. Condamné à la peine capitale, il meurt sans faiblir.

LA CHARTREUSE DE PARME

LA BATAILLE DE WATERLOO

Fabrice del Dongo s'est engagé dans l'armée de Napoléon et il prend part à la bataille de Waterloo (chap. III).

Stendhal, qui n'a pas assisté à cette bataille mais qui a l'expérience de la guerre, transforme ici des souvenirs vécus. Aussi, son récit réaliste ne nous offre pas, comme le ferait une narration d'historien, un exposé clair et dominé du plan de la bataille et de ses phases. Il se contente de noter les impressions fragmentaires d'un soldat auquel échappe l'évolution d'ensemble du combat.

L'escorte prit le galop; on traversait une grande pièce de terre labourée, située au-delà du canal, et ce champ était jonché de cadavres.

— Les habits rouges! les habits rouges! criaient avec joie les hussards de l'escorte et d'abord Fabrice ne comprenait pas; enfin il remarqua qu'en effet presque tous les cadavres étaient vêtus de rouge. Une circonstance lui donna un frisson d'horreur; il remarqua que beaucoup de ces malheureux habits rouges vivaient encore; ils criaient évidemment pour demander du secours, et personne ne s'arrêtait pour leur en donner. Notre héros, fort humain, se donnait toutes les peines du monde pour que son cheval ne mît les pieds sur aucun habit rouge. L'escorte s'arrêta; Fabrice, qui ne faisait pas assez attention à son devoir de soldat, galopait toujours en regardant un malheureux blessé.

— Veux-tu bien t'arrêter, blanc-bec! (1), lui cria le maréchal des logis (2).

Fabrice s'aperçut qu'il était à vingt pas sur la droite en avant des généraux, et précisément du côté où ils regardaient avec leurs lorgnettes (3). En revenant se ranger à la queue des autres hussards restés à quelques pas en arrière, il vit le plus gros de ces généraux qui parlait à son voisin, général aussi, d'un air d'autorité et presque de réprimande; il jurait. Fabrice ne put retenir sa curiosité; et malgré le conseil de ne point parler, à lui donné par son amie la geôlière, il arrangea une petite phrase bien française, bien correcte, et dit à son voisin :

— Quel est-il ce général qui gourmande (4) son voisin?

— Pardi (5), c'est le maréchal!

— Quel maréchal?

— Le maréchal Ney (6), bêta (7)! Ah çà! où as-tu servi jusqu'ici?

Fabrice, quoique fort susceptible, ne songea point à se fâcher de l'injure; il contemplait, perdu dans une admiration enfantine, ce fameux prince de la Moskowa, le brave des braves.

BALZAC

Sa vie   Né à Tours en 1799, Honoré de Balzac décide à vingt ans de se faire une place dans le monde des lettres. Ses premières œuvres — un drame et plusieurs romans d'inspiration diverses où prédomine l'imagination — sont des échecs. Il tente alors de se lancer dans les affaires, mais son entreprise tourne à un désastre financier. Revenu à la littérature, il publie alors avec succès *les Chouans* (1829) puis *la Peau de chagrin* (1831). Il conçoit bientôt l'idée d'édifier toute une suite de romans, dans lesquels les mêmes personnages reparaîtraient de l'un à l'autre et dont l'ensemble offrirait l'image de la société tout entière. Dans *le Père Goriot* (1834), il applique pour la première fois ce système. Au prix d'un travail régulier et acharné, auquel il consacre quinze heures par jour, il construit roman après roman ce vaste édifice qui comportera près de cent ouvrages. En 1842, il en donne le titre définitif : *La Comédie Humaine* et expose dans un avant-propos ses idées directrices. *La Cousine Bette* (1846) et *le Cousin Pons* (1847) s'inscrivent au premier plan de cette immense production. En 1850, il épousa son amie Mme Hanska, avec laquelle il échangeait depuis près de vingt ans une correspondance passionnée. Épuisé par un travail surhumain, prolongé pendant des années, il meurt quelques mois plus tard.

---

(1) Terme de dérision : jeune homme sans expérience. — (2) Sergent des troupes à cheval. — (3) Longues-vues. — (4) Parler sur un ton de réprimande. — (5) Déformation de pardieu, juron. — (6) Maréchal de France (1769-1815) : il se distingua à la campagne de Russie (la Moskowa). Créé pair de France sous Louis XVIII, il se rallia à Napoléon durant les Cent-Jours. A la seconde Restauration, il fut inculpé de trahison et fusillé. — (7) Imbécile !

Sa doctrine et son œuvre   Dans l'avant-propos de *la Comédie Humaine*, Balzac déclare qu'il a transposé les idées du naturaliste Geoffroy Saint-Hilaire dans le domaine du roman. Selon ce dernier, la diversité des espèces est la conséquence de la diversité des milieux où elles se développent. Pour le romancier, la diversité des hommes est étroitement tributaire des milieux où se déroule leur existence. De ces milieux, il nous offre une image fidèle ; son œuvre est d'abord une fresque immense de la société à l'époque de la Restauration et de la Monarchie de Juillet, à Paris et en province. Il évoque les puissances du jour qui l'écrasent : l'argent, la presse, la bureaucratie ; il dépeint les passions qui l'agitent frénétiquement : l'ambition, la cupidité, la soif du plaisir ; il rappelle les problèmes politiques, économiques et sociaux auxquels elle se heurte. C'est tout un monde qui revit.

Au sein de cette société, les personnages apparaissent à la fois comme des types, en proie à une passion ou à un vice qui les domine, et comme des individus marqués, chacun à leur manière, par leurs antécédents, leur âge, leur origine, leur milieu, leur profession. Romancier réaliste, Balzac nous les révèle en profondeur, à travers la qualité originale de leurs propos, leur costume, leur silhouette, leur visage. Il les prend souvent dans la vie, mais les anime de son génie de visionnaire, leur donne des proportions plus qu'humaines, les grandit à la taille d'un symbole. L'intrigue, méthodiquement posée, progresse vigoureusement, à travers des digressions souvent pesantes et des scènes éclatantes. Le style, parfois embarrassé, verbeux, outrancier, est le plus souvent dynamique, semé d'images, riche en formules qui frappent : il est aux dimensions de l'homme et de ses sujets.

LE PÈRE GORIOT

Comme l'indique le titre, le personnage mis au premier plan par Balzac dans le roman est le père Goriot, un vieil homme qu'anime une passion unique : l'amour qu'il porte à ses filles. Pour leur assurer le luxe, il a accepté de vivre dans la misère. Abandonné par elles, il meurt avec le nom de ses « anges » sur les lèvres (1).

Dans ce roman d'armature complexe, comme il arrive généralement chez Balzac, figurent auprès du père Goriot d'autres personnages essentiels, qui poursuivent sur leur plan personnel leurs visées particulières, sans que la netteté de l'intrigue en souffre ; Vautrin est l'un des plus représentatifs.

LA PENSION VAUQUER

Selon Balzac, le caractère des hommes est fortement marqué par le cadre de leur existence. Il juge donc nécessaire de commencer son roman par une longue description de la pension de famille où se passe l'essentiel de l'intrigue. Cette atmosphère d'une maison dominée par la laideur et l'esprit de lésine (2) nous fait déjà participer à la vie mesquine où vont se débattre les personnages.

La description du salon — la pièce d'apparat ! — est très significative de la manière de Balzac : la précision détaillée d'un « état des lieux » et l'énumération minutieuse des éléments d'un mobilier vétuste, médiocre et prétentieux joint aux notations objectives l'humour féroce de l'écrivain.

Naturellement destiné à l'exploitation de la pension bourgeoise, le rez-de-chaussée se compose d'une première pièce éclairée par les deux croisées (3) de la rue, et où l'on entre par une porte-fenêtre. Ce salon communique à une salle à manger qui est séparée de la cuisine par

---

(1) Ce personnage est à maints égards une réplique bourgeoise du King Lear de Shakespeare. — (2) Epargne sordide. — (3) Fenêtres.

la cage d'un escalier dont les marches sont en bois et en carreaux mis en couleur et frottés. Rien n'est plus triste à voir que ce salon meublé de fauteuils et de chaises en étoffe de crin à raies alternativement mates et luisantes. Au milieu se trouve une table ronde à dessus de marbre Saint-Anne (1), décorée de ce cabaret (2) en porcelaine blanche ornée de filets d'or effacés à demi, que l'on rencontre partout aujourd'hui. Cette pièce, assez mal planchéiée, est lambrissée (3) à hauteur d'appui. Le surplus des parois est tendu d'un papier verni représentant les principales scènes de *Télémaque,* et dont les classiques personnages sont coloriés. Le panneau d'entre les croisées grillagées offre aux pensionnaires le tableau du festin donné au fils d'Ulysse par Calypso. Depuis quarante ans, cette peinture excite les plaisanteries des jeunes pensionnaires, qui se croient supérieurs à leur position en se moquant du dîner auquel la misère les condamne. La cheminée en pierre, dont le foyer toujours propre atteste qu'il ne s'y fait de feu que dans les grandes occasions, est ornée de deux vases pleins de fleurs artificielles, vieillies et encagées (4), qui accompagnent une pendule en marbre bleuâtre du plus mauvais goût. Cette première place exhale une odeur sans nom dans la langue, et qu'il faudrait appeler *l'odeur de pension.* Elle sent le renfermé, le moisi, le rance; elle donne froid, elle est humide au nez, elle pénètre les vêtements; elle a le goût d'une salle où l'on a dîné; elle pue le service, l'office, l'hospice. Peut-être pourrait-elle se décrire si l'on inventait un procédé pour évaluer les quantités élémentaires et nauséabondes qu'y jettent les atmosphères catarrhales et *sui generis* de chaque pensionnaire, jeune ou vieux.

LE PORTRAIT DE VAUTRIN

Après le cadre, la galerie des portraits. Celui de Vautrin ne nous laisse rien ignorer de son aspect physique, de ses talents, de ses manières populaires, enjouées et superficiellement bonhommes (5). La personnalité inquiétante du personnage est fortement suggérée à partir de cette peinture. Ses activités louches sont pressenties et nous orientent déjà vers le rôle qu'il va jouer au sein de l'intrigue. Sous les détails concrets et colorés, les portraits de Balzac sont riches de valeur psychologique et d'intérêt dramatique.

Entre ces deux personnages (6) et les autres, Vautrin, l'homme de quarante ans, à favoris peints, servait de transition. Il était un de ces gens dont le peuple dit : voilà un fameux gaillard! Il avait les épaules larges, le buste bien développé, les muscles apparents, des mains épaisses, carrées et fortement marquées aux phalanges par des bouquets de poils touffus et d'un roux ardent. Sa figure, rayée par des rides prématurées, offrait des signes de dureté que démentaient ses manières souples et liantes. Sa voix de basse-taille (7), en harmonie avec sa grosse gaieté, ne déplaisait point. Il était obligeant et rieur. Si quelque serrure allait mal, il l'avait bientôt démontée, rafistolée (8), huilée, limée, remontée, en disant : ça me connaît. Il connaissait tout d'ailleurs, les vaisseaux, la mer, la France, l'étranger, les affaires, les hommes, les événements, les lois, les hôtels et les prisons. Si quelqu'un se plaignait par trop, il lui offrait aussitôt ses services. Il avait prêté plusieurs fois de l'argent à Mme Vauquer et à quelques pensionnaires; mais ses obligés seraient morts plutôt que de ne pas le lui rendre, tant, malgré son air bonhomme, il imprimait de crainte par un certain regard profond et plein de résolution. A la manière dont il lançait un jet de salive, il annonçait un sang-froid imperturbable qui ne devait pas le faire reculer devant un crime pour sortir d'une position équivoque. Comme un juge sévère son œil semblait aller au fond de toutes les questions, de toutes les consciences, de tous les sentiments. Ses mœurs consistaient à sortir après le déjeuner, à revenir pour dîner, à décamper pour toute la soirée, et à rentrer vers minuit, à l'aide d'un passe-partout (9) que lui avait confié Mme Vauquer. Lui seul jouissait de cette faveur. Mais aussi était-il au mieux avec la veuve, qu'il appelait maman en la saisissant par la taille, flatterie peu comprise! La bonne femme croyait la chose encore facile, tandis que Vautrin seul avait les bras assez longs pour presser cette pesante circonférence. Un trait de son caractère était de payer généreusement quinze francs par mois pour le *gloria* (10) qu'il prenait au dessert. Des gens moins superficiels que ne l'étaient ces jeunes gens emportés par les tourbillons de la vie parisienne, ou ces

---

(1) Marbre gris tacheté de blanc. — (2) Plateau supportant tasses ou verres à liqueurs. — (3) Revêtue de panneaux de bois. — (4) Placer sous un globe de verre. — (5) Joviales. — (6) Deux des pensionnaires de la pension de Mme Vauquer, Victorine Taillefer et Eugène de Rastignac. — (7) Voix de basse chantante. — (8) Réparée grossièrement. — (9) Clé permettant d'ouvrir plusieurs serrures différentes. — (10) Liqueur chaude composée de café et d'eau-de-vie.

vieillards indifférents à ce qui ne les touchait pas directement, ne se seraient pas arrêtés à l'impression douteuse que leur causait Vautrin. Il savait ou devinait les affaires de ceux qui l'entouraient, tandis que nul ne pouvait pénétrer ni ses pensées ni ses occupations. Quoiqu'il eût jeté son apparente bonhomie, sa constante complaisance et sa gaieté comme une barrière entre les autres et lui, souvent il laissait percer l'épouvantable profondeur de son caractère. Souvent une boutade (1) digne de Juvénal, et par laquelle il semblait se complaire à bafouer (2) les lois, à fouetter la haute société, à la convaincre d'inconséquence avec elle-même, devait faire supposer qu'il gardait rancune à l'état social, et qu'il y avait au fond de sa vie un mystère soigneusement enfoui.

L'ARRESTATION DE VAUTRIN

Vautrin, surnommé Trompe-la-Mort, de son vrai nom Jacques Collin est un forçat évadé. Il est démasqué et on vient l'arrêter.

C'est l'occasion d'une de ces grandes scènes où éclate le talent de Balzac. Au centre, s'impose Vautrin qui, tout masque jeté, retrouve son vrai visage : son aspect physique révélateur, son langage emprunté à l'argot des prisons, sa gouaille (3) populaire. Face à ces gens qui l'entourent et qu'il écrase de son mépris, Vautrin prend des proportions gigantesques et symbolise, dans sa doctrine et dans ses actes, l'Ennemi de la Société.

En ce moment, l'on entendit le pas de plusieurs hommes, et le bruit de quelques fusils que des soldats firent sonner sur le pavé de la rue. Au moment où Collin cherchait machinalement une issue en regardant les fenêtres et les murs, quatre hommes se montrèrent à la porte du salon. Le premier était le chef de la police de sûreté, les trois autres étaient des officiers de paix.

— Au nom de la loi et du roi, dit un des officiers dont le discours fut couvert par un murmure d'étonnement.

Bientôt le silence régna dans la salle à manger, les pensionnaires se séparèrent pour livrer passage à trois de ces hommes qui tous avaient la main dans leur poche de côté et y tenaient un pistolet armé. Deux gendarmes qui suivaient les agents occupèrent la porte du salon, et deux autres se montrèrent à celle qui sortait par l'escalier. Le pas et les fusils de plusieurs soldats retentirent sur le pavé caillouteux qui longeait la façade. Tout espoir de fuite fut donc interdit à Trompe-la-Mort, sur qui tous les regards s'arrêtèrent irrésistiblement. Le chef alla droit à lui, commença par lui donner sur la tête une tape si violemment appliquée qu'il fit sauter la perruque et rendit à la tête de Collin toute son horreur. Accompagnées de cheveux rouge-brique et courts qui leur donnaient un épouvantable caractère de force mêlée de ruse, cette tête et cette face, en harmonie avec le buste, furent intelligemment illuminées comme si les feux de l'enfer les eussent éclairées. Chacun comprit tout Vautrin, son passé, son présent, son avenir, ses doctrines implacables, la religion de son bon plaisir, la royauté que lui donnaient le cynisme de ses pensées, de ses actes, et la force d'une organisation faite à tout. Le sang lui monta au visage, et ses yeux brillèrent comme ceux d'un chat sauvage. Il bondit sur lui-même par un mouvement empreint d'une si féroce énergie, il rugit si bien qu'il arracha des cris de terreur à tous les pensionnaires. A ce geste de lion, et s'appuyant de la clameur générale, les agents tirèrent leurs pistolets. Collin comprit son danger en voyant briller le chien (4) de chaque arme, et donna tout à coup la preuve de la plus haute puissance humaine. Horrible et majestueux spectacle ! sa physionomie présenta un phénomène qui ne peut être comparé qu'à celui de la chaudière pleine de cette vapeur fumeuse qui soulèverait des montagnes, et que dissout en un clin d'œil une goutte d'eau froide. La goutte d'eau qui froidit sa rage fut une réflexion rapide comme un éclair. Il se mit à sourire et regarda sa perruque.

— Tu n'es pas dans tes jours de politesse, dit-il au chef de la police de sûreté. Et il tendit ses mains aux gendarmes en les appelant par un signe de tête. Messieurs les gendarmes, mettez-moi les menottes ou les poucettes (5). Je prends à témoin les personnes présentes que je ne résiste pas. Un murmure admiratif, arraché par la promptitude avec laquelle la lave et le feu sortirent et rentrèrent dans ce volcan humain, retentit dans la salle. — Ça te la coupe (6), monsieur l'enfonceur (7), reprit le forçat en regardant le célèbre directeur de la police judiciaire.

— Allons, qu'on se déshabille, lui dit l'homme de la petite rue Saint-Anne d'un air plein de mépris.

— Pourquoi? dit Collin, il y a des dames. Je ne nie rien et je me rends.

Il fit une pause, et regarda l'assemblée comme

---

(1) Formule spirituelle. — (2) Ridiculiser. — (3) Ses railleries. — (4) Pièce de fusil qui frappe et enflamme l'amorce. — (5) Chaînette à cadenas pour lier les pouces d'un prisonnier. — (6) Expression argotique : ça te coupe la parole. — (7) En argot : pourvoyeur des prisons.

un orateur qui va dire des choses surprenantes.

— Écrivez, papa Lachapelle, dit-il en s'adressant à un petit vieillard en cheveux blancs qui s'était assis au bout de la table après avoir tiré d'un portefeuille le procès-verbal de l'arrestation. Je reconnais être Jacques Collin, dit Trompe-la-Mort, condamné à vingt ans de fers; et je viens de prouver que je n'ai pas volé mon surnom. Si j'avais seulement levé la main, dit-il aux pensionnaires, ces trois mouchards-là (1) répandaient tout mon *raisiné* sur le *trimar* (2) domestique de maman Vauquer. Ces drôles se mêlent de combiner des guetapens!

Mme Vauquer se trouva mal en entendant ces mots.

VICTOR HUGO

Au sein de la production romanesque de Victor Hugo, deux œuvres essentielles se détachent : *Notre-Dame de Paris* et *les Misérables*.

NOTRE-DAME DE PARIS

Notre-Dame de Paris (1831) est un roman historique. Le goût des romantiques en général, et de Hugo en particulier, pour les grandes fresques où revit l'atmosphère d'une époque révolue peut s'y déployer plus à l'aise que dans le drame. Les dons du poète animent et agrandissent à des dimensions épiques le tableau de Paris au XVe siècle et des foules bigarrées qui s'y pressent.

L'intrigue, assez banale, s'organise autour d'une bohémienne, la Esmeralda, qui aime le séduisant capitaine Phœbus et que convoitent un prêtre, Claude Frollo, et un monstre difforme, Quasimodo. Mais le jeu impitoyable des passions entraîne irrésistiblement vers la mort tous ces êtres, sous l'effet d'une fatalité qui les domine, et enveloppe le drame d'une atmosphère tragique.

LA COUR DES MIRACLES

Le poète Gringoire, poursuivi en pleine nuit par des mendiants, se retrouve tout à coup au milieu de cette Cour des Miracles qui est le lieu de rassemblement de tous les gueux de Paris. L'auteur s'efface ici judicieusement derrière son personnage. Au lieu d'une description précise et impersonnelle, il évoque la vision presque hallucinante qui s'impose aux regards d'un homme traqué et affolé (II, 6).

« Enfin, il atteignit l'extrémité de la rue. Elle débouchait sur une place immense, où mille lumières éparses vacillaient dans le brouillard confus de la nuit. Gringoire s'y jeta, espérant échapper par la vitesse de ses jambes aux trois spectres infirmes qui s'étaient cramponnés à lui.

— *Onde vas, hombre* (3)? cria le perclus jetant là ses béquilles, et courant après lui avec les deux meilleures jambes qui eussent jamais tracé un pas géométrique sur le pavé de Paris.

Cependant le cul-de-jatte, debout sur ses pieds, coiffait Gringoire de sa lourde jatte (4) ferrée, et l'aveugle le regardait en face avec des yeux flamboyants.

— Où suis-je? dit le poète terrifié.

— Dans la Cour des Miracles, répondit un quatrième spectre qui les avait accostés.

— Sur mon âme, reprit Gringoire, je vois bien les aveugles qui regardent et les boiteux qui courent : mais où est le Sauveur?

Ils répondirent par un éclat de rire sinistre.

Le pauvre poète jeta les yeux autour de lui. Il était en effet dans cette redoutable Cour des Miracles, où jamais honnête homme n'avait pénétré à pareille heure; cercle magique où les officiers du Châtelet (5) et les sergents de la prévôté (6) qui s'y aventuraient disparaissaient en miettes; cité des voleurs, hideuse verrue à la face de Paris; égout d'où s'échappait chaque matin, et où revenait croupir chaque

_____

(1) Dénonciateur. — (2) Mots d'argot : raisiné = le sang; le trimard = le sol. — (3) Où vas-tu, l'homme. — (4) Caisse dans laquelle est installé l'infirme. — (5) Siège de la justice royale. — (6) Tribunal du prévôt de Paris.

nuit, ce ruisseau de vices, de mendicité et de vagabondage, toujours débordé dans les rues des capitales; ruche monstrueuse où rentraient le soir avec leur butin tous les frelons de l'ordre social; hôpital menteur où le bohémien, l'écolier perdu, les vauriens de toutes les nations, Espagnols, Italiens, Allemands, de toutes les religions, juifs, chrétiens, mahométans, idolâtres, couverts de plaies fardées, mendiant le jour, se transfiguraient la nuit en brigands; immense vestiaire, en un mot, où s'habillaient et se déshabillaient à cette époque tous les acteurs de cette comédie éternelle que le vol et le meurtre jouent sur le pavé de Paris.

C'était une vaste place, irrégulière et mal pavée, comme toutes les places de Paris alors. Des feux autour desquels fourmillaient des groupes étranges y brillaient çà et là. Tout cela allait, venait, criait. On entendait des rires aigus, des vagissements d'enfants, des voix de femmes. Les mains, les têtes de cette foule, noires sur le fond lumineux, y découpaient mille gestes bizarres. Par moments, sur le sol, où tremblait la clarté des feux, mêlée à de grandes ombres indéfinies, on pouvait voir passer un chien qui ressemblait à un homme, un homme qui ressemblait à un chien. Les limites des races et des espèces semblaient s'effacer dans cette cité comme dans un pandémonium (1). Hommes, femmes, bêtes, âge, sexe, santé, maladies, tout semblait être en commun parmi ce peuple; tout allait ensemble, mêlé, confondu, superposé; chacun y participait de tout.

Le rayonnement chancelant et pauvre des feux permettait à Gringoire de distinguer, à travers son trouble, tout à l'entour de l'immense place, un hideux encadrement de vieilles maisons dont les façades vermoulues, ratatinées, rabougries, percées chacune d'une ou deux lucarnes éclairées, lui semblaient dans l'ombre d'énormes têtes de vieilles femmes rangées en cercle, monstrueuses et rechignées, qui regardaient le sabbat (2) en clignant des yeux.

C'était comme un nouveau monde, inconnu, inouï, difforme, reptile, fourmillant, fantastique.

LES MISÉRABLES

Les Misérables (1862), plus encore qu'un roman historique, élargi lui aussi aux dimensions de l'épopée, est un roman social qui dénonce les conséquences tragiques de l'injustice, de l'ignorance et de la misère, et prêche la bonté et la charité. Le thème essentiel du roman est celui de la rédemption d'un forçat libéré, Jean Valjean, qui voue son existence au soulagement des malheureux, assiste jusque dans son agonie Fantine, la femme abandonnée, recueille sa fille Cosette et sauve même la vie du policier Javert, attaché pourtant à sa perte.

WATERLOO

Le récit de cette bataille, qui occupe dans l'ouvrage un livre entier (II, 1), se rattache d'une manière assez lâche à la trame du roman dont la matière est riche et diverse. Dans cet épisode, en dépit des précisions nombreuses données à la fois sur les troupes engagées et sur les manœuvres qu'elles exécutent, la description réaliste se transfigure en épopée : les exploits des combattants les élèvent au-dessus de l'humain et le combat prend figure de cataclysme. Le récit de la même bataille par Stendhal (3) offre par opposition, dans sa précision dépouillée, un exemple de parfait réalisme.

En même temps que le ravin, la batterie (4) s'était démasquée.

Soixante canons et les treize carrés foudroyèrent les cuirassiers à bout portant. L'intrépide général Delord fit le salut militaire à la batterie anglaise.

Toute l'artillerie volante anglaise était rentrée au galop dans les carrés. Les cuirassiers (5) n'eurent pas même un temps d'arrêt. Le désastre du chemin creux (6) les avait décimés, mais non découragés. C'étaient de ces hommes qui, diminués de nombre, grandissent de cœur.

La colonne Wathier seule avait souffert du désastre; la colonne Delord, que Ney avait fait obliquer à gauche, comme s'il pressentait l'embûche, était arrivée entière.

Les cuirassiers se ruèrent sur les carrés anglais.

---

1) Lieu de réunion de tous les esprits infernaux. — (2) Assemblée de sorciers et de sorcières. — (3) Voir pp. 352-353. — (4) La batterie anglaise. — (5) Commandés par Ney. — (6) Le chemin creux d'Ohain, obstacle imprévu où s'étaient écrasés hommes et chevaux au cours de la charge des cuirassiers contre l'infanterie anglaise.

Ventre à terre, brides lâches, sabre au dent, pistolet au poing, telle fut l'attaque.

Il y a des moments dans les batailles où l'âme durcit l'homme jusqu'à changer le soldat en statue, et où toute cette chair se fait granit. Les bataillons anglais, éperdument assaillis, ne bougèrent pas.

Alors, ce fut effrayant.

Toutes les faces des carrés anglais furent attaquées à la fois. Un tournoiement frénétique les enveloppa. Cette froide infanterie demeura impassible. Le premier rang, genou en terre, recevait les cuirassiers sur les baïonnettes, le second rang les fusillait, derrière le second rang, les canonniers chargeaient les pièces, le front du carré s'ouvrait, laissait passer une éruption de mitraille et se refermait. Les cuirassiers répondaient par l'écrasement. Leurs grands chevaux se cabraient, enjambaient les rangs, sautaient par-dessus les baïonnettes et tombaient, gigantesques, au milieu de ces quatre murs vivants. Les boulets faisaient des trouées dans les cuirassiers, les cuirassiers faisaient des brèches dans les carrés. Des files d'hommes disparaissaient broyées sous les chevaux. Les baïonnettes s'enfonçaient dans les ventres de ces centaures. De là une difformité de blessures qu'on n'a pas vue peut-être ailleurs. Les carrés, rongés par cette cavalerie forcenée, se rétrécissaient sans broncher. Inépuisables en mitraille, ils faisaient explosion au milieu des assaillants. La figure de ce combat était monstrueuse. Ces carrés n'étaient plus des bataillons, c'étaient des cratères; ces cuirassiers n'étaient plus une cavalerie, c'était une tempête. Chaque carré était un volcan attaqué par un nuage; la lave combattait la foudre.

MÉRIMÉE

Sa vie   Prosper Mérimée, né à Paris en 1803, débute dans les lettres par deux mystifications : *Le Théâtre de Clara Gazul* (1825) et *la Guzla* (1827). Il s'oriente ensuite avec bonheur vers le roman historique avec la *Chronique du règne de Charles IX* (1829), puis trouve dans le genre littéraire de la nouvelle un cadre qui s'accorde parfaitement avec son tempérament; *Mosaïque* (1833) rassemble plusieurs récits assez courts dont *Mateo Falcone* est le plus connu. En 1834, il est nommé inspecteur général des monuments historiques et entreprend de nombreux voyages en France et à l'étranger. En 1840, paraît *Colomba* et, en 1845, *Carmen*. Esprit curieux, il s'intéresse à la littérature russe qu'il contribue à faire connaître en France. L'avènement du second Empire et l'amitié d'Eugénie de Montijo lui valent de fréquenter les Tuileries et d'être nommé sénateur. Il meurt à Cannes, en septembre 1870.

Son art   Contemporain des grands romantiques, né un an après Victor Hugo, Mérimée a écrit la presque totalité de son œuvre avant 1850. Pourtant l'influence romantique le marque assez peu, sauf dans ses premiers romans qui s'attachent à faire revivre, à travers les siècles et dans leur vérité colorée, des époques où se déchaînaient les passions, et dans plusieurs de ses récits qui témoignent de son goût pour le fantastique.

Contrairement à la plupart de ses contemporains, il a le souci d'être impersonnel. Même dans l'évocation d'une scène pathétique, il n'a garde de se laisser gagner par l'émotion et se retranche derrière l'exactitude sobre de sa peinture, parfois jusqu'à la sécheresse. Son honnêteté d'érudit ne saurait se contenter de la couleur locale clinquante et superficielle qui s'étale dans la plupart des drames romantiques. Il a écrit *Colomba* au retour d'un voyage en Corse, après avoir rendu visite à Colomba Carabelli, l'héroïne de l'histoire vécue qui lui servit de modèle. Dans les limites de la nouvelle, plus étroites que celles d'un roman, il campe en quelques traits le paysage et les personnages, dont la psychologie s'exprime par le comportement saisi dans sa vérité pittoresque, et il fait progresser rigoureusement l'intrigue. Son art lucide, mesuré, équilibré s'apparente à l'art classique.

MATEO FALCONE

LE PRIX D'UNE TRAHISON

Après avoir aidé un fugitif à se cacher, un enfant corse, le petit Fortunato, l'a livré aux soldats lancés à sa poursuite. Son père, Mateo Falcone, vient d'apprendre cette trahison.

Le cadre est esquissé très légèrement dans sa note originale, les mœurs patriarcales nous sont suggérées par cette autorité absolue du père de famille, l'âme corse apparaît avec ses dominantes : l'inflexible sentiment de l'honneur, la foi un peu étroite mais fervente. Mérimée restitue la couleur locale.

Le pathétique est puissant et discret. Le désespoir de l'enfant à bout de larmes, repentant et non révolté, le désarroi presque muet de la mère, la froide et méthodique détermination de ce justicier inhumain dont le dessein se dévoile progressivement, touchent d'autant plus que Mérimée se contente de nous faire assister objectivement au drame.

Les sanglots et les hoquets de Fortunato redoublèrent et Falcone tenait ses yeux de lynx toujours attachés sur lui. Enfin il frappa de la crosse de son fusil, puis le rejeta sur son épaule et reprit le chemin du maquis en criant à Fortunato de le suivre. L'enfant obéit.

Giuseppa courut après Mateo et lui saisit le bras.

— C'est ton fils, lui dit-elle d'une voix tremblante en attachant ses yeux noirs sur ceux de son mari, comme pour lire ce qui se passait dans son âme.

— Laisse-moi, répondit Mateo : je suis son père.

Giuseppa embrassa son fils et entra en pleurant dans sa cabane. Elle se jeta à genoux devant une image de la Vierge et pria avec ferveur. Cependant Falcone marcha quelque deux cents pas dans le sentier et ne s'arrêta que dans un petit ravin où il descendit. Il sonda la terre avec la crosse de son fusil et la trouva molle et facile à creuser. L'endroit lui parut convenable pour son dessein.

— Fortunato, va auprès de cette grosse pierre.

L'enfant fit ce qu'il lui commandait, puis il s'agenouilla.

— Dis tes prières.

— Mon père, mon père, ne me tuez pas !

— Dis tes prières ! répéta Mateo d'une voix terrible.

L'enfant tout en balbutiant et en sanglotant, récita le Pater et le Credo. Le père, d'une voix forte, répondait Amen ! à la fin de chaque prière.

— Sont-ce là toutes les prières que tu sais?

— Mon père, je sais encore l'Ave Maria et la litanie que ma tante m'a apprise.

— Elle est bien longue, n'importe.

L'enfant acheva la litanie d'une voix éteinte.

— As-tu fini?

— Oh! mon père, grâce! pardonnez-moi! Je ne le ferai plus! Je prierai tant mon cousin le caporal qu'on fera grâce au Gianetto.

Il parlait encore, Mateo avait armé son fusil et le couchait en joue (1) en lui disant :

— Que Dieu te pardonne!

L'enfant fit un effort désespéré pour se relever et embrasser les genoux de son père; mais il n'en eut pas le temps, Mateo fit feu, et Fortunato tomba raide mort.

Sans jeter un coup d'œil sur le cadavre, Mateo reprit le chemin de sa maison pour aller chercher une bêche afin d'enterrer son fils. Il avait fait à peine quelques pas qu'il rencontra Giuseppa, qui accourait alarmée du coup de feu.

— Qu'as-tu fait? s'écria-t-elle.

— Justice.

— Où est-il?

— Dans le ravin. Je vais l'enterrer. Il est mort en chrétien; je lui ferai chanter une messe. Qu'on dise à mon gendre Tiodoro Bianchi de venir demeurer avec nous.

GEORGE SAND

Sa vie   Née à Paris en 1804, Aurore Dupin, qui prendra plus tard en littérature le pseudonyme de George Sand, passe son enfance à Nohant, dans le Berry, auprès de sa grand-mère. Mariée à dix-huit ans au baron Dudevant, elle se sépare de lui

---

(1) Le mettait en position de tir.

BAUDELAIRE

VICTOR HUGO

Cl. Archives photographiques.

Cl. Archives photographiques.

GEORGE SAND

Cl. Archives photographiques.

ZOLA

MALLARMÉ

Cl. Archives photographiques.

Cl. Archives photographiques.

Félix Tournachon, dit Nadar, fait de la photographie un art. C'est en portraitiste qu'il saisit dans de fugitives expressions la personnalité profonde de ses modèles.

Cl. X.

LE BOULEVARD DES ITALIENS VERS 1860
Les Grands Boulevards deviennent le centre de la vie parisienne avec leurs cafés à la mode
et leurs magasins de luxe.

Cl. Roger-Viollet

quelques années plus tard et publie *Indiana* (1831) et *Lélia* (1833), romans qui proclament les droits de la passion en face des conventions sociales. Elle compose ensuite *Mauprat* (1837), *le Meunier d'Angibault* (1845), romans d'inspiration sociale et humanitaire. De retour à Nohant, elle écrit des romans champêtres : *La Mare au Diable* (1846), *François le Champi* (1847), *la Petite Fadette* (1848), *les Maîtres sonneurs* (1853), où revivent dans un cadre pittoresque et poétique les paysans au milieu desquels se passera désormais son existence. Elle meurt en 1876.

Son talent   Les romans de George Sand sont lyriques et idéalistes. Elle y épanche ses propres sentiments, elle y chante sa foi dans la bonté de l'homme et dans l'avènement du progrès social. Elle se plaît à mettre en scène des personnages empreints de générosité et de noblesse. Mais la pénétration de sa psychologie et la qualité de sa vision font que son œuvre ne manque ni de vérité ni de pittoresque. Dans ses romans champêtres en particulier, elle a su restituer les lignes et la couleur de ces paysages du Berry où elle a passé la plus grande partie de sa vie. Ses paysans, saisis avec justesse dans le cadre de leurs soucis et de leurs occupations quotidiennes, s'expriment dans une langue simple, semée de quelques expressions savoureuses empruntées au terroir. L'intrigue se développe avec aisance et le lecteur communie à ce climat de sympathie que l'auteur sait créer autour de ses personnages.

LA MARE AU DIABLE

Germain, « le fin laboureur », qui aime passionnément sa terre et son métier, resté veuf avec trois enfants, accepte de se remarier sur le conseil de ses beaux-parents. Mais, au lieu de la veuve riche et coquette qu'on lui destine, il épousera Marie, une jeune bergère pauvre qui répond à son amour.

LE LABOUR

Cette description, qui figure dans le second chapitre du roman, crée l'atmosphère du récit : l'évocation du cadre champêtre par une « journée claire et tiède », l'impression de force et de sérénité qui se dégage des acteurs, bêtes et gens, appliqués à leur simple et noble tâche, concourent à créer un climat de calme plénitude. L'art de George Sand sait allier l'exactitude pittoresque de la peinture au souci de donner de cette vie proche de la nature une image idéalisée empreinte de beauté et de noblesse.

... Le paysage était vaste [...] et encadrait de grandes lignes de verdure, un peu rougie aux approches de l'automne, ce large terrain d'un brun vigoureux (1), où des pluies récentes avaient laissé, dans quelques sillons, des lignes d'eau que le soleil faisait briller comme de minces filets d'argent. La journée était claire et tiède, et la terre, fraîchement ouverte par le tranchant des charrues, exhalait une vapeur légère...

Ce qui attira ensuite mon attention était véritablement un beau spectacle, un noble sujet pour un peintre. A l'autre extrémité de la plaine labourable, un jeune homme de bonne mine (2) conduisait un attelage magnifique : quatre paires de jeunes animaux à robe sombre mêlée de noir fauve à reflets de feu, avec ces têtes courtes et frisées qui sentent encore le taureau sauvage, ces gros yeux farouches, ces mouvements brusques, ce travail nerveux et saccadé qui s'irrite encore du joug et de l'aiguillon et n'obéit qu'en frémissant de colère à la domination nouvellement imposée. C'est ce qu'on appelle des bœufs *fraîchement liés*. L'homme qui les gouvernait avait à défricher un coin naguère abandonné au pâturage et rempli de souches séculaires, travail d'athlète auquel suffisaient à peine son énergie, sa jeunesse et ses huit animaux quasi indomptés.

Un enfant de six à sept ans (3), beau comme un ange, et les épaules couvertes, sur sa blouse,

---

(1) Accentué. — (2) Le héros du roman, Germain. — (3) Le fils de Germain, Petit-Pierre.

d'une peau d'agneau qui le faisait ressembler au petit saint Jean-Baptiste des peintres de la Renaissance, marchait dans le sillon parallèle à la charrue et piquait le flanc des bœufs avec une gaule longue et légère, armée d'un aiguillon peu acéré. Les fiers (1) animaux frémissaient sous la petite main de l'enfant, et faisaient grincer les jougs et les courroies liés à leur front, en imprimant au timon de violentes secousses. Lorsqu'une racine arrêtait le soc, le laboureur criait d'une voix puissante, appelant chaque bête par son nom, mais plutôt pour calmer que pour exciter ; car les bœufs, irrités par cette brusque résistance, bondissaient, creusaient la terre de leurs larges pieds fourchus, et se seraient jetés de côté emportant l'areau (2) à travers champs, si de la voix et de l'aiguillon, le jeune homme n'eût maintenu les quatre premiers, tandis que l'enfant gouvernait les quatre autres. Il criait aussi, le pauvret, d'une voix qu'il voulait rendre terrible et qui restait douce comme sa figure angélique. Tout cela était beau de force ou de grâce : le paysage, l'homme, l'enfant, les taureaux sous le joug ; et, malgré cette lutte puissante, où la terre était vaincue, il y avait un sentiment de douceur et de calme profond qui planait sur toutes choses. Quand l'obstacle était surmonté et que l'attelage reprenait sa marche égale et solennelle, le laboureur, dont la feinte violence n'était qu'un exercice de vigueur et une dépense d'activité, reprenait tout à coup la sérénité des âmes simples et jetait un regard de contentement paternel sur son enfant, qui se retournait pour lui sourire.

RENOUVEAU DE L'HISTOIRE

Au XIXᵉ siècle, on assiste, à la faveur de circonstances diverses, à un renouveau des études historiques. Sur le plan littéraire d'abord, l'importance que donne le romantisme à la « couleur locale » développe le sens et la curiosité du passé. Sur le plan politique, le régime parlementaire, sous la Restauration et sous le gouvernement de Louis-Philippe, offrira l'occasion de nombreux débats où les précédents historiques seront maintes fois évoqués pour orienter et justifier l'action présente. L'histoire devient inséparable de l'actualité et il est significatif de remarquer que plusieurs grands historiens de cette époque, comme Thiers, Guizot, Tocqueville, jouent dans la vie politique un rôle de premier plan. Enfin, le développement des sciences auxiliaires de l'histoire, avec la contribution importante que l'étude des monuments et des inscriptions apporte à la connaissance du passé, et la création d'écoles spécialisées comme l'École des Chartes (1816), orientent définitivement les chercheurs vers une conception scientifique de l'histoire à laquelle, au siècle précédent, Voltaire et Montesquieu avaient ouvert la voie.

Histoire narrative et philosophie de l'histoire Dans cette floraison d'œuvres qui ont marqué, au cours de la première moitié du XIXᵉ siècle, le renouveau des études historiques, deux tendances se manifestent. Certains historiens s'attachent essentiellement à offrir une narration vivante des événements ; c'est le cas d'Augustin Thierry (1795-1856) qui, dans ses *Récits des temps mérovingiens* (1840), fait une relation colorée et dramatique d'épisodes qui ont pour cadre la Gaule au VIᵉ siècle. D'autres s'appliquent surtout à dégager à la lumière des faits une philosophie de l'Histoire. Ainsi Guizot (1787-1874), dans son *Histoire de la civilisation en France* (1845), illustre cette idée que les classes moyennes constituent la force d'une nation et, qu'à ce titre, la prospérité en France est liée à l'exercice du pouvoir par la bourgeoisie.

De son côté, le comte de Tocqueville (1805-1858) pense que l'évolution historique à travers les siècles conduit irrésistiblement à l'avènement de la démocratie. Voilà pourquoi il se tourne d'emblée vers un pays où se trouve réalisé pleinement un régime d'égalité et de liberté et consacre à *la Démocratie en Amérique* (1835-1840) un ouvrage capital.

---

(1) Farouches. — (2) Charrue (en patois berrichon).

Il y étudie le système politique des États-Unis ; il y montre l'influence d'une constitution démocratique sur les sentiments, les mœurs, le mouvement intellectuel, enfin il en tire des conclusions applicables à la France.

LA DÉMOCRATIE EN AMÉRIQUE

INTRODUCTION

L'introduction de l'ouvrage pose fortement l'idée que, d'une étape à l'autre, l'évolution démocratique se poursuit non seulement en France, mais « dans tout l'univers chrétien ». Les faits, et c'est là une conception originale des études historiques, n'intéressent Tocqueville que dans la stricte mesure où ils permettent de dégager et d'illustrer les lois qui gouvernent l'histoire.

Lorsqu'on parcourt les pages de notre histoire, on ne rencontre pour ainsi dire pas de grands événements qui, depuis sept cents ans, n'aient tourné au profit de l'égalité.

Les croisades et les guerres des Anglais déciment les nobles et divisent leurs terres ; l'institution des communes introduit la liberté démocratique au sein de la monarchie féodale ; la découverte des armes à feu égalise le vilain et le noble sur le champ de bataille ; l'imprimerie offre d'égales ressources à leur intelligence ; la poste vient déposer la lumière sur le seuil de la cabane du pauvre comme à la porte des palais ; le protestantisme soutient que tous les hommes sont également en état de trouver le chemin du ciel. L'Amérique, qui se découvre, présente à la fortune mille routes nouvelles, et livre à l'obscur aventurier les richesses et le pouvoir.

Si, à partir du XI⁰ siècle, vous examinez ce qui se passe en France de cinquante en cinquante années, au bout de chacune de ces périodes, vous ne manquerez point d'apercevoir qu'une double révolution s'est opérée dans l'état de la société. Le noble aura baissé dans l'échelle sociale, le roturier s'y sera élevé ; l'un descend, l'autre monte. Chaque demi-siècle les rapproche, et bientôt ils vont se toucher.

Et ceci n'est pas seulement particulier à la France. De quelque côté que nous jetions nos regards, nous apercevons la même révolution qui se continue dans tout l'univers chrétien.

Partout on a vu les divers incidents de la vie des peuples tourner au profit de la démocratie ; tous les hommes l'ont aidée de leurs efforts : ceux qui avaient en vue de concourir à des succès et ceux qui ne songeaient point à la servir, ceux qui ont combattu pour elle, et ceux mêmes qui se sont déclarés ses ennemis ; tous ont été poussés pêle-mêle dans la même voie, et tous ont travaillé en commun, les uns malgré eux, les autres à leur insu, aveugles instruments dans les mains de Dieu.

Le développement graduel de l'égalité des conditions est donc un fait providentiel, il en a les principaux caractères : il est universel, il est durable, il échappe chaque jour à la puissance humaine ; tous les événements, comme tous les hommes, servent à son développement.

Serait-il sage de croire qu'un mouvement social qui vient de si loin pourra être suspendu par les efforts d'une génération ? Pense-t-on qu'après avoir détruit la féodalité et vaincu les rois, la démocratie reculera devant les bourgeois et les riches ? S'arrêtera-t-elle maintenant qu'elle est devenue si forte et ses adversaires si faibles ?

Où allons-nous donc ? Nul ne saurait le dire ; car déjà les termes de comparaison nous manquent : les conditions sont plus égales de nos jours, parmi les chrétiens, qu'elles ne l'ont jamais été dans aucun temps ni dans aucun pays du monde ; ainsi la grandeur de ce qui est déjà fait empêche de prévoir ce qui peut se faire encore.

MICHELET

Sa vie   Né en 1798 à Paris, Jules Michelet, après de brillantes études, est nommé maître de conférences à l'École normale supérieure (1) (1827). En 1831, il publie une *Histoire romaine* et devient chef de la section historique aux Archives nationales où il dispose, pour ses recherches, d'un grand nombre de docu-

---

(1) École destinée à la formation des professeurs de l'Enseignement secondaire.

ments inédits. En 1833, il commence à écrire son *Histoire de France* et obtient en 1838 une chaire au Collège de France (1). Entré dans la lutte politique, il proclame hautement ses sentiments démocratiques et compose dans l'enthousiasme son *Histoire de la Révolution* (1847-1853). Après le coup d'État de 1851, il est chassé du Collège de France et doit abandonner son poste aux Archives. Il poursuit la rédaction de son *Histoire de France* mais, aigri et déçu, il manque d'impartialité et de sérénité dans ses jugements et l'historien cède trop souvent la place au pamphlétaire. Il meurt en 1876, laissant inachevé son dernier ouvrage, *l'Histoire du XIXᵉ siècle.*

Son œuvre historique :   Pour Michelet, l'objet de l'Histoire c'est la « résurrection
une « résurrection »   de la vie intégrale non plus dans ses surfaces mais dans
                                              ses organismes intérieurs et profonds ». Cette définition
nous renseigne déjà sur le champ immense qu'il assigne à ses recherches; selon lui, « l'Histoire vivante se compose en réalité d'une foule d'éléments divers (politique, droit, religion, littérature, art, influences géographiques, physiologiques, etc.) ... et chaque chose agit sur toutes ». Pour reconstituer ce vaste ensemble, il remonte directement aux sources les plus diverses, consulte les documents inédits, étudie les monuments, les inscriptions, les médailles. Tous ces éléments s'organisent en une vision où ressuscitent véritablement devant nous, sous l'élan d'un style frémissant et imagé, l'atmosphère d'une époque, les événements et les hommes.

Par sa forte imagination, et la faculté qu'il a d'évoquer le passé à travers ses vestiges, Michelet voit surgir, de la poussière des documents, toute une vie latente : « Ces papiers, écrit-il, n'étaient pas des papiers mais des vies d'hommes, de provinces, de peuples, tous vivaient et parlaient. » Son idéalisme le conduit à nous montrer, à travers le cheminement des siècles, le spectacle « de la victoire progressive de l'homme contre la nature... de la liberté contre la fatalité », de l'émancipation progressive de l'humanité.

LE RÈGNE DU CAFÉ

Pour Michelet, l'histoire vivante est faite de multiples éléments qui sont étroitement solidaires. Un exemple piquant, celui du café, montre ici comment les phénomènes économiques agissent sur les mœurs, et par là sur l'esprit des individus, puis sur les destinées d'une nation.

On ignorait parfaitement, en janvier 1719, qu'avant la fin de cette année la France entière prendrait part au Système (2). Je dis la France entière.

... Il n'y a jamais eu de mouvement général. Ce n'était pas, comme on semble le croire, une simple affaire de finance, mais une révolution sociale. Elle existait déjà dans les esprits. Le Système en fut l'effet beaucoup plus que la cause. Une fermentation immense l'avait précédé, préparé, une agitation indécise, vaste, variée; — d'un but moins politique que celle de 89 —, peut-être plus profonde. Sous ses formes légères, elle remuait en bas mille choses que 89 effleura.

Avant la pièce, observons le théâtre. Bien avant le Système, Paris devient un grand café. Trois cents cafés sont ouverts à la causerie. Il en est de même des grandes villes, Bordeaux, Nantes, Lyon, Marseille, etc.

... Jamais la France ne causa plus et mieux. Il y avait moins d'éloquence et de rhétorique qu'en 89. On n'a rien à citer. L'esprit jaillit, spontané, comme il peut.

De cette explosion étincelante, nul doute que l'honneur ne revienne en partie à l'heureuse révolution du temps, au grand fait qui créa de nouvelles habitudes, modifia les tempéraments : l'avènement du café.

(1) Fondé par François Iᵉʳ. — (2) Le système de Law qui s'était proposé de provoquer un regain de prospérité pour les finances et l'économie française. Voir pp. 194-195.

... Le café, la sobre liqueur, puissamment céré-brale, qui, tout au contraire des spiritueux, augmente la netteté et la lucidité, — le café qui supprime la vague et lourde poésie des fumées d'imagination, qui, du réel bien vu, fait jaillir l'étincelle, et l'éclair de la vérité.

Les cafés ouvrent en Angleterre dès Charles II (1669), mais n'y prennent jamais caractère. Les alcools ou les vins lourds, la grosse bière, y sont préférés.

En France, on ouvre des cafés un peu après 1671, sans grand effet. Il y faut la révolution, les libertés au moins de la parole.

Les trois âges du café sont ceux de la pensée moderne; ils marquent les moments solennels du brillant siècle de l'esprit.

Le café arabe la prépare, même avant 1700. Ces belles dames que vous voyez dans les modes de Bonnart (1) humer leur petite tasse, elles y prennent l'arôme du très fin café d'Arabie. Et de quoi causent-elles? du Sérail de Chardin (2), de la coiffure à la Sultane, des *Mille et Une Nuits* (1704). Elles comparent l'ennui de Versailles à ces paradis d'Orient.

Bientôt (1710-1720) commence le règne du café indien, abondant, populaire, relativement à bon marché. Bourbon (3), notre île indienne, où le café est transplanté, a tout à coup un bonheur inouï.

Ce café de terre volcanique fait l'explosion de la Régence et de l'esprit nouveau, l'hilarité subite, la risée du vieux monde, les saillies dont il est criblé, ce torrent d'étincelles dont les vers légers de Voltaire, dont les *Lettres persanes* nous donnent une idée affaiblie. Les livres, et les plus brillants même, n'ont pas pu prendre au vol cette causerie ailée, qui va, vient, fuit insaisissable. C'est ce Génie de nature éthérée que, dans les *Mille et Une Nuits*, l'enchanteur veut mettre en bouteille. Mais quelle fiole en viendra à bout?

La lave de Bourbon, pas plus que le sable arabique, ne suffisait à la production. Le Régent le sentit, et fit transporter le café dans les puissantes terres de nos Antilles. Deux arbustes du Jardin du Roi, portés par le chevalier de Clieux, avec le soin, l'amour religieux d'un homme qui sentait porter une révolution, arrivèrent à la Martinique, et réussirent si bien que cette île bientôt en envoie par an dix millions de livres. Ce fort café, celui de Saint-Domingue, plein, corsé, nourrissant, aussi bien qu'excitant, a nourri l'âge adulte du siècle, l'âge fort de *l'Encyclopédie*. Il fut bu par Buffon, par Diderot, Rousseau, ajouta sa chaleur aux âmes chaleureuses, sa lumière à la vue perçante des prophètes assemblés dans « l'antre de Procope », qui virent au fond du noir breuvage le futur rayon de 89.

Histoire de France, XV, 7.

C'est enfin avec Fustel de Coulanges (1830-1883) que se fonde vraiment la méthode historique contemporaine. Il ne pense pas que l'on puisse vraiment dégager une loi qui explique toute l'évolution de l'humanité. « Il y a une philosophie et il y a une histoire, écrit-il, mais il n'y a pas de philosophie de l'Histoire. » A travers l'étude serrée et précise des événements et des institutions, il s'attache surtout à connaître l'âme humaine et « ce que cette âme a cru, a pensé, a senti aux différents âges de la vie du genre humain ».

La Cité antique (1864) est son œuvre maîtresse.

L'HÉRITAGE DU ROMANTISME : PROLONGEMENTS ET RÉACTIONS

(1851-1870)

La poésie se développe dans toutes les directions : le lyrisme *(les Contemplations)*, l'épopée *(la Légende des siècles)*, l'art parnassien avec Leconte de Lisle. Enfin, toute une poésie nouvelle, plus intérieure que personnelle, plus musicale que pittoresque, s'épanouit chez Baudelaire et bientôt chez Verlaine; le grand romancier Gustave Flaubert, de son côté, s'astreint à une minutieuse observation de la réalité et à une parfaite rigueur de l'expression.

---

(1) L'un des membres d'une famille de graveurs français des XVIIe et XVIIIe siècles. — (2) Négociant et voyageur du XVIIe siècle. — (3) Actuellement l'île de la Réunion.

BARBEY D'AUREVILLY

Sa vie   Il est assez difficile de prime abord de classer Barbey d'Aurevilly dans l'histoire de la littérature française : né à Saint-Sauveur-le-Vicomte (Manche) en 1808, il fait son droit à Caen, puis s'installe à Paris où il mène l'existence d'un dandy et fréquente les milieux littéraires.

Résolument monarchiste et catholique, il se déclare violemment adversaire des abus, des sottises et des vulgarités du siècle, écrit des articles enflammés, rédige des chroniques littéraires partiales et pourtant souvent lucides et pénétrantes, comme celles qu'il consacre à Baudelaire et Huysmans.

Il se réfugie avec ferveur dans l'histoire d'un passé tumultueux, chante l'épopée de la chouannerie et la beauté de sa Normandie rude et mystérieuse dans *l'Ensorcelée* (1854) et *le Chevalier des Touches* (1864). *Un prêtre marié* paraît en 1865 et *les Diaboliques* en 1874. Barbey d'Aurevilly meurt à Paris en 1889.

Un maître du conte cruel   Les six nouvelles des *Diaboliques* peuvent être considérées comme des modèles du genre. Par les situations extraordinaires que l'auteur se plaît à y créer, elles rappellent les premiers romans de Victor Hugo ou de Balzac; tandis que les âmes orgueilleuses et indomptables des personnages y subissent une fatalité passionnelle qui est aussi sanglante que dans la *Phèdre* de Racine. Pour Barbey d'Aurevilly, le catholicisme ne consiste pas à cacher le mal, mais à l'attaquer de front, après l'avoir décrit dans toute son horreur, comme le fit Baudelaire. Ainsi, tous les paroxysmes de l'amour et les sauvageries criminelles des hommes fournissent-ils le sujet de récits courts et saisissants, traduits en une prose somptueuse et puissante.

LE COMMANDANT SELUNE, DIT « LE BALAFRÉ » (1)

Ce portrait vigoureux d'un ancien officier de l'armée de Napoléon montre bien la prédilection de l'auteur pour les héros d'exception, les histoires cruelles, les actions inouïes.

Le commandant Sélune, assis auprès du vieux M. de Mesnisgrand, faisait face à Mesnil. C'était un homme d'une forte stature militaire et qui méritait de s'appeler « *le Balafré* » encore plus que le duc de Guise, car il avait reçu en Espagne, dans une affaire d'avant-poste, un immense coup de sabre courbe, si bien appliqué sur sa figure qu'elle en avait été fendue, nez et tout, en écharpe (2) de la tempe gauche jusqu'au-dessous de l'oreille droite. A l'état normal ce n'aurait été qu'une terrible blessure d'un assez noble effet sur le visage d'un soldat; mais le chirurgien qui avait rapproché les lèvres de cette plaie béante, pressé ou maladroit, les avait mal rejointes, et à la guerre comme à la guerre! On était en marche, et, pour en finir au plus vite, il avait coupé avec des ciseaux le bourrelet de chair qui débordait de deux doigts l'un des côtés de la plaie fermée; ce qui fit non pas un sillon dans le visage de Sélune, mais un épouvantable ravin. C'était horrible, mais après tout, grandiose. Quand le sang montait au visage de Sélune, qui était violent, la blessure rougissait, et c'était comme un large ruban rouge qui lui traversait sa face bronzée. « Tu portes — lui disait Mesnil au jour de leurs communes ambitions — ta croix de grand officier de la Légion d'honneur sur la figure, avant de l'avoir sur la poitrine; mais sois tranquille, elle y descendra. »

Elle n'y était pas descendue; l'Empire avait fini avant, Sélune n'était que chevalier.

A un dîner d'athées.

---

(1) De « balafre » : longue entaille au visage. — (2) Obliquement.

LECONTE DE LISLE

Sa vie   Originaire de la Réunion (1), où il naquit en 1818, Leconte de Lisle, après avoir passé dans son pays natal une grande partie de son enfance et de son adolescence, vient poursuivre ses études en France, mais s'intéresse surtout à la poésie. D'abord conquis par les idées fouriéristes (2), il publie des poèmes d'inspiration démocratique et humanitaire. Mais, déçu par l'échec de la Révolution de 1848, il rentre dans sa tour d'ivoire et se consacre exclusivement à l'Art. En 1852 il publie les *Poèmes antiques*, en 1862 les *Poèmes barbares*, en 1884 les *Poèmes tragiques*. En 1886, il entre à l'Académie Française où il succède à Victor Hugo. Il meurt en 1894.

Sa doctrine et son œuvre   En réaction contre les romantiques, Leconte de Lisle ne reconnaît pas aux poètes le droit d'exprimer l'intimité de leurs sentiments. Aussi, se refusant aux confidences indiscrètes sur ses propres états d'âme, il se tourne vers l'évocation d'un passé lointain, grec ou hindou dans les *Poèmes antiques*, scandinave et biblique dans les *Poèmes barbares*. Il s'attache à décrire avec exactitude et pittoresque la nature extérieure, les animaux. La qualité de sa peinture est encore rehaussée par la valeur expressive de ses vers, qui attestent son souci de la beauté formelle, et la sûreté de sa technique. Son œuvre laisse transparaître une vision désabusée du monde et un pessimisme profond qui ne voit pour l'homme de recours et de repos que dans la mort.

LES ÉLÉPHANTS

Ce poème caractérise bien le talent de Leconte de Lisle qui sait donner une puissance suggestive à la description d'un paysage exotique dans sa ligne et sa couleur originale avec l'immensité de ses arrière-plans, qui brosse une peinture vivante de ce troupeau en marche que l'on devine depuis les lointains, qui donne enfin aux mots une exactitude pittoresque et aux vers une indéniable qualité plastique.

Le sable rouge est comme une mer sans limite,
Et qui flambe, muette, affaissée en son lit.
Une ondulation immobile remplit
L'horizon aux vapeurs de cuivre où l'homme
habite.

Nulle vie et nul bruit. Tous les lions repus (3)
Dorment au fond de l'antre (4) éloigné de cent
lieues,
Et la girafe boit dans les fontaines bleues,
Là-bas, sous les dattiers des panthères connus.

Pas un oiseau ne passe en fouettant de son aile
L'air épais, où circule un immense soleil.
Parfois quelque boa, chauffé dans son sommeil,
Fait onduler son dos dont l'écaille étincelle.

Tel l'espace enflammé brûle sous les cieux
clairs.
Mais, tandis que tout dort aux mornes solitudes,

Les éléphants rugueux, voyageurs lents et rudes,
Vont au pays natal à travers les déserts.

D'un point de l'horizon, comme des masses
brunes,
Ils viennent, soulevant la poussière, et l'on voit,
Pour ne point dévier du chemin le plus droit,
Sous leur pied large et sûr crouler au loin les
dunes.

Celui qui tient la tête est un vieux chef. Son
corps
Est gercé (5) comme un tronc que le temps
ronge et mine ;
Sa tête est comme un roc, et l'arc de son
échine (6)
Se voûte puissamment à ses moindres efforts.

Sans ralentir jamais et sans hâter sa marche,
Il guide au but certain ses compagnons
poudreux ;

---

(1) Ile de l'océan Indien à l'est de l'Afrique. — (2) Charles Fourier (1772-1837), sociologue, créa un système (ou fouriérisme) dans lequel les individus se groupent en phalanstères, harmonieusement composés dans le dessein d'assurer à chacun le maximum de bien-être. — (3) Rassasiés. — (4) Abri. — (5) Crevassé. — (6) Dos.

Et, creusant par-derrière un sillon sablonneux,
Les pèlerins massifs suivent leur patriarche.

L'oreille en éventail, la trompe entre les dents,
Ils cheminent, l'œil clos. Leur ventre bat et
                           fume,
Et leur sueur dans l'air embrasé monte en
                         brume ;
Et bourdonnent autour mille insectes ardents.
Mais qu'importent la soif et la mouche vorace,
Et le soleil cuisant leur dos noir et plissé ?

Ils rêvent en marchant du pays délaissé,
Des forêts de figuiers où s'abrita leur race.

Ils reverront le fleuve échappé des grands monts,
Où nage en mugissant l'hippopotame énorme,
Où, blanchis par la lune et projetant leur forme,
Ils descendaient pour boire en écrasant les
                           joncs.

Aussi, pleins de courage et de lenteur, ils
                         passent
Comme une ligne noire, au sable illimité ;
Et le désert reprend son immobilité
Quand les lourds voyageurs à l'horizon
                        s'effacent.

Poèmes barbares,
(A. Lemerre, éditeur.)

Le Parnasse   Entre 1860 et 1866, un groupe de jeunes poètes, parmi lesquels Théodore de Banville et José-Maria de Heredia, suivent l'élan donné naguère par Théophile Gautier (1811-1872) pour s'éloigner du lyrisme romantique et proscrire les effusions indiscrètes des sentiments, et s'accordent, dans leur souci d'atteindre à la perfection de la forme.

Ils reconnaissent leur maître en Leconte de Lisle, prennent le nom de *parnassiens*, et publient, de 1866 à 1876, trois recueils de leurs vers, qu'ils intitulent *le Parnasse contemporain*.

Un disciple de Leconte de Lisle : Né à Cuba, en 1842, ancien élève de l'École des
Heredia   Chartes (1), José-Maria de Heredia est l'auteur
d'un recueil de sonnets : *Les Trophées* (1893).
Entré à l'Académie française en 1894, il meurt en 1905.

L'art de Heredia réside surtout dans la perfection de sa technique et la richesse de ses évocations. Dans le cadre étroit du sonnet, il excelle à enfermer un tableau vivant et coloré, lui gardant tout son relief et même son appel au rêve.

MARIS STELLA

La description d'un groupe de femmes bretonnes, saisies dans la vérité pittoresque de leur attitude commune et de leur costume, étreintes par une même angoisse, communiant dans la même foi, est en même temps pour Heredia l'occasion d'évoquer la Bretagne, son cadre pittoresque et le genre de vie de ses habitants.

Sous les coiffes de lin, toutes, croisant leurs bras
Vêtus de laine rude ou de mince percale (2),
Les femmes, à genoux sur le roc de la cale,
Regardent l'océan blanchir l'île de Batz (3).

Les hommes, père, fils, amants, là-bas,
Avec ceux de Paimpol, d'Audierne et de
                       Cancale (4),
Vers le Nord, sont partis pour la lointaine escale.
Que de hardis pêcheurs qui ne reviendront pas !

Par-dessus la rumeur de la mer et des côtes

Le chant plaintif s'élève, invoquant à voix
                         hautes
L'étoile sainte, espoir des marins en péril ;

Et l'angélus, courbant tous ces fronts noirs de
                       hâle (5),
Des clochers de Roscoff à ceux de Sybiril (6)
S'envole, tinte et meurt dans le ciel rose et pâle.

Les Trophées.
(A. Lemerre, éditeur.)

---

(1) Grande école de Paris, préparant archivistes et conservateurs de musées. — (2) Toile de coton très fine. — (3) Ile célèbre au large de Roscoff, port de pêche situé sur la côte nord de la Bretagne. — (4) Paimpol et Cancale : ports de la côte nord de la Bretagne. Audierne : port de pêche de la côte ouest. — (5) Brunissement de la peau au soleil et au grand air. — (6) Petit village aux environs de Roscoff.

CHARLES BAUDELAIRE

Sa vie   Né à Paris en 1821, Charles Baudelaire perd très tôt son père. Sa mère épouse l'année suivante le chef de bataillon Aupick avec qui il devait se heurter violemment. Jusqu'en 1841, décidé à devenir homme de lettres, il mène la vie libre de la bohème parisienne, se passionne pour la littérature et les beaux-arts; mais, bientôt, sur avis du conseil de famille (1), on l'embarque pour un long voyage qui le mène jusqu'à l'île Bourbon (2). A son retour à Paris, il rencontre la mulâtresse Jeanne Duval qui tiendra désormais une grande place dans sa vie. C'est alors qu'il commence à écrire des poèmes et des articles de revues. Il publie le *Salon de 1845* qui le révèle d'emblée critique d'art.

Suivent le *Salon de 1845* et, en 1847, *la Fanfarlo*. En 1852, il rencontre Mme Sabatier qui lui inspire un amour régénérateur mais vite déçu. *Les Fleurs du mal*, son œuvre majeure, naissent peu à peu : après une publication de dix-huit poèmes (3) en 1855, la première édition paraît en 1857, mais est condamnée la même année par la moralisante justice du second Empire. Simultanément, Baudelaire compose aussi des poèmes en prose qui paraissent par petits recueils (1857, 1861, 1862 et 1864), de nombreuses traductions d'Edgar Poe (1856, 1858, 1859, 1865), *les Paradis artificiels* (1860) où il étudie en artiste, mais aussi en moraliste, les effets produits sur l'âme et l'imagination par le haschich et l'opium, et de nombreuses études critiques. Depuis 1858, son état de santé s'est altéré et, à partir de 1864, sa vie ne sera plus qu'une lamentable agonie qui se terminera en 1867, le 31 août.

Un événement littéraire :   *Les Fleurs du mal* sont à la fois le bilan d'une expé-
« Les Fleurs du mal »   rience humaine originale et une tentative littéraire
de premier ordre. Tiraillé sans cesse entre deux élans dont l'un, fait de spiritualité, voudrait l'amener vers Dieu, dont l'autre, fait d'animalité, l'entraîne vers Satan, l'homme est le théâtre d'un combat incessant. Pour échapper à la banalité, à la médiocrité, à l'ennui, il met à l'épreuve toutes les ressources que lui offrent son corps, son esprit, sa faculté de rêver; mais la poésie, l'amour, la communion avec ses semblables, les paradis artificiels et les plaisirs des sens se révèlent tour à tour comme autant de tentations d'évasions décevantes, au terme desquelles le poète ne trouvera en définitive de recours que dans la mort.

Cet itinéraire intérieur est conté par un poète qui sait utiliser, faire collaborer à l'unité suggestive de l'impression, la valeur des sonorités et des rythmes et la puissance évocatrice des images. Ainsi, dans *Recueillement*, la présence du crépuscule, la rémission que cette atmosphère apporte à sa misère s'accorde avec la douceur presque chuchotée de l'expression où dominent les sifflantes et les nasales. La douleur personnifiée apparaît comme une compagne, à laquelle le poète s'adresse sur un ton d'intimité et presque d'abandon. Tantôt il maintient son inspiration dans la rigueur d'un sonnet, tantôt, comme dans *l'Invitation au Voyage*, la fantaisie d'un rêve s'accommode d'un rythme plus ondoyant, dont les méandres sont à l'unisson des mouvements du cœur et des caprices de l'imagination.

On voit déjà, par-là, ce que devra à ce maître de l'harmonie un mouvement littéraire comme le symbolisme, dont Valéry disait qu'il traduisait « l'intention commune à plusieurs familles de poètes de reprendre à la musique leur bien ». Lorsque Moréas, dans le premier

---

(1) Conseil de parents institué selon la loi pour veiller aux intérêts d'un mineur. — (2) Aujourd'hui, la Réunion. — (3) Et sans doute des notes intimes intitulées *Fusées*, véritable journal de sa vie intérieure.

manifeste du symbolisme, définit les phénomènes concrets comme « de simples apparences sensibles destinées à représenter leurs affinités avec des Idées », il rejoint la théorie des « correspondances » chère à l'auteur des *Fleurs du mal*. Enfin les surréalistes, en faisant de la faculté poétique la grande méthode d'investigation intellectuelle, procèdent également de Baudelaire.

HARMONIE DU SOIR

Cette œuvre qui unit, dans une harmonie douce et recueillie, sensations, sentiments, parfums et sons est un « pantoum », poème oriental révélé par Hugo et Banville, caractérisé par la répétition des vers 2 et 4 de la première strophe aux vers 1 et 3 de la seconde strophe, disposition reproduite dans les strophes suivantes.

Voici venir les temps où vibrant sur la tige
Chaque fleur s'évapore ainsi qu'un encensoir,
Les sons et les parfums tournent dans l'air du soir,
Valse mélancolique et langoureux vertige !

Chaque fleur s'évapore ainsi qu'un encensoir ;
Le violon frémit comme un cœur qu'on afflige ;
Valse mélancolique et langoureux vertige !
Le ciel est triste et beau comme un grand
                       reposoir.

Le violon frémit comme un cœur qu'on afflige,
Un cœur tendre, qui hait le néant vaste et noir !
Le ciel est triste et beau comme un grand
                       reposoir ;
Le soleil s'est noyé dans son sang qui se fige.

Un cœur tendre, qui hait le néant vaste et noir,
Du passé lumineux recueille tout vestige !
Le soleil s'est noyé dans son sang qui se fige...
Ton souvenir en moi luit comme un ostensoir !

RECUEILLEMENT

C'est à la fois à une réalité très simple et à un effort spirituel intense que le poète demande l'apaisement de sa douleur : il s'abandonne au soir, à l'obscurité, à une acceptation mélancolique de sa destinée, au regret souriant, à l'approche furtive de la « douce Nuit qui marche »; le rythme des vers lui-même suggère l'émouvante approche...

Sois sage, ô ma Douleur, et tiens-toi plus tranquille.
Tu réclamais le Soir ; il descend ; le voici ;
Une atmosphère obscure enveloppe la ville,
Aux uns portant la paix, aux autres le souci.

Pendant que des mortels la multitude vile (1),
Sous le fouet du Plaisir, ce bourreau sans merci,
Va cueillir des remords dans la fête servile,
Ma Douleur, donne-moi la main, viens par ici,

Loin d'eux. Vois se pencher les défuntes Années,
Sur les balcons du ciel, en robes surannées ;
Surgir du fond des eaux le Regret souriant ;

Le Soleil moribond s'endormir sous une arche,
Et, comme un long linceul traînant à l'Orient,
Entends, ma chère, entends la douce Nuit qui
                       marche.

LES YEUX DES PAUVRES

Ce poème en prose est un « tableau parisien » qui met en scène le poète, attablé à la terrasse d'un café à la mode avec son « cher ange », et un brave homme, au visage fatigué, accompagné de ses deux enfants, qui s'est arrêté sur la chaussée.

Mais ce tableau parisien est le décor d'une confidence : le narrateur découvre une fois encore avec une amertume souriante, ou plutôt grinçante, l'incompréhension incurable des gens qui s'aiment et, en même temps, l'occasion d'une émotion profonde et touchante. Moins imperméable que sa maîtresse aux souffrances des autres, Baudelaire se sent honteux des verres, des carafes, du luxe baroque et « second Empire » qui l'entoure, et en communion d'âme avec ces malheureux dont il devine et traduit les sentiments.

Ah ! vous voulez savoir pourquoi je vous hais aujourd'hui. Il vous sera sans doute moins facile de le comprendre qu'à moi de vous l'expliquer ; car vous êtes, je crois, le plus bel exemple d'imperméabilité féminine qui se puisse rencontrer.

Nous avions passé ensemble une longue jour-

---

(1) Méprisable.

née qui m'avait paru courte. Nous nous étions bien promis que toutes nos pensées nous seraient communes à l'un et à l'autre, et que nos deux âmes désormais n'en feraient plus qu'une; — un rêve qui n'a rien d'original, après tout, si ce n'est que, rêvé par tous les hommes, il n'a été réalisé par aucun.

Le soir, un peu fatiguée, vous voulûtes vous asseoir devant un café neuf qui formait le coin du boulevard neuf, encore tout plein de gravois (1) et montrant déjà glorieusement ses splendeurs inachevées. Le café étincelait. Le gaz lui-même y déployait toute l'ardeur d'un début, et éclairait de toutes ses forces les murs aveuglants de blancheur, les nappes éblouissantes des miroirs, les ors des baguettes et des corniches, les pages aux joues rebondies traînés par les chiens en laisse, les dames riant au faucon perché sur leur poing, les nymphes et les déesses portant sur leur tête des fruits, des pâtés et du gibier, les Hébés et les Ganymèdes (2) présentant à bras tendu la petite amphore à bavaroises (3) ou l'obélisque bicolore des glaces panachées; toute l'histoire et toute la mythologie mises au service de la goinfrerie (4).

Droit devant nous, sur la chaussée, était planté un brave homme d'une quarantaine d'années, au visage fatigué, à la barbe grisonnante, tenant d'une main un petit garçon et portant sur l'autre bras un petit être trop faible pour marcher. Il remplissait l'office de bonne et faisait prendre à ses enfants l'air du soir. Tous en guenille. Ces trois visages étaient extraordinairement sérieux, et ces six yeux contemplaient fixement le café nouveau avec une admiration égale, mais nuancée diversement par l'âge.

Les yeux du père disaient : « Que c'est beau! que c'est beau! on dirait que tout l'or du pauvre monde est venu se porter sur ces murs. » — Les yeux du petit garçon : « Que c'est beau! que c'est beau! mais c'est une maison où peuvent seuls entrer les gens qui ne sont pas comme nous. » — Quant aux yeux du plus petit, ils étaient trop fascinés pour exprimer autre chose qu'une joie stupide et profonde.

Les chansonniers disent que le plaisir rend l'âme bonne et amollit le cœur. La chanson avait raison ce soir-là, relativement à moi. Non-seulement j'étais attendri par cette famille d'yeux, mais je me sentais un peu honteux de nos verres et de nos carafes, plus grands que notre soif. Je tournais mes regards vers les vôtres, cher amour, pour y lire *ma* pensée; je plongeais dans vos yeux si beaux et si bizarrement doux, dans vos yeux verts, habités par le Caprice et inspirés par la Lune, quand vous me dites : « Ces gens-là me sont insupportables avec leurs yeux ouverts comme des portes cochères! Ne pourriez-vous pas prier le maître du café de les éloigner d'ici? »

Tant il est difficile de s'entendre, mon cher ange, et tant la pensée est incommunicable, même entre gens qui s'aiment.

LE ROMAN RÉALISTE ET NATURALISTE

Suivant la voie tracée par Balzac, Stendhal et Mérimée, le mouvement réaliste s'attache, en s'appuyant sur une observation minutieuse, à donner une image fidèle et complète du réel. Mieux que dans les œuvres sans relief de Champfleury et Duranty, le roman réaliste trouve son illustration la plus brillante dans *Madame Bovary* de Flaubert.

L'école naturaliste prétend aller plus loin : son chef, Émile Zola, veut appliquer au domaine du roman la méthode des sciences expérimentales. Mais Maupassant, moins ambitieux, se limitera à la peinture objective de l' « humble vérité » quotidienne. Alphonse Daudet, qui s'attache à noter les menus faits que lui offre l'expérience et à les transposer dans ses œuvres, ne se fait pas scrupule de laisser paraître sa sensibilité.

GUSTAVE FLAUBERT

Sa vie   Né en 1821 à Rouen, où son père était chirurgien de l'Hôtel-Dieu, Gustave Flaubert sentit très tôt s'éveiller en lui sa vocation d'écrivain. Après des études de droit poursuivies à Paris sans enthousiasme, il fut atteint d'une grave maladie

---

(1) Débris de plâtre. — (2) Hébé, déesse de la jeunesse, était chargée de verser le nectar aux dieux jusqu'à ce qu'elle ait été remplacée par Ganymède. — (3) Infusion de thé et de sirop de capillaire, sucrée et mêlée avec du lait ou du chocolat. — (4) Gloutonnerie.

nerveuse qui lui interdisait toute carrière active. Aussi consacra-t-il toute son existence à écrire, passant la majeure partie de son temps dans sa propriété de Croisset près de Rouen, sur les bords de la Seine, dans une solitude laborieuse. Après cinquante-trois mois d'un travail opiniâtre, il publia *Madame Bovary* (1857) qui lui valut la célébrité, en même temps qu'un procès retentissant. En 1862, parût *Salammbô* puis, en 1869, *l'Éducation sentimentale* qui fut un échec. *La Tentation de saint Antoine* (1874) ne connut pas un meilleur sort, mais ses *Trois Contes* (1877) furent accueillis avec beaucoup de faveur. La jeune école naturaliste, Zola en tête, le salua comme un maître. Il mourut subitement en mai 1880, laissant inachevé *Bouvard et Pécuchet*, son dernier roman.

Le romancier réaliste

Par le fond de son tempérament, Flaubert était romantique. Pourtant, son esthétique en fit un romancier réaliste. Qu'il choisisse ses sujets dans la vie contemporaine ou dans les lointains de l'histoire, il s'attache, par une documentation minutieuse, à restituer avec exactitude les cadres, les institutions, les faits et les individus. C'est ainsi que *Madame Bovary* s'inspire d'une histoire vécue, pitoyablement tragique, celle de l'officier de santé Eugène Delamare, élève du père de Flaubert, et de sa femme, Delphine Couturier.

La forme, enfin, révèle son souci de discrétion et d'exactitude objective. Le travail forcené auquel il astreignait sa plume, refondant, retouchant, élaguant sans cesse les premiers jets, accumulant pour *Madame Bovary* près de deux mille pages de brouillon pour cinq cents pages définitives, tendait avant tout à faire de la forme l'auxiliaire désintéressé du fond. L'importance même qu'il attache à l'harmonie de la phrase, à la qualité des sonorités, à la valeur expressive du rythme, n'est pas, dans sa pensée, en désaccord avec cet idéal. Car il professe comme une vérité d'expérience que le mot, à la fin d'une laborieuse recherche, apporte à sa période la sonorité qui lui manquait et se révèle par là comme le plus exact.

MADAME BOVARY

Emma Rouault, fille d'un fermier normand, a épousé Charles Bovary, un brave homme assez épais qui exerce la médecine dans le petit bourg de Tostes. Bientôt, comme la jeune femme s'y ennuie, Charles décide d'aller s'installer à Yonville-l'Abbaye. A leur arrivée, ils dînent en compagnie de Homais, le pharmacien, et de Léon Dupuis, un clerc de notaire (II, 2).

Sous l'apparence d'une conversation à bâtons rompus, Flaubert raille chez Emma et Léon les aspirations romantiques qu'il s'est attaché à étouffer en lui-même, et dont ils donnent une image caricaturale. Homais incarne l'esprit bourgeois, avec son absence de goût, son pédantisme, sa passion des ragots et ses préoccupations matérielles. L'effet de caricature est encore accusé par la succession des propos disparates.

— **Avez-vous du moins quelques promenades** dans les environs? continuait Mme Bovary parlant au jeune homme.

— Oh! fort peu, répondit-il. Il y a un endroit que l'on nomme la Pâture, sur le haut de la côte, à la lisière de la forêt. Quelquefois, le dimanche, je vais là, et j'y reste avec un livre, à regarder le soleil couchant.

— Je ne trouve rien d'admirable comme les soleils couchants, reprit-elle, mais au bord de la mer, surtout.

— Oh! j'adore la mer, dit M. Léon.

— Et puis ne vous semble-t-il pas, répliqua Mme Bovary, que l'esprit vogue plus librement sur cette étendue sans limites, dont la contemplation vous élève l'âme et donne des idées d'infini, d'idéal?

— Il en est de même des paysages de montagnes, reprit Léon. J'ai un cousin qui a voyagé en Suisse l'année dernière, et qui me disait qu'on ne peut se figurer la poésie des lacs, le charme des cascades, l'effet gigantesque des glaciers.

On voit des pins d'une grandeur incroyable, en travers des torrents, des cabanes suspendues sur des précipices, et, à mille pieds sous vous, des vallées entières quand les nuages s'entr'ouvrent. Ces spectacles doivent enthousiasmer, disposer à la prière, à l'extase! Aussi je ne m'étonne plus de ce musicien célèbre qui, pour exciter mieux son imagination, avait coutume d'aller jouer du piano devant quelque site imposant.

— Vous faites de la musique? demanda-t-elle.

— Non, mais je l'aime beaucoup, répondit-il.

— Ah! ne l'écoutez pas, Madame Bovary, interrompit Homais en se penchant sur son assiette, c'est modestie pure. — Comment, mon cher! Eh! l'autre jour, dans votre chambre, vous chantiez l'*Ange Gardien* à ravir. Je vous entendais du laboratoire; vous détachiez cela comme un acteur.

Léon, en effet, logeait chez le pharmacien, où il avait une petite pièce au second étage, sur la place. Il rougit à ce compliment de son propriétaire, qui déjà s'était tourné vers le médecin et lui énumérait les uns après les autres les principaux habitants d'Yonville. Il racontait des anecdotes, donnait des renseignements. On ne savait pas au juste la fortune du notaire, et *il y avait la maison Tuvache* (1) qui faisait beaucoup d'embarras.

Emma reprit :

— Et quelle musique préférez-vous?

— Oh! la musique allemande, celle qui porte à rêver.

— Connaissez-vous les Italiens?

— Pas encore; mais je les verrai l'année prochaine, quand j'irai habiter Paris, pour finir mon droit.

— C'est comme j'avais l'honneur, dit le pharmacien, de l'exprimer à monsieur votre époux, à propos de ce pauvre Yanoda, qui s'est enfui; vous vous trouverez, grâce aux folies qu'il a faites, jouir d'une des maisons les plus confortables d'Yonville. Ce qu'elle a principalement de commode pour un médecin, c'est une porte sur l'*Allée* qui permet d'entrer et de sortir sans être vu. D'ailleurs, elle est fournie de tout ce qui est agréable à un ménage : buanderie, cuisine avec office, salon de famille, fruitier (2), etc. C'était un gaillard qui n'y regardait pas! Il s'était fait construire au bout du jardin, à côté de l'eau, une tonnelle tout exprès pour boire de la bière en été, et si Madame aime le jardinage, elle pourra...

— Ma femme ne s'en occupe guère, dit Charles; elle aime mieux, quoiqu'on lui recommande l'exercice, toujours rester dans sa chambre, à lire.

— C'est comme moi, répliqua Léon; quelle meilleure chose, en effet, que d'être le soir au coin du feu avec un livre, pendant que le vent bat les carreaux, que la lampe brûle?...

— N'est-ce pas? dit-elle, en fixant sur lui ses grands yeux noirs tout ouverts.

— On ne songe à rien, continuait-il, les heures passent. On se promène immobile dans des pays que l'on croit voir, et votre pensée, s'enlaçant à la fiction, se joue dans les détails ou poursuit le contour des aventures. Elle se mêle aux personnages; il semble que c'est vous qui palpitez sous leurs costumes.

— C'est vrai! c'est vrai! disait-elle.

— Vous est-il arrivé parfois, reprit Léon, de rencontrer dans un livre une idée vague que l'on a eue, quelque image obscurcie qui revient de loin, et comme l'exposition entière de votre sentiment le plus délié (3)?

— J'ai éprouvé cela, répondit-elle.

— C'est pourquoi, dit-il, j'aime surtout les poètes. Je trouve les vers plus tendres que la prose, et qu'ils font bien mieux pleurer.

— Cependant ils fatiguent à la longue, reprit Emma; et maintenant, au contraire, j'adore des histoires qui se suivent tout d'une haleine, où l'on a peur. Je déteste les héros communs et les sentiments tempérés, comme il y en a dans la nature.

Le dialogue laisse pressentir l'idylle qui va naître entre les deux « âmes sœurs ». Mais Léon quittera bientôt Yonville. La jeune femme le retrouvera plus tard à Rouen et deviendra sa maîtresse. Abandonnée bientôt par Léon, la romanesque Emma cherchera en vain à s'étourdir et se livrera à de folles dépenses. Traquée par ses créanciers, affolée désabusée, elle s'empoisonne. Charles, ruiné et inconsolable, mourra subitement peu de temps après elle.

LE NATURALISME EN FACE DU MYSTICISME (1870-1900)

Après la guerre, le roman naturaliste de Zola s'efforce de serrer de plus près encore une réalité qu'il choisit de plus en plus basse, et vise à la rigueur des méthodes scientifiques.

(1) M. Tuvache est le maire de la localité. — (2) Lieu où l'on conserve les fruits au sec. — (3) Subtil.

Certains artistes réagissent contre les excès de ce réalisme, en réintroduisant dans leurs œuvres, comme Villiers de l'Isle-Adam et Bloy, la passion, le mysticisme et l'aventure spirituelle.

La poésie, dans sa majorité, cherche aussi à dépasser l'objet visible, pour traduire au-delà des apparences, les merveilles d'un monde caché : c'est la leçon du symbolisme de Verlaine, Rimbaud, Mallarmé, Lautréamont.

ÉMILE ZOLA

Sa vie　　Né en 1840 à Paris, Émile Zola passa son enfance et son adolescence à Aix-en-Provence. Venu à Paris pour y poursuivre ses études, il dut, après deux échecs au baccalauréat, entrer à la librairie Hachette où il fut employé au service de la publicité. Il se lança ensuite dans le journalisme.

Travailleur acharné, il mène de front ses activités professionnelles et littéraires. Ses premières œuvres, comme les *Contes à Ninon* (1865), rangent d'emblée cet admirateur de Hugo parmi les écrivains d'inspiration romantique. Mais bientôt, il subit l'influence de Taine et du biologiste Claude Bernard dont il s'attache à appliquer la méthode scientifique au domaine du roman, à partir d'une observation minutieuse du réel. Dès 1868, il conçoit, et accomplira en vingt-cinq ans, à l'image de *la Comédie Humaine* de Balzac, le vaste projet d'un cycle de romans, *les Rougon-Macquart*, dont l'ensemble offrira « l'Histoire naturelle et sociale d'une famille sous le second Empire ». Mais ce n'est qu'en 1877, à la publication du septième volume : *L'Assommoir*, qu'il connaît le succès et la consécration. Reconnu comme le chef de l'école naturaliste, il publie en 1880, en collaboration avec ses disciples, un recueil de nouvelles qui fait figure de manifeste, *les Soirées de Médan*, ainsi qu'un exposé de doctrine intitulé *le Roman expérimental*. Parmi les volumes qui vont compléter jusqu'en 1893 le cycle des *Rougon-Macquart*, se détache une puissante évocation de la vie des mineurs : *Germinal* (1885).

Les enquêtes sociales, qu'il a menées pour étayer ses romans, lui confèrent le goût de l'action sociale. L'affaire Dreyfus lui inspire son courageux et généreux article : *J'accuse* (1). Sa dernière œuvre, *les Quatre Évangiles* (Fécondité, Travail, Vérité, Justice), visait à établir les bases morales des temps nouveaux. Sa mort accidentelle en 1902 laisse le dernier volume inachevé.

Zola théoricien et romancier

Pour Zola, l'homme est étroitement tributaire de son hérédité physiologique et du milieu dans lequel il vit. Il le voit soumis à ce même déterminisme qui s'exerce dans le domaine des sciences physiques et biologiques et il trouve par suite logique d'appliquer à l'étude de l'homme, dans le cadre du roman, les méthodes qui viennent de faire leurs preuves avec Claude Bernard dans le domaine de la biologie. Il commence donc par pratiquer l'observation et se fait le spectateur attentif et passif du comportement des hommes et de leurs cadres de vie. Et il se croit autorisé aussi à pratiquer l'expérimentation, intervenant et modifiant méthodiquement, comme fait l'homme de science, les conditions et les circonstances. Telle est l'idée maîtresse qui préside à la composition des *Rougon-Macquart* : Zola fera vivre des personnages, issus d'une même ascendance et souffrant d'une tare héréditaire commune dans les milieux les plus divers, et notera les modifications de comportement qu'apportent chez les uns et chez les autres ces

---

(1) Voir p. 398.

modes de vie différents. Jean Macquart vit dans un cadre de paysans *(la Terre)*, Gervaise parmi les ouvriers des faubourgs parisiens *(l'Assommoir)*, Étienne Lantier parmi les mineurs du Nord *(Germinal)*. Fort de ces expérimentations méthodiques, Zola prétend atteindre à une connaissance scientifique de l'homme et dégager les lois qui président à son action individuelle et sociale. Mais il est trop clair que de pareilles expérimentations sont factices et n'ont rien de commun avec celles qui se pratiquent dans le domaine de la science. L'homme de science assiste vraiment au déroulement d'une expérimentation, qui se développe d'elle-même à partir des conditions initiales qu'il a posées ; le romancier mène ses personnages à sa guise, jusqu'au dénouement qu'il a lui-même choisi.

Le poète   Mais ce romancier naturaliste reste un poète. Un souffle épique transfigure les individus, les foules et les objets eux-mêmes. Dans *l'Assommoir*, Goujet, l'ouvrier forgeron, prend au milieu de l'embrasement de sa forge une figure et des dimensions plus qu'humaines. Une âme collective anime la foule hétéroclite et grouillante des travailleurs, qui se presse au petit matin à la barrière Poissonnière. Et l'alambic, dans le cabaret du père Colomb, prend l'aspect d'une bête monstrueuse et dévorante.

L'ASSOMMOIR

Dans ce roman, Zola entend, de son propre aveu, nous montrer « la déchéance fatale d'une famille ouvrière dans le milieu empesté de nos faubourgs ».

Le mariage de Gervaise Macquart, une blanchisseuse, et de Coupeau, l'ouvrier zingueur, est d'abord heureux. Mais un accident de travail, une longue convalescence, des habitudes de paresse, puis d'ivrognerie, acculeront le ménage à la gêne puis à la misère. Esclave de l'alcool, Coupeau sombre dans la déchéance physique et le désordre mental.

Soucieux d'une documentation exacte, Zola emprunte à un ouvrage médical, celui du docteur Magnan sur l'alcoolisme, les éléments de sa description (le faciès du malade, son comportement, tour à tour hébété et excité, son délire hallucinatoire), mais le robuste talent du romancier les exploite dans le sens d'un drame humain, à la fois poignant et écœurant. Le choix des mots, les images familières, le dessin des phrases ont la verdeur et la liberté de la langue parlée. Zola s'exprime, au cours du récit, comme ses personnages dans le dialogue. La puissance d'évocation des milieux populaires s'en trouve renforcée.

Maintenant, c'était réglé. Il ne dessoûlait pas de six mois, puis il tombait et entrait à Sainte-Anne (1) ; une partie de campagne pour lui. Les Lorilleux disaient que M. le duc de Tord-Boyaux (2) se rendait dans ses propriétés. Au bout de quelques semaines, il sortait de l'asile, réparé, recloué, et recommençait à se démolir, jusqu'au jour où, de nouveau sur le flanc, il avait encore besoin d'un raccommodage. En trois ans, il entra ainsi sept fois à Sainte-Anne. Le quartier racontait qu'on lui gardait sa cellule. Mais le vilain de l'histoire était que cet entêté soulard se cassait davantage chaque fois, si bien que, de rechute en rechute, on pouvait prévoir la cabriole finale, le dernier craquement de ce tonneau malade dont les cercles pétaient (3) les uns après les autres.

Avec ça, il oubliait d'embellir ; un revenant à regarder ! Le poison le travaillait rudement. Son corps imbibé d'alcool se ratatinait comme les fœtus qui sont dans des bocaux, chez les pharmaciens. Quand il se mettait devant la fenêtre, on apercevait le jour au travers de ses côtes, tant il était maigre. Les joues creuses, les yeux dégouttant, pleurant assez de cire pour fournir une cathédrale, il ne gardait que sa truffe (4) de fleurie, belle et rouge, pareille à un œillet au milieu de sa trogne dévastée. Ceux qui savaient son âge, quarante ans sonnés, avaient un petit frisson, lorsqu'il passait, courbé, vacillant, vieux

---

(1) Asile psychiatrique. — (2) Surnom riche de verve gouailleuse. En argot, le tord-boyaux c'est l'alcool. — (3) Craquaient. — (4) Son nez.

comme les rues. Et le tremblement de ses mains redoublait, sa main droite surtout battait tellement la breloque (1), que, certains jours, il devait prendre son verre dans ses deux poings, pour le porter à ses lèvres. Oh! ce nom de Dieu de tremblement! c'était la seule chose qui le taquinât encore, au milieu de sa vacherie générale! On l'entendait grogner des injures féroces contre ses mains. D'autres fois, on le voyait pendant des heures en contemplation devant ses mains qui dansaient, les regardant sauter comme des grenouilles, sans rien dire, ne se fâchant plus, ayant l'air de chercher quelle mécanique intérieure pouvait leur faire faire joujou de la sorte; et un soir, Gervaise l'avait trouvé ainsi, avec deux grosses larmes qui coulaient sur ses joues cuites de pochard.

Le dernier été, pendant lequel Nana traîna chez ses parents les restes de ses nuits, fut surtout mauvais pour Coupeau. Sa voix changea complètement, comme si le fil-en-quatre (2) avait mis une musique nouvelle dans sa gorge. Il devint sourd d'une oreille. Puis, en quelques jours, sa vue baissa; il lui fallait tenir la rampe de l'escalier, s'il ne voulait pas dégringoler. Quant à sa santé, elle se reposait, comme on dit. Il avait des maux de tête abominables, des étourdissements qui lui faisaient voir trente-six chandelles. Tout à coup, des douleurs aiguës le prenaient dans les bras et dans les jambes; il pâlissait, il était obligé de s'asseoir, et restait sur une chaise hébété pendant des heures : même, après une de ces crises il avait gardé son bras paralysé tout un jour. Plusieurs fois, il s'alita; il se pelotonnait, se cachait sous le drap, avec le souffle fort et continu d'un animal qui souffre. Alors, les extravagances de Sainte-Anne recommençaient. Méfiant, inquiet, tourmenté d'une fièvre ardente, il se roulait dans des rages folles, déchirait ses blouses, mordait les meubles, de sa mâchoire convulsée; ou bien il tombait à un grand attendrissement, lâchant des plaintes de filles, sanglotant et se lamentant de n'être aimé par personne. Un soir, Gervaise et Nana, qui rentraient ensemble, ne le trouvèrent plus dans son lit. A sa place il avait couché le traversin. Et, quand elles le découvrirent, caché entre le lit et le mur, il claquait des dents, il racontait que des hommes allaient venir l'assassiner. Les deux femmes durent le recoucher et le rassurer comme un enfant...

Coupeau mourra bientôt d'une crise de délirium tremens. Gervaise à son tour tombera dans l'alcoolisme, la misère, l'hébétude et la mort.

GUY DE MAUPASSANT

Sa vie   Guy de Maupassant naquit en 1850. Il passa son enfance à Étretat, auprès de sa mère, jusqu'à l'âge de treize ans, vivant dans la familiarité des paysans et des pêcheurs, au sein de cette campagne normande qu'il évoquera si fidèlement. Élève du petit séminaire d'Yvetot, puis du collège de Rouen, il passa souvent ses journées de dimanche à Croisset, chez Flaubert, en compagnie de son correspondant le poète Louis Bouilhet. Mobilisé pendant la guerre de 1870, qu'il fit comme fantassin puis dans l'intendance, il vient à Paris en 1871, obtient une place de commis (3) au ministère de la marine, puis au Ministère de l'Instruction publique. Sous la direction de Flaubert, il fait alors laborieusement son apprentissage d'écrivain. *Boule de Suif*, qui paraît en 1880 dans *les Soirées de Médan* (4), lui donne la notoriété.

En dix ans, il va écrire plus de trois cents contes, publiés dans divers journaux et réunis ensuite en volumes, et six romans, parmi lesquels figurent *Une Vie* (1883) et *Pierre et Jean* (1888). Sa santé, depuis longtemps compromise, décline de plus en plus. Il est en proie à des hallucinations, et sombre dans la folie. Interné dans la maison de santé du docteur Blanche (5), il y meurt en juillet 1893.

Sa doctrine   Selon Maupassant, l'objet essentiel de l'art est de donner « une image exacte de la vie ». Toutefois, en vrai naturaliste, il montre une prédilection pour les personnages moyens ou médiocres, décrits dans le cadre rétréci

---

(1) Battre la breloque : au sens propre = battre le tambour. — (2) L'alcool. — (3) Employé de bureau subalterne. — (4) Voir p. 374. — (5) Célèbre psychiatre, qui soigna également Gérard de Nerval.

de leurs occupations quotidiennes. L'originalité et le relief de la peinture sont étayés par une observation minutieuse. Aussi, les diverses sources d'inspiration de son œuvre, récits du terroir normand, épisodes de guerre, évocations de la vie des employés de bureau, s'appuient-elles étroitement sur son expérience vécue; et les contes fantastiques eux-mêmes utilisent avec une lucidité tragique des éléments empruntés à ses crises hallucinatoires. Mais l'art reste un choix, qui élimine l'accessoire, au sein de cette observation, et s'attache au détail significatif, pour offrir de la réalité une image plus « vraie » que la réalité même. Cette image, dans la mesure où elle reflète une interprétation de l'écrivain, ne saurait rester aussi objective qu'il le souhaiterait et le monde décrit par le romancier nous renseigne sans doute tout autant sur l'observateur que sur l'objet décrit. La vision du monde de Maupassant laisse transparaître son pessimisme profond : selon lui, la vie sociale est une grotesque comédie; la philosophie, comme la science, reste à la surface des problèmes; la religion est un recours illusoire. L'homme reste muré dans sa solitude morale : « Nous sommes tous dans un désert. »

L'art du conteur Dans le domaine du conte, Maupassant atteint à une perfection toute classique. Le décor est rapidement brossé; il pose un cadre, il crée une atmosphère. L'aspect physique, le comportement des personnages, la qualité de leurs propos suffisent à nous faire pénétrer dans le secret de leurs états d'âmes; et ce sont ces états d'âme qui déterminent à leur tour le cheminement de l'intrigue. A cette lumière, le simple fait divers, qui constitue le plus souvent l'intrigue, s'élargit dès lors en un drame humain. Le style sobre, conscient de ses moyens mais spontané d'apparence, s'accorde avec une parfaite souplesse à la tonalité d'atmosphère particulière à chaque conte.

LE PETIT FÛT (1)

L'aubergiste Chicot a obtenu, non sans peine, que la mère Magloire, une vieille paysanne normande, lui vende sa ferme en viager. Mais la vieille ne se presse pas de mourir.

L'originalité du talent de Maupassant apparaît nettement dans ce conte. C'est l'œuvre d'un naturaliste : un drame sordide de l'intérêt constitue l'intrigue, où s'affrontent deux paysans, tenaillés l'un et l'autre par l'avarice. L'homme, sous son apparence de jovialité amicale, est un hypocrite sans pitié et sans scrupules. Le réalisme de la peinture se manifeste à la fois dans les dialogues en patois normand et dans la description minutieuse et exacte du repas campagnard.

La rigueur de l'intrigue, qui progresse selon le plan machiavélique de Chicot et la couleur du style simple, familier, à l'image du dialogue, révèlent la maîtrise du conteur.

Trois ans s'écoulèrent. La bonne femme se portait comme un charme. Elle paraissait n'avoir pas vieilli d'un jour et Chicot se désespérait. Il lui semblait, à lui, qu'il payait cette rente depuis un demi-siècle, qu'il était trompé, floué, ruiné. Il allait de temps en temps rendre visite à la fermière, comme on va voir en juillet, dans les champs, si les blés sont mûrs pour la faux. Elle le recevait avec une malice dans le regard. On eût dit qu'elle se félicitait du bon tour qu'elle lui avait joué et il remontait bien vite dans son tilbury (2) en murmurant :

— Tu ne crèveras donc point, carcasse !

Il ne savait que faire. Il eût voulu l'étrangler en la voyant. Il la haïssait d'une haine féroce, sournoise, d'une haine de paysan volé.

Alors il chercha des moyens.

Un jour enfin, il s'en revint la voir en se frottant les mains, comme il faisait la première fois lorsqu'il lui avait proposé le marché.

Et, après avoir causé quelques minutes :

— Dites donc, la mère, pourquoi que ne v'nez point dîner à la maison quand vous passez à Épreville? On en jase (3), on dit comme ça que

---

(1) La petite barrique. — (2) Voiture à cheval légère. — (3) Jaser = bavarder.

j'sommes pu amis (1), et ça me fait deuil (2). Vous savez, chez mé (3), vous ne payerez point. J'suis pas regardant (4) à dîner. Tant que le cœur vous en dira, v'nez sans retenue, ça m'fera plaisir.

La mère Magloire ne se le fit point répéter, et le surlendemain, comme elle allait au marché dans sa carriole conduite par son valet Célestin, elle mit sans gêne son cheval à l'écurie chez maître Chicot, et réclama le dîner promis.

L'aubergiste radieux, la traita comme une dame, lui servit du poulet, du boudin, de l'andouille, du gigot et du lard aux choux. Mais elle ne mangea presque rien, sobre depuis son enfance, ayant toujours vécu d'un peu de soupe et d'une croûte de pain beurrée.

Chicot insistait, désappointé. Elle ne buvait pas non plus. Elle refusa de prendre du café.

Il demanda :

— Vous accepterez toujours bien un p'tit verre.

— Ah ! pour ça oui. Je ne dis pas non.

Et il cria de tous ses poumons, à travers l'auberge :

— Rosalie, apporte la fine, la surfine, le fil-en-dix (5).

Et la servante apparut, tenant une longue bouteille ornée d'une feuille de vigne en papier.

Il emplit deux petits verres.

— Goûte ça, la mère, c'est de la fameuse.

Et la bonne femme se mit à boire tout doucement, à petites gorgées, faisant durer le plaisir. Quand elle eut vidé son verre, elle l'égoutta, puis déclara :

— Ça oui, c'est de la fine.

Elle n'avait point fini de parler que Chicot lui en versait un second coup. Elle voulut refuser, mais il était trop tard, et elle le dégusta longuement, comme le premier.

Il voulut alors lui faire accepter une troisième tournée, mais elle résista. Il insistait :

— Ça c'est du lait, voyez-vous ; mé (6) j'en bois dix, douze sans embarras. Ça passe comme du sucre. Rien au ventre, rien à la tête ; on dirait que ça s'évapore sur la langue. Y a rien de meilleur pour la santé !

Comme elle en avait bien envie, elle céda, mais elle n'en prit que la moitié du verre.

Alors Chicot, dans un élan de générosité, s'écria :

— T'nez, puisqu'elle vous plaît, j'vas vous en donner un p'tit fût, histoire de vous montrer que j'sommes toujours une paire d'amis.

La bonne femme ne dit pas non, et s'en alla un peu grise.

Le lendemain, l'aubergiste entra dans la cour de la mère Magloire, puis tira du fond de sa voiture une petite barrique cerclée de fer. Puis il voulut lui faire goûter le contenu, pour prouver que c'était bien la même fine ; et, quand ils en eurent encore bu chacun trois verres, il déclara, en s'en allant :

— Et puis, vous savez, quand n'y en aura pu (7), y en a encore ; n'vous gênez point. Je n'suis pas regardant. Pu tôt que ce sera fini, pu que je serai content.

Et il remonta dans son tilbury.

Il revint quatre jours plus tard. La vieille était devant sa porte, occupée à couper le pain de la soupe.

Il s'approcha, lui dit bonjour, lui parla sous le nez, histoire de sentir son haleine. Et il reconnut un souffle d'alcool. Alors son visage s'éclaira.

— Vous m'offrirez bien un verre de fine ? dit-il.

Et ils trinquèrent deux ou trois fois.

Mais bientôt le bruit courut dans la contrée que la mère Magloire s'ivrognait toute seule. On la ramassait tantôt dans sa cuisine, tantôt dans sa cour, tantôt dans les chemins des environs, et il fallait la rapporter chez elle, inerte comme un cadavre.

Chicot n'allait plus chez elle, et, quand on lui parlait de la paysanne, il murmurait avec un visage triste :

— C'est-il pas malheureux, à son âge, d'avoir pris c't'habitude-là ? Voyez-vous, quand on est vieux, y a pas de ressource. Ça finira bien par lui jouer un mauvais tour !

Ça lui joua un mauvais tour, en effet. Elle mourut l'hiver suivant, vers la Noël, étant tombée saoule, dans la neige.

Et maître Chicot hérita de la ferme en déclarant :

— C'te manante (8), si elle s'était point boissonnée (9), alle en avait bien pour dix ans de plus.

(Albin Michel, éditeur.)

ALPHONSE DAUDET

Sa vie　　Né en 1840 à Nîmes où son père possédait une fabrique de foulards, Alphonse Daudet, après la ruine de sa famille, devra dès l'âge de seize ans gagner sa vie. Répétiteur au collège d'Alès durant une année, il vient ensuite à Paris et, secré-

---

(1) Que nous ne sommes plus amis. — (2) Cela m'attriste. — (3) Chez moi. — (4) Parcimonieux. — (5) Appellations régionales de l'eau-de-vie. — (6) Moi. — (7) Plus. — (8) Paysanne. — (9) Si elle n'était pas devenue alcoolique.

taire du duc de Morny (1), il profite de ses loisirs pour écrire. *Le Petit Chose*, récit en grande partie autobiographique, paraît en 1868. En 1869, il publie *les Lettres de mon moulin*, recueil de contes riches de couleur et de fantaisie qui se passent dans le cadre ensoleillé de sa Provence natale. Avec *Fromont jeune et Risler aîné* (1874), il entreprend la peinture réaliste de la société contemporaine, qu'il poursuivra notamment dans *le Nabab* (1877), *Numa Roumestan* (1881) et *l'Immortel* (1888). Il meurt en 1897.

Son talent   Lorsque parut *le Nabab*, Zola salua en Daudet un écrivain naturaliste. Il est vrai que Daudet emprunte à la réalité l'essentiel de la matière de ses livres : *Le Petit Chose* est fait de souvenirs vécus et, de son propre aveu, le Nabab a vraiment existé. Ses carnets, où il notait des détails d'observation quotidienne, en vue de leur utilisation dans ses romans, témoignent aussi de son souci de peindre sur le vif. Mais sa sensibilité et sa puissance de sympathie pour les êtres, son ironie bienveillante et toutes les grâces d'un style tour à tour alerte, coloré, souriant et pathétique ne sauraient s'accorder avec une école pour laquelle l'impersonnalité est un dogme et qui offre de la vie une image délibérément pessimiste.

LE PETIT CHOSE

Daniel Esseyte vient rendre visite au principal du collège de Sarlande, où il doit occuper un poste de répétiteur (I, 5).

La timidité et l'embarras du très jeune visiteur, l'abord pontifiant du principal, sa mentalité de fonctionnaire respectueux de la hiérarchie s'expriment, d'une manière concrète, par leurs attitudes, leurs gestes, leurs propos.

Mais l'ironie de Daudet est souriante et indulgente à l'égard du premier, assez féroce à l'égard du second. Comme toujours, l'auteur prend le parti des humbles.

— Monsieur le Principal, dit le portier en me poussant devant lui, voici le nouveau maître qui vient pour remplacer M. Serrières.

— C'est bien, fit le principal sans se déranger.

Le portier s'inclina et sortit. Je restai debout au milieu de la pièce, en tortillant mon chapeau entre mes doigts.

Quand il eut fini d'écrire, le principal se tourna vers moi, et je pus examiner à mon aise sa petite face pâlotte et sèche, éclairée par deux yeux froids, sans couleur. Lui, de son côté, releva, pour mieux me voir, l'abat-jour de la lampe et accrocha un lorgnon à son nez.

— Mais c'est un enfant ! s'écria-t-il en bondissant sur son fauteuil. Que veut-on que je fasse d'un enfant ?

Pour le coup, le petit Chose eut une peur terrible ; il se voyait déjà dans la rue, sans ressources... Il eut à peine la force de balbutier deux ou trois mots et de remettre au principal la lettre d'introduction qu'il avait pour lui.

Le principal prit la lettre, la lut, la relut, la plia, la déplia, la relut encore, puis il finit par me dire que, grâce à la recommandation toute particulière du recteur et à l'honorabilité de ma famille, il consentait à me prendre chez lui, bien que ma grande jeunesse lui fît peur. Il entama ensuite de longues déclamations sur la gravité de mes nouveaux devoirs ; mais je ne l'écoutais plus. Pour moi, l'essentiel était qu'on ne me renvoyât pas. On ne me renvoyait pas ; j'étais heureux, follement heureux. J'aurais voulu que M. le principal eût mille mains et les lui embrasser toutes.

Un formidable bruit de ferrailles m'arrêta dans mes effusions. Je me retournai vivement et me trouvai en face d'un long personnage, à favoris rouges, qui venait d'entrer dans le cabinet sans qu'on l'eût entendu : c'était le surveillant général.

Sa tête penchée sur l'épaule, à l'*Ecce homo* (2), il me regardait avec le plus doux des sourires, en secouant un trousseau de clefs de toutes dimensions, suspendu à son index. Le sourire m'aurait prévenu en sa faveur, mais les clefs grinçaient avec un bruit terrible, frinc ! frinc ! frinc ! — qui me fit peur.

— Monsieur Viot, dit le principal, voici le remplaçant de M. Serrières qui nous arrive.

M. Viot s'inclina et me sourit le plus doucement

---

(1) Un des artisans du coup d'Etat du 2 décembre 1851. Voir p. 286. — (2) Effigie du Christ couronné d'épines et penchant la tête sur son épaule.

du monde. Ses clefs, au contraire, s'agitèrent d'un air ironique et méchant, comme pour dire : « Ce petit homme-là remplacer M. Serrières, allons donc! allons donc! »

Le principal comprit aussi bien que moi ce que les clefs venaient de dire, et il ajouta avec un soupir : « Je sais qu'en perdant M. Serrières, nous faisons une perte presque irréparable (ici les clefs poussèrent un véritable sanglot...) ; mais je suis sûr que si M. Viot veut bien prendre le nouveau maître sous sa tutelle spéciale, et lui inculquer ses précieuses idées sur l'enseignement, l'ordre et la discipline de la maison n'auront pas trop à souffrir du départ de M. Serrières.

Toujours souriant et doux, M. Viot répondit que sa bienveillance m'était acquise et qu'il m'aiderait volontiers de ses conseils; mais les clefs n'étaient pas bienveillantes, elles. Il fallait les entendre s'agiter et grincer avec frénésie : « Si tu bouges, petit drôle, gare à toi. »

— Monsieur Eyssette, conclut le principal, vous pouvez vous retirer. Pour ce soir encore, il faudra que vous couchiez à l'hôtel... Soyez ici demain à huit heures... Allez...

Et il me congédia d'un geste digne.

(Fasquelle, éditeur.)

HUYSMANS

Sa vie   Joris Karl Huymans est né à Paris en 1848, d'une mère parisienne et d'un père flamand; fonctionnaire au Ministère de l'Intérieur, il publie un recueil de poèmes en prose, puis *Marthe*, un roman très réaliste qui lui ouvre les rangs des écrivains naturalistes : il participera au recueil des *Soirées de Médan*, avec Zola et Maupassant. Il publie ensuite *les Sœurs Vatard* (1879) et *En ménage* (1881), mais se distingue bientôt de ses amis par l'acuité de ses analyses d'états d'âmes bizarres, et sa prédilection pour les êtres inquiets ou blessés.

Son dégoût du quotidien et sa passion pour tous les problèmes artistiques et littéraires aboutissent à une œuvre étrange qu'il intitule fort bien *A rebours* (1884). Son héros, des Esseintes, esthète et névrosé, perpétuel insatisfait comme le René de Chateaubriand, se construit un monde imaginaire et artificiel que les écrivains contemporains n'oublieront pas.

Dans *Là-bas*, paru en 1891, apparaît un autre personnage, Durtal, véritable porte-parole de l'auteur; sa plongée dans les profondeurs mi-magiques, mi-chrétiennes du Moyen Age, où il poursuit l'image fuyante de Gille de Rais, peut passer pour la première étape d'une conversion laborieuse et longue, traversée d'hésitations et d'incertitudes. *En route* (1895), *la Cathédrale* (1898), *l'Oblat* (1903), jalonnent cette ascension vers le mysticisme et la sérénité, que couronne en 1907 une mort courageuse, malgré les souffrances d'un cancer à la gorge.

Un art naturaliste   En fait, tout en devenant un croyant convaincu, aspirant à une béatitude supérieure fort dédaigneuse de la nature et du réel, Huysmans était resté proche de Zola, par la précision des détails observés, le besoin d'une vérité qui ne craint ni le cru, ni l'horrible; il se montra un peintre incomparable, au vocabulaire infiniment riche et varié, à la phrase sensible et nerveuse. Par l'expression « naturalisme spiritualiste », il a très justement noté le paradoxe apparent de son originalité.

LA SOUPE DES MENDIANTS

En 1876, Huysmans publie *Marthe, histoire d'une fille;* ce roman, dont les intentions sont conformes aux principes du roman naturaliste, constitue un document humain et nous présente une « tranche de vie ». L'auteur déclare d'ailleurs dans un avant-propos de l'édition de 1879 : « Les clameurs indignées que les derniers idéalistes ont poussées dès l'apparition de *Marthe* et des *Sœurs Vatard* ne m'ont guère ému. Je fais ce que je vois, ce que je sens et ce que j'ai vécu, en l'écrivant du mieux que je puis et voilà tout. »

En fait, l'intrigue, fort simplifiée, sert souvent de prétexte à des descriptions de milieux misérables, dont le réalisme est assez semblable à celui de Breughel ou de Téniers : le goût du détail insolite, la richesse et la précision des mots, l'harmonie soutenue de la phrase constituent un art vigoureux et savant.

... elle tomba, au détour d'une route, devant une caserne, à l'heure où les mendiants viennent chercher la soupe. Elle s'arrêta dans une sorte de cul-de-sac (1), bordé au nord par cette caserne, quelques marchands de vins où buvaient, à l'ombre de pins en caisse, des vieillards, pansus comme des touailles (2); au sud, par une échoppe à fritures et à crêpes, un restaurant interlope (3) avec ses bols de riz au lait et ses crèmes tremblantes, et par un sordide marchand de bric-à-brac, à la porte duquel pendaient en désarroi des crinolines dont les chairs s'étaient dissoutes et dont les carcasses d'archal (4) sonnaient aux vents.

Plus près enfin, à l'entrée de l'impasse, trois arbres aux troncs flacheux (5) dressaient de leurs manches de terre des bras éplorés et difformes.

Une pelletée de misérables avait été jetée dans le ruisseau au pied de ces trois arbres. Il y avait là des pauvresses aux poitrines rases et au teint glaiseux (6), des ramassis de bancroches (7), des borgnes et des ventrées de galopins morveux (8) qui soufflaient par le nez d'incomparables chandelles et suçaient leurs doigts, attendant l'heure de la miche (9).

Accotés, accroupis, couchés les uns contre les autres, ils agitaient des récipients inouïs : casseroles sans queue, pots de grès cravatés de ficelles, bidons cabossés, gamelles meurtries, bouillottes sans anses, pots de fleurs bouchés par le bas.

Un soldat leur fit signe et tous se précipitèrent en avant, tête baissée, aboyant comme des dogues, puis, quand leurs écuelles furent pleines, ils s'enfuirent avec des regards voraces et, le derrière sur le trottoir, les pieds dans le ruisseau, ils avalèrent goulûment leur bâfre (10).

L'ORGUE A BOUCHE

Dans *A Rebours,* paru en 1884, apparaît des Esseintes, esthète subtil et décadent, à l'affût de tous les raffinements, de tous les artifices, et ennemi, s'il en fut, de la nature. Aussi le roman est-il la négation même du réalisme, et peut-être du réel.

Barbey d'Aurevilly ne s'y trompa pas (11), qui sommait l'auteur, considérant l'impasse à laquelle il avait abouti, de choisir entre « la bouche d'un pistolet ou les pieds de la croix »; huit ans après seulement Hysmans répondit : « C'est fait ! »

« L'Orgue à bouche » (IV) est une mirifique application du fameux système des correspondances exposé et illustré par Baudelaire dans *les Fleurs du mal.*

... pratiquée dans l'une des cloisons, une armoire contenait une série de petites tonnes (12), rangées côte à côte, sur de minuscules chantiers de bois de santal, percées de robinets d'argent au bas ventre.

Il appelait cette réunion de barils à liqueurs son orgue à bouche.

Une tige pouvait rejoindre tous les robinets, les asservir à un mouvement unique, de sorte qu'une fois l'appareil en place, il suffisait de toucher un bouton dissimulé dans la boiserie, pour que toutes les cannelles tournées en même temps remplissent de liqueur les imperceptibles gobelets placés au-dessous d'elles.

L'orgue se trouvait alors ouvert. Les tiroirs étiquetés « flûte, cor, voix céleste », étaient tirés prêts à la manœuvre. Des Esseintes buvait une goutte, ici, là, se jouait des symphonies intérieures, arrivait à se procurer, dans le gosier, des sensations analogues à celles que la musique verse à l'oreille.

Du reste chaque liqueur correspondait selon lui, comme goût, au son d'un instrument. Le curaçao sec, par exemple, à la clarinette dont le chant aigrelet est velouté; le kummel au hautbois dont le timbre sonore nasille; la menthe et l'anisette à la flûte, tout à la fois sucrée et poivrée, piaulante (13) et douce; tandis que, pour compléter l'orchestre, le kirsch sonne furieusement de la trompette; le gin et le whisky emportent le palais (14) avec leurs stridents éclats de pistons et de trombones, l'eau-de-vie de marc fulmine

(1) Voie sans issue. — (2) Etuves de brasserie où l'on sèche les grains d'orge. — (3) Louche, équivoque. — (4) Fil de laiton. — (5) En partie débarrassés de leur écorce. — (6) Couleur de terre. — (7) Contrefaits. — (8) Des portées d'enfants ayant de la morve au bout du nez. — (9) Pain rond. — (10) Mot familier et ironique : repas abondant. — (11) Zola non plus, écrivant : « Vous venez de porter un coup très dur au naturalisme ». — (12) Tonneaux. — (13) Emettant des sons ressemblant aux cris des petits poulets. — (14) Brûlent la bouche.

avec les assourdissants vacarmes des tubas, pendant que roulent les coups de tonnerre de la cymbale et de la caisse frappés à tour de bras, dans la peau de la bouche, par les rakis (1) de Chio et les mastics !

Il pensait que l'assimilation pouvait s'étendre, que des quatuors d'instruments à corde pouvaient fonctionner sous la voûte palatine, avec le violon représentant la vieille eau-de-vie, fumeuse et fine, aiguë et frêle, avec l'alto simulé par le rhum plus robuste, plus ronflant, plus sourd ; avec le vespétro (2) déchirant et prolongé, mélancolique et caressant comme un violoncelle ; avec la contrebasse, corsée, solide et noire comme un pur et vieux bitter (3). On pouvait même, si l'on voulait former un quintette, adjoindre un cinquième instrument, la harpe, qu'imitait par une vraisemblable analogie, la saveur vibrante, la note argentine, détachée et grêle du cumin sec.

La similitude se prolongeait encore ; des relations de tons existaient dans la musique des liqueurs ; ainsi pour ne citer qu'une note, la bénédictine figure, pour ainsi dire, le ton mineur de ce ton majeur des alcools que les partitions commerciales désignent sous le signe de chartreuse verte.

Ces principes une fois admis, il était parvenu, grâce à d'érudites expériences, à se jouer sur la langue de silencieuses mélodies, de muettes marches funèbres à grand spectacle, à entendre dans sa bouche, des solis de menthe, des duos de vespétro et de rhum.

Il arrivait même à transférer dans sa mâchoire de véritables morceaux de musique, suivant le compositeur, pas à pas, rendant sa pensée, ses effets, ses nuances, par des unions ou des contrastes voisins de liqueurs, par d'approximatifs et savants mélanges.

D'autrefois, il composait lui-même des mélodies, exécutait des pastorales avec le bénin cassis qui lui faisait roulader, dans la gorge, des chants emperlés de rossignol ; avec le tendre cacaochouva qui fredonnait de sirupeuses bergerades, telles que « les romances d'Estelle » et les « Ah ! vous dirai-je maman » du temps jadis...

LA RÉACTION AU NATURALISME

VILLIERS DE L'ISLE-ADAM

Une vie et une œuvre de mystique Villiers de l'Isle-Adam, né à Saint-Brieuc en 1840, vient à Paris en 1857 et y rencontre Baudelaire et Leconte de Lisle. Il vit très misérablement, écrit des articles et des contes qui le font connaître peu à peu et publie en 1885 *Axel*, drame symboliste, en 1886 *l'Ève future*, œuvre d'anticipation, mais aussi de psychologie et de métaphysique, et *Tribulat Bonhomet*. C'est dans cette dernière œuvre qu'apparaît le « tueur de cygnes », véritable mythe de la cruauté scientifique, qui détruit l'art et la beauté par souci d'expérimentation et désir de connaissances « positives ». Son chef-d'œuvre est sans doute le recueil des *Contes cruels*, paru en 1883, où ce merveilleux narrateur, dont la conversation étincelante était célèbre en son temps, met en évidence la cruauté grossière de la foule et l'incurable lourdeur du bourgeois, en opposition avec l'élévation spirituelle et la noblesse surhumaine des âmes d'élite. Jusqu'à sa mort, en 1889, Villiers de l'Isle-Adam ne cessera de chercher le moyen d'échapper au monde médiocre et stupide des apparences.

LE SECRET DE L'ÉGLISE

Dans cette page de *l'Enjeu*, l'angoisse naît de la façon la plus naturelle et la plus surprenante qui soit : dans une société artificielle et dépravée, c'est un prêtre mondain, joueur et passablement suspect, qui, pour payer une dette de jeu, révèle à l'assistance — et aux lecteurs — un extraordinaire « secret », qu'il appelle le « secret de l'église ».

... Tout à coup, Tussert, sur un refus de cartes, ployant son jeu :

— Je perds 16 000 francs, ce soir ! dit-il.

— 25 louis en revanche ? offrit le vicomte Le Glaïeul.

— Je ne propose ni accepte le jeu sur parole

---

(1) Liqueur tirée du riz. — (2) Liqueur composée d'eau-de-vie, de sucre, d'angélique et de coriandre. — (3) Liqueur amère préparée avec diverses substances macérées dans du genièvre.

et je n'ai plus d'or sur moi, répondit Tussert. Toutefois, mon état m'a mis en possession d'un *secret*, — d'un grand secret — que je me décide à risquer, si cela vous agrée, contre vos 25 louis, — en 5 points liés.

Après un légitime silence :

— Quel secret?... demanda M. Le Glaïeul, à demi-stupéfait.

— Mais, celui de l'ÉGLISE, répondit froidement Tussert.

Fut-ce l'intonation brève et, certes, peu mystificatrice de ce ténébreux viveur, ou la fatigue nerveuse de la nuit, ou les captieuses fumées dorées du Roederer, ou l'ensemble de ces deux choses, les deux invités et la rieuse Maryse, elle-même, tressaillirent à ces mots : tous trois en regardant l'énigmatique personnage venaient d'éprouver la sensation que leur eût causée le dressement soudain d'une tête de serpent, entre les flambeaux.

— L'Église a tant de secrets... que je pourrais, au moins, vous demander lequel!... répondit, sans plus s'émouvoir, le vicomte Le Glaïeul : mais vous me voyez médiocrement curieux de ces sortes de révélations. Concluons. J'ai trop gagné, ce soir, pour vous refuser : donc, tenu, quand même. 25 louis, en 5 points liés, contre le « secret de l'ÉGLISE ».

Par une courtoisie d'homme « du monde » il ne voulut évidemment point ajouter : « ... qui ne nous intéresse pas ».

On reprit les cartes.

— L'abbé! savez-vous bien qu'en ce moment vous avez l'air du ... *Diable?*... s'écria, d'un ton naïf, la tout aimable Maryelle, devenue presque pensive.

— L'enjeu, d'ailleurs, est d'une bizarrerie minime, pour des incrédules! murmura follement l'invité oisif avec un de ces insignifiants sourires parisiens dont la sérénité ne tient même pas devant une salière renversée. — Le secret de l'Église! Ah! Ah!... Ce doit être drôle.

Tussert le regarda :

— Vous en jugerez, si je perds encore, dit-il.

La partie commença plus lente que les autres : une manche fut gagnée, d'abord par... lui, puis revanche perdue.

— La belle! dit-il.

Chose très singulière : l'attention, pimentée au début d'un semblant de superstition souriante, était, par degrés insensibles, devenue intense : on eût dit qu'autour des joueurs l'air s'était saturé d'une solennité subtile : — d'une inquiétude!... On tenait à gagner.

A 2 points contre 3, le vicomte Le Glaïeul, ayant retourné le roi de cœur, eut pour jeu, les quatre 7 — et un 8 neutre; Tussert, ayant la quinte majeure de pique, hésita, joua d'autorité, par un mouvement de risque-tout, — et perdit, comme de raison. Le coup fut joué très vite.

Le diacre eut, pendant une seconde, une lueur de regard et le front crispé.

A présent, Maryelle considérait, insoucieusement ses ongles roses; le vicomte, d'un air distrait, examinait la nacre des jetons, sans questionner; l'invité oisif se détournant, par conséquent, entr'ouvrit (avec un tact qui tenait, vraiment, de l'inspiration!) les rideaux de la croisée, auprès de lui.

Alors, à travers les arbres, apparut, pâlissant les bougies, l'aube livide, le petit jour, dont le reflet rendit brusquement mortuaires les mains des jeunes hôtes du salon. Et le parfum de l'appartement sembla s'affadir, plus impur, d'un regret de plaisirs marchandés, de chairs à regret voluptueuses, — de lassitude! — Et de très vagues mais poignantes nuances passèrent sur les visages, dénonçant, d'une imperceptible estompe, les atteintes futures que l'âge réservait à chacun d'eux. Bien que l'on ne crût à rien, ici, qu'à des plaisirs fantômes, on se sentit, tout à coup, sonner si creux en cette existence, que le coup d'aile de la vieille tristesse du monde effleura, malgré eux, à l'improviste, ces faux amusés : en eux c'était le vide, l'inespérance, on oubliait, on ne se souciait plus d'entendre... l'insolite secret... si, toutefois...

Mais le diacre s'était levé, glacial, tenant, déjà son tricorne. Après un coup d'œil circulaire, officiel, sur ces trois vivants quelque peu interdits :

— Madame, et vous messieurs, dit-il, puisse l'enjeu que j'ai perdu vous donner à songer!... Payons.

Et regardant, avec une fixité froide, les brillants écouteurs, il prononça, d'une voix plus basse, mais qui sonna comme un coup de glas, cette damnable, cette fantastique parole :

— Le secret de l'Église?... C'est... c'est QU'IL N'Y A PAS DE « PURGATOIRE ».

(Calmann-Lévy, éditeur.)

LÉON BLOY

Un anti-naturaliste Léon Bloy, né à Périgueux en 1846, est un des écrivains les plus étonnants de cette fin de siècle. Converti au catholicisme comme Paul Claudel, la profondeur de la foi prend chez lui la forme d'un combat ardent contre un monde qui le fait hurler d'indignation. Ce monde, il le prend à parti sous les formes du matérialisme scientiste et de la démocratie libérale. Il s'attaque aussi, comme le fera plus tard Bernanos, à une bourgeoisie bien pensante dont il vilipende la tiédeur, l'égoïsme et le sot mépris pour l'art. Ce révolté chrétien écrit des pamphlets, des études historiques ou critiques, deux romans autobiographiques, *le Désespéré* (1880), et *la Femme pauvre* (1897), et un journal intime dont *le Mendiant ingrat* constitue la première partie. Ces œuvres ont en commun l'expression, qui est d'une incroyable richesse : la phrase personnelle et dramatique s'adapte à l'exaltation de cette vie brûlante et misérable; l'œuvre tout entière n'est qu'un cri d'angoisse et de foi, le cri du « Pèlerin de l'Absolu » pour lequel « il n'y a qu'une tristesse, c'est de n'être pas des saints ». Léon Bloy meurt à Bourg-la-Reine en 1917.

RETOUR DE LA TRAPPE

Quittant la Trappe pour rentrer dans le monde, Cain Marchenoir, « le désespéré », explique au père Athanase ses intentions et son état d'âme avant de jeter l'appel « O mon Dieu sauveur, ayez pitié de moi ! » Il proclame, comme Bloy lui-même, la « Fureur » qui l'habite et le message qu'il se croit chargé de répercuter, et s'affirme en « communion d'impatience » avec tous les révoltés.

Je quitte votre maison dans une ignorance absolue de ce que je vais faire, mais avec la plus inflexible résolution de ne pas laisser la vérité sans témoignage. Il est écrit que les affamés et les mourants de soif de justice seront saturés. Je puis donc espérer une ébriété (1) sans mesure. Jamais, je ne pourrai m'accommoder ni ne me consoler de ce que je vois. Je ne prétends point réformer un monde irréformable, ni faire avorter Babylone. Je suis de ceux qui clament dans le désert et qui dévorent les racines du buisson de feu, quand les corbeaux oublient de leur porter leur nourriture. Qu'on m'écoute ou qu'on ne m'écoute pas, qu'on m'applaudisse ou qu'on m'insulte, aussi longtemps qu'on ne me tuera pas, je serai le consignataire de la Vengeance et le domestique très obéissant d'une *étrangère* Fureur qui me commandera de parler. Il n'est pas en mon pouvoir de résigner cet office, et c'est avec la plus amère désolation que je le déclare. Je souffre une violence infinie, et les colères qui sortent de moi ne sont que des échos, singulièrement affaiblis, d'une Imprécation supérieure que j'ai l'étonnante disgrâce de répercuter.

C'est pour cela, sans doute, que la misère me fut départie avec tant de munificence. La richesse aurait fait de moi une de ces charognes ambulantes et dûment calées, que les hommes du monde flairent avec sympathie dans leurs salons, et dont se pourlèche la friande vanité des femmes. J'aurais fait bombance du Pauvre, comme les autres, et peut-être, en exhalant, à la façon de Paul Bourget (2), quelques gémissantes phrases sur la pitié. Heureusement une Providence aux mains d'épines a veillé sur moi et m'a préservé de devenir un charmant garçon, en me déchiquetant de ses caresses...

Maintenant, qu'elle s'accomplisse, mon épouvantable destinée! Le mépris, le ridicule, la calomnie, l'exécration universelle, tout m'est égal... On pourra me faire crever de faim, on ne m'empêchera pas d'aboyer sous les étrivières (3) de l'indignation !

Fils obéissant de l'Église, je suis néanmoins en communion d'impatience avec tous les révoltés, tous les déçus, tous les inexaucés, tous les damnés de ce monde. Quand je me souviens de cette multitude, une main me saisit par les cheveux et m'emporte au-delà des relatives exigences d'un ordre social dans une vision d'injustice à faire sangloter jusqu'à l'orgueil des philosophies.

(Mercure de France, éditeur.)

LE SYMBOLISME

PAUL VERLAINE

L'homme Né à Metz en 1844, Paul Verlaine passe à Paris son enfance et sa jeunesse, et devient employé à l'Hôtel-de-Ville. Il subit l'influence du groupe Parnassien et publie les *Poèmes Saturniens* (1866) et *les Fêtes galantes* (1869). Sa

---

(1) Ivresse. — (2) Romancier (1852-1935), dont les œuvres moralisantes réagissaient contre les idées naturalistes. — (3) Courroie portant les étriers.

rencontre avec Mathilde Mauté, qui va devenir sa femme, l'arrache pour un temps à ses habitudes d'intempérance et lui inspire un recueil charmant et touchant, *la Bonne Chanson* (1870). Mais bientôt, sa liaison avec Arthur Rimbaud lui fait abandonner son foyer. L'existence vagabonde qu'il mène avec ce dernier en Angleterre et en Belgique s'achève tragiquement : il blesse son ami d'un coup de revolver. Sa condamnation, un séjour de deux ans à la prison de Mons, provoque en lui un repentir sincère et le ramène à Dieu. Sa conversion lui inspire les vers mystiques qui, plus tard, seront réunis dans *Sagesse* (1881). Après sa libération, il s'efforce de mener une vie digne, enseigne en Angleterre, puis en France au collège de Rethel. Mais il retombe dans ses anciens errements : de retour à Paris, il sombre à nouveau dans la débauche et l'ivrognerie. Usé par ses excès, il passe de longs séjours dans les hôpitaux et meurt dans la misère en janvier 1896.

Le poète Le talent original de Verlaine tient à la qualité de son lyrisme, qui fuit les larges effusions et se maintient dans la note intime des confidences en demi-teintes, suggérées et non étalées, égrenées au rythme de sa vie quotidienne, et dont l'expression nous enveloppe et nous pénètre plutôt qu'elle ne nous frappe. Aussi, ce qu'il confie à ses vers, ce sont les échos de sa sensibilité, sollicitée à la fois par les appels impérieux des sens et par le désir nostalgique d'une vie « simple et tranquille » dans la candeur retrouvée de son enfance.

La forme est à l'unisson du fond. Pour s'accorder avec ce ton de confidence discret, le poète s'écarte d'un rythme trop oratoire, multiplie, dans l'utilisation de l'alexandrin, les rejets qui l'assouplissent et emploie de préférence les vers impairs, plus fluides ; il remplace souvent la rime par l'assonance et même n'hésite pas, pour donner une impression de jaillissement spontané, à placer à deux reprises en fin de vers les mêmes termes, en guise de rime. Les allitérations, les rimes intérieures, les mêmes sonorités fondamentales qui reviennent inlassablement dans le cours d'un poème ajoutent à la puissance de suggestion musicale. Son souci de simplicité et de spontanéité se retrouve dans l'emploi du vocabulaire quotidien et dans le dessin même de la phrase, souvent faite d'éléments juxtaposés.

APRÈS TROIS ANS

Ce sonnet, qui figure dans le recueil des *Poèmes saturniens*, exploite avec une discrétion toute parnassienne le grand thème lyrique de l'opposition entre la nature et l'homme : aucune confidence ne transparaît sur les sentiments du poète au cours de cette visite à des lieux qui lui évoquent un souvenir d'amour, passé lui aussi sous silence. La musicalité des vers, l'esquisse légère du cadre sont déjà d'un poète symboliste.

Ayant poussé la porte étroite qui chancelle,
Je me suis promené dans le petit jardin
Qu'éclairait doucement le soleil du matin,
Pailletant chaque fleur d'une humide étincelle.

Rien n'a changé. J'ai tout revu : l'humble tonnelle
De vigne folle avec les chaises de rotin...
Le jet d'eau fait toujours son murmure argentin

Et le vieux tremble sa plainte sempiternelle.

Les roses comme avant palpitent ; comme avant,
Les grands lys orgueilleux se balancent au vent.
Chaque alouette qui va et vient m'est connue.

Même j'ai retrouvé debout la Velléda (1),
Dont le plâtre s'écaille au bout de l'avenue,
— Grêle, parmi l'odeur fade du réséda.

(1) Prêtresse gauloise, héroïne des *Martyrs* de Chateaubriand.

LA LUNE BLANCHE

Verlaine, au retour d'une visite à sa fiancée, décrit un paysage de nuit. L'effusion sentimentale n'est pas faite de confidences directes; elle s'exprime par l'évocation du cadre, sa transfiguration, la délicatesse des sensations, la brièveté du vers, la juxta-position des impressions *(la Bonne Chanson)*.

La lune blanche
Luit dans les bois;
De chaque branche
Part une voix
Sous la ramée...

O bien-aimée.

L'étang reflète,
Profond miroir,
La silhouette

Du saule noir
Où le vent pleure...

Rêvons, c'est l'heure,

Un vaste et tendre
Apaisement
Semble descendre
Du firmament
Que l'astre irise... (1)

C'est l'heure exquise.

LE CIEL EST PAR-DESSUS LE TOIT

Le poète regarde par la fenêtre de sa prison. Sous son apparence de spontanéité parfaite, le poème est rigoureusement construit : aux impressions visuelles succèdent les impressions auditives. Le tumulte de l'émotion, auquel aboutit la contemplation amène, par une progression naturelle, un retour douloureux sur le passé *(Sagesse)*.

Le ciel est par-dessus le toit,
  Si bleu, si calme !
Un arbre, par-dessus le toit,
  Berce sa palme.

La cloche, dans le ciel qu'on voit
  Doucement tinte.
Un oiseau sur l'arbre qu'on voit
  Chante sa plainte.

Mon Dieu, mon Dieu, la vie est là,
  Simple et tranquille.
Cette paisible rumeur-là
  Vient de la ville.

— Qu'as-tu fait, ô toi que voilà
  Pleurant sans cesse,
Dis, qu'as-tu fait, toi que voilà,
  De ta jeunesse?

ARTHUR RIMBAUD

Sa vie aventureuse   Né à Charleville en 1854, Arthur Rimbaud, élève brillant, écrit à l'âge de quinze ans des poèmes qui témoignent déjà d'une exceptionnelle maîtrise. Adolescent épris d'aventure, il fait plusieurs fugues à Paris et en Belgique. Dans ses vers, il exhale sa haine des bourgeois et son anticléricalisme. En septembre 1871, il se rend à Paris sur l'invitation de Verlaine à qui il avait envoyé plusieurs de ses poèmes; c'est le commencement d'une liaison orageuse. Ensemble, ils passent la majeure partie de leurs journées et de leurs nuits dans les cafés du quartier latin. En juillet 1872, ils partent ensemble pour la Belgique et l'Angleterre. Une année plus tard, c'est l'aventure de Bruxelles (2). Verlaine emprisonné, Rimbaud revient chez sa mère et y achève *Une Saison en enfer* (1872-1873). A cette époque, il a déjà écrit un certain nombre de poèmes en prose qui seront rassemblés dans *les Illuminations* (1873).

Lorsqu'il entreprend, à vingt et un ans, toute une succession de voyages en divers pays d'Europe et à Java, Rimbaud a définitivement renoncé à la poésie. Pendant dix ans,

---

(1) Colore de reflets. — (2) Voir plus haut Paul Verlaine, pp. 384-386.

à Aden et en Abyssinie, il mènera une vie d'action et d'aventure, gérant d'un comptoir commercial et, à l'occasion, trafiquant d'armes. Atteint d'une tumeur au genou droit, qui nécessitera une amputation de la jambe, il est rapatrié à Marseille. Il y meurt quelques mois plus tard, en novembre 1891.

Le poète révolté Rimbaud est un révolté; sa vie est une aventure et il cherche délibérément sa voie en dehors des sentiers battus. Son esprit de révolte le dresse contre la forme de civilisation au sein de laquelle il vit, contre les valeurs religieuses, morales, sociales sur lesquelles cette civilisation se fonde. C'est elle qui a domestiqué et asservi l'esprit humain et l'a enfermé dans le monde des apparences. La poésie sera l'instrument de sa libération. En un premier temps, conservant les formes traditionnelles, il épanche sa hargne contre la civilisation et toutes ses idoles; ses premiers poèmes, violemment satiriques, s'attaquent au christianisme et au conformisme bourgeois. Mais bientôt, il assigne à la poésie une autre mission : elle sera un instrument de connaissance, un moyen d'accéder à la réalité profonde que nous cache « la pâle raison ». A cet effet, il faut que le poète, tendant méthodiquement à un « dérèglement de tous ses sens », s'applique à devenir un « Voyant », à retrouver, sous la permanence trompeuse des perceptions, l'univers mouvant des sensations, à plonger vers l'inconnu et à mettre son moi à l'unisson du monde. Mais le renouvellement de l'inspiration ne peut s'exprimer qu'à travers une forme poétique renouvelée. « Cette langue sera de l'âme pour l'âme résumant tout, parfums, sons, couleurs », les images deviennent ainsi hallucinatoires, les sonorités et les rythmes prennent une puissance d'incantation.

MA BOHÈME

Ce sonnet, écrit au cours d'une fugue en Belgique alors que Rimbaud n'avait pas encore seize ans, est révélateur de son état d'âme d'adolescent : on y trouve le goût de l'aventure, la puissance du rêve, l'esprit gouailleur qui se moque de ses propres élans. La forme montre sa précoce maîtrise; elle est classique, pour l'essentiel. Le prosaïsme pittoresque de certains détails, un rejet très expressif (vers 7) n'annoncent que de très loin les audaces à venir.

Je m'en allais, les poings dans mes poches crevées;
Mon paletot aussi devenait idéal;
J'allais sous le ciel, Muse ! et j'étais ton féal;
Oh ! là ! là ! que d'amours splendides j'ai rêvées !

Mon unique culotte avait un large trou.
— Petit Poucet rêveur, j'égrenais dans ma course
Des rimes. Mon auberge était à la Grande-Ourse (1).
— Mes étoiles au ciel avaient un doux frou-frou

Et je les écoutais, assis au bord des routes,
Ces bons soirs de septembre où je sentais des gouttes
De rosée à mon front, comme un vin de vigueur;

Où, rimant au milieu des ombres fantastiques,
Comme des lyres, je tirais les élastiques
De mes souliers blessés, un pied près de mon cœur !

Mercure de France, éditeur.

ALCHIMIE DU VERBE

Cette page capitale d'*Une Saison en enfer* relate l'expérience à laquelle s'est soumis méthodiquement Rimbaud pour parvenir à ce dérèglement de tous les sens, sans lequel un poète ne saurait devenir un « voyant ». En s'abandonnant délibérément à sa

---

(1) Il dort en pleine nature, « à la belle étoile ».

faculté de rêve, il aboutit à une hallucination, dont il tente de fixer les vertiges à l'aide d'une expression entièrement renouvelée.

A moi. L'histoire d'une de mes folies.

Depuis longtemps je me vantais de posséder tous les paysages possibles, et trouvais dérisoires les célébrités de la peinture et de la poésie moderne.

J'aimais les peintures idiotes, dessus de portes, décors, toiles de saltimbanques, enseignes, enluminures populaires; la littérature démodée, latin d'église, romans de nos aïeules, contes de fées, petits livres de l'enfance, opéras vieux, refrains niais, rythmes naïfs.

Je rêvais croisades, voyages de découvertes dont on n'a pas de relations, républiques sans histoires, guerres de religion étouffées, révolutions de mœurs, déplacements de races et de continents : je croyais à tous les enchantements.

J'inventai la couleur des voyelles ! — *A* noir, *E* blanc, *I* rouge, *O* bleu, *U* vert. — Je réglai la forme et le mouvement de chaque consonne, et, avec des rythmes instinctifs, je me flattai d'inventer un verbe poétique accessible, un jour ou l'autre, à tous les sens. Je réservais la traduction.

Ce fut d'abord une étude. J'écrivais des silences, des nuits, je notais l'inexprimable. Je fixais des vertiges...

Loin des oiseaux, des troupeaux, des villageoises,
Que buvais-je, à genoux dans cette bruyère
Entourée de tendres bois de noisetiers,
Dans un brouillard d'après-midi tiède et vert?

Que pouvais-je boire dans cette jeune Oise,
— Ormeaux sans voix, gazon sans fleurs, ciel
                                        couvert! —
Boire à ces gourdes jaunes, loin de ma case
Chérie? Quelque liqueur d'or qui fait suer.

Je faisais une louche enseigne d'auberge.
— Un orage vint chasser le ciel. Au soir
L'eau des bois se perdait sur les sables vierges,
Le vent de Dieu jetait des glaçons aux mares;

Pleurant, je voyais de l'or — et ne pus boire.

La vieillerie poétique avait une bonne part dans mon alchimie du verbe.

Je m'habituai à l'hallucination simple : je voyais très franchement une mosquée à la place d'une usine, une école de tambours faite par des anges, des calèches sur les routes du ciel, un salon au fond d'un lac; les monstres, les mystères; un titre de vaudeville dressait des épouvantes devant moi.

Puis j'expliquai mes sophismes magiques avec l'hallucination des mots !

Je finis par trouver sacré le désordre de mon esprit...

Mercure de France, éditeur.

MARINE

Ce poème en vers libres développe côte à côte, et comme insérées l'une dans l'autre, la description de la mer et celle de la lande : les éléments s'en mêlent à mesure, de plus en plus étroitement, deviennent indissociables dans une sorte de « puzzle » étrange. L'hallucination se crée progressivement et s'épanouit dans un océan de lumière *(les Illuminations)*.

Les chars d'argent et de cuivre —
Les proues d'acier et d'argent —
Battent l'écume, —
Soulèvent les souches des ronces.
Les courants de la lande,
Et les ornières immenses du reflux,
Filent circulairement vers l'est,
Vers les piliers de la forêt,
Vers les fûts de la jetée,
Dont l'angle est heurté par des tourbillons de
                                        lumière.

Mercure de France, éditeur.

MALLARMÉ

Sa vie :
une aventure intérieure

La vie de Mallarmé, né à Paris en 1842, est apparemment sans histoire. Il avait appris l'anglais pour lire Edgar Poe, il l'enseigna. Ses tâches de professeur à Tournon, Besançon, Paris, et ses difficultés matérielles de père de famille occupèrent la plus grande partie de son temps.

La véritable biographie de Mallarmé est tout intérieure. Il venait de finir ses études à Sens, quand, en 1861, il découvre Baudelaire. Un jeune professeur de lettres, Emmanuel des Essarts, lui fait lire Leconte de Lisle, Banville, Gautier. Mallarmé commence à écrire, et ses premiers poèmes, *Plainte d'automne, Galanterie macabre, le Guignon, le Sonneur,* se ressentent de ces influences. A vingt ans, il a trouvé le principe de sa poésie : l'art est sacré, comme la religion ; or si la musique emploie des signes qui la rendent impénétrable au profane, la poésie, elle, n'a jamais inventé « une langue immaculée — des formules hiératiques dont l'étude aride aveugle le profane ». Il se répand en regrets : « O fermoirs d'or des vieux missels ! O hiéroglyphes inviolés des rouleaux de papyrus ! » et il rêve de trouver ce langage. Dès ce moment, il s'orientera d'une façon délibérée vers l'hermétisme. Serviteur de la beauté, il sent à la fois sa vocation et le caractère inaccessible de son idéal, cependant que ses amis s'enthousiasment pour ses poèmes : *les Fenêtres, l'Azur, Las de l'amer repos..., les Fleurs, Brise marine,* et surtout *Hérodiade* (écrit en 1864).

A partir de 1866, la certitude naît en lui que le poète peut pénétrer le mystère de l'univers et en donner une traduction valable : « L'explication orphique de la Terre, qui est le seul devoir du Poète, est le jeu littéraire par excellence. » Désormais, il consacrera toutes ses forces au « Grand Œuvre » et s'interdira d'en rien publier.

Les vers qu'il fera paraître obéissent à d'autres impératifs ; il se repose, en composant trois sonnets qui glorifient la beauté : *Tout orgueil fume-t-il du soir..., Surgi de la croupe et du bond...,* et *Une dentelle s'abolit...* Il reprend le monologue du Faune, écrit dix ans plus tôt, et qui devient *l'Après-midi d'un faune* (1). Il s'essaie à la magie des sons, compose des « tombeaux » en l'honneur d'Edgar Poe et de Baudelaire, écrit maint vers de circonstance, remplissant ainsi ces devoirs d'amitié auxquels il attachait tant de prix.

Installé depuis 1874 rue de Rome à Paris, il est salué par les jeunes poètes comme le maître du Symbolisme, mais ne sera connu du grand public qu'après 1884.

En 1897, paraissait *Un coup de dés...,* œuvre énigmatique, que Mallarmé considérait comme « un fragment d'exécuté ». Les pièces maîtresses de l'œuvre à laquelle Mallarmé travaillait depuis plus de vingt ans n'étaient pas encore achevées quand, en 1898, la mort l'emporta en deux jours : « Pas un feuillet n'en peut servir. Moi-même l'unique pourrais seul en tirer ce qu'il y a. Brûlez, mes pauvres enfants et... croyez que ce devait être très beau. »

L'œuvre de Mallarmé a rebuté bien des lecteurs, donné lieu à bien des controverses. Pourtant Gide disait : « C'est le point extrême où se soit aventuré l'esprit humain », et le rayonnement de Mallarmé sur les destinées de la poésie, tant en France qu'à l'étranger, n'a fait que grandir.

APPARITION

Ce poème fut écrit pour célébrer la jeune Ettie, dont le poète Cazalis, ami de Mallarmé, était amoureux. « Tu me demandes des vers... Je ne veux pas faire cela d'inspiration. Il faut méditer longtemps : l'art seul, limpide et impeccable, est assez chaste pour le sculpter religieusement. » (Lettre de Mallarmé 1er juillet 1862.) L'évocation délicate de la jeune fille est sans doute liée à d'autres images féminines, celles de la mère et de la sœur du poète, mortes quand il avait cinq et quinze ans. Le charme musical de ces vers, le passage subtil du rêve au réel auront une influence capitale sur les poètes symbolistes.

---

(1) Huit ans après, en 1894, Claude Debussy s'en inspirera pour son poème symphonique : *Prélude à l'Après-midi d'un faune.*

La lune s'attristait. Des séraphins en pleurs
Rêvant, l'archet aux doigts, dans le calme des
fleurs
Vaporeuses, tiraient de mourantes violes
De blancs sanglots glissant sur l'azur des
corolles.
— C'était le jour béni de ton premier baiser.
Ma songerie (1) aimant à me martyriser
S'enivrait savamment du parfum de tristesse
Que même sans regret et sans déboire laisse

La cueillaison (2) d'un Rêve au cœur qui l'a cueilli.
J'errais donc, l'œil rivé sur le pavé vieilli
Quand avec du soleil aux cheveux, dans la rue
Et dans le soir, tu m'es en riant apparue
Et j'ai cru voir la fée au chapeau de clarté
Qui jadis sur mes beaux sommeils d'enfant gâté
Passait, laissant toujours de ses mains mal
fermées
Neiger de blancs bouquets d'étoiles parfumées.

Gallimard, éditeur.

L'AZUR

Ce poème fut envoyé à Cazalis en janvier 1864, accompagné d'un long commentaire :
« Je te jure qu'il n'y a pas un mot qui ne m'ait coûté plusieurs heures de recherche et
que le premier mot qui revêt la première idée, outre qu'il tend lui-même à l'effet général du poème, sert encore à préparer le dernier. » (Lettre du 12 janvier 1864.) Ce poème
est construit comme ceux d'Edgar Poe, avec « la précision et la rigoureuse logique
d'un problème mathématique » (Poe). On y suit les différentes étapes de la lutte que
vit Mallarmé : l'azur est le symbole de l'idéal ; le poète impuissant devant « la feuille
de papier souvent blanche » voudrait fuir sa vocation, mais ses efforts sont vains, et
l'azur triomphe.

De l'éternel azur la sereine ironie
Accable, belle indolemment comme les fleurs,
Le poète impuissant qui maudit son génie
A travers un désert stérile de Douleurs.

Fuyant, les yeux fermés, je le sens qui regarde
Avec l'intensité d'un remords atterrant (3),
Mon âme vide. Où fuir ? Et quelle nuit hagarde
Jeter, lambeaux, jeter sur ce mépris navrant ?

Brouillards, montez ! Versez vos cendres
monotones
Avec de longs haillons de brume dans les cieux
Qui noiera le marais livide des automnes
Et bâtissez un grand plafond silencieux !

Et toi, sors des étangs léthéens (4) et ramasse
En t'en venant la vase et les pâles roseaux,
Cher Ennui, pour boucher d'une main jamais lasse
Les grands trous bleus que font méchamment
les oiseaux.

Encor ! que sans répit les tristes cheminées
Fument, et que de suie une errante prison
Éteigne dans l'horreur de ses noires traînées
Le soleil se mourant jaunâtre à l'horizon !

— Le Ciel est mort. — Vers toi, j'accours !
donne, ô matière,
L'oubli de l'Idéal cruel et du Péché
A ce martyr qui vient partager la litière
Où le bétail heureux des hommes est couché,

Car j'y veux, puisque enfin ma cervelle, vidée
Comme le pot de fard gisant au pied d'un mur,
N'a plus l'art d'attifer (5) la sanglotante idée,
Lugubrement bâiller vers un trépas obscur...

En vain ! l'Azur triomphe, et je l'entends qui
chante
Dans les cloches. Mon âme, il se fait voix pour
plus
Nous faire peur avec sa victoire méchante,
Et du métal vivant sort en bleus angélus !

Il roule par la brume, ancien (6) et traverse
Ta native (7) agonie ainsi qu'un glaive sûr ;
Où fuir dans la révolte inutile et perverse ?
Je suis hanté. L'Azur ! l'Azur ! l'Azur ! l'Azur !

Gallimard, éditeur.

LE TOMBEAU D'EDGAR POE

Ce sonnet célèbre fut écrit à l'occasion de l'érection d'un monument funéraire en
l'honneur de Poe, au cimetière de Baltimore. Il a été l'objet d'une traduction littérale
en anglais par Mallarmé lui-même ; nous citons cet intéressant document, non pour

---

(1) Mot plus rare et plus suggestif que songe : tendance au rêve. — (2) Néologisme. — (3) Accablant. — (4) De Léthé : fleuve des enfers, symbole de l'oubli. — (5) Mot péjoratif : parer avec
recherche. — (6) Inchangé. — (7) Dont l'origine existait dès la naissance, liée à sa nature même.

la qualité de la langue, qui est médiocre, mais parce qu'il permettra, par une confrontation, de serrer de plus près le sens du poème : sous l'aspect de l'éternité, le Poète prend son vrai visage, épuré de toutes les contingences de la vie. C'est la pureté de ce visage que défendra des sarcasmes de la postérité, à défaut de ce poème, au moins le monument élevé à la gloire de l'artiste.

Such as into himself at last Eternity changes him,
The Poet arouses with a naked (1) hymn
His century overawed not to have known
That death extolled itself in this (2) strange
                                                voice :
But, in a vile writhing of an hydra (they)
                    once hearing the Angel (3)
To give (4) too pure a meaning to the words
                                    of the tribe,
They (between themselves) thought (by him)
                                the spell drunk
In the honourless flood of some dark mixture (5)
Of the soil and the ether (which are) enemies,
                                    o struggle !
If with it my idea does not carve a bas-relief
Of which Poe's dazzling (6) tomb be adorned,
(A) stern block here fallen from a mysterious
                                        disaster,
Let this granite at least show forever their bound
To the old flights of Blasphemy (still) spread
                            in the future (7).

Tel qu'en Lui-même enfin l'éternité le change,
Le Poète suscite avec un glaive nu
Son siècle épouvanté de n'avoir pas connu
Que la mort triomphait dans cette voix
                                    étrange !

Eux, comme un vil sursaut d'hydre oyant jadis
                                    l'ange
Donner un sens plus pur aux mots de la tribu
Proclamèrent très haut le sortilège bu
Dans le flot sans honneur de quelque noir mélange

Du sol et de la nue hostiles, ô grief !
Si notre idée avec ne sculpte un bas-relief
Dont la tombe de Poe éblouissante s'orne,

Calme bloc ici-bas chu d'un désastre obscur,
Que ce granit du moins montre à jamais sa borne
Aux noirs vols du Blasphème épars dans le futur.

Gallimard, éditeur.

LAUTRÉAMONT

Une œuvre insolite   Lautréamont, de son vrai nom, Isidore Ducasse, naquit en 1846, à Montevideo. Il fit ses études à Tarbes — sa famille était originaire des Pyrénées —, puis vint à Paris en 1868. Avant de mourir en 1870, il avait réussi à écrire *les Chants de Maldoror*, dont la publication passa inaperçue. Ce sont les surréalistes, qui, après 1920, exaltèrent cette œuvre insolite.

Maldoror est le héros de ce long poème en prose divisé en six chants. « Pâmé, voûté, maquillé par des rides précoces », il a vu les malheurs du monde, les guerres, les incendies, les naufrages et il a été surtout sensible à la méchanceté des hommes : « Je rougis pour l'homme. » En révolte contre Dieu, il se dresse aussi contre les humains. Dans la création, il ne voit guère que le requin qui lui ressemble. C'est la haine qu'il chantera : « Moi, je fais servir mon génie à peindre les délices de la cruauté. » Esprit du mal, il se déchaîne avec une violence terrifiante et, loin de reculer devant le crime, il y goûte une volupté raffinée.

Cette œuvre singulière, dont on a donné des interprétations diverses, ne laisse pas d'impressionner par sa puissance et son caractère forcené.

MALDOROR ET LA LAMPE

Un des épisodes du Chant Deuxième est ce combat entre Maldoror et la lampe d'une cathédrale qui peut être Notre-Dame de Paris, puisque l'action se situe sur les bords

---

Les notes suivantes, en anglais (notes 1 à 7), sont de Mallarmé. — (1) Naked hymn means when the words take in death their absolute value. — (2) This means his own. — (3) The Angel means the above said poet. — (4) To give means giving. — (5) In plain prose : charged him with always being drunk. — (6) Means : with the idea of such a bas-relief. — (7) Blasphemy means against Poets, such as the charge of Poe being drunk.

de la Seine. Plusieurs des thèmes chers à Lautréamont se retrouvent ici, en même temps que s'affirment son goût du symbole et la force de sa vision.

« O lampe au bec d'argent, mes yeux t'aperçoivent dans les airs, compagne de la voûte des cathédrales, et cherchent la raison de cette suspension. On dit que tes lueurs éclairent, pendant la nuit, la tourbe (1) de ceux qui viennent adorer le Tout-Puissant et que tu montres aux repentis le chemin qui mène à l'autel. Écoute, c'est fort possible ; mais... est-ce que tu as besoin de rendre de pareils services à ceux auxquels tu ne dis rien ? Laisse, plongées dans les ténèbres, les colonnes des basiliques ; et, lorsqu'une bouffée de la tempête sur laquelle le démon tourbillonne, emporté dans l'espace, pénétrera, avec lui, dans le saint lieu, en y répandant l'effroi, au lieu de lutter, courageusement, contre la rafale empestée du prince du mal, éteins-toi subitement, sous son souffle fiévreux, pour qu'il puisse, sans qu'on le voie, choisir ses victimes parmi les croyants agenouillés. Si tu fais cela, tu peux dire que je te devrai tout mon bonheur. Quand tu reluis ainsi en répandant tes clartés indécises, mais suffisantes, je n'ose pas me livrer aux suggestions de mon caractère, et je reste, sous le portique sacré, en regardant par le portail entrouvert, ceux qui échappent à ma vengeance, dans le sein du Seigneur. O lampe poétique ! toi qui serais mon amie si tu pouvais me comprendre, quand mes pieds foulent le basalte des églises, dans les heures nocturnes, pourquoi te mets-tu à briller d'une manière qui, je l'avoue, me paraît extraordinaire ? Tes reflets se colorent, alors, des nuances blanches de la lumière électrique ; l'œil ne peut pas te fixer ; et tu éclaires d'une flamme nouvelle et puissante les moindres détails du chenil du Créateur, comme si tu étais en proie à une sainte colère. Et quand je me retire après avoir blasphémé, tu redeviens inaperçue, modeste et pâle, sûre d'avoir accompli un acte de justice. Dis-moi, un peu ; serait-ce, parce que tu connais les détours de mon cœur, que, lorsqu'il m'arrive d'apparaître où tu veilles, tu t'empresses de désigner ma présence pernicieuse et de porter l'attention des adorateurs vers le côté où vient de se montrer l'ennemi des hommes ? Je penche vers cette opinion ; car, moi aussi, je commence à te connaître ; et je sais qui tu es, vieille sorcière, qui veilles si bien sur les mosquées sacrées, où se pavane, comme la crête d'un coq, ton maître curieux. Vigilante gardienne, tu t'es donné une mission folle. Je t'avertis ; la première fois que tu me désigneras à la prudence de mes semblables, par l'augmentation de tes lueurs phosphorescentes, comme je n'aime pas ce phénomène d'optique, qui n'est mentionné, du reste, dans aucun livre de physique, je te prends par la peau de ta poitrine, en accrochant mes griffes aux escarres (2) de ta nuque teigneuse (3), et je te jette dans la Seine. Je ne prétends pas que, lorsque je ne fais rien, tu te comportes sciemment d'une manière qui me soit nuisible. Là, je te permettrai de briller autant qu'il me sera agréable ; tu me nargueras avec un sourire inextinguible ; là, convaincue de l'incapacité de ton huile criminelle, tu l'urineras avec amertume. » Après avoir parlé ainsi, Maldoror ne sort pas du temple, et reste les yeux fixés sur la lampe du saint lieu... Il croit voir une espèce de provocation dans l'attitude de cette lampe, qui l'irrite au plus haut degré, par sa présence inopportune. Il se dit que, si quelque âme est renfermée dans cette lampe, elle est lâche de ne pas répondre, à une attaque loyale, par la sincérité. Il bat l'air de ses bras nerveux et souhaiterait que la lampe se transformât en homme ; il lui ferait passer un mauvais quart d'heure, il se le promet. Mais le moyen qu'une lampe se change en homme ; ce n'est pas naturel. Il ne se résigne pas, et va chercher, sur le parvis de la misérable pagode, un caillou plat, à tranchant effilé. Il le lance en l'air avec force... la chaîne est coupée, par le milieu, comme l'herbe par la faux, et l'instrument du culte tombe à terre, en répandant son huile sur les dalles... Il saisit la lampe pour la porter dehors, mais elle résiste et grandit. Il lui semble voir des ailes sur ses flancs, et la partie supérieure revêt la forme d'un buste d'ange. Le tout veut s'élever en l'air pour prendre son essor ; mais il le retient d'une main ferme. Une lampe et un ange qui forment un même corps, voilà ce que l'on ne voit pas souvent. Il reconnaît la forme de la lampe ; il reconnaît la forme de l'ange ; mais il ne peut les scinder dans son esprit ; en effet, dans la réalité, elles sont collées l'une dans l'autre, et ne forment qu'un corps indépendant et libre ; mais, lui croit que quelque nuage a voilé ses yeux, et lui a fait perdre un peu de l'excellence de sa vue. Néanmoins, il se prépare à la lutte avec courage, car son adversaire n'a pas peur. Les gens naïfs racontent, à ceux qui veulent les croire, que le portail sacré se referma de lui-même, en roulant sur ses gonds affligés, pour que personne ne pût assister à cette lutte impie, dont les péripéties allaient se dérouler dans l'enceinte du sanctuaire violé. L'homme au manteau, pendant qu'il reçoit des blessures cruelles avec un glaive invisible, s'efforce de rapprocher de sa bouche la figure de l'ange ; il ne pense qu'à cela, et tous ses efforts se portent vers ce but. Celui-ci perd son énergie, et paraît pressentir sa destinée. Il ne lutte plus que faiblement, et l'on voit le

_____

(1) Multitude confuse et méprisable. — (2) Croûtes. — (3) Atteint de la teigne (maladie du cuir chevelu).

moment où son adversaire pourra l'embrasser à son aise, si c'est ce qu'il veut faire. Eh bien, le moment est venu. Avec ses muscles, il étrangle la gorge de l'ange, qui ne peut plus respirer, et lui renverse le visage, en l'appuyant sur sa poitrine odieuse. Il est un instant touché du sort qui attend cet être céleste, dont il aurait volontiers fait son ami. Mais, il se dit que c'est l'envoyé du Seigneur, et il ne peut pas retenir son courroux. C'en est fait; quelque chose d'horrible va rentrer dans la cage du temps! Il se penche, et porte la langue, imbibée de salive, sur cette joue angélique, qui jette des regards suppliants. Il promène quelque temps sa langue sur cette joue. Oh!... voyez!... voyez donc!... la joue blanche et rose est devenue noire, comme un charbon! Elle exhale des miasmes putrides. C'est la gangrène; il n'est plus permis d'en douter. Le mal rongeur s'étend sur toute la figure, et de là, exerce ses furies sur les parties basses; bientôt tout le corps n'est qu'une vaste plaie immonde. Lui-même, épouvanté (car il ne croyait pas que sa langue contînt un poison d'une telle violence), il ramasse la lampe et s'enfuit de l'église. Une fois dehors, il aperçoit dans les airs une forme noirâtre, aux ailes brûlées, qui dirige péniblement son vol vers les régions du ciel. Ils se regardent tous les deux, pendant que l'ange monte vers les hauteurs sereines du bien, et que lui, Maldoror, au contraire, descend vers les abîmes vertigineux du mal...

Finalement, il « se dirige vers la Seine, et lance la lampe par-dessus le parapet ». Chaque soir, la lampe réapparaîtra mystérieusement à la surface du fleuve.

JULES LAFORGUE

Un poète décadent   Au cours de sa brève existence (1860-1887), Jules Laforgue connut peu de joies. Pauvre, maladif, solitaire, il écrit des poèmes où son pessimisme métaphysique s'allie à une sensibilité raffinée : *Les Complaintes* (1885), *l'Imitation de Notre-Dame La Lune* (1886). Après cinq années passées à Berlin comme lecteur de l'Impératrice Augusta, il revient en France, se marie, mais meurt quelques mois plus tard. En 1887, paraîtront des contes, *les Moralités légendaires* et en 1890, les *Derniers Vers*.

La poésie de Jules Laforgue, décadente par une très grande liberté qui la conduit jusqu'à l'acrobatie verbale, reste extrêmement attachante par ce curieux mélange de détresse et de fantaisie qui la teinte d'un humour triste et pathétique. Par son côté « naïf » et non-conformiste, elle annonce les trouvailles de Prévert et de Queneau.

L'HIVER QUI VIENT

Ce poème, qui appartient aux *Derniers Vers*, séduit sans doute par les jeux de mots et de rythmes; Jules Laforgue s'y révèle un maître du vers libre, dont il avait été l'initiateur dès 1886. Mais, sous l'apparence d'improvisation qu'apportent la dislocation du vers et la désinvolture des ritournelles, perce une profonde et maladive nostalgie de bonheur, tandis que le rythme haletant traduit un immense désarroi.

Blocus sentimental (1)! Messageries du
                                Levant!...
Oh! tombée de la pluie! Oh! tombée de la nuit,
Oh! le vent!...
La Toussaint, la Noël et la Nouvelle Année,
Oh! dans les bruines (2), toutes mes
                                cheminées!...
D'usines...

On ne peut plus s'asseoir, tous les bancs
                                sont mouillés;

Crois-moi, c'est bien fini jusqu'à l'année
                                prochaine,
Tous les bancs sont mouillés, tant les bois
                                sont rouillés,
Et tant les cors ont fait ton ton (3), ont fait
                                ton taine (3)!...

Ah, nuées accourues des côtes de la Manche,
Vous nous avez gâté notre dernier dimanche.

Il bruine;

---

(1) Jeu de mots sur « blocus continental », arme économique dont s'était servi Napoléon contre l'Angleterre. — (2) Pluies très fines. — (3) Onomatopées sur le son du cor.

Dans la forêt mouillée, les toiles d'araignées
Ploient sous les gouttes d'eau, et c'est leur
                                              ruine.

Soleils plénipotentiaires (1) des travaux en
                                  blonds Pactoles (2)
Des spectacles agricoles,
Où êtes-vous ensevelis?
Ce soir un soleil fichu gît au haut du coteau,
Gît sur le flanc, dans les genêts, sur son
                                      manteau :
Un soleil blanc comme un crachat
                              d'estaminet (3)
Sur une litière de jaunes genêts,
De jaunes genêts d'automne.
Et les cors lui sonnent !
Qu'il revienne...
Qu'il revienne à lui !
Taïaut ! Taïaut ! et hallali !
O triste antienne, as-tu fini !...
Et font les fous !...
Et il gît là, comme une glande arrachée dans
                                        un cou,
Et il frissonne, sans personne !...

Allons, allons, et hallali !
C'est l'Hiver bien connu qui s'amène;
Oh ! les tournants des grandes routes,
Et sans petit Chaperon Rouge qui chemine !...
Oh ! leurs ornières des chars de l'autre mois,
Montant en donquichottesques (4) rails
Vers les patrouilles des nuées en déroute
Que le vent malmène vers les transatlantiques
                                  bercails !...

Accélérons, accélérons, c'est la saison bien
                                connue, cette fois.

Et le vent, cette nuit, il en a fait de belles !
O dégâts, ô nids, ô modestes jardinets !
Mon cœur et mon sommeil : ô échos des
                                        cognées !

Tous ces rameaux avaient encor leurs feuilles
                                        vertes,
Les sous-bois ne sont plus qu'un fumier de
                                feuilles mortes;
Feuilles, folioles (5), qu'un bon vent vous
                                        emporte
Vers les étangs par ribambelles (6),
Ou pour le feu du garde-chasse,
Ou les sommiers des ambulances
Pour les soldats loin de la France.

C'est la saison, c'est la saison, la rouille
                              envahit les masses,
La rouille ronge en leurs spleens kilométriques
Les fils télégraphiques des grandes routes où
                                        nul ne passe.

Les cors, les cors, les cors — mélancoliques !...
Mélancoliques !...
S'en vont, changeant de ton,
Changeant de ton et de musique,
Ton ton, ton taine, ton ton...

Les cors, les cors, les cors...
S'en sont allés au vent du Nord.

---

(1) Terme de la langue diplomatique : investi du maximum de pouvoir. — (2) Sources de richesses. Le Pactole était une petite rivière de Lydie (ancien pays de l'Asie Mineure), fameuse par l'or qu'elle charriait. — (3) Débit de boissons. — (4) Adjectif fabriqué par Jules Laforgue. — (5) Chacune des petites feuilles formant une feuille composée. — (6) Longues suites.

VII

LE XXᴱ SIÈCLE

Le XXᵉ siècle a commencé en France par une dizaine d'années particulièrement brillantes. La « Belle Époque », il est vrai, ne fut pas belle pour tous, mais la classe bourgeoise jouit d'un niveau de vie aisé. L'érection de la tour Eiffel (1889), les premiers bonds vers le ciel des aviateurs (Ader en 1890) étaient les signes préliminaires d'une réussite que résuma bien l'Exposition Universelle de Paris en 1900. L'affaire Dreyfus, les revendications socialistes, la crise marocaine, les troubles de 1905 en Russie ébranlèrent à peine cet optimisme.

L'activité intellectuelle et artistique, vive et brillante, était bien accordée à cette euphorie générale : les artistes du monde entier, attirés par la réputation de l'école française de peinture du XIXᵉ siècle, se rassemblent alors à Paris, qui voit naître le mouvement des Nabis (Bonnard, Denis, Vuillard), le fauvisme (Matisse, Vlaminck, Derain, Van Dongen), le cubisme (Braque, Juan Gris, Picasso). Les talents sont nombreux, puissants, féconds : de Seurat, Van Gogh, Gauguin, Toulouse-Lautrec à Rouault, au douanier Rousseau, à Utrillo que de variété et quelle richesse !

En sculpture, Bourdelle et Maillol prennent la relève de Rodin.

Le cinéma, dont la première séance a été donnée en 1895, commence à conquérir un public plus étonné encore que ravi par la fantaisie de Méliès, les facéties de Max Linder, les dessins animés de Cohl.

En littérature, il n'y a ni renouvellement des genres ni transformation radicale de la sensibilité ; mais des hommes de grand talent, de vive activité intellectuelle, d'intuition aiguë, composent des œuvres fortes, remuent beaucoup d'idées, préparent les voies d'un avenir indiscernable.

Les écrivains prennent parti, animent et illustrent les uns les thèses nationalistes, les autres au contraire les idées socialistes. Maurras, Barrès, Léon Daudet s'opposent à Jean Jaurès, Anatole France, Romain Rolland. Un catholicisme actif inspire Goyau, Marc Sangnier, Claudel, Péguy ; Bergson apporte au public cultivé la curiosité des problèmes philosophiques, revalorise la métaphysique, renouvelle la psychologie en soulignant la réalité mouvante de l'être humain. Le roman épouse toutes les formes de la pensée, toutes les variations personnelles des auteurs; sur la scène, Claudel inaugure un drame épique et lyrique à résonances mystiques; Edmond Rostand déploie ses qualités brillantes (, fantaisie, le Belge Maurice Maeterlinck porte au théâtre les aspects mystérieux de la vie humaine; Cendrars et Apollinaire introduisent la vie moderne dans leur œuvre et font éclater les cadres de la poésie traditionnelle.

La guerre de 1914-1918 ouvre une crise terrible. Les pertes humaines sont effroyables, en quantité et en qualité, les ruines matérielles et morales sont énormes. Tandis qu'en Russie la révolution succède à la guerre (1917), la France retrouve après l'armistice un équilibre apparent. Paris s'illumine, s'enivre de fêtes et de spectacles; les expositions et les concerts se multiplient. La Société des Nations suggère l'espoir d'une paix universelle. Pourtant, des indices inquiétants apparaissent : la grande dépression économique de 1929 touche indirectement l'Europe et révèle la faiblesse du monde libéral.

Mais l'amélioration du niveau de vie, les progrès des moyens de communications (avion, automobile) et de la radio, la multiplication des journaux, les manifestations sportives en vogue, masquent le malaise et les troubles sociaux, qui aboutissent d'ailleurs à élever sensiblement le bien-être des salariés.

La littérature, bloquée ou ralentie pendant la guerre, connaît un prodigieux renouveau dans tous les domaines. L'art dramatique, qui en est un aspect majeur, est mis au premier plan par des hommes de théâtre comme Jacques Copeau, puis Pitoeff, Dullin, Jouvet et Baty. Jules Romains, Giraudoux, Bourdet, Salacrou, Guitry et, à partir de 1932, Jean Anouilh fournissent à d'excellents acteurs des textes brillants et souvent profonds. Le roman est aussi d'une exceptionnelle richesse; document précieux et original sur les complexités de l'être, avec Proust et Gide, il est le lieu de confidences infiniment nuancées chez Colette, de révélations d'âmes déchirées et de drames poignants chez Bernanos et Mauriac; il est parfois l'occasion d'œuvres monumentales, comme chez Martin du Gard et Jules Romains, qui replacent les hommes au cœur d'une époque complexe et passionnante; retour à une vie rustique, simple et saine chez Giono, il peut aussi nous inviter à cet épique et terrible *Voyage au bout de la nuit* que Céline accomplit en ricanant, préface à des voyages plus terrifiants encore... La poésie brille d'un éclat intense, moins peut-être par les réussites de Valéry, Aragon, Eluard, Max Jacob, Cocteau ou Supervielle que par le renouvellement de l'imagination poétique, la proscription impitoyable des lieux communs, le refus des contraintes rationnelles et le dédain des habitudes sclérosées. Cette révolution est provoquée dans l'âme même des poètes par le mouvement dada et le surréalisme. Elle ne devait pas aboutir à une destruction de la littérature, comme certains l'avaient cru, mais à une transformation profonde de l'idée de littérature et peut-être de l'idée de l'art et de la beauté.

Les grands peintres, Matisse, Braque, Dufy, Picasso, continuent une œuvre qui devient moins théorique et plus accessible. Fernand Léger cherche un langage convenant à la vie moderne et aux machines. Modigliani, Soutine, Chagall traduisent leurs rêves et leur conception du monde et des hommes. Le mouvement dada et le surréalisme touchent des peintres comme Duchamp et Picabia; Max Ernst et Chirico mêlent le rêve, voire l'hallucination, à l'image. Cette période voit en même temps l'extraordinaire croissance du cinéma, devenu à la fois art autonome, moyen d'expression et forme de création artistique. En France, grâce à de remarquables réalisateurs comme Jacques Feyder, René Clair, Jean Renoir, Abel Gance, les progrès et les réussites du « Septième Art » sont impressionnants.

Mais la guerre menace encore : l'arrivée d'Adolf Hitler au pouvoir en Allemagne (1933), la guerre d'Éthiopie, la guerre d'Espagne qui, en 1936, met aux prises volontaires des brigades internationales et corps expéditionnaires des gouvernements autoritaires

(Italie et Allemagne), marquent le déchaînement des violences. La guerre de 1939 devient vite une conflagration générale : submergée par les divisions blindées, harcelée par l'aviation ennemie, la France est occupée en 1940. L'appel du général de Gaulle, le 18 juin, déclare que la lutte continue. Les Alliés débarquent en Afrique du Nord en 1942, en Normandie le 6 juin 1944 et les Allemands renoncent à la lutte en 1945. Il faut ensuite des années d'efforts pour remettre en état les ports, les chemins de fer, reconstruire souvent des villes entières.

Avant même d'avoir pansé ses blessures, la France doit faire face aux graves problèmes de la décolonisation : les peuples d'Asie et d'Afrique aspirent à une indépendance aussi rapide et complète que possible. A peine sortie de la guerre d'Indochine (1954), la France se trouve plongée dans la guerre d'Algérie, pays où vivent à côté de 9 millions d'Arabes, 1 million d'hommes d'origine européenne, fixés là depuis plusieurs générations.

Le 13 mai 1958, à la suite des troubles provoqués par cette guerre, la IVe République fait place à une Ve, présidée par le général de Gaulle. Les accords d'Évian (1962) mettent fin aux hostilités.

Les Français sont entraînés comme tous les peuples civilisés dans le vertige merveilleux et terrifiant de la vie moderne ; l'automobile est devenue d'un usage courant, l'aviation commerciale joue un rôle de plus en plus important, la télévision diffuse partout les images du monde entier. Les villes deviennent tentaculaires, en particulier l'agglomération parisienne, étourdissante et enfiévrée, qui ne cesse de s'étendre.

Dans ce monde hypertendu, la terreur du péril atomique subsiste depuis 1945 mais, en 1966, l'espoir d'un « modus vivendi » raisonnable entre les deux puissants blocs américain et soviétique, l'action pacifiste des chefs d'État et des papes Jean XXIII et Paul VI rassurent un peu l'opinion.

La littérature et les arts n'ont pas été stérilisés par la terrible guerre mondiale et les angoisses de l'après-guerre. Dans le foisonnement de la peinture moderne, toutes les tendances peuvent s'exprimer ; la querelle de l'art figuratif et de l'art abstrait prouve surtout l'enthousiasme et la conviction des combattants, tandis que d'excellents artistes comme Dunoyer de Segonzac, La Patellière, Chapelain-Midy ou Balthus poursuivent, à l'écart des discussions d'écoles, une œuvre durable. Lurçat ressuscite la tapisserie et restaure l'artisanat.

Le cinéma, qui survit même aux pires jours de l'occupation, connaît une profusion qui n'exclut pas la qualité, grâce à d'excellents réalisateurs toujours actifs : Renoir, René Clair, Allégret, mais aussi Clouzot, René Clément, Bresson, Cayatte, Tati, précédant Vadim, Hossein, Camus et ceux de la « Nouvelle Vague » : Resnais, Godard, Truffaut, dont l'optique rejoint parfois étonnamment celle du nouveau roman, comme en témoigne l'unité de vues de Resnais et de Robbe-Grillet dans leur film *l'Année dernière à Marienbad*.

Après les souffrances de la guerre et ses crimes (Saint-Pol Roux, Max Jacob, Desnos en seront les victimes), la littérature a refleuri ; essayistes et romanciers s'interrogent sur la condition humaine (Sartre, Camus, Julien Green) ou s'efforcent de retrouver à leur façon la réalité du monde (Robbe-Grillet, Butor). Le théâtre retrouve tout son éclat avec Salacrou, Anouilh, Ionesco. Mais c'est l'abondance des œuvres et des talents poétiques qui traduit le mieux le drame moderne et les nouvelles formes de bonheur et d'inquiétude. Bousquet, Reverdy, Eluard, Aragon, Breton, Michaux, Saint-John Perse, Prévert, Cadou, Senghor, Jouve, Emmanuel, Ponge ont exprimé toutes les expériences, les espérances, la douleur et la joie suprême de nos vies.

L'homme du XXe siècle échappera-t-il à l'emprise de l'État technocratique, aux ensembles concentrationnaires et aux machines insensibles? Peut-être, grâce à l'art et à la poésie, architecture d'une cité moins méfiante et plus fraternelle.

HISTOIRE

AVANT 1914

*Fragilité de
la « Belle Époque »*　　　　La France paraît florissante dans les dernières années
du XIXᵉ siècle. Les conditions de vie s'améliorent ; le
syndicalisme progresse, tout en hésitant entre une
position révolutionnaire conforme à la doctrine marxiste — c'est celle de Jules
Guesde (1) — et un réformisme progressif, qui ne romprait pas les ponts avec l'état
bourgeois — comme le préconise Allemane (2). C'est à cette époque précisément
que le protectionnisme de Méline (3), supprimant les facilités douanières qui assuraient artificiellement la sécurité provisoire de l'agriculture et de l'industrie, permet
d'adopter certaines mesures sociales et de diminuer la durée du travail.

Mais deux crises graves ébranlent la tranquillité de l'opinion publique. Les grands
travaux entrepris par Ferdinand de Lesseps pour creuser l'isthme de Panama sont
arrêtés par la faillite de la compagnie, qui révèle la complicité de certains députés
lors du vote des emprunts : le jugement de 1893 aboutit à la condamnation d'un ministre
et au discrédit d'hommes politiques en place.

Peu après, éclate en 1894 « l'affaire Dreyfus », lorsqu'on croit découvrir que l'officier
israélite Dreyfus a vendu des documents à l'espionnage allemand ; sa condamnation
déchaîne une violente crise qui passionne l'opinion déchirée entre « dreyfusards » et
« antidreyfusards », ces derniers étant souvent unis aux antisémites qui dénoncent
« l'Internationale juive », c'est-à-dire les puissantes ententes commerciales des banquiers européens.

Clemenceau et Zola (4) mènent la lutte en faveur de Dreyfus ; c'est ainsi que le
romancier fait insérer en première page du journal *l'Aurore* du 13 janvier 1898, la
célèbre lettre à Félix Faure intitulée *J'accuse !*

**... Est-ce donc vrai, les choses indicibles, les
choses dangereuses, capables de mettre l'Europe
en flammes, qu'on a dû enterrer soigneusement
derrière un huis clos ? Non ! il n'y a eu, derrière,
que les imaginations romanesques et démentes
du Commandant du Paty de Clam (5). Tout cela
n'a été fait que pour cacher le plus saugrenu
des romans-feuilletons. Et il suffit, pour s'en**

**assurer, d'étudier attentivement l'acte d'accu-
sation lu devant le conseil de guerre.**

**Ah ! le néant de cet acte d'accusation ! Qu'un
homme ait pu être condamné sur cet acte, c'est
un prodige d'iniquité. Je défie les honnêtes gens
de le lire, sans que leur cœur bondisse d'indignation et de révolte, en pensant à l'expiation
démesurée, là-bas, à l'île du Diable (6)...**

Finalement, la Cour de Justice demande la révision du procès : le condamné voit sa
peine diminuée, il est ensuite gracié, avant d'être définitivement acquitté en 1906.
« L'Affaire » a profondément divisé l'opinion et mis en évidence l'existence d'un parti
républicain, qui, en 1899, formera au parlement le « bloc des gauches ». Majoritaire à
l'Assemblée, le bloc entre en lutte contre l'Église catholique et fait voter contre les
congrégations religieuses la Loi sur les Associations de 1901 ; l'année suivante, le sénateur Combes, devenu président du Conseil, applique la loi avec intransigeance, provoquant en 1904 la rupture avec le Saint-Siège. Briand propose en 1905 la loi de séparation de l'Église et de l'État, dont l'application donne lieu à de nombreux incidents.

---

(1) Un des chefs du socialisme révolutionnaire, qui créa en 1879 le parti ouvrier (1845-1922).
— (2) Ouvrier et militant socialiste qui devait être condamné après la Commune (1843-1935). —
(3) Un des chefs républicains progressistes (1838-1925). — (4) Voir pp. 374-376. — (5) Lieutenant-colonel
qui avait été chargé de l'enquête. — (6) Sur la côte de Guyane, où Dreyfus avait été déporté.

Les problèmes sociaux   Après le Congrès d'Amsterdam en 1904, les socialistes
et économiques   français se regroupent dans la section française de l'Internationale Ouvrière (S. F. I. O.), parti de lutte sociale,
et quittent la coalition des gauches. Les syndicalistes révolutionnaires, qui n'ont pas
confiance dans l'action politique, définissent leur indépendance à l'égard des partis
et du Parlement, par la charte du Congrès d'Amiens en 1906.

Clemenceau, président du Conseil de 1906 à 1909 (1), tente de renforcer l'État : il
établit l'impôt sur le revenu et crée un Ministère du Travail, mais en même temps
réprime les grèves des mineurs et les émeutes des viticulteurs du midi en 1907 ; Briand,
avec plus de souplesse, appliquera la même politique.

De son côté, le patronat (2) français s'organise aussi en constituant l'Union des
Industries Métallurgiques et Minières.

Les problèmes économiques et la diplomatie sont étroitement liés en ce début du
siècle : pour se procurer les énormes capitaux nécessaires à son industrialisation, la
Russie, après avoir dû renoncer à l'argent allemand, s'adresse au gouvernement français qui favorise ses emprunts.

Le Tsar, non moins que la France, est heureux d'éviter l'isolement. Aussi, l'escadre
française est-elle bien accueillie à Kronstadt en 1891, et l'escadre russe à Toulon : une
alliance est conclue en 1893, l'amitié franco-russe semble bien établie.

L'acheminement vers la guerre   Or, à partir de 1911 les menaces de guerre se
    précisent : la course aux armements est devenue
ruineuse pour l'Europe entière. L'intervention de Jean Jaurès, brillant leader des
socialistes et remarquable orateur, à la tribune de la Chambre, le 18 novembre 1909,
traduit bien l'inquiétude des esprits lucides.

A propos du vote du budget, Jaurès élève le débat, montrant que dans tous les budgets
de l'Europe, ainsi qu'en France, la charge des dépenses militaires est devenue énorme,
et qu'elle limite singulièrement les progrès sociaux ; l'orateur marque sa volonté de travailler à une « détente européenne ».

COMMENT RALENTIR LA COURSE AUX ARMEMENTS ?

Jaurès. — ...**Messieurs, il y a un fait qui frappe également tous les yeux, c'est ce qui domine aujourd'hui les budgets de l'Europe, on peut dire ce qui les accable, c'est le fardeau croissant des dépenses militaires qu'entraîne la paix armée. Je sais bien que les budgets ont à faire face en même temps à un commencement de dépenses sociales, mais il est clair qu'aujourd'hui ce sont surtout les dépenses militaires qui pèsent sur eux.**

Édouard Vaillant (3). — **C'est très juste.**

Jaurès. — **C'est l'aggravation de ces dépenses qui a, pour une large part, déterminé le déficit médiocrement comblé par des mesures récentes du budget allemand.**

Voilà longtemps que l'Allemagne n'a pas voté de grandes lois sociales nouvelles et cependant c'est à un déficit de 500 millions qu'elle avait été récemment conduite par la surenchère européenne des dépenses militaires et des dépenses navales.

L'accroissement de cet ordre de dépenses a été pour beaucoup aussi, pour plus de moitié, dans le déficit de 500 millions du budget anglais et aujourd'hui, en ce qui nous concerne, quand M. le Ministre des Finances s'applique à justifier, avec la Commission, les 200 millions d'impôts nouveaux qu'il vous propose, il constate qu'ils ont pour objet de faire face à un accroissement de 140 millions, je crois, dans l'ensemble, de nos dépenses militaires de l'armée continentale ou de l'armée navale.

(Très bien ! Très bien !)

Messieurs, le premier problème essentiel qui se pose devant nous, problème européen, mais aussi problème budgétaire, c'est de savoir si nous sommes en face d'une situation définitive et d'un mal irréductible.

L'autre jour l'honorable M. Théodore Reinach appelait de ses vœux l'heure où une détente européenne permettrait la limitation des arme-

---

(1) Il le sera de nouveau de 1917 à 1920. — (2) Ensemble des chefs d'entreprises. — (3) Député
socialiste.

ments. Je crois que nous pouvons plus que formuler des vœux, je crois que nous pouvons et que nous devons analyser les causes essentielles avec lesquelles nous nous débattons, et je crois qu'après les avoir précisées, nous pouvons demander à la France pour sa part, dans la mesure de son rôle qui est resté grand, de contribuer à corriger le mal dont l'Europe souffre et dont nous souffrons nous-mêmes.

(Applaudissements.)

Quelle est donc la cause la plus directe de cette tension européenne qui se traduit partout, dans tous les budgets, par le déficit, par le malaise, par de croissantes difficultés ? Cette cause directe, c'est selon moi, et je le crois aussi selon vous, le conflit, tantôt sourd, tantôt aigu, toujours profond et redoutable, de l'Allemagne et de l'Angleterre.

C'est ce conflit qui pèse sur nous tous, c'est lui qui aggrave ou qui suscite tous les autres conflits. Même les difficultés survenues entre la France et l'Allemagne, au sujet du Maroc, ne sont guère qu'un épisode et une manifestation superficielle de la profonde rivalité anglo-allemande, et M. le Ministre des Affaires Étrangères ne me démentirait pas si je disais que toutes les difficultés balkaniques seraient plus aisément résolues, si, derrière les agitations, les compétitions de la péninsule des Balkans, il n'y avait pas l'Angleterre et l'Allemagne, jouant chacune son jeu, poussant chacune ses pions, ses pièces de jeu sur cet échiquier tourmenté.

(Applaudissements.)

Ainsi, Messieurs, la première question qui se pose à nous, question vitale, question d'avenir pour l'Europe et pour la France, mais aussi question d'intérêt immédiat et de gestion financière, c'est de savoir si l'Europe est condamnée encore pour de longues générations à ce régime, si ce conflit de l'Angleterre et de l'Allemagne doit se perpétuer, imposant sur nous tous les charges de la paix armée et aboutissant enfin à la catastrophe d'une grande guerre où tous les peuples de l'Europe risqueraient d'être entraînés, ou si, au contraire, ce conflit peut se résoudre, s'il peut être atténué d'abord, réglé ensuite par des moyens pacifiques, et si la France y peut contribuer. *(Très bien ! Très bien !)* Eh bien, Messieurs, au risque de vous paraître optimiste et imprudent dans cet optimisme, je crois que ce conflit peut être pacifiquement résolu, et je n'offenserai pas notre pays en disant que son devoir, proportionné précisément à la grandeur historique de son rôle, est de travailler, autant qu'il dépend de lui, à la solution amiable de ce conflit. *(Très bien ! Très bien !)*

L'angoisse croît sans cesse au cours de ces années sombres. Poincaré, président de la République en 1913, après avoir été président du Conseil, s'efforce de fortifier l'État à l'intérieur et à l'extérieur, porte le service actif de deux à trois ans et renforce l'alliance avec la Russie.

La gauche essaie de réagir contre la course aux armements et l'exaspération des passions nationales : la C. G. T. (1) menace de déclencher une grève générale en cas de déclaration de guerre et Jaurès, socialiste idéaliste et généreux, laisse voir son inquiétude à Lyon, le 25 juillet 1914 : « jamais nous n'avons été, jamais depuis quarante ans l'Europe n'a été dans une situation plus menaçante et plus tragique que celle où nous sommes... »; par-delà les frontières, il s'adresse désespérément aux sociaux-démocrates allemands :

... Quoi qu'il en soit, citoyens, et je dis ces choses avec une sorte de désespoir, il n'y a plus, au moment où nous sommes menacés de meurtre et de sauvagerie, qu'une chance pour le maintien de la paix et le salut de la civilisation, c'est que le prolétariat rassemble toutes ses forces qui comptent un grand nombre de frères, Français, Anglais, Allemands, Italiens, Russes, et que nous demandions à ces milliers d'hommes de s'unir pour que le battement unanime de leurs cœurs écarte l'horrible cauchemar.

LA GUERRE DE 1914

**Les causes :
une succession de crises**

La crise terrible de la guerre de 1914-1918, dont les conséquences furent incalculables pour l'Europe et pour le monde, éclate à la suite d'une période confuse de discussions, de compromis et d'incertitudes diverses : l'intervention française au Maroc est suivie d'une vive protestation allemande qui s'apaise ensuite — on parle

---

(1) « Confédération Générale du Travail », fondée en 1895 au congrès syndicaliste tenu à Limoges.

même d'un accord franco-allemand en 1909, qui amorce une politique d'accord économique où l'expansion germanique espère trouver une issue —; des incidents se produisent en Alsace-Lorraine, où l'octroi d'une nouvelle constitution, en 1911, est mal accueilli et les protestations contre la domination allemande restent très vives; enfin, une nouvelle tension se fait sentir au Maroc — Guillaume II va jusqu'à envoyer un navire de guerre à Agadir —, mais un compromis est réalisé par Caillaux en 1911. La guerre est écartée cette fois encore.

Cette instabilité générale engage les nations européennes à renforcer les alliances : Poincaré, président du Conseil, puis président de la République en 1913, se rapproche de la Russie et de l'Angleterre, tandis que l'Allemagne signe un accord avec la Turquie, l'Italie et l'Autriche-Hongrie.

La tension devient particulièrement forte entre l'État austro-hongrois et la Serbie : l'Autriche surveille la Serbie et les sociétés secrètes qui opèrent de Bosnie-Herzégovine, annexée le 5 octobre 1908. La Serbie, de son côté, qui a dû reconnaître le fait accompli en 1909, espère avoir sa revanche avec l'aide de la Russie.

Or, le 28 juin 1914, l'archiduc héritier d'Autriche-Hongrie, François-Ferdinand, et sa femme sont victimes d'un attentat, au cours d'une visite à Sarajevo en Bosnie. L'Autriche adresse un ultimatum très dur à la Serbie; la Russie prend des mesures de mobilisation, l'Autriche et l'Allemagne brusquent les choses : l'Autriche déclare la guerre et bombarde Belgrade ; l'automatisme des alliances entraîne la mobilisation générale, en Allemagne et en France; le 31 juillet, Jaurès, qui a voulu défendre la paix jusqu'au bout, est assassiné.

On peut lire, apposée sur tous les bureaux de poste, l'affiche solennelle:

ARMÉE de TERRE et ARMÉE de MER

ORDRE DE MOBILISATION GÉNÉRALE

Par décret du Président de la République, la mobilisation des armées de terre et de mer est ordonnée, ainsi que la réquisition des animaux, voitures et harnais nécessaires au complément de ces armées.

Le premier jour de la mobilisation est le dimanche 2 août 1914.

Le président Poincaré adresse à la Nation un appel resté célèbre :

... soucieux de sa responsabilité, sentant qu'il manquerait à un devoir sacré s'il laissait les choses en l'état, le Gouvernement vient de prendre le décret qu'impose la situation. La mobilisation n'est pas la guerre. Dans ces circonstances elle apparaît au contraire, comme le meilleur moyen d'assurer la paix dans l'honneur...

... A cette heure il n'y a plus de partis. Il y a la France éternelle, la France pacifique et résolue. Il y a la patrie du droit et de la justice, tout entière unie dans le calme, la vigilance et la dignité.

Une guerre scientifique et industrielle

L'Allemagne est très industrialisée; une mobilisation rapide lui permet de mettre sur pied, dès le début de la guerre, des effectifs doubles de ceux de la France. En application du plan de Schlieffen et Moltke, elle lance 54 divisions (1) sur la Belgique, auxquelles les Alliés, commandés par Joffre, opposent 24 divisions françaises, 5 anglaises et 7 belges.

L'offensive russe fait diminuer la pression des troupes allemandes et la victoire de la Marne marque leur arrêt en septembre 1914 (2); leur course à la mer est interrompue par l'action de la flotte et des fusiliers-marins de Dixmude; le front est désormais continu et stabilisé. Les états-majors lancent de fortes offensives, sans obtenir des

---

(1) Grande unité militaire réunissant sous le commandement d'un même chef — le général de division — des troupes de toutes armes. — (2) Alors que la cavalerie était parvenue à 25 kilomètres de Paris.

avantages définitifs. C'est désormais la guerre totale : la production industrielle devient un rouage essentiel de la machine; les hostilités s'étendent : les Russes et les Serbes reculent, mais l'Italie se joint aux Alliés; des armes nouvelles apparaissent, les gaz asphyxiants en particulier, qui viennent aggraver les souffrances des combattants enlisés dans la boue des tranchées.

Sur mer, les Alliés imposent leur supériorité jusqu'en 1916, mais subissent des pertes importantes; à l'application du blocus qui menace leur ravitaillement en matières premières et en produits alimentaires, les Allemands répliquent par une guerre sous-marine qui cause de graves destructions, mais contribue à provoquer l'entrée en guerre des États-Unis, en avril 1917.

Le président Wilson, qui a vu accroître ses pouvoirs, prononce le 2 avril 1917 au Capitole de Washington un discours qui explique la décision prise.

Notre objet est de défendre les principes de paix et de justice dans la vie du monde contre les puissances égoïstes et autocratiques (1), et d'établir parmi les peuples vraiment libres et autonomes une unité de tendance et d'action qui assure désormais le respect de ces principes.

La neutralité n'est plus possible ou désirable quand il y va de la paix du monde et de la liberté des peuples. Or la menace contre cette paix et cette liberté réside dans l'existence de gouvernements autocratiques qui s'appuient sur une force organisée, dont ils disposent selon leur caprice et non selon la volonté du peuple. Dans de telles conditions il ne peut plus être question de neutralité.

... Nous ne poursuivons aucun but égoïste. Nous ne désirons ni conquête, ni domination. Nous ne recherchons ni indemnités pour nous-mêmes, ni compensation matérielle pour les sacrifices que nous ferons sans compter. Nous ne sommes qu'un des champions des droits de l'humanité. Nous serons satisfaits quand ces droits auront été assurés, autant qu'ils peuvent l'être par la foi et la liberté de la nation.

... C'est une chose terrible que de conduire ce grand peuple pacifique à la guerre, à la plus effrayante et la plus déastreuse de toutes les guerres, à cette guerre dont la civilisation elle-même semble être l'enjeu. Mais le droit est plus précieux que la paix et nous combattrons pour les biens qui ont toujours été les plus chers à nos cœurs, pour la démocratie, pour le droit de ceux qui, courbés sous l'autorité, doivent avoir enfin voix dans la conduite du gouvernement, pour les droits et les libertés des petites nations, pour que le règne universel du droit, fondé sur l'accord des peuples libres, assure la paix et la sécurité à toutes les nations et rende le monde lui-même enfin libre.

P.-Y. Sebillot, *l'Intervention décisive*, Édition française, 1919

Sur terre, les Allemands dirigent, depuis février 1916, contre l'armée française la terrible offensive d'anéantissement de Verdun, mettant en ligne 1 000 pièces d'artillerie; mais la résistance, menée avec ténacité par le général Pétain, permet de contenir les assauts répétés et le général Joffre peut lancer sur la Somme une attaque de diversion.

Voici l'ordre du jour du général Pétain à son armée :

Le 9 avril est une journée glorieuse pour nos armées. Les assauts furieux des soldats du Kronprinz ont été partout brisés. Les Allemands attaqueront sans doute encore. Que chacun travaille et veille pour obtenir le même succès qu'hier. Courage ! On les aura !

Une page de Jules Romains, consacrée à la célèbre bataille, donne une idée juste de ce qu'on a appelé « l'enfer de Verdun ».

MONTÉE EN LIGNE A VERDUN

Dès qu'on eut quitté les faubourgs de Verdun pour prendre la piste qui montait vers les lignes, l'on sentit qu'on entrait décidément dans la bataille, dans cette bataille déjà célèbre vers laquelle on marchait depuis seize jours. Verdun, avec ses obus et ses incendies, n'avait été encore qu'un arrière (2) inhabitable. Maintenant c'était la zone de feu.

Il n'y avait qu'un assez pâle clair de lune noyé dans les nuages. Mais la neige le réverbérait sans en rien laisser perdre. Des lueurs de fusées éclairantes venaient aussi, parfois de très

---

(1) Qui ne sont soumises à aucun contrôle légal. — (2) Zone située à l'arrière du front.

loin, et glissaient sur la neige comme de rapides mains de soie.

L'on y voyait donc bien suffisamment. L'on y voyait même trop. Les abords de la piste, parfois la piste elle-même, étaient jonchés de débris : casques défoncés, tronçons de fusils, lambeaux de vêtements, bidons, carcasses de fourgons couchées sur le côté avec des roues manquantes, caissons d'artillerie piquant du nez dans le sol, et démolis comme à coups de hache.

Une odeur submergeante, chavirante, qui vous avait cerné peu à peu, et que l'on avait d'abord flairée distraitement, montrait maintenant son origine. Des cadavres de chevaux, irrégulièrement distribués, bordaient la piste, à quelque distance. Il y en eut même un qui la barrait franchement et dont il fallut faire le tour, en traversant une épouvantable puanteur comme si l'on se fût jeté pour y nager à pleines brasses dans une mare de liquides cadavériques.

L'on croisait des files de brancardiers qui redescendaient portant des blessés et des morts. Certains blessés étaient silencieux comme les morts. D'autres poussaient de légères plaintes à chaque secousse du brancard, et leurs plaintes, du même coup, avaient l'air d'émaner de quelque ressort, et non d'un être vivant. Il tombait des obus qui cherchaient visiblement à toucher des buts repérés ou tout au moins à se placer suivant certaines lignes. L'une de ces lignes faisait un angle très aigu avec la direction générale de la piste ; si bien qu'elle la coupait en un point, et ne s'en écartait que très lentement...

... Le trajet semblait interminable. Il comportait une suite de montées et de descentes ; de longs cheminements au flanc de ravins qui vers le bout laissaient voir des lueurs de tirs, ou de lentes éclosions de fusées, parfois des feux de bengale rougeâtres que l'ennemi allumait pour masquer les coups de départ. Puis, c'était des contournements de croupes (1) broussailleuses ou arides, jusqu'à des cols d'où l'on découvrait soudain un vaste horizon vers l'ouest, et des villages de la vallée de la Meuse qui flambaient.

Un peu partout, les obstacles du sol retardaient la marche ; mais pourtant, quand on se rappelait la position des lieux sur la carte, l'on avait peine à croire qu'après quatre heures, puis cinq heures de chemin, on ne fût pas encore arrivé.

— Nous ne nous sommes pas trompés ? demanda Jerphanion au guide.

— Non, non, mon lieutenant, je vous garantis. Je connais l'itinéraire comme ma poche. Et la nuit n'est pas assez noire pour qu'on ait même une hésitation. Ce petit ravin où nous sommes descend de la cote 321. De l'autre côté, il y a le ravin de la Dame, que vous connaissez peut-être de nom. Nous avons encore à franchir cette croupe que vous voyez devant nous, et puis nous sommes arrivés.

— C'est-à-dire dans combien de temps ?

— Une heure à peu près.

— Eh bien !

— C'est toujours très long. Mais ça le devient de plus en plus, d'une fois à l'autre, à cause des nouveaux trous d'obus et de l'encombrement qui augmente.

Depuis qu'on avait quitté la piste du début pour des embranchements successifs, l'animation avait diminué. Que c'était étrange — quand on prenait la peine de s'arracher à sa fatigue pour rêver un instant à ce qu'on venait de voir — cette circulation de fantômes, dont certains couchés et sanglants, à travers la neige, les bois, les ravins désolés, sous une clarté bien faite à usage de fantômes, lune voilée qui décline, feux follets, étoiles filantes, prodiges dans le ciel. Cela sentait la procession nocturne, le crime nocturne, la conjuration secrète pour un massacre, l'allée et venue des sorciers et sorcières pour une grande réunion dans la forêt, et un peu aussi la nuit de veille et d'orgie d'avant l'aube de la fin du monde. Cette guerre était foncièrement amie des ténèbres. Elle avait dans ses ancêtres la nuit du Walpurgis (2) et le sabbat des nécromants (3).

Les Hommes de bonne volonté, Tome XVI.
Flammarion, édit.

La lutte se poursuit quatre mois; 240 000 Allemands, 275 000 Français succombent. Mais Verdun est une victoire morale de la France et le signe d'un revirement décisif. L'année 1917, il est vrai, est marquée par une grande lassitude des peuples européens. Malgré les propagandes officielles, vouées à un optimisme de commande, les souffrances des hommes, les déceptions militaires ou diplomatiques, et la coordination difficile entre les Alliés provoquent un profond malaise.

En Russie, la crise particulièrement aiguë aboutit à l'abdication du Tsar, en 1917 : l'armée russe est désorganisée et, après la chute de Riga, le nouveau gouvernement bolchevik signe le traité de Brest-Litovsk qui permet aux Allemands de ramener en France 40 divisions.

Les puissances centrales font un effort violent pour emporter la décision : Ludendorf,

---

(1) Sommets. — (2) Nuit de rendez-vous des esprits infernaux, dans la mythologie germanique. — (3) Assemblée nocturne de sorciers évoquant les morts.

engageant une offensive brutale, effectue une avance de 60 kilomètres, mais ne peut exploiter ce succès ; les offensives d'avril, de mai et de juillet ont des résultats analogues.

Cependant, la contribution des États-Unis aux opérations militaires est de jour en jour plus efficace ; les Alliés s'organisent et se renforcent ; Clemenceau, de nouveau président du Conseil depuis novembre 1917, galvanise les énergies.

> **Ma politique étrangère, c'est de me maintenir en confiance avec nos Alliés pour faire la guerre. La Russie nous trahit, je continue de faire la guerre. La malheureuse Roumanie est obligée** de capituler, je continue de faire la guerre, et je continuerai jusqu'au dernier quart d'heure, car c'est nous qui aurons le dernier quart d'heure (1). (8 mars 1917.)

Foch, nommé commandant en chef du front allié, lance une contre-offensive, qui devient générale, et gagne la seconde bataille de la Marne le 18 juillet 1918. En Orient, où les Serbes avaient d'abord été battus, le corps expéditionnaire de Salonique a fini par briser le front bulgare. Hindenburg (2) et Ludendorf insistent pour demander l'armistice. Guillaume II fuit aux Pays-Bas. Les plénipotentiaires (3) se réunissent à Rethondes, le 11 novembre 1918.

La France victorieuse compte 1 million 400 000 morts, 3 millions de blessés, et sa dette intérieure est de 219 millions de francs. Les destructions immobilières et industrielles sont énormes.

L'ENTRE-DEUX-GUERRES

Après 1918, la physionomie du monde apparaît bouleversée : la Russie semble exclue de l'Europe jusqu'en 1924, date où elle reprend des relations avec l'Angleterre, puis avec la France ; les États-Unis sont devenus créanciers (4) de l'Europe et connaissent une progression économique extraordinaire et une prospérité évidente.

La France, il est vrai, retrouve un équilibre apparent : un grand travail de reconstruction s'effectue ; on espère que « l'Allemagne paiera ». Les syndicats réclament des améliorations. La scission entre communistes et socialistes traduit les divergences ouvrières sur les modes d'action, et les oppositions de personnalités. Malgré tant de morts et tant de destructions, malgré l'appauvrissement profond, en argent et en matériel de toutes sortes, Paris sauve les apparences, s'illumine, s'enivre de fêtes et de spectacles : expositions et concerts se multiplient.

L'organisation de la paix

La « Société des Nations », créée à Versailles sous l'influence de Wilson, alors président des États-Unis, apporte l'espérance d'une paix universelle : la conférence de Washington, sur le désarmement en 1921, l'action de Briand pour la paix en 1924, le pacte Briand-Kellogg (5) de 1928, condamnant la guerre, sont des étapes dans la marche à la paix. En fin de compte, cet effort se révélera cruellement décevant, mais nous n'oublierons pas les illusions émouvantes qu'il fit naître, ni les paroles généreuses qu'il suscita, comme celles qui furent prononcées à Genève, le 8 septembre 1926, à propos de l'entrée de l'Allemagne à la S. D. N.

> **M. Briand, en veston noir étriqué et pantalon en tuyau de poêle, monta lentement à la tribune, soulevant des tempêtes d'applaudissements, et déclara : « La France et l'Allemagne, ensemble, collaborent maintenant à** l'œuvre de paix !... » Étendant devant son visage ses mains blanches comme pour dissiper un cauchemar, il s'écria au milieu d'une intense émotion : « Arrière les canons, les fusils et les mitrailleuses !... Arrière les voiles de deuil !...

---

(1) C'est nous qui aurons le dernier mot. — (2) Hindenburg sera président du Reich en 1925. — (3) Diplomates investis de tous les pouvoirs. — (4) Apportent une aide monétaire à l'Europe. — (5) Kellogg (Frank, Billings), homme d'État américain (1856-1937).

Place à l'arbitrage, à la sécurité et à la paix ! »
Puis M. Briand prononça une phrase qui devait plus tard lui être reprochée par l'opinion nationale française : « Nos peuples, Messieurs les représentants de l'Allemagne, au point de vue de la vigueur, au point de vue de l'héroïsme n'ont plus de démonstration à faire. Qu'on tourne les pages de l'histoire ! Tous deux ont su faire montre d'héroïsme sur les champs de bataille, tous deux ont fait à ce point de vue une ample moisson de gloire. Ils peuvent désormais chercher d'autres champs. »
Le délégué français recueillit alors une formidable ovation. Il poursuivit : « S'il est vrai qu'il faut admettre que la foi puisse transporter les montagnes, nous devons nous féliciter qu'elle ait pu appeler le lac de Locarno (1) à voisiner d'aussi près avec celui de Genève... et nous nous appliquerons les uns les autres à ce qu'aucune imprudence de notre part ne vienne décevoir les espérances que les peuples ont certainement conçues... »
L'émotion était à son comble. Les délégués avaient les larmes aux yeux. Dans son enthousiasme délirant, le premier délégué du Canada, Sir George Forster se leva, agita un foulard et poussa trois vigoureux hourras.

BONNEFOUS,
Histoire politique de la IIIe République,
Tome IV, *Presses Universitaires de France*, édit.

On entrevoit alors une unification des progrès sociaux, grâce à des organismes comme le Bureau International du Travail.

En fait, les gouvernements européens hésitent entre une politique sociale hardie et une attitude conservatrice qui donne confiance aux capitalistes et facilite les emprunts.

Dans les gouvernements d'Union nationale qui se succèdent de 1926 à 1929, l'homme politique qui paraît avoir le mieux réussi est Poincaré qui rétablit l'équilibre du budget et stabilisa le franc.

La grande crise économique de 1928-1929, si brutale aux États-Unis, conséquence d'un déséquilibre entre la production et la répartition, ne touche qu'indirectement l'Europe et la France, mais la faiblesse du monde libéral est mise en évidence; la baisse des valeurs, les excédents agricoles, les faillites industrielles et le déficit budgétaire en sont les signes en France les plus nets. Le déficit est de 10 milliards en 1933; les ministères successifs sont impuissants à surmonter la crise.

La préparation à la guerre

Au point de vue des affaires étrangères, la situation se détériore progressivement. L'irritant problème des réparations aboutit au refus de la France de rembourser les États-Unis après que ceux-ci eurent annulé les dettes allemandes à leur égard; cette absence de coordination entre les Alliés explique l'échec final de la S. D. N. D'autre part, le chômage généralisé en Allemagne (5 millions et demi de chômeurs en 1933) explique le succès croissant du parti national socialiste. Hitler est appelé au pouvoir par Hindenburg et, plébiscité à une énorme majorité, devient le seul maître de l'Allemagne (1934).

Les années 1933-1935 voient se former des blocs rivaux ou indépendants : bloc russe, bloc anglo-saxon. Les efforts de Barthou (2) pour constituer une entente de petites nations sont anéantis par son assassinat à Marseille (avec le roi Alexandre de Yougoslavie).

En France, la faiblesse du régime est soulignée par les scandales financiers et, en particulier, l'affaire Stavisky en 1933 : selon la version officielle, Alexandre Stavisky, qui se trouvait à l'origine de la colossale escroquerie du Crédit municipal de Bayonne, se serait suicidé à l'arrivée de la police; mais la droite soutint qu'il avait été tué sur ordre, pour étouffer un scandale qui aurait discrédité certaines personnalités gouvernementales (3). Des émeutes violentes éclatent en février 1934 dans les rues de Paris. Après plusieurs ministres modérés, les élections de 1936 amènent au pouvoir un gouvernement de « Front populaire » présidé par le socialiste Blum (4). Son ministère

(1) Dans les Alpes suisses : accord signé en 1925 par les pays de l'Europe pour le maintien de la paix. — (2) Homme politique et écrivain français (1862-1934). — (3) La lumière n'a jamais été faite sur cette affaire. — (4) Homme politique, chef du parti socialiste (S.F.I.O.) (1872-1950).

prend d'importantes mesures sociales, fixant notamment à quarante heures la durée légale d'une semaine de travail, instituant les congés payés et les contrats collectifs.

Mais de graves difficultés gênent l'action gouvernementale. La situation financière empire et la dévaluation devient nécessaire; les capitalistes font des investissements à l'étranger. Mais ce sont surtout les événements extérieurs qui mettent tous les ministères successifs dans une situation très pénible.

Alors que Mussolini lance sur l'Éthiopie une attaque brutale et massive qui lui permet d'occuper Addis-Abéba le 5 mai 1936, la zone rhénane, jusque-là démilitarisée, est occupée par les troupes d'Hitler. Enfin, la guerre d'Espagne, qui oppose aux républicains les partisans du général Franco, donne lieu, à partir de 1936, à une intervention de plus en plus ouverte de l'Allemagne et de l'Italie.

En 1937, au moment de la démission de Léon Blum, la situation des démocraties paraît bien affaiblie et leur prestige menacé. Les ministères suivants se heurtent aux mêmes obstacles. Le ministère Daladier, grâce à l'appui des modérés, obtient les pleins pouvoirs (1) et Paul Reynaud, ministre des Finances, promulgue des décrets-lois, destinés à rétablir l'économie.

Hitler, Reichsführer en août 1934, applique, dès lors, à sa guise, le programme défini par *Mein Kampf*, manuel de racisme anti-intellectuel et anti-chrétien déchaîné contre les communistes et les juifs, dans lequel il exposait les principes politiques de l'État totalitaire qu'il se proposait d'instaurer; sous couleur de socialisme, il renforce constamment la grande industrie capitaliste pour constituer une énorme machine de guerre, obtient après plébiscite le rattachement de la Sarre et impose, en 1938, l'union de l'Autriche au Grand Reich, ou « Anschluss ».

LA GUERRE 1939-1940

La guerre menace dès 1938. Hitler prend prétexte de l'existence de minorités allemandes, les « Sudètes », au nord de la Bohême, pour revendiquer une partie de la Tchécoslovaquie. L'Allemagne est devenue une immense caserne, doublée d'un arsenal puissant et moderne : 2 millions d'hommes sont sous les armes (2). Aussi, le Premier ministre anglais Neville Chamberlain et Daladier acceptent-ils, en 1938, le compromis de Munich, qui, selon le vœu d'Hitler, cédait au IIIe Reich le territoire des Sudètes, mais dont la France et l'Angleterre sortent diminuées et isolées.

La Tchécoslovaquie est ainsi démantelée par la pression allemande : la Bohême et la Moravie deviennent des protectorats. L'Angleterre et la France resserrent alors leur alliance, mais Hitler et Mussolini signent le « pacte d'acier ». La « guerre des nerfs » se poursuit plusieurs mois, en particulier à propos du couloir de Dantzig, seule issue maritime de la Pologne. Le gouvernement soviétique, sollicité à la fois par les deux blocs rivaux, finit par conclure le pacte germano-russe qui permet à Hitler d'adresser le 29 août un ultimatum à la Pologne. Désormais, le mécanisme de la guerre est déclenché : c'est la mobilisation polonaise, puis l'entrée des troupes allemandes en Pologne, le 1er septembre; en vertu de l'alliance défensive signée avec la Pologne le 25 août, c'est ensuite la déclaration de guerre anglaise, suivie, le même jour, le 3 septembre, de la déclaration de guerre française.

---

(1) Autorisation de traiter définitivement au nom de l'État français. — (2) Il y a alors en ce pays 13 millions d'hommes mobilisables.

M. Georges Bonnet, ministre des Affaires étrangères, à M. Coulondre, ambassadeur de France à Berlin.

Paris, le 3 septembre 1939, 10 h. 20.

Hier soir, à la suite de la communication qui nous a été faite par le Gouvernement britannique et à la suite de la séance de la Chambre des Députés Français, le Gouvernement a pris les décisions suivantes qu'il m'a chargé de vous remettre :

Vous vous présenterez aujourd'hui 3 septembre à midi, à la Wilhelmstrasse et vous demanderez la réponse du Gouvernement allemand à la communication que vous lui avez remise le 1er septembre à 22 heures. Si la réponse est négative, vous notifierez au ministre des Affaires étrangères du Reich que le Gouvernement français se trouve dans l'obligation de remplir à partir d'aujourd'hui, 3 septembre, à 17 heures, les engagements que la France a contractés envers la Pologne et qui sont connus du Gouvernement allemand. Vous pourrez, dès ce moment, demander vos passeports.

La guerre-éclair La Pologne est envahie le 1er septembre par onze divisions modernes, blindées ou motorisées, soutenues par des milliers d'avions; Varsovie est bombardée. La Russie occupe la partie du pays qui lui était réservée par les clauses secrètes d'un pacte, signé le 23 août avec l'Allemagne; bientôt, après l'occupation d'une partie de la Finlande, elle contrôle aussi la Baltique, malgré une résistance vigoureuse. L'emprise allemande s'étend sur les côtes de la Norvège jusqu'à Narvik.

Cependant, sur la frontière française se produit une interruption assez surprenante des opérations pendant six mois : c'est la « drôle de guerre ». Mais le 10 mai, l'offensive allemande se déchaîne, de l'Alsace à la frontière hollandaise ; 139 divisions, soutenues par 3 500 chars et 5 000 avions modernes, attaquent les 140 divisions françaises et alliées qui disposent de 3 000 chars, souvent de type ancien, et de moins de 1 700 avions. La ligne Maginot (1) puissamment fortifiée, est tournée. Du 10 mai au 16 juin, la résistance alliée s'effondre : c'est la capitulation de l'armée belge, le reflux et l'encerclement des Anglo-Français à Dunkerque, d'où 350 000 hommes seulement réussissent à grand-peine à s'embarquer pour l'Angleterre; c'est ensuite le repli général sur la Somme, malgré les efforts de réorganisation du général Weygand, et la déclaration de guerre de l'Italie, qui se range aux côtés de l'Allemagne (10 juin).

Les troupes se retirent vers le Sud, mêlées au flot chaotique des centaines de milliers de réfugiés de « l'exode ». Parmi d'innombrables témoignages, les souvenirs d'un des derniers aviateurs encore en mission dans le ciel de France, Saint-Exupéry, font revivre cette fuite devant l'occupant (*Pilote de Guerre*, XV).

Je survole donc des routes noires de l'interminable sirop qui n'en finit plus de couler. On évacue, dit-on, les populations. Ce n'est déjà plus vrai. Elles s'évacuent d'elles-mêmes. Il est une contagion démente dans cet exode. Car où vont-ils ces vagabonds ? Ils se mettent en marche vers le Sud, comme s'il était, là-bas, des logements et des aliments, comme s'il était, là-bas, des tendresses pour les accueillir. Mais il n'est, dans le Sud, que des villes pleines à craquer, où l'on couche dans les hangars et dont les provisions s'épuisent. Où les plus généreux se font peu à peu agressifs à cause de l'absurde de cette invasion qui, peu à peu, avec la lenteur d'un fleuve de boue, les engloutit. Une seule province ne peut ni loger ni nourrir la France !

Où vont-ils ? Ils ne savent pas ! Ils marchent vers des escales fantômes (2), car à peine cette caravane aborde-t-elle une oasis, que déjà il n'est plus d'oasis. Chaque oasis craque à son tour, et à son tour se déverse dans la caravane. Et si la caravane aborde un vrai village qui fait semblant de vivre encore, elle en épuise, dès le premier soir, toute la substance. Elle le nettoie comme les vers nettoient un os.

L'ennemi progresse plus vite que l'exode. Des voitures blindées, en certains points, doublent le fleuve qui, alors, s'empâte et reflue.

Gallimard, édit.

Plusieurs centaines de milliers de soldats sont faits prisonniers. Le 14 juin, la Wehrmacht entre dans Paris. Le 16 juin, le président du Conseil, Paul Reynaud, démissionne; le

(1) Nom d'un homme politique, donné à la ligne de fortification des frontières françaises de l'Est, construite à partir de 1927. — (2) De même qu'un fantôme qui s'évanouit, les escales disparaissent, quand les villages se vident pour se joindre à l'exode.

ministre de la Guerre, le maréchal Pétain, forme un autre ministère qui, le 17 juin, demande l'armistice.

Les émissions radiophoniques qui ont joué dans cette guerre un rôle important permettent de suivre, heure par heure, le déroulement du drame. Le jour du 17 juin, à 12 h 30, le maréchal Pétain déclare :

C'est le cœur serré que je vous dis aujourd'hui qu'il faut cesser le combat.

Je me suis adressé cette nuit à l'adversaire pour lui demander s'il est prêt à rechercher avec nous, entre soldats, après la lutte et dans l'honneur, les moyens de mettre un terme aux hostilités...

Et à la radio de Londres, à 21 heures, Churchill s'exprime ainsi :

Ce soir, les nouvelles de France sont très mauvaises et mon cœur saigne pour le courageux peuple de France qui est tombé dans ce terrible malheur. Rien ne changera les sentiments que nous avons pour lui, ni notre certitude que le génie de la France se relèvera. Les événements de France n'influeront en aucune façon sur nos actions, ni sur notre but.

Le 18 juin, le général de Gaulle, sous-secrétaire d'État du cabinet démissionnaire, qui, de Bordeaux, vient de rejoindre Londres, adresse à la radio un appel aux Français :

Les chefs qui, depuis de nombreuses années, sont à la tête des armées françaises, ont formé un gouvernement.

Ce gouvernement, alléguant (1) la défaite de nos armées, s'est mis en rapport avec l'ennemi pour cesser le combat.

Certes, nous avons été, nous sommes submergés par la force mécanique, terrestre et aérienne de l'ennemi.

Mais le dernier mot est-il dit ? L'espérance doit-elle disparaître ? La défaite est-elle définitive ? Non.

Car la France n'est pas seule. Elle n'est pas seule. Elle n'est pas seule...

Elle a un vaste empire derrière elle. Elle peut faire bloc avec l'Empire britannique qui tient la mer et continue la lutte. Elle peut, comme l'Angleterre, utiliser l'immense industrie des États-Unis.

Cette guerre n'est pas limitée au territoire malheureux de notre pays. Cette guerre n'est pas tranchée par la bataille de France.

Cette guerre est une guerre mondiale. Toutes les fautes, tous les retards, toutes les souffrances n'empêchent pas qu'il y ait dans l'univers tous les moyens nécessaires pour écraser un jour nos ennemis. Foudroyés aujourd'hui par la force mécanique, nous pourrons vaincre dans l'avenir par une force mécanique supérieure. Le destin du monde est là.

Moi, général de Gaulle, actuellement à Londres, j'invite les officiers et les soldats français qui se trouvent en territoire britannique ou qui viendraient à s'y trouver, avec ou sans armes, j'invite les ingénieurs et les ouvriers spécialisés des industries d'armement qui se trouvent en territoire britannique, ou qui viendraient à s'y trouver, à se mettre en rapport avec moi.

Quoi qu'il arrive, la flamme de la résistance ne doit pas s'éteindre et ne s'éteindra pas.

Demain, comme aujourd'hui je parlerai à la radio de Londres.

L'armistice entre en application le 25 juin. La France est alors coupée en deux zones : celle du Sud, dite « zone libre », est le siège du gouvernement ; le maréchal Pétain, qui réside à Vichy, y possède le pouvoir absolu.

L'opiniâtreté de l'Angleterre et l'entrée en guerre des États-Unis

Tandis que l'Angleterre, contrairement aux prévisions d'Hitler, continue la lutte sous l'énergique impulsion du Premier ministre Winston Churchill, martelée par une offensive aérienne qui dure trois mois, harcelée sur mer par une quarantaine de sous-marins, mais soutenue par les fournitures de matériel et de ravitaillement américaines autorisées par la loi « Prêt-bail », la France organise peu à peu sa résistance. Certains territoires d'outre-mer, dont l'Afrique équatoriale française, se rallient au mouvement de la « France libre ». Dans la métropole, l'opposition est d'abord individuelle et dispersée.

La guerre, cependant, s'étend et s'annonce de jour en jour plus longue et plus rude.

---

(1) Invoquant comme prétexte.

Dans les Balkans, sur les rives de la Méditerranée, partout l'Allemagne semble avoir une nette supériorité, lorsque se produit la rupture avec la Russie. Aussitôt, le 22 juin 1941, Hitler entreprend l'invasion de ce pays et les troupes nazies remportent des succès impressionnants qui les mènent en vue de Leningrad et de Moscou, leur permettant d'occuper au Sud le bassin du Donetz. Mais le froid de novembre ralentit les opérations et Stalingrad en marque l'arrêt définitif.

D'autre part, Roosevelt étendit en octobre 1941 le bénéfice de la loi Prêt-bail à l'U.R.S.S. ; après la destruction d'une grande partie de la flotte américaine, qui avait été surprise au mouillage (1) par les Japonais, à Pearl Harbor, dans le Pacifique, sans notification de guerre préalable, en décembre 1941, il déclare la guerre au Japon, à l'Allemagne et à l'Italie.

La résistance en France sous l'occupation allemande

La France, quant à elle, se trouve intégrée à une Europe que la domination hitlérienne s'efforce de transformer à son profit : comme tous les pays occupés, elle est soumise à une exploitation économique rigoureuse ; le ravitaillement est difficile, la liberté inexistante. Sous prétexte de « relève », l'Allemagne demande trois travailleurs en France pour relâcher un seul prisonnier, organise le S. T. O. (Service du Travail Obligatoire) et met en œuvre la persécution méthodique des juifs.

Mais la résistance se renforce : plusieurs mouvements organisent la lutte clandestine, en liaison avec les groupements des pays voisins, belges notamment; les combattants, qui n'étaient tout d'abord que quelques milliers, atteindront l'effectif d'une petite armée : ils sont 50 000 hommes en 1944; ils tiennent des maquis (2) importants dans le Massif Central et les Alpes à partir de 1942 et se constituent l'armement moderne nécessaire grâce aux parachutages alliés. Leurs pertes seront terribles; ceux qui sont envoyés dans les camps de déportation nazis, justement appelés « camps de la mort », Mauthausen, Dora, Dachau, et bien d'autres, y connaîtront des souffrances inouïes. Parmi bien des témoignages, celui du R. P. Riquet, dans *Souvenir de la Maison des Morts* (*Études*, juin 1945), nous éclaire sur ces monstruosités historiques :

Mais à quoi bon ressasser (3) le récit de ces monstruosités ? Ce sont toujours les mêmes : à Auschwitz comme à Ravensbrück, à Dachau comme à Buchenwald, à Nevengamme comme à Mauthausen. Partout le même Crématorium avec son infernale cheminée crachant le feu dans la nuit, avec ses sous-sols mystérieux : la chambre à gaz où l'on entre nu, un morceau de savon à la main, dans l'attente d'une douche que l'asphyxie remplace, et le cabinet de photographie où, tandis qu'elle fixe l'objectif, la victime est abattue d'un coup de revolver à la nuque. Partout le même régime illusoire qui trompe l'estomac tandis que l'organisme dépérit et que l'homme s'épuise en de mornes travaux. Partout la même exécrable carrière (4), nouveau Colisée où, pour le plaisir, non plus d'une foule sanguinaire, mais d'une aristocratie de sadiques, meurent des milliers d'hommes lentement, savamment massacrés, dix par dix, ou un par un, suivant la fantaisie du moment.

Partout le même souci d'avilir l'homme par les plus petits détails de cette vie où tout se fait en commun, aux yeux de tous, dans la plus effarante des promiscuités : le lit à trois ou quatre, le cabinet à dix ou même à cent, quand ce n'est pas un immonde baquet au milieu de la cour, la cuvette de tisane pour quatre, la cigarette qui se prête, le rasage en série de toutes les parties du corps, avec le même rasoir et le même blaireau, et l'impudent « Laus-Kontrol » qui, deux et trois fois par semaine, vous expose nu comme ver, aux regards libidineux (5) d'un chef de block ou de chambre condamné pour mœurs. Partout aussi le règne triomphant de la crapule (6), du souteneur (7), de la forte gueule et du poing musculeux. A eux les bonnes places et les meilleurs morceaux, à eux la confiance du S. S. et les missions de choix, hautes et basses œuvres, et le droit de vie et de mort sur ce pelé, ce tondu (8) qu'est le déporté politique.

(1) A l'ancre. — (2) Terrains broussailleux en Corse : d'où le nom donné aux régions où se cachaient les troupes de résistance, et aux groupes de maquisards eux-mêmes. — (3) Répéter encore. — (4) Evoquant ici une arène. — (5) Lascifs. — (6) Homme de débauche et sans scrupule. — (7) Celui qui vit aux dépens d'une prostituée sous prétexte de la protéger. — (8) Qui a la tête rasée. Fig. : démuni de tout.

La défaite allemande   Pourtant, la résistance ne cessera de s'affermir : à partir de 1942, les succès alliés, le débarquement en Afrique du Nord et l'installation du gouvernement de Gaulle, représentant réel de la France libre à Alger, seront, pour tous les opposants d'Hitler, un encouragement et un signe de ralliement efficace. L'accord de Churchill, Staline et Roosevelt à Yalta, en décembre 1943, marque la volonté d'action des Alliés. Le débarquement du 6 juin 1944, effectué avec des moyens énormes — plus de 5 000 bâtiments — sur les plages de Normandie, stimule les énergies : les soldats de la résistance intérieure ou F. F. I. (1) harcèlent les voies de communication et les transmissions de l'ennemi; avant de rejoindre, en septembre 1944, les F. F. L. (2) et la 2ᵉ D. B. (3) du général Leclerc, ils apportent ainsi leur contribution à la victoire des Alliés. Avec bien des souffrances encore, cette victoire aboutira, après la reprise de l'offensive en février 1945, à la prise de Berlin et à la disparition d'Adolf Hitler (30 avril 1945).

L'HÉRITAGE DE LA GUERRE 1939-1940

Le général de Gaulle préside un gouvernement provisoire qui, après les élections de mai 1945, s'appuie sur trois partis sensiblement égaux à l'Assemblée : les communistes, les socialistes et le M. R. P. (4), parti chrétien à tendances sociales. Mais il se heurte à une opposition de gauche et décide de démissionner en janvier 1946. La IVᵉ République, présidée par Vincent Auriol, débute en 1947.

Les difficultés de l'après-guerre   Toutes ces années sont confuses et difficiles, la nation est épuisée : le territoire est ravagé, un grand nombre de villes sont détruites, les voies de communication sont coupées, la flotte est disparue, les ressources financières sont nulles. Maints hommes de valeur sont tombés. L'occupation, la séparation de la France en deux zones ont laissé des souvenirs douloureux et des blessures qui longtemps après saignent encore. On pourrait croire le pays définitivement déchu.

Mais, grâce aux plans de l'économiste Jean Monnet et aux crédits américains, les exportations reprennent bientôt, les houillères progressent rapidement, la S. N. C. F. (5) fait preuve d'une grande activité. La nationalisation des mines, des usines Renault, et de quelques grandes affaires (gaz, électricité, assurances) facilite l'effort de reconstruction et de développement. La Sécurité Sociale prend une extension remarquable, groupant l'assurance-accidents, les secours-maladie et les allocations familiales (6).

La réorganisation financière, il est vrai, se révèle plus difficile à réaliser : l'échange des billets de banque, destiné à faire rentrer dans le circuit monétaire les bénéfices scandaleux des trafiquants de guerre et des profiteurs du marché noir, n'a pas une grande efficacité; les prix continuent à monter sous les ministères successifs de Ramadier, Schuman et Queuille, et le déficit budgétaire s'accroît alors que, dès 1949, la production industrielle dépasse celle de 1938. L'augmentation des impôts et la dévaluation ne rétablissent que provisoirement les finances.

La France au sein de la   La France participe activement aux grands mouvements
coopération internationale   de solidarité et de coopération internationale qui se développent à partir du milieu du XXᵉ siècle.

Dans le cadre de l'Organisation des Nations unies, créée par la Conférence de San

---

(1) F.F.I. : Forces Françaises de l'Intérieur. — (2) F.F.L. : Forces Françaises Libres. — (3) 2ᵉ D. B. : 2ᵉ division blindée. — (4) Mouvement Républicain Populaire. — (5) Société Nationale des Chemins de fer Français. — (6) Subventions aux familles nombreuses.

Francisco en juin 1945, mais dont la Russie s'est écartée à partir de 1947, elle suit l'impulsion des États-Unis qui, après avoir financé par le plan Marshall le relèvement de l'Europe, s'efforcent de favoriser la coopération internationale; elle est présente à l'Organisation Economique de la Communauté Européenne, fondée en 1948, pour les questions économiques, à l'Organisation de l'Atlantique Nord créée en 1949 pour les problèmes militaires, ainsi qu'à la complexe Communauté Européenne de Défense.

Plus particulièrement, la France joue un rôle essentiel, sur la base du plan Robert Schuman, à la conclusion du traité de Paris qui met sur pied, en 1951, la Communauté Européenne du Charbon et de l'Acier.

Peu à peu se précise l'idée d'organiser en Europe un marché commun qui sera sans doute un fait primordial dans l'histoire du XXᵉ siècle. L'Europe a pris conscience, à partir de 1950, de la nécessité de s'unir pour survivre et prospérer. Dominée, après la dernière guerre mondiale, par la puissance de ces géants que sont les États-Unis et la Russie, elle cherche à promouvoir une entente profitable, dont la réconciliation franco-allemande marque une étape importante. Le fait que l'Angleterre, bien que gênée par les traditions commerciales du Commonwealth, ait demandé, en août 1961, à entrer dans le « Marché commun » suscite de grands espoirs.

Sur ce plan encore, malgré la complexité des problèmes à résoudre, le bilan est largement positif.

Le 1ᵉʳ et le 2 juin 1955, les Ministres des Affaires étrangères des États membres de la Communauté Européenne du Charbon et de l'Acier (C. E. C. A.) se réunissent à Messine et, poussés par un même souci de conjuguer leurs intérêts pour la construction d'une Europe unie, font la déclaration officielle suivante :

Les gouvernements de la République fédérale d'Allemagne, de Belgique, de France, d'Italie, du Luxembourg et des Pays-Bas croient le moment venu de franchir une nouvelle étape dans la voie de la construction européenne. Ils sont d'avis que celle-ci doit être réalisée tout d'abord dans le domaine économique.

Ils estiment qu'il faut poursuivre l'établissement d'une Europe unie par le développement d'institutions communes, la fusion progressive des économies nationales, la création d'un marché commun et l'harmonisation progressive de leurs politiques sociales.

Une telle politique leur paraît indispensable pour maintenir à l'Europe la place qu'elle occupe dans le monde, pour lui rendre son influence et son rayonnement, et pour augmenter d'une manière continue le niveau de vie de sa population.

Cette déclaration fut complétée par la création d'un Comité intergouvernemental présidé par M. Paul Henri Spaak, ministre belge, qui fut chargé de l'application pratique des décisions prises en commun. Bruxelles devient la capitale du Marché commun et de l'organisation européenne en pleine évolution.

Les étapes de la décolonisation

De 1951 à 1956, les plus graves difficultés auxquelles se heurtent les gouvernements successifs modérés (ou socialistes), proviennent du mouvement mondial de décolonisation qui s'étend partout en Asie et en Afrique. Malgré la Conférence de Brazzaville en 1944, malgré la transformation des territoires d'Outre-Mer en Union Française, dotée d'une constitution en 1946, la France se heurte à des mouvements nationalistes puissants en Indochine et en Afrique du Nord.

En Indochine, le mouvement Viet-minh commandé par Ho Chi-Minh et soutenu par la Chine communiste, s'était installé après le départ des occupants japonais ; les troupes françaises mènent contre les nationalistes une lutte de sept ans, dans de très mauvaises conditions, jusqu'à la chute du camp retranché de Dien-Bien-Phu, en mai 1954. Après les accords de Genève en juillet 1954, le Viet-minh est maître du nord du pays. Le Viet-nam du Sud devient une république en octobre 1955.

Au Maroc, le gouvernement français, après avoir fait déporter le sultan Mohamed ben Youssef, en août 1953, et pratiqué une politique d'immobilité pendant deux ans, prend une attitude plus libérale et conciliante; en novembre 1955, il rappelle le Sultan qui, en 1956, devient, sous le nom de Mohamed V, souverain d'un pays indépendant.

En Tunisie, reconnue État indépendant en 1956, le chef nationaliste Bourguiba a proclamé la République, dont il est le président.

Au point de vue économique, ces années sont fécondes : l'activité toujours en progrès de la S. N. C. F., le succès de l'avion « Caravelle » et l'extension de la compagnie d'aviation « Air France », la construction de grands barrages comme Donzère-Mondragon (1), l'utilisation du gaz naturel de Lacq (2) sont des signes favorables de vitalité et de progrès. Mais les difficultés financières restent aiguës et l'accroissement des charges militaires devient intolérable.

A peine la guerre d'Indochine est-elle terminée que l'aggravation de la situation en Algérie provoque d'importantes complications militaires, matérielles et politiques. En ce pays, le problème est particulièrement complexe, car un million de Français établis depuis longtemps et occupant de hautes situations dans l'administration, le commerce et l'industrie, y vivent à côté de neuf millions d'Arabes. L'insuffisance des réformes, les revendications nationales et sociales provoquent un grave soulèvement en 1954. Le Front de Libération Nationale (F. L. N.) doté d'une armée clandestine, soutenu par les États arabes, multiplie les attentats et les attaques de harcèlement, sans obtenir de véritables succès militaires : l'insurrection algérienne, source de bien des deuils, des souffrances et des misères, pèse lourdement sur le budget et fait naître des conflits moraux et des crises politiques insolubles. La plus grave de ces crises est celle du 13 mai 1958 à Alger : activistes algériens et militaires s'emparent du gouvernement général et débarquent en Corse. C'est alors que le général de Gaulle, pris comme arbitre, se déclare prêt à prendre le pouvoir ; il est investi à l'Assemblée Nationale le 1er juin par 329 voix contre 224, et la IVe République prend fin.

La dégradation de l'État qui va se précipitant, l'unité française immédiatement menacée, l'Algérie plongée dans la tempête des épreuves et des émotions, la Corse subissant une fiévreuse contagion. Dans la métropole, des mouvements en sens opposé renforçant d'heure en heure leur passion et leur action. L'armée longuement éprouvée par des tâches sanglantes et méritoires, mais scandalisée par la carence (3) des pouvoirs ; notre position internationale battue en brèche (4) jusqu'au sein même de nos alliances. Telle est la situation du pays. En ce temps même où tant de chances, à tant d'égards, s'offrent à la France, elle se trouve menacée de dislocation et, peut-être, de guerre civile.

C'est dans ces conditions que je me suis proposé pour tenter de conduire, une fois de plus, au salut, le pays, l'État, la République, et que, désigné par le chef de l'État, je me trouve amené à demander à l'Assemblée Nationale de m'investir pour un lourd devoir.

De ce devoir, il faut les moyens...

Le général de Gaulle fait adopter une nouvelle constitution plébiscitée à 80 % des voix, qui donne de larges pouvoirs au président de la république. Il est élu à la même majorité le 21 décembre, et prend ensuite le titre de président de la Communauté : celle-ci unit tous les territoires d'outre-mer, sauf la Guinée, dirigée par Sekou Touré, qui préfère rester à l'écart. L'allocution présidentielle pour l'ouverture de la première session du Sénat de la Communauté, le 15 juillet 1959, définit bien cette politique des « grands ensembles » économiques et politiques.

(1) Sur le Rhône. — (2) Dans les Pyrénées. — (3) Manquement à leurs obligations. — (4) Combattue.

La réunion de votre Sénat marque le terme de la mise en place des institutions prévues par notre Constitution. Tandis que la République française procédait à sa propre réforme, la République malgache, la République centrafricaine, la République du Congo, la République de Côte-d'Ivoire, la République du Dahomey, la République gabonaise, la République de Haute-Volta, la République islamique de Mauritanie, la République du Niger, la République du Sénégal, la République soudanaise, la République du Tchad, se voyaient dotées de leur gouvernement, de leur parlement, de leur justice. Quant à la Communauté, sa présidence, son conseil exécutif, ses ministres chargés des affaires communes, sa cour d'arbitrage, exercent déjà leurs fonctions. Et voici que le Sénat vient compléter l'édifice. Ainsi, se trouve réalisé ce que nos peuples ont décidé, librement, en toute indépendance, par le référendum du 28 septembre... Pour tout pays qui ne possède pas en propre des moyens puissants et variés, le développement ne peut s'accomplir qu'à l'intérieur d'un grand ensemble.

Le problème algérien reste angoissant; compliqué de tous côtés par la résistance des Français d'Algérie, par les réticences de l'armée appelée à une tâche ingrate, sans compter les hésitations et les divergences politiques internes du F. L. N., il aboutit cependant, après des vicissitudes dramatiques — soulèvements de janvier 1960 et d'avril 1961 en Algérie, échec des négociations de Lugrin en août 1961 — aux pourparlers d'Évian : le « cessez-le-feu » est proclamé le 18 mars, l'indépendance annoncée officiellement le 3 juillet 1962.

LA FRANCE EN PAIX ?

Un attentat contre le Général de Gaulle — et qui échoue de peu — l'incite à renforcer les institutions et l'autorité du pouvoir exécutif en promulguant l'élection au suffrage universel du Président de la République. Réforme qui, en dépit d'une vive opposition à la Chambre des députés, est adoptée par référendum. C'est ainsi qu'il est réélu en 1965, après avoir été mis en ballotage avec François Mitterrand, candidat unique de la gauche au second tour.

Au cours de son second septennat, de Gaulle poursuit sa politique d'indépendance vis-à-vis des États-Unis — la France quitte l'OTAN en 1966 — et de rapprochement avec l'est : il est le premier à reconnaître le gouvernement de la Chine populaire et, en 1966, il signe des accords avec l'URSS. Sceptique quant à la réalité de l'union européenne, il s'oppose à l'entrée de la Grande-Bretagne dans le Marché Commun. Grand voyageur, il affirme la présence de la France dans de nombreux pays où son prestige attire les foules. Mais à l'intérieur son autorité ne rassure plus tout à fait ; et, au sein d'une Europe divisée, c'est dans une France inquiète de son avenir, économiquement malade — hausse des prix, fermeture d'un certain nombre de petites et moyennes entreprises, décentralisation pas ou partiellement réalisée — que vont éclater les événements de mai 1968.

La crise de mai 68 Ce fut d'abord une contestation des structures et de la tradition universitaires qui se traduisit par des chahuts d'étudiants, des manifestations et des défilés, partis des facultés de lettres et de sciences de la nouvelle université de Nanterre. On passa vite des bousculades à la bagarre : après la fermeture de Nanterre et de la Sorbonne, on en vint rapidement à l'émeute véritable, avec barricades au Quartier Latin, voitures incendiées, combats de rues contre les forces de l'ordre. Or les étudiants ont joué le rôle de l'apprenti sorcier : le mouvement de contestation prend une dimension nouvelle à partir du 13 mai, jour où les grandes centrales syndicales décrètent une grève de solidarité de 24 heures et le lendemain en province, où les ouvriers de Sud-Aviation occupent leur usine à Nantes, sans destruction ou désordre d'ailleurs. La petite émeute parisienne s'est transformée en un vaste mouvement contre le régime en place, toutes les revendications se font jour : la grève s'étend à l'ensemble de la nation, industrie, commerce, transports, administrations, Éducation Nationale sont à peu près paralysés.

Ce collage de slogans relevés sur les murs de Paris dans ce moment de fièvre intense, nous donne le ton épique, à la fois agressif et généreux de ce grand mouvement révolutionnaire qui secoua alors la France.

VIVE LA RAGE !

Il ne s'agit pas d'organiser, de comprendre, mais de vivre. Il faut que tout le monde ait un visage et non un masque. Ne vivez plus pour vos maîtres, soyez maîtres de votre vie. Devenez vous-mêmes. Libérez-vous de vos dieux et de vos maîtres. Libérez-vous de vos pères. Dieu est un scandale qui rapporte. La Nature n'a fait ni serviteurs ni maîtres. La vie aime la conscience que l'on a d'elle. Osons. Changeons la vie et transformons son mode d'emploi. Contestation permanente. La lucidité est la blessure la plus proche du soleil. La liberté est le crime qui contient tous les crimes ; c'est notre arme absolue ! Ce n'est pas l'homme, c'est le monde qui est devenu anormal. Cessons d'être des mangeurs-mangés. L'action ne doit pas être une réaction mais une création. Oser et l'espoir.

Il faut systématiquement explorer le hasard. L'art est mort. La culture est un bouillon. L'acte est spontané et porte en soi la réalisation de l'autre. Tout est dada. Faites l'amour et recommencez. Le respect se perd. La plus belle sculpture est le pavé de grès. Tout est à faire. Le dépavage des rues est l'amorce de la destruction de l'urbanisme. Les tétines de caoutchouc rendent la société carnivore. La société de consommation doit périr de mort violente. Dessous les pavés, la plage... Le rêve est vrai. Tous les rêves sont vrais. Construisons des aventures. Tout est possible. Nos facultés sont infinies. La révolution est en marche. Ceci n'est qu'un début. Vive la rage !

Denise MIÈGE *(Collage de citations de mai 68)*.

Cependant une fissure de plus en plus nette apparaît entre les partis politiques de gauche et l'extrême gauche révolutionnaire. Les grandes centrales syndicales condamnent sans équivoque cet « aventurisme » anarchique, et se préparent à tirer les marrons du feu allumé par les étudiants. Une rencontre entre partenaires sociaux, employeurs, chefs syndicalistes, arbitrée par le premier ministre Georges Pompidou, aboutit aux importants accords sociaux de Grenelle, le 24 mai — relèvement des plus bas salaires, diminution du temps de travail, droits syndicaux dans les entreprises.

L'après 68

La peur du désordre, de la violence et de l'anarchie ramène une grande partie des Français autour du Général de Gaulle et, aux élections législatives de juin 69, son parti, l'U. D. R. (Union pour la Défense de la République) obtient une large majorité. Mais, à la suite d'un référendum snr un projet de régionalisation qui lui tenait à cœur et qui, par 53 % des voix, est rejeté par la population, il décide de se retirer, et de nouvelles élections présidentielles sont mises sur pied.

L'après de Gaulle

Georges Pompidou, le nouveau Président, sera l'homme de l'Europe et de la réconciliation avec l'Angleterre qui rentrera dans la communauté économique européenne avec le Danemark et l'Irlande. A l'intérieur, son Premier Ministre, Chaban-Delmas élabore une « nouvelle société » dans laquelle profits et revenus seront plus équitablement répartis : la mensualisation progressive des salaires, les contrats de participation ouvrière dans les entreprises, la législation sur les salaires minimaux en sont les premières réalisations. Mais la contestation persiste — vignerons du midi contre l'importation des vins italiens à bas prix, petits commerçants contre l'implantation des « grandes surfaces », paysans bretons, étudiants, lycéens, enseignants —, tandis que l'union de la majorité au pouvoir éclate dans des conflits d'idées et de personnalités. C'est alors que survient la mort du grand rassembleur de naguère, le Général de Gaulle, le 9 novembre 70. La gauche qui espère tirer profit, à terme, de l'effritement du bloc majoritaire, met sur pied un Programme Commun, approuvé par le parti socialiste, le parti communiste et les radicaux de gauche. Cette gauche unie obtiendra 47 % des voix au premier tour des élections législatives de mars 73. Le Président Pompidou propose alors de réduire le mandat présidentiel à 5 ans : une telle modification aboutirait à un renouvellement plus rapide des hommes et des équipes au pouvoir.

Dans une situation difficile, aggravée par la crise monétaire internationale et les nouvelles exigences des pays producteurs de pétrole, la politique française se heurte à l'extérieur à celle des États-Unis, tandis qu'à l'intérieur, les mesures prises contre la hausse des prix sont impopulaires, de nombreuses grèves pour la défense du pouvoir d'achat et la garantie de l'emploi éclatent — celle des usines Lip (1) est la plus longue et la plus spectaculaire (9 mois). C'est au milieu de ces difficultés et de ces luttes qu'intervient la mort brutale de Georges Pompidou.

« Giscard
   à la barre » (2)   Valéry Giscard d'Estaing, qui fut ministre des finances, est élu avec 50,8 % des voix contre 49,2 % à Mitterrand, candidat de l'Union de la Gauche. Les premières décisions importantes du gouvernement Chirac sont prises : la majorité sera effective à 18 ans, un plan de redressement économique est promulgué, une loi sur l'avortement prétend lutter contre les avortements clandestins et améliorer la condition féminine.

LES IDÉES PHILOSOPHIQUES AU XXᵉ SIÈCLE

L'ÉVOLUTION DE LA PENSÉE PHILOSOPHIQUE ENTRAINE CELLE DES SCIENCES ET DES LETTRES

Le début du XXᵉ siècle est une période de fermentation et d'activité intellectuelle intense, dans tous les domaines, politique, social, historique, critique.

La philosophie élargit de plus en plus son domaine, et tend à devenir une réflexion sur l'homme, dans ses rapports concrets avec le monde et les événements; cette réflexion peut s'exercer dans des directions fort diverses : Goblot considère la logique comme une analyse des attitudes de l'homme de science; Rauh voit dans la morale l'expérience effective de l'homme de bien; Boutroux, quant à lui, réagissant contre les abstractions de Kant, fait de la philosophie dans son ensemble un effort de la raison, qui tire parti de la science et de la vie pour se réaliser elle-même. Le philosophe trouve de nouvelles sources de méditation et de recherche dans la transformation rapide des sciences et dans la remise en question de ses fondements; il s'intéresse et participe au développement de la psychologie et de la sociologie. C'est à la lumière d'une connaissance souvent étendue des théories nouvelles qu'il cherche à définir la nature des choses et à comprendre leur rapport avec sa propre nature. C'est ainsi que le grand mathématicien Poincaré définit *la science et l'hypothèse* en insistant sur le rôle de l'activité humaine dans l'histoire des sciences.

---

(1) Usine de montres à Besançon. — (2) Slogan de ses partisans au moment des élections.

Rappelons aussi parmi les grands noms de la philosophie contemporaine, celui de Durkheim, qui définit avec netteté une sociologie d'allure scientifique et positive fondée sur une observation méthodique des sociétés de toutes sortes, et celui de Brunschvig qui pose les principes d'un rationalisme psychologique, à partir de l'activité même de l'esprit, conflit constant de la raison et de l'expérience.

Bergson Henri Bergson a vraiment l'audience du grand public et exerce une influence essentielle sur la pensée et sur la littérature de son temps, grâce à la nouveauté séduisante de sa pensée et à l'éclat incomparable de son style. Péguy et Proust se réclameront de lui.

Né en 1859, élève de l'École Normale Supérieure en même temps que Jaurès, il réagit très tôt contre le positivisme, contre l'intellectualisme, et contre la part dominante faite à la raison dans la vie mentale ; il définit l'intuition, par laquelle nous avons une expérience immédiate et directe de la réalité, et « l'énergie spirituelle », et oppose au temps abstrait le temps psychologique, la durée contrète, libre et créatrice qui est, selon lui, le fondement et la nature intime de la conscience. Les ouvrages capitaux qui marquent l'évolution de sa pensée sont l'*Essai sur les données immédiates de la conscience* en 1889, *Matière et mémoire* en 1896 et l'*Évolution créatrice* en 1907. Enfin, son essai sur *le Rire* (1900) contient une séduisante analyse du comique et d'importantes idées esthétiques, qui, prônant « l'idéalité » — autrement dit l'irréalisme — de l'art, annoncent toute la pensée artistique contemporaine. Il meurt en 1941.

Dans son premier livre, Bergson montre avec une aisance déjà incomparable que, refusant de se contenter du « moi » superficiel, « ombre du moi profond », subdivisé par les exigences de la vie sociale et du langage, le philosophe doit retrouver le « moi fondamental » qu'une conscience inaltérée découvrirait d'elle-même, domaine de la liberté élémentaire *(Essai sur les données immédiates de la conscience)*.

UN « MOI FONDAMENTAL »

Pour retrouver ce moi fondamental, tel qu'une conscience inaltérée l'apercevrait, un effort vigoureux d'analyse est nécessaire, par lequel on isolera les faits psychologiques internes et vivants de leur image d'abord réfractée, ensuite solidifiée dans l'espace homogène. En d'autres termes, nos perceptions, sensations, émotions et idées se présentent sous un double aspect ; l'un net, précis, mais impersonnel ; l'autre confus, infiniment mobile, et inexprimable, parce que le langage ne saurait le saisir sans en fixer la mobilité, ni l'adapter à sa forme banale sans le faire tomber dans le domaine commun. Si nous aboutissons à distinguer deux formes de la multiplicité, deux formes de la durée, il est évident que chacun des faits de conscience, pris à part, devra revêtir un aspect différent selon qu'on le considère au sein d'une multiplicité distincte ou d'une multiplicité confuse, dans le temps-qualité où il se produit, ou dans le temps-quantité où il se projette.

Quand je me promène pour la première fois, par exemple, dans une ville où je séjournerai, les choses qui m'entourent produisent en même temps sur moi une impression qui est destinée à durer, et une impression qui se modifiera sans cesse. Tous les jours j'aperçois les mêmes maisons, et comme je sais que ce sont les mêmes objets, je les désigne constamment par le même nom, et je m'imagine aussi qu'elles m'apparaissent toujours de la même manière. Pourtant, si je me reporte, au bout d'un assez long temps, à l'impression que j'éprouvai pendant les premières années, je m'étonne du changement singulier, inexplicable et surtout inexprimable, qui s'est accompli en elle. Il semble que ces objets, continuellement perçus par moi et se peignant sans cesse dans mon esprit, aient fini par m'emprunter quelque chose de mon existence consciente ; comme moi ils ont vécu, et comme moi vieilli. Ce n'est pas là illusion pure ; car si l'impression d'aujourd'hui était absolument identique à celle d'hier, quelle différence y aurait-il entre percevoir et reconnaître, entre apprendre et se souvenir ?

Pourtant cette différence échappe à l'attention de la plupart ; on ne s'en apercevra guère qu'à la condition d'en être averti, et de s'interroger alors scrupuleusement soi-même. La raison en est que notre vie extérieure et pour ainsi dire sociale a plus d'importance pratique pour nous que notre existence intérieure et individuelle. Nous tendons instinctivement à solidifier nos impressions, pour les exprimer par le langage. De là vient que nous confondons le sentiment même, qui est dans un perpétuel devenir, avec son objet extérieur permanent, et surtout avec le mot qui exprime cet objet. De même que la durée fuyante de notre moi se fixe par sa projection dans l'espace homogène, ainsi nos impressions sans cesse changeantes, s'enroulant autour de l'objet extérieur qui en est cause, en adoptent les contours précis et l'immobilité.

Nos sensations simples, considérées à l'état naturel, offriraient moins de consistance encore. Telle saveur, tel parfum m'ont plu quand j'étais enfant, et me répugnent aujourd'hui. Pourtant je donne encore le même nom à la sensation éprouvée, et je parle comme si, le parfum et la saveur étant demeurés identiques, mes goûts seuls avaient changé. Je solidifie donc encore cette sensation ; et lorsque sa mobilité acquiert une telle évidence qu'il me devient impossible de la méconnaître, j'extrais cette mobilité pour lui donner un nom à part et la solidifier à son tour sous forme de goût. Mais en réalité il n'y a ni sensations identiques, ni goûts multiples ; car sensations et goûts m'apparaissent comme des choses dès que je les isole et que je les nomme, et il n'y a guère dans l'âme humaine que des progrès. Ce qu'il faut dire, c'est que toute sensation se modifie en se répétant, et que si elle ne me paraît pas changer du jour au lendemain, c'est parce que je l'aperçois maintenant à travers l'objet qui en est cause, à travers le mot qui la traduit. Cette influence du langage sur la sensation est plus profonde qu'on ne le pense généralement. Non seulement le langage nous fait croire à l'invariabilité de nos sensations, mais il nous trompera parfois sur le caractère de la sensation éprouvée. Ainsi, quand je mange d'un mets réputé exquis, le nom qu'il porte, gros de l'approbation qu'on lui donne, s'interpose entre ma sensation et ma conscience ; je pourrai croire que la saveur m'en plaît, alors qu'un léger effort d'attention me prouverait le contraire. Bref, le mot aux contours bien arrêtés, le mot brutal, qui emmagasine ce qu'il y a de stable, de commun et par conséquent d'impersonnel dans les impressions de l'humanité, écrase ou tout au moins recouvre les impressions délicates et fugitives de notre conscience individuelle.

Presses Universitaires de France, édit.

Dans son ouvrage : *Les Deux Sources de la Morale et de la Religion* (1932), il définit à partir de la liberté créatrice de l'âme, l'expérience mystique et « l'appel des héros » qui permet de passer des « morales closes » aux « morales ouvertes », de la loi à la générosité et à l'altruisme, trouvant ainsi dans l'activité créatrice de l'esprit — mise en lumière dès ses premières œuvres — le fondement même d'une morale authentique.

L'APPEL DU HÉROS

De tout temps ont surgi des hommes exceptionnels en lesquels cette morale s'incarnait. Avant les saints du christianisme, l'humanité avait connu les sages de la Grèce, les prophètes d'Israël, les Arahants du bouddhisme et d'autres encore. C'est à eux que l'on s'est toujours reporté pour avoir cette moralité complète, qu'on ferait mieux d'appeler absolue. ... Pourquoi les saints ont-ils ainsi des imitateurs, et pourquoi les grands hommes de bien ont-ils entraîné derrière eux des foules ? Ils ne demandent rien, et pourtant ils obtiennent. Ils n'ont pas besoin d'exhorter ; ils n'ont qu'à exister ; leur existence est un appel. Car tel est bien le caractère de cette autre morale. Tandis que l'obligation naturelle est pression ou poussée, dans la morale complète et parfaite il y a un appel. La nature de cet appel, ceux-là seuls l'ont connue entièrement qui se sont trouvés en présence d'une grande personnalité morale. Mais chacun de nous, à des heures où ses maximes habituelles de conduite lui paraissaient insuffisantes, s'est demandé ce que tel ou tel eût attendu de lui en pareille occasion. Ce pouvait être un parent, un ami, que nous évoquions ainsi par la pensée. Mais ce pouvait aussi être un homme que nous n'avions jamais rencontré, dont on nous avait simplement raconté la vie, et au jugement duquel nous soumettions alors en imagination notre conduite, redoutant de lui un blâme, fiers de son approbation. Ce pouvait même être, tirée du fond de l'âme à la lumière de la conscience, une personnalité qui naissait en nous, que nous sentions capable de nous envahir tout entiers plus tard, et à laquelle nous voulions nous attacher pour le moment comme fait le disciple au maître. A vrai dire, cette personnalité se dessine du jour où l'on a adopté un modèle : le désir de ressembler, qui est idéalement générateur d'une forme à prendre, est déjà ressemblance ; la parole qu'on fera sienne est celle dont on a entendu en soi un écho. Mais peu importe la personne...

Presses Universitaires de France, édit.

« L'ESSAI » DEVIENT L'OUTIL DU PHILOSOPHE

De 1918 à 1939, le mouvement intellectuel ne cesse d'être original et vigoureux. Mais il aboutit à des essais nouveaux, dans la forme et dans l'esprit, à des leçons très enrichissantes, à d'excellents ouvrages de critique, plutôt qu'à des « sommes » philosophiques inédites.

Ces vingt années voient s'illustrer de brillants professeurs comme Émile Chartier, dit Alain (1868-1951), moraliste, esthéticien, dont les *Propos* alertes et subtils ont constitué un véritable code de sagesse personnelle et politique ; Gustave Lanson, Paul Hazard, Daniel Mornet, historiens de la pensée française à travers toutes ses manifestations littéraires, des critiques à l'esprit original et profond comme Charles du Bos et Thibaudet.

Alain, dans un des *Propos sur le bonheur* illustre cette confiance raisonnée qu'il a en lui-même et en les autres hommes et qui caractérise cette sagesse moyenne, étayée par une connaissance solide de nos grandeurs et de nos faiblesses (LXVIII).

OPTIMISME

... Quelqu'un d'assez intelligent frappait du pied et résistait en présence « de cet optimisme voulu, de cette espérance aux yeux fermés, de ce mensonge, à soi-même ». Et c'était d'Alain qu'il parlait parce que ce philosophe naïf, et presque sauvage encore, voulait considérer, malgré les preuves assez évidentes, que les hommes sont volontiers honnêtes, modestes, raisonnables et affectueux ; que la paix et la justice viennent à nous en se tenant par la main ; que les vertus guerrières tueront la guerre ; que l'électeur choisira les plus dignes, et autres consolations pieuses, qui ne changent pourtant point les faits. C'est tout à fait comme si un promeneur se disait, sur le seuil de sa porte : « Voilà un gros nuage qui me gâte la promenade ; ma foi j'aime mieux croire qu'il ne pleuvra point. » Il vaut mieux voir le nuage plus noir qu'il n'est et prendre un parapluie. C'est ainsi qu'il se moquait, et j'en riais bien ; car ce raisonnement qu'il faisait montre une belle apparence, mais ce n'est qu'un décor sans épaisseur, et j'eus bientôt touché de mes mains le mur rustique qui est ma maison.

Il y a l'avenir qui se fait et l'« avenir qu'on fait ». L'avenir réel se compose des deux. Au sujet de l'avenir qui se fait, comme orage ou éclipse, il ne sert à rien d'espérer, il faut savoir, et observer avec des yeux secs. Comme on essuie les verres de la lunette ainsi il faut essuyer la buée des passions sur les yeux. J'entends bien. Les choses du ciel, que nous ne modifions jamais, nous ont appris la résignation et l'esprit géomètre qui sont une partie de la sagesse. Mais dans les choses terrestres, que de changements par l'homme industrieux. Le feu, le blé, le navire, le chien dressé, le cheval dompté, voilà des œuvres que l'homme n'aurait point faites si la science avait tué l'espérance.

Surtout dans l'ordre humain lui-même, où la confiance fait partie des faits, je compte très mal si je ne compte point ma propre confiance. Si je crois que je vais tomber, je tombe, si je crois que je ne puis rien, je ne puis rien.

Gallimard, édit.

Plus métaphysicien, Maurice Blondel (1861-1949) défend la tradition catholique, en la rattachant à une expérience spirituelle globale de l'individu.

Gabriel Marcel Gabriel Marcel (né en 1889), est un de ceux qui ont introduit en France la pensée existentielle héritée de Kierkegaard, Husserl et Heidegger : son *Journal métaphysique* (1914-1928) et *Être et Avoir* (1935), manuels de l'existentialisme chrétien, n'ont pas touché un public aussi vaste que l'œuvre de Sartre, dont l'existentialisme athée a trouvé un climat favorable et un public bien disposé dans les années d'après-guerre ; leur influence n'a pourtant cessé de s'étendre en France et à l'étranger. Cette page d'*Être et Avoir* est une protestation contre l'absurde et témoigne d'un élan impératif de l'être vers un ailleurs spirituel qui l'aide à s'accomplir.

ESPÉRANCE ET EXISTENCE

C'est peut-être la réflexion sur l'espérance qui nous permet de saisir le plus directement ce que signifie le mot transcendance, car l'espérance est un élan, elle est un bond.

Elle implique une sorte de refus radical de supputer les possibilités, et ceci est de la plus grande importance. C'est comme si elle enveloppait à titre de postulat cette affirmation que la réalité déborde toute supputation possible, comme si elle prétendait rejoindre, à la faveur de je ne sais quelle affinité secrète, un principe caché au fond des choses, ou plutôt au fond des événements, qui se rit de ces supputations. Ici on pourrait citer d'admirables textes de Péguy et peut-être de Claudel, qui vont au fond même de ce que j'aperçois.

En ce sens, l'espérance n'est pas seulement une protestation dictée par l'amour, elle est une sorte d'appel, de recours éperdu à un allié qui est amour lui aussi. Et l'élément surnaturel qui est au fond de l'espérance se manifeste ici aussi clairement que son caractère transcendant, car la nature non éclairée par l'espérance ne peut nous apparaître que comme le lieu d'une sorte d'immense et inflexible comptabilité.

D'un autre côté, je me demande si on ne discerne pas ici certaines des limites de la métaphysique bergsonienne, car celle-ci ne me semble pas pouvoir faire la moindre place à ce que j'appelle l'intégrité. Pour un bergsonien, le salut est dans la liberté pure au lieu que, pour une métaphysique d'essence chrétienne, la liberté est ordonnée au salut. Je ne puis que le répéter, l'espérance archétype, c'est l'espoir du salut : mais il semble que le salut ne puisse résider que dans la contemplation. Je ne crois pas que ceci puisse être dépassé.

Ce que j'ai écrit, cet après-midi, sur la non-supputation des possibles me conduit à penser qu'un rapprochement doit être opéré entre l'espérance et la volonté (non point du tout le désir, bien entendu). L'espérance ne serait-elle pas une volonté dont le point d'application serait placé à l'infini? Formule à approfondir.

De même qu'il peut y avoir une volonté mauvaise, on doit pouvoir concevoir une espérance démoniaque, et peut-être cette espérance est-elle l'essence même de ce que nous appelons le Démon.

Volonté, espérance, vision prophétique, tout cela se tient, tout cela est assuré dans l'être, hors de la portée d'une raison purement objective ; il me faudrait creuser maintenant la notion de démenti, l'idée d'une puissance de réfutation automatique appartenant à l'expérience en tant que telle.

L'âme n'est que par l'espérance ; l'espérance est peut-être l'étoffe dont notre âme est faite. Ceci encore sera à creuser. Désespérer d'un être, n'est-ce pas le nier en tant qu'âme ; désespérer de soi, n'est-ce pas se suicider par anticipation?

Éd. Montaigne.

LES PHILOSOPHES DE L'APRÈS-GUERRE

La guerre paralysa la publication des livres et des revues philosophiques. Pourtant, sous l'occupation, cet humanisme ne pouvait disparaître; l'intelligence, bâillonnée, connut une vie d'autant plus intense qu'elle était secrète et comprimée : Emmanuel Mounier ne rédigea-t-il pas en prison son *Traité du caractère?*

Après la guerre de 1939-1945, la pensée philosophique a pris une extraordinaire importance dans la littérature et même dans la civilisation française. Toute une métaphysique assez abstraite, doublée d'une morale et d'une psychologie parfois peu accessibles à des lecteurs dépourvus d'une formation spéciale, s'est répandue dans le roman, l'essai, le théâtre, le cinéma et même la chanson; elle fut tantôt diffusée par des philosophes de métier, qui étaient aussi des écrivains de grand talent, comme Jean-Paul Sartre, Gabriel Marcel, Emmanuel Mounier, Simone de Beauvoir, Gaston Bachelard, Merleau-Ponty, tantôt par des hommes de lettres, comme André Malraux et Albert Camus, dont l'œuvre a pris une valeur philosophique en raison de la portée des problèmes qui y sont traités, de la gravité avec laquelle on y étudie la pérennité de l'œuvre d'art, les rapports entre l'homme et le monde, la mort et la vie, le bonheur et la souffrance. A toutes ces œuvres, l'actualité internationale et les inquiétudes de l'heure ont donné un regain d'intérêt : la réalité la plus brutale a aidé à découvrir les métaphysiques modernes; la guerre, les camps de concentration, les tortures ont rappelé à tous l'obsédante présence du mal.

C'est que la philosophie moderne ne refuse pas du tout les expériences et l'action quotidienne, mais cherche constamment à réconcilier l'intelligence et la vie individuelle ou politique, sous toutes ses formes. Les philosophes ne refusent aucune confrontation avec les problèmes de leur temps, aucune forme d'engagement — Simone Weil fut ouvrière d'usine —, aucun moyen d'expression : roman, théâtre, essai critique, journalisme, tout leur est bon.

C'est l'œuvre de Sartre qui nous donne l'image la plus riche de la philosophie du XXᵉ siècle, de la même façon que celle de Voltaire nous fait connaître tant d'aspects du XVIIIᵉ.

Jean-Paul Sartre et l'existentialisme   Né à Paris en 1905, Jean-Paul Sartre fit ses études à La Rochelle, puis à Paris à partir de 1919. Entré à l'École Normale Supérieure en 1925, agrégé de philosophie en 1929, il est professeur au Havre, à Laon, puis au Lycée Pasteur à Neuilly, après un séjour à l'Institut français de Berlin.

Mobilisé en 1939, il est fait prisonnier mais s'évade en 1941. Il quitte l'Université en 1944 pour se consacrer à la littérature et fonde en 1946 la revue d'idées philosophiques et de problèmes d'actualités : *Les Temps Modernes*.

Son œuvre est quadruple :

— Elle est philosophique au sens strict du mot : *L'Imagination* (1938), *Esquisse d'une théorie des émotions* (1940), *l'Être et le Néant* (1943), *l'Existentialisme est un humanisme* (1946), *Critique de la raison dialectique* (1960).

Comme le philosophe allemand Heidegger, Sartre affirme que « l'existence » précède « l'essence ». Il faut donc prendre pour point de départ de toute pensée profonde le sujet lui-même ou plutôt « l'être » : sur le plan métaphysique, cette position exclut Dieu, en opposant la lucidité et par suite la liberté humaine à la perfection d'un monde déterminé; sur le plan psychologique, elle aboutit à une analyse attentive : l'homme n'étant rien d'autre que ce qu'il se fait, aucune de ses actions, aucun de ses mouvements n'est indifférent. Moralement enfin, l'homme est responsable, à l'intérieur d'une situation donnée. L'éthique sartrienne implique avant tout le désir d'être un homme; il faut « vouloir être un homme », et vouloir en même temps admettre et respecter chez autrui la liberté fondamentale qui caractérise la condition humaine.

— Elle est humaniste et sociale, parce que l'auteur aborde tous les grands problèmes de son temps : *Réflexions sur la question juive* (1947), *Entretiens sur la politique* (1949) et de très nombreux articles de journaux et de revues; elle est aussi littéraire, quand Sartre se demande par exemple à propos de Baudelaire quel est le sens et la portée de l'œuvre d'art et quels sont ses rapports avec l'artiste et son être intime (*Baudelaire*, 1947).

— Elle est romanesque et autobiographique (1) : *La Nausée* (1938), *le Mur* (nouvelles) (1939), *les Chemins de la liberté*, *l'Age de raison*, *le Sursis* (1945), *la Mort dans l'âme* (1949), *les Mots* (1964). L'auteur incarne dans ses personnages la confrontation toujours renouvelée de l'être et du monde et les cheminements de cette liberté qui lui paraît caractériser l'homme;

— Elle est surtout théâtrale (2). Ses œuvres dramatiques ont touché le très grand public. *Les Mouches* (1942), *Huis clos* (1944), *la Putain respectueuse* (1947), *les Mains sales* (1948), *le Diable et le bon Dieu* (1951), *les Séquestrés d'Altona* (1960).

Depuis 1968 Sartre a engagé sa vie et son œuvre dans une politique d'extrême gauche. *On a raison de se révolter* paraît en 1974.

Deux textes tirés de *l'Existentialisme est un humanisme* nous apportent une explication précise de la métaphysique sartrienne.

L'existentialisme athée que je représente est plus cohérent. Il déclare que si Dieu n'existe pas, il y a au moins un être chez qui l'existence précède l'essence, un être qui existe avant de pouvoir être défini par aucun concept, et que cet être c'est l'homme ou, comme dit Heidegger, la réalité humaine. Qu'est-ce que signifie ici que l'existence précède l'essence ? Cela signifie que l'homme existe d'abord, se rencontre, surgit dans le monde et qu'il se définit après. L'homme, tel que le conçoit l'existentialiste, s'il n'est pas définissable, c'est qu'il n'est d'abord rien. Il ne sera qu'ensuite, et il sera tel qu'il se sera fait. Ainsi, il n'y a pas de nature humaine puisqu'il n'y a pas de Dieu pour la concevoir. L'homme est seulement non seulement tel qu'il se conçoit, mais tel qu'il se veut, et comme il se conçoit après l'existence, comme il se veut après cet élan vers l'existence ; l'homme n'est rien d'autre que ce qu'il se fait. Tel est le premier principe de l'existentialisme...

*
* *

On voit, d'après ces quelques réflexions, que rien n'est plus injuste que les objections qu'on nous fait. L'existentialisme n'est pas autre chose qu'un effort pour tirer toutes les conséquences d'une position athée cohérente. Elle ne cherche pas à plonger l'homme dans le désespoir. Mais si l'on appelle, comme les chrétiens, désespoir, toute attitude d'incroyance, elle part du désespoir originel. L'existentialisme n'est pas tellement un athéisme au sens où il s'épuiserait à démontrer que Dieu n'existe pas. Il déclare plutôt : même si Dieu existait, ça ne changerait rien ; voilà notre point de vue. Non pas que nous croyions que Dieu existe, mais nous pensons que le problème n'est pas celui de son existence ; il faut que l'homme se retrouve lui-même et se persuade que rien ne peut le sauver de lui-même, fût-ce une preuve valable de l'existence de Dieu. En ce sens, l'existentialisme est un optimisme, une doctrine d'action, et c'est seulement par mauvaise foi que, confondant leur propre désespoir avec le nôtre, les chrétiens peuvent nous appeler désespérés.

Nagel édit.

Mounier Emmanuel Mounier, né en 1905 et mort en 1950, agrégé de philosophie en 1928, consacra son premier livre à la pensée de Péguy. Très intéressé par l'attitude des mouvements catholiques qui tendent à se rapprocher des partis libéraux et socialistes, il fonde en 1932 la revue *Esprit*, qui s'efforce de concilier le progrès social et les valeurs spirituelles de la chrétienté et cherche le dialogue avec la gauche, sans accepter un matérialisme de principe. Après avoir milité dans la résistance, Mounier reprend la publication d'une œuvre féconde *(Traité du caractère, Introduction aux existentialismes, la Petite Peur du XXe siècle)* malheureusement interrompue par une mort prématurée.

Une page tirée de la conclusion du petit traité *le Personnalisme*, qui condense fort bien la doctrine solide et nuancée du philosophe, montre clairement comment l'engagement peut s'allier avec l'analyse philosophique la plus pénétrante, comment l'action peut être « moyen de connaissance ».

THÉORIE DE L'ENGAGEMENT

Une philosophie pour qui existent des valeurs absolues est tentée d'attendre, pour agir, des causes parfaites et des moyens irréprochables. Autant renoncer à agir. L'Absolu n'est pas de ce monde et n'est pas commensurable (1) à ce monde. Nous ne nous engageons jamais que dans des combats discutables sur des causes imparfaites. Refuser pour autant l'engagement c'est refuser la condition humaine. On aspire à la pureté : trop souvent on appelle pureté l'étalement de l'idée générale, du principe abstrait, de la situation rêvée, des bons sentiments, comme le traduit le goût intempérant des majuscules : le contraire même d'une héroïcité personnelle. Ce souci inquiet de pureté exprime souvent aussi un narcissisme supérieur, une préoccupation égocentrique d'intégrité individuelle, retranchée du drame collectif. Plus banalement, il lui arrive de couvrir d'un manteau royal l'impuissance, la pusillanimité (2), voire la puérilité. Le sens de l'absolu se commet ici avec une cristallisation psychologique ambiguë. Non seulement nous ne connaissons jamais de situations idéales, mais le plus souvent nous ne choisissons pas les situations de départ où notre action est sollicitée. Elles nous attaquent autrement que nos schémas ne le prévoyaient, et de court. Il nous faut répondre impromptu, en pariant et inventant, là où notre paresse s'apprêtait à « appliquer ». On parle toujours de s'engager comme s'il dépendait de nous : mais nous sommes engagés, embarqués, préoccupés. C'est pourquoi l'abstention est illusoire. Le scepticisme est encore une philosophie ; la non-intervention, entre 1936 et 1939, a engendré la guerre d'Hitler, et qui ne « fait pas

_____

(1) N'a pas de commune mesure avec. — (2) Faiblesse d'esprit.

de politique » fait passivement la politique du pouvoir établi.

Cependant, s'il est consentement au détour, à l'impureté (« se salir les mains ») et à la limite, l'engagement ne peut consacrer l'abdication de la personne et des valeurs qu'elle sert. Sa force créatrice naît de la tension féconde qu'il suscite entre l'imperfection de la cause et sa fidélité absolue aux valeurs impliquées. La conscience inquiète et parfois déchirée que nous y prenons des impuretés de notre cause nous maintient loin du fanatisme, en état de vigilance critique.

Nous apprenons que le camp du bien et le camp du mal s'opposent rarement en noir et blanc, que la cause de la vérité ne se distingue parfois de la cause de l'erreur que de l'épaisseur d'un cheveu. Nous ne tremblons pas de connaître et de combattre ouvertement les faiblesses de notre cause, nous savons la relativité de toute action, le danger permanent de l'aveuglement collectif, la menace des appareils et des dogma-

tismes ; nous refusons de substituer au dilettantisme de l'abstention le dilettantisme de l'adhésion, et de prendre pour un acte viril ces naufrages désespérés dans quelque conformisme, qui sont le contraire de l'acte adulte : un suicide puéril tranchant une versatilité infantile. Mais nous savons aussi que l'action est moyen de connaissance, et que la vérité se donne à qui l'a reconnue et jouée, fût-ce sur l'épaisseur d'un cheveu.

L'action ainsi située n'est pas facile. Les fanatiques lui reprochent d'être hésitante parce qu'elle se refuse à diviniser le relatif et honore la vigilance. Les politiques lui reprochent d'être intraitable parce qu'elle n'oublie pas ses références absolues. Le courage est d'accepter cette condition incommode et de ne pas la renoncer pour les molles prairies de l'éclectisme, de l'idéalisme et de l'opportunisme.

A. Colin, édit.

Bachelard   Gaston Bachelard, né en 1884, mort en 1962, peut rester pour nous l'image exemplaire du sage moderne. Simple facteur des postes dans sa jeunesse, il devint professeur à la Sorbonne et reçut le Prix National des Lettres. Après s'être efforcé de dégager de la science moderne une véritable philosophie enrichie par l'expérience (*le Nouvel Esprit scientifique* [1934]), il montre la richesse créatrice de l'imagination, faculté de « surhumanité » dont le feu, l'air, la terre et l'eau sont les principes mêmes (*Psychanalyse du feu* [1937], *l'Eau et les Rêves* [1941]), et tire de cette analyse une pénétrante justification de la fonction poétique, synthèse de la pensée et du rêve, fleur du langage (*la Poétique de l'espace* [1957]).

Une page de *la Poétique de la rêverie* analyse avec beaucoup de finesse les liens que tisse la rêverie entre l'enfance et la poésie. Beaucoup d'écrivains, de Jean-Jacques Rousseau à Alain-Fournier, ont deviné et senti ces harmonies internes. Nul ne les a expliquées si bien.

Mais la rêverie ne raconte pas. Ou du moins, il est des rêveries si profondes, des rêveries qui nous aident à descendre si profondément en nous qu'elles nous débarrassent de notre histoire. Elles nous libèrent de notre nom. Elles nous rendent des solitudes d'aujourd'hui, aux solitudes premières. Ces solitudes premières, ces solitudes d'enfant laissent, dans certaines âmes, des marques ineffaçables. Toute la vie est sensibilisée pour la rêverie poétique, pour une rêverie qui sait le prix de la solitude. L'enfant connaît le malheur par les hommes. En la solitude, il peut détendre ses peines. L'enfant se sent fils du cosmos quand le monde humain lui laisse la paix. Et c'est ainsi que dans ses solitudes, dès qu'il est maître de ses rêveries, l'enfant connaît le bonheur de rêver qui sera plus tard le bonheur des poètes. Comment ne pas sentir qu'il y a communication entre notre solitude de rêveur et les solitudes de l'enfance ? Et ce n'est pas pour rien que dans une rêverie tranquille, nous suivons souvent la pente qui nous rend à nos solitudes d'enfance.

Laissons alors à la psychanalyse le soin de guérir les enfances malmenées, de guérir les puériles souffrances d'une « *enfance indurée* » qui opprime la psyché de tant d'adultes. Une tâche est ouverte à une poético-analyse qui nous aiderait à reconstituer en nous l'être des solitudes libératrices. La poético-analyse doit nous rendre tous les privilèges de l'imagination. La mémoire est un champ de ruines psychologiques, un bric-à-brac de souvenirs. Toute notre enfance est à réimaginer. En la réimaginant, nous avons chance de la retrouver dans la vie même de nos rêveries d'enfant solitaire.

Dès lors, les thèses que nous voulons défendre en ce chapitre reviennent toutes à faire reconnaître la permanence, dans l'âme humaine, d'un noyau d'enfance, une enfance immobile, mais toujours vivante, hors de l'histoire, cachée aux autres, déguisée en histoire quand elle est racontée, mais qui n'a d'être réel que dans ses instants d'illumination, autant dire dans les instants de son existence poétique.

Quand il rêvait dans sa solitude, l'enfant connaissait une existence sans limite. Sa rêverie n'était pas simplement une rêverie de fuite. C'était une rêverie d'essor.

Il est des rêveries d'enfance qui surgissent avec l'éclat d'un feu. Le poète retrouve l'enfance en la disant avec un verbe de feu.

« Verbe en feu. Je dirai ce que fut mon enfance. On dénichait la lune rouge au fond des bois. » (1)

Un excès d'enfance est un germe de poème.

Presses Universitaires de France, édit.

La philosophie et la politique   C'est à un brillant philosophe trop tôt disparu, le professeur Merleau-Ponty (1908-1961), que nous empruntons le texte qui peut servir de conclusion à cette période de la pensée moderne. Dans son épilogue des *Aventures de la dialectique*, — titre aussi juste que piquant — il nous donne un bel exemple du dialogue du « philosophe avec les politiques », dont les dernières lignes constituent une définition de la liberté, aussi remarquable qu'utile.

LES « POLITIQUES » ET LA LIBERTÉ

— Ainsi vous renoncez à être révolutionnaire, vous consentez à cette distance sociale qui transforme en péchés véniels l'exploitation, la misère, la famine...

— Je n'y consens ni plus ni moins que vous. Un communiste écrivait hier : « Il n'y aura plus d'octobre 17. » Sartre dit aujourd'hui que la dialectique est une fadaise. Un marxiste de mes amis, que le bolchevisme déjà ruinait la révolution et qu'il faut mettre à sa place l'imprévisible invention des masses. Être révolutionnaire aujourd'hui, c'est accepter un État dont on ne sait presque rien, ou s'en remettre à une grâce de l'histoire dont on sait moins encore, et tout cela non plus n'irait pas sans misères et sans larmes. Est-ce donc tricher que de demander qu'on vérifie les dés ?

— Objectivement, vous acceptez la misère et l'exploitation, puisque vous ne rejoignez pas ceux qui les refusent sans réserves.

— Ils disent qu'ils les refusent, ils croient les refuser. Les refusent-ils objectivement ? Et s'ils répondent que l'objet est inconnaissable ou informe, que la vérité est ce que veulent les plus misérables, il faut répondre qu'on n'est pas quitte avec la misère pour avoir salué la révolution. Elle ne nous demande pas que notre bonne volonté et notre choix, mais notre connaissance, notre travail, notre critique, notre préférence, notre présence entière. De tout cela, aujourd'hui, la révolution ne veut pas.

— La voilà bien, cette maturité redoutable, qui fit passer de Man (1), Mussolini, tant d'autres, du « socialisme international parlé » au « socialisme national vécu »...

— Ces gens voulaient régner, et, comme il convient en ce cas, ils ont sollicité les passions tristes. Rien de pareil ne nous menace, heureux si nous pouvions inspirer à quelques-uns, — ou à beaucoup — de supporter leur liberté, de ne pas l'échanger à perte, car elle n'est pas seulement leur chose, leur secret, leur plaisir, leur salut, elle intéresse tous les autres.

Gallimard, édit.

LES ANNÉES 60 ET 70

Psychanalyse, marxisme, structuralisme orientent les idées philosophiques au cours des années 60 et 70. Jacques Lacan et Michel Foucault partent de la psychanalyse pour aboutir, l'un, à une définition de l'acte personnel *(Écrits*, 1966), l'autre, à l'édification d'une véritable archéologie des sciences humaines *(Les mots et les choses* (1966), et à une recherche d'une cohérence réelle de la culture humaine par l'analyse structurale *(Surveiller et punir naissance de la prison*, 1975). Althusser, lui, rénove l'idéologie marxiste en affirmant la divergence de Marx d'avec Hegel et en distinguant le théorique de l'idéologique, finalement ramené à la lutte des classes *(Lire « Le Capital »*, 1965 ; *Éléments d'autocritique*, 1975).

---

(1) Alain Bosquet : *Enfance indurée.*   (1) Homme politique belge (1886-1953).

Claude Lévi-Strauss, dont *Tristes tropiques* paru en 1955, avait renouvelé la conception et la portée de l'ethnologie, a introduit la méthode structurale dans les sciences humaines *(Anthropologie structurale*, 1958) et propose une ambitieuse explication de la pensée scientifique à partir de ses structures, même chez les peuples sans écriture *(La pensée sauvage,* 1962).

UNE NOUVELLE MÉTHODE POUR L'ANTHROPOLOGIE

Les recherches de structure ne revendiquent pas un domaine propre, parmi les faits de société ; elles constituent plutôt une méthode susceptible d'être appliquée à divers problèmes ethnologiques, et elles s'apparentent à des formes d'analyse structurale en usage dans des domaines différents.

Il s'agit alors de savoir en quoi consistent ces modèles qui sont l'objet propre des analyses structurales (...). Nous pensons en effet que pour mériter le nom de structure, des modèles doivent exclusivement satisfaire à quatre conditions.

En premier lieu, une structure offre un caractère de système. Elle consiste en éléments tels qu'une modification quelconque de l'un d'eux entraîne une modification de tous les autres.

En second lieu, tout modèle appartient à un groupe de transformations dont chacune correspond à un modèle de même famille, si bien que l'ensemble de ces transformations constitue un groupe de modèles.

Troisièmement, les propriétés indiquées ci-dessus permettent de prévoir de quelle façon réagira le modèle, en cas de modification d'un de ses éléments.

Enfin, le modèle doit être construit de telle façon que son fonctionnement puisse rendre compte de tous les faits observés.

Anthropologie structurale, Plon, édit.

SCIENCES ET TECHNIQUES

LES NOUVELLES CONQUÊTES DE LA SCIENCE

Les frontières de l'inconnu reculent dans tous les domaines C'est dans le domaine de la physique que notre époque a vu les bouleversements les plus extraordinaires et les découvertes les plus surprenantes. Tandis que le génial Einstein édifie la théorie de la relativité, Pierre et Marie Curie, continuant les expériences de Becquerel, découvrent en 1895 la radio-activité. Louis de Broglie met sur pied la mécanique ondulatoire; Langevin sur les rayons X, et Perrin sur les rayons cathodiques accomplissent des travaux décisifs. Irène et Frédéric Joliot-Curie (fille et gendre de Pierre et Marie Curie) réalisent la première réaction nucléaire et provoquent, dès 1938, la fission de l'atome.

Mais en ce qui concerne la physique classique — production et transport de l'énergie, conservation de la chaleur — les progrès sont encore plus rapides; l'électronique, les télécommunications pénètrent dans la vie quotidienne, le téléphone automatique est installé peu à peu dans toute la France.

La chimie étend constamment son domaine, procède à toutes les synthèses imaginables, crée des corps nouveaux, transforme l'industrie en lui fournissant de nouvelles matières premières, telles que les plastiques, l'essence synthétique, les colorants, les tissus artificiels.

En mathématiques, les noms de Poincaré, Bouligand, Borel et celui du groupe Bourbaki (1) illustrent un renouvellement dont les applications se révèlent chaque jour plus importantes et nombreuses, qu'il s'agisse des machines à calculer, des calculs astronautiques, du calcul infinitésimal ou des statistiques, devenues rouage essentiel du commerce, de l'industrie, de l'administration et bientôt, peut-être, de la politique moderne.

Les recherches de Baire, Montel, Borel, Schwartz remodèlent l'algèbre. Painlevé est un maître de la mécanique. Enfin, la cybernétique, qui transcrit et matérialise les lois mathématiques, permettant à un dispositif mécanique de commander des mouvements et de réaliser un programme précis fixé à l'avance, ouvre aux chercheurs un immense champ d'investigations, tout en leur procurant un instrument de connaissance aux possibilités incalculables.

Alors que les disciplines nouvelles se subdivisent à l'extrême en de très nombreuses spécialités, telles que la physique nucléaire, la thermo-chimie, l'électro-magnétisme, la spectrochimie et tant d'autres, les mathématiques pures multiplient leurs applications et tendent à une synthèse dynamique et féconde.

La connaissance du monde progresse par l'intervention conjuguée de tant de disciplines et les savants ouvrent peu à peu au public cultivé l'univers nouveau de la théorie atomique.

Mais les hommes de science se gardent soigneusement des simplifications abusives et de l'optimisme un peu naïf du siècle précédent; leur modestie va de pair avec la richesse de leurs découvertes, ainsi que l'exprime fort bien le savant atomiste Louis Leprince-Ringuet dans les pages de conclusion d'un ouvrage collectif sur les *Grandes Découvertes du XXᵉ siècle*.

---

(1) Pseudonyme d'un groupe célèbre de jeunes mathématiciens anonymes.

L'homme a tellement travaillé, par groupes si nombreux, dans des domaines si divers, que chaque branche de notre savoir est devenue un arbre très complexe dont il est fort difficile d'atteindre toutes les ramifications. Nous ne sommes pas universels ; nous ne pouvons plus, comme l'honnête homme du XVIIᵉ siècle, appréhender l'ensemble des sciences : tout devient nécessairement très spécialisé à mesure que l'humanité poursuit plus avant son effort de connaissance et de conquête.

C'est bien un des caractères dominants de notre siècle que ce cheminement parallèle de techniques difficiles, poursuivant leur évolution vers une complexité dont la perfection interdit presque l'approche. Et pourtant, nous souhaitons tous, avidement, ne pas rester à l'écart ; nous voulons connaître et comprendre : le défrichement de notre univers ne peut nous laisser indifférents...

Il faut dire également que la connaissance de l'homme a dépassé les objets familiers, les dimensions auxquelles nous sommes, dès notre enfance, habitués. Nous plongeons dans l'abîme des vitesses supersoniques, toutes nouvelles, et les représentations que nous pouvons nous faire de l'atome, ainsi que de son noyau par une extrême réduction des particules les plus petites, accessibles à nos sens, sont des images fort grossières dont l'inexactitude est flagrante. C'est ainsi que les passages sur les structures des noyaux, sur les électrons, sur leur déplacement dans les semi-conducteurs et, à l'opposé, sur les mouvements des galaxies, contiennent des difficultés supplémentaires dues à l'impossibilité de notre adaptation à ces réalités.

Mais cela ne doit pas rebuter le lecteur, si le physicien que je suis peut dire sans honte qu'il comprend mal ce qu'est un noyau d'atome, il doit proclamer bien haut que cette pièce maîtresse de notre univers l'intéresse prodigieusement et que toute l'activité de son existence a précisément pour but d'accroître la connaissance et, parallèlement, le mystère de sa nature. Tout comprendre, cela n'a pas de sens : mais se rapprocher des grands phénomènes et de leurs merveilleux effets procure une joie très grande, une authentique satisfaction...

Larousse, édit.

L'étude du monde visible n'est pas négligée : dans le *Traité de géographie physique* de de Martonne (1909), l'explication s'ajoute à la description, que les techniques modernes (cinéma, photographie aérienne, explorations sous-marines) rendent presque parfaites.

Une nouvelle morale : Quant à la connaissance des êtres vivants, elle est marquée *la morale biologique* par d'extraordinaires développements : le mécanisme de la vie et de sa transmission, l'examen approfondi des tissus et de la cellule vivante elle-même, grâce aux perfectionnements du microscope électronique, font l'objet de travaux approfondis et donnent lieu à de passionnantes découvertes, comme celles de l'immunité par le médecin belge Jules Bordet, ou de l'anaphylaxie (1) par Charles Richet. Un des plus brillants biologistes français, Jean Rostand, admirable vulgarisateur par surcroît, résume tant d'acquisitions sur notre nature, notre vie, notre destin, et définit une morale biologique dont le dessein ne manque ni de générosité ni de grandeur (*la Vie*, conclusion) :

Quels que soient les procédés dont userait l'Homme pour se « surhumaniser », il aurait besoin d'un critère moral pour le guider, dans son perfectionnement artificiel. Et ce critère, il est permis de penser que, dans une certaine mesure, la biologie pourrait le lui fournir, car — en se fondant uniquement sur la connaissance du fonctionnement optimal de l'Homme normal, et en dehors de toute référence à des qualités transcendantes — elle peut prétendre à définir avec plus ou moins de précision ce qui est bon pour l'Homme — ce qui est humanisant, et ce qui est mauvais pour lui — ce qui est déshumanisant.

Cette « morale biologique » a été développée par Lecomte du Nouy, Teilhard de Chardin, J. Grasset, Carrel ; de nos jours, elle est brillamment soutenue par Paul Chauchard, qui insiste tout particulièrement sur les devoirs qui incombent à l'être humain, du seul fait qu'il possède un cerveau supérieurement organisé.

Ce cerveau n'est pas seulement un organe d'intelligence et de volonté, capable d'assurer la « maîtrise de soi », mais aussi un organe d'affectivité ; l'Homme n'est pleinement Homme, il n'utilise à fond cette merveilleuse « machine à être » qu'est le cerveau qu'à la condition d'exercer tout à la fois ses facultés de compréhension, son pouvoir de volonté, ses facultés d'altruisme et de dévouement.

---

(1) Le contraire de l'immunité : sensibilisation à un poison, tel qu'une seconde dose du même poison peut entraîner la mort.

La biologie rejoindrait ici les enseignements de la psychanalyse qui nous indique quel est le sens normal de l'évolution des instincts au cours de la construction de la personnalité individuelle : ils partent du pur égocentrisme de la captivité infantile, pour atteindre, lors de la maturité du sujet, à l'oblativité ou capacité de dévouement.

Enfin, certaines données de la psychiatrie viennent appuyer cette façon de voir, en nous rappelant que beaucoup de névroses, de déficiences mentales, liées à un état d'immaturité ou d'arriération affective, sont caractérisées par l'inaptitude à s'intéresser au prochain. Un certain degré d'altruisme — d'aisance — paraît indispensable au bon fonctionnement du psychisme et à l'épanouissement de la personne.

En bref, la morale biologique pourrait, très schématiquement, se résumer comme il suit : être le plus Homme possible, développer en soi ce qui est le « propre de l'homme », et pour cela, être le moins bestial, le moins infantile, le moins névrosé.

Une telle conception — bien éloignée de la morale « nietzschéenne » qu'on avait jadis prétendu tirer de la biologie — se rattache à la morale traditionnelle. Elle a pour ancêtre le grand philosophe Guyau qui disait déjà, et déjà au nom de la science :

« L'individu ne peut se suffire à lui-même ; la vie la plus riche se trouve être aussi la plus portée à se prodiguer, à se sacrifier dans une certaine mesure, à se partager à autrui, d'où il suit que l'organisme le plus parfait sera aussi le plus social... L'être antisocial s'écarte autant du type de l'homme que le bossu du type de l'homme physique... L'égoïsme pur, au lieu d'être une réelle affirmation de soi, est une mutilation de soi. »

Il est, pour l'instant, difficile d'assigner à la « morale biologique » son véritable rang dans l'ensemble des « morales scientifiques ». Mais il semble que, cette fois, nous soyons en présence d'une tentative très sérieuse pour « authentifier », objectiver la morale et lui donner un contenu positif indépendant de toute option métaphysique et de toute croyance religieuse. Si l'on peut, bien sûr, discuter telle ou telle des applications particulières que veulent en faire ses zélateurs, la biologie peut nous aider à prendre conscience de la façon dont un Homme doit se conduire pour remplir au mieux sa tâche d'Homme et mériter pleinement le nom d'Homo sapiens.

Il va de soi que, si la biologie est habilitée à démêler ce qui, en l'homme, est le plus « humain », c'est elle qui nous servirait de critère chaque fois que nous aurions à nous prononcer sur la valeur « morale » d'une intervention de l'homme sur l'homme.

Larousse, édit.

La biologie a des ramifications nombreuses : la biochimie, l'origine des espèces, l'origine de l'homme sont étudiées simultanément. Teilhard de Chardin a étudié le « sinanthrope » et tiré de son observation des conceptions neuves et fécondes. Les pages où il conte l'apparition de l' « Homo Sapiens » sont parmi les plus suggestives de toute la littérature scientifique du XXe siècle.

En l'homme du Paléolithique (1) supérieur donc, non seulement à noter les traits essentiels de son anatomie, mais à suivre les lignes maîtresses de son ethnographie, c'est vraiment nous-mêmes, c'est notre propre enfance que nous découvrons. Non seulement le squelette de l'Homme moderne, déjà — mais les pièces maîtresses de l'Humanité moderne. Même forme générale du corps. Même répartition fondamentale des races. Même tendance (au moins esquissée) des groupes ethniques à se rejoindre, par-dessus toute divergence, en un système cohérent. Et (comment cela ne suivrait-il pas actuellement) mêmes aspirations essentielles dans le fond des âmes.

Chez les Néanderthaloïdes (2), avons-nous vu, un pas psychique est manifeste, marqué, entre autres indices, par l'apparition dans les grottes des premières sépultures. Même aux Néanderthaliens les plus renforcés tout le monde agrée pour accorder la flamme d'une intelligence véritable. De cette intelligence toutefois l'activité paraît avoir été largement absorbée par les soins de survivre et de se propager. S'il y avait plus, nous ne le connaissons, ou nous ne le reconnaissons pas. Que pouvaient bien penser ces cousins lointains ? Nous n'en avons aucune idée. A l'âge du renne, au contraire, avec l'Homo sapiens, c'est une Pensée définitivement libérée qui fait explosion, toute chaude encore, aux parois des cavernes. En eux, les nouveaux arrivants apportaient l'Art — un art naturaliste encore, mais prodigieusement consommé. Et, grâce au langage de cet art, nous pouvons, pour la première fois, entrer de plain-pied dans la conscience des êtres disparus dont nous remontons les os. Étrange proximité spirituelle jusque dans le détail ! Les rites exprimés en rouge et noir sur la muraille des grottes, en Espagne, dans les Pyrénées, au Périgord, ne se pratiquent-ils pas encore sous nos yeux, en Afrique, en Océanie, en Amérique même ?

(1) Le premier âge de l'humanité préhistorique, l'âge de la pierre taillée. — (2) Types d'hommes préhistoriques, chez qui on trouve les caractères de l'homme de Néanderthal, voir pp. 1-2.

Quelle différence y a-t-il, par exemple, on l'a fait remarquer, entre le Sorcier des « Trois-Frères », affublé de sa peau de cerf, et telle divinité océanienne ?... Mais ceci n'est pas encore le plus important. Nous pouvons nous méprendre en interprétant à la moderne les empreintes de mains, les bisons envoûtés, les emblèmes de fécondité, par où s'exprimaient les préoccupations et la religion d'un Aurignacien (1) ou d'un Magdalénien (2). Là au contraire où nous ne saurions nous tromper, c'est lorsque, tant à la perfection du mouvement et des silhouettes qu'au jeu imprévu des ciselures ornementales, nous percevons chez les artistes de cet âge lointain le sens de l'observation, le goût de la fantaisie, la joie de créer : ces fleurs d'une conscience, non seulement réfléchie, mais exubérante, sur elle-même. Ainsi donc l'inspection des squelettes et des crânes ne nous décevait pas. Au Quaternaire supérieur, c'est bien l'Homme actuel, dans toute la force du terme, qui nous apparaît : L'Homme point encore adulte, mais déjà parvenu à « l'âge de raison ». Dès ce moment, par rapport à nous, son cerveau est achevé — si bien achevé que, depuis cette époque, aucune variation mesurable ne semble avoir perfectionné plus outre l'instrument organique de notre pensée.

Seuil, édit.

Créations et progrès des sciences humaines   Les sciences humaines ont fait de grands progrès. Les Français ont découvert, comme les psychologues étrangers, l'utilité des tests, tiré les conséquences de la psychanalyse de Freud, adapté la caractérologie à l'étude des types humains, à la rénovation des méthodes pédagogiques et à l'orientation professionnelle. La psychologie reste, il est vrai, encore liée à la médecine, dont la psychiatrie reste un secteur, et à la philosophie : la licence de psychologie se prépare à la Faculté des Lettres qui s'intitule désormais, non sans raison, « Faculté des Lettres et Sciences Humaines », et reste en rapport avec les études philosophiques. Cette situation présente des inconvénients et limite, en fait, l'influence et l'action des psychologues, mais elle offre l'avantage d'éviter la sclérose des spécialistes, en maintenant une libre circulation des idées et un dialogue constant entre les personnalités les plus diverses. Ainsi, la psychologie a-t-elle été rajeunie plusieurs fois par les travaux et la pensée de philosophes puissants doublés parfois d'hommes d'action comme Sartre ou Mounier, ou d'esprits universellement curieux et créateurs comme Bergson, Merleau-Ponty, Gaston Bachelard (3).

Les conquêtes de la médecine   Les conquêtes de la médecine ont été aussi nombreuses qu'au siècle précédent, qu'il s'agisse du dépistage des maladies et de l'observation des malades, grâce à la radiographie, aux encéphalogrammes, aux cardiogrammes, aux analyses de sang ou de tissus; qu'il s'agisse des remèdes et des soins : sulfamides, antibiotiques, pénicilline, tranquillisants, transfusion sanguine, accouchement sans douleur; qu'il s'agisse, enfin, de la prévention des maladies, devenue assez efficace pour que la typhoïde, le tétanos, la diphtérie aient à peu près disparu par suite de la vulgarisation des vaccins (anatoxine antidiphtérique mise au point par Roux en 1924, anatoxine antitétanique de Ramon) et pour que la tuberculose ait reculé devant le B. C. G. de Calmette et Guérin; le vaccin antipoliomyélitique va devenir obligatoire et le centre de recherche le plus important dans ce domaine est l'Institut Pasteur.

La chirurgie est aussi allée de l'avant : en ce qui concerne le cerveau, les oreilles, le cœur, les greffes d'organes, les soins aux blessés et aux brûlés, de véritables tours de force ont été réalisés, mais le progrès le plus décisif n'est-il pas dans l'assurance habituelle des chirurgiens, dans la précision et la sûreté de leurs interventions? Ainsi les femmes se confient-elles sans hésitation à la « chirurgie esthétique », si délicate soit-elle.

---

(1) Homme de l'époque aurignacienne, période de l'ère paléolithique, dont l'industrie est caractérisée par un travail affiné des silex et par l'apparition d'outils en os. — (2) Homme de l'époque magdalénienne, dernière période de l'ère paléolithique, caractérisée par une industrie poussée de l'os et par un développement considérable de l'art pictural dans les grottes. — (3) Voir p. 420.

Cl. O. R.T.F.

PARIS D'HIER ET
D'AUJOURD'HUI...
La tour audacieuse de M. Eiffel
et l'escargot de béton de la
Maison de l'O.R.T.F.

CHAPELLE DE
RONCHAMP
L'œuvre de Le Corbusier,
comme celle de tous les grands
architectes contemporains, célèbre la valeur esthétique du
matériau.

Cl. Favatier-Violle

AIRE DE STOCKAGE
DU SOUFRE DE LACQ

STATION DE TÉLÉCOM-
MUNICATIONS SPATIALES
DE PLEUMEUR-BODOU

Les réalisations de la technique
moderne créent des paysages
de science fiction.

PONT DE TANCARVILLE

On ne saurait non plus omettre les progrès de l'hygiène des nourrissons, l'amélioration de l'alimentation, le contrôle médical des établissements scolaires, des administrations et des usines, qui expliquent que l'âge moyen des Français se soit élevé de 60 à 63 ans.

L'INDUSTRIE

L'hégémonie de l'industrie bouleverse la vie quotidienne Il est nécessaire, pour plus de clarté, d'étudier à part l'accélération des techniques modernes, mais il ne faut pas oublier que ces techniques sont étroitement liées à l'activité industrielle et commerciale, pour tout dire, à la vie quotidienne de l'homme du XXe siècle : la fermière trouve tout naturel de faire le beurre dans une centrifugeuse, l'épicier fait son compte avec une machine à calculer, la dactylographe travaille sous la dictée du magnétophone, les feux tricolores des carrefours règlent le mouvement de milliers d'automobiles et de piétons; c'est une véritable association, une « symbiose », comme disent les biologistes, de l'homme, de la mécanique, de la matière et de l'intelligence, dont on ne peut plus distinguer l'actif et le passif, le sujet et l'objet.

Les progrès de l'automobile et la naissance de l'aviation C'est dans le domaine des moteurs que les progrès furent les plus rapides et les plus spectaculaires : le moteur à gaz inventé par le Belge Étienne Lenoir et devenu, grâce à l'Allemand Otto, moteur à essence, fut allégé et amélioré et donna bientôt naissance à l'automobile; la voiture à essence l'emporte à la fin du siècle sur la voiture à vapeur et sur la voiture électrique. En France, de nombreux constructeurs réalisent, à partir de 1891, des véhicules utilisables; les plus importants sont Panhard et Levassor, Peugeot et de Dion-Bouton. Le pneu Michelin permet, à partir de 1893, d'améliorer le confort et la tenue de route; le premier salon de l'automobile, en 1893, rassemble de nombreux modèles et montre d'ingénieux dispositifs.

L'aviation naît à la même époque; Ader réussit en 1890 l'exploit de faire décoller du sol une machine à vapeur et, en 1897, exécute un bond de 300 mètres. Mais c'est l'adoption d'un moteur léger français qui permet aux frères Wright de voler plus loin. Levavasseur et Seguin s'élancent dans les airs et Blériot réussit, en 1909, à traverser la Manche.

René Chambe, dans son *Histoire de l'aviation*, nous raconte avec beaucoup de vie cette péripétie historique.

Voici Blériot, avec son visage mince, très pâle, où sa grosse moustache et ses yeux brillants mettent trois taches sombres. Il souffre visiblement. Il marche avec deux béquilles, car il vient d'être cruellement brûlé à bord de son avion, au cours d'une épreuve de durée, par une fuite de gaz du pot d'échappement. Tenace, héroïque, il a refusé d'atterrir. Il a continué... Un mécanicien lui prend ses béquilles et les attache sous le siège de son avion: « Il en aura besoin, dit-il, quand il sera là-bas, en Angleterre. »

Le temps est frais, dégagé, Blériot mouille son doigt et le tend devant lui. Vent d'Ouest !

Mauvais, le Blériot XI sera retardé ! Tant pis ! On va partir quand même. Latham, Levavasseur et Gastambide (1) forment un trio trop dangereux. On ne sait jamais ! Il n'y a pas de temps à perdre ! Louis Blériot a pris place dans son avion. Le moteur est longuement essayé. Il donne bien. Grappe humaine, tous les mécaniciens, tous les aides sont agrippés aux ailes et aux empennages dans des attitudes de fous, les vêtements, les cheveux dressés, emportés par le vent. Émouvante vision d'une époque où l'on n'a pas encore eu la simple idée de mettre des cales devant les roues.

— Lâchez tout !

(1) Pionniers de l'aviation française.

Blériot a levé le bras, geste pathétique des premiers âges à jamais disparus.

Il est 4 h. 35. Vers l'Est, le soleil rose achève de déchirer la brume. Queue haute, le Blériot XI, aux ailes toutes blanches, tressaute quelques secondes de taupinière en taupinière sur ses deux roues de bicyclette, puis glisse enfin dans l'air, comme un papillon de nuit surpris par l'aurore. Il emporte vers la gloire Blériot et ses béquilles.

Un instant, le Blériot XI a survolé l'Escopette, puis l'a dépassée. Durant dix minutes, son valeureux pilote demeure entre ciel et mer, sans plus voir ni terre ni bateaux, puis, au bout d'un long moment qui lui paraît devoir ne plus finir, il aperçoit enfin une barre grise, striée de coulées blanches : les falaises de la vieille Albion.

Blériot a volé à environ 100 mètres de haut, 150 mètres au plus. Il n'a pu maintenir cette altitude jusqu'à la fin. Quand il parvient aux côtes, il est plus bas que le sommet des falaises. Le dur vent d'Ouest repousse avec violence le frêle papillon aux ailes blanches, que défend le pauvre Anzani pétaradant de toute la puissance de ses 25 CV. Modeste bruit de motocyclette perdu dans l'immensité.

Où aller ? Où passer ? Blériot, qui tient la victoire dans ses mains, bourdonne et tâtonne contre la falaise anglaise, comme tâtonne et bourdonne contre la vitre l'abeille prisonnière. Tout est gris et roux à travers une mauvaise crasse, venue de terre, que crachent les mille cheminées de Douvres toute proche.

Tricolore ! Blériot a vu une lumière tricolore ! Charles Fontaine, pleurant de joie, s'égosille à hurler « Vive la France ! » et agite éperdument

de droite à gauche, dans un geste de dément, son drapeau d'étamine (1). Jambes écartées, il se tient sur un bout de prairie assez en pente, dont l'herbe est couleur de cendre verte, au pied d'un fort aux murailles noires comme une eau-forte. C'est le château de Douvres. Ah ! si Blériot le voyait, il pourrait peut-être se poser là, à peu près proprement ! Mais Blériot ne le voit donc pas ?

Si, Blériot l'a vu ! Il a reconnu le signal convenu. D'un dernier effort, il passe « très tangent », au ras de la falaise, et pose ses roues dans le gazon tout mouillé de rosée. L'une cède sous le choc et l'appareil victorieux décrit un quart de tour, puis, sans capoter, s'immobilise penché sur le côté, le bout d'une aile familièrement appuyé sur le sol de la vieille Angleterre.

Il est exactement 5 h. 12.

A cette heure matinale, il n'y a presque personne sur la falaise. A peine quelques soldats à tunique rouge qui, désœuvrés, se sont approchés. Alors, Blériot, péniblement descendu de son siège, leur demande avec simplicité dans le plus pur anglais :

— Passez-moi donc, je vous prie, mes béquilles.

Quelques heures plus tard, l'annonce de la traversée de la Manche soulève dans l'univers entier un enthousiasme extraordinaire. Dans les cinq parties du monde, les journaux de toutes langues, de toutes opinions, en publient la nouvelle en manchettes énormes. L'ovation de la foule anglaise à Blériot, à la France est inoubliable malgré les réserves de la presse de l'Empire qui écrit avec inquiétude : « L'Angleterre n'est plus une île. »

Flammarion, édit.

Toutes les formules sont alors, en même temps, mises à l'essai : l'hélicoptère, l'hydravion, le ballon dirigeable. Voisin, Bréguet, Esnault-Pelterie mettent sur pied la construction aéronautique et presque sans délai l'avion devient moyen de communication : les pionniers que sont Daurat, Mermoz, Saint-Exupéry en montrent les possibilités, en exaltent la gloire... On crée l'Aéropostale, on établit des liaisons aériennes avec l'Amérique du Sud. L'aéroport du Bourget se développe : il enregistre bientôt 70 000 passagers en une année.

Cette période, il est vrai, appartient déjà à la légende, mais l'aviation française actuelle possède aussi gloire et grandeur : patrie d'illustres inventeurs, des moniteurs et des aventuriers des premières heures, la France a su adapter ses bureaux d'étude, ses usines et ses réseaux commerciaux au moteur à réaction qui révolutionne toutes les données de l'aéronautique moderne ; nous sommes bien loin de la « tuyère » inventée par Louis en 1913, et brevetée à la demande de Leduc en 1936. Le moyen-courrier « Caravelle », et l'avion de combat « Mirage IV » qui vole à plus de 2 000 km/heure sont des réussites mondiales ; tandis que l'avion de transport supersonique franco-britannique « Concorde » met Rio de Janeiro à quatre heures de Paris.

A côté de l'aviation, commence à se développer en France l'astronautique : la fin de 1965 a vu le lancement du premier satellite français.

(1) Etoffe dont sont faits les drapeaux.

Les améliorations dans le transport et l'utilisation de l'électricité

Dès la fin du XIXe siècle, une exposition d'électricité avait réuni à Paris moteurs et machines, téléphones, tramways et ascenseurs, à la lumière des milliers de lampes installées par l'Américain Edison. Après 1900, toutes ces innovations se répandent dans la vie pratique.

Des améliorations considérables interviennent dans la production et le transport de l'énergie électrique à grande distance, grâce aux turbines multi-cellulaires de Rateau (1902), aux transformateurs, aux câbles conducteurs à haute tension. Les utilisations nouvelles de l'électricité sont innombrables : le four électrique de Moissan, réalisé dès 1892, apporte une révolution dans la chimie; le métropolitain — le populaire « Métro » — construit par l'ingénieur Bienvenüe est inauguré en 1900. Le milieu du siècle voit l'édification de grands barrages hydro-électriques comme ceux de Génissiat et de Donzère-Mondragon sur le Rhône; enfin, ces dernières années, l'Électricité de France a commencé un important barrage à l'estuaire de la Rance (1) afin d'exploiter l'énergie des marées qui permettra la production annuelle de plus de 500 millions de kilowatts-heure. C'est là pour la France une solution très intéressante au problème des besoins croissants en énergie, car selon M. Gibrat, « elle possède probablement les plus beaux emplacements du monde et pourra, si cela se révèle utile ou nécessaire, construire, en deux usines, de quoi quadrupler sa production annuelle totale d'énergie électrique ».

La radiotélégraphie ou T. S. F. (2), née des travaux, purement théoriques à l'origine, de Branly — parallèles à ceux de Marconi en Italie — est rapidement passée dans le domaine public, et a pris une importance extraordinaire dans la vie privée et publique : on compte en France plus de 12 millions de récepteurs; l'avènement des récepteurs à transistor ne cesse d'accroître ce chiffre. La télévision à son tour, se développe de plus en plus : 1 million et demi de postes récepteurs sont déjà en service et les programmes, depuis 1961, peuvent être captés sur l'ensemble du territoire. La mise au point par Henri de France d'un procédé de télévision en couleur, d'une remarquable fidélité, marque un nouveau pas dans cette technique en plein essor.

L'industrie crée un septième art

Inventé dans les dernières années du XIXe siècle, le cinéma — le cinématographe disait-on alors — trouve presque aussitôt ses caractéristiques essentielles, que complétera l'avènement du « parlant » en 1927. Il naît des expériences scientifiques de Marey et de Demeny, puis des réalisations de Louis Lumière (3), qui dépose un brevet en février 1895 et fait, le 22 mars suivant, à Paris, la première démonstration publique du cinématographe en projetant *la Sortie des ouvriers de l'Usine Lumière à Lyon-Montplaisir*. Le cinéma, après avoir été une attraction, se présente bientôt comme un spectacle courant. Il devient une véritable féerie, avec l'illusionniste Georges Méliès qui construit le premier studio et invente tous les truquages, ouvrant la voie à l'américain Griffith qui, variant les plans et déplaçant la caméra, inventera véritablement le « langage cinématographique ». Georges Sadoul dans son *Histoire du Cinéma* nous raconte la première révolution du 7e art :

Chez les opérateurs lumiériens, le montage était né de la pratique du reportage, par le collage bout à bout de scènes tournées dans des lieux différents, et réunies entre elles par la logique naturelle de la succession des faits. Chez Méliès, faire succéder Cendrillon sortant de sa cuisine à Cendrillon entrant dans une salle de bal s'appelle un « changement de vue ».

Le trait de génie de Georges Méliès fut bien de doter systématiquement le cinéma de la plupart des moyens du théâtre: scénario, acteurs, costumes, maquillages, décors, machinerie,

---

(1) A proximité des villes côtières de Saint-Malo, Dinard et Saint-Servan (Ille-et-Vilaine). — (2) Télégraphie Sans Fil. — (3) Réalisation parallèle à celles d'Edison aux Etats-Unis, qui construit un « kinétoscope » en 1891.

division en scènes ou en actes et toutes acquisitions que, sous des formes diverses, le cinéma conservera toujours. Cette application n'a pas toujours été mécanique. Les trucs photographiques, par exemple, transposent la machinerie théâtrale. De même, les obligations du cinéma muet lui font inventer un nouveau jeu pour ses interprètes. Ce jeu, sans être celui de la pantomime, reste pourtant un peu emphatique et gesticulant, parce qu'il demande beaucoup à la mimique et très peu à l'expression du visage...

« L'*atelier de poses*, a écrit Méliès, est l'alliance de l'atelier du photographe (dont il avait les dispositions) et de la scène théâtrale (dont il reprenait la machinerie). » Le soleil qui est tout, pénètre par le toit et les murailles de verre : on diffuse sa lumière par des vélums réglables.

A une extrémité de l'atelier, un appentis est le hangar de la caméra, le laboratoire où l'on effectue, à la lumière rouge, les délicates passes magiques des truquages. A l'autre extrémité, une scène, d'abord étroite, fut ultérieurement dotée d'amples coulisses. Vers 1900, quand la prospérité de sa firme, la « Star Film » permet

à Méliès d'aborder la grande mise en scène, il installe à Montreuil tous les raffinements de la machinerie théâtrale : trappes de toutes formes ; passerelles praticables !...

De 1900 jusqu'à la fin de sa carrière — vers 1912 — l'évolution de Méliès est imperceptible, il reste fidèle à son esthétique, celle du « *théâtre filmé* ». Le style qu'il avait adopté lui permit de créer un monde fantastique, poétique et charmant, imaginaire et bonhomme. Ses films, surtout s'ils sont coloriés à la main, sont, à l'enfance du cinéma, le monde vu par un enfant, émerveillé et merveilleux, doué de tous les pouvoirs par la magie de la science. Le regard frais de Méliès se pose sur un monde neuf et le découvre avec la savante et minutieuse candeur des primitifs. Chez lui, Homunculus s'unit à Protée, Perrault à Jules Verne, la fée Carabosse à Daguerre, la science à la magie ; l'imagination a un sens très aigu du réel, un goût mécanicien de la précision et de l'exactitude. Ce diable d'homme invente tout, en croyant seulement créer des trucs...

Flammarion, édit.

Blaise Cendrars, qui fut l'assistant du réalisateur Abel Gance avant 1930, écrivait déjà en 1926 dans son *A. B. C. du Cinéma* :

Cent mondes, mille mouvements, un million de drames entrent simultanément dans le champ de cet œil dont le cinéma a doté l'homme. Et cet œil est plus merveilleux, bien qu'arbitraire, que l'œil à facettes de la mouche. Le cerveau en est bouleversé. Remue-ménage d'images. L'unité tragique se déplace. Nous apprenons. Nous buvons. Ivresse. Le réel n'a plus aucun sens. Aucune signification. Tout est rythme, parole, vie.

C'est cette vie, autonome, que le cinéma a toujours essayé de conquérir, avec les générations de Carné, Renoir, Becker, Cocteau, d'une part et encore aujourd'hui avec la « nouvelle vague », que constituent Resnais, Godard, Truffaut pour ne citer que ceux-là, dont l'optique rejoint quelquefois celle des auteurs du « Nouveau Roman ».

Dans une conférence de Presse au Festival de Cannes (1957), Robert Bresson, auteur, entre autres, du *Journal d'un curé de campagne* (1950), d'*Un condamné à mort s'est échappé* (1956) et du *Procès de Jeanne d'Arc* (1963) a tenté de définir l'art propre du cinéma : « Le cinématographe n'est pas un spectacle, c'est une écriture. »

Le cinématographe est dans une ornière. Il emploie des moyens qui ne sont pas les siens. Je crois au langage très particulier du cinématographe, et je pense que, si l'on s'exprime par la mimique, les gestes, les effets de voix des acteurs, on se trompe (...).

Il faut arriver à s'exprimer non par des images, mais par des rapports d'images, ce qui n'est pas du tout la même chose. De même un peintre ne s'exprime pas par des couleurs, mais par des rapports de couleurs. Un bleu, s'il est à côté d'un vert, ou d'un rouge, ou d'un jaune, ce n'est plus le même bleu ; il change. Il faut que les images changent au contact les unes des autres, qu'elles se mettent à vibrer, comme les couleurs. C'est à ce moment que la vie fait irruption dans le film. Ce ne sont pas les personnages qui donnent vie au film, c'est le film qui donne vie aux personnages

Ainsi, devenu un art, une industrie puissante et un moyen d'expression universel, le cinéma reste le symbole des progrès extraordinaires des techniques photographiques et électriques, une des plus belles réussites dans l'étonnant foisonnement de découvertes, d'améliorations, de merveilles, parmi lesquelles se meut, souvent sans bien s'en rendre compte, l'homme du XXᵉ siècle.

QUELQUES ASPECTS DE LA VIE QUOTIDIENNE

L'éclatement de la fourmilière humaine   En notre temps, il est très difficile de prendre une vue d'ensemble des conditions de la vie quotidienne des hommes, car elles sont infiniment différentes : le milliardaire qui sort de son palace pour parcourir le monde à bord de son avion personnel, et le paria hindou qui meurt de faim dans la rue appartiennent-ils au même monde? On a peine à le croire. Même en France, pays de modération et d'équilibre — admet-on communément —, les différences sont considérables : comment comparer le misérable possesseur d'un lopin de terre aride en Lozère (1) et l'occupant cossu d'un riche hôtel particulier d'Auteuil (2)? Il y a eu de considérables transformations depuis 1900. Que de vicissitudes pour aller du tourbillon inconscient de 1900-1910 aux sombres années de 1914-1918; de la frénésie de 1920-1930 aux angoisses croissantes de l'avant-guerre, aux souffrances de l'occupation, aux restrictions de toutes sortes; pour émerger d'un monde de ruines et de misères à un monde fiévreux de mouvements, de lumière, d'améliorations matérielles, d'extraordinaires réalisations techniques, de folle vitesse !... Il est peut-être acceptable de résumer en deux grandes tendances complémentaires les bouleversements et les contradictions de la vie moderne.

L'angoisse et son emprise sur les esprits   Effaré par l'accélération du progrès et des techniques, le Français du XXe siècle éprouve le besoin de se rassurer, cherche des garanties pour l'avenir immédiat ou lointain. « Les Assurances » sont devenues l'un des secteurs primordiaux de l'activité nationale, qu'il s'agisse, d'ailleurs, des Assurances publiques, telles que la « Sécurité Sociale » avec ses branches « maladie », « accidents », « allocations familiales », ou des Assurances privées de toutes sortes, devenues obligatoires pour les automobiles et les cyclomoteurs, et des innombrables organismes de prévision et de protection.

Les retraites des salariés, l'organisation des marchés commerciaux, la planification en tous genres contribuent à rendre les destinées plus harmonieuses, mais, peut-être, à uniformiser les personnalités.

Et pourtant, il existe une angoisse persistante. Cette angoisse, il est vrai, n'est pas particulière à la France : les redoutables armes nucléaires découvertes il y a vingt ans font planer sur l'humanité une constante menace de mort; désintégration ou mutations catastrophiques de la race humaine, telles sont les terreurs nouvelles de notre civilisation. On peut espérer que la sagesse prévaudra, et on comprend que l'accord entre la Russie et les États-Unis, à la suite de la grave crise de Cuba en 1962, ait été accueilli par les Français avec soulagement et espoir, comme le prélude d'un accord mondial.

Apparition de l'association homme-machine   La modification la plus importante de la vie au XXe siècle est sans doute l'association nouvelle de l'homme et de la machine. Ce siècle n'est pas celui de « l'homo faber », mais bien celui de « l'homo mecanicus » : ouvrier devant son tour,

---

(1) Dans le Massif Central. — (2) Quartier résidentiel mondain de Paris.

automobiliste à son volant, aviateur, marin, dactylographe, téléphoniste, il est aussi inséparable de sa machine, de son moteur et de ses engrenages que son ancêtre l'était de la nature, de la terre, des bois, et des flots.

Cette transformation est évidente en France depuis 1930, et aujourd'hui il n'est pas un citoyen qui ne dépende d'une ou de plusieurs machines, pour se nourrir, pour se déplacer, pour travailler, pour se distraire.

Dans le domaine des transports et des communications, les progrès ont été saisissants. Il y avait quelques dizaines de milliers d'automobiles en 1914, deux millions en 1939, huit millions en 1960. Le développement des industries (Régie Nationale Renault à laquelle s'est associé Peugeot, Citroën) s'est accru après la guerre; Simca s'est joint au groupe des grands constructeurs et exportateurs.

Dans le domaine de l'aviation, la France, qui avait joué un grand rôle dans les débuts de la conquête de l'air et dans l'établissement des premières lignes commerciales, a repris depuis une dizaine d'années une activité de premier plan; la compagnie Air France possède l'un des plus grands réseaux du monde, et l'aérodrome ultra-moderne d'Orly est l'un des plus fréquentés; enfin, le succès du biréacteur moyen-courrier *Caravelle* (1), avion remarquable par sa tenue de vol, son confort, et la beauté de ses lignes, atteste avec éclat la qualité de la construction aéronautique française.

En matière de construction maritime, les deux plus belles réussites françaises ont été les deux paquebots lancés sur l'Atlantique pour joindre Le Havre à New York : le *Normandie* avant la guerre de 1939 et le *France* en janvier 1962.

La Société Nationale des Chemins de fer Français (S. N. C. F.) a battu bien des records du monde et le *Mistral* qui relie à Paris Lyon, Marseille et Nice est le train le plus rapide d'Europe; mais la qualité essentielle de ce service national est sans doute la régularité (2) et la sécurité traditionnelle qu'il procure aux voyageurs. L'électrification du réseau progresse très rapidement.

Loin de s'effacer devant l'automobile ou l'avion, les chemins de fer ont gardé une importance exceptionnelle dans la vie moderne, comme l'a fort bien montré François Legueu dans son livre *la S. N. C. F.*, paru en 1962.

Si le chemin de fer n'existait pas, il faudrait aujourd'hui le réinventer. Telle est une des contraintes de nos civilisations de masse. Chaque jour, la gare de Saint-Lazare (3) voit passer plus de 50 000 voyageurs entre 8 et 9 heures du matin, et près de 70 000 chaque soir, entre 18 et 19 heures. Pour les transporter en voitures particulières, il faudrait, d'abord, une autoroute de 300 mètres de large et, ensuite, pour les garer, 1 600 immeubles de six étages chacun. Quant au trafic des départs ou des rentrées de vacances, qui déplacent dans les gares parisiennes 1 million et demi de voyageurs en huit jours, il poserait à toute organisation autre que celle des chemins de fer, des problèmes pratiquement impossibles. *Plon, édit.*

UNE RÉVOLUTION DE NOTRE TEMPS : L'INFORMATION

La radio et la télévision L'aspect le plus saisissant de la vie moderne est sans doute la rapidité extraordinaire de l'information et la multiplication infinie des nouvelles. Une révolution dans le pays le plus isolé de la planète est connue et commentée immédiatement dans toutes les capitales du monde; un accident de chemin de fer est l'objet de communiqués, de

---

(1) Vendue aux sociétés d'aviation étrangères, la « Caravelle » a fait rentrer en France 50 milliards de devises en un an, presque autant que les vins et spiritueux (56 milliards). — (2) En 1962, 97,3 % des trains rapides sont arrivés à l'heure (ou plutôt à la minute) prévue. — (3) Gare centrale de Paris, où, en plus des grandes lignes, arrivent la plupart des trains de banlieue.

transmissions, de reportages, avant l'heure où le train serait arrivé à destination si l'accident n'avait pas eu lieu... Il y a là une sorte de miracle perpétuel de la vie moderne. Il est d'ailleurs notable que, contrairement à toute prévision, aucune technique n'a éliminé les autres ; toutes coexistent, enrichies par la concurrence ; la France n'a pas échappé à ce bouillonnement étourdissant.

Les postes nationaux d'émissions radiophoniques : France I, II, III, IV ou privés : Radio-Luxembourg, Radio-Monte-Carlo, Radio-Europe et Europe n⁰ 1, offrent une gamme de programmes d'une grande variété, résument l'actualité intellectuelle et artistique et diffusent les informations de dernière heure.

La télévision est en plein essor : un million six cent mille postes de télévision fonctionnent déjà en France, et leur nombre augmente constamment. Les reportages « en direct », la transmission des grands événements politiques ou sportifs attirent l'attention d'un nombreux public souvent passionné. En 1962, une belle réussite technique est venue accroître les possibilités de transmission : l'utilisation du satellite américain Telstar a permis à la station de mondo-vision de Pleumeur-Bodou, près de Lannion (Côtes-du-Nord), de capter un programme d'Outre-Atlantique.

Pleumeur-Bodou, 11 juillet 1962, 0 h. 49...

Sur le petit écran de télévision de la salle de contrôle, une image venue d'Amérique surgit. A l'anxiété de l'attente succède une joie délirante. Techniciens américains et français se congratulent...

C'est en effet la coopération franco-américaine qui a permis d'édifier, en moins d'un an, sur la lande bretonne, une station de communications spéciales, sœur jumelle des installations d'Andover, dans l'État du Maine...

M.-L. BARRE
(Revue des Applications de l'Électricité, n⁰ 198).

Au mois d'avril 1964, les téléspectateurs de France ont pu voir en direct une émission de la Radiodiffusion-Télévision japonaise et aujourd'hui, le satellite *Early-Bird* permet à la mondovision d'être quotidienne.

Le rôle de la presse n'en reste pas moins considérable dans la vie sociale : quotidiens, journaux sportifs, journaux féminins, journaux corporatifs, journaux d'enfants tirent à des centaines de milliers d'exemplaires.

La presse L'histoire même de la presse quotidienne depuis le début du siècle manifeste singulièrement l'évolution du public et de la vie française. En 1900, les journaux d'opinion et les journaux d'information : *Le Petit Parisien, Le Matin* qui coûtent un sou ; *Le Figaro, Le Gaulois, Le Temps, Le Journal des Débats,* un peu plus chers, en raison de la qualité du papier, ont peu de titres, point d'illustrations, et ne diffèrent guère de ceux du siècle précédent. Mais dix ans après, les transformations sont déjà visibles : la mise en page s'adapte aux faits et aux circonstances, les titres sont plus évidents, les caractères divers traduisent pour l'œil l'importance relative des événements. En 1910, *L'Excelsior* offre pour deux sous la nouveauté séduisante d'une page illustrée de photographies qui sont des documents d'actualité. De magnifiques revues, *L'Illustration, La Mode illustrée, Fémina, Vie au grand air,* habituent le public à des images nombreuses et belles.

La presse est étouffée pendant la guerre de 1914-1918 par la rareté du papier et l'exigence de la censure ; pourtant les journaux subsistent et on voit naître *Le Populaire* et *Le Canard enchaîné,* célèbre feuille satirique. A la fin des hostilités, les publications reprennent vie et améliorent constamment leur présentation. On pratique une mise en page « à tiroirs » qui permet d'ajouter des articles de « dernière heure », en particulier pour les éditions d'après-midi. En 1924, on insère sept colonnes au lieu de six en une page et 1925 voit apparaître la couleur.

Les grands quotidiens sont devenus de véritables usines qui emploient des centaines de rédacteurs, d'ouvriers qualifiés, de reporters, de photographes, qui ont leurs moyens de transport, leurs services de diffusion et d'information. Le désir d'informations toujours plus récentes donne lieu à des tours de force sans cesse répétés. Lors de l'attentat qui causa la mort du roi Alexandre de Yougoslavie et de Louis Barthou à Marseille, *Paris-Soir*, devenu en 1932 un journal d'informations illustrées, réussit à présenter au public parisien, une heure après l'événement, reportage et documents transmis par belinogramme.

Les journaux d'opinion : *Le Populaire, L'Humanité, L'Œuvre, Le Peuple, La Croix*, plus sobres dans leur présentation, ne dédaignent pas cependant les prestiges de l'image, ou les titres éloquents. Seuls *L'Action Française, Le Temps, Les Débats, Le Figaro*, journaux d'information, gardent une sobriété qui convient mieux à leur clientèle plus limitée.

La guerre de 1939-1945 ramène la censure et les restrictions de papier. Certains quotidiens ne sont plus imprimés à Paris, mais en dehors de la zone occupée, à Lyon, Limoges, Marseille. La presse clandestine, qui se développe à partir de 1942 prend plutôt la forme de pamphlets dactylographiés, tirés au duplicateur ou imprimés à petit tirage. Son rôle, important moralement et politiquement, est nécessairement limité par les circonstances.

Le 21 août 1944 donne naissance aux journaux de la Libération, interdits pendant la guerre, comme *L'Humanité, Le Soir, L'Aube, Le Figaro*, ou créés par des équipes de journalistes résistants, *Libération, Le Parisien libéré, Combat, Franc-Tireur, Résistance*, selon un plan d'ensemble préparé dès 1943 dans la clandestinité. La vie de ces journaux se révèle matériellement difficile : ils étaient 30 en 1946, il n'en restera que 14 en 1950.

La France d'aujourd'hui possède des journaux moins nombreux, mais plus solides financièrement et qui couvrent tout l'éventail des idées politiques. Les journaux de grande information sont les plus lus; *France-Soir*, héritier de la formule de l'ancien *Paris-Soir*, tire à 1 200 000 exemplaires. Le développement des autres moyens d'information — radio, et télévision — ne semble pas leur avoir sensiblement nui. Grâce aux bandes dessinées, dont le succès est comparable à celui des anciens romans populaires, grâce aux rubriques sportives, aux grands reportages et aux améliorations techniques en cours — dans le domaine de la transmission des nouvelles et de l'impression, et dans l'organisation des chaînes de journaux — on ne peut douter de l'avenir des grands quotidiens.

Les hebdomadaires illustrés comme *Paris-Match* sont servis par des équipes de photographes excellents, les revues mensuelles comme *Réalités* sont brillamment présentées, et se multiplient d'année en année, aussi bien que les revues littéraires et culturelles.

La diffusion extraordinaire de l'information dans la vie moderne est une arme à deux tranchants : pour toucher un public immense et disparate, la radiodiffusion et les journaux préfèrent trop souvent la facilité, la « sensation » à la finesse, à la délicatesse, à la nuance... Le charlatanisme scientifique ou sentimental est fort répandu. L'attrait du scandale, la publicité mal déguisée, le pathétique frelaté s'étalent partout. Mais le bilan est malgré tout positif : de bons reportages, des campagnes de solidarité généreuses et, tout compte fait, une progressive et saine prise de conscience des difficultés des hommes du monde entier, et aussi de la noblesse de certains héros, bref, de la grandeur et de la servitude humaine est tout à l'honneur des journaux et des postes de radiodiffusion et de télévision de France.

LES PROBLÈMES SOCIAUX

L'évolution des problèmes sociaux Il est malaisé de suivre l'évolution des problèmes sociaux au cours d'un siècle bouleversé par deux guerres mondiales, lorsque le progrès technique a en outre aggravé les inégalités entre les nations, les régions et, parfois, les individus. En France, il est possible de distinguer, de 1900 à 1936, une période de luttes et de progrès ouvriers qui aboutissent à la victoire au moins passagère des partis de gauche, unis dans le gouvernement de Front Populaire ; cette formation politique est à l'origine de conquêtes sociales importantes et définitives comme « la semaine de 40 heures » et « les congés payés » (1). En revanche, de 1936 à nos jours, s'étend une période assez confuse qui voit un recul des espérances démocratiques sapées par la montée des gouvernements fascistes en Europe ; le renouveau de la Libération est ralenti très tôt par la cherté de la vie et l'élévation constante des prix ; le dynamisme syndical est paralysé, ainsi que la vie politique, par les guerres d'Indochine et d'Algérie. Mais la progression de la vie économique, depuis les dernières années, s'accompagne de l'amélioration des salaires et du niveau de vie des ouvriers, tandis que le chômage a pratiquement disparu.

En janvier 1963, les discussions entre la direction de la Régie Nationale Renault et les délégués syndicaux aboutissent à l'octroi d'une quatrième semaine de congés payés, signe d'une nouvelle amélioration sensible des conditions de travail. Mais il y a encore des secteurs défavorisés : des besognes extrêmement pénibles s'accomplissent encore dans les industries métallurgiques, minières et chimiques ; la situation des ouvriers agricoles, voire des petits propriétaires des régions pauvres, durement touchées par la crise agricole que le Marché commun n'a pas encore permis de résoudre, reste précaire, et il subsiste des taudis et des baraquements misérables, « zones » ou « bidonvilles » (2), aux abords des grandes villes.

L'extension du machinisme s'accélère : l'automation a fait des progrès considérables ces vingt dernières années, permettant de réaliser des machines-outils « à automatisme complet » comme les « machines de transfert » de l'industrie automobile où l'impulsion d'un seul bouton commande la succession de 400 opérations d'usinage. C'était là une révolution économique et sociale qui semblait irréversible ; mais la grave crise économique de 1973-1974, l'augmentation énorme du prix du pétrole brut, puis des matières premières change les données du problème. De nombreuses industries (automobile, textile, chaussure, horlogerie) se trouvent en difficulté : on compte 1 million de chômeurs au début de 1976 — dont beaucoup de jeunes, demandeurs d'un premier emploi. Néanmoins la France garde 2 millions de travailleurs étrangers employés dans le bâtiment et les travaux publics en particulier.

L'ENSEIGNEMENT

Progrès et stagnation Les problèmes de l'enseignement, primaire, secondaire, supérieur, aussi bien privé que public, qu'il soit orienté vers la culture générale ou spécialisé, de nature classique, moderne ou technique, ont pris une importance prépondérante en France.

Ils font l'objet de débats passionnés au Parlement, dans les associations de parents d'élèves, dans les syndicats de maîtres et de professeurs, dans les mouvements d'étudiants, et même dans le grand public, avisé par les revues, les journaux, la radio et la télévision. Chacun sent bien que les structures nouvelles de l'enseignement vont déterminer les structures mêmes de la société de l'avenir, mais on diffère sur les mesures à adopter.

(1) Congés annuels. — (2) Baraques faites à partir d'éléments en tôle pris à de vieux bidons.

Cependant, depuis le début du siècle, bien des modifications ont été réalisées. L'enseignement primaire public s'est développé régulièrement ; écoles maternelles et « jardins d'enfants », rendus nécessaires par le travail féminin, se multiplient. Après la guerre de 1914, l'évolution de la société française met de plus en plus en valeur l'importance des connaissances, des compétences, de l'activité professionnelle. En 1919, la loi Astier définit l'enseignement technique et le rend officiel. Les instructions ministérielles de 1923 précisent les buts de l'enseignement primaire qui ne doit pas seulement apporter des notions élémentaires, mais aussi constituer un apprentissage de la vie sociale et civique. En 1933, l'enseignement secondaire devient gratuit et s'ouvre plus largement à toutes les classes sociales. Les bourses, qui permettent de soulager les parents les plus modestes, continuent à être attribuées, en particulier pour les pensionnaires et demi-pensionnaires.

Une page de Jean Giraudoux, extraite du roman *Simon le pathétique*, donne une idée de la vie d'un pensionnaire dans un lycée de province, cellule essentielle de la vie intellectuelle française.

Mon lycée (1) de briques et de ciment, était tout neuf. A tous les étages, la clarté, l'espace, l'eau. D'immenses cours sans arbres. D'immenses dortoirs dont les fenêtres donnaient sur le terrain d'une caserne. Au lever, en voyant au-dessous courir et manœuvrer ces uniformes, on avait l'impression qu'après la classe au second étage, après l'étude au premier, à midi l'on sortirait soldat. La sonnerie du clairon au réveil et au couvre-feu, une demi-heure avant notre lever, une demi-heure après notre coucher, encadrait la journée d'une marge, d'un temps neutre et libre pour lequel nous réservions nos gambades, nos folies. Je trouvai tout en abondance : dans mes rêves les plus heureux, ce que j'avais juste imaginé, c'était le lycée. Les poêles ronflaient à rouge. Chaque étude possédait des dictionnaires historiques, sa bibliothèque, son atlas. J'eus le jour même trente volumes, sur lesquels j'écrivis mon nom ; j'eus d'un seul coup vingt professeurs.

Travail, cher travail, toi qui terrasses la honteuse paresse ! Travail d'enfant, généreux comme un amour d'enfant! Il est si facile, quelle que soit la surveillance, de travailler sans relâche. Au réfectoire, alors qu'on distribuait les lettres, j'en profitais, puisqu'on ne m'écrivait jamais, pour relire mes cahiers. Le jeudi et le dimanche, pour éviter la promenade, je me glissais à la Permanence. Ce nom vous plaît-il autant qu'il me plaisait : travail permanent, permanente gloire ! Dans les récréations, il suffisait, sans même dissimuler son livre, de tourner lentement autour d'un pilier selon la place d'un répétiteur qui faisait les cent pas. Je me levais chaque matin à cinq heures avec joie, pour retrouver, dans mon pupitre, le chantier de mes thèmes, mes feuilles de narration éparpillées, mais déjà portant leur numéro, comme les pierres d'un édifice. Le jour était souvent gâché par la vaccination, la gymnastique, mais toujours il restait la nuit. La caserne était endormie. Les clairons des sociétés civiles qui s'exerçaient dans les prairies voisines, sonnant à cette heure sans dignité, la soupe ou la visite, se taisaient enfin...

Onze heures! le veilleur passait ; il n'y avait, contre sa lanterne, contre sa tournée aveuglante, que les ombres fuyantes des quatre colonnes de fonte, que quatre demi-secondes d'ombre. Il s'arrêtait devant mon lit, soupçonneux, je retenais mon souffle, je ne réfléchissais pas que les dormeurs eux aussi respirent et qu'ainsi, s'il était bon veilleur, il ne pouvait que me croire mort.

Grasset, édit.

L'enseignement libre, en majorité catholique, coexiste avec l'enseignement officiel, suit à peu près les mêmes programmes et prépare aux examens publics. Depuis 1951, l'État attribue une allocation pour tout enfant de 6 à 14 ans fréquentant un établissement public ou privé, et, depuis 1959, offre aux établissements privés la possibilité de s'intégrer ou de s'associer par contrat à l'enseignement public, s'engageant à payer leurs maîtres sur lesquels il devra alors exercer un contrôle pédagogique.

L'enseignement supérieur des Facultés et des grandes Écoles n'a sensiblement pas changé de structures ni de traditions.

A la veille de la guerre une volonté d'évolution et de progrès se fait jour à l'Éducation Nationale : on s'efforce de mettre sur pied une éducation populaire et post-

---

(1) Ce pourrait être le lycée de Châteauroux, où Giraudoux fut boursier, avant d'entrer au lycée Lakanal à Paris comme élève de première supérieure.

scolaire ; la durée de la scolarité obligatoire est prolongée jusqu'à 14 ans (1). Cette volonté sera plus nette encore après la Libération ; dans la résistance même, les problèmes pédagogiques ont été soulevés, la réforme de l'enseignement a paru une pièce maîtresse de la reconstruction nationale. Des solutions d'ensemble, comme le projet Langevin-Wallon, ont été proposées qui prétendent organiser un système cohérent où chacun trouve la formation qui lui convient sous la conduite de maîtres compétents. Les structures d'une réforme fondamentale de l'enseignement secondaire et de l'enseignement supérieur ont été établies dès 1965. Mais il faudra encore bien des efforts pour harmoniser ces structures et leurs cadres, avec une clientèle considérablement élargie, répondre aux besoins du monde moderne, sans brimer les légitimes aspirations d'un humanisme qui ne veut pas mourir.

Signalons les améliorations constantes de l'hygiène scolaire et universitaire ; l'importance des Mouvements de Jeunesse et de culture populaire entraînés par des animateurs convaincus — rattachés depuis 1945 à l'Éducation Nationale ; la création enfin des « maisons de la culture », groupant des salles de spectacle, discothèques, bibliothèques, salles d'exposition, mettant ainsi les grandes œuvres à la portée de tous et donnant l'occasion de discussions fructueuses.

LA VIE CULTURELLE ET SPORTIVE

Pour la littérature, le théâtre et les arts, une solide infrastructure existe, il est vrai : les maisons d'éditions sont nombreuses et bien équipées, chaque grande ville a maintenant ses salles de spectacles, ses musées divers et riches, et aussi ses écrivains, ses artistes, ses animateurs de talent. Mais il faut passer d'un état d'aristocratie intellectuelle et artistique à une élévation générale du niveau de la culture.

Le grand succès des « Livres de poche », éditions coquettes et bon marché qui diffusent même des ouvrages de philosophie pure à des milliers d'exemplaires, l'effort réussi de décentralisation théâtrale par les Centres Dramatiques régionaux et la vogue générale des Jeunesses Musicales sont des symptômes encourageants.

Mais ne sommes-nous pas tentés de nous laisser prendre à toutes les séductions de nos sociétés modernes et de nous détourner de la recherche patiente et gratuite ? C'est la crainte qu'exprime Paul Valéry, tandis que Georges Pérec, sociologue et romancier, nous brosse un portrait impitoyable de nos contemporains avides seulement de posséder les « choses » de la vie :

LA CULTURE EN PÉRIL

Pour que le matériel de la culture soit un capital, il exige, lui aussi, l'existence d'hommes qui aient besoin de lui, et qui puissent s'en servir — c'est-à-dire d'hommes qui aient soif de connaissance et de puissance de transformations intérieures, soif de développements de leur sensibilité ; et qui sachent, d'autre part, acquérir ou exercer ce qu'il faut d'habitudes, de discipline intellectuelle, de conventions et de pratiques pour utiliser l'arsenal de documents et d'instruments que les siècles ont accumulé.

Je dis que le capital de notre culture est en péril (...). Je vous ai montré de mon mieux, à quel point toute la vie moderne constitue, sous des apparences souvent très brillantes et très séduisantes, une véritable maladie de la culture, puisqu'elle soumet cette richesse qui doit s'accumuler comme une richesse naturelle, ce capital qui doit se former par assises progressives dans les esprits, elle la soumet à l'agitation générale du monde, propagée, développée par l'exagération de tous les moyens de communication. A ce point d'activité, les échanges trop rapides sont *fièvre*, la vie devient dévoration de la vie.

P. Valéry,
Regards sur le monde actuel, Gallimard, éd.

---

(1) Une loi de 1959, prolongeant jusqu'à seize ans la scolarité obligatoire, prendra son plein effet en 1967. — (2) Allure. — (3) S'accrochait aux voitures qui étaient en tête.

LA FORCE DES CHOSES

Ils vendront leurs livres aux bouquinistes, leurs frusques aux fripiers. Ils courront les tailleurs, les couturières, les chemisiers. Ils feront leurs malles.

Ce ne sera pas vraiment la fortune. Ils ne seront pas présidents-directeurs généraux. Ils ne brasseront jamais que les millions des autres. On leur en laissera quelques miettes, pour le standing, pour les chemises de soie, pour les gants de pécari fumé. Ils présenteront bien. Ils seront logés, bien nourris, bien vêtus. Ils n'auront rien à regretter.

Ils auront leur divan Chesterfield, leurs fau-teuils de cuir naturel souples et racés comme des sièges d'automobile italienne, leurs tables rustiques, leurs lutrins, leurs moquettes, leurs tapis de soie, leurs bibliothèques de chêne clair.

Ils auront les pièces immenses et vides, lumi-neuses, les dégagements spacieux, les murs de verre, les vues imprenables. Ils auront les faïences, les couverts d'argent, les nappes de dentelle, les riches reliures de cuir rouge.

Ils n'auront pas trente ans. Ils auront la vie devant eux.

Georges PÉREC,
Les choses, Julliard, éd.

Dans le domaine des sports, la prodigieuse popularité du foot-ball, du traditionnel Tour de France cycliste et des grandes courses d'automobiles, comme les Vingt-quatre heures du Mans, consacre plutôt le goût du spectacle, de la performance et de l'amour des compétitions, qu'un réel progrès sportif des individus, bien que les établissements scolaires fassent une part de plus en plus grande aux sports et à l'éducation physique.

LES CONDITIONS DE VIE DES FRANCAIS

Les conditions de vie à la campagne Il subsiste de grandes différences entre le rythme de la vie dans les villes et à la campagne, et aussi entre les grandes villes et les petites. Elles s'atténueront, sans doute, avec le développement des économies régionales et la décentralisation industrielle, projets auxquels beaucoup d'esprits lucides et actifs se sont attachés, et aussi avec l'organi-sation des marchés européens, seul moyen d'éviter la mévente et l'effondrement des cours, qui sont catastrophiques pour les petits et moyens exploitants. Déjà, le monde paysan est mieux informé, l'électrification des campagnes est en bonne voie, l'ensei-gnement agricole progresse lentement mais régulièrement. En fait, la radiodiffusion et l'automobile ont mis fin au traditionnel isolement du paysan. On peut, dès main-tenant, prévoir la constitution d'une population rurale moins nombreuse, mais mieux équipée et organisée, parfaitement capable de défendre ses intérêts et d'affirmer dans le monde moderne son indépendance et sa dignité.

L'expansion démographique et les problèmes qu'elle pose Au-delà de ces phénomènes intérieurs, le fait essentiel semble bien être l'accroissement net de la population depuis une vingtaine d'années, dû essentiellement à une augmentation des naissances (800 000 en 1960 au lieu de 612 000 en 1939), qui a entraîné un grand rajeunissement de la population. La France compte en 1975 53 000 000 d'habitants.

Ce mouvement démographique occasionne une demande, sans cesse accrue, de loge-ments nouveaux, de créations d'écoles en tous genres, d'emplois supplémentaires.

La construction de grands ensembles dans les banlieues des grandes villes, voire de cités entières (un exemple : Mourenx-la-Neuve dans la région de Lacq) comble les besoins immédiats. Mais ces blocs inhumains ne sont pas encore des unités sociales comme le furent la paroisse, le village, ou même le quartier urbain traditionnel et les cons-tructeurs n'ont pas pu leur donner une âme. Pourtant, de brillants architectes rêvent d'édifier les villes de l'avenir : le plus célèbre d'entre eux, Le Corbusier (2), qui fut

(2) Voir p. 462. —

prophète dans le monde entier avant de s'imposer en France, a construit à Marseille et à à Rezé (3) deux immeubles qu'il a voulu accorder à la fois à la vie des habitants et à la nature qui les entoure.

Voici comment Le Corbusier voyait le problème très actuel du logement et quelle solution il proposait.

La maison des hommes ayant abdiqué sa dignité, est aujourd'hui déchue de son titre : la maison n'est plus celle des hommes. Bourgeoise ou ouvrière, et par l'effet des négligences, de la rapacité de l'argent, de la décadence de la profession d'architecte, elle n'est plus qu'une anomalie quand elle n'est pas, plus tragiquement encore, un taudis. Par l'effort et la persévérance des siècles, le logis avait acquis un nombre de vertus suffisant pour mériter son titre de maison des hommes ; c'était vraiment un abri. Par l'effet d'un siècle d'académisme déformant peu à peu la notion de service et surtout de bien servir, la mesure humaine était abandonnée et les conditions de cause à effet méconnues ou trahies...

Retrouver l'échelle humaine, c'est tout remettre en question, c'est faire l'énoncé d'un programme partant du détail et atteignant l'ensemble. On s'aperçoit alors, ayant dressé notre bonhomme d'homme au milieu de la scène où se joue la partie, que le déroulement des événements s'opérera du dedans au-dehors, en croissance régulière et organiquement commandée... De l'arbitraire, nous aurons passé sous le régime des lois, des lois émanant de la nature, de rapports impeccablement établis entre l'homme et son milieu. Par conséquent, ni « axes », ni « ordres » de l'architecture et pas de « façades », mais un dehors exprimant régulièrement un dedans...

Un logis est un contenant d'homme. Cet homme a les yeux placés sur la figure et regardant devant lui, d'une hauteur d'environ un mètre et demi, situation qui est la clef même de ses appréciations et qui disqualifie trop d'axes installés en étoiles sur les planches à dessin des architectes. Il dort, il marche, il travaille, fonctions qui requièrent des dispositions opportunes : l'équipement domestique. Cet équipement domestique est comme le prolongement de ses membres : c'est en fait, de l'outillage ; outils qui sont des meubles et des ustensiles...

L'observation nous dit encore que des êtres s'épanouissent lorsqu'ils sont placés dans des conditions de nature propices... Les matériaux de l'urbaniste sont le soleil, l'espace, la verdure, l'acier et le ciment armé, dans cet ordre et dans cette hiérarchie. Affirmation qui juge désormais et l'état de nos villes et la valeur des projets actuellement mis en chantier...

... Le problème est dès aujourd'hui résolu techniquement : une nouvelle biologie du logis

a été créée... L'étude a montré ici par exemple, qu'en tirant un parti tout naturel des progrès accomplis dans les procédés de circulation verticale (ascenseurs), on pouvait se contenter d'élever des immeubles locatifs d'une hauteur de cinquante mètres, et obtenir ainsi la clef même de l'organisation harmonieuse du logis, à savoir :

1º Une batterie d'ascenseurs commandés nuit et jour par des liftiers professionnels. Deux mille cinq cents personnes peuvent alors habiter autour de cette circulation verticale, la distance extrême de leur logis à l'ascenseur variant entre soixante et cent mètres. Moyennant quoi :

2º On obtiendra une densité de près de mille habitants à l'hectare, tout en n'ayant recouvert que les 12 % de la surface du sol. Le terrain libre mis ainsi à disposition est de 88 % plantés en parc. Conséquence :

3º On pourra réaliser la séparation de l'automobile et du piéton, ceux-ci ne se rencontrant que sur les « autos-ports » devant la porte même des immeubles ;

4º Les parcs seront émaillés de piscines et de terrains de ballon ; la culture physique se pratiquera au dernier étage des bâtiments, à cinquante mètres au-dessus du sol, la terrasse-toiture étant consacrée à l'hélio et l'hydrothérapie dans des jardins suspendus et des plages de sable. A l'étage même de la culture physique, seront les locaux du dispensaire et du service de santé. A l'entresol, les entrepôts et les étals de la coopérative de ravitaillement, les locaux de la régie hôtelière qui aura pris en charge le service domestique dans chaque appartement.

Tout cela est étudié et mis au point depuis des années. C'est en fait la cité-jardin verticale à laquelle on oppose la cité-jardin horizontale.

Opposition qui vaut d'être signalée ; elle incarne le dilemme même qu'il faudra bien trancher : la cité-jardin verticale offre les mêmes avantages de nature que la cité-jardin horizontale, avec cette différence que dans l'une, tout est ample, fécond, au service des hommes, alors que dans l'autre tout conduit à l'impasse : la dépense brute, l'extension catastrophique des zones habitées, l'étriquement d'une nature mise au saccage, l'étouffement dans des dimensions minuscules. La cité-jardin verticale s'installe en ville et supprime le problème des transports mécaniques.

La Maison des hommes,
cité dans *Le Monde Contemporain,*
J. Bouillon, P. Sordin et J. Rudel,
Bordas, édit.

_____

(3) En Loire-Atlantique, près de Nantes.

Le phénomène parisien   Paris n'est pas seulement la ville de France la plus impor-
                        tante. L'agglomération urbaine compte sept millions
d'habitants, deux de plus qu'en 1930 et les trois départements du « district de Paris »
8 millions et demi, ce qui représente plus du sixième de la population totale du pays.

Capitale depuis des siècles, malgré Versailles de Louis XIV et Versailles de M. Thiers, Paris demeure bien le cœur et le cerveau de la France. Du centre « historique » où flânent, à la belle saison, les touristes du monde entier, sensibles à l'harmonie des vieilles pierres, à l'air léger des soirs d'été, jusqu'à la lointaine petite ville de Seine-et-Oise ou Seine-et-Marne, où, après une heure de métro et une heure de train, le banlieusard, avide de silence et d'air, rejoint sa « commune-dortoir », l'agglomération parisienne rassemble, fait vivre d'une même vie **ardente et fière, près de sept millions de Français ; ouvriers et employés du XXᵉ, du XVᵉ arrondissement, grands bourgeois des beaux quartiers du XVIᵉ, XVIIᵉ, populations ouvrières de la banlieue « rouge » de Bezons à Saint-Ouen, d'Ivry à Montrouge, cadres et techniciens de l'Ouest, Versailles, Saint-Germain, grandes banlieues plus « mêlées » de Draveil à Brunoy, d'Aulnay à Champigny-sur-Marne.**

Histoire de la civilisation française,
Duby et Mandou, *Colin, édit.*

Capitale d'un pays traditionnellement et pratiquement centralisé à l'extrême, Paris est le siège principal des grandes maisons commerciales et industrielles, des grandes banques, des sociétés d'assurances, des maisons d'édition, des laboratoires, de la haute couture, de l'ameublement, des arts. Les grandes écoles y sont installées, les mouvements de pensée y naissent et s'y opposent, les voies de communications y convergent, toutes les activités du pays y trouvent leur aboutissement et leur consé-cration.

Cet extraordinaire développement n'est pas sans inconvénient. La capitale attire à elle main-d'œuvre, cadres (1), fonctionnaires en avancement, au détriment de la province, et particulièrement des régions déjà défavorisées ; la progression indéfinie de l'agglomé-ration pose les problèmes de jour en jour plus difficiles à résoudre du ravitaillement, d'équipement en établissements scolaires, des hôpitaux, des communications surtout. La circulation, et surtout le stationnement dans les rues de Paris apparaît presque insoluble : des parcs souterrains et des garages à étages multiples ont été construits, une réorganisation complète des règles de circulation est en voie de réalisation.

En attendant, Paris est devenue une des cités les plus tentaculaires, une des métro-poles les plus enfiévrées du monde. Environné d'un déluge de lumières multicolores, de bruits constants et d'images contrastées, surexcité, blasé et, en même temps, étourdi par le tourbillon perpétuel qui l'entraîne, le Parisien mène une vie artificielle, aussi rude et épuisante que la vie inconfortable et laborieuse de ses ancêtres du XVᵉ ou du XVIᵉ siècle.

Mais cette ville monstrueuse est un creuset où viennent se fondre et s'amalgamer d'innombrables richesses humaines : traditions provinciales, expérience séculaire, rencontres cosmopolites, particularismes de toutes sortes qu'un libéralisme spontané laisse fleurir et prospérer. Ville de curiosités et de plaisir, certes, Paris est aussi une ville de travailleurs patients qui accomplissent dans les usines, les magasins, les bureaux, les bibliothèques, les musées, les salles d'étude et les laboratoires, une incalculable somme de travaux.

C'est enfin une ville de coopération internationale, dont le cœur bat au même rythme que celui des grandes capitales, où se rencontrent les diplomates du monde entier, où le palais de l'U. N. E. S. C. O. symbolise la solidarité mondiale. Ce ne sont pas seule-ment, d'ailleurs, les visites des chefs d'États, ou les voyages spectaculaires des per-sonnages officiels, mais aussi les promenades de touristes, les séjours studieux des étu-

(1) Personnel dirigeant.

diants ou des artistes, les conférences d'hommes d'action, d'affaires, de pensée qui contribuent à faire de Paris un carrefour actif et fécond entre le Nord et le Sud, l'Europe Centrale et les pays anglo-saxons, l'Europe traditionaliste et l'Afrique en pleine effervescence.

Cette fusion s'accomplit dans un climat de liberté, d'activité intense, de curiosité universelle. Le mouvement fébrile de la vie moderne a laissé subsister à Paris une certaine chaleur humaine, une sorte d'amabilité souriante qu'apprécient plus ou moins consciemment les visiteurs et une indéniable douceur de vivre. La traversée d'une grande artère est un exercice difficile, et les couloirs du métro bondé aux heures de pointe suscitent l'angoisse du non-initié; mais on peut toujours flâner sur les trottoirs, « remonter les Champs-Élysées », s'attarder sous les arcades du Palais-Royal, admirer les vitrines du faubourg Saint-Honoré, les galeries de tableaux et les boutiques des antiquaires du quartier Saint-Germain, explorer les trésors des bouquinistes, sur les quais de la Seine, ou simplement s'asseoir à la terrasse d'un café et regarder le spectacle toujours nouveau des gens qui passent

> Le grand attrait de la terrasse de café est d'y rester, si l'on peut dire, un passant sédentaire; de ne pas quitter la rue, de continuer à faire partie d'elle... Dans une grande ville, comme Paris, un des passe-temps les plus attachants de l'amateur-de-terrasses est d'imaginer « les idées qu'a dans la tête » le monsieur (ou la dame) qui passe. Et point seulement les idées, mais les passions, les manies, les inavouables ou attendrissants secrets. Dès qu'un homme (ou une femme) a pris place dans un endroit public, il cesse d'être naturel. Il se croit, se sent, se sait regardé, peut-être épié. Au contraire, la plupart du temps, l'homme de la rue ne pense plus à son prochain, ou du moins, ne pense pas au prochain inconnu qui le croise...
>
> Jean-Louis VAUDOYER (En France) cité par François FOSCA, Histoire des Cafés de Paris

Sans doute est-ce là l'image d'un art de vivre qui reste ce que la France a de meilleur. Davantage, peut-être, que les grandes réalisations industrielles et commerciales, plus même que les réussites des savants, des écrivains et des artistes, faut-il apprécier et préserver un équilibre de l'esprit et des sens, une diffusion générale et quotidienne du goût, une prédilection pour le travail bien fait et joliment présenté qui se retrouve jusque dans la cuisine française, infiniment riche et variée, dans l'ameublement des maisons, dans la coquetterie des magasins, dont la présentation paraîtrait œuvre d'art à un public moins blasé, et surtout dans la mode.

C'est un lieu commun d'évoquer non seulement le prestige mais aussi l'importance et la prospérité de la mode parisienne, de citer l'énorme chiffre d'affaires (1) des grandes maisons et l'abondante main-d'œuvre qu'elles occupent. La sortie des grandes collections est un événement mondain et artistique; de somptueuses revues annoncent et commentent l'évolution de la mode, dont les moindres changements sont de véritables commandements.

Une nouvelle préoccupation : l'écologie   Cette science des rapports étroits qui lient l'homme et son environnement naturel s'est imposée depuis le milieu du XXe siècle : de grandes catastrophes l'ont mise en évidence. Sans même reparler des effets des bombes atomiques, rappelons le naufrage du pétrolier *Torrey Cannion* en 1967, dont la « marée noire » infesta les plages bretonnes et fit périr des milliers d'oiseaux et de poissons, et aussi l'invasion des « boues rouges » provenant d'une usine de produits chimiques italienne sur le littoral corse. L'opinion publique est aujourd'hui sensibilisée à ces graves problèmes que pose la pollution sous toutes ses formes, et la création d'un ministère « de la qualité de la vie » est significative.

---

(1) Evaluation du total des affaires, dans une maison de commerce.

Par ailleurs des hommes comme le Commandant Cousteau, Paul-Émile Victor et Alain Bombard ne cessent d'alerter cette opinion publique et les gouvernements de tous les pays du monde dans des articles, des livres ou des conférences, tandis qu'un écologiste, René Dumont s'est présenté aux élections présidentielles pour pouvoir, devant les plus larges auditoires possibles, parler non seulement du péril que fait courir à l'humanité le gaspillage de notre société de consommation, mais également de l'urgence d'une action concertée pour sauver notre environnement.

Voici le cri d'alarme lancé par le médecin et biologiste Alain Bombard à propos du péril que court la mer Méditerranée :

« Qui tient la Méditerranée tient l'Europe », était une formule politique. La formule écologique serait-elle « Qui sauve la Méditerranée sauve l'Europe » ? Car la mer Méditerranée est en danger et en danger de mort.

Il y a peu d'années encore (dix ans peut-être), une telle affirmation aurait rencontré une incrédulité indignée. C'est qu'en dix ans, la situation s'est diablement aggravée. Cette seule constatation devrait nous faire peur pour les dix ans qui viennent.

Deux affirmations doivent guider notre étude : la Méditerranée est une mer pratiquement fermée, la Méditerranée est une mer sans marées. Sa mort ressemble plus à la mort d'un lac qu'à la mort d'un océan. La dégénérescence d'une mer fermée commence par la frange littorale. Les mers, milieu vivant, peuvent être détruites dans trois dimensions : la surface, le fond, la masse.

De la pollution de surface, le public est le mieux informé : c'est essentiellement la pollution par les hydrocarbures. Cette pollution est dénoncée couramment et le public y est sensibilisé. N'est-ce pas lui, d'ailleurs, qui en a accroché le grelot devant le dépôt visible et désagréable de déchets d'hydrocarbures sur les plages ? Tous les océans sont menacés par cette pollution hauturière (1) ; chaque année la valeur de 25 *Torrey Cannion* est rejetée légalement à la mer. Légalement, c'est-à-dire à plus de cinquante milles nautiques de toute côte — comme si une distance, quelle qu'elle soit, pouvait être une défense biologique !

En Méditerranée, un accident (ou un délit) de cette sorte deviendrait dramatique ; aucun courant permanent, en effet, ni aucune marée, émulsionnant et dispersant cet hydrocarbure, n'en débarrasserait jamais ni la côte ni la mer. (...)

Pour parachever ce désastre, on annonce le début d'une recherche pétrolière en Méditerranée. Or il est connu que l'état actuel de la technique ne permet pas de contrôler les têtes de puits au-delà de 200 m : en Méditerranée, les recherches devront être entreprises à plus de 1 500 m ! Le moindre accident sera une catastrophe et, en admettant même que de tels accidents ne se produisent jamais, qu'adviendra-t-il des forages non rentables qui suinteront le pétrole sans qu'on puisse les fermer ? Devant cette moribonde, nous sommes à l'heure du choix : il nous est loisible de préférer la mort industrielle à la vie biologique. Les deux, simultanément, ne sont pas possibles. Les décisions qui seront prises concernant la mort ou la vie de la Méditerranée reviennent à choisir entre la vie ou la mort de l'espèce humaine.

Revue « Le Sauvage »,
Mai-Juin 1973.

LES ARTS

LES RÉVOLUTIONS ESTHÉTIQUES QUI PRÉSIDENT A LA NAISSANCE DU XXᵉ SIÈCLE

Un bouleversement des valeurs   C'est au cours d'une période qui s'étend entre 1884 et 1914, entre la première manifestation de l'autonomie artistique, que révélait le Salon des Indépendants, et la crise de 14-18, que s'est élaboré l'art vivant de notre temps. Un bouleversement fondamental se produisit alors dans le domaine de l'Art et de la Pensée, semblable à celui qui avait

---

(1) Qui se fait en haute mer.

marqué la fin du Moyen Age, et qui avait suscité le grand réveil de la Renaissance. Cependant, malgré la marche du progrès philosophique, scientifique et technique qui favorisait ce changement, la société bourgeoise d'après-guerre, dans le nouvel état d'esprit immobiliste qu'elle s'était créé pour préserver de toute atteinte sa tranquillité retrouvée, le refusait, comme elle refusait l'évidence d'une situation internationale toujours tendue, comme elle refusait d'entendre les nouvelles inquiétudes du socialisme. Le capitalisme triomphant d'une époque voulue « belle » à tout prix la murait ainsi dans une insouciance monstrueuse qu'elle confondait avec un sentiment de « bonheur » et de « sécurité »; la tranquillité reposante et sûre de l'art officiel lui renvoyait sa propre image, factice et anecdotique, et la comblait. Le renouvellement culturel allait donc se faire sans elle et en marge de ses activités. Pour la première fois dans l'histoire de l'art en France, l'évolution esthétique se réalise dans une totale indépendance vis-à-vis de la mode, du goût et des mœurs, en dehors de toute influence sociale. Son seul promoteur, l'artiste, subversif par définition, comme le poète, devient alors quelqu'un que la société rejette; le paria, le maudit, fait son petit scandale à part, dans son milieu obscur et trouble, et se voit condamné par les milieux officiels. Isolés, ces parias se recherchent et se groupent, formant un nouveau genre de « compagnonnage » dans les cafés, autour d'une revue, ou dans un atelier commun, œuvrant dans un même idéal. Il faudra attendre longtemps, jusqu'aux années qui suivront la Première Guerre mondiale, pour qu'à travers un nouveau snobisme et l'entrée dans le domaine des arts de la spéculation financière, la société réhabilite la bohème et consacre ses scandales.

C'est dans un tel milieu que devait s'épanouir la semence lancée naguère par l'Impressionnisme, quand il libérait l'homme devant le réel. La grande révolution sera le choix de la sensation et de l'impression, cette nouvelle approche instinctive du monde des apparences, comme premier moyen de connaissance et comme point de départ de toute expérience poétique et artistique. En ce sens, Verlaine et Monet avaient déjà renouvelé la notion même de réalité qui jusque-là avait toujours été liée à la notion d'objectivité et devenait maintenant indissociable de l'impression visuelle, auditive ou tactile qu'elle faisait sur l'artiste. « Il faut vivre ébloui » est le nouveau mot d'ordre, et Gide chantera l'ivresse des «nourritures terrestres». Cependant, toute une ambiance avait concouru et concourait encore à cette révolution : les travaux d'un Bergson sur l'intuition directe des données immédiates de la conscience démantelaient la réalité rationnelle et intelligible du temps et de l'espace, tandis que les apports récents du progrès scientifique et technique bouleversaient le rythme même de la vie, créaient de nouvelles dimensions et donnaient, avec le cinéma, une vision originale de l'éternelle métamorphose du monde. Toute l'époque disait non à la stable assurance de l'édifice cartésien.

C'est ainsi que s'élaborèrent, dans le domaine des arts, des notions absolument neuves. On fit table rase des principes préexistants et l'art cessa d'être une discipline académique et conformiste, pour devenir une « expérience » toujours vivante, donc perpétuellement nouvelle. C'est ainsi que naquit la notion de « modernisme » et d'avant-garde, cette démarche historique, ce pas en avant vers autre chose, qu'un dynamisme impérieux commande à l'artiste pour que son œuvre soit toujours une source vive. Cet effort de création explique les multiples et prodigieuses révolutions esthétiques qui jalonnent le XXe siècle; autant de révolutions que de visions du monde différentes, autant de visions du monde que de créateurs : ainsi s'affirme le génie irréductible de l'artiste.

L'art transforme   Un autre phénomène de ce temps fut la revanche que prit l'art,
la vie quotidienne   aux environs de 1900, sur l'indifférence que cultivait la société
                              à son égard. « L'Art Nouveau », le New Style, ou encore le
style Métro, marcha alors à la conquête de cette société et réussit à s'imposer dans tous
les domaines de ses activités quotidiennes. L'architecture s'empara des nouveaux
matériaux, verre, acier, béton armé, et, appliquant la notion d'art à une architecture
et une décoration « fonctionnelle », transforma l'habitation et les immeubles commerciaux ; les métiers furent remis à l'honneur, la céramique et la verrerie se créèrent
un style, tandis que dans les salles de spectacles et dans les rues, les rideaux de scène,
les entrées de métro et les affiches publicitaires étaient l'œuvre non plus d'artisans
spécialisés mais de peintres et d'architectes. Ce mouvement de culture, dont l'unité
et l'universalité étonnent encore, loin de se limiter à la France, s'affirma dans l'ensemble
de l'Europe.

Paris centre international des arts   C'est à partir de ces années-là que « l'Eu-
                                                 rope » commence à créer cet esprit inter-
national qui favorise à Paris la réunion d'artistes venant de partout et qui fait participer tous les pays occidentaux à des révolutions esthétiques parallèles ; c'est moins
une simple rencontre d'affinités que le début d'un rapprochement entre nations : le
milieu où vit et évolue la culture est en train de perdre son caractère spécifiquement
national, pour s'élargir aux dimensions européennes et bientôt mondiales, avec la présence nouvelle des États-Unis parmi les pays dirigeants, en matière d'architecture et
de technique industrielle. Ce phénomène de civilisation constitue sans doute l'aspect le
plus original de notre XXᵉ siècle.

L'ARCHITECTURE

Naissance de l'association   L'évolution de l'architecture au cours de ces trente
art et technique industrielle   années est intimement liée à l'histoire de deux
                                        matériaux : le fer et le béton armé. Ce furent ces
matériaux, produits de l'industrie, qui, par leur caractère «fabriqué», firent s'intégrer
la technique à l'art du bâtisseur, tandis que par ailleurs, pour avoir été d'abord
employés dans des constructions utilitaires et à des fins fonctionnelles, ils ajoutèrent
des préoccupations nouvelles au souci esthétique de l'architecte parmi lesquelles le
fameux problème du Beau utile et du Beau gratuit que notre temps essaie encore
d'élucider. C'est alors que l'on vit de nombreux architectes se mettre à l'école des
techniques particulières dont dépendaient leurs matériaux ; des techniciens, comme
Eiffel, se lançaient de leur côté dans l'architecture, et des ingénieurs étaient appelés
à collaborer avec des architectes.

Toute la conception de l'œuvre architecturale se trouva, de ce fait, profondément
modifiée et devint beaucoup plus complexe, à l'image d'une civilisation industrielle
tiraillée entre un besoin de beauté pure et les nécessités pratiques d'un monde où le
matérialisme s'impose de plus en plus.

Le fer   Élément préfabriqué, adopté déjà par Labrouste et maints constructeurs
                    d'édifices publics, gares, marchés, magasins, salles d'exposition, c'est le
fer qui déterminera la première révolution spectaculaire dans la construction, avec la
disparition presque totale du mur : la Galerie des Machines, que Dutert et Contamin
font admirer aux visiteurs de l'Exposition de 1889, donne ainsi au fer sa première

expression architecturale, tandis qu'à cette même exposition, qui marque une date dans l'aventure de la technique, Eiffel présente une tour arachnéenne et vertigineuse, qui est un poème à l'ère scientifique et industrielle en même temps que l'expression parfaite d'une nouvelle optique, où la ligne vaut autant par son harmonie que par sa fonction, où l'adaptation à la fonction conditionne même la perfection esthétique. C'est d'Amérique que viendra l'idée féconde d'un édifice à ossature métallique. Cette idée, cependant, semble avoir été déjà exploitée, dès 1871, par Jules Saulnier, pour l'usine du chocolat Meunier à Noisiel en Seine-et-Marne, mais l'utilisation en France de poutres de fer à l'échelle industrielle ne commença que bien après les réalisations américaines et fut directement influencée par l'école de Chicago. Chedane fut un des premiers à l'adopter pour son immeuble du 124 rue Réaumur à Paris, où l'ossature métallique est d'ailleurs laissée apparente. On sait quelle fortune aura, par la suite, cette mise au grand jour, à des fins décoratives, et dans leur aspect brut, des matériaux de base, appelés au premier chef à n'être que des éléments internes, strictement fonctionnels, simples supports de l'élaboration esthétique dans l'architecture.

Quand, aux environs de 1900, le *Modern' Style* met fin à l'éclectisme architectural du XIXᵉ siècle et « crée » enfin une expression nouvelle et libérée des influences antérieures, « moderne » en un mot, il trouve dans le fer le matériau idéal, propre à concrétiser ses rêves ornementaux : courbures alanguies et délires floraux. L'homme le plus représentatif de ce style est sans doute Hector Guimard (1867-1942) qui personnifia le mieux l'universalité des conceptions et de l'action de cet Art Nouveau, en étant à la fois architecte et décorateur. Il considérait l'architecture comme un tout ; et l'habitat, son décor, ses éléments d'utilité pratique comme le mobilier et les objets usuels, lui paraissaient inséparables ; c'est ainsi qu'il entreprit et réalisa une œuvre totale avec le Castel Béranger (1897-1898), 14 rue La Fontaine à Paris, où le moindre détail de construction, d'ornementation ou de décoration intérieure est de lui. On y remarque par ailleurs l'adoption nouvelle de briques de verre pour les parois de l'escalier, parois translucides absolument inédites. Le fer forgé et la fonte furent largement utilisés par Guimard à des fins décoratives, d'abord dans les motifs extérieurs du même Castel Béranger, mais plus spectaculairement dans ces accès de métro délirants, d'un rococo extravagant, qui faisaient descendre glorieusement dans la rue l'art du *Modern' Style*. Ainsi, tandis que les progrès techniques révélaient les possibilités esthétiques des matériaux nouveaux, le New Style, avec un Guimard en France et tant d'autres en Europe, notamment, en Espagne et en Belgique, consacrait une entente nouvelle et combien fructueuse entre l'architecture et les autres arts, et donnait, de ce fait, à sa révolution esthétique une unité jamais atteinte jusque-là et un champ d'action illimité. Comme dans le Castel Béranger, les fleurs gracieusement lasses du *Modern' Style* firent se lover les lignes du mobilier, les dessins des papiers peints, les motifs des tentures, tandis que la verrerie de Nancy, avec Gallé, contournait les formes de ses vases et de ses lampes, iris et nénuphars opalins et onduleux. Les Arts décoratifs contribuèrent ainsi largement à donner son style à l'Art Nouveau.

Le béton armé Cependant, un matériau nouveau, par la rigueur abstraite et dépouillée des structures qu'il imposait, allait assagir l'exubérance végétale du *Modern' Style* et arrêter bientôt complètement son extension. Le béton, et plus précisément le béton armé, n'avait été utilisé de 1872 à 1905 qu'en théories ou à des fins expérimentales, pour l'aqueduc d'Achères réalisé par Coignet en 1893, par exemple, ou pour cette villa de démonstration d'Hennebique à Bourg-la-Reine (1900) ; il est alors employé de plus en plus et dans tous les pays du monde. La première église construite en béton armé est celle de Saint-Jean de Montmartre par Baudot

(1897-1902), et Tony Garnier (1869-1948) dresse les plans d'une Cité industrielle étonnamment moderne où le béton sera roi.

Toutefois, c'est avec les deux frères Perret, Auguste (1874-1954) et Gustave (1875-1952) — ils signeront leurs plans « A. G. Perret » — que le béton armé atteint à l'expression architecturale et acquiert ainsi ses lettres de noblesse. Techniquement, le béton avait déjà « réussi ». Il était le matériau d'élection pour les poutres, les planchers, les linteaux, les appuis des fenêtres; il lui restait à acquérir une esthétique propre. Les frères Perret, dont Auguste est le chef, lui en fonderont une, en faisant table rase des principes antérieurs qui lui étaient étrangers, libérant du même coup l'architecture de la gangue des styles historiques. L'efficacité en est le mot d'ordre, avec la simplicité pure, claire, mathématique, cartésienne. Elle aboutira au « cube » qui, jusqu'à la Seconde Guerre mondiale, restera le volume idéal utilisé en construction. Le jeu des surfaces planes que ponctuent les saillies et les creux, et l'épiderme même du béton, en constituent toute la beauté. Toutes les œuvres de Perret, hardies, révoltantes à l'époque, mais possédant une certaine perfection, affirment le matériau, le chantent, en font le point de départ de leur ordonnance architecturale : l'immeuble du 25 *bis* de la rue Franklin à Paris (1902), l'église du Raincy, le garage de la rue de Ponthieu, et surtout le premier théâtre en béton armé, le Théâtre des Champs-Élysées, célèbrent la naissance d'une nouvelle architecture, la découverte du dépouillement décoratif (1).

Écoutons Auguste Perret dans *Contribution à une théorie de l'Architecture* :

Les grands édifices d'aujourd'hui comportent une ossature, une charpente en acier ou en béton de ciment armé.

L'ossature est à l'édifice ce que le squelette est à l'animal. De même que le squelette de l'animal, rythmé, équilibré, symétrique, contient et supporte les organes les plus divers et les plus diversement placés, de même la charpente de l'édifice doit être composée, rythmée, équilibrée, symétrique même.

Elle doit pouvoir contenir les organes, les organismes les plus divers et les plus diversement placés, exigés par la fondation et la destination.

Celui qui dissimule une partie quelconque de la charpente se prive du seul légitime et plus bel ornement de l'architecture.

Librairie des Alpes, édit.

Les ponts sont coupés avec les siècles précédents qui, depuis la Renaissance, n'avaient rien inventé de radicalement nouveau et dépendaient tous du passé. Ce phénomène qui donnera à notre civilisation une expression, un style à elle, donne en même temps une couleur nouvelle et authentique à l'épithète « moderne » qu'on lui attribue trop souvent, sans penser à l'étonnant programme qu'il contient et aux réalisations géniales qu'il suppose.

LA SCULPTURE INDÉPENDANTE

Les métamorphoses de la sculpture, au cours de ces années décisives, furent moins spectaculaires que celles des autres arts, car elles subissaient les effets d'une trop lente révolution romantique qui se prolongeait encore. Mais cette sculpture ne fut pas décadente; à défaut d' « écoles », ce furent de grands génies isolés qui, en l'affranchissant d'une servitude anachronique, devaient lui faire prendre pied dans le XXᵉ siècle et finalement la remettre au rythme des autres arts.

---

(1) Il semble que la technique d'avant-garde d'où était sorti ce théâtre le prédestinait à être le carrefour de l'art contemporain et de ses scandales. Son histoire qui commence non seulement avec Perret, mais avec M. Denis, A. Bourdelle et E. Vuillard qui le décorèrent, est la synthèse de tout ce qui se fit de nouveau dans le domaine de la musique, du théâtre et de la chorégraphie depuis 1913, année de son inauguration, jusqu'en 1961, où fut créé au Festival des Nations *Moïse et Aaron* de Schoenberg.

Rodin Auguste Rodin (1840-1917) constitue la première charnière entre deux
époques, le romantisme impressionniste et l'expressionnisme. La vitalité
élémentaire qui anime ses personnages titanesques, le tumulte dramatique qui tourmente leurs étreintes et leurs regards, le souci d'expressivité qui déforme leur anatomie
et la transforme en autant de « signes » chargés de vie intérieure, le prolongement de
leurs gestes, dans le temps et dans l'espace, saisis dans l'instabilité de l'instant, relèvent
pourtant d'une imagination essentiellement romantique et d'une vision tout impressionniste. Le Rodin qu'admire le grand public est bien du XIXᵉ siècle. C'est l'ouvrier
en lui, c'est l'homme fortement attaché à son métier, et soumis à ses impératifs techniques, qui dépasse les limites du romantisme et laisse pressentir la lucidité scientifique
des sculpteurs à venir.

Ses premiers ouvrages, l'*Age d'Airain* en particulier, firent scandale et on l'accusa
de mouler sur nature. Mais ils révélaient justement l'aspect fondamental et comme le
secret de son génie, le souci du modelé, qui joue peut-être à l'illusion dans certaines de
ses œuvres, mais dans les autres, *le Penseur, le Baiser, les Bourgeois de Calais*, pour
en citer les plus célèbres, est cette force interne qui les sauve de toute littérature et
leur donne une existence propre et rayonnante. Préservé grâce à Michel-Ange des
pièges de l'Académisme, Rodin avait découvert ce qui séparait le « faux-idéal » de
cette « adoration » pour la chair attestée par la sculpture grecque, et qu'il cherchait
à exprimer dans toute son œuvre. Il nous dévoile, dans un entretien avec Paul Gsell,
à propos d'une copie antique de la Vénus de Médicis, le « grand secret » des réussites
antiques.

Je vais vous confier un grand secret.

L'impression de vie réelle que nous venons
d'éprouver devant cette Vénus, savez-vous par
quoi elle est produite ?

Par la science du modelé.

Ces mots vous semblent une banalité, mais
vous allez en mesurer toute l'importance.

La science du modelé me fut enseignée par un
certain Constant qui travaillait dans l'atelier de
décoration où je fis mes débuts de sculpteur.

Un jour, me regardant façonner dans la glaise
un chapiteau orné de feuillage :

— Rodin, me dit-il, tu t'y prends mal. Toutes
tes feuilles se présentent à plat. Voilà pourquoi
elles ne paraissent pas réelles. Fais-en donc qui
dardent leur pointe vers toi, de sorte qu'en les
voyant on ait la sensation de la profondeur.

Je suivis son conseil, et je fus émerveillé du
résultat que j'obtins.

— Souviens-toi bien de ce que je vais te dire,
reprit Constant. Quand tu sculpteras désormais, ne vois jamais les formes en étendue,
mais toujours en profondeur... Ne considère
jamais une surface que comme l'extrémité d'un
volume, comme la pointe plus ou moins large
qu'il dirige vers toi. C'est ainsi que tu acquerras
la science du modelé.

Ce principe fut pour moi d'une étonnante
fécondité.

Je l'appliquai à l'exécution des figures. Au
lieu d'imaginer les différentes parties du corps
comme des surfaces plus ou moins planes, je
me les représentai comme des saillies des
volumes intérieurs. Je m'efforçai de faire sentir
dans chaque renflement du torse ou des
membres l'affleurement d'un muscle ou d'un
os, qui se développait en profondeur, sous la
peau.

Et ainsi la vérité de mes figures, au lieu d'être
superficielle, sembla s'épanouir du dedans
au-dehors comme la vie même.

Or, j'ai découvert que les Anciens pratiquaient
précisément cette méthode du modelé. Et c'est
certainement à cette technique que leurs œuvres
doivent à la fois leur vigueur et leur souplesse
frémissante.

Grasset, édit.

Rodin, qui avait le culte de la vie et de l'expression, ne pouvait imaginer de formes
qui ne fussent en mouvement. Mais il ne s'agit pas chez lui de vraisemblance ou d'imitation servile de la nature; le dynamisme qui fait marcher son Jean-Baptiste est une
invention purement plastique, affirmant une vérité artistique délibérément différente
de la réalité. Dans cet autre entretien avec Paul Gsell, Rodin semble faire écho à Baudelaire. Il montre qu'il faut renoncer à la copie servile pour imiter et qu'une sculpture
ou une peinture peuvent être plus fidèles qu'une photographie, si elles savent restituer
l'impression de mouvement en le déformant délibérément.

— Avez-vous déjà examiné attentivement dans des photographies instantanées des hommes en marche ? me demanda tout à coup Rodin.

Et sur ma réponse affirmative :

— Eh bien ! qu'avez-vous remarqué ?

— Qu'ils n'ont jamais l'air d'avancer. En général, ils semblent se tenir immobiles sur une seule jambe ou sauter à cloche-pied.

— Très exact ! Et tenez, par exemple, tandis que mon saint Jean est représenté les deux pieds à terre, il est probable qu'une photographie instantanée faite d'après un modèle qui exécuterait le même mouvement, montrerait le pied d'arrière déjà soulevé et se portant vers l'autre. Ou bien, au contraire, le pied d'avant ne serait pas encore à terre si la jambe d'arrière occupait dans la photographie la même position que dans ma statue.

Or, c'est justement pour cette raison que ce modèle photographié présenterait l'aspect bizarre d'un homme tout à coup frappé de paralysie et pétrifié dans sa pose, comme il advient dans le joli conte de Perrault aux serviteurs de la Belle au Bois Dormant, qui, tous, s'immobilisent subitement dans l'attitude de leur fonction.

Et cela confirme ce que je viens de vous exposer sur le mouvement dans l'art. Si, en effet, dans les photographies instantanées, les personnages, quoique saisis en pleine action, semblent soudain figés dans l'air, c'est que toutes les parties de leur corps étant reproduites exactement au même vingtième ou au même quarantième de seconde, il n'y a pas là, comme dans l'art, déroulement progressif du geste.

— Je vous entends fort bien, maître, lui dis-je ; mais il me semble — excusez-moi de hasarder cette remarque — que vous vous mettez en contradiction avec vous-même.

— Comment cela ?

— Ne m'avez-vous pas déclaré à mainte reprise que l'artiste devait toujours copier la Nature avec la plus grande sincérité ?

— Sans doute, et je le maintiens.

— Eh bien ! quand, dans l'interprétation du mouvement, il se trouve en complet désaccord avec la photographie, qui est un témoignage mécanique irrécusable, il altère évidemment la vérité.

— Non, répondit Rodin ; c'est l'artiste qui est véridique et c'est la photographie qui est menteuse ; car, dans la réalité, le temps ne s'arrête pas : et si l'artiste réussit à produire l'impression d'un geste qui s'exécute en plusieurs instants, son œuvre est certes beaucoup moins conventionnelle que l'image scientifique où le temps est brusquement suspendu.

Et c'est même ce qui condamne certains peintres modernes qui, pour représenter des chevaux au galop, reproduisent des poses fournies par la photographie instantanée.

Ils critiquent Géricault parce que, dans sa *Course d'Epsom* qui est au Louvre, il a peint des chevaux qui galopent ventre à terre, selon l'expression familière, c'est-à-dire en jetant à la fois leurs jambes en arrière et en avant. Ils disent que la plaque sensible ne donne jamais une indication semblable. Et, en effet, dans la photographie instantanée, quand les jambes antérieures du cheval arrivent en avant, celles d'arrière, après avoir fourni par leur détente la propulsion à tout le corps, ont déjà eu le temps de revenir sous le ventre pour recommencer une foulée, de sorte que les quatre jambes se trouvent presque rassemblées en l'air, ce qui donne à l'animal l'apparence de sauter sur place et d'être immobilisé dans cette position.

Or, je crois bien que c'est Géricault qui a raison contre la photographie : car ses chevaux paraissent courir, et cela vient de ce que le spectateur, en les regardant d'arrière en avant, voit d'abord les jambes postérieures accomplir l'effort d'où résulte l'élan général, puis le corps s'allonger, puis les jambes antérieures chercher au loin la terre. Cet ensemble est faux dans sa simultanéité ; il est vrai quand les parties en sont observées successivement, et c'est cette vérité seule qui nous importe, puisque c'est celle que nous voyons et qui nous frappe.

Notez, d'ailleurs, que les peintres et les sculpteurs, quand ils réunissent dans une même figure différentes phases d'une action, ne procèdent point par raisonnement ni par artifice. Ils expriment tout naïvement ce qu'ils sentent. Leur âme et leur main sont comme entraînées elles-mêmes dans la direction du geste, et c'est d'instinct qu'ils en traduisent le développement.

Ici, comme partout dans le domaine de l'art, la sincérité est donc la seule règle.

Grasset, édit.

Rodin est de notre temps, non seulement par l'importance qu'il donne à la technique sculpturale, mais également par celle qu'il donne au matériau. Cette mise en valeur du marbre brut telle qu'elle nous apparaît dans *la Pensée* et *la Jeune Mère*, par exemple, où l'œuvre semble enfantée par la pierre, dictée par sa forme primitive, est l'expression même de cette soumission aux impératifs du matériau qui sera l'attitude de nombreux sculpteurs contemporains.

Bourdelle et Pompon Cette sculpture de transition se prolonge avec Antoine Bourdelle (1861-1925). Mais l'on constate déjà chez lui un souci de style étranger à la géniale démesure de Rodin. Cette démarche intellectuelle qui le pousse à penser les volumes de son *Héraklès* en fonction de l'espace, de façon à ce qu'il s'ordonne autour d'eux, est un pas en avant vers les réussites monumentales de Maillol. Les recherches de François Pompon (1855-1933) vont dans le même sens. Mais ses multiples animaux, dont la plénitude et la simplicité des volumes atteignent à un dépouillement extrême, révèlent un lyrisme nouveau : celui de la lumière. C'est ainsi que ses poules, ses coqs, ses canards et ses sarcelles, comme son étonnant ours blanc, réduits à leur formes essentielles, sont moins des animaux que des volumes nus et lisses sur lesquels glissent des coulées de lumière.

Maillol Les grandes œuvres d'Aristide Maillol (1861-1944) dont le thème quasi unique est le corps de la femme, corps ferme et épanoui, souvent plantureux, ont cette même pureté, ces formes pleines qui s'habillent de lumière. Mais elles gagnent en vigueur et en force. Dégagé par le nabisme, sous l'influence de Gauguin et de Cézanne, de toute tentation romantique, l'art de Maillol est un art immobile et synthétique, puissant et apaisé. L'artiste aimait à dire qu'il ne faisait pas de portrait : « Je fais des têtes dans lesquelles je tâche de donner une impression d'ensemble. Une tête me tente lorsque je peux en tirer une architecture... »

L'ordonnance architecturale et massive de ses œuvres les impose à l'espace dans leur tranquille et robuste sérénité; leurs volumes épurés, démunis de toute expressivité chantent la fécondité originelle de la terre et la beauté intemporelle de la forme. Il suffit de comparer le *Balzac* de Rodin, œuvre magnifique en soi mais peu « monumentale », écrasé par l'air et l'espace à *l'Action enchaînée* ou à *l'Ile-de-France* de Maillol, qui font obstacle à la lumière et l'obligent à glisser sur leurs calmes volumes, pour s'apercevoir que Maillol a retrouvé le secret de la grande sculpture de plein air. Cependant, cet art, qui influencera tant les sculpteurs modernes, refuse l'abstraction pure : le tempérament et le génie spécifiquement méditerranéens de Maillol font rayonner de chaleur humaine ses grands nus féminins; ils sont de la terre, de cette terre païenne que le siècle exalte de plus en plus.

LA PEINTURE A L'AVANT-GARDE

C'est la peinture qui cristallise autour d'elle les révolutions d'optique et d'esthétique qui bouleversent le monde des arts au début du siècle. Elle sert de cadre aux manifestes et invite les autres arts à se renouveler : les peintres sont meneurs de jeu en ces années où peinture, sculpture, architecture tendent à abattre les cloisons qui les séparent.

Cézanne Le XIXᵉ siècle meurt, à partir du moment où s'impose en peinture la nécessité de revenir à un ordre classique et où des tentatives concrètes sont faites dans ce sens. Paul Cézanne (1839-1906), déjà, n'est plus impressionniste quand il parle de « faire de l'impressionnisme quelque chose de solide et de durable comme l'art des musées »; et sa volonté de « faire du Poussin sur nature » montre bien que, s'il conserve la sensibilité des impressionnistes au contact du réel et leur esthétique de la sensation, s'il reste comme eux enthousiaste pour la couleur claire et vive, le fait d'ordonner ses impressions sensibles selon leur logique interne, selon un équilibre dicté par les couleurs elles-mêmes, inaugure un moment nouveau dans l'histoire de la peinture. Le lumineux désordre de l'école de Monet a atteint ses limites : à sa détente heureuse, Cézanne oppose un art de réflexion, un souci de la composition qui l'amène bientôt à retrouver, à travers la richesse des couleurs leurs valeurs et leur chromatisme, la forme et ses volumes essentiels. C'est ainsi qu'il nous révèle un espace pictural nouveau dans l'architecture de *la Montagne Sainte-Victoire*. C'est ainsi que la géométrie colorée des *Grandes Baigneuses* (1898-1905) bouleversera « les fauves » et les orientera vers le cubisme.

Dans ses lettres, Cézanne nous livre les grandes lignes de son message : l'amour de la nature, de la lumière, de la couleur, le souci de la structure et du rythme chromatique.

Je ne suis plus à Aix depuis un mois. J'ai commencé deux petits motifs où il y a de la mer, pour M. Chocquet, qui m'en avait parlé. C'est comme une carte à jouer. Des toits rouges sur la mer bleue. Si le temps devient propice, peut-être pourrais-je les pousser jusqu'au bout. En l'état, je n'ai encore rien fait. Mais il y a des motifs qui demanderaient trois ou quatre mois de travail, qu'on pourrait trouver, car la végétation n'y change pas. Ce sont des oliviers et des pins qui gardent toujours leurs feuilles. Le soleil y est si effrayant qu'il me semble que les objets s'enlèvent en silhouettes non pas seulement en blanc ou noir, mais en bleu, en rouge, en brun, en violet. Je puis me tromper, mais il me semble que c'est l'antipode du modelé.

Permettez-moi de vous répéter ce que je vous disais ici : traiter la nature par le cylindre, la sphère, le cône, le tout mis en perspective ; soit que chaque côté d'un objet, d'un plan, se dirige vers un point central ; les lignes parallèles à l'horizon donnent l'étendue, soit une section de la nature ou, si vous aimez mieux, du spectacle que le *Pater Omnipotens aeterne Deus* étale devant nos yeux ; les lignes perpendiculaires, à cet horizon, donnent la profondeur. Or, la nature, pour nous hommes, est plus en profondeur qu'en surface, d'où la nécessité d'introduire dans nos vibrations de lumière, représentées par les rouges et les jaunes, une somme suffisante de bleutés, pour faire sentir l'air.

Voici, sans conteste possible — je suis très affirmatif : une sensation optique se produit

dans notre organe visuel qui nous fait classer par lumière, demi-ton ou quart de ton, les plans représentés par des sensations colorantes (la lumière n'existe donc pas pour le peintre). Tant que, forcément, vous allez du noir au blanc, la première de ces abstractions étant comme un point d'appui pour l'œil autant que pour le cerveau, nous pataugeons, nous n'arrivons pas à avoir notre maîtrise à nous posséder. Pendant cette période (je me répète un peu forcément), nous allons vers les admirables œuvres que nous ont transmises les âges, où nous trouvons un réconfort, un soutien, comme le fait la planche pour le baigneur.

Pour les progrès à réaliser, il n'y a que la nature, et l'œil s'éduque à son contact. Il devient concentrique à force de regarder et de travailler. Je veux dire que, dans une orange, une pomme, une boule, une tête, il y a un point culminant, et ce point est toujours — malgré le terrible effet : lumière et ombre, sensations colorantes — le plus rapproché de notre œil ; les bords des objets fuient vers un centre placé à notre horizon. Avec un petit tempérament, on peut être peintre. On peut faire des choses bien sans être très harmoniste, ni coloriste. Il suffit d'avoir un sens d'art — et c'est sans doute l'horreur du bourgeois, ce sens-là. Donc, les instituts, les pensions, les honneurs ne peuvent être faits que pour les crétins, les farceurs et les drôles.

Grasset, édit.

Seurat et l'expérience divisionniste

Comme Cézanne, Georges Seurat (1859-1891) apporte à l'esthétique impressionniste un tempérament classique qui la transforme en la stabilisant. Toutefois, chez Seurat, la sensation n'est plus le point de départ du tableau : une composition *a priori*, fondée sur le dessin et sur une étude scientifique de la lumière, l'enserre et la rationalise. Pénétré des règles de la « Section d'Or » et de la « Divine Proportion » des anciens, profondément influencé en même temps par les travaux récents des physiciens de son temps sur l'optique et la couleur, Seurat invente une technique nouvelle fondée sur la fragmentation de la touche et la loi des complémentaires, qui aura pour effet de réaliser sur la rétine du spectateur la synthèse de l'impression visuelle du peintre. C'est ainsi que, vues de loin, les mouchetures contrastées de ses tableaux produisent une illusion que rythme cette architecture extrêmement rigoureuse qui les soumet et les contient.

La *Baignade à Asnières* inaugure en 1884 le Salon des Indépendants que Seurat fonde en société avec les « refusés » du Salon officiel.

De nombreux peintres orientent alors leurs recherches dans le sens de celles de Seurat et adhèrent à cette nouvelle « Société des Indépendants ». Parmi eux, Signac (1863-1935) fera figure de théoricien. Dans son livre *D'Eugène Delacroix au néo-impressionnisme*, il rattache l'expérience divisionniste à toute l'évolution de la peinture française, et il est intéressant de voir combien cette première génération de nos peintres modernes reconnaît sa dette envers le grand Delacroix.

Il semble que, devant sa toile blanche, la première préoccupation d'un peintre doive être : décider quelles courbes et quelles arabesques vont en découper la surface, quelles teintes et quels tons la couvrir. Souci bien rare à une époque où la plupart des tableaux sont tels que des photographies instantanées ou de vaines illustrations.

Reprocher aux impressionnistes d'avoir négligé des préoccupations serait puéril, puisque leur dessein était manifestement de saisir les arrangements et les harmonies de la nature, tels qu'ils se présentent, sans nul souci d'ordonnance ou de combinaison. « L'impressionniste s'assied au bord d'une rivière », comme le dit leur critique Théodore Duret, et peint ce qu'il a devant lui. Et ils ont prouvé que, dans cette manière, on pouvait faire merveille.

Le néo-impressionniste, suivant en cela les conseils de Delacroix, ne commencera pas une toile sans en avoir arrêté l'arrangement. Guidé par la tradition et par la science, il harmonisera la composition à sa conception, c'est-à-dire qu'il adaptera les lignes (directions et angles), le clair-obscur (tons), les couleurs (teintes) au caractère qu'il voudra faire prévaloir. La dominante des lignes sera horizontale pour le calme, ascendante pour la joie, et descendante pour la tristesse, avec toutes les lignes intermédiaires pour figurer toutes les autres sensations en leur variété infinie. Un jeu polychrome, non moins expressif et divers, se conjugue à ce jeu linéaire : aux lignes ascendantes, correspondront des teintes chaudes et des tons clairs ; avec des lignes descendantes, prédomineront des teintes froides et des tons foncés ; un équilibre plus ou moins parfait des teintes chaudes et froides, des tons pâles et intenses, ajoutera au calme des lignes horizontales. Soumettant ainsi la couleur et la ligne à l'émotion qu'il a ressentie et qu'il veut traduire, le peintre fera œuvre de poète, de créateur...

... Dans la technique des néo-impressionnistes, bien des gens, insensibles aux résultats d'harmonie, de couleur et de lumière, n'ont vu que le procédé. Ce procédé qui a pour effet d'assurer les résultats en question par la pureté des éléments, leur dosage équilibré et leur parfait mélange optique, ne consiste pas forcément dans le point, comme ils se l'imaginent, mais dans toute touche de forme indifférente, nette, sans balayage et de dimension propor-

tionnelle au format de tableau : — de forme indifférente, car cette touche n'a pas pour but de donner le trompe-l'œil des objets, mais bien de figurer les différents éléments colorés de teintes ; — nette pour permettre le dosage ; — sans balayage, pour assurer la pureté ; — de dimension proportionnée au format du tableau et uniforme pour un même tableau, afin que, à un recul normal, le mélange optique des couleurs dissociées s'opère facilement et reconstitue la teinte.

Par quel autre moyen noter avec précision les jeux et les rencontres d'éléments contraires : la quantité de rouge dont se teinte l'ombre d'un vert, par exemple ; l'action d'une lumière orangée sur une couleur locale bleue ou, réciproquement, d'une ombre bleue sur une couleur locale orangée ?...

Si l'on combine autrement que par le mélange optique ces éléments ennemis, leur mixture aboutira à une teinte boueuse ; si on balaye les touches les unes sur les autres, on courra le risque des salissures ; si on les juxtapose en touches même pures, mais imprécises, le dosage méthodique ne sera plus possible et toujours un des éléments dominera au détriment des autres. Cette facture a encore l'avantage d'assurer à chaque pigment coloré son maximum d'intensité et toute sa fleur...

Il ne faut pas croire que le peintre qui divise se livre au travail insipide de cribler sa toile, de haut en bas, et de droite à gauche, de petites touches multicolores. Partant du contraste de deux teintes, sans s'occuper de la surface à couvrir, il opposera, dégradera et proportionnera ses divers éléments, de chaque côté de la ligne de démarcation, jusqu'à ce qu'il rencontre un autre contraste, motif d'une nouvelle dégradation. Et, de contraste en contraste, la toile se couvrira.

Le peintre aura joué de son clavier de couleurs, de la même façon qu'un compositeur manie les divers instruments pour l'orchestration d'une symphonie : il aura modifié à son gré les rythmes et les mesures, paralysé ou exalté tel élément, modulé à l'infini telle dégradation. Tout à la joie de diriger les jeux et les luttes des sept couleurs du prisme, il sera tel qu'un musicien multipliant les sept notes de la gamme pour produire la mélodie...

Hachures de Delacroix, virgules des impressionnistes, touche divisée des néo-impression-

nistes, sont des procédés conventionnels, identiques dont la fonction est de donner à la couleur
plus d'éclat et de splendeur en supprimant
toute teinte plate, des artifices de peintres pour
embellir la surface du tableau.

Les deux premières factures, hachures et virgules sont maintenant admises ; mais non pas
encore la troisième, la touche divisée — la
nature ne se présente pas ainsi, dit-on. On n'a
pas de taches multicolores sur la figure. Mais
a-t-on davantage du noir, du gris, du brun,
des hachures ou des virgules ? Le noir de Ribot,
le gris de Whistler, le brun de Carrière, les
hachures de Delacroix, les virgules de Monet,
les touches divisées des néo-impressionnistes,
sont des artifices dont usent ces peintres pour
exprimer leur vision particulière de la nature.

En quoi plus conventionnelle que les autres
procédés, la touche divisée ? Pourquoi plus
gênante ? Simple élément coloré, elle peut, par
son impersonnalité même, se prêter à tous les
sujets.

Et, si c'est un mérite pour un procédé d'art
que de s'apparier aux procédés de la nature,
constatons : celle-ci peint uniquement avec les
couleurs du spectre solaire dégradées à l'infini
et elle ne se permet pas un millimètre carré de
teinte plate. La division ne se conforme-t-elle
pas, mieux qu'aucun autre procédé, à cette
technique naturelle ? et un peintre rend-il un
plus bel hommage à la nature en s'efforçant,
comme font les néo-impressionnistes, de restituer sur la toile son principe essentiel, la
lumière, ou en la copiant servilement du plus
petit brin d'herbe au moindre caillou ?

Au surplus, nous souscrivons à ces apho-
rismes de Delacroix :

« La froide exactitude n'est pas l'art.

« Le but de l'artiste n'est pas de reproduire
exactement les objets.

« Car, quel est le but suprême de toute espèce
d'art, si ce n'est l'effet ? »

Floury, édit.

Gauguin et Van Gogh

Paul Gauguin (1848-1903) et Vincent Van Gogh (1853-1890) inaugurent deux nouvelles tendances qui donnent à la technique picturale une signification beaucoup plus élargie que celle uniquement
sensorielle des impressionnistes ou celle abusivement scientifique de Seurat. Ce sont
eux qui scelleront la grande paix entre le fond et la forme : d'une part, la pensée chez
Gauguin et le sentiment chez Van Gogh, d'autre part la couleur ; les couleurs deviennent ainsi la forme sensible de l'idée selon une esthétique parallèle à celle de Moréas
et du symbolisme. Il est, dit Gauguin, « des tons nobles, d'autres communs, des harmonies tranquilles, consolantes, d'autres qui excitent par leur hardiesse » ; et Van Gogh
écrit à son frère :

Tu comprendras que cette combinaison d'ocre
et de rouge, de vert attristé de gris, de traits
noirs qui cernent les contours, cela produit un
peu la sensation d'angoisse dont souffrent souvent certains de mes compagnons d'infortune,
qu'on appelle « noir-rouge ». Et d'ailleurs, le
motif du grand arbre frappé par l'éclair, le
sourire maladif vert-rose de la dernière fleur
d'automne, vient confirmer cette idée. Une autre
toile représente un soleil levant sur un champ
de jeune blé ; des lignes fuyantes, des sillons
montant haut dans la toile vers une muraille et
une rangée de collines lilas. Le champ est violet

et jaune vert : le soleil blanc est entouré d'une
grande auréole jaune. Là-dedans, j'ai, par
contraste à l'autre toile, cherché à exprimer du
calme, une grande paix.

Je te parle de ces toiles, surtout de la première, pour te rappeler que, pour donner une
impression d'angoisse, on peut chercher à le
faire sans viser droit au jardin de Gethsémani
historique ; que pour donner un motif consolant
et doux, il n'est pas nécessaire de représenter
les personnages du sermon sur la montagne.

Grasset, édit.

La peinture devient ainsi langage et la couleur écriture. Gauguin influencera profondément l'art du XXᵉ siècle par sa technique : il procède par à-plat, comme Manet l'avait
déjà fait, influencé par les Japonais et, loin de vouloir imiter la nature, il cherche à
en donner une vision personnelle et intérieure. Cette technique que l'on appellera
« cloisonnisme » (1) et qui consiste littéralement à « dessiner » avec la couleur aura,
en outre, une autre mission : celle de réaliser une peinture qui soit une fête pour les
yeux et l'esprit en même temps. La peinture de Gauguin rejoint la conception primitive de l'image en tant que phénomène incantatoire, véhicule d'une pensée indicible,

---

(1) Division en compartiments par cloisons.

et il est normal qu'elle ait trouvé dans l'exotisme océanien une source inépuisable de thèmes. A Daniel de Monfreid, Gauguin écrit ces lignes sur le mystère de l'acte créateur :

Où commence l'exécution d'un tableau, où finit-elle ? Au moment où des sentiments extrêmes sont en fusion au plus profond de l'être, au moment où ils éclatent, et que toute la pensée sort comme la lave d'un volcan, n'y a-t-il pas là une éclosion de l'œuvre soudainement créée, brutale si l'on veut, mais grande et d'apparence surhumaine ? Les froids calculs de la raison n'ont pas présidé à cette éclosion, mais qui sait quand au fond de l'être l'œuvre a été commencée ? Inconsciente, peut-être. Avez-vous remarqué que, lorsque vous recopiez un croquis dont vous êtes content, fait à une minute, une seconde d'inspiration, vous n'arrivez qu'à une copie inférieure, surtout si vous en corrigez les proportions, les fautes que le raisonnement croit y voir. J'entends dire quelquefois : le bras est trop long, etc. Oui et non. Non surtout, attendu qu'à mesure que vous l'allongez, vous sortez de la vraisemblance pour arriver à la fable, ce qui n'est pas un mal : bien entendu, il faut que toute l'œuvre respire le même style, la même volonté. Si Bouguereau faisait un bras trop long, ah oui ! que lui resterait-il, puisque sa vision — sa volonté artistique — n'est que là, à cette précision stupide qui nous rive à la chaîne de la réalité matérielle.

Falaize, édit.

Van Gogh, comme Gauguin, influencera les Fauves, mais ces derniers ne recevront de lui que le message plastique de la couleur pure et de ses possibilités constructives. Ce sont les expressionnistes allemands et nordiques qui seront ses vrais héritiers. Car, pour Van Gogh, le paroxysme des couleurs, grâce aux fonctions psychiques qu'il leur attribue, et cette vie intense dont elles animent la création tout entière, en la soulevant dans un rythme magique vertigineux, sont avant tout l'extériorisation sans retenue de ses sentiments, des mouvements de son âme. « Je ne connais pas de meilleure définition du mot art que celle-ci : l'Art, c'est l'homme ajouté à la nature », écrit-il à son frère. Ses lettres à Théo révèlent en profondeur son tempérament passionné et nous font connaître sa conception de la peinture.

Dans un certain sens, je suis content de ne pas avoir *appris* à peindre. Peut-être que j'aurais *appris* à laisser passer inaperçus des effets de ce genre, maintenant, je dis non — c'est précisément cela que je dois avoir, si ce n'est pas possible, ce n'est pas possible, je veux l'essayer, quoique je ne sache pas comment il faut faire. *Je ne sais moi-même* comment je le peins. Je viens m'asseoir avec un panneau blanc devant l'endroit qui me frappe ; je regarde ce que j'ai devant les yeux, je me dis, ce panneau blanc doit devenir quelque chose — je reviens mécontent — je le mets de côté et, après m'être reposé, je le regarde avec une certaine angoisse — je reste mécontent parce que j'ai trop à l'esprit cette merveilleuse nature pour que je puisse en être content — mais pourtant je vois dans mon œuvre un écho de ce qui m'a frappé, je vois que la nature m'a raconté quelque chose, m'a parlé et que je l'ai noté en sténographie. Dans mon sténographe, il peut y avoir des mots indéchiffrables, des fautes ou des lacunes, pourtant il reste quelque chose de ce que le bois ou la plage ou la figure ont dit, et ce n'est pas une langue morte ou conventionnelle, qui n'est pas née de la nature elle-même, mais d'une manière de faire ou d'un système savant...

***

Dis à Serret que *je serais désespéré si mes figures étaient bonnes*, dis-lui que je ne les veux pas académiquement correctes ; dis-lui que je veux dire que si l'on photographiait un homme qui bêche, *il ne bêcherait certainement pas*. Dis-lui que je trouve les figures de Michel-Ange admirables, quoique les jambes soient décidément trop longues, les hanches et les cuisses trop larges. Dis-lui qu'à mes yeux Millet et Lhermitte sont, pour cela, les vrais peintres, parce qu'ils ne peignent pas les choses telles qu'elles sont, d'après une analyse fouillée et sèche, mais comme eux, Millet, Lhermitte, Michel-Ange les sentent. Dis-lui que mon grand désir est d'apprendre à faire de telles inexactitudes, de telles anomalies, de tels remaniements, de tels changements de la réalité, qu'il en sorte, mais oui, des mensonges si l'on veut, mais plus vrais que la vérité littérale.

Exprimer *le paysan dans son action*, c'est là, je le répète, une figure essentiellement moderne, le cœur de l'art moderne lui-même, ce que, ni les Grecs, ni la Renaissance, ni les anciens Hollandais n'ont fait...

***

Il est certain qu'on peut arriver en étudiant les lois des couleurs à se rendre compte pourquoi on trouve beau ce qu'on trouve beau, au lieu d'avoir une foi instinctive dans les grands maîtres, et c'est bien nécessaire à présent, quand on songe combien les jugements sont terriblement arbitraires et superficiels...

***

Je me casse encore souvent la tête en commençant, mais quand même les couleurs se suivent comme d'elles-mêmes, et en prenant une couleur comme point de départ, il me vient clairement à l'esprit ce qui doit en être déduit et comment on peut arriver à y mettre de la vie...

**

La couleur par elle-même exprime quelque chose, on ne peut s'en passer, il faut en tirer profit ; ce qui fait beau, vraiment beau, est vrai également.

Qu'il s'agisse de la figure ou du paysage, il y a toujours eu, parmi les peintres, une tendance à convaincre les gens qu'un tableau était autre chose que la représentation de la nature comme on la verrait dans un miroir, autre chose qu'une imitation, c'est-à-dire que c'est une recréation...

**

Le peintre de l'avenir, c'est un *coloriste comme il n'y en a pas encore eu*...

**

Pour les paysages, je commence à trouver que, de certains, faits encore plus vite que jamais, sont les meilleurs dans ce que je fais. Ainsi, celui dont je t'ai envoyé le dessin, la moisson et les meules aussi, il est vrai que je suis obligé de retoucher *le tout* pour régler un peu la facture, pour harmoniser la touche, mais dans une seule longue séance tout le travail essentiel a été fait, et je l'épargne le plus possible, en revenant dessus...

**

La peinture, comme elle est maintenant, promet de devenir plus subtile — plus musique et moins sculpture — enfin, elle promet la *couleur*. Pourvu qu'elle tienne cette promesse.

**

J'ai cherché à exprimer avec le rouge et le vert les terribles passions humaines...

Grasset, édit.

Les nabis

L'idée d'une « confrérie » artistique n'était pas neuve. Van Gogh, déjà, y avait songé et c'est pour se délivrer de sa solitude qu'il avait fait venir Gauguin en Arles. En 1889, Paul Sérusier (1863-1927) écrit à Maurice Denis : « Je rêve pour l'avenir d'une confrérie épurée, uniquement composée d'artistes persuadés, amoureux du beau et du bien, mettant dans leurs œuvres et dans leur conduite ce caractère indéfinissable que je tiens pour Nabi »(1). C'était dire l'idéal, non seulement esthétique, mais spiritualiste et apostolique qui l'animait. Cet idéal trouve un écho dans l'âme de plusieurs peintres, parmi lesquels Maurice Denis lui-même, Bonnard, Vuillard et Rousseau qui se groupèrent en « frères », autour de Sérusier. Autant « d'initiés » au secret magique de l'art pur dont ils devaient servir et clamer la « Vérité ». Quel était donc ce secret ? C'est Gauguin qui l'avait révélé avec le cloisonnisme, cette simplification « naïve » de la vision du peintre et du tableau en deux dimensions que la couleur construit. En 1903, Maurice Denis racontera l'histoire du *Talisman*, œuvre étrange sur laquelle s'édifia l'idéal du Nabisme :

C'est à la rentrée de 1888 que le nom de Gauguin nous fut révélé par Sérusier, retour de Pont-Aven, qui nous exhiba, non sans mystère, un couvercle de boîte à cigares sur quoi on distinguait un paysage informe, à force d'être synthétiquement formulé, en violet, vermillon, vert véronèse et autres couleurs pures, telles qu'elles sortaient du tube, puisque sans mélange de blanc. — Comment voyez-vous cet arbre ? avait dit Gauguin devant un coin du Bois d'Amour : il est vert ? Mettez donc du vert, le plus beau vert de votre palette ; et cette ombre plutôt bleue ? Ne craignez pas de la peindre aussi bleue que possible.

C'était tout un programme et les nabis en firent la règle de leur « ordre ».

En consacrant la sensation choc et, avec elle, le « naïf » et le « pur » dans l'art, les nabis, à la suite de Gauguin, reconnaissaient un pouvoir incantatoire à la peinture, mais ils retrouvaient en même temps la fraîcheur d'enfance de Francis Jammes et le naturisme exalté d'André Gide ; en prônant le principe de la « table rase » cher au modern' style dont leurs œuvres, d'ailleurs, essentiellement décoratives, épousent la manière japonisante, ils prenaient pied dans la réalité de leur temps. Il faut dire que c'est d'un œil railleur ou amusé qu'ils voient cette réalité, intérieurs bourgeois, rues de Paris ou autres lieux publics que leur pinceau évoque. Toute l'ironie de l'art moderne est ici annoncée comme elle l'est encore dans l'œuvre amère et impitoyable de Toulouse-Lautrec.

---

(1) Nabi en hébreu = prophète, illuminé.

Le fauvisme   La grande libération de la couleur, lancée par Delacroix, poursuivie par l'impressionnisme, Seurat et Cézanne, prend soudain, pendant un court moment de cette période, une dimension souveraine. Émancipée par la magie de l'art de Gauguin et de Van Gogh qui lui avaient reconnu le caractère et la personnalité d'un être vraiment vivant et inspiré, la couleur atteint, à travers l'exaltation fauviste, aux limites supportables du paroxysme. Une rétrospective Van Gogh, en 1901, avait révélé à des peintres au tempérament passionné ses furieuses exigences. Que ces peintres viennent de l'atelier de Gustave Moreau, comme Matisse, Marquet, Camoin, Mauguin, du Havre comme Friesz et Dufy, de Chatou comme Derain et Vlaminck, ou tout simplement de Montmartre comme Van Dongen, ils exaltent le même dynamisme de la création tout entière et recréent le monde à travers leur sensibilité exacerbée, grâce à la magie de cette couleur pure jaillissant directement du tube sur leurs toiles. Le fauvisme naît avec *l'Intérieur à Collioure* de Matisse, où sujet et composition sont métamorphosés en taches colorées : la tache verte d'une robe sur la tache rose d'un drap. Le jeu des couleurs chez Matisse n'aura jamais la virulence, la stridence de celles de Derain, mais ses *Notes d'un Peintre* révèlent une technique dont se réclame tout de même l'ensemble du fauvisme.

> Si, sur une toile blanche, je dispose des sensations de bleu, de vert, de rouge, à mesure que j'ajoute des touches, chacune de celles que j'ai posées antérieurement perd de son importance. J'ai à peindre un intérieur ; j'ai devant moi une armoire, elle me donne une sensation de rouge bien vivant, et je pose un rouge qui me satisfait. Un rapport s'établit entre ce rouge et le blanc de la toile. Que je pose à côté un vert, que je rende le parquet par un jaune, et il y aura encore, entre ce vert ou ce jaune et le blanc de la toile, des rapports qui me satisferont. Mais ces différents tons se diminuent mutuellement. Il faut que les signes divers que j'emploie soient équilibrés de telle sorte qu'ils ne se détruisent pas les uns les autres. Pour cela, je dois mettre de l'ordre dans mes idées : la relation entre les tons s'établira de telle sorte qu'elle les soutiendra au lieu de les abattre.
>
> *La Grande Revue*, **1908**.

Cette révolution picturale ne publiera aucun « manifeste ». C'est avant tout un grand mouvement spontané et fervent qui, de par son exaltation même, ne pouvait durer que le temps d'une flambée.

Au Salon d'Automne de 1905, le scandale éclate. Les critiques sont submergés sous tant de vitalité furieuse, et l'on sait la boutade de l'un d'eux, Vauxelles, qui, au salon suivant, voyant au milieu de ces toiles orgiaques les prudentes petites œuvres du sculpteur Marque, s'écrie : « Donatello au milieu des fauves ! » C'était l'étiquette qui convenait le mieux à ces peintres dont les toiles flamboyantes « dévoraient » les rétines affaiblies, à cette éblouissante et violente vitalité qui exprimait l'enthousiasme d'une jeunesse ardente. Cependant, si le fauvisme représente avant tout un état d'esprit, un fait de tempérament, son apport à la peinture dépassa ses propres limites et influença plusieurs générations de peintres. En donnant à la couleur cette valeur arbitraire, autonome et détachée de tout rapport objectif avec la réalité, il avait fait œuvre de conquérant, il avait découvert un nouveau monde : le tableau, cette « réalité » en soi, dont l'existence ne sera jamais plus discutée. En parlant de cet art, Maurice Denis disait : « C'est la peinture hors de toute contingence, la peinture en soi, l'acte pur de peindre. Toutes les qualités de représentation et de sensibilité sont exclues de l'œuvre d'art. C'est proprement la recherche de l'absolu. » Bientôt, à cet absolu, la peinture sacrifiera le sujet ; ce sera l'aventure de l'art abstrait, qui commence dès 1910 avec le Russe Kandinsky.

Le cubisme   Une rétrospective Cézanne, en 1907, bouleverse les fauves. Nombreux sont ceux qui, tels Braque, Derain, Vlaminck, Dufy remettent alors leur art en question. Ce moment de réflexion a tué le fauvisme. Une nouvelle révolution va se faire, d'après une interprétation littérale de la fameuse phrase de Cézanne au sujet des cylindres, des cônes et des sphères, tandis que l'industrialisation et la mécanisation du monde moderne et, dès l'exposition de 1900, la révélation de l'art nègre, font prendre une orientation nouvelle à l'art en général, le ramenant de l'effusion sensorielle à la réflexion, au calcul géométrique, au dépouillement plastique. L'œil est remplacé par l'esprit; on pourrait dire Delacroix par Ingres. Selon une démarche spécifiquement intellectuelle, les « cubistes » — ce nom est une autre trouvaille du critique Vauxelles — reviennent au culte du dessin et de la construction, afin de retrouver sous les apparences la réalité essentielle et totale des choses. Picasso, avec ses *Demoiselles d'Avignon* (1907), descendantes directes des *Grandes Baigneuses* de Cézanne, inaugure le mouvement cubiste.

C'est la première manifestation d'une tendance que Braque confirme bientôt, avec ses paysages de La Roche-Guyon, et que soutient tout un groupe de poètes jeunes et fougueux, parmi lesquels Guillaume Apollinaire, André Salmon et Max Jacob. Cette tendance aura bientôt sa doctrine et sa technique. On parlera même d'une philosophie cubiste, tant ses principes bouleverseront la pensée, la façon de voir le monde ! Ils sont très clairement définis : le peintre ramènera chaque objet à ses lignes essentielles, à un volume simple dont il pourra combiner les principaux plans, créant ainsi un nouvel espace. Pour représenter cet objet, le peintre sera alors entièrement libre d'en choisir la partie qu'il juge la plus intéressante, même si dans la réalité elle échappe à l'œil; il pourra aussi, s'il le veut, le reconstituer en mouvement ou en cours de transformation; ici, le cinéma, et plus particulièrement, la chronophotographie, doivent être évoqués : Duchamp applique cette technique à son *Nu descendant un escalier* où il décompose son sujet en une suite de volumes qui évoquent les différentes positions du corps en mouvement; cette tentative constitue un des aspects les plus « fantastiques » du cubisme. De toutes façons, le peintre dégagera toujours de l'objet une réalité intellectuelle qui est la seule et fondamentale Vérité : car l'objet-sujet en soi n'est qu'un point de départ auquel il ne doit absolument rien. Seul compte l'exercice qu'il provoque. Et, pour que le spectateur puisse dialoguer avec cette nouvelle peinture, il lui faudra percer son énigme, traduire l'architecture des volumes qui s'étagent, la savante transparence des tons, l'insolite décomposition du mouvement pour retrouver à travers le morcellement de la toile le raisonnement qui l'a fait naître, le travail de pensée du peintre. Ainsi, toute peinture cubiste sera une excitation pour l'esprit et devra exiger une initiation de la part du spectateur. « Les sens déforment l'esprit forme » dit Braque. L'artiste ne peint plus comme l'oiseau chante et la joie de vivre des fauves est loin. Avec Picasso, ces nouveaux intellectuels de l'art sont Braque, Gris, Léger, Lhote, Gleizes, Metzinger, Duchamp, Delaunay, Jacques Villon, La Fresnaye. La première phase du cubisme, qu'on appellera « analytique », donnera une peinture triste, monochrome, rébarbative; c'est une grise poésie de l'actuel, des objets inertes et quotidiens, des constructions géométriques des temps modernes et toute musique en est bannie. Jamais la peinture n'aura été aussi sévère. Cependant, quelques artistes vont la délivrer de son austérité en lui apportant la couleur. Apollinaire chantera « l'orphisme » des mécaniques colorées de Delaunay, tandis qu'il se déclare « bien content » quand il a vu les rutilantes tôles ondulées de Fernand Léger. Cette peinture respire enfin : la couleur apprivoise les pyramides en marche de Jacques Villon et les grands plans composés de La Fresnaye; le cubisme s'est humanisé.

André Lhote apporte dans cet extrait de son *Traité du Paysage et de la Figure* une lucide analyse des deux mouvements de la peinture cubiste.

L'univers visible est ainsi peuplé de phantasmes niant le bon sens, et l'impressionnisme plastique créé par Cézanne et dont le cubisme est une des conséquences, n'a pas encore cessé de tirer un merveilleux parti de leur notation. Le propre de ces déformations, c'est qu'elles ne s'improvisent pas à froid, et qu'on en décèle facilement la fausseté, si leur créateur ne s'est pas trouvé en état de haute tension psycho-physiologique, en créant son schéma déformateur. Pour arriver à ce but, la marche à suivre est la suivante : noter hâtivement sur un carnet et à l'aide de traits nets et non d'écheveaux emmêlés, la figure générale du spectacle : nature morte, paysage, portrait ou réunion de plusieurs de ces éléments. Ne pas suivre les contours des objets, analysés les uns après les autres, comme il arrive dans la vision normale, mais bien le contour idéal, synthétique, provoqué par leur groupement. Ainsi les redents et les ondulations dont les objets regorgent feront place à des lignes-fusées ou à des courbes de comètes qui, par leur entrecroisements, donneront à la fois la charpente constructive et les allongements ou rétrécissements imprévisibles et involontaires dont la nouveauté sera une promesse de triomphe pictural.

Si l'on arrive à édifier en toute bonne foi cette armature idéale faite de contours fallacieux mais bien réels (si l'on admet que l'homme sentant est aussi réel que le froid photographe), le premier pas sera fait dans la voie de l'héroïsme pictural. Le premier, mais non le dernier, car si Cézanne, qui demeure notre actuel directeur de conscience, eut le courage de s'en tenir, tout au long de son travail, durant des semaines et même des mois, à ce schéma initial, il eut ce courage encore plus grand de le nourrir d'une multitude de modulations colorées, qui sont dans le domaine de la couleur l'équivalent des anomalies plastiques précédemment exposées.

Il est étonnant de voir des « critiques » trouver tout naturel qu'une pomme qu'on sait rouge ou qu'un visage qu'on voit basané passent par toutes les nuances de l'arc-en-ciel, et trouver inconvenante la brisure d'une ligne qu'on sait continue. On pourrait leur demander, à ces cuistres qui admettent la couleur de Cézanne et qui rejettent son dessin (qu'ils attribuent bêtement à une malformation de la rétine), s'ils pensent que le plus lucide des Maîtres modernes ne s'aperçut jamais au cours de son travail, que les deux bords de sa table peinte ne se rejoignaient pas ou que les deux fragments de ses fonds de papier peint n'étaient pas au même niveau ? Le soutenir serait pousser loin la mauvaise foi. Cézanne, à la vérité, était conscient du moindre coup de pinceau, et que ce fût dessin, aquarelle ou peinture, il apportait la même application à copier les admirables illusions de ses sens que les Italiens de la Renaissance à édifier leur perspective scientifique, laquelle, à côté de ces complexes perspectives cézaniennes, nous apparaît, je regrette de le dire, un peu enfantine en son principe, sinon en ses applications.

Grasset, édit.

La sculpture ne pouvait pas ne pas se sentir tentée par ces expériences picturales si proches de ses propres structures. Des artistes tels que Duchamp-Villon, Laurens, Brancusi, Lipchitz et le grand Zadkine lui ouvrent alors, dans le même esprit, de nouveaux horizons illimités. Une liberté totale leur permettant les tentatives les plus surprenantes et le matériau leur imposant l'originalité de son grain, de sa nature, de son caractère, ces sculpteurs prennent le même recul que les peintres par rapport à la nature et au sujet : leur sculpture atteint à la plastique pure. Mais le but premier de cette révolution esthétique, qui se prolonge dans les expériences insolites de « collages » que lancent Picasso et Braque, dans cette foule d'objets absurdes, guidon de bicyclette, pièces de mécanique que peintres et sculpteurs introduisent dans le monde de l'art, semble bien être celui de « surprendre », voire de scandaliser. Cette ironie grinçante, proche de la mystification, prendra les dimensions d'une farce énorme avec Dada et le surréalisme.

L'École de Paris

Toutes ces révolutions esthétiques qui se passent dans les cafés de Montparnasse et du Quartier Latin ou au « Bateau-Lavoir » (1) à Montmartre ne sont pas le fait des seuls artistes français : les noms mêmes de ces artistes nous l'ont déjà indiqué. Mais on peut les dire « françaises », dans la mesure où c'est à Paris que, venus du monde entier, ces peintres et ces sculpteurs, attirés par le

---

(1) Maison du quartier de Montmartre, où habitèrent des poètes et des peintres, comme Apollinaire, Max Jacob, Picasso et Van Dongen.

renouvellement pictural dont il était le théâtre, trouvent ces amitiés fécondes, cette extraordinaire atmosphère de liberté et de réceptivité, ce cadre privilégié, indicible, qui permirent à leur génie de s'exprimer dans toute la plénitude de son originalité. Chagall dira dans sa conférence intitulée *Quelques impressions sur la Peinture française* :

Je suis arrivé à Paris comme poussé par le destin. A ma bouche affluaient des mots venus du cœur. Je bégayais. Les mots se pressaient à l'extérieur, anxieux de s'éclaircir de cette lumière. de Paris, de se parer d'elle. Je suis arrivé avec des pensées, des rêves qu'on ne peut avoir qu'à vingt ans, mais peut-être ces rêves se sont-ils arrêtés en moi pour longtemps.

D'habitude, on pourrait dire qu'on ne va pas à Paris avec des bagages tout faits. On y va, délesté, pour étudier, et on en repart avec du bagage — parfois. Je pouvais certes m'exprimer dans ma ville lointaine, dans le cercle de mes amis. Mais j'aspirais à voir de mes propres yeux ce dont j'avais entendu parler de si loin : cette révolution de l'œil, cette rotation de couleurs, lesquelles spontanément et savamment se fondent l'une dans l'autre, dans un ruissellement de lignes pensées, comme le voulait Cézanne, ou librement dominantes comme l'a montré Matisse. Cela, on ne le voyait pas dans ma ville. Le soleil de l'Art ne brillait alors qu'à Paris, et il me semblait et il me semble jusqu'à présent qu'il n'y a pas de plus grande révolution de l'œil que celle que j'ai rencontrée en 1910, à mon arrivée à Paris. Les paysages, les figures de Cézanne, Manet, Monet,

Seurat, Renoir, Van Gogh, le fauvisme de Matisse et tant d'autres me stupéfièrent. Ils m'attiraient comme un phénomène de la nature. Loin de mon pays natal, ses clôtures se profilaient dans mon imagination sur le fond de ses maisons. Je n'y voyais aucune des couleurs de Renoir. Deux, trois taches sombres. Et, à côté d'elles, on aurait pu vivre une vie sans l'espoir de trouver ce langage artistique libéré qui doit respirer de lui-même comme respire un homme.

A Paris, je ne visitai ni académies, ni professeurs. Je les trouvais dans la ville même, à chaque pas, dans tout. C'était les commerçants du marché, les garçons de café, les concierges, les paysans, les ouvriers. Autour d'eux planait cette étonnante « lumière-liberté » que je n'ai jamais vue ailleurs. Et cette lumière, facilement, passait sur les toiles des grands maîtres français et renaissait dans l'art. Je ne pouvais m'empêcher de penser : seule cette « lumière-liberté », plus lumineuse que toutes les sources de lumières artificielles, peut faire naître des toiles scintillantes, où les révolutions de la technique sont aussi naturelles que le langage, le geste, le travail des passants dans la rue.

Conférence publiée dans *la Renaissance* (1944-1945).

On appellera ce phénomène de cristallisation *l'Ecole de Paris*. Parmi ces artistes étrangers « naturalisés », le japonais Foujita y apporte sa charmante naïveté, l'italien Modigliani sa science du style, le russe Soutine son tumulte tragique, tandis qu'un français, Henri Rousseau, dit le Douanier (1), consacre de son sourire ingénu l'art naïf déjà prôné par les nabis et que toute une lignée de peintres feront parvenir jusqu'à nous.

LES MOUVEMENTS ARTISTIQUES
DEPUIS LA PREMIÈRE GUERRE MONDIALE

LES NOUVELLES TENDANCES

L'après-guerre vit se prolonger tous les mouvements déclenchés par les différentes révolutions esthétiques du début du siècle. Notre XXᵉ siècle, dont un manque de recul rend la synthèse si difficile, commence alors sa vie complexe, agitée de perpétuelles mutations qui vont au rythme du progrès : rythme endiablé, ponctué de troubles politiques, économiques et sociaux qui entraînent une révision presque incessante des valeurs et font table rase des principes et des structures du passé. L'artiste de notre

---

(1) Ainsi appelé par ses amis parce qu'il était employé à l'octroi de Laval.

SCULPTURE CONTEMPORAINE

RODIN : *LE PRINTEMPS*

Cl. Giraudon.

MAILLOL : *POMONE*

Cl. Marc Vaux.

Cl. Marc Vaux.

GERMAINE RICHIER

Cl. Marc Vaux.

GIACOMETTI

temps, dépassé par les événements, hanté jusqu'au vertige par le vide total que ses expériences esthétiques lui ont révélé sous l'image trompeuse de la réalité, inadapté dans ce monde d'apparences qu'il refuse, et livré à lui-même, prend conscience de sa solitude, de sa fragilité, et de cet état d'incertitude irrémédiable où l'a plongé une trop grande liberté. Depuis la Première Guerre mondiale, l'art en France, et dans le monde, reflète une immense angoisse, un désarroi sans précédent que les systèmes esthétiques tendent en vain de circonscrire et que la Seconde Guerre mondiale ne fit qu'intensifier. Le cubisme et le surréalisme, à travers le dépouillement progressif et logique qu'ils impliquent, aboutiront, à l'impasse de l'art abstrait, tandis que l'angoisse contemporaine fera se développer, parallèlement à cet art cérébral, une tendance figurative et expressionniste. C'est dans la sculpture et la peinture que l'artiste projettera le mieux et le plus spontanément son âme et ses vivantes préoccupations.

UN ART NEUF

La nouvelle peinture et   La liberté et la fécondité inquiétantes de la
ses dimensions hypertrophiques   peinture du XXe siècle peuvent trouver leur
                                     symbole en Picasso (né en 1881) dont le génie
créateur, immense, enfante des monstres prodigieux, qui ont tour à tour l'âpre géométrie de ses *Paysages d'Horta*, le strident expressionnisme de *Guernica*, les insolentes déformations de ses portraits. Ces tendances sont bien celles qui dirigent l'art contemporain en France.

Dada et le surréalisme   La guerre de 1914-1918, aboutissement inévitable d'une
                               gangrène politique et sociale, incite, d'une façon extrêmement aiguë, les philosophes, les poètes, les artistes, à croire en l'absurdité de tout système humain, du monde, de l'existence même. Dada et sa deuxième forme, le surréalisme, naîtront de la guerre : comme dans tous les domaines de la pensée, cette explosion de révolte et de destruction systématiques, négation de toutes les valeurs considérées comme telles, va tout bouleverser dans le domaine des arts. « Qu'est-ce que c'est beau ? Qu'est-ce que c'est laid ? Qu'est-ce que c'est grand ? fort, faible ? Qu'est-ce que c'est Carpentier, Renan, Foch ? Connais pas. Qu'est-ce que c'est moi ? Connais pas. Connais pas. Connais pas. » (Georges Ribemont-Dessaignes : *Dadaphone*, n° 7.) Allant jusqu'à nier l'art en soi, le peintre, le sculpteur, qui mettent un point d'honneur à en ignorer les problèmes spécifiques, ne le considèrent plus comme une fin, mais comme un moyen de libérer leur subconscient, seule vraie puissance de l'esprit, de toutes les contraintes de la raison, afin de transformer le monde. De là, l'importance primordiale qui fut alors donnée au hasard, au rêve, à l'hallucination, à la folie, dans cette nouvelle Genèse.

La peinture, expression plastique favorite des surréalistes, devient alors une activité spirituelle qui s'en prend au monde extérieur dont l'artiste accepte l'existence pour la désorganiser, la disloquer et dégager à travers cet éclatement, et à partir des rapports insolites qu'il y établit, le vrai mystère du monde. Il faut déconcerter, en brisant la supposée cohérence du monde, pour éveiller l'esprit à sa « réalité supérieure », sa surréalité. Le scandale et le sacrilège sont l'essence même du surréalisme. Marcel Duchamp et Picabia, anti-artistes d'une « époque mécaniste », donnent, l'un avec ses œuvres-sujets, « ready made », l'autre avec ses engins industriels qu'il appelle « machines inutiles », les premières expressions foncièrement subversives du surréalisme. Le peintre surréaliste choisit comme point de départ de son acte de peindre les images du monde extérieur. Plus ces objets seront reproduits avec réalisme et précision, plus insolites encore paraîtront les combinaisons arbitraires qu'il en fera et ainsi plus décisif et plus destructeur sera le coup qu'il aura porté à ce monde extérieur. On comprend dès lors la minutie et l'exactitude photographique des toiles de Dali, le choc hallucinatoire qu'elles provoquent et l'angoisse irrésistible qui en ressort. Cet agencement absurde, ces combinaisons d'images dont la gratuité est celle du rêve, donnent l'occasion à ces peintres d'épuiser toutes les ressources de leur imagination et nous en révèlent la prodigieuse richesse. Mais, à côté de ces images réelles, aux prolongements fantastiques, il y en a d'autres, surgies directement du monde irrationnel de l'inconscient. Ce sont les formes primitives et rudimentaires, aux couleurs prestigieuses, que Miró lance dans des espaces imaginaires, ce sont ces inquiétants germes de vie, souples et ondulants, qui baignent dans l'irréelle et laiteuse clarté des toiles de Tanguy, ce sont les reliefs ronds et durs de Arp, les tragiques combats élémentaires d'André Masson... Les délires poétiques dépassent les limites du simple jeu ou de la farce; une lumière nouvelle éclaire ces apocalypses : lueur blafarde d'astres morts, cette anti-lumière de cauchemar constituera tout l'insolite des toiles de Max Ernst. L'angoisse surréaliste annonce le tragique de l'art contemporain.

Cette révolte nihiliste et sa politique de la terre brûlée auront ainsi bouleversé la peinture; mais au-delà de son action corrosive et de ses paradoxes, elle aura donné à la peinture une nouvelle dimension poétique, ce merveilleux dont parle Aragon dans une préface à une exposition de collages :

> Le Merveilleux s'oppose à ce qui est machinalement, à ce qui est si bien que cela ne se remarque plus et c'est ainsi qu'on croit communément que le merveilleux est la négation de la réalité. Cette vue un peu sommaire est conditionnellement acceptable. Il est certain que le merveilleux naît du refus d'UNE réalité, mais aussi du développement d'un nouveau rapport, d'une réalité nouvelle que ce refus a libéré... Ce qui caractérise le miracle, ce qui fait crier au miracle, cette qualité du merveilleux, est sans doute un peu la surprise, comme on a voulu faiblement le signaler. Mais c'est bien plus, dans tous les sens qu'on peut donner à ce mot, un extraordinaire dépaysement.

Tous les peintres à venir seront plus ou moins tributaires de cette redécouverte, qui constitue l'apport le plus riche du surréalisme à la peinture et à l'art en général.

Dans *le Surréalisme et la Peinture*, André Breton, qui fut et reste le maître du mouvement surréaliste, le considère comme une révolution totale de la pensée, poétique et scientifique : il en explique la démarche nouvelle :

> ... Au besoin impérieux de « déconcrétiser » les diverses géométries pour libérer en tous sens les recherches et permettre la coordination ultérieure des résultats obtenus, se superpose rigoureusement le besoin de rompre en art les barrières qui séparent le déjà vu du visible, le communément éprouvé de l'éprouvable, etc. La pensée scientifique et la pensée artistique modernes présentent bien à cet égard la même structure : le réel, trop longtemps confondu avec le donné, pour l'une comme pour l'autre s'étoile dans toutes les directions du possible et tend à ne faire qu'un avec lui. Par application de l'adage hégélien : « Tout ce qui est réel est rationnel, et tout ce qui est rationnel est réel », on peut s'attendre à ce que le rationnel épouse en tous points la démarche du réel et, effectivement, la raison d'aujourd'hui ne se propose rien tant que l'assimilation continue de l'irra-tionnel, assimilation durant laquelle le rationnel est appelé à se réorganiser sans cesse, à la fois pour se raffermir et s'accroître. C'est en ce sens qu'il faut admettre que le surréalisme s'accompagne nécessairement d'un surrationalisme qui le double et le mesure.
>
> ... De part et d'autre, c'est la même démarche d'une pensée en rupture avec la pensée millénaire, d'une pensée non plus réductive, mais indéfiniment inductive et extensive dont l'objet, au lieu de se situer une fois pour toutes en deçà d'elle-même, se recrée à perte de vue au-delà. Cette pensée ne se découvrirait, en dernière analyse, de plus sûre génératrice que l'anxiété inhérente à un temps où la fraternité humaine fait de plus en plus défaut, cependant que les systèmes les mieux constitués — y compris les systèmes sociaux — paraissent frappés de pétrification. Elle est, cette pensée,

déliée de tout attachement à tout ce qui a pu être tenu pour définitif avant elle, éprise de son seul mouvement.

Cette pensée se caractérise essentiellement par le fait qu'y préside une volonté d'objectivation sans précédent. Que l'on comprenne bien, en effet, que les « objets » mathématiques au même titre que les objets poétiques se recommandent de tout autre chose, aux yeux de ceux qui les ont construits, que de leurs qualités plastiques et que si, d'aventure, ils satisfont à certaines exigences esthétiques, ce n'en serait pas moins une erreur que de chercher à les apprécier sous ce rapport. Lorsque, par exemple, en 1924, je proposais la fabrication et la mise en circulation d'objets apparus en rêve, l'accession à l'existence concrète de ces objets, en dépit de l'aspect insolite qu'ils pouvaient revêtir, était bien plutôt envisagée par moi comme un moyen que comme une fin.

Certes, j'étais prêt à attendre de la multiplication de tels objets une dépréciation de ceux dont l'utilité convenue (bien que souvent contestable) encombre le monde dit réel ; cette dépréciation me semblait très particulièrement de nature à déchaîner les puissances d'invention qui, au terme de tout ce que nous pouvons savoir du rêve, se fussent exaltées au contact des objets d'origine onirique, véritables désirs solidifiés. Mais, par-delà la création de tels objets, la fin que je poursuivais n'était rien moins que l'objectivation de l'activité de rêve, son passage dans la réalité...

Gallimard, édit.

L'art abstrait

L'art abstrait, en bouleversant les structures qui, de toute éternité, avaient été celles de la civilisation française, a déclenché la grande révolution artistique de notre temps, et cette révolution se poursuit toujours. Sa fortune a été facilitée, il faut le dire, par un certain snobisme de l'hermétique et la vogue d'une décoration non figurative et dépouillée, sans compter la commercialisation croissante des œuvres d'art. Il est l'aboutissement logique d'une démarche expérimentale, profondément vraie, de cubistes et de surréalistes qui ont, d'une part, poussé jusqu'à ses extrêmes limites l'étude du réel : ce sont les épures de Mondrian, et qui ont, d'autre part, abandonné l'investigation du réel figuré pour celle de l'informel : c'est la première aquarelle abstraite de Kandinsky (1910), libérée du sujet, affranchie de toutes contingences extérieures, expression colorée et musicale de son propre rythme intérieur, message ineffable d'un univers secret. C'est une peinture métaphysique, déroutante, indéfinissable, dont les prolongements lyriques sont faits d'obscures correspondances, créatrices de mirages toujours renouvelés. Si l'on reste perplexe devant de telles œuvres, qui n'offrent aucun point de repère, aucune « garantie », on y sent, du moins, quelquefois, la présence d'un univers bien réel : profond et grave chez Manessier, simple et sain chez Soulages, émerveillé chez Bazaine ; et cette présence est sans conteste une preuve d'authenticité. L'art abstrait est devenu un langage universel ; c'est ainsi que, pour certains, il se présente comme le prolongement d'un geste instinctif et spontané, ce qui amène Hartung et Mathieu à réinventer le « signe » violent et jaillissant de la calligraphie ; pour d'autres, il est l'expression d'une expérience spirituelle qui se révèle une impasse, l'aboutissement final de l'angoisse de vivre quand on ne croit plus à rien, de l'atroce incertitude des questions qui restent sans réponse : le suicide de Nicolas de Staël, en 1955, en est le symbole ; les résonances tragiques que prend son œuvre, réflexion d'un tourment informulé qui déchire et, finalement, anéantit, rejoignent celles de l'Expressionnisme.

L'expressionnisme

La guerre de 1914-1918, en leur révélant la cruauté du monde, avait amené les peintres à traduire en images violentes l'horreur qu'elle avait fait naître en leur cœur : les œuvres de ces peintres furent farouches comme celles de Fauconnier, virulentes, éblouissantes comme celle d'Édouard Goerg ; toutes célébraient un retour à la figuration et à l'image, mais cette image était toujours déformée, caricaturale, blasphématoire. Tel se veut, en effet, l'expressionnisme, « expression » de la réaction sentimentale ou frénétique de l'artiste aux événements extérieurs. Comme naguère Rouault avait apporté son christianisme gothique à la peinture de la souffrance humaine, dans les douloureux contrastes de ses blancs cernés de noir plombé, voici que Gromaire apporte sa verve gothique à la peinture de la comédie sociale — la rue, l'auto, le quotidien le plus trivial —, dont elle prend la couleur de terre et les formes mal dégrossies. Sensible à la matière, Gromaire l'enrichira pourtant d'une vitalité qui la sauve du tragique, alors que cette même peinture de la réalité sera misérable chez un Bernard Buffet — cet homme d'un monde dépeuplé, ascétique et rébarbatif — et tragiquement passionnée chez un André Marchand dont les toiles frémissent de la tension extrême des lignes et des couleurs.

Figurative ou non, la peinture moderne est ainsi plus que jamais une œuvre personnelle, qui s'adresse avant tout, à celui qui l'a enfantée, tandis que peut de moins en moins se définir le plaisir esthétique qu'elle réserve au spectateur. Ce que dit, ici, Picasso dépasse la simple boutade et révèle un aspect fondamental de l'art contemporain :

Le peintre subit des états de plénitude et d'évacuation. C'est là tout le secret de l'art. Je me promène dans la forêt de Fontainebleau. J'y attrape une indigestion de vert. Il faut que j'évacue cette sensation sur un tableau. Le vert y domine. Le peintre fait de la peinture comme un besoin urgent de se décharger de ses sensations ou de ses visions. Les hommes s'en emparent pour habiller un peu leur nudité. Ils prennent ce qu'ils peuvent et comme ils peuvent. Je crois que, finalement, ils ne prennent rien ; ils ont tout simplement taillé un habit à la mesure de leur incompréhension. Ils font tout à leur image depuis Dieu jusqu'au tableau. C'est pourquoi le piton (1) est le destructeur de la peinture. Celle-ci a toujours quelque importance, au moins celle de l'homme qui l'a faite. Le jour où elle a été achetée et accrochée au mur, elle a pris une importance d'une autre espèce, et la peinture a été fichue...

Tout le monde veut comprendre la peinture. Pourquoi n'essaie-t-on pas de comprendre le chant des oiseaux ? Pourquoi aime-t-on une nuit, une fleur, tout ce qui entoure l'homme, sans chercher à les comprendre ? Qu'ils comprennent surtout que l'artiste œuvre par nécessité ; qu'il est, lui aussi, un infime élément du monde, auquel il ne faudrait pas prêter plus d'importance qu'à tant de choses de la nature qui nous charment mais que nous ne nous expliquons pas. Ceux qui cherchent à expliquer un tableau font, la plupart du temps, fausse route. Gertrude Stein m'annonçait, il y a quelque temps, joyeuse, qu'elle avait enfin compris ce que représentait mon tableau : trois musiciens. C'était une nature morte !
Cahiers d'Art, édit.

La sculpture

La sculpture moderne après la « géométrisation » cubiste et le « ready-made » surréaliste, qu'elle continuera d'ailleurs d'exploiter, redécouvrira l'homme et son éternelle souffrance. Giacometti (1901-1966), qui fut cubiste et surréaliste, donnera le meilleur de son art et de lui-même dans ses figures étirées filiformes et sans poids, squelettes tragiques dont le dynamisme intérieur s'impose à l'espace comme un défi. Germaine Richier (1904-1959) teintera de fantastique ce nouvel expressionnisme. Ses œuvres, hallucinantes, dévorées par de mystérieux ulcères, semblent personnifier l'éternel affrontement de la création, généreuse et palpitante, avec l'angoissant mystère du monde. Auricoste et Couturier retrouvent également ce dynamisme expressif de la ligne : la sculpture moderne illustre une lutte violente et acharnée contre l'espace, devenu de plus en plus envahissant. La sculpture abstraite, qui peut tout se permettre, s'imposera davantage, grâce au langage du matériau et à ses possibilités illimitées. Traditionnel, ou inédit comme le laiton et le carton lancés par le cubisme et le surréalisme, auxquels s'ajoutent maintenant le fil d'acier, le plexiglas et les matières plastiques, le matériau prend une importance capitale et devient en soi élément de beauté.

Pevsner (né en 1886), venu de Russie, conquiert cet espace en y décrivant les développements rythmés de ses « constructions » qui tiennent autant de l'architecture que de la sculpture, tandis que l'obsession du mouvement, si poétiquement résolue par Calder et les jeux magiques de ses « mobiles », suscitera l'intervention de réels moteurs dans les œuvres en perpétuelle métamorphose de Nicolas Schöffer ou les mécaniques inutiles et compliquées de Tinguely, aussi tintinnabulantes que son nom même. Cette fièvre d'inventions nouvelles est propre à une époque instable et rongée d'inquiétude, mais il est permis de se demander, cette crise passée, de quoi sera faite la sculpture de demain.

LE PARADOXE DES NOUVELLES GÉNÉRATIONS

Tandis que fleurissait le pop-art aux États-Unis et en Angleterre, Paris connaissait une longue éclipse sur le plan artistique international, et c'est au cours des années 60 seulement que la Jeune Peinture lui redonna un rôle à jouer, rôle original et singulier par rapports aux tendances anglo-saxonnes.

L'art déshumanisé Au sein d'une société d'abondance et de masse où l'individu se trouve pris au piège de l'objet et de sa convoitise, au moment où le structuralisme bouleverse la création et l'approche littéraires, l'art en France se met à l'heure de la *matérialité*. Consacrant la dissolution de l'individu, l'art ne reflète rien de l'artiste, ne dit rien, se situe en dehors de tout : l'œuvre d'art ne sera donc rien d'autre que ce qu'elle est matériellement — support, peinture, matériaux divers disposés dans l'espace. C'est ce que signifiait la manifestation collective des peintres Buren, Mosset, Parmentier et Toroni en juin 1967 au Musée des Arts Décoratifs de Paris, au cours de laquelle ils exposaient quatre toiles aux structures élémentaires, anonymes voire interchangeables. La signature ainsi abolie, la facture de l'œuvre est si neutre qu'elle pourrait être celle de n'importe qui.

L'homme est le grand absent de cet art nouveau préoccupé de la description froide et lisse de la surface des choses, et celui qui le contemple ne doit le prendre que dans sa « littéralité ». Peut-on parler de « nouveaux réalistes » ? Les « hyperboles » de Stamfli, ses objets démesurément grossis — comme ses pneus de voiture —, le jeu d'assemblages qu'opère Erro parmi les éléments pris à la vie réelle et les éléments peints, les insistances et les dé-constructions de Kermarriec ou les animaux en cage de Gilles Aillaud ont en commun leur réalisme intégral, l'absence totale d'expressivité quelle qu'elle soit. Todorov écrivait dans sa préface à l'exposition Martin Barré en 1969 : « L'œuvre raconte sa propre création. Ce qu'une toile exhibe, c'est comment elle est faite. »

Souvent d'ailleurs il ne s'agit point de toiles. Les artistes assemblent, mettent en scène ou en situation des objets bruts — bouts de bois, bouts de métal, éléments de meccano, figurines, moulages en plastique — dans une recherche de liens nouveaux avec ces objets eux-mêmes, leur vie propre et cachée, et non, comme les surréalistes, avec leurs échos symboliques. Ainsi des artistes comme Filliou, Brusse ou Berthelin.

Mais certains sont pris au piège de leur esprit de recherche et de leur volonté d'expliquer leur démarche. Ne peut-on craindre, en effet la disparition du créateur devant le théoricien ? Tel est le cas de Michel Parmentier qui s'est arrêté définitivement de peindre en 1968 pour écrire sur la peinture...

Il est à noter que la plupart des manifestations d'art contemporain se déroulent loin des musées et des galeries et surprennent le public dans les rues, sur les places, dans des passages, dans des hangars ou en pleine nature. L'art d'aujourd'hui cherche à susciter une appréhension nouvelle et personnelle, en dehors de toute « culture » acquise.

Jean Clair qui, en 1970, quitte le musée d'Art Moderne de Paris où il était conservateur, pour devenir rédacteur en chef des *Chroniques de l'Art vivant*, — « conversion » significative —, souligne dans ce texte l'ambiguïté de l'art contemporain et s'interroge avec nous sur son destin parmi les hommes :

... Il est de fait que l'œuvre aujourd'hui ne *s'impose* plus à l'amateur en tant qu'œuvre, mais qu'elle *s'expose* ou *se dépose*, mieux, qu'elle *se dis-pose* c'est-à-dire qu'elle échappe à toute position définie. Elle n'est plus cet objet consacré, dédié et nommé par et dans le lieu où elle est montrée : « objet d'art » qui, quand même serait-il désormais délivré de son cadre ou de son socle, ne retire un statut privilégié que de l'entour particulier où il se trouve : collection privée, galerie marchande, musée public, mais elle est cet objet qui, dévoilant les conditions de son propre fonctionnement, s'ouvrant, se déployant, éclatant, abandonne un à un ses anciens privilèges et qui, comme on « expose » un enfant au désert pour qu'il meurt, tend elle aussi à se résorber, se dissoudre, s'évaporer dans le pur quotidien. Car c'est précisément parce que l'œuvre aujourd'hui se dépose, se dis-pose ou s'expose, parce qu'elle est révélation d'elle-même et des lois qui la régissent que l'artiste ne peut que déserter aujourd'hui les lieux accoutumés où « on » l'exposait jadis, pour se réfugier en ces autres lieux, hasardeux, où son activité risque de retrouver quelque vérité, quelque sens, tel le fidèle d'une religion naissante et souterraine encore, qu'on célèbre hors les murs, à l'extérieur des temples anciens, et déjà désaffectés.

Art en France, une nouvelle génération, éd. du Chêne.

DES RÉALISATIONS RASSURANTES : L'ARCHITECTURE ET L'ARTISANAT

Les nouvelles exigences de l'architecture

C'est au renouveau de l'architecture et à la réapparition des métiers que l'on doit la revanche de l'art sur le désarroi et l'angoisse du monde moderne. L'architecte étant de ceux qui peuvent le moins aisément s'épandre dans leurs œuvres, ces dernières, affranchies de la coloration de leurs états d'âme, seront sauvées du péril de l'anéantissement. Les besoins urgents de reconstruction suscités par la Première Guerre Mondiale et, plus tard, par la Seconde, les problèmes cruciaux soulevés par l'accroissement de la population et les progrès de l'industrialisation vont transformer le rôle de l'architecte en mission. Il ne peut plus se permettre, en effet, d'être un styliste, il doit s'occuper de l'homme, de son milieu de vie et de travail. Le grand souci de « bonheur » qui était celui des philosophes au XVIIIe siècle, cette responsabilité de rendre les hommes heureux, c'est lui, maintenant, qui l'assume vis-à-vis de la masse. « L'unité d'habitation » sera créée par Le Corbusier (1887-1965), à Marseille (1952) ; elle se suffit à elle-même, elle a ses propres boutiques et ses terrains de sports sur le toit. Le soleil pénètre à flots dans tous les appartements dont l'orientation a été minutieusement étudiée : peints de couleurs claires et gaies, ils seront moins des « boîtes à habiter » qu'un cadre agréable et pratique, dispensateur de repos et de bien-être. Le confort est le mot d'ordre, et le confort implique le souci majeur du « fonctionnel »; c'est ainsi que Le Corbusier crée le « Modulor », mesure nouvelle à l'échelle humaine. L'architecte du XXe siècle fait avant tout une œuvre pratique, susceptible de résoudre les problèmes que pose l'organisation de la vie familiale ou professionnelle. Une science nouvelle, celle de l'urbanisme, naît de l'envergure prise par les catastrophes de la guerre et se fonde sur ces mêmes bases. Mieux encore que Perret, à qui la reconstruction du Havre fut confiée après la Seconde Guerre mondiale, c'est Le Corbusier qui, une fois de plus, symbolise les nouvelles tendances de l'architecture dans ces entreprises d'ensemble : il construit la capitale du Penjab, Chandighar, de façon que le quartier des affaires soit distinct de celui du commerce et du quartier résidentiel et de manière que les rues pour voitures soient distinctes des rues pour piétons. C'est un défi lancé à l'agitation et à la tension nerveuse de notre temps. Le Corbusier veut circonscrire la fébrilité des hommes en leur donnant une leçon de conduite et de vie. Mais ces nouvelles orientations de l'œuvre de l'architecte sont fondées sur de nouveaux principes et de nouvelles méthodes auxquels s'ajoute la volonté d'un style nouveau. « Les grands problèmes de la construction moderne seront réalisés sur la géométrie. » Le Corbusier dit encore : « Nos yeux sont faits pour voir les formes sous la lumière. Les formes primaires sont les belles formes parce qu'elles se lisent clairement. »

Les « unités d'habitation » de Le Corbusier sont rigoureuses comme des épures : « La droite est la grande acquisition de l'architecture moderne et c'est un bienfait : il faut nettoyer de nos esprits les araignées romantiques. » Le béton coulé, auquel les coffrages laissent leurs empreintes, est rude et nu, sévère même : notre temps n'est pas au sourire mais à la virilité. Ce dépouillement sera imposé également à ses édifices religieux, comme l'église de Ronchamp où le soleil joue à travers des meurtrières.

Une architecture lyrique

Cependant, l'Exposition de Bruxelles, en 1958, marque un renouveau dans cette architecture qui tendait à la tristesse, danger d'une trop grande rationalisation de la construction. Le pavillon de France de Guillaume Gillet, renouvelant la réussite de son église de Royan, fait partie de ces constructions qui annoncent l'avènement d'une géométrie nouvelle, faite de dynamisme dans l'espace. Le cube trop assis, trop stable dans un monde qui bouge à un rythme accéléré, semble avoir vécu, bien que l'on ne cesse d'élever des H. L. M. (1) pour pallier rapidement la crise du logement. Les tensions dynamiques du paraboloïde hyperbolique, qui remplacent la dalle plate, font se déployer d'immenses ailes de béton ou de verre ignorant la nécessité du pilier, en paix avec le vide. Le Centre National des Industries et des Techniques, construit par B. Zehrfuss en collaboration avec Camelot et Demailly au Rond-Point de la Défense à Paris, consacre ce nouveau style des années 60 où la part de l'ingénieur est aussi importante que celle de l'artiste.

Un nouvel urbanisme

En réaction contre la ville « fonctionnelle », inhumaine et glacée, l'architecte Émile Aillaud (né en 1902) nous propose une démarche nouvelle. En contradiction fondamentale avec celle d'un Perret ou d'un Le Corbusier, constructeurs d'îlots d'habitations qui « ne deviendront jamais les quartiers d'une ville », la sienne essaie de créer l'aléatoire des villes qui ont vécu, de remplacer l'œuvre du temps, responsable du mystère déconcertant et complexe des villes anciennes, en fabriquant des tremplins pour le vagabondage de l'esprit et de l'imagination, des lieux pour rêver ou s'isoler, « une architecture affective et affectueuse », faite pour l'homme. « Mon urbanisme repose sur une conception de l'homme, d'un homme apte à la solitude, à l'attente, à la patience », écrit-il dans son livre *Désordre apparent, ordre caché*. La Grande-Borne, ensemble de 3 700 logements à Grigny, dans les environs de Paris, est, avec l'avenue Picasso à Nanterre et l'immeuble sinueux de 1,5 kilomètre de Pantin à Paris, sa principale réalisation — en attendant les immeubles miroirs qui doivent fermer la perspective de la Défense.

« **Les murs forment les individus à leur image. On ne se méfie pas assez de cette puissance occulte de l'architecture parce qu'elle est lente et insidueuse. Elle oriente et, sournoisement, détermine. Souvenez-vous de ce passage de** L'*idiot* **où le Prince Muichkine cherche** la maison de Rogojine. Il n'en connaît pas l'adresse, mais, avant d'avoir trouvé la plaque, il sait que c'est là. Ce ne peut être que là. Seule cette maison a pu faire un Rogojine, « car, dit-il, les combinaisons des lignes architecturales ont leur sens secret »... L'urbanisme

---

(1) Habitation à Loyer Modéré.

collectif, monotone et répétitif des grands ensembles a le pouvoir insinueux de détruire l'individu. Il y a au contraire, des lieux qui sont aptes à la patience, à l'attente, à la mélancolie. Je pense à ces places faites de rien comme la place Furstenberg, qui sont des lieux merveilleux d'ennui. On peut s'y asseoir, les mains sur les genoux et attendre le soir. Ce qui devrait être le fond de l'existence d'un quotidien difficile. Attendre. Vivre, en somme.

Il y a à la Grande-Borne, à chaque détour d'un bâtiment, de ces places, de ces replis, où l'on sent que le quotidien peut s'écouler. Dans un grand ensemble orthogonal et rigoureux, il ne peut que passer, s'enfuir. »

Désordre apparent, ordre caché,
Fayard, édit.

Formes souples, polychromie partout différente, surprises de la découverte d'un portrait de Rimbaud, d'une vague de pavés, d'une tourterelle géante au coin de notre rue, peut-être allons-nous retrouver dans ce nouvel urbanisme notre univers d'enfant, un peu de cette existence profonde que l'art d'aujourd'hui s'interdit bien de nous révéler à nous-mêmes.

Les artistes-artisans

Ces courbes souples sont un signe d'optimisme confiant et sûr, de la même nature que celui qui éclate dans les œuvres « artisanales » de nombreux artistes d'hier et d'aujourd'hui. Que ce soient les céramiques de Braque ou de Picasso, colombes pacifiques aux volumes ronds et sereins ou l'explosion de joie solaire, cosmique, des tapisseries de Lurçat, dont les vibrations de couleurs donnent une résonance magique à ses allégories, cette renaissance de l'artisanat artistique et les solides valeurs qui sont les siennes lancent un défi à l'instabilité de notre temps. Certains artistes se sont essayés à la fresque ou au vitrail. A la suite de Matisse dans sa chapelle de Vence, Jean Cocteau a tendu les filets de son dessin tentaculaire sur les murs d'une chapelle romane à Villefranche. L'artiste, devenu homme de métier, soulignait ainsi — et continue de le faire — un souci nouveau de l'art moderne qui a l'air de vouloir, malgré tout, se réintégrer au monde, à la communauté, et reprendre son dialogue avec l'homme.

L'art, solution à l'angoisse contemporaine

Notre époque, sceptique et sans espérance, a besoin, en effet, de trouver une signification à sa destinée et, peut-être, comme le pense André Malraux, et en dépit de certains théoriciens contemporains, l'art la lui apporte-t-il. Cette conclusion inspirée des *Voix du Silence* chante une victoire sur la mort, qu'affirme à tous les instants la continuité de la création artistique.

Sans doute un jour, devant les étendues arides ou reconquises par la forêt, nul ne devinera plus ce que l'homme avait imposé d'intelligence aux formes de la terre en dressant les pierres de Florence dans le grand balancement des oliviers toscans. Il ne restera rien de ces palais qui virent passer Michel-Ange exaspéré par Raphaël, ni des petits cafés de Paris où Renoir s'asseyait avec Cézanne, Van Gogh avec Gauguin. L'Éternel de la Solitude n'est pas moins vainqueur des rêves que des armées ; et les hommes n'ignorent guère tout cela, depuis qu'ils existent et savent qu'ils doivent mourir.

Nietzsche a écrit qu'en face de la floraison d'une prairie au printemps, le sentiment que l'humanité tout entière n'était qu'une semblable luxuriance créée pour le néant par quelque puissance aveugle, s'il était un sentiment réellement éprouvé ne pouvait être supporté. Peut-être ! J'ai vu l'Océan malais constellé de méduses phosphorescentes aussi loin que la nuit permît au regard de plonger dans la baie, puis la frémissante nébuleuse des lucioles qui couvraient les pentes jusqu'aux forêts, disparaître, peu à peu, dans le grand effacement de l'aube ; si le destin de l'humanité est aussi vain que l'était cette lumière condamnée, l'implacable indifférence du jour n'est pas plus puissante que la méduse phosphorescente qui sculpta le tombeau des Médicis dans Florence asservie, que celle qui grava les Trois croix dans la solitude et dans l'abandon. Qu'importe Rembrandt à la dérive des nébuleuses ? Mais c'est l'homme que les astres nient, et c'est à l'homme que parle Rembrandt.

Corps de pitié passés sans traces, que l'humanité soit ce néant où de pauvres mains tirent à jamais, de la terre qui porte les marques de la demi-bête aurignacienne et celles de la mort des empires, des images dont l'indifférence ou la communion rend le même témoignage de votre dignité: nulle grandeur n'est séparable de ce qui la maintient. Le reste est espèces soumises et mouches sans lumières.

Mais l'homme est-il obsédé d'éternité, ou d'échapper à l'inexorable dépendance que lui ressasse la mort ? Survie misérable qui n'a pas le temps de voir s'éteindre les étoiles déjà mortes ! Mais non moins misérable néant, si les millénaires accumulés par la glaise ne suffisent pas à étouffer, dès le cercueil, la voix d'un grand artiste... Il n'y a pas de mort invulnérable devant un dialogue à peine commencé, et la survie ne se mesure pas à la durée; elle est celle de la forme que prit la victoire d'un homme sur le destin, et cette forme, l'homme mort, commence sa vie imprévisible. La victoire qui lui donna l'existence, lui donnera une voix que son auteur ignorait en elle. Ces statues plus égyptiennes que les Égyptiens, plus chrétiennes que les Chrétiens, plus Michel-Ange que Michel-Ange — plus humaines que le monde — et qui se voulurent une irréductible

vérité, bruissent des mille voix de forêt que leur arracheront les âges. Les corps glorieux ne sont pas ceux du tombeau.

L'humanisme, ce n'est pas dire : « Ce que j'ai fait, aucun animal ne l'aurait fait », c'est dire : « Nous avons refusé ce que voulait en nous la bête, et nous voulons retrouver l'homme partout où nous avons trouvé ce qui l'écrase. » Sans doute, pour un croyant, ce long dialogue des métamorphoses et des résurrections s'unit-il en une voix divine, car l'homme ne devient homme que dans la poursuite de sa part la plus haute ; mais il est beau que l'animal qui sait qu'il doit mourir, arrache à l'ironie des nébuleuses le chant des constellations, et qu'il le lance au hasard des siècles, auxquels il imposera des paroles inconnues. Dans le soir où dessine encore Rembrandt, toutes les Ombres illustres, et celles des dessinateurs des cavernes, suivent du regard la main hésitante qui prépare leur nouvelle survie ou leur nouveau sommeil.

Et cette main, dont les millénaires accompagnent le tremblement dans le crépuscule, tremble d'une des formes secrètes, et les plus hautes, de la force et de l'honneur d'être homme.

Gallimard, édit.

LA MUSIQUE

La musique de notre temps sous le signe de l'éclectisme et de la recherche scientifique

Vouloir brosser un tableau de la musique contemporaine serait aussi vain que d'analyser une vaste fresque sans pouvoir bénéficier d'un recul suffisant. Cependant, un examen d'ensemble permet de dégager certaines vérités générales.

La musique du XXᵉ siècle est surtout avide de nouveaux moyens d'expression sonore. Elle puise partout autour d'elle : dans l'architecture, dans la peinture, dans la poésie, dans les bruits de la vie quotidienne. Mais le vieil idéal de « fusion des Arts » lui répugne. Elle entend rester pure et ses emprunts sont toujours des annexions. Ainsi, les *Cinq Rechants* d'Olivier Messiaen adoptent-ils un langage parlé, dénué de toute signification verbale, en vue d'édifier une orchestration pleine et riche.

Le compositeur moderne est devenu un technicien, même s'il demeure un esthète ou un grand inspiré. Il pense en homme de science, utilise la méthode expérimentale, traite son piano en instrument de laboratoire fait pour découvrir, essayer, modifier les agrégations sonores pressenties par sa pensée. En ce sens, cette confession d'Erik Satie est révélatrice :

Tout le monde vous dira que je ne suis pas un musicien. C'est juste.

Dès le début de ma carrière, je me suis, tout de suite, classé parmi les phonométrographes. Mes travaux sont de la pure phonométrique. Que l'on prenne le *Fils des étoiles* ou les *Morceaux en forme de poire*, *En habit de cheval* ou les *Sarabandes*, on perçoit qu'aucune idée musicale n'a présidé à la création de ces

œuvres. C'est la pensée scientifique qui domine.

Du reste, j'ai plus de plaisir à mesurer un son que je n'en ai à l'entendre. Le phonomètre à la main, je travaille joyeusement et sûrement.

Que n'ai-je pesé ou mesuré ? Tout de Beethoven, tout de Verdi, etc. C'est très curieux.

La première fois que je me servis d'un phonoscope, j'examinai un *si* bémol de moyenne grosseur. Je n'ai, je vous assure, jamais vu chose plus répugnante. J'appelai mon domestique pour le lui faire voir.

Au phono-penseur, un *fa* dièse ordinaire, très commun, atteignit 93 kilogrammes. Il émanait d'un fort gros ténor dont je pris le poids.

Connaissez-vous le nettoyage des sons ? C'est assez sale. Le filage est plus propre ; savoir les classer est très minutieux et demande une bonne vue. Ici, nous sommes dans la phonotechnique.

Quant aux explosions sonores, souvent si désagréables, le coton, fixé dans les oreilles, les atténue, pour soi, convenablement. Ici, nous sommes dans la pyrophonie.

Pour écrire mes *Pièces froides*, je me suis servi d'un kaléidophone-enregistreur. Cela prit sept minutes. J'appelai mon domestique pour les lui faire entendre...

L'art de la musique, Seghers, édit.

Les innovations musicales se déroulent avec une rapidité déconcertante, entraînant le triomphe puis la ruine des écoles successives.

Les progrès scientifiques renouvellent non seulement la facture instrumentale, mais ils mettent aussi à la disposition des auditeurs (sous forme de disques, films, émissions radiophoniques) une « marchandise » musicale abondante et variée, dont l'assimilation reste lente et difficile. En effet, le grand public boude encore les séances de musique contemporaine et continue de se presser aux cycles Beethoven.

Une crise sociale et intellectuelle sévit parmi les jeunes compositeurs nouvellement sortis de nos conservatoires. L'expression de leur pensée en est parfois faussée. L'éclosion des talents se fait trop souvent, et par nécessité, sous le signe de la publicité et de l'originalité recherchée. Les écoles se transforment en groupements d'autodéfense professionnelle et quittent parfois leur caractère de communautés spirituelles.

Mais les inspirations musicales n'ont pas changé. Même si les créateurs nient leur existence, on les reconnaît sous-jacentes à l'audition des œuvres. Elles permettent de retrouver le lien qui unit la musique d'aujourd'hui à celle du siècle précédent, et de marquer ainsi les étapes principales de la prodigieuse évolution.

Les techniques   En ce début de siècle, Saint-Saëns continue d'accomplir minutieusement son heure quotidienne de contrepoint rigoureux. Bâtir un chef-d'œuvre selon les règles traditionnelles, tel semble être l'idéal de la tendance conservatrice qu'il incarne. Mais à la « Schola Cantorum », Vincent d'Indy, en tête des survivants de « La bande à Franck », brandit un autre drapeau : celui d'une scolastique progressiste, qui formera le génial Albert Roussel, auteur du *Festin de l'araignée* (1912), de *Padmâvati* (1914-1918) et de *Bacchus et Ariane* (1930).

Cependant, la volupté de l'harmonie, inculquée par Gabriel Fauré, pousse Debussy, puis Ravel vers un impressionnisme musical qui se transforme rapidement en un pointillisme savant et raffiné. Toute la gravitation sonore est bouleversée, les modes médiévaux sont ressuscités après plusieurs siècles de sommeil, de nouvelles échelles sonores sont construites (la gamme par tons, par exemple), les dissonances sont soustraites aux rigueurs de la préparation. Le *Pelléas et Mélisande* de Debussy, sur un poème de Maeterlinck, résume toutes ces tendances novatrices, et fait l'effet d'une bombe sur les spectateurs de l'Opéra-Comique de 1902.

C'est dans ce raffinement édulcoré qu'éclate, au cours des « Ballets Russes », la musique outrancière de Stravinsky. *L'Oiseau de feu* (1910), *Petrouchka* (1911), le *Sacre du printemps* (1913) soulèvent un enthousiasme délirant face aux protestations véhémentes des vieux amateurs de ballet classique. Les rythmes brutaux, les dissonances jetées à pleine brassée dans une orchestration tonitruante, ainsi que les verts et les rouges sur une toile de Vlaminck, les mélodies simples, bien mises en relief, tout cela fait penser à un « fauvisme musical », qui deviendra la pierre de touche du fameux « Groupe des Six ».

Mais l'abus des dissonances a fini par émousser l'oreille. A l'accumulation des sonorités, succède logiquement un dépouillement systématique, repoussant toutefois le
carcan de la scolastique. Une veine de simplicité naïve, apparentée à celle du Douanier
Rousseau, se développe sous l'impulsion d'Erik Satie et de son école d'Arcueil.

Le dodécaphonisme   Cependant, l'emploi des modes antiques a éveillé l'attrait des
                         civilisations lointaines. En découvrant le quart et le tiers de
ton, le comma, le skrouti hindou, compositeurs et musicologues jettent les bases d'une
musique infinitésimale de l'avenir.

Mais la facture instrumentale n'est pas encore au point pour ce genre d'expérience.
Aussi, une poignée de jeunes compositeurs (René Leibowitz et Pierre Boulez en tête),
suivant l'exemple du novateur autrichien Schönberg, se contentent de jongler, en
attendant, avec les douze sons de la gamme chromatique, mais en dehors de toute
gravitation tonale, et à l'intérieur d'un système savamment étudié.

La science progresse toutefois à pas de géant dans le domaine des réalisations sonores.
Des instruments magnétiques et électroniques sont mis au point. Les sons, les bruits
divers sont analysés et synthétisés. Le compositeur, promu au rang de fabricant de
sonorités, compose d'étranges combinaisons qui vont du bruitage jusqu'aux trouvailles
les plus originales et les plus audacieuses de Pierre Schaeffer.

Les esthétiques   Il faut entendre par là les différents idéals de beauté au service
                       desquels est soumise l'une ou l'autre des techniques musicales,
considérées comme des moyens, et non comme des fins.

Nombreuses et variées, elles s'affrontent, plus en théorie qu'en pratique, car, en
réalité, à chaque tempérament d'artiste correspond une esthétique musicale particulière.

Toutefois, pour conserver un cloisonnement arbitraire mais commode, disons qu'un
courant néo-classique circule toujours avec Saint-Saëns, entraînant avec lui une masse
d'enseignants pétris de classicisme, tel Henri Rabaud, directeur du Conservatoire de
Paris de 1920 à 1941, auteur de *la Procession nocturne* (1899), du *Divertissement sur
deux chansons russes* (1905) et de *l'Opéra Marouf* (1914).

En marge de cet esprit, une tendance néo-romantique sait allier l'académisme du
Conservatoire à un lyrisme chaleureux, issu de Franck, et trouve un défenseur combatif
en la personne de Florent Schmitt, auteur de *la Tragédie de Salomé* (1907-1908).

Le symbolisme littéraire entraîne à sa suite une sorte de sensualisme musical. Fauré
avait illustré des poésies de Verlaine, dont *la Bonne Chanson*, à la fin du XIXᵉ siècle.
Debussy s'était découvert une correspondance intime avec Mallarmé, en transposant
musicalement *le Prélude à l'Après-midi d'un Faune*. Il composera plus tard *Trois
poèmes de Stephane Mallarmé*. Ravel pousse plus avant les subtilités debussystes,
et échafaude des synthèses sonores qui n'excluent pas un certain penchant pour la
musique figurative (*Histoires naturelles* sur des poèmes de Jules Renard, 1906, *l'Heure
espagnole*, 1907, *Ma mère l'Oye*, 1908).

Cocteau groupe autour de lui Darius Milhaud, Arthur Honegger, Francis Poulenc,
Georges Auric, Louis Durey et Germaine Tailleferre, pour célébrer un expressionisme
musical où Claudel jouera bientôt un rôle prépondérant. Dans *le Coq et l'Arlequin*,
Jean Cocteau définit cette musique nouvelle, simple et proche, du « Groupe des Six » :

**Il faut que le musicien guérisse la musique
de ses enlacements, de ses ruses, de ses tours
de cartes, qu'il l'oblige le plus possible à rester
en face de l'auditeur.**

**Un poète a toujours trop de mots dans son
vocabulaire, un peintre trop de couleurs sur
sa palette, un musicien trop de notes sur son
clavier.**

Schönberg est un maître ; tous nos musiciens et Stravinsky lui doivent quelque chose, mais Schönberg est surtout un musicien de tableau noir.

Satie contre Satie. — Le culte de Satie est difficile, parce qu'un des charmes de Satie, c'est justement le peu de prise qu'il offre à la déification.

En musique la ligne, c'est la mélodie. Le retour au dessin entraînera nécessairement un retour à la mélodie.

Satie enseigne la plus grande audace à notre époque : être simple. N'a-t-il pas donné la preuve qu'il pourrait raffiner plus que personne ? Or, il déblaie, il dégage, il dépouille le rythme. Est-ce de nouveau la musique sur qui, disait Nietzsche, « l'esprit danse », après la musique « dans quoi l'esprit nage »?

Ni la musique dans quoi on nage, ni la musique sur qui on danse : DE LA MUSIQUE SUR LAQUELLE ON MARCHE.

Assez de nuages, de vagues, d'aquariums, d'ondines et de parfums la nuit ; il nous faut une musique sur la terre, UNE MUSIQUE DE TOUS LES JOURS.

La musique est le seul art dont la foule admette qu'il ne représente pas quelque chose. Et pourtant, la belle musique est la musique ressemblante.

La ressemblance, en musique, ne consiste pas en une représentation, mais en une puissance de vérité masquée.

Pelléas, c'est encore de la musique à écouter la figure dans les mains. Toute musique à écouter dans les mains est suspecte. Wagner, c'est le type de la musique qui s'écoute dans les mains.   *Stock, édit.*

Ce culte de la simplicité, inspiré d'Apollinaire, et professé par Erik Satie à la fin de sa vie, est suivi par Cliquet Pleyel, Desormières, Maxime Jacob et Henri Sauguet, et se manifeste avec bonheur dans l'Oratorio de Chambre de Satie : *Socrate.*

Le Groupe « Jeune France », toujours en quête d'innovations sonores et de progrès, rassemble André Jolivet, Daniel Lesur, Yves Baudrier et Olivier Messiaen, tandis que Pierre Schaeffer et ses émules, entourés d'instruments électroniques et de bandes magnétiques, posent les jalons d'une esthétique scientifico-musicale. C'est avec humour et enthousiasme que Pierre Schaeffer nous décrit l'état d'esprit qui préside à la réalisation d'une œuvre de musique concrète.

J'écris ces lignes à l'orée du demi-siècle. Trop de choses sont arrivées ces derniers temps pour que nous soyons trop affirmatifs. Qui nous dit que, durant ces cinquante années, une nouvelle musique ne se soit pas mise à s'inventer ? Nous n'en sommes pas encore tellement sûrs. Nous l'avons appelée musique concrète. C'est peut-être déjà trop. Que celui qui aime les exposés systématiques, les professions de foi et l'intempérance dogmatique s'arrête ici, il serait déçu, mais que celui qui cherche le témoignage d'une recherche, l'étonnement d'une curiosité, l'inquiétude d'un résultat veuille bien poursuivre. Nous le convions à partager le journal de bord d'une croisière solitaire. Solitaire, s'il s'agit de cette musique que nous avons appelée concrète, pour que coïncident étymologie et embryologie. Bien peu solitaire, en réalité, s'il s'agit d'une *attitude,* d'une démarche de l'esprit et d'un parti devant l'événement. Ce qui nous arrive à propos de la musique concrète est une aventure courante en ce demi-siècle de clarté, en ce siècle de demi-clarté, où la moitié du puzzle est encore tout emmêlée dans sa boîte à surprises. Cependant, devenons assez clairvoyants pour n'être plus surpris si le hasard fait bien les choses, si nous avons davantage à pouvoir qu'à vouloir, si la puissance nous est donnée avec l'obéissance, et la partition après le déchiffrage.

Et voici un extrait de cette « croisière » :

Mars.

De retour à Paris, j'ai commencé à collectionner les objets. Je vais à la Radio Française au Service du bruitage. J'y trouve des claquettes, des noix de coco, des klaxons, des pompes à bicyclettes. Je songe à une gamme de pompes. Il y a des gongs. Il y a des appeaux (1). Je ris de découvrir des appeaux à la Radiodiffusion Française qui, après tout, est une administration. Je songe au bordereau n° 237 RD dans lequel le préposé au bruitage s'est justifié de son achat. Le contrôleur financier n'a pas dû le prendre pour quelqu'un de sérieux. Quand on pense qu'ils achètent des appeaux avec les crédits du budget ! L'appeau me redonne du courage. J'emporte aussi des timbres, un jeu de cloches, un réveil, deux crécelles, deux tourniquets à musique

_____

(1) Instruments imitant le cri des animaux et dont on se sert pour les attirer.

avec leur coloriage pour enfants. Le fonctionnaire préposé me fait quelques difficultés. On vient, d'habitude, le trouver pour un accessoire précis, pour un « bruitage » qui se rapporte à un texte. Moi, je veux tout. Je convoite. Je suppute. Je fais l'impasse.

A vrai dire, et sans doute par superstition, je pense qu'aucun de ces objets ne me servira. Ils sont compromis. Peut-être l'appeau ? Cependant, après quelques démêlés avec l'administration, et non sans avoir signé plusieurs décharges, je les emporte.

Je les emporte avec la joie d'un enfant qui sortirait du grenier, les bras remplis de bricoles inutiles et compromettantes.

Sous l'œil goguenard du préposé,

Avec un secret sentiment de ridicule,
Plus exactement de malhonnêteté,
Dès le départ, j'ai mauvaise conscience.

Je ne saurais assez insister sur cette compromission qui vous amène à vous saisir de trois douzaines d'objets pour faire du bruit sans la moindre justification dramatique, sans la moindre idée préconçue, sans le moindre espoir. Bien plus, avec le secret dépit de faire ce qu'il ne faut pas faire, de perdre son temps, ceci dans une époque sérieuse où le temps même nous est mesuré.

Tel est l'état d'esprit du musicien concret après son premier rapt d'objets (concrets?).

Dans la revue *Polyphonie*,
1ᵉʳ trimestre 1950.

Les inspirations

S'il existe une musique abstraite où les sons, entièrement composés par l'esprit, perdent tout contact avec le réel, un grand nombre d'œuvres ont pour point de départ une étincelle extra-musicale, si infime soit-elle.

L'enthousiasme pour la machine inspire à Honegger son *Pacific 231* (1923).

Un renouveau de foi et de mysticisme est à l'origine du *Psaume XLIII* de Schmitt, du *Requiem* de Ropartz, du *Roi David* (1921), de *Jeanne au Bûcher* (1935), de la *Danse des Morts* (1938) d'Honegger, des *Trois petites liturgies* (1944), et des pièces pour orgue de Messiaen, du *Cantique des Cantiques* de Lesur (1952), des *Cinq incantations* de Jolivet.

Le contact avec la nature joue un certain rôle dans *la Mer* de Debussy (1905), *Daphnis et Chloé* de Ravel (1912), la *Symphonie pastorale* de Milhaud, la *Pastorale d'été* d'Honegger, *Les Animaux Modèles* de Poulenc, le *Réveil des oiseaux* de Messiaen, le *Poème de la forêt* de Roussel...

Ce retour aux sources, à l'harmonie primordiale du monde, où les civilisations primitives puisèrent et puisent encore la richesse fondamentale de leur expression musicale, Debussy l'a entrepris; dans ce texte, il pressent déjà l'accueil qui allait être fait au jazz

Il y a eu, il y a même encore, malgré les désordres qu'apporte la civilisation, de charmants petits peuples qui apprirent la musique aussi simplement qu'on apprend à respirer. Leur conservatoire, c'est le rythme éternel de la mer, le vent dans les feuilles et mille petits bruits qu'ils écoutèrent avec soin, sans jamais regarder dans d'arbitraires traités. Leurs traditions n'existent que dans de très vieilles chansons, mêlées de danses, où chacun, siècle sur siècle, apporta sa respectueuse contribution. Cependant la musique javanaise observe un contrepoint auprès duquel celui de Palestrina n'est qu'un jeu d'enfant. Et si l'on écoute, sans parti pris européen, le charme de leur « percussion », on est bien obligé de constater que la nôtre n'est qu'un bruit barbare de cirque forain...

Chez les Annamites on représente une sorte d'embryon de drame lyrique, d'influence chinoise, où se reconnaît la formule tétralogique; il y a seulement plus de dieux et moins de décors... Une petite clarinette rageuse conduit l'émotion; un tam-tam organise la terreur..., et c'est tout. Plus de théâtre spécial, plus d'orchestre caché. Rien qu'un instinctif besoin d'art, ingénieux à se satisfaire, aucune trace de mauvais goût !

— Seraient-ce donc les professionnels qui gâtèrent les pays civilisés ?

Quand le Dieu Pan assembla les sept tuyaux de la syrinx, il n'imita d'abord que la longue note mélancolique du crapaud se plaignant aux rayons de la lune. Plus tard, il lutta avec le chant des oiseaux. C'est probablement depuis ce temps que les oiseaux enrichirent leur répertoire. Ce sont là des origines suffisamment sacrées, d'où la musique peut prendre quelque fierté et conserver une part de mystère... Au nom de tous les dieux, n'essayons pas plus de l'en débarrasser que de l'expliquer. Ornons-le de cette délicate observance du « goût ». Et qu'il soit le gardien du Secret.

Du Goût, S. I. M.

Le même amour passionné de Messiaen pour la nature et la musique donne à cet extrait du texte pour la présentation du *Catalogue d'oiseaux* un enthousiasme, une envolée, une couleur émue, où se reconnaît la vraie poésie.

La nature, les chants d'oiseaux !
Ce sont mes passions. Ce sont mes refuges.
Dans les heures sombres, quand mon inutilité m'est brusquement révélée, quand toutes les langues musicales : classiques, exotiques, antiques, modernes et ultra-modernes, me semblent réduites au résultat admirable de patientes recherches, sans que rien derrière les notes justifie tant de travail — que faire, sinon retrouver son visage véritable oublié quelque part dans la forêt, dans les champs, dans la montagne, au bord de la mer, au milieu des oiseaux ?
C'est là que réside pour moi la musique.
La musique libre, anonyme, improvisée pour le plaisir, pour saluer le soleil levant, pour séduire la bien-aimée, pour crier à tous que la branche et le pré sont à vous, pour arrêter toute dispute, dissension, rivalité, pour dépenser le trop-plein d'énergie qui bouillonne avec l'amour et la joie de vivre, pour trouer le temps
et l'espace et faire avec ses voisins d'habitat de généreux et providentiels contrepoints, pour bercer sa fatigue et dire adieu à telle portion de vie quand descend le soir.
Divinement parle Rilke (1): **« Musique : haleine des statues, silence des images, langue où prennent fin les langues !... »** **Le chant des oiseaux est encore au-dessus de ce rêve du poète. Il est surtout très au-dessus du musicien qui essaie de le noter. N'importe ! l'ornithologie est une science. Comme toute science, elle entraîne travaux et difficultés.**
Cela fait environ dix-huit ans que je note des chants d'oiseaux.
Les véritables auteurs de mes pièces, ce sont eux ! Si par moments, la qualité musicale tombe, c'est que le compositeur s'est montré trop à découvert dans le paysage, c'est qu'il a malencontreusement fait dissonance, en posant ses pieds sur le gravier, en tournant sa page, en cassant quelque branche sèche...
Alphonse Leduc, édit.

Les musiques régionales et exotiques

Les travaux sur le folklore et la naissance de mouvements littéraires en province favorisent l'éclosion de musiques régionales. Déodat de Séverac chante son Languedoc, Canteloube célèbre l'Auvergne, Ropartz s'ingénie à exprimer l'âpreté et le mysticisme de la Bretagne. Ce *Menhir mélodieux* qui chante *A Marie endormie* (1912) est suivi par toute une génération de jeunes compositeurs. Ainsi sont créés *le Rouet d'Armor* d'Adolphe Pirriou (1936), les *Chansons bretonnes* de Jean Cras, le *Rossignol de Saint-Malo* de Paul Le Flem (1938).

Les expositions de 1889 et 1900 et les progrès du tourisme développent le goût des musiques étrangères. Milhaud s'enthousiasme pour le jazz et compose *le Bœuf sur le toit;* Maurice Ravel écrit la *Rhapsodie espagnole* (1907) et *le Boléro* (1928), Louis Aubert, sa voluptueuse *Habanera* (1918) et ses *Poèmes arabes*.

Un besoin d'évasion incite parfois le musicien à se réfugier dans le domaine féerique de l'enfance. Ravel compose *Ma mère l'Oye* (1908-1912), *l'Enfant et les Sortilèges* (1920-1925); Louis Aubert, son admirable *Forêt bleue* (1909) (2). Ce sont des pages qui, à la façon du *Petit Prince* de Saint-Exupéry, sont inspirées de l'enfance, mais dédiées à des grandes personnes.

En résumé, dans cette immense fresque, nous avons pu admirer des œuvres qui, par leur facture ou leur esthétique, appartiennent encore à l'époque précédente, tandis que d'autres, comme *Pelléas et Mélisande* ou *le Roi David*, marqueront le siècle...

---

(1) Poète autrichien qui a longtemps vécu en France. — (2) Créée à l'Opéra de Boston, en 1913.

LES LETTRES

L'ÉVEIL DU XXᵉ SIÈCLE (1900-1914)

Dans la profusion des genres et des écoles hérités du XIXᵉ siècle : poésie symboliste, roman psychologique, théâtre sentimental et vaudeville, apparaissent des auteurs originaux, comme Apollinaire, Bergson, Gide, Péguy, Proust, dont l'art, les idées, la personnalité annoncent, dans des œuvres fort différentes, un renouvellement général de la pensée et de la littérature.

LA POÉSIE AVANT 1914

Dans le domaine poétique, le début du siècle est une période à la fois de floraison et d'évolution. Certains, tels Verhaeren et Francis Jammes, restent marqués par l'empreinte symboliste. D'autres, comme Péguy ou Claudel traduisent, d'une manière originale et forte, la sincérité de leur foi chrétienne. D'autres enfin, comme Blaise Cendrars ou Guillaume Apollinaire ouvrent, chacun à leur manière, des voies nouvelles, par l'audace de l'expression ou la spontanéité de l'inspiration.

FRANCIS JAMMES

Le poète du naturisme Francis Jammes naquit dans le Béarn en 1868. Il sut tirer, d'une paisible vie provinciale à Orthez, puis à Hasparren (pays basque) où il vécut à partir de 1921, l'inspiration de nombreux recueils d'un lyrisme rustique original : *De l'Angélus de l'aube à l'Angélus du soir* (1898), *le Deuil des primevères* (1901), *le Triomphe de la vie* (1902), *les Géorgiques chrétiennes* (1912), *Ma France poétique* (1926), *De tout temps à jamais* (1935). Il y exprime son amour des bêtes, des fleurs, des champs, des pauvres gens et, à partir de sa conversion, en 1906, une foi qui se veut modeste et populaire, avec une simplicité et une naïveté extrême; il refuse toute habileté littéraire, parce qu'il pense se montrer ainsi plus humble et plus sincère. Il mourut en 1938.

SILENCE

Ce poème caractérise à lui seul l'art de Francis Jammes : l'évasion par le songe s'opère ici par un dépaysement dans le temps, il s'y ajoute un lyrisme intime qu'animent l'évocation précise de détails concrets et familiers et les évolutions gracieuses de « ces petites filles modèles » chères au poète. Le vers, plus anticonformiste que celui des symbolistes, annonce déjà Apollinaire *(De l'Angélus de l'aube à l'angélus du soir)*.

Silence. Puis une hirondelle sur un contrevent
fait un bruit d'azur dans l'air frais et bleuissant
toute seule. Puis deux sabots traînassent (1)
                                    dans la rue.
La campagne est pâle, mais au ciel gris qui
                                          remue
on voit déjà le bleu qui chauffera le jour.
Je pense aux amours des vieux temps, aux
                                         amours
de ceux qui habitaient aux parcs des beaux pays
riches en vigne, en blé, en foin et en maïs.
Les paons bleus remuaient sur les pelouses
                                          vertes,
et les feuilles vertes se miraient aux vitres
                                          vertes
dans le réveillement du ciel devenu vert.
Les chaînes dans l'étable où l'ombre était
                                         ouverte
avaient un bruit tremblé de choquement de
                                          verre.
Je pense au vieux château de la propriété,
aux chasseurs s'en allant par les matins d'été,
aux aboiements longs des chiens flaireurs qui
                                        rampent...
Dans l'énorme escalier cirée était la rampe,
La porte était haute d'où les jeunes mariés,

en écoutant partir les grands-pères, riaient
s'entrelaçaient et joignaient leurs jolies lèvres,
pendant que tremblaient, aux gîtes (2) d'argent,
                                      les lièvres.
Que ces temps étaient beaux où les meubles-
                                          Empire
luisaient par le vernis et les poignées de cuivre...
Cela était charmant, très laid et régulier
comme le chapeau de Napoléon premier.
Je pense aussi aux soirées où les petites filles
jouaient aux volants (3) près de la haute grille.
Elles avaient des pantalons qui dépassaient
leurs robes convenables et atteignaient leurs
                                          pieds.
Herminie, Coralie, Clémence, Célanire,
Aménaïde, Athénaïs, Julie, Zulmire,
leurs grands chapeaux de paille avaient de
                                    longs rubans.
Tout à coup un paon bleu se perchait sur un
                                          banc.
Une raquette lançait un dernier volant
Qui mourait dans la nuit qui dormait aux
                                      feuillages,
pendant qu'on entendait un roulement d'orage.

Mercure de France, édit.

ÉMILE VERHAEREN

Le poète de la vie moderne   Né en 1855 aux environs d'Anvers, Émile Verhaeren,
                        qui est mort accidentellement en 1916, en gare de
Rouen, a illustré la littérature française autant que celle de son pays natal. D'une
inspiration d'abord symboliste, régionaliste et intime, il a brossé ensuite de puissantes
fresques épiques, à la fois descriptives et lyriques, évoquant dans le rude décor des
Flandres les travaux, les misères et les grandeurs du monde moderne.

LES USINES

Comme les romanciers naturalistes et comme les peintres impressionnistes, Verhaeren
a été séduit et inquiété par le rythme de la vie moderne et la poésie stridente des villes
industrielles.

Ce sont les usines du début du siècle qu'il a vues et entendues dans les grandes plaines
du Nord et dans les banlieues des « villes tentaculaires »; la puissance épique, presque
hallucinatoire, qu'il leur donne, est faite des souffrances de tout un peuple *(Les Villes
tentaculaires)*.

Plus loin : un vacarme tonnant de chocs
Monte de l'ombre et s'érige par blocs ;
Et, tout à coup, cassant l'élan des violences,
Des murs de bruit semblent tomber
Et se taire, dans une mare de silence,

Tandis que les appels exacerbés
Des sifflets crus et des signaux
Hurlent toujours vers les fanaux,
Dressant leurs feux sauvages,
En buissons d'or, vers les nuages.

---

(1) Terminaison péjorative qui alourdit encore le mouvement des sabots. — (2) Lieu où le lièvre
se repose. — (3) Jeu qui consiste à lancer avec une raquette un objet (morceau de liège, etc.) garni
de plumes.

Et tout autour, ainsi qu'une ceinture,
Là-bas, de nocturnes architectures,
Voici les docks, les ports, les ponts, les phares
Et les gares folles de tintamarres (1)
Et plus lointains encor des toits d'autres usines
Et des cuves et des forges et des cuisines
Formidables de naphte (2) et de résines
Dont les meutes de feu et de lueurs grandies
Mordent parfois le ciel à coups d'abois et
                   d'incendies.

Au long du vieux canal à l'infini,
Par à travers l'immensité de la misère,
Des chemins noirs et des routes de pierre,
Les nuits, les jours, toujours,
Ronflent les continus battements sourds

Dans les faubourgs
Des fabriques et des usines symétriques.

L'aube s'essuie
A leurs carrés de suie ;
Midi et son soleil hagard
Comme un aveugle, errent par leurs
                      brouillards ;
Seul, quand les semaines, au soir
Laissent leur nuit dans les ténèbres choir,
Le han (3) du colossal effort cesse, en arrêt,
Comme un marteau sur une enclume,
Et l'ombre, au loin, sur la ville, paraît
De la brume d'or qui s'allume.

Mercure de France, édit.

CHARLES PÉGUY

Sa vie   Charles Péguy est né en 1873 à Orléans. Après des études dans sa ville
natale, il va à Paris préparer le concours de l'École Normale Supérieure,
auquel il est reçu en 1894. En 1896, il écrit un drame, *Jeanne d'Arc*. Attiré par les idées
socialistes, il expose son point de vue dans *Marcel, premier dialogue de la cité harmonieuse* (1898) et milite pour la révision du procès Dreyfus.

Bientôt, il abandonne la carrière universitaire, se sépare du parti socialiste et fonde,
en 1900, une revue indépendante, les *Cahiers de la Quinzaine*, qui se propose d'informer les lecteurs et de « dire la vérité ». C'est de « la Boutique », installée en face de la
Sorbonne, que Péguy mènera le combat ; en dépit des difficultés financières, les *Cahiers*,
auxquels collaborent Jérôme et Jean Tharaud, Daniel Halévy, François Porché et
Romain Rolland, paraîtront jusqu'à la guerre de 1914.

Les grandes œuvres en prose de Péguy y trouvent place ; ce sont *Notre Patrie* (1905),
où il dénonce le danger allemand et la menace de guerre, *Notre jeunesse* (1910), où
il oppose mystique et politique, *l'Argent* (1913), où il évoque le monde de son enfance
qui ne connut pas la fièvre de l'argent.

En 1908, il déclarait à Joseph Lotte : « J'ai retrouvé la foi. » De sa méditation,
naissent de grandes œuvres poétiques : le *Mystère de la charité de Jeanne d'Arc* (1910),
le Porche du mystère de la deuxième vertu (1911) et *le Mystère des saints-innocents*
(1911). Reprenant le geste du bûcheron qui, dans *le Porche du mystère de la deuxième
vertu* mettait ses enfants sous la protection de la Vierge, Péguy fait, en 1912, plusieurs
pèlerinages à Notre-Dame de Chartres. On retrouve l'écho de ces événements dans
la Tapisserie de Sainte Geneviève et de Jeanne d'Arc (1912), écrite en reconnaissance
pour la guérison de son fils Pierre, et dans *la Tapisserie de Notre-Dame* (1912) ; Péguy
n'hésite pas à écrire *Eve* (1913), une œuvre d'une longueur inusitée, qui comporte
huit tragédies en cinq actes et 8 000 alexandrins.

Il songeait à évoquer le Paradis dans un nouveau poème, quand survint la guerre,
où il trouva la mort le 5 septembre 1914.

Son art poétique   La poésie de Péguy reflète le cheminement même d'une
pensée qui se cherche, se trouve, s'exprime, s'explique,
se complète et se prolonge, jusqu'à pouvoir paraître quelquefois lassante. Mais c'est
de ce rythme « litanique », lent, lourd et monotone, illuminé par la fulguration d'une
image, vision concrète et évocatoire d'une idée, que naît cette « contagion mystique »,

---

(1) Bruits éclatants et désordonnés. — (2) Bitume liquide. — (3) Onomatopée sur le cri sourd
d'un homme qui frappe un coup avec effort.

qui bientôt emporte le lecteur. Même dans sa forme, l'œuvre de Péguy est une œuvre d'apostolat.

HYMNE A LA NUIT

Des trois vertus théologales, la Foi, l'Espérance et la Charité, c'est l'Espérance qui séduit surtout Péguy. Dans *le Porche du mystère de la deuxième vertu*, il donne la parole à Dieu pour célébrer « cette petite espérance qui n'a l'air de rien du tout » mais « qui entraîne tout ». En une composition très libre, diverses variations s'enchaînent : la confiance du père de famille, l'espoir des saints et le salut du pécheur, l'espérance du peuple de France. Dieu s'attendrit sur l'abandon de l'homme dans le sommeil, et le poème se clôt sur un hymne à la nuit « sœur tourière (1) de l'Espérance ».

O Nuit, ô ma fille la Nuit, la plus religieuse de
    mes filles
La plus pieuse.
De mes filles, de mes créatures la plus dans
    mes mains, la plus abandonnée.
Tu me glorifies dans le Sommeil encore plus
    que ton Frère le Jour ne me glorifie dans le
    Travail.
Car l'homme dans le travail ne me glorifie
    que par son travail.
Et dans le sommeil c'est moi qui me glorifie
    moi-même par l'abandonnement de l'homme.
Et c'est plus sûr, je sais mieux m'y prendre.
Nuit tu es pour l'homme une nourriture plus
    nourrissante que le pain et le vin.
Car celui qui mange et boit, s'il ne dort pas,
    sa nourriture ne lui profite pas.
Et lui aigrit, et lui tourne sur le cœur.
Mais s'il dort le pain et le vin deviennent sa
    chair et son sang.
Pour travailler. Pour prier. Pour dormir.
Nuit tu es la seule qui panses les blessures.
Les cœurs endoloris. Tout démanchés. Tout
    démembrés.
O ma fille aux yeux noirs, la seule de mes
    filles qui sois, qui puisses te dire ma complice.
Qui sois complice avec moi, car toi et moi,
    moi par toi
Ensemble nous faisons tomber l'homme dans
    le piège de mes bras
Et nous le prenons un peu par une surprise.
Mais on le prend comme on peut. Si quelqu'un
    le sait, c'est moi.
Nuit tu es une belle invention
De ma sagesse.
Nuit ô ma fille la Nuit ô ma fille silencieuse
Au puits de Rébecca (2), au puits de la
    Samaritaine (3)
C'est toi qui puises l'eau la plus profonde
Dans le puits le plus profond
O nuit qui berces toutes les créatures
Dans un sommeil réparateur
O nuit qui laves toutes les blessures
Dans la seule eau fraîche et dans la seule eau
    profonde

Au puits de Rébecca tirée du puits le plus
    profond.
Amie des enfants, amie et sœur de la jeune
    Espérance
O nuit qui panses toutes les blessures
Au puits de la Samaritaine toi qui tires du
    puits le plus profond
La prière la plus profonde.
O nuit, ô ma fille la Nuit, toi qui sais te taire,
    ô ma fille au beau manteau.
Toi qui verses le repos et l'oubli. Toi qui verses
    le beaume, et le silence, et l'ombre
O ma Nuit étoilée je t'ai créée la première.
Toi qui endors, toi qui ensevelis déjà dans
    une Ombre éternelle
Toutes mes créatures
Les plus inquiètes, le cheval fougueux, la fourmi
    laborieuse,
Et l'homme ce monstre d'inquiétude.
Nuit qui réussis à endormir l'homme
Ce puits d'inquiétude.
A lui seul plus inquiet que toute la création
    ensemble.
L'homme, ce puits d'inquiétude.
Comme tu endors l'eau du puits.
O ma nuit à la grande robe
Qui prends les enfants et la jeune Espérance
Dans le pli de ta robe
Mais les hommes ne se laissent pas faire.
O ma belle nuit je t'ai créée la première.
Et presque avant la première
Silencieuse aux longs voiles
Toi par qui descend sur terre un avant-goût
Toi qui répands de tes mains, toi qui verses
    sur terre
Une première paix
    Avant-coureur de la paix éternelle.
Un premier repos
    Avant-coureur du repos éternel.
Un premier baume, si frais, une première
    béatitude
    Avant-coureur de la béatitude éternelle.
Toi qui apaises, toi qui embaumes, toi qui
    consoles.

---

(1) Religieuse chargée des relations avec l'extérieur. — (2) C'est au bord d'un puits qu'Eliézer, envoyé par Abraham son maître, devait rencontrer Rébecca, la future femme d'Isaac. — (3) Celle qui donna à boire à Jésus.

Toi qui bandes les blessures et les membres
   meurtris.
Toi qui endors les cœurs, toi qui endors
   les corps
Les cœurs endoloris, les corps endoloris,
Courbaturés,
Les membres rompus, les reins brisés
De fatigue, de soucis, des inquiétudes
Mortelles,
Des peines,

Toi qui verses le baume aux gorges déchirées
   d'amertume
Si frais
O ma fille au grand cœur je t'ai créée
   la première
Presque avant la première, ma fille au sein
   immense
Et je savais bien ce que je faisais.
Je savais peut-être ce que je faisais.

Gallimard, édit.

ADIEUX A LA MEUSE

Le drame de *Jeanne d'Arc*, écrit en 1896, comprend trois pièces : *A Domremy, les Batailles, Rouen*. La petite paysanne — elle a treize ans —, hantée par les misères humaines et par l'idée de la souffrance éternelle, a découvert sa mission et ses dures exigences : elle doit quitter son pays, sa maison, ses parents, pour aller éveiller l'énergie du peuple de France. C'est à la rivière de Meuse, qu'elle adresse ces adieux. Toute la sérénité passive de la nature — qu'aimait tant Péguy — berce cette méditation mélancolique et poignante.

Adieu, Meuse endormeuse et douce à mon
               enfance,
Qui demeures aux prés, où tu coules tout bas,
Meuse, adieu : j'ai déjà commencé ma
              partance (1)
En des pays nouveaux où tu ne coules pas.
Voici que je m'en vais en des pays nouveaux :
Je ferai la bataille et passerai les fleuves ;
Je m'en vais m'essayer à de nouveaux travaux,
Je m'en vais commencer là-bas les tâches
              neuves.
Et pendant ce temps-là, Meuse ignorante et
              douce,
Tu couleras toujours, passante accoutumée,
Dans la vallée heureuse où l'herbe vive pousse,
O Meuse inépuisable et que j'avais aimée.

Un silence.

Tu couleras toujours dans l'heureuse vallée ;
Où tu coulais hier, tu couleras demain.
Tu ne sauras jamais la bergère en allée,
Qui s'amusait, enfant, à creuser de sa main
Des canaux dans la terre, — à jamais écroulés.

La bergère s'en va, délaissant les moutons,
Et la fileuse va, délaissant les fuseaux,
Voici que je m'en vais loin de tes bonnes eaux,
Voici que je m'en vais bien loin de nos maisons.

Meuse qui ne sais rien de la souffrance humaine,
O Meuse inaltérable et douce à toute enfance,
O toi qui ne sais pas l'émoi de la partance,
Toi qui passes toujours et qui ne pars jamais,
O toi qui ne sais rien de nos mensonges faux,

O Meuse inaltérable, ô Meuse que j'aimais,
              Un silence.
Quand reviendrai-je ici filer encor la laine ?
Quand verrai-je tes flots qui passent par chez
              nous ?
Quand nous reverrons-nous ? et nous
           reverrons-nous ?
Meuse que j'aime encore, ô ma Meuse que
            j'aime.

Gallimard, édit.

PAUL CLAUDEL

Une vie mouvementée   Paul Claudel est né à Villeneuve-sur-Fère (Aisne) en 1868. Parisien dès 1881, il fait des études de droit et se prépare à la carrière diplomatique. Il s'enthousiasme alors pour la poésie de Rimbaud. Il fréquente les Mardis de Mallarmé et commence à écrire. Cependant, c'est au cours d'une adolescence inquiète que « se produisit l'événement qui domine toute ma vie », dit-il. C'était aux Vêpres de Noël 1886, à Notre-Dame de Paris : « En un instant, mon cœur fut touché et je crus. » Quatre ans plus tard, en 1890, il communie ; la foi qu'il a retrouvée restera désormais vivante en lui et commandera toute son œuvre.

---

(1) Ce mot, peu usité dans cette construction, signifie normalement : instant qui précède le départ (navire en partance) ; ici, il est employé pour : départ.

Reçu en 1890 au grand concours des Affaires étrangères, il exerce, de 1893 à 1935, des fonctions administratives qui l'amèneront à connaître la terre entière et les civilisations les plus diverses. Successivement consul en Chine et à Hambourg, ministre plénipotentiaire à Rio de Janeiro et Copenhague, ambassadeur à Tokyo, à Washington et à Bruxelles, il donne tout son temps à ses devoirs de représentant de la France. Son travail littéraire ne dépasse pas une heure par jour, mais il est régulier, comme sa lecture de la Bible et de saint Thomas. Chaque jour aussi, ce « pèlerin de bien des routes » aime consacrer un moment à la promenade. « Avec une régularité astronomique », il marche, attentif à tout ce qui l'entoure, aux mille détails du paysage et de l'activité humaine, qui trouveront place, ensuite, dans son œuvre, « l'hymne fourmillante » (1). Revenu en France en 1936, il se retire le plus souvent dans sa propriété de Brangues en Dauphiné. Ses dernières années sont calmes; il meurt en 1955.

Le poète   Claudel est essentiellement poète.

Sa lecture assidue de l'Écriture sainte est sans doute la rencontre d'un chrétien avec la parole de Dieu, mais aussi celle d'un poète avec un poème.

Son œuvre poétique comprend principalement : les *Cinq grandes odes* (1913), *Corona Benignitatis anni Dei* (1915), *Feuilles de Saints* (1925), *Cent phrases pour éventails* (1942), *Visages radieux* (1947). Pour Claudel, le poète ne se sépare pas du chrétien. « Rassembleur de la terre de Dieu », il en dénombre les divers éléments. Tous les lieux, tous les temps, toutes les civilisations, le soleil et les étoiles, les vivants et les morts trouvent place dans son œuvre cosmique : « Et moi, c'est le monde tout entier qu'il me faut conduire à sa fin avec une hécatombe de mots » *(Cinq grandes odes).* Au cœur de la réalité, en la nommant par la puissance du verbe, le poète la recrée, et l'offre à Dieu, en « une action de grâces ». « Il s'agit pour le poète de répondre à la parole par la parole, à la question par un acte et au créateur par une création. » *(Positions et propositions.)*

Pour cette re-création, Claudel cherche le mot concret, le plus particulier, et il en résulte une étonnante variété de vocabulaire. Il abandonne l'alexandrin et la rime, éléments de monotonie « Je n'ai pas besoin de tout cet attirail qu'il vous faut. » C'est en versets qu'il écrit, essayant d'insérer dans son langage le mouvement de la respiration et le battement du cœur. Sa poésie ne s'adresse pas seulement à l'intelligence et à la sensibilité, mais se veut totale.

L'EAU

Ce passage se situe dans la deuxième des *Cinq grandes odes*, intitulée *l'Esprit et l'Eau*. Claudel, qui a parcouru les océans, a aimé la mer « libre et pure ». Dans les murs de Pékin, « au plus terre de la terre », il songe à sa puissance. Elle relie les continents, accueille à elle les grands fleuves, invite aux départs, donne une image de l'infini et de la liberté. Pourtant, qu'est-elle, comparée à l'Esprit capable de dominer l'immense élément liquide? On trouvera ici un exemple du rythme claudélien et de cette poésie à la dimension de l'univers.

Ah, j'en ai assez de vos eaux buvables !
Je ne veux pas de vos eaux arrangées, moissonnées par le soleil, passées au filtre et à l'alambic, distribuées par l'engin des monts, Corruptibles, coulantes.

Vos sources ne sont point des sources. L'élément même !
La matière première ! C'est la mère, je dis, qu'il me faut !
Possédons la mer éternelle et salée, la grande

---

(1) Le mot hymne est du féminin, quand il désigne un poème de caractère religieux.

rose grise! Je lève un bras vers le paradis ! Je m'avance vers la mer aux entrailles de raisin ! Je me suis embarqué pour toujours ! Je suis comme le vieux marin qui ne connaît plus la terre que par ses feux, les systèmes d'étoiles vertes ou rouges enseignées par la carte et le portulan (1).

Un moment sur le quai parmi les balles et les tonneaux, les papiers chez le consul, une poignée de main au stevedore (2) ;

Et puis, de nouveau, l'amarre larguée, un coup de timbre aux machines, le break–water que l'on double, et sous mes pieds.

De nouveau la dilatation de la houle!

Ni

Le marin, ni

Le poisson qu'un autre poisson à manger

Entraîne, mais la chose même et tout le tonneau de la veine vive,

Et l'eau même, et l'élément même, je joue, je resplendis ! Je partage la liberté de la mer omniprésente !

L'eau

Toujours s'en vient retrouver l'eau,

Composant une goutte unique.

Si j'étais la mer, crucifiée par un milliard de bras sur ses deux continents,

A plein ventre ressentant la traction rude du ciel circulaire avec le soleil immobile comme la mèche allumée sous la ventouse,

Connaissant ma propre quantité,

C'est moi, je tire, j'appelle sur toutes mes racines, le Gange, le Mississipi,

L'épaisse touffe de l'Orénoque, le long fil du Rhin, le Nil avec sa double vessie,

Et le lion nocturne buvant, et les marais, et les vases souterrains, et le cœur rond et plein des hommes qui durent leur instant.

Pas la mer, mais je suis esprit ! et comme l'eau De l'eau, l'esprit reconnaît l'esprit,

L'esprit, le souffle secret,

L'esprit créateur qui fait rire, l'esprit de vie et la grande haleine (3) pneumatique, le dégagement de l'esprit

Qui chatouille et qui enivre et qui fait rire !

O que cela est plus vif et agile, pas à craindre d'être laissé au sec ! Loin que j'enfonce, je ne puis vaincre l'élasticité de l'abîme !

Comme du fond de l'eau on voit à la fois une douzaine de déesses aux beaux membres,

Verdâtres monter dans une éruption de bulles d'air,

Elles se jouent au lever du jour divin dans la grande dentelle blanche, dans le feu jaune et froid, dans la mer gazeuse et pétillante !

Quelle porte m'arrêterait? Quelle muraille?

L'eau Odore (4) l'eau, et moi je suis plus qu'elle–même liquide !

Comme elle dissout la terre et la pierre cimentée j'ai partout des intelligences !

L'eau qui a fait la terre la délie, l'esprit qui a fait la porte ouvre la serrure.

Et qu'est–ce que l'eau inerte à côté de l'esprit sa puissance

Auprès de son activité, la matière au prix de l'ouvrier ?

Gallimard, édit.

Le poète dramaturge   Chez Claudel, drame et poésie ne font qu'un. De sa parole, il anime des êtres. Il a besoin de faire passer son souffle poétique par la bouche même de l'acteur. Là encore, il fait acte de poète, au sens de créateur. Ses premiers drames sont l'écho des problèmes que pose la condition humaine. Ils concluent à la vanité de la puissance humaine *(Tête d'or)* (1889), à la vanité de l'ambition et de la richesse *(La Ville)* (1890-1897), à la vanité d'un amour dont l'objet n'est pas infini *(Partage de midi)* (1906). Après *l'Annonce faite à Marie* (1910), trois drames se situent dans l'histoire : *L'Otage, le Pain dur, le Père humilié* (1909-1914-1916). Cette trilogie est une consécration du monde à Dieu; l'inquiétude de la vérité a fait place à l'inquiétude de la perfection. *Le Soulier de satin* (1924), qui a pour scène le monde, est le sommet du théâtre de Claudel. Les thèmes de *Tête d'or* et de *Partage de midi*, la conquête et la passion coupable, sont ici repris, mais une autre réponse y est donnée : Rodrigue et Prouhèze renoncent l'un à l'autre. L'amour interdit s'achève en joie, il est instrument de salut, il mène à l'amour de Dieu.

L'ANNONCE FAITE A MARIE

PROLOGUE

Le théâtre de Claudel a été longtemps très discuté. Il est resté souvent incompris. Violaine, l'héroïne de *l'Annonce faite à Marie*, en est, sans doute, le seul personnage

---

(1) Au Moyen Age, livre à l'usage des navigateurs. — (2) Entrepreneur de chargement et de déchargement des navires. — (3) Souffle. — (4) Sent.

populaire. Dans ce prologue, la jeune paysanne s'est levée à l'aube pour ouvrir la porte de la grange à Pierre de Craon, l'architecte lépreux qui s'en retourne à Reims. Il l'a autrefois convoitée. Elle vient lui donner son anneau et un baiser de paix. Ces deux gestes changeront sa destinée. Tout était simple pour elle, jusqu'ici; désormais, son histoire sera celle de la fidélité à ce premier élan, et de la docilité à la grâce.

Pierre de Craon. — Violaine qui m'avez ouvert la porte, adieu ! je ne retournerai plus vers vous.

O jeune arbre de la science du Bien et du Mal, voici que je commence à me séparer parce que j'ai porté la main sur vous.

Et déjà mon âme et mon corps se divisent, comme le vin dans la cuve mêlée à la grappe meurtrie !

Qu'importe? je n'avais pas besoin de femme. Je n'ai point possédé la femme corruptible.

L'homme qui a préféré Dieu dans son cœur, quand il meurt, il voit cet Ange qui le gardait.

Le temps viendra bientôt qu'une autre porte se dissolve.

Quand celui qui a plu à peu de gens en cette vie s'endort, ayant fini de travailler, entre les bras de l'Oiseau éternel:

Quand déjà au travers des murs diaphanes de tous côtés apparaît le sombre Paradis,

Et que les encensoirs de la nuit se mêlent à l'odeur de la mèche infecte qui s'éteint !

Violaine. — Pierre de Craon, je sais que vous n'attendez pas de moi des « Pauvre homme » et de faux soupirs, et des « Pauvre Pierre ».

Car à celui qui souffre, les consolations d'un consolateur joyeux ne sont pas de grand prix, et son mal n'est pas pour nous ce qu'il est pour lui.

Souffrez avec Notre-Seigneur.

Mais sachez que votre action mauvaise est effacée.

En tant qu'il est de moi, et que je suis en paix avec vous,

Et que je ne vous méprise et abhorre point parce que vous êtes atteint et malade.

Mais je vous traiterai comme un homme sain et Pierre de Craon, notre vieil ami, que je révère, aime et crains,

Je vous le dis. C'est vrai.

Pierre de Craon. — Merci, Violaine.

Violaine. — Et maintenant, j'ai à vous demander quelque chose.

Pierre de Craon. — Parlez.

Violaine. — Quelle est cette belle histoire que mon père nous a racontée ? Quelle est cette « justice » (1) que vous construisez à Reims et qui sera plus belle que Saint-Rémy et Notre-Dame ?

Pierre de Craon. — C'est l'église que les métiers de Reims m'ont donnée à construire

sur l'emplacement de l'ancien Parc-aux-Ouilles,

Là où l'ancien Marc-de-l'Évêque a été brûlé cet antan (2).

Premièrement pour remercier Dieu de sept étés grasses dans la détresse de tout le Royaume,

Les grains et les fruits à force (3), la laine bon marché et belle,

Les draps et le parchemin bien vendus aux marchands de Paris et d'Allemagne.

Secondement, pour les libertés acquises, les privilèges conférés par le Roi notre Sire (4).

L'ancien mandat contre nos des évêques Félix II et Abondant de Cramail,

Rescindé (5) par le Pape.

Le tout à force d'épée claire et des écus (9) champenois.

Car telle est la république chrétienne, non point de crainte servile,

Mais que chacun ait son droit, selon qu'il est bon à l'établir, en diversité merveilleuse,

Afin que la charité soit remplie.

Violaine. — Mais de quel Roi parlez-vous et de quel Pape ? Car il y en a deux (7) et l'on ne sait qui est le bon.

Pierre de Craon. — Le bon est celui qui nous fait du bien.

Violaine. — Vous ne parlez pas comme il faut.

Pierre de Craon. — Pardonnez-moi. Je ne suis qu'un ignorant.

Violaine. — Et d'où vient ce nom qui est donné à la nouvelle paroisse ?

Pierre de Craon. — N'avez-vous jamais entendu parler de sainte Justice qui fut martyrisée du temps de l'empereur Julien dans un champ d'anis ?

(Ces graines que l'on met dans notre pain d'épices, à la foire de Pâques.)

Essayant de détourner les eaux d'une source souterraine pour nos fondations,

Nous avons retrouvé son tombeau avec ce titre sur une dalle cassée en deux : JUSTITIA ANCILLA DOMINI IN PACE.

Le frêle petit crâne était fracassé comme une noix, c'était une enfant de huit ans.

Et quelques dents de lait tiennent encore à la mâchoire.

De quoi tout Reims est dans l'admiration, et maints signes et miracles suivent le corps

---

(1) Le texte l'explique plus bas. — (2) L'année dernière. — (3) En quantité. — (4) Notre-Seigneur. — (5) Annulé. — (6) Boucliers. — (7) De l'an 250 à 1439, on compte plusieurs papes dont l'élection ne fut pas canoniquement valable. Il arriva ainsi qu'il y eut deux papes en même temps, un seul d'entre eux étant le chef légitime de l'Eglise catholique.

Que nous avons placé en chapelle, attendant le terme de l'œuvre.

Mais nous avons laissé les petites dents comme une semence sous le grand bloc de base.

Violaine. — **Quelle belle histoire ! Et le père nous disait que toutes les dames de Reims donnent leurs bijoux pour la construction de Justice ?**

Pierre de Craon. — **Nous en avons un grand tas et beaucoup de Juifs autour comme mouches.**

(Violaine tient les yeux baissés, tournant avec hésitation un gros anneau d'or qu'elle porte au quatrième doigt.)

Pierre de Craon. — **Quel est cet anneau, Violaine ?**

Violaine. — **Un anneau que Jacques m'a donné.**

(Silence.)

Pierre de Craon. — **Je vous félicite.**

(Elle lui tend l'anneau.)

Violaine. — **Ce n'est pas décidé encore. Mon père n'a rien dit.**

Eh bien ! c'est ce que je voulais vous dire. Prenez mon bel anneau qui est tout ce que j'ai et Jacques me l'a donné en secret.

Pierre de Craon. — **Mais je ne le veux pas !**

Violaine. — **Prenez-le vite, car je n'aurai plus la force de m'en détacher.**

(Il prend l'anneau.)

Pierre de Craon. — **Que dira votre fiancé ?**

Violaine. — **Ce n'est pas mon fiancé encore tout à fait.**

L'anneau en moins ne change pas le cœur. Il me connaît. Il m'en donnera un autre en argent.

Celui-ci était trop beau pour moi.

Pierre de Craon, l'examinant. — **Il est d'or végétal, comme on savait les faire jadis avec un alliage de miel.**

Il est facile (1) comme la cire et rien ne peut le rompre.

Violaine. — **Jacques l'a trouvé dans la terre en labourant, dans un endroit où l'on ramasse** parfois de vieilles épées toutes vertes et de jolis morceaux de verre.

J'avais crainte à porter cette chose païenne qui appartient aux morts.

Pierre de Craon. — **J'accepte cet or pur.**

Violaine. — **Et baisez pour moi ma sœur Justice.**

Pierre de Craon, la regardant soudain, et comme frappé d'une idée. — **Est-ce tout ce que vous avez à me donner pour elle ? Un peu d'or retiré de votre doigt ?**

Violaine. — **Cela ne suffit-il pas à payer une petite pierre ?**

Pierre de Craon. — **Mais Justice est une grande pierre elle-même.**

Violaine, riant. — **Je ne suis pas de la même carrière.**

Pierre de Craon. — **Celle qu'il faut à la base n'est point celle qu'il faut pour le faîte (2).**

Violaine. — **Une pierre, si j'en suis une, que ce soit cette pierre active qui moud le grain, accouplée à la meule jumelle.**

Pierre de Craon. — **Et Justice aussi n'était qu'une humble petite fille près de sa mère. Jusqu'à l'instant que Dieu l'appela à la confession (3).**

Violaine. — **Mais personne ne me veut aucun mal ! Faut-il que j'aille prêcher l'Évangile chez les Sarrasins ?**

Pierre de Craon. — **Ce n'est point à la pierre de choisir sa place, mais au Maître de l'Œuvre qui l'a choisie.**

Violaine. — **Loué donc soit Dieu qui m'a donné la mienne tout de suite et je n'ai plus à la chercher. Et je ne lui en demande point d'autre.**

Je suis Violaine, j'ai dix-huit ans, mon père s'appelle Anne Vercors, ma mère s'appelle Élisabeth.

Ma sœur s'appelle Mara, mon fiancé s'appelle Jacques. Voilà, c'est fini, il n'y a plus rien à savoir.

Tout est parfaitement clair, tout est réglé d'avance et je suis très contente.

Gallimard, édit.

Ce prologue s'achève sur le baiser de charité qui déclenchera le drame : Violaine sera diffamée auprès de son fiancé par sa méchante sœur Mara et elle verra bientôt apparaître sur elle les premières marques de la lèpre. Elle vivra dans la souffrance et la solitude, mais le sacrifice de sa vie sauvera le bonheur de Jacques et de Mara.

TÊTE D'OR

MONOLOGUE DE CÉBÈS

Tête d'or, drame écrit en 1889, porte la marque de la lutte intérieure que connut Claudel·entre 1896 et 1900. Dans ce monologue, situé au début de la pièce, les paroles jaillissent avec une intensité qui traduit le désarroi, la solitude, et l'attente du jeune

---

(1) Malléable, souple. — (2) Sommet. — (3) A proclamé ouvertement sa foi, ce qui entraîna son martyre.

homme, sentant bouillonner en lui une foule de possibilités. Claudel n'a pas voulu que fût représenté de son vivant ce drame où il avait mis tant de lui-même.

Cébès. — **Me voici,**
Imbécile, ignorant,
Homme nouveau devant les choses inconnues,
Et je tourne ma face vers l'Année et l'arche
pluvieuse, j'ai plein mon cœur d'ennui.
Je ne sais rien et je ne peux rien. Que dire ?
Que faire ?
A quoi emploierai-je ces mains qui pendent,
ces pieds
Qui m'emmènent comme le songe nocturne ?
La parole n'est qu'un bruit et les livres ne sont
que du papier.
Il n'y a personne que moi ici. Et il me semble
que tout,
L'air brumeux, les labours gras,
Et les arbres et les basses nuées
Me parlent, avec un discours sans mots,
douloureusement.
Le laboureur
S'en revient avec la charrue, on entend le cri
tardif.
C'est l'heure où les femmes vont au puits.
Voici la nuit. — **Qu'est-ce que je suis ?**
Qu'est-ce que je fais? Qu'est-ce que j'attends?

Et je réponds : Je ne sais pas ! et je désire
en moi-même
Pleurer, ou crier,
Ou rire, ou bondir et agiter les bras !
Qui je suis ? Des plaques de neige restent
encore, je tiens une branche de minonnets
à la main.
Car Mars est comme une femme qui souffle
sur un feu de bois vert.
— **Que l'été**
Et la journée épouvantable sous le soleil soient
oubliés, ô choses, ici,
Je m'offre à vous !
Je ne sais pas !
Voyez-moi ! J'ai besoin,
Et je ne sais pas de quoi et je pourrais crier
sans fin
Tout haut, tout bas, comme un enfant qu'on
entend au loin, comme les enfants qui sont
restés tout seuls, près de la braise rouge !
O ciel chagrin ! arbres, terre ! ombre, soirée
pluvieuse !
Voyez-moi ! que cette demande ne me soit
pas refusée, que je fais !

Gallimard, édit.

GUILLAUME APOLLINAIRE

Sa vie   Guillaume Apollinaire de Kostrowitzky naît à Rome en 1880. Il habite à Monaco à partir de 1885 et, après ses études, partage la vie agitée de sa mère à travers toute la France. En 1901, devenu précepteur de la fille d'une vicomtesse allemande en Rhénanie, il s'éprend de la jeune gouvernante anglaise Annie Playden, qu'il va voir sans succès à Londres, en 1903 et 1904. Il rencontre à Paris Derain et Vlaminck, se lie avec Picasso, Max Jacob, Jarry, Braque et fréquente la bohème de Montmartre. Il contribue à lancer le Douanier Rousseau et bientôt conçoit une grande passion pour Marie Laurencin.

Il compose alors de nombreux poèmes, et publie en 1909 *la Chanson du mal aimé.* Par ses articles et ses conférences, il fait connaître l'art nouveau, explique la peinture cubiste. En 1913, il publie *Alcools.*

Dès 1914, il multiplie les démarches pour s'engager, tout en menant avec Louise de Coligny-Châtillon (Lou) une intrigue aussi ardente qu'éphémère. En 1915, il suit le peloton de sous-officier d'artillerie; blessé à la tempe droite en 1916, il est trépané. Il reprend pourtant son activité d'écrivain : il publie, en octobre, *le Poète assassiné,* fait jouer *les Mamelles de Tirésias* (drame surréaliste) en 1917, mais reste las et souffrant. Il fait imprimer *Calligrammes* (1918), son second grand recueil poétique, mais, atteint par une grippe infectieuse, il meurt le 9 novembre 1918.

Une poésie nouvelle   Il n'est pas d'aspect essentiel de la poésie française qui ne se retrouve dans l'œuvre d'Apollinaire : la tradition poétique du XVIe et du XVIIe siècle; des réminiscences classiques; des rappels de Baudelaire et de Verlaine; les images, les thèmes et les musiques du symbolisme de la fin du XIXe siècle coexistent dans le même recueil, parfois dans le même poème, avec un modernisme affiché qui inclut les trivialités, les calembours et les néologismes (1) les plus agressifs, qui invente une nouvelle présentation typographique reproduisant l'objet du poème : traînées de la pluie, mandoline, jet d'eau... « calligrammes » (2).

Une étude analytique laisse malheureusement échapper le charme spontané de la poésie d'Apollinaire, cette fraîcheur de vision et d'émotion qui n'est pas autre chose que la gentillesse naturelle et la séduction qu'appréciaient tous ses amis, sa familiarité dans la conversation, sa tendresse pour les êtres vivants, pour les choses même. Ce qui semble une intrusion du baroque est parfois simplement la présence de l'humble réalité : un chien perdu à la caserne, des cerfs qui brament aux lisières lointaines, les feuilles mortes de l'automne, que l'imagination du poète confond bientôt avec les « mains des chères mortes ». La bague d'aluminium qu'il sculpte dans les tranchées et qui « l'identifie au poilu de deuxième classe (3) » (J. Rousselot) est le symbole de son humilité.

Il y a surtout chez Apollinaire la déchirante sincérité des grands lyriques, des grands poètes de l'amour. Les *Poèmes à Lou, le Guetteur mélancolique* et les *Poèmes à Madeleine*, mêlent, de façon pathétique, l'amour et la guerre, le désir le plus ardent et les angoisses immédiates, la vie quotidienne et les rêveries mystiques. La complexité apparente de cette poésie n'est autre chose que le bouillonnement de la vie.

LE PONT MIRABEAU

Ce poème célèbre, paru en 1912 dans *Alcools*, associe le « paysage parisien » et la mélancolie des amours. Le thème du temps qui passe n'est pas nouveau; qu'on songe au *Lac* de Lamartine (4); comme Lamartine, Apollinaire vivait alors le désarroi de la séparation d'avec l'être cher, Marie Laurencin. Mais ici, la discrétion avec laquelle le poète chante sa tristesse et son acceptation tranquille de l'irréversibilité du temps, sont très éloignées des épanchements et de la révolte romantiques. La beauté du vers et la fluidité du rythme se confondent avec le miracle de l'émotion retrouvée.

Sous le pont Mirabeau coule la Seine
    Et nos amours
    Faut-il qu'il m'en souvienne
La joie venait toujours après la peine

    Vienne la nuit sonne l'heure
    Les jours s'en vont je demeure

Les mains dans les mains restons face à face
    Tandis que sous
    Le pont de nos bras passe
Des éternels regards l'onde si lasse

    Vienne la nuit sonne l'heure
    Les jours s'en vont je demeure

L'amour s'en va comme cette eau courante
    L'amour sens va
    Comme la vie est lente
Et comme l'Espérance est violente

    Vienne la nuit sonne l'heure
    Les jours s'en vont je demeure

Passent les jours et passent les semaines
    Ni temps passé
    Ni les amours reviennent
Sous le pont Mirabeau coule la Seine

    Vienne la nuit sonne l'heure
    Les jours s'en vont je demeure

Gallimard, édit.

J'ÉCOUTE LES BRUITS DE LA VILLE...

Comme Verlaine, Apollinaire a connu la prison (5); il ne trouve en elle ni regrets ni remords poignants, mais y découvre une espèce de dépouillement, qui devient la spiritualité même *(Alcools)*.

---

(1) Apollinaire était le contemporain de ces artistes qui faisaient figurer dans leurs tableaux des objets hétéroclites, fragments de la réalité quotidienne. Voir pp. 458-459. — (2) Littéralement : texte calligraphié, écrit d'une belle écriture. — (3) Le simple soldat de la guerre 1914-1918. — (4) Voir p. 335. — (5) A la suite d'une malencontreuse erreur, il avait été incarcéré à la prison de la Santé, lors du vol de *la Joconde*, en 1911.

J'écoute les bruits de la ville
Et prisonnier sans horizon
Je ne vois rien qu'un ciel hostile
Et les murs nus de ma prison

Le jour s'en va voici que brûle
Une lampe dans la prison
Nous sommes seuls dans ma cellule
Belle clarté Chère raison

Gallimard, édit.

MON LOU, MA CHÉRIE...

Les *Poèmes à Lou* ne sont pas seulement des poèmes d'amour; dans le cadre de la guerre des tranchées, décor souvent terrible, mais parfois transposé avec une verve gouailleuse, ils expriment toutes les nuances du sentiment, de l'érotisme le plus cru au spiritualisme le plus éthéré. Usant avec subtilité de la naïveté feinte, de la surprise et de la dissonance, Apollinaire jongle avec les objets baroques, les diminutifs rococo, l'image lointaine des monuments parisiens et la mélancolie délicieuse des souvenirs d'amour.

Mon Lou ma chérie Je t'envoie aujourd'hui
      la première pervenche
Ici dans la forêt on a organisé des luttes entre
      les hommes
Ils s'ennuient d'être tout seuls sans femme
      faut bien les amuser le dimanche
Depuis si longtemps qu'ils sont loin de tout
      ils savent à peine parler
Et parfois je suis tenté de leur montrer ton
      portrait pour que ces jeunes mâles
      Réapprennent en voyant ta photo
      Ce que c'est que la beauté
Mais cela c'est pour moi c'est pour moi seul
Moi seul ai le droit de parler à ce portrait qui
      pâlit
A ce portrait qui s'efface
Je le regarde parfois longtemps une heure
      deux heures
Et je regarde aussi les deux petits portraits
      miraculeux
      Mon cœur
La bataille des aéros (1) dure toujours
La nuit est venue

Quelle triste chanson font dans les nuits
      profondes
Les obus qui tournoient comme de petits
      mondes
M'aimes-tu donc mon cœur et ton âme bien
      née
Veut-elle du laurier dont ma tête est ornée
J'y joindrai bien aussi de ces beaux myrtes
      verts
Couronne des amants qui ne sont pas pervers
En attendant voici que le chêne me donne
      La guerrière couronne
Et quand te reverrai-je ô Lou ma bien-aimée
Reverrai-je Paris et sa pâle lumière
Trembler les soirs de brume autour des
      réverbères
Reverrai-je Paris et les sourires sous les
      voilettes
Les petits pieds rapides des femmes inconnues
La tour de Saint-Germain-des-Prés
La fontaine du Luxembourg
Et toi mon adorée mon unique adorée
Toi mon très cher amour.

Gallimard, édit.

BLAISE CENDRARS

Une vie aventureuse   Nulle vie d'homme de lettres ne fut sans doute aussi mouvementée que celle de Blaise Cendrars. Né en Suisse en 1887, il quitte sa patrie dès l'âge de dix-sept ans, pour courir l'aventure en Extrême-Orient; il passe ensuite en Amérique et s'engage, enfin, à la Légion étrangère, en 1914. Après la guerre, il recommence à voyager, écrit des poèmes, des romans et des reportages. Il meurt en 1961.

Une poésie moderne   Bien que la poésie de Blaise Cendrars soit étroitement liée à sa vie et à l'ensemble de son œuvre, son importance dans l'histoire de la poésie au début du XXe siècle est considérable : *Les Pâques à New York* (1912), *la Prose du Transsibérien et de la petite Jehanne de France* (1913), *le Panama ou les aventures de mes sept oncles* (1918) annoncent véritablement un art nouveau.

---

(1) Aéroplanes.

A la fois cosmopolite et parisienne, cette poésie naît constamment de l'actualité, se nourrit de sensations fugitives et de réalités immédiates (phrases de journaux, cris des rues, prospectus de voyage, menus exotiques) pourvu qu'elles aient le caractère insolite que désire une sensibilité moderne. C'est un reportage cinématographique — Cendrars n'a-t-il pas consacré au cinéma l'essentiel de son activité, de 1917 à 1923 (1)? — ou plutôt une « photographie verbale » ininterrompue : les mots précis et variés nous montrent aussi bien les rues de Paris que la forêt brésilienne ou les solitudes du Grand Nord.

Cette poésie se confond avec la vie, avec l'aventure qui fut le pain quotidien de l'éternel voyageur que sa « main coupée » en 1915 n'empêcha pas de conduire des automobiles de course, de parcourir le monde entier, de mener une vie extrêmement active. Il y avait une sorte de désespoir dans cette perpétuelle fuite en avant, mais aussi un amour profond et respectueux pour toutes les formes de la vie et une fraternelle tendresse pour tous les hommes, quels qu'ils fussent. Cet aventurier fut aussi un contemplatif, comme son héros Dan Yack, qui, dans les heures les plus chaudes et les plus insupportables de l'été, se laisse bercer dans une incertaine et délicieuse attente, dans cette exaltation de la vie présente qui constitue une manière de foi élémentaire : « Le seul fait d'exister est un véritable bonheur. »

Aujourd'hui je suis peut-être l'homme le
          plus heureux du monde
Je possède tout ce que je ne désire pas

Et la seule chose à laquelle je tienne dans la vie
        chaque tour de l'hélice m'en rapproche
Et j'aurai peut-être tout perdu en arrivant.

HOTEL NOTRE-DAME

Dans cette riche évocation, on trouve à la fois le retour au Quartier latin de sa jeunesse et à la maison natale, l'image étrange et multicolore d'une ville bombardée, le contact réconfortant de la chaleur humaine et tout ce merveilleux que le poète voit naître à chaque instant de la vie quotidienne (*Au Cœur du Monde*).

Je suis revenu au Quartier
Comme au temps de ma jeunesse
Je crois que c'est peine perdue
Car rien en moi ne revit plus
De mes rêves de mes désespoirs
De ce que j'ai fait à dix-huit ans.

On démolit des pâtés (2) de maisons
On a changé le nom des rues
Saint-Séverin (3) est mis à nu
La place Maubert (4) est plus grande
Et la rue Saint-Jacques (5) s'élargit
Je trouve cela beaucoup plus beau
Neuf et plus antique à la fois.

C'est ainsi que m'étant fait sauter
La barbe et les cheveux tout court
Je porte un visage d'aujourd'hui
Et le crâne de mon grand-père.

C'est pourquoi je ne regrette rien
Et j'appelle les démolisseurs
Foutez mon enfance par terre

Ma famille et mes habitudes
Mettez une gare à la place
Ou laissez un terrain vague
Qui dégage mon origine.

Je ne suis pas le fils de mon père
Et je n'aime que mon bisaïeul (9)
Je me suis fait un nom nouveau
Visible comme une affiche bleue
Et rouge montée sur un échafaudage
Derrière quoi on édifie
Des nouveautés des lendemains.

Soudain les sirènes mugissent et je cours à ma
            fenêtre
Déjà le canon tonne du côté d'Aubervilliers (7)
Le ciel s'étoile d'avions allemands, d'obus,
            de croix, de fusées,
De cris, de sifflets, de mélisme (8) qui fusent et
          gémissent sous les ponts
La Seine est plus noire que gouffre avec les
          lourds chalands qui sont

---

(1) Voir p. 429. — (2) Ensemble de maisons contiguës. — (3) Eglise des XIIᵉ, XIIIᵉ et XVᵉ siècles, au quartier Latin. — (4) Place située au bout du boulevard Saint-Germain. — (5) Une des rues principales et des plus longues du Quartier latin. — (6) Arrière-grand-père. — (7) Banlieue de Paris. — (8) Terme musical : sorte de vocalise.

Longs comme les cercueils des grands rois
                              mérovingiens
Chamarrés (1) d'étoiles qui se noient au fond de
              l'eau — au fond de l'eau.
Je souffle ma lampe derrière moi et j'allume
                        un gros cigare.
Les gens qui se sauvent dans la rue
                    tonitruante (2) mal réveillés,
Vont se réfugier dans les caves de la Préfecture
          qui sentent la poudre et le salpêtre.
L'auto violette du préfet croise l'auto rouge
                          des pompiers,
Féeriques et souples, fauves et câlines,
          tigresses comme des étoiles filantes
Les sirènes miaulent et se taisent. Le chahut
                    bat son plein.
              Là-haut. C'est fou.
Abois. Craquements et lourd silence. Puis chute
aiguë et sourde véhémence des torpilles.
Dégringolades (3) de millions de tonnes. Éclairs.
Feu. Fumée. Flamme.
Accordéon des 75 (4). Quintes. Cris. Chute.
Stridences. Toux. Et tassement des effon-
drements. Le ciel est tout mouvementé de
clignements d'yeux imperceptibles.
Prunelles. Feux multicolores que coupent, que
divisent, que raniment les hélices mélodieuses.

Un projecteur éclaire soudain l'affiche du
                        bébé Cadum
Puis saute au ciel et y fait un trou laiteux
                  comme un biberon.
Je prends mon chapeau et descends à mon tour
                  dans les rues noires
Voici les vieilles maisons ventrues qui s'accotent
                    comme des vieillards.
Les cheminées et les girouettes indiquent
                  toutes le ciel du doigt
Je remonte la rue Saint-Jacques, les épaules
              enfoncées dans mes poches.
Voici la Sorbonne et sa tour, l'église, le lycée
                    Louis-le-Grand.
Un peu plus haut je demande du feu à un
                  boulanger au travail
J'allume un nouveau cigare et nous nous
                  regardons en souriant
Il a un beau visage, un nom, une rose et un
                    cœur poignardé.
Ce nom je le connais bien : c'est le nom de
                    ma mère.
Je sors dans la rue en courant. Me voici
                  devant la maison
Cœur poignardé — premier point de chute —
Et plus beau que ton torse nu, beau boulanger,
La maison où je suis né.

Gallimard, édit.

FEUILLES DE ROUTE

Toutes les œuvres de Cendrars pourraient s'intituler « Feuilles de route », carnet de bord ou journal de voyage, mais le poète ne se contente pas d'y décrire un port en plein travail sous le soleil tropical, les fruits exotiques et les animaux étranges, il sait aussi y analyser les impressions que lui procurent la chaleur étouffante des « nuits en mer », les belles soirées, les longues attentes où l'âme entre en communion avec le monde entier.

A BABORD

Le port
Pas un bruit de machine pas un sifflet pas une
                            sirène
Rien ne bouge on ne voit pas un homme
Aucune fumée monte aucun panache de vapeur
Insolation de tout un port
Il n'y a que le soleil cruel et la chaleur qui tombe
du ciel et qui monte de l'eau la chaleur
éblouissante
Rien ne bouge
Pourtant il y a là une ville de l'activité
                        une industrie
Vingt-cinq cargos appartenant à dix nations
              sont à quai et chargent du café
Deux cents grues travaillent silencieusement
A la lorgnette on distingue les sacs de café qui
voyagent sur les tapis roulants et les monte-
charge continus
(La ville est cachée derrière les hangars plats

et les grands dépôts rectilignes en tôle ondulée)
Rien ne bouge
Nous attendons des heures
Personne ne vient
Aucune barque ne se détache de la rive
Notre paquebot a l'air de se fondre minute par
minute et de couler lentement dans la chaleur
épaisse de se gondoler et de couler à pic.

A TRIBORD

Une frégate est suspendue en l'air
C'est un oiseau d'une souveraine élégance aux
ailes à incidence variable et profilées comme un
planeur.
Deux gros dos squameux (5) émergent de
l'eau bourbeuse et replongent dans la vase.
Des régimes de bananes flottent à vau-l'eau (6)
Depuis que nous sommes là trois nouveaux
cargos ont surgi derrière nous silencieux et las
La chaleur les écrase.

Gallimard, édit.

---

(1) Ornés (excessivement). — (2) Extrêmement bruyante (qui fait un bruit semblable à celui du tonnerre). — (3) Chutes désordonnées. — (4) Canons de 75 mm. — (5) Ecailleux. — (6) Au gré du courant.

LE THÉÂTRE AVANT 1914

Premières révolutions   Les années qui précédèrent la guerre furent brillantes pour le théâtre français, non seulement par le nombre des pièces jouées et l'enthousiasme du public, mais aussi grâce au magnifique effort d'Antoine, fondateur du « Théâtre libre », qui renouvelle les décors, engage les acteurs à un jeu plus vrai, coordonne l'action d'une équipe unie, et révèle au public de grands auteurs étrangers comme Hauptmann, Strindberg, Ibsen. Lugné-Poe, au « Théâtre de l'Œuvre », persévère dans cette voie.

Bien des pièces lancées à cette période ont quitté la scène, lorsque le public a perdu le contact avec l'esthétique dont elles se réclamaient : pièces symbolistes de Maeterlinck, drames naturalistes de Mirbeau ou d'Émile Fabre, « Théâtre d'amour » passionné de Porto Riche, Bataille ou Bernstein, pièces à thèses de Hervieu, Brieux ou de Curel, « Théâtre de boulevard » de Feydeau, de Flers et Caillavet.

Toutefois, on peut lire encore avec une mélancolie amusée et une émotion rétrospective les dialogues où revit, légère, un peu frelatée mais charmante, la « belle époque », dans *les Amants* de Maurice Donnay (1895) par exemple, pièce qui fut considérée comme le chef-d'œuvre du genre.

Mais nous insisterons sur deux auteurs dont l'œuvre nous semble assurée de survivre pour des raisons fort différentes : d'une part, Courteline dont le sens comique s'accorde si bien à la gouaille (1) parisienne et à la verve frondeuse inséparables de la tradition gauloise ; d'autre part, Alfred Jarry dont les œuvres les plus extravagantes en apparence et les blasphèmes les plus scandaleux ont été remis en lumière par les surréalistes et les écrivains les plus modernes.

GEORGES COURTELINE

L'esprit gaulois   Georges Moinaux, dit Courteline, naquit à Tours en 1858. Écolier à Paris (sur la butte de Montmartre), cavalier à Bar-le-Duc, puis employé au ministère des Cultes, il tira de ses expériences quotidiennes une riche matière de romans amusants et surtout une vingtaine de pièces comiques — souvent en un acte —, qui sont de spirituelles satires de la vie quotidienne, notant l'absurdité cocasse des « bureaux », des casernes, des tribunaux *(les Gaîtés de l'escadron, Un client sérieux, le Gendarme est sans pitié)*. Il fut membre de l'Académie Goncourt et mourut en 1927.

BRELOC ET LE COMMISSAIRE

Dans *le Commissaire est bon enfant*, le malheureux Breloc, sorte de Français moyen, d'une bonne volonté évidente et naïve, se heurte inopinément à l'Autorité et à la Loi. Les effets de cette confrontation sont moins terrifiants que dans le *Procès* de Kafka, qui touchera profondément les lecteurs de 1950, mais tout aussi inéluctables (Sc. 4).

Une voix à la cantonnade (2)	*La voix*
Monsieur le Commissaire !	**Une audience, une courte audience.**
Le commissaire	*Le commissaire*
Vous demandez ?	**Si courte que cela ?**

---

(1) Ironie plaisante et spirituelle. — (2) Indication scénique : une voix qui se fait entendre en dehors de la scène.

La voix

J'en ai pour une minute.

Le commissaire

Pas plus ?

La voix

A peine, Monsieur.

Le commissaire

En ce cas...

Il s'efface. Apparition sur le seuil de Breloc, qui entre, se découvre et gagne le milieu du théâtre.

Le commissaire

Veuillez vous expliquer.

Breloc

Monsieur le commissaire, c'est bien simple. Je viens déposer entre vos mains une montre que j'ai trouvée cette nuit au coin du boulevard Saint-Michel et de la rue Monsieur-le-Prince.

Le commissaire

Une montre ?

Breloc

Une montre.

Le commissaire

Voyons.

Breloc

Voici.

Il tire de son gousset (1) et remet au commissaire une montre que celui-ci examine longuement. A la fin :

Le commissaire

C'est une montre, en effet.

Breloc

Oh ! il n'y a pas d'erreur.

Le commissaire

Je vous remercie.

Il va à sa table, fait jouer un tiroir et y enfouit la montre de Breloc.

Breloc

Je puis me retirer ?

Le commissaire, l'arrêtant d'un geste :

Pas encore.

Breloc

Je suis un peu pressé.

Le commissaire

Je le regrette.

Breloc

On m'attend.

Le commissaire (sec)

On vous attendra.

Breloc (un peu étonné)

Ah !

Le commissaire

Oui.

Breloc

Mais...

Le commissaire

C'est bien. Un instant.

Vous ne supposez pas sans doute que je vais recueillir cette montre de vos mains sans que vous m'ayez dit comment elle y est tombée ?

Breloc

J'ai eu l'honneur de vous expliquer tout à l'heure que je l'avais trouvée, cette nuit, au coin de la rue Monsieur-le-Prince et du boulevard Saint-Michel.

Le commissaire

J'entends bien ; mais où ?

Breloc

Où ? Par terre.

Le commissaire

Sur le trottoir ?

Breloc

Sur le trottoir.

Le commissaire

Voilà qui est extraordinaire. Le trottoir, ce n'est pas une place où mettre une montre.

Breloc

Je vous ferai remarquer...

Le commissaire

Je vous dispense de toute remarque. J'ai la prétention de connaître mon métier. Au lieu de me donner des conseils, donnez-moi votre état civil.

Breloc

(Un commencement d'impatience dans la voix.)

Je m'appelle Breloc (Jean-Eustache). Je suis né à Pontoise, le 29 décembre 1861, de Pierre - Timoléon - Alphonse - Jean-Jacques - Alfred - Oscar Breloc et de Céleste Moucherol, son épouse.

Le commissaire

Où demeurez-vous ?

Breloc

Rue Pétrelle, 47, au premier au-dessus de l'entresol.

Le Commissaire, après avoir pris note.

Quelles sont vos ressources ?

Breloc, qui se monte peu à peu.

J'ai 25 000 livres de rente, une ferme en Touraine, une chasse gardée en Beauce, six chiens, trois chats, une bourrique, onze lapins et un cochon d'Inde.

Le commissaire

Ça suffit ! Quelle heure était-il quand vous avez trouvé cette montre ?

Breloc

Trois heures du matin.

Le commissaire (ironique)

Pas plus ?

Breloc

Non.

Le commissaire

Vous me faites l'effet de mener une singulière existence.

Breloc

Je mène l'existence qui me plaît.

Le commissaire

Possible. Seulement, moi j'ai le droit de me demander ce que vous pouviez fiche à trois

---

(1) La poche de son gilet.

heures du matin au coin de la rue Monsieur-le-Prince, vous qui « dites » habiter rue Pétrelle, 47.

Breloc

Comment, je « dis » ?

Le commissaire

Oui, vous dites.

Breloc

Je le dis parce que cela est.

Le commissaire

C'est ce qu'il faudra établir. En attendant, faites-moi le plaisir de répondre avec courtoisie aux questions que mes devoirs m'obligent à vous poser. Je vous demande ce que vous faisiez à une heure aussi avancée de la nuit, dans un quartier qui n'est pas le vôtre.

Breloc

Je revenais de chez ma maîtresse.

Le commissaire

Qu'est-ce qu'elle fait votre maîtresse ?

Breloc

C'est une femme mariée.

A qui ?

Breloc

A un pharmacien.

Le commissaire

Qui s'appelle ?

Breloc

Ça ne vous regarde pas.

Le commissaire

C'est à moi que vous parlez ?

Breloc

Je pense.

Le commissaire

Oh! mais, dites donc, mon garçon, vous allez changer de langage. Vous le prenez sur un ton qui ne me revient pas (1), contrairement à votre figure, qui me revient, elle !

Breloc

Ah ! Bah !

Le commissaire

Oui, comme un souvenir. Vous n'avez jamais eu de condamnation ?

Breloc (stupéfait)

Et vous ?

Le commissaire (qui bondit)

Vous êtes un insolent.

Breloc

Vous êtes une foutue bête (2).

Le commissaire

Retirez cette parole.

Breloc

Vous vous fichez de moi.

Le commissaire court à la porte qu'il ouvre.

Le commissaire

Emparez-vous de cet homme-là et collez-moi-le au violon (3) !

Breloc

Ça, par exemple, c'est un comble !

L'agent

Allez! Allez! Au bloc (4) ! Et pas de rouspétance !

Breloc, emmené presque de force.

Eh ! bien, que j'en trouve encore une !... que j'en trouve encore une, de montre !

Il disparaît.

Flammarion, édit.

ALFRED JARRY

La farce épique Alfred Jarry, né à Laval en 1873, fut un étudiant brillant et très tôt poète, romancier, novateur ambitieux dans les sujets, les genres et l'expression. Le scandale soulevé par *Ubu-roi*, joué au théâtre dès 1896, fit à tort, oublier des œuvres riches et variées, comme *les Minutes de sable mémorial*, parue en 1894, ou *le Surmâle*, parue en 1902. Mais il est bien vrai que le choc provoqué par cette pièce et ce qu'elle représentait, à savoir la négation sauvage des conventions, des lois, de tout l'édifice moral et social et la volonté de bouleverser une civilisation trop sûre d'elle-même et trop égoïste, avait une importance que le mouvement surréaliste devait ultérieurement révéler. *Ubu-roi* est une farce énorme où l'absurde s'étale, où les grossièretés éclatent; il ne faut pas y voir un art nouveau, mais bien une œuvre de négation et de rupture; or, l'évolution même des événements a voulu que ce mélange de veulerie, de meurtres et de bestialité triomphante se révèle préfiguration d'une réalité terrifiante de guerres, d'émeutes, d'attentats et de violences. C'est l'envers burlesque et saugrenu des épopées modernes.

---

(1) Familier : qui ne me plaît pas du tout. — (2) Argot : un fameux imbécile. — (3) Argot : mettez-le-moi en prison. — (4) A la prison !

UBU CONSPIRE

Ubu, officier de confiance du roi Wenceslas, après avoir donné libre cours à son égoïsme, sa grossièreté et sa gloutonnerie, se décide, non sans hésitation et lâcheté, à faire assassiner le roi bienfaiteur (Sc. 8).

Père Ubu. — Eh! mes bons amis, il est grand temps d'arrêter le plan de la conspiration. Que chacun donne son avis. Je vais d'abord donner le mien, si vous le permettez.

Capitaine Bordure. — Parlez, Père Ubu.

Père Ubu. — Eh bien! mes amis, je suis d'avis d'empoisonner simplement le roi, en lui fourrant (1) de l'arsenic dans son déjeuner. Quand il voudra le brouter, il tombera mort, et ainsi je serai roi.

Tous. — Fi, le sagouin (2)!

Père Ubu. — Eh quoi ! cela ne vous plaît pas ? Alors, que Bordure donne son avis.

Capitaine Bordure. — Moi, je suis d'avis de lui ficher un grand coup d'épée qui le fendra de la tête à la ceinture.

Tous. — Oui! Voilà qui est noble et vaillant.

Père Ubu. — Et s'il vous donne des coups de pied ? Je me rappelle maintenant qu'il a pour les revues des souliers de fer qui font très mal. Si je savais, je filerais vous dénoncer pour me tirer de cette sale affaire et je pense qu'il me donnerait aussi de la monnaie.

Mère Ubu. — Oh! le traître, le lâche, le vilain et plat ladre (3).

Tous. — Conspuez le Père Ubu !

Père Ubu. — Hé ! Messieurs, tenez-vous tranquilles si vous ne voulez visiter mes poches. Enfin, je consens à m'exposer pour vous. De la sorte, Bordure, tu te charges de pourfendre le roi.

Capitaine Bordure. — Ne vaudrait-il pas mieux nous jeter tous, à la fois, sur lui, en braillant et gueulant ? Nous aurions chance ainsi d'entraîner les troupes.

Père Ubu. — Alors, voilà. Je tâcherai de lui marcher sur les pieds, il regimbera (4), alors je lui dirai : *Merdre*, (5) et à ce signal, vous vous jetterez sur lui.

Mère Ubu. — Oui, et dès qu'il sera mort, tu prendras son sceptre et sa couronne.

Capitaine Bordure. — Et je courrai avec mes hommes à la poursuite de la famille royale.

Père Ubu. — Oui, et je te recommande spécialement le jeune Bougrelas.

(Ils sortent).

Père Ubu, courant après et les faisant revenir. — Messieurs, nous avons oublié une cérémonie indispensable. Il faut jurer de nous escrimer vaillamment.

Capitaine Bordure. — Et comment faire ? Nous n'avons pas de prêtre.

Père Ubu. — La Mère Ubu va en tenir lieu.

Tous. — Eh bien, soit !

Père Ubu. — Ainsi, vous jurez de bien tuer le roi ?

Tous. — Oui, nous le jurons. Vive le Père Ubu !

Fasquelle, édit.

LE ROMAN AVANT 1914

ANATOLE FRANCE

Un humaniste Anatole Thibaut, qui prendra en littérature le nom d'Anatole France, naquit en 1844. Fils d'un libraire parisien, excellent élève du collège Stanislas, il se révéla dans ses premiers romans un humaniste délicat, nourri des chefs-d'œuvre de l'antiquité grecque et latine, un sceptique ironique et souriant (*le Crime de Sylvestre Bonnard*, 1881, *le Livre de mon ami*, 1885.)

A partir de l'affaire Dreyfus, où il se range aux côtés de Zola pour réclamer la révision du procès, ses œuvres refléteront, au contraire, un souci constant de prendre position sur les problèmes qui passionnent l'opinion. *L'Anneau d'améthyste* (1899) offre, en même temps qu'une satire du clergé catholique, une peinture sans indulgence des « antidreyfusards », qui s'élargira dans *M. Bergeret à Paris* (1901) en une satire politique et sociale. Sous une forme allégorique mais transparente, il poursuit dans *l'Ile des pingouins* (1908) puis dans *la Révolte des Anges* (1914), avec une âpreté accrue, son œuvre de polémiste. En 1921, il obtient le Prix Nobel de Littérature. Il meurt en 1924.

---

(1) Vulgaire : mettant. — (2) Argot : malpropre, dégoûtant. — (3) Le coquin fieffé. — (4) Réagira. — (5) Ubu déforme bien des mots.

LE LIVRE DE MON AMI

Dans cette évocation des souvenirs de ses jeunes années, A. France se dépeint sous les traits du petit Pierre Nozière. On ne s'étonne donc pas de trouver chez cet enfant un goût précoce de la culture antique, allié à un don suggestif d'évocation plastique et un sens déjà aiguisé de l'ironie. Cette ironie s'exprime dans le style par des discordances soigneusement ménagées, entre le ton oratoire d'une période et le prosaïsme d'un mot qui s'y glisse, entre l'emphase d'une autre période et la platitude voulue de sa chute, entre la noblesse de l'expression et la banalité du sujet (II, 9).

Quel belliqueux professeur de troisième nous avions là! Il fallait le voir, lorsque, texte en main, il conduisait à Philippes les soldats de Brutus. Quel courage! quelle grandeur d'âme, quel héroïsme! Mais il choisissait son temps pour être un héros, et ce temps n'était pas le temps présent. M. Chotard se montrait inquiet et craintif dans le cours de la vie. On l'effrayait facilement.

Il avait peur des voleurs, des chiens enragés, du tonnerre, des voitures et de tout ce qui peut, de près ou de loin, endommager le cuir d'un honnête homme.

Il est vrai de dire que son corps seul demeurait parmi nous; son âme était dans l'antiquité. Il vivait, cet excellent homme, aux Thermopyles avec Léonidas; dans la mer de Salamine, sur la nef de Thémistocle; dans les champs de Cannes, près de Paul-Émile; il tombait tout sanglant dans le lac de Trasimène, où, plus tard, un pêcheur trouvera son anneau de chevalier romain. Il bravait, à Pharsale, César et les dieux; il brandissait son glaive rompu sur le cadavre de Varus, dans la forêt d'Hercynie. C'était un fameux homme de guerre.

...Mais j'ai hâte d'en venir au point sur lequel Chotard s'illustra dans les esprits de tous ses élèves.

Il nous donnait pour sujet de compositions, tant latines que françaises, des combats, des sièges, des cérémonies expiatoires et propitiatoires, et c'est en dictant le corrigé de ces narrations qu'il déployait toute son éloquence. Son style et son débit exprimaient dans les deux langues la même ardeur martiale. Il lui arrivait parfois d'interrompre le cours de son idée pour nous dispenser des punitions méritées, mais le ton de sa voix restait héroïque jusque dans ces incidences; en sorte que, parlant tour à tour avec le même accent comme un consul qui exhorte des troupes, et comme un professeur de troisième qui distribue des pensums (1), il jetait les esprits des élèves dans un trouble d'autant plus grand qu'il était impossible de savoir si c'était le consul ou le professeur qui parlait. Il lui arriva, un jour, de se surpasser dans ce genre, par un discours incomparable. Ce discours, nous le sûmes tous par cœur; j'eus soin de l'écrire sur mon cahier sans en rien omettre.

Le voici tel que je l'entendis, tel que je l'entends encore car il me semble que la voix grasse de M. Chotard résonne encore à mes oreilles et les emplit de sa solennité monotone.

« Dernières paroles de Décius Mus.

Près de se dévouer aux dieux Mânes et pressant déjà de l'éperon les flancs de son coursier impétueux, Décius Mus se retourna une dernière fois vers ses compagnons d'armes et leur dit :

« Si vous n'observez pas mieux le silence, je vous infligerai une retenue générale. J'entre, pour la patrie, dans l'immortalité. Le gouffre m'attend. Je vais mourir pour le salut commun. Monsieur Fontanet, vous me copierez dix pages de rudiment (2). Ainsi l'a décidé, dans sa sagesse, Jupiter Capitolinus, l'éternel gardien de la Ville éternelle. Monsieur Nozière, si, comme il me semble, vous passez encore votre devoir à M. Fontanet pour qu'il le copie, selon son habitude, j'écrirai à Monsieur votre père. Il est juste et nécessaire qu'un citoyen se dévoue pour le salut commun. Enviez-moi et ne me pleurez pas. Il est inepte de rire sans motif, Monsieur Nozière, vous serez consigné (3) jeudi. Mon exemple vivra parmi vous, Messieurs, vos ricanements sont d'une inconvenance que je ne puis tolérer. J'informerai M. le proviseur (4) de votre conduite. Et je verrai, du sein de l'Élysée, ouvert aux mânes des héros, les vierges de la République suspendre des guirlandes de fleurs au pied de mes images. »

Calmann-Lévy, édit.

M. BERGERET A PARIS

M. Bergeret, le héros principal des quatre tomes de *l'Histoire contemporaine* (*l'Orme du mail*, le *Mannequin d'osier*, l'*Anneau d'améthyste*, M. *Bergeret à Paris*) a quitté la ville de province où il enseignait, pour venir occuper une chaire en Sorbonne. A

---

(1) Exercice supplémentaire donné comme punition. — (2) Notions élémentaires d'une science. — (3) Privé de sortie. — (4) Directeur d'un lycée.

Paris, il se trouve au sein des intrigues qui opposent les adversaires de Dreyfus et les partisans de la révision de son procès.

Dans le passage que nous citons (Chap. IX), M. Bergeret reçoit la visite d'un ami provincial, M. Mazure; celui-ci, bien entendu, lui parle de l'affaire Dreyfus et du climat qu'elle crée dans le département qu'il habite. Ce texte est d'abord un témoignage sur l'exaltation des esprits à propos d'un drame qui domina pendant plusieurs années la politique intérieure de la France et divisa les Français en deux camps irréductibles. Il montre aussi comment l'actualité offre à Anatole France l'occasion d'une satire sociale et politique : les hauts fonctionnaires sacrifient leurs convictions à leur intérêt, la justice est opportuniste et soumise dans ses décisions ou ses causes à la raison d'État. L'auteur, enfin, laisse entrevoir sa prédilection pour une forme de gouvernement : la République, régime de liberté individuelle et de suffrage universel, dont les hommes, s'ils étaient moins veules, pourraient faire l'instrument du progrès social.

Le département était d'autant mieux gardé contre toute divulgation des faits les plus avérés qu'il était administré par un préfet israélite. M. Worms-Clavelin se croyait tenu, par cela seul qu'il était juif, à servir les intérêts des antisémites de son administration avec plus de zèle que n'en eût déployé à sa place un préfet catholique. D'une main prompte et sûre, il étouffa dans le département le parti naissant de la révision. Il y favorisa les ligues des pieux décerveleurs (1), et les fit prospérer si merveilleusement que les citoyens Francis de Pressensé, Jean Psichari, Octave Mirbeau (2) et Pierre Quillard, venus au chef-lieu (3) pour y parler en hommes libres, crurent entrer dans une ville du XVIe siècle. Ils n'y trouvèrent que des papistes idolâtres qui poussaient des cris de mort et les voulaient massacrer. Et comme M. Worms-Clavelin, convaincu, dès le jugement de 1894, que Dreyfus était innocent, ne faisait pas mystère de cette conviction, après dîner, en fumant son cigare, les nationalistes, dont il servait la cause, avaient lieu de compter sur un appui loyal, qui ne dépendait point d'un sentiment personnel.

Cette ferme tenue du département dont il gardait les archives imposait grandement à M. Mazure, qui était un jacobin ardent et capable d'héroïsme, mais qui, comme la troupe des héros, ne marchait qu'au tambour, M. Mazure n'était pas une brute. Il croyait devoir aux autres et à lui-même d'expliquer sa pensée.

Après le potage, en attendant la truite, il dit, accoudé à la table :

— Mon cher Bergeret, je suis patriote et républicain. Que Dreyfus soit innocent ou coupable, je n'en sais rien. Je ne veux pas le savoir, ce n'est pas mon affaire. Mais certainement les dreyfusistes sont coupables. En substituant leur opinion personnelle à une décision de la justice républicaine, ils ont commis une énorme impertinence. De plus, ils ont agité le pays républicain. Le commerce en souffre... Ce que je reproche surtout aux dreyfusards (4), c'est d'avoir affaibli, énervé la défense nationale et diminué notre prestige au dehors.

Le soleil jetait ses derniers rayons de pourpre entre les troncs noirs des arbres. M. Bergeret crut honnête de répondre :

— Considérez, mon cher Mazure, que si la cause d'un obscur capitaine est devenue une affaire nationale, la faute en est non point à nous, mais aux ministres qui firent du maintien d'une condamnation erronée et illégale un système de gouvernement. Si le garde des sceaux avait fait son devoir en procédant à la révision dès qu'il lui fut démontré qu'elle était nécessaire, les particuliers auraient gardé le silence. C'est dans la vacance (5) lamentable de la justice que leurs voix se sont élevées. Ce qui a troublé le pays, c'était que le pouvoir s'obstinât dans une iniquité monstrueuse qui, de jour en jour, grossissait sous les mensonges dont on s'efforçait de la couvrir.

— Qu'est-ce que vous voulez ?... répliqua M. Mazure, je suis patriote et républicain.

Calmann-Lévy, édit.

ANDRÉ GIDE

Le romancier de la sincérité   Même sous la fiction transparente du roman, André Gide n'a cessé de faire de lui-même la matière de ses livres et, à travers la succession de ses œuvres, on retrouve les différentes étapes

(1) Formé sur le mot cervelle; s'applique aux personnes qui endorment l'esprit critique de leurs compatriotes. — (2) Ecrivain français (1848-1912). — (3) Ville qui est le siège d'une division administrative. — (4) Suffixe « ard » utilisé avec une intention péjorative au lieu du suffixe usuel « iste ». — (5) Manquement à ses obligations.

de sa pensée complexe en perpétuel devenir, en proie à un conflit permanent, où sa volonté de liberté se heurte aux scrupules et aux remords.

André Gide est né à Paris, en 1869, d'une famille bourgeoise aisée, mais sévère. Il passe son enfance dans une atmosphère très stricte qui le marquera. Sa fortune lui permet très tôt de s'adonner à sa passion d'écrire sans avoir à se soucier des préoccupations matérielles et il fréquente le milieu littéraire symboliste.

Un voyage en Afrique du Nord, accompli à vingt-quatre ans, lui fournit l'occasion de rompre avec les principes d'une éducation austère et de chanter dans *les Nourritures terrestres* (1897) l'affranchissement des contraintes morales et l'abandon à la joie de vivre. Mais *la Symphonie pastorale* (1919) peint avec une vérité pathétique les sursauts d'une âme partagée entre les tentations d'un amour coupable et la rigueur de ses principes moraux et religieux. *Si le grain ne meurt* (1920) est la confession sincère d'une audace tranquille, dont la publication parut d'ailleurs quelque peu scandaleuse. Le titre des *Faux monnayeurs* (1926) révèle une des intentions essentielles du roman : Gide veut y montrer des hommes qui fondent leur existence sur des valeurs apparentes et trompeuses. Avec *le Voyage au Congo* (1927), l'écrivain élargit ses vues à des préoccupations sociales. *Thésée* (1944), enfin, qu'il intitule d'une manière significative, son « dernier écrit », nous livre, par la bouche du héros, sur un ton désormais apaisé, comme un suprême jugement touchant sa vie et son œuvre : une vie ouverte à toutes les curiosités, une œuvre grâce à laquelle « les hommes se reconnaîtront plus heureux, meilleurs et plus libres ». André Gide reçoit le Prix Nobel en 1947, et c'est dans l'apaisement qu'il meurt en 1951.

On peut craindre, sans doute, que cet affranchissement que prônent la vie et l'œuvre de Gide ne soit pas sans danger : cette soif de bonheur qu'il communique peut conduire à tous les excès ; ce libre examen, qui tend à jeter à bas toutes les hypocrisies, toutes les conventions, peut mener, dans la fièvre d'un enthousiasme destructeur, à saper les assises les plus respectables de notre vie sociale et morale. Mais nul ne contestera, en tout cas, la richesse de cette pensée nuancée et complexe, le dynamisme intérieur d'un esprit toujours en marche, source d'un élargissement et d'un renouvellement perpétuel. L'écrivain est parmi les plus grands. Il s'élève sans effort, par la puissance suggestive des images, par l'ampleur dominée du rythme aux sommets de l'expression lyrique. Mais le plus souvent, sa parfaite maîtrise se traduit en une forme précise, fluide, dépouillée, dont la facilité apparente est le fruit d'un contrôle incessant. Cette spontanéité retrouvée est le comble de l'art.

LES NOURRITURES TERRESTRES

Avec l'enivrement d'un homme qui vient de recouvrer la santé (1), Gide s'ouvre à la joie de vivre. Par-delà les impératifs d'une morale contraignante, il se veut disponible à tout ce qui s'offre et prêt à en ressentir la plénitude. Au sein de la nature, il voit l'image de cette attente fervente qui se sent déjà riche de ce qui bientôt va la combler (I, 3).

Nathanaël, je te parlerai des attentes. J'ai vu la plaine, pendant l'été, attendre ; attendre un peu de pluie. La poussière des routes était devenue trop légère et chaque souffle la soulevait. Ce n'était même plus un désir ; c'était une appréhension. La terre se gerçait de sécheresse comme pour plus d'accueil de l'eau. Les parfums des fleurs de la lande devenaient presque intolérables. Sous le soleil, tout se pâmait. Nous allions chaque après-midi nous reposer sous la terrasse, abrités un peu de l'extraordinaire éclat du jour. C'était le temps où les arbres à cônes, chargés de pollen, agitent aisément leurs branches pour répandre au loin leur fécondation. Le ciel s'était chargé d'orage et toute la nature attendait. L'instant était d'une solennité trop

(1) Au mois d'octobre 1893, Gide avait cru avoir la tuberculose, mais le climat de l'Afrique du Nord lui avait redonné la santé.

oppressante, car tous les oiseaux s'étaient tus. Il monta de la terre un souffle si brûlant que l'on sentit tout défaillir ; le pollen des conifères sortit comme une fumée d'or des branches. — Puis il plut.

J'ai vu le ciel frémir de l'attente de l'aube. Une à une les étoiles se fanaient. Les prés étaient inondés de rosée ; l'air n'avait que des caresses glaciales. Il sembla quelque temps que l'indistincte vie voulût s'attarder au sommeil, et ma tête encore lassée s'emplissait de torpeur. Je montai jusqu'à la lisière du bois ; je m'assis ; chaque bête reprit son travail et sa joie dans la certitude que le jour va venir, et le mystère de la vie recommença de s'ébruiter par chaque échancrure des feuilles. — Puis le jour vint.

J'ai vu d'autres aurores encore. — J'ai vu l'attente de la nuit...

Nathanaël, que chaque attente, en toi, ne soit même pas un désir, mais simplement une disposition à l'accueil. Attends tout ce qui vient à toi ; mais ne désire que ce qui vient à toi. Ne désire que ce que tu as. Comprends qu'à chaque instant du jour tu peux posséder Dieu dans sa totalité. Que ton désir soit de l'amour, et que ta possession soit amoureuse. Car qu'est-ce qu'un désir qui n'est pas efficace ?

Gallimard, édit.

LES CAVES DU VATICAN (1914)

Des escrocs font courir le bruit que le Pape, enlevé par les francs-maçons, est retenu prisonnier dans les caves du Vatican, tandis qu'un usurpateur a pris sa place. Amédée Fleurissoire, un catholique français des plus grotesques, entreprend d'aller délivrer le pape. Tel est le sujet burlesque et satirique de cette parodie d'un roman d'aventures où s'enchevêtrent les péripéties les plus invraisemblables et où s'agitent nombre de personnages falots et ridicules.

Un seul d'entre eux, à qui vont les sympathies de Gide, offre de la consistance et du relief : Lafcadio. C'est un être qui s'est affranchi de toutes les contraintes morales : pour affirmer cette liberté à ses propres yeux, il va commettre un « acte gratuit ». Au cours d'un voyage en chemin de fer, il va jeter par la portière le malheureux Fleurissoire (ch. IV).

— Qui le verrait? pensait Lafcadio. Là, tout près de ma main, sous ma main, cette double fermeture, que je peux faire jouer aisément ; cette porte, qui, cédant tout à coup, le laisserait crouler en avant ; une petite poussée suffirait ; il tomberait dans la nuit comme une masse ; même on n'entendrait pas un cri... Et demain, en route pour les îles !... Qui le saurait ?...

— Un crime immotivé (1), continuait Lafcadio : quel embarras pour la police ! Au demeurant, sur ce sacré talus, n'importe qui peut, d'un compartiment voisin, remarquer qu'une portière s'ouvre, et voir l'ombre du Chinois cabrioler. Du moins les rideaux du couloir sont tirés... Ce n'est pas tant des événements que j'ai curiosité, que de moi-même. Tel se croit capable de tout, qui, devant que (2) d'agir, recule... Qu'il y a loin, entre l'imagination et le fait !... Et pas plus le droit de reprendre son coup qu'aux échecs. Bah ! qui prévoirait les risques, le jeu perdrait tout intérêt !... Entre l'imagination d'un fait et... Tiens, le talus cesse. Nous sommes sur un pont, je crois ; une rivière...

Sur le fond de la vitre, à présent noire, les reflets apparaissaient plus clairement. Fleurissoire se pencha pour rectifier la position de sa cravate.

— Là, sous ma main, cette double fermeture — tandis qu'il est distrait et regarde au loin devant lui — joue, ma foi! plus aisément encore qu'on eût cru. Si je puis compter jusqu'à douze, sans me presser, avant de voir dans la campagne quelque feu, le tapir est sauvé. Je commence : une ; deux ; trois ; quatre (lentement ! lentement !) ; cinq ; six ; sept ; huit ; neuf... Dix, un feu !... Fleurissoire ne poussa pas un cri. Sous la poussée de Lafcadio et en face du gouffre brusquement ouvert devant lui, un grand geste, sa main gauche agrippa le cadre lisse de la portière, tandis qu'à demi retourné, il rejetait la droite en arrière par-dessus Lafcadio, envoyant rouler sous la banquette, à l'autre extrémité du wagon, la seconde manchette qu'il était au moment de passer.

Lafcadio sentit s'abattre sur sa nuque une griffe affreuse, baissa la tête, et donna une seconde poussée plus impatiente que la première ; les ongles lui raclèrent le col ; et Fleurissoire ne trouva plus où se raccrocher que le chapeau de castor qu'il saisit désespérément et qu'il emporta dans sa chute.

— A présent, du sang-froid, se dit Lafcadio. Ne claquons pas la portière : on pourrait entendre à côté.

Il tira la portière sur lui, contre le vent, avec effort, puis la referma doucement.

Gallimard, édit.

---

(1) Qui ne s'appuie sur aucun motif, gratuit. — (2) Avant.

MARCEL PROUST

Sa vie   Marcel Proust naquit à Paris en 1871. Il y fit ses études, passant ses vacances d'abord à Illiers (1) sur les bords du Loir, ensuite sur les plages de Normandie (2). Après une licence de lettres, il fréquente les milieux mondains et y rencontre ceux qui deviendront les personnages de ses romans : la princesse Mathilde, la comtesse Greffulhe, Robert de Montesquiou ; il se lie également avec des musiciens — Reynaldo Hahn — et des écrivains — Anatole France —, et commence ainsi sa longue expérience de la brillante frivolité mondaine. *Les Plaisirs et les Jours* paraissent en 1896 et il écrit *Jean Santeuil* entre 1896 et 1904. Mais bientôt sa santé déjà fragile s'altère dangereusement et, à la suite du choc douloureux que lui cause la mort de sa mère (1905), il se replie sur lui-même loin du monde. Boulevard Haussmann, il vit dans une chambre capitonnée de liège, au milieu de fumigations qui l'aident à surmonter ses crises d'asthme de plus en plus fréquentes ; c'est là que, pressé par la mort et en marge de la vie du monde, Proust travaille à sa grande œuvre : *A la recherche du temps perdu*. Elle paraîtra en 14 volumes de 1913 à 1927. *A l'ombre des jeunes filles en fleurs* obtient le Prix Goncourt en 1919 : c'est la gloire. Le reclus du boulevard Haussmann bénéficie alors d'une prodigieuse réputation d'homme de lettres et d'homme de goût. Il est déjà célèbre quand il meurt en novembre 1922.

Son œuvre : une somme   L'originalité et le génie de Marcel Proust résident dans la qualité humaine et poétique de sa sensibilité et dans son sens aigu de l'observation. Le « grand monde » qu'il a connu revit dans son œuvre avec tout ce qu'il a d'émouvante précarité, mais aussi avec une réalité inquiétante dont l'auteur souligne le cynisme, en la jugeant de son humour noir et impitoyable.

Le monde des passions est analysé avec la même finesse et la même lucidité : l'amour n'est qu'une exaltante illusion que détruit le temps et ses contingences, il ne va pas sans la souffrance et le désenchantement ; les êtres sont victimes de leur propre complexité qui les conduit à l'hypocrisie. Ce « grand monde » se peuple ainsi d'individus dont le drame intérieur est décrit avec une minutie exhaustive.

Le style de Marcel Proust répond aux exigences de son analyse : d'une prodigieuse richesse, illuminé d'images et de métaphores que l'arabesque toujours recommencée de la phrase circonvient, déploie, prolonge et fait rayonner de mille facettes jusqu'à l'éblouissement, il transpose dans le domaine intemporel de l'art les éléments vus ou vécus.

A la recherche du temps perdu est également le fruit d'une pensée philosophique nourrie — quoique Proust s'en défende — des idées de Bergson (3). Au temps fini, provisoire et éphémère, Proust oppose une durée psychologique, assurée de la permanence, qui prend existence grâce à cette « autre mémoire » qui n'est pas la banale et décevante « mémoire volontaire » mais la « mémoire affective », celle qui nous fait retrouver le passé dans sa vérité et dans sa réalité profondes, par un jeu subtil de correspondances : des sensations imprévues ressuscitent les impressions et les émotions auxquelles elles étaient liées dans le passé.

C'est cette découverte qui suscite chez Proust l'exaltant désir de retrouver « le temps perdu », autrement dit l'unité profonde de son passé, à travers « l'œuvre d'art ». « ... Il fallait tâcher d'interpréter les sensations comme les signes d'autant de lois et d'idées, en essayant de penser, c'est-à-dire de faire sortir de la pénombre ce que j'avais senti, de le convertir en un équivalent spirituel. Or, ce moyen qui me paraissait le seul, qu'était-ce autre chose que faire une œuvre d'art ? »

---

(1) et (2) *Combray* et *Balbec* dans le roman. — (3) Voir pp. 413-415.

A la recherche du temps perdu est ainsi, en même temps que la peinture d'une certaine société historique, la démarche même et l'aboutissement d'une pensée.

Cette œuvre, qui peut sembler décousue, est composée, en réalité, avec grand soin. Proust répondait à un de ses lecteurs, en 1919 : « Et quand vous me parlez des cathédrales, je ne peux pas ne pas être ému d'une intuition qui vous permet de deviner ce que je n'ai jamais dit à personne et que j'écris ici pour la première fois : c'est que j'avais voulu donner à chaque partie de mon livre le titre : Porche, Vitraux de l'abside, etc., pour répondre d'avance à la critique stupide qu'on me fait de manquer de construction dans des livres et je vous montrerai que le seul mérite est dans la solidité des moindres parties ».

LA MADELEINE

L'auteur relate dans cette page célèbre l'expérience qui devait vérifier et confirmer ce que son intuition lui avait fait découvrir : l'existence d'une « mémoire involontaire », à côté de la « mémoire volontaire », investigatrice stérile du passé. Toute son œuvre est partie de là. On croyait le passé bien mort; il subsistait, déposé dans un objet, une odeur; à la faveur d'une sensation que rien ne laissait prévoir, d'un seul coup, il nous est rendu tout entier. Une madeleine trempée dans du thé, et le monde de l'enfance surgit à nouveau, dans toute sa fraîcheur *(Du côté de chez Swann)*.

Il y avait déjà bien des années que, de Combray, tout ce qui n'était pas le théâtre et le drame de mon coucher, n'existait plus pour moi, quand un jour d'hiver, comme je rentrais à la maison, ma mère, voyant que j'avais froid, me proposa de me faire prendre, contre mon habitude, un peu de thé. Je refusai d'abord, et, je ne sais pourquoi, me ravisai (1). Elle envoya chercher un de ces gâteaux courts et dodus appelés Petites Madeleines qui semblent avoir été moulés dans la valve rainurée d'une coquille de Saint-Jacques. Et bientôt, machinalement, accablé par la morne journée et la perspective d'un triste lendemain, je portai à mes lèvres une cuillerée du thé où j'avais laissé s'amollir un morceau de madeleine. Mais à l'instant même où la gorgée mêlée de miettes du gâteau toucha mon palais, je tressaillis, attentif à ce qui se passait d'extraordinaire en moi. Un plaisir délicieux m'avait envahi, isolé, sans la notion de sa cause. Il m'avait aussitôt rendu les vicissitudes de la vie indifférentes, ses désastres inoffensifs, sa brièveté illusoire, de la même façon qu'opère l'amour, en me remplissant d'une essence précieuse : ou plutôt cette essence n'était pas en moi, elle était moi. J'avais cessé de me sentir médiocre, contingent, mortel. D'où avait pu me venir cette puissante joie ? Je sentais qu'elle était liée au goût du thé et du gâteau, mais qu'elle le dépassait infiniment, ne devait pas être de même nature. D'où venait-elle ? Que signifiait-elle ? Où l'appréhender ? Je bois une seconde gorgée où je ne trouve rien de plus que dans la première, une troisième qui m'apporte un peu moins que la seconde. Il est temps que je m'arrête, la vertu du breuvage semble diminuer. Il est clair que la vérité que je cherche n'est pas en lui, mais en moi. Il l'y a éveillée, mais ne la connaît pas, et ne peut que répéter indéfiniment, avec de moins en moins de force, ce même témoignage que je ne sais pas interpréter et que je veux au moins pouvoir lui redemander et retrouver intact, à ma disposition, tout à l'heure, pour un éclaircissement décisif. Je pose la tasse et me tourne vers mon esprit. C'est à lui de trouver la vérité. Mais comment ? Grave incertitude, toutes les fois que l'esprit se sent dépassé par lui-même; quand lui, le chercheur, est tout ensemble le pays obscur où il doit chercher et où tout son bagage ne lui sert de rien. Chercher ? pas seulement : créer. Il est en face de quelque chose qui n'est pas encore et que seul il peut réaliser, puis faire entrer dans sa lumière...

... Certes, ce qui palpite ainsi au fond de moi, ce doit être l'image, le souvenir visuel, qui, lié à cette saveur, tente de la suivre jusqu'à moi. Mais il se débat trop loin, trop confusément; à peine si je perçois le reflet neutre où se confond l'insaisissable tourbillon des couleurs remuées; mais je ne peux distinguer la forme, lui demander comme au seul interprète possible, de me traduire le témoignage de sa contemporaine, de son inséparable compagne, la saveur, lui demander de m'apprendre de quelle circonstance particulière, de quelle époque du passé il s'agit.

Arrivera-t-il jusqu'à la surface de ma claire

(1) Changeai d'opinion.

conscience, ce souvenir, l'instant ancien que l'attraction d'un instant identique est venue de si loin solliciter, émouvoir, soulever tout au fond de moi ? Je ne sais. Maintenant, je ne sens plus rien, il est arrêté, redescendu peut-être ; qui sait s'il remontera jamais de sa nuit ? Dix fois, il me faut recommencer, me pencher vers lui. Et chaque fois, la lâcheté qui nous détourne de toute tâche difficile, de toute œuvre importante, m'a conseillé de laisser cela, de boire mon thé en pensant simplement à mes ennuis d'aujourd'hui, à mes désirs de demain qui se laissent remâcher sans peine.

Et tout d'un coup, le souvenir m'est apparu. Ce goût, c'était celui du petit morceau de madeleine que le dimanche matin à Combray (parce que ce jour-là je ne sortais pas avant l'heure de la messe), quand j'allais lui dire bonjour dans sa chambre, ma tante Léonie m'offrait, après l'avoir trempé dans son infusion de thé ou de tilleul. La vue de la petite madeleine ne m'avait rien rappelé avant que je n'y eusse goûté ; peut-

être parce que, en ayant souvent aperçu depuis, sans en manger, sur les tablettes des pâtissiers, leur image avait quitté ces jours de Combray pour se lier à d'autres plus récents ; peut-être parce que, de ces souvenirs abandonnés si longtemps hors de la mémoire, rien ne survivait, tout s'était désagrégé ; les formes — et celles aussi du petit coquillage de pâtisserie, si grassement sensuel sous son plissage sévère et dévot — s'étaient abolies ou, ensommeillées, avaient perdu la force d'expansion qui leur eût permis de rejoindre la conscience. Mais, quand d'un passé ancien rien ne subsiste, après la mort des êtres, après la destruction des choses, seules, plus frêles, mais plus vivaces, plus immatérielles, plus persistantes, plus fidèles, l'odeur et la saveur restent encore longtemps comme des âmes, à se rappeler, à attendre, à espérer, sur la ruine de tout le reste, à porter, sans fléchir, sur leur gouttelette presque impalpable, l'édifice immense du souvenir.

Gallimard, édit.

A L'OPÉRA, AVANT LE LEVER DU RIDEAU

Le spectacle qu'offrent l'orchestre et les loges de l'Opéra, un soir de gala, fait songer à un monde de divinités marines. C'est à cette transposition poétique — dont une certaine préciosité n'est pas absente — que nous fait assister Proust *(le Côté de Guermantes)*.

Mais, dans les autres baignoires (1), presque partout, les blanches déités qui habitaient ces sombres séjours s'étaient réfugiées contre les parois obscures et restaient invisibles. Cependant, au fur et à mesure que le spectacle s'avançait, leurs formes, vaguement humaines, se détachaient mollement l'une après l'autre des profondeurs de la nuit qu'elles tapissaient et, s'élevant vers le jour, laissaient émerger leurs corps demi-nus et venaient s'arrêter à la limite verticale et à la surface clair-obscur où leurs brillants visages apparaissaient derrière le déferlement rieur, écumeux et léger de leurs éventails de plumes, sous leurs chevelures de pourpre emmêlées de perles que semblait avoir courbées l'ondulation du flux ; après commençaient les fauteuils d'orchestre, le séjour des mortels à jamais séparé du sombre et transparent royaume auquel çà et là servaient de frontière, dans leur surface liquide et plane, les yeux limpides et réfléchissants des déesses des eaux. Car les strapontins du rivage, les formes des monstres de l'orchestre se peignaient dans ces yeux suivant les seules lois de l'optique et selon leur angle d'incidence, comme il arrive pour ces deux parties de la réalité extérieure auxquelles, sachant qu'elles ne possèdent pas, si rudimen-

taire soit-elle, d'âme analogue à la nôtre, nous nous jugerions insensés d'adresser un sourire ou un regard : les minéraux et les personnes avec qui nous ne sommes pas en relation. En deçà, au contraire, de la limite de leur domaine, les radieuses filles de la mer se retournaient à tout moment en souriant vers des tritons barbus pendus aux anfractuosités de l'abîme, ou vers quelque demi-dieu aquatique ayant pour crâne un galet poli sur lequel le flot avait ramené une algue lisse et pour regard un disque en cristal de roche. Elles se penchaient vers eux, elles leur offraient des bonbons ; parfois, le flot s'entr'ouvrait devant une nouvelle néréide qui, tardive, souriante et confuse, venait de s'épanouir du fond de l'ombre ; puis, l'acte fini, n'espérant plus entendre les rumeurs mélodieuses de la terre qui les avaient attirées à la surface, plongeant toutes à la fois, les diverses sœurs disparaissaient dans la nuit. Mais de toutes ces retraites au seuil desquelles le souci léger d'apercevoir les œuvres des hommes amenait les déesses curieuses, qui ne se laissent pas approcher, la plus célèbre était le bloc de demi-obscurité connu sous le nom de baignoire de la princesse de Guermantes.

Gallimard, édit.

---

(1) Loges de théâtre au rez-de-chaussée.

LE RENOUVEAU DANS LES LETTRES (1914-1939)

Le mouvement « dada » et le surréalisme amorcent un bouleversement profond de la littérature et des arts, qui prétend toucher à la fois le langage et la vie même de l'esprit. Ils marquent particulièrement la poésie de Breton, Aragon, Éluard.

Le théâtre se transforme aussi, tant par la qualité des textes de Jules Romains, Salacrou, Giraudoux, que par l'effort des spécialistes et des techniciens, soutenus par des acteurs de talent.

Le roman, enfin, se développe dans les directions les plus diverses : ce sont les grandes fresques de Jules Romains et de Martin du Gard, les enquêtes passionnées de Mauriac et de Bernanos, les analyses minutieuses de Duhamel et de Colette, les aventures héroïques de Saint-Exupéry et de Malraux. Ce quart de siècle fut d'une richesse littéraire extraordinaire.

LA POÉSIE ENTRE LES DEUX GUERRES

Tandis que Paul Valéry exerce dans le champ de la poésie le contrôle impitoyable de sa froide lucidité et l'art savant de son expression, le mouvement surréaliste libère, au contraire, l'inspiration poétique de toutes les contraintes et la fait jaillir des profondeurs de l'inconscient.

PAUL VALÉRY (1871-1945)

Sa vie   Né à Sète, Paul Valéry passe sa jeunesse à Montpellier, où il entreprend des études de droit. Admirateur de Verlaine et de Mallarmé, il écrit d'abord des poèmes symbolistes qui, plus tard, seront réunis dans l'*Album de vers anciens* (1920). Mais, bientôt, il abandonne la poésie pour s'attacher exclusivement à analyser et à discipliner sa propre pensée, à pénétrer les secrets de l'esprit et de ses démarches, à jeter les bases d'une méthode universelle de la pensée. L'*Introduction à la méthode de Léonard de Vinci* (1895) est née, de son propre aveu, de la séduction qu'exerçait sur lui l'universalité d'un génie qui « avait trouvé l'attitude centrale à partir de laquelle les entreprises de la connaissance et les opérations de l'art sont également possibles ». *La Soirée avec M. Teste* (1896) offre, dans le même sens, un autre témoignage. M. Teste est un « monstre d'intelligence et de conscience de soi » qui, par l'analyse aiguë du fonctionnement de son esprit, arrive à découvrir des lois de la pensée qui nous échappent.

Après avoir consacré, comme son héros, vingt années de sa vie à une ascèse intellectuelle, dont ses *Cahiers* offrent un émouvant témoignage, Valéry revient à la poésie et publie *la Jeune Parque* (1917) puis un nouveau et dernier recueil de poèmes intitulé *Charmes* (1922). Désormais, le prosateur prend le pas sur le poète. Il traite les sujets les plus divers, en une langue précise et vigoureuse. *Eupalinos* (1923) élargit au domaine de la création artistique un essai dialogué sur l'architecture. La suite de volumes parus sous le titre de *Variété* groupe des articles littéraires, philosophiques et politiques. Il occupe au Collège de France la chaire de Poétique. Il meurt en juillet 1945 et, selon son vœu, il est enterré à Sète dans ce « cimetière marin » qui lui avait inspiré un de ses plus beaux poèmes.

Sa doctrine   Poète qui se veut avant tout lucide et dont les « exercices poétiques » sont l'occasion de suivre en soi les démarches de la création poétique, Valéry ne pouvait manquer de définir sa conception personnelle de la poésie.

— *La création poétique* D'abord, il se défie de l'inspiration. Le penseur qui s'est assigné comme idéal de réaliser en lui « le plus de conscience possible » ne saurait accepter d'être « ce poète qui se borne à transcrire ce qu'il reçoit, à livrer à des inconnus ce qu'il tient de l'inconnu ». Au reste, cette soumission à l'inspiration se condamne elle-même par ses résultats : « Le fait poétique naturel n'est qu'une rencontre exceptionnelle dans le désordre d'images et de sons qui viennent à l'esprit. » « Il ne reste que quelques vers de bien des poèmes. » C'est au contraire par un effort de concentration lucide, méthodique et continu que s'édifiera une œuvre poétique. Il s'agit de « retrouver avec volonté de conscience quelques résultats analogues aux résultats intéressants ou utilisables que nous livre (entre cent mille coups quelconques) le hasard mental ».

— *L'expression poétique* Le même contrôle sévère et lucide s'exerce sur la forme. Valéry accepte de se plier aux règles de la prosodie classique comme à celles qui régissent les poèmes à forme fixe, car il y voit autant de contraintes salutaires propres à endiguer l'élan aveugle de l'inspiration. De même, le détail de l'expression, le choix des mots et leur agencement sont le fruit d'un travail patient et savant. Car les mots, au sein du langage poétique, cessent pour lui d'être liés, comme dans la prose, à un contenu précis de pensée qu'ils devraient transmettre. Ils valent par leur sonorité, par la manière dont ils s'insèrent dans un rythme, par le pouvoir de suggestion qu'ils possèdent en eux-mêmes et en vertu de leurs combinaisons. Aussi, peuvent-ils agir sur le moi total du lecteur, à la manière d'un « charme » qui l'enveloppe.

— *L'objet de la poésie* Quant à l'objet de cette poésie, il ne saurait s'écarter de ce qui est, pour Valéry, la préoccupation majeure, voire unique de ses recherches : la prise de conscience de l'intelligence par elle-même, l'appréhension des phénomènes mentaux et des mouvements de l'âme. « La poésie est l'essai de représenter ou de restituer par les moyens du langage articulé ces choses ou cette chose que tentent obscurément d'exprimer les cris, les larmes, les caresses, les baisers, les soupirs... » « Elle est profondément liée à la situation de l'être interne, entre la connaissance, la durée, les troubles et efforts cachés, la mémoire, le rêve, etc. » C'est assez dire que son domaine d'élection se situerait moins dans la clarté de la conscience que dans la pénombre de ses arrière-plans.

CHARMES

Le titre du recueil *Charmes* est significatif. Il faut le comprendre dans le sens du mot latin *carmen* : poème, incantation. Ces méditations, qui s'orientent essentiellement vers le problème de la connaissance et de la création poétique, ne se réduisent pas à de sèches abstractions. Le sortilège des sonorités et des rythmes s'y associe à la vigueur de la pensée, à la puissance suggestive des évocations sensibles et des symboles. C'est de « l'être total », non de la seule intelligence, qu'un poème doit, selon le vœu de Valéry, obtenir l'adhésion.

LES PAS

Le poète évoque ici l'approche lente et furtive de l'inspiration, le moment unique entre tous où sa venue se pressent plutôt qu'elle ne s'annonce et où il s'apprête à l'accueillir dans la disponibilité de l'esprit et l'unisson du cœur.

Tes pas, enfants de mon silence,
Saintement, lentement placés,
Vers le lit de ma vigilance
Procèdent (1) muets et glacés.

Personne pure, ombre divine,
Qu'ils sont doux, tes pas retenus !
Dieux !... tous les dons que je devine
Viennent à moi sur ces pieds nus !

Si, de tes lèvres avancées,
Tu prépares pour l'apaiser,
A l'habitant de mes pensées
La nourriture d'un baiser,

Ne hâte pas cet acte tendre,
Douceur d'être et de n'être pas,
Car j'ai vécu de vous attendre,
Et mon cœur n'était que vos pas.

Gallimard, édit.

LE CIMETIÈRE MARIN

L'évocation du cadre dans les premières strophes — le cimetière de Sète au bord de la mer — annonce déjà cette méditation sur la vie et la mort qui est le sujet du poème, puisque la mer symbolise ici le mouvement et la vie. Le sentiment qu'après un moment d'extase, le poète prend de son existence éphémère l'amène à méditer sur la condition de l'homme, sur l'espérance d'immortalité, sur cet anéantissement qui succède à la mort.

Ils ont fondu dans une absence épaisse,
L'argile rouge a bu la blanche espèce (2),
Le don de vivre a passé dans les fleurs !
Où sont des morts les phrases familières,
L'art personnel, les âmes singulières ?
La larve file où se formaient des pleurs.

Les cris aigus des filles chatouillées,
Les yeux, les dents, les paupières mouillées,
Le sein charmant qui joue avec le feu,
Le sang qui brille aux lèvres qui se rendent,
Les derniers dons, les doigts qui les défendent,
Tout va sous terre et rentre dans le jeu !

Et vous, grande âme, espérez-vous un songe (3)
Qui n'aura plus ces couleurs de mensonge
Qu'aux yeux de chair l'onde et l'or font ici ?

Chanterez-vous   quand   serez vaporeuse ?
Allez ! Tout fuit ! Ma présence est poreuse,
La sainte impatience meurt aussi !

Maigre immortalité noire et dorée,
Consolatrice affreusement laurée (4),
Qui de la mort fais un sein maternel,
Le beau mensonge et la pieuse ruse !
Qui ne connaît, et qui ne les refuse,
Ce crâne vide et ce rire éternel !

Pères profonds, têtes inhabitées,
Qui sous le poids de tant de pelletées,
Êtes la terre et confondez nos pas,
Le vrai rongeur, leer i vrréfutable
N'est point pour vous qui dormez sous la
                                           table (5),
Il vit de vie, il ne me quitte pas !

Dans un sursaut, le poète se rattache à sa vie éphémère. Il en goûte la plénitude avec une sorte d'ivresse physique, dont l'élan se poursuit jusqu'aux derniers vers.

Non, non !... Debout ! Dans l'ère successive (6)!
Brisez, mon corps, cette forme pensive !
Buvez, mon sein, la naissance du vent !
Une fraîcheur, de la mer exhalée,
Me rend mon âme... O puissance salée !
Courons à l'onde en rejaillir vivant !

Oui ! Grande mer de délires douée,
Peau de panthère et chlamyde (7) trouée
De mille et mille idoles du soleil (8),
Hydre absolue, ivre de la chair bleue,

Qui te remords l'étincelante queue
Dans un tumulte au silence pareil,

Le vent se lève !... Il faut tenter de vivre !
L'air immense ouvre et referme mon livre,
La vague en poudre ose jaillir des rocs !
Envolez-vous, pages tout éblouies !
Rompez, vagues ! Rompez d'eaux réjouies
Ce toit tranquille où picoraient des focs (9)!

Gallimard, édit.

(1) S'avancent. — (2) La blanche espèce : les ossements. — (3) Sens de la strophe : la mort n'est pas l'accession à la réalité par-delà le monde des apparences. Dans cet universel écoulement (ma présence est poreuse), l'inspiration disparaît en même temps que le sentiment. — (4) Ornée de laurier. — (5) La pierre tombale. Le ver qui ne cesse de ronger le cœur de l'homme durant toute sa vie, c'est la conscience tragique de sa condition. — (6) La continuité du temps. — (7) Manteau grec. — (8) Idoles : images (qui se reflètent dans la mer). — (9) La mer où passaient les voiles des navires.

LE MOUVEMENT DADA ET LE SURRÉALISME (1)

Les précurseurs Dès le début du XXᵉ siècle, une méfiance croissante à l'égard des valeurs rationnelles et des traditions bourgeoises se fait jour. Le philosophe Bergson a mis l'accent sur le rôle de l'intuition dans la vie mentale (2) ; les romans de Dostoïevski font une large part aux contradictions, aux poussées anarchiques et incontrôlables du cœur humain ; le domaine de la médecine s'étend à la psychopathologie, que Freud renouvelle en la dotant de cet étonnant moyen d'investigation que constitue la psychanalyse ; les savants admettent dans la physique même un principe d'indétermination, et les peintres cubistes dissocient la réalité pour mieux la saisir.

Dans la littérature même, certains écrivains ne s'étaient pas contentés d'explorer l'univers du mal comme Baudelaire, de se livrer à l'aventure poétique comme Rimbaud, ou de libérer toutes les forces individuelles comme Lautréamont ; Apollinaire, qui a inventé le mot « surréaliste », avait cherché d'instinct le détail surprenant, la dissonance, la surprise. C'est avec une intention provocatrice bien calculée que Jarry, écrivain subtil et savant, avait lancé l'énorme farce d'*Ubu* et fait de sa vie même un défi constant.

Mais c'est la guerre de 1914 qui suscita une véritable poussée d'indignation et de colère : le désespoir de quelques jeunes hommes audacieux et convaincus les incite à dénoncer violemment l'absurdité du monde et les mensonges de la société. En 1916, à Zurich, Tristan Tzara fait éclater le scandale et proclame à la face du monde le vocable dérisoire et révolutionnaire de Dada...

Dada naquit d'une exigence morale, d'une volonté implacable d'atteindre un absolu moral, du sentiment profond que l'homme, au centre de toutes les créations de l'esprit, affirmait sa prééminence sur les notions appauvries de la substance humaine, sur les choses mortes et les biens mal acquis. Dada naquit d'une révolte qui était commune à toutes les adolescences, qui exigeait une adhésion complète de l'individu aux nécessités profondes de sa nature, sans égards pour l'histoire, la logique ou la morale ambiantes, Honneur, Patrie, Morale, Famille, Art, Religion, Liberté, Fraternité, que sais-je, autant de notions répondant à des nécessités humaines, dont il ne subsistait que de squelettiques conventions, car elles étaient vidées de leur contenu initial. La phrase de Descartes : « Je ne veux même pas savoir qu'il y a eu des hommes avant moi », nous l'avions mise en exergue (3) à l'une de nos publications. Elle signifiait que nous voulions regarder le monde avec des yeux nouveaux, que nous voulions reconsidérer à même leur base, pour en éprouver la justesse, les notions imposées par nos aînés.

Le surréalisme et l'après-guerre Dans toutes ses manifestations publiques et dans ses multiples publications, revues, tracts, manifestes signés par Tzara, Breton, Éluard, Aragon, le mouvement Dada s'affirme une grande entreprise de protestation et de destruction ; il finit, très logiquement, par se détruire lui-même, mais les hommes qui l'avaient constitué vont faire tous leurs efforts pour réorganiser le monde.

Le surréalisme regroupe la plupart de ces hommes : Tristan Tzara poursuit une route qui lui est propre, mais André Breton, Aragon, Éluard, Soupault, Desnos, Ernst ont suffisamment d'intentions communes pour qu'on puisse les associer jusqu'en 1930.

MANIFESTE DU SURRÉALISME (1924)

Le premier manifeste du surréalisme, publié par André Breton en 1924, exprime, d'une façon très méthodique, ce programme d'exploration du surréel : il y a bien là une volonté

---

(1) Voir également pp. 458-459. — (2) Voir pp. 413-415. — (3) En tête du livre, comme devise.

de connaissance nouvelle et de reconquête du monde dont l'écriture automatique, la transcription des rêves, les révélations du délire et de la folie sont les moyens.

Surréalisme, nom masculin : automatisme psychique pur par lequel on se propose d'examiner, soit verbalement, soit par écrit, soit de toute autre manière, le fonctionnement réel de la pensée. Dictée de la pensée en l'absence de tout contrôle exercé par la raison, en dehors de toute préoccupation esthétique ou morale.

Encycl. Philos. Le surréalisme repose sur la croyance à la réalité supérieure de certaines formes d'associations négligées jusqu'à lui, à la toute puissance du rêve, au jeu désintéressé de la pensée. Il tend à ruiner définitivement tous les autres mécanismes psychiques et à se substituer à eux dans la résolution des principaux problèmes de la vie.

De 1930 à 1939, le surréalisme diffuse ses leçons en prenant des formes très diverses. Beaucoup d'écrivains s'en éloignent, soit volontairement, soit après avoir été exclus par Breton, et, tels Reverdy et Jouve, poursuivent une œuvre personnelle. Mais surtout l'évolution d'Aragon, dès 1930, d'Éluard, en 1938, vers une pensée politique nettement engagée, marque une scission importante du surréalisme. Breton affirme la nécessité d'une action révolutionnaire, sans se rallier toutefois au socialisme soviétique. L'éclatement est définitif, mais l'esprit surréaliste reste très vivant ; la Conférence de Londres se réunit en 1936, des manifestations nombreuses ont lieu à la veille de la guerre à Paris, en Suisse, aux Canaries.

Pendant la guerre, bien des poètes qui avaient tenté l'expérience surréaliste s'adonnent à une action directe, et militent dans la Résistance (Desnos qui meurt en déportation, Max Jacob, Éluard, Aragon, Char, Jouve...). Dans leurs poèmes clandestins, les images surréalistes s'associent parfois à l'épopée traditionnelle. D'autres artistes, réfugiés aux États-Unis (Salvador Dali, Tanguy) et au Mexique (Péret), continuent leurs recherches. Leurs publications sont nombreuses, leur rayonnement est indéniable.

Le retour de Breton à Paris (1946) sera marqué par de nouvelles manifestations. Le surréalisme appartient déjà à l'histoire de la pensée moderne ; Maurice Nadeau, Michel Carrouges l'étudient et l'expliquent, mais il alimente encore la littérature actuelle. En 1951, Julien Gracq obtient le prix Goncourt pour son *Rivage des Syrtes* et le refuse.

Le surréalisme n'est plus une force autonome de la pensée contemporaine, mais il s'est diffusé sans se démoder, il a irradié sans disparaître. Il a profondément marqué les écrivains et les artistes du XXᵉ siècle, non comme une discipline dont il eût fallu se débarrasser ensuite, mais comme une expérience enrichissante et individuelle. Le concept même de poésie a été renouvelé, les surréalistes ont porté un coup très dur à la fois au conformisme académique, au faux idéalisme, aux hypocrisies mondaines et aussi à toutes les formes de dilettantisme. Il ne peut y avoir désormais de poème qui ne soit pensée intime et vérité, il ne peut y avoir d'œuvre vivante si l'artiste n'y implique toute sa personnalité et n'en prend tous les risques.

ANDRÉ BRETON

Sa vie   Né à Tinchebraye (Orne) en 1896, André Breton s'intéresse très tôt à la poésie du mystère de la destinée et des profondeurs de l'être ; il lit Baudelaire, Mallarmé, Huysmans. Il fait des études de médecine, est mobilisé, et rencontre, à Nantes, Jacques Vaché qui lui révèle l'humour. Il connaît Apollinaire, prend contact en Autriche avec Freud, publie quelques poèmes et participe au mouvement Dada, mais se heurte à Tristan Tzara qui s'affirme antilittéraire par-dessus tout. C'est lui qui fait paraître, en 1924, le *Manifeste du surréalisme* proclamant la nécessité de révéler « la vie intérieure » ; en 1926, il publie *Légitime défense*, et en 1928, *Nadja* qui introduit, avec une sorte d'aisance lucide, la folie dans l'œuvre littéraire et qui l'analyse dans ses rapports avec la vie quotidienne.

Dans le *Second Manifeste du surréalisme* (1930), Breton défend la doctrine dans toute sa pureté et donne dans *l'Immaculée Conception*, en collaboration avec Éluard, une imitation du délire verbal des aliénés. Les *Vases Communicants* paraissent en 1932. Après plusieurs voyages, il publie, en 1947, *l'Ode à Charles Fourier*, participe aux mouvements pacifiste et mondialiste et, à partir de 1959, à une renaissance du surréalisme. En 1961, il fonde la revue *La Brèche*. Il meurt en 1966.

Son action   L'action de Breton s'exerce avant tout dans le sens d'une révolution totale qui ne veut épargner ni la famille, ni la patrie, ni la religion. Cette volonté de destruction met en cause l'image même que l'homme se fait de l'univers, dissocie les structures fondamentales de la pensée. Descartes avait commencé par faire table rase ; comme lui, Breton ne veut pas savoir qu'il y eut des hommes avant lui.

Il prétend conquérir l'irrationnel et non pas s'y abandonner ; il veut découvrir « la vie passive de l'intelligence ». Il s'efforce d'exprimer cette discontinuité mentale que la composition rhétorique ne peut encadrer, en recourant à des images neuves, à des associations inédites, à des contrastes, à des effets de surprise, à des calembours. Il a reconnu « l'absence de frontière entre la folie et la non-folie » et affirmé que « rien n'est impossible ». Le rêve, l'écriture automatique, le délire, l'humour noir, « révolte supérieure de l'esprit » sont à la fois explorations et expériences.

Le moyen de reconstruire le monde, de retrouver l'union de l'homme et de l'univers, c'est l'amour (2), qui ne se distingue guère de la poésie : « «L'étreinte poétique», comme « l'étreinte de chair » empêche toute échappée sur la misère du monde. « Aimez » est le dernier commandement... et l'essentiel » (3). En embrassant la vie mentale dans sa vérité même, le poète découvre ou crée la beauté : « La beauté sera convulsive ou ne sera pas. » L'épopée traditionnelle donnait naissance aux symboles, aux allégories ou aux idées ; Breton fait naître une réalité toute vive :

Un soir que je parlais plus que de coutume, un grand papillon entra : pris d'une terreur indicible à pointe d'émerveillement, comme je lui opposais les grands gestes désordonnés que je croyais appelés à le faire fuir, il se posa sur mes lèvres...

Au lavoir noir, 1926.

JEUNE FILLE A NAITRE

Très proche de la poésie, la prose de *l'Amour fou*, publiée en 1937, contient les imprécations les plus terribles contre le « vieil ordre » et la « trinité abjecte » — famille, patrie, religion —, mais aussi l'espoir le plus généreux d'une humanité heureuse, l'amour des petits enfants, l'admiration émue de la jeunesse et de tous ses prestiges, résumés en cette jeune fille qui « au beau printemps de 1952 viendra d'avoir seize ans ».

... Qu'avant tout l'idée de famille rentre sous terre ! Si j'ai aimé en vous l'accomplissement de la nécessité naturelle, c'est dans la mesure exacte où en votre personne elle n'a fait qu'un avec ce qu'était pour moi la nécessité humaine, la nécessité *logique*, et que la conciliation de ces deux nécessités m'est toujours apparue comme la seule merveille à portée de l'homme, comme la seule chance qu'il ait d'échapper, de loin en loin, à la méchanceté de sa condition. Vous êtes passée du non-être à l'être en vertu d'un de ces accords réalisés qui sont les seuls pour lesquels il m'a plu d'avoir une oreille. Vous étiez donnée comme possible, comme certaine au moment même où, dans l'amour le plus sûr de lui, un homme et une femme vous voulaient.

M'éloigner de vous ! Il m'importait trop, par exemple, de vous entendre un jour répondre en toute innocence à ces questions insidieuses que les grandes personnes posent aux enfants : « Avec quoi on pense, on souffre ? Comment on a su son nom, au soleil ? D'où ça vient la nuit ? » Comme si elles pouvaient le dire, elles-mêmes ! Étant pour moi la créature humaine, dans son authenticité parfaite, vous deviez contre toute vraisemblance me l'apprendre...

Je vous souhaite d'être follement aimée.

Gallimard, *édit.*

(1) Philosophe et sociologue français (1772-1838). — (2) « Ce que j'ai aimé, que je l'aie gardé ou non, je l'aimerai toujours » (*l'Amour fou*, 1937). — (3) *Vie légendaire de Max Ernst*, 1942.

LES ATTITUDES SPECTRALES

Étranges fleurs de son cerveau, sorte de rébus où l'imagination et la poésie jouent à cache-cache, figures de rêves et paysages de villes englouties, images merveilleuses, d'une tradition très ancienne : c'est bien un monde nouveau que l'inconscient du poète, en une création spontanée, nous entrouvre ici *(le Revolver à cheveux blancs)*.

Je n'attache aucune importance à la vie
Je n'épingle pas le moindre papillon de vie
    à l'importance
Je n'importe pas à la vie
Mais les rameaux du sel les rameaux blancs
Toutes les bulles d'ombre
Et les anémones de mer
Descendent et respirent à l'intérieur de ma
    pensée
Ils viennent des pleurs que je ne verse pas
Des pas que je ne fais pas qui sont deux fois
    des pas
Et dont le sable se souvient à la marée montante
Les barreaux sont à l'intérieur de la cage
Et les oiseaux viennent de très haut chanter
    devant ces barreaux
Un passage souterrain unit tous les parfums
Un jour une femme s'y engagea
Cette femme devint si brillante que je ne pus
    la voir
De ces yeux qui m'ont vu moi-même brûler
J'avais déjà cet âge que j'ai
Et je veillais sur moi sur ma pensée comme un
    gardien de nuit
dans une immense fabrique
Seul gardien
Le rond-point enchantait toujours les mêmes
    tramways
Les figures de plâtre n'avaient rien perdu de
    leur expression

Elles mordaient la figure du sourire
Je connais une draperie dans une ville disparue
S'il me plaisait de vous apparaître vêtu de
    cette draperie
Vous croiriez à l'approche de votre fin
Comme à la mienne
Enfin les fontaines comprendraient qu'il ne
    faut pas dire
Fontaine
On attire les loups avec les miroirs de neige
Je possède une barque détachée de tous les
    climats
Je suis entraîné par une banquise aux dents
    de flamme
Je coupe et je fends le bois de cet arbre qui
    sera toujours vert
Un musicien se prend dans les cordes de son
    instrument
Le Pavillon-Noir du temps d'aucune histoire
    d'enfance
Aborde un vaisseau qui n'est encore que le
    fantôme du sien
Il y a peut-être une garde à cette épée
Mais dans cette garde il y a déjà un duel
Au cours duquel les deux adversaires se
    désarment
Le mort est le moins offensé
L'avenir n'est jamais.

Gallimard, édit.

ROBERT DESNOS

Destinée exemplaire que celle de Robert Desnos. Parisien né avec son siècle, il avait assimilé toutes les acquisitions surréalistes, en particulier les révélations de l'écriture automatique et du rêve, il avait redécouvert la complainte populaire, puis le poème militant et même guerrier :

Je suis le veilleur de la Porte-Dorée (1)
Autour du donjon le bois de Vincennes épaissit
    ses ténèbres

J'ai entendu des cris dans la direction de
    Créteil (2)
Et des trains roulent vers l'est avec un sillon
    de chants de révolte...

Avant de mourir en 1945 au camp de déportés de Terezin, il ne cessa d'affirmer son amour fraternel pour l'humanité :

J'ai rêvé tellement fort de toi
J'ai tellement marché, tellement parlé,
Tellement aimé ton ombre
Qu'il ne me reste rien de toi.

Il me reste d'être l'ombre parmi les ombres

D'être cent fois plus ombre que l'ombre
D'être l'ombre qui viendra et reviendra dans
    ta vie ensoleillée.

(Cité dans *Robert Desnos*
par Pierre Berger, *Seghers.*)

_____

(1) Une des portes de Paris. — (2) Dans les environs de Paris.

PAUL ÉLUARD

Sa vie　　　Eugène Grindel, dit Paul Éluard, naquit en 1895 à Saint-Denis, triste banlieue ouvrière de Paris. Après la guerre de 1914-1918, il participe activement au mouvement littéraire et se mêle au groupe surréaliste, rêve d'une poésie
vivante qui consolerait les souffrances des hommes et leur apporterait l'espérance.
Au cours de la dernière guerre, il milite dans la Résistance, adhère au parti communiste (1942) et mène de pair une activité politique et une carrière littéraire féconde,
jusqu'à sa mort en 1952.

Son œuvre :　　　　　　　　　　　　L'œuvre d'Éluard, essentiellement poétique,
du surréalisme à l'engagement　　　s'étend sur trente-cinq années : *Capitale de la
douleur* (1926), *l'Amour, la Poésie* (1929), *la
Rose publique* (1934) appartiennent à sa période surréaliste; tandis que *Poésie et Vérité*
(1942), *Au rendez-vous allemand* (1944), *Poésie ininterrompue* sont les témoignages
de son engagement politique et patriotique.

Profondément marqué par la guerre de 1914-1918, Éluard fut un des militants les
plus brillants de la révolution surréaliste; compagnon de Breton, de Soupault, d'Aragon et de Reverdy, de 1922 à 1925, il apprend à explorer les domaines secrets et inconnus
du rêve, des angoisses, de l'hypnose, de la folie. Cette recherche est traduite par un
art exigeant et une langue parfaitement pure; la syntaxe peut être elliptique, le choix
des mots reste rigoureux. C'est de la sobriété même de la prose poétique que doit naître
la rêverie : la quête surréaliste se confond ainsi avec l'aventure spirituelle la plus haute.

Les surréalistes voulaient changer la vie. Pour Éluard, tuberculeux dès son adolescence, témoin ému de tant de misères dans sa banlieue natale et dans les tranchées, ce
désir de révolution prend la forme d'un effort pour améliorer le sort des hommes. L'engagement politique est inséparable chez lui d'une tendresse fraternelle. Même ses poèmes
de guerre contiennent plus d'amour pour les victimes que de haine pour l'ennemi.

Éluard fut aussi un grand poète de l'amour et la femme tient une très grande place
dans son œuvre. Joie spontanée au spectacle de la beauté, profondeurs mystérieuses
de la passion, et aussi souffrances indicibles éprouvées à la mort de sa femme Nush
en 1916, il a connu et fait connaître toutes les nuances, toutes les variations heureuses
ou malheureuses du sentiment amoureux.

Riche et sans cesse renouvelée, son œuvre présente pourtant une unité indéniable.
Ce grand lyrique a transformé les expériences de sa vie, les souvenirs de la tradition
poétique française (1), ses passions personnelles et ses convictions politiques, mais
également les joies familières et les satisfactions quotidiennes que lui procurait son
amour des êtres et des choses, en une sorte de certitude intime, une joie de vivre et de
chanter, qui triomphait de toutes les laideurs et de toutes les souffrances d'un monde
cruel, « réinventant » le feu, « réinventant » les hommes et la nature et leur patrie,

celle de tous les hommes,
celle de tous les temps.

A PEINE DÉFIGURÉE

Baudelaire avait paré le visage de la beauté d'une tristesse vague qui la rendait plus
personnelle et plus humaine; Éluard, grand poète de l'amour, sait admirablement déceler
les nuances, les lassitudes, les nonchalances, les mélancolies dont se compose l'image
enchanteresse : « l'amour, c'est l'homme inachevé » *(la Vie immédiate).*

---

(1) Il connaît Apollinaire, mais aussi Nerval, Baudelaire, Lautréamont, les poètes du XVIᵉ et du
XVIIᵉ siècle, et les romantiques.

Adieu tristesse
Bonjour tristesse
Tu es inscrite dans les yeux que j'aime
Tu n'es pas tout à fait la misère
Car les lèvres les plus pauvres te dénoncent
Par un sourire
Bonjour tristesse

Amour des corps aimables
Puissance de l'amour
Dont l'amabilité surgit
Comme un monstre sans corps
Tête désappointée
Tristesse beau visage

Gallimard, édit.

LIBERTÉ

Dans ce poème célèbre de la Résistance (1), qui paraît simple, mais dont l'expression et la composition ne manquent pas d'habileté, Éluard, poète lyrique par excellence, unit à un acte de foi dans une libération encore lointaine le chant le plus secret de son âme ; le poème de circonstance devient communion universelle et triomphe de l'esprit *(Poésie et vérité).*

Sur mes cahiers d'écolier
Sur mon pupitre et les arbres
Sur le sable sur la neige
J'écris ton nom

Sur toutes les pages lues
Sur toutes les pages blanches
Pierre sang papier ou cendre
J'écris ton nom

Sur les images dorées
Sur les armes des guerriers
Sur la couronne de rois
J'écris ton nom

Sur la jungle et le désert
Sur les nids sur les genêts
Sur l'écho de mon enfance
J'écris ton nom

Sur les merveilles des nuits
Sur le pain blanc des journées
Sur les saisons fiancées
J'écris ton nom

Sur tous mes chiffons d'azur
Sur l'étang soleil moisi
Sur le lac lune vivante
J'écris ton nom

Sur les champs sur l'horizon
Sur les ailes des oiseaux
Et sur le moulin des ombres
J'écris ton nom

Sur chaque bouffée d'aurore
Sur la mer sur les bateaux
Sur la montagne démente
J'écris ton nom

Sur la mousse des nuages
Sur les sueurs de l'orage
Sur la pluie épaisse et fade
J'écris ton nom

Sur les formes scintillantes
Sur les cloches des couleurs
Sur la vérité physique
J'écris ton nom

Sur les sentiers éveillés
Sur les routes déployées

Sur les places qui débordent
J'écris ton nom
Sur la lampe qui s'allume
Sur la lampe qui s'éteint
Sur mes maisons réunies
J'écris ton nom

Sur mon chien gourmand et tendre
Sur ses oreilles dressées
Sur sa patte maladroite
J'écris ton nom

Sur le tremplin de ma porte
Sur les objets familiers
Sur le flot du feu béni
J'écris ton nom

Sur toute chair accordée
Sur le front de mes amis
Sur chaque main qui se tend
J'écris ton nom

Sur la vitre des surprises
Sur les lèvres attentives
Bien au-dessus du silence

J'écris ton nom
Sur mes refuges détruits
Sur mes phares écroulés
Sur les murs de mon ennui
J'écris ton nom

Sur l'absence sans désirs
Sur la solitude nue
Sur les marches de la mort
J'écris ton nom

Sur la santé revenue
Sur le risque disparu
Sur l'espoir sans souvenirs
J'écris ton nom

Et par le pouvoir d'un mot
Je recommence ma vie
Je suis né pour te connaître
Pour te nommer

LIBERTÉ.

Gallimard, édit.

---

(1) Il fut traduit en dix langues et mis en musique par Francis Poulenc.

LA MORT, L'AMOUR, LA VIE

Ce poème est bien la « somme » lyrique annoncée par son titre. Dans la première partie, c'est le désespoir immense, le chagrin nu et l'acceptation du néant. La deuxième partie ramène la lumière de l'amour, promet l'aurore et le repos ébloui ; la vie triomphe enfin dans les champs, les usines, sur la mer et sur les forêts. Le poète retrouve la fraternité et, comme le Victor Hugo de la fin des *Contemplations*, s'élève à une communion cosmique *(le Phénix)*.

J'ai cru pouvoir briser la profondeur
                l'immensité
Par mon chagrin tout nu sans contact sans écho
Je me suis étendu dans ma prison aux portes
                vierges
Comme un mort raisonnable qui a su mourir
Un mort non couronné sinon de son néant
Je me suis étendu sur les vagues absurdes
Du poison absorbé par amour de la cendre
La solitude m'a semblé plus vive que le sang

Je voulais désunir la vie
Je voulais partager la mort avec la mort
Rendre mon cœur au vide et le vide à la vie
Tout effacer qu'il n'y ait rien ni vitre ni buée
Ni rien devant ni rien derrière rien entier
J'avais éliminé le glaçon des mains jointes
J'avais éliminé l'hivernale ossature
Du vœu de vivre qui s'annule.

Tu es venue le feu s'est alors ranimé
L'ombre a cédé le froid d'en bas s'est étoilé
Et la terre s'est recouverte
De ta chair claire et je me suis senti léger
Tu es venue la solitude était vaincue
J'avais un guide sur la terre je savais
Me diriger je me savais démesuré
J'avançais je gagnais de l'espace et du temps

J'allais vers toi j'allais sans fin vers la lumière
La vie avait un corps l'espoir tendait sa voile
Le sommeil ruisselait de rêves et la nuit
Promettait à l'aurore des regards confiants
Les rayons de tes bras entr'ouvraient le
                brouillard
Ta bouche était mouillée des premières rosées
Le repos ébloui remplaçait la fatigue
Et j'adorais l'amour comme à mes premiers
                jours

Les champs sont labourés les usines rayonnent
Et le blé fait son nid dans une houle énorme
La moisson la vendange ont des témoins sans
                nombre
Rien n'est simple ni singulier
La mer est dans les yeux du ciel ou de la nuit
La forêt donne aux arbres la sécurité
Et les murs des maisons ont une peau commune
Et les routes toujours se croisent
Les hommes sont faits pour s'entendre
Pour se comprendre pour s'aimer
Ont des enfants qui deviendront pères des
                hommes
Ont des enfants sans feu ni lieu
Qui réinventeront le feu
Qui réinventeront les hommes
Et la nature et leur patrie
Celle de tous les hommes
Celle de tous les temps.

Seghers, édit.

LOUIS ARAGON

Sa vie   Né à Paris en 1897, il commence des études de médecine, et fréquente les jeunes écrivains d'avant-garde, tels que Breton et Soupault.

Il adhère à l'école Dada, puis joue un grand rôle dans la création du mouvement surréaliste, qui se manifeste avec scandale et éclat lors de la mort d'Anatole France. Après discussion, il se rallie au parti communiste en 1927, écrit des poèmes engagés et participe au congrès des écrivains révolutionnaires à Karkhov. Son activité se poursuit alors sur deux plans : il est à la fois romancier et directeur du journal *Ce soir*.

Mobilisé en 1939, il participe courageusement aux combats de Dunkerque. Résistant, il publie articles et livres clandestins et, après la libération, il continue son œuvre littéraire (poésie et roman) et prend, en 1953, la direction du journal hebdomadaire *les Lettres françaises*.

Son œuvre   L'œuvre romanesque d'Aragon, particulièrement riche, constitue une vaste fresque historique et sociale : *le Paysan de Paris* paraît en 1926, *les Cloches de Bâle* en 1934, *les Beaux Quartiers* en 1936, *Servitude et grandeur des Français* en 1945 ; 5 volumes de l'ouvrage intitulé *les Communistes* sont parus depuis 1949.

Mais c'est surtout son œuvre poétique qui l'a rendu célèbre. L'évolution de cette œuvre retrace toute l'histoire de la poésie française depuis 1914.

Elle est surréaliste dans *Mouvement perpétuel* (1920-1924), avec ce que cette tentative poétique comporte de volonté de surprise et de choc.

PERSIENNES

	Persienne	Persienne	Persienne
	Persienne	Persienne	Persienne
Persienne	Persienne	Persienne	Persienne
Persienne	Persienne	Persienne	Persienne
Persienne	Persienne		
	Persienne	Persienne	Persienne
	Persienne		

Elle est également poésie d'action, de satire, de combat (1933 : *Hourra l'Oural;* 1942 : *Brocéliande;* 1943 : *le Musée Grévin;* 1942 à 1944 : *la Diane française*) évoquant la révolution russe, la guerre, la Résistance et, parfois, simplement l'amour sincère et profond d'Aragon pour la France *(France écoute... Je te salue, ma France).*

Poète d'avant-garde, Aragon est aussi un des plus grands lyriques de l'amour *(le Crève-cœur,* 1941; *Cantique d'Elsa,* 1942; *les Yeux d'Elsa,* 1942).

Poète savant, il connaît bien et sait évoquer tous ses prédécesseurs en poésie : « Car j'imite. Plusieurs personnes s'en sont scandalisées. La prétention de ne pas imiter ne va pas sans tartuferie... »; il les cite ou les suggère avec aisance dans son riche recueil *les Poètes* (1960). Il sait aussi atteindre la simplicité — à laquelle on reconnaît les grands écrivains, aussi bien que les grands artistes — en élargissant le domaine de la poésie à la vie quotidienne et aux objets les plus communs.

En définitive, pour Aragon, il n'y a « pas de sujets poétiques »; tout peut émouvoir le vrai poète et faire naître la beauté.

LA NUIT D'AOUT

La Nuit d'août est un des poèmes les plus vigoureux et les plus riches du recueil de *Brocéliande* (1) (1942). Cette nuit « de sable céleste nuit de sel et de sang » est une veillée d'armes contre l'usurpateur, le géant de fer; c'est une « nuit de feu qui défait les défaites », où retentit le cri des victimes et où mûrit la récolte de colère : « *Justice, justice soit faite* ».

Je vous entends voix des victimes Vous venez
A l'heure où se vend la vengeance à la criée (2)
Réclamer votre dû Vous craignez que j'oublie
Votre droit sur le grain mûrissant sur l'août glorieux
Vous craignez que j'oublie ô mes amis le prix payé
Et le sol arrosé de votre sacrifice
Et le refus qui féconda votre terre troublée
Le doute à vos pieds évanoui. Le poids de vos fers sur les sillons incrédules
Vos bouches de soleil dans le silence imposé
La pause de la peur au pas de vos paroles

Vos derniers mots parés des prestiges de la mort
Vous craignez que j'oublie aveuglément ce qui me lie
A vous ce qui me lie à votre sang versé
Vous craignez le bonheur des survivants et leur folie
Le ciel adouci sans raison sur la maison mal balayée
Et le peuple content des nouvelles statues
Fussent les vôtres vainement aux faux dieux substituées
Je vous entends voix des victimes.

---

(1) Vaste forêt de Bretagne où les romans de la Table Ronde situent le séjour de l'enchanteur Merlin. — (2) A l'encan.

Vous en qui j'ai cru
Non je n'ai pas perdu mémoire de toi courbeur
de fer
Qui d'un seul mot savait faire se retourner
toute une rue
De toi non plus homme calomnié qui portais
sur la vie
Tes yeux clairs d'aiguilleur à l'approche des
roues
Je n'ai pas perdu ta mémoire à toi non plus
philosophe aux cheveux roux
Ni la tienne avant l'âge blanchi d'avoir
dédaigné le repos
Ni la mémoire de celui-ci qui chanta comme
un cygne
Et semblait un prince fait de cette argile de
Phénicie
Dont on n'a jamais retrouvé depuis l'antiquité
le secret de finesse
Saurais-je un jour comme vous mourir mais
tout ceci
Vaut seulement pour vous et moi compagnons
de ma guerre à moi tombés en route

O grand saute-mouton des étoiles
Une clarté d'apocalypse embrasera le noir
silence
Quand au scandale des taillis le rossignol
Lance
L'étincelle de chant qui répond au ciel incendié
de son signal
Ah que je vive assez pour être ce chanteur
Pour ce cri pur où crépite la délivrance
Ah que je vive assez pour l'instant d'en mourir
Guetteur des tours oiseau de la plus haute
branche
Ah que je vive assez pour
Brûler de même feu né de Brocéliande
Et dire à l'avenir le nom de notre amour
Nuit belle nuit d'août de colline à colline
Parlant le langage étrange des bergers
Nuit belle nuit d'août couleur des cendres
Belle nuit d'août couleur du danger
Je ne demande rien que de vivre assez pour voir
la nuit fléchir et le vent changer.

Cahiers du Rhône, édit.

LES YEUX D'ELSA

Elsa Aragon, connue sous le pseudonyme littéraire d'Elsa Triolet, tient une place essentielle dans l'œuvre et dans la vie de son mari... « toi qui me rends cet univers sensible ».

Comme les plus grands poètes lyriques, comme Ronsard et comme Victor Hugo, il a chanté simultanément — parfois dans le même recueil, parfois dans le même poème — la lutte, l'espérance, l'angoisse, le deuil et l'amour : c'est ainsi qu'en 1942 il compose le recueil *les Yeux d'Elsa*.

A l'heure de la plus grande haine, j'ai un instant montré à ce pays déchiré le visage resplendissant de l'amour.

Tes yeux sont si profonds qu'en me penchant
pour boire
J'ai vu tous les soleils y venir se mirer
S'y jeter à mourir tous les désespérés
Tes yeux sont si profonds que j'y perds la
mémoire

A l'ombre des oiseaux c'est l'océan troublé
Puis le beau temps soudain se lève et tes yeux
changent
L'été taille la nue (1) au tablier des anges
Le ciel n'est jamais bleu comme il l'est sur les
blés

Les vents chassent en vain les chagrins de
l'azur
Tes yeux plus clairs que lui lorsqu'une larme
y luit
Tes yeux rendent jaloux le ciel d'après la pluie
Le verre n'est jamais si bleu qu'à sa brisure

Mère des sept douleurs (2) ô lumière mouillée

Sept glaives ont percé le prisme des couleurs
Le jour est plus poignant qui point entre les
pleurs
L'iris troué de noir plus bleu d'être endeuillé
Tes yeux dans le malheur ouvrent la double
brèche

Par où se reproduit le miracle des Rois
Lorsque le cœur battant ils virent tous les trois
Le manteau de Marie accroché dans la crèche.
Une bouche suffit au mois de Mai des mots
Pour toutes les chansons et pour tous les hélas
Trop peu d'un firmament pour des millions
d'astres
Il leur fallait tes yeux et leurs secrets gémeaux

L'enfant accaparé par les belles images
Écarquille (3) les siens moins démesurément
Quand tu fais les grands yeux je ne sais si tu
mens
On dirait que l'averse ouvre des fleurs sauvages

---

(1) Emploi poétique : désigne le ciel. — (2) Invocation sous laquelle la tradition catholique désigne la Vierge Marie, devant les souffrances de son Fils. — (3) Ouvre tout grand.

Cachent-ils des éclairs dans cette lavande où
Des insectes défont leurs amours violentes
Je suis pris au filet des étoiles filantes
Comme un marin qui meurt en mer en plein
mois d'août

J'ai retiré ce radium de la pechblende
Et j'ai brûlé mes doigts à ce feu défendu
O paradis cent fois retrouvé reperdu

Tes yeux sont mon Pérou ma Golconde (1)
mes Indes
Il advint qu'un beau soir l'univers se brisa
Sur des récifs que les naufrageurs enflammèrent
Moi je voyais briller au-dessus de la mer
Les yeux d'Elsa les yeux d'Elsa les yeux d'Elsa

Seghers, édit.

TRISTAN TZARA

Sa vie   Né en 1896 en Roumanie, il crée en 1916 le mouvement Dada dans un café de Zurich et publie *la Première Aventure céleste de M. Antipyrine.* Correspondant d'Apollinaire, il collabore à *Nord-Sud*, revue que dirige Reverdy, et fait paraître l'éclatant *Manifeste Dada* en 1918. Il arrive à Paris en 1919 et se met en rapport avec Aragon, Breton, Soupault, Éluard, Ribemont-Dessaignes. Plusieurs manifestations sont organisées et provoquent le scandale prévu.

Pendant dix ans, Tzara reste à l'écart du surréalisme. Il poursuit son œuvre, qui exerce souvent une action parallèle à celle de Breton, tout en gardant son indépendance. Il se rapproche du mouvement surréaliste vers 1931, au moment où celui-ci devient révolutionnaire, parce qu'il croit à la nécessité de l'action. De 1934 à 1936, il joue un rôle d'initiateur et d'organisateur en Espagne et participe à la Résistance. Ses œuvres essentielles sont : *le Poids du monde* (1951), *la Face intérieure* (1952), *le Fruit permis* (1956), *la Rose et le Chien* (1958). Il meurt en 1963.

La poésie : une force vivante   Définir l'œuvre d'un homme qui a voulu détruire la littérature et faire éclater le langage peut sembler difficile. Il est bien vrai que Tzara a poursuivi avec vigueur la démolition impitoyable entreprise dans le *Premier Manifeste Dada ;* mais il ne faut pas oublier que cette destruction de la littérature, considérée comme un édifice mondain et, pour ainsi dire, artificiel, eut, pour contrepartie, le recours à l'action : il s'agissait de fournir la preuve que la poésie était une force vivante sous tous les aspects, même antipoétiques, l'écriture n'en étant qu'un véhicule occasionnel. Cette action fut sans doute combat politique et résistance à la tyrannie, mais elle prit aussi les formes de la danse, du masque, du chant du primitif, formes vraies et spontanées de sa vie affective. La poésie, en réalité, ne se détruit pas, elle change de dimension et de portée; elle est une action où le poète est libre et responsable. Ainsi, elle est activité même de l'esprit (2) : elle n'a pas à exprimer une réalité, elle est elle-même réalité.

LE CERVEAU DÉSINTÉRESSÉ

La première publication Dada, qui est aussi la première œuvre de Tristan Tzara, est une éclatante manifestation de la nouvelle doctrine, une complète démolition du langage. Par des contradictions insolentes : le cerveau, organe habituel de l'intelligence, est ici « désintéressé », l'œil « porte des moustaches » comme les portraits du livre d'un écolier irrespectueux, par des associations insolites — toute une fantaisie dont Rabelais et Jarry savaient se réjouir —, par des mots antipoétiques ou des objets inutiles auxquels la rêverie s'accroche comme à ces débris étranges que la mer rejette, à ces

---

(1) Ancienne ville forte de l'Hindoustan, célèbre par ses fabuleuses richesses. — (2) Ce qui n'est pas si loin de l'étymologie du mot *poésie :* du grec *poiêsis :* art de faire.

oliviers monstrueux dignes de Salvador Dali, ce monde nouveau est vraiment un
monde brisé (*la Deuxième Aventure céleste de M. Antipyrine* (1), fragments).

Sifflet gonflé de citronnade sans amour
réveil dans le lait condensé
rencontre un poisson de femme jaune merci
        aspire
la couleur de lanterne opium
les oreilles du violon
l'heure de la tranche de l'œil du vent
porte des moustaches
M. Interruption
eh bien mon œil porte aussi des moustaches.
M. Absorption
sort par une pompe à gomme
mesure ou parfume

ou allume car je suis toujours possible
M. Antipyrine
je exportation
M. Saturne
avez-vous des grenouilles dans les souliers
Oreilli
bbbbbbbbb
M. Absorption
les pincettes chevalines
des sexes d'autruche saturés.

Les Réverbères, édit.

Jaillissement de mots, de questions, de visions cruelles et pitoyables et protestation
passionnée contre la violence, l'injustice, le meurtre; le lyrisme et l'action s'associent
étroitement dans ce poème *(Terre sur Terre).*

LA VAGUE

Par le feu le vent la mitraille
sans flamme sans souffle sans fusil
comme paroles de justice éclairé au centre de
        lui-même
la peur partout présente définitive
telle fuit la nuit immense de la solitude
et à son flanc grand ouvert l'homme aux aguets.
Qu'a-t-il fait de quel sauvage silence
a-t-on scellé sa vie un coup dans la mâchoire
mâchoire de sa vie limon d'adolescence
d'étoile éclaboussée au bas d'une terre vague.

Il n'a rien compris il tourne dans sa tête
les genoux foudroyés les mots éparpillés
tout autour de son regard frileux
la marée invisible des villes des campagnes
et l'acier unanime de leur soleil terrible

Terre sur Terre, 1946
(1943-1949)

MAX JACOB

Sa vie   Fils d'un antiquaire juif, Max Jacob naquit à Quimper, en 1876. Il vécut
        à Paris, où il fréquenta Apollinaire et André Salmon, devint l'ami de Picasso
et exerça toutes sortes de métiers : il fut tour à tour employé de commerce, balayeur
et même « bonne d'enfant », à ce qu'il dit — mais il fut aussi peintre de talent et critique
d'art avisé. En 1909, le Christ lui apparaît : cette vision le fait passer par les émotions
les plus intenses et entraîne sa conversion (1914). De 1921 à 1928, il se retire à Saint-
Benoît-sur-Loire et il y retourne en 1930; mais les nazis l'arrêtent comme juif et il
est interné au camp de Drancy, où il meurt en 1944.

Une œuvre partagée entre la
fantaisie et le mysticisme
    Le titre même de ses œuvres : *Œuvres burlesques
et Mystiques de Frère Matorel* (1912), *le Cornet
à dés* (poèmes en prose, 1917), *la Défense de
Tartuffe* (1919), *le Laboratoire central* (1921), *les Pénitents en maillots roses* (1925),
nous révèle une surprenante et comme capricieuse dualité.

---

(1) Médicament qui fait baisser la température et calme les névralgies (analogue à l'aspirine).

Il y a constamment chez Max Jacob une fantaisie débridée, une mystification constante qui mêle aux souvenirs du Quimper natal tout un bric-à-brac moderne ou exotique : l'Apocalypse, l'art nègre, des histoires de fantômes surgissent pêle-mêle dans sa mémoire. Imitateur de génie, il reproduit les cris des passants, le refrain d'une chanson populaire, les comptines (1) des enfants.

Mais il y a aussi en Max Jacob une âme sentimentale, sensible jusqu'à l'excès et jusqu'à la souffrance, un rêveur passionné qui s'élève jusqu'à l'extase mystique. Il atteint, parfois, la simplicité vraie et traduit une angoisse si profonde qu'il faut bien penser que sa virtuosité fantaisiste et son humour proche de la mystification sont, peut-être, un moyen de défense contre l'incompréhension, la grossièreté, la cruauté du monde. La farce de Jarry, la mystification de Max Jacob, l'humour de Prévert ne sont peut-être rien d'autre que la pudeur offensée de trois poètes aux prises avec un monde absurde et ridicule.

POUR LES ENFANTS ET POUR LES RAFFINÉS

Ce poème des *Œuvres burlesques et mystiques de Frère Matorel* a tout l'insolite poétique des comptines : images de rêve et détails familiers se bousculent, au gré des rimes qui les suscitent, et l'univers féerique des imaginations enfantines se transforme en ronde sous la cadence marquée du rythme.

A Paris
Sur un cheval gris
A Nevers
Sur un cheval vert
A Issoire
Sur un cheval noir
Ah ! qu'il est beau ! qu'il est beau !
Ah ! qu'il est beau ! qu'il est beau !
Tiou !

C'est la cloche qui sonne
Pour ma fille Yvonne.
Qui est mort à Perpignan ?
C'est la femm' du commandant.
Qui est mort à la Rochelle ?
C'est la nièce du colonel !
Qui est mort à Épinal ?
C'est la femme du caporal !
Tiou !

Et à Paris, papa chéri.
Fais à Paris ! qu'est-ce que tu me donnes à
Paris ?

Je te donne pour ta fête
Un chapeau noisette
Un petit sac en satin

Pour le tenir à la main.
Un parasol en soie blanche
Avec des glands sur le manche
Un habit doré sur tranche
Des souliers couleur orange.
Ne les mets que le dimanche
Un collier, des bijoux
Tiou !

C'est la cloche qui sonne
Pour ma fille Yvonne !
C'est la cloche de Paris
Il est temps d'aller au lit
C'est la cloche de Nogent
Papa va en faire autant.
C'est la cloche de Givet
Il est l'heure d'aller se coucher.

Ah ! non ! pas encore ! dis !
Achète-moi aussi une voiture en fer
Qui lève la poussière
Par devant et par derrière,
Attention à vous ! mesdames les garde-
barrières
Voilà Yvonne et son p'tit père
Tiou !

Gallimard, édit.

VIEUX MONDE BRISÉ

Dans ce poème, à la fois intime et mystérieux, passent les vertes années en fuite, un amour emporté par le vent, les images déjà disparues du vieux monde brisé. L'étrange sérénité de la contemplation et le désir de changer de vie sont peut-être, tout simplement, l'attente d'une mort secourable et acceptée.

---

(1) Chanson enfantine servant à tirer au sort dans les jeux.

Sous les caps du passé, océan sans rivage
Je contemple un amour emporté par les vents
Les troupeaux fugitifs en la nuit de mon âge
Disparaissent. Mes yeux sont les lampes du
                                        temps.

Terres mémoriales, mes îles fortunées !
Seigneurial délice, majestueux repos !
Les rapides chevaux de mes vertes années
N'ont pas laissé mon cœur du bruit de leurs
                                        sabots.

J'ai tissé, j'ai tissé de vents et de paroles
Un voile au long col gris tenu par les péchés

De mon dernier portail il cache l'Acropole
Et courbe vers le sol un casque empanaché.
As-tu faim de la terre ? rêves-tu de royaumes ?
Changerais-tu de peau, de pays, de couleur ?
Deux fées se sont penchées pour enlever mon
                                        heaume

Le fer de leur baiser cicatrise mon cœur.
Un triste et calme vent inconnu sous les astres
Qui n'était pas venu d'horizons cardinaux
Étendit sur le golfe le jour bas du désastre
Le vieux monde est brisé, préparons les
                                        vaisseaux.

Gallimard.

PIERRE REVERDY

Sa vie   Né en 1889 à Narbonne, Pierre Reverdy, après une jeunesse libre et campagnarde, vint à Paris en octobre 1910. Il s'y lia avec de nombreux artistes et poètes : Picasso, Braque, Apollinaire, Max Jacob. Engagé volontaire en 1914, réformé en 1916, il publie à partir de 1915 des recueils de poèmes en prose ou en vers à petit tirage *(Poèmes en prose)*. L'ensemble fut groupé dans *Plupart du temps* (1945) et *Main-d'Œuvre* (1949).

A partir de 1926, il se retira à Solesmes dans une petite maison proche de l'abbaye et, exception faite de quelques voyages à Paris et à l'étranger, il y vécut désormais loin du monde, pour se consacrer uniquement à son œuvre poétique. Il mourut en 1960. Il a précisé ses idées sur la vie et l'art dans deux recueils de pensées *le Gant de crin* (1927) et *le Livre de mon bord* (1943).

Le pèlerin de l'absolu   La nature tient une place importante dans l'œuvre de Reverdy — si l'on veut bien entendre par là la beauté des choses élémentaires, la lumière, le vent, la neige, l'horizon, les nuages. Cet homme refuse le monde dans sa totalité hostile, mais lui emprunte sans cesse tel ou tel détail pour composer son poème, comme le peintre compose son tableau. Ainsi, méprise-t-il Solesmes, « affreux petit village réel », mais note avec ferveur l'éblouissante gelée blanche « d'un matin de rêve » et « le reflet magique sur tous les murs ».

Chacun de ses poèmes est un drame, car chaque instant apporte une appréhension nouvelle devant la vie, une attente, une espérance déçue, une trahison... Pèlerin de l'absolu comme Mallarmé, Reverdy demande à la poésie de l'aider à retrouver ce qu'il y a en l'homme de plus secret, ce qu'il y a en lui d'unique. Ame profondément religieuse et démunie, d'une foi pourtant positive, il ne peut échapper à son angoisse devant le monde et à sa souffrance profonde.

Son œuvre apparaît pourtant comme une revanche sur la solitude et sur la mort. Le poète a conscience de créer un équilibre nouveau « de forces, de formes, de valeurs, d'idées, de lignes, d'images, de couleurs », et ainsi de transformer l'émotion brute, lourdement matérielle, en une « jouissance ineffable d'esprit ». Misérable et solitaire, le poète peut créer la beauté.

Apparemment en marge de son siècle, Reverdy a traduit en un chant lucide et pur toutes les souffrances de l'homme de son temps.

TENDRESSE

Ce poème, extrait de *Ferraille* (1937), traduit bien les sentiments intimes de Reverdy : l'amitié y est aussi ardente qu'impossible, les murmures du soir se heurtent à la porte fermée, les projets sans départs ne sont que belles ruines, la mort est là.

Pourtant, le réveil est toujours plus clair dans la flamme de ses mirages, dans la beauté d'une poésie que recréent chaque jour et chaque instant.

Mon cœur ne bat que par ses ailes
Je ne suis pas plus loin que ma prison
O mes amis perdus derrière l'horizon
Ce n'est que votre vie cachée que j'écoute
Il y a le temps roulé sous les plis de la voûte
Et tous les souvenirs passés inaperçus
Il n'y a qu'à saluer le vent qui part vers vous
Qui caressera vos visages
Fermer la porte aux murmures du soir
Et dormir sous la nuit qui étouffe l'espace
Sans penser à partir
Ne jamais vous revoir
Amis enfermés dans la glace
Reflets de mon amour glissés entre les pas
Grimaces du soleil dans les yeux qui s'effacent
Derrière la doublure plus claire des nuages
Ma destinée pétrie de peurs et de mensonges
Mon désir retranché du nombre

Tout ce que j'ai oublié dans l'espoir du matin
Ce que j'ai confié à la prudence de mes mains
Les rêves à peines construits et détruits
Les plus belles ruines des projets sans départs
Sous les lames du temps présent qui nous
                                                      déciment
Les têtes redressées contre les talus noirs
Grisées par les odeurs du large de la terre
Sous la fougue du vent qui s'ourle (1)
A chaque ligne des tournants
Je n'ai plus assez de lumière
Assez de peau assez de sang
La mort gratte mon front
Et la même matière
S'alourdit vers le soir autour de mon courage
Mais toujours le réveil plus clair dans la flamme
                                                  de ses mirages

Le Journal des Poètes, édit. (Bruxelles).

UN HOMME FINI

Ce poème en prose, extrait de *la Balle au bond* (1928), exprime avec une poignante sobriété l'angoisse devant l'inconnu, l'impuissance spirituelle, la hantise de la mort qui guette l'homme, cette ombre dérisoire.

Le soir, il promène, à travers la pluie et le danger nocturne, son ombre informe, et tout ce qui l'a fait amer.

A la première rencontre, il tremble — où se réfugier contre le désespoir?

Une foule rôde dans le vent qui torture les branches et le Maître du ciel le suit d'un nœil terrible.

Une enseigne grince — la peur. Une porte bouge et le volet d'en haut claque contre le mur ; il court et les ailes qui emportaient l'ange noir l'abandonnent.

Et puis, dans les couloirs sans fin, dans les champs désolés de la nuit, dans les limites sombres où se heurte l'esprit, les voix imprévues traversent les cloisons, les idées mal bâties chancellent, les cloches de la mort équivoque résonnent.

Mercure de France, édit.

OUTRE MESURE

La présence de la mort, aussi obsédante chez Reverdy que chez Baudelaire, assure l'unité profonde du *Chant des morts,* recueil de poèmes composés de 1944 à 1948. Les barreaux de l'horizon, une terre gercée (2) de douleurs composent le décor du drame humain ; les regrets suprêmes, les espoirs abandonnés s'éloignent peu à peu de « l'homme qui va mourir ».

Le monde est ma prison
Si je suis loin de ce que j'aime
Vous n'êtes pas trop loin barreaux de l'horizon
L'amour la liberté dans le ciel trop vide
Sur la terre gercée de douleurs
Un visage éclaire et réchauffe les choses dures
Qui faisaient partie de la mort
A partir de cette figure
De ces gestes de cette voix
Ce n'est que moi-même qui parle
Mon cœur qui résonne et qui bat

Un écran de feu abat-jour tendre.
Entre les murs familiers de la nuit
Cercle enchanté des fausses solitudes
Faisceaux de reflets lumineux
Regrets
Tous ces débrits du temps crépitent au foyer
Encore un plan qui se déchire
Un acte qui manque à l'appel
Il reste peu de chose à prendre
Dans un homme qui va mourir.

Mercure de France, édit.

---

(1) Se replie. — (2) Fendillée (comme par le gel).

MILOSZ

Une œuvre vécue   Oscar Vladisslas de Lubicz-Milosz, né en 1877 en Lithuanie, dans un grand domaine qui fut dispersé en 1917, garde du château de ses ancêtres une image émerveillée. Venu très tôt à Paris, il fut élève au lycée Janson-de-Sailly, se passionna pour les langues orientales et pour l'archéologie, fit de grands voyages, dont il garda des souvenirs désenchantés, et acquit une grande expérience des milieux les plus humbles, des quartiers les plus misérables : il « a vécu parmi les hommes..., sait comment ils aiment, sait comment ils pleurent ». Ministre résident (1) de Lithuanie, de 1920 à 1925, il est naturalisé français en 1931 ; il meurt en 1939.

Dans ses œuvres lyriques — les *Sept Solitudes* (1906), la *Confession de Lemuel* (1922) — et aussi dans le choix de poèmes de l'édition J. O. Fourcade (1929), il est facile de rattacher les visions de rêves, les impressions étranges, la musique lointaine, le charme mystérieux de ses vers à la poésie symboliste. Mais les pays imaginaires sont aussi des souvenirs de jeunesse ; les images allégoriques sont les signes d'une expérience vraie de l'occultisme et d'une quête persévérante de l'absolu : cette poésie, si profondément vécue, finit par s'abolir devant la suprême nécessité de la prière.

SYMPHONIE INACHEVÉE

Une maison, très loin, il y a très longtemps, siège et symbole d'une âme secrète, refuge ou souvenir mélancolique du dernier descendant d'une très vieille et très noble race...

Tu m'as très peu connu là-bas, sous le soleil
　　　　　　　du châtiment
Qui marie les ombres des hommes, jamais
　　　　　　　leurs âmes,
Sur la terre où le cœur des hommes endormis
Voyage seul dans les ténèbres et les terreurs, et
　　　ne sait pas vers quel pays.
C'était il y a très longtemps — écoute, amer
　　　　　　　amour de l'autre monde
C'était très loin, très loin — écoute bien, ma
　　　　　　　sœur d'ici.
Dans le Septentrion natal où des grands
　　　　　　　nymphéas (2) des lacs
Monte une odeur des premiers temps, une
vapeur de pommeraies (3) de légendes
　　　　　　　englouties.
Loin de nos archipels de ruines, de lianes, de
　　　　　　　harpes,
Loin de nos montagnes heureuses.
— Il y avait la lampe et un bruit de hache
　　　　　　　dans la brume,
Je me souviens,

Et j'étais seul dans la maison que tu n'as pas
　　　　　　　connue,
La maison de l'enfance, la muette, la sombre ;
Au fond des parcs touffus où l'oiseau transi du
　　　　　　　matin
Chantait bas pour l'amour des morts très
　　　anciens, dans l'obscure rosée.
C'est là, dans ces chambres profondes aux
　　　　　　　fenêtres ensommeillées
Que l'ancêtre de notre race avait vécu
Et c'est là que mon père après ses longs voyages
Était venu mourir.
J'étais seul et, je me souviens,
C'était la saison où le vent de nos pays
Souffle une odeur de loup, d'herbe de marécage
　　　　　　　et de lin pourrissant
Et chante de vieux airs de voleuse d'enfants
　　　　　　　dans les ruines de la nuit.

Symphonies in Poésies II, A. Silvaire, édit., *tous droits réservés.*

JULES SUPERVIELLE

Poète de la sympathie universelle   Né en 1884 à Montevideo, de parents français, Jules Supervielle passe ses premières années en Uruguay, fait ses études en France, au lycée Janson-de-Sailly, puis à la

---

(1) Agent diplomatique exerçant ses fonctions à l'étranger. — (2) Nénuphars blancs. — (3) Lieux plantés de pommiers.

Sorbonne. Il résidera en France ou en Amérique jusqu'en 1939, puis en Uruguay et reviendra à Paris en 1945. Il meurt en 1960.

L'œuvre de Supervielle est essentiellement poétique, même quand elle prend forme de conte, de roman ou de pièce de théâtre. Dans *Débarcadères* (1922), *Gravitations* (1925), *le Voleur d'enfants*, *le Forçat innocent* (1930), *les Amis inconnus* (1934), *la Fable du monde* (1938), *les Poèmes de la France malheureuse* (1941), se mêlent toutes les fantasmagories de l'enfance. Resté orphelin très tôt, il garde la nostalgie des années d'innocence et de fraîcheur, tandis que l'atteinte d'une maladie de cœur le rend plus sensible à la fragile palpitation de la vie, à la vibration même de son corps. Mais son attention n'est pas égoïste : par une sympathie universelle, il entre en communication avec le monde, les bêtes et les choses. Il refait à sa guise la création, ainsi que Dieu, qu'il imagine comme une sorte de poète supérieur et amical.

Cette fraternité n'est pas un occultisme mystérieux : le poète accepte avec modestie de vivre en accord avec le monde réel; sa vision nous emmène de la Chine au Paraguay, elle embrasse l'espace incommensurable de la pampa, du ciel et de l'océan, mais il sait aussi comprendre le brin d'herbe, écouter le plus humble des animaux, étant à la fois, de tous nos poètes modernes, le plus audacieux et le plus pudique : « ... que le miracle s'avance à pas de loup, dit-il, et se retire de même après avoir fait son coup ».

LE MATIN DU MONDE

Ce « Matin du Monde » n'est pas la création d'une imagination en délire, mais le déroulement d'une fresque à la manière de Fra Angelico, une légende naïve où les arbres, les animaux, les enfants, les vagues et les étoiles jouent un rôle parfaitement naturel et pourtant ordonné.

C'est le premier matin de la Genèse, retrouvé tous les matins par le poète, dans son indicible nouveauté, c'est l'image d'un monde nouveau sous un regard neuf, c'est notre vie rendue à son contentement originel, à la naïveté de son premier élan.

Alentour naissaient mille bruits
Mais si pleins encor du silence
Que l'oreille croyait ouïr
Le chant de sa propre innocence.

Tout vivait en se regardant,
Miroir était le voisinage
Où chaque chose allait rêvant
A l'éclosion de son âge.

Les palmiers trouvant une forme
Où balancer leur plaisir pur
Appelaient au loin les oiseaux
Pour leur montrer leurs dentelures.

Un cheval blanc découvrait l'homme
Qui s'avançait à petit bruit
Avec la Terre autour de lui
Tournant pour son cœur astrologue.

Le cheval bougeait les naseaux
Puis hennissait comme en plein ciel,
Et tout entouré d'irréel
S'abandonnait à son galop.

Dans la rue, des enfants, des femmes
A de beaux nuages pareils,
S'assemblaient pour chercher leur âme
Et passaient de l'ombre au soleil.

Mille coqs traçaient de leurs chants
Les frontières de la campagne
Mais les vagues de l'océan
Hésitaient entre vingt rivages.

L'heure était si riche en rumeurs,
En nageuses phosphorescentes,
Que les étoiles oublièrent
Leurs reflets dans les eaux parlantes.

Gallimard, édit.

COMPAGNONS DU SILENCE...

Il est impossible de ne pas donner une valeur prophétique à ce poème d'attente et d'inquiète tendresse. Une confiance persistante en la nature, la nuit, la neige, berce malgré tout l'angoisse qui nous étreint *(Ciel et Terre)*.

Compagnons de silence, il est temps de partir.
De grands loups familiers attendent à la porte,
La nuit lèche le seuil, la neige est avec nous,
On n'entend point les pas de cette blanche
                                        escorte,
Tant pis si nous allons toujours dans le désert,
Si notre corps épouse une terre funèbre,

Le soleil n'a plus rien à nous dire de clair,
Il nous faut arracher sa lumière aux ténèbres,
Nous serons entourés de profondeurs austères
Qui connaissent nos cœurs pour les avoir portés,
Et nous nous compterons dans l'ombre militaire
Qui nous distribuera ses aciers étoilés.

Gallimard, édit.

JEAN COCTEAU

Un « touche-à-tout » génial Né à Maisons-Laffitte en 1889 dans une famille de la bonne société parisienne, Jean Cocteau fit ses études au lycée Condorcet, rencontra et imita les écrivains en vogue. Mais il se libéra vite des influences extérieures. Au cours de la Première Guerre mondiale, il réussit, quoique réformé, à se glisser au front, parmi les fusiliers-marins, et, quand la supercherie fut découverte, il accompagna dans ses missions son ami l'aviateur Roland Garros. Il essaya l'opium, peut-être pour se consoler du grand chagrin éprouvé à la mort de Raymond Radiguet (1), fit le tour du monde « en quatre-vingts jours » (2), se convertit. Cette poursuite incessante du nouveau, ou plutôt du renouvellement de lui-même est à la fois grandeur et faiblesse. Cocteau est un explorateur de terres ignorées, un maître en matière de création artistique et littéraire. On peut regretter parfois qu'il ait dispersé tant de talent dans des directions si diverses, mais il a si souvent gagné la partie !

Homme de tous les genres et de tous les arts, brillant dessinateur, décorateur et illustrateur, il joue un rôle de premier plan dans l'histoire du théâtre moderne, adapte *Œdipe-Roi* et *Macbeth*, crée *la Machine infernale*, *la Voix humaine* et *les Parents terribles* (1938), chef-d'œuvre de pénétration et d'émotion poignante dans une forme élégante et sobre; mais il est aussi capable de monter, avec Diaghilev et Picasso, un ballet, *Parade*, et de composer un drame féerique en alexandrins, *Renaud et Armide* (1948).

La place qu'il occupe dans le cinéma français est exceptionnelle. En 1930, il réalise, avec le concours d'Erik Satie et de Georges Auric, de Bunuel et d'Antonin Artaud, l'extraordinaire *Sang d'un poète;* après la guerre, *la Belle et la Bête* puis *Orphée*, qui ont l'audace d'associer le merveilleux de la légende et de la mort à la poésie des objets quotidiens; il se livre enfin lui-même à la postérité dans le *Testament d'Orphée* (1959). Il a créé un art original et inimitable, par la beauté des images, le sens du mystère de la vie et la profondeur étrange des personnages.

On a pu croire qu'il avait ainsi gaspillé ses dons poétiques hors de la poésie, mais son action au théâtre et au cinéma et son rayonnement légendaire sont sains et durables. Il nous enseigne que la poésie ne peut être étrangère ni à l'avion, ni aux voyages dans la lune, ni au rêve, ni au délire, ni à la jeunesse délinquante, ni à l'aventure, ni à la bombe atomique; elle ne doit rien ignorer de ce qui nous entoure, de ce qui nous concerne, de ce qui nous écrase.

Ses recueils poétiques : *Discours du grand sommeil* (1916-1918), *Poésies* (1920), *Vocabulaire* (1922), *Plain-Chant* (1923), *Opéra* (1925-1927), *Allégories* (1941), loin d'offrir une image effacée de sa vie, sont l'expression la plus condensée d'un humanisme adapté à notre temps, le point de rencontre de tous les rêves, de toutes les aventures et de toutes les audaces d'un grand créateur. Jean Cocteau est mort en 1963; il est enterré à Milly, près d'une chapelle qu'il avait lui-même décorée.

---

(1) Ecrivain (1903-1923), auteur des romans *le Diable au corps* et *le Bal du comte d'Orgel*. —
(2) Comme le héros du roman de Jules Verne *Le Tour du monde en 80 jours.*

BATTERIE

Voici un poème parfaitement accordé aux féeries du demi-siècle, à la musique de jazz, au cirque Barnum, au Moulin Rouge, où l'on trouve aussi une ivresse de vivre, un accord intime avec la chaleur de midi, le chant de la cigale en haut du pin et l'odeur du four à pain, où le poète nous dit, enfin, son désir ardent de métamorphose, son espoir de redevenir sauvage, de chasser les mauvais rêves, d'oublier à jamais la mort de son pauvre ami Jean.

Soleil, je t'adore comme les sauvages
à plat ventre sur le rivage.

Soleil, tu vernis tes chromes
tes paniers de fruits, tes animaux.

Fais-moi le corps tanné, salé,
fais ma grande douleur s'en aller.

Le nègre, dont brillent les dents
est noir dehors, rose dedans.

Moi, je suis noir dedans et rose
dehors, fais la métamorphose.

Change-moi d'odeur, de couleur,
comme tu as changé Hyacinthe (1) en fleur.

Fais braire la cigale en haut du pin,
fais-moi sentir le four à pain.

L'arbre à midi rempli de nuit
la répand le soir à côté de lui.

Fais-moi répandre mes mauvais rêves
soleil bon d'Adam et d'Ève.

Fais-moi un peu m'habituer
à ce que mon pauvre ami Jean soit tué.

Loterie, étage tes lots
de vases, de boules, de couteaux.

Tu déballes ta pacotille
sur les fauves, sur les Antilles.

Chez nous, sors ce que tu as de mieux,
pour ne pas abîmer nos yeux.

Baraque de la Goulue (2), manège
en velours, en miroirs, en arpèges.

Arrache mon mal, tire fort
Charlatan au carrosse d'or.

Que j'ai chaud ! C'est qu'il est midi
Je ne sais plus bien ce que je dis.

Je n'ai plus mon ombre autour de moi
soleil, ménagerie des mots.

Soleil, Buffalo Bill, Barnum,
tu grises mieux que l'opium.

Tu es un clown, un toréador,
tu as des chaînes de montre en or.

Tu es un nègre bleu qui boxe
les équateurs, les équinoxes.

Soleil, je supporte tes coups ;
tes gros coups de poing sur mon cou.

C'est encore toi que je préfère,
soleil, délicieux enfer.   *Gallimard.*

JE N'AIME PAS DORMIR...

L'amour, la mort, le sommeil constituent une trilogie sombre et merveilleuse : Jean Cocteau la célèbre dans *Plain-Chant* avec une timidité attentive et une douceur pleine de tendresse ; les images irréelles, les symboles étranges, la tête coupée, le cœur-oiseau, le chant du coq, les racines du sommeil évoquent ici une magie familière et consolante.

Je n'aime pas dormir quand ta figure habite
  La nuit, contre mon cou ;
Car je pense à la mort, laquelle vint si vite
  Nous endormir beaucoup.

Je mourrai, tu vivras et c'est ce qui m'éveille !
  Est-il une autre peur ?
Un jour, ne plus entendre auprès de mon oreille
  Ton haleine et ton cœur.

Quoi, ce timide oiseau, replié par le songe
  Déserterait son nid,
Son nid d'où notre corps à deux têtes s'allonge
  Par quatre pieds fini.

Puisse durer toujours une si grande joie
  Qui cesse le matin,
Et dont l'ange chargé de construire ma voie,
  Allège mon destin.

Léger, je suis léger sous cette tête lourde
  Qui semble de mon bloc,
Et reste en mon abri, muette, aveugle, sourde,
  Malgré le chant du coq.

Cette tête coupée, allée en d'autres mondes,
  Où règne une autre loi,
Plongeant dans le sommeil des racines
                                profondes
  Loin de moi, près de moi.

Ah ! je voudrais, gardant ton profil sur ma
                                gorge,
  Par ta bouche qui dort
Entendre de tes seins la délicate forge
  Souffler jusqu'à ma mort.

Stock, *édit.*

---

(1) Jeune Lacédémonien changé en fleur par Apollon. — (2) Danseuse du Moulin de la Galette qu'a souvent peinte Toulouse-Lautrec.

LE THÉÂTRE ENTRE LES DEUX GUERRES

L'époque des grands animateurs L'effort de rénovation du théâtre français, entrepris au début du siècle par Antoine et Lugné-Poe, s'est prolongé, et même épanoui après la guerre : Jacques Copeau (1879-1949), fort intelligent et actif, exerce alors, grâce à la scène du Vieux-Colombier une très grande influence, exigeant le respect des textes, la modestie et la discipline des acteurs, simplifiant le décor; il trouve aide et encouragement auprès d'excellents interprètes, et en particulier Dullin et Jouvet, qui deviennent plus tard de remarquables metteurs en scène, le premier au théâtre de l'Atelier, en 1921, le second à la Comédie des Champs-Élysées, puis à l'Athénée. D'autre part, deux hommes contribuent à l'extraordinaire éclat du théâtre de cette époque : Georges Pitoeff joue avec succès Ibsen, Pirandello, Strindberg, dont les richesses nationales s'ajoutent heureusement au répertoire français, et Gaston Baty, directeur du Théâtre Montparnasse à partir de 1930, fait porter ses efforts sur une mise en scène originale et brillante. Dullin, Jouvet, Pitoeff et Baty malgré leurs orientations si différentes, s'unirent pour former le « Cartel des Quatre » et prolonger les recherches de Copeau; Édouard Bourdet, administrateur de la Comédie-Française de 1936 à 1940, leur fit appel pour donner à ce théâtre une nouvelle jeunesse. Ces grands animateurs et techniciens du théâtre eurent la collaboration d'une pléiade d'auteurs de talent : Sacha Guitry, Édouard Bourdet, Marcel Pagnol, Marcel Achard, Jean Sarment, Charles Vildrac, Armand Salacrou, Lenormand, Jean-Jacques Bernard, Stève Passeur, sans oublier Jean Anouilh qui commence alors une carrière riche en succès.

JULES ROMAINS (1)

Un retour à la tradition moliéresque Après avoir tenté d'adapter « l'Unanimisme » au théâtre (2) avec *l'Armée dans la ville* (1911) et *Cromedeyre-le-Vieil* (1920), Jules Romains trouve avec *M. Le Trouhadec saisi par la débauche* (1923) la formule qui fera l'énorme succès de *Knock* (1923) et de *Donogoo* (1930) : la farce satirique. Reprenant la tradition moliéresque, il excelle dans la caricature vigoureuse des charlatans et des imposteurs. Ses dialogues, pleins de verve et de froide ironie, sont irrésistibles.

LE DOCTEUR KNOCK ET LA DAME EN NOIR

Le Docteur Knock s'est établi à Saint-Maurice, village de montagne, après avoir acheté le cabinet du vieux docteur Parpalaid. La clientèle était peu nombreuse et payait fort mal, mais le nouveau praticien applique des méthodes aussi efficaces qu'audacieuses et une journée de consultation gratuite lui donne l'occasion de prendre contact avec la population. Nous assistons ici au triomphe de la mystification (II, 4).

Knock. — **Ah ! Voici les consultants.** *(A la cantonade.)* **Une douzaine, déjà ?... Vous êtes la première, Madame ?** *(Il fait entrer la dame en noir et referme la porte.)* **Vous êtes bien du canton ?**

La Dame en noir (elle a quarante-cinq ans et respire l'avarice paysanne et la constipation). — **Je suis de la commune.**

Knock. — **De Saint-Maurice même ?**

---

(1) Voir pp. 529-532. — (2) Voir p. 529.

La Dame. — J'habite la grande ferme qui est sur la route de Luchère.

Knock. — Elle vous appartient ?

La Dame. — Oui, à mon mari et à moi.

Knock. — Si bous l'exploitez vous-même, vous devez avoir beaucoup de travail ?

La Dame. — Pensez ! monsieur, dix-huit vaches, deux bœufs, deux taureaux, la jument et le poulain, six chèvres, une bonne douzaine de cochons, sans compter la basse-cour.

Knock. — Diable ! Vous n'avez pas de domestiques ?

La Dame. — Dame (1), si. Trois valets, une servante et les journaliers dans la belle saison.

Knock. — Je vous plains. Il ne doit guère vous rester de temps pour vous soigner.

La Dame. — Oh ! non.

Knock. — Et pourtant, vous souffrez.

La Dame. — Ce n'est pas le mot. J'ai plutôt de la fatigue.

Knock. — Oui, vous appelez ça de la fatigue. *(Il s'approche d'elle.)* Tirez la langue. Vous ne devez pas avoir beaucoup d'appétit.

La Dame. — Non.

Knock. — Vous êtes constipée.

La Dame. — Oui, assez.

Knock, il l'ausculte. — Baissez la tête. Respirez. Toussez ? Vous n'êtes jamais tombée d'une échelle, étant petite ?

La Dame. — Je ne me souviens pas.

Knock, il lui palpe et lui percute (2) le dos, lui presse brusquement les reins. — Vous n'avez jamais mal ici le soir, en vous couchant ? Une espèce de courbature ?

La Dame. — Oui, des fois.

Knock, il continue de l'ausculter. — Essayez de vous rappeler. Ça devait être une grande échelle.

La Dame. — Ça se peut bien.

Knock, très affirmatif (3). — C'était une échelle d'environ trois mètres cinquante, posée contre un mur. Vous êtes tombée à la renverse. C'est la fesse gauche, heureusement, qui a porté.

La Dame. — Ah ! oui ! *(Un silence.)*

Knock la fait asseoir. — Vous vous rendez compte de votre état ?

La Dame. — Non.

Knock, il s'assied en face d'elle. — Tant mieux. Vous avez envie de guérir ou vous n'avez pas envie ?

La Dame. — J'ai envie.

Knock. — J'aime mieux vous prévenir tout de suite que ce sera très long et très coûteux.

La Dame. — Ah ! mon Dieu ! et pourquoi ça ?

Knock. — Parce qu'on ne guérit pas en cinq minutes un mal qu'on traîne depuis quarante ans.

La Dame. — Depuis quarante ans ?

Knock. — Oui, depuis que vous êtes tombée de votre échelle.

La Dame. — Et combien est-ce que ça me coûterait ?

Knock. — Qu'est-ce que valent les veaux, actuellement (4) ?

La Dame. — Ça dépend des marchés et de la grosseur. Mais on ne peut guère en avoir de propres à moins de quatre ou cinq cents francs.

Knock. — Et les cochons gras ?

La Dame. — Il y en a qui font plus de mille.

Knock. — Eh bien ! ça vous coûtera à peu près deux cochons et deux veaux.

La Dame. — Ah ! là là ! Près de trois mille francs. C'est une désolation, Jésus, Marie !

Knock. — Si vous aimez mieux faire un pèlerinage (5), je ne vous en empêche pas.

La Dame. — Oh ! un pèlerinage, ça revient cher aussi et ça ne réussit pas souvent. *(Un silence.)* Mais qu'est-ce que je peux donc avoir de si terrible que ça ?

Knock, avec une grande courtoisie. — Je vais vous l'expliquer en une minute au tableau noir. *(Il va au tableau et commence un croquis.)* Voici votre moelle épinière, en coupe, très schématiquement, n'est-ce-pas ? Vous reconnaissez ici votre faisceau de Turck et ici votre colonne de Clarke. Vous me suivez ? Eh bien ! quand vous êtes tombée de l'échelle, votre Turck et votre Clarke ont glissé en sens inverse. *(Il trace des flèches.)* De quelques dixièmes de millimètres. Vous me direz que c'est très peu. Évidemment. Mais c'est très mal placé. Et puis, vous avez ici un tiraillement continu qui s'exerce sur les multipolaires. *(Il s'essuie les doigts.)*

La Dame. — Mon Dieu ! Mon Dieu !

Knock. — Remarquez que vous ne mourrez pas du jour au lendemain. Vous pouvez attendre.

La Dame. — Oh ! là là ! J'ai bien eu du malheur de tomber de cette échelle !

Knock. — Je me demande même s'il ne vaut pas mieux laisser les choses comme elles sont. L'argent est si dur à gagner. Tandis que les années de vieillesse, on en a toujours bien assez. Pour le plaisir qu'elles donnent !

La Dame. — Et en faisant ça plus... grossièrement, vous ne pourriez pas me guérir à moins cher ?... à condition que ce soit bien fait tout de même.

Knock. — Ce que je puis vous proposer, c'est de vous mettre en observation. Ça ne vous coûtera presque rien. Au bout de quelques jours, vous vous rendrez compte par vous-même de la tournure que prendra le mal, et vous vous déciderez.

La Dame. — Oui, c'est ça.

---

(1) Exclamation familière : eh bien. — (2) Examine en frappant. — (3) Observer la gradation dans les moyens de persuasion employés par Knock pour convaincre les malades de la gravité de leur état, à son propre profit. — (4) Satire des habitudes campagnardes : le sens de la valeur n'est relatif qu'aux produits de la ferme. — (5) Double satire, d'une part, de l'esprit arriéré de la campagne et, d'autre part, de l'absence totale de scrupules de l'arriviste moderne.

Knock. — Bien. Vous allez rentrer chez vous. Vous êtes venue en voiture ?

La Dame. — Non, à pied.

Knock, tandis qu'il rédige l'ordonnance, assis à sa table. — Il faudra tâcher de trouver une voiture. Vous vous coucherez en arrivant. Une chambre où vous serez seule, autant que possible. Faites fermer les volets et les rideaux pour que la lumière ne vous gêne pas. Défendez qu'on vous parle. Aucune alimentation solide pendant une semaine. Un verre d'eau de Vichy toutes les deux heures et, à la rigueur, une moitié de biscuit, matin et soir, trempée dans un doigt de lait. Mais j'aimerais autant que vous vous passiez de biscuit. Vous ne direz pas que je vous ordonne des remèdes coûteux ! A la fin de la semaine, nous verrons comment vous sentez. Si vous êtes gaillarde, si vos forces et votre gaieté sont revenues, c'est que le mal est moins sérieux qu'on ne pouvait croire, et je serai le premier à vous rassurer. Si, au contraire, vous éprouvez une faiblesse générale, des lourdeurs de tête et une certaine paresse à vous lever, l'hésitation ne sera plus permise et nous commencerons le traitement.

Gallimard, édit.

JEAN GIRAUDOUX

Poésie et préciosité   Jean Giraudoux, né à Bellac en 1882, après avoir été un élève brillant de l'École Normale Supérieure, devint fonctionnaire au ministère des Affaires étrangères après la guerre de 1914, puis commissaire à l'Information au début de la guerre de 1939. Il fut un écrivain fécond, romancier subtil de *Siegfried et le Limousin, Bella, Simon le Pathétique, Choix des élues*, critique et essayiste brillant des *Cinq tentations de la Fontaine* et de *Littérature*, mais par-dessus tout homme de théâtre, principalement après sa rencontre avec le grand acteur Jouvet, dans *Siegfried* (1928), *Amphitryon 38* (1929), *Intermezzo* (1933), *la Guerre de Troie n'aura pas lieu* (1935), *Électre* (1937), *Ondine* (1939). *Sodome et Gomorrhe* sera jouée en 1943, un an avant sa mort.

Les pièces de Giraudoux sont d'une grande variété et d'une grande richesse : tour à tour modernes et antiques, tragiques ou fantaisistes, terribles ou souriantes; on les reconnaît cependant sans peine à une élégance du ton, à une aisance unique qui peut passer pour de la désinvolture ou de la préciosité, mais qui n'est au fond que la poésie du quotidien. Cette facilité s'harmonise avec une sorte d'optimisme poétique, un état d'âme spiritualisé qui fut sans doute le meilleur art de vivre d'une seconde « belle époque » intelligente et artiste, si menacée et si séduisante...

LA GUERRE DE TROIE N'AURA PAS LIEU

Giraudoux est tout entier dans ce titre, avec sa fantaisie qui semble remettre en question, sur un ton de souriante désinvolture, l'existence même des faits historiques, avec sa foi en l'homme, qui lui fait supposer que la lucidité humaine peut s'opposer victorieusement à la fatalité de l'événement. Il a situé de façon originale et subtile l'action de sa pièce, avant le début du légendaire conflit dont l'*Iliade* d'Homère retraçait un épisode essentiel : Hector, soutenu par sa femme Andromaque, s'efforce de sauver la paix menacée par le scandale national de l'enlèvement d'Hélène. Il espère la remettre aux mains d'Ulysse, venu la réclamer à la tête d'une flotte grecque. Les deux chefs, hommes de bonne volonté et de grande lucidité, sont face à face (II, 13).

L'intérêt dramatique se confond, ici, avec l'approche d'un destin inéluctable à laquelle l'imminence de la guerre franco-allemande ajoutait alors une terrible actualité.

L'art de Giraudoux, qui sait montrer à côté des palais majestueux, la terrasse à l'angle du jardin, les hommes en conversation familière, les pétales des magnolias tombant sur leurs épaules, a une valeur d'incantation. Enfin, cette philosophie sensible qui attache tant de prix aux êtres et aux choses, qui « pèse l'homme jeune », « l'enfant à naître », « les chênes phrygiens feuillus et trapus, épars sur les collines avec les bœufs frisés », n'a jamais été si délicatement exprimée, si touchante qu'en l'évocation de ce crépuscule radieux qu'embraseront bientôt les flammes des incendies et les hurlements des victimes.

Hector. — Et voilà le vrai combat, Ulysse ?

Ulysse. — Le combat d'où sortira ou ne sortira pas la guerre, oui.

Hector. — Elle en sortira ?

Ulysse. — Nous allons le savoir dans cinq minutes.

Hector. — Si c'est un combat de paroles, mes chances sont faibles.

Ulysse. — Je crois que cela sera plutôt une pesée. Nous avons vraiment l'air d'être chacun sur le plateau d'une balance. Le poids parlera...

Hector. — Mon poids ? Ce que je pèse, Ulysse ? Je pèse un homme jeune, une femme jeune, un enfant à naître. Je pèse la joie de vivre, l'élan vers ce qui est juste et naturel.

Ulysse. — Je pèse l'homme adulte, la femme de trente ans, le fils que je mesure chaque mois avec des encoches contre le chambranle du palais... Mon beau-père prétend que j'abîme la menuiserie... Je pèse la volupté de vivre et la méfiance de la vie.

Hector. — Je pèse la chasse, le courage, la fidélité, l'amour.

Ulysse. — Je pèse la circonspection devant les dieux, les hommes et les choses.

Hector. — Je pèse le chêne phrygien, tous les chênes phrygiens, feuillus et trapus, épars sur nos collines avec nos bœufs frisés.

Ulysse. — Je pèse l'olivier.

Hector. — Je pèse le faucon, je regarde le soleil en face.

Ulysse. — Je pèse la chouette.

Hector. — Je pèse tout un peuple de paysans débonnaires, d'artisans laborieux, de milliers de charrues, de métiers à tisser, de forges et d'enclumes ... Oh ! pourquoi, devant vous, ces poids me paraissent-ils tout à coup si légers ?

Ulysse. — Je pèse ce que pèse cet air incorruptible et impitoyable sur la côte et sur l'archipel.

Hector. — Pourquoi continuer ? La balance s'incline.

Ulysse. — De mon côté ?... Oui, je le crois.

Hector. — Et vous voulez la guerre ?

Ulysse. — Je ne la veux pas. Mais je suis moins sûr de ses intentions à elle.

Hector. — Nos peuples nous ont délégués tous deux ici pour la conjurer. Notre seule réunion signifie que rien n'est perdu...

Ulysse. — Vous êtes jeune, Hector !... A la veille de toute guerre, il est courant que deux chefs des peuples en conflit se rencontrent seuls dans quelque innocent village, sur la terrasse au bord d'un lac, dans l'angle d'un jardin. Et ils conviennent que la guerre est le pire fléau du monde, et tous deux, à suivre du regard ces reflets et ces rides sur les eaux, à recevoir sur l'épaule ces pétales de magnolias, ils sont pacifiques, modestes, loyaux. Et ils s'étudient. Ils se regardent. Et, tiédis par le soleil, attendris par un vin clairet, ils ne trouvent dans le visage d'en face aucun trait qui justifie la haine, aucun trait qui n'appelle l'amour humain, et rien d'incompatible non plus dans leurs langages, dans leur façon de se gratter le nez ou de boire. Et ils sont vraiment comblés de paix, de désirs de paix. Et ils se quittent en se serrant les mains, en se sentant des frères. Et ils se retournent de leur calèche pour se sourire... Et le lendemain, pourtant, éclate la guerre... Ainsi, nous sommes tous deux maintenant. Nos peuples autour de l'entretien se taisent et s'écartent, mais ce n'est pas qu'ils attendent de nous une victoire sur l'inéluctable. C'est seulement qu'ils nous ont donné pleins pouvoirs, qu'ils nous ont isolés, pour que nous goûtions mieux, au-dessus de la catastrophe, notre fraternité d'ennemis. Goûtons-la. C'est un plat de riches. Savourons-la... Mais c'est tout. Le privilège des grands, c'est de voir les catastrophes d'une terrasse.

Hector. — C'est une conversation d'ennemis que nous avons là ?

Ulysse. — C'est un duo avant l'orchestre. C'est le duo des récitants avant la guerre. Parce que nous avons été créés sensés, justes et courtois, nous nous parlons, une heure avant la guerre, comme nous nous parlerons longtemps après, en anciens combattants. Nous nous réconcilions avant la lutte même, c'est toujours cela. Peut-être, d'ailleurs, avons-nous tort. Si l'un de nous doit un jour tuer l'autre et arracher, pour reconnaître sa victime, la visière de son casque, il vaudrait peut-être mieux qu'il ne lui donnât pas un visage de frère... Mais l'univers le sait, nous allons nous battre.

Hector. — L'univers peut se tromper. C'est à cela qu'on reconnaît l'erreur. Elle est universelle.

Ulysse. — Espérons-le. Mais quand le destin, depuis des années, a surélevé deux peuples, quand il leur a ouvert le même avenir d'invention et d'omnipotence, quand il a fait de chacun, comme nous l'étions tout à l'heure sur la bascule, un poids précieux et différent pour peser le plaisir, la conscience et jusqu'à la nature, quand, par leurs architectes, leurs poètes, leurs teinturiers, il leur a donné à chacun un royaume opposé de volumes, de sons et de nuances, quand il leur a fait inventer le toit en charpente troyen et la voûte thébaine, le rouge phrygien et l'indigo grec, l'univers sait bien qu'il n'entend pas préparer ainsi aux hommes deux chemins de couleur et d'épanouissement, mais se ménager son festival, le déchaînement de cette brutalité et de cette folie humaines qui, seules, rassurent les dieux. C'est de la petite politique, j'en conviens. Mais nous sommes chefs d'État, nous pouvons bien entre nous deux le dire : c'est couramment celle du Destin.

Hector. — Et c'est Troie, et c'est la Grèce qu'il a choisies cette fois ?

Ulysse. — Ce matin, j'en doutais encore. J'ai posé le pied sur votre estacade (1) et j'en suis sûr.

Hector. — Vous vous êtes senti sur un sol ennemi ?

Ulysse. — Pourquoi toujours revenir à ce mot ennemi ! Faut-il vous le redire? Ce ne sont pas les ennemis naturels qui se battent. Il est des peuples que tout désigne pour une guerre, leur peau, leur langue et leur odeur, ils se jalousent, ils se haïssent, ils ne peuvent pas se sentir... Ceux-là ne se battent jamais. Ceux qui se battent, ce sont ceux que le sort a lustrés (2) et préparés pour une même guerre : ce sont les adversaires.

Hector. — Et nous sommes prêts pour la guerre grecque ?

Ulysse. — A un point incroyable. Comme la nature munit les insectes dont elle prévoit la lutte, de faiblesses et d'armes qui se correspondent, à distance, sans que nous nous connaissions, sans que nous nous en doutions, nous nous sommes élevés tous deux au niveau de notre guerre. Tout correspond de nos armes et de nos habitudes, comme les roues à pignon. Et le regard de vos femmes, et le teint de vos filles sont les seuls qui ne suscitent en nous ni la brutalité, ni le désir, mais cette angoisse du cœur et de la joie qui est l'horizon de la guerre. Frontons et leurs soutaches (3) d'ombre et de feu, hennissements des chevaux, peplums (4) disparaissant à l'angle d'une colonnade, le sort a tout passé chez vous à cette couleur d'orage qui m'impose, pour la première fois, le relief de l'avenir. Il n'y a rien à faire. Vous êtes dans la lumière de la guerre grecque.

Hector. — Et c'est ce que pensent aussi les autres Grecs ?

Ulysse. — Ce qu'ils pensent n'est pas plus rassurant. Les autres Grecs pensent que Troie est riche, ses entrepôts magnifiques, sa banlieue fertile. Ils pensent qu'ils sont à l'étroit sur du roc. L'or de vos temples, celui de vos blés et de votre colza (5), ont fait à chacun de nos navires, de vos promontoires, un signe qu'il n'oublie pas. Il n'est pas très prudent d'avoir des dieux et des légumes trop dorés.

Hector. — Voilà enfin une parole franche... La Grèce en nous s'est choisi une proie. Pourquoi alors une déclaration de guerre ? Il était plus simple de profiter de mon absence pour bondir sur Troie. Vous l'auriez eue sans coup férir.

Ulysse. — Il est une espèce de consentement à la guerre que donnent seulement l'atmosphère, l'acoustique et l'humeur du monde. Il serait dément d'entreprendre une guerre sans l'avoir. Nous ne l'avions pas.

Hector. — Vous l'avez maintenant !

Ulysse. — Je crois que nous l'avons.

Grasset, édit.

MARCEL PAGNOL

La comédie satirique   Marcel Pagnol est né en 1895. Après avoir commencé une carrière universitaire, il s'oriente vers le théâtre, où il connaît, avec une comédie satirique, *Topaze* (1928), un succès retentissant. Il y révèle un sens exceptionnel du théâtre. Au sein d'une intrigue alertement menée, il sait associer, sans disparate, la fantaisie burlesque, la note d'émotion discrète, la satire féroce. Les dialogues, si brillants soient-ils par la qualité du trait, par le bonheur des formules où s'exprime, avec un relief puissant et une candeur désarmante, la médiocrité morale d'un personnage, restent parfaitement naturels.

Trois autres pièces : *Marius* (1928), *Fanny* (1929), *César* (1931) témoignent d'un autre aspect, plus détendu, de son souple talent. Elles exploitent de l'une à l'autre le rebondissement de la même intrigue, et on y voit revivre, avec les mêmes personnages, devenus légendaires, l'atmosphère riche de verve, de truculence et de bonne humeur des milieux populaires, sur le port de Marseille. L'action y progresse plus lentement, presque plus paresseusement, au rythme même de l'existence de ces gens que l'on voit vaquer, sans se presser, à leurs occupations quotidiennes. La satire y est toujours souriante et presque complice. Les scènes familières, avec leurs conversations à bâtons rompus, ont la couleur et le naturel de la vie.

Pagnol s'oriente ensuite vers le cinéma, où, après avoir d'abord transposé des œuvres théâtrales, il impose, avec *Joffroi* et *Angèle*, sa vigoureuse originalité. En 1946, il entre à l'Académie française. Il meurt à Paris en 1974.

---

(1) Digue, remblai. — (2) Polis, entretenus. — (3) Galons. — (4) Manteau de femme, sans manches, s'agrafant sur l'épaule. — (5) Plante fourragère, dont les graines donnent une huile à brûler.

TOPAZE

Topaze est un jeune professeur, plein de candeur et d'idéal, qui gagne péniblement sa vie. Mêlé ensuite au monde des affaires, où des gens louches exploitent sa crédulité, il finit par comprendre que l'absence de scrupules est la condition nécessaire du succès. Désormais, sa décision est prise. Il n'hésitera devant aucune malhonnêteté pour bâtir sa propre fortune.

LA MÉTAMORPHOSE D'UN PETIT PROFESSEUR CRAINTIF

Topaze, qui gère sous son nom une agence appartenant en réalité à Castel-Bénac, signifie, sans ambages, à ce dernier qu'il a décidé d'exploiter désormais l'affaire à son propre compte (IV, 2).

La scène est enlevée à un rythme étonnant. La sécheresse laconique, le ton tranchant, les répliques cyniques de Topaze devant Castel-Bénac abasourdi, puis fou de rage, montrent qu'il est vraiment devenu un autre homme. L'avenir est à lui.

Il (1) porte un costume du bon faiseur. Il a des lunettes d'écaille, sa face est entièrement rasée. Il marche d'un pas décidé (2).

Castel-Bénac, sec et autoritaire. — **J'ai le regret de vous dire qu'il est quatre heures trois quarts.** *(Topaze les regarde d'un air absent, passe devant lui, salue Suzy (3) et va s'asseoir au bureau. Il ouvre un tiroir, prend un carnet.)* **Nous vous attendons depuis deux heures. Il est tout de même paradoxal...**

Topaze, glacé. — **Vous permettez ? une seconde.** *(Il note quelque chose et remet le carnet dans le tiroir. Suzy et Castel-Bénac se regardent, un peu ahuris. Castel fait à Suzy un signe qui veut dire : « Tu vas voir tout à l'heure. »)* **C'est fait. Eh bien, je suis charmé de vous voir. De quoi s'agit-il ?**

Suzy. — **Du règlement de comptes pour le mois de septembre, puisque nous sommes le quatre juillet.**

Topaze, se lève. — **Chère Madame, vous êtes la grâce et le sourire, tandis que des règlements de comptes sont des choses sèches et dures. Je vous supplie de ne point faire entendre ici une voix si pure qu'elle rendrait ridicules les pauvres chiffres dont nous allons discuter.** *(Il lui baise la main et la conduit, avec beaucoup de bonne grâce, jusqu'à un fauteuil au premier plan, à gauche. Il la fait asseoir et lui tend un journal illustré.)* **Voici le dernier numéro de la Mode française... Car j'ai suivi votre conseil, je me suis abonné.** *(Il la laisse ahurie et se tourne vers Castel.)* **Qu'y a-t-il pour votre service ? Des chiffres ?**

Castel-Bénac. — **Oui. Venons-en aux chiffres. Je vous dirai ensuite ma façon de penser.**

Topaze. — **Je serai charmé de la connaître.** *(Il prend un registre.)* **Je vous dois pour le mois de septembre, une somme globale de soixante-cinq mille trois cent quarante-sept francs.**

Il lui remet un papier. Castel-Bénac compare avec un carnet qu'il a tiré de sa poche.

Castel-Bénac. — **Ce chiffre concorde avec les miens.**

Il examine le papier. Suzy lit par-dessus son épaule.

Suzy. — **L'affaire du Maroc est-elle comprise ?**

Castel-Bénac. — **Oui, qu'est-ce que c'est que cette affaire du Maroc ?**

Topaze, froid. — **Personnelle.**

Castel-Bénac. — **Comment, personnelle ?**

Topaze. — **Cela veut dire qu'elle ne vous regarde pas.**

Suzy. — **Monsieur Topaze, que signifie cette réponse ?**

Topaze. — **Elle me paraît assez claire.**

Castel-Bénac, qui commence à suffoquer. — **Comment ?**

Topaze. — **Laissez-moi parler, je vous prie. Asseyez-vous.** *(Castel-Bénac hésite un instant, puis il s'asseoit. Topaze a tiré de sa poche un étui d'argent. Il le tend à Castel-Bénac.)* **Cigarette ?...**

Castel-Bénac. — **Merci.**

Topaze, allume sa cigarette, puis, très calme et très familier. — **Mon cher ami, je veux vous soumettre un petit calcul. Cette agence vous a rapporté en six mois, sept cent quatre-vingt-cinq mille francs de bénéfices nets. Or, le bureau vous a coûté dix mille francs pour le bail, vingt mille pour l'ameublement, en tout trente mille. Comparez un instant ces deux nombres : sept cent quatre vingt-cinq mille francs et trente mille.**

Castel-Bénac. — **Je ne vois pas l'intérêt de cette comparaison.**

Topaze. — **Il est très grand. Cette comparaison prouve que vous avez fait une excellente affaire, même si elle s'arrêtait aujourd'hui.**

Castel-Bénac. — **Pourquoi s'arrêterait-elle ?...**

Topaze, souriant. — **Parce que j'ai l'intention de garder ce bureau pour travailler à mon compte. Désormais, cette agence m'appartient,**

---

(1) Topaze. — (2) Le petit professeur ridicule, craintif et mal habillé s'est métamorphosé. — (3) L'amie de Castel-Bénac.

les bénéfices qu'elle produit sont à moi. S'il m'arrive encore de traiter des affaires avec vous, je veux bien vous abandonner une commission de six pour cent... C'est tout.

(Castel-Bénac et Suzy se regardent.)

Castel-Bénac, avec effort. — Je vous l'avais toujours dit. Notre ami Topaze est un humoriste.

Topaze. — Tant mieux, si vous trouvez cela drôle. Je n'osais pas l'espérer.

Suzy. — Monsieur Topaze, parlez-vous sérieusement ?

Topaze. — Oui, Madame. D'ailleurs, en affaires je ne plaisante jamais.

Castel-Bénac. — Vous vous croyez propriétaire de l'agence ?

Topaze. — Je le suis. L'agence porte mon nom, le bail est à mon nom. Je suis légalement chez moi.

Castel-Bénac. — Mais ce serait un simple vol.

Topaze. — Adressez-vous aux tribunaux.

Suzy, partagée entre l'indignation, l'étonnement et l'admiration. — Oh !...

Castel-Bénac, il éclate. — J'ai vu bien des crapules, je n'en ai jamais vu d'aussi froidement cyniques.

Topaze. — Allons, pas de flatterie, ça ne prend pas.

Suzy. — Régis, allez-vous supporter... Dis quelque chose, voyons.

Castel-Bénac, dégrafe son col. — Oh ! nom de Dieu !...

Topaze. — Madame, mettez-vous à sa place ! C'est tout ce qu'il peut dire.

Castel-Bénac, après un tout petit temps. — Topaze, il y a certainement un malentendu.

Suzy. — Vous êtes incapable de faire une chose pareille...

Topaze. — Vous niez l'évidence.

Castel-Bénac. — Allons, réfléchissez. Sans moi, vous seriez encore à la pension Muche. C'est moi qui vous ai tout appris.

Topaze. — Mais vous avez touché sept cent quatre vingt-cinq mille francs. Jamais un élève ne m'a rapporté ça...

Fasquelle, édit.

LE ROMAN ENTRE LES DEUX GUERRES

La vogue du genre romanesque s'affirme et entraîne les écrivains dans des directions diverses.

Roger Martin du Gard, Georges Duhamel, Jules Romains mènent de front, dans des romans cycliques aux dimensions impressionnantes, la reconstitution de l'atmosphère d'une époque et l'étude des caractères. Colette rejoint Proust et Gide dans la voie de l'analyse psychologique. Mauriac, Bernanos puisent aux sources de leur foi catholique les thèmes de leurs romans. Saint-Exupéry, Malraux font de leur vie d'hommes d'action la matière de leurs livres et le fondement de leur méditation. Marcel Aymé, enfin, trouve son expression originale dans une union sans disparate du réalisme et du merveilleux.

LE ROMAN-FLEUVE (1)

ROGER MARTIN DU GARD

Sa vie et son œuvre Né à Paris en 1881, Roger Martin du Gard entra à l'École des Chartes (2) en 1899.

Son premier roman important, *Jean Barois*, nous offre le bilan de huit années consacrées, dans une demi-retraite, au travail, à la méditation et à de piquants entretiens avec Marcel Hébert, un prêtre défroqué d'opinions socialistes, sur les grands problèmes politiques et religieux. En même temps que le drame intérieur d'un intellectuel déchiré entre la raison et la foi, Martin du Gard y évoque les grands événements, comme l'affaire Dreyfus, auxquels le héros du roman s'est trouvé mêlé, et les grands systèmes philosophiques qui ont marqué les hommes de sa génération.

---

(1) Roman d'une longueur exceptionnelle, souvent en plusieurs tomes. — (2) Une des grandes écoles de Paris, formant bibliothécaires et archivistes.

Après la guerre de 1914, il entreprend son œuvre maîtresse, *les Thibault*, qui retrace la vie d'une grande famille de la bourgeoisie parisienne au cours de la première partie du XXᵉ siècle. Ce roman-fleuve, auquel Martin du Gard consacre près de vingt années de sa vie, frappe par sa sobriété, sa densité, sa richesse. Le style, dépouillé à l'extrême, ne vise qu'à la propriété exacte des termes, au dessin ferme de la phrase. Les personnages principaux, dont les états d'âme sont suggérés jusque dans leurs échappées les plus fugitives, gardent, néanmoins, un relief vigoureux de types humains. Les personnages épisodiques ne sont jamais sacrifiés à une perspective trop stricte de l'ensemble et s'épanouissent dans leur vérité et leur complexité. La probité intellectuelle de l'ancien chartiste se manifeste aussi bien dans le récit scrupuleusement exact d'une opération chirurgicale que dans la peinture des milieux sociaux divers où il nous entraîne à la suite de ses héros. Lorsque dans l'*Été 1914*, le tableau s'élargit en une fresque historique de la France et de l'Europe, au cours des quelques semaines qui ont précédé la guerre, on reconnaît le même souci de documentation minutieuse et le même effort d'objectivité.

Pourtant, bien que l'auteur ait le souci de s'effacer derrière ses personnages, il ne manque pas de nous laisser deviner sa vision désabusée du monde : muré dans son matérialisme scientiste, il ne trouve, à l'image de ses héros, aucun recours contre la vanité de l'action humaine, contre la hantise de la souffrance physique et de la mort. Il obtient le Prix Nobel de Littérature en 1937 et meurt en 1958, après une longue et pénible maladie.

LES THIBAULT

Oscar Thibault, un grand bourgeois orgueilleux et intransigeant, a toujours exercé sur tous ceux qui l'entourent une autorité despotique. Pour briser la résistance de son fils cadet, Jacques, un adolescent révolté à la fois contre son père et contre l'ordre social qu'il incarne, il n'a pas hésité à l'enfermer dans une maison de redressement *(le Cahier gris, le Pénitencier)*. Quelques années plus tard, miné par la maladie qui va l'emporter, il offre le spectacle affligeant d'un homme diminué physiquement et moralement, impotent, en proie à des sautes d'humeur presque enfantines, hanté par la crainte de la mort.

AU CHEVET DU MALADE

Dans le passage que nous citons (5ᵉ partie), Antoine, le fils aîné d'Oscar, médecin des hôpitaux, vient lui rendre visite. On remarquera, sous l'exactitude sobre de la forme, le réalisme impitoyable des détails — héritage du naturalisme —, le relief avec lequel les personnages se dessinent dans la nature de leurs propos et de leurs gestes. Les thèmes essentiels traités par Martin du Gard dans son œuvre s'y trouvent aussi suggérés : la hantise de la souffrance physique et de la mort, un bilan tragique de la condition humaine, l'impossibilité pour les êtres d'être sincères en face d'eux-mêmes comme en face des autres.

— **Bonjour Père, fit-il (1) de ce ton léger qu'il affectait maintenant au chevet du malade. Bonjour, ma sœur.**

M. Thibault souleva les paupières.

— **Ah, te voilà...**

Il était assis dans un grand fauteuil de tapisserie, qu'on avait traîné près de la croisée (2). La tête semblait devenue lourde pour les épaules, le menton s'écrasait sur la serviette que la sœur lui avait nouée au cou, et le corps, tassé, faisait paraître démesurément longues les deux béquilles noires appuyées de chaque côté du dossier haut. Le vitrail pseudo-Renaissance jetait son arc-en-ciel sur la cornette (3) mouvante de Sœur Céline et posait des taches vineuses sur le napperon de la table, où fumait

(1) Antoine, qui vient d'entrer dans la chambre du malade. — (2) Fenêtre. — (3) Coiffure de certaines religieuses.

une assiettée de tapioca au lait.

— Allons, dit la sœur. Elle cueillit une cuillerée de potage, égoutta la cuiller sur le bord de l'assiette, puis avec un « Houp-là » ! enjoué, comme si elle donnait la becquée (1) à un nourrisson, elle introduisit la cuiller entre les lèvres molles du malade et l'y vida, avant qu'il eût pu se détourner. Les deux mains du vieillard, étalées sur ses genoux, s'agitèrent avec impatience. Il souffrait dans son amour-propre d'être vu ainsi, incapable de manger seul. Il fit un effort pour saisir la cuiller que tenait la sœur ; mais ses doigts, depuis longtemps engourdis et maintenant gonflés d'œdème, se refusaient à tout service. La cuiller lui échappa et tomba sur le tapis. D'un geste violent, il repoussa l'assiette, la table, la sœur :

— Pas faim ! Veux pas qu'on me force ! cria-t-il, tourné vers son fils comme s'il requérait protection. Et, encouragé sans doute par le silence d'Antoine, il jeta vers la religieuse un coup d'œil hargneux : Enlevez tout ça ! La sœur, sans discuter, recula d'un pas, sortit du champ visuel.

Le malade toussa (à chaque instant, il était interrompu par une petite toux sèche, machinale, sans suffocation, qui lui faisait serrer les poings et crisper ses paupières closes).

— Tu sais, lança M. Thibault, comme s'il satisfaisait une rancune, hier soir et puis ce matin, j'ai eu des nausées !

Antoine se sentit dévisagé par un regard oblique. Il prit un air détaché :

— Tiens ?

— Tu trouves ça naturel, toi ?

— Ma foi, je t'avoue que je m'y attendais, insinua Antoine en souriant. (Il jouait son rôle, sans trop d'effort. Pour aucun malade, il n'avait eu cette patiente pitié : il venait là tous les jours, souvent matin et soir et, chaque fois, sans se lasser, comme on refait le pansement d'une plaie, il s'ingéniait à improviser des raisonnements trompeurs mais logiques et, chaque fois, il répétait, sur le même ton convaincu, les mêmes paroles rassurantes.) Que veux-tu, Père, ton estomac n'est plus un organe de jeune

homme ! Voilà huit mois au moins qu'on te bourre (2) de potions, de cachets. Estimons-nous heureux qu'il n'ait pas manifesté sa fatigue beaucoup plus tôt !

M. Thibault se tut. Il réfléchissait. Il était déjà tout réconforté par cette idée neuve et, soulagé de pouvoir s'en prendre à quelque chose, à quelqu'un :

— Oui, dit-il, en frappant ses grosses mains sans bruit l'une contre l'autre : Ces ânes-là, avec leurs drogues, ils m'ont... Aïe, ma jambe !... Ils m'ont... Ils m'ont démoli l'estomac !... Aïe !

La douleur était si soudaine et si aiguë qu'en un instant elle disloqua tous les traits de son visage. Il laissa le buste glisser de côté et, prenant appui sur le bras de la sœur et sur celui d'Antoine, il parvint, en allongeant la jambe, à dévier ce sillon de feu qui le brûlait.

— Tu m'avais dit... que le sérum de Thérivier... allait agir sur cette sciatique ! hurla-t-il. Eh bien, réponds : est-ce que ça va mieux ?

— Mais oui, articula Antoine froidement.

M. Thibault coula vers Antoine un regard hébété (3).

— Monsieur a reconnu lui-même que, depuis mardi, il souffrait beaucoup moins, cria la sœur qui avait pris l'habitude d'élever exagérément la voix pour se faire entendre. Et, profitant de l'instant propice, elle enfourna (4) une cuillerée de tapioca dans la bouche du malade.

— Depuis mardi ? balbutia le vieillard, cherchant de bonne foi à se souvenir ; puis il se tut.

Antoine, silencieux et le cœur serré, observait le masque cachectique (5) de son père : l'effort mental détendait les muscles de la mâchoire, soulevait les sourcils et faisait battre les cils. Le pauvre vieux ne demandait qu'à croire à sa guérison et, en fait, il n'en avait, jusqu'à présent, jamais douté. Un moment encore, par inadvertance, il se laissa gaver de lait (6), puis, rebuté, il écarta si impatiemment la sœur qu'elle céda et consentit enfin à dénouer la serviette.

— Ils m'ont dé-démoli l'estomac, répéta-t-il, tandis que la religieuse lui essuyait le menton.

Gallimard, édit.

L'ASSASSINAT DE JAURÈS

Jacques Thibault, après la mort de son père, est allé vivre en Suisse, où il fréquente les milieux révolutionnaires. A la veille de la déclaration de guerre, il se trouve à Paris, où il assiste à l'assassinat de Jaurès, le tribun socialiste fondateur du journal *l'Humanité*, qui, de toutes ses forces, s'était employé à empêcher le conflit.

Cette page reflète assez exactement les perspectives élargies de l'*Été 1914*. Les principaux personnages du roman ne figurent plus au premier plan : ils assistent en témoins

---

(1) S'emploie pour un oiseau nourrissant les petits de son bec. — (2) Littéralement : emplit (familier). — (3) Abruti. — (4) Se dit du boulanger qui met le pain au four ; employé dans un sens ironique ou péjoratif. — (5) Atteint de cachexie : état d'amaigrissement et d'affaiblissement général du corps. — (6) Donner du lait en excès.

émus aux événements majeurs qui se déroulent à l'échelle nationale et internationale. La scène est comme prise sur le vif. En même temps que Jacques, nous prenons progressivement conscience du drame par les réactions de la foule et par ce que l'on entrevoit, par instants, dans les remous de cette foule.

Il était plus de neuf heures et demie. La plupart des habitués avaient quitté le restaurant. Jacques et Jenny s'installèrent sur la droite, où il y avait peu de monde.

Jaurès et ses amis formaient, à gauche de l'entrée, parallèlement à la rue Montmartre, une longue tablée, faite de plusieurs tables mises bout à bout.

— Le voyez-vous ? dit Jacques. Sur la banquette, là, au milieu, le dos à la fenêtre. Tenez, il se tourne pour parler à Albert, le gérant.

— Il n'a pas l'air tellement inquiet, murmura Jenny, sur un ton de surprise qui ravit Jacques ; il lui prit le coude, et le serra doucement.

— Les autres aussi, vous les connaissez ?

— Oui. Celui qui est à droite de Jaurès, c'est Philippe Landrieu. A sa gauche, le gros, c'est Renaudel. En face de Renaudel, c'est Dubreuilh. Et, à côté de Dubreuilh, c'est Jean Longuet.

— Et la femme ?

— Je crois que c'est Madame Poisson, la femme du type qui est en face de Landrieu. Et, à côté d'elle, c'est Amédée Dunois. Et en face d'elle, ce sont les deux frères Renoult. Et celui qui vient d'arriver, celui qui est debout près de la table, c'est un ami de Miguel Almereyda, un collaborateur du *Bonnet Rouge* (1)... J'ai oublié son...

Un claquement bref, un éclatement de pneu, l'interrompit net, suivi, presque aussitôt, d'une deuxième détonation et d'un fracas de vitres. Au mur du fond, une glace avait volé en éclats.

Une seconde de stupeur, puis un brouhaha (2) assourdissant. Toute la salle, debout, s'était tournée vers la glace brisée : — On a tiré dans la glace ! — Qui ? — Où ? — De la rue ! Deux garçons se ruèrent vers la porte et s'élancèrent dehors, d'où partaient des cris.

Instinctivement, Jacques s'était dressé et, le bras tendu, pour protéger Jenny, il cherchait Jaurès des yeux. Il l'aperçut une seconde : autour du Patron, ses amis s'étaient levés ; lui seul, très calme, était resté à sa place, assis. Jacques le vit s'incliner lentement pour chercher quelque chose à terre. Puis, il cessa de le voir.

A ce moment, Mme Albert, la gérante, passa devant la table de Jacques, en courant, elle criait

— On a tiré sur M. Jaurès !

— Restez-là, souffla Jacques, en appuyant sa main sur l'épaule de Jenny et la forçant à se rasseoir

Il se précipita vers la table du Patron, d'où s'élevaient des voix haletantes : — Un médecin, vite ! — La police ! Un cercle de gens, debout, gesticulant, entourait les amis de Jaurès, et empêchait d'approcher. Il joua des coudes (3), fit le tour de la table, parvint à se glisser jusqu'à l'angle de la salle. A demi-caché par le dos de Renaudel qui se penchait, un corps était allongé sur la banquette de moleskine (4). Renaudel se releva pour jeter sur la table une serviette rouge de sang. Jacques aperçut alors le visage de Jaurès, le front, la barbe, la bouche entr'ouverte. Il devait s'être évanoui. Il était pâle, les yeux clos.

Un homme, un dîneur — un médecin sans doute — fendit le cercle. Avec autorité, il arracha la cravate, ouvrit le col, saisit la main qui pendait, et chercha le pouls.

Plusieurs voix dominèrent le vacarme : — Silence !... Chut ! Les regards de tous étaient rivés à cet inconnu, qui tenait le poignet de Jaurès. Il ne disait rien. Il était courbé en deux, mais il levait vers la corniche un visage de voyant, dont les paupières battaient. Sans changer de pose, sans regarder personne, il hocha lentement la tête.

De la rue, des curieux, à flots, envahissaient le café.

La voix de M. Albert retentit :

— Fermez la porte ! Fermez les fenêtres ! Mettez les volets !

Un refoulement contraignit Jacques à reculer jusqu'au milieu de la salle. Des amis avaient soulevé le corps, l'emportaient avec précaution, pour le coucher sur deux tables rapprochées en hâte. Jacques cherchait à voir. Mais, autour du blessé, l'attroupement devenait de plus en plus compact. Il ne distingua qu'un coin de marbre blanc et deux semelles dressées, poussiéreuses, énormes.

— Laissez passer le docteur !

André Renoult avait réussi à ramener un médecin. Les deux hommes foncèrent dans le rassemblement, dont la masse élastique se referma derrière eux. On chuchotait : « Le docteur... Le docteur... ». Une longue minute s'écoula. Un silence angoissé s'était fait. Puis un frémissement parut courir sur toutes ces nuques ployées et Jacques vit ceux qui avaient conservé leur chapeau se découvrir. Trois mots, sourdement répétés, passèrent de bouche en bouche :

— Il est mort... Il est mort.

(1) Journal d'extrême gauche, ainsi nommé à cause de la coiffure que portaient les révolutionnaires pendant la Révolution de 1789. — (2) Bruits tumultueux de voix. — (3) Pour se frayer un chemin. — (4) Toile cirée imitant le cuir.

Les yeux pleins de larmes, Jacques se retourna pour chercher Jenny du regard. Elle était debout, prête à bondir, n'attendant qu'un signal. Elle se faufila (1) jusqu'à lui, s'accrocha à son bras, sans un mot.

Une escouade de sergents de ville venait de faire irruption dans le restaurant, et procédait à l'évacuation de la salle. Jacques et Jenny, serrés l'un contre l'autre, se trouvèrent pris dans le remous, poussés, bousculés, entraînés vers la porte.

Au moment où ils allaient la franchir, un homme qui parlementait avec les agents réussit à pénétrer dans le café. Jacques reconnut un socialiste, un ami de Jaurès, Henri Fabre. Il était blême. Il balbutiait :

— Où est-il ? L'a-t-on transporté dans une clinique ?

Personne n'osa répondre. Une main timide fit un geste vers le fond de la salle. Alors, Fabre se retourna : au centre d'un espace vide, la lumière crue éclairait un paquet de vêtements noirs, allongé sur le marbre comme un cadavre de la morgue.   *Gallimard, édit.*

Dans les dernières pages de l'*Été 1914*, nous assistons à la mort de Jacques à la suite d'un accident d'avion alors qu'il était allé jeter des tracts pacifistes sur l'Alsace.

Épilogue relate la lente agonie d'Antoine, lui aussi victime de la guerre, et montre le courage stoïque du héros qui, tout en suivant les progrès de sa maladie, adresse des conseils de vie à son jeune neveu Jean-Paul, seul héritier des Thibault et des Fontanin.

GEORGES DUHAMEL

Un ami de l'homme   Georges Duhamel est né en 1884. Mobilisé comme chirurgien pendant la guerre de 1914, il témoigne dans *la Vie des martyrs* (1917) et *Civilisation* (1918) de son immense compassion pour ces blessés dont il cherche chaque jour à apaiser les souffrances et s'insurge avec une âpre ironie contre la fureur destructive, responsable de toutes ces misères. *La Possession du monde* (1919) s'emploie à tirer la leçon de ces épreuves et propose, comme instrument essentiel du bonheur, la sympathie compréhensive que nous devons accorder aux êtres et aux choses. De 1920 à 1932, paraissent les cinq tomes de *Vie et Aventure de Salavin* et, de 1932 à 1945, les dix tomes de la *Chronique des Pasquier*. Membre de l'Académie française et de l'Académie de médecine, il meurt en 1966.

Sous la diversité et l'ampleur de l'œuvre de Georges Duhamel, se révèle une forte unité : elle est tout entière orientée vers la connaissance de l'homme, inspirée par le souci constant de l'aider à épanouir dans l'équilibre ses possibilités affectives, intellectuelles et morales.

SALAVIN

L'humanisme de Duhamel s'épanouit bientôt dans ce premier roman cyclique qui retrace la vie de Louis Salavin, un personnage falot (2) mais non médiocre, esclave lucide de ses impulsions les plus ridicules, ballotté sans cesse, dans le cheminement décevant de son existence quotidienne, entre son comportement dérisoire et un appel irrésistible vers quelque chose de noble et de grand qui le sauverait de lui-même (3). Selon l'aveu de l'auteur, ce personnage est à l'image de l'homme éternel. Mais on serait tenté d'y voir aussi l'image d'un «double» de l'écrivain, en proie à certains élans généreux mais un peu éperdus, dont Duhamel aurait senti en lui comme la tentation et auxquels il aurait renoncé à s'abandonner au nom d'une sagesse lucide et un peu désabusée.

UNE LAMENTABLE HISTOIRE

Salavin, employé subalterne de la société Socque et Sureau, a reçu de son chef de service, M. Jacob, l'ordre de se rendre à sa place à une convocation du Directeur *(Confession de minuit)*.

---

(1) Se glissa. — (2) Terne, effacé. — (3) Ce thème de la « Sainteté sans Dieu » sera repris par Camus.

On remarquera, sous la spontanéité des propos, l'art très sûr de Duhamel; la nature inquiète de Salavin, réceptive aux impressions les plus fugitives et déjà bouleversée par une démarche inaccoutumée, ce dédoublement étrange où il prend conscience d'une impulsion de plus en plus impérieuse, donnent un caractère de curieuse vraisemblance à une aventure invraisemblable.

Je reconnais tout de suite le cabinet de M. Sureau où je ne suis pourtant venu qu'une fois, ayant aperçu les deux autres fois M. Sureau dans notre section. Je vois des tentures gros-bleu, des tableaux couleur de raisiné (1), et, dans un coin, un plan-coupe de la « batteuse-trieuse Socque et Sureau », avec les médailles des expositions.

Lui, il est là ! Vous le connaissez peut-être et vous savez que c'est un homme un peu fort, de haute taille, avec les cheveux ras, la moustache en brosse et une barbiche rude; tout le poil passablement gris. Un lorgnon (2) qui tremblote toujours parce qu'il ne serre qu'un brimborion (3) de peau, sous le front.

M. Sureau me regarde de travers et dit seulement :

— Vous venez de la rédaction ? Que fait M. Jacob ?

— Il est souffrant.

— Ah ? Donnez !...

... Tout à coup, sans lever le nez, il écrase un index sur la page et dit :

— Mal écrit... Illisible... Qu'est-ce que c'est que ce mot-là ?

Je fais quatre pas d'automate. Je me penche et je lis, sans hésiter, à haute voix : « surérogatoire » (4). Cette manœuvre m'avait placé tout près de M. Sureau, à portée du bras gauche de son fauteuil.

C'est alors que je remarquai son oreille gauche. Je m'en souviens très exactement et juge encore qu'elle n'avait rien d'extraordinaire. C'était l'oreille d'un homme un peu sanguin; une oreille large, avec des poils et des taches lie-de-vin (5). Je ne sais pourquoi je me mis à regarder ce coin de peau avec une attention extrême, qui devint bientôt presque douloureuse. Cela se trouvait tout près de moi, mais rien ne m'avait jamais semblé plus lointain et plus étranger. Je pensais : « C'est de la chair humaine. Il y a des gens pour qui toucher cette chair-là est chose naturelle; il y a des gens pour qui c'est chose familière. »

Je vis tout à coup, comme en rêve, un petit garçon — M. Sureau est père de famille — un petit garçon qui passait un bras autour du cou de M. Sureau. Puis j'aperçus Mlle Dupère. C'était une ancienne dactylographe avec qui M. Sureau avait eu une liaison assez tapageuse. Je l'aperçus penchée derrière M. Sureau et le baisant là, précisément, derrière l'oreille. Je pensais toujours : « Eh bien ! c'est de la chair humaine; il y a des gens qui la caressent. C'est naturel. » Cette idée me paraissait, je ne sais pourquoi, invraisemblable et, par moments, odieuse. Différentes images se succédaient dans mon esprit, quand, soudain, je m'aperçus que j'avais remué un peu le bras droit, l'index en avant et, tout de suite, je compris que j'avais envie de poser mon doigt là, sur l'oreille de M. Sureau.

A ce moment, le gros homme grogna dans le cahier et sa tête changea de place. J'en fus, à la fois, furieux et soulagé. Mais il se remit à lire et je sentis mon bras qui recommençait à bouger doucement.

J'avais d'abord été scandalisé par ce besoin de ma main de toucher l'oreille de M. Sureau. Graduellement, je sentis que mon esprit acquiesçait. Pour mille raisons que j'entrevoyais confusément, il me devenait nécessaire de toucher l'oreille de M. Sureau, de me prouver à moi-même que cette oreille n'était pas une chose interdite, inexistante, imaginaire, que ce n'était que de la chair humaine, comme ma propre oreille. Et, tout à coup, j'allongeai délibérément le bras et posai, avec soin, l'index où je voulais, un peu au-dessus du lobule, sur un coin de peau brique.

Monsieur, on a torturé Damiens parce qu'il avait donné un coup de canif au roi Louis XV. Torturer un homme, c'est une grande infamie que rien ne saurait excuser; néanmoins, Damiens a fait un petit peu mal au roi. Pour moi, je vous affirme que je n'ai fait aucun mal à M. Sureau et que je n'avais pas l'intention de lui faire le moindre mal. Vous me direz qu'on ne m'a pas torturé et, dans une certaine mesure, c'est exact.

A peine avais-je effleuré, du bout de l'index, délicatement, l'oreille de M. Sureau qu'ils firent, lui et son fauteuil, un bond en arrière. Je devais être un peu blême; quant à lui, il devint bleuâtre, comme les apoplectiques quand ils pâlissent. Puis il se précipita sur un tiroir, l'ouvrit et sortit un revolver.

Je ne bougeais pas. Je ne disais rien. J'avais l'impression d'avoir fait une chose monstrueuse. J'étais épuisé, vidé, vague.

M. Sureau posa le revolver sur la table, d'une main qui tremblait si fort que le revolver

(1) Confiture liquide faite avec du jus de raisin et des fruits. — (2) Lunettes sans branches. — (3) Péjoratif pour parcelle minuscule. — (4) Qui est au-delà de ce qu'on est obligé de faire. — (5) Rouge violacé, couleur du dépôt de vin.

fit, en touchant le meuble, un bruit de dents qui claquent. Et M. Sureau hurla, hurla.

Je ne sais plus au juste ce qui s'est passé. J'ai été saisi par dix garçons de bureau, traîné dans une pièce voisine, déshabillé, fouillé. J'ai repris mes vêtements; quelqu'un est venu m'apporter mon chapeau et me dire qu'on désirait étouffer l'affaire, mais que je devais quitter immédiatement la maison. On m'a conduit jusqu'à la porte. Le lendemain, Oudin m'a rapporté mon matériel de scribe et mes affaires personnelles.

Voilà cette misérable histoire. Je n'aime pas à la raconter parce que je ne peux le faire sans ressentir un inexprimable agacement.

Mercure de France, édit.

L'amitié (*Deux hommes*, 1924), l'expérience religieuse (*Journal de Salavin*, 1927), la société des hommes (*le Club des Lyonnais*, 1929) déçoivent tour à tour Salavin qui, au seuil de la mort, comprend enfin que la suprême sagesse consiste à s'accepter tel que l'on est (*Tel qu'en lui-même*, 1932).

LA CHRONIQUE DES PASQUIER

Autre roman cyclique, la *Chronique des Pasquier* s'organise autour de Laurent Pasquier, professeur de biologie au Collège de France, qui a entrepris d'écrire ses mémoires. Comme *les Thibault*, elle est l'histoire d'une famille sous la IIIᵉ République. En même temps qu'un témoignage suggestif et vivant sur l'atmosphère de cette époque, elle dessine autour du narrateur divers personnages, riches de vérité et de relief. La forte personnalité de Laurent, où Duhamel a mis beaucoup de lui-même, domine l'ouvrage.

Un homme se penche sur son passé et interroge son avenir.

En face de Salavin, l'éternel inadapté, Laurent est l'homme qui, dans un optimisme raisonné, fait le bilan de sa vie, à l'aube de la maturité, l'accepte telle qu'elle est et s'attache à tirer le plus noble parti de valeurs incertaines.

... Il a, depuis quelques semaines, achevé sa trente-troisième année: il est donc un homme jeune. Mais il sait que, depuis huit ans, le dernier point d'ossification a fini de se bloquer dans l'épaisseur de l'armature. Il a, depuis huit ans déjà, pris toute la taille qu'il devait prendre. Un mètre et soixante-neuf centimètres: ce n'est pas une trop fière stature. Il y a déjà huit ans qu'il est un « sujet adulte », comme diraient les zoologistes. Et, déjà, des cheveux gris —- oh ! peu nombreux mais très francs — commencent de se déclarer dans l'épaisseur de la tignasse (1). Déjà, des étincelles d'or s'allument au moindre sourire dans les failles (2) de la denture. Il y a déjà, de place en place, dans l'organisme, des cellules qui sont usées et que rien ne restituera. Les cils tombés, l'autre hiver, à cause d'un compère-loriot (3), ils sont partis pour toujours. Il y a, sur l'étui des chairs, des calus (4) et des cicatrices qui sont comme la signature indélébile des combats, des travaux et des jours.

Trente-trois ans ! Comme il se sent jeune ! La machine, pourtant, n'est plus neuve. Trente-trois ans, déjà ! Pourtant, c'était bien hier que, vêtu d'un tablier noir, une bille gonflant sa joue, les chaussettes mal tirées sur des mollets maigres, il se glissait dans la rue pour aller au bureau de poste chercher un timbre à deux sous (5) qui, pendant le chemin de retour, lui poissait (6) le bout des doigts.

Trente-trois ans ! Est-ce possible ? Oui, c'est parfaitement possible. Et même, c'est fort bien ainsi. Ce n'est pas « trente-trois ans déjà » que le rêveur en blouse blanche doit compter, c'est « trente-trois ans », oui, dans vingt ans, il n'aura que cinquante-trois ans, ce qui doit être le sommet d'une belle vie laborieuse. Et dans quarante ans, s'il y va, sera-t-il beaucoup plus vieux que ses maîtres Dastre ou Richet (7) dont le monde entier admire encore l'intelligence rayonnante ?

C'est un immense champ de vie qui reste à labourer. Et, pourtant, que signifie l'étonnant changement de rythme qui, depuis près d'un lustre (8), brouille toute supputation ? Il semble que les années se mettent à tourner bien plus vite que naguère et que jadis. On dit que, pour les vieillards, le temps n'a pas même valeur que pour les adolescents. Trente-trois

(1) Familier : cheveux touffus et mal peignés. — (2) Terme géologique : fissures; ici : points faibles (ironique). — (3) Nom vulgaire de l'orgelet, affection de la paupière. — (4) Durillons. — (5) Anciens centimes. — (6) Rendait collant. — (7) Ch. Richet (1850-1935), physiologiste français. — (8) Période de cinq ans.

ans ! Ce n'est pas forcément le milieu de la course. Les journées sont encore bien longues ; mais les années commencent de valser avec fureur et de sombrer tour à tour dans le ténébreux abîme. Il y a déjà plus d'un an que Cécile (1) a perdu son petit enfant. Plus de trois ans que Laurent a présenté ses deux thèses de doctorat, thèse de sciences, thèse de médecine. Il y a cinq ans au moins que le triste Jean-Paul Sénac s'est retiré dans la mort. Cinq ans que le professeur Chalgrin est tombé paralytique. Ne faudrait-il quand même pas lui faire une petite visite, bien qu'il soit aussi distant et insensible qu'un cadavre ? Il y a longtemps, longtemps que les amitiés du « Désert » se sont dénouées dans l'amertume...

...Le front de Laurent Pasquier, ce front bombé, lumineux, se plisse par vagues soucieuses. L'effort de sa lignée va-t-il s'arrêter en lui ? Il n'a pas encore fondé un foyer. Il chérit la solitude autant qu'il la redoute. Il a déjà des habitudes et presque des manies de vieux garçon. Se peut-il que la poussée de sève qui monte du fond des âges vienne se tarir en lui ?

Le jeune homme hausse les épaules. Il pense en remuant les lèvres : « J'aime la vie, même quand elle me blesse, même quand elle me désespère. Que pourrait-il m'arriver qui me fît dévier de ma route ? Toutes mes ambitions sont déclarées, toutes mes ambitions se présentent en pleine lumière. Je fais le métier que j'aime. Tout le monde s'accorde à dire que je le fais loyalement. Si je ne suis pas heureux, cela ne regarde que moi. Je n'ai pas même le droit de m'en plaindre à qui que ce soit. »

D'un vif mouvement de l'échine (2), le jeune homme à la blouse blanche vient de se rejeter en arrière. Comme l'esprit vole hardiment ! Cette lente songerie n'a pas duré la moitié d'une minute. Le nuage qui voguait, toutes voiles dehors, à la rencontre du soleil, il ne l'a pas encore atteint. L'abeille un peu engourdie qui visite les tulipes n'est pas encore sortie de la première corolle. La bulle d'air, montée des profondeurs du bassin, n'a pas encore eu le temps d'expirer à la surface. Laurent Pasquier, très vite, passe sur les plis de son front cette blanche main de savant dont il voudrait être fier et dont il est plutôt honteux. Puis, il se prend à marcher.

S'est-il arrêté vraiment sur la margelle (3) du bassin ? Seuls pourraient l'affirmer les insectes patients et fragiles pour lesquels une seconde du temps des hommes est un long siècle d'histoire. Seules doivent le penser les infimes bestioles inconnues pour qui l'éclair de nos orages est un interminable jour.

Mercure de France, édit.

JULES ROMAINS

Le créateur de l'unanimisme Louis Farigoule, dit Jules Romains, est né en 1885 à Saint-Julien-Chapteuil en Velay. Venu très tôt à Paris, il fréquente le Lycée Condorcet, puis entre à l'École Normale Supérieure, est reçu à l'agrégation de philosophie et enseigne successivement à Brest, à Laon et à Nice. A partir de 1919, il se consacre exclusivement à la littérature.

Son œuvre témoigne de la vigoureuse continuité de sa pensée et de l'exceptionnelle diversité de ses dons. Un soir, à dix-huit ans, en remontant une rue populeuse de Paris, il prend intuitivement conscience de « l'unanimisme ». Selon lui, une « harmonie naturelle et spontanée » se manifeste au sein d'un groupe « d'hommes qui participent à la même émotion ». Les sentiments qui se font jour en cette âme collective épanouissent l'individu qui y participe et orientent sa conduite. Les recueils poétiques de Jules Romains (*la Vie unanime*, 1908 ; *Odes et Prières*, 1913) appellent à une communion avec « cet être vaste et élémentaire », dont le poète reçoit et apporte la révélation. Au théâtre, après *Cromedeyre-le-Vieil* (1920) qui dépeint l'âme collective d'un village de montagne, *Knock* (1923), une comédie vigoureuse et savoureuse d'une verve satirique et bouffonne, consacre, avec éclat, un nouvel aspect de ce souple et riche talent (4). Il entre à l'Académie française en 1946. Il meurt à Paris en 1972.

LES HOMMES DE BONNE VOLONTÉ

Mais c'est dans le domaine du roman que Jules Romains a donné son œuvre maîtresse : *Les Hommes de bonne volonté* retracent la vie de la société française au cours d'un quart de siècle (1908-1933). En accord avec sa vision unanimiste, il représentera cette société comme « un vaste ensemble humain, avec une diversité de destinées individuelles ».

(1) Sœur de Laurent. — (2) Colonne vertébrale. — (3) Rebord. — (4) Voir pp. 516-518.

C'est assez dire que la cohérence de la vision lui interdit de se contenter, comme Balzac, de cette unité factice que confère à une succession de romans, dont chacun se suffit à lui-même, le retour des mêmes personnages. Le sens qu'il a de la prédominance du groupe sur l'individu l'empêche également de construire, tel Romain Rolland dans *Jean-Christophe*, un roman cyclique autour d'un personnage essentiel, aux faits et gestes duquel les événements à l'échelle sociale et les hommes servent surtout de toile de fond. Chaque tome de son ouvrage s'organise naturellement autour d'une certaine qualité d'atmosphère, à laquelle participent, chacun à son niveau et selon son tempérament, des individus qui « cheminent pour leur propre compte, en s'ignorant la plupart du temps ». Avec une parfaite maîtrise de la forme, Jules Romains sait souligner, par une tonalité fondamentale propre à chaque volume et en accord avec l'atmosphère qu'il y restitue, cette unité qui n'est pas factice.

A ce titre, la distinction naturelle de l'expression et l'élan contenu de la phrase dans *les Créateurs* (tome XII) tranchent sur le ton volontiers cynique, la verdeur et la crudité des termes dans *Recours à l'abîme* (Tome XI). C'est que l'un nous montre des êtres d'élite en proie à l'inspiration créatrice, tandis que l'autre nous offrait une galerie d'individus livrés aux obsessions de la chair. Pourtant, chaque personnage se comporte et s'exprime dans la note de son tempérament particulier : le monologue intérieur du poète Strigelius est empreint d'une préciosité sèche un peu détachée, celui du peintre Ortégal traduit par des phrases brutales et vigoureusement imagées la richesse naturelle et spontanée de son génie.

SPIRITUS FLAT

Le souffle de l'écrivain se met ici à l'unisson du thème. Des phrases courtes, juxta-posées, sans verbe, évoquent fidèlement le rythme haletant des impressions ressenties par le physiologiste Viaur au cours d'une nuit où il est possédé par l'inspiration ; les images multiples, tantôt servent à rendre sensibles dans leur stricte valeur de corres-pondance des nuances ténues et fugitives, tantôt se déploient librement et confèrent au développement une ampleur à la mesure de ce festival de l'esprit. L'interprétation unanimiste, en nous montrant cet homme inspiré, qui abolit son individualité pour entrer en communion avec l'Esprit, élargit les perspectives du roman à des dimensions métaphysiques *(les Créateurs)*.

Toute la nuit suivante, il la passa sans dormir un instant. Il était couché sur le dos, les yeux fermés. Il pensait avec une extrême rapidité, mais sans précipitation. Il n'éprouvait aucune impatience. Le temps ne lui durait absolument pas. Il lui semblait qu'il aurait pu vivre ainsi pendant une immense période ; pendant quelque chose d'aussi long que la nuit polaire. Il ne demandait au monde extérieur que le silence, le moelleux suffisant de ce lit où il reposait, et assez de chaleur pour n'avoir aucune préoc-cupation, aucune distraction de ce côté-là.

Il pensait tellement vite qu'il lui aurait fallu des centaines de pages pour fixer les idées qui lui venaient ; et tellement net que l'expression de ces idées eût été du premier coup sans flottement, sans bavures. Les idées elles-mêmes accouraient de partout. C'était un branle-bas prodigieux, une mobilisation immense et alerte.

Quelque chose de comparable à ce qui se pas-serait dans une ville comme Paris ou Londres, si les cloches de toutes les églises se mettaient à sonner, si des escouades de clairons et de tambours parcouraient les rues, si des auto-mobiles, munies d'avertisseurs (1) puissants, traversaient et retraversaient les quartiers. Au fond des arrière-cours, des paralytiques se lèveraient en s'appuyant sur leurs cannes. De très vieilles femmes ramasseraient un restant de forces pour aller à la fenêtre et écarter le rideau.

Les idées venaient des régions les plus recu-lées de l'esprit, du passé le plus lointain. Une phrase entendue au lycée, au cours de philosophie, ou à celui d'histoire naturelle, quinze ans plus tôt. Un fragment de lecture qu'on aurait cru totalement enfoui. Une dis-cussion, jadis, avec un camarade. Tout ce que

(1) Klaxons.

la culture humaine, inlassable, myriadaire (1), comme la pluie d'automne, comme la neige de janvier, laisse tomber depuis l'enfance dans une tête d'homme. Entre telle ou telle de ces milliers et milliers de particules brillantes, il fulgurait (2) soudain un rapport. Le dedans de l'esprit ressemblait à l'un de ces interminables orages tranquilles qui remplissent une nuit de canicule (3). Des éclairs à chaque instant ; par traits de feu, ou par nappes. Une perpétuelle pulsation de l'obscur. Une illumination spasmodique de l'obscur.

Tout cela sans la moindre trace de délire. Pas un de ces attentats aux ténèbres qui ne fût perpétré (4) sous le contrôle du regard le plus vigilant. Pas d'éblouissement dans cette orgie de clartés. Viaur gardait une conscience aussi lucide, aussi exigeante, aussi éplucheuse (5) du détail que lorsqu'il travaillait au microscope par un de ses meilleurs jours, quand la molette (6) micrométrique a su trouver sa position rigoureuse, et que le fouet de la lumière frappe avec une justesse d'incidence parfaite l'objet que l'œil a besoin de fouiller.

De plus, il ne s'écoulait pas une seconde que Viaur ne fût pleinement sûr de lui. Il ne dépendait plus d'aucune limitation individuelle du discernement et du jugement. Il n'avait plus à tenir compte de ses forces propres. Il communiquait avec les génies de tous les âges, comme une mer intérieure, par un détroit spacieux, communique avec l'Océan. Les eaux circulent. Le niveau ne cesse jamais de s'établir. Chaque manque est perceptible parce qu'il constitue un appel immédiatement exaucé. Archimède, Kepler, Galilée, Newton, Descartes, Leibniz, Ampère, Lamarck, Darwin, Claude Bernard, Maxwell, Pasteur, Curie... toutes les grandes vagues de l'Océan sont disponibles. Ce n'est plus un homme qui s'interroge avec angoisse. C'est l'esprit humain qui, de toute l'épaisseur de ses houles, vient battre un récif encore dressé au-dessus de lui.

Tout cela se passait aussi sans étonnement et sans orgueil. Viaur ne pensait plus qu'il était Albert Viaur, jeune savant français du début du XXᵉ siècle. Le rattachement à un état civil avait perdu toute importance. Il n'était pas question, pour un petit monsieur pareil à tant d'autres, de se féliciter des pouvoirs occasionnels qu'il détenait. Même le rattachement à un certain cerveau, à un certain corps paraissait une circonstance assez négligeable. Quand l'Esprit se déploie avec majesté, quand il commence un des travaux qui le mettent vraiment dans tous ses états — le reste n'étant plus alors que menues besognes quotidiennes, entreprises d'intérêt local — il pose le pied sur les différences, les particularités, les personnes, Jean ou Jacques, Pierre ou Paul (7), qu'est-ce que ça peut lui faire ? Les places de concours, les sièges d'Académie, les traitements (8), les décorations, la carrière, les bustes de marbre à l'entrée des bibliothèques... il n'en monte pas plus de bruit que des herbes qu'on écrase. L'homme total est rassemblé parce que c'était sérieux. Il se moque bien de Pierre ou de Paul. Il loge chez Pierre ou chez Paul comme une armée réquisitionne des granges. Pierre ou Paul seront indemnisés plus tard, si on a le temps. Il faut que l'armée avance. Voilà ce qui compte.

Flammarion, édit.

PROMENADE ET PRÉOCCUPATIONS DU CHIEN MACAIRE

Le contraste de ce texte avec le précédent révèle l'étonnante souplesse du talent de Jules Romains. Le chien Macaire s'aventure dans les rues de Paris. Un humour discret, l'évocation d'une psychologie élémentaire, le curieux effet de dépaysement que provoque sur le lecteur cette perception du monde extérieur qui s'organise autour des impressions du chien, font l'intérêt de cette page. Il n'y a pas de « petits sujets » pour un grand écrivain. Chacun, même le plus humble des acteurs, trouve une place dans cette large fresque *(Éros de Paris)*.

Chez les de Saint-Papoul, ce mercredi-là, un peu après huit heures du soir, le chien Macaire profita d'un mouvement qui se faisait au bout du petit corridor pour s'échapper dans l'escalier de service (9) et descendre les étages.

Arrivé devant la loge du concierge, il faillit commettre une faute, qui était de gratter à la porte. La concierge serait venue ouvrir et lui aurait donné un morceau de sucre. Mais il se rappela à temps que, lors de sa dernière sortie, quelques jours plus tôt, il avait usé du même manège, et qu'en effet la concierge lui avait bien donné un morceau de sucre, mais qu'ensuite, elle l'avait fait remonter là-haut, en le tirant par son collier un peu vivement.

Il se glissa donc dans le vestibule, et alla s'asseoir contre la grosse porte cochère (10). Il y avait entre le bas de la porte et le sol un espace large comme la patte. En penchant

(1) De myriade : quantité indéfinie, autrement dit, multiple, immense. — (2) Brillait (en jetant des éclairs). — (3) Intense chaleur. — (4) Commis. — (5) Qui étudie minutieusement. — (6) Roulette réglant le microscope. — (7) Autrement dit : X, Y ou Z. — (8) Salaires des fonctionnaires. — (9) Escalier réservé aux domestiques et aux livreurs. — (10) Porte par laquelle entrent les voitures.

un peu la tête, Macaire reniflait aisément les odeurs qui lui arrivaient du dehors, par cet intervalle. Malheureusement, il recevait aussi un courant d'air qui, par ce soir de décembre, était humide et froid.

Les odeurs le déconcertaient encore un peu. La plus dépaysante était celle qui venait du sol. Macaire n'arrivait pas à oublier le sol de la campagne, et son exhalaison air, suivant les lieux, surtout suivant les heures et les jours, est bien loin d'être uniforme, mais qu'on finit par connaître assez pour ne plus avoir à s'en occuper dans la vie courante. Ce qui permet de porter toute son attention sur les odeurs plus accidentelles qui s'y enchevêtrent : aromes d'aliments et d'excréments, fumets de bêtes et bestioles, traces de grands animaux, mais d'abord traces de chiennes et traces d'hommes.

Bien que le bas de la porte sentît la peinture et l'urine de chien, Macaire discernait sans peine l'émanation étrange du trottoir. Elle évoquait certaines pierres sur une colline chauffée au soleil, où il lui était arrivé de poursuivre des lézards. Mais le parfum de ces pierres était beaucoup plus simple.

A certains moments, l'odeur du trottoir était dominée par une odeur de chaussures. Un homme approchait à pas rapides, et l'on sentait considérablement ses pieds. A la campagne, les pieds marchent souvent dans des sabots ; et des pieds dans des sabots sentent la sueur d'homme, le bois, l'herbe écrasée et le fumier. Même lorsqu'ils marchent dans des chaussures, on ne saurait les confondre avec ceux d'ici. L'étonnement de Macaire sur ce point était dû à la qualité spéciale des cuirs, aux teintures dont on les imprègne en cordonnerie fine, ainsi qu'à l'abondance et à la diversité du cirage.

Grâce à ce travail d'esprit, l'attente lui parut courte. Quelqu'un s'arrêta devant la porte, sonna. Le petit battant s'ouvrit. Frôlant la jambe du monsieur, Macaire sauta dans la rue.

Il prit à droite sans hésiter. Le but où il allait lui apparaissait vivement. Pour retrouver l'itinéraire, il n'avait pas besoin de réfléchir.

Chaque morceau de chemin se proposait de lui-même, après le morceau précédent. Les points remarquables s'attiraient l'un l'autre.

Macaire trottait à petite allure, en remuant la queue, le nez tout près du sol. Ce n'est pourtant pas son odorat qui le guidait. Il se servait activement de ses yeux, et il avait appris déjà à ne pas se laisser troubler par les successions de clartés bizarrement déchiquetées (1) et d'ombres fausses que l'on traverse en longeant un trottoir de ville. Mais l'odorat prenait des plaisirs de rencontre, s'amusait du détail des choses, de leur imprévu, provoquait ces mille pensées qui vous sollicitent et, sans vous faire oublier votre chemin, y introduisent des arrêts et des méandres divertissants.

Il avait tourné par la rue de Varenne, à droite. Il se maintenait le plus près possible des maisons. D'abord, parce que c'était la perspective du bas des murs qui s'était le mieux enregistrée dans sa mémoire, et qu'il n'avait qu'à la vérifier machinalement ; ensuite, parce que les murs, avec leurs anfractuosités, leurs ouvertures où l'on peut se jeter en cas de péril, lui donnaient l'impression d'un refuge latéral toujours disponible.

Il apercevait, du coin de l'œil, très haut, le feu des réverbères suspendus dans la nuit. Quand il voyait l'un d'eux approcher, il faisait un crochet (2) pour aller en flairer la base. Dès ses premiers jours de vie parisienne, il avait observé que ces socles de fonte (3) portent la trace d'un très grand nombre d'urines de chiens. Il en résulte une sorte d'appel irrésistible. Le pied du réverbère ressemble à ce que serait pour le voyageur une stèle dressée de loin en loin au bord de la route, et couverte de signatures, d'inscriptions familières, d'encouragements gaillards (4), de gentilles obscénités. Comme si l'espèce entière vous faisait signe en vous consolant de votre solitude devenue ainsi toute relative et provisoire. Chaque fois, Macaire laissait tomber deux ou trois gouttes. La fréquence des réverbères l'obligeait à une stricte parcimonie.

Flammarion, édit.

LE ROMAN PSYCHOLOGIQUE

COLETTE

Sa vie   Née à Saint-Sauveur-en-Puisaye, dans l'Yonne, en 1873, Gabrielle Colette connut, dans son village natal, une enfance heureuse et libre, dans la familiarité confiante et compréhensive d'une mère tendrement chérie qui lui apprit à voir et à aimer la nature et l'aida à épanouir sa personnalité riche et sensible. Ses premières œuvres sont une transposition de ses souvenirs vécus : *Claudine à l'école* (1900), *la Vagabonde* (1910) et *l'Entrave* (1913). Avec *Chéri* (1920) et *le Blé en herbe* (1923), sa manière s'élargit et le roman autobiographique cède la place au roman de

---

(1) Découpées. — (2) Détour. — (3) Bases des réverbères. — (4) Lestes, hardis.

mœurs. *La Maison de Claudine* (1923) et *Sido* (1929) nous ramènent au cadre et au temps de son enfance et l'évocation des souvenirs se prolonge en des méditations apaisées. L'œuvre de Colette se poursuit jusqu'à sa mort en 1954 : *Prisons et Paradis* (1932), *la Chatte* (1933), *Duo* (1934), *Gigi* (1943) montrent l'étonnante diversité de son inspiration.

Son talent   Le talent de Colette tient d'abord à son amour sensuel de la vie. Elle en contemple avec ravissement les manifestations exaltantes au sein de la nature, dans la fleur qui s'épanouit, dans l'herbe qui pousse. Plus encore peut-être qu'aux couleurs, elle est sensible aux saveurs et aux parfums. Elle se laisse pénétrer par la nature et la prolonge en elle. « Son esprit court comme un sang subtil le long des veines de toutes les feuilles, se caresse au velours des géraniums. » Dans le domaine sentimental, elle est allée vers la vie avec le même élan et, à son image, les personnages de ses romans vont sans cesse à la recherche d'une plénitude qui leur échappe. Avec la même acuité, elle sait analyser et traduire chez les êtres, comme chez elle-même, les sensations, les impressions, les nuances de la sensibilité. Avec l'âge, cet amour de la vie se tempère d'une sagesse qui n'abdique pas, mais qui sait accepter l'inéluctable, avec une résignation faite de dignité. Son style est également à l'image de son tempérament. Sa puissance de suggestion plastique est incomparable. Par le choix du terme juste, par la qualité d'une image, par le dessin souple de la phrase, elle ressuscite vraiment le réel et l'évoque à tous nos sens.

LA MAISON DE CLAUDINE

Dans ce livre, Colette retrace son enfance heureuse et libre, au sein de la vieille maison familiale, auprès d'une mère tendrement aimée. C'est cette mère qui apparaît ici, au centre du texte, surprise dans la familiarité de ses occupations domestiques, en quête de ses enfants ivres de grand air et de liberté. L'évocation vivante, colorée, enjouée, s'achève sur un ton de mélancolie contenue.

« Où sont les enfants ? » Elle surgissait, essoufflée par sa quête constante de mère-chienne trop tendre, tête levée et flairant le vent. Ses bras emmanchés de toile blanche disaient qu'elle venait de pétrir la pâte à galette, ou le pudding saucé d'un brûlant velours de rhum et de confitures. Un grand tablier bleu la ceignait, si elle avait lavé la havanaise (1), et, quelquefois, elle agitait un étendard de papier jaune craquant, le papier de la boucherie ; c'est qu'elle espérait rassembler, en même temps que ses enfants égaillés, ses chattes vagabondes, affamées de viande crue...

Au cri traditionnel s'ajoutait, sur le même ton d'urgence et de supplication, le rappel de l'heure : « Quatre heures ! ils ne sont pas venus goûter ! Où sont les enfants ?... » « Six heures et demie ! Rentreront-ils dîner ? Où sont les enfants ?... » La jolie voix, et comme je pleurerais de plaisir à l'entendre... Notre seul péché, notre méfait unique était le silence, et une sorte d'évanouissement miraculeux. Pour des desseins innocents, pour une liberté qu'on ne nous refusait pas, nous sautions la grille, quittions les chaussures, empruntant pour le retour une échelle inutile, le mur bas d'un voisin. Le flair subtil de la mère inquiète découvrait sur nous l'ail sauvage d'un ravin lointain ou la menthe des marais masqués d'herbe. La poche mouillée d'un des garçons cachait le caleçon (2) qu'il avait emporté aux étangs fiévreux, et la « petite », fendue au genou, pelée au coude, saignait tranquillement, sous des emplâtres de toiles d'araignée et de poivre moulu, liés d'herbes rubannées...

— Demain, je vous enferme ! Tous, vous entendez, tous !

Demain... Demain, l'aîné, glissant sur le toit d'ardoises où il installait un réservoir d'eau, se cassait la clavicule et demeurait muet, courtois, en demi-syncope, au pied du mur, attendant qu'on vînt l'y ramasser. Demain, le cadet recevait, sans mot dire, en plein front, une échelle de six mètres, et rapportait avec modestie un œuf violacé entre les deux yeux...

— Où sont les enfants ?

(1) Une petite chienne. — (2) Caleçon de bain.

Deux reposent. Les autres, jour par jour, veillent. S'il est un lieu où l'on attend après la vie, celle qui nous attendit tremble encore, à cause des deux vivants. Pour l'aînée de nous tous, elle a du moins fini de regarder le noir de la vitre, le soir : « Ah ! je sens que cette enfant n'est pas heureuse... Ah ! je sens qu'elle souffre... »

Pour l'aîné des garçons, elle n'écoute plus, palpitante, le roulement d'un cabriolet de médecin sur la neige, dans la nuit, ni le pas de la jument grise. Mais je sais que pour les deux qui restent, elle erre et quête encore, invisible, tourmentée de n'être pas assez tutélaire (1) : « Où sont, où sont les enfants ?... »

Ferenczi, édit.

FRANÇOIS MAURIAC

Le roman du drame spirituel   Né à Bordeaux en 1885, dans une famille bourgeoise catholique, François Mauriac passe les vingt premières années de son existence dans sa province natale qu'il choisira pour cadre de ses romans. Après une licence de lettres il se donne tout entier à la littérature. Son premier grand roman, *le Baiser au lépreux* (1922), est bientôt suivi par *Genitrix* (1923), *le Désert de l'amour* (1926) et *Thérèse Desqueyroux* (1926) qui lui valent la célébrité : il entre à l'Académie française en 1933. Toute l'œuvre de Mauriac, que viennent encore jalonner *le Nœud de vipères* (1932), *le Mystère Frontenac* (1933), *la Pharisienne* (1941) et qui sera couronnée du Prix Nobel en 1952, est hantée par la misère de l'homme pécheur que seule peut sauver la grâce. Dans l'intimité des foyers provinciaux où il nous fait pénétrer, il s'attache à montrer les conflits qui opposent sournoisement, dans la vie quotidienne, les membres d'une même famille. Mais il met surtout l'accent sur le drame intérieur de personnages qui se sentent incommunicables les uns aux autres, déchirés entre les appels de leur sensualité et les élans de leur foi, et qui puisent, dans ce combat incessant, leur puissance pathétique. Le romancier ne cache pas la sympathie qu'il éprouve pour ces êtres qui gardent, au sein de leurs pires égarements, une soif de pureté, et comme une nostalgie de l'amour divin.

LE MYSTÈRE FRONTENAC

La première page de ce roman est un modèle d'exposition. L'attitude des personnages — beau-frère et belle-sœur — et leurs gestes les plus insignifiants en apparence révèlent, en même temps que leur caractère, leur incompréhension mutuelle. La description du mobilier pompeux et désuet reflète la mentalité de cette bourgeoisie attachée à ses traditions et murée dans ses souvenirs.

Xavier Frontenac jeta un regard timide sur sa belle-sœur qui tricotait, le buste droit, sans s'appuyer au dossier de la chaise basse qu'elle avait rapprochée du feu ; et il comprit qu'elle était irritée. Il chercha à se rappeler ce qu'il avait dit, pendant le dîner : et ses propos lui semblèrent dénués de toute malice. Xavier soupira, passa sur son crâne une main fluette.

Ses yeux fixèrent le grand lit à colonnes torses où, huit ans plus tôt, son frère aîné, Michel Frontenac, avait souffert cette interminable agonie. Il revit la tête renversée, le cou énorme que dévorait la jeune barbe vigoureuse ; les mouches inlassables de juin, qu'il ne pouvait chasser de cette face suante. Aujourd'hui, on aurait tenté de le trépaner, on l'aurait sauvé peut-être ;

Michel serait là. Il serait là... Xavier ne pouvait détourner les yeux de ce lit ni de ces murs. Pourtant, ce n'était pas dans cet appartement que son frère avait expiré : huit jours après les obsèques, Blanche Frontenac, avec ses cinq enfants, avait quitté la maison de la rue Vital-Carles, et s'était réfugiée au troisième étage de l'hôtel qu'habitait, rue de Cursol, sa mère, Mme Arnaud-Miqueu. Mais les mêmes rideaux à fond bleu, avec des fleurs jaunes, garnissaient les fenêtres et le lit. La commode et l'armoire se faisaient face, comme dans l'ancienne chambre. Sur la cheminée, la même dame en bronze, robe montante et manches longues, représentait la Foi. Seule, la lampe avait changé : Mme Frontenac avait acquis un modèle nouveau que toute

_____

(1) Protectrice.

la famille admirait : une colonne d'albâtre supportait le réservoir de cristal où la mèche, large ténia, baignait dans le pétrole. La flamme se divisait en nombreux pétales incandescents. L'abat-jour était un fouillis de dentelles crème, relevé d'un bouquet de violettes artificielles.

Cette merveille attirait les enfants avides de lecture. En l'honneur de l'oncle Xavier, ils ne se coucheraient qu'à neuf heures et demie. Les deux aînés, Jean-Louis et José, sans perdre une seconde, avaient pris leurs livres : les deux premiers tomes des *Camisards* d'Alexandre de Lamothe. Couchés sur le tapis, les oreilles bouchées avec leurs pouces, ils s'enfonçaient, s'abîmaient dans l'histoire ; et Xavier Frontenac ne voyait que leurs têtes rondes et tondues, leurs oreilles en ailes de Zéphire, de gros genoux déchirés, couturés, des jambes sales et des bottines ferrées du bout, avec des lacets rompus, rattachés par des nœuds.

Grasset, édit.

GEORGES BERNANOS (1888-1948)

Sa vie Georges Bernanos est né à Paris en 1888. Après ses classes, il prépare une licence de lettres et une licence de droit, tout en prenant part aux activités du mouvement monarchiste de *l'Action française*. Il fait la guerre de 1914-1918 en volontaire et ce n'est qu'en 1926, avec *Sous le soleil de Satan*, qu'il donne sa première grande œuvre. Elle sera suivie de *l'Imposture* (1927) et de *la Joie* (1929). Installé aux Baléares, il publie en 1936 le *Journal d'un curé de campagne* et en 1938 *les Grands Cimetières sous la lune*, violent pamphlet que lui inspire la guerre civile espagnole. Après un séjour au Brésil, il revient à Paris où il meurt en 1948 ; il venait d'achever *Dialogues des Carmélites*.

Son œuvre Les romans de Georges Bernanos situent le drame humain sur le plan métaphysique. Pour lui, l'homme est en butte aux puissances du mal ; il est l'enjeu et le théâtre d'un combat entre Satan et Dieu. A ce titre, son premier roman *Sous le soleil de Satan* oppose vigoureusement Mouchette, une jeune fille qui s'abandonne à l'emprise du démon, et l'abbé Donissan, dont la lente ascension vers la sainteté, aux prises avec l'indifférence et l'hostilité des êtres, s'accomplit dans l'angoisse et, souvent, dans les tentations du désespoir. Bernanos, pourtant, garde sa sympathie aux âmes dévoyées, en proie à un drame douloureux, tel cet abbé Cénabre, le triste héros de *l'Imposture* et de *la Joie*, qui retrouve la foi dans un déchirement intérieur où va sombrer sa raison. Mais il n'est pas de recours pour les médiocres et les tristes qui s'installent hypocritement dans une pauvre quiétude, dans la méconnaissance et le refus des vrais problèmes.

JOURNAL D'UN CURÉ DE CAMPAGNE

Un jeune prêtre vient d'être nommé curé de la petite paroisse d'Ambricourt. Dans son journal, où il consigne ses efforts, ses déceptions, ses angoisses, il définit l'obstacle majeur qu'il rencontre à l'accomplissement de sa mission : l'incompréhension des hommes tient à leur refus de vivre autrement qu'à la surface d'eux-mêmes (2ᵉ partie).

J'ai beaucoup réfléchi depuis quelques jours au péché. A force de le définir un manquement à la loi divine, il me semble qu'on risque d'en donner une idée trop sommaire. Les gens disent là-dessus tant de bêtises ! Et, comme toujours, ils ne prennent jamais la peine de réfléchir. Voilà des siècles et des siècles que les médecins discutent entre eux de la maladie. S'ils s'étaient contentés de la définir un manquement aux règles de la bonne santé, ils seraient d'accord depuis longtemps. Mais ils l'étudient sur le malade, avec l'intention de le guérir. C'est justement ce que nous essayons de faire, nous autres. Alors, les plaisanteries sur le péché, les ironies, les sourires ne nous impressionnent pas beaucoup.

Naturellement, on ne veut pas voir plus loin que la faute. Or, la faute n'est, après tout, qu'un symptôme. Et les symptômes les plus impressionnants pour les profanes ne sont pas toujours les plus inquiétants, les plus graves.

Je crois, je suis sûr que beaucoup d'hommes n'engagent jamais leur être, leur sincérité profonde. Ils vivent à la surface d'eux-mêmes, et le sol humain est si riche que cette mince couche superficielle suffit pour une maigre moisson, qui donne l'illusion d'une véritable destinée. Il paraît qu'au cours de la dernière guerre, de petits employés timides se sont révélés peu à peu des chefs ; ils avaient la passion du commandement sans le savoir. Oh ! certes, il n'y a rien là qui ressemble à ce que nous appelons du nom si beau de conversion — *convertere* — mais enfin, il avait suffi à ces pauvres êtres de faire l'expérience de l'héroïsme à l'état brut, d'un héroïsme sans pureté. Combien d'hommes n'auront jamais la moindre idée de l'héroïsme surnaturel, sans quoi il n'est pas de vie intérieure ! Et c'est justement sur cette vie-là qu'ils seront jugés : dès qu'on y réfléchit un peu, la chose paraît certaine, évidente. Alors ?... Alors, dépouillés par la mort de tous ces membres artificiels que la société fournit aux gens de leur espèce, ils se trouveront tels qu'ils sont, qu'ils étaient à leur insu — d'affreux monstres non développés, des moignons d'hommes.

Ainsi faits, que peuvent-ils dire du péché ? Qu'en savent-ils ? Le cancer qui les ronge est pareil à beaucoup de tumeurs — indolore. Ou, du moins, ils n'en ont ressenti, pour la plupart, à une certaine période de leur vie, qu'une impression fugitive, vite effacée. Il est rare qu'un enfant n'ait pas eu, ne fût-ce qu'à l'état embryonnaire — une espèce de vie intérieure, au sens chrétien du mot. Un jour ou l'autre, l'élan de sa jeune vie a été plus fort, l'esprit d'héroïsme a remué au fond de son cœur inno-

cent. Pas beaucoup, peut-être, juste assez cependant pour que le petit être ait vaguement entrevu, parfois obscurément accepté, le risque immense du salut, qui fait tout le divin de l'existence humaine. Il a su quelque chose du bien et du mal, une notion du bien et du mal pure de tout alliage, encore ignorante des disciplines et des habitudes sociales. Mais, naturellement, il a réagi en enfant, et l'homme mûr ne gardera de telle minute décisive, solennelle, que le souvenir d'un drame enfantin, d'une apparente espièglerie dont le véritable sens lui échappera, et dont il parlera jusqu'à la fin avec ce sourire attendri, trop luisant, presque lubrique, des vieux...

Il est difficile d'imaginer à quel point les gens que le monde dit sérieux, sont puérils, d'une puérilité vraiment inexplicable, surnaturelle. J'ai beau n'être qu'un jeune prêtre, il m'arrive encore d'en sourire, souvent. Et avec nous, quel ton d'indulgence, de compassion ! Un notaire d'Arras, que j'ai assisté à ses derniers moments — personnage considérable, ancien sénateur, un des plus gros propriétaires de son département — me disait un jour et, semble-t-il, pour s'excuser d'accueillir mes exhortations avec quelque scepticisme, d'ailleurs bienveillant : « Je vous comprends, monsieur l'abbé, j'ai connu vos sentiments, moi aussi, j'étais très pieux. A onze ans, je ne me serais pour rien au monde endormi sans avoir récité trois *Ave Maria*, et même, je devais les réciter tout d'un trait, sans respirer. Autrement, ça m'aurait porté malheur, à mon idée... »

Il croyait que j'en étais resté là, que nous en restions tous là, nous, pauvres prêtres. Finalement, la veille de sa mort, je l'ai confessé. Que dire ? Ce n'est pas grand-chose, ça tiendrait parfois en peu de mots, une vie de notaire.

Plon, édit.

LE ROMAN DE L'ACTION

ANDRÉ MALRAUX

Sa vie   André Malraux, né à Paris en 1901, fit des études à l'École des Langues orientales. Toutes les étapes de la vie aventureuse qu'il mena à partir de 1923 se retrouvent dans la succession de ses romans.

Une mission archéologique dans le Haut-Laos, sa participation active à des mouvements révolutionnaires sous le drapeau du Kuomintang lui inspireront *la Voie royale* (1930), *les Conquérants* (1928), *la Condition humaine* (1933); *l'Espoir* (1938) évoque la lutte des Républicains espagnols dans les rangs desquels il était allé combattre; enfin, *les Noyers de l'Altenburg* (1943) offrent un écho de la dernière guerre mondiale, qu'il acheva à la tête de la brigade Alsace-Lorraine. Ministre de l'Information en 1945, il est ministre d'État chargé des Affaires culturelles depuis 1958.

Le romancier et la condition humaine   C'est peu de dire que, chez André Malraux, le romancier est inséparable de l'homme d'action. L'un et l'autre, plutôt, ne se dissocient pas du penseur qui cherche irrésistiblement dans l'action une révélation de lui-même, une prise de conscience de son drame, — celui de la condition humaine — et qui fait de ce drame le centre de ses romans. Toute son œuvre tend essentiellement à exprimer, à travers le comportement de ses personnages, quelle peut être l'attitude de l'homme devant l'absurdité de son destin, devant la perspective inéluctable de la mort. D'abord conçu comme une simple diversion et un moyen d'échapper à cette hantise, le recours à l'action apparaît bientôt, à mesure que Malraux d'un roman à l'autre mûrit le problème, comme l'occasion pour l'homme de se dégager d'une attitude passive, même s'il ne garde aucune illusion sur l'efficacité de son effort, et d'affirmer sa dignité. C'est aussi le moyen de prendre une conscience exaltante de cette « fraternité virile » qui unit des êtres engagés dans une entreprise commune. La méditation sur l'art, qui fait l'objet des *Voix du Silence* (1951) et de ces deux autres ouvrages de « psychologie de l'art » que sont *le Musée imaginaire de la sculpture mondiale* (1952) et *la Métamorphose des Dieux* (1957), approfondit le même problème que ses romans. Dans l'acte créateur de l'artiste, l'homme sort enfin vainqueur et comme purifié de l'oppression de la mort : « L'art est un anti-destin » (1).

Hantée par ce problème de la destinée humaine, l'œuvre romanesque de Malraux s'élargit à des dimensions métaphysiques. Comme le drame de l'homme l'intéresse plus que le cas humain, il est naturel qu'il ne se soit pas attaché à camper des personnages dotés d'une riche, vigoureuse et complexe individualité. De même, sous cette perspective, le combat idéologique dans lequel les personnages sont engagés, semble plutôt pour l'homme une occasion épisodique de s'affirmer, qu'une fin en soi. Voilà pourquoi les romans de Malraux n'apparaissent jamais comme des œuvres partisanes et ne donnent pas lieu à d'amples développements en faveur d'un système politique ou d'une conception sociale. Cet homme d'action, qui a payé de sa personne et a été à la pointe du combat sous toutes les latitudes, est resté néanmoins « au-dessus de la mêlée ».

L'art de Malraux est inséparable de l'homme et de son rythme intérieur. Il compose moins des descriptions qu'il n'applique des touches, étonnantes de justesse, et des images, jetées comme des traits; les propos des personnages, comme leur dialogue intérieur, sont dépouillés, heurtés, haletants.

LA CONDITION HUMAINE

Le roman a pour cadre Shangaï et relate, avec exactitude, les événements qui s'y déroulèrent en mars 1927. La ville, encore aux mains des forces gouvernementales, est libérée par les milices révolutionnaires qui la remettent à l'armée du Kuomintang, commandée par Tchang Kaï-Chek. Mais celui-ci, qui s'apprête à se détacher des éléments communistes auprès desquels il avait trouvé jusqu'alors un appui, fait désarmer les milices et, se heurtant à leur résistance, exerce une répression impitoyable.

Sur cet arrière-plan, historiquement exact, se détache un groupe d'hommes, d'appartenance communiste, qui s'efforcent, par le vertige de l'action, d'oublier le drame sans issue de leur condition humaine. Peu importe, au reste, que la lutte contre Tchang et ses troupes les mène à l'emprisonnement et à la mort. Dans la prison où ils attendent côte à côte une exécution atroce, la communauté de leur misère les rapproche dans un sentiment de fraternité, auquel le russe Katow, par un sacrifice sublime, va donner tout son sens.

---

(1) Voir pp. 463-464.

Katow regarda attentivement les deux visages : les jeunes gens pleuraient, sans un sanglot. « Y a pas grand'chose à faire avec la parole », pensa Katow. Souen voulut bouger l'épaule et grimaça de douleur — il était blessé aussi au bras.

— Brûlé, dit-il. Être brûlé vif. Les yeux aussi, les yeux, tu comprends...

Son camarade sanglotait maintenant.

— On peut l'être par accident, dit Katow.

Il semblait qu'ils parlassent, non l'un à l'autre, mais à quelque troisième personne invisible.

— Ce n'est pas la même chose.

— Non, c'est moins bien.

— Les yeux aussi, répétait Souen d'une voix basse, les yeux aussi... Chacun des doigts, et le ventre, le ventre...

— Tais-toi, dit l'autre, d'une voix de sourd.

Il eût voulu crier mais ne pouvait plus. Il crispa ses mains, tout près des blessures de Souen, dont les muscles se contractèrent.

« La dignité humaine », murmura Katow (...). Aucun des condamnés ne parlait plus. Au-delà du fanal, dans l'ombre maintenant complète, toujours la rumeur des blessures... Il se rapprocha encore de Souen et de son compagnon. L'un des gardes contait aux autres une histoire : têtes réunies, ils se trouvèrent entre le fanal et les condamnés : ceux-ci ne les voyaient même plus. Malgré la rumeur, malgré tous ces hommes qui avaient combattu comme lui, Katow était seul, seul entre le corps de son ami mort et ses deux compagnons épouvantés, seul entre ce mur et ce sifflet perdu dans la nuit. Mais un homme pouvait être plus fort que cette solitude et même, peut-être, que ce sifflet atroce : la peur luttait en lui contre la plus terrible tentation de sa vie.

Il ouvrit à son tour la boucle de sa ceinture. Enfin :

— Hé là, dit-il à voix très basse. Souen, pose ta main sur ma poitrine, et prends dès que je la toucherai : je vais vous donner mon cyanure. Il n'y en a absolument que pour deux.

Il avait renoncé à tout, sauf à dire qu'il n'y en avait que pour deux. Couché sur le côté, il brisa le cyanure en deux. Les gardes masquaient la lumière qui les entourait d'une auréole trouble ; mais n'allaient-ils pas bouger ? Impossible de voir quoi ce fût ; ce don de plus que sa vie, Katow le faisait à cette main chaude qui reposait sur lui, pas même à des corps, pas même à des voix. Elle se crispa comme un animal, se sépara de lui aussitôt. Il attendit, tout le corps tendu. Et, soudain, il entendit l'une des deux voix :

— C'est perdu. Tombé.

Voix à peine altérée par l'angoisse, comme si une telle catastrophe n'eût pas été possible, comme si tout eût dû s'arranger. Pour Katow aussi, c'était impossible. Une colère sans limites montait en lui mais retombait, combattue par cette impossibilité. Et pourtant ! Avoir donné *cela* pour que cet idiot le perdît !

— Quand ? demanda-t-il.

— Avant mon corps. Pas pu tenir quand Souen l'a passé : je suis blessé à la main.

— Il a fait tomber les deux, dit Souen.

Sans doute, cherchaient-ils entre eux. Ils cherchèrent ensuite entre Katow et Souen, sur qui l'autre était presque probablement couché, car Katow, sans rien voir, sentait près de lui la masse de deux corps. Il cherchait lui aussi, s'efforçant de vaincre sa nervosité, de poser sa main à plat, de dix centimètres en dix centimètres, partout où il pouvait atteindre. Leurs mains frôlèrent la sienne. Et tout à coup une des deux la prit, la serra, la conserva.

— Même si nous ne trouvons rien... dit une des voix.

Katow, lui aussi, serrait la main, à la limite des larmes, pris par cette pauvre fraternité sans visage, presque sans vraie voix (tous les chuchotements se ressemblent) qui lui était donnée dans cette obscurité contre le plus grand don qu'il eût jamais fait, et qui était peut-être fait en vain. Bien que Souen continuât à chercher, les deux mains restaient unies. L'étreinte devint soudain crispation :

— Voilà.

O résurrection !... Mais :

— Tu es sûr que ce ne sont pas des cailloux ? demanda l'autre.

Il y avait beaucoup de morceaux de plâtre par terre.

— Donne ! dit Katow.

Du bout des doigts, il reconnut les formes.

Il les rendit — les rendit — serra plus fort la main qui cherchait à nouveau la sienne, et attendit, tremblant des épaules, claquant des dents. « Pourvu que le cyanure ne soit pas décomposé, malgré le papier d'argent », pensat-il. La main qu'il tenait tordit soudain la sienne, et, comme s'il eût communiqué par elle avec le corps perdu dans l'obscurité, il sentit que celui-ci se tendait. Il enviait cette suffocation convulsive. Presque en même temps, l'autre : un cri étranglé auquel nul ne prit garde. Puis, rien.

Katow se sentit abandonné. Il se retourna sur le ventre et attendit. Le tremblement de ses épaules ne cessait pas.

Au milieu de la nuit, l'officier revint. Dans un chahut d'armes heurtées, six soldats s'approchèrent des condamnés. Tous les prisonniers s'étaient réveillés. Le nouveau fanal, lui aussi, ne montrait que de longues formes confuses — des tombes dans la terre retournée, déjà — et quelques reflets sur des yeux. Katow était parvenu à se dresser. Celui qui commandait l'escorte prit le bras de Kyo, en sentit la raideur, saisit aussitôt Souen ; celui-là aussi était raide. Une rumeur se propageait, des premiers rangs des prisonniers aux derniers. Le chef d'escorte prit par le pied une jambe du premier, puis du second : elles retombèrent, raides. Il appela l'officier. Celui-ci fit les mêmes gestes. Parmi les prisonniers, la rumeur grossissait. L'officier regarda Katow:

— Morts ?

Pourquoi répondre ?

— Isolez les six prisonniers les plus proches !

— Inutile, répondit Katow : c'est moi qui leur ai donné le cyanure.

L'officier hésita :

— Et vous ? demanda-t-il enfin.

— Il n'y en avait que pour deux, répondit Katow avec une joie profonde.

« Je vais recevoir un coup de crosse dans la figure », pensa-t-il. La rumeur des prisonniers était devenue presque une clameur.

— Marchons, dit seulement l'officier.

Katow n'oubliait pas qu'il avait été déjà condamné à mort, qu'il avait vu les mitrailleuses braquées sur lui, les avait entendu tirer... « Dès que je serai dehors, je vais essayer d'en étrangler un, et de laisser mes mains assez longtemps serrées pour qu'ils soient obligés de me tuer. Ils me brûleront, mais mort. » A l'instant même, un des soldats le prit à bras-le-corps, tandis qu'un autre ramenait ses mains derrière son dos et les attachait. « Les petits auront eu de la veine, pensa-t-il. Allons ! Sup-posons que je suis mort dans un incendie. » Il commença à marcher. Le silence retomba, comme une trappe, malgré les gémissements. Comme naguère sur le mur blanc, le fanal projeta l'ombre maintenant très noire de Katow sur les grandes fenêtres nocturnes ; il marchait pesamment, d'une jambe sur l'autre, arrêté par ses blessures ; lorsque son balancement se rapprochait du fanal, la silhouette de sa tête se perdait au plafond. Toute l'obscurité de la salle était vivante, et le suivait du regard pas à pas. Le silence était devenu tel que le sol résonnait chaque fois qu'il touchait lourdement du pied ; toutes les têtes, battant de haut en bas, suivaient le rythme de sa marche, avec amour, avec effroi, avec résignation, comme si, malgré les mouvements semblables, chacun se fût dévoilé en suivant ce départ cahotant. Tous restèrent la tête levée : la porte se referma.

Un bruit de respirations profondes, le même que celui du sommeil, commença à monter du sol ; respirant par le nez, les mâchoires collées par l'angoisse, immobiles maintenant, tous ceux qui n'étaient pas encore morts attendaient le sifflet.

Gallimard, édit.

ANTOINE DE SAINT-EXUPÉRY

Sa vie   Antoine de Saint-Exupéry naquit à Lyon en 1900. Après un échec à l'École Navale, il fait son service militaire dans l'aviation et devient ensuite pilote de ligne. Ses romans s'inspirent étroitement de son expérience vécue. Il assure d'abord la liaison entre Toulouse et Dakar, puis est nommé chef de « l'aéroplace (1) » de Cap Juby, dans une zone insoumise du Maroc espagnol. *Courrier-Sud* (1930) met en œuvre des éléments empruntés à ces deux étapes de sa carrière ; *Vol de nuit* (1931) est écrit à Buenos Aires, où il est directeur d'une filiale de l'Aéropostale ; *Terre des hommes* (1939) offre comme un bilan de ses souvenirs.

Pilote de guerre dès 1939, après un exil de plus de deux ans aux États-Unis, au cours duquel paraît *le Petit Prince*, Saint-Exupéry revient en France où il reprend le combat en 1943. Il disparaît au cours d'une mission de reconnaissance aérienne le 31 juillet 1944.

Après sa mort, sera publié *Citadelle* qui, sous la forme d'une parabole, dégage les éléments d'une philosophie inspirée par l'action.

L'unité de son œuvre   Les premières œuvres de Saint-Exupéry ont séduit à la fois par leur nouveauté et leur authenticité, comme le témoignage d'un homme de métier dans un domaine que nul avant lui n'avait abordé, sauf Kessel (2) dans *l'Équipage*. Mais d'un roman à l'autre, les lecteurs prennent conscience qu'il s'agit d'autre chose que de simples romans-reportages. Dans *Courrier-Sud*, Saint-Exupéry avait cru devoir rehausser son récit de l'appoint d'une intrigue sentimentale, d'ailleurs assez étrangère au fil du récit. Déjà *Vol de nuit*, centré autour de l'attente de trois courriers à l'aérodrome de Buenos Aires, nous fait assister au drame humain qui se livre sur terre, au poste de commandement, et dans le ciel, auprès des pilotes, s'approfondit en l'étude vigoureuse d'un caractère, et se prolonge en une méditation sur l'action. *Terre des hommes*, plus explicitement encore, s'organise autour

(1) Base aérienne. — (2) Romancier né en 1898.

de cette méditation sur la grandeur d'un métier qui affermit la volonté, exalte un sentiment de fraternité entre ceux qui œuvrent pour une tâche commune et leur fait prendre une conscience élargie de leur responsabilité : la grandeur de l'homme, c'est de se sentir « dans la mesure de son travail »... « responsable un peu du destin des hommes ». *Le Petit Prince* reprendra ce thème sous la forme d'une parabole poétique.

Au terme de cette continuité, *Citadelle* apparaît comme une dernière étape et comme un couronnement. Saint-Exupéry y médite sur les valeurs révélées par l'action qui font la dignité de l'homme et qui s'équilibrent en lui. Elles sont susceptibles de donner un sens à sa vie. Son humanisme, résolument spiritualiste, postule Dieu plutôt qu'il ne le trouve; à défaut d'une rencontre, il est, au moins, une aspiration vers le divin.

VOL DE NUIT

Fabien, un des trois pilotes qui cherchent à gagner l'aérodrome de Buenos Aires, ne peut plus échapper à la mort. Les communications avec le sol sont coupées et son réservoir d'essence est à peu près vide. Dans une sorte de vertige qui fera de sa mort une apothéose, Fabien monte vers les étoiles.

La description unit, sans la moindre impression de disparité, la réalité et le rêve, dans une profusion de détails précis, presque techniques, sur le comportement de l'avion et sur le spectacle qui, bientôt, aux yeux du pilote, se transfigure en vision. Mais, déjà, celui-ci semble comme détaché de la vie terrestre, comme intégré au monde cosmique, dans une exaltation telle que la mort certaine, toute proche, loin d'être une appréhension, vient plutôt comme une délivrance.

Il monta, en corrigeant mieux les remous, grâce aux repères qu'offraient les étoiles. Leur aimant pâle l'attirait. Il avait peiné si longtemps, à la poursuite d'une lumière, qu'il n'aurait plus lâché la plus confuse. Riche d'une lueur d'auberge, il aurait tourné jusqu'à la mort, autour de ce signe dont il avait faim. Et voici qu'il montait vers des champs de lumière.

Il s'élevait peu à peu, en spirale, dans le puits qui s'était ouvert, et se refermait au-dessous de lui. Et les nuages perdaient, à mesure qu'il montait, leur boue d'ombre, ils passaient contre lui, comme des vagues de plus en plus pures et blanches. Fabien émergea.

Sa surprise fut extrême : la clarté était telle qu'elle l'éblouissait. Il dut, quelques secondes, fermer les yeux. Il n'aurait jamais cru que les nuages, la nuit, pussent éblouir. Mais la pleine lune et toutes les constellations les changeaient en vagues rayonnantes.

L'avion avait gagné d'un seul coup, à la seconde même où il émergeait, un calme qui semblait extraordinaire. Pas une houle ne l'inclinait. Comme une barque qui passe la digue, il entrait dans les eaux réservées. Il était pris dans une part de ciel inconnue et cachée comme la baie des îles bienheureuses. La tempête, au-dessous de lui, formait un autre monde de trois mille mètres d'épaisseur, parcouru de rafales, de trombes d'eau, d'éclairs, mais elle tournait vers les astres une face de cristal et de neige.

Fabien pensait avoir gagné des limbes (1) étranges, car tout devenait lumineux, ses mains, ses vêtements, ses ailes. Car la lumière ne descendait pas des astres, mais elle se dégageait, au-dessous de lui, autour de lui, de ces provisions blanches.

Ces nuages, au-dessous de lui, renvoyaient toute la neige qu'ils recevaient de la lune. Ceux de droite et de gauche aussi, hauts comme des tours. Il circulait un lait de lumière dans lequel baignait l'équipage. Fabien, se retournait, vit que le radio souriait.

— Ça va mieux ! criait-il.

Mais la voix se perdait dans le bruit du vol, seuls communiquaient les sourires. « Je suis tout à fait fou, pensait Fabien, de sourire : nous sommes perdus. »

Pourtant, mille bras obscurs l'avaient lâché. On avait dénoué ses liens, comme ceux d'un prisonnier qu'on laisse marcher seul, un temps, parmi les fleurs.

« Trop beau », pensait Fabien. Il errait parmi les étoiles accumulées avec la densité d'un trésor, dans un monde où rien d'autre, absolument rien d'autre que lui, Fabien, et son camarade, n'était vivant. Pareils à ces voleurs des villes fabuleuses, murés dans la chambre aux trésors dont ils ne sauront plus sortir. Parmi ces pierreries glacées, ils errent, infiniment riches, mais condamnés.

Gallimard, édit.

(1) Régions mystérieuses, calmes et sereines.

LE PETIT PRINCE

Ce conte semble occuper une place à part dans l'œuvre de Saint-Exupéry. Sa fraîcheur et sa fantaisie, la simplicité naïve de son expression expliquent l'immense succès qu'il connaît auprès des enfants. Mais l'auteur qui, de son propre aveu, ne souhaite pas qu'on lise son livre « à la légère » et qui l'a dédié « à la grande personne qui avait bien besoin d'être consolée » nous invite à rechercher plus avant, sa signification profonde. En fait, on y retrouve, sous la forme d'une souriante et touchante parabole, les thèmes habituels de son inspiration.

LE PETIT PRINCE ET LE RENARD

Cet épisode reprend la méditation qui anime le conte tout entier : la banalité et le perpétuel recommencement de l'existence sont symbolisés par le bilan en raccourci que donne, de sa vie, le renard. Mais le petit prince vient nous apprendre la naïveté retrouvée, la simplicité, l'émerveillement devant la vie. Son dialogue avec le renard nous enseigne que l'amitié qui « crée des liens » entre les êtres ensoleille la vie. Il faut que la connaissance se double d'un élan vers les choses et vers les hommes, sans quoi elle ne saurait combler le cœur : malgré les apparences, la rose du petit prince est unique, car elle a besoin de lui et lui a besoin d'elle.

C'est alors qu'apparut le renard :
— Bonjour, dit le renard.
— Bonjour, répondit poliment le petit prince, qui se retourna mais ne vit rien.
— Je suis là, dit la voix, sous le pommier...
— Qui es-tu ? dit le prince. Tu es bien joli...
— Je suis un renard, dit le renard.
— Viens jouer avec moi, lui proposa le petit prince. Je suis tellement triste...
— Je ne puis pas jouer avec toi, dit le renard. Je ne suis pas apprivoisé.
— Ah ! pardon, fit le petit prince.
Mais, après réflexion, il ajouta :
— Qu'est-ce que signifie « apprivoiser » ?
— Tu n'es pas d'ici, dit le renard, que cherches-tu ?
— Je cherche les hommes, dit le petit prince. Qu'est-ce que signifie « apprivoiser » ?
— Les hommes, dit le renard, ils ont des fusils et ils chassent. C'est bien gênant ! Ils élèvent aussi des poules. C'est leur seul intérêt. Tu cherches des poules ?
— Non, dit le petit prince. Je cherche des amis. Qu'est-ce que signifie « apprivoiser » ?
— C'est une chose trop oubliée, dit le renard. Ça signifie « créer des liens... ».
— Créer des liens ?
— Bien sûr, dit le renard. Tu n'es encore pour moi qu'un petit garçon tout semblable à cent mille petits garçons. Et je n'ai pas besoin de toi. Et tu n'as pas besoin de moi non plus. Je ne suis pour toi qu'un renard semblable à cent mille renards. Mais, si tu m'apprivoises, nous aurons besoin l'un de l'autre. Tu seras pour moi unique au monde. Je serai pour toi unique au monde...
— Je commence à comprendre, dit le petit prince. Il y a une fleur... Je crois qu'elle m'a apprivoisé...

— C'est possible, dit le renard. On voit sur la Terre toutes sortes de choses...
— Oh ! ce n'est pas sur la Terre, dit le petit prince.
Le renard parut très intrigué :
— Sur une autre planète ?
— Oui.
— Il y a des chasseurs, sur cette planète-là ?
— Non.
— Ça, c'est intéressant ! Et des poules ?
— Non.
— Rien n'est parfait, soupira le renard.
Mais le renard revint à son idée :
— Ma vie est monotone. Je chasse les poules, les hommes me chassent. Toutes les poules se ressemblent, et tous les hommes se ressemblent. Je m'ennuie donc un peu. Mais, si tu m'apprivoises, ma vie sera comme ensoleillée. Je connaîtrai un bruit de pas qui sera différent de tous les autres. Les autres pas me font rentrer sous terre. Le tien m'appellera hors du terrier, comme une musique. Et puis regarde ! Tu vois, là-bas, les champs de blé ? Je ne mange pas de pain. Le blé pour moi est inutile. Les champs de blé ne me rappellent rien. Et ça, c'est triste ! Mais tu as des cheveux couleur d'or. Alors ce sera merveilleux quand tu m'auras apprivoisé ! Le blé, qui est doré, me fera souvenir de toi. Et j'aimerai le bruit du vent dans le blé...
Le renard se tut et regarda longtemps le petit prince :
— S'il te plaît... apprivoise-moi ! dit-il.
— Je veux bien, répondit le petit prince, mais je n'ai pas beaucoup de temps. J'ai des amis à découvrir et beaucoup de choses à connaître.
— On ne connaît que les choses que l'on apprivoise, dit le renard. Les hommes n'ont plus le temps de rien connaître. Ils achètent des

choses toutes faites chez les marchands. Mais comme il n'existe point de marchands d'amis, les hommes n'ont plus d'amis. Si tu veux un ami, apprivoise-moi !

— Que faut-il faire ? dit le petit prince.

— Il faut être très patient, répondit le renard. Tu t'assoiras d'abord un peu loin de moi, comme ça, dans l'herbe. Je te regarderai du coin de l'œil et tu ne diras rien. Le langage est source de malentendus. Mais, chaque jour, tu pourras t'asseoir un peu plus près...

Le lendemain, revint le petit prince.

— Il eût mieux valu revenir à la même heure, dit le renard. Si tu viens, par exemple, à quatre heures de l'après-midi, dès trois heures, je commencerai d'être heureux. Plus l'heure avancera, plus je me sentirai heureux. A quatre heures, déjà, je m'agiterai et m'inquiéterai ; je découvrirai le prix du bonheur ! Mais si tu viens n'importe quand, je ne saurai jamais à quelle heure m'habiller le cœur... Il faut des rites.

— Qu'est-ce qu'un rite ? dit le petit prince.

— C'est aussi quelque chose de trop oublié, dit le renard. C'est ce qui fait qu'un jour est différent des autres jours, une heure des autres heures. Il y a un rite, par exemple, chez mes chasseurs. Ils dansent le jeudi avec les filles du village. Alors le jeudi est jour merveilleux ! Je vais me promener jusqu'à la vigne. Si les chasseurs dansaient n'importe quand, les jours se ressembleraient tous, et je n'aurais point de vacances.

Ainsi, le petit prince apprivoisa le renard. Et quand l'heure du départ fut proche :

— Ah ! dit le renard... Je pleurerai.

— C'est ta faute, dit le petit prince, je ne te souhaitais point de mal, mais tu as voulu que je t'apprivoise...

— Bien sûr, dit le renard.

— Mais tu vas pleurer ! dit le petit prince.

— Bien sûr, dit le renard.

— Alors, tu n'y gagnes rien !

— J'y gagne, dit le renard, à cause de la couleur du blé.

Puis il ajouta :

— Va revoir les roses. Tu comprendras que la tienne est unique au monde. Tu reviendras me dire adieu, et je te ferai cadeau d'un secret.

Le petit prince s'en fut revoir les roses :

— Vous n'êtes pas du tout semblables à ma rose, vous n'êtes rien encore, leur dit-il. Personne ne vous a apprivoisées et vous n'avez apprivoisé personne. Vous êtes comme était mon renard. Ce n'était qu'un renard semblable à cent mille autres. Mais j'en ai fait mon ami, et il est maintenant unique au monde.

Et les roses étaient bien gênées.

— Vous êtes belles, mais vous êtes vides, leur dit-il encore. On ne peut pas mourir pour vous. Bien sûr, ma rose à moi, un passant ordinaire croirait qu'elle vous ressemble. Mais à elle seule elle est plus importante que vous toutes, puisque c'est elle que j'ai arrosée. Puisque c'est elle que j'ai mise sous globe. Puisque c'est elle que j'ai abritée par le paravent. Puisque c'est elle dont j'ai tué les chenilles (sauf les deux ou trois pour les papillons). Puisque c'est elle que j'ai écoutée se plaindre, ou se vanter, ou même quelquefois se taire. Puisque c'est ma rose.

Et il revint vers le renard :

— Adieu, dit-il...

— Adieu, dit le renard. Voici mon secret. Il est très simple : on ne voit bien qu'avec le cœur. L'essentiel est invisible pour les yeux.

— L'essentiel est invisible pour les yeux, répéta le petit prince, afin de se souvenir.

— C'est le temps que tu as perdu pour ta rose qui fait ta rose si importante.

— C'est le temps que j'ai perdu pour ma rose... fit le petit prince, afin de se souvenir.

— Les hommes ont oublié cette vérité, dit le renard. Mais tu ne dois pas l'oublier. Tu deviens responsable pour toujours de ce que tu as apprivoisé. Tu es responsable de ta rose...

— Je suis responsable de ma rose... répéta le petit prince, afin de se souvenir.

Gallimard, édit.

LE RÉALISME ET LE MERVEILLEUX

MARCEL AYMÉ

Un humoriste Originaire de Joigny, dans l'Yonne, où il naquit en 1902, Marcel Aymé y passa son enfance. C'est cette atmosphère villageoise qu'il fait revivre dans *la Table aux crevés* (1929) et *la Jument verte* (1933) qui comptent parmi les plus réussis de ses romans. Son talent dominé se trouve particulièrement à l'aise dans le cadre du conte (*les contes du chat perché, le Passe-Muraille*). Au théâtre, sa verve satirique, truculente et poétique, son art de faire rebondir le dialogue, triomphent avec *Clérambard* (1950), et *la Tête des autres* (1954).

Le talent de Marcel Aymé s'est d'abord imposé par la qualité de sa peinture des mœurs et de la mentalité paysannes, saisies sur le vif et mises en scène souvent avec une truculence pittoresque, parfois même avec une note de pathétique.

L'originalité de son talent Mais son originalité séduit surtout par la manière dont il se plaît à associer intimement, avec un naturel parfait, les éléments du merveilleux et ce réalisme haut en couleur. Ainsi dans *la Vouivre* (1943), c'est un personnage mythique que l'on voit se mêler à la vie quotidienne des paysans et engager notamment avec l'un d'entre eux de longues conversations d'une disparité savoureuse. Tout cela est conté avec une apparence de sérieux, de simplicité et de naturel, d'un comique irrésistible.

LE PASSE-MURAILLE

Le merveilleux s'allie ici au prosaïsme quotidien d'une manière inimitable. L'aspect physique, la tenue, le métier du personnage principal, le caractère mesquin des démêlés qui l'opposent à son chef de bureau jurent délicieusement avec ce don magique qu'il possède. Marcel Aymé exploite la cocasserie de ces dissonances avec un humour indéniable.

Il y avait à Montmartre, au troisième étage du 75 *bis* de la rue d'Orchampt, un excellent homme nommé Dutilleul qui possédait le don singulier de passer à travers les murs sans en être incommodé. Il portait un binocle, une petite barbiche noire et il était employé de troisième classe au ministère de l'Enregistrement. En hiver, il se rendait à son bureau par l'autobus, et, à la belle saison, il faisait le trajet à pied, sous son chapeau melon.

... Il avait... gardé intacte la faculté de passer à travers les murs, mais il ne l'utilisait jamais, sinon par inadvertance, étant peu curieux d'aventures et rétif aux entraînements de l'imagination. L'idée ne lui venait même pas de rentrer chez lui autrement que par la porte et après l'avoir dûment ouverte en faisant jouer la serrure. Peut-être eût-il vieilli dans la paix de ses habitudes sans avoir la tentation de mettre ses dons à l'épreuve, si un événement extraordinaire n'était venu soudain bouleverser son existence. M. Mouron, son sous-chef de bureau, appelé à d'autres fonctions, fut remplacé par un certain M. Lécuyer, qui avait la parole brève et la moustache en brosse. Dès le premier jour, le nouveau sous-chef vit de très mauvais œil que Dutilleul portât un lorgnon à chaînette et une barbiche noire, et il affecta de le traiter comme une vieille chose gênante et un peu malpropre. Mais le plus grave était qu'il prétendît introduire dans son service des réformes d'une portée considérable et bien faites pour troubler la quiétude de son subordonné. Depuis vingt ans, Dutilleul commençait ses lettres par la formule suivante : « Me reportant à votre honorée du tantième courant (1) et, pour mémoire, à notre échange de lettres antérieur, j'ai l'honneur de vous informer... » Formule à laquelle M. Lécuyer entendit substituer une autre d'un tour plus américain : « En réponse à votre lettre du tant, je vous informe... » Dutilleul ne put s'accoutumer à ces façons épistolaires. Il revenait malgré lui à la manière traditionnelle, avec une obstination machinale qui lui valut l'inimitié grandissante du sous-chef. L'atmosphère du ministère de l'Enregistrement lui devenait presque pesante. Le matin, il se rendait à son travail avec appréhension, et le soir, dans son lit, il lui arrivait bien souvent de méditer un quart d'heure entier avant de trouver le sommeil.

Écœuré par cette volonté rétrograde qui compromettait le succès de ses réformes, M. Lécuyer avait relégué Dutilleul dans un réduit à demi obscur, attenant à son bureau. On y accédait par une porte basse et étroite donnant sur le couloir et portant encore en lettres capitales l'inscription : Débarras. Dutilleul avait accepté d'un cœur résigné cette humiliation sans précédent, mais chez lui, en lisant dans son journal le récit de quelque sanglant fait divers, il se surprenait à rêver que M. Lécuyer était la victime.

Un jour, le sous-chef fit irruption dans le réduit en brandissant une lettre et il se mit à beugler :

— Recommencez-moi ce torchon (2) ! Recommencez-moi cet innommable torchon qui déshonore mon service !

Dutilleul voulut protester, mais M. Lécuyer, la voix tonnante, le traita de cancrelat routinier, et, avant de partir, froissant la lettre qu'il avait en main, la lui jeta au visage. Dutilleul était modeste, mais fier. Demeuré seul dans son réduit, il fit un peu de température et, soudain, se sentit en proie à l'inspiration. Quittant son siège, il entra dans le mur qui séparait son bureau de celui du sous-chef, mais il y entra avec prudence, de telle sorte que sa tête seule émergeât de l'autre côté. M Lécuyer, assis à sa table de travail, d'une plume encore nerveuse déplaçait une virgule dans le texte d'un employé, soumis à son approbation, lorsqu'il entendit tousser dans son bureau. Levant les yeux, il découvrit avec un effarement indicible la tête

(1) Formule employée dans les lettres commerciales et qui signifie : votre lettre de telle date du mois en cours. — (2) Page malpropre.

de Dutilleul, collée au mur à la façon d'un trophée de chasse. Et cette tête était vivante. A travers le lorgnon à chaînette, elle dardait sur lui un regard de haine. Bien mieux, la tête se mit à parler.

— Monsieur, dit-elle, vous êtes un voyou, un butor et un galopin.

Béant (1) d'horreur, M. Lécuyer ne pouvait détacher les yeux de cette apparition. Enfin, s'arrachant à son fauteuil, il bondit dans le couloir et courut jusqu'au réduit. Dutilleul, le porte-plume à la main, était installé à sa place habituelle, dans une attitude paisible et laborieuse. Le sous-chef le regarda longuement, et, après avoir balbutié quelques paroles, regagna son bureau. A peine venait-il de s'asseoir que la tête réapparaissait sur la muraille.

— Monsieur, vous êtes un voyou, un butor et un galopin.

Au cours de cette seule journée, la tête redoutée apparut vingt-trois fois sur le mur et, les jours suivants, à la même cadence. Dutilleul, qui avait acquis une certaine aisance à ce jeu, ne se contentait plus d'invectiver contre le sous-chef. Il proférait des menaces obscures, s'écriant par exemple d'une voix sépulcrale, ponctuée de rires vraiment démoniaques :

— Garou ! garou ! Un poil de loup ! (2) (rire). Il rôde un frisson à décorner tous les hiboux (rire).

Ce qu'entendant, le pauvre sous-chef devenait un peu plus pâle, un peu plus suffocant, et ses cheveux se dressaient bien droits sur sa tête et il lui coulait dans le dos d'horribles sueurs d'agonie. Le premier jour, il maigrit d'une livre. Dans la semaine qui suivit, outre qu'il se mit à fondre presque à vue d'œil, il prit l'habitude de manger son potage avec sa fourchette et de saluer militairement les gardiens de la paix. Au début de la deuxième semaine, une ambulance vint le prendre à son domicile et l'emmena dans une maison de santé.

Dutilleul, délivré de la tyrannie de M. Lécuyer, put revenir à ses chères formules : « Me reportant à votre honorée du tantième courant... »

Gallimard, édit.

LA LITTÉRATURE DE 1939 A NOS JOURS

La littérature qui renaît après la guerre de 1939-1945, sans rompre brutalement avec le passé, se transforme sous l'influence d'idées nouvelles, d'angoisses inédites, d'expériences inconnues jusqu'alors.

Le succès sans précédent de la philosophie existentialiste, qui fait de la perception angoissée de notre existence le point de départ de toute pensée humaine a des répercussions décisives sur la littérature comme en témoignent les romans et les pièces de théâtre de Sartre et de Camus.

La poésie a su, sans se désintéresser des événements ni de l'actualité, explorer toutes les allées de l'âme, s'avancer jusqu'aux frontières de la vie et de la mort, dans les œuvres de Michaux, Reverdy, Joë Bousquet, Saint-John Perse, René Char, Pierre-Jean Jouve.

Le théâtre contemporain, où continuent à briller Montherlant et Anouilh s'est aventuré, avec éclat, dans la direction d'un « Nouveau Théâtre », où Becket et Ionesco cherchent à traduire les angoisses métaphysiques et les absurdités grotesques et tragiques de la condition humaine.

Le « Nouveau Roman », quant à lui, avec Robbe-Grillet, Butor, Nathalie Sarraute, remet en question les sujets et la conception du roman, le langage et l' « écriture » même.

LA POÉSIE CONTEMPORAINE

La poésie occupe une place de premier plan dans la littérature de ces vingt dernières années : satirique avec Prévert, populaire ou naturellement rustique chez Fombeure ou Cadou, engagée, épique et politique avec Éluard ou Aragon, elle éclate, après la Libération, en mouvements divers et en tendances puissantes, et elle est animée par des personnalités vigoureuses : des explorations verbales d'Audiberti et de Queneau ; de l'aventure à tous les horizons chez Saint-John Perse, Césaire et Senghor, à la descente aux enfers spirituels de Michaux, Char, Jouve, tous les chemins sont ouverts pour la grande exploration.

---

(1) La bouche grande ouverte. — (2) Loup-garou désigne, selon une superstition qui remonte à l'Antiquité, un sorcier qui sort la nuit sous les apparences d'un loup.

JACQUES PRÉVERT

Un poète lyrique et satirique   Jacques Prévert, né en 1900, se fit connaître au cinéma comme scénariste et dialoguiste; ses poèmes furent appréciés à l'audition et parfois mis en musique, avant d'être consacrés par l'accueil enthousiaste du grand public, lors de la publication de *Paroles*, en 1946, puis d'*Histoires* la même année et de *Spectacle* en 1951.

Il est toujours resté dans la poésie de Prévert un courant satirique et critique, auquel l'influence du surréalisme a donné l'aspect d'images crues et violemment contrastées, comme celles du fameux *Dîner de têtes*, véritable jeu de massacre; mais ce n'est que l'envers de l'œuvre : la lutte contre les conventions officielles, l'intellectualisme desséché, le formalisme stupide des gens soi-disant « bien » s'accompagne d'une constante fraternité à l'égard des humbles, des victimes, des misérables. Cet anarchiste compatissant retrouve d'emblée les grands thèmes populaires, chante le charme souffreteux des faubourgs, l'intimité menacée des jardins publics. En fait, cette poésie populaire rejoint bien souvent la grande poésie. Prévert a peut-être été dans les années d'après-guerre le meilleur vulgarisateur — le mot n'est pas toujours péjoratif — d'un certain lyrisme parisien dont le cinéma, la chanson et la poésie ont su tirer des œuvres d'un charme pénétrant.

Prévert excelle dans les instantanés pris sur le vif, images saisies dans leur étrangeté, mais toujours émouvantes...

PLACE DU CARROUSEL

Place du Carrousel
vers la fin d'un beau jour d'été
le sang d'un cheval
accidenté et dételé
ruisselait
sur le pavé
Et le cheval était là
debout
immobile
sur trois pieds
Et l'autre pied blessé
blessé et arraché
pendait
Tout à côté
debout
immobile
il y avait aussi le cocher
et puis la voiture elle aussi immobile
inutile comme une horloge cassée
Et le cheval se taisait
le cheval ne se plaignait pas
le cheval ne hennissait pas
il était là
il attendait
et il était si beau si triste et si simple
et si raisonnable
qu'il n'était pas possible de retenir ses larmes
Oh
jardins perdus
fontaines oubliées
prairies ensoleillées
oh douleur
splendeur et mystère de l'adversité
sang et lueurs
beauté frappée
Fraternité.

    (Paroles.)
    Gallimard, édit.

DÉJEUNER DU MATIN

Il a mis le café
Dans la tasse
Il a mis le lait
Dans la tasse de café
Il a mis le sucre
Dans le café au lait
Avec la petite cuiller
Il a tourné
Il a bu le café au lait
Et il a reposé la tasse
Sans me parler
Il a allumé
Une cigarette
Il a fait des ronds
Avec la fumée
Il a mis les cendres
Dans le cendrier
Sans me parler
Sans me regarder
Il s'est levé
Il a mis
Son chapeau sur sa tête
Il a mis son manteau de pluie
Parce qu'il pleuvait
Et il est parti
Sous la pluie
Sans une parole
Sans me regarder
Et moi j'ai pris
Ma tête dans ma main
Et j'ai pleuré.

    (Paroles.)
    Gallimard, édit.

CHASSE A L'ENFANT

A l'origine, un fait divers : un enfant s'est échappé du pénitencier de l'île et les habitants participent à sa poursuite; mais pour le poète, il s'agit d'un duel inégal et cruel entre les honnêtes gens, gardiens, rentiers et même artistes, et « l'enfant » torturé, qu'on traque ainsi qu'une bête...

A Marianne Oswald.

Bandit ! Voyou ! Voleur ! Chenapan ! (1)

Au-dessus de l'île on voit des oiseaux
Tout autour de l'île il y a de l'eau

Bandit ! Voyou ! Voleur ! Chenapan !

Qu'est-ce que c'est que ces hurlements

Bandit ! Voyou ! Voleur ! Chenapan !

C'est la meute des honnêtes gens
Qui fait la chasse à l'enfant

Il avait dit : « J'en ai assez de la maison de
                 redressement »
Et les gardiens à coups de clefs lui avaient brisé
                 les dents

Et puis ils l'avaient laissé étendu sur le ciment

Bandit ! Voyou ! Voleur ! Chenapan !

Maintenant il s'est sauvé
Et comme une bête traquée
Il galope dans la nuit
Et tous galopent après lui

Les gendarmes, les touristes, les rentiers,
                 les artistes

Bandit ! Voyou ! Voleur ! Chenapan !

C'est la meute des honnêtes gens
Qui fait la chasse à l'enfant
Pour chasser l'enfant pas besoin de permis
Tous les braves gens s'y sont mis
Qu'est-ce qui nage dans la nuit
Quels sont ces éclairs, ces bruits
C'est un enfant qui s'enfuit
On tire sur lui à coups de fusil

Bandit ! Voyou ! Voleur ! Chenapan !

Tous ces messieurs sur le rivage
Sont bredouilles (2) et verts de rage

Bandit ! Voyou ! Voleur ! Chenapan !

Rejoindras-tu le continent rejoindras-tu le
                 continent

Au-dessus de l'île on voit des oiseaux
Tout autour de l'île il y a de l'eau

(Paroles.)
Gallimard, édit.

RENÉ CHAR

Un héritier du surréalisme   René Char, né le 14 juin 1907 à l'Isle-sur-Sorgue (Vaucluse), a commencé par être surréaliste comme Éluard et Aragon; il considérait l'écriture et la poésie comme une aventure qui engageait l'âme profonde sans le contrôle de la raison et des traditions, créant d'inédites alliances de mots, se laissant attirer par les abîmes intérieurs (*le Marteau sans maître*, 1934). Puis ce lutteur robuste aux manières paysannes s'est jeté dans l'action et la résistance à l'occupant dans les maquis de Provence, et les *Feuillets d'Hypnos* (1946) traduisent en poésie ce nouvel aspect de sa vie et de sa personnalité.

Mais Char ne se laisse pas aller à une poésie de circonstance ou d'actualité; poète difficile, qui prétend ajouter à la philosophie d'Héraclite les leçons d'Hölderlin ou de Rimbaud, il ne s'enferme pas en un parti politique, refuse la sécurité intellectuelle et l'équilibre formel, ne veut pas s'astreindre à une clarté artificielle (*Poème pulvérisé* (1947), *Fureur et mystère* (1948)) : « Si l'absurde est maître ici-bas, je choisis l'absurde, l'antistatique, celui qui se rapproche le plus des chances pathétiques. »

Il est le poète de l'effort, de la tension constante et acceptée : « Ne laisse pas le soin de gouverner ton cœur à ces tendresses parentes de l'automne auquel elles empruntent sa plate tendresse et son affable agonie. » Il est aussi le poète qui chante et qui cherche la plénitude de la vie, la chaleur de l'amitié, l'intensité de l'émotion que traduit la violence du cri : « Moi qui jouis du privilège de sentir tout ensemble accablement et confiance, défection et courage. »

---

(1) Vaurien. — (2) N'ont rien rapporté de leur chasse.

MARTHE

A mi-chemin d'une mystérieuse évocation féminine et de la présence d'un monde presque symbolique, ce poème s'achève sur l'affirmation vitale d'une ineffable liberté *(le Poème pulvérisé)*.

Marthe que ces vieux murs ne peuvent pas s'approprier, fontaine où se mire ma monarchie solitaire, comment pourrais-je jamais vous oublier puisque je n'ai pas à me souvenir de vous : vous êtes le présent qui s'accumule. Nous nous unirons sans avoir à nous aborder à nous prévoir, comme deux pavots font en amour une anémone géante.

Je n'entrerai pas dans votre cœur pour limiter sa mémoire. Je ne retiendrai pas votre bouche pour l'empêcher de s'entr'ouvrir sur le bleu de l'air et la soif de partir. Je veux être pour vous la liberté et le vent de la vie qui passe le seuil de toujours avant que la nuit ne devienne introuvable.

Gallimard, édit.

ARTINE

Objets hétéroclites, personnages mystérieux, ce poème nous introduit dans un monde étrange, animé par l'attente d'un avenir menaçant *(le Marteau sans maître)*.

....
Dans le lit qu'on m'avait préparé, il y avait : un animal sanguinolent et meurtri, de la taille d'une brioche, un tuyau de plomb, une rafale de vent, un coquillage glacé, une cartouche tirée, deux doigts d'un gant, une tache d'huile, il n'y avait pas de porte de prison, il y avait le goût de l'amertume, un diamant de vitrier, un cheveu, un jour, une chaise cassée, un ver à soie, l'objet volé, une chaîne de pardessus, une mouche verte apprivoisée, une branche de corail, un clou de cordonnier, une roue d'omnibus.
....
Le livre ouvert sur les genoux d'Artine était

seulement lisible les jours sombres. A intervalles réguliers les héros venaient apprendre les malheurs qui allaient à nouveau fondre sur eux, les voies multiples et terrifiantes dans lesquelles leur irréprochable destinée allait à nouveau s'engager. Uniquement soucieux de la Fatalité ils étaient pour la plupart d'un physique agréable. Ils se déplaçaient avec lenteur, se montraient peu loquaces. Ils exprimaient leurs désirs à l'aide de larges mouvements de tête imprévisibles. Ils paraissaient, en outre, s'ignorer totalement entre eux.
....
José Corti, édit.

A ...

Dans la poésie de René Char, même l'amour implique une tension extrême et une angoisse métaphysique ; son accomplissement suppose encore des lendemains difficiles et des sommets qu'il faudra recommencer à franchir.

Tu es mon amour depuis tant d'années
Mon vertige devant tant d'attente,
Que rien ne peut vieillir, froidir,
Même ce qui nous est étranger,
Et mes éclipses et mes retours.

Fermée comme un volet de buis
Une extrême chance compacte
Est notre chaîne de montagnes
Notre comprimante splendeur.

Je dis chance, ô ma martelée ;
Chacun de nous peut recevoir
La part de mystère de l'autre

Sans en répandre le secret ;
Et la douleur qui vient d'ailleurs
Trouve enfin sa séparation
Dans la chair de notre unité,
Trouve enfin sa route solaire
Au centre de notre nuée
Qu'elle déchire et recommence.

Je dis chance comme je le sens
Tu as élevé le sommet
Que devra franchir mon attente
Quand demain disparaîtra.

Gallimard, édit.

HENRI MICHAUX

Sa vie Henri Michaux naquit à Namur en 1899, au sein d'une famille bourgeoise.
Il eut une enfance anémique, et fut bientôt retranché de la vie en un pensionnat misérable. Après des études classiques chez les jésuites, il vécut dans Bruxelles occupée de 1914 à 1918 et consacra à de nombreuses lectures ses loisirs forcés. Installé

à Paris en 1924, il découvrit, avec une surprise extasiée, les peintres Klee, Ernst et Chirico.

Des voyages nombreux et fructueux enrichirent sa vie spirituelle et son inspiration poétique. *Qui je fus* paraît en 1927 et *Ecuador* en 1929. En 1930, il crée le personnage « Plume » : après *Un certain M. Plume*, ce personnage reviendra dans *Plume* (1937). A partir de 1951-1952, Michaux fera dans son œuvre une part de plus en plus importante au dessin et à la peinture. En 1955, il est naturalisé français.

Une poésie neuve   Michaux ne s'est pas mêlé effectivement au mouvement Dada ni au surréalisme, mais sa poésie et sa prose en ont les aspects révolutionnaires.

Prisonnier d'un monde cruel, injuste, absurde, victime d'un univers qui blesse, qui pique et qui obture, il lui échappe par la dérision, l'humour, le sarcasme. Au réel insupportable, il apporte deux remèdes : l'exorcisme de la poésie, qui est une arme, un moyen de lutte, un outil de rupture, seul capable de détruire le monde faux, de « briser l'étau », de « noyer le mal »; et la création d'un monde neuf, cohérent, logique grâce à l'exploration attentive et infatigable des profondeurs : analyse des rêves, interprétation des visages, intelligence des corps. Qu'elle soit dérèglement apparent des sens, expérience insolite, ou simplement contemplation savante de soi-même, son œuvre est toujours une « entreprise de salut », parce qu'elle est toujours effort lucide, et, selon Jean Rousselot, « invitation au mouvement, refus de toute stagnation mentale ».

Or, cet homme qui avait d'abord refusé d'écrire et qui avait rejeté la littérature comme un carcan (1), finit par devenir, sans le vouloir, un maître du langage. Il avait rêvé d'une langue qui épouserait le mouvement de son être intérieur et tout naturellement, il en vint à la créer. S'il se contenta pourtant quelquefois de mots quotidiens et d'images simples, il crut aussi que des mots nouveaux étaient nécessaires pour traduire une pensée mouvante et inédite, comme en témoigne ce corps à corps *(Qui je fus)* :

> **Il l'emparouille et l'endosque contre terre; il**
> **le rague et le roupète jusqu'à son drâle; il le**
> **pratèle et le libucque et lui barufle les ouillais.**

Mais surtout il a donné vie à des histoires apparemment naïves et concrètes, il a donné ardeur et esprit à des images faciles et créé des mythes; enfin, il a réussi à nous suggérer, par des répétitions, des ruptures et des silences, le rythme même de sa pensée fascinante *(Passages)* :

> **Qu'est-ce que fe jais ici ?**
> **J'appelle**
> **J'appelle**
> **J'appelle**
> **Je ne sais qui j'appelle**
> **Qui j'appelle ne sait pas.**

> **J'appelle quelqu'un de faible**
> **Quelqu'un de brisé**
> **Quelqu'un de fier que rien n'a pu briser**
> **J'appelle.**
> .....

Si ses poèmes débordent le cadre traditionnel de la poésie, et peut-être du langage, on ne peut nier qu'il soit l'inventeur et l'initiateur d'une poésie nouvelle et son influence est considérable

Cette œuvre, qu'on a crue fantaisiste et abstraite, possède une profonde valeur humaine. La quête perpétuelle de Michaux est métaphysique avant tout. « Ce que je

---

(1) Littéralement : cercle de fer avec lequel on attachait le criminel par le cou. Ici : quelque chose qui entrave la liberté.

voudrais — écrit-il — (pas encore ce que je fais) c'est musique pour questionner, pour ausculter, pour approcher le problème d'être » *(Passages)*.

Après son expérience de la mescaline (1), il proclamera son acceptation de la « médiocre condition humaine ». Épris d'absolu — « Malheur à ceux qui se contentent de peu » — il peut bien chercher à s'en dégager « après » l'avoir vécue, mais il refuse de la fuir avant de l'avoir parcourue de bout en bout.

CHANT DANS LE LABYRINTHE (fragments)

Il y a dans ce « labyrinthe » le froid des hivers, la cruauté des événements contemporains, et toutes les angoisses modernes; mais toutes ces souffrances dépassent l'actualité, la guerre et les naufrages; elles sont la douleur même de l'homme menacé, déchiré, poursuivi par la mort.

Les idées, comme des boucs, étaient dressées les unes contre les autres.

La haine prenait une allure sanitaire. La vieillesse faisait rire et l'enfant fut poussé à mordre. Le monde était tout drapeau.

Il y avait eu autrefois des hommes prenant leur temps, brûlant paisiblement des bûches de bois dans de vieilles cheminées, lisant des romans délicieux, où ce sont les autres qui souffrent. Ces temps n'étaient plus.

Les fauteuils, en ce siècle, brûlèrent et le contentement barbelé des riches de ce monde ne se défendait plus.

Il fit froid pour tous cette année. Ce fut le premier hiver total. L'espoir sourdait (2) vaille que vaille (3). Mais l'événement s'en foutant (4) comme une brute qui arrachait pansement et chair et drain à la fois, il fallait recommencer à souffrir sans espoir.

De distance en distance apparaissait une lueur, mais la vague de fond qui emporterait le tout ne se levait toujours pas.

Des peuples, les uns gagnaient, les autres crevaient, mais tous restaient emmêlés dans une misère qui faisait le tour de la Terre. Comme la mer ne se fatigue pas de heurter le rivage d'inutiles vagues, ainsi cette grande lutte poussait toujours en avant de nouveaux rangs.

Avances trépidantes qui n'avançaient à rien, retraites éberluées (5) qui finissaient devant le vide, vide.

Jamais on ne vit autant de coups d'épée dans l'eau. Les rêves de l'humanité flottaient au hasard, mais pourtant, mais partout, sous des rivages divers, le Père, le chef, lorsque sa vie autoritaire, comme une rame s'enfonce dans sa famille qui se tait.

.....
.....

Voici qu'est venue l'Époque dure, plus dure que la dure condition de l'homme.

Elle est venue l'Époque.

Je ferai de leurs maisons des lieux de décombre (6), dit une voix.

Je ferai de leurs familles des hordes terrifiées.

Je ferai de leurs richesses ce que d'une fourrure font les mites, n'en laissant que le spectre, lequel tombe en poussière au moindre geste.

Je ferai de leur bonheur une sale éponge qu'il faut jeter, et leurs projets d'autrefois plus comprimés que le corps de la punaise persécuteront leurs jours et leurs nuits.

Je ferai planer la mort en vérité et en réalité et malheur à qui se trouvera sous ses ailes.

Je culbuterai leurs dieux d'une monstrueuse culbute et dans ses débris éparpillés, ils trouveront des dieux qu'ils ne savaient pas et dont la perte les fera souffrir encore davantage.

Lugubres, lugubres mois !

Lugubres comme cantonnement inondé par surprise.

Lugubres comme le blockhaus aperçu tout à coup trop tard, trop tard son embrasure mince semblable à un mauvais œil plissé, mais ce qui en sort est autrement pénétrant.

Lugubres comme un croiseur sans escorte aérienne, le soir, près des unités ennemies, tandis qu'on entend des bruits dans le ciel que l'on identifie que trop bien quoiqu'encore faibles, mais ils grossissent si épouvantablement vite et le croiseur s'en va, zigzaguant comme une phrase maladroite qui ne rencontre pas le lit de l'histoire.

Lugubres... et pas finis.

Gallimard, édit.

EMPORTEZ-MOI

La poésie reconstruit ici un monde consolant et splendide : attelage d'un autre âge, douceur du velours et chaude haleine des chiens *(Mes propriétés)*.

---

(1) Stupéfiant moderne tiré du peyotl (plante du Mexique, dont l'ingestion produit des hallucinations visuelles). — (2) Jaillissait. — (3) En dépit de tout. — (4) Argot : s'en moquant. — (5) Hallucinées. — (6) Ruines.

Emportez-moi dans une caravelle
Dans une vieille et douce caravelle
Dans l'étrave (1), ou si l'on veut, dans l'écume,
Et perdez-moi, au loin, au loin.

Dans l'attelage d'un autre âge.
Dans le velours trompeur de la neige.
Dans l'haleine de quelques chiens réunis.
Dans la troupe exténuée des feuilles mortes.

Emportez-moi sans me briser, dans les baisers.
Dans les poitrines qui se soulèvent et qui
                                    respectent,
Sur les tapis des paumes et leurs sourires
Dans les corridors des os longs et des
                                    articulations.
Emportez-moi, ou plutôt, enfouissez-moi.

Gallimard, édit.

NAUSÉE OU C'EST LA MORT QUI VIENT ?

Atteint d'une affection cardiaque, Michaux transpose ses préoccupations intimes en un dialogue lyrique d'une grande sérénité spirituelle *(Ecuador)*.

Rends-toi, mon cœur.
Nous avons assez lutté.
Et que ma vie s'arrête
On n'a pas été des lâches
On a fait ce qu'on a pu.

Oh ! mon âme
Tu pars, ou tu restes,
Il faut te décider.
Ne me tâte pas ainsi les organes,
Tantôt avec attention, tantôt avec égarement (2)
Il faut te décider.

Moi, je n'en peux plus

Seigneurs de la Mort
Je ne vous ai ni blasphémés ni applaudis
Ayez pitié de moi, voyageur déjà de tant de
                            voyages sans valises,
Sans maître non plus, sans richesse et la gloire
                            s'en fut ailleurs,
Vous êtes puissants assurément et drôles
                            par-dessus tout,
Ayez pitié de cet homme affolé qui avant de
    franchir la barrière vous crie déjà son nom,
Prenez-le au vol,
Qu'il se fasse, s'il se peut, à vos tempéraments
                            et à vos mœurs,
Et s'il vous plaît de l'aider, aidez-le, je vous prie.

SAINT-JOHN PERSE

Une vie active   Alexis Saint-Léger, dit Saint-John Perse, naquit en 1887, à la Guadeloupe. Étudiant en France, à Bordeaux, il s'intéresse à la fois au droit, aux sciences et aux lettres. Il s'adonne à la géologie, mais aussi à la métrique grecque et à la poésie de Pindare. Reçu en 1914 au concours des Affaires étrangères, il est secrétaire d'ambassade à Pékin, de 1916 à 1921, et voyage en Chine, au Japon, en Mongolie. Il avait publié, dès 1911, un recueil de ses poèmes, *Éloges*, mais, après 1921, date de sa nomination comme expert politique à la Conférence internationale de Washington, il publie sur l'insistance de ses amis, parmi lesquels Gide et Valéry, *Amitié du Prince* (1924) et *Anabase* (1924). Collaborateur d'Aristide Briand, de 1925 à 1931, il est ambassadeur en 1933, secrétaire général aux Affaires étrangères jusqu'à 1940. Très attaqué par les partisans de l'armistice, il est remplacé puis mis en disponibilité, et gagne l'Angleterre, puis les États-Unis, où il continue, dès lors, à résider à Washington. En 1942, il publie *Exil*, aux États-Unis ; en 1946, il publie *Vents*, à Paris. L'ensemble de son œuvre poétique, publié en 1953, lui vaut le Prix Nobel de Littérature en 1960. Il meurt en septembre 1975.

Une œuvre difficile au
**   rythme euvoûtant**   L'œuvre brève et dense de Saint-John Perse, poésie ou prose, versets ou strophes lyriques, d'une égale puissance de souffle, d'une constante noblesse d'âme, présente une grande unité de style et d'inspiration.

---

(1) Avant du navire qui fend l'eau. — (2) Distraction.

Elle évoque un passé violent et grandiose : chevauchées épiques, périples extraordinaires des temps révolus, « bruit des grandes eaux en marche sur la terre », c'est tout un monde inconnu et surhumain qui surgit dans les *Éloges* ou l'*Anabase* (1).

L'actualité résonne aussi, aux grands coups du glas, dans *Exil* et *Vents*, mais l'actualité chez Saint-John Perse devient aussitôt Histoire ou Légende. L'aventure d'un homme, d'une génération, s'élargit à une vision cosmique de l'humanité en marche.

Nous reviendrons, un soir d'Automne   **le trias (2) épais des golfes survolés anime**
Sur les derniers roulements d'orage quand **au soleil des monts ses fossés de goudron bleu...**

A cette haute vision du lendemain, est liée la lucide conscience d'un homme d'action et de pensée :

Nous avions rendez-vous avec la fin d'un âge... **et vous hommes du nombre et de la masse, ne**
nous vous demanderons un compte d'hommes **pesez pas les hommes de ma race.**
        nouveaux... **Ils sont plus haut que vous dans les abîmes de**
                  l'opprobre.

Le conteur, le poète, est sans cesse présent dans cette création d'un monde. L'homme qui a ressenti le vide atroce de l'absence et l'angoisse du désert, ressaisit l'univers dans sa totalité, épouse la mer dans son dernier chant (« Et vous mer... ») et fait retentir « le cri, le cri perçant du dieu sur nous » *(Vents)*.

Or, il y avait un si long temps que j'avais **feuilles de laque noire, le gisement soudain**
goût de ce poème mêlant à mes propos du jour **d'azur et de ciel gemmé (3) écaille vive entre**
toute cette alliance, au loin, d'un grand éclat **les mailles d'un grand poisson pris par les**
de mer, comme en bordure de forêt, entre les **ouïes.**

Gallimard, édit.

ANABASE

C'est le poète qui se révèle ici maître du monde en une matinée glorieuse; le voici explorateur de terres nouvelles, intelligence et forces réunies (début).

Sur trois grandes saisons m'établissant avec **Au seuil des tentes toute gloire ! ma force**
honneur, j'inaugure bien du sol où j'ai fondé **parmi vous ! et l'idée pure comme un sel tient**
ma loi. **ses assises (6) dans le jour.**
Les armes du matin sont belles et la mer. A
nos chevaux livrée la terre sans amandes   **** ****
Nous vaut le ciel incorruptible. Et le soleil
n'est point nommé, mais sa puissance est parmi **... Or, je hantais la ville de vos songes et**
nous, **j'arrêtais sur les marchés déserts ce pur com-**
et la mer au matin comme une présomption **merce de mon âme, parmi vous**
de l'esprit. **invisible et fréquente ainsi qu'un feu d'épines**
Puissance, tu chantais sur nos routes noc- **en pleint vent.**
turnes !... Aux ides pures du matin que savons- **Puissance, tu chantais sur nos routes splen-**
nous du songe, notre aînesse (4) ? **dides !... « Au délice du sel sont toutes lances de**
Pour une année encore parmi vous ! Maître **l'esprit... J'aviverai de sel les bouches mortes**
du grain, maître du sel, et la chose publique sur **du désir !**
de justes balances ! **Qui n'a, louant la soif, bu l'eau des sables**
Je ne hélerai (5) point les gens d'une autre **dans un casque,**
rive. Je ne tracerai point de grands **je lui fais peu crédit au commerce de l'âme... »**
Quartiers de villes sur les pentes avec le **(Et le soleil n'est point nommé, mais sa puis-**
sucre des coraux. Mais j'ai dessein de vivre **sance est parmi nous.)...**
parmi vous.

Gallimard, édit.

(1) « Expédition dans l'intérieur », titre choisi symboliquement et emprunté à Xénophon : « Expédition de Cyrus contre Artaxercès » (IVᵉ siècle av. J.-C.). — (2) Structure géologique de l'ère secondaire, formée par trois types de terrains. — (3) Orné de pierres précieuses. — (4) Aînée. — (5) Je n'appellerai. — (6) Session.

EXIL

Cette prose, dont la phrase se déroule avec harmonie et gravité, traduit la noblesse des hommes voués à une grande tâche, qui les situe au-delà de toutes les injures du destin (VI).

« ... Celui qui erre, à la mi-nuit, sur les galeries de pierre pour estimer les titres d'une belle comète ; celui qui veille entre deux guerres à la pureté des grandes lentilles de cristal ; celui qui s'est levé avant le jour pour curer (1) les fontaines, et c'est la fin des grandes épidémies ; celui qui laque (2) en haute mer avec ses filles et ses brus (3), et c'en était assez des cendres de la terre...

Celui qui flatte la démence aux grands hospices de craie bleue, et c'est Dimanche sur les seigles, à l'heure de grande cécité ; celui qui monte aux orgues solitaires, à l'entrée des armées ; celui qui rêve un jour d'étranges latomies (4), et c'est un peu après midi, à l'heure de grande viduité (5) ; celui qu'éveille en mer, sous le vent d'une île basse, le parfum de sécheresse d'une petite immortelle (6) des sables ; celui qui veille, dans les ports, aux bras des femmes d'autre race, et c'est un goût de vétiver (7) dans le parfum d'aisselle (8) de la nuit basse, et c'est un peu après minuit, à l'heure de grande opacité ; celui, dans le sommeil, dont le souffle est relié au souffle de la mer, et au renversement de la marée voici qu'il se retourne sur sa couche comme un vaisseau change d'amures (9). »

Gallimard, édit.

JOE BOUSQUET

Un poète de la vie intérieure   Joé Bousquet naquit en 1897 à Narbonne. Blessé en mai 1918, alors qu'il commandait une section d'infanterie, et frappé de paralysie en pleine jeunesse, en pleine ardeur, il sut faire de sa chambre de Carcassonne un lieu de rencontres et d'amitié, un foyer spirituel où passèrent les artistes et les écrivains les plus originaux et les plus puissants : Miro, Klee, Dali, Ernst, Valéry, Gide, Aragon, Éluard, Simone Weil. Il publia, en 1936, *Traduit du silence* et en 1946 *le Meneur de lune*. Après sa mort, survenue en 1950, paraissent *Les Capitales* (1955).

Ce très grand poète n'a pas seulement exprimé l'incomparable richesse d'une sensibilité vigoureuse et intense, affinée et purifiée par la souffrance, mais aussi toute la proximité d'un monde qu'il n'a cessé d'aimer, toute la profondeur secrète d'une vie qui ne fut ni mutilée ni vaincue.

LE MENEUR DE LUNE

Le Meneur de lune, un des plus beaux poèmes en prose de la langue française, nous livre à la fois l'odeur du mois de mai, l'image exquise d'une femme, qui n'est peut-être qu'un rêve à la manière de Nerval, et tout le drame de cette existence torturée, mais finalement triomphante.

Des voix dans l'escalier ne m'émeuvent pas, ni des pas légers, ni le poing qui ébranle la porte et frappe le treizième coup de l'heure, mais avec prudence, comme pour sceller le sommeil de la vieille maison ; des jeunes couples m'apportent, entre deux danses, des camélias et des roses, les parfums et les airs d'une fête de nuit. J'écoute leurs noms où dansent des menuets. Je souris à des sourires.

Une jeune femme, en jupe courte, passe entre les robes du soir et s'assied furtivement sur le bord de mon lit d'où elle me regarde, tête baissée comme pour me montrer une croix de rubis piquée dans ses cheveux noirs. On ne me l'a pas présentée. Peut-être une inconnue que chacun croit introduite par un autre.

Moi qui ne vois que cette fille, je n'ai plus d'yeux, je ne dis rien, et je n'entends qu'elle. Je

---

(1) Nettoyer. — (2) Travaille à enduire de laque. — (3) Les femmes de son fils. — (4) Carrières abandonnées qui servaient de prison à Syracuse. — (5) Veuvage. — (6) Fleur qui ne se fane pas. — (7) Plante tropicale aux racines odorantes. — (8) Cavité se trouvant sous le bras, à sa jonction avec l'épaule. — (9) Cordages qui retiennent la partie inférieure de la voile, du côté d'où vient le vent.

ressemble à une épave dont ne voudrait pas l'abîme et qui dessinerait interminablement à la crête des vagues, la silhouette absente du bateau. Tout ce qui m'a été soustrait en un instant, je dois l'extraire lentement du peu que je suis.

Qui sait si cette nouvelle venue, dont les yeux ne me quittent pas, devine ce que j'éprouve ? Elle me regarde avec son visage après m'avoir effleuré des yeux. On dirait une passante examinant les étoffes d'un étalage et après, sa propre image dans la vitrine qu'obscurcit le soir.

« Même au temps où tout le monde me ressemblait, me dis-je, ma personne ne fut que mon étoile, je ne m'ignorais pas assez pour être quelqu'un... »

Souriante et penchée vers moi, elle se fait toute petite et lente et très appliquée, me désigne mes visiteurs. Ils se sont tous assoupis. Des chapeaux d'hommes ont glissé sur le tapis. Elle rit, les mains jointes. On dirait qu'elle les a plongés dans l'oubli en me regardant rêver.

Au mois de mai, les nuits sentent la terre et la fleur qui s'ouvre. Les mots sont transparence, la voix s'y écoute avec le demi-jour. Qui est cette jeune femme ? Je la vois rougir et j'entends qu'elle s'appelle Blanche. La vie ne me semble pas faite pour être vécue. Là où elle regade en nous, là elle est ; pressentiment de son image, gonflée comme un rêve qui se gorgerait de l'obscurité nocturne.

Et je vois des habits noirs se lever, venir à moi en longue file et le visage dans la nuit comme les piques d'une carte à jouer. Un invité a secoué en riant l'épaule de Blanche qui regarde tout le monde, frissonne, s'étire. Autour de mon lit s'empressent, avec un bruit d'eau froissée, les robes aux nuances d'océan, d'hortensias, de violettes. Les jeunes filles rient et cachent leurs lèvres dans des bouquets rouges, bleus, lilas, on ne voit que leurs yeux, mais les fleurs paraissent plus rouges que le rouge, plus jaunes que le jaune... Ce sont les couleurs dont se revêt au grand jour la terre des profondeurs ; couleur des yeux, des corps et de la mer : non l'éclat du ciel, mais l'éclat de l'ombre.

Janin, édit.

PIERRE-JEAN JOUVE

Sa vie Né à Arras en 1887, Pierre-Jean Jouve fait ses études en cette ville, puis à Lille. Fixé à Paris en 1909, il apprend à connaître l' « unanimisme », le cubisme, le mouvement dada, le surréalisme. A partir de 1924, son inspiration s'affirme profondément catholique et il désavoue toutes ses œuvres antérieures. Après avoir découvert l'importance de la psychanalyse, il en montre les ressources poétiques dans la préface de *Sueur de sang* (1935). De 1939 à 1945, il participe à la Résistance, doit s'exiler en Suisse, et revient en France à la fin de la guerre. Il meurt en janvier 1976.

Entre ses recueils poétiques essentiels, *les Noces* (1928), *le Paradis perdu* (1939), *Sueur de sang* (1933), *Kyrie* (1938), *Porche à la nuit des saints* (1941), *Gloire* (1942), il y a une profonde unité de pensée et d'expression.

Une poésie complexe
à l'image de l'homme
« Inconscient, spiritualité et catastrophe » : le poète a résumé, en ces trois mots, les trois aspects majeurs de son œuvre qui traduisent trois aspects essentiels de la personne humaine. Les désirs charnels les plus sauvages — car la poésie est aussi révélatrice que la psychanalyse — y rencontrent et parfois y provoquent les élans mystiques ; la mort, sans cesse présente, y est la justification suprême et la seule explication de la vie. Le catholicisme fonde en principe cette complexité intérieure inéluctable de l'homme.

Une réalité humaine si déchirée ne peut se traduire par une expression commune et usée. Jouve a cherché une « langue de poésie » qui se justifie entièrement comme chant, réagissant contre une syntaxe trop analytique, multipliant les enjambements et les ruptures, créant une phrase musicale, par son rythme intérieur et organique, plutôt que par une disposition harmonieuse de voyelles et de consonnes. Cette œuvre constitue, en fait, la définition nouvelle d'une poésie qui doit se suffire à elle-même ; loin d'être une poésie de l'art pour l'art, artificiellement constituée à partir d'objets, d'images et de sons arbitrairement extraits du réel, elle est un monde parfait — ce qui ne veut pas dire « idéal » —, où l'homme est contenu tout entier avec l'univers qui l'entoure : Jouve a su « trouver dans l'acte poétique une perspective religieuse — seule réponse au néant du temps ».

RÉSURRECTION DES MORTS

C'est dans *Résurrection des morts* qu'apparaît le plus nettement « le rôle sanctificateur de l'œuvre d'art » défini par l'auteur : cette apocalypse n'est nullement irréelle, les hommes, leurs chairs, leurs corps « prostitués » appartiennent à notre vie quotidienne, mais ici « l'histoire entière » est accomplie ; c'est « le corps glorieux qui fait l'esprit », la mort est vaincue par le triomphe de la force et l'éclat de la beauté *(Gloire)*.

Je vois
Les morts ressortant des ombres de leurs
      ombres
Renaissant de leur matière furieuse et noire
Où sèche ainsi la poussière du vent
Avec des yeux reparus dans les trous augustes
Se lever balanciers perpendiculaires
Dépouiller lentement une rigueur du temps ;
Je les vois chercher toute la poitrine ardente
De la trompette ouvragée par le vent.

Je vois
Le Tableau de Justice ancien et tous ses ors
Et titubant dans le réveil se rétablir
Les ors originels ! Morts vrais, morts
      claironnés,
Morts changés en colère, effondrez, rendez
      morts
Les œuvres déclinant, les monstres enfantés

Par l'homme douloureux et qui fut le dernier,
Morts énormes que l'on croyait remis en forme
Dans la matrice de la terre.
Morts putréfiés dans la matière intense de
      la gloire,
Qu'il en sorte et qu'il en sorte encor, des morts
      enfantés
Soulevant notre terre comme des taupes
      rutilantes,
Qu'ils naissent ! Comme ils sont forts, de
      chairs armés !
Le renouveau des morts éclatés en miroirs
Le renouveau des chairs verdies et des os muets
En lourdes grappes de raisin sensuel et larmes
En élasticité prodigieuse de charme,
Qu'ils naissent ! Comme ils sont forts de
      chairs armés.

Fontaine, édit. (Alger).

HÉLÈNE

C'est une étrange beauté que celle d'une femme aimée, quand la mort l'a réduite à une image ou plutôt à un sentiment aussi simplifié, aussi essentiel que le paysage désolé : plateau nu, crêtes d'eau et cirques verts *(Matière céleste)*...

Que tu es belle maintenant que tu n'es plus
La poussière de la mort t'a déshabillée même
      de l'âme
Que tu es convoitée depuis que nous avons
      disparu
Les ondes les ondes remplissent le cœur du
      désert
La plus pâle des femmes
Il fait beau sur les crêtes d'eau de cette terre
Du paysage mort de faim
Qui borde la ville d'hier les malentendus

Il fait beau sur les cirques verts inattendus
Transformés en églises
Il fait beau sur le plateau désastreux nu et
      retourné
Parce que tu es si morte
Répandant des soleils par les traces de tes yeux
Et les ombres des grands arbres enracinés
Dans ta terrible Chevelure celle qui me faisait
      délirer.

Mercure de France, édit.

RENÉ-GUY CADOU

Un retour à la spontanéité   Né en 1920 à Sainte-Reine-de-Bretagne dans la Brière, étrange région marécageuse de la Loire-Atlantique, René-Guy Cadou a passé presque toute sa vie dans les environs de Nantes. Touché durement par la mort de son père, il commence, après quelques mois à l'armée, une carrière d'instituteur qui le replonge dans la vie calme des villages campagnards : Saint-Aubin-les-Châteaux, Pompas d'Herbignac, Le Cellier, Clisson...

Tout est pour lui poésie dans cette vie simple et tranquille, sans fadeur ni banalité : le métier, le paysage, les pommes dans le compotier, les lettres des amis, l'amour ardent et doux de sa femme, le vert des feuilles, toutes les joies. Atteint par la maladie en 1945, ce poète, qui avait atteint si tôt la perfection dans la spontanéité, est emporté par la mort en 1951 : depuis, sa gloire n'a cessé de grandir.

Son œuvre comprend de très nombreux recueils, dont on peut citer particulièrement : *Brancardiers de l'aube* (1937), *Morte-Saison* (1941), *Visage de solitude* (1947), *Quatre poèmes d'amour pour Hélène* (1948), *Hélène ou le règne végétal* (publiés en 1952 et 1953).

Attaché à la réalité la plus modeste, il ne fait pas de son attitude un principe esthétique ; il se montre plutôt rustique que populaire, plein d'amour pour les humbles — le vieux garde-chasse Pacifique Liotrot, le chanteur Anonyme Chatelain... et tant d'autres —, de tendresse pour les animaux et les choses mêmes ; il sait que la vie est belle pour qui s'approche d'elle — « offrez-vous donc le luxe d'être simple » — mais cette naïveté n'est pas sans magie, ni cette simplicité sans mystère : « Chaque journée est pleine de coups de foudre... ».

A l'écart de « l'ouragan romantique », comme des « chutes de vaisselle » surréalistes, indifférent aux doctrines et aux manifestes théoriques, ce poète qui trouve en lui tant de réminiscences de Baudelaire, de Rimbaud, de Max Jacob, a retenu l'essentiel du lyrisme traditionnel et du symbolisme novateur : il mêle les souvenirs des poèmes inoubliables aux émotions de chaque jour, se baignant dans une onde de joie, de beauté et d'espérance mystique. « Avec une feuille tombée, avec le trop plein d'un seau, *je recommence le monde.* »

Grand poète de l'amour, sous ses formes les plus secrètes, les plus touchantes et aussi les plus humbles, il a chanté l'attente passionnée de l'inconnu, la souffrance et le bonheur d'une âme sensible entre toutes, la délicieuse intimité d'un foyer paisible.

La mort n'a pu étouffer cette incantation, et les mots chuchotés résonnent encore à notre oreille.

Tout peut s'éteindre maintenant, tu peux parler
O mon amour...

LA SAISON DE SAINTE-REINE

Souvenir de la maison d'école de Sainte-Reine (1) et discret appel baudelairien : « Je n'ai pas oublié, voisine de la ville !... », ce poème riche et simple associe l'émotion intime suscitée par les objets familiers au rayonnement de splendeurs imaginaires ; le poète y évoque une vie rustique et merveilleuse, la tendresse des vivants et des morts *(Hélène ou le Règne Végétal).*

Je n'ai pas oublié cette maison d'école
Où je naquis en février dix-neuf cent vingt
Les vieux murs à la chaux (2) ni l'odeur du
                  pétrole
Dans la classe étouffée par le poids du jardin
Mon père s'y plaisant en costume de chasse
Tous deux nous y avions de tendres rendez-vous
Lorsqu'il me revenait d'un monde de ténèbres
D'une Amérique à trois cents mètres de chez
                  nous
Je l'attendais couché sur les pieds de ma mère
Comme un bon chien un peu fautif d'avoir couru
Du jardin au grenier des pistes de lumière
Et le poil tout fumant d'univers parcourus
La porte à peine ouverte il sortait de ses manches
Des jeux de cartes des sous belges ou des noix
Et je le regardais confiant dans le silence

Pour ma mère tirer de l'amour de ses doigts
Il me parlait souvent de son temps de souffrance
Quand il était sergent-major et qu'il montait
Du côté de Tracy-le-Mont ou de la France
La garde avec une mitrailleuse rouillée
Et je riais et je pensais aux pommes mûres
A la fraîcheur avoisinante du cellier
A ce parfum d'encre violette et de souillure
Qui demeure longtemps dans les sarraus (3)
                  mouillés
Mais ce soir où je suis assis près de ma femme
Dans une maison d'école comme autrefois
Je ne sais rien que toi Je t'aime comme on aime
Sa vie dans la chaleur d'un regard d'avant soi

Seghers, édit.

---

(1) Où le père du poète était instituteur. — (2) Peints à la chaux. — (3) Blouse que portent les écoliers par-dessus leurs vêtements.

JE T'ATTENDAIS

Vision de rêve ou attente mystique, passé retrouvé et découverte exaltante de la beauté du monde : tous les oiseaux du matin, tous les vaisseaux, tous les pays, tous les astres sont contenus dans l'émotion intense de cet authentique poète *(Quatre poèmes d'amour à Hélène)*.

Je t'attendais ainsi qu'on attend les navires
Dans les années de sécheresse quand le blé
Ne monte pas plus haut qu'une oreille dans
                  l'herbe
Qui écoute apeurée la grande voix du temps

Je t'attendais et tous les quais toutes les routes
Ont retenti du pas brûlant qui s'en allait
Vers toi que je portais déjà sur mes épaules
Comme une douce pluie qui ne sèche jamais

Tu ne remuais encor que par quelques paupières
Quelques pattes d'oiseaux dans les vitres gelées
Je ne voyais en toi que cette solitude
Qui posait ses deux mains de feuille sur mon
                  cou

Et pourtant c'était toi dans le clair de ma vie
Ce grand tapage matinal qui m'éveillait

Tous mes oiseaux tous mes vaisseaux tous mes
                  pays
Ces astres ces millions d'astres qui se levaient

Ah que tu parlais bien quand toutes les
                  fenêtres
Pétillaient dans le soir ainsi qu'un vin nouveau
Quand les portes s'ouvraient sur des villes
                  légères
Où nous allions tous deux enlacés par les rues

Tu venais de si loin derrière ton visage
Que je ne sais plus à chaque battement
Si mon cœur durerait jusqu'au temps de toi-
                  même
Où tu serais en moi plus forte que mon sang

Seghers, édit.

LES TENDANCES NOUVELLES

Jamais époque ne fut plus riche en aventures poétiques que ces vingt dernières années.

Queneau   Parmi une multiplicité de tendances originales, se situent les passionnantes recherches de Raymond Queneau (né en 1903) dans le domaine du langage : après avoir tenté une synthèse de l'expression orale et populaire et de la poésie la plus subtile, il a introduit dans son *Cent Mille Milliards de poèmes*, grâce à la disposition de chaque vers sur une bande de papier autonome, des possibilités indéfinies de combinaisons poétiques à partir des vers de dix sonnets.

La chanson *Si tu t'imagines* donne une bonne idée de la fantaisie poétique de Queneau, qui mêle à des jeux phonétiques le souvenir parodié du sonnet de Ronsard, *Mignonne, allons voir si la rose.*

Si tu t'imagines
si tu t'imagines
fillette fillette
si tu t'imagines
xa va xa va xa (1)
va durer toujours
la saison des za (2)
la saison des za
saison des amours
ce que tu te goures (3)
fillette fillette
ce que tu te goures

Si tu crois petite
si tu crois ah ah

que ton teint de rose
ta taille de guêpe
tes mignons biceps
tes ongles d'émail
ta cuisse de nymphe
et ton pied léger
si tu crois petite
xa va xa va xa
va durer toujours
ce que tu te goures
fillette fillette
ce que tu te goures

Les beaux jours s'en vont
les beaux jours de fête

---

(1) Abréviations phonétiques de « qu (e) ça va ». — (2) Queneau isole la liaison du s de l'indéfini avec la première syllabe du mot amour : des amours. — (3) Tu te trompes.

soleils et planètes
tournent tous en rond
mais toi ma petite
tu marches tout droit
vers que tu vois pas
très sournois s'approchent
la ride véloce
le pesante graisse
le menton triplé
le muscle avachi (1)
allons cueille cueille

les roses les roses
roses de la vie
et que leurs pétales
soient la mer étale
de tous les bonheurs
allons cueille cueille
si tu n le fais pas
ce que tu te goures
fillette fillette
ce que tu te goures

Gallimard, édit.

**Les nouveaux poètes
de France et d'ailleurs** Que de talents divers, du mystique Pierre Emmanuel au puissant Guillevic, évocateur d'un monde rude et angoissé, à Francis Ponge, dont la vision cerne la nudité même de l'objet, à André Frénaud, poète philosophe qui s'efforce de tirer une leçon stoïcienne de l'échec humain... Mais il n'est pas permis d'omettre toute la poésie africaine, algérienne, malgache d'expression française : elle compose une vivante et précieuse synthèse entre les traditions ancestrales, les apirations nationalistes et toute la littérature, la langue et les images de la France.

Ces écrivains d'outre-mer lui apportent en échange le sang nouveau et la flamme éclatante de leur ardeur juvénile.

Tels sont le Martiniquais Édouard Olissant qui chante à la fois ses Antilles natales et toutes les richesses du monde, Kateb Yacine, né dans le Constantinois, qui fit toutes sortes de métiers, avant de dire au théâtre et dans ses vers sa passion pour Nedjma, symbole de la terre algérienne.

Césaire Aimé Césaire, né à la Martinique en 1913, allie puissamment à sa révolte contre l'Europe et ses raisonnements et à l'appel ancestral de l'Afrique, les souvenirs de Breton et du surréalisme dans *Cahier d'un retour au pays natal* (1947) et dans *Soleil cou coupé* (1948).

Je retrouverais le secret des grandes communications et des grandes combustions. Je dirais orage. Je dirais fleuve. Je dirais tornade. Je dirais feuille. Je dirais arbre. Je serais mouillé de toutes les pluies, humecté de toutes les rosées. Je roulerais comme du sang frénétique sur le courant lent de l'œil des mots en chevaux fous en enfants frais en caillots en couvre-feu en vestiges de temple en pierres précieuses assez loin pour décourager les mineurs.

Qui ne me comprendrait pas ne comprendrait pas davantage le rugissement d'un tigre.

Gallimard, édit.

Senghor Léopold Sédar Senghor, né en 1906 au Sénégal, étudiant à Paris, premier agrégé (2) africain, professeur à Tours puis à Paris, député en 1945, et enfin président en 1960 de la République du Sénégal, est un poète qui a su allier à une culture française et classique approfondie la tradition ancestrale et les aspirations populaires de l'Afrique dans les *Éthiopiques* (1956) et les *Nocturnes* (1961).

Les griots (3) du roi m'ont chanté la légende
véridique de ma race, au son des hautes
Kôras (4).

(1) Devenu flasque, mou. — (2) L'agrégation est un concours d'admission dans l'enseignement du second degré. — (3) Sorciers. — (4) Sortes de harpes.

Ainsi, la « négritude » (1) fait-elle bon ménage avec les subtilités savantes du cœur et du langage, dans les dialogues de « Chaka » *(Éthiopiques).*

La faiblesse du cœur est sainte...
Ah ! tu crois que je ne l'ai pas aimée
Ma négresse blonde d'huile de palme à la taille
               de plume
Cuisses de loutre en surprise et de neige du
               Kilimandjaro
Seins de rizières mûres et de collines d'acacias
               sous le Vent d'Est
Nolivé aux bras de boas, aux lèvres de serpent
               minute
Nolivé aux yeux de constellation — point n'est
             besoin de lune pas de tam-tam
Mais sa voix dans ma tête et le pouls fiévreux
               de la nuit !
Ah ! tu crois que je ne l'ai pas aimée !
Mais ces longues années, cet écartèlement (2)
      sur la roue (3) des années, ce carcan (4)
       qui étranglait toute action

Cette longue nuit sans sommeil... J'errais
              cavale (5) du Zambèze
             courant et ruant aux étoiles
Rongée d'un mal sans nom comme d'un
             léopard sur le garrot
Je ne l'aurais pas tuée si moins aimée.
Il fallait échapper au doute
A l'ivresse du lait de sa bouche, au tam-tam
             lancinant de la nuit de mon sang.
A mes entrailles de laves ferventes, aux mines
          d'uranium de mon cœur dans les abîmes
             de ma Négritude.
A mon amour à Nolivé
Pour l'amour de mon Peuple noir.

               Seuil, édit.

Bonnefoy   Du grand nombre de jeunes poètes, dont l'œuvre illustrera le XXᵉ siècle, détachons le nom d'Yves Bonnefoy, né en 1923, pour qui la poésie est méditation de la mort, « aspect profond de la présence des êtres »; plus concrète qu'un concept intellectuel, elle est « un pas venant dans la nuit, un cri, l'ébranlement d'une pierre dans la broussaille ». *Hier régnant désert* (1958) s'inscrit entre deux recueils, *Du Mouvement et de l'Immobilité de Douve,* paru en 1953 et *Pierre Écrite,* paru en 1959.

Aube, fille des larmes, rétablis
La chambre dans sa paix de chose grise.
Et le cœur dans son ordre. Tant de nuit
Demandait à ce feu qu'il décline et s'achève
Il nous faut bien veiller près du visage mort.
A peine a-t-il changé... Le navire des lampes

Entrera-t-il au port qu'il avait demandé,
Sur les tables d'ici la flamme faite cendre
Grandira-t-elle ailleurs dans une autre clarté ?
Aube, soulève, prends le visage sans ombre,
Colore peu à peu le temps recommencé.

             Mercure de France, édit.

LA « CHANSON-POÈME »

Le XXᵉ siècle, grâce au prodigieux rayonnement du disque, a considérablement enrichi la chanson française. D'authentiques poètes l'ont renouvelée, en retrouvant du même coup la veine lyrique des chansonniers du Moyen Age et de la Renaissance ou en y apportant cette note de fantaisie et de non-conformisme propre à notre temps.

Si Prévert laisse volontiers chanter ses poèmes sur la musique de Kosma, d'autres composent et interprètent eux-mêmes leurs chansons. Tels parmi tant d'autres, Charles Trenet, Léo Ferré, Georges Brassens.

Trenet   Le récital Charles Trenet à l'A. B. C. (6), en 1938, marque une date décisive dans l'évolution de la chanson française : après avoir été anecdotique pendant si longtemps, elle s'ouvre alors à la plus délicieuse des poésies. La brillante génération des artistes qui se sont révélés depuis la dernière guerre mondiale doit beaucoup à celui qu'on a surnommé « le Fou chantant ». Cette appellation évoque à merveille

---

(1) Etat de celui qui est nègre. — (2) Supplice qui consistait à « déchirer » la victime. — (3) Instrument de torture. — (4) Cercle de fer que l'on passait au cou des condamnés. — (5) Jument. — (6) Music-hall de Paris.

l'enthousiasme, la fraîcheur poétique, la fantaisie qui abolit comme en se jouant les frontières entre le réel et le rêve, bref toute la spontanéité charmante d'un homme pour qui la joie de chanter est comme une libération.

JE CHANTE

Je chante !
Je chante soir et matin
Je chante
Sur mon chemin !
Je chante
Je vais de ferme en château
Je chante pour du pain
Je chante pour de l'eau
Je couche
La nuit sur l'herbe des bois,
Les mouches
Ne me piquent pas
Je suis heureux, j'ai tout et j'ai rien
Je chante sur mon chemin !

Les elfes
Divinités de la nuit
Les elfes
Courent dans mon lit
La lune
Se faufile à pas de loup
Dans le bois pour danser
Pour danser avec nous !
Je sonne
Chez la comtesse aujourd'hui,
Personne,
Elle est partie !
Elle n'a laissé qu'un plat de riz pour moi
Me dit un laquais chinois.

Je chante !
Mais la faim qui me poursuit
Tourmente
Mon appétit
Je tombe
Soudain au creux d'un sentier
Je défaille en tombant

Et je meurs à moitié !
Gendarme,
Qui passez sur le chemin !
Gendarme,
Je tends les mains !
Pitié, j'ai faim, je voudrais manger,
Je me sens tout léger, léger !

Au poste !
D'autres moustaches m'ont dit
« Au poste !
Ah mon ami
Oui, oui c'est vous, le chanteur, le vagabond,
On va vous enfermer
Oui, votre compte est bon » !
— Non ! — Ficelle,
Tu m'as sauvé la vie !
Ficelle,
Sois donc bénie !
Car grâce à toi j'ai rendu l'esprit
Je m'suis pendu cette nuit !

Et depuis
Je chante
Je chante soir et matin !
Je chante
Sur les chemins !
J'arpente
Les fermes et les châteaux
Un fantôme qui chante,
On trouve ça rigolo !
Et je couche
La nuit sur l'herbe des bois,
Les mouches
Ne me piquent pas !
Je suis heureux, ça va, j'ai plus faim
Je chante sur mon chemin !

Copyright 1937 by Vianelly, édit.

Brassens Georges Brassens, que sa sensibilité poétique rapproche de François Villon, unit à une anarchie sans cruauté une sensibilité charitable et humaine, à la rudesse bougonne et à la gauloiserie truculente (1) l'idéalisme le plus éthéré.

CHANSON POUR L'AUVERGNAT

I

Elle est à toi cette chanson
Toi l'Auvergnat qui sans façon
M'as donné quatre bouts de bois
Quand dans ma vie il faisait froid.
Toi qui m'as donné du feu quand
Les croquantes et les croquants (2)
Tous les gens bien intentionnés,
M'avaient fermé la porte au nez.

Ce n'était rien qu'un feu de bois,
Mais il m'a réchauffé le corps
Et dans mon âme il brûle encor
A la manièr' d'un feu de joie.
Toi l'Auvergnat, quand tu mourras,
Quand le croq' mort (3) t'emportera
Qu'il te conduise à travers ciel
Au Père Éternel .

(1) Grosse plaisanterie. — (2) Femmes et hommes de rien. — (3) Employé des pompes funèbres.

II

Elle est à toi cette chanson
Toi l'hôtesse qui sans façon
M'as donné quatre bouts de pain,
Quand dans ma vie il faisait faim (1).
Toi qui m'ouvris ta huche quand
Les croquantes et les croquants
Tous les gens bien intentionnés
S'amusaient à me voir jeûner.
Ce n'était rien qu'un bout de pain,
Mais il m'avait chauffé le corps,
Et dans mon âme il brûle encor
A la manièr' d'un grand festin.
Toi l'hôtesse quand tu mourras
Quand le croq mort t'emportera
Qu'il te conduise a travers ciel
Au Père Éternel.

III

Elle est à toi cette chanson
Toi l'étranger qui sans façon
D'un air malheureux m'as souri
Lorsque les gendarmes m'ont pris.
Toi qui n'as pas applaudi quand
Les croquantes et les croquants
Tous les gens bien intentionnés
Riaient de me voir emmener.
Ce n'était rien qu'un peu de miel,
Mais il m'avait chauffé le corps
Et dans mon âme il brûle encor
A la manièr' d'un grand soleil.
Toi l'étranger, quand tu mourras
Quand le croq mort t'emportera
Qu'il te conduise à travers ciel
Au Père Éternel.   *Éditions Tutti.*

Ferré   Léo Ferré, qui chante avec une verve ironique et souvent pathétique la poésie sordide des mauvais quartiers et des pavés de « Paname » (2), s'évade quelquefois dans un univers de rêve où, par une impalpable fusion des êtres et des choses, la tendre nostalgie du souvenir se métamorphose en vision féerique.

L'ÉTANG CHIMÉRIQUE

Nos plus beaux souvenirs fleurissent sur l'étang
Dans le lointain château d'une lointaine
                                    Espagne
Ils nous disent le temps perdu ô ma compagne
Et ce blanc nénuphar c'est ton cœur de
                                    vingt ans

Un jour nous nous embarquerons
Sur l'étang de nos souvenirs
Et referons pour le plaisir
Le voyage doux de la vie
Un jour nous nous embarquerons
Mon doux Pierrot, ma grande amie
Pour ne plus jamais revenir...

Nos mauvais souvenirs se noieront dans
                                    l'étang

De ce lointain château d'une lointaine Espagne
Et nous ne garderons pour nous ô ma compagne
Que le blanc nénuphar et ton cœur de vingt ans

Un jour nous nous embarquerons
Sur l'étang de nos souvenirs
Et referons pour le plaisir
Le voyage doux de la vie
Un jour nous nous embarquerons
Mon doux Pierrot, ma grande amie
Pour ne plus jamais revenir
Alors tout sera lumineux
Mon amie...

Nouvelles Éditions Méridian (Monte-Carlo).

LE THÉÂTRE CONTEMPORAIN

Le théâtre :
une grande famille

Les misères de la guerre et de l'occupation ne firent pas disparaître le théâtre : dans le Paris des années sombres, la représentation de pièces de Montherlant *(la Reine morte)*, de Camus *(le Malentendu)*, d'Anouilh *(Antigone)*, la brillante sortie du *Soulier de satin* de Claudel, mis en scène à la Comédie-Française par J.-L. Barrault, furent des heures consolantes.

Après la Libération, Sartre et Camus firent du théâtre la plus retentissante des tribunes ; mais il ne faut pas croire que les pièces deviennent seulement démonstratives et édifiantes : ces hommes ont le sens des situations, des personnages et de l'expression dramatique.

D'autre part, Jean Anouilh, Salacrou — si l'on met à part le « procès-verbal » des *Nuits de colère*, drame vécu de l'occupation —, le romancier Marcel Aymé, le poète Audiberti, l'humaniste Thierry Maulnier, les amuseurs de talent que sont Achard et

---

(1) Tournure calquée sur « il faisait froid » (plus haut). — (2) Paris, en argot.

Roussin ne font pas place à l'actualité et illustrent tous les aspects d'une création théâtrale étonnamment riche et variée.

Les innovations sont nombreuses, même sur le plan administratif : la direction des Arts et Lettres a encouragé la création de jeunes troupes dont le succès va croissant, comme le Groupe antique de la Sorbonne, les Théophiliens, le Grenier de Toulouse, le Centre Dramatique de l'Est, la Comédie de Provence, le Centre Dramatique de l'Ouest...

De nombreux festivals, dont le premier fut lancé par Jean Vilar, sont organisés à Avignon, Nîmes, Lyon, Angers, Arras...

Les grandes entreprises nationales : la Comédie-Française, la Compagnie Madeleine Renaud-Jean-Louis Barrault, le Théâtre National populaire, qu'a dirigé Vilar de 1951 à 1963, font applaudir les grandes œuvres de tous les temps en France et à l'étranger.

La critique dramatique des journaux est variée, efficace, florissante.

Les problèmes financiers et matériels, hélas ! toujours à l'ordre du jour, restent difficiles à résoudre. Mais il est rassurant de constater que les questions les plus techniques intéressent un public très étendu. Les efforts de Jean Vilar pour faire du théâtre un « artisanat volontaire et lucide » ont été suivis par un public ardent et enthousiaste. Cet extrait de sa *Lettre au Directeur*, publiée en même temps qu'un ensemble de ses écrits dans *De la Tradition Théâtrale*, est caractéristique de sa conception d'un théâtre où « régisseurs, administrateurs, comédiens et élèves de l'École (1), machinistes, doivent non pas suivre servilement une règle édictée par un seul homme si grand soit-il, mais aider à faire naître cette unité d'esprit qui donnera à notre génération le mode inévitable et artisanal de mettre à la scène ».

RÉGIE (2) ET RÉGISSEUR DE THÉATRE

La régie est le point névralgique du théâtre. C'est par cette plaque tournante que passent toutes les activités du théâtre, depuis l'idée créatrice du metteur en scène jusqu'à la recherche (et le paiement parfois) des accessoires.

Sans une régie industrieuse, dévouée, consciente de ses obligations parfois ennuyeuses, votre établissement ne sera jamais le lieu privilégié où les célébrations dramatiques et satiriques de la condition humaine pourront être données, elle sera seulement une usine. Un certain produit, solide certainement, en sortira ; mais non un objet que l'on aime et dont on conserve en soi-même l'histoire et la présence.

Puisque vous fûtes, et êtes encore, je crois, un industriel, il s'agit ici de bien se rendre compte que l'activité débordante de Ford est inutile où est indispensable la patience désintéressée de l'ébéniste. Le théâtre est ce « anywhere out of the world » où les yeux de l'homme ou du citoyen ridiculisent et rendent inutiles les activités monstrueuses et utilitaires du plus-produire (3). Ce n'est pas la General Motors ou Napoléon qui fonde un théâtre, témoignage d'une époque, c'est le directeur du minuscule « Atelier » (4) ou l'employé du Gaz, André Antoine (5).

Mais comment organiser une régie apte à mettre au profit de l'œuvre ce qu'enseignent le contrôle des menus faits et gestes des comédiens, des machinistes, des électriciens, des couturières et des habilleuses, et la conduite quotidienne du spectacle et des répétitions ? Il faut un calme bon sens à l'homme qui remplit cette fonction, du jugement professionnel, et beaucoup de fermeté.

Il faut enfin que ce garçon soit un peu comédien, beaucoup machiniste, qu'il soit averti de la chose électrique, qu'il ait de la lecture et surtout qu'il ait vécu toutes les répétitions, qu'il ait assimilé, digéré et aidé à naître l'esprit de l'œuvre. Il ne doit pas se désintéresser de la scène au profit d'une autre activité. Il n'est pas peintre, sculpteur, écrivain refoulé ou journaliste malheureux. Il est régisseur même à ses heures de loisir. Il pratique et apprend le métier du théâtre, comme s'il postulait le rôle de metteur en scène. Le Théâtre est son pain et son vin quotidien.

Un régisseur, enfin, se forme dans le théâtre même où il commandera un jour. C'est pourquoi il doit toujours être suppléé par d'autres jeunes (comédiens s'il se peut), formés aux disciplines de ce théâtre.

Gallimard, édit.

(1) Le Conservatoire d'art dramatique. — (2) L'administration intérieure d'un théâtre. — (3) Politique économique qui incite à l'augmentation de la production. — (4) Théâtre qu'animait Charles Dullin. — (5) Voir p. 484.

HENRY DE MONTHERLANT

Un idéal orgueilleux   Henry de Montherlant, né en 1896, fut attiré dans sa jeunesse par l'héroïsme et l'action violente : il se lança dans la guerre, le sport, la tauromachie. Ses premiers romans, *les Bestiaires* par exemple, traduisent la volonté, le désir de se dépasser soi-même. Cette ardeur se révèle parfois stérile, et peut même déboucher sur le refus et le goût du néant. Mais l'orgueil et l'esprit de domination l'emportent dans les trois romans des *Jeunes Filles*, publiés de 1936 à 1939. Le sentiment de supériorité, la grandeur solitaire de cet homme altier, qui vivait à l'écart des vicissitudes modernes et des remous du monde littéraire, a trouvé une voie privilégiée dans la création dramatique : le catholicisme exigeant et hautain du *Maître de Santiago* (1947), la cruauté autoritaire du vieux roi du Portugal, Ferrante, dans *la Reine morte* (1942), l'orgueil égoïste et cynique du père dans *Fils de personne* (1943), sont les masques d'âmes puissantes en lutte contre le monde et la destinée, dont la vigueur et le despotisme suffisent à entraîner la progression inéluctable de chaque pièce. En 1972, malade et presque aveugle, il se donne volontairement la mort.

LA REINE MORTE

LE ROI CRIMINEL

L'action se passe au Portugal au XIVe siècle. Pedro, fils du vieux roi Ferrante, a épousé en secret Inès, une dame de la Cour. Ferrante, qui avait projeté un mariage entre son fils et l'infante de Navarre, a décidé de faire assassiner Inès. Après une dernière entrevue avec la jeune femme, il s'interroge sur le crime qu'il a arrêté et s'enfonce volontairement dans l'injustice et l'atrocité (III, 6).

Ferrante. — **Je ne crains pour vous que les bandits sur la route, à cette heure. Vos gens sont-ils nombreux ?**

Inès. — **Quatre seulement.**

Ferrante. — **Et armés ?**

Inès. — **A peine. Mais la nuit est claire et sans embûches. Regardez. Il fera beau demain : le ciel est plein d'étoiles.**

Ferrante. — **Tous ces mondes où n'a pas passé la Rédemption... Vous voyez l'échelle ?**

Inès. — **L'échelle ?**

Ferrante. — **L'échelle qui va jusqu'aux cieux.**

Inès. — **L'échelle de Jacob, peut-être ?**

Ferrante. — **Non, pas du tout : l'échelle de l'enfer aux cieux. Moi, toute ma vie, j'ai fait incessamment le trajet ; tout le temps à monter et à descendre, de l'enfer aux cieux. Car, avec tous mes péchés, j'ai vécu cependant enveloppé de la main divine. Encore une chose étrange.**

Inès. — **Oh ! Il y a une étoile qui s'est éteinte.**

Ferrante. — **Elle se rallumera ailleurs** (*Inès sort. Ferrante, resté seul, monologue.*) **Pourquoi est-ce que je la tue ? Il y a sans doute une raison, mais je ne la distingue pas. Non seulement Pedro n'épousera pas l'Infante, mais je l'arme contre moi, inexpiablement. J'ajoute encore un risque à cet horrible manteau de risques que je traîne sur moi et derrière moi, toujours plus lourd, toujours plus chargé, que je charge moi-même à plaisir, et sous lequel un jour... Ah ! la mort qui vous met enfin hors d'atteinte. Pourquoi est-ce que je la tue ? Acte inutile, acte funeste. Mais ma volonté m'aspire, et je com-** mets la faute, sachant que c'en est une. Eh bien ! qu'au moins je me débarrasse tout de suite de cet acte. Un remords vaut mieux qu'une hésitation qui se prolonge (*Appelant.*) — Page ! Oh non ! pas un page. Garde ! (*Entre un garde.*) Appelez-moi le capitaine Batalha. (*Seul.*) Plus je mesure ce qu'il y a d'injuste et d'atroce dans ce que je fais, plus je m'y enfonce, parce que plus je m'y plais. (*Entre le Capitaine.*) Capitaine, dona Inès de Castro sort d'ici et se met en route vers le Mondego, avec quatre hommes à elle, peu armés. Prenez du monde, rejoignez-la, et frappez. Cela est cruel, mais il le faut. Et ayez soin de ne pas manquer notre affaire. Les gens ont toutes sortes de tours pour ne pas mourir. Et faites la chose d'un coup. Il y en a qu'il ne faut pas tuer d'un coup : cela est trop vite. Elle, d'un coup. Sur mon âme, je veux qu'elle ne souffre pas.**

Le Capitaine. — **Je viens de voir passer cette dame. A son air, elle était loin de se douter...**

Ferrante. — **Je l'avais rassurée pour toujours.**

Le Capitaine. — **Faut-il emmener un confesseur ?**

Ferrante. — **Inutile. Son âme est lisse comme son visage.** (*Fausse sortie du capitaine.*) **Capitaine, prenez des hommes sûrs.**

Le Capitaine, montrant son poignard. — **Ceci est sûr.**

Ferrante. — **Rien n'est trop sûr quand il s'agit de tuer. Ramenez le corps dans l'oratoire du palais. Il faudra que je le voie moi-même. Quelqu'un n'est vraiment mort que lorsqu'on** l'a vu mort de ses yeux, et qu'on l'a tâté. Hélas, je connais tout cela. *(Exit le capitaine.)* Il serait encore temps que je donne un contre-ordre. Mais le pourrais-je ? Quel bâillon invisible m'empêche de pousser le cri qui la sauverait ? *(Il va regarder à la fenêtre.)* Il fera beau demain : le ciel est plein d'étoiles... — Il serait temps encore. — Encore maintenant. Des multitudes d'actes, pendant les années, naissent d'un seul acte, d'un seul instant. Pourquoi ? — Encore maintenant. Quand elle regardait les étoiles, ses yeux étaient comme des lacs tranquilles... Et dire qu'on me croit faible *(Avec saisissement.)* Oh ! — Maintenant il est trop tard. Je lui ai donné la vie éternelle, et moi, je vais pouvoir respirer. — Gardes ! apportez des lumières ! Faites entrer tous ceux que vous trouverez dans le palais. Allons, qu'attendez-vous, des lumières ! des lumières ! Rien ici ne s'est passé dans l'ombre. Entrez, Messieurs, entrez !

(Entrent des gens du palais, de toutes conditions, dont Egas Coelho.)

Messieurs, dona Inès de Castro n'est plus. Elle m'a appris la naissance prochaine d'un bâtard du prince. Je l'ai fait exécuter pour préserver la pureté de la succession du trône, et pour supprimer le trouble et le scandale qu'elle causait dans mon État. C'est là ma dernière et grande justice. Une telle décision ne se prend pas sans douleur. Mais, au-delà de cette femme infortunée, j'ai mon royaume, j'ai mon peuple, j'ai mes âmes ; j'ai la charge que Dieu m'a confiée et j'ai le contrat que j'ai fait avec mes peuples, quand j'ai accepté d'être roi. Un roi est comme un grand arbre qui doit faire de l'ombre... *(Il passe la main sur son front et chancelle.)* Oh ! je crois que le sabre de Dieu a passé au-dessus de moi... *(On apporte un siège, on l'assoit.)*

Gallimard, édit.

Ferrante, pour qui sa propre âme reste une énigme, va mourir après avoir supplié Dieu de l'aider à voir clair dans ce « nœud de contradictions » qui est en lui. Son fils et les courtisans se détourneront de son cadavre pour entourer celui d'Inès. Le cadavre du vieux roi sera abandonné à sa solitude.

JEAN ANOUILH

Un théâtre de la pureté   Jean Anouilh, né à Bordeaux en 1910, a terminé ses études secondaires à Paris, puis commencé des études de droit. Après avoir passé quelque temps dans une maison de publicité, il décide « de ne vivre que du théâtre ». Il fait représenter *l'Hermine* en 1932, c'est son premier succès. Suivront un grand nombre de pièces, parmi lesquelles *le Voyageur sans bagages* en 1937, *la Sauvage* en 1938, *Léocadia* en 1939, *Antigone* en 1944, *l'Invitation au château* en 1947, *Ardèle ou la marguerite* en 1948, *l'Alouette* en 1951, *Becket ou l'honneur de Dieu* en 1959, *Le directeur de l'Opéra*, en 1972. Anouilh s'affirme un des grands auteurs dramatiques de son temps.

Que ses pièces soient classées en « Pièces noires » ou « roses » ou « brillantes » ou même « grinçantes », selon leur tonalité générale, quelques tendances dominantes nous permettent toujours de nous orienter dans l'univers d'Anouilh. Chez les meilleurs de ses personnages, il existe un désir puissant, poignant de pureté et d'intégrité, qui peut se confondre avec l'amour parfait ou tout simplement la sincérité à l'égard des autres et de soi-même : cette attitude est assez proche de l'héroïsme cornélien et Antigone n'est pas si éloignée de Polyeucte...

Ce désir de pureté se heurte aux laideurs quotidiennes ; les autres personnages sont pour la plupart des ganaches (1) ridicules et odieuses ou d'anciens héros compromis, qui ont abdiqué peu à peu, qui ont agi, qui ont vécu. La société riche ou pauvre, bourgeoise ou bohème est fausse et corrompue. Ce monde est tragique dans son absurdité et la seule grandeur devient la fuite, l'évasion consciente : le refus est le ressort suprême de l'action dramatique. C'est ainsi qu'Antigone refuse l'obéissance, refuse la pitié, refuse l'amour, refuse la vie.

Mais Anouilh n'a pas construit des drames « à thèse ». Il ne disserte pas sur la condi-

---

(1) Personnes à l'esprit lourd et obtus.

tion humaine, il imagine des situations angoissantes, donne la vie à des personnages inoubliables, crée un style dramatique dont les dissonances apparentes et les familiarités voulues ne sont que les traces visibles d'une vérité quotidienne et cruelle.

ANTIGONE

Les deux fils d'Œdipe, Étéocle et Polynice s'étant entretués, Créon, roi de Thèbes, ordonne de laisser sans sépulture le cadavre de Polynice qui s'était allié à des princes étrangers pour s'emparer du pouvoir. Antigone et Ismène, sœurs des morts, ont appris l'interdiction et la menace.

On appréciera dans ce dialogue l'opposition des caractères et l'ardeur d'Antigone.

« Elle pense qu'elle va mourir, qu'elle est jeune et qu'elle aussi, elle aurait bien aimé vivre... Mais il n'y a rien à faire !... » (Le prologue.)

Ismène. — **Tu sais, j'ai bien pensé, Antigone.**
Antigone. — **Oui.**
Ismène. — **J'ai bien pensé toute la nuit. Tu es folle.**
Antigone. — **Oui.**
Ismène. — **Nous ne pouvons pas.**
Antigone (après un silence, de sa petite voix). — **Pourquoi ?**
Ismène. — **Il nous ferait mourir.**
Antigone. — **Bien sûr. A chacun son rôle. Lui, il doit nous faire mourir, et nous, nous devons aller enterrer notre frère. C'est comme cela que ç'a été distribué. Qu'est-ce que tu veux que nous y fassions ?**
Ismène. — **Je ne veux pas mourir.**
Antigone (doucement). — **Moi aussi j'aurais bien voulu ne pas mourir.**
Ismène. — **Écoute, j'ai bien réfléchi toute la nuit. Je suis l'aînée. Je réfléchis plus que toi. Toi, c'est ce qui te passe par la tête tout de suite, et tant pis si c'est une bêtise. Moi je suis plus pondérée. Je réfléchis.**
Antigone. — **Il y a des fois où il ne faut pas trop réfléchir.**
Ismène. — **Si, Antigone. D'abord, c'est horrible, bien sûr, et j'ai pitié moi aussi de mon frère, mais je comprends un peu notre oncle.**
Antigone. — **Moi, je ne veux pas comprendre un peu.**
Ismène. — **Il est le roi, il faut qu'il donne l'exemple.**
Antigone. — **Moi, je ne suis pas le roi. Il ne faut pas que je donne l'exemple, moi... Ce qui lui** passe par la tête, la petite Antigone, la sale bête, l'entêtée, la mauvaise, et puis on la met dans un coin ou dans un trou. Et c'est bien fait pour elle. Elle n'avait qu'à ne pas désobéir !

Ismène. — **Allez ! Allez !... Tes sourcils joints, ton regard droit devant toi et te voilà lancée sans écouter personne. Écoute-moi. J'ai raison plus souvent que toi.**
Antigone. — **Je ne veux pas avoir raison.**
Ismène. — **Essaie de comprendre au moins !**
Antigone. — **Comprendre... Vous n'avez que ce mot-là dans la bouche, tous, depuis que je suis toute petite. Il fallait comprendre qu'on ne peut pas toucher à l'eau, à la belle eau fuyante et froide parce que cela mouille les dalles, à la terre parce que cela tache les robes. Il fallait comprendre qu'on ne doit pas manger tout à la fois, donner tout ce qu'on a dans ses poches au mendiant qu'on rencontre, courir, courir dans le vent jusqu'à ce qu'on tombe par terre et boire quand on a chaud et se baigner quand il est trop tôt ou trop tard mais pas juste quand on en a envie ! Comprendre. Toujours comprendre. Moi, je ne veux pas comprendre. Je comprendrai quand je serai vieille. (Elle achève doucement.) Si je deviens vieille. Pas maintenant.**
Ismène. — **Il est plus fort que nous, Antigone. Il est le roi. Et ils pensent tous comme lui dans la ville. Ils sont des milliers et des milliers autour de nous, grouillant dans toutes les rues de Thèbes.**
Antigone. — **Je ne t'écoute pas.**

La Table Ronde, édit.

Antigone a été surprise recouvrant de terre le cadavre de Polynice. Les gardes la conduisent à Créon et rendent compte. Antigone reconnaît les faits. Les gardes sortent. Créon et Antigone restent seuls, face à face.

Cette scène est la plus belle de la tragédie. Chaque personnage s'y trouve peu à peu poussé à un dépouillement absolu, à une sorte de nudité morale, qui est la vérité même. Mais la volonté d'Antigone est plus forte que l'évidence, plus forte que la raison.

Créon. — **Avais-tu parlé de ton projet à quelqu'un ?**
Antigone. — **Non.**

Créon. — **As-tu rencontré quelqu'un sur ta route ?**
Antigone. — **Non, personne.**

Créon. — **Tu en es bien sûre ?**

Antigone. — **Oui.**

Créon. — **Alors, écoute : tu vas rentrer chez toi, te coucher, dire que tu es malade, que tu n'es pas sortie depuis hier. Ta nourrice dira comme toi. Je ferai disparaître ces trois hommes.**

Antigone. — **Pourquoi ? Puisque vous savez bien que je recommencerai.** *(Un silence. Ils se regardent.)*

Créon. — **Pourquoi as-tu tenté d'enterrer ton frère ?**

Antigone. — **Je le devais.**

Créon. — **Je l'avais interdit.**

Antigone (doucement). — **Je le devais tout de même. Ceux qu'on n'enterre pas errent éternellement sans jamais trouver de repos (1). Si mon frère vivant était rentré harassé d'une longue chasse, je lui aurais enlevé ses chaussures, je lui aurais fait à manger, je lui aurais préparé son lit... Polynice aujourd'hui a achevé sa chasse. Il rentre à la maison où mon père et ma mère, et Etéocle aussi, l'attendent. Il a droit au repos.**

Créon. — **C'est un révolté et un traître, tu le savais.**

Antigone. — **C'était mon frère.**

Créon. — **Tu avais entendu proclamer l'édit aux carrefours, tu avais lu l'affiche sur tous les murs de la ville ?**

Antigone. — **Oui.**

Créon. — **Tu savais le sort qui était promis à celui, quel qu'il soit, qui oserait lui rendre les honneurs funèbres ?**

Antigone. — **Oui, je le savais.**

Créon. — **Tu as cru, peut-être, que d'être la fille d'Œdipe, la fille de l'orgueil d'Œdipe, c'était assez pour être au-dessus de la loi.**

Antigone. — **Non. Je n'ai pas cru cela.**

Créon. — **La loi est d'abord faite pour toi, Antigone, la loi est d'abord faite pour les filles des rois !**

Antigone. — **Si j'avais été une servante en train de faire sa vaisselle, quand j'ai entendu lire l'édit, j'aurais essuyé l'eau grasse de mes bras et je serais sortie avec mon tablier pour aller enterrer mon frère.**

Créon. — **Ce n'est pas vrai. Si tu avais été une servante, tu n'aurais pas douté que tu allais mourir et tu serais restée à pleurer ton frère chez toi. Seulement, tu as pensé que tu étais de race royale, ma nièce et la fiancée de mon fils, et que, quoi qu'il arrive, je n'oserais pas te faire mourir.**

Antigone. — **Vous vous trompez. J'étais certaine que vous me feriez mourir au contraire.**

. . . .

Créon. (...) — **Les rois ont autre chose à faire que du pathétique personnel, ma petite fille.** *(Il a été à elle, il lui prend le bras.)* **Alors, écoute-moi bien. Tu es Antigone, tu es la fille d'Œdipe, soit, mais tu as vingt ans et il n'y a pas longtemps encore tout cela se serait réglé par du pain sec et une paire de gifles.** *(Il la regarde, souriant.)* **Te faire mourir ! Tu ne t'es pas regardée, moineau ! Tu es trop maigre. Grossis un peu, plutôt, pour faire un gros garçon à Hémon (2). Thèbes en a besoin plus que de ta mort, je te l'assure. Tu vas rentrer chez toi tout de suite pour faire ce que je t'ai dit et te taire. Je me charge du silence des autres. Allez, va ! Et ne me foudroie pas comme cela du regard. Tu me prends pour une brute, c'est entendu, et tu dois penser que je suis décidément bien prosaïque. Mais je t'aime bien tout de même avec ton sale caractère. N'oublie pas que c'est moi qui t'ai fait cadeau de ta première poupée, il n'y a pas si longtemps.**

(Antigone ne répond pas. Elle va sortir. Il l'arrête.)

Créon. — **Antigone ! C'est par cette porte qu'on regagne ta chambre. Où t'en vas-tu par là ?**

Antigone (s'est arrêtée, elle lui répond doucement sans forfanterie). — **Vous le savez bien...**

(Un silence. Ils se regardent encore debout l'un en face de l'autre.)

Créon (murmure comme pour lui). — **Quel jeu joues-tu ?**

Antigone. — **Je ne joue pas.**

Créon. — **Tu ne comprends donc pas que si quelqu'un d'autre que ces trois brutes sait tout à l'heure ce que tu as tenté de faire, je serai obligé de te faire mourir ? Si tu te tais maintenant, si tu renonces à cette folie, j'ai une chance de te sauver, mais je ne l'aurai plus dans cinq minutes. Le comprends-tu ?**

Antigone. — **Il faut que j'aille enterrer mon frère que ces hommes ont découvert.**

Créon. — **Tu irais refaire ce geste absurde ? Il y a une autre garde autour du corps de Polynice et, même si tu parviens à le recouvrir encore, on dégagera son cadavre, tu le sais bien. Que peux-tu donc, sinon t'ensanglanter encore les ongles et te faire prendre ?**

Antigone. — **Rien d'autre que cela, je le sais. Mais cela, du moins, je le peux. Et il faut faire ce que l'on peut.**

La Table Ronde, édit.

Créon se verra donc obligé de faire exécuter Antigone.

---

(1) Anouilh fait ici allusion à la tradition de la religion grecque selon laquelle les héros ne pouvaient accéder au repos, après la mort, sans avoir reçu les rites de sépulture. — (2) Antigone est fiancée à Hémon, fils de Créon.

L'EXISTENTIALISME ET LE THÉÂTRE

JEAN-PAUL SARTRE

Un théâtre d'idées   L'œuvre théâtrale de Jean-Paul Sartre, comme son œuvre romanesque (1), est nourrie de la pensée existentialiste et se présente comme une illustration de sa philosophie. C'est ainsi que le problème de la liberté et de la responsabilité de l'homme est posé dans *les Mouches*, que l'image de l'enfer sartrien, la destruction lente et inexorable de la liberté de l'individu par la simple présence d'autrui, nous est offerte dans *Huis Clos*, que l'explication complète de l'acte volontaire, irréversible, nous est donnée dans *les Mains sales*. Ce théâtre « démonstratif » ne manque pourtant ni d'humanité ni de vie.

Les situations sont poignantes : elles mettent aux prises les hommes avec la torture *(Morts sans sépultures)*, elles opposent le pouvoir réel et les principes moraux et politiques *(les Mains sales)*. Les personnages sont très fortement dessinés : ils sont tantôt dominateurs et puissants, comme Hoederer dans *les Mains sales* ou Goetz dans *le Diable et le Bon Dieu*, tantôt intelligents et lucides, comme Garcin dans *Huis Clos*, tantôt sensibles et torturés, comme Hugo dans *les Mains sales*. Les dialogues enfin sont vifs et nerveux, écrits dans une langue directe et crue.

L'aspect individualiste de l'existentialisme, l'importance qu'il accorde aux situations s'accordent avec l'optique théâtrale. Sartre apporte à la scène un « nouveau tragique », celui de l'homme qui émerge à la liberté, parfois au prix du crime et du sang, toujours dans la souffrance.

LES MAINS SALES

Hugo a été désigné par le Parti (2) pour tuer Hoederer, maître incontesté du pays, et dont la conduite paraît contraire aux intérêts de la cause. Mais Hugo a été peu à peu conquis par la personnalité puissante et généreuse de Hoederer. Il s'accroche désespérément aux principes qui le font agir et par lesquels il veut affirmer sa personnalité.

Hoederer vient d'avoir la certitude qu'Hugo a pour mission de le tuer. Il n'hésite pas à le placer devant ses responsabilités et souligne la distance qui sépare l'intention de l'acte (6ᵉ tableau, sc. 2).

Hoederer. — ... **Nous autres, ça nous est moins commode de tirer sur un bonhomme pour des questions de principes parce que c'est nous qui faisons les idées et que nous connaissons la cuisine : nous ne sommes jamais tout à fait sûrs d'avoir raison. Tu es sûr d'avoir raison, toi ?**

Hugo. — **Sûr.**

Hoederer. — **De toute façon, tu ne pourrais pas faire un tueur. C'est une affaire de vocation.**

Hugo. — **N'importe qui peut tuer si le Parti le commande.**

Hoederer. — **Si le Parti te commandait de danser sur une corde raide, tu crois que tu pourrais y arriver? On est tueur de naissance. Toi, tu réfléchis trop : tu ne pourrais pas.**

Hugo. — **Je pourrais si je l'avais décidé.**

Hoederer. — **Tu pourrais me descendre froidement d'une balle entre les deux yeux parce que je ne suis pas de ton avis sur la politique?**

Hugo. — **Oui, si je l'avais décidé ou si le Parti me l'avait commandé.**

Hoederer. — **Tu m'étonnes.** (*Hugo va pour plonger la main dans sa poche mais Hoederer la lui saisit et l'élève légèrement au-dessus de la table.*) **Suppose que cette main tienne une arme et que ce doigt-là soit posé sur la gâchette...**

Hugo. — **Lâchez ma main.**

Hoederer (sans le lâcher). — **Suppose que je sois devant toi, exactement comme je suis et que tu me vises...**

Hugo. — **Lâchez-moi et travaillons.**

Hoederer. — **Tu me regardes et au moment de tirer, voilà que tu penses : « Si c'était lui qui avait raison ? » Tu te rends compte ?**

Hugo. — **Je n'y penserais pas. Je ne penserais à rien d'autre qu'à tuer.**

Hoederer. — **Tu y penserais : un intellectuel, il faut que ça pense. Avant même de presser sur**

---

(1) Voir pp. 576-578. — (2) Le parti communiste.

la gâchette tu aurais déjà vu toutes les conséquences possibles de ton acte: tout le travail
d'une vie en ruine, une politique flanquée (1) par
terre, personne pour me remplacer, le Parti
condamné peut-être à ne jamais prendre le
pouvoir...

Hugo. — Je vous dis que je n'y penserais pas !

Hoederer. — Tu ne pourrais pas t'en empêcher.
Et ça vaudrait mieux parce que, tel que tu es
fait, si tu n'y pensais pas *avant,* tu n'aurais pas
trop de toute ta vie pour y penser *après. (Un
temps.)* Quelle rage avez-vous tous de jouer aux
tueurs? Ce sont des types sans imagination: ça
leur est égal de donner la mort parce qu'ils n'ont
aucune idée de ce que c'est que la vie. Je préfère
les gens qui ont peur de la mort des autres :
c'est la preuve qu'ils savent vivre.

Hugo. — Je ne suis pas fait pour vivre, je ne
sais pas ce que c'est que la vie et je n'ai pas
besoin de le savoir. Je suis de trop, je n'ai pas
ma place et je gêne tout le monde ; personne ne
m'aime, personne ne me fait confiance.

Hoederer. — Moi, je te fais confiance.

Hugo. — Vous ?

Hoederer. — Bien sûr. Tu es un môme (2) qui
a de la peine à passer à l'âge d'homme mais tu
feras un homme très acceptable si quelqu'un te
facilite le passage. Si j'échappe à leurs pétards
et à leurs bombes, je te garderai près de moi et
je t'aiderai.

Hugo. — Pourquoi me le dire ? Pourquoi me
le dire aujourd'hui ?

Hoederer (le lâchant). — Simplement, pour te
prouver qu'on ne peut pas buter (3) un homme
de sang-froid à moins d'être un spécialiste.

Hugo. — Si je l'ai décidé, je dois pouvoir le
faire. *(Comme à lui-même, avec une sorte de désespoir.)*
Je *dois* pouvoir le faire.

Hoederer. — Tu pourrais me tuer pendant que
je te regarde ? *(Ils se regardent. Hoederer se détache*

de la table et recule d'un pas.) Les vrais tueurs ne
soupçonnent même pas ce qui se passe dans
les têtes. Toi, tu le sais: pourrais-tu supporter
ce qui se passerait dans la mienne si je te voyais
me viser ? *(Un temps. Il le regarde toujours.)*
Veux-tu du café ? *(Hugo ne répond pas.)* Il est
prêt; je vais t'en donner une tasse. *(Il tourne
le dos à Hugo et verse du café dans une tasse. Hugo
se lève et met la main dans la poche qui contient le
revolver. On voit qu'il lutte contre lui-même. Au bout
d'un moment, Hoederer se retourne et revient tranquillement vers Hugo en portant une tasse pleine.
Il la lui tend.)* Prends. *(Hugo prend la tasse.)*
A présent donne-moi ton revolver. Allons,
donne-le: tu vois bien que je t'ai laissé ta
chance et que tu n'en as pas profité. *(Il plonge
la main dans la poche de Hugo et la ressort avec le
revolver.)* Mais c'est un joujou (4) !

Il va à son bureau et jette le revolver dessus.

Hugo. — Je vous hais.

Hoederer revient vers lui.

Hoederer. — Mais non, tu ne me hais pas.
Quelle raison aurais-tu de me haïr ?

Hugo. — Vous me prenez pour un lâche.

Hoederer. — Pourquoi ? Tu ne sais pas tuer
mais ça n'est pas une raison pour que tu ne
saches pas mourir. Au contraire.

Hugo. — J'avais le doigt sur la gâchette.

Hoederer. — Oui.

Hugo. — Et je...

Geste d'impuissance.

Hoederer. — Oui. Je te l'ai dit: c'est plus dur
qu'on ne pense.

Hugo. — Je savais que vous me tourniez le dos
exprès. C'est pour ça que...

Hoederer. — Oh ! de toute façon...

Hugo. — Je ne suis pas un traître !

Hoederer. — Qui te parle de ça ? La trahison
aussi, c'est une affaire de vocation...

Gallimard, édit.

En surprenant sa femme dans les bras de Hoederer, Hugo trouvera sans doute le motif
qui manquait jusque-là à son geste. Motif dérisoire d'ailleurs car rien n'unit le couple
en réalité, et l'admiration de Hugo pour Hoederer dépasse toute jalousie. De plus, sa
mission perdra tout son sens par un brusque changement de politique. Acculé, le seul
acte libre qui lui restera sera le suicide.

ALBERT CAMUS

**De l'absurde à la
solidarité humaine**   Albert Camus est né en Algérie en 1913. Il entreprit des études
de philosophie, mais sa santé l'empêcha de se présenter à l'agré-
gation. Résistant pendant la guerre 1939-1945, il dirigea en 1944
le journal *Combat.* Ses articles parurent groupés dans *Actuelles* (1950-1953). Jusqu'à
sa mort, en 1960, Camus ne cessa de militer pour la liberté et la justice. Son œuvre,

---

(1) Jetée. — (2) Un enfant. — (3) Tuer. — (4) Familier : jouet.

couronnée en 1957 par le Prix Nobel, est philosophique, romanesque, dramatique. *Le Mythe de Sisyphe* paraît en 1942, *l'Homme révolté* en 1951 ; à ces deux essais correspondent deux romans : *l'Étranger* (1942) et *la Peste* (1947).

Mais Camus, qui avait fondé le « Théâtre du Travail » et joué dans la troupe théâtrale de Radio-Alger avant la guerre, a écrit la moitié de son œuvre pour la scène : la représentation du *Malentendu* en 1944, et celle de *Caligula* en 1945 l'ont rendu célèbre.

L'État de siège (1948), *les Justes* (1950), et plus tard les adaptations de *Requiem pour une nonne* de Faulkner (1956) et des *Possédés* de Dostoïevsky (1959) ont également retenu l'attention du public : en fait, Camus a sans cesse cherché une formule nouvelle, et un style dramatique en accord avec ses intentions et sa pensée profonde. *Le Malentendu* est un drame brutal et sanglant comme une tragédie de Sophocle. *Caligula* nous présente une série de dialogues révélateurs, tournant autour d'un personnage central. *L'État de siège* rassemble plusieurs formules : les monologues lyriques, des dialogues, un essai de théâtre collectif, la farce et les chœurs, mais *les Justes* reviennent à une structure traditionnelle et classique.

En revanche, l'unité de la pensée est incontestable : les grands thèmes se retrouvent d'ouvrage en ouvrage et prennent chair à travers des personnages bien dessinés. La quête instinctive, et lucide en même temps, du bonheur obsède ce Méditerranéen philosophe, sensible et sportif à la fois ; elle s'affirme, non seulement dans le héros de *Caligula*, dont l'ardeur et la jeunesse sont évidents, mais encore chez les sinistres personnages du *Malentendu*, chez les emmurés de *l'État de siège*, ou chez les révolutionnaires convaincus des *Justes*, impatients eux aussi de procurer le bonheur aux autres hommes.

Mais si l'homme ne peut se passer de rechercher le bonheur, il ne peut non plus échapper à « l'absurde ». Ne soyons pas dupes : la grande et terrible conversion de Caligula, c'est la découverte de l'absurdité du monde ; il est absurde de voir mourir ceux qu'on aime, comme par ailleurs il est absurde de les tuer sans les reconnaître *(le Malentendu)*, il est absurde de tuer *(l'Étranger)*, il est absurde de voir mourir des innocents *(la Peste, l'État de siège)*, absurde de souffrir, absurde de mourir...

Y a-t-il un remède ? L'évasion dans la mort, l'espérance d'une autre vie ne sont que lâcheté. Il faut se résigner avec orgueil, chercher la sainteté sans Dieu ; il faut après tout imaginer « Sisyphe (1) heureux », se croire Sisyphe heureux *(le Mythe de Sisyphe)* ou encore se révolter comme Caligula... mais la révolte d'un prince, c'est la cruauté même et le mépris des autres, c'est la haine des hommes. Dans *l'État de siège*, il est vrai — comme dans *la Peste* —, la solidarité avec ceux qui souffrent et qui meurent est une attitude plus noble, mais pour ceux qui meurent ou ceux qui les aiment, la solidarité des autres n'est pas un remède mais un devoir ; quelque chose d'aussi abstrait que « l'honneur » vénéré par Vigny.

En fait, aux yeux de Camus, il n'est pas de remède ; il existe seulement une sagesse modeste qu'il faut acquérir peu à peu, et qui consiste à « aimer un monde limité et splendide... travailler »... comme Candide cultivait son jardin, vivre au jour le jour, refuser de tuer pour ne pas être complice du destin absurde, chercher au contraire à diminuer la douleur du monde, s'intéresser sinon à son salut — « un trop grand mot » — du moins à sa santé, ne pas croire que la vie d'un enfant puisse être le salaire d'une amélioration politique universelle, pratiquer cet humanisme sans prétention dont la Grèce de Socrate nous a donné l'exemple.

---

(1) Dans la mythologie grecque, ce roi avait été condamné à pousser éternellement sur la pente d'une montagne un énorme rocher qui toujours retombait avant d'atteindre le sommet. Ce mythe symbolise pour Camus l'absurdité de la condition humaine.

CALIGULA

L'empereur Caligula a perdu quelques jours auparavant la femme qu'il aimait : il sait maintenant que le monde, tel qu'il est, n'est pas supportable. Il éprouve le besoin de quelque chose qui ne soit pas de ce monde — la lune, le bonheur, l'immortalité —, mais il ne veut pas revenir en arrière et décide même de faire vivre les autres hommes aussi dans la vérité. Cette attitude aboutit au nihilisme et à la destruction.

La scène 14 de l'acte II le met en présence du jeune Scipion dont il a tué le père; il lui fait cruellement toucher du doigt l'absurdité du monde; mais, après un sursaut indigné, Scipion comprendra Caligula, sa souffrance et son besoin d'absolu : cette rencontre aura transformé sa vie, le sens de ses actes, et ses actes mêmes.

Caligula. — **Ah ! c'est toi.** *(Il s'arrête, un peu comme s'il cherchait une contenance.)* **Il y a long-temps que je ne t'ai vu.** *(Avançant lentement vers lui.)* **Qu'est-ce que tu fais ? Tu écris toujours ? Est-ce que tu peux me montrer tes dernières pièces ?**

Le jeune Scipion, mal à l'aise, lui aussi, partagé entre sa haine et il ne sait pas quoi. — **J'ai écrit des poèmes, César.**

Caligula. — **Sur quoi ?**

Le jeune Scipion. — **Je ne sais pas, César. Sur la nature, je crois.**

Caligula, plus à l'aise. — **Beau sujet. Et vaste. Qu'est-ce qu'elle t'a fait, la nature ?**

Le jeune Scipion, se reprenant, d'un air ironique et mauvais. — **Elle me console de n'être pas César.**

Caligula. — **Ah ! et crois-tu qu'elle pourrait me consoler de l'être ?**

Le jeune Scipion, même jeu. — **Ma foi, elle a guéri des blessures plus graves.**

Caligula, étrangement simple. — **Blessure ? Tu dis cela avec méchanceté. Est-ce parce que j'ai tué ton père ? Si tu savais pourtant comme le mot est juste. Blessure !** *(Changeant de ton).* **Il n'y a que la haine pour rendre les gens intelligents.**

Le jeune Scipion, raidi. — **J'ai répondu à ta question sur la nature.**

Caligula s'assied, regarde Scipion, puis lui prend brusquement les mains et l'attire de force à ses pieds. Il lui prend le visage dans ses mains.

Caligula. — **Récite-moi ton poème.**

Le jeune Scipion. — **Je t'en prie, César, non.**

Caligula. — **Pourquoi ?**

Le jeune Scipion. — **Je ne l'ai pas sur moi.**

Caligula. — **Ne t'en souviens-tu pas ?**

Le jeune Scipion. — **Non.**

Caligula. — **Dis-moi au moins ce qu'il contient.**

Le jeune Scipion, toujours raidi et comme à regret. — **J'y parlais....**

Caligula. — **Eh bien ?**

Le jeune Scipion. — **Non, je ne sais pas...**

Caligula. — **Essaye...**

Le jeune Scipion. — **J'y parlais d'un certain accord de la terre...**

Caligula, l'interrompant, d'un ton absorbé. — **... de la terre et du pied.**

Le jeune Scipion, surpris, hésite et continue. — **Oui, c'est à peu près cela...**

Caligula. — **Continue...**

Le jeune Scipion. — **... et aussi de la ligne des collines romaines et de cet apaisement fugitif et bouleversant qu'y ramène le soir...**

Caligula. — **... Du cri des martinets dans le ciel vert.**

Le jeune Scipion, s'abandonnant un peu plus. — **Oui, encore.**

Caligula. — **Eh bien ?**

Le jeune Scipion. — **Et de cette minute subtile où le ciel encore plein d'or brusquement bascule et nous montre en un instant son autre face, gorgée d'étoiles luisantes.**

Caligula. — **De cette odeur de fumée, d'arbres et d'eaux qui monte alors de la terre vers la nuit.**

Le jeune Scipion, tout entier. — **Le cri des cigales et la retombée des chaleurs, les chiens, les roule-ments des derniers chars, les voix des fermiers...**

Caligula. — **... Et les chemins noyés d'ombre dans les lentisques et les oliviers...**

Le jeune Scipion. — **Oui, oui. C'est tout cela. Mais comment l'as-tu appris ?**

Caligula pressant le jeune Scipion contre lui. — **Je ne sais pas. Peut-être parce que nous aimons les mêmes vérités.**

Le jeune Scipion, frémissant, cache sa tête contre la poitrine de Caligula. — **Oh ! qu'importe, puisque tout prend en moi le visage de l'amour !**

Caligula, toujours caressant. — **C'est la vertu des grands cœurs, Scipion. Si, du moins, je pouvais connaître ta transparence ! Mais je sais trop la force de ma passion pour la vie, elle ne se satisfera pas de la nature. Tu ne peux pas comprendre cela. Tu es d'un autre monde. Tu es pur dans le bien, comme je suis pur dans le mal.**

Le jeune Scipion. — **Je peux comprendre.**

Caligula. — **Non. Ce quelque chose en moi, ce lac de silence, ces herbes pourries.** *(Changeant brusquement de ton.)* **Ton poème doit être beau. Mais si tu veux mon avis...**

Le jeune Scipion, même jeu. — **Oui.**

Caligula. — **Tout cela manque de sang.**

Scipion se rejette brusquement en arrière et regarde Caligula avec horreur. Toujours reculant, il parle d'une voix sourde, devant Caligula qu'il regarde avec intensité.

Le jeune Scipion. — **Oh ! le monstre, l'infect**

monstre. Tu as encore joué. Tu viens de jouer, hein ? Et tu es content de toi ?

Caligula, avec un peu de tristesse. — Il y a du vrai dans ce que tu dis. J'ai joué.

Le jeune Scipion, même jeu. — Quel cœur ignoble et ensanglanté tu dois avoir. Oh ! comme tant de mal et de haine doivent te torturer !

Caligula, doucement. — Tais-toi maintenant.

Je jeune Scipion. — Comme je te plains et comme je te hais !

Caligula, avec colère. — Tais-toi.

Le jeune Scipion. — Et quelle immonde solitude doit être la tienne !

Caligula, éclatant, se jette sur lui et le prend au collet ; il le secoue. — La solitude ! Tu la connais, toi, la solitude ? celle des poètes et des impuissants. La solitude ? Mais laquelle ? Ah ! tu ne sais pas que seul, on ne l'est jamais ! Et que partout le même poids d'avenir et de passé nous accompagne ! Les êtres qu'on a tués sont avec nous. Et pour ceux-là, ce serait encore facile. Mais ceux qu'on a aimés, ceux qu'on n'a pas aimés et qui vous ont aimé, les regrets, le désir, l'amertume et la douceur, les putains et la clique des dieux. *(Il le lâche et recule vers sa place.)* Seul ! ah ! si du moins, au lieu de cette solitude empoisonnée de présences qui est la la mienne, je pouvais goûter la vraie, le silence

et le tremblement d'un arbre ! *(Assis, avec une soudaine lassitude.)* La solitude ! Mais non, Scipion. Elle est peuplée de grincements de dents et tout entière retentissante de bruits et de clameurs perdues. Et près des femmes que je caresse quand la nuit se referme sur nous et que je crois, éloigné de ma chair enfin contentée, saisir un peu de moi entre la vie et la mort, ma solitude entière s'emplit de l'aigre odeur du plaisir aux aisselles de la femme qui sombre encore à mes côtés.

Il a l'air exténué. Long silence.

Le jeune Scipion passe derrière Caligula et s'approche, hésitant. Il tend une main vers Caligula et la pose sur son épaule. Caligula, sans se retourner, la couvre d'une des siennes.

Le jeune Scipion. — Tous les hommes ont une douceur dans la vie. Cela les aide à continuer. C'est vers elle qu'ils se retournent quand ils se sentent trop usés.

Caligula. — C'est vrai, Scipion.

Le jeune Scipion. — N'y a-t-il donc rien dans la tienne qui soit semblable, l'approche des larmes, un refuge silencieux ?

Caligula. — Si, pourtant.

Le jeune Scipion. — Et quoi donc ?

Caligula, lentement. Le — mépris.

Gallimard, édit.

Le sens de la pièce se situe, au-delà du nihilisme de Caligula, dans son dernier examen de conscience, au moment où il tombe sous les coups des conjurés : « Je n'ai pas pris la voie qu'il fallait, je n'aboutis à rien. Ma liberté n'est pas la bonne », dit-il en se condamnant. Ce mot de la fin laisse pressentir l'attitude nouvelle de Camus. Il écrira dans *Lettres à un ami allemand :* « Je continue à croire que ce monde n'a pas de sens supérieur. Mais je sais que quelque chose en lui a du sens, et c'est l'homme, parce qu'il est le seul être à exiger d'en avoir. » C'est déjà l'ébauche d'un humanisme.

AUTRES PERSPECTIVES DU THÉATRE CONTEMPORAIN

Le drame de la souffrance et de la haine   Dans beaucoup de pièces postérieures à la libération, se fait jour une angoisse plus ou moins profonde. Chez Sartre, chez Camus, cette angoisse s'accompagne de justifications métaphysiques et morales ; chez Anouilh, elle est plutôt une réaction spontanée de la sensibilité. L'amère satire de Marcel Aymé y fait allusion, les plaisanteries grinçantes de Félicien Marceau *(l'Œuf)* en sont un reflet grimaçant.

Mais il est des œuvres où l'atrocité de la condition humaine est devenue le sujet essentiel et pour ainsi dire le seul : l'analyse de ses insuffisances, les terreurs, les cris de souffrance, les espérances déçues, mais aussi l'orgueil d'exister, et de se vouloir libre, en commandent la structure dramatique et même le style.

La vogue de quelques auteurs encore peu connus constitue une sorte de préface à ce « nouveau théâtre ».

Pichette, Genet, Ghelderode, si différents l'un de l'autre, mais également soucieux de la beauté de la forme — lyrisme cru chez Pichette, beauté vénéneuse des images chez Genêt, splendeur gothique des phrases de Ghelderode — ont ouvert des perspectives nouvelles.

Henri Pichette — *les Épiphanies* (1947) et *Nucléa* (1952) — transforme le jeu dramatique en une explosion lyrique, fustigeant une société pourrie et un monde périmé.

Jean Genet — *les Bonnes* (1947), *Haute surveillance* (1949), *les Nègres* (1958) — met en scène des hors-la-loi, hommes et femmes en marge de la bonne société, avilis et orgueilleux, entre lesquels la haine, la souffrance et la mort établissent des liens indissolubles, recréant ainsi un monde maudit.

Ghelderode Michel de Ghelderode (né en Belgique en 1898), révélé en 1946 au public français par le concours des « Jeunes Compagnies », et très souvent joué en France depuis lors, évoque dans des décors splendides et terrifiants (châteaux, ruines. palais) des personnages exceptionnels qui nous révèlent aussi les abîmes de notre âme, nous font descendre aux enfers, mais également trembler d'émotion avec *Barabbas*. Héritier de la tradition des *Contemplations* et de *la Fin de Satan*, des *Fleurs du Mal* et du satanisme de Barbey d'Aurevilly et de Huysmans, ce grand auteur dramatique ne se prive ni d'exagérations ni de monstruosités, mais sait atteindre une réelle grandeur.

ESCURIAL

DIALOGUE DU ROI ET DU BOUFFON

Dans la salle du trône d'un palais d'Espagne vétuste et funèbre, le roi, « dernier fruit d'une race malsaine et magnifique » dont El Greco a fait le portrait, dialogue avec son bouffon Folial, venu des Flandres, athlète aux jambes torses, revêtu d'une livrée aux couleurs voyantes.

Folial. — **Sire ?**

Le Roi, s'asseyant sur le trône. — **Commences-tu enfin un jeu ?**

Folial. — **Grâce ? Laissez-moi monter à mon grenier ? Je voudrais dormir...**

Le Roi. — **Faut-il que le roi reste seul ?**

Folial. — **J'ai sacrifié mes années à vos déduits (1). Me voici à bout de force. Ma pensée est éteinte. Sire, le sommeil a fui ce palais. Les heures passent dans une hallucination glaçante. Pitié pour le bouffon qui a sommeil ?...**

Le Roi. — **Pas encore. Il faut attendre que la Mort s'en aille.**

Folial. — **Il messied (2) de rire quand la mort travaille...**

Le Roi. — **Et s'il nous plaît de rire ? Cesse ta déploration ! Je veux rire, et toi tu veux dormir ? Il faut que je rie ! Ou si tu n'arrives pas à m'amuser, il y a le garrot (3) des mauvais serviteurs, ministres ou bouffons, le garrot qui te fera faire d'abominables têtes ! Ton crâne est-il rempli de larves ? Ris, sinon, je te remets à mon bourreau, qui te traitera comme un juif ou un faux monnayeur...**

Folial. — **Grâce !...**

Le Roi, debout. — **Que me reste-t-il si mon bouffon devient triste et gagne sommeil ? Et qu'est-ce que cela te fait que la reine meure, que la Mort travaille... Ne croirait-on pas que c'est ta femme ou ta fille qui s'en va au royaume des vers ?...** *(Colérique.)* **Une farce, invente...**

Folial, se levant. — **Une farce, profonde et brève, la dernière dont je me sens capable... Nous la jouerons à deux, Sire.** *(Il salue un public imaginaire, et commence une pantomime par laquelle il présente le roi et se présente lui-même. Puis il pirouette et sautille sur les marches.)* **Dans mon pays, au temps du Carême, on choisit un innocent qu'on nantit d'oripeaux (4), une couronne, un sceptre. Et cet innocent, on en fait un roi ! Un roi qu'on fête et mène à son trône illusoire. Tous les honneurs lui sont rendus. La racaille (5) défile, intrigue, flatte, acclame. Le roi boit, il se gonfle de bière et de gloriole (6). Et lorsqu'il est bien infatué de son destin...** *(Il bondit vers le Roi),* **on jette à bas sa couronne...** *(Il arrache la couronne et la fait rouler sur les marches.)* **On lui reprend le sceptre...** *(Il arrache le sceptre des mains du Roi)* **pour en refaire un homme comme devant !...** *(Il recule.)* **Ainsi que je viens de faire** *(mielleux).* **Comprenez-vous ? Vous n'êtes plus qu'un homme, et combien laid !...** *(Vivement,*

---

(1) Ancien mot : divertissements. — (2) Forme archaïque de messeoir : il ne convient pas. — (3) Tourniquet. — (4) Vieux vêtements d'apparat. — (5) Le rebut du peuple. — (6) Vanité.

il se débarrasse de son bonnet de fou et ·détache sa marotte (1) de sa ceinture. Il poursuit, sifflant.) **Moi, comme vous, j'ai retrouvé ma condition d'homme. Et ma laideur vaut la vôtre !...** *(Il rit âprement.)* **Saisissez-vous au moins le jeu que je propose ? Il y a longtemps que je le prépare ? Vous plaira-t-il ? Vous allez rire de ce beau rire flamenco que vous aimez ! Et moi, je vous regarderai rire, incomparablement, comme on rit, dans vos caves !**

Ses mains s'ouvrent et ses doigts s'écartent. Le Roi claque des dents. Folial semble avoir perdu conscience et seules ses mains agissent toutes puissantes et avancent dans le vide vers le cou du Roi. Ce dernier a fléchi sur ses jambes et s'est laissé tomber sur le trône, la bouche ouverte. Il veut crier, mais le cri ne sort pas. Les mains enserrent sur son cou. Le Roi suffoque. Mais un rire strident jaillit de sa bouche béante. Ce rire flagelle le bouffon qui lâche prise et laisse pendre les mains. Le Roi quitte le trône et se tient à distance.

Le Roi, haletant. — **Réussie la farce, la bonne farce !... Laisse-moi rire tout mon soûl (2) !... Que tu jouais bien, que tu simulais bien la haine !... Ma surprise est grande ! Je n'avais jamais remarqué tes mains ! Étonnantes, tes mains ! Étonnantes, tes mains ! Quand tu seras tout à fait stupide, je te ferai bourreau, si tu·n'es pas étranglé entre temps...** *(Il descend quelques marches et crache en l'air.)* **L'ami, ce sont des jeux vilains !...** *(Sévère.)* **Approche, vermine !...**

Folial, revenant à la réalité. — **Sire ? Le bourreau ?**

Le Roi. — **Pas encore !** *(Il prend Folial par l'épaule.)* **Combien ta farce était équivoque et j'aime l'équivoque ! Je n'étais pas très aise, mais tu m'as étonné tout de même. Enfin, j'ai**

ri, et d'un rire qui venait du fond des entrailles ; ma bonne humeur renaît...

Folial, bégayant. — **Les lieux n'inspirent guère.**

Le Roi. — **Évidemment, tu n'es pas dans tes bons jours !** *(Frappant sur le ventre de Folial.)* **Tu n'as pas su tirer parti de ta farce, hé... Ou bien il fallait m'étrangler, et tu n'as pas été l'homme que je croyais ; ou bien il fallait poursuivre ton jeu, et tu n'as pas été l'artiste que je croyais.** *(Il rit sourdement.)* **Je comprends l'art des comédiens et des bouffons, moi... A eux, toute ma tendresse ! Je possède mon âme de bouffon, ce soir surtout. Et si nous jouions ? C'est facile puisque nous voici devenus deux hommes. Pour être autre chose, il suffira de quelque accessoire. Deux hommes, y penses-tu ? Moi, d'un roi ; toi, d'un monstre, nous voici devenus deux hommes. Je m'en sens follement réjoui ! Mais toi, gargouille, ton visage exprime le souci, l'angoisse, tout ce qui devrait paraître sur le mien et n'y paraîtra pas, malgré mes efforts ! Et ta laideur, elle est royale, vraiment royale... Dès lors, jouons !...**

(Prompt, il ramasse la couronne et le sceptre, il pose la couronne sur le crâne du bouffon et lui met le sceptre dans sa main ; puis il défait son manteau dont il drape les épaules de Folial, qui ne comprend guère et se défend timidement.)

Folial. — **Imposture !...**

Le Roi. — **Comédie !...** *(Il recule et considère le bouffon avec complaisance.)* **Quel roi !... Quel roi pour les autodafés (3).** *(Violent.)* **La farce continue !... Grimpe jusqu'au trône, gorille couronné !...**

(Tandis que Folial accablé semble-t-il par le poids de sa couronne et du sceptre, gravit lourdement les marches, le Roi se coiffe du bonnet du fou et saisit sa marotte.)

Gallimard, édit.

LE « NOUVEAU THÉATRE »

La tragédie et la comédie : l'épopée du dérisoire

A partir de 1950, apparaît un théâtre nouveau : d'abord ignoré du public, il donne lieu bientôt à des controverses passionnées, certains le trouvant scandaleux de vulgarité et d'incohérence, d'autres y reconnaissant la traduction terrifiante des bassesses de la condition humaine en même temps qu'une séduisante tentative de rénouveler la structure et le langage du théâtre.

Il est bien vrai, en tout cas, que le théâtre, art collectif par excellence, ne pouvait ignorer l'angoisse que suscitaient les atrocités de la guerre et la crainte sourde des bouleversements atomiques.

En 1950, est représentée pour la première fois (mais sans succès) *la Cantatrice chauve* d'Ionesco, en 1953, la pièce de Beckett *En attendant Godot*. Que de chemin parcouru en dix ans ! Aujourd'hui, on joue en même temps à Paris plusieurs pièces d'Ionesco, on reprend dans les plus grands théâtres *Amédée, les Chaises, En attendant Godot...;* ces

---

(1) Attribut du bouffon : sceptre de bois surmonté d'une tête et garni de grelots. — (2) Tant que je veux. — (3) Supplices du feu, qu'ordonnait l'Inquisition en Espagne au XIIIᵉ siècle.

pièces, d'un esprit nouveau, ont conquis en quelques années un public étendu, non seulement en France, mais dans le monde entier.

Art nouveau par ses situations cocasses ou absurdement tragiques, ses personnages étranges et misérables, son style souvent insolite, ce théâtre rejoint en fait la tradition universelle d'un comique fondé sur la sottise et la folie des hommes, qui n'est peut-être qu'un aspect de l'absurdité de la vie; tandis que sa veine tragique naît de l'horreur lucide de l'homme devant sa déchéance progressive et le caractère inexorable de son destin.

Trois écrivains étrangers installés en France ont tenu une place essentielle dans ce mouvement : Samuel Beckett, Eugène Ionesco, Arthur Adamov.

Dans un article paru au mois de février 1958, dans la *Nouvelle Revue Française*, Eugène Ionesco, en nous révélant sa conception et sa technique théâtrales, semble dresser le bilan de toutes les expériences tentées récemment pour recréer un art proprement « dramatique », autonome, libéré de toute littérature.

... Pousser le théâtre au-delà de cette zone intermédiaire qui n'est ni théâtre, ni littérature, c'est le restituer à son cadre propre, à ses limites naturelles. Il fallait non pas cacher les ficelles, mais les rendre plus visibles encore, délibérément évidentes, aller à fond dans le grotesque, la caricature, au-delà de la pâle ironie des spirituelles comédies de salon. Pas de comédies de salon, mais la farce, la charge parodique extrême. Humour, oui, mais avec les moyens du burlesque. Un comique dur, sans finesse, excessif. Pas de comédies dramatiques, non plus. Mais revenir à l'insoutenable. Pousser tout au paroxysme, là où sont les sources du tragique. Faire un théâtre de violence : violemment comique, violemment dramatique.

Éviter la psychologie ou plutôt lui donner une dimension métaphysique. Le théâtre est dans l'exagération extrême des sentiments, exagération qui disloque le réel. Dislocation aussi, désarticulation du langage.

Si d'autre part, les comédiens me gênaient parce qu'ils me paraissaient trop peu naturels, c'est peut-être parce qu'eux aussi étaient ou voulaient être trop naturels : en renonçant à l'être, ils le redeviendront peut-être d'une autre manière. Il faut qu'ils n'aient pas peur de ne pas être naturels.

Pour s'arracher au quotidien, à l'habitude, à la paresse mentale qui nous cache l'étrangeté du réel, il faut recevoir comme un véritable coup de matraque. Sans une virginité nouvelle de l'esprit, sans une nouvelle prise de conscience, purifiée, de la réalité existentielle, il n'y a pas de théâtre, il n'y a pas d'art non plus; il faut réaliser une sorte de dislocation du réel, qui doit précéder sa réintégration.

A cet effet, on peut employer parfois un procédé : jouer contre le texte. Sur un texte insensé, absurde, comique, on peut greffer une mise en scène, une interprétation grave, solennelle, cérémonieuse. Par contre, pour éviter le ridicule des larmes faciles, de la sensiblerie, on peut, sur un texte dramatique, greffer une interprétation clownesque, souligner, par la farce, le sens tragique d'une pièce. La lumière rend l'ombre plus obscure, l'ombre accentue la lumière. Je n'ai jamais compris, pour ma part, la différence que l'on fait entre comique et tragique. Le comique étant intuition de l'absurde, il me semble plus désespérant que le tragique. Le comique n'offre pas d'issue. Je dis : « désespérant », mais, en réalité, il est au-delà ou en deçà du désespoir ou de l'espoir.

Pour certains, le tragique peut paraître, en un sens, réconfortant car, s'il veut exprimer l'impuissance de l'homme vaincu, brisé par la fatalité; par exemple, le tragique reconnaît par là même, la réalité d'une fatalité, d'un destin, de lois régissant l'Univers, incompréhensibles parfois, mais objectives. Et cette impuissance humaine, cette inutilité de nos efforts peut aussi, en un sens, paraître comique.

J'ai intitulé mes comédies « anti-pièces », « drames comiques », et mes drames : « pseudo-drames », ou « farces tragiques », car, me semble-t-il, le comique est tragique, et la tragédie de l'homme, dérisoire. Pour l'esprit critique moderne, rien ne peut être pris tout à fait au sérieux, rien tout à fait à la légère.

Le nouveau tragique : Beckett

Samuel Beckett, Irlandais né en 1906, qui fut lecteur à l'École Normale Supérieure en 1928, écrit en français depuis 1945. Dans la pièce *En attendant Godot* qui l'a rendu célèbre, il met en scène des personnages minables, gueux, clochards qui trouvent dans l'espérance une raison d'être et posent ainsi à leur façon le problème de l'existence. *Fin de partie* (1957) met en présence des moribonds, épuisés, déchus, amers, seulement « occupés à mourir ».

FIN DE PARTIE

Cette « fin de partie » est une fin du monde sans intervention finale de Dieu et un effacement définitif de l'Homme. Des moribonds, véritables larves, ignobles et terrifiants, échangent des propos désespérés et sarcastiques dans un décor sinistre : lumière grise, fenêtres inaccessibles, escabeau boiteux, poubelles...

Hamm, avec élan. — **Allons-nous-en tous les deux, vers le Sud ! Sur la mer ! Tu nous feras un radeau. Les courants nous emporteront, loin, vers d'autres... mammifères!**

Clov. — **Parle pas de malheur.**

Hamm. — **Seul, je m'embarquerai seul! Prépare-moi ce radeau immédiatement. Demain, je serai loin.**

Clov, se précipitant vers la porte. — **Je m'y mets tout de suite.**

Hamm. — **Attends.** *(Clov s'arrête.)* **Tu crois qu'il y aura des squales (1) ?**

Clov. — **Des squales ? Je ne sais pas. S'il y en a, il y en aura.** *(Il va vers la porte.)*

Hamm. — **Attends !** *(Clov s'arrête.)* **Comment vont tes yeux ?**

Clov. — **Mal.**

Hamm. — **Mais tu vois.**

Clov. — **Suffisamment.**

Hamm. — **Comment vont tes jambes ?**

Clov. — **Mal.**

Hamm. — **Mais tu marches.**

Clov. — **Je vais, je viens.**

Hamm. — **Dans ma maison.** *(Un temps. Prophétique et avec volupté.)* **Un jour, tu seras aveugle. Comme moi. Tu seras assis quelque part, petit plein perdu dans le vide, pour toujours, dans le noir. Comme moi.** *(Un temps.)* **Un jour, tu te diras : Je suis fatigué, je vais m'asseoir, et tu iras t'asseoir. Puis tu diras : J'ai faim, je vais me lever et me faire à manger mais tu ne te lèveras pas. Tu te diras: J'ai eu tort de m'asseoir, mais puisque je me suis assis, je vais rester assis encore un peu, puis je me lèverai et je me ferai à manger. Mais tu ne te lèveras pas et tu ne te feras pas à manger.** *(Un temps).* **Tu regarderas le mur un peu, puis tu te diras : Je vais fermer les yeux, peut-être dormir un peu, après ça ira mieux, et tu les fermeras. Et quand tu les rouvriras, il n'y aura plus de mur.** *(Un temps.)* **L'infini du vide sera autour de toi, tous les morts de tous les temps ressuscités ne le combleraient pas, tu y seras comme un petit gravier au milieu de la steppe.** *(Un temps.)* **Oui, un jour, tu sauras ce que c'est, tu seras comme moi, sauf que toi, tu n'auras personne, parce que tu n'auras eu pitié de personne et qu'il n'y aura plus personne de qui avoir pitié.** *(Un temps.)*

Clov. — **Ce n'est pas dit.** *(Un temps.)* **Et puis tu oublies une chose.**

Hamm. — **Ah!**

Clov. — **Je ne peux pas m'asseoir.**

Hamm, impatient. — **Eh bien, tu te coucheras, tu parles d'une affaire. Ou tu t'arrêteras, tout simplement, tu resteras debout, comme maintenant. Un jour, tu te diras, je suis fatigué. Je vais m'arrêter. Qu'importe la posture.**

Éd. de Minuit.

Le nouveau comique : Ionesco Eugène Ionesco, né à Bucarest en 1912, vient tout jeune à Paris, rentre en Roumanie à quatorze ans, y termine ses études, mais revient en France en 1938. Il est passé en dix ans de l'obscurité au succès. Son œuvre, déjà abondante, offre une grande unité d'inspiration et d'écriture. Situations étranges et insolites, personnages bizarres et torturés, autant d'éléments pris dans la réalité quotidienne, mais agrandis par l'optique théâtrale, « forcés », poussés dans leur logique jusqu'à l'absurde. Mots impropres et inattendus, phrases inachevées et incohérentes, la langue que parlent les personnages d'Ionesco traduit et célèbre la toute-puissance du lieu commun et de son automatisme, dans nos propos de tous les jours. Cet univers est « un mélange détonant de lucidité et de démence », révélation comique d'un « Érasme bouffon » (L. Barjou).

Dans *les Chaises*, nous assistons au raz-de-marée des illusions mortes et des rêves avortés, à l'envahissement par l'accessoire de notre vie quotidienne.

Dans *Amédée*, nous voyons grandir le cadavre symbolique des crimes et des mensonges qui détruira peu à peu la vie d'un couple misérable. *La Leçon* enfin met en scène un vieux professeur, sorte de tyran prétentieux et dérisoire, qui s'empare progressivement de la personnalité de son élève, petite bourgeoise stupide, et finit tout bonnement par l'assassiner.

---

(1) Synonyme de requin.

LA LEÇON

MATHÉMATIQUES DE L'ABSURDE

Ce passage de *la Leçon* démolit peu à peu la plus logique des sciences, la « science moderne par excellence », l'arithmétique vénérable des philosophes et de savants ; il démontre, par l'enchaînement et le rythme même du dialogue, l'impuissance du raisonnement aux prises avec la réalité concrète (J'ai dix doigts !...), avec l'entêtement de la jeune fille, et le laisse, cette fois, vaincu par l'absurde.

Le Professeur. — **Supposez que vous n'avez qu'une seule oreille.**

L'élève. — **Oui, après ?**

Le Professeur. — **Je vous en ajoute une, combien en auriez-vous ?**

L'élève. — **Deux.**

Le Professeur. — **Bon. Je vous en ajoute encore une. Combien en auriez-vous ?**

L'élève. — **Trois oreilles.**

Le Professeur. — **J'en enlève une... Il vous reste... combien d'oreilles ?**

L'élève. — **Deux.**

Le Professeur. — **Bon. J'en enlève encore une, combien vous en reste-t-il ?**

L'élève. — **Deux.**

Le Professeur. — **Non. Vous en avez deux, j'en prends une, je vous en mange une, combien vous en reste-t-il ?**

L'élève. — **Deux.**

Le Professeur. — **J'en mange une... une.**

L'élève. — **Deux.**

Le Professeur. — **Une.**

L'élève. — **Deux.**

Le Professeur. — **Une.**

Le Professeur. — **Une !**

L'élève. — **Deux !**

Le Professeur. — **Une !!!**

L'élève. — **Deux !!!**

Le Professeur. — **Une !!!**

L'élève. — **Deux !!!**

Le Professeur. — **Une !!!**

L'élève. — **Deux !!!**

Le Professeur. — **Non. Non. Ce n'est pas ça. L'exemple n'est pas, n'est pas convaincant. Écoutez-moi.**

L'élève. — **Oui, Monsieur.**

Le Professeur. — **Vous avez..., vous avez..., vous avez...**

L'élève. — **Dix doigts !...**

Le Professeur. — **Si vous voulez. Parfait. Bon. Vous avez donc dix doigts.**

L'élève. — **Oui, Monsieur.**

Le Professeur. — **Combien en auriez-vous, si vous en aviez cinq ?**

L'élève. — **Dix, Mcnsieur.**

Le Professeur. — **Ce n'est pas ça !**

L'élève. — **Si, Monsieur.**

Le Professeur. — **Je vous dis que non !**

L'élève. — **Vous venez de me dire que j'en ai dix...**

Le Professeur. — **Je vous ai dit aussi, tout de suite après, que vous en aviez cinq !**

L'élève. — **Je n'en ai pas cinq, j'en ai dix.**

Le Professeur. — **Procédons autrement... Limitons-nous aux nombres de un à cinq, pour la soustraction... Attendez, Mademoiselle, vous allez voir. Je vais vous faire comprendre.** (*Le Professeur se met à écrire sur un tableau noir imaginaire. Il l'approche de l'élève qui se retourne pour regarder.*) **Voyez, Mademoiselle...** (*Il fait semblant de dessiner un tableau noir, un bâton (1) ; il fait semblant d'écrire au-dessous le chiffre 1 : puis deux bâtons sous lesquels il fait le chiffre 2, puis en aessous le chiffre 3, puis quatre bâtons au-dessous desquels il fait le chiffre 4.*) **Vous voyez...**

L'élève. — **Oui, Monsieur.**

Le Professeur. — **Ce sont des bâtons, Mademoiselle, des bâtons. Ici, c'est un bâton ; là ce sont deux bâtons ; là trois bâtons, puis quatre bâtons, puis cinq bâtons. Un bâton, deux bâtons, trois bâtons, quatre et cinq bâtons, ce sont des nombres. Quand on compte des bâtons, chaque bâton est une unité, Mademoiselle... Qu'est-ce que je viens de dire ?**

L'élève. — **« Une unité, Mademoiselle ! Qu'est-ce que je viens de dire ? »**

Le Professeur. — **Ou des chiffres ! Ou des nombres ! Un, deux, trois, quatre, cinq, ce sont des éléments de la numération, Mademoiselle.**

L'élève, hésitante. — **Oui, Monsieur. Des éléments, des chiffres, qui sont des bâtons, des unités et des nombres...**

Le Professeur. — **A la fois... C'est-à-dire, en définitive, toute l'arithmétique elle-même est là.**

L'élève. — **Oui, Monsieur. Bien, Monsieur. Merci, Monsieur.**

Le Professeur. — **Alors, comptez, si vous voulez, en vous servant de ces éléments... additionnez et soustrayez...**

L'élève, comme pour imprimer dans sa mémoire. — **Les bâtons sont bien des chiffres et les nombres, des unités ?**

Le Professeur. — **Hum... si l'on peut dire. Et alors ?**

L'élève. — **On peut soustraire deux unités de trois unités, mais peut-on soustraire deux deux de trois trois ? et deux chiffres de quatre**

---

(1) Trait vertical, premier exercice d'écriture en classe.

nombres ? et trois nombres d'une unité ?

Le Professeur. — Non, Mademoiselle.

L'élève. — Pourquoi, Monsieur ?

Le Professeur. — Parce que, Mademoiselle.

L'élève. — Parce que quoi, Monsieur ? Puisque les uns sont bien les autres ?

Le Professeur. — Il en est ainsi, Mademoiselle. Ça ne s'explique pas. Ça se comprend par un raisonnement mathématique intérieur. On l'a ou on ne l'a pas.

L'élève. — Tant pis !

Le Professeur. — Écoutez-moi, Mademoiselle, si vous n'arrivez pas à comprendre profondément ces principes, ces archétypes arithmétiques, vous n'arriverez jamais à faire correctement un travail de polytechnicien. Encore moins ne pourra-t-on vous charger d'un cours à l'École Polytechnique... ni à la maternelle supérieure. Je reconnais que ce n'est pas facile, c'est très, très abstrait... évidemment... mais comment pourriez-vous arriver, avant d'avoir bien approfondi les éléments premiers, à calculer mentalement combien font, et ceci est la moindre des choses pour un ingénieur moyen — combien font, par exemple, trois milliards sept cent cinquante-cinq millions neuf cent quatre-vingt-dix-huit mille deux cent cinquante et un, multiplié par cinq milliards cent soixante-deux millions trois cent trois mille cinq cent huit ?

L'élève, très vite. — Ça fait dix-neuf quintillions trois cent quatre-vingt-dix quadrillions deux trillions huit cent quarante-quatre milliards deux cent dix-neuf millions, cent soixante-quatre mille cinq cent huit...

Le Professeur, étonné. — Non, je ne pense pas. Ça doit faire dix-neuf quintillions trois cent quatre-vingt-dix quadrillions, deux trillons huit cent quarante-quatre milliards deux cent dix-neuf millions cent soixante-quatre mille cinq cent neuf...

L'élève. — Non... Cinq cent huit...

Le Professeur, de plus en plus étonné, calcule mentalement. — Oui, vous avez raison... le produit est bien... *(Il bredouille inintelligiblement.)* ... quintillions, quadrillions, trillions, milliards, millions... *(Distinctement.)* ... cent soixante-quatre mille cinq cent huit... *(Stupéfait.)* Mais comment le savez-vous, si vous ne connaissez pas les principes du raisonnement arithmétique ?

L'élève. — C'est simple. Ne pouvant me fier à mon raisonnement, j'ai appris par cœur tous les résultats possibles de toutes les multiplications possibles...

Gallimard, édit.

LE ROMAN CONTEMPORAIN

L'EXISTENTIALISME ET LE ROMAN

JEAN-PAUL SARTRE (1)

Une comédie absurde et dérisoire : la condition humaine

Philosophe, essayiste, auteur dramatique, Jean-Paul Sartre a donné au genre romanesque une part importante dans son œuvre. Après *la Nausée* (1938), dont le héros Antoine Roquentin prend conscience à la fois de l'absurdité du monde et de l'inanité de son existence, *le Mur* (1939) offre avant la lettre, en un recueil de cinq nouvelles denses et dramatiques, l'illustration de la doctrine qui s'exprimera quelques années plus tard dans *l'Être et le Néant* (1943).

LE MUR

SPECTATEUR DE LA MASCARADE

Pablo Ibbieta, le narrateur, qui doit être fusillé à l'aube, a passé toute la nuit dans l'attente de son exécution. L'imminence de la mort a fini par lui donner une sorte de détachement lucide : le voici spectateur et non plus acteur de la comédie humaine; il prend une conscience assurée de l'absurdité et du grotesque de la conduite des hommes; il se rend compte aussi de l'inanité de tout ce qui faisait pour lui le prix de la vie.

Celui qui m'interrogeait était petit et gros. Il avait des yeux durs derrière ses lorgnons. Il me dit :

— Approche.

Je m'approchai. Il se leva et me prit par le bras et me regardant d'un air à me faire rentrer sous terre. En même temps il me pinçait les biceps de toutes ses forces. Ça n'était pas pour

---

(1) Voir pp. 417-419, pp. 566-567.

me faire mal, c'était le grand jeu : il voulait me dominer. Il jugeait nécessaire aussi de m'envoyer son souffle pourri en pleine figure. Nous restâmes un moment comme ça, moi ça me donnait plutôt envie de rire. Il en faut beaucoup pour intimider un homme qui va mourir : ça ne prenait pas (1). Il me repoussa violemment et se rassit. Il dit :

— C'est ta vie contre la sienne. On te laisse la vie sauve si tu nous dis où il est...

Le petit gros me regardait toujours, en fouettant ses bottes de sa cravache. Tous ses gestes étaient calculés pour lui donner l'allure d'une bête vive et féroce.

— Alors ? C'est compris ?

— Je ne sais pas où est Gris, répondis-je. Je croyais qu'il était à Madrid.

L'autre officier leva sa main pâle avec indolence. Cette indolence aussi était calculée. Je voyais tous leurs petits manèges et j'étais stupéfait qu'il se trouvât des hommes pour s'amuser à ça.

— Vous avez un quart d'heure pour réfléchir, dit-il lentement. Emmenez-le à la lingerie, vous le ramènerez dans un quart d'heure. S'il persiste à refuser, on l'exécutera sur-le-champ.

Ils savaient ce qu'ils faisaient : j'avais passé la nuit dans l'attente ; après ça ils m'avaient encore fait attendre une heure dans la cave, pendant qu'on fusillait Tom et Juan et maintenant, ils m'enfermaient dans la lingerie ; ils avaient dû préparer leur coup la veille. Ils se disaient que les nerfs s'usent à la longue et ils espéraient m'avoir comme ça.

Ils se trompaient bien. Dans la lingerie je m'assis sur un escabeau (2) parce que je me sentais très faible et je me mis à réfléchir. Mais pas à leur proposition. Naturellement je savais où était Gris : il se cachait chez ses cousins, à quatre kilomètres de la ville. Je savais aussi que je ne révélerais pas sa cachette, sauf s'ils me torturaient (mais ils n'avaient pas l'air d'y songer). Tout cela était parfaitement réglé, définitif et ne m'intéressait nullement. (...) Et pourtant j'étais là, je pouvais sauver ma peau en livrant Gris et je me refusais à le faire. Je trouvais ça plutôt comique : c'était de l'obstination. Je pensai :

— « Faut-il être têtu ! » Et une drôle de gaieté m'envahit.

Ils vinrent me chercher et me ramenèrent auprès des deux officiers. Un rat partit sous nos pieds et ça m'amusa. Je me tournai vers un des phalangistes (3) et je lui dis :

— Vous avez vu le rat ?

Il ne répondit pas. Il était sombre, il se prenait au sérieux. Moi j'avais envie de rire mais je me retenais parce que j'avais peur, si je com-

mençais, de ne plus pouvoir m'arrêter. Le phalangiste portait des moustaches. Je lui dis encore :

— Il faut couper tes moustaches, ballot (4).

Je trouvais drôle qu'il laissât de son vivant les poils envahir sa figure. Il me donna un coup de pied sans grande conviction, et je me tus.

— Eh bien, dit le gros officier, tu as réfléchi ?

Je les regardai avec curiosité, comme des insectes d'une espèce très rare. Je leur dis :

— Je sais où il est. Il est caché dans le cimetière. Dans un caveau ou dans la cabane des fossoyeurs.

C'était pour leur faire une farce. Je voulais les voir se lever, boucler leurs ceinturons et donner des ordres d'un air affairé.

Ils sautèrent sur leurs pieds.

— Allons-y. Moles, allez demander quinze hommes au lieutenant Lopez. Toi, me dit le petit gros, si tu as dit la vérité, je n'ai qu'une parole. Mais tu le paieras cher si tu t'es fichu (5) de nous.

Ils partirent dans un brouhaha et j'attendis paisiblement sous la garde des phalangistes. De temps en temps, je souriais parce que je pensais à la tête qu'ils allaient faire. Je me sentais abruti et malicieux. Je les imaginai, soulevant les pierres tombales, ouvrant une à une les portes des caveaux. Je me représentais la situation comme si j'avais été un autre : ce prisonnier obstiné à faire le héros, ces graves phalangistes avec leurs moustaches et ces hommes en uniforme qui couraient entre les tombes ; c'était d'un comique irrésistible.

Au bout d'une demi-heure, le petit gros revint seul. Je pensai qu'il venait donner l'ordre de m'exécuter. Les autres devaient être restés au cimetière.

L'officier me regarda. Il n'avait pas du tout l'air penaud (6).

— Emmenez-le dans la grande cour avec les autres, dit-il. A la fin des opérations militaires, un tribunal régulier décidera de son sort.

Je crus que je n'avais pas compris. Je lui demandai :

— Alors, on ne me... on ne me fusillera pas ?...

— Pas maintenant en tout cas. Après, ça ne me regarde plus.

Je ne comprenais toujours pas. Je lui dis :

— Mais pourquoi ?

Il haussa les épaules sans répondre et les soldats m'emmenèrent. Dans la grande cour il y avait une centaine de prisonniers, des femmes, des enfants, quelques vieillards. Je me mis à tourner autour de la pelouse centrale, j'étais hébété. A midi on nous fit manger au réfectoire. Deux ou trois types m'interpellèrent. Je devais les connaître, mais je ne leur répondis

---

(1) Cela n'avait aucune influence sur moi. — (2) Tabouret. — (3) Membre de la phalange nationaliste espagnole. — (4) Argot : imbécile. — (5) Moqué. — (6) Honteux.

pas : je ne savais même plus où j'étais.

Vers le soir, on poussa dans la cour une dizaine de prisonniers nouveaux. Je reconnus Garcia, le boulanger. Il me dit :

— Sacré veinard ! Je ne pensais pas te revoir vivant.

— Ils m'avaient condamné à mort, dis-je, et puis ils ont changé d'idée. Je ne sais pas pourquoi.

— Ils m'ont arrêté à deux heures, dit Garcia.

— Pourquoi ?

Garcia ne faisait pas de politique.

— Je ne sais pas, dit-il. Ils arrêtent tous ceux qui ne pensent pas comme eux.

Il baissa la voix.

— Ils ont eu Gris.

Je me mis à trembler.

— Quand ?

— Ce matin. Il avait fait le con (1). Il a quitté son cousin mardi parce qu'ils avaient eu des mots (2). Il ne manquait pas de types qui l'auraient caché mais il ne voulait plus rien devoir à personne. Il a dit : « Je me serais caché chez Ibbieta, mais puisqu'ils l'ont pris, j'irai me cacher au cimetière. »

— Au cimetière ?

— Oui. C'était con (3). Naturellement, ils y ont passé ce matin, ça devait arriver. Ils l'ont trouvé dans la cabane des fossoyeurs. Il leur a tiré dessus et ils l'ont descendu.

— Au cimetière !

Tout se mit à tourner et je me retrouvai assis par terre : je riais si fort que les larmes me vinrent aux yeux.

Gallimard, *édit.*

SIMONE DE BEAUVOIR

Une vie riche d'expériences   Née en 1908 à Paris, Simone de Beauvoir est reçue à vingt et un ans à l'agrégation de philosophie. Professeur à Marseille, puis à Rouen et à Paris, elle abandonne l'enseignement en 1943 pour se consacrer à son œuvre littéraire. Romancière, elle publie successivement *l'Invitée* (1943) qui traite du problème de la jalousie, *Tous les Hommes sont mortels* (1947) ; *les Mandarins* (1954), qui évoque les problèmes philosophiques et politiques de notre temps, obtient le prix Goncourt. Ses essais — *Pyrrhus et Cinéas* (1944), *Pour une morale de l'ambiguïté* (1947) — la placent au premier rang, aux côtés de Sartre, parmi les théoriciens de l'existentialisme. Mais c'est dans l'évocation directe de ses souvenirs que son talent vigoureux et lucide trouve son expression la plus attachante : elle publie successivement *Mémoires d'une jeune fille rangée* (1958), *la Force de l'âge* (1960), *la Force des choses* (1963).

MÉMOIRES D'UNE JEUNE FILLE RANGÉE

Dans ce premier ouvrage de ses souvenirs, qui s'achève sur ses années d'étudiante à la Sorbonne, Simone de Beauvoir relate notamment sa rencontre avec J.-P. Sartre, dont l'influence fut décisive sur l'orientation de sa pensée et de sa vie.

Nous parlions d'un tas de choses, mais particulièrement d'un sujet qui m'intéressait entre tous : moi-même. Quand ils prétendaient m'expliquer, les autres gens m'annexaient à leur monde, ils m'irritaient ; Sartre au contraire essayait de me situer dans mon propre système, il me comprenait à la lumière de mes valeurs, de mes projets. Il m'écouta sans enthousiasme quand je lui racontai mon histoire avec Jacques ; pour une femme, élevée comme je l'avais été, il était peut-être difficile d'éviter le mariage : mais il n'en pensait pas grand-chose de bon. En tout cas, je devais préserver ce qu'il y avait de plus estimable en moi : mon goût de la liberté, mon amour de la vie, ma curiosité, ma volonté d'écrire. Non seulement il m'encourageait dans cette entreprise mais il proposait de m'aider. Plus âgé que moi de deux ans — deux ans qu'il avait mis à profit — ayant pris beaucoup plus tôt un meilleur départ, il en savait plus long sur tout : mais la véritable supériorité qu'il se reconnaissait, et qui me sautait aux yeux, c'était la passion tranquille et forcenée qui le jetait vers ses livres à venir. Autrefois, je méprisais les enfants qui mettaient moins d'ardeur que moi à jouer au croquet ou à étudier : voilà que je rencontrais quelqu'un aux yeux de qui mes frénésies paraissaient timides. Et en effet, si je me comparais à lui, quelle tiédeur dans mes fièvres ! Je m'étais

_____

(1) Grossier : l'imbécile. — (2) Ils s'étaient querellés. — (3) Grossier : idiot.

crue exceptionnelle parce que je ne concevais pas de vivre sans écrire : il ne vivait que pour écrire.

Il ne comptait pas, certes, mener une existence d'homme de cabinet ; il détestait les routines et les hiérarchies, les carrières, les foyers, les droits et les devoirs, tout le sérieux de la vie. Il se résignait mal à l'idée d'avoir un métier, des collègues, des supérieurs, des règles à observer et à imposer ; il ne deviendrait jamais un père de famille, ni même un homme marié. Avec le romantisme de l'époque et de ses vingt-trois ans, il rêvait à de grands voyages : à Constantinople, il fraterniserait avec les débardeurs ; il se saoulerait, dans les bas-fonds, avec les souteneurs (1) ; il ferait le tour du globe et ni les parias des Indes, ni les popes du mont Atlas, ni les pêcheurs de Terre-Neuve n'auraient de secrets pour lui. Il ne s'enracinerait nulle part, il ne s'encombrerait d'aucune passion : non pour se garder vainement disponible, mais afin de témoigner de tout. Toutes ses expériences devaient profiter à son œuvre et il écartait catégoriquement celles qui auraient pu la diminuer.

Là-dessus nous discutâmes ferme. J'admirais, en théorie du moins, les grands dérèglements, les vies dangereuses, les hommes perdus, les excès d'alcool, de drogue, de passion. Sartre soutenait que, quand on a quelque chose à dire, tout gaspillage est criminel. L'œuvre d'art, l'œuvre littéraire était à ses yeux une fin (2) absolue ; elle portait en soi sa raison d'être, celle de son créateur, et peut-être même — il ne le disait pas, mais je le soupçonnais d'en être persuadé — celle de l'univers entier. Les contestations métaphysiques lui faisaient hausser les épaules. Il s'intéressait aux questions politiques et sociales, il avait de la sympathie pour la position de Nizan (3) ; mais son affaire à lui, c'était d'écrire, le reste ne venait qu'après. D'ailleurs il était alors beaucoup plus anarchiste que révolutionnaire ; il trouvait détestable la société telle qu'elle était, mais il ne détestait pas la détester ; ce qu'il appelait son « esthétique d'opposition » s'accommodait fort bien de l'existence d'imbéciles et de salauds (4) et même l'exigeait : s'il n'y avait rien eu à abattre, à combattre, la littérature n'eût pas été grand-chose.

Gallimard, édit.

ALBERT CAMUS (5)

L'évolution d'une pensée : de l'existentialisme à l'humanisme

Inspiratrice du théâtre de Camus, sa philosophie est illustrée aussi par ses romans.

Entraîné par le rythme des jours, esclave d'occupations routinières qui à la fois emplissent et mécanisent sa vie, l'homme s'avise malaisément du caractère irrationnel du monde et de l'absurdité de son existence faite d'une suite « d'actions sans lien qui devient son destin... bientôt scellé par sa mort ». Un enchaînement incohérent de menus faits, un geste impulsif ont fait de Meursault, le héros de *l'Étranger* (1942), un meurtrier. Sa condamnation à mort est l'occasion pour lui d'une brutale prise de conscience de la condition humaine. D'abord révolté, il retrouve la sérénité « en s'ouvrant » à la tendre indifférence du monde. Sa lucidité supérieure est l'instrument de sa libération. Il peut goûter dans sa plénitude le goût merveilleux de l'instant présent.

La Peste (1947) marque une nouvelle étape dans la position de Camus. L'action de l'homme peut faire échec à cette absurdité du monde. « Il faut créer du bonheur pour protester contre cet univers du malheur. » Au sein de l'épidémie de peste qui désole Oran, Rieux, le médecin, ne borne pas ses soins aux pestiférés ; il assiste aussi ceux qui sont en proie à des souffrances morales. A force de sympathie humaine et de dévouement, en luttant contre les fléaux qui, de l'extérieur ou de l'intérieur, assiègent les hommes, en contribuant de toute sa force à leur mieux-être, on peut retrouver la paix.

L'ÉTRANGER

A travers les confidences de Meursault, se dessine au début du récit l'image d'un homme enlisé dans l'absurdité de la vie (Ch. I).

L'homme est enchaîné à l'automatisme de ses occupations quotidiennes : Meursault

---

(1) Individu qui vit aux dépens d'une prostituée, sous prétexte de la protéger. — (2) But. — (3) Camarade de Sartre. — (4) Grossier : hommes sans scrupules. — (5) Voir pp. 567-569.

ressent d'abord la mort de sa mère comme la nécessité pénible d'une rupture avec cet automatisme, qu'il s'efforcera de rendre aussi courte que possible. Il est prisonnier d'obligations mesquines et se sent presque coupable de solliciter un congé. Il vit dans une morne passivité et ses réactions physiologiques ont plus de prise sur lui qu'un événement tragique. Il se refuse à voir en face sa médiocrité et, presque ingénument, en même temps qu'il étale son égoïsme, il veut se convaincre que sa conduite à l'égard de sa mère a été dictée par le souci de la rendre aussi heureuse que possible. Enfin, il est muré dans sa solitude : la sympathie que l'on manifeste à Meursault à l'occasion de son deuil est toute de façade et s'exprime en formules toutes faites et en gestes conventionnels.

Les mots simples, empruntés à l'usage courant de la vie quotidienne, les phrases courtes, juxtaposées et sans lien, donnent l'impression de saisir au vol et de transcrire, avec une fidélité sans apprêt, les impressions de Meursault et, en même temps, suggèrent la passivité de l'homme qui reçoit et enregistre ces impressions, sans les dominer ni les organiser.

Aujourd'hui, maman est morte. Ou peut-être hier, je ne sais pas. J'ai reçu un télégramme de l'asile : « Mère décédée. Enterrement demain. Sentiments distingués. » Cela ne veut rien dire. C'était peut-être hier.

L'asile de vieillards est à Marengo, à quatre-vingts kilomètres d'Alger. Je prendrai l'autobus à deux heures et j'arriverai dans l'après-midi. Ainsi, je pourrai veiller et je rentrerai demain soir. J'ai demandé deux jours de congé à mon patron et il ne pouvait pas me les refuser avec une excuse pareille. Mais il n'avait pas l'air content. Je lui ai même dit : « Ce n'est pas de ma faute. » Il n'a pas répondu. J'ai pensé alors que je n'aurais pas dû lui dire cela. En somme, je n'avais pas à m'excuser. C'était plutôt à lui de me présenter ses condoléances. Mais il le fera sans doute après-demain, quand il me verra en deuil. Pour le moment, c'est un peu comme si maman n'était pas morte. Après l'enterrement, au contraire, ce sera une affaire classée et tout aura revêtu une allure plus officielle.

J'ai pris l'autobus à deux heures. Il faisait très chaud. J'ai mangé au restaurant chez Céleste, comme d'habitude. Ils avaient tous beaucoup de peine pour moi et Céleste m'a dit : « On n'a qu'une mère. » Quand je suis parti, ils m'ont accompagné à la porte. J'étais un peu étourdi parce qu'il a fallu que je monte chez Emmanuel pour lui emprunter une cravate noire et un brassard (1). Il a perdu son oncle, il y a quelques mois.

J'ai couru pour ne pas manquer le départ. Cette hâte, cette course, c'est à cause de tout cela, sans doute, ajouté aux cahots, à l'odeur d'essence, à la réverbération de la route et du ciel, que je me suis assoupi. J'ai dormi pendant presque tout le trajet. Et quand je me suis réveillé, j'étais tassé contre un militaire qui m'a souri et qui m'a demandé si je venais de loin. J'ai dit « oui » pour n'avoir plus à parler.

L'asile est à deux kilomètres du village. J'ai fait le chemin à pied. J'ai voulu voir maman tout de suite. Mais le concierge m'a dit qu'il fallait que je rencontre le directeur. Comme il était occupé, j'ai attendu un peu. Pendant tout ce temps, le concierge a parlé et ensuite, j'ai vu le directeur : il m'a reçu dans son bureau. C'était un petit vieux, avec la Légion d'honneur. Il m'a regardé de ses yeux clairs. Puis il m'a serré la main qu'il a gardée si longtemps que je ne savais trop comment la retirer. Il a consulté un dossier et m'a dit : « Mme Meursault est entrée ici il y a trois ans. Vous étiez son seul soutien. » J'ai cru qu'il me reprochait quelque chose et j'ai commencé à lui expliquer. Mais il m'a interrompu : « Vous n'avez pas à vous justifier, mon cher enfant. J'ai lu le dossier de votre mère. Vous ne pouviez subvenir à ses besoins. Il lui fallait une garde. Vos salaires sont modestes. Et tout compte fait, elle était plus heureuse ici. » J'ai dit : « Oui, monsieur le Directeur. » Il a ajouté : « Vous savez, elle avait des amis, des gens de son âge. Elle pouvait partager avec eux des intérêts qui sont d'un autre temps. Vous êtes jeune et elle devait s'ennuyer avec vous. »

C'était vrai. Quand elle était à la maison, maman passait son temps à me suivre des yeux en silence. Dans les premiers jours où elle était à l'asile, elle pleurait souvent. Mais c'était à cause de l'habitude. Au bout de quelques mois, elle aurait pleuré si on l'avait retirée de l'asile. Toujours à cause de l'habitude. C'est un peu pour cela que dans la dernière année, je n'y suis presque plus allé. Et aussi parce que cela me prenait mon dimanche — sans compter l'effort pour aller à l'autobus, prendre des tickets et faire deux heures de route.

Gallimard, édit.

_____

(1) Morceau de tissu noir que l'on porte au bras en signe de deuil.

LE « NOUVEAU ROMAN »

Vers une plus grande vérité
dans l'approche des êtres
Les écrivains que l'on rassemble sous la bannière du Nouveau Roman s'accordent, comme il se doit, pour condamner la conception traditionnelle du genre. Le roman traditionnel leur paraît périmé. Puisque, selon eux, toute connaissance psychologique des êtres est illusoire, comme est illusoire aussi l'ordre de la société dans laquelle nous vivons, comment concevoir qu'un romancier de notre temps s'applique à étudier, puis à représenter des milieux sociaux? Comment comprendre qu'il campe, au sein de ce cadre, des personnages solidement architecturés, vigoureusement individualisés, dont le comportement à travers une intrigue logique, se révèle en accord avec leur personnalité? Au reste, non seulement cette conception du roman est dépassée mais la matière aussi en est usée. Depuis qu'il y a des romanciers et qui écrivent selon cette formule, tout a été dit. Etre fidèle à cette tradition, ce serait se condamner à ne rédiger que des pastiches, dont nous connaissons maintenant par surcroît la vanité et la fausseté. Dès lors, si ce renouvellement du roman se révèle nécessaire, dans quel sens va-t-il s'orienter? Dans ce monde, dont les significations autour de nous ne sont plus — selon la formule de Robbe-Grillet — que « partielles, provisoires, contradictoires même et toujours contestées », le roman moderne doit se borner à être une recherche qui créera elle-même « ses propres significations au fur et à mesure ». On conçoit aisément que l'orientation de cette recherche puisse être aussi multiple que le sont les tempéraments des écrivains. Cette tentative commune qui fait l'unité du nouveau roman explique aussi sa diversité.

NATHALIE SARRAUTE

L'indéfinissable
Dans le cadre de cette recherche, par ses essais [*L'Ère du Soupçon* (1956)] comme par ses romans [(*Portrait d'un inconnu* (1947), *le Planétarium* (1959), *les Fruits d'or* (1963)], Nathalie Sarraute fait figure de précurseur. Née en Russie en 1902 et venue très tôt en France, où après des études de lettres et de droit elle est avocate au barreau de Paris, elle se consacre à la littérature à partir de 1939 (*Tropismes*). Ce qu'elle s'attache à appréhender chez l'homme se situe en deçà de la volonté et du sentiment: ce sont ces mouvements d'attraction ou de répulsion non définis et seulement pressentis qui affleurent fugitivement, se succédant, se détruisant sans trêve dans une zone obscure de notre conscience comme les capricieuses images qui se forment et se déforment dans le champ d'un kaléidoscope. Ce qu'elle atteint à ce niveau restant une « matière anonyme comme le sang », elle ne prétend pas camper des personnages individualisés. Le fil ténu d'une anecdote délibérément banale tient lieu d'intrigue. En guise de dialogues, elle assemble des bribes de conversations faites de phrases conventionnelles, où les intonations et les silences ont plus de sens que les mots, à cause des résonances en profondeur qu'ils révèlent. Pas de portrait physique non plus mais des expressions fugitives, cueillies avec acuité sur les visages. Quant au style, il procède par des approximations successives qui cernent la nuance impalpable et comme par des refus, des hésitations, des renoncements d'expression, qui ouvrent le chemin de l'inexprimable.

LE PLANÉTARIUM

Un dialogue entre un homme et sa sœur, auprès de laquelle il est venu faire une démarche pour la décider à accepter un échange d'appartements, illustre d'une façon significative le talent et la manière de Nathalie Sarraute.

« Qui est là ? — C'est moi, ton frère, c'est Pierre... » Il entend comme un pépiement, un remue-ménage heureux, un déclic rapide, un bruit de chaîne léger, joyeux, la porte s'ouvre... « Ah, c'est toi... » Il avait oublié ce regard sous les paupières usées, fardées, un bon regard d'où ruisselle une tendre émotion... « C'est toi, Pierre... Mais bien sûr que tu ne me déranges pas... Je suis contente de te voir, tu viens si rarement... Mais fais voir un peu, que je te regarde, que je regarde un peu la mine que tu as. Mais tu as une mine superbe, dis-moi, tu sais que tu es un phénomène... tu ne changes pas, tu vivras jusqu'à cent ans, tu seras comme grand'maman Bouniouls... — Grand'maman Bouniouls... non, ma petite Berthe, je ne crois pas, je crois plutôt que j'ai pris un bon coup de vieux ces derniers temps... » Tandis qu'elle le précède à travers l'entrée, le salon, il regarde sans pouvoir en détacher les yeux sa vieille nuque fragile, le petit creux livide entre les deux tendons saillants un peu plus creusé encore... un endroit très vulnérable, s'offrant innocemment, où plongerait sans rencontrer de résistance le poignard de l'assassin... Il a envie de s'en aller, comment a-t-il pu accepter ? Elle glisse une main caressante le long de son bras... « Allons, mais assieds-toi donc, mets-toi donc là... tu as l'air tout empêtré... » Il rougit, il se baisse pour cacher son visage, il se penche, il fixe les yeux sur le coin du tapis qu'il a retourné en passant, il le saisit entre ses doigts, il faut se donner une contenance, gagner du temps... Voilà, il le retourne, il l'aplatit, c'est fait, le mal est réparé. Elle le regarde d'un air soupçonneux et comme un peu vexé : « Ça n'a pas d'importance, voyons... Laisse donc ça... » Il y a comme un reproche attristé dans sa voix... et il lâche le tapis, se redresse aussitôt, un peu gêné : il l'a froissée, blessée, elle doit penser qu'il a voulu lui remettre le nez dans ses petites manies, renchérir encore sur elle pour se moquer... elle doit le trouver mesquin, impur, incapable une seule fois, pendant un seul instant, de jeter, d'éparpiller au vent dans un élan de confiance, de générosité toutes ces bribes d'elle, ces parcelles infimes, insignifiantes qu'il a pendant si longtemps méticuleusement amassées, ne laissant rien passer ; incapable juste une seule fois de balayer tout cela et de la voir tout entière comme elle est : sincère, pure, large, capable, elle, de tout oublier dans un moment de tendresse, d'abandon...

Mais elle a tort, il n'est pas si mauvais, ni stupide... il la voit ainsi, lui aussi, il sait comme elle peut être, comme elle est, il la connaît mieux qu'elle ne croit... Il ne peut plus attendre, soutenir un instant de plus ce regard qu'elle tient posé sur ses yeux. Il ne veut pas avec elle — qui tromperait-il d'ailleurs ? — avoir recours aux petites ruses mesquines, aux petites sournoiseries... « Écoute, ma petite Berthe... Voilà... Il s'éclaircit la voix... Voilà pourquoi je suis venu... ça m'embête terriblement de te parler de ça... mais j'aime mieux t'en parler tout de suite... Gisèle est venue me demander. Les enfants disent... » Mais c'est de sa faute à elle, après tout, pourquoi tant s'attendrir, c'est elle, après tout, elle, de ses propres mains qui a préparé tout cela, c'est par sa faute à elle qu'il a été acculé à faire ce qu'il fait en ce moment... tant pis pour elle, comme on fait son lit, on se couche, qu'elle se débrouille avec eux maintenant... « Il paraît que tu leur as proposé de leur céder ton appartement. »

Il s'y attendait, il le redoutait... ça ne pouvait pas manquer, il a soufflé trop fort... la petite flamme fragile qui s'était allumée en elle quand il était entré, qui avait vacillé faiblement, s'est rabattue, couchée, éteinte... il fait sombre en elle de nouveau, comme avant, comme toujours... son pauvre visage tout tiré sous le fard... son œil où aucune lueur ne brille... mais s'il pouvait seulement ranimer, rallumer... c'était vrai qu'il était heureux tout à l'heure quand il l'a vue, qu'il est content d'être ici, il ne la voit pas assez souvent, quel gâchis, on néglige stupidement des gens qu'on aime le plus, on croit qu'il suffit de savoir qu'ils existent, on est si sûr d'eux... elle est comme une partie de lui-même, elle doit bien le savoir, elle est tout ce qui lui reste de son enfance, de leurs parents, ils sont seuls tous les deux maintenant pour toujours, deux vieux orphelins, il a envie de passer la main sur la mince couche soyeuse de ses cheveux si fins, comme ceux de maman, un vrai duvet... c'est indestructible entre eux, ces liens, c'est plus fort que tout, plus sûr, même, que ceux qui vous attachent à vos enfants... « Ces petits monstres, ils se sont mis ça dans la tête maintenant, tu les as mis en appétit... ils ne rêvent que de ça... Tante Berthe nous a offert, elle nous a promis... Tu les gâtes trop... tu sais bien comment ils sont... Ah, s'ils pouvaient nous pousser dehors, prendre notre place... ils ne demandent que ça... Tu n'aurais jamais dû. Mais maintenant, ils se sont excités là-dessus, ils m'ont demandé... Que veux-tu que j'y fasse, je suis comme toi, trop faible... J'ai accepté de venir t'en parler. Ça m'ennuie beaucoup... Mais

Gisèle est venue me supplier... Alain, bien sûr, n'a pas osé, il avait peur que je me fâche, il me connaît, mais la petite — j'ai pensé que tu étais folle — elle m'a expliqué que tu trouvais ton appartement trop lourd, que tu aurais voulu prendre quelque chose de plus petit, faire un échange... enfin, j'ai accepté de t'en parler, bien qu'il m'en coûte, tu sais. Tu sais combien j'ai horreur de me mêler de ces choses-là. » Pas la moindre lueur en elle, tout est bien éteint. Les gerbes d'étincelles de tendresse, de confiance qu'il fait jaillir de ses mots, de ses yeux, de son sourire crépitent en vain contre la paroi ignifuge (1) qu'elle a dressée entre elle et lui. C'est fini maintenant.

Gallimard, édit.

MICHEL BUTOR

Le roman comme recherche   Né en 1926 à Mons-en-Barœul, Michel Butor fait des études de lettres et de philosophie. Il enseigne en France et à l'étranger de 1950 à 1957, date à laquelle il se consacre essentiellement à la littérature. C'est l'année du succès de *la Modification* qui obtient le prix Théophraste Renaudot. En 1954 et 1956, il avait déjà publié *Passage de Milan* et *l'Emploi du temps*; *Degrés* paraît en 1960.

Le Roman comme recherche, titre d'une de ses études, révèle d'une façon éloquente que le but vers lequel il tend s'apparente à celui que poursuivent, chacun selon son mode original, Nathalie Sarraute et Robbe-Grillet. L'illustration en est sans doute encore plus significative, lorsqu'il emprunte au moins l'apparence et, dans les grandes lignes, le moule du roman traditionnel : ainsi, *la Modification* observe-t-elle l'unité de lieu (un compartiment de chemin de fer), l'unité de temps (la durée d'un trajet entre Paris et Rome) et la cohérence psychologique de l'intrigue (un homme d'âge mûr, assez timoré, avait décidé d'abandonner sa femme et de retrouver auprès d'une maîtresse comme un renouveau à son existence, mais renonce finalement à son projet). A partir de cette donnée classique, le roman s'enrichit singulièrement dans ses perspectives. D'abord, il se développe simultanément sur plusieurs plans de la durée : celui du présent — le déroulement du voyage en chemin de fer —, celui du passé — dans le champ duquel se retrouvent d'autres voyages, déjà accomplis sur le même trajet —, celui de l'avenir enfin — sur lequel le personnage anticipe. En outre, l'évocation de Rome, riche d'un prestigieux passé, atteint dans son esprit aux proportions d'un mythe, et l'amour qu'il a voué à la Ville Éternelle semble bien s'accorder à son propre désir d'expansion dans le temps. Ainsi, se laisse pressentir au sein de cette aspiration, à travers le personnage, et à son exemple, le plan le plus profond de l'œuvre. Elle est pour l'auteur, comme pour le lecteur, l'occasion d'une prise de conscience, d'un approfondissement de la connaissance de soi-même, qui les amènera peut-être à donner un sens à leur existence.

LA MODIFICATION

Au moment où le train arrive dans la banlieue de Rome, la décision du narrateur est prise : il n'ira pas voir sa maîtresse. Il reviendra dans quelques jours à son foyer. Cette décision est pour lui l'occasion de faire le point sur lui-même, d'analyser les motifs de sa décision, de discerner la part qu'ont prise les circonstances à une connaissance plus aiguë de lui-même, de son problème, de ses aspirations, de l'effort que constituera pour lui la rédaction d'un livre. On voit aisément à quel point cette page capitale éclaire le sens que Butor entend donner à son roman (3e partie, VII).

(1) Incombustible.

De l'autre côté du corridor, passe la grande raffinerie de pétrole avec sa flamme et les ampoules qui décorent, comme des arbres de Noël, ses hautes tours d'aluminium.

Toujours debout, face à votre place, à cette photographie de l'Arc de Triomphe de Paris, tenant le livre entre vos doigts, quelqu'un frappe sur votre épaule, ce jeune marié que vous appeliez Pierre, et vous vous asseyez pour le laisser sortir, mais ce n'est pas cela qu'il veut ; il allonge le bras et ouvre la lumière.

Tous les yeux s'écarquillent alors, tous les visages marquent de la hâte.

Il prend une des valises au-dessus de sa jeune épouse, la dépose sur la banquette, l'ouvre, y cherche leurs affaires de toilette. Vous vous dites :

s'il n'y avait pas eu ces gens, s'il n'y avait pas eu ces objets, et ces images auxquels se sont accrochées mes pensées de telle sorte qu'une machine mentale s'est constituée, faisant glisser l'une sur l'autre les régions de mon existence au cours de ce voyage différent des autres, détaché de la séquence habituelle de mes journées et de mes actes, me déchiquetant ;

s'il n'y avait pas eu cet ensemble de circonstances, cette donne (1) du jeu, peut-être, cette fissure béante en ma personne ne se serait-elle pas produite cette nuit, mes illusions auraient-elles pu tenir encore quelque temps ;

mais maintenant qu'elle s'est déclarée, il ne m'est plus possible d'espérer qu'elle se cicatrise ou que je l'oublie, car elle donne sur une caverne qui est sa raison, présente à l'intérieur de moi depuis longtemps, et que je ne puis prétendre boucher, parce qu'elle est en communication avec une immense fissure historique.

Je ne puis espérer me sauver seul. Tout le sang, tout le sable de mes jours s'épuiserait en vain dans cet effort pour me consolider.

Donc préparer, permettre, par exemple au moyen d'un livre, à cette liberté future hors de notre portée, lui permettre, dans une mesure si infime soit-elle de se constituer, de s'établir ;

c'est la seule possibilité pour moi de jouir au moins de son reflet tellement admirable et poignant ;

sans qu'il puisse être question d'apporter une réponse à cette énigme que désigne dans notre conscience ou notre inconscience le nom de Rome, de rendre compte même grossièrement de ce foyer d'émerveillements et d'obscurités.

Passe la gare de Roma Trastevere. Au-delà de la fenêtre, les premiers tramways allumés se croisent dans les rues.

ALAIN ROBBE-GRILLET

Le théoricien   Alain Robbe-Grillet, né à Brest en 1922, a été ingénieur agronome avant de devenir romancier et théoricien du nouveau roman. Il publie *les Gommes* en 1953, *le Voyeur* en 1955, qui obtient le Prix des Critiques, *la Jalousie* en 1957 et *le Labyrinthe* en 1959. En 1960, dans une étroite et riche collaboration avec le cinéaste Alain Resnais, il fait le découpage et écrit les dialogues du film *l'Année dernière à Marienbad*, découpage et dialogues qui paraîtront sous la forme d'un « Ciné-Roman » en 1961.

« Le monde n'est ni signifiant, ni absurde. Il est tout simplement. » Tel est le postulat sur lequel Robbe-Grillet fonde sa conception du roman. C'est donc à l'aspect des réalités extérieures qu'il s'attache. Il dépeint les objets, leur disposition, leurs contours. De même, les gestes, le comportement des personnages sont dégagés de tout ce qui pourrait laisser transparaître quoi que ce soit de leurs états d'âme. Ainsi, dans *la Jalousie*, la femme que nous voyons, que nous entendons brosser sa chevelure, ne nous donne que le spectacle de sa parfaite technique. Pourtant, il ne saurait s'agir d'une simple et pure description. Le spectacle s'organise selon une certaine perspective et la manière dont s'associent les détails, le caractère obsédant de certains d'entre eux, sont le fait d'un observateur qui trahit par là quelque chose de lui-même. A partir de la vision d'un être, de l'orientation qu'il lui donne, nous remontons à ses sentiments. Au sein de la description apparaît l'élément romanesque.

Des romans de Robbe-Grillet, on a dit qu'ils étaient des illustrations de ses théories et par là avant tout de savants exercices. C'est, en tout cas, déjà reconnaître sa parfaite

---

(1) Distribution de cartes, au jeu.

maîtrise. Le mérite ne paraît pas mince, surtout si l'on songe à ce que suggère, sans que leur auteur s'y applique jamais, l'atmosphère de ces romans : celle d'un univers impénétrable, dont l'écrivain, appliqué à ne pas sortir de son propos, sait dominer l'angoisse, par un parti pris de froide lucidité.

LE « NOUVEAU ROMAN »

Dans un article du *Dictionnaire de Littérature contemporaine*, Robbe-Grillet donne une définition précise du « Nouveau Roman ». Il faut apprécier ici l'objectivité de l'auteur qui a su dominer ses vues personnelles, pour dégager ce qui unit divers talents originaux dans le cadre de cette recherche commune.

Le Nouveau Roman
n'est pas une théorie
c'est une recherche.

... Loin d'édicter des règles, des théories, des lois, ni pour les autres ni pour nous-mêmes, c'est au contraire dans la lutte contre des lois trop rigides que nous nous sommes rencontrés. Il y avait, il y a encore, en France tout spécialement, une théorie du roman implicitement reconnue par tout le monde ou presque, et que l'on opposait comme un mur à tous les livres que nous faisions paraître. On nous disait : « Vous ne campez pas de personnage, donc vous n'écrivez pas de vrais romans », « Vous ne racontez pas une histoire, donc vous n'écrivez pas de vrais romans », « Vous n'étudiez pas un caractère, ni un milieu, vous n'analysez pas les passions, donc vous n'écrivez pas de vrais romans », etc.

Mais nous, au contraire, qu'on accuse d'être des théoriciens, nous ne savons pas ce que doit être un roman, un « vrai roman » ; nous savons seulement que le roman d'aujourd'hui sera ce que nous le ferons, aujourd'hui, et que nous n'avons pas à cultiver la ressemblance avec ce qu'il était hier, mais à nous avancer plus loin.

Le Nouveau Roman
ne s'intéresse qu'à l'homme
et à sa situation
dans le monde.

... Comme il n'y avait pas, dans nos livres, de « personnages », au sens traditionnel du terme, on en a conclu, un peu hâtivement, qu'on n'y rencontrait pas d'hommes du tout. C'était bien mal les lire. *L'homme y est présent à chaque page, à chaque ligne, à chaque mot.* **Même si l'on y trouve beaucoup d'« objets », et décrits avec minutie, il y a toujours et d'abord le regard qui les voit, la pensée qui les revoit, la passion qui les déforme. Les objets de nos romans n'ont jamais de présence en dehors** des perceptions humaines, réelles ou imaginaires ; ce sont des objets comparables à ceux de notre vie quotidienne, tels qu'ils occupent notre esprit à tout moment...

Le Nouveau Roman
ne propose pas
de signification toute faite.

Et l'on arrive à la grande question : notre vie a-t-elle un sens ? Quel est-il ? Quelle est la place de l'homme dans le monde ? On voit tout de suite pourquoi les objets balzaciens étaient si rassurants : ils appartenaient à un monde dont l'homme était le maître ; ces objets étaient des biens, des propriétés, qu'il ne s'agissait que de posséder, de conserver ou d'acquérir. Il y avait une constante identité entre ces objets et leur propriétaire : un simple gilet, c'était déjà un caractère, et une position sociale en même temps. L'homme était la raison de toute chose, la clef de l'univers, et son maître naturel, de droit divin.

Il ne reste plus grand-chose, aujourd'hui, de tout cela. Pendant que la classe bourgeoise perdait peu à peu ses justifications et ses prérogatives, la pensée abandonnait ses fondements essentialistes, la phénoménologie occupait progressivement tout le champ des recherches philosophiques, les sciences physiques découvraient le règne du discontinu, la psychologie elle-même subissait de façon parallèle une transformation aussi totale.

Les significations du monde, autour de nous, ne sont plus que partielles, provisoires, contradictoires même, et toujours contestées. Comment l'œuvre d'art pourrait-elle prétendre illustrer une signification connue d'avance, quelle qu'elle soit ? *Le roman moderne*, comme nous le disions en commençant, *est une recherche mais une recherche qui crée elle-même ses propres significations, au fur et à mesure. La réalité a-t-elle un sens ? L'artiste contemporain ne peut répondre à cette question : il n'en sait rien. Tout ce qu'il peut dire c'est que cette réalité aura peut-être un sens après son passage,* c'est-à-dire l'œuvre une fois menée à son terme.

Pourquoi voir là un pessimisme ? En tout cas, c'est le contraire d'un abandon. Nous ne croyons plus aux significations figées, toutes faites, que livrait à l'homme l'ancien ordre divin, et à sa suite l'ordre rationaliste du XIXᵉ siècle, mais nous reportons sur l'homme tout notre espoir : ce sont les formes qu'il crée qui peuvent apporter des significations au monde.

Ed. Universitaires.

LE « *NOUVEAU NOUVEAU ROMAN* »

Les « *Telqueliens* »   Tandis que le roman traditionnel fait toujours d'aussi gros tirages et obtient les prix littéraires, une génération de nouveaux romanciers vient consacrer les divergences qui existaient déjà parmi les auteurs du « Nouveau roman ». En effet, à partir de 1960, autour de la revue « Tel quel » se groupent des écrivains comme Jean Ricardou et Philippe Sollers, qui se chargent d'élaborer, de définir et d'illustrer un « Nouveau Nouveau roman ».

Dénonçant « l'idéologie positiviste du Nouveau roman, qui oscille entre une survivance psychologiste et un « descriptionnisme » décorativement structural », Philippe Sollers demande qu'on « fasse sortir la narration de son copiage pseudo-réaliste ou imaginaire, pour l'amener à une exploration en profondeur du fonctionnement de la langue ». On pourra parler, à propos de la recherche et du travail de ces auteurs d'une entreprise de production textuelle. « L'essentiel, écrit Jean Ricardou dans *Pour une théorie du Nouveau Roman*, est situé dans le langage... Le sujet du livre est toujours en quelque manière sa propre composition... On ne saurait songer à aucun sujet pré-établi... Un roman n'est pas l'écriture d'une aventure, mais l'aventure d'une écriture... L'essentiel c'est le langage même... Écrire (...) c'est non la prétention de communiquer un savoir préalable, mais ce projet d'explorer le langage comme un espace particulier ». Ainsi, le langage devient le matériau romanesque.

Ce travail textuel, cet acte d'écrire, Philippe Sollers nous le fait vivre dans *Drame* qui est en définitive un roman exemplaire, nous montrant le « drame » d'écrire.

« L'AVENTURE D'UNE ÉCRITURE »

Ce passage est trop calme. De quoi ai-je besoin, maintenant ? De n'importe quelles phrases et plutôt de lents gestes privés de sens, loin, de l'autre côté du sommeil... J'ai oublié ce que je voulais en commençant, je voudrais ici et en avant d'ici ne plus rien vouloir... Il me semble que je suis à la frontière des mots, juste avant qu'ils deviennent visibles et audibles, près d'un livre se rêvant lui-même avec une patience infinie, renvoyant à lui-même par une réflexion passive et trop riche. — livre où chaque situation, y compris la plus violente, se laisserait prendre (je veux bien disparaître en lui, entouré de cette forêt, à présent (...)

Je suis prêt à renoncer; Je renonce. Et alors, en marge, il y a ce choc (si j'ai vraiment renoncé): une langue se cherche, s'invente. Impression que je vais raconter exactement le trajet des mots sur la page — exactement, rien d'autre, rien de plus. Cela plie, se renverse, s'ouvre, s'écoute, change de voix, se propage, dispose de tout sans efforts, ramène ce qui est perdu... (...)

Mais du côté « parole », il découvre l'absence de limites : cela peut se décrire sans fin, cela peut se décrire sans fin en train de se décrire, etc. (Le signe « etc. » est d'ailleurs ici dérisoire; il faudrait inventer celui qui signifierait l'incessant, l'innombrable, quelque chose comme l'abréviation du vertige insérée dans le dictionnaire général). Sa méthode permet cependant d'accéder à tout moment à l'ensemble des déclinaisons, des accords, des figures, des personnes — de les prendre pour ainsi dire à revers. Récit de la pensée dans les mots et réciproquement.

Éd. du Seuil

VIII

REGARDS SUR LA FRANCE
DE NOTRE TEMPS

La France des années 60 a vu se préciser des mutations amorcées après la guerre et surgir de nouveaux phénomènes plus inattendus. Après une période de restrictions, l'expansion économique permet tous les espoirs, et le règne de l'abondance semble tout proche. La crise du logement s'est peu à peu résorbée, grâce à un programme sans précédent de constructions. Les H.L.M. (1) se sont élevées à une cadence record, symboles des cités modernes et d'une nouvelle façon de vivre. L'opposition entre vieux quartiers et grands ensembles en recouvre une autre entre jeunes générations et hommes mûrs pour qui la seconde guerre mondiale a représenté une rupture profonde dans leur vie. Il semble qu'une évolution irréversible ait bouleversé la conception que l'on peut se faire de l'existence.

Acharnées à produire et à vendre toujours plus, les entreprises modernisent leur matériel, accélèrent les cadences de travail, intensifient le processus de concentration. Malgré des conditions de travail souvent dures, ouvriers et employés se réjouissent de pouvoir profiter à leur tour des bienfaits de la production en masse. Bien des objets naguère réservés aux plus riches deviennent d'usage courant : automobile, télévision, appareils ménagers, etc. En une génération, la transformation est accomplie : pour les adultes, ces biens de consommation ont été durement acquis ; pour leurs enfants, ils font partie de leur environnement quotidien, évident. Les producteurs sont devenus des consommateurs éblouis à l'appétit insatiable.

Le fossé entre les générations se creuse alors, l'incompréhension mutuelle accompagnant une mutation plus rapide que celle des mentalités. La traditionnelle « crise d'adolescence », que les adultes considéraient auparavant d'un œil goguenard en se disant : « moi aussi, j'étais comme cela à son âge », s'analyse aujourd'hui comme un phénomène sociologique aux répercussions multiples. L'étalage de biens largement répandus mais inaccessibles aux plus pauvres provoque des frustrations nouvelles, et avec elles la violence, la délinquance sous toutes ses formes, du simple chapardage — si courant dans les grands magasins que son coût est calculé dans les prix de vente — aux agressions les plus odieuses. La forme même de la consommation a changé : les boutiques sont fortement concurrencées par les magasins à grande surface — « super-marchés », « hyper-marchés » —. Calqués sur le modèle

_____

(1) Habitations à loyer modéré.

américain, ils portent un coup sérieux au commerce traditionnel. Pour se défendre les petits commerçants se groupent en associations aux méthodes souvent violentes et tapageuses. Malgré cela, les grands magasins attirent irrésistiblement des clients séduits par la vision d'une sorte de « corne d'abondance » — un des mythes les plus anciens de l'humanité — et la commodité des parkings tout autant que par des prix réputés plus bas. La construction de ces « usines à vendre » s'étend dans tout le pays, au point qu'aujourd'hui même de petites villes en possèdent une, toujours située à la périphérie, donc près des grands ensembles.

La fin des guerres coloniales, l'accession à l'indépendance de nombreuses colonies modifient les bases de l'économie française et l'oblige à se reconvertir. Cette opération n'est pas toujours réussie et des entreprises sont rachetées progressivement par des firmes américaines ou multinationales. Ces opérations posent de graves problèmes économiques et humains et mettent en cause l'indépendance nationale. Quoi qu'il en soit, l'expansion a besoin d'un nouveau personnel et de méthodes modernes. Là aussi le modèle américain impose ses critères. Beaucoup de jeunes cadres sont envoyés aux États-Unis par leur entreprise pour y acquérir une formation jugée plus efficace que celle qui est fournie par la France. D'ailleurs, l'« efficacité » devient le maître-mot du langage actuel dans tous les domaines, révélateur d'une mentalité matérialiste s'opposant aux anciennes valeurs. Tout ce qui vient d'outre-Atlantique est systématiquement valorisé, qu'il s'agisse d'industrie ou de musique, de confort ou de recherche intellectuelle. La langue elle-même en porte les marques, au point que l'on est obligé de supprimer l'emploi de certains américanismes à grands coups de décrets. C'est l'époque où l'on peut parler du *Défi américain* (1).

Pour fournir aux entreprises la main-d'œuvre dont elle a besoin, le système scolaire est amené à se transformer : les sections littéraires ne sont plus « la voie royale » de l'enseignement et les E.N.S. (2) perdent de leur prestige. On leur préfère les grandes écoles scientifiques ou l'E.N.A. (3), et l'on introduit dans le secondaire des séries « économiques ». Les séries techniques admettent de nouvelles spécialités : électronique, biochimie par exemple qui attirent particulièrement les jeunes. Les universités sont fractionnées en petites unités, on crée des I.U.T. (4) un peu partout. Mais la machine scolaire française est très lourde et lente à réagir. Paralysée par ses difficultés internes et par la crainte de se voir tomber sous la coupe des industries, l'école évolue beaucoup moins vite que les structures sociales, d'où les crises profondes qui éclatent au grand jour en 1968 et ne sont pas encore résorbées.

Tous ces mouvements modifient le tissu social : vingt ans après les États-Unis, la France connaît la percée et le règne des couches moyennes. L'évolution des classes sociales prépondérantes, paysannerie et classe ouvrière, retentit sur la vie sociale et politique. La première, depuis toujours soutien de la droite ou du centre, se diversifie, laisse apparaître ses dissensions internes, et les plus menacés ont tendance à se tourner vers la gauche. Les ouvriers sont restés le fer de lance des syndicats et partis de gauche. Mais les couches moyennes sont plus flottantes, elles n'ont pas encore de tradition ; elles sont donc « à conquérir » et l'on s'y emploie activement, non sans quelque démagogie. Ces préoccupations font éclore toute une presse spécialisée — sur la maison, la psychologie, les loisirs, — qui à son tour influence profondément les modes de pensée de la nation entière.

Les institutions politiques sont liées depuis 1958 à la présence du Général de Gaulle à la tête de l'État, suivi après 1969 par Georges Pompidou et Valéry Giscard

---

(1) Ouvrage de M. Jean-Jacques Servan-Schreiber. — (2) Écoles Normales Supérieures. — (3) École Nationale d'Administration. — (4) Institut Universitaire de Technologie.

d'Estaing. Pendant dix ans, la France a présenté l'image d'une certaine stabilité. Aussi l'explosion de mai 1968 a-t-elle surpris et mis à bas bien des certitudes établies. Une période de doute succède alors à l'euphorie relative des années précédentes, d'autant qu'une certaine récession économique semble s'annoncer. L'aggravation du chômage et de la hausse des prix sape progressivement certaines améliorations, et rend vains les efforts déployés pour les acquérir.

Le mouvement de contestation frappe avec violence presque tous les secteurs ; c'est toute la civilisation industrielle qui est remise en cause. Au moment où la manne se fait moins généreuse, chacun s'interroge sur les effets d'une industrialisation débridée. Le progrès n'apparaît plus comme un mouvement linéaire, il se révèle sujet à des retombées et surtout il porte en lui les germes de nouvelles tares sociales et de dangers matériels. L'accumulation de biens paraît dérisoire sans une distribution équitable et une lutte contre le gaspillage. La « qualité de la vie » devient un slogan à la mode après avoir été le cheval de bataille d'une partie de la gauche. Revendication assez puissante pour s'imposer aux partis et aux syndicats qui luttaient avant tout pour des gains quantitatifs, ainsi qu'à la droite. Bien sûr cette expression recouvre des positions confuses, voire utopiques. Il n'en reste pas moins qu'une aspiration vers une existence authentique, créatrice, s'exprime de plus en plus largement. Les Français tiennent à une certaine douceur de vivre traditionnelle, à leur originalité aussi, et craignent de payer trop cher une consommation d'une utilité parfois contestable. Ainsi, la société française est, à l'approche de 1980, traversée par des courants contradictoires, apparents ou souterrains, susceptibles de modifier considérablement les structures sociales et les mentalités.

CROISSANCE DES VILLES

Pendant des siècles, la ville a été le symbole de la civilisation puisqu'elle constitue un espace totalement créé par les hommes, par opposition à la campagne beaucoup plus dépendante de la nature. Son évolution révèle non seulement le progrès des techniques mais aussi — et surtout — l'état politique des populations. Ville-État dans l'Antiquité — en Grèce par exemple — elle devient un centre administratif puis industriel. En elle se condensent, par conséquent, toutes les caractéristiques sociales d'une nation, avec ses contradictions.

Après la profonde mutation qu'elle subit au XIXe siècle grâce à l'essor de l'industrie et à l'exode rural qu'il entraîne, il faudra attendre les lendemains de la seconde guerre mondiale pour assister à une nouvelle transformation fondamentale de la ville, à cette flambée d'urbanisme que suscite la crise du logement. On construit, vite, là où le terrain n'est pas trop cher, c'est-à-dire à la périphérie, des immeubles gris, uniformes, que les habitants baptisent « cages à lapins ». Au cours des ans, le béton deviendra un peu moins laid et l'on essaiera de créer des infrastructures socio-culturelles. Trop tard. Le mal est fait : ces « cités » ont vite acquis mauvaise réputation ; dans cet environnement désespérant, la délinquance s'accroît de façon considérable, la solitude est à peine supportable. Bientôt « ville » est devenue synonyme de « béton », et pour les jeunes ménages elle représente le séjour forcé au purgatoire, le paradis se situant dans la petite maison individuelle — quand leurs ressources le permettront. Pourtant, s'amorce aujourd'hui un mouvement tendant à rendre à la ville ses valeurs de lieu de rencontre, d'expression et de créativité humaines. Espérons qu'il sera assez puissant pour améliorer l'état actuel.

L'antagonisme ville-campagne L'urbanisation très brutale en France — plus que dans la plupart des autres pays industrialisés — a développé une véritable opposition entre la campagne et la ville, celle-ci apparaissant comme un monstre dévorant celle-là. Et il est vrai que les zones rurales situées à proximité des villes ont été, en quelques années, totalement absorbées : fermes rasées pour permettre l'implantation d'usines, terre bouleversée, bousculée, travaillée au bulldozer pour la construction de voies périphériques. Les paysans ont dû partir, parfois se faire embaucher comme ouvriers spécialisés dans ces mêmes usines. Certes le monde rural produit toujours l'alimentation dont les citadins ont besoin, mais cette production est « rationalisée » à un niveau national — et même international — et ne suscite guère l'occasion de rencontres entre les deux populations, au demeurant de plus en plus disproportionnées.

Englués dans un environnement ingrat, les habitants des villes ont tendance à ne plus considérer la campagne comme un milieu vivant, mais comme un lieu de repos, de détente, d'insouciance. Devenus « touristes » dès l'arrivée des vacances, ils provoquent de nouveaux phénomènes concentrationnaires, sur les côtes l'été, en montagne l'hiver. Trop fatigués pour ouvrir les yeux et tenter de connaître les « indigènes », ils déclenchent çà et là par leur attitude une réaction de rejet de la part des populations locales. Seuls certains commerçants profitent — pendant quelques mois seulement — de cet afflux momentané.

Conscients de la nécessité d'éviter des affrontements, les habitants des campagnes essayent de briser le mur de l'incompréhension en développant l'usage du « tourisme à la ferme », par exemple, qui connaît actuellement un véritable succès. L'attraction exercée par l'agriculture « biologique » peut aussi constituer un lien entre la ville et la campagne, noué à la faveur d'une même préoccupation : conserver un environnement sans danger et agréable aux hommes. Toutefois, les impératifs de la rentabilité contraignent les paysans à adopter des techniques qui peuvent heurter le désir de retour à la nature que ressent le citadin ; d'autre part, l'évasion vers la campagne n'est possible que pendant une petite partie de l'année. On est donc amené à renoncer à la fascination exercée par le rêve du « paradis perdu », pour se tourner résolument vers la transformation de « sa » ville dans un sens plus humain.

Madeleine Lefrançois, dans *La chasse au paysan*, prend comme exemple la petite ville de Toufflers pour nous faire toucher du doigt ce grignotement irréversible de la campagne par la ville, de la nature par l'industrie.

Toufflers : la verdure en péril

Dans une région aussi densément peuplée que le Nord (308 habitants au kilomètre carré alors que la moyenne nationale est de 92), où les pouvoirs publics admettent que chaque habitant dispose de dix fois moins d'espaces boisés que la moyenne des Français, où la métropole lilloise abrite deux millions de personnes ne disposant pratiquement pas d'espaces verts, on continue à dévorer à belles dents les rares îlots de verdure sans soulever la moindre indignation. Dans ce Nord, à Toufflers, dernier refuge d'une verdure précaire, la création d'une zone industrielle a entraîné la disparition de deux exploitations agricoles. Sur les dix fermes qui y vivaient encore avant l'arrivée de la zone il n'en restera bientôt plus qu'une. Les terrains ne risquent pas l'abandon. Une partie ira grossir l'exploitation rescapée ; l'autre, la plus grosse, servira de support à de nouvelles constructions.

La métropole s'asphyxie un peu plus chaque jour et personne n'en parle. Mais un ou deux exploitants chassés de leurs terres dans une région où le chômage industriel est devenu chronique sont bien peu de chose.

Des parcs sont prévus. Les élus sentent qu'il est grand temps de promettre autre chose que des usines, mais que représenteront-ils par rapport aux 10 000 hectares de terrain agricole appelés à disparaître d'ici à 1980 dans le seul arrondissement de Lille ?

Dans cette région, où les enfants ne connaissent de l'écureuil que le dessin de la Caisse d'épargne (1), des paysans continuent à travailler. Comme il est impossible de les exterminer tous à la fois, on les oblige à vivre en éternels nomades, les repoussant toujours plus loin, alors que leur maintien serait une occasion inespérée pour les citadins des environs de renouer avec une vie plus calme.

Toufflers, 2 500 habitants, coincée entre la Belgique et une métropole irrespirable, est peu à peu envahie par les pavillons des cadres de Roubaix. Il y a quelques années, on a amputé le village de 40 hectares de bonne terre pour la zone industrielle. 40 hectares, c'est beaucoup sur une surface totale de 240 hectares. Mais que peut faire un maire, tout agriculteur qu'il soit, contre un décret d'utilité publique ?

Stock, édit.

Le cœur des villes Depuis que l'urbanisation existe, la ville a eu aussi d'ardents défenseurs. Baudelaire en est certainement le meilleur représentant, poète de la cité, de ses artifices, des rues et des rencontres. Si la nature fait défaut, la rue avec ses spectacles, ses badauds connus ou inconnus, exerce un violent attrait. Les immeubles abritent une infinité de vies parallèles et mystérieuses qui excitent l'imagination.

Aujourd'hui le cœur des villes a changé : des quartiers insalubres ont été rasés ; on a reconstruit à leur place des immeubles aux formes modernes, voire futuristes, en général de haut standing, abritant souvent des bureaux. Lorsque les vieilles maisons n'étaient pas trop délabrées, on les a restaurées comme on le faisait des monuments historiques, conciliant ainsi le charme de l'architecture ancienne et le confort moderne. Mais dans les deux cas la population a changé : rebutés par les prix trop élevés des loyers ou des frais d'aménagement, les habitants les plus modestes ont dû s'exiler vers les zones périphériques. La population des centres-villes est par conséquent constituée essentiellement de cadres supérieurs, d'intellectuels et bien sûr de commerçants.

Ce phénomène est l'objet de critiques virulentes : on observe que le caractère d'un quartier ne tient pas seulement à son architecture, mais aussi à la vie de ses habitants ; que sous prétexte de conserver l'originalité d'une rue, on l'a privée de l'animation que lui apportaient les habitudes populaires. Il est vrai qu'à Paris même, on ressent parfois une forte déception à se promener dans les rues qu'ont évoquées avec tant de lyrisme Apollinaire et Carco, et que l'on ne peut plus retrouver aujourd'hui que sur les toiles des Impressionnistes.

Après l'heure de fermeture des bureaux, certaines zones sont totalement désertées ; ailleurs, les rues ne sont plus que d'immenses vitrines luxueuses ou qu'une succession monotone de restaurants exotiques. Ce mouvement semble arrivé à son point culminant : des centaines de bureaux ou d'appartements ne trouvent plus d'acquéreurs, les prix étant démesurément élevés, tandis que des milliers de personnes cherchent à se loger ; le modernisme voulu de certains commerces, au départ très attirant, se révèle bien factice et stéréotypé, à y regarder de près. Il apparaît donc qu'un changement d'optique dans l'urbanisme s'impose.

Écrivain qui se tient à l'écart des modes, Hélène Parmelin possède au plus haut point le goût de la ville. La rue, les modestes habitants des vieux immeubles, enrichissent son inspiration, comme ici, dans *La femme écarlate*.

Dès le volet ouvert, l'étrange glissement dans la métamorphose générale s'accomplit. Glissement ? Disons plutôt éruption volcanique du ciel multicolore, et feu d'artifice de ces murs lamentables. Ou qui l'étaient.

Car cette gigantesque cour carrée, ce trou,

(1) C'est un écureuil stylisé qui sert d'enseigne à la Caisse d'épargne.

du haut de son huitième étage, il l'appelait le patio de la lugubrité (1). Cette boîte creuse farcie de fenêtres furtives. Ces rebords de cuisine pourris de cageots (2), jalonnés d'ustensiles de plastique de toutes les couleurs de la falsification.

Savez-vous qu'il existe dans cette cour, et visibles à travers les vitres de leurs fenêtres, des prisonniers de télévision dont le poste s'allume avant les émissions? Si bien que de sa chambre il voit les « grilles » éblouissantes et sinistres briller ici et là jusqu'à l'apparition, combien simiesque à cette distance, des gesticulations du soir ou de certains après-midi.

Et tous ses sarcasmes intérieurs, injustifiés peut-être, mais quotidiens, contre ces fleurs placées sur les rebords des fenêtres, dans des vases, à l'air donc, toute la journée! Pour qu'elles durent plus longtemps. N'y a-t-il pas de quoi souffrir pour les hommes en voyant ces fleurs de balcon, si précieuses qu'ils se privent totalement de leur vue? Afin d'en prolonger la non-jouissance? Ces fleurs qui ne viennent rien colorer dans ces intérieurs apparemment momifiés par la vie moyenne?... Et dont la grâce n'éclate qu'à l'extérieur?

Et l'ombre, la silhouette plutôt, le reflet brillant de l'homme qui joue du violon? Fenêtre fermée, l'oreille accroche rarement quelque son. Il rageait souvent à la pensée des fenêtres ouvertes de l'été, quand il tomberait, victime de ce bras mécanique, allant et venant au cours de son raclement...

La fenêtre d'en face n'a pour attribut qu'une marionnette furtive. Une dame. La dame au coussin. Dès qu'elle apparaît, elle tape sur un coussin qu'elle a en main. De l'autre. Et rentre. Comme si le coussin profitait de chacune de ses absences pour se bourrer, se goinfrer de poussière et de saleté. Et elle lui fait rendre poussière en le frappant du plat de la main, en le pressant, comme un pêcheur appuyant sur le gosier du cormoran. Ou comme dans une de ces scènes de fessée qui nourrissent à l'infini les psychiatres de Mme la comtesse de Ségur (3).

Stock, édit.

Les grands ensembles Le principal phénomène urbain de ces dernières années consiste en la prolifération de cités construites aux abords des grandes agglomérations. Édifiées pour accueillir les salariés des nouvelles industries ainsi que les anciens habitants des quartiers insalubres, elles sont devenues le symbole de la ville moderne, avec leurs hautes tours « à l'américaine », leurs parkings et leurs centres commerciaux flambants neufs. Règne du béton et du verre, architecture normalisée, matériaux souvent bon marché qui se dégradent rapidement. Vite, ces « zones » — dont la plus fameuse a longtemps été Sarcelles, au nord de Paris — acquièrent une triste renommée : désœuvrés, sans liens chaleureux avec les adultes, les adolescents forment des bandes redoutables et redoutées. L'ennui assiège ceux qui restent là dans la journée, et les tentatives de suicide y sont sensiblement plus nombreuses qu'ailleurs. Pour la plupart des gens, la cité n'est qu'un gîte pour la nuit.

Puis les habitants ont essayé d'humaniser ces villes : on obtient des installations socio-culturelles, on constitue des groupes de quartier, des associations, bref on supplée aux carences techniques par une organisation sociale. Mais le béton, lui, résiste : il est bien difficile d'implanter après coup des espaces verts quand on n'y a pas pensé au départ, et les maigres pelouses où « il est interdit de marcher » seraient plutôt une nouvelle frustration. Les installations réservées aux « services », jugées non rentables, se font longtemps attendre. Alors s'amorce un nouveau mouvement de fuite : rebutés par leur environnement, attirés par l'image d'une vie plus proche de la nature, ceux qui en ont les moyens partent en quête d'une maisonnette à la campagne, quitte à s'éloigner un peu plus de leur lieu de travail, à prolonger le temps de transport quotidien.

La composition sociale des cités a changé également : elles étaient habitées au départ par des familles ouvrières, mais la cherté générale des loyers, même en H.L.M., a entraîné l'arrivée des classes moyennes et avec elles des implantations culturelles

---

(1) Mot fabriqué par l'auteur sur l'adjectif *lugubre*. — (2) Emballage de bois ou de carton à claire-voie pour le transport des fruits et légumes. — (3) Auteur célèbre de nombreux ouvrages pour enfants (   ).

jusque-là négligées. Toutefois pour les « cols blancs » (1), le grand ensemble n'est qu'un lieu « de transit », le temps pour les jeunes ménages d'économiser les sommes nécessaires à l'achat d'un pavillon individuel. Le brassage des milieux y est donc limité, et l'on peut dire que ces « buildings » projettent dans l'espace les discriminations sociales.

Christiane Rochefort, dans *Les petits enfants du siècle*, nous fait un « portrait » ironique et impitoyable de ces villes nouvelles.

« MAISONS MAISONS MAISONS MAISONS MAISONS... »

On arrive à Sarcelles par un pont, et tout à coup, un peu d'en haut, on voit tout. Oh là ! Et je croyais que j'habitais dans des blocs ! Ça, oui, c'étaient des blocs ! Ça c'était de la Cité, de la vraie Cité de l'Avenir ! Sur des kilomètres et des kilomètres et des kilomètres, des maisons des maisons des maisons. Pareilles. Alignées. Blanches. Encore des maisons. Maisons maisons maisons maisons maisons maisons maisons maisons maisons maisons maisons maisons. Maisons. Maisons. Et du ciel ; une immensité. Du soleil. Du soleil plein les maisons, passant à travers, ressortant de l'autre côté. Des Espaces Verts énormes, propres, superbes, des tapis, avec sur chacun l'écriteau Respectez et Faites respecter les Pelouses et les Arbres, qui d'ailleurs ici avaient l'air de faire plus d'effet que chez nous, les gens eux-mêmes étant sans doute en progrès comme l'architecture.

Les boutiques étaient toutes mises ensemble, au milieu de chaque rectangle de maisons, de façon que chaque bonne femme ait le même nombre de pas à faire pour aller prendre ses nouilles ; il y avait même de la justice. Un peu à part étaient posés des beaux chalets entièrement vitrés, on voyait tout l'intérieur en passant. L'un était une bibliothèque, avec des tables et des chaises modernes de toute beauté ; on s'asseyait là et tout le monde pouvait vous voir en train de lire ; un autre en bois imitant la campagne était marqué : « Maison des Jeunes et de la Culture » ; les Jeunes étaient dedans, garçons et filles, on pouvait les voir rire et s'amuser, au grand jour.

Ici, on ne pouvait pas faire le mal ; un gosse qui aurait fait l'école buissonnière, on l'aurait repéré immédiatement, seul dehors de cet âge à la mauvaise heure ; un voleur se serait vu à des kilomètres, avec son butin ; un type sale, tout le monde l'aurait envoyé se laver. Et pour s'offrir une môme, je ne voyais pas d'autre moyen que de passer avant à la mairie, qui, j'espère pour eux, était prévue tout près aussi, Ça c'est de l'architecture. Et ce que c'était beau !

Grasset, édit.

Vers une évolution positive La transformation actuelle de l'urbanisme, la sensibilité nouvelle des citadins à ce problème laissent à penser qu'on est à la veille d'un renversement des attitudes et d'une prise en charge effective de la cité par les « non-spécialistes », par les usagers. Au cœur des villes on ose enfin réaliser des programmes qui relevaient naguère de l'utopie : on bannit la voiture pour rendre la rue aux piétons ; ceux-ci redécouvrent avec ravissement le plaisir de se promener, de jouer les badauds, sans crainte de se faire renverser. Cette transformation va plus loin qu'il n'y paraît, elle influence déjà les modes de vie : on est tenté de prendre le temps de vivre les petits événements quotidiens, de s'arrêter pour discuter avec des amis rencontrés là, au lieu de toujours courir comme un passant pressé. On y croise même parfois des chanteurs, des bateleurs, hier encore anachroniques.

La transformation des villes appelle aussi une autre réflexion : la vue des immeubles empilés comme des boîtes rectilignes suscite la répulsion. Les architectes sont donc invités à faire preuve d'imagination, à l'exemple des réalisations de certaines villes : maisons-escaliers, utilisation des courbes, des couleurs, assymétrie, etc. qui tendent à rendre aux constructions une certaine fantaisie. On en a déjà l'illustration concrète

---

(1) Sont désignés ainsi les salariés du *secteur tertiaire*, qui, à la différence des ouvriers d'usine *(secteur secondaire)*, s'occupent de la distribution et de la diffusion du produit industrialisé, autrement dit, les employés de bureau.

avec le Centre Pompidou qui s'élève aujourd'hui en plein Paris. A l'intérieur de certains immeubles, suivant en cela les idées de Le Corbusier (1), les appartements comportent parfois un demi-étage, autrefois privilège de la maison individuelle. La verdure réapparaît grâce aux jardins suspendus et aux espaces verts prévus dans les nouvelles zones à urbaniser. Certaines villes font l'expérience des « terrains d'aventure » qui transforment les terrains vagues en espace de découverte et de jeux pour les enfants dont le besoin d'activités est toujours dramatiquement bridé.

On s'achemine lentement vers une cité dont la voiture ne sera plus la reine, même si elle n'en est pas totalement bannie ; le développement de transports en commun plus confortables et de parkings périphériques diminuera sensiblement les nuisances les plus pesantes : bruit et atmosphère viciée. Les infrastructures culturelles décentralisées permettront à tous de profiter des avantages spécifiques de la ville. La vie des associations de quartier est déjà très active dans certaines communes, permettant ainsi des contacts humains chaleureux, essentiels à la vie de chacun. Les citadins, qui ont pris conscience de l'importance des problèmes d'urbanisme, commencent à élaborer toutes sortes d'expériences visant à retrouver le plaisir de vivre en ville.

Apôtre d'un nouvel équilibre entre l'homme et la nature, nécessaire à notre survie, René Dumont (2) s'est penché sur le problème de l'écologie et a tenté d'imaginer des solutions concrètes, comme ici, dans *L'utopie ou la mort*.

UNE SOLUTION HUMAINE

La vie près de la nature est de plus en plus appréciée. Au lieu de séparer par de si longues distances (pour les riches !) l'activité et le repos quotidiens, on pourrait chercher à les rapprocher, en créant de plus en plus d'emplois, en installant de plus en plus d'activités dans les villes petites et moyennes, dans les bourgs ruraux, et même dans les villages : des mesures fiscales y inciteraient. Les résidences secondaires des Parisiens ou des Marseillais pourraient ainsi être promues au rang de résidences principales. Ces néo-ruraux n'iraient plus guère en ville que pour les loisirs et certains achats ; les grandes agglomérations s'en trouveraient ainsi fort décongestionnées.

Une vie culturelle plus intense pourrait être développée dans les bourgs de campagne et les villes secondaires. Le corps enseignant, les ingénieurs, les médecins, certains retraités, etc., seraient capables de provoquer, d'animer des débats passionnants sur les grands problèmes économiques, culturels ou politiques : comme les moyens de sortir plus vite de la misère les migrants et les sous-développés ; ou l'avenir de la cité, de la région revivifiée, de la nation de préférence « déchauvinisée » et du monde, avec les organismes planétaires à concevoir. Les arts de toute sorte deviendraient accessibles à une proportion croissante de la population. L'art dit abstrait n'est qu'une forme de décoration, et celle-ci est à la portée de tous. Avec du bois et des couleurs, chacun peut décorer sa maison ; avec des plantations, établir un jardin qui soit une œuvre d'art ; japonais ou italien, à la française ou à l'anglaise, suivant le goût et l'espace disponible.

De chaque mètre carré il faut faire une source d'oxygène. Toutes ces activités créent des richesses non polluantes, à la différence de l'industrie.

Seuil, édit.

DU TRAVAIL ET DES HOMMES

Depuis quelques décennies, les réflexions des « philosophes », sociologues ou journalistes sur le travail, mettent en cause toujours la même accusée : la machine. Après l'euphorie de la fin du XIXᵉ siècle — rappelons-nous les pages de Zola sur les « machines-servantes » —, l'époque actuelle semble prise d'angoisse devant le

---

(1) Voir page 467. — (2) Voir page 444.

phénomène que représente le machinisme. Articles dénonçant la grande « dévoreuse d'hommes », romans présentant le martyre du travail à la chaîne, récits de science-fiction où les ordinateurs se rendent maîtres de l'humanité, toute une littérature pessimiste nous incite à nous interroger sur les relations des hommes avec leurs outils, avec leur travail.

Le grand mouvement d'industrialisation commencé au siècle dernier semble marquer le pas aujourd'hui devant cette interrogation fondamentale : comment orienter l'économie en fonction de nouveaux choix de société ? En effet, si le développement de l'industrie est apparu longtemps comme grand facteur de progrès, cette dernière notion semble nécessiter aujourd'hui une nouvelle définition. Le prix paraît trop élevé à certains : exploitation des pays pauvres, dépendance de plus en plus étroite entre les États, course effrénée à la consommation, cadences de travail éreintantes, épuisement progressif des ressources terrestres, pollutions de plus en plus dangereuses.

Cependant, nul ne se résignerait à revenir au mode de vie de ses aïeux, et quand bien même certains le souhaiteraient, le mouvement apparaît comme irréversible. Par conséquent, foin des nostalgies impuissantes, force est de procéder à des révisions qui orientent différemment l'économie des pays développés et, avec elle, l'économie française. Celle-ci est caractérisée par les profondes mutations qu'elle subit depuis quelques années — elles-mêmes ébranlées par la récente crise de l'énergie. Les divisions traditionnelles du travail ont considérablement changé. La grande perdante, c'est l'agriculture : la population agricole est devenue très minoritaire (14,2 % de la population active en 1970 déjà) ; beaucoup des anciennes valeurs qui s'y rattachaient ont du même coup périclité. Le secteur agricole est lui-même très partagé, diversifié et hiérarchisé selon les régions et les spécialités, et constitue la pierre d'achoppement de l'entente économique entre la France et les autres pays du Marché Commun.

La proportion d'ouvriers a également diminué en faveur du « secteur tertiaire », c'est-à-dire des employés de bureau et des services. La vie économique, sociale, culturelle et politique en est sérieusement affectée. Dans ce secteur en plein essor, l'accès des femmes à des situations nouvelles et à de nouvelles responsabilités entraîne à son tour des transformations et de nouveaux besoins.

L'organisation du travail a progressé de façon considérable. Depuis le XIXe siècle le travail à la chaîne a permis de rentabiliser l'industrie, de fabriquer en masse des marchandises autrefois réservées aux privilégiés ; mais il a posé aussi des problèmes humains tellement graves que l'on cherche actuellement de nouvelles méthodes pour le rendre plus supportable. Partout on vise à rationaliser les activités, dans les domaines de la production ou dans les bureaux : souvent on a suivi le « modèle américain », avec plus ou moins de bonheur. L'introduction de l'informatique constitue l'événement le plus important de ces dernières années bouleversant la politique de l'emploi. Les entreprises françaises se sont ouvertes à l'extérieur, trop souvent par le biais d'un rachat par une « multinationale », parfois par la création de filiales à l'étranger, y compris dans les pays de l'Est. Mais aujourd'hui un nouveau procès est fait à l'industrie : responsable de multiples pollutions, elle inquiète par ses conséquences néfastes dans un pays qui n'est pas immense et qui tient à conserver — ou à restaurer — sa « douceur de vivre ».

L'économie française est donc parvenue à une croisée des chemins : les orientations prises auront des conséquences dans tous les domaines sociaux et politiques ; c'est pourquoi les débats dans tous les milieux deviennent aussi passionnés.

Ouvriers   Les conditions de travail de la classe ouvrière ont connu une amé-
et cols blancs   lioration grâce à l'allègement des activités les plus pénibles physiquement. Malheureusement, dans le même temps le processus
de production connaissait une véritable parcellisation ; ce que le sociologue Georges
Friedmann appelle « le travail en miettes ». Les méfaits du travail à la chaîne qui
transforme l'ouvrier en mécanique, sans qu'il puisse apporter à son activité le moindre
élément personnel, ont souvent été dénoncés tant par les économistes que par les
syndicats, et décrites par les écrivains. Aujourd'hui, les Français refusant le plus
souvent ce genre d'emplois, ceux-ci sont occupés en majorité par des immigrés
venus du Maghreb (1), du Portugal, de Yougoslavie, de Turquie, etc. Cette
arrivée massive d'ouvriers étrangers, sans qualification et ignorant notre langue,
pose de nouveaux problèmes accentués par les réflexes racistes d'une population
qui a tendance à leur imputer la responsabilité du chômage actuellement en augmentation sensible.

Les ouvriers français ont bénéficié d'une qualification supérieure et de la croissance économique, mais dans une moindre mesure que les couches plus élevées, et
se sentent toujours sous la menace des licenciements qu'entraîne la crise économique.

Les classes moyennes, elles, se sont développées de façon démesurée en quelques
décennies, provoquant un véritable bouleversement social, culturel et politique. A
l'intérieur de cette nouvelle couche, les niveaux de vie sont fort différents, du simple
employé qui ne gagne pas plus — souvent moins — qu'un ouvrier professionnel,
au cadre supérieur au standing très élevé. Mais ils possèdent en commun un certain
idéal de vie où les activités culturelles, l'importance des loisirs, le choix d'un habitat
personnel, l'ambition pour l'avenir des enfants, un certain individualisme prennent
le pas sur le rôle du « métier » lui-même et sur la traditionnelle solidarité ouvrière.
Cependant la prise de conscience progressive de leur force en tant que groupe social
défini commence à les mobiliser : syndicats, hommes et partis politiques, publicistes
leur accordent à présent la plus grande attention. C'est dans ce milieu que sont nées
les organisations de consommateurs dont le pouvoir en France, après les États-
Unis, ne cesse de s'affirmer. L'évolution de la société française se fait et se fera donc
en grande partie grâce à cette nouvelle couche sociale, dont Nicos Poulantzas analyse
la différence avec la classe ouvrière dans *Les classes sociales dans le capitalisme
aujourd'hui.*

UNE NOUVELLE PETITE-BOURGEOISIE

L'intériorisation (2), toute particulière pour les secteurs bureaucratisés de la nouvelle petite-bourgeoisie, des rapports politico-idéo-logiques de domination/subordination, re-couvre des effets encore plus lointains pour les agents qui occupent cette place. Elle corres-pond très concrètement au fait que ces agents petits-bourgeois font *carrière*. Un agent petit-bourgeois semblable peut souvent raisonnable-ment espérer, au cours de sa vie professionnelle, « gravir les échelons » et augmenter, à cin-quante ans, de 15, 20 ou 50 % le salaire qu'il gagnait à vingt ans. Certes, ceci n'est pas un phénomène général, et, en fait, la fourchette (3) de cette carrière est relativement limitée pour une grande partie des échelons subalternes, affectés par la parcellisation des tâches au sein même du travail intellectuel. Mais les simples statistiques montrent néanmoins la *différence avec la classe ouvrière.* L'écrasante majorité des ouvriers atteignent le maximum de leur salaire entre vingt et trente ans, ce salaire allant dé-croissant par la suite. D'où les différences en ce qui concerne la retraite (et la base de son calcul) pour les agents de la nouvelle petite-bourgeoisie et pour ceux de la classe ouvrière, même lorsque ceux-ci ont acquis ce « droit » et quand ils ne sont pas morts au travail avant : on sait que les *chances de vie* sont autrement plus importantes pour l'ensemble de la nouvelle

---

(1) L'ensemble des pays du nord-ouest de l'Afrique : Maroc, Algérie, Tunisie. — (2) Le fait de ne
pas exprimer... — (3) Écart entre deux valeurs extrêmes.

petite-bourgeoisie que pour la classe ouvrière. Mais encore : ce n'est qu'une mince couche de la classe ouvrière qui est actuellement *mensualisée*, consécration de toute une vie passée au travail, alors que c'est le cas pour la grande majorité de ces salariés.

L'importance que revêtent ici la « carrière » et la « promotion » par rapport à la classe ouvrière est nette, tout d'abord dans le déplacement des agents *au cours de leur vie professionnelle* (intra-générationnel). Parmi les hommes *qui changent de place*, il n'y a guère que 14 % des ouvriers qualifiés qui deviennent techniciens, ce pourcentage étant quasiment nul pour les OS (1) et les manœuvres ; ce qui, en plus, prévaut ici, c'est le procès de *déqualification* massive : 34 % environ des ouvriers qualifiés qui se déplacent ainsi, deviennent OS ou manœuvres. En revanche, parmi les simples employés de bureau qui se déplacent au cours de leur vie professionnelle, 48 % des hommes deviennent cadres moyens et supérieurs (25 % deviennent ouvriers), 57 % des femmes deviennent cadres moyens et supérieurs (6 % deviennent ouvrières) ; parmi les employés de commerce hommes qui se déplacent, 29 % deviennent cadres (28 % deviennent ouvriers).

Seuil, édit.

Les femmes au travail   Nos contemporains ont le sentiment que les femmes sont toujours plus nombreuses à exercer une activité professionnelle. Cependant les chiffres nous montrent que leur proportion par rapport à la population active n'a presque pas bougé depuis le début du siècle. Que penser de cette contradiction ? C'est en réalité la répartition sociologique qui a considérablement changé. Au début du XXᵉ siècle, les femmes, souvent très jeunes, travaillaient essentiellement dans le secteur agricole et comme ouvrières non qualifiées dans les usines. Actuellement elles occupent avant tout le secteur tertiaire, entrent plus tard dans la profession — après l'école — et sont de plus en plus nombreuses à ne pas s'arrêter de travailler après le premier et même le deuxième enfant.

Elles délaissent l'agriculture où le travail est très pénible physiquement, retient loin de la ville, laisse peu de loisirs, sans être compensé par une prise de responsabilité puisque le mari reste « chef d'exploitation », elles-mêmes n'étant qu'ouvrières agricoles. La condition d'employée leur paraît plus favorable, car même si le salaire n'est pas élevé, il leur appartient en propre. Certains secteurs de l'industrie continuent à embaucher une importante main-d'œuvre féminine : le textile, l'horlogerie, l'électronique par exemple, mais à des postes subalternes pour la majorité. Les bureaux, l'enseignement, l'administration utilisent énormément de femmes qui se sentent plus à l'aise dans ces travaux sans doute moins « physiques », plus propres, et qui les amènent à vivre « en ville ».

Il faut cependant noter qu'à partir d'un certain niveau de responsabilité, les postes sont occupés en majorité par une main-d'œuvre masculine. D'une façon générale, la disparité des salaires entre hommes et femmes reste considérable. Le nombre croissant de mères de famille qui continuent à travailler permet de découvrir l'indigence des infrastructures sociales prenant en charge certains services, les crèches par exemple, dans une société où l'on continue à faire peser la majorité des tâches domestiques sur les femmes. Cependant une évolution se fait sentir chez les jeunes couples, dans le sens d'un partage plus équitable des travaux à la maison et des soins aux enfants. D'autre part, alors qu'on accusait les femmes d'être trop dociles dans leur travail, de récents mouvements sociaux ont éclaté justement dans des branches qui emploient une majorité de femmes ; preuve qu'elles ne considèrent plus leur activité professionnelle comme un « à-côté », mais comme un élément essentiel de leur vie. Une étude d'Évelyne Sullerot, *La femme dans le monde moderne*, fait état de l'opinion des hommes et des femmes de 1970 sur « l'idée du travail de la femme ».

---

(1) Ouvriers spécialisés.

« UN MINISTRE DES AFFAIRES INTÉRIEURES... »

Des enquêtes et études effectuées en Grande-Bretagne, aux États-Unis et en France (là sur 9 000 enfants des écoles publiques !) ont, à différentes reprises, permis d'établir que les enfants des mères qui travaillent réussissent généralement mieux en classe que ceux dont les mères restent au foyer. (Une des explications de ce phénomène : le niveau d'instruction des femmes qui travaillent est partout plus élevé que celui des femmes qui ne travaillent pas, et les enfants bénéficient de ce climat d'éducation plus poussée.) Ces enquêtes ont été publiées. Elles semblent être restées lettre morte pour une grande partie de l'opinion qui préfère accuser le travail des femmes plutôt que de rechercher les causes véritables des difficultés scolaires des enfants. Ces exemples apparaissent un peu caricaturaux, mais on pourrait les multiplier à l'infini. Ils forment la toile de fond assombrie de culpabilité latente de l'activité féminine. C'est que la femme n'est jamais vraiment considérée comme un individu, unité de base d'une société régie par les principes énoncés dans nos constitutions. Bien plutôt elle est conçue comme une unité à l'intérieur d'une unité qui est la famille. Cette cellule de base, la famille, doit avoir, plutôt qu'un chef absolu, idée de plus en plus battue en brèche, un ministre des Affaires étrangères — l'homme — et un ministre des Affaires intérieures — la femme. L'idée du travail de la femme est encore repoussée par une majorité d'hommes (de 56 % en France à 82 % aux Pays-Bas). A l'inverse les femmes se prononcent beaucoup moins nombreuses contre le travail de la femme, et une large majorité se dégage « pour » dans de nombreux pays. Les oppositions entre les positions masculines et féminines à cet égard apparaissent encore très considérables : certaines enquêtes révèlent des différences d'opinion entre les deux groupes allant de 25 à 40 %. Les foyers composés de deux époux ayant sur ce sujet des opinions divergentes sont très nombreux. Ils sont particulièrement nombreux dans les couches populaires. Parmi les jeunes, il semble que les divergences soient moins profondes.

Hachette, édit.

LA RATIONALISATION ÉCONOMIQUE

L'économie française a suivi, quoique plus tardivement, l'évolution des autres pays industrialisés. Celle-ci est marquée par une exigence toujours plus grande de rationalisation sur le mode américain. Après le travail à la chaîne, c'est l'ensemble des processus de fabrication qui entre sous la coupe de l'ordinateur. L'introduction de l'informatique, qui connaît un énorme succès auprès des jeunes techniciens, a transformé le fonctionnement de l'administration, des bureaux d'études et de recherche. En accélérant les opérations qui prenaient naguère des journées de travail à un employé ou un ingénieur, la cybernétique a permis de mieux organiser et de rentabiliser bien des services, mais pose aussi de graves problèmes de chômage dans certains secteurs. D'autre part, l'élément humain semble jouer un rôle de plus en plus faible, ce qui entraîne inquiétudes et angoisse diffuse. Certes, on ne « sert » pas un ordinateur comme le faisait pour sa machine l'ouvrier des *Temps modernes* de Charlie Chaplin, mais toute l'activité d'un secteur dépend étroitement de son « cerveau » électronique au point que les employés ont parfois l'impression d'être dirigés par lui. Il est certain cependant que les progrès ainsi réalisés pourront libérer les hommes de nombreuses tâches ingrates.

L'effort de rationalisation s'effectue aussi dans les structures mêmes de l'économie : la société libérale, attachée depuis sa naissance à la liberté complète des échanges commerciaux a durement ressenti les crises qui en furent les conséquences. Aussi la planification joue-t-elle aujourd'hui en France un rôle essentiel, en imposant à l'industrie de faire des prévisions visant à atténuer les effets de la concurrence internationale, mais en développant par ailleurs une bureaucratie tatillonne et paralysante. Dans la compétition, notre pays n'est pas toujours des mieux placés. A l'intérieur même de l'hexagone (1) les disparités régionales, qui ont tendance à s'aggraver du

---

(1) La France, à cause de la forme de la carte du pays que l'on peut inscrire dans un hexagone.

fait de la concentration des entreprises (région parisienne, vallée du Rhône, Est) doivent être corrigées en incitant les industriels à s'installer dans des régions moins favorisées (Ouest, Sud-Ouest, Centre), ce qui entraîne de nombreux conflits : la concentration rend les industries plus rentables, mais l'afflux de populations déracinées en une même agglomération pose de nouveaux problèmes économiques et humains. Il semble bien que le « modèle américain » doive donc être adapté aux nécessités de la vie française.

Dans son roman *L'imprécateur*, René-Victor Pilhes ironise brillamment sur cette rationalisation économique dont l'homme de la rue réalise progressivement le péril.

Les gens qui à l'époque se pressaient sur le pavois, tant étaient subtiles leurs réflexions, étendues leurs connaissances, éprouvées leurs techniques, portaient haut leur superbe et leur rengorgement (1). Et aussi la philosophie que voici :

a) fabriquons et emballons chez nous des engins et vendons-les chez nous ;

b) maintenant, vendons nos engins à ceux de l'extérieur qui ont de l'argent pour les acheter ;

c) fabriquons et emballons sur place, toujours chez ceux qui ont de l'argent pour acheter ;

d) pourquoi ne pas fabriquer et emballer nos engins dans les pays pauvres, de façon à les obtenir moins cher ?

e) à la réflexion, pourquoi ne pas fabriquer les vis de nos engins là où les vis coûtent le moins cher, les boulons là où ils coûtent le moins cher, assembler le tout là où ça coûte le moins cher d'assembler, l'emballer là où ça coûte le moins cher d'emballer ?

f) et, finalement, pourquoi se limiter à la fabrication d'engins ? Avec tout l'argent qu'on gagne, pourquoi ne pas acheter tout ce qui est à vendre ? Pourquoi ne pas transformer notre industrie en gigantesque société de placement ?

La sécheresse de ce processus masquait un altruisme (2) remarquable. La construction d'usines et d'immeubles sur toute la surface du globe apportait du travail et de la nourriture aux peuples maigrement pourvus, accélérait leur marche vers le progrès et le bien-être. C'est pourquoi ces gens qui, en fabriquant, en emballant et en vendant, édifiaient le bonheur de l'humanité en vinrent à se demander à quoi pouvaient servir les assemblées politiques et les gouvernements. Voici ce que ces néo-patriciens, qui décidément avaient pénétré les secrets de l'âme humaine, répondirent : « Nous qui fabriquons, emballons et vendons, nous créons les richesses et nous en remettons une part importante aux institutions politiques, librement ou non élues, qui les redistribuent. Ces richesses, nous ne voulons pas les répartir nous-mêmes, car nous serions juge et partie. Ainsi, le monde, après tant de soubresauts et de déchirements millénaires, a enfin trouvé sa voie : fabriquer, emballer, vendre, distribuer le produit de la vente. »

Seuil, édit.

LA JEUNESSE : UNE FORCE SOCIALE ?

Depuis une dizaine d'années est apparue sur l'échiquier sociologique et politique une nouvelle pièce : la jeunesse. En effet, elle s'est constituée aujourd'hui en véritable groupe social qui joue un rôle spécifique dans la vie de la communauté. L'intrusion des jeunes, en tant que tels, dans la société, est le résultat d'une série de transformations — de l'école, de la famille, de l'organisation du travail, de la ville ; leur conscience d'appartenir à un même groupe, indépendamment de leur origine sociale, est un phénomène très nouveau et lourd de conséquences.

On a parlé de « querelle de générations » et il est vrai que l'antagonisme presque systématique entre jeunes et adultes s'est fortement accentué. Certains aspects négatifs — délinquance, drogue — de cette évolution ont fourni des arguments aux partisans d'un retour aux relations autoritaires d'autrefois. Mais en dernière analyse ce revirement paraît tout à fait inconcevable. La jeunesse est d'ores et déjà intervenue activement dans les domaines scolaire et politique par exemple, et dorénavant il faudra compter avec elle.

---

(1) Le fait de ceux qui prennent une attitude avantageuse par vanité. — (2) Dévouement aux autres.

Les hommes politiques l'ont compris qui ont abaissé l'âge de la majorité à 18 ans. Avant eux, les hommes d'affaires avaient joué à fond la carte de la jeunesse et même de l'enfance : elle représente une excellente image de marque pour faire vendre, et plusieurs secteurs industriels ont été créés spécialement pour elle. Les mass-media (1) ont su également s'en faire reconnaître : une presse spécifique est née, la radio lui destine certaines émissions, la télévision également.

Pourtant, une partie de la jeunesse que l'on retrouve surtout dans les classes moyennes et la bourgeoisie reste sourde à ces appels. Rebutée par une société dans laquelle elle ne parvient pas à s'insérer, ou ne le désire pas, elle cherche des refuges et cède souvent à la tentation de se marginaliser. Fuite dans le groupe, fuite dans l'isolement, toutes ces attitudes décèlent une crainte devant l'avenir proposé par les adultes en général, qu'il s'agisse des parents ou des responsables de la nation. La société prend lentement conscience des problèmes spécifiques des jeunes et bon nombre de « travailleurs sociaux » tentent de réinsérer dans le circuit normal les plus égarés ; mais les conditions qui produisent cet égarement n'étant pas annulées, leurs efforts ne sont guère couronnés de succès. Toutefois, leur bonne volonté représente une main tendue entre adolescents et adultes à un moment où se développe un certain racisme anti-jeunes.

Une autre conséquence de ce nouveau phénomène consiste en la création, à côté des classes sociales traditionnelles, de classes d'âges à qui l'on confère une certaine unité : on parle à présent de « 3e âge » pour désigner la vieillesse, et l'on englobe ainsi l'ensemble des vieillards quelle que soit leur situation. Tendance contestable, voire dangereuse, mais déjà fortement ancrée. On peut espérer qu'en découvrant comment ils sont mis à part de la société adulte, jeunes et vieux ressentiront un sentiment de solidarité utile à tous.

Les origines d'une querelle de générations

Lorsque les citadins hésitèrent à quitter leurs appartements le soir, de crainte de se heurter à une bande de « blousons noirs », lorsque chez leurs propres enfants les parents reconnurent une révolte teintée de mépris, les adultes s'effrayèrent et les journaux développèrent de longs articles sur la fameuse « querelle de générations ». Il ne s'agissait pourtant que des symptômes d'un mal dont souffrait l'ensemble de la société. Comme par hasard, ces groupes de jeunes qui terrifient depuis plusieurs années certains quartiers, habitent le plus souvent ces grands ensembles où la laideur n'a d'égale que l'ennui et le désœuvrement. Dans un milieu rural, les adolescents participent aux travaux, font partie intégrante de la communauté. Ici, les activités séparent les tranches d'âge : enfants à l'école, parents au travail, mère au foyer éventuellement ; le soir on dîne, on regarde la télévision, on se couche. Où s'insérer quand on a 17 ou 20 ans ?

Les infrastructures culturelles absentes ou « plaquées » sur le milieu, sont insuffisantes pour canaliser le besoin d'action, les adultes vous considèrent comme des gêneurs. Alors on n'est bien que dans la « bande ». Ce phénomène n'a fait que s'accroître, révélant parfois une rare violence. Même si cette délinquance spécifiquement juvénile ne concerne qu'un petit nombre d'individus, aux yeux de certains adultes elle représente, à cause des media qui généralisent sans nuances, l'ensemble de la jeunesse.

Et la méfiance naît, réciproque. Les parents, eux-mêmes mal à l'aise dans un monde qui évolue trop vite pour qu'ils puissent s'y adapter, reprochent à leurs enfants d'en

---

(1) Terme inventé par les sociologues pour désigner les nouveaux moyens de communication, radio, télévision, etc., qui atteignent un très vaste public.

avoir adopté d'emblée les modes de vie ; ces derniers leur renvoient la balle en les rendant responsables de la situation actuelle. Du fait de la prolongation de la scolarité obligatoire, les jeunes restent plus longtemps sous la dépendance économique des parents, ce qui crée souvent entre ces derniers et les plus évolués de leurs enfants des tensions et des conflits. La solidarité entre les jeunes apparaît comme une menace. En organisant elle-même la division entre couches d'âges, la société a donc créé un processus qu'elle a bien du mal à contrôler. Heureusement il reste assez d'adultes conscients de ce danger pour établir des ponts sur lesquels bien des jeunes ne demandent qu'à s'engager. Albert Sigusse, dans son livre *Salauds de jeunes*, est un de ceux qui ont eu le courage de révéler très précisément aux « adultes » français leur part de responsabilité dans le désarroi que connaissent les jeunes d'aujourd'hui, et les désordres qui en résultent.

LE JEUNE : UN PAS-ENCORE-ADULTE

La France déteste sa jeunesse. Pareille attitude lui interdit de la connaître. Elle est en grande partie inconsciente et ne se modifiera pas en un jour.

Dès l'âge tendre, il devient évident que la société française admet la supériorité de l'adulte sur l'enfant ou sur l'adolescent comme indubitable, et qu'elle fait de cette supériorité une oppression, quelque chose comme le libre exercice d'une haine sourde naturellement due aux jeunes.

En tout pays, la jeunesse est un tunnel qui débouche sur l'âge adulte. Or, la majorité des Français se comportent comme si le débouché comptait plus que la traversée ; comme si tout adulte arrivé au terme du voyage, était a priori plus estimable que le jeune. A tout adolescent qui construit son expérience, celle de l'adulte, plus ancienne, est opposée. On s'entend dire, avec des soupirs de profondeur :

— Tu sauras plus tard !

D'un coup unique, on promet la vieillesse et on met en doute des certitudes qui cherchent à s'édifier. Façon infâme de piétiner le blé en herbe.

Par définition, le jeune est un pas-encore-adulte, même face à l'intelligence adulte la plus débile. Dès qu'il y a contestation dans l'établissement de la vérité, il doit crier pour se faire entendre. La réaction spontanée de la majorité des adultes est de le taxer d'ignorance et d'invoquer l'ordre, l'obéissance ou l'autorité.

....

Par ailleurs, la jeunesse a peu à voir avec le nombre des années ; c'est une certaine façon de refuser l'extermination de l'espoir. Tout adulte absolu est un enfant mort; chez certains, c'est venu tôt ; chez d'autres, ça ne viendra jamais ; chacun d'entre nous se trouvera toujours être le jeune de quelqu'un, comme il pourrait en être le juif, le nègre ou le prolétaire. Même sans qu'on tire à la courte paille, c'est toujours lui qui sera mangé.

Cette hostilité, jamais définie mais presque partout présente, régit les rapports de la France à l'égard de ses jeunes.

....

Mai 68 est un symptôme ambigu et non pas un accident dans l'histoire des relations de la jeunesse française au reste du pays. C'est une déchirure venue tard dans une tradition de docilité usée. Elle était prévisible à qui voulait se donner la peine de coller son oreille au sol.

La tentation est forte, au niveau où se prennent les décisions nationales, de demander à la jeunesse ce qu'elle propose. C'est couper la voix à l'expression du malaise, et ne pas tolérer qu'il s'exprime sans proposer de solution de remplacement. Quitte à s'étonner, la main sur le cœur, lorsque des jeunes préfèrent le suicide à l'entrée dans l'univers des adultes. Lorsqu'un jeune se tue parce que tous les États du monde laissent affamer le Biafra, c'est qu'il refuse les détours de la politique internationale où la générosité n'est jamais une valeur. Ce suicide est la condamnation de la diplomatie secrète par quelqu'un qui n'a aucun pouvoir sur elle.

Denoël, édit.

Jeunes, mass-media (1) et marketing (2) Les premiers à entrevoir l'importance de la jeunesse constituée en classe d'âge furent certainement les industriels. On peut même dire qu'ils ont fortement contribué à créer une nouvelle mentalité en se créant une nouvelle clientèle. Renversant l'ordre patriarcal où les anciens dirigent la communauté, ils ont fait de la jeunesse une qualité

---

(1) Voir page 606. — (2) Ce qui se rapporte à tous les problèmes du service commercial.

en soi, afin d'en jouer comme argument publicitaire. Un énorme marché s'est développé en direction des jeunes, de l'enfant à l'adolescent : vêtements, disques, friandises.

Acheteurs, les jeunes représentent aussi un intérêt indirect : ils font acheter aux parents, aux amis. L'opiniâtreté des enfants d'un côté, la crainte d'occasionner des frustrations de l'autre, constituent deux moyens de pression extrêmement efficaces pour persuader les adultes de consommer toujours plus. Les mass-media ont joué un grand rôle dans ce processus, d'abord comme supports publicitaires : les séquences écoutées ou regardées créent les besoins, que l'on contente par la suite en faisant le marché avec les parents. La conception même des journaux destinés aux jeunes tend à créer des marchés. Les pages sont pleines de déclarations des vedettes de la chanson, on y raconte leur vie la plus intime ; bien difficile ensuite de ne pas acheter le dernier disque de l'Idole. Et comme elle est vite remplacée par une autre, on recommence... Les revues pour jeunes filles accumulent pages de mode et conseils de beauté ; comme à cet âge on se cherche, on tend à fixer sa personnalité en composant une image de soi, on en arrive vite à des achats aussi coûteux qu'éphémères.

Il est vrai qu'une autre presse s'est acharnée à imposer des jeunes une image purement négative, jouant à fond sur les réflexes de crainte, présentant les adolescents comme des délinquants, et assimilant toute forme de contestation à un délit. Blessés par ces assertions, les accusés se laissent d'autant plus facilement séduire par les sirènes de la publicité avouée ou camouflée, de la démagogie étalée sans vergogne. Néanmoins la radio et la télévision ont su réserver aux jeunes des émissions qui les concernent, les passionnent, utilisent un langage qui leur est propre, sans pour autant tomber dans la facilité. Dans *La vie quotidienne dans le monde moderne*, Henri Lefebvre évoque cette manipulation de la jeunesse par une société de consommation encore toute-puissante.

INSTITUTIONALISER LA JEUNESSE...

Depuis quelques années, on (« il » ou « ils ») tenta littéralement d'institutionaliser la jeunesse. Se préoccupe-t-on d'elle pour lui permettre de mener une vie spécifique, avec des activités appropriées ? Ici ou là, on y pense, des gens de bon vouloir. En vain. Ce qui l'emporte, c'est l'intégration de la jeunesse au marché, à la consommation, en lui procurant une quotidienneté parallèle. On tend à constituer une essence, la juvénilité, dotée d'attributs et de propriétés commercialisables, possédée par une part de la population privilégiée ou censée telle, justifiant ainsi la production et la consommation des jeunes un certificat de bonne mation d'objets marqués (vêtements entre autres qui résument et symbolisent les « blue jeans »). Cette entité apporte à la consommation en général un certificat d'innocence et à la consommation des jeunes un certificat de bonne conduite. Plaçons donc la juvénilité parmi les astres les plus brillants de ce firmament. Le « corpus », pour étudier ce système se prélèverait aisément dans « *Salut les copains* (1) ».

A sa manière, dans sa sphère d'influence (qui s'étend en s'atténuant jusqu'à la société entière, de haut en bas) la juvénilité apporte sa contribution à la terreur. Qui ne craint de ne pas paraître jeune ? de ne pas l'être ? qui n'oppose la maturité à l'innocence, et l'Adulte à la Jeunesse ? Qui ne choisit pas entre la juvénilité et la sagesse, entre la quotidienneté parallèle et la quotidienneté primordiale, entre l'inachèvement et la résignation ? Ainsi se présente à chacun, dans sa quotidienneté, l'option déchirante de la non-liberté, de la non-appropriation.

La juvénilité, avec son entourage opérationnel (organisation et institution), hypostase (2) de la jeunesse réelle, permet à cette jeunesse de s'emparer des significations existantes, de consommer les signes de la joie, de la volupté, de la puissance, du cosmos, et ceci à travers des métalangages (3) élaborés dans ce but : chansons, articles, publicité. A quoi s'ajoutent des consommations d'objets réels. Ce qui situe la quotidienneté parallèle.

Gallimard, édit.

---

(1) Revue s'attachant surtout à la vie des vedettes de la chanson. — (2) Substitution. — (3) Langues qui dépassent et englobent le langage.

Les refuges La jeunesse a le jugement sévère, peu d'adultes trouvent grâce à ses yeux. Devant leur regard neuf, toutes les institutions de la société révèlent leurs faiblesses. Si leurs critiques ne trouvent pas un débouché politique, la tentation est grande de chercher des refuges plutôt que de s'insérer dans un monde que l'on refuse. Or beaucoup de jeunes aujourd'hui ne veulent plus vivre comme leurs parents, dans une course effrénée aux biens de consommation, alors qu'il ne reste plus de temps pour vraiment en profiter. Parfois ils sont incapables cependant d'imaginer un autre avenir ; certains se réfugient alors dans une activité quasi-obsessionnelle : la moto, par exemple, qui pour eux devient une véritable manie. Au pire, d'autres cèdent aux séductions premières de la drogue qui peut les entraîner dans l'engrenage fatal que l'on sait. En France, le nombre d'adolescents drogués est en augmentation constante et concerne des individus de plus en plus jeunes. Malgré le dévouement de certains médecins ou éducateurs, on n'a pas encore trouvé de réponse à un problème qui est avant tout social.

D'autres suivent des voies plus positives et tentent d'inventer un nouvel art de vivre : si le mouvement tend à s'éteindre aux États-Unis, dans notre pays il a exercé une forte influence. De caractère moins religieux qu'outre-Atlantique, il a pris la forme d'une recherche de vie communautaire, fortement marquée par la nostalgie des anciennes méthodes de travail. Des jeunes gens et jeunes filles brillants dans leurs études, ou de jeunes ouvriers las des cadences de l'usine, abandonnent tout pour se retirer, au gré de leurs affinités, dans des campagnes désertées par leurs anciens habitants. Ils y vivent de façon précaire, d'un peu d'agriculture et d'élevage, de travaux d'artisanat artistique. La structure des groupes varie de l'un à l'autre, selon les tempéraments et les principes. Quoi qu'il en soit — réussite ou échec —, ils ont fortement contribué à diffuser le goût du retour à la nature, des produits agricoles non pollués, d'une vie plus libre. Ils ont, dans la pratique, mis en cause le fonctionnement de la cellule familiale en faveur d'une prise en charge communautaire des divers besoins. Ils ont cherché à vivre en créateurs plutôt qu'en consommateurs. Aujourd'hui encore bien des jeunes sont attirés par ces communautés de campagne ou de ville. Il faut reconnaître cependant que ces nouvelles structures sont fragiles et achoppent souvent sur des problèmes psychologiques ou sexuels. Il est évident aussi que les choix ne sont pas toujours tranchés et que les mêmes jeunes passent parfois d'un refuge à un autre. Ceci témoigne en tous cas d'un malaise profond dans une certaine partie de la jeunesse. Malaise que s'attache à expliquer Gérard Vincent dans *Le peuple lycéen.*

LES COMMUNAUTÉS : UN ESSAI DE « CONTRE-SOCIÉTÉ »

C'est donc bien de l'intention d'une triple rupture qu'il s'agit : rupture avec le christianisme (liberté sexuelle contre la tradition judéo-chrétienne), rupture avec la société bureaucratique (égalitarisme contre hiérarchie), rupture avec la société industrielle (néo-archaïsme contre technologie). Le procès posthume de Joseph Staline a porté un coup fatal au mythe de la « bonne bureaucratie », celle qui serait au service de tous. L'évolution des démocraties populaires depuis presque trois décennies, celle plus récente de Cuba, ont confirmé un très grand nombre de jeunes dans leurs convictions antitechnocratiques et ils pensent avec Marcuse (1) qu'Orphée doit succéder à Prométhée (2). Le contenu subversif du « message » communautaire inquiète certaines fractions de la petite et moyenne bourgeoisie qui privilégient la promotion sociale : contre cette « agression » des jeunes, certains adultes ripostent parfois par une agression contre les communautés. Ce fut le cas, au printemps 1972, dans la banlieue parisienne où une communauté fut mise à sac par un commando

(1) Herbert Marcuse, né à Berlin en 1898, est aujourd'hui professeur à l'Université californienne de San Diego. Dans *L'homme unidimensionnel*, il met en cause les sociétés industrielles totalitaires qui réduisent l'homme à n'être plus qu'un producteur-consommateur. — (2) L'imagination créatrice doit succéder à la technique souveraine.

« non identifié ». Mais pour beaucoup de jeunes la vie en communauté est le meilleur moyen d'éviter le constant tête-à-tête avec papa-maman : l'enfant enrichira sa personnalité au contact de plusieurs adultes. A ce propos, *Vox Pop*, journal « clandestin » du lycée Victor-Duruy (n° du 23 avril 1972) cite Simone de Beauvoir : « On ment quand on prétend que les enfants ne sauraient s'épanouir nulle part aussi bien qu'au sein de la famille. Les parents font entrer les enfants dans leurs jeux sado-masochistes, projetant sur eux leurs phantasmes, leurs obsessions, leurs névroses. »

Enfin les constantes références à Marx ne doivent pas masquer la mise en doute de l'optimisme de toutes les philosophies de l'histoire qui, de saint Augustin (3) à Marcuse, ont affirmé que l'aventure humaine se terminerait bien. Convaincus qu'il ne faut pas attendre le triomphe de la « Cité de Dieu » sur celle de Satan ou le « Grand Soir » inaugurateur de l'Eldorado communiste, certains jeunes manifestent cette psychopathologie de l'impatience dont nous avons déjà parlé, passent à l'acte en tentant d'élaborer dès maintenant une « contre-société » dans les communautés.

Gallimard, édit.

LA RENAISSANCE DES CULTURES RÉGIONALES

La Renaissance française au XVIe siècle avait été marquée dans le domaine des lettres par une première tentative de division entre la culture populaire et celle de l'élite. Les siècles suivants ont approfondi cette séparation et du même coup rejeté les traditions régionales dans l'ombre de la vie rurale, les intellectuels et les artistes se conformant au modèle culturel imposé par la haute société parisienne. Or au moment où, près de sombrer définitivement dans l'oubli, les folklores prennent des airs de fossiles, un sursaut secoue les jeunes générations. Dans plusieurs provinces françaises, étudiants et lycéens remontent vers la source, vers leurs origines.

Pour s'enraciner dans une civilisation longtemps méconnue, on fait appel à la mémoire des Anciens, recueillant bribe par bribe les restes d'un héritage dont personne ne voulait plus. Signe de ce renouveau, les citadins et les jeunes apprennent ou réapprennent la langue que l'on avait abandonnée, non sans condescendance, aux paysans. Parce qu'elle constitue le meilleur ciment entre les populations d'une même région, la langue est devenue le premier motif de revendication. De la Bretagne au Pays Basque, de l'Alsace à l'Occitanie et à la Catalogne, les universités ouvrent leurs portes aux recherches régionalistes, certaines langues locales figurent déjà aux épreuves du baccalauréat, tandis qu'on les réclame de plus en plus à la radio et à la télévision.

Mais au-delà de l'aspect linguistique, le renouveau du régionalisme révèle le refus d'un système trop centralisé, d'une organisation sociale qui ne laisse guère de place à l'originalité des groupes humains, de populations qui ont pourtant façonné autrefois de riches civilisations. Refus également d'un mode de vie « standard » qui, après avoir calqué le modèle parisien, s'inspire aujourd'hui de l'« american way of life ». Cependant, cette opposition va rarement jusqu'au désir d'autonomie totale — même si les tenants de cette « solution » se livrent à des actions spectaculaires. En fait, les jeunes générations et les adultes fortement ancrés dans une tradition régionale désirent surtout, face à l'isolement de l'individu dans la société actuelle, affirmer leur besoin d'enracinement et d'expression originale et créatrice. Le dynamisme de ce mouvement, dont témoigne la floraison de chanteurs en langue locale — modernes « idoles » —, de poètes, auteurs dramatiques, chercheurs de toutes spécialités, de fêtes populaires typiques, laisse à penser qu'il se développera dans les années à venir, riche d'œuvres intellectuelles et artistiques, sans renier pourtant toute évolution vers la vie moderne.

---

(1) Pour saint Augustin (354-430), la « cité de Dieu », cité spirituelle centrée sur l'amour de Dieu, vit dans l'attente de la félicité céleste tandis que la cité charnelle, centrée sur l'amour de soi, ne peut garantir à l'homme qu'un bonheur relatif et limité à sa vie sur terre.

L'ancienne veine régionaliste

Giono représente une lignée d'écrivains qui, en dépit des modes et des nécessités de carrière, ont maintenu vivace l'inspiration populaire et régionaliste. A une époque où cela représentait un réel courage, il n'est pas « monté » à Paris, il a cherché à s'ancrer dans la réalité de son pays — les Basses-Alpes — pour traduire les modes de vie et de pensée des siens. Le mouvement actuel a donc eu des précurseurs dont certains ont payé de l'oubli leur volonté de maintenir leur originalité. Dans les manuels scolaires ou les anthologies ces auteurs sont classés à part — c'est le cas des Ramuz, Bosco ou Guilloux — comme des marginaux, quand on ne les considère pas comme des écrivains de second ordre, réservés parfois aux enfants.

Ennemis des abstractions et des généralités, ces écrivains parviennent cependant, à travers l'évocation de la vie concrète et quotidienne des humbles, à une conception de la condition humaine fortement marquée par la tradition. Tradition ouvrière parfois, qui ouvre le champ aux projets politiques, plus souvent tradition rurale, fondée sur des valeurs ancestrales peu compatibles avec la vie moderne, et qui laissent par conséquent une impression de nostalgie désespérée.

Le conservatisme qui sous-entend cette littérature en marque les limites. C'est pourquoi par la suite, sous peine de mourir, elle a dû évoluer. Giono est le plus bel exemple de cette évolution. Jusqu'à la deuxième guerre mondiale son œuvre exalte le retour à la terre, l'artisanat, les beautés de la nature opposées à la ville gangrenée par la pollution et la toute-puissance de l'argent. Mais après quatre années du régime de Vichy qui avait repris et tenté d'appliquer ces idées — en les dénaturant, il est vrai — et six mois de prison en 1945, Giono a réfléchi et ses nouvelles œuvres possèdent une tonalité différente, éloignée de toute ambition idéologique ou morale. *Un roi sans divertissement, Le hussard sur le toit, Deux cavaliers de l'orage*, sont avant tout une admirable chronique poétique.

Dans cet extrait de son roman *Le serpent d'étoiles* paru en 1933, Giono présente un extraordinaire jeu dramatique créé et joué par les bergers, le soir, en pleine montagne ; exemple révélateur de la créativité populaire et de son sens très vif du pouvoir magique du Verbe. Une façon de nous rappeler que l'art, au sens le plus élevé du terme, n'est pas forcément un privilège de spécialistes.

L'HOMME « ÉLÉMENT »

Les acteurs, il y a d'abord le Sarde. Celui-là, bon, il est au beau mitan (1) de la scène et c'est lui qui commence. Les autres sont là, mêlés aux spectateurs, on n'en a pas désigné d'avance. Ils sont là seulement à se pencher vers les voisins pour leur dire : « Tu vas voir, moi, si je vais parler ! »

Le Sarde est au bout de son rouleau ; il appelle : « La Mer », par exemple. Et, tout d'un coup, c'est un homme qui est près de vous qui se met à répondre. On lui crie : « Dresse-toi, dresse-toi ! »

Il se dresse, il va là-bas, il se met en face du Sarde, il répond. Alors seulement, on sait que celui-là qui frottait ses coudes de velours contre votre flanc, c'était « La Mer », c'était bien la mer : il en a la voix et l'âme. Quand il a fini,

il reste là-bas. Il a pris son rang d'élément. Il y en a même qui ne quitteront jamais ce rang d'élément ; ils resteront toute leur vie : *La Mer, Le Fleuve, Le Bois*. On dira « *La Mer* a pris sa pâture à la gauche de Seyne » ou bien « *Le Fleuve* descendra demain », parce qu'un soir ils ont été si bien cette mer et ce fleuve qu'on ne peut plus désormais les appeler du nom de leur père, mais seulement du nom de ce qu'ils sont.

Celui qui a fini de parler reste là avec le Sarde. Un autre vient, parle, puis se tait et, alors, il prend la main de l'homme qui était là avant lui et il attend. A la fin du jeu, il y a toute une guirlande de grands hommes de bure se tenant par la main (...)

Le texte écrit présente à la traduction un

(1) Milieu.

chaos de mots hérissés et tragiques. Tragiques, parce que j'en sens toute la beauté serrée et que je suis devant eux sans espoir. La langue est l'espèce la plus sauvage des jargons de mer, faite de provençal, de génois, de corse, de sarde, de niçois, de vieux français, de piémontais et de mots inventés sur place pour le besoin immédiat. C'est un instrument merveilleux pour le drame épique : les cris et les hurlements même peuvent être de longs récits ; l'harmonie imitative est telle que les gestes sont inutiles et qu'à l'auditeur stupéfait apparaissent soudain : des processions de planètes, le balancement de la mer, la course mouillée de la terre qui perd ses océans dans l'espace.

Grasset, édit.

La découverte des traditions

Quarante-deux ans après l'ouvrage précédent, en 1975, paraît un livre qui, de l'autre bout de la France, de Bretagne, lui répond en célébrant à son tour les merveilles du passé. Pierre-Jakez Hélias, avec *Le cheval d'orgueil*, balaie les préjugés envers la littérature « provinciale », et remporte un énorme succès dû non seulement à la qualité de son texte, mais à une nouvelle sensibilité des jeunes générations. Entre *Le serpent d'étoiles* et le livre d'Hélias, la littérature a connu — après la guerre — le règne des idéologies et des inquiétudes métaphysiques. La civilisation française réalisait une énorme mutation et adoptait un mode de vie caractérisé par l'avidité de biens matériels et de confort, le souci primordial de la rentabilité et de la bonne organisation. Les paysans eux-mêmes ont troqué leurs meubles de chêne, vastes tables et lits-clos, contre des « éléments » en formica, plus commodes — mais si froids !

Pourtant la société nouvelle n'a pas tenu toutes ses promesses : son ouverture au monde s'est d'abord traduite par les guerres coloniales, le travail est resté tout aussi contraignant, le confort s'est révélé terriblement cher et la vie, finalement, bien monotone. Les enfants vont tous à l'école plus longtemps, mais beaucoup restent étrangers à la culture qu'elle transmet. Chacun peut assister, chaque soir, à toutes sortes de spectacles — grâce à la télévision — mais on est bien en peine d'en inventer soi-même. Contre un rêve qui paraît se transformer en mirage, se dresse une partie de la jeunesse. Heureux alors ceux qui peuvent se découvrir des ancêtres dont la vie passée apparaît pleine de couleurs, de sensations, de richesse intérieure — même si, en réalité, elle était bien dure pour les plus humbles. Nouvelle illusion ? En tout cas elle est assez tenace pour pousser les jeunes à rester « au pays », à s'installer parfois au fin fond d'une campagne inhabitée pour y réapprendre les modes de vie traditionnels, quitte à se priver d'un bien-être pour lequel leurs parents avaient tant travaillé. Assez tenace pour assurer un triomphe aux modernes chantres de l'identité régionale. *Le cheval d'orgueil* est donc arrivé à point nommé pour rendre des souvenirs à ceux qui en avaient été privés, et quels souvenirs ! encore tout auréolés des regrets de l'enfance.

Dans ce passage, l'auteur porte témoignage d'une tradition morte avec sa civilisation : celle des conteurs, paysans ou artisans, parfois illettrés, marqués par le don particulier d'entraîner leur auditoire dans des récits fantastiques ou réalistes, mais toujours si vrais que la vérité même paraît douteuse à côté.

L'ART DE CONTER

Il est réputé pour avoir en mémoire une provision de contes qui lui viennent d'abord d'un héritage de famille et qu'il ne cesse d'enrichir précisément au contact des batteurs de pays aussi fortunés de la tête que dépourvus de la bourse et n'hésitant pas à distribuer leur bien par la langue à qui veut les écouter. Alors, dès la fin des moissons, on va le chercher dans son *penn-ti* de Kerveillant pour qu'il transforme une assemblée de paysans dans une salle de ferme en autant de chevaliers et de dames de la Table Ronde qui parleraient miraculeusement le breton de Plozévet à la cour des rois.

Un de ses amis est le chiffonnier de Brennilis que je connais bien car il ne manque pas de venir nous saluer tous les hivers. Cet homme des montagnes d'Arrée sait conter comme pas un. Et bien sûr il cultive cet art qui le fait bien venir des petits et des grands à travers la campagne. Son commerce ne s'en porte que mieux et son ventre pareillement. Il arrive que lui et le sabotier se livrent des assauts sous les manteaux de cheminée, se relayant mutuellement pour débiter les contes à la grande joie des assistants. Ceux-si savent bien que lorsque deux conteurs sont en présence, chacun d'eux fait les sept possibles pour triompher de l'autre. C'est alors que la veillée devient un véritable spectacle dont les conteurs sont les maîtres absolus. Ordinairement, c'est une soirée où chacun s'occupe à un travail quelconque tout en écoutant. Les femmes peignent le chanvre, filent, tricotent, cousent, brodent, ravaudent. Les hommes tressent des paniers, réparent des harnais ou des outils, taillent le bois, condescendent même à écosser des haricots verts entre deux bolées de cidre. Mais quand le conte tourne bien, quand le conteur, sur sa lancée, y introduit des épisodes nouveaux qu'il a empruntés à d'autres et qui se fondent merveilleusement dans le sien, quand il est si maître de sa parole qu'elle semble se former d'elle-même selon sa propre nécessité, alors cessent tous les travaux, chacun se tend vers le conteur pour ne rien perdre de ce qui se passe et qui est exceptionnel.

Plon, édit.

DES INSTITUTIONS ÉBRANLÉES

Les mutations économiques, les transformations des modes de vie, ont entraîné de profondes crises dans les structures sociales comme dans les institutions. Les rapports humains ont changé, même ceux qui paraissaient dictés par la nature. A l'intérieur de la famille, une évolution déjà amorcée s'est accélérée, sous l'influence des rythmes de vie quotidiens, des mass-media, de l'environnement urbain. Dans la littérature comme au cinéma, cette évolution est souvent en situation d'accusée, jugée responsable de toutes sortes de maux.

L'École, conçue comme un moyen de libération des esprits et de promotion des meilleurs, est encore plus attaquée, de toutes parts. Qu'il s'agisse des programmes, des méthodes pédagogiques, du rôle des enseignants, de la valeur des diplômes, de l'organisation des sections, de la sélection, de la participation des parents d'élèves, tout est remis en cause sans que l'on sache bien comment transformer un édifice aussi pesant. Or, le fonctionnement de l'école est symptomatique de la situation d'une société.

Quant à ceux qui n'avaient pas droit à la parole, ceux que l'on tenait tellement à l'écart qu'on finissait par en oublier l'existence, ils font leur entrée sur la scène du quotidien. Les prisons ont connu ces dernières années des révoltes significatives et beaucoup se sont émus de la situation faite à des hommes dont les délits étaient souvent mineurs. La Justice change de visage : aux magistrats traditionnels, sûrs de soi et sentencieux, succèdent de jeunes hommes ou jeunes femmes soucieux de tenir compte de toutes les formes d'injustice et dénonçant les défauts de fonctionnement de cette institution essentielle. Enfouis dans l'oubli, ceux que l'on appelait les « fous » se mettent à s'exprimer ; à travers la presse ou par des livres-témoignages, des gens qui ont vécu enfermés dans une atmosphère particulièrement pénible contestent les méthodes psychiatriques et posent au public étonné la question : qui est fou ? Le cinéma étranger et français a produit quantité de films sur ce problème ces dernières années.

Tous ces débats ont entraîné une prise de conscience nouvelle et positive. D'une façon plus large, toutes les idéologies bien structurées et figées éclatent sous la pression de nouvelles exigences. L'Église est partagée entre les partisans de la tradition et ceux qui prônent une évolution nécessaire ; les tensions en arrivent même à un tel point qu'une certaine agressivité se fait jour. Les partis traditionnels, de droite ou de gauche, sont forcés de modifier leur langage et leurs pratiques, sous peine d'affaiblissement. Les jeunes et les femmes, en particulier, veulent bien « faire de la politique » mais ne donnent plus à cette expression le même sens que leurs aînés, et désirent, à travers leurs options, intervenir sur tous les aspects, même les plus humbles, de la vie quotidienne publique ou privée. On peut dire que, d'une façon générale, on assiste à une véritable crise de l'Autorité, quelle qu'elle soit, des parents, des « mâles », des supérieurs hiérarchiques, des dirigeants politiques. Pour être parfois gênante, cette crise laisse entrevoir des résultats positifs et surtout une nouvelle attitude, plus responsable qu'autrefois.

La famille   Déjà très atteinte par le phénomène de l'industrialisation, la famille a encore subi de profondes mutations. Obligée de se déplacer au hasard des emplois, elle s'est transformée peu à peu en ce que les sociologues nomment « la famille nucléaire », c'est-à-dire un noyau rétréci ne comprenant plus que le père, la mère et leurs enfants. L'obligation d'aller à l'école pour les plus jeunes, le travail de la femme et du mari éparpillent les différents membres de la cellule familiale pendant la journée ; on se retrouve le soir et en fin de semaine.

Chacun jouit donc d'une relative indépendance à l'égard des autres, et ne se sent plus, comme autrefois, étroitement attaché à la maison. Les rapports de dépendance existent cependant sur le plan financier pour les enfants, et pour la femme si elle reste chez elle, et bien entendu sur le plan sentimental. La propagation des méthodes contraceptives permet de plus en plus aux femmes de contrôler les naissances et les responsabilités qu'elles entraînent. Juridiquement, le mariage s'est libéré d'anciennes contraintes qui pesaient plus particulièrement sur les femmes. La réforme du divorce, la possibilité de réaliser seules des opérations financières, le partage de l'autorité parentale donnent aux épouses leur autonomie. Mais il reste bien des inégalités au travail, dans les tâches domestiques, par exemple. Aussi assiste-t-on à la montée d'un mouvement féministe remettant en cause une certaine conception du mariage, les brutalités perpétrées par les hommes, l'image que la presse et la publicité donnent des femmes. Même minoritaire, ce mouvement entraîne un changement dans les mentalités, dont nous commençons seulement à percevoir les effets.

Les enfants aussi secouent les vieilles habitudes : se jugeant souvent plus « modernes » que leurs parents, ils acceptent parfois mal la nécessité de l'obéissance. Ils cherchent une relation qui soit plus fondée sur la compréhension et l'affection que sur l'autorité, ils discutent autant qu'ils s'opposent. Comme ils se retrouvent entre eux à l'école, pendant leurs loisirs, souvent aussi en vacances, ils apprennent à s'affirmer indépendamment de leurs parents, et supportent mal ensuite de redevenir à leurs yeux des « petits ». Pourtant, la contestation est rarement radicale : le taux de nuptialité est en augmentation et les garçons se marient plus tôt qu'autrefois. L'élément nouveau c'est que les jeunes cherchent avant tout dans le mariage un équilibre affectif et qu'à l'intérieur du foyer créé, les rôles tendent à s'équilibrer.

Nicole Bernheim dans *Le Monde* du 21 août 1971 fait état de ces transformations de mentalité.

Les jeunes couples sont nettement plus favorables que les anciens aux relations sexuelles entre fiancés. (Les pourcentages sont à peu près les mêmes pour les hommes et pour les femmes.)

De même, la « liberté sexuelle » des jeunes filles est considérée plus favorablement par les nouvelles générations, les jeunes filles y étant plus favorables que les garçons.

La nécessité de « réparer » quand une jeune fille se trouve enceinte est moins évidente qu'il y a vingt ans. L'auteur de l'enquête hésite sur le point de savoir si cette évolution traduit la « revendication d'une égale responsabilité » ou le « refus d'un mariage de résignation ».

L'hétérogamie — le mariage hors du groupe socio-culturel de la famille — est mieux accepté par les jeunes couples qui estiment que la différence du niveau d'instruction « n'a pas d'importance ». Ils sont à peu près du même avis pour la différence de niveau de vie, et à peine plus réservés pour la différence de religion. Mais, en réalité, l'enquête a prouvé que plus le niveau socio-culturel des jeunes gens interrogés est élevé, plus leur tendance à l'homogamie est marquée...

L'attitude à l'égard du divorce est un peu plus souple parmi les jeunes qui le considèrent comme « normal si les conjoints ne s'entendent pas » et souhaitent que sa législation soit assouplie. Un fait nouveau : les femmes sont aujourd'hui moins satisfaites que les hommes de cette législation ; elles sont à la fois plus nombreuses qu'eux à souhaiter son assouplissement ou son durcissement.

D'autres points de vue nouveaux apparaissent dans l'enquête : surtout d'une solidarité plus étroite entre les conjoints, qui envisagent notamment moins qu'autrefois de prendre leurs loisirs séparément ; légère diminution du « nombre d'enfants idéal » par famille ; diminution de l'intervalle souhaité entre le mariage et la première naissance ; augmentation du nombre de femmes qui continuent à travailler après la naissance de leurs enfants ; diminution du nombre de couples qui prennent « habituellement » leur repas de midi ensemble ; émancipation financière plus accentuée à l'égard des parents, dont on attend cependant qu'ils participent aux investissements importants

L'école De la Maternelle à l'Université, l'école est sous un feu croisé d'accusations diverses, parfois opposées. Depuis une dizaine d'années, les réformes se succèdent sans obtenir de résultats notables. Pourtant le monde scolaire change sous l'effet des bouleversements sociaux. Voilà une quinzaine d'années les enfants de famille modeste passaient leur certificat d'études puis entraient dans la vie active comme apprentis ; les fils de milieux bourgeois et petit-bourgeois allaient au lycée, et certains à l'université. Aujourd'hui tous les jeunes, ou presque, suivent, au moins en partie, le cycle secondaire. Certains obstacles les y attendent : différence de milieu socio-culturel, orientation dans diverses sections selon leurs résultats, cycle court ou cycle long, série technique ou voie royale-scientifique. Avec, de plus en plus obsédante, la préoccupation des débouchés.

La volonté de démocratiser l'accession au savoir a connu bien des mésaventures : si le compartimentage des élèves en sections, d'après leur force, vient d'être supprimé dans les deux premières classes du secondaire, les sections créées pour apporter un enseignement de soutien aux élèves les plus faibles, se sont mutées en voies de garage où des enfants, sans espoir et souvent en colère, attendent l'âge d'aller travailler. Les séries qui offrent le plus d'avenir sont prises d'assaut et accueillent en majorité des jeunes de milieux culturellement favorisés ; les études universitaires exigent encore trop de sacrifices financiers pour être accessibles aux plus humbles, sans apporter la certitude d'une profession qui correspondrait à leurs aptitudes et à leurs goûts. Aussi doit-on périodiquement essayer de corriger ces défauts de fonctionnement par de nouvelles dispositions.

Sur un autre plan, contenus et méthodes d'enseignement sont contestés, tant par les parents que par les élèves et parfois même les enseignants. L'école française donnerait une formation trop abstraite, n'ouvrirait pas suffisamment ses portes à la vie. Mais lorsque l'on discute de cette fameuse ouverture sur « la vie », les désaccords les plus profonds surgissent : les uns réclament des cours d'éducation sexuelle, les autres font grief à certains professeurs de parler de sexualité ; on proteste contre l'intrusion de la politique dans les établissements, tandis qu'ailleurs on dénonce la main-mise du patronat sur l'école sous prétexte d'initiation à la vie économique ; on réclame de nouvelles méthodes pédagogiques, mais on considère avec méfiance voire avec hostilité les enseignants qui s'y risquent. L'école est donc le révélateur et le nœud de conflits idéologiques intenses, et toute solution porte en elle-même la source de nouvelles insatisfactions.

Dans *La mystification pédagogique*, Bernard Charlot met en évidence les contradictions des nouvelles méthodes pédagogiques.

RÉFORMES OU MODES ?

Mais, bien souvent, les méthodes qui correspondent (aux objectifs) sont adoptées par des maîtres qui n'ont pas une vision nette des finalités qui donnent leur sens à ces méthodes.

L'ensemble du texte libre et celui du travail en groupe sont particulièrement significatifs. (...)
Disjointe des buts éducatifs qu'elle vise, la méthode du texte libre devient n'importe quoi,

elle est utilisée à tout et à rien, et elle finit par n'être plus qu'une escroquerie pédagogique à la liberté.

Il en est de même du travail en groupe. Celui-ci constitue un outil pédagogique important et efficace, mais encore faut-il savoir l'utiliser. Il n'a de sens que dans la mesure où il représente une mise en commun d'efforts individuels de recherche et de réalisation. (...)

Psychomotricité à l'école maternelle, mode du tâtonnement et du travail en groupe à l'école élémentaire, mode du dialogue et de l'ouverture sur l'actualité à l'école secondaire· Ils ont à la fois tort et raison. Tort, car ces réformes correspondent à des progrès dans la connaissance théorique des enfants et des adolescents et dans la réflexion pédagogique sur les disciplines qu'on leur enseigne. Raison, car si on les introduit sans référence aux objectifs pédagogiques qu'elles visent et sans formation correcte des maîtres, ces réformes ne sont effectivement que des modes.

Cette tendance regrettable à utiliser des méthodes pédagogiques sans déterminer les finalités éducatives auxquelles elles correspondent ne s'explique pas seulement par un phénomène de mode, par l'insuffisance de la formation continue des enseignants, et par l'évolution rapide des connaissances et des pratiques pédagogiques. Elle traduit plus profondément l'impossibilité de déterminer des fins éducatives sur lesquelles tout le monde puisse se mettre d'accord. Il y a là un fait caractéristique de notre époque.

Payot, éditeur.

La crise des idéologies Tout en conservant une profonde influence, bien des institutions sont aujourd'hui quelque peu bousculées, en particulier par les jeunes. Le christianisme qui, pendant des siècles, a fondé notre système de valeurs, a dû s'adapter aux évolutions du monde moderne. L'Église catholique, à partir du Concile Vatican II va jusqu'à bouleverser ses traditions pour retrouver l'authenticité du message de l'Évangile et mieux le faire vivre. Restée intransigeante sur des questions comme la contraception et l'avortement, elle a rendu plus vivante sa liturgie, a délégué certains de ses prêtres en milieu ouvrier, a perdu l'habitude d'orienter l'opinion politique de ses membres, et a développé plusieurs mouvements de jeunes ruraux ou citadins. Au contact des difficultés vécues par leurs ouailles, certains religieux en sont arrivés à des prises de position politique socialisante. Ce phénomène suscite de violentes réactions chez les plus traditionnalistes qui se sont organisés à leur tour contre les précédents, allant jusqu'à s'insurger contre le Pape. L'Église ne représente plus le bloc d'autrefois, elle est traversée par plusieurs courants qui suivent ses préceptes un peu à leur guise.

D'autre part, certaines valeurs couramment admises par les générations précédentes font maintenant sourire la jeunesse : le travail, que la religion et l'école laïque — pour une fois d'accord — célébraient comme un devoir sacré, ne représente plus qu'une nécessité plus ou moins bien supportée ; les plus privilégiés peuvent le considérer comme un plaisir, mais on n'ose plus le présenter comme la source de toutes les vertus. Le patriotisme ne fait plus guère vibrer le cœur de jeunes gens que les relations internationales ont habitués à considérer les autres nations comme des nations amies ou, au moins, comme des partenaires.

On est frappé de voir que les forces d'opposition connaissent aussi en leur sein une contestation fondamentale. Les marxistes férus de textes de Lénine et y cherchant fiévreusement la solution à leurs problèmes, ont cédé le pas à des jeunes qui, sans renier l'apport de leurs aînés, tentent de répondre par eux-mêmes aux difficultés actuelles. Le choc qu'a produit la découverte du stalinisme et de ses conséquences — le goulag — entraîne une certaine méfiance à l'égard des théories trop figées et une réflexion sur la façon d'éviter de telles catastrophes. La nouvelle génération craint le sectarisme, la dictature sous toutes ses formes, les débats trop abstraits. Elle cherche dans une transformation du quotidien plus de justice, de solidarité et d'échanges humains sincères. Peut-être trouvera-t-elle ainsi de nouvelles valeurs pour succéder aux anciennes.

Inquiétudes et espoirs A l'approche de l'an 2000, se développe une mentalité millénariste comparable à celle que l'on a connue au Moyen Age, bien que les grandes peurs se fixent sur des images différentes. En témoigne par exemple la prolifération de films catastrophistes, nés aux États-Unis et qui connaissent un énorme succès. Une partie de la presse utilise au maximum cette atmosphère en dramatisant de façon systématique le moindre événement — en le fabriquant à l'occasion. Cependant, si ces aspects prêtent à sourire, on ne peut se cacher que la situation est bien différente de celle du millénaire dernier. Car l'évolution des sciences, des techniques et des structures sociales parvient à un point où le seuil de l'irréversible est vite franchi.

En France, les différentes formes de violence ont pris une telle acuité que certains citoyens, trouvant la justice ou même la police trop tendres ou inefficaces, en arrivent à jouer les justiciers, avec tous les risques que cela comporte. Rapts d'enfants, chantage, meurtres de vieillards mettent les nerfs à vif, d'autant que les « media » tendent à passionner l'opinion publique. Les chiffres ont beau nous prouver que la grande criminalité est en stagnation depuis plusieurs années, l'impression de se trouver dans une situation intolérable persiste.

Dans sa vie quotidienne, le Français se sent parfois submergé par l'impression de n'être plus qu'un rouage de la société, étroitement dirigé et surveillé. Le développement de l'informatique a renforcé ce sentiment : déjà écrasé sous la masse des imprimés à remplir en divers exemplaires, il regimbe devant l'obligation de se soumettre à un code destiné à l'ordinateur. Il y voit comme la concrétisation d'une angoisse : fiché, sérié, il se croit réduit à une série de chiffres sur une carte perforée. La toute-puissance de l'Administration semble lui confirmer sa propre insignifiance. D'un autre côté les progrès des sciences et des techniques lui procurent une véritable fierté. Cette attitude ambiguë se retrouve dans de nombreux domaines.

La France s'est mise à l'heure du nucléaire pour se procurer une partie de l'énergie dont a besoin son industrie et ne plus dépendre totalement des pays producteurs de pétrole. Cependant l'installation d'usines nucléaires soulève des réactions hostiles dues aux craintes suscitées par les conséquences de pollution possible de ces installations. D'une façon générale, l'évolution actuelle de la science nourrit l'espoir de vivre mieux dans les siècles à venir, mais elle fait aussi peur parce qu'elle reste mystérieuse au regard du grand public peu ou mal informé.

Enfin, toutes ces craintes convergent vers une idée : le risque de voir l'humanité se détruire elle-même. Les études de plusieurs savants, économistes et sociologues français, viennent encore les entretenir. Mais alors que dans certains pays l'action suit immédiatement la conscience du danger, les Français sont plus lents à chercher des solutions concrètes et à entamer des mouvements positifs. En dépit de cela, le sentiment de l'urgence pousse actuellement de nombreuses personnes à agir pour que ces problèmes soient résolus, autant que cela est possible dans un cadre national.

LE POUVOIR DES MASS-MEDIA

Le développement des mass-media a soulevé bien des débats et des réactions hostiles, et continue de le faire. Dans le milieu enseignant, on est longtemps resté sourd aux sirènes de la télévision considérée comme nocive dans son principe et dans ses réalisations. Accusée de développer l'habitude de la passivité — c'est si facile de tourner un bouton, et l'image, quelle qu'elle soit, est si fascinante —, ses programmes aussi sont jugés sévèrement. L'étalage de violence ou, plus récemment, de représentations sexuelles incite les éducateurs à mettre en garde les parents contre l'usage abusif de la télévision pour les enfants.

Depuis ces dernières années, chacun a nuancé son jugement, ne serait-ce que par nécessité, la « télé » étant devenu l'instrument de loisir le plus courant. Les condamnations formelles étaient, certes, excessives, et ne tenaient pas compte d'un apport culturel appréciable. Mais des réticences existent encore, et il faut reconnaître qu'elles peuvent se justifier.

Le public était d'abord hostile à l'introduction de la publicité au petit écran, ressentant plus ou moins consciemment quel formidable moyen de conditionnement cela pouvait représenter. Aujourd'hui encore se déroule une lutte sourde entre les publicistes qui cherchent à passer toujours plus de « spots » et un courant d'opinion qui s'oppose toujours à cette mainmise sur le libre choix des téléspectateurs.

Mais le pouvoir des mass-media déborde largement ce domaine. Plusieurs événements nous ont montré leur énorme puissance de mobilisation : une annonce bien présentée, et des milliers de gens sortent de leur logement pour répondre à une quête nationale, ou bien répondent aux sollicitations de la police qui leur demande de reconnaître une voix enregistrée au magnétophone. Devant tels exemples, certains redoutent une utilisation abusive de ces moyens dans un but contestable, ou distinguent plus généralement le danger couru par la liberté individuelle. La grande presse, la radio et la télévision représentent, à des degrés divers, une possibilité de manipulation des masses, sur une grande échelle : répétition incessante des mêmes faits divers, images saisissantes, privées de toute explication de fond, suscitent de nombreuses réactions émotionnelles que l'on ne domine pas ou mal. Autre crainte : voir les frontières de la vie privée trop souvent franchies. Si certains se prêtent avec complaisance à ce stratagème — en particulier dans le « show-business » — d'autres sont les victimes impuissantes de cet étalage de leur vie personnelle. Instruments privilégiés d'information et de distraction, et en cela fort utiles, les media peuvent représenter un véritable pouvoir parallèle, ce que dénonce Jean Cazeneuve dans *Les pouvoirs de la télévision*.

INFORMÉS, CONDITIONNÉS...

Mais, de deux manières différentes, la radio, la télévision, la presse, la publicité peuvent solliciter de notre part des engagements implicites qui, en vertu du principe précédemment énoncé, ont quelque chance de modifier nos convictions. Il y a d'abord le fait d'accepter ces *mass-media* qui constitue une façon de s'engager. Par exemple, l'intellectuel qui, après avoir juré qu'il n'achèterait jamais un appareil de télévision, finit par céder aux instances de ses proches et fait l'acquisition d'un récepteur, abandonne dans cet acte une prise de position et se trouve ainsi adopter un autre rôle que celui dont il faisait parade précédemment. Plus nettement encore, l'homme qui se laisse abonner à un journal peu conforme à ses idées peut avoir, par ce moyen, fêlé la cuirasse qu'il s'était faite contre des opinions différentes des siennes.

Plus subtilement, les informations diffusées par les *mass-media* font des auditeurs et téléspectateurs des gens « informés » qui, en répétant ce qu'ils ont entendu, même s'ils n'ont été qu'à moitié convaincus, se trouvent jouer le rôle qui peu à peu les engage. Toutes ces déterminations sont, bien entendu, fort vagues, faites de touches légères sur notre comportement, et, en aucun de ces cas on ne peut parler d'un effet de persuasion mécanique et inévi-table. Simplement, si l'on fait la somme de tous les actes que nous accomplissons, de toutes les paroles que nous prononçons parce que nous sommes téléspectateurs et dont nous ne serions pas les auteurs si nous ne regardions pas le petit écran, nous pourrions découvrir que, par certaines de ces actions et de ces paroles, nous avons devancé nos convictions. Dans ces cas, ce n'est pas tellement notre opinion qui a orienté notre conduite, mais parfois l'inverse. A l'extrême, on pourrait encore citer l'exemple des gens qui, pendant la période d'occupation de la France par l'armée allemande, durant la Seconde Guerre mondiale, écoutaient la radio de la France libre pour faire comme leurs amis ou pour ne pas paraître avoir peur, et que cette prise de position, déterminée à l'origine par des circonstances sans rapport avec leurs opinions, amenait ainsi à assumer le rôle de résistant ou de collaborateur, ce qui, par la suite, se traduisait par une conversion véritable et profonde aux idées conformes à ce rôle. Inversement, d'autres personnes, pour éviter des risques, écoutaient la radio allemande, et se trouvant ainsi adopter le comportement de « collaborateurs », finissaient par aller plus loin dans cette voie qu'ils ne l'eussent fait au début.

Gallimard, édit.

L'ÉVOLUTION DE LA SCIENCE

La notion de « culture » a toujours été liée pour nous au domaine littéraire, artistique et philosophique, et non à celui des sciences et des techniques. On laisserait volontiers ces dernières disciplines aux « spécialistes ». Mais voici que ces individus interviennent directement dans notre vie quotidienne, sans nous demander notre avis. Le premier mouvement de surprise passé, on s'inquiète parfois. Tant que l'on discutait dans l'abstrait des problèmes posés par le nucléaire, peu de gens se sentaient concernés ; mais lorsque se sont élevées les constructions caractéristiques, chacun s'est trouvé placé au pied du mur. Dans certaines communes choisies pour ces projets, ont eu lieu des réunions où les questions ont fusé : y a-t-il risque d'augmentation de la radio-activité avec toutes ses répercussions ? La température de la rivière augmentera-t-elle ? Et l'évacuation des déchets ? Et le devenir du noyau central après la fermeture de l'usine ? Autant de questions aux réponses actuellement peu satisfaisantes. L'industrie nucléaire, contrairement aux autres entreprises, ne se permet ni remords, ni retour en arrière : quand on l'a, c'est pour longtemps. S'ensuivent toutes sortes de débats contradictoires, répercutés par la presse, et des actions de jour en jour plus puissantes. Sans oublier la discussion plus ancienne entre détracteurs et partisans des armes atomiques diverses.

D'une façon générale, l'attitude des Français devant la science est en train de changer : de consommateur passif, il veut devenir usager conscient, avec la possibilité d'intervenir sur ce qui le touche de près. Même le domaine médical, où l'angoisse et l'ignorance réduisaient au silence les plus rebelles — le mot « patient » est significatif à cet égard — est quelque peu remis en cause à présent. D'anciens grands malades ont fait publier, et avec grand succès, les récits de leur calvaire en rendant grâce, certes, aux praticiens les plus consciencieux, mais en dénonçant aussi l'inhumanité du milieu hospitalier, la distance infranchissable que certains médecins et chirurgiens instituaient entre eux et leurs malades pour mieux s'imposer. On croit aux bienfaits de la médecine, mais on ne veut plus être considéré comme une chair inerte. Beaucoup de jeunes médecins abondent d'ailleurs dans ce sens et prennent eux-mêmes l'initiative de nouvelles relations plus humaines et finalement plus efficaces. Même si elle déconcerte, cette attitude est positive : ébranler la tour d'ivoire des chercheurs et des savants ne peut qu'avoir un effet bénéfique, les rendre plus proches des hommes. Dans *Science, technique et capital*, Benjamin Coriat analyse les changements de comportement devant l'usage des découvertes scientifiques.

UNE SÉRIE DE PROBLÈMES NOUVEAUX

Ainsi, en résumé, jusqu'à une période récente, l'interrogation sur les sciences et les techniques porte exclusivement sur *l'usage* qui est fait de ses résultats par la société. La réflexion et la critique sont tout entières centrées autour de la question de la « bonne » ou « mauvaise » utilisation sociale de la science et de la technique ; dans le but, bien entendu, de favoriser une « meilleure » utilisation des découvertes.

Aujourd'hui pourtant, la critique revêt des contours nouveaux.

Depuis quelques années, les rapports sociaux ne sont plus invoqués seulement pour questionner l'usage qui est fait des sciences et des techniques, mais aussi, et c'est ce qui fait la spécificité des modalités actuelles du questionnement, pour mettre en cause :

● d'une part la neutralité des techniques comme objets matériels possédant des caractéristiques particulières, qui jusqu'à aujourd'hui se sont toujours données comme réponses « techniques » à des problèmes « techniques » eux aussi, posés par leur conception ;

● d'autre part et plus profondément, est mise en cause la logique suivant laquelle s'effectue le développement scientifique et technique ; une série de problèmes nouveaux ont surgi : inégal développement des différentes disciplines, légitimité des frontières entre sciences considérées comme proches, inégal développement technologique à niveau comparable d'élaboration des différents corpus théoriques, caractère ésotérique et hyper-formalisé des propositions et du discours scientifiques, etc.

En même temps se renforce l'interpellation non seulement sur le terrain de l'usage social mais aussi, et au sens fort, de l'exploitation idéologique des théories scientifiques et des scientifiques eux-mêmes dans des débats où *l'enjeu politique* est manifeste. Ainsi le vieux débat sur le matérialisme qui resurgit, tel un serpent de mer à chaque découverte scientifique de quelque importance.

Seuil, édit.

LA MACHINE BUREAUCRATIQUE

Elle a déjà inspiré bien des écrivains, cette terreur ressentie devant un appareil administratif tentaculaire et opaque. Le problème se pose de façon chaque jour plus aiguë. Classé, enregistré depuis sa tendre enfance, l'individu est pris dans un filet inextricable. Contraint de remplir, pour la moindre activité, toutes sortes de formulaires, il se trouve devant l'administration qui le lui a demandé comme devant un univers impersonnel où les acteurs sont anonymes ; en cas d'erreur, c'est toujours lui le coupable, à moins que ce ne soit l'Ordinateur ; suprême recours puisqu'on ne peut lui demander des comptes. La mise au point actuellement d'un fichier central, prodigieuse mémoire qui enregistrerait toutes les données obtenues ici et là sur chaque citoyen, nous introduit progressivement dans un système où, à chaque instant, on pourrait au besoin tout savoir sur le moindre quidam. Au-delà des petites tracasseries de la vie quotidienne, le problème est directement politique : si un régime démocratique n'utilise cet instrument qu'à bon escient, il représente, en revanche, une tentation irrésistible pour un gouvernement autoritaire.

Cette « bureaucratisation » de la société s'étend à toutes sortes de domaines : dans un syndicat, un parti politique ou une association d'une certaine importance, les membres situés « à la base » ont toutes les peines du monde à s'entretenir avec les hauts responsables, tous les échelons intermédiaires faisant obstacle. Cette tendance à la hiérarchie rigide place les dirigeants dans l'ignorance des besoins, des réactions, des réflexions qui ont lieu dans les masses et donne souvent une image très déformée de la réalité. Pour pallier ces défauts, on a créé en France un poste de « médiateur » destiné à opérer la liaison entre administrés et administration. Des volontaires ont aussi organisé un service « S.O.S. Amitié » pour offrir un peu de chaleur humaine aux êtres que la société oublie et qui se retrouvent seuls dans les pires moments de détresse morale. Réactions encourageantes contre les effets d'une excessive centralisation.

CHRONOLOGIE COMPARATIVE DES ÉVÉNEMENTS CITÉS DANS L'OUVRAGE

CHRONOLOGIE DES ÉVÉNEMENTS CITÉS DANS L'OUVRAGE

	ÉVÉNEMENTS POLITIQUES ET SOCIAUX	SCIENCES ET TECHNIQUES VOYAGES ET DÉCOUVERTES	ARTS ET URBANISME	LETTRES ET PHILOSOPHIE
ÈRE PALÉO-LITHIQUE		Chasse et pêche.	Grottes de Lascaux. Grotte de Niaux.	
ÈRE NÉO-LITHIQUE	Contacts avec les Egéens.	Agriculture et élevage. Introduction des techniques artisanales orientales par les marchands.	Monuments mégalithiques (menhirs et dolmens).	
AGE DES MÉTAUX		**An 1000 :** progression rapide de l'industrie du bronze. Amélioration des techniques artisanales importées d'Orient.		
LA GAULE INDÉPENDANTE	**600 av J.-C.** Fondation de Massilia par les Grecs. **500 av. J.-C. à 120 av. J.-C.** La Gaule indépendante. Ouverture aux courants commerciaux. **120 av. J.-C.** Création de la Narbonnaise par les Romains. **109-105 av. J.-C.** Invasion de la Narbonnaise par les Cimbres et les Teutons. **102-101 av. J.-C.** Extermination des Cimbres et des Teutons par Marius. **58 av. J.-C.** César chasse les Helvètes et les Suèves. **57 av. J.-C.** César soumet les peuples belges. **56 av. J.-C.** Soumission des Armoricains et des peuples de l'Ouest par César.	Charrues à roues et moissonneuses.	Art vigoureux (sculpture, objets d'or et de bronze).	**1er siècle av. J.-C. :** Littérature gauloise orale transmise par les bardes. Rares inscriptions en langue celtique.

Art gallo-romain : Sculpture. Peinture à la Grecque. Mosaïque.		
La Naissance d'une civilisation urbaine.		

LA GAULE INDÉPENDANTE

54-52 av. **J.-C.** Soulèvement des Gaulois contre César.

52 av. **J.-C.** Défaite d'Alésia. Gaule devient province romaine.

LA GAULE ROMAINE

27 av. **J.-C.** Division de la Gaule en Narbonnaise, Aquitaine, Lyonnaise, Belgique.

212. L'empereur Caracalla donne droit de cité romaine à tous les hommes libres de l'empire.

IVᵉ **siècle.** Extension du christianisme. Début du monachisme. Évangélisation des campagnes.

355. Julien l'Apostat fixe sa résidence à Lutèce.

371. Saint Martin est élu évêque de Tours.

395. Division de l'empire par Théodose : empire d'Orient et empire d'Occident.

Vᵉ **siècle.** Création des royaumes barbares : Wisigoths, Burgondes, Francs.

476. Disparition du dernier empereur d'Occident.

DÉBUT DU MOYEN AGE

496. Baptême à Reims de CLOVIS, roi des Francs.

DYNASTIE DES MÉROVINGIENS

481-511. Clovis conquiert la Gaule.
511. Mort de Clovis.
629-639. DAGOBERT.
732. Charles Martel arrête les Arabes à Poitiers.
751. PÉPIN LE BREF.
752. Pépin le Bref rétablit le pouvoir temporel du Pape.

	ÉVÉNEMENTS POLITIQUES ET SOCIAUX	SCIENCES ET TECHNIQUES VOYAGES ET DÉCOUVERTES	ARTS ET URBANISME	LETTRES ET PHILOSOPHIE
DYNASTIE DES CAROLINGIENS	**768.** CHARLEMAGNE. **800.** Couronnement impérial de Charlemagne à Rome. **814.** LOUIS Ier LE PIEUX. **840.** CHARLES II LE CHAUVE. **843.** Traité de Verdun. Partage de l'empire de Charlemagne. Naissance de la *Francia occidentalis*. **877.** LOUIS II LE BÈGUE. **880.** La Germanie s'empare de la Lotharingie. **879.** LOUIS III et CARLOMAN. **882.** CARLOMAN seul. **884.** CHARLES LE GROS, régent. **885-886.** Siège de Paris par les Normands. **891.** Défaite définitive des Normands à Louvain. **893.** CHARLES III LE SIMPLE. **911.** Charles le Simple cède aux Normands l'actuelle Normandie. **922.** ROBERT Ier. **923.** RAOUL DE BOURGOGNE. **926.** LOUIS IV D'OUTREMER. **954.** LOTHAIRE. **986.** LOUIS V.			**842.** *Les Serments de Strasbourg* (premier écrit qui atteste l'existence de la langue romane).
DYNASTIE DES CAPÉTIENS	**987.** HUGUES CAPET (élu roi par les évêques et les nobles). **996.** ROBERT II LE PIEUX.	Révolution dans la méthode de l'attelage : invention du collier d'épaules. Gerbert introduit en France l'abaque qui, avec l'utilisation des chiffres arabes, favorise l'essor de l'arithmétique.	Début de l'architecture romane.	
	1031. HENRI Ier. **1060.** PHILIPPE Ier.		Renaissance de la sculpture. Architecture romane.	*Chroniques* de Raoul Glaber († v. 1050).

DYNASTIE DES CAPÉTIENS			
1066. Les cités commencent à conquérir leur autonomie. Huy reçoit la première Charte de Libertés connue en Europe. **1095.** Départ de la première croisade sur l'instigation du pape Urbain II. **1098.** Fondation de l'ordre de Cîteaux. Établissement d'États francs en Terre Sainte. **1099.** Prise de Jérusalem par les Croisés commandés par Godefroi de Bouillon.			**1077.** *Tapisserie de Bayeux.*
			Enseignement théologique et philosophique d'Abélard (1078-1142).
			Vers 1100 : *La Chanson de Roland.* *Image du Monde* (Honorius d'Autun). *Le Pèlerinage de Charlemagne* (une des plus anciennes chansons de geste : emploi de l'alexandrin).
		Architecture romane.	
1108. LOUIS VI LE GROS. **1115.** Fondation de l'abbaye de Clairvaux (saint Bernard). **1122.** Concordat de Worms. **1128.** Institution par le pape de l'ordre des Templiers.	Multiplication des moulins à eau. Introduction des moulins à vent.		**Du XIIe siècle au XIVe siècle :** « Chansons de geste » (environ 80) et « fabliaux » (environ 150). **Vers 1150.** La légende de *Tristan et Iseut* passe en France. **1164.** *Cligès ou la fausse morte,* de Chrétien de Troyes. **Vers 1168.** *Lancelot,* de Chrétien de Troyes.
1137. LOUIS VII LE JEUNE. **1146.** Saint Bernard prêche à Vézelay la deuxième croisade.		**1144.** Date des premiers vitraux connus (Saint-Denis). Au milieu du XIIe siècle : naissance de l'architecture gothique. **1163-1177 :** Construction de Notre-Dame de Paris.	**1170.** *Yvain ou le chevalier au lion,* de Chrétien de Troyes. **1182.** *Perceval,* de Chrétien de Troyes.
Expansion du commerce. **1180.** PHILIPPE II AUGUSTE. Lutte contre les Plantagenêts. **1187-1192.** Troisième croisade (Philippe Auguste). **1198-1204.** Quatrième croisade.		**Fin du XIIe siècle.** Réputation internationale de Pérotin, maître de chapelle à Notre-Dame de Paris. **1194-1220.** Cathédrale de Chartres.	**Fin XIIe siècle :** *Les Quatre Fils Aymon.* **Vers 1195.** *Vers de la mort,* de Hélinand.

ÉVÉNEMENTS POLITIQUES ET SOCIAUX	SCIENCES ET TECHNIQUES VOYAGES ET DÉCOUVERTES	ARTS ET URBANISME	LETTRES ET PHILOSOPHIE
1204. Prise de Constantinople par les Croisés. Fondation de l'empire latin de Constantinople dont le premier empereur est Baudouin de Flandre et de Hainaut. Grande expansion du commerce. Affranchissement progressif des serfs. **1214.** Victoire de Bouvines. **1214-1221.** Cinquième croisade. **1223.** LOUIS VIII LE LION. **1223-1229.** Sixième croisade. **1226.** LOUIS IX (*Saint Louis*).	Diffusion de la charrue à roues.	Développement du travail d'enluminure par les laïcs.	**Fin XII**e **siècle et XIII**e **siècle :** *Le Roman de Renart.* **1200.** Institution de l'Université Paris par Philippe Auguste. **Vers 1200.** *Jeu de saint Nicolas,* de Jean Bodel. **1204-1207.** *Histoire de la conquête de Constantinople,* de Villehardouin. *Gesta Philippi Augusti,* de Guillaume le Breton († v. 1224). **Vers 1235.** *Flamenca* (roman en langue d'oc). **1236-1251.** Séjour à Paris de Roger Bacon. **Vers 1244.** *Speculum majus,* de Vincent de Beauvais. **1245-1248.** Enseignement à Paris de saint Albert le Grand.
1248-1250. Septième croisade (Saint Louis). **1254.** Ordonnance de Saint Louis sur la gestion des baillis. **1259.** Saint Louis signe le traité de Paris avec l'Angleterre.		**Vers 1250.** Généralisation de la croisée d'ogives dans la construction des cathédrales.	**1252.** Adjonction à l'Université de Paris d'un « collège » par Robert de Sorbon (la future Sorbonne). **Vers 1260.** *Jeu de la feuillée,* de Adam le Bossu. **Vers 1265.** *Livre du Trésor,* de Brunetto Latini. **1266-1273.** *Somme théologique,* de saint Thomas d'Aquin. **1268.** *Le Livre des métiers,* d'Étienne Boileau.
1270. Huitième Croisade. Mort de Saint Louis. Début du règne de PHILIPPE III LE HARDI.	**1269.** *Lettre sur la pierre d'aimant,* de Pierre de Maricourt.		

DYNASTIE DES CAPÉTIENS

DYNASTIE	Sciences et techniques	Musique et arts	Littérature
DYNASTIE DES CAPÉTIENS			
1285. PHILIPPE IV LE BEL.	**1280.** Diffusion du rouet.		**1282.** *Jeu de Robin et Marion*, de Adam le Bossu.
1288. Bataille de Worringen.	**1292.** Mesures astronomiques de Guillaume de Saint-Cloud.		
1302. Bataille de Courtrai.	Remise en honneur de la dissection à l'Université de Montpellier.		**1305-1309.** *Histoire de Saint Louis*, de Joinville. Chansons de geste. Fabliaux.
1305-1378. La papauté d'Avignon.			
1307. Confiscation des biens des Templiers par Philippe le Bel.			
1314. LOUIS X LE HUTIN.			
1316. JEAN Ier LE POSTHUME. PHILIPPE V LE LONG.			
1322. CHARLES IV LE BEL.			
DYNASTIE DES VALOIS			
1328. PHILIPPE VI DE VALOIS.			
1337. Début de la guerre de Cent Ans.			
1346. Défaite de Crécy.			
1347-1348 Épidémie de peste (le tiers de la population est décimé).			
1350. JEAN II LE BON.			
1358. Révolte des paysans : la « Jacquerie ».		**Vers 1360.** Œuvres musicales de Machaut (1300-1377). (Point de départ de la musique polyphonique des XVe et XVIe siècles.)	
1360. Traité de Brétigny.			
1364. CHARLES V LE SAGE.			**1368-1373.** Première rédaction des *Chroniques* de Jean Froissart.
1380. CHARLES VI LE BIEN-AIMÉ.		**Vers 1380.** *Apocalypse d'Angers* (la plus ancienne tapisserie qui nous soit parvenue).	
1385. Paix de Tournai.			**Vers 1392.** *Le Ménagier de Paris*.

ÉVÉNEMENTS POLITIQUES ET SOCIAUX	SCIENCES ET TECHNIQUES VOYAGES ET DÉCOUVERTES	ARTS ET URBANISME	LETTRES ET PHILOSOPHIE
1407 Lutte des Armagnacs et des Bourguignons.			
1415. Bataille d'Azincourt.			
1420. Traité de Troyes.			
1422. CHARLES VII LE VICTORIEUX.		Architecture gothique flamboyante.	1426. Fondation de l'Université de Louvain.
17 juin 1429. Jeanne d'Arc fait sacrer Charles VII à Reims.			
1430. Jeanne d'Arc tombe aux mains des Bourguignons qui la livrent aux Anglais.			
1431. Jeanne d'Arc est brûlée vive à Rouen.			
1435. Traité d'Arras.		Œuvre musicale de Guillaume Dufay (1400-1474).	Vers 1450. Mystère de la Passion, d'Arnould Gréban.
1453. Les Anglais sont chassés de France. Fin de la guerre de Cent Ans. (Prise de Constantinople par les Turcs.)			
FIN DU MOYEN AGE			1461. Testament, de François Villon.
1461. LOUIS XI LE PATIENT. Lutte contre Charles le Téméraire.			1462. Ballade des pendus, de François Villon.
1468. Traité de Péronne.			1464-1469. La Farce de Maître Pathelin.
	1470. Débuts de l'imprimerie en France.	Œuvre musicale de Josquin des Prés (1440-1521). (Musique polyphonique.)	
1483. CHARLES VIII L'AFFABLE.		Entre 1480 et 1500. Tapisseries de la Dame à la Licorne.	
1491. Le mariage de Charles VIII et d'Anne de Bretagne scelle l'unité territoriale.			1489-1498. Mémoires, de Philippe de Commines.
1492. Début des guerres d'Italie.			1494. Naissance de **Rabelais**.

DYNASTIE DES VALOIS

1496. Naissance de Clément **Marot.**	1498. Aile Louis XII du château de Blois.		1498. LOUIS XII, LE PÈRE DU PEUPLE.
1500. Début de la Renaissance littéraire.			
1502. Naissance de **Monluc.**			
1509. Naissance de Jean **Calvin.**	1509. L'architecture se transforme sous l'influence italienne : façade du château de Gaillon. Débuts de la Renaissance artistique.		
1516. Emprisonnement de Marot pour avoir mangé du lard en carême.			1515. FRANÇOIS Ier. Victoire de Marignan.
1518. Édition des œuvres de Platon.			1516. Concordat entre Léon X et François Ier.
1520-1540. Traduction des *Dialogues*, de Platon.			
1522. Naissance de Joachim **Du Bellay.**	1524-1527. Château d'Azay-le-Rideau.		1522. Recours de François Ier à l'emprunt.
1524. Naissance de **Ronsard.**	1526-1544. Château de Chambord.	Perfectionnement de la caravelle.	1525. François Ier est battu à Pavie.
	1527. François Ier confie à Gilles Le Breton la construction du château de Fontainebleau.		1526. Traité de Madrid.
1527. Arrestation de Marot pour avoir aidé un prisonnier à échapper aux sergents.	Entre 1528 et 1558. Œuvre musicale de Clément Janequin (300 chansons).	1528. Expédition de Parmentier à Sumatra et à Madagascar. Développement de l'imprimerie musicale.	
1529. *Commentaires sur la langue grecque*, de Guillaume Budé.			
Vers 1530. François Ier fonde le Collège Royal ou Collège des Trois Langues.	Vers 1530. Début de la « Seconde Renaissance ».		V. 1530. Propagation de la Réforme par Calvin.
1532. *Pantagruel*, de Rabelais. Publication du premier recueil de Clément Marot.		Vers 1532. Rabelais fait procéder en public à l'une des premières dissections.	
1533. Naissance de **Montaigne.**			

DYNASTIE DES VALOIS

DYNASTIE DES VALOIS-ORLÉANS-ANGOULÊME

FRANÇOIS Ier

ÉVÉNEMENTS POLITIQUES ET SOCIAUX	SCIENCES ET TECHNIQUES VOYAGES ET DÉCOUVERTES	ARTS ET URBANISME	LETTRES ET PHILOSOPHIE
1534. Affaire des placards.	1534-1535. Découverte du Canada par Jacques Cartier.		1534. *Gargantua*, de Rabelais.
			1535. *Thesaurus Linguae latinae*, de Robert Estienne.
1536. Jean Calvin, obligé de quitter la France, s'établit en Suisse.	1536. Rabelais est reçu docteur.		1536. *L'Institution de la Religion chrétienne*, de Jean Calvin.
			1537. Traduction par Baïf de l'*Électre*, de Sophocle. *Cymbalum Mundi*, de Bonaventure Des Périers (condamné en 1538 pour athéisme). Traduction par Marot des *Psaumes* en vers français.
1539. Ordonnance de Villers-Cotterêts.			1539. Le français est imposé par François Ier comme langue officielle. *L'Enfer*, de Clément Marot.
		1541. Mort du peintre Jean **Clouet.**	1542. Exil de Marot. *Catéchisme*, de J. Calvin.
		1544. Naissance de Robert **Garnier.**	1544. Mort de Bonaventure Des Périers et de Clément **Marot** : publication des œuvres complètes de ce dernier. *Délie, objet de la plus haute vertu*, de Maurice Scève.
		V. 1544. Décoration de la façade de l'hôtel Carnavalet par Jean Goujon.	
1545. Massacre des Vaudois.	1545. *Méthodes pour traiter les plaies faites par Harquebuttes*, d'Ambroise Paré.	1546. François Ier confie à Pierre Lescot la construction du Louvre (le « Vieux Louvre »).	1546. *Tiers Livre*, de Rabelais.
1547. HENRI II.			1547. Dorat devient le principal du collège de Coqueret. Il a pour élèves Ronsard et Du Bellay.
1548. Transaction d'Augsbourg.			

FRANÇOIS Ier | HENRI II

DYNASTIE DES VALOIS-ORLÉANS-ANGOULÊME

1549. *Défense et Illustration de la langue française*, *l'Olive* et les *Vers lyriques*, de J. Du Bellay. Ronsard traduit et joue le *Plutus* d'Aristophane.	**1549.** « Fontaine des Innocents », de Jean Goujon.		**1549.** Pragmatique sanction.
1550. Publication des quatre premiers livres des *Odes* et du *Bocage*, de Ronsard.	**1550-1560.** Château de Vallery-en-Sénonais.		
1552. *Les Amours de Cassandre*, de Ronsard. Naissance d'Agrippa **d'Aubigné.** *Le Quart Livre*, de Rabelais.			
1553. *Cléopâtre captive*, de Jodelle.	**1553.** Achèvement du château de Chambord.		
1553-1557. Séjour de Du Bellay à Rome.			**1555.** Abdication de Charles Quint.
1555. *Art poétique*, de J. Peletier du Mans. *Les Amours de Marie* et les *Hymnes*, de Ronsard.	**1555-1594.** Œuvre musicale de Roland de Lassus.		
1558. *Les Antiquités de Rome* et les *Regrets*, de J. Du Bellay. Publication posthume des *Nouvelles récréations et joyeux devis*, de Bonaventure Des Périers. Naissance de François **Malherbe.**	**1558.** Mort de Clément **Janequin.**		
1559. Traduction des *Vies*, de Plutarque par Amyot.			**1559. FRANÇOIS II.** Paix de Cateau-Cambrésis. Formation d'Églises protestantes qui adoptent la profession de foi de Calvin.
1560. *La Mort de César*, de J. Grévin. Mort de Joachim **Du Bellay.** Édition collective des œuvres de Ronsard.	**Entre 1560 et 1670.** Influence de l'Italie sur la « Chanson française ».	**1560.** Publication des *Recherches sur la France* (encyclopédie), d'Étienne Pasquier (1529-1615).	**1560.** Conjuration d'Amboise. **CHARLES IX.**
1561. *Poétique*, de Scaliger.	**1561.** Les *Trois Grâces*, de Germain Pilon.	**1561.** Fondation de la colonie de Caroline. *Anatomie universelle du corps humain*, d'Ambroise Paré.	**1561.** Colloque de Poissy.
1562-1563. *Discours*, de Ronsard.	**1562.** Mort de Jean **Goujon.**		**1562-1598.** Guerres de Religion. Massacre de Wassy.

HENRI II	FRANÇOIS II	CHARLES IX

DYNASTIE DES VALOIS-ORLÉANS-ANGOULÊME

ÉVÉNEMENTS POLITIQUES ET SOCIAUX	SCIENCES ET TECHNIQUES VOYAGES ET DÉCOUVERTES	ARTS ET URBANISME	LETTRES ET PHILOSOPHIE
			1563. Mort de **La Boétie.** Fondation du collège de Clermont.
1564. Edit de pacification d'Amboise.	**1563.** *Recette véritable pour multiplier les trésors,* de Bernard Palissy.		**1564.** Mort de Jean **Calvin** et de Maurice **Scève.** *Cinquième Livre,* de Rabelais (authenticité douteuse).
	1564. *Dix livres de la chirurgie avec les magasins des instruments,* d'Ambroise Paré.	**Entre 1565 et 1570.** Gisants d'Henri II et de Catherine de Médicis à Saint-Denis par G. Pilon.	**1565.** Mort de Louise **Labé.**
			1567. Naissance de *saint* **François de Sales.**
1569. Edit de Saint-Germain.			**1568.** Naissance d'Honoré d'Urfé.
		Vers 1570. Apparition de l'Air de Cour.	**1571.** Montaigne se retire dans son château.
24 août 1572 Massacre de la Saint-Barthélemy.		**1572.** Mort du peintre François **Clouet.**	**1572.** *Thesaurus Graeciae Linguae,* d'Henri Estienne. Traduction des *Œuvres morales,* de Plutarque par Amyot.
			1572-1573. *La Franciade,* de Ronsard.
			1573. Naissance de Mathurin **Régnier.** Mort de **Jodelle.**
1574. HENRI III.			**1574.** Henri III fonde l'Académie du Palais.
1576. Pacification de Gand.			**1577.** Mort de Blaise de **Monluc** et de Rémy **Belleau.** Agrippa d'Aubigné commence les *Tragiques.*
			1578. *Sonnets pour Hélène,* de Ronsard.
1579. Paix d'Arras et Union d'Utrecht.	**1579.** *Canon mathematicus,* de Viète.		**1579.** *La Semaine ou la Création en sept journées,* de Du Bartas.
	1580. *Discours admirable sur la nature des eaux et fontaines,* de Bernard Palissy.		**1580.** Première édition des *Essais,* de Montaigne, en deux livres.

CHARLES IX   HENRI III

DYNASTIE DES VALOIS-ORLÉANS-ANGOULÊME

1583. *Les Juives*, de Robert Garnier. **1585.** Mort de **Ronsard.**	**1583-1585.** *Le Chancelier de Birague*, de Germain Pilon.		**1588.** Assassinat à Blois du duc de Guise et de son frère, le cardinal de Lorraine.
1588. Naissance de **La Mothe Le Vayer.** *Accord du libre arbitre et de la grâce*, de Molina. Édition des *Essais*, de Montaigne en trois livres. **1589.** Mort de **Baïf.**	**1588.** Naissance du sculpteur **Sarazin.**	**1589.** Mort de Bernard **Palissy.**	**1589.** Henri III est poignardé par le moine Jacques Clément. HENRI IV LE GRAND
1590. Mort de Robert **Garnier** et de **Du Bartas.** Naissance de Théophile de **Viau.**	**1590.** Mort de Germain Pilon.	**1590.** Mort d'Ambroise **Paré.**	
		1591. Naissance du mathématicien **Desargues.** *Isagoge in artem analyticum*, de Viète. Viète jette les fondements de l'algèbre moderne et de la géométrie analytique.	
1592. Mort de **Montaigne.** Publication des *Commentaires*, de Blaise de Monluc.	**1592.** Naissance de Jacques **Callot.**	**1592.** Naissance de **Gassendi.**	
	1593. Naissance de Georges de **La Tour** et de Louis **Le Nain.**		**1593.** Henri IV annonce sa conversion au catholicisme.
1594. Naissance de **Saint-Amant.** *Satire Ménippée* (pamphlet politique contre la Ligue). **1595.** Édition posthume des *Essais*, de Montaigne. **1596.** Naissance de **Descartes.**	**1594.** Naissance de Nicolas **Poussin.** Mort de Roland de **Lassus.**		**1594.** Henri IV se fait sacrer à Chartres.
	1598. Naissance de **Mansart.**		**1598.** Edit de Nantes. Traité de Vervins entre Henri IV et Philippe II qui mit fin à la guerre franco-espagnole.
1600. *Ode à Marie de Médicis sur sa bienvenue en France*, de Malherbe.	**1600.** Mort de Claude **Le Jeune.** Naissance de Claude Lorrain.	**1600.** *Théâtre d'Agriculture*, d'Olivier de Serres. Naissance de **Roberval.**	

HENRI III	HENRI IV

DYNASTIE DES BOURBONS

ÉVÉNEMENTS POLITIQUES ET SOCIAUX	SCIENCES TECHNIQUES VOYAGES ET DÉCOUVERTES	ARTS ET URBANISME	LETTRES ET PHILOSOPHIE
	1601. Naissance de **Fermat.** **1602.** Naissance de **Gui Patin.** **1603.** Mort de **Viète.**	**1601-1612.** Parution de l'œuvre musicale de Claude Le Jeune. **1604.** Naissance du sculpteur François **Anguier.** **1605.** Henri IV ordonne la construction de la place Royale (place des Vosges). **1606.** Achèvement de la construction du Pont-Neuf (plus ancien pont de Paris). **1607.** Aménagement de la place Dauphine à Paris.	**1601.** Naissance de Tristan **l'Hermite.** **1605.** Mort de Pontus de **Tyard.** *Art poétique français,* de Vauquelin de La Fresnaye. Malherbe est présenté à Henri IV et devient poète de la Cour. **1606.** Naissance de **Corneille.**
1608. Restauration de l'abbaye de Port-Royal par la mère Angélique Arnauld. **14 mai 1610.** Assassinat d'Henri IV par Ravaillac. Régence de Marie de Médicis pour LOUIS XIII LE JUSTE.	**1608.** Champlain construit la ville de Québec.		**1608.** Première édition par Mathurin Régnier de ses œuvres poétiques. *Introduction à la vie dévote,* de saint François de Sales. **1610.** Parution des deux premières parties de *l'Astrée,* d'Honoré d'Urfé. Naissance de **Saint-Evremond** et de **Scarron.**
		1612. Naissance de Louis **Le Vau.** **1613.** Naissance de **Le Nôtre.** **1614.** Naissance du sculpteur Michel **Anguier.** **1615-1621.** Construction du palais du Luxembourg par Salomon de Brosse.	**1613.** Mort de Mathurin **Régnier.** Naissance de **La Rochefoucauld,** du *cardinal* de **Retz.** **1614-1618.** Traduction de *Don Quichotte.*
1617. Assassinat de Concini.			**1616.** *Traité de l'Amour de Dieu,* de saint François de Sales. *Les Tragiques,* d'Agrippa d'Aubigné.

HENRI IV	RÉGENCE DE MARIE DE MÉDICIS

DYNASTIE DES BOURBONS

DYNASTIE DES BOURBONS — LOUIS XIII			
Règne personnel de Louis XIII.			1619-1651. *Polexandre*, de Gomberville (roman précieux).
			1619. Naissance de **Cyrano de Bergerac**.
1620. Victoire de Louis XIII sur les Grands.	V. 1620. « Miracle des années 1620 » : on commence à substituer l'étude quantitative des phénomènes à leur description qualitative.	Entre 1620 et 1652. Œuvre picturale de Georges de La Tour.	1620. Exil d'Agrippa d'Aubigné.
		Entre 1620 et 1648. Œuvre picturale de Louis Le Nain (*Famille de paysans dans un intérieur, le Repas de paysans, la Halte du Cavalier*, etc.).	1621. Naissance de **La Fontaine**.
			1622. Naissance de **Molière**. Mort de *saint François de Sales*.
			1629. Naissance de **Pascal**.
		Entre 1620 et 1635. Gravures de Jacques Callot.	1623-1632. *Francion*, de Sorel.
			1623-1625. Parution des œuvres poétiques de Théophile de Viau.
1624. Richelieu devient « Principal Ministre ».			1625. Mort d'Honoré d'Urfé.
1625. Richelieu reprend le combat contre les protestants.		1625. Chapelle de la Sorbonne par Lemercier (un des premiers essais de dôme en France).	1626. Naissance de Mme de **Sévigné** (Marie de Rabutin-Chantal). Mort de Théophile de Viau.
1627. Siège de La Rochelle par Richelieu.		1627-1691. Église Saint-Paul-Saint-Louis.	1627-1633. *Le Berger extravagant*, de Sorel.
			1627. Naissance de **Bossuet**.
		1628. *La Veilleuse*, Georges de La Tour.	1628. Mort de **Malherbe**.
1629. Paix d'Alès avec les protestants.		1628-1664. Œuvre picturale de Nicolas Poussin.	1629. *Mélite*, de Corneille.

ÉVÉNEMENTS POLITIQUES ET SOCIAUX	SCIENCES ET TECHNIQUES VOYAGES ET DÉCOUVERTES	ARTS ET URBANISME	LETTRES ET PHILOSOPHIE
11 novembre 1630. Journée des Dupes.	1630. Diffusion des coches sur route qui l'emportent sur les coches d'eau.	Vers 1630. Construction de nombreux hôtels dans le quartier du Marais.	1630. Mort d'Agrippa d'Aubigné.
		1630-1682. Œuvre picturale de Claude Lorrain.	1630-1631. *Clitandre*, de Corneille.
		Vers 1630. Œuvre sculpturale de Sarazin (caryatides du pavillon de l'Horloge au Louvre, tombeaux du cardinal de Bérulle et du prince de Condé, etc.).	
		1630. Perfectionnement de l'Air de Cour.	1631-1632. *La Galerie du Palais*, de Corneille.
1633. Naissance de Vauban.		1632. Naissance de Lulli.	1633. *Plaintes d'Acante*, de Tristan l'Hermite.
1633-1638. Abbé de Saint-Cyran directeur de Port-Royal.		1633. *Saint Sébastien pleuré par Irène*, de Georges de La Tour.	1633-1634. *La Place Royale*, de Corneille.
			V. 1633-1648. Poésie précieuse de Voiture.
		1634. Naissance de Marc-Antoine Charpentier.	1634. Naissance de Mme de La Fayette.
			13 mars 1634. Première séance de l'Académie française, fondée sur l'intervention de Richelieu.
			Vers 1634 v. 1676. Poésies, pièces et ballets de Benserade.
1635. Intervention française dans la guerre de Trente Ans.		1635. Construction du Palais-Cardinal (Palais-Royal) par Le Mercier, pour Richelieu. Mort de Jacques Callot.	1635. *Médée*, de Corneille.
			1636. Naissance de Boileau. *L'Illusion comique*, de Corneille.

DYNASTIE DES BOURBONS

LOUIS XIII

1636-1637. *Le Cid*, de Corneille.		1637. *Le Discours de la Méthode*, de Descartes.	1638. *Mémoires des sages et royales économies d'État de Henri le Grand*, de Sully.
1638. *Les Amours de Tristan*, de Tristan l'Hermite.			
1639. L'Académie commence à travailler au *Dictionnaire*. Naissance de **Racine.**			
1640. *Horace*, de Corneille. *Augustinus*, de Jansénius.			
1641. *Cinna*, de Corneille. *La Lyre*, de Tristan l'Hermite. *Méditations métaphysiques*, de Descartes.			1642. Conspiration de Cinq-Mars. Mort de **Richelieu.**
1642. *Polyeucte* et la *Mort de Pompée*, de Corneille.			
1643. *Le Menteur*, de Corneille. Molière signe un contrat avec l' « Illustre Théâtre ». *Le Page disgracié*, de Tristan.			1643. Mort de Louis XIII. **Régence d'Anne d'Autriche** pour LOUIS XIV LE GRAND. Mazarin. Bataille de Rocroi.
1644-1645. *Rodogune*, de Corneille.			
1644. *Typhon ou la Gigantomachie*, de Scarron. *Les Principes de la philosophie*, de Descartes.	1644. L'actuelle Bibliothèque Nationale achevée par François Mansart pour Mazarin.		
1645. Naissance de **La Bruyère.**	1646. Révélation de la musique italienne avec l'*Orfeo* de Rossi (débuts de l'opéra en France). Naissance de Jules **Hardouin-Mansart.**		
1647. *Remarques sur la langue française*, de Vaugelas. Naissance de Pierre **Bayle.**			
1648. *Vers Héroïques*, de Tristan l'Hermite.	1648. Mort de Louis Le **Nain.**	1648. Expérience du Puy de Dôme : Pascal vérifie les découvertes de Toricelli sur le vide et la pression atmosphérique.	1648. Traités de Westphalie ou de Münster : Annexion d'une partie de l'Alsace. Début de la Fronde.
1648-1652. *Virgile travesti*, de Scarron.		1649. *Traité des Passions*, de Descartes.	1649. Paix de Rueil.
1649-1653. *Artamène ou le Grand Cyrus*, de Madeleine de Scudéry.			

LOUIS XIII — RÉGENCE D'ANNE D'AUTRICHE

DYNASTIE DES BOURBONS

ÉVÉNEMENTS POLITIQUES ET SOCIAUX	SCIENCES ET TECHNIQUES VOYAGES ET DÉCOUVERTES	ARTS ET URBANISME	LETTRES ET PHILOSOPHIE
		1650. *Le Reniement de Saint-Pierre*, de Georges de La Tour.	1650. Mort de **Descartes.**
		1651. Tombeau de Henri II de Montmorency, par François et Michel Anguier.	1651. *Nicomède*, de Corneille. Naissance de **Fénelon.**
			1651-1657. *Le Roman comique*, de Scarron.
1652-1653. Fin de la Fronde.		1652. Mort de Georges de **La Tour.**	
1653. Le pape condamne cinq propositions tirées de l'*Augustinus*, de Jansénius.			1653. *L'Étourdi*, de Molière.
			23 novembre 1654. « Conversion » de Pascal.
			1654-1660. *Clélie*, de Madeleine de Scudéry.
	1655. Mort de **Gassendi.**	1655-1694. Œuvre sculpturale de Pierre Puget.	1655. *Conversation du Maréchal d'Hocquincourt avec le Père Canade*, de Saint-Evremond. Mort de **Tristan l'Hermite**, de **Cyrano de Bergerac.**
		1656-1660. Château de Vaux-le-Vicomte par Louis Le Vau.	1656. *Le Dépit amoureux*, de Molière. *Imitation de Jésus-Christ*, de Corneille.
		1657. Naissance de Michel-Richard de **La Lande.**	23 janvier 1656-24 mars 1657. *Les Provinciales*, de Pascal.
			1657. Publication de l'*Histoire comique du voyage dans la lune*, de Cyrano de Bergerac. Naissance de **Fontenelle.**
	1658. Pascal étudie le problème de la roulette.		
1659. Paix des Pyrénées. Annexion du Roussillon et de l'Artois.		1659. Naissance du peintre Hyacinthe **Rigaud.**	1659. *Les Précieuses ridicules*, de Molière.
			1659-1669. Bossuet prêche à Paris.
1660. **Règne personnel de Louis XIV.**		1660. Mort du sculpteur **Sarazin.**	1660. Mort de **Scarron.**

RÉGENCE D'ANNE D'AUTRICHE

DYNASTIE DES BOURBONS

Lettres	Beaux-Arts	Sciences	Histoire
1661. Mort de **Saint-Amant.** *Dom Garcie de Navarre*, de Molière.	**1661.** Fondation de l'Académie royale de Danse.	**1661.** Mort des mathématiciens **Fermat** et **Desargues.**	**1661.** Mort de **Mazarin.** Arrestation de Fouquet.
1662. *Sertorius*, de Corneille. Molière épouse Armande Béjart. *L'École des femmes*, de Molière. Mort de **Pascal.** Sermons de Carême de Bossuet au Louvre.			
1664. *Tartuffe*, de Molière.		**1664.** *Traité de l'homme*, de Descartes.	
1665. *Dom Juan*, de Molière. *Oraison funèbre d'Henriette de France, reine d'Angleterre*, par Bossuet. *Maximes*, de La Rochefoucauld. Le cardinal de Retz commence à rédiger ses *Mémoires*.	**1665.** Mort de **Poussin.**		**1665.** Colbert, contrôleur général des Finances. Il diminue la dette publique et réorganise l'impôt.
1665-1666-1667. Premiers recueils des *Contes* de La Fontaine.			
1666. *Dialogue des héros de roman*, de Boileau. Première édition par Boileau de ses *Épîtres*. *Le Misanthrope*, de Molière. *Le Roman bourgeois*, de Furetière.	**1666.** Mort de François **Mansart.** **1666.** Naissance du peintre Alexandre-François **Desportes.**	**1666.** Fondation de l'Académie des Sciences à Paris.	
1667. *Andromaque*, de Racine. *Attila*, de Corneille.	**1667-1720.** Œuvre sculpturale de Coysevox.	**1667.** On commence la construction de l'Observatoire.	**1667.** Guerre de Dévolution.
1668. Premier recueil des *Fables*, de La Fontaine. Naissance de **Lesage.** *L'Avare*, de Molière.	**1668.** Naissance de François **Couperin.**		**1668.** Traité d'Aix-la-Chapelle : Annexion des places du Nord.
1669. *Britannicus*, de Racine. *Zayde*, de Mme de La Fayette.	**1669.** Mort du sculpteur François **Anguier.**		
1669-1696. Correspondance de Mme de Sévigné.			
1670. *Oraison funèbre d'Henriette d'Angleterre, duchesse d'Orléans*, par Bossuet. *Bérénice*, de Racine. *Tite et Bérénice*, de Corneille. Publication partielle des *Pensées*, de Pascal, par Port-Royal. *Le Bourgeois gentilhomme*, de Molière.	**1670.** Premiers travaux de l'hôtel des Invalides. Mort de Louis **Le Vau.**		

LOUIS XIV

DYNASTIE DES BOURBONS

ÉVÉNEMENTS POLITIQUES ET SOCIAUX	SCIENCES ET TECHNIQUES VOYAGES ET DÉCOUVERTES	ARTS ET URBANISME	LETTRES ET PHILOSOPHIE
	1671. Mort de **Roberval.**		**1671-1674.** Nouveaux recueils des *Contes* de La Fontaine.
1672. Louis XIV envahit la Hollande. Colbert a recours à des expédients financiers.	**1672.** Mort du médecin **Gui Patin.**	**1672.** Fondation par Colbert de l'Académie d'Opéra. Construction par Gabriel du « Petit Trianon ». Le Brun prend la direction des chantiers de Versailles (jusqu'en 1678).	**1672.** *Les Femmes savantes*, de Molière. Mort de **La Mothe Le Vayer.** *Bajazet*, de Racine.
		1672-1704. Œuvres musicales de Charpentier.	
1673. Déclaration de Saint-Germain, par laquelle Louis XIV affirme son droit de régale universelle.		**1673-1686.** Opéras et ballets de Lulli.	**1673.** *Le Malade imaginaire*, de Molière. Mort de **Molière.** Fusion du « Théâtre du Marais » et de la troupe de l' « Hôtel de Bourgogne ». *Mithridate*, de Racine.
		1673. *Cadmus et Hermione* de Lulli.	**1674 et 1683.** *Le Lutrin*, de Boileau.
			1674. *L'Art poétique*, de Boileau. *Iphigénie*, de Racine. *Suréna*, de Corneille.
			V. 1675. Grand développement du collège de Clermont (3 000 élèves).
			1677. *Phèdre*, de Racine.
1678. Paix de Nimègue. Annexion de la Franche-Comté. Conflit de Louis XIV avec la papauté : Innocent XI donne tort au roi à propos du droit de régale.		**1678.** Jules Hardouin-Mansart est chargé par le roi d'agrandir le château de Versailles.	**1678.** *La Princesse de Clèves*, de Mme de La Fayette. Second recueil des *Fables* de La Fontaine.
1679. L'hostilité contre les protestants se transforme en persécution. Hostilité ouverte de Louis XIV à l'égard des jansénistes.	**1679.** Publication des œuvres de Fermat sous le titre : *Varia opera mathematica.*		**1679.** Mort du *cardinal* de **Retz.**
22 février 1680. Exécution de la Voisin.		**1680.** Jules Hardouin-Mansart entreprend la construction de la chapelle des Invalides.	**1680.** Création de la Comédie-Française. Mort de **La Rochefoucauld.**
Après 1680. Déficit accru des Finances : révoltes populaires.			

LOUIS XIV

DYNASTIE DES BOURBONS

1681. Discours sur l'Histoire universelle, de Bossuet.	**1681.** Le Triomphe de l'Amour, de Lulli (première apparition des ballerines en scène).	**1681.** Annexion de Strasbourg.
1682. Pensées diverses sur la Comète, de Pierre Bayle.	**1682.** Mort de Claude Lorrain.	**1682.** Déclaration des Quatre-Articles (déclaration gallicane rédigée par Bossuet). Versailles devient la résidence officielle de la Cour.
1683. Dialogue des Morts, de Fontenelle.	**1683.** Naissance de Rameau. **1683-1726.** Œuvre musicale de Michel Richard de La Lande.	**1683.** Mort de Colbert.
1684. Mort de Corneille.	**1684.** Naissance de Watteau.	**1684.** Un formulaire anti-janséniste est imposé aux congrégations. Trêve de Ratisbonne.
	1685. Construction de la place des Victoires (œuvre de Hardouin-Mansart).	**1685.** Dragonnades contre les protestants, généralisées par Louvois. **18 octobre 1685.** Révocation de l'Edit de Nantes.
1686. Entretiens sur la pluralité des mondes, de Fontenelle.	**1686.** Naissance du peintre J. B. Oudry. Mort du sculpteur Michel Anguier. Armide, de Lulli.	**1686.** Ligue d'Augsbourg. Ouverture du café Procope.
1687. Naissance de l'abbé Prévost. Histoires des oracles, de Fontenelle. Traité de l'éducation des filles, de Fénelon.	**1687.** Mort de Lulli. Le roi demande à Mansart de construire le « Grand Trianon ».	**1687.** Grave famine.
1688. Naissance de Marivaux. Les Caractères ou mœurs de ce siècle, de La Bruyère. Digression sur les anciens et les modernes, de Perrault.		
1689. Esther, de Racine. Naissance de Montesquieu.		**1689.** Mort d'Innocent XI.
1690. Dictionnaire, de Furetière. Athalie, de Racine.	**1692-1730.** Œuvre musicale de Couperin.	

DYNASTIE DES BOURBONS
LOUIS XIV

ÉVÉNEMENTS POLITIQUES ET SOCIAUX	SCIENCES ET TECHNIQUES VOYAGES ET DÉCOUVERTES	ARTS ET URBANISME	LETTRES ET PHILOSOPHIE
1693. Fin du conflit de Louis XIV avec la papauté. 1693-1694 Famine.			1693. Mort de **La Fontaine** et de **Mme de La Fayette.** V. 1694. *Les Aventures de Télémaque,* de Fénelon. 1694. *Réflexions critiques,* de Boileau. *Maximes et réflexions sur la comédie,* de Bossuet. Parution du *Dictionnaire,* de l'Académie. Naissance de **Voltaire.** 1696. Mort de **La Bruyère** et de **Mme de Sévigné.**
1697. Paix de Ryswick.		1697. Naissance du musicien Jean-Marie **Leclair.** 1698-1782. Réalisation de l'École Militaire (fondée par Louis XV) par Jacques-Ange Gabriel. 1699. Naissance du peintre **Chardin.** Place Vendôme commencée par Hardouin-Mansart.	1697. *Dictionnaire historique et critique,* de Pierre Bayle. 1699. Mort de **Racine.**
1700. Succession d'Espagne (Philippe V). 1702-1705. Guerre des Camisards. 1702-1713. Guerre de succession d'Espagne.		1700. Mort de **Le Nôtre.** 1702. Naissance du musicien **Guignon.** 1703. Naissance du peintre François **Boucher.** 1704. Naissance du sculpteur J.-B. **Le Moyne** et du peintre Maurice **Quentin de La Tour.** Mort de Marc-Antoine **Charpentier.** 1705. Naissance du peintre Carle **Van Loo.**	1703. Mort de **Saint Evremond.** 1704. Mort de **Bossuet.** 1704-1717. Traduction des contes des *Mille et Une Nuits,* par A. Galland.

LOUIS XIV

DYNASTIE DES BOURBONS

Lettres	Arts	Sciences	Histoire
1706. Mort de Pierre **Bayle.**	**1705-1709.** Reconstruction de l'hôtel Soubise par Delamair.		**1707.** *Projet d'une dîme royale,* de Vauban. Mort de **Vauban.**
1707. *Crispin rival de son maître,* de Lesage. *Le Diable boiteux,* de Lesage.		**1707.** Naissance de **Buffon.**	**1709.** Défaite de Malplaquet. Famine. Les religieuses de Port-Royal sont expulsées.
1708. *Turcaret,* de Lesage.	**1708.** Mort de Jules **Hardouin-Mansart.**		**1710.** Le monastère de Port-Royal est détruit.
	1710-1721. Œuvre picturale de Watteau (*L'Embarquement pour Cythère, Gilles, l'Amour désarmé, l'Escarpolette,* etc.).		**1710.** Victoire de Vendôme sur les Anglais et les Autrichiens à Villaviciosa.
1711. Mort de **Boileau.**			**1712.** Victoire de Villars à Denain. Bulle *Unigenitus* du pape Clément XI.
1712. Naissance de J.-J. **Rousseau.**			**1713.** Traité d'Utrecht.
1713. Naissance de **Diderot.**	**1714.** Naissance du sculpteur J.-B. **Pigalle** et du peintre **Vernet.**		**1714.** Traité de Rastadt.
1714. *Lettre sur les occupations de l'Académie,* de Fénelon.	**1715.** Naissance du peintre J.-B. **Perronneau.**		**1715.** La France a 15 millions d'habitants. Mort de Louis XIV. **Régence du duc d'Orléans** (1716-1723) pour LOUIS XV LE BIEN-AIMÉ. Traité de la Barrière.
1715. Première partie de *Gil Blas de Santillane,* de Lesage.	**1715-1770.** Naissance des quartiers du Faubourg-Saint-Germain et du Faubourg Saint-Honoré. Développement du quartier du Marais.		
	1716. Naissance du sculpteur Étienne **Falconet.**		
1717. Publication des *Mémoires,* du cardinal de Retz.	**1717.** *L'Embarquement pour Cythère,* de Watteau.	**1717.** Naissance d'Alembert.	**1718.** Lit de justice où le Parlement se voit réprimander.
1718. *Œdipe,* de Voltaire.			**1720.** Law devient contrôleur général des Finances. Le discrédit des billets de banque provoque des émeutes.

LOUIS XIV	RÉGENCE DU DUC D'ORLÉANS

DYNASTIE DES BOURBONS

ÉVÉNEMENTS POLITIQUES ET SOCIAUX	SCIENCES ET TECHNIQUES VOYAGES ET DÉCOUVERTES	ARTS ET URBANISME	LETTRES ET PHILOSOPHIE
		1721. Mort de **Watteau.**	1721. *Les Lettres persanes*, de Montesquieu.
		1722. Construction du Palais-Bourbon, entreprise par Giraldini, continuée par Lassurance.	1722. Publication du *Traité de la connaissance de Dieu et de soi-même*, de Bossuet.
1723. Règne personnel de Louis XV (février). Mort du *duc* d'**Orléans** (décembre).			1723. *La Double Inconstance*, de Marivaux. Saint-Simon commence la rédaction de ses *Mémoires*.
			1724. Deuxième partie de *Gil Blas de Santillane*, de Lesage.
		1725. Inauguration au palais des Tuileries de la première saison officielle d'auditions publiques. Naissance de J.-B. **Greuze.**	
1726. Fleury, précepteur de Louis XV, devient ministre d'État.		1726. Mort de Michel-Richard de **La Lande.**	
1727. Chauvelin, secrétaire d'État aux Affaires étrangères.			1728. *Mémoires d'un homme de qualité*, de l'abbé Prévost. *La Henriade*, de Voltaire.
1729. Le cardinal Fleury opère un rapprochement avec l'Espagne.	V. 1730. Adoption des théories astronomiques et physiques de Newton.	1730. Naissance du sculpteur Augustin **Pajou.**	1730. *Le jeu de l'amour et du hasard*, de Marivaux.
			1731-1741. *La Vie de Marianne*, de Marivaux.
		1732. Naissance de **Fragonard.**	1732. Publication posthume du *Traité sur la concupiscence*, de Bossuet. *Zaïre*, de Voltaire. Naissance de **Beaumarchais.**
		1733. Naissance du peintre Hubert **Robert.** *Hippolyte et Aricie*, de Rameau. Mort de François **Couperin.**	

LOUIS XV

DYNASTIE DES BOURBONS

1734. *Lettres philosophiques*, de Voltaire. (Le Parlement de Paris les fait brûler). *Considérations sur les causes de la grandeur des Romains et de leur décadence*, de Montesquieu. Naissance de **Restif de La Bretonne.**

1735-1736. *Le Paysan parvenu*, de Marivaux.

1735. *Deuxième partie de Gil Blas de Santillane*, de Lesage.

1736. *Le Mondain*, de Voltaire. *Le Bachelier de Salamanque*, de Lesage.

1737. *Les Fausses confidences*, de Marivaux.

1740. *L'Épreuve*, de Marivaux. Naissance du marquis de **Sade.**

1741. Naissance de **Choderlos de Laclos.**

1735. *Les Indes galantes*, de Rameau.

1737. *Castor et Pollux*, de Rameau.

1738. Naissance du sculpteur **Clodion.**

1739. Naissance du peintre Louis **Moreau.** *Les Fêtes d'Hébé*, de Rameau.

1741. Naissance de J.-A. **Houdon.**

1743. Mort du peintre Hyacinthe **Rigaud** et du peintre Alexandre-François **Desportes.**

1734-1742. *Mémoires pour servir à l'histoire des insectes*, de Réaumur.

1736. Naissance du mathématicien **Lagrange.** Naissance de **Coulomb.** Double expédition patronnée par l'Académie des Sciences, à l'Équateur et au cercle Polaire. Cette dernière, à laquelle participe Maupertuis, démontre l'aplatissement de la terre au pôle.

1738. *Eléments de la philosophie de Newton*, de Voltaire.

1743. *Traité de dynamique*, de d'Alembert. Naissance de **Lavoisier.**

1739. Fleury équilibre le budget.

1740. Crise de la succession d'Autriche.

1742-1745. La duchesse de Châteauroux, favorite de Louis XV, encourage le roi à s'occuper des intérêts de l'État.

1743. Le comte d'Argenson secrétaire d'État à la Guerre. La marquise de Pompadour favorite de Louis XV. Mort du *cardinal* **Fleury.** Louis XV ne reprend pas de Premier ministre.

LOUIS XV

DYNASTIE DES BOURBONS

ÉVÉNEMENTS POLITIQUES ET SOCIAUX	SCIENCES ET TECHNIQUES VOYAGES ET DÉCOUVERTES	ARTS ET URBANISME	LETTRES ET PHILOSOPHIE
1744-1747. Le marquis d'Argenson, secrétaire d'État aux Affaires étrangères.	**1744.** Buffon se consacre à son *Histoire de la Nature.* Naissance de **Lamarck.**		
1745. Victoire de Fontenoy.	**1745.** Le libraire Le Breton confie à Diderot la direction de l'*Encyclopédie.*	**1745.** *Le Temple de la Gloire,* de Rameau.	
1746. Victoire de Raucoux. Affaire des billets de confession.	**1746.** Naissance de **Monge.**		**1746.** *Pensées philosophiques,* de Diderot.
1747. Victoire de Laufeld.	**1747.** Création à Paris de l'École Nationale des Pont et Chaussées.		**1747.** Mort de **Lesage.** *Zadig,* de Voltaire.
1748. Effort d'organisation de l'enseignement.		**1748.** Naissance de **David.**	**1748.** *L'Esprit des lois,* de Montesquieu.
	1749. Trois volumes de l'*Histoire complète et scientifique de la Nature* (Terre. Histoire de l'homme), de Buffon. Naissance de **Laplace.** *Recherches sur la précession des équinoxes* de d'Alembert.		**1749.** *Lettre sur les aveugles à l'usage de ceux qui voient,* de Diderot.
		1750-1755. Réalisation par Héré de la place Stanislas à Nancy (grilles en fer forgé de Jean Lamour).	**1750.** *Discours sur les Sciences et les Arts,* de J.-J. Rousseau.
	1751. *Discours préliminaire de l'Encyclopédie* de d'Alembert. Parution du 1er volume de l'*Encyclopédie.*		**1751.** *Le Siècle de Louis XIV,* de Voltaire. *Défense de « l'Esprit des lois »,* de Montesquieu.
7 février 1752. Arrêt du Conseil d'État contre l'*Encyclopédie.*	**1752.** *Théorie des tourbillons cartésiens,* de Fontenelle. **1752-1757.** Parution des volumes II à VIII de l'*Encyclopédie.*	**1752.** *Le Devin de village,* de J.-J. Rousseau.	**1752.** *Micromégas,* de Voltaire.

DYNASTIE DES BOURBONS

LOUIS XV

Sciences			
1753. *La véritable histoire du chevalier Des Grieux et de Manon Lescaut*, de l'abbé Prévost. *Lettre sur la musique française*, de J.-J. Rousseau. *De l'interprétation de la Nature*, de Diderot.	**1753.** *Les Sybarites*, de Rameau. Gabriel dresse les plans de la place Louis-XV (place de la Concorde).	**1753-1778.** Douze nouveaux volumes de l'*Histoire complète et scientifique*, de Buffon (quadrupèdes vivipares).	**1754-1757.** Machault d'Arnouville, secrétaire d'État à la Marine.
1755. Mort de **Montesquieu.** *Discours sur l'origine de l'inégalité parmi les hommes*, de J.-J.Rousseau.	**1754.** *Anacréon*, de Rameau.		**15 janvier 1756.** Alliance de l'Angleterre, du Hanovre et de la Prusse contre la Russie et la France. Guerre de Sept Ans.
1756. *Poème sur le désastre de Lisbonne* et *Essai sur les mœurs*, de Voltaire.	**1755.** Naissance de Mme Vigée-Lebrun (Élisabeth Vigée, Mme). Mort du peintre J.-B. **Oudry.**		**1er mai 1756.** Alliance de Louis XV et Marie-Thérèse d'Autriche.
1757. *Le Fils naturel ou les épreuves de la Vertu*, de Diderot. Mort de **Fontenelle.**	**1756.** Naissance du sculpteur **Chinard.**		**1757.** Défaites de Rossbach et de Leuthen. Traité de Versailles entre l'Autriche et la France. Attentat de Damiens contre le roi.
1758. *Lettre à d'Alembert*, de Rousseau. *De l'Esprit*, d'Helvétius, est condamné au feu. *Entretiens sur le « fils naturel »*, de Diderot.			
1759. *Candide*, de Voltaire.	**1759-1781.** Critique artistique des *Salons*, par Diderot.		
1760. Naissance de **Saint-Simon.**			
1761. *La Nouvelle Héloïse*, de J.-J. Rousseau.	**1761.** *Le Jardinier et son seigneur*, de Philidor.		
1761-1786. Parution dans le *Mercure* des *Contes moraux*, de Marmontel.			
1762. *Le Contrat social* et l'*Émile*, de J.-J. Rousseau. Diderot écrit le *Neveu de Rameau*. Naissance d'André **Chénier.**			**1762.** Affaire Calas.
1763. *Traité sur la tolérance*, de Voltaire. Mort de l'abbé **Prévost**, de **Marivaux.**			**1763.** (10 février et 15 février). Traités de Paris et de Hubertsbourg.

LOUIS XV

DYNASTIE DES BOURBONS

ÉVÉNEMENTS POLITIQUES ET SOCIAUX	SCIENCES ET TECHNIQUES VOYAGES ET DÉCOUVERTES	ARTS ET URBANISME	LETTRES ET PHILOSOPHIE
1764. A la suite de la banqueroute du *père La Valette aux Antilles,* le roi sanctionne un arrêt du Parlement condamnant les activités de la Société de Jésus. Mort de Mme de **Pompadour.**		**1764.** Mort du musicien Jean-Marie **Leclair.** Mort de **Rameau,** du musicien **Guignon.** *Rose et Colas,* de Monsigny. Louis XV pose la première pierre du Panthéon (construit en partie par Soufflot, achevé en 1812).	**1764.** *Dictionnaire philosophique,* de Voltaire.
1765. Révolte du Parlement de Rennes, puis de tous les autres Parlements.	**1765.** Création par Choiseul de l'école d'élèves ingénieurs constructeurs de vaisseaux (École Nationale Supérieure du Génie Maritime). Parution clandestine des volumes VIII à XVII de l'*Encyclopédie.*	**1765.** Mort du peintre Carle **Van Loo.** *Tom Jones,* de Philidor. **V. 1765-1805.** Œuvre picturale de Fragonard (*Callirrhoé, la Chemise enlevée, la Visite à la nourrice, le Baiser à la dérobée,* etc.).	
1766. Annexion de la Lorraine à la France, à la mort du roi Stanislas.	**1766-1769.** Voyage de Bougainville dans le Pacifique.		**1766.** Naissance de **Maine de Biran.**
1767. Les Jésuites sont bannis de France.		**1767.** *Toinon et Toinette,* de Gossec. *L'Ecorché,* de Houdon. **Vers 1767-vers 1790.** Œuvre sculpturale de Houdon (immense galerie de portraits).	**1767-v. 1789.** Œuvre romanesque de Restif de La Bretonne. (Plus de 200 volumes.)
1768. Annexion de la Corse (qui appartenait à la République de Gênes).	**1768.** Monge a l'idée de la géométrie descriptive et expose ses théories de géométrie analytique à trois dimensions.		**1768.** Naissance de **Chateaubriand.**
1769. L'abbé Terray contrôleur général.	**1769.** Naissance de **Cuvier.**	**1769.** *Le Déserteur,* de Monsigny (opéra-comique). **1769-1805.** Œuvre du peintre J.-B. Greuze.	**1769.** *Entretien entre d'Alembert et Diderot,* de Diderot. **1769-1770.** Rédaction par Rousseau des six derniers livres des *Confessions.*

LOUIS XV

DYNASTIE DES BOURBONS

1770. Mariage du futur Louis XVI avec l'archiduchesse Marie-Antoinette. **Décembre 1770.** Grève des Parlementaires. Disgrâce de Choiseul. Le duc d'Aiguillon est nommé ministre des Affaires étrangères ; il forme le « triumvirat » avec Maupeou et Terray. **1771.** Réforme de Maupeou : l'étendue du Parlement de Paris diminue ; la vénalité des offices et de la justice est supprimée.	**1770-1789.** Neuf volumes de l'*Histoire complète et scientifique de la Nature*, de Buffon (oiseaux). *Voyage autour du monde*, de Bougainville. **1772.** Naissance de **Geoffroy Saint-Hilaire** et de **Broussais.** Parution de volumes de planches pour l'*Encyclopédie*.	**1770.** Mort du peintre François **Boucher.**	**1770.** *Le Rêve de d'Alembert*, de Diderot. **1772.** *Ceci n'est pas un conte*, de Diderot. Naissance de Charles **Fourier.** **1773.** Préparation par Diderot de *Jacques le Fataliste* et du *Paradoxe sur le comédien.*
Avril 1774. Mort de LOUIS XV. Avènement de LOUIS XVI. Il renvoie d'Aiguillon, Maupeou et Terray, et nomme Maurepas ministre d'État, Vergennes ministre des Affaires étrangères, Turgot contrôleur général des Finances. Turgot accorde la liberté du commerce des grains en abolissant les frontières des provinces. **1775-1790.** Grave crise économique. **Janvier 1776.** Suppression de la corvée pour les paysans. Suppression des corporations. **Mai 1776.** Turgot abandonne ses fonctions sur ordres du roi, ainsi que Malesherbes et Saint-Germain. Necker directeur général du Trésor royal.	**1774-1789.** Sept volumes de l'*Histoire complète et scientifique de la Nature*, de Buffon. **1775.** Naissance du physicien **Ampère.**	**1774.** *Orphée*, de Gluck. **1775.** *Philémon et Baucis*, de Gossec. **1776.** *Alceste*, de Gluck.	**1775.** *Le Barbier de Séville*, de Beaumarchais. *Le Paysan perverti ou les Dangers de la ville*, de Restif de La Bretonne. **1776.** *La Paysanne pervertie*, de Restif de la Bretonne. **1776-1778.** *Les Rêveries du promeneur solitaire*, de J.-J. Rousseau.

LOUIS XV — LOUIS XVI

DYNASTIE DES BOURBONS

ÉVÉNEMENTS POLITIQUES ET SOCIAUX	SCIENCES ET TECHNIQUES VOYAGES ET DÉCOUVERTES	ARTS ET URBANISME	LETTRES ET PHILOSOPHIE
	1777. Analyse de l'air par Lavoisier. *Recherches sur la meilleure manière de fabriquer les aiguilles aimantées*, de Coulomb.		1777. *L'Amour bourru*, de Monvel. *Discours sur le style*, de Buffon. 1777-1790. Emprisonnement du marquis de Sade.
1778. Intervention française en Amérique. Traité d'alliance entre la France et les «insurgents» américains en lutte contre l'Angleterre.	1778. Naissance de **Gay-Lussac.** *Les Époques de la Nature*, de Buffon.	1778. Mort du sculpteur J.-B. **Le Moyne.**	1778. Diderot termine le *Paradoxe sur le comédien.* Mort de **Rousseau,** de **Voltaire.**
1779. Envoi en Amérique d'un corps expéditionnaire commandé par Rochambeau.	1779. *Théorie des machines simples*, de Coulomb.	1779. *Iphigénie en Tauride*, de Gluck. Mort de **Chardin.** Construction en soixante-quatre jours du pavillon de Bagatelle par Bélanger pour le comte d'Artois.	
1780. Abolition de la question préparatoire (torture administrée aux prévenus). **Juillet 1780.** Débarquement en Amérique du corps expéditionnaire français.		1780. Naissance d'**Ingres.** Achèvement du Grand-Théâtre de Bordeaux par Victor Louis.	
1781. Démission de Necker. Capitulation en Amérique du général anglais Cornwallis.	1781. Naissance de Laennec.	1781. *Bélisaire reconnu par un soldat*, de David.	1781. Diderot termine *Est-il bon, est-il méchant? Tableau de Paris*, de Sébastien Mercier (réédité de 1783 à 1788). 1782. *Les Liaisons dangereuses*, de Choderlos de Laclos.
		1782. Naissance du compositeur **Auber.** Inauguration du Théâtre de l'Opéra-Comique. **1782-1784.** Création par Mique au Petit-Trianon du « Hameau » de Marie-Antoinette.	
1783. Calonne, contrôleur général des Finances. **3 septembre 1783.** Traité de Versailles (fondation des États-Unis).	1783-1817. En collaboration avec Poiret, Lamarck publie l'*Encyclopédie botanique* et l'*Illustration des genres.*	1783. Mort du peintre J.-B. **Perronneau.** *La Douleur d'Andromaque*, de David.	1783. Naissance de **Stendhal.**

DYNASTIE DES BOURBONS

LOUIS XVI

1784. *Le Mariage de Figaro*, de Beaumarchais. Mort de **Diderot.**	1784. Naissance de **Rude.** *Richard Cœur de Lion*, de Grétry.	1783. Mort de d'**Alembert.** Création de l'École Nationale Supérieure des Mines de Paris.	1785. Traité de Fontainebleau.
1785. *De l'Éducation des femmes*, de Choderlos de Laclos.	1784-1785. *Le serment des Horaces*, de David.	1783-1788. Cinq volumes de l'*Histoire complète et scientifique de la Nature*, de Buffon (minéraux).	Avril 1787. Calonne est congédié.
1785-1788. André Chénier écrit *Idylles et Bucoliques.*	1785. Mort du sculpteur J.-B. **Pigalle.**	1784-1790. Études de Coulomb sur le magnétisme.	1788. Abolition de la question préalable (torture administrée aux prévenus). Fondation de la « Société des Amis de Noirs », en réaction contre l'esclavage. Les droits civils sont étendus aux non-catholiques.
1786. *Les Amours de Bayard*, de Monvel.	1787. *Socrate prenant la ciguë*, de David.	1785-1788. Voyage de La Pérouse (île de Pâques, îles Hawaii, Amérique, les Philippines, le Japon, les Samoa).	1789. (La France a 24 millions d'habitants.)
1787. Naissance de **Guizot.** *Paul et Virginie*, de Bernardin de Saint-Pierre.	1788. Mort du peintre Maurice **Quentin de La Tour.**	1787. Lavoisier participe à la création d'une nouvelle nomenclature chimique fondée sur le concept d'élément.	17 juin 1789. Le tiers-état se déclare Assemblée nationale.
	1789. Mort du peintre **Vernet.**	1788. Naissance du physicien **Fresnel.** Mort de **Buffon.** *Mécanique analytique* de Lagrange.	7 juillet 1789. La Noblesse et le Clergé rejoignent le Tiers État pour former l'**Assemblée nationale constituante.**
		1789. *Traité élémentaire de chimie*, de Lavoisier.	

DYNASTIE DES BOURBONS

LOUIS XVI

ÉVÉNEMENTS POLITIQUES ET SOCIAUX	SCIENCES TECHNIQUES VOYAGES ET DÉCOUVERTES	ARTS ET URBANISME	LETTRES ET PHILOSOPHIE
14 juillet 1789 La foule pille l'hôtel des Invalides et prend d'assaut la Bastille.			
4 août 1789. Abolition des privilèges de la Noblesse.			
26 août 1789. *Déclaration des d oits de l'homme et du citoyen.*			
5 et 6 octobre 1789. Manifestation populaire à Versailles. Le roi rentre à Paris. Il y est rejoint par l'Assemblée.			
2 novembre 1789. Confiscation des biens du Clergé.			1790. Naissance de **Lamartine.** *Avis au peuple français sur ses véritables ennemis,* d'André Chénier.
1790. Fondation du Club des Cordeliers par Danton, Marat et Desmoulins.			
15 janvier 1790. Division de la France en 83 départements.			
12 juillet 1790. Vote de la constitution civile du Clergé.			
Mars-avril 1791. Condamnation par le pape Pie VI de la constitution civile du Clergé.	1791. Le système métrique est établi par l'Académie des Sciences.	1790. Exposition du sculpteur Houdon.	1791. *Justine ou les malheurs de la Vertu,* du marquis de Sade. *Les Victimes cloîtrées,* de Monvel.
21 juin 1791. Le roi est rattrapé à Varennes.		1791. Naissance de **Géricault,** du compositeur **Hérold.**	1791-1792. Voyage de Chateaubriand en Amérique.
30 septembre 1791. Séparation de l'Assemblée constituante.		Mort du sculpteur Étienne **Falconet.**	1791-1797. Œuvre romanesque du marquis de Sade.
1er octobre 1791. Réunion de l'**Assemblée législative**			
9 novembre 1791. Décret de l'Assemblée contre les émigrés.			
Janvier 1792. Ultimatum à l'empereur d'Autriche Léopold II.			1792. *Voyages en France,* de l'Anglais Young.
20 avril 1792. Déclaration de guerre.			1792-1795. *Mémoires,* de Marmontel.
11 juillet 1792. Proclamation par décret de « La patrie en danger ».			

LOUIS XVI

DYNASTIE DES BOURBONS

Nuit du 9 au 10 août 1792. Formation d'une commune insurrectionnelle à l'Hôtel de Ville. La royauté est renversée.		
23 août. Prise de Longwy par les Prussiens.		
20 septembre 1792. Victoire de Dumouriez et Kellermann à Valmy.		
21 septembre 1792. Réunion de la Convention. Abolition de la Royauté. Proclamation de la **République**		
21 janvier 1793. Exécution de **Louis XVI.**		
Février-mars 1793 Formation de la première coalition.		
Mars 1793. Soulèvement des Vendéens.		
10 mars 1793. Création du Tribunal révolutionnaire.		
2 juin 1793. La Convention proscrit les députés girondins.	**1793.** *Marat expirant,* de David.	
13 juillet 1793. Assassinat de **Marat** par Charlotte Corday.		
23 août 1793. Levée en masse.		
5 septembre 1793. La Terreur est proclamée à l'ordre du jour.		
17 septembre 1793. Loi des suspects.		
29 septembre 1793. Loi du maximum.		
16 octobre 1793. Exécution de **Marie-Antoinette.**		
31 octobre 1793. Exécution des chefs girondins.		**1794.** Création de l'École Centrale des travaux publics (École Polytechnique depuis 1795).
24 mars 1794. Exécution des hébertistes.		
5 avril 1794. Exécution des dantonistes (dont Camille Desmoulins).	**1794.** *Chant du Départ,* de Méhul.	**8 mai 1794.** Exécution de Lavoisier.
Avril-juillet 1794. Pouvoir absolu de Robespierre.		
8 juin 1794. Fête de l'Etre suprême.		

LOUIS XVI — CONVENTION — **PREMIÈRE RÉPUBLIQUE**

ÉVÉNEMENTS POLITIQUES ET SOCIAUX	SCIENCES ET TECHNIQUES VOYAGES ET DÉCOUVERTES	ARTS ET URBANISME	LETTRES ET PHILOSOPHIE
26 juin 1794. Victoire de Jourdan à Fleurus.	**1794.** Premier emploi militaire du ballon (Fleurus).		
28 juillet 1794. Exécution de **Robespierre.**			**Juillet 1794.** Exécution d'André **Chénier.**
1795. Annexion à la France des Pays-Bas et des Principautés de Liège et de Stavelot.		**1795.** Création d'un Institut National de Musique. Naissance du sculpteur **Barye.**	**1795.** *Philosophie dans le boudoir,* du marquis de Sade. Naissance d'Augustin **Thierry.**
22 août 1795. Vote de la Constitution de l'an III.			
5 octobre 1795. Intervention militaire de Bonaparte pour défendre la Convention.			
27 octobre 1795. Entrée en fonction des cinq « directeurs » du **Directoire.**			
2 mars 1796. Bonaparte chef de l'Armée d'Italie.	**1796.** *Essai d'arithmétique politique,* de Lagrange.	**1796.** Naissance de **Corot.**	
Mai 1796. Conspiration des Égaux. Arrestation de Gracchus Babeuf.	*Exposition du système du monde,* de Laplace.		
12-16 janvier 1797. Bataille de Rivoli.	**1797.** *Théorie des fonctions analytiques,* de Lagrange.		**1797.** Naissance de **Vigny.** *Essai sur les Révolutions,* de Chateaubriand.
26 mai 1797. Exécution de **Gracchus Babeuf.**			**1797-1834.** Théâtre de Pixérécourt.
17 octobre 1797. Traité de Campo Formio.			
4 septembre 1797. Coup d'État du 18 fructidor an V contre les royalistes.			
9 mai 1798. Départ de l'expédition d'Égypte.	**1798-1825.** *Mécanique céleste,* de Laplace.	**1798.** Naissance de **Delacroix.**	**1798.** Naissance de **Michelet,** d'Auguste **Comte.**
11 mai 1798. Coup d'État du 22 Floréal an VI contre les jacobins.			
Décembre 1798. Formation de la deuxième coalition.			
9 novembre 1799. Coup d'État du 18 brumaire an VIII. **Consulat :** Sieyès, Ducos, Bonaparte.	**1799.** Invention de l'éclairage au gaz par Lebon. *Leçons sur le calcul des fonctions,* de Lagrange.	**1799.** Naissance du compositeur **Halévy.** *Les Sabines,* par David.	**1799.** Mort de **Beaumarchais.** Naissance de **Balzac.**
Décembre 1799. Constitution de l'an VIII.			

CONVENTION — DIRECTOIRE

PREMIÈRE RÉPUBLIQUE

Février 1800. Plébiscite de la Constitution de l'an VIII.	**1800.** *Recherches physiologiques sur la vie et la mort,* de Bichat.	**1800.** *Bonaparte au mont Saint-Bernard,* et *Madame Récamier,* par David.	
14 juin 1800. Bataille de Marengo.	**1800-1805.** *Leçons d'anatomie comparée,* de Cuvier.	**1800-1807.** Œuvre picturale d'Ingres (*La Grande Odalisque, la Petite Baigneuse, le Bain turc, l'Odalisque à l'esclave,* etc.).	
9 février 1801. Traité de Lunéville.	**1801.** *Anatomie générale,* de Bichat.	**1801.** *Le Califé de Bagdad,* de Boïeldieu.	
16 juillet 1801. Concordat.			
1er octobre 1801. Préliminaires de Londres.	**2 novembre 1801.** Existence légale par décret du système métrique.		
25 mars 1802. Paix d'Amiens.	**1802.** *Recherche sur l'organisation des êtres vivants,* de Lamarck. *Sur la dilatation des gaz et vapeurs,* par Gay-Lussac.	**1802-1804.** Construction du pont des Arts.	**1802.** Naissance de Victor **Hugo,** d'Alexandre **Dumas** (père). *Le Génie du Christianisme,* de Chateaubriand (avec *René* et *Atala*).
Mai 1802. Bonaparte est réélu consul pour dix ans par le Sénat.	Mort de **Bichat.**		**1802-1807.** Œuvres philosophiques de Maine de Biran.
2 mai 1802. Création des Lycées. Création de la Légion d'honneur.			**1802-1825.** Œuvres du philosophe Saint-Simon.
		1803. Naissance de **Adam** (compositeur) et de **Berlioz.**	**1803.** Naissance de Prosper Mérimée. Mort de Choderlos de Laclos.
21 mars 1804. Promulgation du *Code Napoléon (Code civil).*		**1804.** *Les Bardes,* de Lesueur.	**1804.** Naissance d'Aurore **Dupin** (George **Sand**).
2 décembre 1804. Sacre de Napoléon par le pape à Notre-Dame de Paris.			
21 octobre 1805. Défaite de Trafalgar.		**1805.** Mort du peintre Louis **Moreau** et de J. B. **Greuze.**	**1805.** Naissance du *comte* de **Tocqueville.**
2 décembre 1805. Victoire d'Austerlitz.			
21 décembre 1805. Traité de Presbourg.			

CONSULAT — **PREMIÈRE RÉPUBLIQUE**

NAPOLÉON Ier — **PREMIER EMPIRE**

ÉVÉNEMENTS POLITIQUES ET SOCIAUX	SCIENCES ET TECHNIQUES VOYAGES ET DÉCOUVERTES	ARTS ET URBANISME	LETTRES ET PHILOSOPHIE
10 mai 1806. Création de l'Université impériale.		1806. Commencement de la construction de la rue de Rivoli.	1806. Mort de Nicolas Restif de La Bretonne.
14 octobre 1806. Iéna et Auerstaedt.		Les travaux de l'église de la Madeleine, commencés en 1764, sont repris par Vignon.	
21 novembre 1806. Décret de Berlin (Blocus continental).		Mort de Fragonard.	
		1806-1836. Construction de l'Arc de triomphe de l'Étoile.	
		1807. Joseph, de Méhul.	
14 juin 1807. Friedland.			
7 juillet 1807. Traité de Tilsit.			
1808. Prise de Barcelone et de Madrid.		1808. Le Sacre, de David.	1808. Naissance de Barbey d'Aurevilly et de Gérard Labrunie (Gérard de Nerval).
Code d'instruction criminelle.		1808. Réouverture du théâtre de l'Odéon refait par Chalgrin.	
Mars 1808. Création de la noblesse impériale.		Jeanne d'Arc, de Gois.	
		Naissance de Daumier.	
		Mort du peintre Hubert Robert.	
		Construction de l'Arc de triomphe du Carrousel.	
		Construction du Palais de la Bourse.	
4 juillet 1809. Wagram.	1809. Philosophie zoologique, de Lamarck.	1809. Mort du sculpteur Augustin Pajou.	1809. Naissance de Proudhon. Les Martyrs, de Chateaubriand.
14 octobre 1809. Traité de Vienne.		Naissance du sculpteur Préault.	
1809. Naissance de Haussmann.		1809-1813. Construction du pont d'Iéna.	
2 avril 1810. Mariage de Napoléon et de Marie-Louise, après l'annulation du mariage avec Joséphine de Beauharnais.		1810. La distribution des aigles, de David.	1810. Naissance de Musset.
1810. Code pénal.			
			1811. Naissance de Théophile Gautier.
Juin-décembre 1812. Campagne de Russie.	1812. Théorie analytique des possibilités, de Laplace.	1812. Officier de la garde impériale chargeant, de Géricault.	

PREMIER EMPIRE — NAPOLÉON Ier

	Histoire	Sciences	Beaux-Arts	Littérature
PREMIER EMPIRE — NAPOLÉON Ier	16-19 octobre 1813. Bataille de Leipzig. Janvier-avril 1814. Campagne de France. 31 mars 1814. Occupation de Paris. 2 avril 1814. Le Sénat proclame la déchéance de Napoléon. 6 avril 1814. Abdication de Napoléon.	1812-1824. *Discours sur les révolutions du globe et Recherches sur les ossements fossiles*, de Cuvier. 1813. Naissance de Claude **Bernard.** Mort de **Lagrange.**	1813. Mort du sculpteur **Chinard.** 1814. *Cuirassier blessé quittant le feu*, de Géricault. Naissance de **Millet.** Mort du sculpteur **Clodion.** *Léonidas aux Thermopyles*, de David.	1814. Mort du *marquis* de **Sade.**
BOURBONS — LOUIS XVIII	30 mai 1814. Premier Traité de Paris. La France est ramenée à ses limites du 1er janvier 1792. 4 juin 1814. Publication de la Charte.			
100 JOURS — NAPOLÉON Ier	1er mars 1815. Retour de Napoléon de l'île d'Elbe. 9 juin 1815. Acte final du Congrès de Vienne. 18 juin 1815. Waterloo. 22 juin 1815. Deuxième abdication de Napoléon.	1815-1822. *Histoire naturelle des animaux sans vertèbres*, de Lamarck.	1815. *Corps de femme sur la grève*, de Géricault.	
DYNASTIE DES BOURBONS — LOUIS XVIII	Juillet 1815. Retour de LOUIS XVIII à Paris. Septembre 1815-février 1818. Ministère Richelieu. 1815. La « Terreur blanche ». 1818-1820. Decazes, principal ministre.	1816. *Le règne animal distribué d'après son organisation*, de Cuvier. 1817. *Examen des doctrines médicales*, de Broussais. 1818. Mort de **Monge.**	1818. Naissance de **Gounod.**	1818. Naissance de **Leconte de Lisle.**

ÉVÉNEMENTS POLITIQUES ET SOCIAUX	SCIENCES ET TECHNIQUES VOYAGES ET DÉCOUVERTES	ARTS ET URBANISME	LETTRES ET PHILOSOPHIE
	1819. Loi de Dulong et Petit sur la chaleur spécifique des corps simples et solides. Dulong détermine les indices de réfraction des gaz et les vitesses du son dans les gaz. *Traité d'auscultation médicale*, de Laennec (invention du stéthoscope). Explication par Fresnel des phénomènes d'interférences lumineuses, par la théorie ondulatoire.	**1819.** *Têtes de suppliciés* et *le Radeau de la Méduse*, de Géricault. Naissance de **Courbet.** *Le Barbier de Séville*, de Rossini.	**1819.** Première édition posthume des œuvres d'André Chénier.
13 février 1820. Assassinat du duc de **Berry.**	**1820.** *Système analytique des connaissances de l'homme*, de Lamarck.	**1820.** *Le Cheval effrayé*, et *le Supplice*, de Géricault.	**1820.** *Les Méditations*, de Lamartine.
1821. Création de l'École des Chartes. **5 mai 1821.** Mort de **Napoléon.** **1821-1828.** Ministère Villèle.	**1821.** Premières mesures de longueurs d'onde par Fresnel. **1821-1823.** Création par Fresnel de l'optique cristalline.		**1821.** Naissance de **Baudelaire** et de **Flaubert.** Traduction du théâtre de Shakespeare par Guizot.
Septembre 1822. Exécution des quatre sergents de La Rochelle.	**1822.** Naissance de **Pasteur.**	**1822.** *Dante et Virgile aux Enfers*, de Delacroix. Naissance de César **Franck.** **1823.** Naissance d'Édouard **Lalo.**	**1822.** *Les Odes*, de Victor Hugo. *Poèmes*, de Vigny. **1823.** *Han d'Islande*, de Hugo. *Les Nouvelles Méditations*, de Lamartine. Naissance de **Renan.**
1824. Mort de Louis XVIII. CHARLES X.	**1824.** Travaux de Niepce sur la photographie. *Réflexions sur la puissance motrice du feu et les machines propres à développer cette puissance*, par Sadi Carnot (principe thermodynamique de Carnot).	**1824.** *Scènes des massacres de Scio*, de Delacroix. Mort de **Géricault.**	**1824.** *Elsa*, de Vigny. Mort de **Maine de Biran.**

DYNASTIE DES BOURBONS

LOUIS XVIII — CHARLES X

Littérature	Beaux-Arts / Musique	Sciences	Histoire
1825. *Le théâtre de Clara Gazul,* de Mérimée.	**1825.** Mort de **David.**		**1825.** « Loi du Milliard » sur les émigrés.
1826. *Les Aventures du dernier Abencérage,* de Chateaubriand. *Cinq-Mars* et *Poèmes antiques et modernes,* de Vigny. *Racine et Shakespeare,* de Stendhal.	**1826.** *Scène héroïque sur la Révolution grecque,* de Berlioz. Naissance du peintre Gustave **Moreau.**	**1826.** Mort de **Laennec.**	
1827. *Cromwell,* de Hugo. *La Guzla,* de Mérimée.	**1827.** *Waverley,* et la *Mort d'Orphée,* de Berlioz. Naissance de **Carpeaux.**	**1827.** Mort de **Fresnel** et de **Laplace.** Naissance de **Berthelot.** *Sur la théorie mathématique des phénomènes électrodynamiques uniquement déduite de l'expérience,* par Ampère.	**1827.** Progrès des libéraux aux élections.
Septembre 1827. Représentation à l'Odéon de *Roméo et Juliette,* de Shakespeare.			
1828. *Odes et Ballades,* de Hugo. Traduction de *Faust,* par Gérard de Nerval.	**1828.** *Les Francs-Juges* et *Herminie et Tancrède,* de Berlioz. *La mort de Sardanapale,* de Delacroix. *La Muette de Portici,* de Auber. Mort de J.-A. **Houdon.**	**1828.** Chaudière tubulaire de Seguin.	**1828-1829.** Ministère Martignac.
	1828-1846. *La Damnation de Faust,* de Berlioz.	**1828-1842.** Installation de plusieurs lignes de chemins de fer d'intérêt local.	
1829. *Chroniques du règne de Charles IX,* de Mérimée. *Les Chouans,* de Balzac. *Les Orientales,* de Hugo. *Henri III et sa cour,* de Dumas père.	**1829.** *Huit scènes de Faust* et *Cléopâtre,* de Berlioz.	**1829.** Mort de **Lamarck. A partir de 1829.** *Histoire naturelle des poissons,* de Cuvier.	**Août 1829.** Entrée de Polignac au ministère.
	1829-1830. *Pont-au-change à Paris, Cathédrale de Chartres, Clairière à Ville-d'Avray,* et *Madame Baudot,* de Corot.		**1830.** Révolution belge et scission des Pays-Bas.
1830. *Harmonies poétiques et religieuses,* de Lamartine. *Hernani,* de Hugo. *Contes d'Espagne et d'Italie* et la *Nuit vénitienne,* de Musset (représentée une seule fois, le 1er décembre).	**1830.** Naissance de **Pissarro.** *Fra Diavolo,* de Auber. *La dernière nuit de Sardanapale* et la *Symphonie fantastique,* de Berlioz.	**V. 1830.** Travaux d'Arago (optique et magnétisme).	**27-28-29 juillet 1830.** Les « Trois Glorieuses ».
1830-1842. *Cours de philosophie positive,* d'Auguste Comte.	**V. 1830-V. 1870.** Caricatures, sculptures et peintures, de Daumier. **Après 1830.** Architecture néo-gothique.		**7 août 1830.** LOUIS-PHILIPPE succède à Charles X.
			1830-1848. Monarchie de Juillet.

CHARLES X — **DYNASTIE DES BOURBONS**

LOUIS-PHILIPPE

ÉVÉNEMENTS POLITIQUES ET SOCIAUX	SCIENCES ET TECHNIQUES VOYAGES ET DÉCOUVERTES	ARTS ET URBANISME	LETTRES ET PHILOSOPHIE
1831. Révolte des canuts à Lyon. **13 mars 1831.** Ministère Casimir Perier. L'avènement de Léopold Ier, roi des Belges. **18 avril 1831.** Loi électorale : exclusion du droit de vote de ceux qui ne paient pas une somme importante d'impôts directs. **13 octobre 1832.** Ministère de Broglie, Guizot, Thiers.	**1832.** Mort de **Cuvier.**	**1830-1870.** Restauration de nombreux monuments médiévaux par Viollet-le-Duc. **1831.** *Lélio ou le Retour à la vie*, de Berlioz. *Zampa*, de Hérold. **1831.** *La Liberté guidant le peuple*, de Delacroix. *Roland furieux*, de Jehan Duseigneur. *Le Corsaire et le Roi Lear*, de Berlioz. **1832.** *Bob Roy*, de Berlioz. *Le Pré-aux Clercs*, de Hérold. Naissance de **Manet.** **1833.** *Jeune pêcheur napolitain*, de Rude. *Lion dévorant un serpent*, de Barye. *La Tuerie*, de Préault. Mort du compositeur **Hérold.** *Départ des volontaires en 1792* (la Marseillaise), de Rude. **1834.** *Harold en Italie*, de Berlioz. *Le Chalet*, de Adam. *Les Femmes d'Alger*, de Delacroix. Naissance de **Degas.** **1835.** Naissance de **Saint-Saëns.** *La Juive*, de Halévy.	**1831.** *Histoire romaine*, de Michelet. *Antony*, d'Alexandre Dumas père. **1831.** *Le Rouge et le Noir*, de Stendhal. *Les Feuilles d'automne*, et *Notre-Dame de Paris*, de Hugo. *Indiana*, de George Sand. *La Femme de trente ans*, de Balzac. **1832.** *Stella*, de Vigny. *La Tour de Nesle*, de Dumas Père. *La Coupe et les Lèvres* et *A quoi rêvent les jeunes filles*, de Musset. **1833.** *Les caprices de Marianne*, de Musset. *Eugénie Grandet*, de Balzac. *Mosaïque* (avec *Mateo Falcone*), de Mérimée. *Lélia*, de George Sand. Michelet commence à écrire son *Histoire de France*. **1834.** *Fantasio* et *On ne badine pas avec l'amour*, de Musset. *Le Père Goriot*, de Balzac. **1835.** *Chatterton* et *Servitude et grandeur militaires*, de Vigny. *Les Chants du crépuscule*, de Hugo. *Mademoiselle de Maupin*, de Th. Gautier. *Lorenzaccio*, de Musset. *Le Lys dans la vallée*, de Balzac. **1835-1840.** *La Démocratie en Amérique*, de Tocqueville.

DYNASTIE DES BOURBONS-ORLÉANS

LOUIS-PHILIPPE

1835-1837. *Les Nuits, Lettre à Lamartine* et *Il ne faut jurer de rien*, de Musset.			**1836.** Ministère Thiers.
1836. *Kean*, de Dumas père. *Jocelyn*, de Lamartine.	**1836.** *Le Postillon de Longjumeau*, de Adam. Naissance du compositeur Léo **Delibes.**	**1836.** Mort d'**Ampère.**	
1837. *Les voix intérieures*, de Hugo. *Un caprice*, de Musset. *Mauprat*, de George Sand.	**1837.** *Requiem*, de Berlioz. *Le Domino noir*, de Auber.		
1837-1839. *Illusions perdues*, de Balzac.			
1837. Mort de Charles **Fourier.**			
1838. *La Chute d'un Ange*, de Lamartine.	**1838.** *Benvenuto Cellini*, de Berlioz.	**1838.** Mort de **Broussais.**	
1838. *La Mort du loup*, de Vigny. *Ruy Blas*, de Hugo.	**1838.** Naissance de **Sisley** et de **Bizet.**		
1839. *Le Mont des Oliviers* et *la Colère de Samson*, de Vigny. *Les Recueillements*, de Lamartine. *La Chartreuse de Parme*, de Stendhal.	**1839.** *Roméo et Juliette*, de Berlioz. Naissance de **Cézanne.**	**1839.** Travaux de Daguerre sur la photographie.	
1840. Naissance de **Zola.** *Les Rayons et les Ombres*, de Hugo. *Colomba*, de Mérimée. *Récits des temps mérovingiens*, d'Augustin Thierry. Naissance de **Villiers de l'Isle-Adam** et d'Alphonse **Daudet.** *Qu'est-ce que la propriété?* de Proudhon.	**1840.** *Le petit Berger*, de Corot. Naissance de **Monet** et de **Rodin.** *La Symphonie funèbre et triomphale*, de Berlioz.	**1840.** Diffusion obligatoire du système métrique.	**1er mars-octobre 1840.** Ministère Thiers. **28 octobre 1840.** Ministère Soult-Guizot.
1841. *Souvenir*, de Musset. Chateaubriand termine les *Mémoires d'outre-tombe.*	**1841.** Naissance d'Emmanuel **Chabrier** et de **Renoir.** *Giselle*, de Adam. (Premier ballet romantique).		
1842. Naissance de **Mallarmé**, de José-Maria de **Hérédia.** Mort de **Stendhal.** *La Sauvage*, de Vigny.	**1842.** Mort de Mme **Vigée-Lebrun.**		
1842-1848. Publication de la première édition de la *Comédie humaine*, de Balzac.			
1843. *Jérôme Paturot à la recherche d'une position sociale*, de Louis Reybaud.	**1843.** *La Marietta* et *les Jardins de la Villa d'Este* de Corot.		

LOUIS-PHILIPPE

DYNASTIE DES BOURBONS-ORLÉANS

ÉVÉNEMENTS POLITIQUES ET SOCIAUX	SCIENCES ET TECHNIQUES VOYAGES ET DÉCOUVERTES	ARTS ET URBANISME	LETTRES ET PHILOSOPHIE
	1843-1878. Œuvres et travaux de Claude Bernard.	1843-1850: Reconstruction de la bibliothèque Sainte-Geneviève par Labrouste (utilisation du fer).	1844. *La Maison du Berger*, de Vigny. *Les Trois Mousquetaires*, de Dumas père. Naissance de **Verlaine**, d'Anatole **France**. *Discours sur l'esprit positif*, d'A. Comte.
	1844. Inauguration de la première ligne de télégraphe (Paris-Rouen). Mort de **Geoffroy Saint-Hilaire.**	1844. *Le Carnaval romain* de Berlioz. Naissance d'Henri **Rousseau**, dit **le Douanier.**	1845. *La Reine Margot* et *Vingt ans après*, de Dumas père. *Carmen*, de Mérimée. *Le Meunier d'Angibault*, de George Sand. *Histoire de la civilisation en France*, de Guizot.
		1845. Naissance de Gabriel **Fauré.** *Salon de 1845*, par Baudelaire. *Homère et les bergers*, par Corot.	
1846. Crise économique et disette.	1846. Le Verrier découvre par le calcul la planète Neptune.	1846. *Hébé et l'Aigle de Jupiter*, de Rude.	1846. Naissance de **Lautréamont.**
		1846. *Salon de 1846*, par Baudelaire. *Lion assis* et *Lion en marche*, de Barye.	1846. *La Dame de Montsoreau* et le *Comte de Monte-Cristo*, de Dumas père. Naissance de Léon Bloy. *La Mare au Diable*, de George Sand. *La Cousine Bette*, de Balzac. *Misère de la philosophie*, de Proudhon.
1847. Campagne des Banquets.		1847. *Gaspard Monge* et *Napoléon s'éveillant à l'immortalité*, de Rude.	1847. *La Bouteille à la mer*, de Vigny. *Le Cousin Pons*, de Balzac. *La Fanfarlo*, de Baudelaire. *François le Champi*, de George Sand. 1847-1853. *Histoire de la Révolution*, de Michelet.
24 février 1848. Abdication de Louis-Philippe. SECONDE RÉPUBLIQUE (1848-1851).	1848. 6 000 machines à vapeur.	1848. Naissance de Paul **Gauguin.**	1848. *La Petite Fadette*, de George Sand. Naissance de **Huysmans.** Renan écrit l'*Avenir de la Science*.
4 novembre 1848. Constitution.			
1848. Suppression de la peine de mort pour raisons politiques. Suppression de l'esclavage aux colonies. Institution du suffrage universel (le nombre des électeurs passe de 240 000 à 1 000 000).			
10 décembre 1848. Élection de LOUIS-NAPOLÉON.			

LOUIS-PHILIPPE

DYNASTIE DES BOURBONS-ORLÉANS

GOUVERNEMent PROVISOIRE

SECONDE RÉPUBLIQUE

	Événements politiques	Sciences	Arts	Littérature
SECONDE RÉPUBLIQUE LOUIS-NAPOLÉON	**15 mars 1850.** Loi Falloux. **2 décembre 1851.** Coup d'État de Louis-Napoléon. **21 décembre 1851.** Plébiscite de Louis-Napoléon. **1852.** Ouverture du « Bon Marché ».	**1850.** Mort de **Gay-Lussac.** **1852.** Naissance d'Henri **Becquerel** (physicien).	**1849.** Salon de 1849 : *La Vendange à Ornans, la Loue, Vallée de la Loue, l'Homme à la ceinture de cuir, l'Après-midi à Ornans,* de Courbet. **1850.** *Le Semeur,* de Millet. *Le Centaure et le Lapithe,* de Barye. *L'Enterrement à Ornans,* de Courbet. **V. 1850-1867.** Œuvre picturale de Théodore Rousseau. **1851.** *Sapho,* de Gounod. Naissance du compositeur Vincent d'**Indy.** **1852.** *Les Demoiselles de village,* de Courbet.	**1849.** *Les Destinées,* de Vigny. *Raphaël,* de Lamartine. **1850.** *Le Vicomte de Bragelonne,* de Dumas père. Naissance de Guy de **Maupassant.** Mort de **Balzac.** **1851.** *Voyage en Orient,* de Nerval. **1852.** *Graziella,* de Lamartine. *Poèmes antiques,* de Leconte de Lisle. *Émaux et Camées,* de Th. Gautier.
SECOND EMPIRE LOUIS-NAPOLÉON	**2 décembre 1852.** Restitution de la dignité impériale à la famille de Louis-Napoléon. **1853.** Haussmann, préfet de Paris, reconstruit la capitale. **1854-1855.** Guerre de Crimée. **1855.** Prise de Sébastopol par Mac-Mahon.	**1854-1907.** Travaux chimiques de Berthelot. **1855.** Exposition Universelle à Paris.	**1852-1853.** *Le Maréchal Ney,* de Rude. **1853.** *La Fileuse endormie, les Lutteurs, les Baigneuses,* de Courbet. Naissance de Vincent Van Gogh. **1854.** *L'Enfance du Christ,* de Berlioz. Construction des Halles de Paris. **1854-1875.** Remaniement de la Bibliothèque Nationale par Labrouste. (Utilisation du fer.) **1855.** *Symphonie en do majeur,* de Bizet. *L'Impériale* et *Te Deum,* de Berlioz. *Les Cribleuses de blé* (à l'exposition universelle) et *l'Atelier du peintre,* de Courbet. Mort de **Rude.**	**1852-1854.** *Système de politique positive,* d'Auguste Comte. **1853.** *Sylvie,* et *les Chimères,* de Gérard de Nerval. *Les Châtiments,* de Hugo. *Les Maîtres sonneurs,* de George Sand. **1854.** *Les Filles du feu,* de Nerval. *L'Ensorcelée,* de Barbey d'Aurevilly. Naissance de **Rimbaud.** **1854-1864.** *Petits poèmes en prose,* de Baudelaire. **1855.** Mort de Gérard de **Nerval.** Naissance d'Émile **Verhaeren.**

ÉVÉNEMENTS POLITIQUES ET SOCIAUX	SCIENCES ET TECHNIQUES VOYAGES ET DÉCOUVERTES	ARTS ET URBANISME	LETTRES ET PHILOSOPHIE
Mai 1856. Congrès de Paris.		**1855-1858.** *Les Troyens*, de Berlioz.	
		1856. Mort du compositeur **Adam.**	**1856.** Mort d'Augustin **Thierry.**
		1856-1857. *Le Docteur Miracle*, de Bizet.	**1856-1865.** Traductions de Poe par Baudelaire.
			1856-1869. *Cours familier de littérature*, de Lamartine.
	1857. Pasteur découvre la fermentation microscopique. Jules et Émile Peugeot installent une usine (Beaulieu) pour la production de baleines dans les costumes féminins baleinés.	**1857.** Naissance du compositeur Alfred **Bruneau.** *Demoiselles de la Seine*, de Courbet. *Les Glaneuses*, de Millet.	**1857.** Mort d'Auguste **Comte**, de **Musset.** *Les Fleurs du Mal*, de Baudelaire. *Madame Bovary*, de Flaubert.
1858. Attentat d'Orsini contre Napoléon III.		**1858.** *Le Médecin malgré lui*, de Gounod. Naissance de l'« impressionnisme ».	**1858.** Mort du *comte* de **Tocqueville.** Naissance de **Courteline**, de **Durkheim.**
		1858-1859. *Don Procopio*, de Bizet.	
4 juin 1859. Bataille de Magenta.	**1859-1869.** Réalisation du canal de Suez par Ferdinand de Lesseps.	**1859.** *L'Angélus*, de Millet. *Faust*, de Gounod. Naissance de Georges **Seurat.**	**1859.** *La Légende des Siècles* (1er partie), de Hugo. Naissance d'Henri **Bergson.**
24 juin 1859. Bataille de Solférino.	**1859.** Naissance de Pierre **Curie.**		
24 mars 1860. Traité de Turin : Nice et la Savoie sont rattachées à la France.	**1860.** Réalisation par Lenoir d'un moteur à explosion. *La Chimie organique fondée sur la synthèse*, par Berthelot.	**1860.** *Ugolin et ses enfants*, de Carpeaux.	**1860.** *Les Paradis artificiels*, de Baudelaire. Naissance de Jules **Laforgue.**
1860. Traité de commerce franco-britannique qui institue la liberté des échanges. Paris reçoit ses limites actuelles.		**1860-1868.** *Rome*, de Bizet. V. **1860-1903.** Œuvre picturale de Pissaro.	
		1861. Naissance de **Maillol**, de **Bourdelle.**	**1861.** Naissance de Maurice **Blondel.**
		1861-1875. Construction du théâtre de l'Opéra par Garnier.	

LOUIS-NAPOLÉON

SECOND EMPIRE

Sciences et techniques	Vie politique et sociale	Beaux-arts et musique	Lettres
1862. Pasteur démontre que la génération spontanée est impossible.		**1862.** Naissance de **Debussy.**	**1862.** *Salammbô,* de Flaubert.
		1862. Mort du compositeur **Halévy.** *Le Palais de Cristal et Bords de Tamise,* de Corot.	**1862.** *Les Misérables,* de Victor Hugo. *Poèmes barbares,* de Leconte de Lisle.
		1862-1863. *Les Pêcheurs de perles,* de Bizet.	
1863. Voiture à gaz de Lenoir.	**1863.** Apparition aux élections du parti d'Émile Ollivier.	**1863.** Mort de **Delacroix.** Naissance de **Signac,** de Gabriel **Pierné.** *Le Déjeuner sur l'herbe,* de Manet.	**1863.** *L'Esprit pur,* de Vigny. *Le Capitaine Fracasse,* de Th. Gautier.
			1863-1898. Œuvre poétique de Mallarmé.
		1863-1866. *Le Triomphe de Flore,* de Carpeaux.	
	1864. Loi sur le droit de grève. Fondation de la première Internationale. Création du Comité des Forges.	**1864.** *Œdipe et le Sphinx,* de G. Moreau. *Mireille,* de Gounod. Naissance de **Toulouse-Lautrec.**	**1864.** *Le Chevalier des Touches,* de Barbey d'Aurevilly. *La Cité antique,* de Fustel de Coulanges. *L'Azur,* de Mallarmé.
1865. Introduction à l'étude de la médecine expérimentale, de Claude Bernard.		**1865.** *Orphée* et *Diomède dévoré par ses chevaux,* de G. Moreau. *Olympia,* de Manet. *Ivan IV,* de Bizet. Naissance de Paul **Sérusier** et de Paul **Dukas.**	**1865.** Mort de **Proudhon.** *Un Prêtre marié,* de Barbey d'Aurevilly. *Contes à Ninon,* de Zola.
1866. Pose du premier câble transatlantique.		**1866.** *La Remise des chevreuils* et la *Femme au perroquet,* de Courbet. *La Robe verte, Femmes au jardin,* la *Terrasse du Havre,* de Monet. *Bords de la Marne,* de Pissaro. *Le Fifre,* de Manet. *Le Cabaret de la mère Anthony,* de Sisley. Naissance d'Érik **Satie.** *La Jolie Fille de Perth,* de Bizet.	**1866.** *Poèmes saturniens,* de Verlaine. *Les Travailleurs de la Mer,* de Hugo.
			1866-1876. *Le Parnasse contemporain* (œuvre collective des Parnassiens).

SECOND EMPIRE

LOUIS-NAPOLÉON

ÉVÉNEMENTS POLITIQUES ET SOCIAUX	SCIENCES ET TECHNIQUES VOYAGES ET DÉCOUVERTES	ARTS ET URBANISME	LETTRES ET PHILOSOPHIE
	1867. Exposition Universelle. Naissance de Marie Curie (née Sklodowska).	**1867.** Mort de Théodore **Rousseau,** d'**Ingres.** *Roméo et Juliette,* de Gounod. Naissance de Pierre **Bonnard.**	**1867.** Mort de **Baudelaire.** Publication du *Journal d'un poète,* de Vigny. *Thérèse Raquin,* de Zola.
1868. Loi militaire sur la presse.		**1868.** *Le Déjeuner dans un intérieur,* de Manet. *Lise à l'ombre,* de Renoir. *L'Enlèvement d'Europe,* de Gustave Moreau. *Vue de Pontoise,* de Pissaro. **1868.** *Mademoiselle Fiacre dans le ballet de « La Source »,* de Degas. **1868-1900.** *Mélodies,* de Fauré.	**1868.** *Le Petit Chose,* d'Alphonse Daudet. Naissance d'Émile **Chartier (Alain),** de Paul **Claudel,** d'Edmond **Rostand,** de Francis **Jammes.**
1869. Élections.	**1869.** Dynamo de Gramme. Inauguration du canal de Suez.	**1869.** Mort de **Berlioz.** *La Danse,* de Carpeaux. *Le Déjeuner à l'atelier* et le *Balcon,* de Manet. Naissance de **Matisse,** d'Albert **Roussel.** **1869-1879.** *Les Béatitudes,* de César Franck.	**1869.** Mort de **Lamartine.** *L'Éducation sentimentale,* de Flaubert. *Les Lettres de mon moulin,* d'A. Daudet. *Les Fêtes galantes,* de Verlaine. *L'Homme qui rit,* de V. Hugo. *Les Chants de Maldoror,* de Lautréamont. Naissance d'André **Gide.**
Janvier 1870. Ministère Ollivier. **Mai 1870.** Plébiscite. **15 juillet 1870.** Déclaration de guerre à la Prusse. **4 septembre 1870.** Capitulation de Napoléon III. Proclamation de la République : THIERS.	**1870.** Naissance de Jean **Perrin** (physicien). 28 000 machines à vapeur en France.	**1870.** Naissance de Florent **Schmitt** (compositeur) et de Maurice **Denis** (peintre). *Baigneuse au griffon* et *Femme d'Alger,* de Renoir. *Coppélia,* de Léo Delibes.	**1870.** *La Bonne Chanson,* de Verlaine. Mort d'Alexandre **Dumas** père, de **Lautréamont,** de **Mérimée.**
28 janvier 1871. Armistice. **Mars-mai 1871.** La Commune. **1871-1875.** Assemblée nationale.	**1871.** Tunnel du mont Cenis.	**1871.** Naissance de **Rouault.** *Djamileh, Petite suite d'orchestre* et *Jeux d'enfants,* de Bizet. *Le Rouet d'Omphale,* de Saint-Saëns.	**1871.** Naissance de Paul **Valéry,** de Marcel **Proust.** *Hérodiade,* de Mallarmé.

SECOND EMPIRE — LOUIS-NAPOLÉON

THIERS

L'Invitation au voyage, de Chabrier.

Utilisation du fer par Jules Saulnier pour la construction de l'usine Meunier à Noisiel.

Mort du compositeur **Auber.**

1872. Naissance de Paul **Langevin.**

1872. Mort de Théophile **Gautier.**

1872-1873. *Une Saison en Enfer*, de Rimbaud.

1872. *Divertissement*, de Lalo.

Les Quatre Parties du monde, de Carpeaux.

L'Arlésienne, de Bizet.

La Place d'Argenteuil, de Sisley.

Le Ballet de « Robert le Diable », Bouderie et la Classe de danse, de Degas.

1873. Naissance d'Elie **Faure** et d'Henri **Rabaud** (compositeur).

Le Roi l'a dit, de Léo Delibes.

La Maison du pendu, de Cézanne.

Symphonie espagnole, de Lalo.

L'Ecluse de Bougival, Sisley.

Phaéton, de Saint-Saëns.

1873-18744. *Carmen*, de Bizet.

Rédemption, de César Franck.

1874. Naissance de Auguste **Perret** (architecte).

Le Déluge, de Saint-Saëns.

Les Régates, de Sisley.

Impression, soleil levant, de Monet.

A la première exposition impressionniste : *Paysage à Auvers* et *Une moderne Olympia*, de Paul Cézanne.

1873. Naissance de **Colette,** d'Alfred **Jarry,** de Charles **Péguy.**

1874. *De la contingence des lois de la nature*, de Boutroux.

Fromont jeune et Risler aîné, d'Alphonse Daudet.

La Tentation de saint Antoine, de Flaubert.

Après-midi d'un faune, de Mallarmé.

Mort de **Guizot.**

1873. Démission de Thiers. MAC-MAHON.

1874. Une loi interdit le travail des enfants de moins de 12 ans et fixe à 12 heures la journée des enfants de 12 à 16 ans.

THIERS	MAC-MAHON
TROISIÈME RÉPUBLIQUE	

ÉVÉNEMENTS POLITIQUES ET SOCIAUX	SCIENCES ET TECHNIQUES VOYAGES ET DÉCOUVERTES	ARTS ET URBANISME	LETTRES ET PHILOSOPHIE
1875. Vote de la constitution de la IIIᵉ République.		**1875.** Naissance d'Albert **Marquet** (peintre), de Jacques **Villon** (peintre), de Gustave **Perret** (architecte), de **Ravel.** *La Danse macabre,* de Saint-Saëns. Mort de **Carpeaux,** de **Bizet,** de **Corot,** de **Millet,** du sculpteur **Barye.**	**1875.** *La Faute de l'abbé Mouret,* de Zola.
		1876. Naissance de **Vlaminck,** de Raymond **Duchamp** (peintre), de Constantin **Brancusi** (sculpteur). *Sylvia,* de Léo Delibes. *La Barque pendant l'inondation,* de Sisley. *Le Moulin de la Galette,* de Renoir.	**1876.** Naissance de Max **Jacob.** *Marthe, histoire d'une fille,* de Huysmans. Mort de George **Sand,** de **Michelet.**
1877. Crise du 16 mai.		**1877.** Naissance de **Van Dongen,** de Raoul **Dufy.** *La Gare Saint-Lazare,* de Monet. *La Jeunesse d'Hercule* et *Samson et Dalila,* de Saint-Saëns. *L'Absinthe,* de Degas. *L'Age d'airain,* de Rodin. Mort de **Courbet.**	**1877.** Naissance de **Milosz.** *Le Nabab,* d'Alphonse Daudet. *L'Assommoir,* de Zola. *Trois contes,* de Flaubert.
	1878. Exposition Universelle à Paris. Édification du Trocadéro. Mort de Claude **Bernard.**	**1878.** *Portrait de Mᵐᵉ Charpentier et de ses enfants,* de Renoir. **1878-1879.** *Quintette en fa mineur,* de C. Franck.	
1879. Création du parti ouvrier par Jules Guesde. JULES GRÉVY, président de la République.		**1879.** Naissance de Francis **Picabia** (peintre). Mort de **Daumier,** du sculpteur **Préault.**	**1879.** *Les Sœurs Vatard,* de Huysmans.

GRÉVY

MAC-MAHON

TROISIÈME RÉPUBLIQUE

	1880. Naissance d'André **Derain** (peintre). Rodin achève le plâtre de son *Penseur*. *Trois Gymnopédies*, de Satie. **1880-1901.** Œuvre de Toulouse-Lautrec (affiches, peintures).		**1880.** Naissance de Guillaume **Apollinaire.** *Les Désespérés*, de Léon Bloy. *Le Roman expérimental*, de Zola. *Boule de Suif*, de Maupassant. Mort de **Flaubert**, qui laisse inachevés *Bouvard et Pécuchet*. **1880-1893.** Plus de 300 contes de Maupassant publiés dans divers journaux.
	1881. Naissance de Fernand **Léger**, de **Picasso**, d'Albert **Gleizes** (peintre). *Rhapsodie norvégienne*, de Lalo. Illustration des *Fables* de La Fontaine par Gustave Moreau. *Ballade*, de Fauré.		**1881.** Naissance de Pierre **Teilhard de Chardin**, de Roger **Martin du Gard.** *Numa Roumestan*, d'A. Daudet. *Essai sur les données immédiates de la conscience*, de Bergson. *Le Crime de Sylvestre Bonnard*, d'Anatole France. *Sagesse*, de Verlaine. *En Ménage*, de Huysmans.
	1882. Naissance de Georges **Braque.** *Rédemption*, de Gounod. *Le Déjeuner des canotiers*, de Renoir. *Requiem*, de Fauré. *España*, de Chabrier. *Le Bar des Folies-Bergère*, de Manet.		**1882.** Naissance de Jean **Giraudoux.**
	1883. Émile Gallé, animateur de la verrerie de Nancy, ouvre des ateliers d'ébénisterie (renaissance de la marquetterie). *Lakmé*, de Léo Delibes. Mort de **Manet.** **1883-1885.** *Les Grandes Baigneuses*, de Renoir. **1883-1924.** Œuvres instrumentales de Fauré.		**1883.** *La Légende des Siècles* (3e partie), de Hugo. *Contes cruels*, de Villiers de L'Isle-Adam. *Une vie*, de Maupassant.
	1884. Naissance de **Modigliani.** *La Baignade à Asnières*, de Seurat. *Sigurd*, opéra de Reyer. *L'Enfant prodigue*, de Debussy.	**1884.** Moteur à vapeur de Dion-Bouton utilisé pour un quadricycle.	**1884.** Naissance de Jules **Supervielle**, de **Bachelard.** *A Rebours*, de Huysmans.

1880-1881. Premier ministère Ferry.
1881 (juin) Loi Ferry : gratuité de l'enseignement primaire. **1881-1882.** Ministère Gambetta.
1882 (mars). Scolarité obligatoire de 6 à 13 ans.
1883-1885. Second ministère Ferry.
1884. Liberté syndicale.

JULES GRÉVY

TROISIÈME RÉPUBLIQUE

ÉVÉNEMENTS POLITIQUES ET SOCIAUX	SCIENCES ET TECHNIQUES VOYAGES ET DÉCOUVERTES	ARTS ET URBANISME	LETTRES ET PHILOSOPHIE
	1885. Pasteur met au point un vaccin contre la rage. 1885. Premier atelier Peugeot pour la fabrication de vélocipèdes.	1884-1889. *Les Bourgeois de Calais*, de Rodin. 1885. Naissance de Roger de **La Fresnaye** (peintre), de Henri **Laurens** (peintre). 1885. Naissance d'André **Lhote** (peintre), de Robert **Delaunay** (peintre). *Les Mangeurs de pommes de terre*, de Van Gogh. *Symphonie sur un chant montagnard français*, de Vincent d'Indy. *Gwendoline* et *Habanera*, de Chabrier. *Messe de Pâques*, de Gounod.	1885. Naissance de Jules **Romains**, de François **Mauriac.** *Axel*, de Villiers de L'Isle-Adam. 1885. *Les Complaintes*, de Jules Laforgue. *Germinal*, de Zola. *Le Livre de mon ami*, d'A. France. Mort de **Hugo.**
1886. Loi Goblet sur l'enseignement. 1886-1887. Général Boulanger, ministre de la Guerre.		1886. Naissance de **Pevsner** (sculpteur). *Symphonie en ut mineur avec orgue* et le *Carnaval des animaux*, de Saint-Saëns. *Sonate en la pour violon et piano*, de C. Franck. *Le Baiser*, de Rodin. *Un dimanche d'été à la Grande-Jatte*, de Seurat. 1886-1888. *Quatuor à cordes en ré majeur* et *Symphonie en ré mineur*, de C. Franck.	1886. *Les Gaietés de l'escadron*, de Courteline. *L'Ève future* et *Tribulat Bonhomet*, de Villiers de L'Isle-Adam. *L'Imitation de Notre-Dame la Lune*, de Jules Laforgue.
1887. SADI-CARNOT. 1887-1889. Crise boulangiste.		1887. Naissance de Marc **Chagall,** de Marcel **Duchamp** (peintre), de **Le Corbusier,** de Juan **Gris** (peintre) *Didon*, de G. Charpentier. *Ogives* et *Sarabandes*, de Satie. *Le Roi malgré lui*, de Chabrier.	1887. Naissance de Blaise **Cendrars,** de Pierre-Jean **Jouve,** de **Saint-John Perse.** *Album de vers et de prose*, de Mallarmé. *Les Moralités légendaires*, de Jules Laforgue. *La Terre*, de Zola. Mort de Jules **Laforgue.**

JULES GRÉVY   SADI CARNOT

TROISIÈME RÉPUBLIQUE

1888. Naissance de Georges **Bernanos.**
Pierre et Jean, de Maupassant.
L'Immortel, d'Alphonse Daudet.
Le Train de 8 heures 47, de Courteline.

1889. Naissance de **Cocteau**, de Gabriel **Marcel**, de Pierre **Reverdy.**
Parallèlement, de Verlaine.
Tête d'Or, de Claudel.
Mort de **Villiers de L'Isle-Adam**, de **Barbey d'Aurevilly.**

1890. Publication des *Derniers vers*, de Jules Laforgue.
La Bête humaine, de Zola.
Parution de *L'Avenir de la Science*, de Renan.
1890-1897. *La Ville*, de Claudel.

La Damoiselle élue, de Debussy.
Messe à la mémoire de Jeanne d'Arc, de Gounod.
1888. *Le Roi d'Ys*, de Lalo. *Vue de l'île Saint-Louis*, par le Douanier Rousseau. *Trois Gnossiennes*, de Satie. *Les Poseuses* et *La Parade du cirque*, de Seurat. Monet commence ses « Séries ».

V. 1888-1889. *Autoportrait à l'oreille coupée*, l'*Arlésienne*, le *Facteur Roulin*, le *Pont de l'Anglais à Arles*, *Champ d'Oliviers*, les *Blés jaunes*, de Van Gogh.

1889. *La Mère et l'Enfant*, de Pierre Bonnard. *Shylock*, de Fauré. *Bonjour Monsieur Gauguin*, le *Christ jaune*, *la Belle Angèle*, de Gauguin.

1890. N a i s s a n c e d e **Zadkine** (sculpteur). *Trois Chorals d'orgue*, de César Franck. *Le Chahut* et *Jeune Femme se poudrant*, de Seurat. *Le Rêve*, d'A. Bruneau. *L'Homme à la pipe* et *Les Joueurs de cartes*, de Cézanne. *Femmes bretonnes*, de Maurice Denis.
Ève, de Gauguin.
Mort de **Van Gogh**, de César **Franck.**

1889. Brevet de Dion pour un moteur à explosion.
Exposition Universelle de Paris ; 33 millions de visiteurs. Édification de la tour Eiffel. Galerie des machines, en fer, de Dutert et Contamin. Présentation par les Peugeot d'une voiture à trois roues.

1890. Peugeot construit une des premières automobiles à essence. Elle suit la course cycliste Paris-Brest-Paris, créée par le *Petit-Journal*. Invention par Branly du radioconducteur, qui permet la réception des signaux de télégraphie sans fil.

9 octobre 1890. Ader s'élève de terre avec son avion *Éole*.

ÉVÉNEMENTS POLITIQUES ET SOCIAUX	SCIENCES ET TECHNIQUES VOYAGES ET DÉCOUVERTES	ARTS ET URBANISME	LETTRES ET PHILOSOPHIE
		V. **1890.** École de peinture nabi : Sérusier, Maurice Denis, Vuillard.	
1891. Encyclique *Rerum Novarum* de Léon XIII.	**1891.** Panhard et Levassor construisent la première automobile à essence : elle traverse Paris.	**1891.** Naissance de **Lipchitz** (sculpteur), de Max **Ernst** (peintre). *Vahiné no te tiare* (Femme à la fleur), de Gauguin. *Les Femmes au jardin*, de Bonnard. *Hésiode et la Muse*, de Gustave Moreau.	**1891.** *Le Commissaire est bon enfant*, de Courteline. *Là-bas*, de Huysmans. Mort de **Rimbaud.**
		1891. Mort de Georges **Seurat**, de Léo **Delibes.**	
1892. Crise de Panama. Protectionnisme de Méline. La journée de travail des hommes est fixée à 12 heures et celle des femmes à 11 heures.	**1892.** Naissance de Louis de **Broglie.** Four électrique de Moissan.	**1892.** Naissance de Darius **Milhaud** d'Arthur **Honegger**, de Marcel **Gromaire** (peintre), de Jean **Lurçat.** *Arearea* (Amusements), de Gauguin. *Cathédrales de Rouen*, de Monet. Mort d'Édouard **Lalo.**	**1892.** *La Débâcle*, de Zola. Mort de **Renan.**
		1892-1893. *L'Attaque du Moulin*, d'A. Bruneau.	
1893. Alliance franco-russe.	**1893.** Premier Salon de l'Automobile. Pneu Michelin.	**1893.** Naissance de Joan **Miró.**	**1893.** *Les Trophées*, de José-Maria de Heredia.
		1893. Naissance d'Édouard **Goerg** (peintre et graveur). Aqueduc d'Achères, en béton armé, par Coignet. *Les Muses*, de Maurice Denis. Publication du *Journal*, de Delacroix. Mort de **Gounod.**	**1893.** *L'Action*, de Blondel. *De la division du travail social*, de Durkheim. *Messieurs les ronds-de-cuir* et *Boubouroche*, de Courteline. Mort de **Maupassant.**

TROISIÈME RÉPUBLIQUE

SADI CARNOT

Histoire	Sciences	Arts	Lettres
1894. CASIMIR-PERIER président de la République. **Décembre 1894.** Condamnation de Dreyfus. **1895.** Fondation de la C.G.T. FÉLIX FAURE président de la République. **1896-1898.** Ministère Méline. **1897-1899.** Affaire Dreyfus.	**1894.** Naissance de Jean **Rostand.** Énonciation par Pierre Curie du « principe de symétrie ». **22 mars 1895.** Première démonstration publique du cinématographe par Louis Lumière *La Sortie des ouvriers de l'usine Lumière à Lyon-Monplaisir.* **1895.** Mort de **Pasteur.** Panhard prend un brevet de « boîte de vitesses » pour automobiles. Premiers travaux de Jean Perrin sur les rayons cathodiques puis sur les rayons X. **1896.** Henri Becquerel découvre le phénomène de radio-activité sur les sels d'uranium. **1897.** Naissance d'Irène **Joliot-Curie.** Construction du premier studio de cinéma par P. Du-Méliès. **1897-1898.** Construction par Hector Guimard (1827-1942) du castel Béranger, 14, rue La Fontaine à Paris. *Rayons cathodiques et rayons Roentgen,* de Jean Perrin.	**1894.** Naissance de Jean **Renoir,** de **Soutine.** *Le Poète et la Sirène,* tapisserie de G. Moreau. *Prélude à l'après-midi d'un faune,* de Debussy. Mort d'Emmanuel **Chabrier.** **1894-1896.** *Messidor,* d'A. Bruneau. **1895.** Toulouse-Lautrec décore la baraque foraine de la Goulue. Première exposition importante des œuvres de Cézanne. *Menuet antique et Habanera,* de Ravel. **1895-1905.** *Les Grandes Baigneuses,* de Cézanne. **1896.** Naissance d'André **Masson** (peintre). *Moulin-Rouge et Jardin de Paris,* de P. Bonnard. *Poèmes barbares,* de Gauguin. *Fervaal et Istar,* de Vincent d'Indy. *Le Lac d'Annecy,* de Cézanne. **1897.** *La Famille Mellerio,* par Maurice Denis. *Never more,* de Gauguin. *L'Apprenti sorcier,* de P. Dukas.	**1894.** Naissance de Georges **Duhamel.** *Les Minutes de sable mémorial,* d'Alfred Jarry. *Les Règles de la méthode sociologique,* de Durkheim. Mort de **Leconte de Lisle.** **1895.** Naissance de Paul **Eluard** et de Marcel **Pagnol.** *Introduction à la méthode de Léonard de Vinci,* de Valéry. *Les Villes tentaculaires,* de Verhaeren. *En route,* de Huysmans. *De l'idée de loi naturelle dans la science et la philosophie,* de Boutroux. **1896.** Naissance d'Henry de **Montherlant,** d'André **Breton,** de Tristan **Tzara.** *Histoires naturelles,* de Jules Renard. *Ubu-Roi,* d'Alfred Jarry. *Les Plaisirs et les Jours,* de Proust. *Matière et Mémoire,* de Bergson. *La Soirée avec M. Teste,* de Valéry. Mort de **Verlaine.** **1896-1904.** *Jean Santeuil,* de Proust. **1897.** Naissance de Joé **Bousquet,** de Louis **Aragon.** *La Femme pauvre,* de Léon Bloy. *Les Nourritures terrestres,* d'A. Gide. *Un coup de dés jamais n'abolira le hasard,* de Mallarmé. *Cyrano de Bergerac,* d'Edmond Rostand. *Le Suicide,* de Durkheim. Mort d'Alphonse **Daudet.**

CASIMIR PÉRIER | FÉLIX FAURE

TROISIÈME RÉPUBLIQUE

ÉVÉNEMENTS POLITIQUES ET SOCIAUX	SCIENCES ET TECHNIQUES VOYAGES ET DÉCOUVERTES	ARTS ET URBANISME	LETTRES ET PHILOSOPHIE
13 janvier 1898. *J'accuse !* Lettre de Zola à Félix Faure dans *l'Aurore*, au sujet de l'affaire Dreyfus. **1898-1905.** Delcassé aux Affaires étrangères.	**1898.** Pierre et Marie Curie isolent le polonium et le radium.	**1897-1902.** Église de Saint-Jean-de-Montmartre en béton armé par Baudot (première église en béton armé). **1898.** *Le Fiacre*, par Bonnard. *Balzac*, par Rodin. Mort du peintre Gustave **Moreau.** **1898-1905.** *Les Nymphéas*, de Monet.	**1898.** *La Cathédrale*, de Huysmans. *De l'Angélus de l'aube à l'Angélus du soir*, de Francis Jammes. *Essai sur la classification des sciences*, de Goblot. Mort de **Mallarmé.**
1899. « Bloc des Gauches » au Parlement. ÉMILE LOUBET président de la République. **1899-1902.** Ministère Waldeck-Rousseau.		**1899.** Naissance de Georges **Auric** (compositeur), de Francis **Poulenc.** *Les Seins aux fleurs rouges* et *D'où venons-nous, que sommes-nous, où allons-nous*, de Gauguin. *Pavane pour une infante défunte*, de Ravel. *Salle à manger*, *Sous la lampe*, *Grand-mère*, de Bonnard. *L'Affaire Dreyfus*, film de Méliès. *La Procession nocturne*, d'Henri Rabaud. *D'Eugène Delacroix au néo-impressionnisme*, de Signac. Mort de **Sisley.**	**1899.** Naissance d'Henri **Michaux.** *Le Gendarme est sans pitié*, de Courteline. *L'Anneau d'améthyste*, d'Anatole France. **1899-1901-1903.** *Les Quatre Évangiles*, de Zola.
	1900. Naissance de Frédéric **Joliot-Curie.** Ville de démonstration d'Hennebique en béton armé, à Bourg-la-Reine. Inauguration du Métropolitain, construit par Bienvenüe.	**1900.** *Modèles à l'atelier*, de Matisse. *Chansons de Bilitis* et *Nocturnes*, de Debussy. *Hommage à Cézanne*, de Maurice Denis. *Léda*, de Maillol. *Louise*, roman musical de G. Charpentier.	**1900.** Naissance de Jacques **Prévert**, d'Antoine de **Saint-Exupéry.** *Le Rire*, de Bergson. *L'Aiglon*, d'Edmond Rostand. *L'article 330*, de Courteline. *Claudine à l'école*, de Colette. Péguy fonde *Les Cahiers de la Quinzaine*.

FÉLIX FAURE   EMILE LOUBET

TROISIÈME RÉPUBLIQUE

Littérature	Arts	Sciences	Politique
	Exposition Universelle à Paris : édification du pont Alexandre-III, du Grand et du Petit-Palais aux Champs-Élysées. **V. 1900.** Développement du « modern'style ». **A partir de 1900.** Œuvre picturale de Van Dongen. **1900-1906.** *La Vieille au chapelet*, de Cézanne.	**V. 1900.** Recherches de Perrin sur l'atome. Études de Paul Painlevé sur les équations différentielles et travaux sur l'aviation.	
1901. *M. Bergeret à Paris*, d'A. France. *Le Deuil des primevères*, de Francis Jammes. Naissance d'André **Malraux.**	**1901.** Marquet expose au Salon des Indépendants. *La Pensée*, de Maillol. *Et l'or de leurs corps*, de Gauguin. Rétrospective Van Gogh. Naissance de **Giacometti** (sculpteur). Mort de **Toulouse-Lautrec.** **1901-1904.** Époque bleue de la peinture de Picasso.	**1901.** Naissance de Louis **Leprince-Ringuet.**	**1901.** Loi sur les associations.
1902. Naissance de Marcel **Aymé,** de Nathalie **Sarraute.** *Le Surmâle*, d'Alfred Jarry. *Le Triomphe de la vie*, de Francis Jammes.	**1902.** *La Nuit*, de Maillol. Immeuble en béton armé du 25 bis rue Franklin, à Paris, par les frères Perret. *Quai de la Tournelle*, par Marquet. Illustration de *Parallèlement* de Verlaine par Bonnard. Illustration de *Daphnis et Chloé* par Bonnard. *Pelléas et Mélisande*, de Debussy. *Le Voyage dans la lune*, film de Méliès. *L'Enfant-Roi*, d'A. Bruneau.	**1902.** Découverte de l'anaphylaxie par Richet. *La Science et l'hypothèse*, d'Henri Poincaré. Turbines multicellulaires de Rateau pour le transport de l'énergie électrique à grande distance.	**1902-1905.** Ministère Combes.
1903. *L'Oblat*, de Huysmans.	**1903.** *Le Bal à Suresnes*, d'A. Derain. *L'Étranger*, de Vincent d'Indy. *Les Filles*, de Rouault. *Schéhérazade*, de Ravel. Mort de **Gauguin,** de **Pissarro.**	**1903.** Prix Nobel de physique à Becquerel, Pierre et Marie Curie.	

ÉVÉNEMENTS POLITIQUES ET SOCIAUX	SCIENCES ET TECHNIQUES VOYAGES ET DÉCOUVERTES	ARTS ET URBANISME	LETTRES ET PHILOSOPHIE
1904. Rupture avec le Saint-Siège.		**1903-1904.** *Point-du-Jour*, de Marquet.	
		1904. Naissance de Germaine **Richier** (sculpteur), de Salvador **Dali.** Van Dongen expose : *Vue de Delfshaven, Arc-en-ciel, Nuages, le Moulin de la Galette, le Maquis de Montmartre.* Illustration des *Histoires Naturelles*, de Jules Renard par Bonnard. *L'Eniremetteuse et Clown tragique*, de Rouault. Présentation au Salon du *Penseur*, de Rodin. *Le Désir*, de Maillol.	**1904-1911.** *Toute la Flandre*, de Verhaeren.
1905. Loi de séparation de l'Église et de l'État. Fondation de la S.F.I.O.		**1905.** Naissance d'André **Jolivet** (compositeur). Salon d'automne 1905 : naissance du fauvisme (nom donné par le critique Louis Vauxelles). *Poème sur le deuxième Livre de Job* et *Divertissement sur deux chansons russes*, d'Henri Rabaud.	**1905.** Naissance de J.-P. **Sartre**, d'Emmanuel **Mounier.** *Notre Patrie*, de Péguy. Mort de José-Maria de **Heredia.**
		1905-1906. *Angle du Quai des Grands-Augustins et de la rue Gît-le-Cœur*, de Marquet.	
		1905-1907. Époque rose de la peinture de Picasso.	
1906. Acquittement de Dreyfus. ARMAND FALLIÈRES président de la République. Charte du Congrès d'Amiens (indépendance des syndicalistes à l'égard des partis et du Parlement).	**1906.** *La Valeur de la science*, par Henri Poincaré. Mort de Pierre **Curie.**	**1906.** *Le Jeune marin à la casquette*, *Luxe, calme et volupté*, de Matisse. *Bretonnes sous la tonnelle, Maternité à la fenêtre, Portrait de dom Verkode*, de Maurice Denis.	**1906.** Naissance de Samuel **Beckett.** *Partage de Midi*, de Claudel. *Les Sept Solitudes*, de Milosz.

ÉMILE LOUBET | A. FALLIÈRES

TROISIÈME RÉPUBLIQUE

1907. Clemenceau réprime les grèves des mineurs et les émeutes des viticulteurs du Midi.	21 novembre 1906. Premiers vols de Santos-Dumont à Bagatelle, avec le moteur à explosion de Levavasseur. 1906-1923. Travaux de Calmette et Guérin sur la vaccination antituberculeuse, qui aboutissent au B.C.G.	L'Action enchaînée, de Maillol. Publication de Noo-Noo, de Gauguin. Fille, de Rouault. En Barque, de P. Bonnard. Ramuntcho, de Pierné. Mort de **Cézanne.** Vlaminck expose au Salon des Artistes indépendants. 1906-1958. Œuvre de Vlaminck. 1906-1907. Les Demoiselles d'Avignon, de Picasso. 1906-1922. Le Manège électrique, de Delaunay.	1907. Naissance de René **Char.** L'Évolution créatrice, de Bergson. Mort de **Huysmans,** d'Alfred **Jarry.**
	1907. Mort de **Berthelot.** 1907-1916. Création de la théorie des familles normales de fonctions, par Montel.	1907. Naissance d'André **Marchand** (peintre). Rhapsodie espagnole et l'Heure espagnole, de Ravel. Obélisque, de Rouault. Histoire de Psyché et Au balcon de Venise, de Maurice Denis. Quai du Louvre, de Marquet. Rétrospective de Cézanne. Torse de femme, de Duchamp-Villon. Pomone, de Maillol. Ariane et Barbe-Bleue, de Paul Dukas. V. 1907. Portrait de l'artiste, de R. de La Fresnaye. 1907-1908. La Tragédie de Salomé, de Florent Schmitt. 1907-1917. Époque cubiste de la peinture de Picasso.	
	1908. Premier kilomètre en circuit fermé en avion par Farman. Mort du physicien Henri **Becquerel.**	1908. Naissance de Daniel **Lesur** (compositeur), d'Olivier **Messiaen.**	1908. Naissance de Maurice Merleau-**Ponty,** de Simone de **Beauvoir.** La Vie unanime, de Jules Romains. L'Ile des Pingouins, d'A. France. 1908-1919. Propos, d'Alain.

ARMAND FALLIÈRES

TROISIÈME RÉPUBLIQUE

ÉVÉNEMENTS POLITIQUES ET SOCIAUX	SCIENCES ET TECHNIQUES VOYAGES ET DÉCOUVERTES	ARTS ET URBANISME	LETTRES ET PHILOSOPHIE
		Gaspard de la Nuit et Ma Mère L'Oye, de Ravel. *La Jungle et la Charmeuse de serpent*, du Douanier Rousseau. Illustration par A. Derain de *l'Enchanteur pourrissant*, d'Apollinaire. *La Sagesse*, de Constantin Brancusi.	
		1908. *Ibéria*, de Debussy.	
1909. Ministère Briand.	**1909.** Traversée de la Manche par Blériot. Construction par Levavasseur du monoplan *Antoinette*. *Science et Méthode*, d'Henri Poincaré. *Traité de géographie physique*, de Martonne.	**1909.** *Héraclès archer*, de Bourdelle. *Forêt bleue*, de Louis Aubert (créée à l'Opéra de Boston en 1913). *La Femme aux chrysanthèmes*, de R. de La Fresnaye.	**1909.** *La Chanson du mal-aimé*, d'Apollinaire. *L'Otage*, de Claudel.
		1909-1912. *Daphnis et Chloé*, de Ravel.	
		1909-1921. *Histoire de l'Art*, d'Élie Faure.	
	V. 1910-1946. Travaux de Langevin dans tous les domaines de la physique et en particulier sur les rayons X.	**1910.** Début de l'art abstrait (aquarelle de Kandinsky). *L'Ile-de-France*, de Maillol. *L'Athlète*, de Duchamp-Villon.	**1910.** Naissance d'**Anouilh**. *La Vagabonde*, de Colette. *L'Annonce faite à Marie*, de Claudel. *Notre Jeunesse* et le *Mystère de la charité de Jeanne d'Arc*, de Péguy.
		Le Cuirassier, le Torse au miroir, Nus dans un paysage, de R. de La Fresnaye.	
		La Brebis égarée, de Darius Milhaud.	
		Représentation de *l'Oiseau de feu*, de Stravinsky. *La Noce*, du Douanier Rousseau.	
		Le Mariage, de Marc Chagall.	
		Nu debout, de Marquet.	

TROISIÈME RÉPUBLIQUE — ARMAND FALLIÈRES

Politique	Sciences	Arts	Littérature
1911. Octroi d'une nouvelle constitution en Alsace-Lorraine allemande.	**1911.** *L'Anaphylaxie*, de Charles Richet. *Leçons sur les hypothèses cosmogoniques*, d'Henri Poincaré.	**1910. Mort du Douanier Rousseau.** **1910-1912.** *La Ville de Paris*, de Delaunay. **1911. Naissance d'Alfred Manessier.** *Valses nobles et sentimentales*, de Ravel. *Baudelaire*, de Duchamp-Villon. *Représentation de Petrouchka*, de Stravinsky. *Nature morte au coquetier* et *Paysage de La Ferté-sous-Jouarre*, de R. de La Fresnaye. *Les Tours de Laon* et la *Tour rouge*, de R. Delaunay. *Nature morte à l'écuelle* et *Portrait de Maurice Raynal*, de Juan Gris. *Les Fumeurs*, de Fernand Léger. *Nu descendant un escalier*, de Marcel Duchamp. *Prométhée*, de C. Brancusi. *Flore*, de Maillol. **1911-1912.** *La Noce*, de Fernand Léger. **1911-1912.** *Le Samedi*, *La Cène*, les *Deux Sœurs*, le *Portrait de Paul Poiret*, d'A. Derain. **1912.** *Du cubisme et des moyens de le comprendre*, d'A. Gleizes et J. Metzinger. *Le Festin de l'Araignée*, d'A. Roussel. *Le Dépiquage des moissons*, d'A. Gleizes. *Les Amies*, de Marquet. *Le Paradis*, de Maurice Denis.	**1911.** *L'Armée dans la ville*, de Jules Romains. *Le Mystère des Saints-Innocents* et le *Porche du Mystère de la deuxième vertu*, de Péguy. *Éloges*, de Saint-John Perse. **1912. Naissance de Ionesco.** *Tapisserie de Notre-Dame* et *Tapisserie de Sainte-Geneviève et de Jeanne-d'Arc*, de Péguy. *Œuvres burlesques et mystiques de Frère Matorel*, de Max Jacob. *Les Formes élémentaires de la vie religieuse*, de Durkheim. *Les Étapes de la philosophie mathématique*, de Brunschvicg. *Les Pâque à New York*, de B. Cendrars. *Les Géorgiques chrétiennes*, de F. Jammes.

TROISIÈME RÉPUBLIQUE

ARMAND FALLIÈRES

ÉVÉNEMENTS POLITIQUES ET SOCIAUX	SCIENCES ET TECHNIQUES VOYAGES ET DÉCOUVERTES	ARTS ET URBANISME	LETTRES ET PHILOSOPHIE
1913. Le service actif est porté à 3 ans (au lieu de 2).		Maurice Denis peint le plafond du théâtre des Champs-Élysées. *Les Trois Anses*, de R. de La Fresnaye. *La Péri*, de Paul Dukas.	
1913-1920. POINCARÉ, président de la République.		**1913.** Représentation du *Sacre du Printemps*, de Stravinsky. *Trois poèmes de Stéphane Mallarmé*, de Ravel. *Les Amants*, de Duchamp-Villon. *L'Annonciation*, de Maurice Denis. *Escale*, d'André Lhote. *La Rencontre et la Danseuse*, de Lipchitz. *Pénélope*, de Fauré. Fin de construction du théâtre des Champs-Élysées.	**1913.** Naissance d'Albert **Camus.** **1913.** *Jean Barois*, de Roger Martin du Gard. *La Prose du Transsibérien et de la petite Jehanne de France*, de B. Cendrars. *Alcools*, d'Apollinaire. *Cinq grandes odes*, de P. Claudel. *Odes et Prières*, de J. Romains. *Eve et l'Argent*, de Péguy. *L'Entrave*, de Colette. *A.O. Barnabooth*, de Valery Larbaud. **1913-1927.** Parution de *A la Recherche du temps perdu*, de Marcel Proust, en 14 volumes.
28 juin 1914. Attentat de Sarajevo. **28 juillet-4 août.** Déclarations de guerre. **31 juillet.** Assassinat de Jaurès. **2 août.** Mobilisation générale. **Août-septembre.** Offensive allemande en Belgique et en France. **Septembre.** Victoire de la Marne. Stabilisation du front.	**15 août 1914.** Ouverture du canal de Panama.	**1913-1914.** *L'Orestie*, de Darius Milhaud. **1914.** *Protée*, de Darius Milhaud. *Marouf, savetier du Caire*, d'Henri Rabaud. *Femme assise et Cheval*, de Duchamp-Villon. *Le 14 juillet*, de R. de La Fresnaye. *Femme en rouge et vert*, de Fernand Léger. **1914-1918.** *Pádmávati*, de Roussel.	**1914.** *Le Pain dur*, de Claudel. *La Révolte des Anges*, d'A. France. *Les Caves du Vatican*, d'A. Gide. **Septembre 1914.** Mort de **Péguy.** **1914-1928.** *Journal métaphysique*, de Gabriel Marcel.
1915. Guerre de tranchées.		**1915.** *Tête*, de Lipchitz. *Printemps*, de Darius Milhaud. **1915-1920.** Peinture de **Modigliani.**	**1915.** *Corona Benignitatis anni Dei*, de Claudel.
FALLIÈRES	RAYMOND POINCARÉ		
TROISIÈME RÉPUBLIQUE			

Histoire	Sciences	Arts	Lettres
Février 1916. Verdun.		**1916.** Apparition du mouvement dada, créé par Tristan Tzara, qui publie la *Première Aventure céleste de M. Antipyrine*. *Le Peintre et son modèle*, de Matisse.	**1916.** *Le Père humilié*, de Paul Claudel. Mort d'Émile **Verhaeren.** *Le Poète assassiné*, d'Apollinaire. **1916-1918.** *Discours du grand sommeil*, de Cocteau.
Avril 1917. Entrée en guerre des États-Unis. **Novembre 1917.** Clemenceau président du Conseil.		**1917.** *Le Tombeau de Couperin*, de Ravel. *Parade*, ballet de Satie. *La Princesse X*, de Constantin Brancusi. *Femme à l'éventail*, d'H. Laurens. Mort de **Rodin,** de **Degas.**	**1917.** *La Jeune Parque*, de Valéry. *Le Cornet à dés*, de Max Jacob. *La Vie des Martyrs*, de Duhamel. *Les Mamelles de Tirésias*, d'Apollinaire. Mort de **Durkheim,** de Léon **Bloy.**
18 juillet 1918. Foch gagne la seconde bataille de la Marne. **11 novembre 1918.** Armistice de Rethondes.		**1918.** *Le Violoniste vert*, de Chagall. *Guitare*, d'H. Laurens. *Socrate*, oratorio de Satie. *Crucifixion*, de Rouault. *Colonne sans fin*, de C. Brancusi. Mort de **Debussy,** de Raymond **Duchamp-Villon.**	**1918.** *Le Panama ou les aventures de mes sept oncles*, de B. Cendrars. *Calligrammes*, d'Apollinaire. *Manifeste dada*, de T. Tzara. *Civilisation*, de Georges Duhamel. *Simon le Pathétique*, de Giraudoux. *Traité de logique*, de Goblot. Mort d'**Apollinaire,** d'Edmond **Rostand.**
1919. Fondation de la IIIe Internationale. Loi Astier sur l'enseignement technique. **28 juin 1919.** Traité de Versailles. Pacte de la S.D.N.		**1919.** *Bouteille et Journal*, d'H. Laurens. *L'Oiseau d'or*, de C. Brancusi. *Les Hommes dans la ville*, de F. Léger. Mort de **Renoir.** **V. 1919.** *Fenêtre à Nice* et les *Odalisques*, de Matisse. **1919-1920.** *La Valse*, de Ravel.	**1919.** *La Possession du Monde*, de Duhamel. *Le Cap de Bonne-Espérance*, de Cocteau. *La Défense de Tartuffe*, de M. Jacob. *La Symphonie pastorale*, d'A. Gide. **1919-1925.** *L'Esprit nouveau*, de Le Corbusier.
1920. PAUL DESCHANEL président de la République. **10 janvier 1920.** Entrée en vigueur du Traité de Versailles.	**1920.** *Traité de l'immunité dans les maladies infectieuses*, de M. Bordet.	**1920.** *Pastorale d'été*, d'Honegger. *Le Petit déjeuner*, le *Sourire*, les *frères Bernheim*, *Portrait d'Ambroise Vollard*, de P. Bonnard. Mort de **Modigliani.** **1920-1925.** *L'Enfant et les sortilèges*, de Ravel.	**1920.** Naissance de René-Guy **Cadou.** *Cromedeyre-le-Vieil*, de J. Romains. *Poésies*, de Cocteau. *Si le grain ne meurt*, d'A. Gide. *Album de vers anciens*, de Valéry. *La Confession de Lemuel*, de Milosz. *Chéri*, de Colette. *Système des Beaux-arts*, d'Alain. **1920-1924.** *Mouvement perpétuel*, d'Aragon.

TROISIÈME RÉPUBLIQUE

RAYMOND POINCARÉ — P. DESCHANEL

ÉVÉNEMENTS POLITIQUES ET SOCIAUX	SCIENCES ET TECHNIQUES VOYAGES ET DÉCOUVERTES	ARTS ET URBANISME	LETTRES ET PHILOSOPHIE
ALEXANDRE MILLERAND, président de la République.			**1920-1932.** *Vie et Aventures de Salavin,* de Duhamel.
	1921. *Les Atomes,* de Jean Perrin.	**1921.** *La Roue,* film d'Abel Gance. *A.B.C. de la peinture,* de P. Sérusier. *Le Roi David,* d'Honegger. Mort de **Saint-Saëns.**	**1921.** *Le Système des sciences,* de Goblot. *Mars ou la guerre jugée,* d'Alain. *La Laboratoire central,* de M. Jacob.
		1921-1923. *Portrait de Guy-nemer,* par R. de la Fres-naye.	
		1922. *La Toilette et la Plage à marée basse,* de P. Bon-nard. *Les hommes n'en sauront rien,* de Max Ernst. *Femmes dans un intérieur,* de F. Léger.	**1922.** Naissance de A. **Robbe-Grillet.** *Siegfried et le Limousin,* de Giraudoux. *Vocabulaire,* de Cocteau. *Charmes,* de Valéry. *L'Expérience humaine et la causalité phy-sique,* de Brunschvicg. *Débarcadère,* de J. Supervielle. *Le Baiser au lépreux,* de F. Mauriac. *Durée et simultanéité,* de Bergson. Mort de Marcel **Proust.**
			1922-1923. Parution des *Thibault,* de R. Martin du Gard.
		1923. *Pacific 231,* d'Honeg-ger. *La Loterie foraine,* de Gro-maire. *Femme à sa toilette,* d'A. Lhote. *Portrait de l'artiste,* de M. Denis. *Cydalise et le chèvre-pied,* de Pierné.	**1923.** *Eupalinos,* de Valéry. *Thomas l'Imposteur* et *Plain-chant,* de Cocteau. *La Maison de Claudine et le Blé en herbe,* de Colette. *Knock* et M. *Le Trouhadec saisi par la débauche,* de J. Romains. *Génitrix,* de F. Mauriac.
1924. Cartel des gauches. Crise financière. Démission de Millerand. GASTON DOUMERGUE président de la République.	**1924.** *Recherches sur la théorie des quanta,* de Louis de Broglie qui crée la mécanique on-dulatoire. Mise au point par Roux de l'anatoxine antidiph-térique.	**1924.** *Les Biches,* de F. Pou-lenc. *Les Malheurs d'Orphée,* de D. Milhaud. *Le Commencement du monde,* de C. Brancusi. *Les Fâcheux,* de G. Auric. *Relâche,* ballet de E. Satie.	**1924.** *Anabase* et *Amitié du Prince,* de Saint-John Perse. *Manifeste du surréalisme,* d'A. Breton. *Le Soulier de satin,* de Claudel. *Les Mariés de la tour Eiffel,* de Cocteau. Mort d'Anatole **France.**

TROISIÈME RÉPUBLIQUE

ALEXANDRE MILLERAND

1924. Premier volume de *Variété*, de Valéry.	*Peinture à sept éléments cadencés et rythmés*, d'A. Gleizes. *L'Appel de la mer*, d'H. Rabaud. Mort de Gabriel **Fauré**. *Vénus* et *Femme à la colombe*, de Maillol. **1924-1933**. *Vénus au collier*, de Maillol.		1925. Pacte rhénan de Locarno.
1925. *Gravitation*, de J. Supervielle. *Les Pénitents en maillots roses*, de M. Jacob. *Feuilles de Saints*, de Claudel. **1925-1927**. *Opéra*, de Cocteau.	**1925**. *Esther de Carpentras*, opéra de D. Milhaud. *Les Matelots*, de G. Auric. *La Guerre*, de M. Gromaire. *Le Corsage rouge*, de P. Bonnard. *La Composition*, de F. Léger. *La Dame à l'éventail*, de Zadkine. Mort d'Érik **Satie**, de Roger de **La Fresnaye**, de **Bourdelle**.	**1925**. Expansion de la couleur dans les journaux.	
1926. Naissance de Michel **Butor**. **1926**. *Le Paysan de Paris*, d'Aragon. *Capitale de la douleur*, de P. Eluard. *Légitime défense*, d'A. Breton. *Ma France poétique*, de F. Jammes. *Sous le soleil de Satan*, de Bernanos. *Thérèse Desqueyroux* et *le Désert de l'amour*, de F. Mauriac. *Bella*, de Giraudoux. *Les Bestiaires*, de Montherlant. *Les Faux-Monnayeurs*, d'A. Gide. *Amants, heureux amants*, de V. Larbaud. **1926-1927**. *Le Milieu divin*, de P. Teilhard de Chardin.	**1926**. *Le Cirque*, de M. Chagall. **1926**. *Le Carnaval d'Aix* et *le Pauvre Matelot*, de D. Milhaud. *Napoléon*, film d'Abel Gance. Mort de **Monet**. **1926-1935**. Période surréaliste de la peinture de Picasso.	**1926**. Jean Perrin reçoit le prix Nobel de physique.	**8 septembre 1926**. Entrée de l'Allemagne à la S.D.N.
1927. *Le Progrès de la conscience dans la philosophie occidentale*, de Brunschvicg. *Le Voyage au Congo*, d'A. Gide. *Le Gant de crin*, de P. Reverdy. *L'Imposture*, de Bernanos. *Qui je fus*, d'H. Michaux. *L'Esprit des Formes*, d'E. Faure.	**1927**. *Oiseau*, de Zadkine. Essais de sculpture en fil de fer au Salon des Humoristes et invention des « mobiles » par Calder. *Vision provoquée par une ficelle que j'ai trouvée sur ma table*, de Max Ernst.	**1927**. Début du cinéma « parlant ».	

GASTON DOUMERGUE

TROISIÈME RÉPUBLIQUE

ÉVÉNEMENTS POLITIQUES ET SOCIAUX	SCIENCES ET TECHNIQUES VOYAGES ET DÉCOUVERTES	ARTS ET URBANISME	LETTRES ET PHILOSOPHIE
		Le Roi de cartes, de F. Léger. *Impressions de Music-hall*, de Pierné. Mort de Paul **Sérusier**, de Juan **Gris**.	*Adrienne Mesurat*, de J. Green. Mort de **Courteline**.
1928. Pacte Briand-Kellogg.		**1928.** *La Chasse*, d'A. Derain. *Boléro*, de Ravel. *Rugby*, d'Honegger. *Les Mariés de la tour Eiffel*, de M. Chagall.	**1928.** *Siegfried*, de Giraudoux. *Propos sur le bonheur*, d'Alain. *Les Noces*, de P.-J. Jouve. *Les Conquérants*, de Malraux. *Topaze et Marius*, de Pagnol. *Œdipe-Roi*, de Cocteau. *La Balle au bond*, de P. Reverdy. *Nadja*, d'A. Breton.
		1928-1943. *Christophe Colomb*, *Maximilien*, *Bolivar*, de D. Milhaud.	
	1929. Teilhard de Chardin étudie le « sinanthrope » de Pékin.	**1929.** *La Jeune Fille à l'oiseau*, de Zadkine. *La Source*, de Gromaire. *Femme accroupie*, d'H. Laurens. *Composition*, de F. Léger.	**1929.** *Amphitryon 38*, de Giraudoux. *Fanny*, de Pagnol. *Les Enfants terribles*, de Cocteau. *Ecuador*, d'H. Michaux. *La Table-aux-Crevés*, de M. Aymé. *La Joie*, de Bernanos. *Sido*, de Colette. *L'Amour, la poésie*, de P. Éluard. Publication du 2ᵉ volume de *Variété*, de Valéry.
	1930. *Les Éléments de la physique*, de J. Perrin. *Ondes et corpuscules*, de Louis de Broglie.	**1930.** *Le Christ et le Soldat*, de Rouault. *La Moisson et Léda*, d'A. Lhote. *Les Aventures du roi Pausole*, d'Honegger. *Nature morte aux clés*, *Nature morte contrastes d'objets*, *la Danseuse bleue*, de F. Léger.	**1930.** *Le Forçat innocent*, de Supervielle. *La Voix royale*, de Malraux. *Un certain M. Plume*, d'H. Michaux. *Courrier Sud*, de Saint-Exupéry. *La Voie humaine*, de Cocteau. *Donogoo*, de J. Romains. *Second manifeste du surréalisme*, d'A. Breton.
1931. PAUL DOUMER président de la République. Assassinat de Doumer.		**1931.** *Bacchus et Ariane*, d'A. Roussel. *Le Sang d'un poète*, film de Cocteau. Mort de Vincent d'**Indy**.	**1931.** *César*, de Pagnol. *Vol de Nuit*, de Saint-Exupéry. *Barrabas*, de M. de Ghelderode.
		1931-1933. *La Danse*, de Matisse.	

GASTON DOUMERGUE   PAUL DOUMER

TROISIÈME RÉPUBLIQUE

685

1932. ALBERT LEBRUN président de la République.	**20 octobre 1932.** Lancement du paquebot *Normandie.*	**1932.** *Christ aux outrages,* de Rouault. *Composition aux trois figures,* de F. Léger. *Coin de salle à manger au Cannet,* de P. Bonnard.	**1932.** Début de parution des *Hommes de bonne volonté,* de J. Romains. Emmanuel Mounier fonde la revue *Esprit.* *Les Vases communicants* et *le Revolver à cheveux blancs,* d'A. Breton. *L'Hermine,* de J. Anouilh. *Idées* et *Propos sur l'éducation,* d'Alain. *Le Nœud de vipères,* de Mauriac. *Prisons et Paradis,* de Colette. *Les Deux Sources de la morale et de la religion,* de Bergson. **1932-1935.** *La Chronique des Pasquier,* de Duhamel.
1933. L'enseignement secondaire devient gratuit. Affaire Stavisky. L'Allemagne quitte la S.D.N. **23 mars 1933.** Hitler obtient les pleins pouvoirs en Allemagne.	**1933.** Louis Leprince-Ringuet se spécialise dans l'étude des rayons cosmiques.	**1933.** *Couple zoomorphe,* de Max Ernst. *Les Deux Modèles* et la *Jolie Bouquetière,* de Goerg.	**1933.** *La Dialectique de la durée,* de Bachelard. *Le Mystère Frontenac,* de Mauriac. *Sueur de sang,* de P.-J. Jouve. *La Condition humaine,* de Malraux. *La Jument verte,* de M. Aymé. *La Chatte,* de Colette. *Intermezzo,* de Giraudoux. *Hourra l'Oural,* d'Aragon.
1934. Hitler Reichsführer. **Février 1934.** Violentes émeutes à Paris.	**1934.** Découverte de la radio-activité artificielle par Irène et Frédéric Joliot-Curie. Mort de Marie **Curie.**	**1934.** *Le Grand Canal,* d'A. Lhote. *La Chaise de la mariée,* de M. Chagall. Illustration par A. Derain du *Satiricon,* de Pétrone. *Portrait érotique voilé,* de Max Ernst. *Nativité,* de Goerg. Mort d'Albert **Bruneau.**	**1934.** *La Pensée et le mouvant,* de Bergson. *Propos sur la littérature,* d'Alain. *La Rose publique,* de P. Éluard. *Les Cloches de Bâle,* d'Aragon. *Duo,* de Colette. *Les Amis inconnus,* de J. Supervielle. *La Machine infernale,* de Cocteau. *Le Marteau sans maître,* de R. Char. *Le nouvel esprit scientifique,* de Bachelard.
	1935. *Grains de matière et de lumière,* de Jean Perrin. Prix Nobel de chimie à Irène et Frédéric Joliot-Curie.	**1935.** *La Sagesse,* de D. Milhaud. *Jeanne au bûcher,* d'Honegger. *Jardins gobe-avions,* de M. Ernst. *Les Lignes de la main,* de Gromaire. *Composition aux trois perroquets,* de F. Léger. *Aeneas,* d'A. Roussel. *La Nativité du Seigneur,* d'O. Messiaen.	**1935.** *De tout temps à jamais,* de F. Jammes. *Être et avoir,* de G. Marcel. *Histoires de mes pensées,* d'Alain.

ÉVÉNEMENTS POLITIQUES ET SOCIAUX	SCIENCES ET TECHNIQUES VOYAGES ET DÉCOUVERTES	ARTS ET URBANISME	LETTRES ET PHILOSOPHIE
1936. Ministère Blum. Front populaire. Lois sociales : semaine de travail de 40 heures, institution des congés payés et des contrats collectifs. Scolarité obligatoire jusqu'à 14 ans.		Mort de Paul **Dukas**, de **Signac.** **1936.** *Les Bas-Fonds*, film de Jean Renoir. Fondation du groupe « Jeune-France » avec Messiaen, Jolivet, Lesur et Baudrier. *Le Rouet d'Armor*, d'A. Pirriou. *Les Illusions d'Icare*, tapisserie de Lurçat. **1936-1937.** Période expressionniste de la peinture de Picasso. **1936-1938.** *Les Trois Nymphes*, de Maillol.	**1936.** *Journal d'un curé de campagne*, de Bernanos. *Les Beaux Quartiers*, d'Aragon. *Traduit du silence*, de Joé Bousquet. Publication du 3e volume de *Variété*, de Valéry. *Les Jeunes Filles*, de Montherlant. *Le Voyageur sur la Terre*, de J. Green.
1937. Démission de Léon Blum.	**1937.** Exposition Internationale à Paris. Aménagement du Palais de la Découverte. Édification du Palais de Chaillot et du Palais de New York. *Matière et Lumière* et la *Physique nouvelle* et les *Quanta*, de Louis de Broglie.	**1937.** *Le Vieux Roi*, de Rouault. Pour l'Exposition, Dufy peint *la Fée électricité* (10 m sur 60 m). *Guernica*, de Picasso (au pavillon espagnol de l'Exposition). *Drôle de drame*, film de Marcel Carné. *Une partie de campagne* et la *Grande Illusion*, films de Jean Renoir. *Messe*, de Francis Poulenc. *Poèmes pour moi*, de Messiaen. *La Forêt*, de Gromaire. Mort d'Élie **Faure**, de **Ravel**, d'A. **Roussel**, de G. **Pierné.** **1937-1940.** *La Seine, de Paris à son embouchure*, de R. Dufy.	**1937.** *L'Amour fou*, d'A. Breton. *Plume*, d'H. Michaux. *Brancardiers de l'aube*, de Cadou. *Electre*, de Giraudoux. *La Psychanalyse du feu*, de Bachelard. *Le Voyageur sans bagage*, d'Anouilh. *Ferraille*, de P. Reverdy. *Matière Céleste*, de P.-J. Jouve.

ALBERT LEBRUN

TROISIÈME RÉPUBLIQUE

29-30 septembre 1938. Conférence de Munich.	1938. Frédéric Joliot-Curie apporte la preuve de la fission du noyau d'uranium. Recherches d'Irène Joliot-Curie sur l'action des neutrons sur l'uranium.	1938. *Quai des brumes* et *Hôtel du Nord*, films de Marcel Carné. *Danse des Morts*, d'Honegger. *La Grande Musicienne, Kyrie*, d'H. Laurens. *Liseuse sur fond noir*, de Matisse. *Le Rossignol de Saint-Malo*, de P. Le Flem. *Ariane et le prince Amour*, de F. Schmitt. **V. 1938.** *Cinq incantations*, de Jolivet. *Les Inconnus*, d'A. Marchand.	1938. *La Nausée* et *l'Imagination*, de J.-P. Sartre. *La Formation de l'esprit scientifique*, de Bachelard. *Les Parents terribles*, de Cocteau. *Kyrie*, de P.-J. Jouve. *La Sauvage*, d'Anouilh. *La Fable du monde*, de J. Supervielle. *L'Espoir*, de Malraux. *Les Grands Cimetières sous la lune*, de Bernanos. Publication du 4e volume de *Variété*, de Valéry. Mort de Francis **Jammes.** **1938-1940.** *Le Phénomène humain*, de Teilhard de Chardin.
3 septembre 1939. Déclaration de guerre. Partage de la Pologne. Hiver 1939-1940 « Drôle de guerre ».	1939. 2 millions d'automobiles en France. **Depuis 1939.** Travaux mathématiques du groupe Bourbaki.	1939. *Médée*, de D. Milhaud. *Les Corps glorieux*, d'O. Messiaen. *Tête du Christ et Jeanne d'Arc*, de Rouault. *Le Vagabond*, de Gromaire. *Traité du paysage*, d'A. Lhote. *La Règle du jeu*, film de Jean Renoir. *Le Violoniste*, de M. Chagall.	1939. *Ondine*, de Giraudoux. *Terre des hommes*, de Saint-Exupéry. *Léocadia*, d'Anouilh. *Le Paradis perdu*, de P.-J. Jouve. *Tropismes*, de Nathalie Sarraute. *Le Mur*, de J.-P. Sartre. *Tombeau d'Orphée*, de P. Emmanuel. Mort de **Milosz.**
10 mai 1940. Offensive allemande. 10 mai-16 juin. Effondrement de la résistance alliée. 14 juin 1940. Entrée de la Wehrmacht à Paris. 16 juin. Démission de Paul Reynaud. Le Maréchal PÉTAIN forme un nouveau ministère. 17 juin. Pétain demande l'armistice. 18 juin. Appel du général de Gaulle à la radio de Londres. 25 juin. Entrée en application de l'armistice. La France est coupée en deux zones.		1940. *La Blouse roumaine*, de Matisse. Jean Lurçat et Gromaire renouvellent l'art de la tapisserie à Aubusson.	1940. *Esquisse d'une théorie des émotions*, de J.-P. Sartre. *L'Eau et les rêves*, de Bachelard. *Varouna*, de J. Green.

ALBERT LEBRUN

TROISIÈME RÉPUBLIQUE

ÉVÉNEMENTS POLITIQUES ET SOCIAUX	SCIENCES ET TECHNIQUES VOYAGES ET DÉCOUVERTES	ARTS ET URBANISME	LETTRES ET PHILOSOPHIE
	1941. *Continu et discontinu*, de Louis de Broglie.	1941. *Les Fleuristes*, de Goerg. *L'Adieu*, d'H. Laurens. *Jeune fille en robe blanche*, de Matisse. Mort de Robert **Delaunay.**	1941. *La Structure du comportement*, de Merleau-Ponty. *La Pharisienne*, de Mauriac. *Les Poèmes de la France malheureuse*, de J. Supervielle. *Le Crève-cœur*, d'Aragon. Mort de **Bergson.** *Morte-saison*, de Cadou. *Porche à la Nuit des Saints*, de P.-J. Jouve. *Allégories*, de Cocteau.
Novembre 1942. Occupation totale de la France par les Allemands.	1942. *La Maison des hommes*, de Le Corbusier. Mort de Jean **Perrin.**	1942. *Les Animaux modèles*, de F. Poulenc. *Les Visiteurs du soir*, film de Marcel Carné.	1942. *Cent phrases pour éventails*, de P. Claudel. *Poésie et Vérité*, de P. Éluard. *Les Mouches*, de J.-P. Sartre. *La Reine morte*, de Montherlant. *L'Air et les songes*, de Bachelard. *Gloire*, de P.J. Jouve. *Exil*, de Saint-John Perse. *Le Passe-Muraille*, de M. Aymé. *L'Étranger et le Mythe de Sisyphe*, de Camus. *Brocéliande*, les *Yeux d'Elsa*, *Cantique d'Elsa*, d'Aragon. *Vigiles de l'esprit*, d'Alain. **1942-1944.** *La Diane française*, d'Aragon.
		1943. *Les Enfants du Paradis*, film de Marcel Carné. *Guignol et Pandore*, de Jolivet. *L'Éternel Retour*, film de J. Cocteau. *Goupi Mains-Rouges*, film de Becker. Mort de Maurice **Denis.** de **Soutine.**	1943. *Fils de personne*, de Montherlant. *La Vouivre*, de M. Aymé. *Gigi*, de Colette. *Les Noyers d'Altenburg*, de Malraux. *Sodome et Gomorrhe*, de Giraudoux. *Le Lièvre de mon bord*, de P. Reverdy. *L'Invitée*, de S. de Beauvoir. *Le Petit Prince*, de Saint-Exupéry. *Le Musée Grévin*, d'Aragon. *L'Être et le Néant*, de J.-P. Sartre.
6 juin 1944. Débarquement des Alliés. **Août 1944.** Débarquement de Provence.		1944. *Trois Petites Liturgies de la Présence divine*, d'O. Messiaen. *La Sirène*, d'H. Laurens. *Transfiguration*, d'A. Gleizes. Mort de **Maillol.**	1944. *Le Malentendu*, de Camus. *Pyrrhus et Cinéas*, de S. de Beauvoir. *Au rendez-vous allemand*, de P. Éluard. Publication du cinquième volume de *Variété*, de Valéry. *Huis-Clos*, de J.-P. Sartre.
ALBERT LEBRUN	PHILIPPE PÉTAIN		
	ÉTAT FRANÇAIS		

Histoire	Sciences	Arts	Littérature
Février 1945. Conférence de Yalta. **30 avril 1945.** Disparition d'**Hitler.** **8 mai 1945.** Capitulation de l'Allemagne. Gouvernement provisoire du général De GAULLE. **Juin 1945.** Création de l'O.N.U. à la Conférence de San Francisco. **1945-48.** Réforme des législations de Sécurité Sociale. **1946.** Début de la guerre d'Indochine. **Janvier 1946.** Démission de de Gaulle. **IVᵉ République.** VINCENT AURIOL. **1947.** Plan Marshall.	**1945.** *Les Rayons cosmiques et les mésons,* de Leprince-Ringuet. **1946.** Mort de P. **Langevin.** **1947.** *Physique et microphysique,* de Louis de Broglie.	**1945.** *Euclide,* de M. Ernst. *La Femme rousse,* de Gromaire. *Les Portes de la nuit,* film de M. Carné. **1946.** *La Belle et la Bête,* film de Cocteau. *Écrits sur la peinture,* d'A. Lhote. *Adieu New York,* de F. Léger. La « Cité radieuse » de Le Corbusier à Marseille. **1947.** *Le Christ à la colonne,* tapisserie d'A. Manessier. *Rêve de révolution,* de M. Ernst. *Les Mamelles de Tirésias,* de F. Poulenc. *Le Boxeur nègre,* de Matisse. Mort de Pierre **Bonnard,** d'Albert **Marquet.**	*Thésée,* d'A. Gide. *Antigone,* d'Anouilh. Mort de Max **Jacob,** de **Giraudoux.** Disparition de **Saint-Exupéry** (31 juillet). **1944-1948.** *Chant des Morts,* de P. Reverdy. **1945.** *Caligula,* de Camus. *Phénoménologie de la perception,* de M. Merleau-Ponty. *Plupart du temps,* de P. Reverdy. *Servitude et grandeur des Français,* d'Aragon. *L'Âge de raison* et *le Sursis,* de J.-P. Sartre. Mort de P. **Valéry.** **1946.** *Paroles* et *Histoires,* de J. Prévert. Sartre fonde *les Temps modernes.* *Feuillets d'Hypnos,* de R. Char. *Le Meneur de lune,* de J. Bousquet. *Vents,* de Saint-John Perse. *L'Existentialisme est un humanisme,* de J.-P. Sartre. **1947.** *L'Invitation au château,* d'Anouilh. *La Putain respectueuse, Baudelaire* et *Réflexions sur la question juive,* de J.-P. Sartre. *Visages radieux,* de Claudel. *Visage de solitude,* de Cadou. *Poème pulvérisé,* de R. Char. *Introduction aux existentialismes,* d'E. Mounier. *Ode à Charles Fourier,* d'A. Breton. A. Gide reçoit le prix Nobel. *Cahier d'un retour au pays natal,* de Césaire. *Le Maître de Santiago,* de Montherlant. *Pour une morale de l'ambiguïté* et *Tous les hommes sont mortels,* de S. de Beauvoir. *Portrait d'un inconnu,* de N. Sarraute. *La Peste,* de Camus. *Les Bonnes,* de J. Genet. *Les Épiphanies,* d'H. Pichette.

ÉTAT FRANÇAIS — PHILIPPE PÉTAIN | **G. PROVISOIRE** — CH. DE GAULLE | **QUATRIÈME RÉPUBLIQUE** — VINCENT AURIOL

ÉVÉNEMENTS POLITIQUES ET SOCIAUX	SCIENCES ET TECHNIQUES VOYAGES ET DÉCOUVERTES	ARTS ET URBANISME	LETTRES ET PHILOSOPHIE
	1948. Mise en service du barrage de Génissiat. Frédéric Joliot-Curie dirige la construction de la première pile atomique française.	**1948.** *Grand intérieur rouge*, de Matisse.	*Les Dieux*, d'Alain. Fin de parution des *Hommes de bonne volonté*, de J. Romains. **1948.** *L'État de siège*, de Camus. Publication posthume de *Citadelle*, de Saint-Exupéry. *Poésies*, de Cocteau. *Ardèle ou la Marguerite*, d'Anouilh. *Fureur et Mystère*, de R. Char. *Escurial*, de M. de Ghelderode. *Soleil cou coupé*, de Césaire. *Quatre poèmes d'amour pour Hélène*, de Cadou. *Sens et non-sens*, de M. Merleau-Ponty. *Traité du caractère*, d'E. Mounier. *Les Mains sales*, de J.-P. Sartre. *Dialogues des Carmélites*, de Bernanos. **Mort de Bernanos.**
Avril 1949. Traité de l'O.T.A.N.		**1949.** *Cantique des Cantiques*, de Lesur. *Cinq rechants a cappela*, de Messiaen. *La Bouteille et les Fruits*, d'A. Marchand. **Mort d'Henri Rabaud.**	**1949.** *Le Rationalisme appliqué*, de Bachelard. *Le Personnalisme*, d'E. Mounier. *Main-d'Œuvre*, de P. Reverdy. Début de parution des *Communistes*, d'Aragon. *Haute surveillance*, de J. Genet. *Entretiens sur la politique* et *la Mort dans l'âme*, de Sartre. **Mort de Maurice Blondel.**
	1950. *La Biologie et l'avenir humain* et la *Parthénogénèse animale*, de Jean Rostand. *Optique ondulatoire et corpusculaire*, de Louis de Broglie. Création du train Mistral.	**1950.** *Phèdre*, de G. Auric. *Messe de la Pentecôte*, de Messiaen. *Les Égoutiers*, de Goerg. Décoration de la chapelle de Vence, par Matisse. Fin de construction de l'église d'Assy, décorée par F. Léger, Lurçat (*Tapisserie de l'Apocalypse*), Rouault, Bonnard, Matisse, Braque, G. Richier. Illustration par Derain des *Contes et Nouvelles*, de La Fontaine.	**1950.** *Les Justes*, de Camus. *La Leçon* et *La Cantatrice chauve*, de Ionesco. *Clérembart*, de M. Aymé. Mort d'Emmanuel **Mounier,** de Joé **Bousquet.** **1950-1953.** *Actuelles*, de Camus.

VINCENT AURIOL

QUATRIÈME RÉPUBLIQUE

Traité de la figure, de Lhote. *Le Modulor*, de Le Corbusier. *Le Melon jaune*, d'A. Marchand. *Journal d'un curé de campagne*, film de Bresson.			**1951.** *Le Diable et le bon Dieu*, de J.-P. Sartre. *Spectacle*, de J. Prévert. *L'Alouette*, de J. Anouilh. *L'Homme révolté*, de Camus. *Le Poids du monde*, de T. Tzara. *Le Rivage des Syrtes*, de J. Gracq. Mort d'André **Gide**, de René-Guy **Cadou.**
Avril 1951. Traité de Paris : institution de la C.E.C.A.	**1951.** *La Génétique des batraciens et les Grands Courants de la biologie*, de J. Rostand.	**1951.** *Stabat Mater*, de F. Poulenc. *Le Fleuve*, film de J. Renoir. *Livre d'Orgue*, d'O. Messiaen.	
1952. Traité de Paris sur la C.E.D.	**1952.** Mise en service du barrage de Donzère-Mondragon. *L'Hérédité humaine*, de J. Rostand.	**1952.** *Tristesse du roi*, de Matisse. Mort de l'architecte Gustave **Perret.**	**1952.** *La Face intérieure*, de T. Tzara. *Nucléa*, d'H. Pichette. *Les Chaises*, de Ionesco. Mort de Paul **Eluard.**
		1952-1953. Construction par Le Corbusier d'un immeuble à Rézé (Nantes).	**1952-1953.** Publication posthume de *Hélène ou le Règne végétal*, de Cadou.
Décembre 1953. RENÉ COTY président de la République.		**1953.** *Touchez pas au grisbi*, film de Becker. Mort d'Albert **Gleizes**, de Francis **Picabia**, de Raoul **Dufy.**	**1953.** *En attendant Godot*, de Beckett. *Victimes du devoir*, de Ionesco. *Du Mouvement et de l'Immobilité de Douve*, d'Yves Bonnefoy. *Les Gommes*, d'A. Robbe-Grillet. Aragon prend la direction des *Lettres Françaises.*
1954. Rejet de la C.E.D. par le Parlement français. **Mai 1954.** Chute de Dien-Bien-Phu. **Juillet 1954.** Accords de Genève. Le Viet-minh devient maître du Nord Viet-nam. **Novembre 1954.** Début de la guerre d'Algérie.		**1954.** Plan d'urbanisme de Chandigarh (capitale du Pendjab) par Le Corbusier. Chapelle de Ronchamp par Le Corbusier (Notre-Dame-du-Haut). Mort de **Matisse**, d'Auguste **Perret**, d'André **Derain**, d'Henri **Laurens.**	**1954.** *Amédée ou Comment s'en débarrasser*, de Ionesco. *Passage de Milan*, de M. Butor. *La Tête des autres*, de M. Aymé. *Les Mandarins*, de S. de Beauvoir. Mort de **Colette.**
1955 (juin). Création du Marché commun. **Octobre 1955.** Le Viet-nam du Sud devient une république.		**1955.** *Le Marteau sans maître*, de P. Boulez. Mort de Fernand **Léger**, d'Arthur **Honegger.**	**1955.** *Le Christianisme*, du P. Teilhard de Chardin. Publication posthume des *Capitales*, de J. Bousquet. *Le Voyeur*, d'A. Robbe-Grillet. *Clair-obscur*, de Cocteau.

QUATRIÈME RÉPUBLIQUE — VINCENT AURIOL — RENÉ COTY

ÉVÉNEMENTS POLITIQUES ET SOCIAUX	SCIENCES ET TECHNIQUES VOYAGES ET DÉCOUVERTES	ARTS ET URBANISME	LETTRES ET PHILOSOPHIE
1956. Indépendance du Maroc (Mohammed V). Indépendance de la Tunisie qui devient république (Bourguiba). Nationalisation du canal de Suez par l'Égypte.	**1956.** Mort d'Irène Joliot-Curie.	**1956.** *Un Condamné à mort s'est échappé*, film de Bresson.	*Les Aventures de la dialectique*, de Merleau-Ponty. Mort de Pierre **Teilhard de Chardin.** **1956.** *L'Ère du soupçon*, de N. Sarraute. *Le Fruit permis*, de T. Tzara. *L'Emploi du temps*, de M. Butor. Adaptation par Camus du *Requiem pour une nonne*, de Faulkner. *Éthiopiques*, de Senghor.
	1957. *Les Grandes Découvertes du XX*e *siècle*, par Leprince-Ringuet.	**1957.** *Dialogue des Carmélites*, par F. Poulenc. Mort de Constantin **Brancusi.**	**1957.** *La Jalousie*, d'A. Robbe-Grillet. *La Modification*, de M. Butor. *Fin de partie*, de S. Beckett.
13 mai 1958. Crise politique. **1er juin 1958.** Ve république, général DE GAULLE. **Septembre 1958.** Plébiscite de la nouvelle constitution. Création de la Communauté.	**1958.** Mise en service de l'avion *Caravelle.* Mort de Frédéric **Joliot-Curie.**	**1958.** Pavillon de France de Guillaume Gillet à l'Exposition de Bruxelles. *La Voix humaine*, de F. Poulenc. Mort de **Vlaminck,** de **Rouault,** de Florent **Schmitt.**	**1958.** *Hier régnant désert*, d'Yves Bonnefoy. *La Rose et le Chien*, de T. Tzara. *Les Nègres*, de J. Genet. *Mémoires d'une jeune fille rangée*, de S. de Beauvoir. *La Poétique de l'espace*, de Bachelard. Mort de Roger **Martin du Gard.**
1959. L'enseignement privé peut s'associer par contrat à l'enseignement public. Scolarité obligatoire jusqu'à 16 ans (mesure applicable en 1967).		**1959.** *Le Déjeuner sur l'herbe*, film de J. Renoir. *À bout de souffle*, film de Jean-Luc Godard. Mort de Germaine **Richier.**	**1959.** *Pierre écrite*, d'Yves Bonnefoy. *Beckett ou l'honneur de Dieu*, d'Anouilh. Adaptation par Camus des *Possédés*, de Dostoïevsky. *Le Labyrinthe*, d'A. Robbe-Grillet. *Le Planetarium*, de N. Sarraute. Saint-John Perse reçoit le prix Nobel.
1960. Indépendance de nouveaux États africains.	**1960.** 8 millions d'automobiles en France. **Janvier 1961.** Début des travaux de l'usine marémotrice de la Rance. **Janvier 1962.** Lancement du paquebot *France.*	**1960.** *L'Année dernière à Marienbad*, film d'A. Resnais avec des dialogues d'A. Robbe-Grillet. *Le Testament d'Orphée*, film de J. Cocteau.	**1960.** *La Force de l'âge*, de S. de Beauvoir. *Les Poètes*, d'Aragon. *Le Rhinocéros*, d'E. Ionesco. *Répertoire et Degrés*, de M. Butor. *Les Séquestrés d'Altona* et *Critique de la raison dialectique*, de J.-P. Sartre. *Le Cardinal d'Espagne*, de Montherlant. Mort de **Camus,** de Jules **Supervielle.** Fondation de *Tel Quel.* **1961.** *Nocturnes*, de Senghor. *Signes*, de M. Merleau-Ponty. Mort de Blaise **Cendrars,** de M. **Merleau-Ponty.**

QUATRIÈME RÉPUBLIQUE — RENÉ COTY

CINQUIÈME RÉPUBLIQUE — CHARLES DE GAULLE

Histoire	Sciences et techniques	Arts	Lettres
18 mars 1962. Pourparlers d'Évian. Cessez-le-feu en Algérie. **3 juillet 1962.** Indépendance de l'Algérie.	**1962.** Utilisation du satellite américain *Telstar* pour capter un programme de télévision d'outre-Atlantique.	**1962.** Mort de **Pevsner,** d'André **Lhote.**	**1962.** *Mobile,* de M. Butor. *Le Roi se meurt,* d'E. Ionesco. Mort de **Bachelard.** *Le Palace,* de Claude Simon.
1963. Quatrième semaine de congés payés obtenue par la Régie Nationale Renault.		**1963.** *Le Procès de Jeanne d'Arc,* film de Bresson. Mort de Francis **Poulenc,** Jacques **Villon,** Georges **Braque.**	**1963.** *Description de San Marco,* de M. Butor. *Les Fruits d'or,* de N. Sarraute. *La Force des choses,* de S. de Beauvoir. *Oh! les beaux jours!,* de S. de Beckett. Mort de Tristan **Tzara** et de J. **Cocteau.**
		1964. Marc Chagall peint le plafond de l'Opéra.	**1964.** *Les Mots,* de J.-P. Sartre.
1965. Réforme Fouchet de l'enseignement secondaire et de l'enseignement supérieur.	**1965.** Lancement du premier satellite français. F. Jacob, A. Lwoff, J. Monod, Prix Nobel de physiologie.	**1965.** Mort de **Le Corbusier.**	
1966. Réélection du général DE GAULLE. La France quitte l'OTAN. Création des Communautés urbaines (Bordeaux, Lille, Lyon, Strasbourg).	**1966.** A. Kastler, Prix Nobel de physique. Une bombe atomique française explose dans le Pacifique.	**1966.** Mort de **Giacometti.** *La guerre est finie,* film d'A. Resnais. *Masculin-Féminin,* film de J.-L. Godard. *Au hasard Balthazar,* film de Robert Bresson. *Un homme et une femme,* film de Claude Lelouch.	**1966.** Mort de Georges **Duhamel** et d'André **Breton.** *Les Paravents,* de Jean Genet. *Terres lointaines,* de J. Green (Grand Prix national des Lettres). *Va jouer avec cette poussière,* de Montherlant. *Le Déluge,* de J.-M. Le Clézio. *6 810 000 litres d'eau par seconde,* de Michel Butor.
		1966-67. Rétrospective Picasso au Grand Palais.	
1967. Mort du maréchal **Juin.** Naissance du 50 000 000e Français.	**1967.** Le procédé français de T.V. couleurs est adopté par l'U.R.S.S. et d'autres pays.	**1967.** Mort de Jean Lurçat.	**1967.** *Blanche ou l'Oubli,* d'Aragon. *Anti-Mémoires,* d'A. Malraux. *Ligne de Faîte,* de P. Emmanuel. Mort d'André **Maurois.**
1968. Les Jeux olympiques d'hiver ont lieu à Grenoble.	**1968.** Explosion d'une bombe A française à Mururoa, dans le Pacifique.	**1968.** Ouverture du théâtre de l'Ouest parisien à Boulogne-Billancourt. « Etats généraux » du cinéma français.	**1968.** Achèvement de la publication des *Carnets* de Paul Valéry (25 volumes). *Belle du Seigneur,* d'Albert Cohen. *Le Devoir de violence,* de Yambo Ouologuem. *L'Œuvre au noir,* de Marguerite Yourcenar. *Les Fruits de l'hiver* (prix Goncourt), de Bernard Clavel.
Mai-juin 1968. Agitation étudiante tournant à la révolte après l'occupation policière du quartier Latin.			

CHARLES DE GAULLE

CINQUIÈME RÉPUBLIQUE

ÉVÉNEMENTS POLITIQUES ET SOCIAUX	SCIENCES ET TECHNIQUES VOYAGES ET DÉCOUVERTES	ARTS ET URBANISME	LETTRES ET PHILOSOPHIE
Grève générale. Accords de Grenelle entre le gouvernement et les syndicats. Dissolution de l'Assemblée nationale et élections anticipées renforçant la majorité. Pourparlers préliminaires à des « conférences » pour la paix au Viet-nam, à Paris. **Octobre 1968.** René Cassin, prix Nobel de la Paix. Loi d'orientation de l'Enseignement supérieur, dite « loi Edgar Faure ». **Décembre 1968.** Loi sur la reconnaissance de la section syndicale d'entreprise.	Explosion de la première bombe H française à Fangataufa. Marseille-Nice reliées par la manaviplane. Premier ordinateur français (« Iris 50 »).	Exposition au musée du Louvre : « L'Europe gothique ». Mort de Marcel **Duchamp**, de L. **Survage**, du chef d'orchestre Charles **Münch**.	Publication de la *Correspondance* d'A. Gide et R. Martin du Gard, et du *journal* de Paul Claudel. *Nombres*, de Philippe Sollers. Mort de Jean **Paulhan** et de J. **Schlumberger**.
Janvier 1969. Embargo total sur les fournitures d'armes à Israël. **Avril 1969.** Majorité de *non* au référendum sur la régionalisation et la réforme du Sénat. Démission de de Gaulle. Élection (le 15 juin) de G. POMPIDOU à la présidence de la République. **Août 1969.** Dévaluation du franc.	**1969.** Premier vol de l'avion supersonique « Concorde ». Mise à flot du *Redoutable*, premier sous-marin français à propulsion atomique. Mort du R. P. Boulogne, dix-sept mois et cinq jours après la transplantation cardiaque. Premier tronçon du métro-express de la région parisienne.	**1969.** Accord franco-québécois sur la coopération culturelle. Georges Mathieu crée une « usine d'œuvres d'art » à Fontenay-le-Vicomte. Transfert des Halles à Rungis. *Z*, film de Costa-Gavras. *Ma nuit chez Maud*, film d'Éric Rohner. *Détruire dit-elle*, film de Marguerite Duras. Mort de Henri Decoin (cinéaste); de Béatrix **Dussane** (comédienne).	*Un Adolescent d'autrefois*, de F. Mauriac. *Les Garçons*, de Henry de Montherlant. *La mort de Ramon Mercader*, de J. Semprun. *Le Vol d'Icare*, de Raymond Queneau. *Illustrations II*, de Michel Butor. *Creezy* (prix Goncourt), de Félicien Marceau. Mort d'André **Salmon**, d'E. **d'Astier de la Vigerie**, de Louise **de Vilmorin**.
Mars 1970. La mensualisation est accordée aux ouvriers des usines Renault. Loi sur la répression des manifestations. « Éclatement » de l'Université de Paris en sept unités autonomes pluridisciplinaires. Le service militaire est réduit à douze mois.	**1970.** Entrée en service du « Boeing 747 » sur la ligne Paris-New York. Louis Néel, prix Nobel de physique pour ses travaux sur l'état plasmatique de la matière. Le *Noroît*, navire océanographique, est lancé au Havre.	Exposition du centenaire de H. Matisse. *Les Choses de la Vie*, film de Claude Sautet. *Le Passager de la Pluie*, film de René Clément. *L'Enfant sauvage*, film de François Truffaut. *Le Boucher*, film de Claude Chabrol.	**1970.** Eugène Ionesco élu à l'Académie française. *Cher Antoine*, de Jean Anouilh. *La Crève*, de François Nourissier. *Imaginaires*, de Jacques Prévert. *Un Piano dans l'herbe*, de Françoise Sagan. *La Guerre*, de J.-M.-G. Le Clézio. Premier tome des *Mémoires d'espoir* de Ch. de Gaulle.

CHARLES DE GAULLE

CINQUIÈME RÉPUBLIQUE

Mort d'Edouard Daladier et du général de Gaulle.	Le Havre, premier port français à recevoir un pétrolier de 250000 tonnes à pleine charge.	L'Aveu, film de Costa-Gavras. Mort du pianiste Samson François.	Mort d'Elsa Triolet, de Pierre Mac Orlan, de François Mauriac, de Jean Giono.
1971. Lecanuet et J.-J. Servan-Schreiber fondent le Mouvement Réformateur.	Mise en service de turbo-trains sur Paris-Caen et Strasbourg.	1971. Démolition des pavillons de Baltard aux halles.	1971. Mort de Jean Vilar. Le T.N.P. devient le Théâtre National de Chaillot, sous la direction de Jack Lang.
Derrière Pompidou, la France est favorable à l'entrée de la Grande-Bretagne dans le Marché Commun (Référendum du 23 avril).		Rétrospective Fernand Léger à Paris. Grand prix du cinéma français à La veuve Couderc de P. Granier-Deferre.	Le Café-Théâtre : Romain Bouteille et le Café de la Gare.
Loi obligeant les entreprises à consacrer un certain pourcentage de leur masse salariale à la formation continue de leurs salariés.		Sans mobile apparent, film de Ph. Labro. La mandarine, film de Molinaro.	Réalisations inventives des metteurs en scène Roger Planchon et Patrice Chéreau. Les bêtises (Prix Goncourt), de J. Laurent. 3 sucettes à la menthe, de R. Sabatier. Des bleus à l'âme, de F. Sagan.
Octobre 1972. Conférence des 9 à Paris.	1972. Construction de la centrale nucléaire Phœnix à Marcoule.	1972. A l'occasion de l'exposition : « Douze ans d'art contemporain en France », intervention de la police au cours d'une manifestation contestataire des Artistes Plasticiens. Première exposition de l'ensemble de l'œuvre de Georges de la Tour. Les architectes M. Andrault et P. Parat construisent la ville nouvelle d'Evry : par un jeu de gradins et de volumes, ils « fabriquent » un paysage de collines et de coteaux. Rolf Liebermann devient directeur de l'Opéra de Paris. Pierre Henry : L'apocalypse de Jean.	1972. La compagnie Renaud-Barrault s'installe dans la Gare d'Orsay. Le tourniquet, de Victor Lanoux. Ciné-roman (Prix Fémina), de P. Grenier. Les géants, de J.-M. Leclézio.

GEORGES POMPIDOU

CINQUIÈME RÉPUBLIQUE

ÉVÉNEMENTS POLITIQUES ET SOCIAUX	SCIENCES ET TECHNIQUES VOYAGES ET DÉCOUVERTES	ARTS ET URBANISME	LETTRES ET PHILOSOPHIE
		Boulez utilise pour la première fois l'électronique dans *Explosantefixe* créé à New York.	
		La bonne année, film de C. Lelouch.	
		État de siège, film de Costa-Gavras.	
		Les noces rouges, film de C. Chabrol.	
		La nuit américaine, film de F. Truffaut.	
1973. La France conclut des accords avec l'Arabie saoudite, le Koweit, l'Irak et la Libye.	**1973.** Premiers avions Mirage FI et Jaguar en service.	**1973.** Construction de l'aéroport de Roissy-Charles de Gaulle sur les plans de Paul **Andreu.**	**1973.** *La chevauchée sur le lac de Constance*, de Claude Régy. Création de *Conversation dans le Loir-et-Cher*, de P. Claudel.
	Turbo-trains entre Lyon et Nantes et Strasbourg (200 kms/h).	Construction de la tour Montparnasse (209 mètres, 58 étages, 16 fois le poids de la Tour Eiffel).	*Ce formidable bordel*, d'Ionesco.
	Mesures d'économie d'énergie : chauffage limité à 20°C, vitesse à 90 kms/h sur les routes.	Création d'un nouveau quartier de Paris : le front de Seine (16 tours).	Création d'un Festival d'automne à Paris par Michel Guy, Secrétaire d'État aux Affaires Culturelles.
	Arrêt de l'exploitation du paquebot France devenue ruineuse. Manifestation de son personnel.	Construction du Centre International de Paris à la Porte Maillot (arch. : Gillet, Guibout, Maloletenko).	*Lazare*, d'A. Malraux.
			Souvenirs pieux, de Marguerite Yourcenar.
	Matra-Simca champion du monde des constructeurs automobiles.	Exposition de 380 œuvres de Dubuffet, grand prêtre de « l'art brut ».	*Les noisettes sauvages*, de R. Sabatier.
		Robbe-Grillet tourne *Glissements progressifs du plaisir*.	
		Les violons du bal, film de Michel Drach.	
		Lacombe Lucien, film de L. Malle.	

GEORGES POMPIDOU

CINQUIÈME RÉPUBLIQUE

CINQUIÈME RÉPUBLIQUE			
G POMPIDOU / **V. G. D'ESTAING**			
1974. Hausse des prix de 13 % malgré les mesures antihausse.	**1974.** L'Airbus mis en service.	Un dessin animé : *La planète sauvage* de Topor et R. Laloux.	**1974.** Réorganisation de la télévision et de la radio en 7 sociétés distinctes.
Grèves diverses, dont celle des usines Lip occupées par les ouvriers pendant 9 mois.	**Décembre 1974.** Premier vol de l'avion Mirage F-IE qui sera le grand vaincu du « Marché du siècle ».	**1974.** Rétrospective Miro.	J.-L. Barrault monte Nietzsche : *Zarathoustra*.
2 avril 1974. Mort de Georges **Pompidou.**		Rétrospective impressionniste.	R. Hossein met en scène *Hernani*.
19 mai. Valéry **Giscard d'Estaing** est élu Président de la République.		Grand prix du cinéma français à *Projection privée* de F. Leterrier.	*L'imprécateur*, de Victor Pilhes.
Juin 1974. Plan d'assainissement et d'austérité.		*La gifle*, film de Cl. Pinoteau.	*Porporino ou les mystères de Naples* (Prix Médicis), de D. Fernandez.
Juillet 1974. Loi abaissant la majorité civique à 18 ans.		*Section spéciale*, film de Costa-Gavras.	
Décembre 1974. Loi sur l'avortement.		*Que la fête commence*, film de B. Tavernier.	
1975. Début 75. Fréquentes rencontres **Giscard-Schmitt.**	**1975.** Mise en service de l'aéroport de Roissy-Charles de Gaulle.	*Indian song*, film de M. Duras.	
Février 1975. Mesures de relance économique.	**Décembre 1975.** Mise à jour du Code de l'environnement et des nuisances.	*Lancelot du lac*, film de R. Bresson.	
Mars 1975. Grèves au journal « Le Parisien libéré », début d'un long conflit.		**1975.** L'architecte E. Aillaud est pressenti pour l'aménagement de l'ancien carreau des halles à Paris.	
Rencontre **Chirac-Brejnev.**		Nouvelle politique de **Giscard** en matière d'urbanisme : moins de bureaux, et d'autoroutes urbaines, restauration plus que rénovation, davantage d'espaces verts.	
Avril 1975. Visite de **Giscard** en Algérie.		Rétrospective Carpeaux.	
Le franc rentre dans le « serpent européen ».		Rétrospective Corot.	
Mai 1975. Plan de mise en valeur de la Guyane.		Le compositeur **Boulez** accepte d'enseigner au Collège de France et de diriger à l'Opéra et à l'Orchestre de Paris.	
Août 1975. Graves troubles en Corse.			
Octobre 1975. Désaccord avec le Tchad ; rappel des troupes françaises.			

ÉVÉNEMENTS POLITIQUES ET SOCIAUX	SCIENCES ET TECHNIQUES VOYAGES ET DÉCOUVERTES	ARTS ET URBANISME	LETTRES ET PHILOSOPHIE
Fin décembre 1975. Un million de chômeurs dénombrés. Manifestations politiques et syndicales suscitées par la création de syndicats dans l'armée.			

CINQUIÈME RÉPUBLIQUE

VALÉRY GISCARD D'ESTAING

DICTIONNAIRE DE BIOGRAPHIES

A

ADER Clément. Ingénieur. 1841 : naissance à Muret (Haute-Garonne). 9 octobre 1890 : pilotage et envol sur soixante mètres du premier avion *Eole*. 1925 : mort à Toulouse.

ALAIN Emile-Auguste CHARTIER dit. Philosophe. 1868 : naissance à Mortagne. 1889 : entrée à l'Ecole normale supérieure. 1893 : premiers billets dans *La Dépêche de Rouen*, recueillis (1908, 1909, 1911, 1914) sous le titre : *Propos*. 1901 : professorat au lycée Henri-IV. 1919 : *Les Marchands de sommeil*. 1920 : *Système des beaux-arts*. 1921 : *Mars ou la Guerre jugée*. 1924 : *Propos sur le christianisme*. 1925 : *Eléments d'une doctrine radicale*. 1941 : *Eléments de philosophie*. 1951 : mort au Vésinet (Yvelines).

ALEMBERT Jean LE ROND d'. Mathématicien et écrivain. 1717 : naissance à Paris. 1741 : Académie des sciences. 1743 : *Traité de dynamique*. 1744 : *Traité de l'équilibre et mouvement des fluides*. 1746 : *Mémoire sur la cause générale des vents ;* prix et élection à l'Académie de Berlin. 1746-1748 : *Recherche sur le calcul intégral*. 1749 : *Recherche sur la précession des équinoxes*. 1741-1772 : publication de l'*Encyclopédie* avec Diderot : *Discours préliminaire*. 1754 : élection à l'Académie française. 1759 : *Mélanges de littérature et de philosophie*. 1772 : secrétariat perpétuel de l'Académie française. 1783 : mort à Paris.

APOLLINAIRE Guillaume : Wilhelm Apollinaris de KOSTROWITSKY, dit. Ecrivain. 1880 : naissance à Rome. 1909 : *L'Enchanteur pourrissant*. 1911 : *Le Bestiaire ou Cortège d'Orphée*. 1913 : *Alcools*, poèmes. 1915 : engagement dans l'artillerie. 1916 : blessure et trépanation. *Le Poète assassiné*. 1917 : *Les Mamelles de Tirésias* (théâtre) et *Couleur du temps*. 1918 : *Calligrammes* (poèmes). Mort à Paris. Nombreux recueils posthumes *(Ombre de mon amour...)*. Influence décisive sur la poésie moderne.

ARAGO François. Savant et homme politique. 1786 : naissance à Estagel (Pyrénées-Orientales). 1803 : élève à l'École polytechnique. 1806 : mesure de l'arc du méridien terrestre. 1809 : entrée à l'Académie des sciences. Chaire de professeur d'analyse et de géodésie à l'Ecole polytechnique. 1830 : secrétariat perpétuel de l'Académie des sciences. Election comme député des Pyrénées-Orientales. 1848 : ministère de la Marine et de la Guerre du gouvernement provisoire. Abolition de l'esclavage dans les colonies. Election à l'Assemblée constituante. Commission exécutive. 1849 : siège à la Législative. 1852 : refus du serment au gouvernement du Prince-président. 1853 : mort à Paris. 1854-1859 : publication des *Œuvres complètes* (sur l'optique, l'astronomie, les étoiles, l'électromagnétisme, la compression des gaz...).

ARAGON Louis. Ecrivain. 1897 : naissance à Paris. 1920 : débuts littéraires : *Feu de joie*, poèmes. 1921 : *Anicet ou le Panorama*, roman. 1926 : *Le Paysan de Paris*. 1928 : *Le Traité du style*. Mariage avec Elsa Triolet. Adhésion au parti communiste. 1934 : *Hourra l'Oural!* poème ; *Les Cloches de Bâle*, roman. 1936 : *Les Beaux Quartiers* (prix Renaudot). 1941 : participation à la Résistance ; *Le Crève-cœur*, poèmes. 1942 : *Les Yeux d'Elsa*. 1944 : *Aurélien*. 1945 : *La Diane française*. 1946 : *L'Homme communiste*, essai. 1949-1951 : *Les Communistes*, roman. 1954 : *Les Yeux et la Mémoire*, poèmes. 1956 : *Le Roman inachevé*. 1958 : *La Semaine sainte*. 1963 : *Le Fou d'Elsa*. 1965 : *La Mise à mort*, roman. 1967 : *Blanche ou l'Oubli*. Election à l'Académie Goncourt (dont il démissionne en novembre 1968).

ARNAULD Antoine, dit « le Grand Arnauld ». Théologien. 1612 : naissance à Paris, dans une famille célèbre ; frères : Robert Arnauld d'Andilly (1589-1674), retiré à Port-Royal, auteur de *Mémoires*, d'un *Journal* et d'études sur les saints; Henri Arnauld, évêque; sœurs : la mère Angélique (1591-1661) et la mère Agnès (1593-1671), successivement abbesses de Port-Royal. 1641 : docteur en Sorbonne. 1643 : *De la fréquente communion*. 1662 : *La Logique de Port-Royal*. 1625 : *Le Renversement de la morale de Jésus-Christ par les calvinistes*. 1679 : s'exile à Bruxelles. 1681 : *Considération sur les affaires de l'Eglise*. Toutes œuvres orientées vers la vulgarisation du jansénisme contre les jésuites et les protestants. 1694 : mort à Bruxelles.

AUBIGNÉ Agrippa d'. Ecrivain. 1552 : naissance près de Pons, en Saintonge. 1569-1593 : participation aux guerres de Religion avec Condé et Henri, roi de Navarre. 1568-1575 : *Le Printemps*, poésies. 1616-1620 : *Histoire universelle depuis 1550 jusqu'en 1601*. 1616 : *Les Tragiques*, poème épique. 1617 : *Les Aventures du baron de Fœneste*. 1620 : exil à Genève. 1630 : mort à Genève. Nombreuses œuvres posthumes.

B

BALZAC Honoré de. Ecrivain. 20 mai 1799 : naissance à Tours. 1822-1828 : premiers romans; entreprises commerciales malheureuses. 1829 : succès avec *Le Dernier Chouan* et *La Physiologie du mariage*; entreprise d'une série de romans, groupés plus tard sous le titre de *La Comédie humaine*, génial tableau de la société de la Restauration et de la monarchie de Juillet. 1830 : *Gobseck*. 1831 : *Un épisode sous la Terreur*. 1832 : *Le Colonel Chabert*. 1833 : *Eugénie Grandet*. 1834 : *La Duchesse de Langeais*, *La Recherche de l'absolu*. 1835 : *Le Lys dans la vallée*. 1837 : *César Birotteau*. 1841 : *Ursule Mirouët*. 1842 : *Un ménage de garçon* (ou *La Rabouilleuse*). 1845 : *Les Paysans*. 1846 : *La Cousine Bette*. 1847 : *Le Cousin Pons; Splendeurs et Misères des courtisanes*. 14 mars 1850 : mariage en Ukraine avec Mme Hanska, après une correspondance de dix-sept ans et quelques brèves rencontres. 18 août 1850 : mort à Paris.

BARRÈS Maurice. Ecrivain. 1862 : naissance à Charmes (Vosges). 1883 : arrivée à Paris et débuts littéraires *(Le Culte du moi)*. 1888 : *Sous l'œil des barbares;* adhésion au boulangisme. 1889 : *Un homme libre ;* élection comme député de Nancy. 1891 : *Le Jardin de Bérénice.* 1895 : *Du sang, de la volupté et de la mort.* 1897-1902 : *Le Roman de l'énergie nationale,* trilogie *(Les Déracinés, L'Appel du soldat, Leurs figures).* 1902 : *Scènes et Doctrines du nationalisme.* 1905 : *Au service de l'Allemagne.* 1906 : élection comme député de Paris; entrée à l'Académie française. 1909 : *Colette Baudoche.* 1913 : *La Colline inspirée.* 1922 : *Un jardin sur l'Oronte.* 1923 : *Enquête aux pays du Levant.* Mort à Neuilly-sur-Seine.

BART Jean. Marin. v. 1650 : naissance à Dunkerque. 1662 : matelot dans la marine hollandaise. 1666-1667 : expéditions contre l'Angleterre sous Ruyter. 1672 : corsaire au service de la France. 1679 : officier dans la Marine royale. 1689 : capitaine de vaisseau. 1692 : forcement du blocus de Dunkerque et débarquement à Newcastle. 1693 : bataille de Lagos. 1694 : anoblissement; célébrité de héros national. 1696 : nouveau forcement du blocus de Dunkerque. 1697 : promotion de chef d'escadre. 1702 : mort à Dunkerque.

BARYE Antoine-Louis. Sculpteur. 1795 : naissance à Paris. 1823 : succès au Salon avec le *Tigre dévorant un gavial.* 1833 : *Lion écrasant un serpent.* 1836 : *Lion en marche,* pour la colonne de Juillet. 1846 : *Lion assis.* 1850 : *Le Centaure et le Lapithe.* 1854 : professorat au Muséum. 1868 : Académie des beaux-arts. 1875 : mort à Paris.

BAUDELAIRE Charles. Ecrivain. 1821 : naissance à Paris. 1845 : succès comme critique d'art. 1856-1865 : traductions des œuvres d'Edgar Poe. 1857-1864 : *Poèmes en prose.* 1857 : publication et condamnation du recueil de poésies intitulées : *Les Fleurs du mal,* dont Victor Hugo a dit qu'elles révèlent un « frisson nouveau ». 1867 : mort à Paris.

BEAUMARCHAIS Pierre Augustin CARON de. Ecrivain. 1732 : naissance à Paris. 1767 : *Eugénie,* drame. 1773 : quatre *Mémoires* contre les parlements. 1775 : succès de la pièce de théâtre *Le Barbier de Séville.* 1784 : *Le Mariage de Figaro,* attaque spirituelle et insolente contre les privilégiés. 1792 : *La Mère coupable.* Emigration. 1796 : retour en France. 1799 : mort à Paris.

BECQUEREL Antoine. Savant. 1788 : naissance à Châtillon-Coligny (Loiret). 1815 : démission de l'armée après séjour à l'Ecole polytechnique, et campagnes de l'Empire comme officier du génie. 1829 : entrée à l'Académie des sciences. 1834-1840 : *Traité expérimental de l'électricité et du magnétisme.* 1847 : *Eléments d'électro-chimie;*

Eléments de physique terrestre et de météorologie. 1853 : *Des climats et de l'influence qu'exercent les sols boisés et non boisés.* 1855 : *Traité de l'électricité et du magnétisme.* 1878 : mort à Paris.

BERGSON Henri. Philosophe. 1859 : naissance à Paris. 1878 : entrée à l'Ecole normale supérieure. 1881 : agrégation de philosophie. 1889 : docteur ès lettres ; *Essai sur les données immédiates de la conscience.* 1896 : *Matière et Mémoire.* 1897 : *Essai sur les rapports du corps à l'esprit.* 1900 : professeur au Collège de France; *Le Rire.* 1901 : entrée à l'Académie des sciences morales et politiques. 1907 : *L'Evolution créatrice.* 1914 : élection à l'Académie française. 1920 : *L'Energie spirituelle.* 1922 : *Durée et simultanéité.* 1932 : *Les Deux Sources de la morale et de la religion.* 1934 : *La Pensée et le Mouvant.* 1941 : mort à Paris.

BERLIOZ Hector. Compositeur. 1803 : naissance à La Côte-Saint-André (Isère). 1828 : présentation des ouvertures de *Waverley,* des *Francs-Juges,* de la cantate d'*Orphée déchirée par les bacchantes.* 1830 : prix de Rome avec *Sardanapale; Symphonie fantastique.* 1838 : *Benvenuto Cellini.* 1839 : *Roméo et Juliette.* 1844 : *Le Carnaval romain.* 1846 : *La Damnation de Faust.* 1852 : *Les Soirées de l'orchestre* (le premier des ouvrages regroupant ses articles de journaux et de revues). 1854 : *L'Enfance du Christ.* 1860 : *Grand Traité d'instrumentation.* 1863 : *Les Troyens.* 1869 : mort à Paris.

BERNANOS Georges. Ecrivain. 1888 : naissance à Paris. 1888-1906 : enfance dans l'Artois. 1910 : fréquentation des milieux monarchistes parisiens. 1914-1918 : engagement volontaire aux armées. 1926 : *Sous le soleil de Satan.* 1927 : *L'Imposture.* 1929 : *La Joie.* 1936 : *Le Journal d'un curé de campagne.* 1938 : *Les Grands Cimetières sous la lune,* contre l'action franquiste en Espagne. 1939 : se fixe au Brésil. 1942 : *Lettre aux Anglais* (contre le régime de Vichy). 1946 : *Monsieur Ouine.* 1948 : *Dialogue des Carmélites.* L'inspiration mystique et la polémique se partagent son œuvre. 1948 : mort à Neuilly-sur-Seine.

BERNARD Claude. Savant. 1813 : naissance à Saint-Julien (Rhône). 1843 : doctorat en médecine. 1854 : chaire de physiologie expérimentale à l'Académie des sciences. 1865 : *Introduction à l'étude de la médecine expérimentale.* 1868 : chaire de physiologie générale au Muséum et élection à l'Académie française. 1878 : *La Science expérimentale.* Mort à Paris.

BERTHELOT Marcelin. Savant. 1827 : naissance à Paris. 1851 : emploi de préparateur de chimie au Collège de France. 1854 : doctorat ès sciences. 1859 : professorat à l'Ecole supérieure de pharmacie. 1863 : admission à l'Académie de médecine. 1865 : professorat au Collège de France. Enseignement sur la synthèse des composés organiques et sur la thermochimie. 1873 : admission à l'Académie des sciences. 1877 : inspection générale de l'Enseignement supérieur. 1878 : découverte de l'acide persulfurique. 1881 : entrée au Sénat. 1886 : ministère de l'Instruction publique et des Beaux-Arts. 1895-1896 : ministère des Affaires étrangères. 1907 : mort à Paris.

BIZET Alexandre César Léopold, dit Georges. Compositeur. 1838 : naissance à Paris. 1855 : *Symphonie en ut majeur.* 1857 : prix de Rome. 1863 : *Les Pêcheurs de perles* (opéra). 1872 : *L'Arlésienne.* 1873 : *Suite symphonique.* 1875 : *Carmen.* 1875 : mort à Bougival. Célébrité posthume.

BLANC Louis. Publiciste, historien et homme politique. 1811 : naissance à Madrid. 1839 : publication de *L'Organisation du travail,* d'inspiration socialiste. 1841 : *Histoire de dix ans,* contre la monarchie de Juillet. 1848 : participation au gouvernement provisoire. Présidence de la Commission du Luxembourg, chargée des ateliers nationaux. 1848-1870 : exil à Londres. 1847-1862 : *Histoire de la Révolution française.* 1871 : élection comme député de la Seine. Opposition à la Commune, mais protestation contre sa répression. 1876 (et après le 16 mai 1877) : réélection. Participation à la fondation du parti radical-socialiste. 1882 : mort à Cannes.

BLÉRIOT Louis. Ingénieur et aviateur. 1872 : naissance à Cambrai. 1908 : construction et expérimentation d'un monoplan. 25 juillet 1909 : première traversée de la Manche sur cet appareil. 1936 : mort à Paris.

BLOY Léon. Ecrivain. 1846 : naissance à Périgueux. 1884 : *Propos d'un entrepreneur de démolitions; Christophe Colomb et sa béatification future.* 1887 : *Le Désespéré.* 1888 : *Un brelan d'excommuniés.* 1892 : *Le Salut par les juifs.* 1896 : *Sueur de sang.* 1897 : *La Femme pauvre.* 1914 : *Le Pèlerin de l'absolu,* autobiographie, œuvre entièrement inspirée par un mysticisme visionnaire. 1917 : mort à Bourg-la-Reine.

BLUM Léon. Ecrivain et homme politique. 1872 : naissance à Paris. 1901 : notoriété littéraire à la publication de *Nouvelles Conversations de Goethe avec Eckermann.* 1907 : *Le Mariage.* 1919 et 1924 : élection comme député socialiste de la Seine. 1920 : lutte contre le ralliement du parti socialiste à la IIIe Internationale. 1924 : artisan du « Bloc des Gauches », soutien au ministère Herriot. 1928 : échec électoral dans la Seine. 1929 : élection comme député de Narbonne. 1931 : les problèmes de la paix. Juin 1936 - juin 1937 : présidence du Conseil du gouvernement de Front populaire. 7 juin 1936 : signature des « accords Matignon ». Mars-avril 1938 : présidence du Conseil. Septembre 1940 : arrestation et emprisonnement par le gouvernement de Vichy. 1942 : comparution au procès de Riom. 1943 : internement en Allemagne. 1945 : libération par les Alliés. Publication de *A l'échelle humaine.* 16 décembre 1946 - 16 janvier 1947 : présidence du Conseil d'un gouvernement socialiste homogène. 1950 : mort à Jouy-en-Josas (Yvelines).

BOILEAU-DESPRÉAUX Nicolas. Ecrivain 1636 : naissance à Paris. 1666 : *Satires,* dirigées contre la mode du burlesque et de la préciosité. 1674 : *L'Art poétique,* théorie de la littérature classique. 1663-1678 : *Epîtres.* 1677 : historiographe de Louis XIV avec Racine. 1674 et 1683 : *Le Lutrin.* 1684 : élection à l'Académie française. 1694 : *Réflexions sur Longin.* 1711 : mort à Paris.

BONALD Louis, vicomte de. Ecrivain et philosophe. 1754 : naissance près de Millau. 1790 : élection comme membre de l'assemblée du département. 1791 : émigration. 1796 : publication, à Paris, de *La Législation primitive.* 1804 : retour en France. 1810 : conseiller de l'Université impériale. 1815-1822 : député ultra. 1816 : élection à l'Académie française. 1818 : *Recherches philosophiques sur les premiers objets des connaissances morales.* 1819 : édition des *Œuvres complètes* à Paris (nombreux ouvrages de philosophie politique). 1823 : élévation à la pairie. 1840 : mort à Millau.

BONNARD Pierre. Peintre. 1867 : naissance à Fontenay-aux-Roses. 1889 : débuts dans la peinture. Nombreuses affiches, lithographies, étoffes. 1891 : première exposition aux Indépendants. 1896 : première exposition particulière *(Moulin-Rouge,* etc.). 1899-1900 : *Sous la lampe; La Fenêtre.* 1900-1904 : nombreuses illustrations (Verlaine, *Daphnis et Chloé).* 1907-1914 : voyages à travers l'Europe. 1920 : *Le Petit Déjeuner; le Sourire; Portrait d'Ambroise Vollard.* 1922 : *La Toilette; La Plage à marée basse.* 1926 : voyage aux Etats-Unis. 1933 : installation (définitive en 1939) au Cannet (Alpes-Maritimes) : période des *Jardins en fleurs.* 1947 : mort au Cannet.

BOSSUET Jacques Bénigne. Prélat et écrivain. 1627 : naissance à Dijon. 1652 : doctorat en théologie et ordination. Archidiacre de Sarrebourg. 1659 : installation à Paris. 1660 : début des prédications des *Carêmes* et des *Avents.* 1662 : sermon sur *Les Devoirs des rois.* 1669 : évêché de Condom. *Oraison funèbre d'Henriette de France, reine d'Angleterre.* 1670 : préceptorat du dauphin. *Traité de la connaissance de Dieu et de soi-même. Oraison funèbre d'Henriette d'Angleterre, duchesse d'Orléans.* 1671 : élection à l'Académie française. 1681 : évêché de Meaux. Sermon sur *L'Unité de l'Eglise. Discours sur l'Histoire universelle.* 1682 : *Déclaration du clergé de France* (dite *Les Quatre Articles,* sur les libertés de l'Eglise gallicane). 1683 : *Oraison funèbre de Marie-Thérèse d'Autriche.* 1686 : *Oraison funèbre de Michel Le Tellier, chancelier de France.* 1687 : *Oraison funèbre du prince de Condé.* 1688 : *Histoire des variations des Eglises protestantes.* 1694 : *Maximes et réflexions sur la comédie.* 1694-1699 : *Mémoires et Relations à propos du quiétisme.* 1695 : *Elévations sur les Mystères.* 1704 : mort à Paris. 1732 : publication posthume du *Traité de la concupiscence.*

BRANLY Edouard. Savant. 1844 : naissance à Amiens. 1873 : docteur ès sciences. 1882 : thèse de doctorat en médecine. 1890 : invention du cohéreur, organe principal de la télégraphie sans fil. 1895 : publication des *Traités élémentaires de physique*. 1911 : élection à l'Académie des sciences. 1940 : mort à Paris.

BRAQUE Georges. Peintre et sculpteur. 1882 : naissance à Argenteuil. 1904 : premières toiles « fauves » (*L'Estaque*). 1908 : rencontre de Picasso. Débuts du cubisme. 1910-1913 : *Composition au violon; Le Portugais*. Période des « papiers collés » : *Femme à la guitare, Aria de Bach*. 1920 : retour au « sujet » : *Café-bar, Le Sucrier*. 1929-1931 : *Joueuses de tennis*, série des *Baigneuses*. 1933-1935 : *Nappe rose; Nappe jaune*. Premières sculptures. 1940 : *Le Billard*. 1945-1955 : série des *Ateliers*. 1948 : grand prix de la Biennale de Venise. 1952 : plafond du salon Henri-II au musée du Louvre (*Oiseaux*). 1963 : mort à Varengeville.

BRETON André. Ecrivain. 1896 : naissance à Tinchebray (Orne). 1913 : études médicales et essais poétiques. 1916-1918 : mobilisation dans un hôpital de Nantes, puis au Val-de-Grâce. Contacts avec Apollinaire, Reverdy, les dadaïstes. 1919 : fondation de *Littérature*. 1921 : *Les Champs magnétiques* (en collaboration avec Philippe Soupault). 1923 : *Clair de terre*, poèmes. 1924 : *Manifeste du surréalisme*. 1928 : *Nadja*. 1930 : *Second Manifeste du surréalisme*. 1932 : *Les Vases communicants*, essai. *Le Revolver à cheveux blancs*, poèmes. 1937 : *L'Amour fou*. 1938 : voyage au Mexique. 1940 : *Anthologie de l'humour noir*. 1941-1946 : exil volontaire aux Etats-Unis, puis voyage à Haïti et au Canada. 1942 : *Les Etats généraux*, poème. 1945 : *Arcane 17*. 1946 : *Ode à Charles Fourier*. 1948 : *Poèmes*. 1952 : *Entretiens*. 1953 : *La Clé des champs*. 1959 : *Constellations*. 1964 : *Le Surréalisme et la Peinture* (édition définitive). 1966 : mort à Paris.

BRIAND Aristide. Avocat et homme politique. 1862 : naissance à Nantes. 1901 : secrétaire du parti socialiste français. 1902 : député de Saint-Etienne. 1905 : rapporteur de la loi de séparation de l'Eglise et de l'Etat. Ministre de l'Instruction publique et des Cultes. Juillet 1909 - février 1911, puis janvier-mars 1913 : présidence du Conseil. Octobre 1915 - mars 1917, puis janvier 1921 - janvier 1922 : présidence du Conseil et ministère des Affaires étrangères. 1925 : ministère des Affaires étrangères dans le cabinet Painlevé ; accords de Locarno. 1925-1926 : trois fois à la présidence du Conseil. 22 juillet 1926 : ministère des Affaires étrangères dans le cabinet Poincaré. Août 1928 : pacte Briand-Kellogg. 1932 : mort à Paris, après avoir été au total quinze fois Président du Conseil et dix fois ministre des Affaires étrangères.

BROGLIE Louis, prince, puis duc de. Savant, frère puîné de Maurice, duc de Broglie (1875-1960), également physicien. 1892 : naissance à Dieppe. 1924 : présente sa thèse, *Recherches sur la théorie des quanta* (point de départ de la mécanique ondulatoire). 1927 : mise au point du microscope électronique. 1929 : prix Nobel de physique. 1933 : élection à l'Académie des sciences. physique. 1933 : élection à l'Académie des sciences. 1937 : *Matière et Lumière; La Physique nouvelle et les quanta*. 1947 : *Physique et Microphysique*. 1950 : *Optique ondulatoire et corpusculaire*.

BUDÉ Guillaume. Ecrivain. 1467 : naissance à Paris. 1508 : *Annotations sur les pandectes*. 1522 : prévôt des marchands. 1529 : *Commentaires sur la langue grecque*. 1530 : rôle décisif dans la fondation du Collège royal (trois langues : latin, grec, hébreu). 1540 : mort à Paris.

BUFFON Georges Louis LECLERC, comte de. Savant et écrivain. 1707 : naissance à Montbard (Côte-d'Or). 1733 : admission à l'Académie des sciences. 1739 : intendance du Jardin des Plantes et du Cabinet du Roi : travail immense. 1749 : publication des trois premiers volumes de l'*Histoire naturelle*. 1753 : élection à l'Académie française; célèbre discours de réception, appelé *Discours sur le style*. 1778 : publication des *Epoques de la nature*. 1788 : achèvement des 36 volumes de l'*Histoire naturelle*. Mort à Paris. 1789 : achèvement par Lacépède de l'œuvre entreprise.

C

CALLOT Jacques. Peintre et graveur. 1592 : naissance à Nancy. 1604-1620 : fugue avec des bohémiens; séjour à Florence; élève de Thomassin à Rome. 1620-1635 : retour en France; célèbres gravures et eaux-fortes, telles : *Les Misères de la guerre, Prise de Bréda, Siège de la Rochelle, Vues de Paris*, etc. 1635 : mort à Nancy.

CALVIN Jean, CAUVIN dit. Théologien et réformateur. 1509 : naissance à Noyon. 1532 : commentaire sur le *De clementia*, de Sénèque. 1533 : adhésion à la Réforme. 1534 : installation à Bâle. 1536 : achèvement de la rédaction de l'*Institution de la religion chrestienne* (doctrine plus radicale que celle de Luther). Pastorat à Genève. 1538 : bannissement. Refuge à Strasbourg. 1451 : retour à Genève. Influence capitale sur l'organisation de la cité. 1542-1545 : *Catéchisme* à l'usage de la jeunesse. 1553 : intervention pour la condamnation de Michel Servet. 1955 : élimination des *Libertins*. 1559 : fondation de l'Académie de Genève. 1564 : mort à Genève. 1667 : édition de l'ensemble des œuvres à Amsterdam.

CAMUS Albert. Ecrivain. 1913 : naissance en Algérie. 1938 : *Noces*. 1940-1945 : participation active à la Résistance. 1942 : publication du *Mythe de Sisyphe* et de *L'Etranger*. 1944 : direction du journal *Combat*. Représentation du *Malentendu*. 1945 : représentation de *Caligula*. 1947 : *La Peste*, roman. 1948 : *L'Etat de siège*. 1950 : *Les Justes*. 1956 : adaptation théâtrale de *Requiem pour une nonne* de Faulkner; *La Chute*. 1957 : prix Nobel de littérature. 1959 : adaptation des *Possédés* de Dostoïevski. 1960 : mort accidentelle à Villeblevin (Yonne).

CARNOT Lazare, dit « le Grand Carnot ». Homme politique. 1753 : naissance à Nolay (Côte-d'Or). 1774 : lieutenant du génie. 1783 : capitaine. 1791 : députation pour le Pas-de-Calais à l'Assemblée législative. 1792 : siège à la Convention. 1793 : vote pour la mort du roi. Entrée au Comité de Salut public. Mission auprès de l'armée du Nord. Octobre 1793 : victoire de Wattignies. Direction des bureaux de la guerre. 1794 : surnom mérité d'« Organisateur de la victoire ». 1795 : siège au Conseil des Anciens dans le gouvernement du Directoire. 1796 : admission à l'Institut. 1797 : exil après le coup d'Etat du 18 fructidor. 1800 : ministre de la Guerre. Nomination au Tribunat. 1802 : opposition au Consulat à vie. 1804-1814 : opposition à l'Empire. Retraite. 1814 : général de division; défense d'Anvers. 1815 : exil en tant que « régicide ». 1823 : mort à Magdebourg.

CARPEAUX Jean-Baptiste. Sculpteur. 1827 : naissance à Valenciennes. 1853 : atelier de Rude. Bas-relief : *Réception d'Abd el-Kader à Saint-Cloud par Napoléon III.* 1854 : prix de Rome. 1859 : succès du *Jeune Pêcheur napolitain.* 1863 : au Salon : *Ugolin et ses enfants.* 1866 : hauts-reliefs des frontons du pavillon de Flore. 1869 : célébrité universelle avec le groupe de *La Danse* à l'Opéra de Garnier. 1872 : *Les Quatre Parties du monde* de la fontaine du Luxembourg. 1875 : mort au château de Bécon, près de Courbevoie (Hauts-de-Seine).

CATINAT Nicolas de. Chef militaire. 1637 : naissance à Paris. 1660 : service aux gardes-françaises. 1667 : rôle important au siège de Lille. 1688 : lieutenant général. 1690 : victoire de Staffarde en Piémont. 1693 : maréchalat. Victoire de La Marsaille. 1702 : dernière campagne sur le Rhin. 1703-1712 : retraite. Fréquents conseils au roi. 1712 : mort à Saint-Gratien (Val-d'Oise).

CÉZANNE Paul. Peintre. 1839 : naissance à Aix-en-Provence. 1864-1870 : premiers envois, refusés, aux Salons. 1873 : travaille à Auvers-sur-Oise *(La Maison du pendu).* 1874 : participation à la première exposition des impressionnistes. 1877-1895 : retour et isolement en Provence. 1883 : *L'Estaque.* 1892 : *Les Joueurs de cartes.* 1894 : *La Montagne Sainte-Victoire.* 1895 : exposition chez Vollard. 1896 : *Le Lac d'Annecy.* 1905 : achèvement des *Grandes Baigneuses* (commencées en 1885). 1906 : mort à Aix-en-Provence. Précurseur du cubisme.

CHALGRIN Jean. Architecte. 1739 : naissance à Paris. 1758 : prix de Rome. 1777 : achèvement de l'église Saint-Sulpice. 1769-1784 : construction de Saint-Philippe-du-Roule. 1770 : admission à l'Académie d'architecture. 1774-1778 : construction du Collège de France. 1799 : admission à l'Institut. 1803 : architecte du Luxembourg. 1809 : début de la construction de l'Arc de triomphe. 1811 : mort à Paris.

CHAMPAIGNE Philippe de. Peintre. 1602 : naissance à Bruxelles. 1621 : installation à Paris; amitié avec Poussin. Commandes de l'Etat. 1628 : pension du roi. 1628-1648 : portraits officiels et peinture religieuse. 1633 : *Cérémonie de l'ordre du Saint-Esprit.* 1640 : *Portrait de Richelieu.* 1648 : admission à l'Académie de peinture. 1648 : adhésion au jansénisme. *Portrait de la Mère Angélique.* 1622 : *L'Ex-voto.* 1674 : mort à Paris.

CHAMPLAIN Samuel de. Explorateur et colonisateur. v. 1567 : naissance à Brouage (Saintonge). 1593-1598 : campagne avec les maréchaux d'Aumont et Cossé-Brissac. 1599-1601 : voyage aux Antilles et en Amérique centrale. 1603 : sur l'ordre d'Henri IV, exploration du Canada. 1604-1607 : seconde exploration. 1608 : fondation de Québec. 1620 : charge de lieutenant général au Canada. 1628-1629 : défense de Québec contre les Anglais. 1632 : publication d'un *Traité de navigation.* 1633 : retour au Canada comme gouverneur. 1635 : mort à Québec.

CHAMPOLLION Jean-François. Egyptologue. 1790 : naissance à Figeac. 1809 : professorat d'histoire à Grenoble. 1814 : *L'Egypte sous les pharaons.* 1822 : déchiffrement des hiéroglyphes. 1824-1826 : étude des musées égyptiens d'Italie et organisation de celui de Paris. 1828 : *Précis du système hiéroglyphique.* 1830 : élection à l'Académie des inscriptions et belles-lettres. 1831 : chaire d'archéologie. 1832 : mort à Paris. Publications posthumes complétant sa découverte du sens des hiéroglyphes.

CHARDIN Jean-Baptiste. Peintre. 1699 : naissance à Paris. 1728 : succès après exposition du *Buffet* et de *La Raie.* Admission à l'Académie de peinture. 1729-1745 : nombreuses natures mortes et peintures de genre. 1737 : *Le Philosophe.* 1738 : *La Récureuse.* 1739 : *La Pourvoyeuse; La Gouvernante.* 1740 : *Le Bénédicité; La Mère laborieuse.* 1752 : pension du roi. 1755 : abandon progressif de la peinture pour le pastel (où il excellera). 1771 : autoportrait. 1779 : mort à Paris.

CHARLES Ier dit CHARLEMAGNE. Souverain. 742 : naissance à Salzbourg, en Neustrie. Fils de Pépin le Bref et de Berthe « au grand pied ». 771 : acquisition de tout l'héritage de Pépin après la mort de Carloman. Unité du royaume franc. 772-785 : expéditions contre les Saxons. 772-774 : guerres de Lombardie. 778 : expédition en Espagne. Prise de Pampelune. Désastre de Roncevaux. 787 : lutte contre les Bavarois. Prise d'Augsbourg. 791-795 : guerre contre les Avars. 797 : alliance avec Haroun al-Rachid, calife de Bagdad. 25 décembre 800 : sacre à Rome par le pape comme empereur d'Occident. 806 : partage de l'Empire (par association au pouvoir de ses fils). 800-814 : œuvre considérable de pacification et de réorganisation. 28 janvier 814 : mort à Aix-la-Chapelle.

CHARLES MARTEL. Grand-père de Charlemagne. 689 : naissance. Fils de Pépin d'Héristal et d'Alpaïde. 714 : duc d'Austrasie. 719 : victoire de Soissons sur les Neustriens. 725-728 : soumission de la Thuringe et de la Bavière. 732 : célèbre victoire de Poitiers sur les Maures d'Espagne. 741 : mort à Crécy-sur-Oise.

CHARLES V « le Sage ». Souverain. 1338 : naissance à Vincennes. Fils de Jean II « le Bon », et de Bonne de Luxembourg. 1356-1360 : régence pendant la captivité de son père. Lutte contre Etienne Marcel. 1364 : roi de France, œuvre surtout juridique et financière. 1378 : après des hostilités prudemment conduites, réduction de l'occupation anglaise à Calais, Bordeaux, Bayonne. 16 septembre 1380 : mort au château de Beauté, près de Nogent-sur-Marne.

CHARLES VII « le Victorieux ». Souverain. 14 février 1403 : naissance à Paris. Fils de Charles VI et d'Isabeau de Bavière. 1419 : exclusion du trône par le traité de Troyes. 1422 : reconnaissance comme roi légitime par les Armagnacs ; fidélité des provinces du sud de la Loire. 1429 : libération d'Orléans par Jeanne d'Arc. Sacre à Reims. 1435 : réconciliation, à Arras, avec le duc de Bourgogne. 1436 : recouvrance de Paris. 1444 : trêve avec l'Angleterre. 1448 : reprise de la guerre. 1450 : victoire de Formigny (Normandie). 1453 : victoire finale de Castillon (près de Bordeaux). 1445 : institution de l'armée permanente (les compagnies d'ordonnance). 22 juillet 1461 : mort à Mehun-sur-Yèvre (Cher).

CHARLES X. Souverain. 9 octobre 1757 : naissance à Versailles ; quatrième enfant du dauphin, fils de Louis XV et de Marie-Josèphe de Saxe. 1773 : comte d'Artois, mariage avec Marie-Thérèse de Savoie, dont naîtront deux fils : le duc d'Angoulême et le duc de Berry. 17 juillet 1789 : émigration. 1824 : roi de France à la mort de Louis XVIII, son frère. 1827-1828 : intervention en faveur des Grecs révoltés (bataille de Navarin ; expédition de Morée). 1829 : aggravation de la politique anti-libérale (ministère Polignac). Juillet 1830 : expédition contre Alger, prise de la ville. 25 juillet 1830 : signature de quatre « ordonnances » contre la liberté de la presse. 27-28-29 juillet : révolution à Paris. 2 août : abdication. 16 août 1830 : exil en Angleterre. 6 novembre 1836 : mort à Goritz (Frioul).

CHARLES LE TÉMÉRAIRE. Comte de Charolais, puis duc de Bourgogne. 10 novembre 1433 : naissance à Dijon. Fils de Philippe le Bon, duc de Bourgogne, et d'Isabelle de Portugal. 1465 : défaite de Montlhéry dans les rangs de la Ligue du bien public. 1467 : succession du duché. 1468 : traité de Péronne imposé à Louis XI. 1472 : échec devant Beauvais. 1475 : guerre contre le duc de Lorraine. Tentative de reconstitution d'un empire lotharingien. 1476 : défaites de Grandson et Morat devant les Suisses. 1477 : défaite et mort à Nancy.

CHASSÉRIAU Théodore. Peintre. 1819 : naissance à Sainte-Barbe de Samana (Saint-Domingue). 1831, à Paris, élève d'Ingres ; 1836 : exposition de *Caïn maudit*. 1839 : *Vénus Anadyomène*. 1842 :

Captives troyennes. 1845 : après un voyage en Algérie, peinture plus colorée : *Portrait équestre d'Ali ben-Hamet, calife de Constantine*. 1853 : *Le Tepidarium*. 1856 : mort à Paris.

CHATEAUBRIAND René, vicomte de. Ecrivain et homme politique. 4 septembre 1768 : naissance à Saint-Malo. 1786 : sous-lieutenant au régiment de Navarre. 1791 : voyage en Amérique du Nord. 1792 : émigration à l'armée des Princes ; blessure au siège de Thionville. 1793-1800 : exil à Londres. 1800 : retour en France. 1801 : publication d'*Atala*. 1802 : grand succès du *Génie du christianisme*. 1804 : ministre de France dans le Valais. 1804 : rupture avec Bonaparte. 1805 : *René*. 1806 : voyage en Orient. 1808 : début de la rédaction des *Mémoires*. 1809 : *Les Martyrs*. 1811 : élection à l'Académie française. 1816 : *De la monarchie selon la Charte*. 1818 : participation au journal *Le Conservateur*. 1822 : ambassade à Londres, puis ministère des Affaires étrangères. 1823 : décision de l'intervention française en Espagne. 1824 : dans l'opposition libérale. 1826 : *Les Aventures du dernier Abencérage*. 1828 : ambassade à Rome. 1830 : condamnation des ordonnances, puis refus de servir le nouveau régime. Renoncement à son titre de pair de France. 1831 : *Etudes historiques*. 1841 : achèvement de la rédaction des *Mémoires*. 1848 : mort à Paris. Funérailles grandioses à Saint-Malo. 1849-1850 : publication incomplète des *Mémoires d'outre-tombe* (première intégrale en 1948).

CHÉNIER André de. Ecrivain. 20 octobre 1762 : naissance à Constantinople. Frère de l'écrivain Marie-Joseph Chénier (1764-1811). 1782-1789 : fréquentation du monde des lettres et des arts. 1789 : adhésion aux idées nouvelles puis activité contre-révolutionnaire. 1793 : arrestation. 7 thermidor 1794 : exécution. 1819 : publication des *Elégie* et des *Poèmes*. 1840 : éditions des œuvres complètes.

CHEVREUL Eugène. Savant. 1786 : naissance à Angers. 1813 : professorat de chimie au lycée Charlemagne. 1823 : publication des *Recherches chimiques d'origine animale*. 1824 : direction des teintureries des Gobelins. 1828-1831 : *Leçons de chimie appliquée à la teinture*. 1830-1839 : professeur au Muséum ; *De la loi des contrastes simultanés des couleurs*. 1864 : directeur du Muséum. *Des couleurs et de leurs applications aux arts industriels, à l'aide des cercles chromatiques*, etc. 1889 : mort à Paris.

CHOISEUL Etienne, comte de Stainville, puis (1757) duc de. Homme politique. 1719 : naissance en Lorraine. 1740-1748 : carrière militaire. 1748 : maréchal de camp. 1753-1757 : ambassade à Rome. 1757 : ambassade à Vienne. 1er mai : conclusion d'un traité d'alliance avec l'Autriche à Vienne. 1758 : secrétariat d'Etat aux Affaires étrangères. Pairie. 1761 : secrétariat d'Etat à la Guerre et à la Marine. Entreprise de réforme radicale de l'armée. Pacte de Famille avec l'Espagne. 1766 : reprise du secrétariat aux Affaires étrangères. 1767 : expulsion des jésuites. 1768 : réunion de la Corse à la France. 1770 : disgrâce. Retraite à Chanteloup, près de Chambord. 1785 : mort à Paris.

CLAIR René : René CHOMETTE, dit. Cinéaste. 1898 : naissance à Paris. 1917-1919 : tentatives littéraires. 1920 : débuts comme acteur de cinéma. 1923 : premier film : *Paris qui dort*. 1924 : *Entr'acte*. 1927 : *Un chapeau de paille d'Italie*. 1930 : *Sous les toits de Paris, Le Million*. 1931 : *A nous la liberté!* 1932 : *Quatorze Juillet*. 1935 : *Fantôme à vendre*. 1940-1945 : exil à Hollywood (*Ma femme est une sorcière, C'est arrivé demain*, etc.). 1945 : *Le silence est d'or*. 1948 : *La Beauté du diable*. 1951 : *Réflexion faite*, volume d'essais et de souvenirs. 1952 : *Les Belles de nuit*, film. 1955 : *Les Grandes Manœuvres*. 1956 : *Porte des Lilas*. 1959 : *Comédies et commentaires*, scénarios et essais. 1961 : *Tout l'or du monde*, 1962 : élection à l'Académie française. 1965 : *Les Fêtes galantes*. Auteur de quelques romans.

CLAUDEL Paul. Ecrivain et diplomate. 1868 : naissance à Villeneuve-sur-Fère (Aisne). 1883 : premiers essais poétiques et dramatiques. 1886 : retour à la religion catholique. 1889 : rédaction de *Tête d'or*. 1890 : succès au concours des Affaires étrangères. 1890-1893 : fréquentation de Mallarmé. 1893 : consulat de suppléance à New York, puis consulat à Boston. *L'Echange*. 1895-1900 : séjour en Chine. 1901-1905 : deuxième séjour en Chine. Rédaction du *Partage de midi*. 1909-1914 : consulat général de Hambourg. 1910 : *Cinq Grandes Odes*. 1912 : représentation de *L'Annonce faite à Marie*. 1914 : représentation de *L'Otage*. 1917 : ministère de France à Copenhague. 1921-1927 : ambassade à Tokyo. 1927 : ambassade à Washington. Rédaction du *Livre de Christophe Colomb*. 1933-1935 : dernière ambassade à Bruxelles. 1943 : représentation triomphale du *Soulier de satin* (version abrégée du livre paru en 1930). 1946 : élection à l'Académie française. 1955 : mort à Paris.

CLEMENCEAU Georges. Homme politique. 1841 : naissance à Mouilleron-en-Pareds (Vendée). 1869 : doctorat en médecine. 1870 : mairie de Montmartre. 1871 et 1876 : élection à la députation de la Seine, puis du Var (1885). 1881 : fondation du journal *La Justice*, expression de l'extrême-gauche radicale. 1885 : opposition à Jules Ferry. 1887 : participation déterminante à la démission du président Grévy. 1887-1891 : opposition au boulangisme. 1893 : échec aux élections. 1897-1901 : campagne dans *L'Aurore* en faveur de Dreyfus. 1902 : élection comme sénateur du Var. 1906-1909 : président du Conseil. Rupture avec les socialistes. 1913 : opposition dans le journal *L'Homme libre*. 1914 : *L'Homme libre* devient *L'Homme enchaîné*. 1917 : présidence du Conseil. Energie et succès dans la conduite de la guerre. 1918 : élection à l'Académie française. 28 juin 1919 : signature du traité de Versailles. Janvier 1920 : échec aux élections présidentielles. 1925 : rédaction de *Démosthène*. 1926 : *Au soir de la pensée*. 1929 : mort à Paris.

CLOUET François, dit JANET. Peintre. v. 1510 : naissance à Tours, fils de Jean Clouet (v. 1475-1541), peintre de François Ier. 1551-1554 : travaux décoratifs. 1560 : portrait d'Elisabeth d'Autriche. 1560-1572 : nombreux et célèbres portraits au crayon de personnages de la cour de France. 1572 : mort à Paris.

CLOVIS Ier. Souverain. 465 : naissance. Fils de Childéric Ier. v. 481 : roi des Francs Saliens. 486 : conquête des régions entre Somme et Seine. 491 : guerre contre les Thuringiens. 493 : mariage avec Clotilde, nièce catholique du roi des Burgondes Gondebaud. 496 : guerre contre les Alamans. Bataille de Tolbiac (Zülpich, en Rhénanie). Conversion. Baptême à Reims, par saint Rémi. 500 : victoire sur Gondebaud et les Burgondes. 507 : bataille de Vouillé. Réduction des Wisigoths « ariens ». Occupation de l'Aquitaine. 508 : octroi de la dignité de consul de Rome. 509 : domination affirmée des Gaules. 511 : présidence du synode d'Orléans. Mort à Paris.

COCTEAU Jean. Ecrivain et cinéaste. 1889 : naissance à Maisons-Laffitte. 1916-1918 : *Discours du grand sommeil*. 1920 : *Poésies*. 1922 : *Vocabulaire*. 1923 : *Plain Chant ; Thomas l'imposteur*. 1925-1927 : *Opéra*. 1929 : *Les Enfants terribles*. 1930 : *La Voix humaine*. 1932 : *Le Sang d'un poète* (film). 1934 : *La Machine infernale*. 1938 : *Les Parents terribles*. 1946 : *L'Aigle à deux têtes ; La Belle et la Bête* (film). 1949 : *Orphée* (film). 1955 : *Poésies ; Clair-obscur*. Election à l'Acadamie française. 1959 : *Le Testament d'Orphée* (film). 1963 : mort à Milly-la-Forêt. Fut aussi chorégraphe, dessinateur et peintre.

COLBERT Jean-Baptiste. Homme politique. 1619 : naissance à Reims. 1649 : titre de conseiller du roi, par protection de Le Tellier. 1651-1661 : au service de Mazarin. 1661 : entrée au conseil d'En-Haut de Louis XIV. 1663 : organisation de l'Académie des inscriptions et belles-lettres. 1644 : surintendance des bâtiments et manufactures. 1665 : contrôle général des Finances. 1666 : organisation de l'Académie des sciences : création de l'Observatoire. 1668 : secrétariat général de la Maison du roi. 1669 : secrétariat à la Marine. Organisation de l'Académie de musique. 1671 : organisation de l'Académie d'architecture. 1683 : apogée de l'œuvre réalisé : puissance de la marine marchande (portée à 276 vaisseaux), développement de la flotte marchande, des manufactures et du commerce grâce à un protectionnisme rigoureux. Même année : mort à Paris.

COLIGNY Gaspard de. Seigneur de Châtillon, dit « l'Amiral ». Homme politique et chef militaire. 1519 : naissance à Châtillon-sur-Loing. 1543-1544 : campagnes en Flandre, en Italie et en Champagne. 1547 : charge de colonel général de l'infanterie. 1552 : amiral de France. 1557 : défense de Saint-Quentin. 1557-1559 : captivité chez les Espagnols. Adhésion à la Réforme dont il deviendra le chef politique (1569). 1560 : intervention à l'assemblée des notables à Fontainebleau pour le libre exercice de la religion protestante. 1569 : défaite de Moncontour. 1572 : préparation, à Paris, d'une intervention en Flandre avec l'accord de Charles IX. 22 août : attentat de Maurevel. 24 août, jour de la Saint-Barthélemy : assassinat.

COMMINES Philippe de. Homme politique et chroniqueur. 1447 : naissance à Renescure, près d'Hazebrouck. 1464 : au service de Philippe le Bon et de Charles le Téméraire. 1472 : au service de Louis XI. 1476 : nomination au titre de sénéchal de Poitou. 1483 : participation au conseil de régence. 1486 : arrestation pour conspiration. 1493 : après rappel par Charles VIII, préparation à Venise de la campagne d'Italie. 1498 : achèvement des *Mémoires*. 1498-1499 : conseil du roi Louis XII qu'il accompagne en Italie. 1511 : mort au château d'Argenton (Deux-Sèvres).

CONDÉ Louis II de Bourbon, duc d'Enghien, puis prince de Condé, dit « le Grand Condé ». Chef militaire. 1621 : naissance à Paris. 1643 : célébrité acquise par la victoire de Rocroy. 1644 : victoire de Fribourg-en-Brisgau. 1645 : de Nordlingen. 1646 : de Dunkerque. 1648 : de Lens. 1650 : adhésion à la Fronde des Petits Maîtres contre Mazarin. Emprisonnement à Vincennes. 1651 : libération, puis révolte armée. 1652 : échecs de Bléneau et du faubourg Saint-Antoine. 1654 : passage en Espagne. 1658 : défaite des Dunes. 1660 : soumission. 1668 : conquête de la Franche-Comté. 1674 : victoire de Seneffe. 1675 : défense de l'Alsace. 1676 : retraite à Chantilly. 1686 : mort à Fontainebleau.

CORNEILLE Pierre. Ecrivain. 1606 : naissance à Rouen. 1629 : *Mélite*, première comédie. 1632-1636 : plusieurs comédies. 1635 : tragédie de *Médée*. 1636 : *Le Cid*, chef-d'œuvre qui s'écarte des règles classiques. 1640 : *Horace et Cinna*. 1643 : *Polyeucte, La Mort de Pompée, Le Menteur*, comédie. 1644 : *Rodogune*. 1646 : *Héraclius*. 1647 : élection à l'Académie française. 1650-1652 : *Don Sanche d'Aragon, Nicomède*. 1651 : échec de *Pertharite*. 1659 : succès d'*Œdipe*. 1662-1667 : *Sertorius, Sophonisbe, Othon, Agésilas, Attila*, etc. 1671 : rédaction de *Psyché*, en collaboration avec Molière et Quinault. 1674 : *Suréna*, dernière tragédie. 1684 : mort à Paris.

COROT Camille. Peintre. 1796 : naissance à Paris. 1825-1827 : premier voyage en Italie. *Vue du Colisée*. Salon de 1827. *Campagne de Rome. Vue de Narni*. 1834 et 1843 : nouveaux voyages en Italie. *Vue de Tivoli*. 1837 : *Saint Jérôme*. 1840-1848 : fréquentation des sites de Ville-d'Avray et de la forêt de Fontainebleau. 1845 : *Homère et les bergers*. 1850 : *La Danse des nymphes*. 1855 : consécration à l'Exposition universelle. 1864 : *Souvenir de Mortefontaine*. 1869 : *La Liseuse*. 1874 : *Intérieur de la Cathédrale de Sens*. 1875 : mort à Paris.

COUPERIN François. Compositeur. 1668 : naissance à Paris, dans une famille d'organistes.

1696 : organiste de Saint-Gervais. 1701 : claveciniste de la Chambre du Roi. 1733 : mort à Paris. Nombreuses œuvres dont 240 pièces de clavecin. Grande célébrité en France et à l'étranger.

COURBET Gustave. Peintre. 1819 : naissance à Ornans (Doubs). 1844 : affirmation d'un talent original avec *L'Homme à la pipe*. 1849 : *L'Après-dîner à Ornans; La Vallée de la Loue*. 1851 : *L'Enterrement à Ornans*, chef-d'œuvre de la peinture naturaliste, antiromantique. *Les Casseurs de pierres*. 1852 : *Les Demoiselles de village*. 1853 : *Les Baigneuses; La Fileuse*. 1855 : l'*Atelier du peintre*. 1856 : *Les Demoiselles de la Seine*. 1861 : *Combat de cerfs*. 1866 : *La Remise des Chevreuils en hiver*. 1870-1871 : participation à la défense de Paris, puis à la Commune. Condamnation au remboursement de la réédification de la colonne Vendôme. 1873 : exil en Suisse. 1877 : mort à La Tour-de-Peilz.

COUSTOU Guillaume. Sculpteur. 1677 : naissance à Lyon; frère du sculpteur Nicolas Coustou (1658-1733); comme lui élève de Coysevox. 1697 : prix de Rome. 1704 : entrée à l'Académie des beaux-arts. 1746 : mort à Paris. Maître de la sculpture décorative. Célébrité pour le chef-d'œuvre : *Les Chevaux de Marly*.

COYSEVOX Antoine. Sculpteur. 1640 : naissance à Lyon. 1676 : entrée à l'Académie des beaux-arts. 1702 : directeur de cette Académie. 1720 : mort à Paris. Célébrité due à sa participation à la décoration de Versailles et au tombeau de Colbert (église Saint-Eustache à Paris), aux *Chevaux ailés* de l'entrée des Tuileries. Bustes renommés.

CUGNOT Joseph. Ingénieur. 1725 : naissance à Void (Meuse). 1770-1771 : invention du « fardier Cugnot », première voiture automobile. 1804 : mort à Paris.

CURIE Pierre. Savant. 1859 : naissance à Paris. 1880 : découverte, en collaboration avec son frère Paul, de la piézo-électricité. 1882 : direction des travaux de physique à l'Ecole de physique et de chimie industrielle de la ville de Paris. 1895 : thèse de doctorat. Mariage avec Marie Sklodowska. 1903 : prix Nobel de physique pour de nombreuses découvertes, en particulier du polonium et du radium. 1904 : professorat de physique générale à la Sorbonne. 1905 : Académie des sciences. 1906 : mort à Paris. Œuvre entreprise poursuivie par Mᵐᵉ Curie (1867-1934) qui succède à son mari, à la chaire de la Sorbonne, et isole le radium, auparavant simple bromure. 1911 : prix Nobel de chimie. Mère de Irène Curie (1897-1956), épouse de Frédéric Joliot (1900-1958), eux-mêmes physiciens (prix Nobel en 1935 pour leur découverte de la radioactivité artificielle).

CUVIER Georges. Savant. 1769 : naissance à Montbéliard. 1794 : suppléance au cours d'anatomie au Jardin des Plantes. 1795 : entrée à l'Académie des sciences. 1799 : professorat au Collège de France. 1800-1805 : *Leçons d'anatomie comparée*. 1816-1829 : *Le Règne animal distribué d'après son organisation*. 1818 : élection à l'Académie française. 1821-1824 : *Recherche sur les ossements fossiles*. 1832 : mort à Paris.

D

DANTON Georges. Homme politique. 1729 : naissance à Arcis-sur-Aube. 1790 : fondation du club des Cordeliers. 1791-1792 Proposition de la déchéance du roi. Fonction de substitut du procureur de la Commune. Rôle important dans la journée du 10 août. Ministère de la Justice. Formation d'un Comité de défense. 1793 : vote de la mort du roi. Agitation en Belgique. Retour à Paris. Appel célèbre pour la levée en masse (300 000 hommes). Rôle important dans l'institution du « Tribunal révolutionnaire », et du Comité de Salut public. Intrigues avec l'étranger. Accusation de dilapidations. 31 mars 1794 : poursuites pour « modérantisme ». 5 avril : condamnation et exécution à Paris.

DAUDET Alphonse. Ecrivain. 1840 : naissance à Nîmes. 1866 : *Lettres de mon moulin*. 1868 : *Le Petit Chose*. 1872 : *Tartarin de Tarascon*; pièce théâtrale de *L'Arlésienne*. 1873 : *Contes du lundi*. 1874 : *Fromont jeune et Risler aîné*. 1877 : *Le Nabab*. 1884 : *Sapho*. 1885 : *Tartarin sur les Alpes*. 1888 : *Souvenir d'un homme de lettres* et *Trente ans de Paris*. 1897 : mort à Paris. — Père de Léon Daudet (1868-1942) journaliste, écrivain et polémiste, fondateur, avec Maurras, de *L'Action française*.

DAVID Jacques Louis. Peintre. 30 août 1748 : naissance à Paris. 1775 : grand prix de Rome. 1783 : admission à l'Académie des beaux-arts. 1785 : tableau du *Serment des Horaces*. 1786 : *La Mort de Socrate*. Second voyage en Italie. 1789 : adhésion au mouvement révolutionnaire. Tableau de *Brutus*. 1792 : siège à la Convention, à la Montagne. 1793 : vote de la mort du roi. Participation au Comité de Sûreté générale. 9 thermidor 1794 : abandon de Robespierre. Emprisonnement, puis élargissement. 1795 : nouvelle arrestation après la journée de prairial (20 mai 1795). 1799 : tableau des *Sabines*. Adhésion au Consulat. 1800-1814 : peinture officielle et d'actualité. 1800 : *Bonaparte franchissant le Saint-Bernard; Madame Récamier*. 1808 : *Le Sacre*. 1810 : *La Distribution des aigles*. 1814 : *Léonidas aux Thermopyles*. 1815 : exil en Belgique. Retour à la peinture inspirée de l'antique. 1825 : mort à Bruxelles.

DEBUSSY Claude. Compositeur. 1862 : naissance à Saint-Germain-en-Laye. 1883 : premier grand prix de Rome. 1888 : *Les Ariettes oubliées*. 1890 : *Cinq Poèmes*, d'après Baudelaire. 1893 : *Quatuor à cordes*. 1894 : *Prélude à l'après-midi d'un faune*. 1899 : *Chansons de Bilitis*, les trois *Nocturnes*. 1902 : *Pelléas et Mélisande*. 1903-

1907 : nombreuses pièces de piano. 1905 : *La Mer*, suite symphonique. 1911 : *Le Martyre de saint Sébastien*. 1915-1917 : trois *Sonates*. 1913 : *Jeux* (pour les Ballets russes). 1918 : mort à Paris.

DEGAS Edgar. Peintre. 1834 : naissance à Paris. 1856 : voyage en Italie. Influence de Ghirlandajo et Mantegna. 1863 : *Portrait de la duchesse de Morbilli*. 1865 : au Salon : *Les Malheurs de la ville d'Orléans*. 1870 : engagé volontaire. 1872 : voyage aux Etats-Unis *(Un Comptoir de coton)*; *Le Foyer de la danse*; *La Voiture aux courses*. 1874 : participation aux expositions des impressionnistes; *La Classe de danse*. 1875 : *Répétition d'un ballet*. A cette date, abandon de l'huile pour le pastel gouaché. 1875-1905 : multiples études de danseuses, ouvrières, femmes à leur toilette, chevaux de course. 1917 : mort à Paris.

DELACROIX Eugène. Peintre. 1798 : naissance à Saint-Maurice (Val-de-Marne). 1817 : atelier de Guérin. 1822 : la toile *Dante et Virgile aux enfers* inaugure la grande période romantique de la peinture. 1824 : *Les Massacres de Scio*. 11 mars 1828 : exposition de *La Mort de Sardanapale*. 1831 : *La Liberté guidant le peuple; Le Meurtre de l'évêque de Liège*. 1834 : *Femmes d'Alger dans leur appartement*. 1835 : *Le Combat du Giaour et du Pacha*. 1837 : *La Bataille de Taillebourg*. 1838 : *Médée*. 1841, au Salon : *Noce juive au Maroc; Prise de Constantinople par les croisés*. 1845 : peintures de la bibliothèque du Luxembourg : la galerie d'Apollon au Louvre. 1853 : salon de la Paix de l'Hôtel de ville de Paris. 1855 : *Chasse aux lions*. 1861 : la chapelle des Anges à Saint-Sulpice : toiles marouflées de *Jacob* et d'*Héliodore*, dernière manifestation d'un génie du mouvement et de la couleur. 1863 : mort à Paris.

DESCARTES René. Philosophe, mathématicien, écrivain. 31 mars 1596 : naissance à La Haye (La Haye-Descartes, Touraine). 1604-1612 : élève des jésuites de La Flèche. 1617-1628 : officier au service de la Hollande, de la Bavière, de la France. 1628 : présence au siège de La Rochelle. 1629-1649 : retour et séjour en Hollande. 1633 : publication du *Traité de l'homme*. 1637 : *Discours de la méthode*. 1641 : *Méditation sur la philosophie première*, enchaînements de déductions constructives en partant de l'évidence : « Je pense, donc je suis. » 1649 : séjour en Suède auprès de la reine Christine. *Traité des passions*. 11 février 1650 : mort à Stockholm. 1664 : publication du *Traité de l'Homme* et du *Monde ou Traité de la lumière*.

DIDEROT Denis. Philosophe et écrivain. 6 octobre 1713 : naissance à Langres. 1745 : *Essai sur le mérite et la vertu*. 1746 : *Pensées philosophiques*. 1749 : *Lettres sur les aveugles à l'usage de ceux qui voient*, où s'affirment athéisme et matérialisme; emprisonnement de trois mois à Vincennes. 1751 : publication des deux premiers volumes de l'*Encyclopédie*. Travail considérable pour tous les volumes suivants. 1754 : *Pensées sur l'interprétation de la nature*. 1758 : deux drames : *Le Fils naturel* et *Le Père de famille*. 1765-1767 : les *Salons*. 1772 : achèvement de l'*Encyclopédie*. 1773 : voyage auprès de Catherine II. 1775 : *La Religieuse* (roman écrit en 1760). 1779 : *Essai sur les règnes de Claude et de Néron*. 30 juillet 1784 : mort à Paris. — Œuvres posthumes : 1773, publié en 1796 : *Jacques le Fataliste*. 1821 : *Le Neveu de Rameau*, (1805 : d'après la traduction de Goethe; 1891 : d'après le texte original). 1830 : *Le Rêve de d'Alembert* et *Paradoxe sur le comédien*. Importante correspondance *(Lettres à Sophie Volland*, etc.*)*.

DU BELLAY Joachim. Ecrivain. 1522 : naissance à Liré, près d'Angers. 1549 : *Défense et Illustration de la langue française*, manifeste et programme des membres de la Pléiade. 1550 : *L'Olive* (sonnets et vers lyriques). 1552 : *Divers poèmes*. 1558 : *Antiquités de Rome; Les Regrets* (son recueil le plus célèbre) et *Jeux rustiques*. 1560 : mort à Paris.

DUGUAY-TROUIN René. Marin. 1673, naissance à Saint-Malo. 1690 : premiers combats sur un « corsaire ». 1695 : capitaine de frégate. 1695-1705 : nombreux exploits. 1705 : capitaine de vaisseau. 1709 : anoblissement. 1711 : prise de Rio de Janeiro. 1715 : chef d'escadre. 1728 : lieutenant général. 1731 : campagne au Levant et sur les côtes barbaresques. Libération d'esclaves. 1736 : mort à Paris.

DURKHEIM Emile. Philosophe et sociologue. 1858 : naissance à Epinal. 1879 : élève à l'Ecole normale. 1882 : agrégé de philosophie. 1893 : docteur ès lettres. Thèse : *De la division du travail social*. 1894 : *Règles de la méthode sociologique*. Fondation de l'*Année sociologique*. 1897 : *Le Suicide, étude sociologique*. 1902 : professorat à la Sorbonne. 1912 : *Les formes élémentaires de la vie religieuse*. 1917 : mort à Paris.

E

EIFFEL Gustave. Ingénieur. 1832 : naissance à Dijon. 1855 : sortie de l'Ecole centrale des arts et manufactures. 1858 : pont métallique de Bordeaux. 1882 : viaduc de Garabit. 1878 : pavillon de la ville de Paris à l'Exposition universelle. 1889 : tour du Champ de Mars à Paris. 1907-1918 : études sur l'aérodynamisme. 1923 : mort à Paris.

ÉLUARD Paul : Eugène Paul GRINDEL, dit. Ecrivain. 1895 : naissance à Saint-Denis. 1912 : séjour en Suisse. 1917 : premiers poèmes : *Le Devoir et l'Inquiétude*. 1919 : fondation de *Littérature* avec Aragon, Breton et Soupault. 1924 : *Mourir de ne pas mourir*. 1925 : *Capitale de la douleur*. 1932 : *La Vie immédiate*. 1934 : *L'Immaculée Conception* (en collaboration avec Breton); *La Rose publique*. 1936 : *Les Yeux fertiles*. 1938 : *Cours naturel*. 1939 : *Donner à voir*. 1941 : participation à la Résistance. 1942 : *Le Livre ouvert*. 1943 : *Poésie et Vérité*. 1944 : *Au rendez-vous allemand*. 1947-1948 : voyages en

Pologne, en Grèce. 1949 : participation au Congrès de la Paix à Mexico. 1951 : *Le Phénix*. 1952 : mort à Charenton-le-Pont.

F

FALCONET Etienne. Sculpteur. 1716 : naissance à Paris. 1745 : *Milon de Crotone*. 1746-1753 : œuvres nombreuses dont *Pygmalion, La Baigneuse, Moïse*, etc. 1754 : Académie des beaux-arts. 1766-1778 : séjour en Russie. Statue équestre de Pierre le Grand à Saint-Pétersbourg; *L'Hiver*. 1791 : mort à Paris.

FAURÉ Gabriel. Compositeur. 1845 : naissance à Pamiers. 1865 : premières mélodies : *Après un rêve; Au bord de l'eau*. 1870 : organiste à Notre-Dame de Clignancourt. 1877 : maître de chapelle à la Madeleine... 1881 : *Poèmes d'un jour; Ballade* pour piano et orchestre. 1882 : *Requiem*. 1884 : *Les Roses d'Ispahan*. 1887 : *Clair de lune*. 1890 : les six mélodies de *Venise*. 1891 : *La Bonne Chanson*. 1892 : Inspection des beaux-arts. 1903 : *Dans la forêt de septembre*. 1907 : *La Chanson d'Eve*. 1907-1913 : *Pénélope*, tragédie lyrique. 1909 : Académie des beaux-arts. 1920 : entre autres musiques de scène, celle de *Pelléas et Mélisande*. 1924 : *Quatuor à corde*. 1924 : mort à Paris. Grande contribution à la renaissance de la musique française.

FÉNELON François DE SALIGNAC DE LA MOTHE. Prélat et écrivain. 1651 : naissance au château de Fénelon, dans le Périgord. 1675 : ordination. 1687 : *Traité de l'éducation des filles*. 1689 : préceptorat du duc de Bourgogne. 1693 : élection à l'Académie française. 1695 : évêché de Cambrai. *Examens de conscience sur les devoirs de la royauté; Lettre à Louis XIV* (contre les abus du pouvoir). 1697 : publication de l'*Explication des Maximes des saints*. Querelle du quiétisme. 1699 : publication des *Aventures de Télémaque*. 1712 : *Traité de l'existence et des attributs de Dieu. Fables. Dialogues des morts*. 1714 : *Lettre sur les occupations de l'Académie*. 1715 : mort à Cambrai.

FERRY Jules. Homme politique. 1832 : naissance à Saint-Dié (Vosges). 1869 : élection comme député de la Seine. 1872 : poste de ministre plénipotentiaire en Grèce. 1879 : ministère de l'Education publique. 1880 : instigation de la dissolution des congrégations non autorisées. 23 septembre : présidence du Conseil. Politique coloniale. 1881 : protectorat de la Tunisie. 1882 : ministère de l'Instruction publique. Instruction primaire laïque et obligatoire. 1883 : présidence du Conseil. Ministère des Affaires étrangères. 1883-1885 : campagne du Tonkin. 1885 : protectorat de l'Annam. 30 mars : chute du ministère. 1889 : échec aux élections. 1891 : élection comme sénateur des Vosges. 1893 : mort à Paris.

FLAUBERT Gustave. Ecrivain. 1821 : naissance à Rouen. 1849 : voyage en Orient. 1857 : célébrité avec la publication de *Madame Bovary* qui fonde le roman « réaliste ». 1862 : *Salammbô*. 1869 : version définitive de *L'Education sentimentale*. 1874 : version définitive de *La Tentation de saint Antoine*. 1877 : *Trois Contes*. 1880 : mort à Croisset (Seine-Maritime). 1881 : publication posthume de *Bouvard et Pécuchet* (inachevé). 1913 : publication posthume du *Dictionnaire des idées reçues*. Très importante *Correspondance* posthume.

FLEURY André Hercule. Prélat et homme politique. 1653 : naissance à Lodève. 1679 : aumônerie de la reine. 1683 : aumônerie du roi. 1698 : évêché de Fréjus. 1715 : préceptorat de Louis XV. 1726 : cardinalat. Direction du Conseil des ministres. 1733 : guerre de Succession de Pologne. 1739 : préparation par le traité de Vienne du rattachement de la Lorraine à la France. 1740 : échec dans les tentatives pour éviter la guerre de Succession d'Autriche. Janvier 1743 : mort à Paris.

FOCH Ferdinand. Chef militaire. 2 octobre 1851 : naissance à Tarbes. 1873 : sortie de l'Ecole polytechnique avec le grade de sous-lieutenant d'artillerie. 1885 : admission à l'Ecole supérieure de guerre. 31 octobre 1895 : professorat de tactique générale à l'Ecole supérieure de guerre. 1907 : général de brigade. Direction de l'Ecole de guerre. 1911 : général de division. 1913-1914 : commandant du 20e corps. 29 août : commandement d'un détachement d'armée qui deviendra la IXe armée. Marais de Saint-Gond. Bataille de la Marne. 5 octobre 1914 : direction de la « Course à la mer ». 1915 : commandement du groupe d'armées du Nord. 1916 : direction de la bataille de la Somme. 1917 : présidence du Comité inter allié sur le front occidental, puis sur tous les fronts. Bataille de France. 18 juillet : contre-offensive. 6 août 1918 : dignité de maréchal de France. Novembre : victoire affirmée. 11 novembre : Armistice. 1919 : dignité de maréchal de Grande-Bretagne et de maréchal de Pologne. Election à l'Académie française. 1929 : mort à Paris.

FOUCHÉ Joseph, duc d'Otrante. Homme politique. 1759 : naissance au Pellerin (Loire-Atlantique). 1789 : ordre de l'Oratoire; principal du collège de Nantes. Adhésion au mouvement révolutionnaire. 1792 : députation à la Convention. 1793 : vote de la mort du roi. Mission à Lyon insurgée. Responsabilité de massacres demeurés célèbres. 1799-1802 : ministère de la Police du Directoire, puis du Consulat. 1804 : sénatoriat. Reprise du ministère de la Police. 1809 : duché d'Otrante. Nouvelle disgrâce. 1815 : ministère de la Police aux Cent-Jours. Présidence du gouvernement provisoire après Waterloo. Ministère, puis ambassade à Dresde. 12 janvier 1816 : bannissement pour régicide. 1820 : mort à Trieste.

FRAGONARD Jean Honoré. Peintre. 1732 : naissance à Grasse. 1756 : voyage en Italie. Nombreux paysages (*L'Orage*, etc.). 1765 : entrée

à l'Académie avec *Corésus et Callirhoé*. 1766-1789 : nombreuses peintures libertines : *Les Hasards heureux de l'escarpolette; La Chemise enlevée; Le Serment d'amour; Le Sacrifice de la rose; Le Contrat; Le Verrou; La Culbute*, etc., alternant avec des portraits et des paysages *(La Fête à Saint-Cloud)*, toutes œuvres pleines de vie et d'élégance. 1789-1806 : ruine et retraite à Grasse. 1806 : mort à Paris.

FRANCE Anatole : Anatole THIBAULT, dit. Ecrivain. 1844 : naissance à Paris. 1873 : publication des *Poèmes dorés*. 1876 : *Les Noces corinthiennes*, drame en vers. 1879 : *Jocaste et le Chat maigre*. 1881 : *Le Crime de Sylvestre Bonnard*. 1885 : *Le Livre de mon ami*. 1890 : *Thaïs*, 1893 : *La Rôtisserie de la reine Pédauque*. 1896 : élection à l'Académie française. 1897-1901 : série de *L'Orme du mail; Le Mannequin d'osier; L'Anneau d'améthyste; Monsieur Bergeret à Paris;* romans à intentions politiques et sociales. 1912 : *Les dieux ont soif*. 1914 : *La Révolte des anges*. 1921 : prix Nobel. 1924 : mort à « la Béchellerie » à Saint-Cyr-sur-Loire.

FRANCK César. Compositeur. 1822 : naissance à Liège. 1843-1845 : *Ruth*. 1858 : organiste à Sainte-Clotilde. 1860 : *Messe à trois voix*. 1862 : *Six pièces pour grand orgue*. 1872 : professorat d'orgue au Conservatoire. 1873-1874 : *Rédemption*. 1878-1879 : *Quintette en fa mineur*. 1882 : *Le Chasseur maudit*. 1884 : *Prélude, choral et fugue*. 1885 : *Variations symphoniques*. 1886-1888 : *Symphonie en ré mineur*. 1886 : *Sonate pour piano et violon*. 1890 : *Trois chorals pour orgue*. Mort à Paris.

FRANÇOIS Ier. Souverain, fils de Charles de Valois, comte d'Angoulême, et de Louise de Savoie. 1491 : naissance à Cognac. 1515 : accession au trône à la mort de Louis XII. Victoire de Marignan sur les Suisses. Conquête du Milanais. 1516 : signature du traité de « Paix perpétuelle » avec les cantons suisses. 1520 : Camp du Drap d'or. 1520-1526 : première guerre contre Charles Quint. Défaite de Pavie. Captivité. 1526-1529 : deuxième guerre. 1529 : fondation du Collège de France. Protection des lettres et des arts. 1536-1538 : troixième guerre. 1542-1544 : quatrième guerre. 1544 : paix de Crépy. 1547 : mort à Rambouillet.

FRESNEL Augustin. Savant. 1788 : naissance à Broglie (Eure). 1815 : destitution aux Cent-Jours de ses fonctions d'ingénieur des Ponts et Chaussées, puis réintégration par la deuxième Restauration. 1819 : prix de l'Académie des sciences sur la diffraction. 1821 : invention, en collaboration avec Arago, des phares lenticulaires. 1823 : entrée à l'Académie des sciences. 1825 : admission à la Société royale de Londres. 1821 : Mort à Ville-d'Avray. A créé l'optique vibratoire et cristalline.

FUSTEL de COULANGES Numa Denis. Historien. 1830 : naissance à Paris. 1853-1855 : élève à l'Ecole française d'Athènes. 1856 : *Mémoire sur* *l'île de Chio.* 1857 : agrégation d'histoire. 1858 : *Polybe ou la Grèce conquise par les Romains.* Doctorat ès lettres. Professorat au lycée Saint-Louis. 1860 : professorat à la Faculté des lettres de Strasbourg. 1864 : publication de *La Cité antique.* 1885 : *Recherches sur quelques problèmes d'histoire.* 1889 : mort à Massy. 1891 : publication posthume de *Nouvelles recherches sur quelques problèmes d'histoire.* 1896 : *Questions historiques.*

G

GABRIEL Jacques-IV-Ange. Architecte. 1698 : naissance à Paris, dans une lignée de grands architectes renommés depuis la Renaissance, dont le grand-père Jacques Gabriel (1630-1686), le père, Jacques également (1667-1742). 1751 : début de l'édification de l'Ecole militaire de Paris. 1755 : début de la restauration du Louvre. 1765 : plan de la place de la Concorde. 1774 : achèvement du château de l'Ecole militaire. 1782 : mort à Paris. Autres œuvres : L'hôtel Crillon et le ministère de la Marine, le Petit Trianon, l'opéra de Versailles, le château de Compiègne (Brongniart achèvera l'Ecole militaire).

GAMBETTA Léon. Homme politique. 1838 : naissance à Cahors. 1860 : avocat. 1869 : élection comme député à Paris et à Marseille. 4 septembre 1870 : proclamation de la déchéance de Napoléon III au Corps législatif et de la République (à l'Hôtel de ville). Octobre 1870 : délégation à Tours par le gouvernement de la Défense nationale. Ministère de la Guerre et de l'Intérieur. Organisation de la résistance. 1871 : démission du gouvernement. Election comme député par neuf départements. Vote contre la paix. Démission pour protester contre la cession de l'Alsace-Lorraine et réélection immédiate. Chef du parti radical. 1877 : opposition à Mac-Mahon, qu'il contraint au départ après le 16 mai et les nouvelles élections d'octobre. 1879 : présidence de la Chambre. 1881 : ministère des Affaires étrangères et présidence du Conseil. 1882 : cabinet renversé. Mort à Ville-d'Avray.

GARNIER Charles. Architecte. 1825 : naissance à Paris. 1848 : grand prix de Rome. 1860 : fonctions d'architecte de la Ville de Paris. 1861 : projet d'un nouvel Opéra adopté à la suite d'un concours. 1867 : achèvement de la façade. 1875 : inauguration. 1874 : admission à l'Institut. 1879 : Conseil supérieur des beaux-arts. 1898 : mort à Paris.

GAULLE Charles de. Chef militaire et homme politique. 1890 : naissance à Lille. 1909-1910 : soldat au 33e R.I. à Arras. 1910-1911-1912 : Saint-Cyr. 1912 : sous-lieutenant au 33e R.I. 1916 : blessure à Verdun en menant une contre-attaque. Captivité. 1919 : mission en Pologne. 1921 : professorat d'histoire à Saint-Cyr. 1922 : stagiaire à l'Ecole de guerre. 1924 : publication de *La Discorde chez l'ennemi.* 1932 : *Le Fil de l'épée.* 1934 : *Vers l'armée de métier.* 1938 :

commandement du 501e régiment de chars à Metz. Publication de *La France et son armée.* 17 mai 1940 : à la tête de la 4e division cuirassée, contre-attaque de Montcornet. 28 mai : bataille d'Abbeville. Général de brigade. 6 juin : sous-secrétariat d'Etat à la Guerre dans le cabinet Paul Raynaud. 17 juin : refus de l'armistice. Départ en Angleterre. 18 juin : appel à la résistance. Direction de la « France combattante ». 29 mai 1943 : arrivée à Alger. 1er août : présidence du Comité français de Libération nationale. Janvier 1944 : conférence de Brazzaville. 1944 : reconstitution d'une armée nationale, avec les Forces françaises libres (F.F.L.) qui ont combattu en Libye, au Fezzan, en Tunisie et en Italie, l'armée d'Afrique qui a combattu en Tunisie et en Italie, les Forces françaises de l'Intérieur (F.F.I.). 1944-1945 : participation à la victoire avec la Ire armée française. 13 novembre 1945 : présidence du Gouvernement provisoire. 26 janvier 1946 : démission. 16 juin 1946 : discours de Bayeux. Avril 1947 : constitution du parti du Rassemblement du peuple français (R.P.F.). Mai 1953 : dissolution du R.P.F. 29 mai 1958 : à la suite de l'émeute du 13 mai à Alger, appel au pouvoir par le président Coty. 1er juin 1958 : investiture par l'Assemblée nationale. 27 septembre : approbation à 83 % par référendum de la Constitution de la Ve République. 23-30 novembre : élections législatives qui donnent la majorité à l'Union pour la nouvelle république (U.N.R.). 21 décembre : élection à la présidence de la République. Continuation de la guerre d'Algérie. 16 septembre 1959 : proclamation de la doctrine de « l'autodétermination ». 8 janvier 1961 : référendum favorable à l'autodétermination algérienne. 22-25 avril : insurrection militaire à Alger. 20 mai : ouverture de la conférence d'Evian avec le G.P.R.A. 18 mars 1962 : accords d'Evian. Cessez-le-feu en Algérie. 1er juillet : référendum positif pour l'indépendance de l'Algérie. 25 novembre : succès de l'U.N.R. aux élections. 22 janvier 1963 : accord de coopération franco-allemande. 9 septembre 1965 : demande de révision de l'OTAN et du traité de Rome. 19 décembre : réélection au deuxième tour à la présidence de la République. Mai 1968 : émeutes d'étudiants, grève générale. 30 mai : dissolution de l'Assemblée. Juin : élections législatives favorables à l'U.D.R. 27 avril 1969 : rejet par référendum du projet de régionalisation. Démission et retraite à Colombey-les-Deux-Eglises (Haute-Marne). 1970 : mort à Colombey.

GAY-LUSSAC Louis Joseph, Savant. 1778 : naissance à Saint-Léonard-de-Noblat (Haute-Vienne). 1804 : ascensions expérimentales en ballon à plus de 7 000 mètres. 1806 : élection à l'Académie des sciences. 1809 : définition du chlore. Découverte du bore et de l'acide fluoborique. 1811 : en collaboration avec Thénard. publication de *Recherches physico-chimiques sur la pile, sur les alcools, sur les acides,* etc. 1815 : découverte du cyanogène et de l'acide prussique pur. 1816 : invention du baromètre à siphon, et de l'alcoomètre. 1827 : publication du *Cours de physique.* 1828 : Publication du *Cours de* *chimie.* 1831 : élection à la députation. 1839 : élévation à la pairie. 1850 : mort à Paris.

GÉRICAULT Théodore. Peintre. 1791 : naissance à Rouen. 1808 : entrée à l'atelier de Carle Vernet. 1812 : exposition au Salon du fameux *Portrait équestre de M. Dieudonné.* 1817 : voyage en Italie. 1819 : *Le Radeau de la Méduse* (affirmation du romantisme pictural). 1820 : séjour en Angleterre. Peintures de chevaux *(Le Derby d'Epsom)* et portraits d'aliénés. 1824 : mort à Paris d'une chute de cheval.

GIDE André. Ecrivain. 1869 : naissance à Paris. 1892 : *Les Poésies d'André Walter.* 1895 : *Paludes.* 1897 : *Les Nourritures terrestres.* 1908 : rôle essentiel dans la fondation de la *Nouvelle Revue française.* 1909 : *La Porte étroite.* 1911 : *Isabelle.* 1914 : *Les Caves du Vatican.* 1919 : *La Symphonie pastorale.* 1921 : *Si le grain ne meurt,* essai biographique. 1924 : *Corydon.* 1925 : *Les Faux-Monnayeurs.* 1927 : *Voyage au Congo.* 1936 : *Retour de l'U.R.S.S.* 1944 : *Thésée.* 1947 : prix Nobel. 1949 : publication d'un important *Journal* tenu depuis 1889 1951 : mort à Paris. Œuvre consacrée à un humanisme individualiste opposé à tous les interdits traditionnels.

GIRAUDOUX Jean. Ecrivain. 1882 : naissance à Bellac. 1911 : *L'Ecole des indifférents.* 1918 : début d'une carrière diplomatique. 1921 : *Suzanne et le Pacifique.* 1922 : *Siegfried et le Limousin.* 1926 : *Bella.* Se tourne vers le théâtre. 1929 : *Amphitryon 38.* 1935 : *La guerre de Troie n'aura pas lieu.* 1937 : *Electre.* 1939 : *Ondine.* Commissaire à l'Information. 1943 : *Sodome et Gomorrhe.* 1944 : mort à Paris. Œuvres posthumes *(La Folle de Chaillot).*

GOUJON Jean. Sculpteur et architecte. 1510 : naissance en Normandie. 1541 : porte de l'église Saint-Maclou à Rouen. 1544 : jubé de Saint-Germain-l'Auxerrois. 1544-1457 : décoration du château d'Ecouen. 1547-1549 : la *Fontaine des Innocents.* 1550-1562 : décoration du Louvre. v. 1568 : mort à Bologne. Désigné comme « le Phidias français » ou « le Corrège de la Sculpture ».

GOUNOD Charles. Compositeur. 1818 : naissance à Paris. 1839 : grand prix de Rome. 1851 : *Sapho* à l'Opéra. 1859 : *Faust.* 1860 : *Philémon et Baucis.* 1864 : *Mireille.* 1864-1893 : nombreuses œuvres de musique sacrée. 1866 : élection à l'Académie des beaux-arts. 1867 : *Roméo et Juliette.* 1873 : *Jeanne d'Arc.* 1893 : mort à Saint-Cloud.

GREUZE Jean-Baptiste. Peintre. 1725 : naissance à Tournus (Saône-et-Loire). 1755 : élève de Natoire; débuts au Salon avec *Père de famille expliquant la Bible à ses enfants.* 1761 : *L'Accordée de village; Portrait du Dauphin.* 1763 : *La Piété filiale.* 1765 : *La Cruche cassée.* 1769 : *L'Offrande à l'Amour.* Admission à l'Académie. 1805 : mort à Paris.

GROS Antoine, baron. Peintre. 1771 : naissance à Paris. 1785 : atelier de David. 1796 : campagne d'Italie comme officier d'état-major. *Bonaparte franchissant le pont d'Arcole.* 1804 : *Les Pestiférés de Jaffa* au Salon. 1806 : *La Bataille d'Aboukir* annonce un tournant de la peinture. 1808 : *La Bataille d'Eylau.* 1810 : *La Prise de Madrid.* 1812-1825 : décoration de la coupole du Panthéon. 1811-1812-1813 : nombreux portraits, dont celui du général Fournier-Sarlovèze. 1816 : admission à l'Institut. 1825 : titre de baron. 1817 : *Le Départ de Louis XVIII.* 1827 : *Charles X au camp de Saint-Léonard.* 1835 : mort à Meudon.

GUISE Henri Ier de Lorraine, dit « Le Balafré » duc de. Chef militaire et politique. 1550 : naissance (fils de François, 1519-1563, chef militaire et politique, conquérant de Calais, assassiné au siège d'Orléans par le protestant Poltrot de Méré). 1566 : campagne en Hongrie contre les Turcs. 1569 : participation aux batailles de Jarnac et de Moncontour. 1571 : agitation antiprotestante qui prépare la Saint-Barthélemy. 1575 : victoire de Dormans sur les reîtres. 1587 : popularité à Paris après les victoires de Vimory et d'Auneau. Chef de la Sainte-Ligue. 1588 : lieutenant général du royaume. Prétentions à la couronne. 28 décembre 1588 : mort à Blois sous les coups des « Quarante-cinq », par l'ordre d'Henri III, qu'il voulait déposer.

GUIZOT François. Homme politique et historien. 1787 : naissance à Nîmes. 1812 : professeur à la Sorbonne. 1814 : débuts politiques. 1815 : exil à Gand avec Louis XVIII. 1816 : maître des requêtes au Conseil d'Etat. Publication de la brochure *Du gouvernement représentatif et de l'état actuel de la France;* profession de foi des Doctrinaires. 1817-1828 : œuvres historiques. 1827 : *Histoire de la Révolution d'Angleterre.* 1828 : reprise de cours à la Sorbonne, suspendus par Villèle en 1822. *Histoire de la civilisation en Europe.* 1830 : *Histoire de la civilisation en France.* Députation de Lisieux. Ministre de l'Intérieur de Louis-Philippe. 1832-1837 : collaboration à plusieurs ministères. 1840 : ambassade à Londres. 1840-1848 : ministère des Affaires étrangères. 1858-1868 : *Mémoires pour servir à l'histoire de mon temps.* 1874 : mort au Val-Richer (Calvados).

H

HENRI III. Souverain. 1551 : naissance à Fontainebleau, fils du roi Henri II (1519-1559), le continuateur de la politique de François Ier contre Charles Quint et acquéreur de Metz, Toul et Verdun. Duc d'Anjou. 1567 : lieutenant général du royaume. 1569 : victoires de Jarnac et de Moncontour sur les protestants. 1573-1574 : roi de Pologne. 1574 : abandon de cette couronne et retour en France après la mort de Charles IX (deuxième fils d'Henri II), roi de France. 1575-1587 : alternances de guerres et de trêves avec les protestants. 1587 : défaite de Coutras. Impopularité. 1588 : journée des Barricades. Fuite hors de Paris. Assassinat d'Henri de Guise à Blois. 1589 : excommunication du pape. Déposition par la Sorbonne et le Parlement. Alliance avec Henri, roi de Navarre, reconnu comme héritier légitime. Siège de Paris. Assassinat par Jacques Clément à Saint-Cloud. Fin de la branche des Valois et des Orléans-Angoulême.

HENRI IV. Souverain. 1553 : naissance à Pau. Chef de la branche des Bourbons, fils d'Antoine de Bourbon, duc de Vendôme, et de Jeanne d'Albret, reine de Navarre. 1568 : premières armes dans les rangs huguenots à La Rochelle. 1572 : abjuration à la Saint-Barthélemy. 1576 : rétractation. Direction du parti protestant. 1576-1587 : guerres contre Henri III et les catholiques. 1587 : victoire de Coutras. 1589 : après la mort d'Henri III, héritier légitime de la couronne. Lutte contre la Ligue. 1589 : victoire d'Arques. 1590 : victoire d'Ivry. 1593 : conversion au catholicisme. 1594 : entrée à Paris. 1598 : édit de Nantes; paix religieuse. Paix de Vervins avec l'Espagne. 1598-1609 : restauration du royaume. Grande popularité. 14 mai 1610 : assassinat par Ravaillac.

HÉRÉDIA José-Maria de. Ecrivain. 1842 : naissance à La Fortuna près de Santiago de Cuba. 1893 : publication des *Trophées*, recueil de sonnets parnassiens. 1894 : *La Nonne Alferez;* élection à l'Académie française. 1905 : mort au château de Bourdonné, près de Houdan (Seine-et-Oise).

HONEGGER Arthur. Compositeur suisse. 1892 : naissance au Havre, de parents zurichois. 1921 : célébrité avec *Le Roi David*, psaume dramatique. 1923 : *Pacific 231*. 1928 : *Rugby*. 1935 : *Jeanne au bûcher*. 1938 : *La Danse des morts*. 1955 : mort à Paris Il est aussi l'auteur de cinq symphonies et d'œuvres de musique de chambre.

HOUDON Jean Antoine. Sculpteur. 1741 : naissance à Versailles. 1761 : prix de Rome, après études à l'atelier de Pigalle. 1777 : admission à l'Académie. 1777-1795 : *Vestale; Minerve;* les très célèbres « écorchés » et *Voltaire assis; Diane nue*, très reproduite; *La Frileuse;* bustes de Catherine II, Diderot, Buffon, d'Alembert, Franklin, La Fayette, Louis XVI, Mirabeau, etc. 1795 : admission à l'Institut. 1828 : mort à Paris.

HUGO Victor. Ecrivain. 1802 : naissance à Besançon. 1822 : publication d'*Odes et poésies diverses*. Pension de Louis XVIII. 1823 : un roman, *Han d'Islande*. 1827 : un drame, *Cromwell*, dont la préface constitue le manifeste du romantisme. 1829 : *Les Orientales*. 1830 : deux drames, *Hernani, Marion Delorme*. 1831 : *Les Feuilles d'automne;* le célèbre roman de *Notre-Dame-de-Paris*. 1832 : *Le roi s'amuse*, drame. 1833 : *Lucrèce Borgia, Marie Tudor*. 1835 : *Angelo* et le recueil de poésies des *Chants du crépuscule*. 1837 : *Les Voix intérieures*. 1838 : le drame de *Ruy Blas*. 1840 : *Les Rayons et les Ombres*. 1841 : élection à l'Académie française. 1843 : *Les Burgraves*. 1845 : élévation à la pairie. 1848 : députation. 1849 : Assemblée législative. 1851-1852 : protestation contre le coup d'Etat. Exil. Refus du Second Empire. 1853 : *Napoléon le Petit* et *Les Châtiments*, satires lyriques contre Napoléon III. 1856 : *Les Contemplations*. 1859 : première série de *La Légende des siècles*. 1862 : un roman politique et social, *Les Misérables*. 1865 : *Les Chansons des rues et des bois*. 1866 : *Les Travailleurs de la mer*. 1868 : *L'Homme qui rit*. 1870 : retour à Paris; immense popularité. 1872 : *L'Année terrible*. 1877 : *L'Art d'être grand-père*. 1883 : *La Légende des siècles*. 1885 : mort à Paris. Grandioses funérailles. Nombreuses œuvres posthumes en vers et en prose (*La Fin de Satan; Choses vues; Océan*, etc.).

HUGUES CAPET. Souverain. 938 : naissance. Successeur de Hugues le Grand, duc de France. 987 : élection à la couronne, à la mort de Louis V, dernier roi carolingien. Fondation de la dynastie des « Capétiens ». 996 : mort.

I

INGRES Jean Auguste Dominique. Peintre. 1780 : naissance à Montauban. 1801 : après études à l'atelier de David, prix de Rome. 1800-1806 : nombreux portraits. 1806 : départ pour Rome et l'Italie. 1807 : Portraits de *Madame Devauçay*, de *Granet*. 1808 : *Œdipe explique l'énigme du Sphinx*. 1811 : *Jupiter et Thétis*. 1812 : *Le Songe d'Ossian*. 1814 : *Madame de Senonnes*, chef-d'œuvre du portrait féminin; *Raphaël et la Fornarina*. 1819 : *Roger délivrant Angélique*. 1820 : *Henri IV jouant avec ses enfants*. 1824 : immense succès, au Salon, du *Vœu de Louis XIII*. Retour à Paris. 1827 : *L'Apothéose d'Homère*. 1832 : portrait fameux de *Monsieur Bertin*. 1835-1841 : séjour à Rome. 1839 : *L'Odalisque à l'esclave*. 1842 : portrait du duc d'Orléans. 1848 : portrait de la baronne de Rothschild. 1853 : *Madame de Broglie*. 1856 : *La Source; Madame Moitessier*. 1859 : *Louis XIV et Molière. Le Bain turc*. 1860 : *Stratonice*. 1862 : *Jésus au milieu des docteurs*. 1867 : mort à Paris en pleine gloire.

J

JAURÈS Jean. Homme politique. 1859 : naissance à Castres. 1878 : entrée à l'Ecole normale supérieure. 1881 : agrégation de philosophie. 1885 : députation pour le Tarn. 1893 : députation pour Albi. Direction du parti socialiste. 1898 : échec électoral. 1902 : réélection à la Chambre des députés. 1904 : fondation du journal *l'Humanité*. 1906 : fondation du parti socialiste unifié. 1910 et 1914 : réélection. Juillet 1914 : propagande pacifiste. Assassinat à Paris à la veille de la déclaration de guerre. Eloquence et discours célèbres.

JEANNE D'ARC. Héroïne. 1412 : naissance à Domrémy (Vosges). 1424-1428 : visions et appels mystiques. 23 février 1429 : départ de Vaucouleurs. 6 mars : arrivée à Chinon. 29 avril : entrée dans Orléans assiégée. 12-19 juin : victoires de Jargeau, Meung, Beaugency, Patay. 17 juillet : sacre de Charles VII à Reims. En septembre, échec devant Paris. Mai 1430 : capture à Compiègne par les Bourguignons qui la livrent aux Anglais. 1431 : procès en hérésie mené par l'Eglise sous contrôle anglais. Condamnation. 30 mai : mort sur le bûcher. 1454 : réhabilitation. 1920 : canonisation.

JOFFRE Joseph. Chef militaire. 12 janvier 1852 : naissance à Rivesaltes (Pyrénées-Orientales). 1869 : entrée à l'Ecole polytechnique. 1870-1871 : campagne dans l'arme du génie. 1876 : capitaine. 1885-1886 : campagne en Extrême-Orient. 1892-1894 : campagne en Afrique. 1897 : nomination au grade de colonel. Départ pour Madagascar. 1901 : général de brigade. 1905 : général de division. Février 1910 : entrée au Conseil supérieur de la guerre. Juillet 1911 : chef d'état-major général de l'Armée. Août 1914 : échec de la bataille des frontières. Septembre : rétablissement spectaculaire de la bataille de la Marne. 1915-1916 : conduite de la guerre sur le front de France. Décembre 1916 : remplacement par le général Nivelle. Elévation à la dignité de maréchal. 1917 : mission en Amérique. 1918 : élection à l'Académie française. 1931 : mort à Paris.

L

LA BRUYERE Jean de. Ecrivain. 1645 : naissance à Paris. 1684 : précepteur d'histoire à la cour des Condé. 1688 : publication et considérable succès des *Caractères*. 1693 : Académie française. 1696 : neuvième édition augmentée. Mort à Versailles.

LAENNEC René. Médecin. 1781 : naissance à Quimper. 1802 : grand prix de médecine et de chirurgie. 1819 : *Traité d'auscultation médicale*. Innovation dans le traitement des maladies pulmonaires. Chaire de médecine au Collège de France. 1826 : mort à Kerlouanec (Finistère).

LA FAYETTE Marie-Madeleine PIOCHE DE LA VERGNE, comtesse de. Ecrivain. 1634 : naissance à Paris. 1678 : publication de *La Princesse de Clèves*, chef-d'œuvre qui crée le roman d'analyse. 1693 : morte à Paris.

LA FAYETTE Marie-Joseph MOTIER, marquis de. Homme politique. 1757 : naissance au château de Saint-Roch de Chavaniac (Haute-Loire). 1777-1779 : guerre d'Indépendance des Etats-Unis d'Amérique. 1779 : retour en France, où il pousse à l'intervention. 1780-1781 : retour en Amérique. Défense de la Virginie. Victoire à Yorktown. 1787 : participation à l'Assemblée des notables. 1789 : députation aux Etats généraux. En juillet, chef de la Garde nationale. 5 et 6 octobre : attitude ambiguë face à la Cour. 1790 : fondation du club des Feuillants. 17 juillet 1791 : répression de l'émeute du Champ de Mars. 1792 : général en chef de l'armée du Centre. Emigration. Internement par les Autrichiens. 1797 : libération. 1800-1814 : opposition au Consulat à vie et à l'Empire. Retraite. 1815 : proclamation de la déchéance de Napoléon. 1818 : députation de la Sarthe. 1822 : participation aux complots libéraux. 1824 : voyage triomphal en Amérique. 1827 : députation pour Meaux. 1830 : chef de la Garde nationale, puis démission. 1834 : mort à Paris.

LA FONTAINE Jean de. Ecrivain. 1621 : naissance à Château-Thierry. 1658 : charge de maître des Eaux et Forêts et capitainerie des Chasses. 1661 : *Elégie aux nymphes de Vaux*. 1663 : *Ode au Roi*. 1664-1671 : publication de *Contes*. 1668 : premier recueil des *Fables*. 1674 : nouveaux *Contes*. 1678 : nouveau recueil de *Fables*. 1683-1684 : élection à l'Académie française. *Discours à Madame de la Sablière*. 1687 : *Epître à Huet*. 1692 : conversion. 1695 : mort à Paris.

LAMARCK Jean-Baptiste Antoine de MONET, chevalier de. Savant. 1744 : naissance à Bazentin (Picardie). 1761 : en garnison à Monaco, se passionne pour la flore méditerranéenne. 1778 : *Flore française* (3 vol.). 1779 : élection à l'Académie des sciences. 1783-1786 : rédaction des deux volumes de botanique de l'*Encyclopédie méthodique Panckoucke*. 1788 : direction du cabinet de botanique de Louis XVI. 1793 : chaire de zoologie (insectes et vers) dans la réorganisation du Muséum. 1798 : premières atteintes de la cécité. 1801 : *Système des animaux sans vertèbres*. 1809 : *Philosophie zoologique*. 1815-1822 : *Histoire naturelle des animaux sans vertèbres*. 1829 : mort à Paris. 1830 : *Système analytique des connaissances positives*. L'un des plus grands pionniers de l'évolutionnisme.

LAMARTINE Alphonse de PRAT de. Ecrivain, et homme politique. 21 octobre 1790 : naissance à Mâcon. 1814 : garde du corps de Louis XVIII. 1820 : succès immédiat avec les *Premières Méditations poétiques*. 1825 : *Le Dernier Chant du pèlerinage de Childe Harold*. 1830 : *Harmonies poétiques et religieuses*. Election à l'Académie française. 1836 : *Jocelyn*. 1838 : *La Chute d'un ange*. 1839 : *Recueillements poétiques*. Mandat législatif de Mâcon. 1847 : grand succès de l'*Histoire des Girondins*. 1848 : participation au Gouvernement provisoire. Election à l'Assemblée constituante. Fonctions à la Commission exécutive. Echec à l'élection à la présidence de la République. 1849 : retour à la littérature. *Histoire de la Révolution de 1848*. 1851 : *Geneviève; Le Tailleur de pierre de Saint-Point*. 1851-1853 : *Histoire de la Restauration*. 1852 : *Graziella*. 1853 : *Nouveau Voyage en Orient*. 28 février 1869 : mort à Paris.

LAPLACE Pierre Simon, marquis de. Savant. 1749 : naissance à Beaumont-en-Auge (Calvados). 1784 : publication de *Théorie du mouvement et de la figure elliptique des planètes*. 1799-1825 : célèbre *Traité de mécanique céleste* en 5 volumes. 1799 : sénatoriat. 1803 : vice-président du Sénat. 1814 : *Traité analytique des probabilités*. Elévation à la pairie. 1817 : titre de marquis. 1827 : mort à Paris.

LA ROCHEFOUCAULD François VI, prince de Marsillac, duc de. Ecrivain. 1613 : naissance à Paris. 1648-1652 : participation à la Fronde. 1662 : *Mémoires sur la régence d'Anne d'Autriche.* 1665 : *Réflexions ou Sentences et Maximes morales.* 1680 : mort à Paris.

LA TOUR Maurice QUENTIN de. Peintre. 1704 : naissance à Saint-Quentin. 1746 : admission à l'Académie de peinture. 1750 : titre de peintre du Roi. 1788 : mort à Paris. Maîtrise incontestée du pastel. Portraits : *Marie Leczinska, Madame de Pompadour, Diderot, Voltaire, d'Alembert,* etc.

LATTRE de TASSIGNY Jean de. Chef militaire. 1889 : naissance à Mouilleron-en-Pareds (Vendée). 1911 : sortie de Saint-Cyr. Sous-lieutenant de cavalerie. 1914-1918 : quatre blessures au combat. Officier d'infanterie. 1921-1926 : campagne au Maroc. 1939 : général. Chef d'état-major de la V° armée. Mai-juin 1940 : brillante conduite à la tête de la 14° D.I. 1941 : commandement supérieur des troupes de Tunisie. 1942 : commandement de la région militaire de Montpellier. Tentative avortée de résistance à l'invasion en zone libre. Arrestation. Captivité. 1943 : évasion en Afrique du Nord. Général d'armée. 1944-1945 : commandement de la 1re armée française. Prise de Toulon et de Marseille. Victoires de Belfort et de Colmar. Pénétration en Allemagne du Sud. 8 mai 1945 : signature de l'Armistice à Berlin. Juillet 1945 : inpection générale de l'Armée. 1949 : commandement en chef des Forces terrestres dans le cadre de l'Union occidentale. *Histoire de la 1re armée française.* 1950-1952 : haut-commissariat et commandement en chef en Indochine. 1952 : mort à Paris. Dignité posthume de maréchal de France.

LAVOISIER Antoine Laurent de. Savant. 1743 : naissance à Paris. 1768 : admission à l'Académie des sciences. 1770-1777 : nombreux mémoires sur l'eau, le diamant, la calcination de l'étain, le mercure dissous dans l'acide nitrique. 1779 : inspecteur général des poudres et salpêtres et fermier général. 1780-1789 : nouveaux et nombreux *Mémoires.* 1789 : suppléance de députation aux Etats généraux. *Traité de chimie.* 1791 : secrétariat à la Trésorerie. 24 novembre 1793 : arrestation, en raison de son ancienne charge de fermier général. 8 mai 1794 : condamnation et exécution.

LAW John. Financier. 1671 : naissance à Edimbourg. 1716 : fondation à Paris d'une Banque générale. 1717 : concession de la Louisiane. Création de la Compagnie d'Occident. 1719 : création de la Compagnie des Indes. Emission d'actions. 1719 : fonctions de contrôleur général des Finances. 1720 : émeutes après agiotage, baisse et dépréciation. Fuite en Belgique. 1729 : mort à Venise.

LE BRUN Charles. Peintre. 1619 : naissance à Paris. 1642 : après études à l'atelier de Simon Vouet, voyage en Italie. 1647 : succès du *Martyre de saint André.* 1648 : fondation de l'Académie de peinture et de sculpture. 1662 : nommé premier peintre du Roi. Anoblissement. 1662-1680 : direction des travaux d'art du royaume et direction des Gobelins. Décoration des châteaux de Versailles, Marly, Sceaux. 1890 : mort à Paris.

LECLERC Philippe Marie de HAUTECLOQUE, dit. Chef militaire. 1902 : naissance à Belloy-Saint-Léonard (Somme). 1924 : sortie de Saint-Cyr. 1926-1931 : au Maroc. 1932-1937 : instructeur à Saint-Cyr. 1939 : état-major de la 4° D.I. 1940 : captivité. Evasion. Combat dans groupement de la 3° D.C.R. sur l'Aisne. Blessure; captivité; nouvelle évasion. Ralliement au général de Gaulle. Mission en Afrique Noire. Gouverneur du Cameroun. 1941-1942-1943 : commandement militaire de l'A.E.F. Commandement des forces du Tchad. Conquête du Fezzan. Campagne de Tunisie. 1943-1944 : Général commandant la 2° D.B. (Maroc puis Angleterre à l'armée Patton). 24 août 1944 : libération de Paris, après les combats du Mans et d'Alençon. 22-23 novembre : libération de Strasbourg. 1945-1946 : commandement supérieur des Forces françaises en Indochine. 1946 : inspection des Forces d'Afrique du Nord. 28 novembre 1947 : mort près de Colomb-Béchar par accident d'avion. 1952 : dignité de maréchal à titre posthume.

LECONTE de LISLE Charles Marie Leconte, dit. Ecrivain. 1818 : naissance à Saint-Paul (île de la Réunion). 1848 : renonciation à la politique et au « fouriérisme » pour la littérature et l'érudition. 1852 : publication de *Poèmes antiques,* point de départ de l'Ecole parnassienne. 1862 : *Poèmes barbares.* 1884 : *Poèmes tragiques.* 1894 : mort à Louveciennes. 1895 : publication de *Derniers poèmes.*

LE CORBUSIER Edouard JEANNERET-GRIS dit. Architecte. 1887 : naissance à La Chaux-de-Fonds. 1916 : installation en France. 1916-1965 : recherches et réalisation d'une architecture « fonctionnelle » qui fait école. Succès et renommée universels. 1965 : mort à Roquebrune-Cap-Martin (Alpes-Maritimes). Œuvres caractéristiques :· immeuble à Marseille; chapelle de Ronchamp, ville de Chandigarh, Centre d'études des ·dominicains d'Eveux.

LE NAIN Louis. Peintre. 1593 : naissance à Laon. 1615-1648 : nombreuses toiles sur la vie rurale. *La Charette; La Forge; Repas de paysans,* etc. 1648 : admission à l'Académie de peinture, avec deux frères : Antoine (1588-1648) et Mathieu (1607-1677). Mort de Louis et d'Antoine. On dit « les frères Le Nain » : leurs œuvres sont différenciées, mais quelques-unes furent exécutées en collaboration.

LE NOTRE André. Architecte paysagiste. 1613 : naissance à Paris. 1672 : après la réalisation des jardins de Vaux-le-Vicomte, création du jardin « à la française » dans les parcs et perspectives de Versailles, de Trianon, de Chantilly, de Meudont de Sceaux et de Fontainebleau. 1700 : mort à Paris.

LESSEPS Ferdinand, vicomte de. Diplomate. 1805 : naissance à Versailles. 1855-1869 : à l'issue d'une belle carrière diplomatique, conception et réalisation du percement de l'isthme de Suez. 1873 : admission à l'Académie des sciences. 1884 : Académie française. 1876-1888 : conception et entreprise du percement de l'isthme de Panama, Echec. 1894 : mort à La Chesnaye, près de Guilly (Indre).

LE TELLIER Michel. Homme politique. 1603 : naissance à Paris. 1643-1666 : éminent secrétaire d'Etat à la Guerre. 1677 : chancelier et garde des Sceaux. 1685 : un des instigateurs de la révocation de l'édit de Nantes. 1685 : mort à Paris.

L'HOSPITAL Michel de. Homme politique. 1505 : naissance à Aigueperse (Puy-de-Dôme). 1560-1567 : après une présidence très efficace de la Chambre des Comptes, chancelier de la reine Catherine. Conseils de modération et rôle apaisant au cours des guerres de Religion. 1568 : perte des Sceaux. 1573 : démission de chancelier et mort à Belesbat.

LOUIS VI « Le Gros ». Souverain. 1081 : naissance à Paris. Fils de Philippe Ier. 1108-1137 : roi de France. Lutte contre les grands vassaux avec l'appui du clergé et des communes; contre Henri Ier d'Angleterre et Henri V empereur d'Allemagne, contraint à la retraite. 1137 : mort à Paris.

LOUIS IX ou **SAINT LOUIS**. Souverain. 1215 : naissance à Poissy. Fils de Louis VIII (« le Lion » : 1187-1223-1226), et petit-fils de Philippe Auguste. 1236 : émancipation de la tutelle de Blanche de Castille, sa mère, jusque-là régente. 1259 : après une longue guerre contre l'Angleterre, acquisition du Maine, de l'Anjou et du Poitou, au traité de Paris. 1248-1252 : échec de la septième croisade en Egypte. Séjour en Palestine. 1270 : huitième croisade. Mort à Tunis. Prestige dans toute la chrétienté. 1297 : canonisation.

LOUIS XI. Souverain. 1423 : naissance à Bourges. 1461 : succession de Charles VII, après une jeunesse indocile. 1465 : règlement de la révolte de la « Ligue du bien public ». 1468-1477 : lutte contre Charles le Téméraire. 1473 : acquisition du Roussillon et de la Cerdagne. 1481 : reprise de l'Anjou, du Maine et de la Provence. 1482 : rattachement de la Bourgogne et de la Picardie par le traité d'Arras. 1483 : mort à Plessis-lez-Tours (Indre-et-Loire). Habile artisan de l'unité française.

LOUIS XII « le Père du peuple ». Souverain. 1462 : naissance à Blois. 1483 : duc d'Orléans. 1488 : rébellion. Echec. 1498 : couronne de France à la mort de Charles VIII. 1499-1500 : conquête du Milanais. 1504 : échec contre le royaume de Naples. 1507-1513 : deuxième guerre d'Italie. 1514 : traité de Londres. 1er janvier 1515 : mort. Sous ce règne, rattachement de la Bretagne.

LOUIS XIII « le Juste ». Souverain. 1601 : naissance à Fontainebleau. Fils d'Henri IV et de Marie de Médicis. 1610 : roi de France. 1617 : émancipation. 1621-1622 : guerre de Religion. 1624 : choix de Richelieu. 1624-1643 : lutte contre les protestants (1627-1628 : siège de La Rochelle), les Grands en révolte (1642 : conspiration de Cinq-Mars), l'Espagne et les Habsbourgs. 1642 : mort à Saint-Germain. Sous ce règne, préparation des « moyens » de la politique de Louis XIV.

LOUIS XIV « le Grand » ou « le Roi-Soleil ». Souverain. 1638 : naissance à Saint-Germain-en-Laye. 14 mai 1643 : roi de France. 1661 : gouvernement personnel après la mort de Mazarin. 1667-1668 : guerre de Dévolution. A la paix d'Aix-la-Chapelle, acquisition de Lille. 1672-1678 : guerre de Hollande. A la paix de Nimègue, acquisition de la Franche-Comté. 1685 : révocation de l'édit de Nantes. 1688-1697 : guerre de la Ligue d'Augsbourg. Paix blanche de Ryswick, qui arrête la politique d'expansion vers le Rhin. Règne glorieux. Incomparable rayonnement des arts et des lettres. Centralisation accélérée. Affirmation de l'autorité de l'Etat. 1701-1713 : guerre de la Succession d'Espagne contre l'Europe coalisée. 1713 : traité d'Utrecht. 1714 : traité de Rastadt qui sauve seulement l'intégrité du territoire et maintient les Bourbons en Espagne. Fin de règne difficile. Misère économique et sociale. 1715 : mort à Versailles.

LOUIS XV « le Bien-Aimé ». Souverain. 1710 : naissance à Versailles. Arrière-petit-fils de Louis XIV. 1715-1723 : régence du duc d'Orléans. 1723-1726 : ministère du duc de Bourbon. 1726-1741 : bénéfique période de l'habile cardinal Fleury. 1733-1735 : guerre de Succession de Pologne. 1741-1748 : guerre de Succession d'Autriche. Paix d'Aix-la-Chapelle, sans profit malgré de beaux succès. 1748-1756 : lutte contre les jansénistes et les parlements. 1756-1763 : guerre de Sept Ans après renversement des alliances. 1758-1770 : intelligentes réformes de Choiseul. Acquisition de la Lorraine et de la Corse. 1770-1774 : dégradation de la situation intérieure. 1774 : mort à Versailles.

LOUIS XVI. Souverain. 1754 : naissance à Versailles. Petit-fils de Louis XV. 1774-1776 : ministère Maurepas. Réformes de Turgot. Opposition du Parlement. 1778-1783 : guerre d'Amérique, politiquement heureuse, désastreuse pour le trésor. Echec des assemblées provinciales. 1783-1787 : ministère de Calonne succédant à Necker. Essais de réformes. Echec de l'Assemblée des notables. 4 mai 1789 : réunion des Etats généraux. 9 juillet : Assemblée constituante. 12 juillet 1790 : Constitution civile du clergé, qu'il refuse. 21 juin 1971 : tentative de fuite à Varennes. Septembre : acceptation de la Constitution. 1er octobre 1791 - 21 septembre 1792 : Assemblée législative. Avril 1792 : guerre contre l'Autriche. Revers. 10 août : Insurrection. Assaut des Tuileries. Fin de la monarchie. Internement de la famille royale. 11 décembre 1792 - 20 janvier 1793 : procès et condamnation par la Convention. 21 janvier : exécution.

LOUIS XVIII. Souverain. 1755 : naissance à Versailles; frère de Louis XVI. 1790 : émigration. 1795 : succession à la couronne, après la mort au Temple du dauphin (Louis XVII). Avril 1814-mars 1815 : première Restauration. Frontières de 1792 conservées au traité de Paris. Juin 1815 : retour de Gand. Deuxième Restauration. Perte de territoire. 1815-1820 : ministères modérés de Richelieu et de Decazes. Essai de gouvernement selon la Charte. Adhésion à la Sainte-Alliance. 1823 : guerre d'Espagne. 1824 : mort à Paris.

LOUIS-PHILIPPE Ier. Souverain. 1773 : naissance à Paris. Fils de Philippe, duc d'Orléans, dit « Philippe Egalité » (1747-1793). 1792 : participation glorieuse à la guerre contre l'Autriche, puis émigration. 1817 : retour en France. 1830 : lieutenant général du royaume. 7 août : « Roi des Français ». 1830-1848 : monarchie constitutionnelle et parlementaire, respectant la liberté de la presse et conforme à la Charte révisée. Tendance au conservatisme à l'intérieur, au ménagement de l'Angleterre et à la paix à tout prix à l'extérieur. Poursuite de la conquête de l'Algérie. 1848 : refus de modification d'une loi électorale abusivement sélective. Février : révolution. Abdication. Refuge en Angleterre. 1850 : mort à Claremont.

LULLI Jean-Baptiste. Compositeur. 1632 : naissance à Florence. 1672-1686 : nombreux opéras, musique de ballet et de « comédies-ballets » (collaboration avec Molière) dont : 1674 : *Alceste*. 1676 : *Atys*. 1678 : *Psyché*. 1681 : *Le Triomphe de l'amour*. 1686 : *Armide*, véritable création de l'opéra français. 1687 : mort à Paris. Œuvres religieuses.

LUMIÈRE Louis. Savant. 1864 : naissance à Besançon. 1881 : après études avec son frère Auguste (1862-1954), création du premier cinématographe, dans son usine. 1903-1919 : recherches et découvertes chimiques en collaboration avec son frère. 1919 : admission à l'Académie des sciences. 1948 : mort à Bandol (Var).

LURÇAT Jean. Peintre et cartonnier de tapisseries. 1892 : naissance à Bruyères (Vosges). Influencé jusqu'en 1928 par le cubisme, ensuite par le surréalisme. Voyages en Espagne, au Sahara, en Turquie. Nombreuses lithographies *(Le Bestiaire fabuleux)*. 1927-1936 : premiers cartons de tapisserie *(L'Orage)*. 1936 : *Les Illusions d'Icare*. 1940 : installation à Aubusson. 1943 : *La Liberté*. 1948 : *L'Apocalypse*. 1957-1964 : *Le Chant du Monde*. 1963 : *Flamme et Soleil*. 1966 : mort à Saint-Paul-de-Vence.

LUXEMBOURG François Henri de MONTMORENCY-BOUTEVILLE, duc de. Chef militaire. 1628 : naissance à Paris. 1647-1658 : campagnes avec Condé. Participation à la Fronde. 1662 : duc et pair. 1668 : campagne de Franche-Comté. 1672 : commandement en chef de l'armée de Hollande. 1675 : maréchal de France. Principales victoires : Cassel (1677), Saint-Denis (1678), Fleurus (1691), Steinkerque (1692), Neerwinden (1693) où il a gagné le surnom de « Tapissier de Notre-Dame ». 1695 : mort à Versailles.

LYAUTEY Hubert. Chef militaire. 1854 : naissance à Nancy. 1875 : sortie de Saint-Cyr dans la cavalerie. 1882 : en garnison à Saint-Germain après un séjour en Algérie. 1891 : publication dans la *Revue des Deux Mondes*, de l'étude : *Du rôle social de l'officier dans le service militaire universel*. 1894-1895 : en Indochine. Chef d'état-major de Gallieni. 1897 : avec Gallieni à Madagascar. 1900 : colonel. 1902 : retour en France. 1903 : général. Commandement de la subdivision d'Aïn-Sefra. 1906 : commandement de la division d'Oran. 1907 : occupation d'Oudjda. 1910 : commandement du 10e corps d'armée à Rennes. 1912 : commissaire résident général au Maroc. Décembre 1916 - avril 1917 : ministère de la Guerre. Démission. Retour au Maroc. 1921 : dignité de maréchal de France. 1925 : retour en France. 1927-1931 : organisation de l'Exposition coloniale. 1934 : mort à Thorey (Meurthe-et-Moselle).

M

MAC-MAHON Patrice, comte de, duc de Magenta. Chef militaire et politique. 1808 : naissance à Sully (Saône-et-Loire). 1855 : général de division en Crimée; conquête de Malakoff. 1856 : siège au Sénat. 1859 : victoire de Magenta en Italie. Dignités de maréchal et de duc. 6 août 1870 : défaite de Reichshoffen. 1er septembre : défaite et blessure à Sedan. Captivité. 1871 : répression de la Commune. 1873 : présidence de la République. 16 mai 1877 : tentative de coup d'État anticonstitutionnel. Janvier 1879 : démission. 1893 : mort au château de La Forêt (Loiret).

MAILLOL Aristide. Sculpteur. 1861 : naissance à Banyuls. 1906 : *L'Action enchaînée*. 1907 : *Pomone*. 1911 : *Flore*. 1924 : *Vénus*. 1944 : mort à Banyuls. Œuvre importante de sculpteur et d'illustrateur, inspirée par l'Antiquité, de style archaïsant mais sans raideur, exprimant une vitalité puissante et sereine.

MAISTRE Joseph, comte de. Ecrivain et homme politique. 1753 : naissance à Chambéry (Savoie). 1792 : émigration. 1793 : *Lettres d'un royaliste savoisien*. 1796 : *Considérations sur la France*. 1802 : ambassadeur du roi de Sardaigne-Piémont à Saint-Pétersbourg. 1814 : publication de *L'Essai sur le principe générateur des constitutions politiques*, écrit 1809. 1821 : *Les Soirées de Saint-Pétersbourg; Du pape*. Mort à Turin.

MALEBRANCHE Nicolas de. Philosophe. 1638 : naissance à Paris. 1660 : entrée à l'Oratoire. 1664 : prêtre. 1674 : succès du premier volume de *Recherche de la vérité*. 1678-1687 : querelle sur la grâce avec Bossuet et Arnauld. 1683 : *Méditations chrétiennes et métaphysiques*. 1687 : *Entretiens sur la métaphysique et la religion*. 1692 : *Traité de la communication du mouvement*. 1697 : *Traité de l'amour de Dieu*. 1699 : admission à l'Académie des sciences. 1715 : mort à Paris.

MALHERBE François de. Écrivain. 1555 : naissance à Caen. 1601 : *Consolation à Dupérier* (sur la mort de sa fille). 1605 : présentation à la Cour. Poète officiel. Nombreuses odes, stances, sonnets et chansons. 1627 : *Ode au Roi Louis XIII allant châtier les Rochellois*. Réformateur de la langue et de la poésie. 1628 : mort à Paris.

MALLARMÉ Stéphane. Écrivain. 1842 : naissance à Paris. 1862-1892 : professorat d'anglais. 1866 : premiers essais poétiques. 1876 : publication de *L'Après-midi d'un faune*, églogue. 1886-1887 : *Divagations* (en prose). 1893 : *Vers et prose*. 1897 : *Poésies complètes*. *Un coup de dés jamais n'abolira le hasard*, œuvre (inachevée) souvent hermétique, qui a influencé le « symbolisme » et toute la poésie ultérieure. 1898 : mort à Valvins (Seine-et-Marne).

MANET Edouard. Peintre. 1832 : naissance à Paris. 1863 : *Le Déjeuner sur l'herbe*, refusé au Salon. 1865 : scandale et controverses au sujet d'*Olympia*. 1866-1882 : œuvre importante et originale qui marque une étape décisive dans l'évolution de la peinture *(Le Balcon, Le Fifre, Le Bar des Folies-Bergère)*. A partir de 1876 : abandon de l'huile pour le pastel. 1883 : mort à Paris.

MANSART Jules HARDOUIN. Architecte. 1646 : naissance à Paris. Fils du peintre Hardouin et d'une fille de l'architecte François Mansart (1598-1666) qui établit les plans du Val-de-Grâce. 1676-1680 : architecte du Roi; construction du château de Chagny. 1678 : mission d'achèvement du palais de Versailles. 1678-1705 : façade de Versailles sur les jardins; dôme des Invalides; la place Vendôme, etc. 1699 : surintendance des Bâtiments, Arts et Manufactures. Admission à l'Académie de peinture et de sculpture. 1708 : mort à Marly.

MARIVAUX Pierre CARLET DE CHAMBLAIN de. Écrivain. 1688 : naissance à Paris. 1712-1717 : publication de romans. 1720 : débuts d'auteur de théâtre très original avec *L'Amour et la Vérité*. 1722 : *La Surprise de l'amour*. 1723 : *La double Inconstance*. 1730 : *Le Jeu de l'amour et du hasard*. 1731-1741 : *La Vie de Marianne*. 1735 : *Le Paysan parvenu*, roman. 1737 : *Les Fausses Confidences*. 1740 : *L'Epreuve*. 1742 : élection à l'Académie française. 1763 : mort à Paris.

MAROT Clément. Écrivain. 1496 : naissance à Cahors. 1515 : poème du *Temple de Cupido*. 1516 : internement au Châtelet pour impiété : *Epîtres au Roi*. 1520 : poète favori de François Ier. 1527 : nouvelle arrestation. 1530 : compromission dans l'« Affaire des placards ». 1536 : abjuration du luthérianisme à Lyon. 1534 : poème de *L'Enfer*. Publication de la traduction des *Psaumes* en français. 1542 : exil en Suisse. 1544 : mort à Turin.

MARTIN DU GARD Roger. Écrivain. 1881 : naissance à Neuilly-sur-Seine. 1906 : premiers

essais littéraires au sortir de l'Ecole des chartes. 1910-1913 : *Jean Barois*. 1912 : relations avec la *Nouvelle Revue française* et Jacques Copeau, qui monte de lui une farce paysanne *(Le Testament du père Leleu)*. 1922-1940 : *Les Thibault*, roman en huit parties. 1931 : *Un taciturne*, drame. 1931 : *Confidence africaine*. 1937 : prix Nobel de littérature. 1950 : *Le Journal du colonel de Maumort* (roman inachevé). 1958 : mort à Bellême (Orne).

MASSÉNA André, duc de Rivoli, prince d'Essling. Chef militaire. 1756 : naissance à Nice. 1775 : enrôlement au « Royal italien ». 1789 : fin de service comme adjudant. 1791 : adjudant-major au 3e bataillon des volontaires du Var. 1793 : général de brigade puis de division. 1794-1795 : succès contre les Piémontais et les Autrichiens. 1796-1797 : campagne d'Italie. Participation brillante à la victoire de Rivoli. Surnom d'« Enfant chéri de la victoire ». 1799 : à la tête de l'armée d'Helvétie, victoire décisive de Zurich. 1800 : héroïque défense de Gênes. 1804 : dignité de maréchal. 1805 : contre l'archiduc Charles en Italie. 1806 : conquête de Naples. 1807 : campagne en Pologne. 1809 : batailles d'Eckmühl, Essling et Wagram. 1810-1811 : Espagne. Echec au Portugal à Torres Vedras. 1813 : disgrâce. Gouverneur de Toulon. 1814 : ralliement aux Bourbons. 1815 : gouverneur de Paris après Waterloo. 1817 : mort à Paris.

MATISSE Henri. Peintre. 1869 : naissance au Cateau. 1889 : arrivée à Paris. 1900 : *Le Nu aux souliers roses*. 1905-1909 : période « fauve » *(La Femme au chapeau, Les Tapis rouges, La Gitane)*. 1909-1910 : *La Musique et la Danse*. 1916 : *Les Marocains, La Leçon de piano*. 1920 : installation à Nice. Série des *Odalisques*. 1930 : retour au dessin, nombreuses illustrations, sculptures. 1940-1946 : *La Blouse roumaine, L'Asie, La Nature morte au magnolia*... 1948-1951 : décoration de la chapelle du Rosaire à Vence. 1950-1954 : période des « papiers coloriés » et découpés *(Tristesse du roi)*. 1954 : mort à Nice.

MAUPASSANT Guy de. Écrivain. 1850 : naissance au château de Miromesnil, près de Tourville-sur-Arques. 1880 : débuts littéraires avec *Boule-de-Suif*. 1881-1890 : très nombreux contes : *La Maison Tellier, Contes de la bécasse, Le Horla, Le Rosier de Madame Husson*, des romans : *Bel Ami, Une vie*. 1891-1893 : au théâtre : *Musotte* et *La Paix du ménage*. 1893 : mort à Paris.

MAURIAC François. Écrivain. 1885 : naissance à Bordeaux. 1909 : à Paris, après une enfance provinciale dans une atmosphère conservatrice et pieuse, débuts littéraires : *Les Mains jointes*, poèmes. 1913 : premier roman : *L'Enfant chargé de chaînes*. 1920 : *La Chair et le Sang*. 1922 : *Le Baiser au lépreux*. 1924 : *Génitrix*. 1927 : *Thérèse Desqueyroux*. 1931 : *Souffrances et Bonheur du chrétien*. 1932 : *Le Nœud de vipères*. 1933 : élection à l'Académie française. 1936 : prend position en faveur des républicains espagnols. 1938 :

au théâtre : *Asmodée*. 1943 : *Le Cahier noir*, publication clandestine. 1945 : *Les Mal-Aimés*. 1952 : prix Nobel de littérature. 1953 : débuts du *Bloc-Notes*. 1958 : soutien à l'action du général de Gaulle. 1959-1965 : *Mémoires intérieurs*. 1970 : mort à Paris.

MAURRAS Charles. Ecrivain. 1868 : naissance à Martigues (Bouches-du-Rhône). 1891 : *Jean Moréas*. 1898 : *L'Idée de la décentralisation*. 1900 : publication d'*Enquête sur la monarchie*. 1908 : fondation du journal *L'Action française*, avec Léon Daudet; organe du nationalisme intégral. 1910-1940 : nombreuses œuvres dont, en 1925, *La Musique intérieure*, poésies. 1944 : arrestation comme partisan du gouvernement de Vichy. 1945 : condamnation à la détention perpétuelle. 1952 : mort près de Tours en résidence surveillée.

MAZARIN Jules. 1602 : naissance à Pescina (Abruzzes). 1625 : officier de l'armée du pape. 1634 : vice-légat. 1634-1636 : nonce à Paris. 1640 : entrée au service de France. Cardinal. 1643 : Premier ministre. 1643-1648 : poursuite heureuse de la guerre de Trente Ans. Traités de Westphalie assurant la sécurité sur le Rhin. Acquisition de l'Alsace. 1648-1650 : victoire sur la Fronde. 1651 : exil à Cologne. 1653 : retour à Paris. 1653-1658 : poursuite de la guerre contre l'Espagne. 1659 : avantageux traité des Pyrénées. Mariage du roi. Ligue du Rhin contre la Maison d'Autriche. 1661 : mort à Paris après avoir initié Louis XIV aux affaires.

MÉDICIS Catherine de. Souveraine. 1519 : naissance à Florence. 1533 : mariage avec Henri, fils de François Ier. 1545 : reine de France. 1559 : veuve de Henri II. 1559-1560 : influence prépondérante des Guise sous le règne de François II, premier fils. 1560 : régence avec Charles IX, deuxième fils. 1561-1572 : politique de bascule entre les protestants et les catholiques. Déclenchement de la Saint-Barthélemy. 1574 : régence jusqu'au retour du troisième fils, Henri III, depuis la Pologne. 1574-1589 : influence décroissante. Rapprochement avec les Guise. Heurt avec la politique personnelle d'Henri III. 1589 : mort à Blois après l'exécution des Guise.

MÉRIMÉE Prosper. Ecrivain. 1803 : naissance à Paris 1825 : publication du *Théâtre de Clara Gazul*. 1829 : *La Chronique du règne de Charles IX*, roman historique ; des nouvelles : *Tamango, Mateo Falcone, L'Enlèvement de la redoute*. 1833 : inspecteur général des monuments historiques. 1837 : *La Vénus d'Ille*. 1840 : *Colomba*. 1845 : *Carmen*. 1852 : *Le Faux Démétrius*. 1853 : admission à la cour de Napoléon III. 1865 : *Les Cosaques d'autrefois*. 1870 : mort à Cannes.

MICHELET Jules. Historien et écrivain. 1798 : naissance à Paris. Maître de conférence à l'Ecole normale supérieure. 1827 : publication du *Précis de l'Histoire moderne*. 1833-1846 : *L'Histoire de France*, résurrection visionnaire du passé.

1838-1851 : professorat d'histoire et de morale au Collège de France, plusieurs fois suspendu, supprimé en 1851. 1843-1849 : études politiques et sociales sur *Les Jésuites, La Famille, Le Peuple*, etc. 1847-1853 : *Histoire de la Révolution française*. 1849-1867 : études lyriques sur *L'Oiseau, La Mer, La Montagne*. 1867 : achèvement de *L'Histoire de France*. 1874 : mort à Hyères.

MILLET Jean-François. Peintre. 1814 : naissance à Gréville (Manche). 1840 : début au Salon. 1849 : se fixe à Barbizon. 1850 : *Le Semeur*. 1857 : *Les Glaneuses*. 1867 : *L'Angélus*, d'immense renommée. 1875 : mort à Barbizon.

MIRABEAU Honoré Gabriel RIQUETI, comte de. Homme politique. 1749 : naissance au Bignon (Loiret). 1766-1779 : vie aventureuse et désordonnée. 1789 : députation d'Aix aux Etats généraux (pour le tiers état). Rôle capital dans leur transformation en Assemblée nationale constituante. Eloquence prestigieuse au service des réformes fondamentales, puis de l'idée d'une monarchie constitutionnelle. 1790 : rapprochement avec le roi et la Cour. 2 avril 1791 : mort à Paris.

MOLIÈRE Jean-Baptiste POQUELIN dit. Ecrivain. 1622 : naissance à Paris, d'un père « tapissier du Roi ». 1643 : fondation de l'Illustre-Théâtre. 1645-1658 : tournées en province. 1656 : *Le Dépit amoureux*, à Béziers. 1658 : nom de « troupe de Monsieur » donné aux comédiens de Molière. 1659 : *Les Précieuses ridicules*. 1660 : *Sganarelle*. 1661 : *L'Ecole des maris*. 1662 : *L'Ecole des femmes*. 1664 : *Tartuffe*. 1665 : nom de « troupe du Roi ». Représentation de *Dom Juan*, de *L'Amour médecin*. 1666 : *Le Médecin malgré lui, Le Misanthrope*. 1667 : *Amphitryon*. 1669 : autorisation définitive de *Tartuffe*. 1670 : *Le Bourgeois gentilhomme*. 1672 : *Les Femmes savantes*. 1673 : *Le Malade imaginaire*. Mort à Paris au cours de la quatrième représentation de cette comédie. Le plus grand auteur comique français.

MONGE Gaspard, comte DE PÉLUSE. Savant. 1746 : naissance à Beaune. 1771 : professeur de physique à l'Ecole du génie de Mézières. 1783 : examinateur à l'Ecole navale. 1788 : *Traité de statique*. 1792-1793 : ministre de la Marine. 18 septembre 1794 : fondation de l'Ecole polytechnique. 1798 : participation à l'expédition d'Egypte. 1799 : publication de la *Géométrie descriptive*. 1805 : *Précis des leçons sur le calorique et l'électricité; Application de l'algèbre à la géométrie*. 1818 : mort à Paris.

MONTAIGNE Michel EYQUEM de. Ecrivain. 1533 : naissance au château de Montaigne (Périgord). 1557 : conseiller au Parlement de Bordeaux. Rencontre de La Boétie. 1561 : fréquentation de la Cour. 1562 : siège de Rouen auprès de Charles IX. 1571 : admission dans l'ordre de Saint-Michel. 1571-1580 : rédaction des *Essais*, à Montaigne. 1580 : publication des deux premiers livres. 1581-1585 : fonctions de maire de Bordeaux. 1588 : troisième livre. 1592 : mort au château de Montaigne.

MONTESQUIEU Charles DE SECONDAT, baron de LA BRÈDE et de. Ecrivain. 1689 : naissance au château de La Brède, près de Bordeaux. 1711 : conseiller au Parlement de Bordeaux. 1716 : président à mortier. 1726 : vente de cette charge. 1721 : publication et succès des *Lettres persanes*. 1727 : élection à l'Académie française. 1734 : *Considérations sur les causes de la grandeur des Romains et de leur décadence*. 1748 : publication de *L'Esprit des lois*. 1750 : *Défense de l'Esprit des lois*. 1755 : mort à Paris.

MONTGOLFIER Joseph Michel. Inventeur. 1740 : naissance à Vidalon-lez-Annonay (Ardèche). 1783 : invention et ascension en aérostat. 1784 : publication des *Mémoires sur la machine aérostatique*. 1807 : *Les Voyageurs aériens*. 1803 : *Note sur le bélier hydraulique*. 1807 : administration du Conservatoire des arts et métiers; admission à l'Académie des sciences. 1810 : mort à Balaruc-les-Bains (Hérault). Collaboration permanente avec son frère Etienne (1745-1799).

MONTHERLANT Henry MILLON de. Ecrivain. 1896 : naissance à Paris. 1914-1918 : engagement volontaire. Grave blessure. 1920 : publication de *La Relève du matin*. 1922 : *Le Songe*. 1924 : *Le Paradis à l'ombre des épées; Les Onze devant la porte dorée*. 1926 : *Les Bestiaires*. 1936 : série des *Jeunes Filles*. 1942 : grand succès au théâtre de *La Reine morte*. 1943 : *Fils de personne*. 1947 : *Le Maître de Santiago*. 1950 : *Malatesta; Celle qu'on prend dans ses bras*. 1951 : *La Ville dont le prince est un enfant*. 1954 : *Port-Royal*. 1960 : *Le Cardinal d'Espagne*. Académie française. 1972 : mort à Paris.

MURAT Joachim. Chef militaire et souverain. 1767 : naissance à La Bastide (Lot). 1790 : engagement dans l'armée. 1796 : aide de camp de Bonaparte. 1800 : mariage avec Caroline Bonaparte. 1804 : dignité de maréchal. 1806 : grand-duché de Berg. 1808 : royaume de Naples. 1812-1813 : commandement de la cavalerie de la Grande Armée. 1814 : abandon de la cause de Napoléon. 1815 : tentative de restauration d'un royaume perdu. 13 octobre 1815 : fusillé au Pizzo.

MUSSET Alfred de. Ecrivain. 1810 : naissance à Paris. 1830 : succès de *Contes d'Espagne et d'Italie*. 1832 : deux pièces de théâtre : *La Coupe et les Lèvres; A quoi rêvent les jeunes filles*. 1833 : autre comédie : *Les Caprices de Marianne*. Poème de *Rolla*. 1833-1835 : liaison avec George Sand. 1834 : *Fantasio; On ne badine pas avec l'amour*, nouvelle pièce de théâtre. 1835-1837 : retour à la poésie avec les *Nuits*. 1835 : drame de *Lorenzaccio*. 1836 : comédie : *Il ne faut jurer de rien, La Confession d'un enfant du siècle* (autobiographie). 1837 : *Un Caprice*. 1837-1847 : œuvres diverses : chansons, sonnets, impromptus, comédies... 1852 : élection à l'Académie française. 1857 : mort à Paris.

N

NAPOLÉON Ier. Napoléon BONAPARTE. Souverain. 15 août 1769 : naissance à Ajaccio (Corse). 1784 : admission à l'Ecole militaire de Paris. 1785-1793 : années obscures. Officier de l'Armée royale, puis républicaine. Plusieurs séjours en Corse. 1793 : notoriété au siège de Toulon. 13 vendémiaire an IV (octobre 1795) : victoire sur les insurgés parisiens. 1796 : commandement de l'armée d'Italie. 1796-1797 : campagne célèbre. Promoteur du traité de Campoformio. 1798 : expédition d'Egypte. 9-10 novembre 1799 (18-19 brumaire an VIII) : coup d'Etat. 1800-1804 : Consulat. Restauration de l'ordre et de l'autorité de l'Etat. 18 mai 1804 : proclamation de la dignité impériale par le Sénat. 2 décembre : couronnement. 1805 : victoire sur l'Autriche, Austerlitz, mais aussi Trafalgar (3e coalition). 1806-1807 : victoires sur la Prusse et la Russie (4e coalition). Alliance franco-russe de Tilsitt. Blocus continental contre l'Angleterre. 1808-1814 : guerre d'Espagne. 1809 : victoire sur l'Autriche (5e coalition). 1810 : apogée. Domination de l'Europe continentale. 1812 : campagne européenne contre la Russie. Sixième coalition. 1813-1814 : septième coalition. Abandon de l'Allemagne; campagne de France. Avril 1814 : abdication. Exil à l'île d'Elbe. Mars-juin 1815 : les Cent-Jours. Waterloo. 1815-1821 : internement à Sainte-Hélène où il meurt le 5 mai 1821.

NAPOLÉON III Louis-Napoléon BONAPARTE. Souverain. 1808 : naissance à Paris. Fils de Louis Bonaparte, roi de Hollande et de Hortense de Beauharnais. Neveu de Napoléon Ier. 1815 : exil. 1836 : tentative malheureuse de coup d'Etat à Strasbourg. 1840 : autre tentative à Boulogne. 1840-1846 : prison à Ham. Evasion. 1848 : élection à la députation. 10 décembre 1848 : élection à la présidence de la République. 2 décembre 1851 : coup d'Etat antiparlementaire. 10 décembre 1852 : rétablissement de l'Empire. 1853-1855 : guerre de Crimée. 1859 : guerre d'Italie. Acquisition de Nice et de la Savoie. 1862-1867 : expédition du Mexique. 1870 : guerre malheureuse contre la Prusse et les Etats allemands. 4 septembre : déchéance et proclamation de la République, à Paris, à la nouvelle du désastre de Sedan. 1871 : après internement en Allemagne, exil en Angleterre. 9 janvier 1873 : mort à Chislehurst.

NIEPCE Nicéphore. Savant. 1765 : naissance à Chalon-sur-Saône. 1792-1794 : aux armées. 1794-1812 : recherches scientifiques. 1812-1829 : découverte, en collaboration avec Daguerre, de la fixation de l'image de la chambre obscure sur des plaques d'argent. 1829 : publication de *Notice sur l'héliographie*. 1833 : mort à Chalon-sur-Saône.

O

ORLÉANS Philippe, duc d'. Homme politique. 1674 : naissance à Saint-Cloud. Neveu de

Louis XIV. 1701-1708 : campagnes en Italie et en Espagne. 1715 : Régence. Cassation par le Parlement du testament de Louis XIV. 1717 : rapprochement avec l'Angleterre. 1718 : conspiration de Cellamare. 1719-1720 : guerre contre l'Espagne. 1723 : mort à Versailles.

P

PAGNOL Marcel. Écrivain et cinéaste. 1895 : naissance à Aubagne (Bouches-du-Rhône). 1920 : professorat à Paris. 1928 : débuts au théâtre, avec *Topaze*. 1929 : *Marius*. 1931 : *Fanny*. 1936 : *César*. 1931-1936 : supervision ou production des adaptations cinématographiques de ses succès théâtraux. 1934 : *Angèle*, film. 1937 : *Regain*, film. 1939 : *La Femme du Boulanger* (film). 1946 : élection à l'Académie française. 1948 : *La Belle Meunière*, film. Autobiographie : *La Gloire de mon père* (1957), *Le Château de ma mère* (1958), *Le Temps des secrets* (1960).

PAPIN Denis. Savant et inventeur. 1647 : naissance à Blois. 1681 : théorie du « digesteur » ou « marmite de Papin ». 1687-1707 : études et expérience en Allemagne sur la pression de la vapeur. 1607 : essai du premier bateau à vapeur à Cassel. 1714 : mort à Londres.

PASCAL Blaise. Savant, écrivain et philosophe. 19 juin 1623 : naissance à Clermont-Ferrand. 1646 : après une enfance de jeune prodige, première expérience sur le vide. 1652-1654 : vie mondaine. 1655 : retraite mystique et studieuse à Port-Royal. 1656-1657 : rédaction et publication des *Provinciales*. 1658-1662 : rédaction des *Pensées* en vue d'une apologie du christianisme. 19 août 1662 : mort à Paris. 1670 : première publication partielle des *Pensées*, sous le titre : *Pensées de Monsieur Pascal, sur la religion et sur quelques autres sujets, qui ont été trouvées après sa mort parmi ses papiers.*

PASTEUR Louis. Savant. 1822 : naissance à Dole (Jura). 1843 : admission à l'École normale supérieure. 1847 : docteur ès sciences. 1852 : professeur de chimie à la Faculté de Strasbourg. 1862 : élection à l'Académie des sciences. 1873 : admission à l'Académie de médecine. 1877-1881 : après de nombreux travaux, au cours des années précédentes, sur la fermentation lactique et la fermentation alcoolique (qui ont donné naissance aux procédés de la « pasteurisation »), études sur les maladies contagieuses, charbon, maladies des animaux domestiques. 1881 : élection à l'Académie française. 1881-1887 : mise au point du traitement prophylactique de la rage. 1895 : mort à Marnes-la-Coquette (Hauts-de-Seine). Multiples applications médicales, chirurgicales, industrielles de ses travaux et découvertes.

PÉGUY Charles. Écrivain. 1873 : naissance à Orléans. 1894 : admission à l'École normale supérieure. 1897 : publication de *Jeanne d'Arc*. 1900 : fondation des *Cahiers de la Quinzaine*. 1905 : *Notre Patrie*. 1910 : *Le Mystère de la charité de Jeanne d'Arc*. 1912 : *L'Argent*. 1913 : *La Tapisserie de sainte Geneviève et de Jeanne d'Arc, La Tapisserie de Notre-Dame, Eve*. 1914 : tué à l'ennemi au début de la contre-offensive de la Marne, le 5 septembre. Socialiste mystique et nationaliste.

PERRET Auguste. Architecte. 1874 : naissance à Ixelles (Belgique). 1903 : en collaboration avec son frère, Gustave, premier immeuble en béton armé rue Franklin à Paris. 1911-1913 : théâtre des Champs-Elysées. 1922-1923 : Notre-Dame du Raincy. 1929 : salle de concert de l'Ecole normale supérieure. 1937-1938 : musée des Travaux publics. 1946 : nomination d'architecte en chef de la reconstruction du Havre. 1951 : plan de reconstruction du quartier du Vieux-Port de Marseille. 1954 : mort à Paris. 1955 : achèvement de l'aérogare de Marignane, dernière entreprise.

PERRIN Jean. Savant. 1870 : naissance à Lille. Admission (1891) puis professeur (1910) à l'Ecole normale supérieure. 1897 : publication de *Rayons cathodiques et rayons Roentgen*. 1900 : *Osmose et parois semi-perméables*. 1901 : *Les Principes*. Assimilation de l'atome à un système solaire infiniment petit. 1914-1918 : officier du génie. Mise au point du repérage par le son. 1921 : *Les Atomes*. 1923 : Académie des sciences. 1926 : prix Nobel de physique. 1930 : *Les Eléments de la physique*. 1935 : *Grains de matière et de lumière*. 1936 : sous-secrétaire d'Etat à la recherche scientifique. 1940 : direction de l'Université française de New York. 1942 : mort à New York.

PÉTAIN Philippe. Chef militaire et homme politique. 1856 : naissance à Cauchy-à-la-Tour (Pas-de-Calais). 1878 : sortie de Saint-Cyr. Sous-lieutenant d'infanterie. 1914 : colonel commandant une brigade, après professorat à l'Ecole de guerre les années précédentes. Hiver 1914-1915 : général de division commandant le 33e corps d'armée, puis la IIe armée. Février-mai 1916 : victoire défensive de Verdun. 15 mai 1917 : commandement en chef des armées du Nord et du Nord-Est. 1918 : participation active à la victoire. 19 novembre 1918 : élévation à la dignité de maréchal de France. 1925-1926 : intervention au Maroc. 1929 : élection à l'Académie française. 1931-1934 : inspection de la défense aérienne du territoire. 1934 : ministère de la Guerre dans le cabinet Doumergue. Début d'une vie politique. 1939 : ambassadeur en Espagne. 16 juin 1940 : présidence du Conseil. 10 juillet : pleins pouvoirs donnés par l'Assemblée. 11 juillet : chef de l'Etat français dans la zone « non occupée ». 24 octobre 1940 : entrevue avec Hitler à Montoire. 13 décembre 1941 : renvoi de Laval. 18 avril 1942 : retour de Laval. Novembre 1942 : invasion de la zone « non occupée » par les Allemands : il y conserve ses fonctions. 20 août 1944 : enlèvement et « déportation » par les Allemands. Avril 1945 : passage en Suisse et retour en France. Juillet-août 1945 : procès en Haute Cour à Paris. Condamnation à mort commuée en détention à vie. Internement au fort Pourtalet, puis à l'île d'Yeu. 1951 : mort à l'île d'Yeu.

PHILIPPE II dit PHILIPPE AUGUSTE. Souverain. 1165 : naissance à Gonesse, près de Paris. Fils de Louis VII (1119-1180). 1180 : succession à la couronne de France. 1187-1189 : guerre victorieuse contre Henri II d'Angleterre. 1190-1191 : troisième croisade avec Richard Cœur de Lion. 1194-1199 : guerre contre Richard. 1202-1206 : guerre heureuse contre Jean sans Terre d'Angleterre. 1208 : fondation de l'Université. 1213-1214 : guerre heureuse contre l'Angleterre et l'Allemagne. Victoire de Bouvines. 1223 : mort à Mantes, après avoir maté les féodaux, organisé l'administration du domaine royal (agrandi de nombreuses provinces, dont la Normandie), favorisé l'émancipation des communes.

PHILIPPE IV « le Bel ». Souverain. 1268 : naissance à Fontainebleau. 1285 : avènement. 1293 : occupation de la Guyenne. 1297 : conquête de la Flandre. 1302 : désastre de Courtrai. 1303 : attentat d'Agnani, épisode de la lutte contre les prétentions du pape. 1304 : victoire de Mons-en-Pévèle. 1312 : suppression de l'ordre des Templiers. 1314 : mort à Fontainebleau. Nombreuses acquisitions : Champagne, Navarre, Brie, Marche, etc.

PICASSO Pablo RUIZ BLASCO, dit PABLO. Peintre. 1881 : naissance à Malaga. 1901-1905 : « Epoque bleue ». 1905-1907 : « Epoque rose ». 1907 : *Les Demoiselles d'Avignon*, point de départ du cubisme. 1917 : abandon du cubisme. 1926-1935 : période du surréalisme. 1936 : retour à un expressionnisme jamais entièrement abandonné. 1937 : toile célèbre de *Guernica*. 1944 : installation dans le Midi de la France. 1945 et 1966 : grandes rétrospectives. Œuvre d'une infinie variété qui domine par sa fécondité puissante tout le XXᵉ siècle. Importante œuvre de céramiste.

PIGALLE Jean-Baptiste. Sculpteur. 1714 : naissance à Paris. 1744 : succès de *Mercure attachant ses talonnières*. 1748 : *Vénus*, commande du roi. *Vierges des Invalides*. 1750 : *L'Enfant à la cage*. 1756 : au Salon, maquette du tombeau du maréchal de Saxe. 1777 : inauguration de ce tombeau à l'église réformée Saint-Thomas de Strasbourg. 1785 : mort à Paris.

POINCARÉ Henri. Savant. 1854 : naissance à Nancy. 1873 : élève à l'Ecole polytechnique. 1885 : professeur de mécanique physique expérimentale à la Faculté des sciences de Paris; puis, en 1886, de physique mathématique et de calcul des probabilités; puis de mécanique céleste. 1887 : admission à l'Académie des sciences. 1893 : *Théorie des tourbillons*. 1894 : *Les Oscillations électriques*. 1902 : *Science et hypothèse*. 1906 :

La Valeur de la science. 1908 : élection à l'Académie française. 1911 : *Leçons sur les hypothèses cosmogoniques*. 1912 : mort à Paris.

POINCARÉ Raymond. Avocat et homme politique. 1860 : naissance à Bar-le-Duc. 1887 : élection comme député de la Meuse. 1893 : ministre de l'Instruction publique. 1894 : ministre des Finances. 1903-1913 : sénateur de la Meuse. 1906 : retour au gouvernement. Ministère des Finances du cabinet Sarrien. 1909 : élection à l'Académie française. 12 janvier 1912 : présidence du Conseil. 17 janvier 1913 : présidence de la République. 1922-1924 : présidence du Conseil et ministère des Affaires étrangères. 1ᵉʳ juin 1924 : démission. 1926-1928 : de nouveau présidence du Conseil. Grande autorité. Novembre 1928 : formation d'un nouveau cabinet. 1929 : démission. 1934 : mort à Paris. Nombreux ouvrages dont : *Au service de la France, neuf années de souvenirs*.

POUSSIN Nicolas. Peintre. 1594 : naissance à Villers (Eure). 1612-1624 : étude de la peinture. 1624-1640 : séjour en Italie. Premières œuvres : les deux *Bacchanales, Mort de Germanicus. L'Empire de Flore, Enlèvement des Sabines, Renaud et Armide*. 1637 : rappelé à Paris par Richelieu. 1640 : retour en France. Peintre du Roi. Décoration de la galerie du Louvre. Nombreuses toiles, dont *La Cène*. 1642 : retour à Rome. 1644-1665 : très grande fécondité ; œuvres admirables : *Polyphème appelant Galatée au son de sa flûte, Orphée, Les Bergers d'Arcadie, Les Quatre Saisons*, dont *Le Déluge* (hiver). 1665 : mort à Rome.

PROUDHON Pierre Joseph. Ecrivain. 1809 : naissance à Besançon. 1840 : étude *Qu'est-ce que la propriété ?* résumée dans la phrase fameuse : « La propriété c'est le vol ». 1842 : *Avertissement aux propriétaires*, ou *Lettre à Considérant*. 1846 : *La Philosophie de la misère*. 1848 : élection à l'Assemblée nationale. Tentative d'établissement d'une banque populaire. 1849 : *Les Idées révolutionnaires*. 1851 : *L'Idée générale de la Révolution au XIXᵉ siècle*. 1858 : *De la justice dans la Révolution et dans l'Eglise*. 1861 : *La Guerre et la Paix*. 1863 : *Du Principe fédératif*. 1865 : *Théorie de la propriété*, mort à Paris. Influence notable sur certains courants socialistes et anarchistes. Correspondance féconde.

PROUST Marcel. Ecrivain. 1871 : naissance à Paris. D'après Ruskin : *Les Plaisirs et les jours* (1896), *La Bible d'Amiens* (1904), *Sésame et les lys* (1906). 1913-1928 : publication, sour le titre général, de : *A la recherche du temps perdu*, de 1913-1914 : *Du côté de chez Swann*. 1918 : *A l'ombre des jeunes filles en fleurs*. 1919 : prix Goncourt pour cet ouvrage. 1921 : *Le côté de Guermantes; Sodome et Gomorrhe*. 1922 : mort à Paris. 1924 : à titre posthume : *La Prisonnière*. 1926 : *Albertine disparue*. 1928 : *Le Temps retrouvé*. 1952 : *Jean Santeuil*. Tous ouvrages d'une introspection analytique minutieuse.

R

RABELAIS François. Ecrivain. v. 1494 : naissance à La Devinière, près de Chinon. 1524 : passage de l'ordre des Franciscains à celui des Bénédictins. 1530-1546 : étude et exercice de la médecine à Montpellier, Narbonne et Lyon. Rédaction de *Pantagruel* et de *Gargantua*, vaste suite pleine d'imagination, qui résume l'esprit de la Renaissance française. 1548 : à Rome avec le cardinal Jean du Bellay. 1553 : mort à Paris. 1564 : première édition complète de ses œuvres.

RACINE Jean. Ecrivain. 1639 : naissance à La Ferté-Milon (Aisne). 1655-1658 : achèvement d'une éducation pieuse et humaniste à Port-Royal. 1659 : au collège d'Harcourt. 1663 : fréquentation de la Cour. Amitié avec La Fontaine, Boileau, Molière. 1664 : début au théâtre, avec *La Thébaïde ou les Frères ennemis*. 1665 : *Alexandre*. 1667 : *Andromaque*, à l'hôtel de Bourgogne. 1668 : une comédie : *Les Plaideurs*. 1669 : *Britannicus*. 1670 : *Bérénice*. 1672 : *Bajazet*. 1673 : *Mithridate;* Académie française. 1674-1675 : *Iphigénie*. 1677 : *Phèdre*, admirable chef-d'œuvre. Fonctions d'historiographe du Roi. Semi-retraite. 26 janvier 1689 : représentation d'*Esther* à Saint-Cyr. 1691 : *Athalie*. 1699 : mort à Paris.

RAMEAU Jean-Philippe. Compositeur. 1683 : naissance à Dijon. 1706 : organiste à Paris. 1733 : débuts d'une série d'opéras fameux avec *Hippolyte et Aricie*. 1735 : *Les Indes galantes*. 1737 : *Castor et Pollux*. 1748 : *Les Surprises de l'amour*. 1757 : *Anacréon*. 1760 : *Les Paladins*. 1764 : mort à Paris. Nombreux ballets, divertissements, pièces de clavecin. Plusieurs œuvres de théorie (*Traité de l'harmonie réduite à ses principes naturels*, etc.).

RAVEL Maurice. Compositeur. 1875 : naissance à Ciboure (Pyrénées-Atlantiques). 1899 : *Pavane pour une infante défunte*. 1901 : *Jeux d'eau*. 1903 : *Quatuor*. 1907 : *Rhapsodie espagnole*. 1908 : *Ma Mère l'Oye*. 1909-1912 : *Daphnis et Chloé*. 1911 : *L'Heure espagnole*, opéra-comique. 1914 : *Trio*. 1914-1917 : *Le Tombeau de Couperin*. 1919 : *La Valse*. 1922 : *L'Enfant et les sortilèges*, opéra; *Duo* pour violon et violoncelle. 1928 : *Boléro*. 1931 : *Concert pour la main gauche* et *Concert en sol* pour piano et orchestre. 1937 : mort à Paris.

RÉAUMUR René-Antoine FERCHAULT de. Savant. 1683 : naissance à La Rochelle. Découvre le mécanisme de formation de l'acier. Construit le thermomètre à alcool. Observe et étudie les animaux invertébrés. 1757 : mort à Saint-Julien-du-Terroux (Mayenne).

RENAN Ernest. Ecrivain. 1823 : naissance à Tréguier (Côtes-du-Nord). 1838-1845 : séminariste. 1845 : retour au siècle. 1848 : agrégation de philosophie. 1848-1849 : rédaction de *L'Avenir de la science* (publié en 1885). 1852 : doctorat ès lettres. 1855 : *Histoire générale des langues sémitiques*. 1862 : professorat d'hébreu, écourté, au Collège de France. 1863 : *Vie de Jésus*. 1864 : voyages en Orient. 1866 : *Les Apôtres*. 1871 : *La Réforme intellectuelle et morale*. 1887-1891 : *Histoire du peuple d'Israël*. 1892 : mort à Paris. Œuvre de philologue, d'historien et de moraliste.

RENOIR Auguste. Peintre. 1841 : naissance à Limoges. 1857 : élève de Gleyre. 1861 : fréquentation des impressionnistes. 1868 : toile de Lise. 1876 : *Le Moulin de la Galette*. 1878 : *Madame Charpentier et ses enfants*. 1881 : *Le Déjeuner des canotiers*. 1884 : *Les Baigneuses*. 1907-1919 : succès tardif et grandissant. Nombreux nus. 1919 : mort à Cagnes (Alpes-Maritimes).

RENOIR Jean. Cinéaste. 1894 : naissance à Paris (fils d'Auguste Renoir, ci-dessus). 1923 : production d'un film : *Catherine ou une vie sans joie*. 1924 : premier film : *La Fille de l'eau*. 1926 : *Nana*. 1931 : *La Chienne*. 1932 : *Boudu sauvé des eaux; La Nuit du carrefour*. 1934 : *Madame Bovary; Toni*. 1935 : *Le Crime de Monsieur Lange*. 1936-1940 : *Une partie de campagne*. 1937 : *La Grande Illusion; La Marseillaise*. 1938 : *La Bête humaine*. 1939 : *La Règle du jeu*. 1941-1947 : en exil à Hollywood *(Le Journal d'une femme de chambre; L'Homme du Sud...)*. 1951 : *Le Fleuve* (tourné aux Indes). 1953 : *Le Carrosse d'or*. 1955 : *French-Cancan*, film; *Orvet*, théâtre. 1956 : *Elena et les hommes*, film. 1959 : *Le Testament du docteur Cordelier*. 1960 : *Le Déjeuner sur l'herbe*. 1962 : *Le Caporal épinglé*. 1966 : *Les Cahiers du capitaine Georges*, roman. 1970 : *Le Petit Théâtre de Jean Renoir* (télévision).

RICHELIEU Armand du PLESSIS, duc de. Prélat et homme politique. 1585 : naissance à Paris. 1594 : collège de Navarre. 1606 : évêché de Luçon. 1614 : députation aux Etats généraux. Faveur de Marie de Médicis. 1616 : aumônier de la Reine Mère. Secrétariat d'Etat. 1622 : cardinalat. Conseil du Roi. 1624-1642 : Premier ministre. Politique énergique et nationale contre les protestants, les Grands, l'Espagne, la maison d'Autriche. Centralisation de l'Etat. 1627-1628 : siège de La Rochelle. 1629 : artisan de la paix d'Alais. 1632 : répression de la révolte de Montmorency. 1635 : intervention dans la guerre de Trente Ans. Fondation de l'Académie française. 1642 : mort à Paris.

RIMBAUD Arthur. Ecrivain. 1854 : naissance à Charleville. 1871 : plusieurs poèmes demeurés célèbres, dont : *Le Dormeur du val, Le Bateau ivre*. 1873 : à Londres et en Belgique, avec Verlaine. Rédaction d'une *Saison en enfer*. Copie des *Illuminations* rédigées en partie antérieurement. 1873-1891 : fin de toute production. Vie aventureuse en Europe, en Insulinde, à Chypre, au Harar, où il tombe malade. 1886 : publication par Verlaine des *Illuminations*. 1890 : intervention chirurgicale à Marseille. 1891 : mort à Marseille. Renommée posthume d'un précurseur du symbolisme et de toute la poésie moderne.

ROBESPIERRE Maximilien de. Homme politique. 1758 : naissance à Arras. 1789 : député du tiers état, pour l'Artois, aux Etats généraux. Affirmation de ses idées révolutionnaires à la Constituante. 1790-1791-1792 : influence grandissante, notamment au club des Jacobins, 1792 : premier député de Paris à la Convention. 1793 : vote de la mort du roi. Suprématie exercée sur la Montagne. 27 juillet 1793 : maître du Comité de Salut public. Exercice d'une véritable dictature par celui qu'on surnomme « l'Incorruptible ». Mars 1794 : élimination des hébertistes. Avril : élimination des dantonistes. 20 prairial : apogée à la fête de l'Etre suprême. 8 thermidor : menace d'épuration générale adressée à la Convention. 9 thermidor (29 juillet) : décret d'arrestation par la Convention apeurée. Echec d'un appel à l'insurrection lancé contre elle. 10 thermidor : tentative de suicide à l'Hôtel de Ville. Arrestation. Exécution avec Saint-Just, Couthon, Le Bas.

RODIN Auguste. Sculpteur et dessinateur. 1840 : naissance à Paris. 1863 : *Buste du père Aymard.* 1864 : *L'Homme au nez cassé.* 1864-1871 : fréquentation de Barye et de Carpeaux. Travail à la manufacture de Sèvres, dans l'atelier de Carrier-Belleuse. 1871-1875 : séjour en Belgique. 1875 : voyage en Italie. 1877 : statue de *L'Age d'airain.* 1879 : *Saint Jean-Baptiste prêchant.* 1880-1885 : *La Porte de l'enfer.* 1885-1889 : nombreux bustes. 1895 : *Les Bourgeois de Calais.* 1898 : *Balzac.* 1900 : *Le Baiser.* 1904 : *Le Penseur.* Célébrité tardive mais éclatante. 1913 : buste de Clemenceau. 1917 : mort à Paris.

ROLLAND Romain. Ecrivain. 1866 : naissance. à Clamecy. 1903 : *Beethoven*, essai. 1904-1912 : professeur d'histoire de l'art à la Sorbonne. 1904-1912 : *Jean-Christophe*, roman (10 volumes). 1911 : *Vie de Tolstoï.* 1914-1918 : séjourne en Suisse. 1914-1915 : *Au-dessus de la mêlée.* 1915 : prix Nobel de la paix. 1920 : *Colas Breugnon.* 1922 : fondation de la revue *Europe.* 1925 : *Le Mahatma Gandhi.* 1927-1945 : *Beethoven, les grandes époques créatrices* (7 volumes). 1944 : mort. 1945 : transfert au Panthéon.

ROMAINS Jules : Louis FARIGOULE , dit. Ecrivain. 1885 : naissance à Saint-Julien-Chapteuil (Haute-Loire). 1904-1908 : recueils poétiques : *L'Ame des hommes; La Vie unanime.* 1906 : Ecole normale supérieure. 1909 : agrégation de philosophie. 1911 : *Mort de quelqu'un*, roman. *L'Armée dans la ville*, pièce pour le théâtre. 1913 : *Les Copains*, roman. *Odes et prières*, poésies. 1920 : *Donogoo-Tonka*, roman. 1923 : *Monsieur Le Trouhadec saisi par la débauche*, théâtre. 1922 : *Psyché, Lucienne*, romans. 1924 : *Knock ou le Triomphe de la médecine*, grand succès théâtral. 1928 : *Le Dieu des corps*, roman. 1931 : *Donogoo, Le Roi masqué* (théâtre). 1932-1947 : *Les Hommes de bonne volonté*, vingt-sept volumes. 1946 : Académie française. 1954 : *Examen de conscience des Français.* 1956 : *Le Fils de Jerphanion.* 1957 : *Une femme singulière.* 1958 : *Le Besoin de voir clair.* 1959 : *Mémoires de Madame Chauverel.* 1972 : mort à Paris.

RONSARD Pierre de. Ecrivain. 1524 : naissance à la Possonnière (Vendômois). 1547 : études reprises au collège de Coqueret sous la direction de Jean Dorat. Amitié avec Du Bellay. 1549 : création de la Pléiade. 1550 : quatre premiers livres des *Odes.* 1552 : *Amours de Cassandre.* 1555 : *Amours de Marie* et premiers *Hymnes.* 1560 : protection reçue de Charles IX; célébrité croissante. 1562-1563 : *Discours* et nombreux vers de circonstance. 1572-1573 : *La Franciade*, tentative d'épopée. 1578 : *Sonnets pour Hélène.* 1585 : mort près de Tours dans une semi-disgrâce. Œuvre abondante d'initiateur, méprisée par le XVIIe siècle, réhabilitée partiellement par le romantisme, plus justement par le XXe siècle qui voit en lui le grand poète de la « Seconde Renaissance ».

ROUSSEAU Jean-Jacques. Ecrivain. 1712 : naissance à Genève. 1741 : établissement à Paris, après une longue liaison avec Mme de Warens, à Annecy, puis aux Charmettes, près de Chambéry. 1750 : couronnement par l'académie de Dijon pour un discours répondant à une question posée : « Si le progrès des Sciences et des Arts a contribué à corrompre ou à épurer les mœurs. » 1755 : publication du *Discours sur l'origine de l'inégalité parmi les hommes.* 1758 : *Lettre à d'Alembert sur les spectacles.* 1761 : *La Nouvelle Héloïse*, roman. 1762 : *Emile ou De l'éducation ; Du Contrat social*, œuvre capitale sur la réforme idéale d'un Etat et de la société. 1770 : retour en France, à Paris, après un séjour en Suisse et en Angleterre. 1778 : installation et mort à Ermenonville. 1781-1788 : publication des *Rêveries du promeneur solitaire* et des *Confessions.* Enorme influence sur son temps, sur la génération de la Révolution française, et sur le romantisme.

RUDE François. Sculpteur. 1784 : naissance à Dijon. 1807 : arrivée à Paris. Atelier du sculpteur Gaulle. 1812 : prix de Rome. 1815-1827 : séjour en Belgique. 1827 : installation à Paris. 1830 : exécution du *Retour de l'armée d'Egypte* (Arc de Triomphe). 1833-1835 : *La Marseillaise* (Arc de Triomphe). 1842 : *Louis XIII adolescent.* 1845-1852 : *Jeanne d'Arc écoutant les voix.* 1846 : *Hébé et l'aigle de Jupiter.* 1848-1852 : *Le Christ en croix entre la Vierge et saint Jean.* 1853 : *Le Maréchal Ney.* 1855 : *L'Amour dominateur du monde.* Mort à Paris.

S

SAINT-EXUPÉRY Antoine de. Aviateur et écrivain. 1900 : naissance à Lyon. 1920-1940 : service dans l'aviation, puis pilote de ligne à Latécoère; ensuite pilote d'essai. 1929 : publication de *Courrier Sud.* 1931 : *Vol de nuit.* 1939 : *Terre des hommes.* Célébrité. 1939-1940 : officier pilote de reconnaissance aux armées. 1942 : Afrique du Nord. Publication de *Pilote de guerre.* 1943 : publication de *Lettre à un otage* et du *Petit Prince.* 31 juillet 1944 : disparition au cours d'une mission entre la Corse et l'Italie, étant commandant de l'armée de l'air. 1948 : publication posthume de *Citadelle, Lettres de jeunesse, Carnets.*

SAINT-JUST Louis de. Homme politique. 1767 : naissance à Decize (Nièvre). 1791 : *Esprit de la Révolution*. 1792 : élection comme député de l'Aisne. 1793 : vote de la mort du Roi, qu'il a réclamée dans son premier discours. 1793 : admission au Comité de Salut public. En mission dans l'armée du Rhin. Participation active à la victoire des lignes de Wissembourg. 1794 : présidence de la Convention : rapports et discours d'un style admirable. Mai-juin : mission à l'armée du Nord. Juillet : retour à Paris. 9 et 10 thermidor : tentatives pour sauver Robespierre. Arrestation et exécution. Auteur des *Institutions républicaines*, utopie d'un jacobinisme intégral.

SAINT-SIMON Louis de ROUVROY, duc de. Mémorialiste. 16 janvier 1675 : naissance à Paris. 1691 : présentation au Roi. Admission dans les Mousquetaires. 1694 : entreprise de la rédaction des *Mémoires*. 1702 : retour à la vie civile. 1702-1720 : séjours alternés à la Cour et à La Ferté-Vidame (Eure-et-Loir). Au service du duc de Bourgogne, puis du duc d'Orléans. 1715 : admission au Conseil de régence. 1721 : ambassade extraordinaire en Espagne. 1723-1755 : retraite. 1755 : mort à Paris. 1829 : publication des *Mémoires*, extraordinaire document sur la Cour et la politique, chef-d'œuvre littéraire.

SAINT-SIMON Claude, Henri de ROUVROY, comte de. Ecrivain. 1760 : naissance à Paris. 1779-1783 : participation à la guerre d'Amérique. 1789 : retour à la vie civile. Spéculations fructueuses. 1808 : *Introduction aux travaux scientifiques du XIXᵉ siècle*. 1813 : *Mémoire sur la science de l'homme*. 1817 : *L'Industrie ou Discussions politiques, morales et philosophiques, dans l'intérêt de tous les hommes livrés à des travaux utiles et indépendants*. 1819 : fondation de *L'Organisateur*, journal social. 1820-1823 : publication du *Système industriel*. 1823 : *Catéchisme des industriels*. 1825 : *Le Nouveau Christianisme*. Mort à Paris. Fondation d'une doctrine socialiste, inclinant vers un Etat industriel, communautaire et omnipotent. Disciples nombreux, dont Enfantin et Bazard. Tentatives expérimentales malheureuses des saint-simoniens.

SAND George : Aurore DUPIN, baronne DUDEVANT, dite. Ecrivain. 5 juillet 1804 : naissance à Paris. 1822 : mariage avec le baron Dudevant. 1831 : séparation définitive d'avec son mari. Roman de *Rose et Blanche*, en collaboration avec Jules Sandeau. 1831 : *Indiana*. 1833 : *Lélia*. 1834 : en Italie avec Alfred de Musset. 1836 : *Mauprat*. 1838 : à Majorque avec Chopin. 1840 : *Le Compagnon du tour de France*. 1842 : *Consuelo*. 1844 : *François le Champi*. 1846 : *La Mare au diable*. 1848 : *La Petite Fadette*, 1851 : *Le Mariage de Victorine*, théâtre. 1853 : *Les Maîtres sonneurs*. 1856-1858 : *Les Beaux Messieurs de Bois Doré*. 1858 : *Elle et Lui*. 8 juin 1876 : mort à Nohant (Indre).

SARTRE Jean-Paul. Ecrivain. 1905 : naissance à Paris. 1938 : publication de *La Nausée*. 1939 : *Le Mur*. 1943 : *L'Etre et le Néant*, exposé d'une philosophie « existentialiste ». Au théâtre, *Les Mouches*. 1944 : *Huis clos*. 1945-1949 : *Les Chemins de la liberté*, roman. 1946 : fondation de la revue *Les Temps Modernes*. Un essai : *L'Existentialisme est un humanisme*. Au théâtre, *La Putain respectueuse*. Grande notoriété. 1947 : *Morts sans sépulture*. 1948 : *Les Mains sales*. 1951 : *Le Diable et le Bon Dieu*. 1953 : *Nekrassov*. 1959 : *Les Séquestrés d'Altona*. 1960 : *Critique de la raison dialectique*, essai.

SAXE Maurice, comte de. Chef militaire. 1696 : naissance à Dresde. Fils naturel d'Auguste II, roi de Pologne et électeur de Saxe, et d'Aurore de Kœnigsmark. 1708-1717 : métier des armes contre la France, puis la Suède et la Turquie. 1720 : entrée au service de France. Maréchal de camp. 1726 : départ en Courlande. 1733 : à l'armée française du Rhin. 1736 : lieutenant général. 1741 : campagne de Bohême. 1744 : élévation à la dignité de maréchal. 1745 : victoire de Fontenoy. 1746 : Rocourt. 1747 : Lawfeld. 1750 : mort à Chambord, dont Louis XIV lui a fait don. 1757 : publication de *Mes rêveries*.

SCHUMAN Robert. Homme politique. 1886 : naissance à Luxembourg (Grand-Duché). 1912 : au barreau à Metz. 1919-1940 : députation de la Moselle. Déportation. Evasion. 1945-1962 : députation dans le parti M.R.P. 1946-1947 : ministère des Finances. 1947-1948 : présidence du Conseil. Juillet 1948 - janvier 1953 : ministère des Affaires étrangères. Promoteur de l'unité européenne. Communauté européenne du charbon et de l'acier. 1952 : accords de Paris. Communauté européenne de défense. Février 1955-juin 1956 : ministère de la Justice. 1956 : présidence du Mouvement européen. 1958 : présidence de l'Assemblée parlementaire européenne de Strasbourg. 1963 : mort à Scy-Chazelles (Moselle).

SÉVIGNÉ Marie de RABUTIN-CHANTAL, marquise de. Ecrivain. 1626 : naissance à Paris. 1644 : mariage avec Henri de Sévigné. 1651 : veuvage, « Aux Rochers », près de Vitré. 1654 : vie partagée entre la Cour et l'éducation d'un fils et d'une fille. Fréquentation de l'hôtel de Rambouillet et des « Précieuses ». 1660 : mariage de sa fille, Marguerite-Françoise, avec le comte de Grignan. 1671 : départ de la comtesse de Grignan en Provence. Débuts de la célèbre correspondance de la Marquise. 1677 : installation à l'hôtel Carnavalet. Outre les lettres à Mme de Grignan, lettres à son fils Charles de Sévigné, à la famille de Coulanges, à Mme de La Fayette, au marquis de Pomponne. 1696 : mort au château de Grignan.

SOUFFLOT Germain. Architecte. 1713 : naissance à Irancy, près d'Auxerre. 1731-1738 : séjour à Rome. 1738-1748 : séjour à Lyon. Nombreux travaux. Plans de la loge de l'hôtel du Change et de l'Hôtel-Dieu. 1753-1756 : construction d'un théâtre à Lyon. 1755-1780 : édification de Sainte-Geneviève (le Panthéon), à Paris. 1756 : contrôleur des bâtiments du Roi à Paris. 1757 : anoblissement. 1763 : contrôleur général des bâtiments. Aménagements et projets urbains de Paris et Lyon. 1780 : mort à Paris.

SOULT Nicolas, Jean de Dieu, duc de Dalmatie. Chef militaire. 1769 : naissance à Saint-Amans-la-Bastide (Tarn). 1792 : ex-officier de l'armée royale, à l'armée du Rhin. 1799 : général de division à l'armée du Danube. 1799-1800 : campagnes de Suisse et d'Italie. 1804 : maréchal de France. 1805 : rôle brillant à Austerlitz. 1807 : participation glorieuse à Eylau et Friedland. 1808-1813 : en Espagne. 1813 : en Allemagne : Lutzen, Bautzen. Retour en Espagne. 1813-1814 : retraite habile. Bataille d'Orthez et de Toulouse. 1814 : adhésion à la Première Restauration. 1815 : pair de France. major général de l'armée. 1830 : ministère de la Guerre. 1834 : présidence du Conseil. 1839 : ministère de la Guerre. Présidence du Conseil et ministère des Affaires étrangères. 1840 : présidence du Conseil et ministère de la Guerre. 1847 : démission. Titre de maréchal général. 1851 : mort au château de Soultberg (Tarn).

STAËL-HOLSTEIN Germaine : Germaine NECKER, baronne de, dite Mme de. Écrivain. 1766 : naissance à Paris, fille de Necker, ministre de Louis XVI. 1786 : mariage. 1788 : *Lettres sur le caractère et les écrits de J.-J. Rousseau*, débuts littéraires. 1796 : *De l'influence des passions sur le bonheur des individus et des nations.* 1802 : veuvage. 1800 : *Livre de la littérature considérée dans ses rapports avec les institutions sociales.* 1803 : *Delphine.* 1807 : *Corinne ou l'Italie*, thèse de l'incompatibilité du bonheur avec la célébrité. 1810 : *De l'Allemagne*, œuvre préromantique. 1812 : mariage avec Albert de Rocca. 1817 : mort à Paris. 1818 : publication de *Considérations sur les principaux événements de la Révolution française.* 1821 : *Dix années d'exil.*

STENDHAL Henri Beyle, dit. Écrivain. 1783 : naissance à Grenoble. 1800 : aux armées en Italie. 1802-1806 : étudiant et commerçant. 1806 : intendant militaire. 1814-1821 : vie à Milan. Critique d'art : *Histoire de la peinture en Italie ; Rome, Naples et Florence.* 1821-1830 : séjour à Paris. *De l'Amour ; Armance*, roman ; *Racine et Shakespeare.* 1830 : consul à Trieste. 1831 : consul à Civita Vecchia. Publication du roman *Le Rouge et le Noir*, exaltation de l'énergie au service des passions. 1837 : *Les Cenci.* 1839 : *L'Abbesse de Castro ; La Chartreuse de Parme.* 1842 : mort à Paris. Œuvres posthumes : *Lucien Leuwen, Lamiel, Souvenirs d'égotisme.*

SUFFREN Pierre André de SUFFREN DE SAINT-TROPEZ, dit le Bailli de. Marin. 17 juillet 1729 : naissance au château de Saint-Cannat (près d'Aix). 1743 : entrée dans la marine royale, après service dans l'ordre de Malte. 1749 : admission dans cet ordre. 1756 : participation à la prise de Mahon. 1769 : retour à Malte. 1772 : étant déjà commandeur et bailli de l'Ordre, nomination de capitaine de vaisseau de la marine royale. 1781 : départ aux Indes. Début d'une campagne victorieuse célèbre. 16 avril 1781 : La Praia (îles du Cap-Vert). 17 février 1782 : Madras, sur la côte de Coromandel. 12 avril : Trinquamalé. 6 juillet : Négapatam. 3 septembre : Trinquamalé. 20 juin 1783 : Gondehour. Décembre 1788 : mort à Paris, vice-amiral et ambassadeur de l'ordre de Malte.

SULLY Maximilien de BÉTHUNE, baron de Roswy, duc de. Homme politique. 1559 : naissance à Rosny, près de Mantes. 1594-1610 : administration avisée et sages conseils au roi. 1594 : secrétaire d'État d'Henri IV, après avoir été son compagnon de guerre. 1596 : conseiller au Conseil des finances. 1597 : grand-voyer. 1599 : grand-maître de l'artillerie. 1602 : gouverneur de la Bastille. 1603 : gouverneur du Poitou. 1606 : duché de Sully et pairie de France. 1611 : démission de la surintendance des finances et du gouvernement de la Bastille. 1634 : élévation à la dignité de maréchal. 1639 : publication des *Mémoires.* 1641 : mort à Villebon (Eure-et-Loir).

T

TAINE Hippolyte. Critique et historien. 1828 : naissance à Vouziers. 1848 : entre premier à l'École normale. 1853 : doctorat avec *Essai sur les fables de La Fontaine.* 1858 : *Essais de critique et d'histoire.* 1865 : *Histoire de la littérature anglaise.* 1866 : *Philosophie de l'art en Italie.* 1867 : *De l'idéal dans l'art.* 1868 : *Philosophie de l'art dans les Pays-Bas.* 1869 : *Philosophie de l'art en Grèce.* 1870 : *De l'Intelligence.* 1871-1874 : *Origines de la France contemporaine.* 1893 : mort à Paris.

TALLEYRAND-PÉRIGORD Charles Maurice de. Homme politique. 1754 : naissance à Paris. 1780 : Agence générale du clergé de France. 1788 : évêché d'Autun. 1789 : députation aux États généraux. Inclination à la réunion des trois ordres. 15 juillet 1790 : office de la messe à la « fête de la Fédération ». 1792 : mission à Londres. 1792-1794 : séjour en Angleterre. 1794-1795 : séjour en Amérique. 1796 : retour en France. 1797 : ministère des Relations extérieures. 1799 : soutien au coup d'État du 18 brumaire. Ministre des Relations extérieures. 1802 : négociations du Concordat. Annulation des vœux antérieurs par le pape. 1804 : nomination de grand chambellan. 1806 : don de la principauté de Bénévent. 1807 : démission. 1808 : à la faveur de l'entrevue d'Erfurt, tractations personnelles et secrètes avec le Tsar. 1810 : perte de la charge de grand chambellan. 1814 : intrigues en faveur des Bourbons. Chef du gouvernement provisoire. Octobre 1814-juin 1815 : défense de la légitimité au Congrès de Vienne. 1815 : Premier ministre, au retour du roi, puis grand chambellan. 1815-1830 : retraite et opposition. 1830 : ambassade d'Angleterre. 22 avril 1834 : artisan de la Quadruple Alliance. 1838 : mort à Paris.

TEILHARD DE CHARDIN, Révérend Père Pierre de. Savant et philosophe. 1881 : naissance à Sarcenat près de Clermont-Ferrand. 1911 : ordination. Admission dans la « Société de Jésus ». 1920-1923 : professorat de géologie et de paléontologie à l'Institut catholique de Paris. 1923 à 1946 : voyages et découvertes anthropologiques en Chine, en Inde, en Ethiopie. 1926-1927 : *Le Milieu divin*. 1938-1940 : *Le Phénomène humain*. 1951 : à la Wenner Green Foundation, à New York. 1955 : *Le Christique*, sur l'action divine et l'évolution. 1955 : mort à New York. Influence posthume.

THIERRY Augustin. Ecrivain. 1795 : naissance à Blois. 1811 : entrée à l'Ecole normale. 1814-1817 : secrétariat de Saint-Simon. 1817-1820 : collaboration au *Censeur européen*. 1820 : collaboration au *Courrier français*. 1825 : *Histoire de la conquête de l'Angleterre par les Normands*. Grand succès. 1827 : *Lettres sur l'histoire de France* 1829 : admission à l'Académie des inscriptions. 1833-1840 : dans la *Revue des Deux Mondes*, publication de *Récits des temps mérovingiens*. 1840 : cécité progressive et semi-paralysie qui n'interrompent pas son travail, grâce à ses secrétaires. 1840 : *Considérations sur l'histoire de France*. 1853 : *Documents sur l'histoire du tiers état*. 1856 : mort à Paris.

THIERS Adolphe. Ecrivain et homme politique. 1797 : naissance à Marseille. 1819 : avocat à Aix. 1821 : à Paris. 1824-1827 : *Histoire de la Révolution*. 1er janvier 1830 : fondation du journal *Le National*. 1832-1834 et 1834-1836 : ministère de l'Intérieur. Février-septembre 1836 : présidence du Conseil et ministère des Affaires étrangères. 1er mars - 29 octobre 1840 : ministère des Affaires étrangères. 1840-1848 : dans l'opposition. Juin 1848 : députation à la Constituante. 2 décembre 1851 : arrestation. Bannissement. 1852 : retour en France. 1845-1863 : publication de l'*Histoire du Consulat et de l'Empire*. 1870 : opposition à la guerre. 8 février 1871 : élection à la députation par vingt-six départements. 17 février : chef du pouvoir exécutif. Mai : répression conservatrice, emprunt pour la libération du territoire. 24 mai 1873 : démission. 1876 : élection à la Chambre, puis au Sénat. 1877 : mort à Saint-Germain-en-Laye.

THOMAS D'AQUIN, saint. Théologien. 1225 : naissance à Roccasecca (royaume de Naples). 1240-1244 : à l'abbaye du Mont-Cassin. 1244 : chez les dominicains de Naples. 1245 : à Paris. 1245-1256 : disciple d'Albert le Grand, à Cologne et à Paris. 1256 : maître en théologie. 1259-1269 : en Italie. 1269-1272 : rappel à Paris par l'Université. 1272-1274 : en Italie, 7 mars 1274 : en route pour le congrès de Lyon, mort à l'abbaye de Fossanova. Œuvre immense, expression de la doctrine catholique et de ses rapports avec la société : *Commentaires philosophiques sur Aristote*. *Commentaires scripturaires*, sur l'Ancien et le Nouveau Testament; Questions disputées; Ouvrages apologétiques, etc., regroupés sous le titre de *Somme théologique*.

TOURVILLE Anne-Hilarion de COTENTIN, comte de. Marin. 1642 : naissance au château de Tourville (Manche). 1656 : à l'ordre de Malte. 1676 : chef d'escadre de la marine royale. 1676-1688 : lutte contre les Barbaresques. 1688 : réduction d'Alger. 1689 : vice-amiral des mers du Levant. 1690 : victoire de Beachy Head (près de l'île de Wight). 1692 : bataille de La Hougue. 1693 : dignité de maréchal de France. Victoire du cap Saint-Vincent. 1694-1697 : campagnes navales heureuses. 1697 : retraite après la paix de Ryswick. 1701 : mort à Paris.

TURENNE Henri de LA TOUR d'AUVERGNE, vicomte de. Chef militaire. 1611 : naissance à Sedan. 1625-1729 : premières armes à l'école de Maurice de Nassau. 1630 : au service de la France. 1635 : maréchal de camp. 1637-1638 : succès dans le Nord et en Alsace. 1639 : succès en Italie. 1643 : maréchal de France. 1644-1645 : campagne en Allemagne. 1648 : victoire décisive de Sommershausen. 1649-1650 : participation à la Fronde. 1651 : rentrée en grâce. 1653-1658 : campagnes dans les Ardennes, en Picardie, en Flandre. 1667 : nouvelle campagne en Flandre. 1672-1674 : campagne d'Allemagne. 1674-1675 : célèbre libération de l'Alsace, 27 juillet 1675 : tué à l'ennemi, à Salzbach (nord-est de Kehl).

TURGOT Anne Robert Jacques, baron de l'AULNE. Homme politique. 1727 : naissance à Paris. 1758 : maître des requêtes. 1761-1774 : intendance de la généralité de Limoges. Multiples innovations. Administration bénéfique. 1766 : *Réflexions sur la formation et la distribution des richesses*. 1774-1776 : ministère. Contrôleur général des finances. Economies et réformes. Mai 1776 : démission devant les cabales. 1781 : mort à Paris. A collaboré à l'*Encyclopédie*.

V

VALÉRY Paul. Ecrivain. 1871 : naissance à Sète. 1890 : débuts des poèmes symbolistes. 1895 : *La Soirée avec Monsieur Teste*. Début d'une intense activité intellectuelle dont sortiront ses œuvres ultérieures. 1917 : *La jeune Parque*. 1920 : *Album de vers anciens*. 1922 : *Charmes*. 1923 : *L'Ame et la danse*. 1924 : en prose : *Eupalinos ou l'Architecte*. 1925 : élection à l'Académie française. 1926 : recueil de *Poésies*. 1932 : *L'Idée fixe*. 1937 : chaire de poétique au Collège de France. Juillet 1945 : mort à Paris. 1968 : achèvement de la publication des *Carnets* (25 volumes).

VAUBAN Sébastien LE PRESTRE, marquis de. Ingénieur et chef militaire. 1633 : naissance à Saint-Léger-de-Foucherets (Morvan). 1651 : aux armées de la Fronde. Service des fortifications. 1653 : au service du Roi. 1655 : brevet d'ingénieur du Roi. 1655-1659 : campagne de Flandre. 1667-1668 : direction des sièges de Tournai, Douai,

Lille, Dole. 1673 : siège et prise de Maestricht. 1676 : création du corps des ingénieurs. 1678 : commissaire général des fortifications. Entreprise de la « barrière d'airain ». 1683 : siège et prise de Luxembourg. 1688-1694 : prise de Mons, Namur, Charleroi. Défense de Brest. 1699 : à l'Académie des sciences. 1703 : maréchal de France. 1705 : chevalier des ordres du Roi. 1707 : publication de *La Dîme royale*. Disgrâce. Mort à Paris. 1739 : publication du *Traité de l'attaque et de la défense des places; Essai sur les fortifications*. 1747 : *Traité des sièges*.

VERCINGÉTORIX. Chef politique et militaire. 72 av. J.-C. : naissance en Gaule, au pays des Arvernes. Fils de Celtill. 52 av. J.-C. : chef suprême de la confédération des peuples gaulois soulevés contre les Romains. Victoire sur César à Gergovie (près de Clermont-Ferrand). Défaite au bord de la Saône. Siège et défaite d'Alésia. Captivité. 46 av. J.-C. : exécution à Rome.

VERGENNES Charles GRAVIER, comte de. Homme politique. 1717 : naissance à Dijon. 1740-1749 : attaché d'ambassade au Portugal, près de son oncle Chavigny. 1750 : ministre plénipotentiaire à Trèves. 1754-1768 : ambassade à Constantinople. 1771 : ambassade à Stockholm. 1774-1787 : ministère des Affaires étrangères. Préparation et succès de la guerre d'Amérique. 1777 : traité de Soleure. Renouvellement de l'Alliance des cantons suisses. 1779 : participation au traité de Teschen. 1783 : traité de Versailles. 1786 : traité de commerce avec l'Angleterre. 1787 : mort à Versailles. Dernier des grands ministres de la monarchie.

VERLAINE Paul. Ecrivain. 1844 : naissance à Metz. 1851 : fréquentation des Parnassiens. 1866 : *Poèmes saturniens*. 1869 : *Fêtes galantes*. 1870 : *La Bonne Chanson*. 1872 : en Angleterre et en Belgique avec Rimbaud. Prison. 1874 : *Romances sans paroles*. 1875-1877 : professorat de français et de dessin en Angleterre. 1877-1881 : professorat à Rethel. Essai d'entreprise agricole. 1881 : retour à Paris. Publication de *Sagesse*. 1884 : *Poètes maudits; Jadis et Naguère*. 1889 : *Parallèlement*. 1890 : *Femmes*. 1891 : *Chansons pour elle*. 1892 : *Liturgies intimes*. 1893 : *Elégies*. 1896 : mort à Paris.

VIGNY Alfred, comte de. Ecrivain. 1797 : naissance à Loches. 1814 : service à la maison du Roi. 1816-1827 : officier dans la garde à pied. 1824 : *Eloa*. 1826 : *Poèmes antiques et modernes*. 1827 : mise à la réforme. *Cinq-Mars*, roman historique. 1831 : *La Maréchale d'Ancre*, un drame. 1832 : *Stello*. 1835 : *Servitude et Grandeur militaires; Chatterton*, pièce restée célèbre. 1845 : élection à l'Académie française. 1848-1849 : échec à la députation. 1863 : mort à Paris. 1864 : *Les Destinées; « poèmes philosophiques »*.

VILLARS Claude, duc de. Chef militaire. 1653 : naissance à Moulins. 1672 : campagne en Hollande. 1674 : faveur des Condé, après Seneffe. 1675 : campagne sous Luxembourg, puis sous Turenne en Alsace. 1683 : ambassade à Vienne. 1689 : maréchal de camp. 1699 : nouvelle ambassade à Vienne, étant lieutenant général. 1701 : en Lombardie, sous Villeroy. 1702 : victoire de Friedlingen. Proclamé par la troupe maréchal de France. Nommé par le Roi. 1705-1706-1707 : campagne d'Allemagne (Rhin et haut Danube). 1709 : grave blessure à Malplaquet, au commandement de l'armée du Nord. 1710 : pair de France, gouvernement de Metz. 1712 : victoire décisive de Denain. Gouvernement de la Provence. 1714 : traité de Rastadt imposé à l'Autriche. 1723 : ministre d'Etat. 1733 : maréchal général. 1734 : conquête du Milanais. Mort à Turin.

VILLON François. Ecrivain. 1431 : naissance à Paris. 1456 : *Lais* ou *Petit Testament*. 1456-1461 : vie errante de mauvais garçon. Prison. Libération. *Le Grand Testament*. 1462 : arrestation. Condamnation à la pendaison. 1463 : bannissement. Disparition.

VINCENT DE PAUL, saint. Prêtre catholique. 1581 : naissance à Pouy, près de Dax. 1600 : ordination. 1605 : en captivité à Tunis. 1609 : aumônerie de Marguerite de Valois. 1611 : cure de Clichy. 1616 : cure de Châtillon-les-Dombes. 1625 : fondation de la « Congrégation de la Mission ». 1660 : mort à Paris après une action extraordinaire d'assistance sociale et d'organisation de la charité. Fondateur des « Incurables » et de « La Salpêtrière »; de l'ordre des « Filles de la Charité ». 1737 : canonisation.

VOLTAIRE François Marie AROUET, dit. Ecrivain. 1694 : naissance à Paris. 1718 : première tragédie. *Œdipe*. 1726-1729 : en Angleterre. *La Henriade*. 1730 : *Brutus, Charles XII*, œuvre philosophique et historique. 1732 : *Zaïre*. 1734 : *Lettres anglaises*. 1736 : *Alzire ou les Américains*. 1741 : *Mahomet ou le Fanatisme*. 1743 : *Mérope*. 1745 : *Poème de Fontenoy*. 1750-1753 : auprès de Frédéric II, à Berlin. 1751 : importante œuvre historique, *Le Siècle de Louis XIV*. 1755 : séjour aux Délices près de Genève. 1758-1778 : installation à Ferney. Célébrité européenne. Nombreux pamphlets et contes. Correspondance immense. 1757 : *Essai sur les mœurs*. 1759 : *Candide*. 1762 : intervention dans l'affaire Calas. 1764 : *Le Dictionnaire philosophique*. 1778 : retour à Paris. Triomphe à la représentation d'*Irène*. 30 mai : mort à Paris.

VOUET Simon. Peintre. 1590 : naissance à Paris. 1620-1622 : à Rome, après de nombreux voyages. 1627 : rappel à Paris. Charge de premier peintre du Roi. 1632 : travaux au Palais-Cardinal (actuel Palais-Royal). 1634 : hôtel Bullion. 1635 : travaux pour le maréchal d'Effiat. 1649 : mort à Paris. Œuvres d'une grande perfection : *La Richesse; La Charité romaine; Portrait de Louis XIII*.

W - Z

WATTEAU Antoine. Peintre. 1684 : naissance à Valenciennes. 1706 : à Paris, élève de Claude Gillot. 1708 : à l'atelier de Claude Audran. 1709 : succès de *La Recrue* et *La Halte*. 1710 : *Jupiter et Antiope*. 1712 : admission à l'Académie royale de peinture. Nombreuses œuvres demeurées célèbres : *Gilles; L'Indifférent; L'Amour à la Comédie italienne; Assemblée dans un parc*. Création du genre dit des « fêtes galantes ». 1717 : *L'Embarquement pour Cythère*. 1719 : voyage à Londres. 1720 : *L'Enseigne de Gersaint*. 1721 : mort à Nogent-sur-Marne.

WEIL Simone. Philosophe. 1909 : naissance à Paris. 1931 : agrégation de philosophie. 1934-1935 : ouvrière chez Renault. 1936 : guerre d'Espagne contre Franco. 1942 : ralliement à la France libre. Mort à Londres. 1943 : publications posthumes. 1947 : *La Pesanteur et la Grâce*. 1950 : *L'Enracinement*. 1951 : *La Condition ouvrière*. 1953 : *La Source grecque*. 1962 : *Pensées sans ordre concernant l'amour de Dieu*.

WEYGAND Maxime. Chef militaire. 21 janvier 1867 : naissance à Bruxelles. 1887 : sortie de Saint-Cyr dans la cavalerie. 28 août 1914 : chef d'état-major de Foch. 1914-1923 : auprès de Foch. 1918 : général de division. Major général des armées alliées. 1920 : artisan, en Pologne, de la défaite bolchevique. 1923 : haut-commissariat en Syrie et au Liban. 1924 : direction du Centre des Hautes Etudes militaires. Au Conseil supérieur de la guerre. 1930 : chef d'état-major de l'armée. 1931 : généralissime désigné. Election à l'Académie française. 1935-1939 : retraite. 1939-1940 : commandement des forces du Moyen-Orient et de la Méditerranée orientale. Mai-juin 1940 : généralissime afin de rétablir une situation désespérée. Ministère de la Défense nationale. Armistice. Septembre 1940 : délégation générale du gouvernement en Afrique. Commandement en chef des forces de défense de l'Afrique. Novembre 1941 : retour en France, sur l'injonction de Hitler au gouvernement de Vichy. 13 novembre 1942 : internement en Allemagne. Mai 1945 : libération. Arrestation en France. Liberté provisoire. 6 mai 1948 : non-lieu. 28 janvier 1965 : mort à Paris.

ZOLA Emile. Ecrivain. 1840 : naissance à Paris. 1864 : *Contes à Ninon*. 1867 : *Thérèse Raquin*. 1871 : début de la série des *Rougon-Macquart* (création du roman naturaliste à résonances sociales) : *La Fortune des Rougon*. 1874 : *La Curée; Le Ventre de Paris*. 1875 : *La Faute de l'abbé Mouret*. 1877 : *L'Assommoir*. 1880 : *Nana*. 1883 : *Au bonheur des dames*. 1885 : *Germinal*. 1890 : *La Bête humaine*. 1891 : *L'Argent*. 1892 : *La Débâcle*. 1894 : *Lourdes*. 1896 : *Rome*. 1898 : *Paris*. Manifeste de *J'accuse* dans le journal *L'Aurore*, à propos de l'affaire Dreyfus, en faveur du condamné. 1902 : mort à Paris.

Chez Bordas

TROIS OUVRAGES FONDAMENTAUX EN LITTÉRATURE

Pour l'enseignement du français
une vision rénovée de la littérature

Approches littéraires
Français second cycle

Sous la direction de P. Brunel et D. Couty.

Deux volumes indispensables pour assurer d'une manière complète et intéressante l'enseignement du français.

● **Tome 1 : Les thèmes**
386 pages, 173 × 253, broché, illustré.

● **Tome 2 : Les genres**
416 pages, 173 × 253, broché, illustré.

Pour étayer la connaissance tout au long des études (secondaires, supérieures), un bel ouvrage de bibliothèque bien illustré et agréable à consulter :

Histoire de la littérature française
par M. Brunel, Y. Bellenger, D. Couty, Ph. Sellier, M. Truffet.

Cet important ouvrage de références propose une synthèse de tous les mouvements littéraires, du Moyen Age à nos jours, avec un éclairage conforme aux tendances de la nouvelle critique.
Nouvelle édition en 2 tomes*.

● **Tome 1 : Du Moyen Age au XVIIIᵉ siècle**
400 pages, 170 × 240, broché, illustré.

● **Tome 2 : XIXᵉ et XXᵉ siècle**
384 pages, 160 × 240, broché, illustré.

*A l'occasion de cette réédition, les auteurs ont procédé à une mise à jour. De plus, ils ont rédigé un chapitre supplémentaire de 30 pages sur la littérature nègro-africaine.

Pour se documenter sur l'une des périodes les plus fécondes, mais très souvent mal comprise, de notre littérature :

La littérature en France de 1945 à 1968
par J. Bersani, M. Autrand, J. Lecarme, B. Vercier.

928 pages, 145 × 210, broché, illustré.

La littérature en France depuis 1968
par J. Lecarme, B. Vercier.

320 pages, 145 × 210, broché, illustré.

Une histoire vivante de la littérature contemporaine, avec de nombreux extraits des œuvres citées. Indispensable pour tous ceux, apprentis écrivains, qui cherchent des racines à leur identité littéraire.

Collection Études

BORDAS VOUS PROPOSE :

— du même auteur :

Les nouveaux romanciers
par J. Thoraval, N. Bothorel, F. Dugast-Portes.
256 pages, format 130 × 210, broché.
Une pénétrante analyse de ce courant littéraire multiforme qu'est le Nouveau Roman.

— dans la même collection :

Série introduction à la vie littéraire
La série « Introduction à la vie littéraire » a pour objectif de retracer le climat dans lequel sont nées les grandes œuvres de notre littérature afin d'aider à saisir l'originalité de chacune d'elles par rapport aux conditions de sa création.
Chaque ouvrage compte d'abondantes bibliographies, de multiples références et de nombreuses et parfois longues citations. Des guides utiles aux étudiants du 1er cycle à l'agrégation.

Introduction à la vie littéraire du Moyen Age
par P.-Y. Badel.
242 p. 130 × 220, broché.

Introduction à la vie littéraire du XVIᵉ siècle

par D. Ménager.
204 p. 130 × 220, broché.

Introduction à la vie littéraire du XVIIᵉ siècle

par J.-C. Tournant.
192 p. 130 × 220, broché.

Introduction à la vie littéraire du XVIIIᵉ siècle

par M. Launay.
176 p. 130 × 220, broché.

Valeurs actuelle du théâtre classique

par P. Ginestier.
288 p. 130 × 220, broché.
Ouvrage couronné par l'Académie française.

Introduction au surréalisme

par C. Abastado, Série rouge.
256 p. 130 × 220, broché.

— hors collection :

Dada et le surréalisme

Textes théoriques sur la poésie, présentés par M. Tison-Braun.
160 p. 130 × 220, broché, couverture illustrée.

Collection
Littérature et Sociétés

par une équipe d'universitaires de professeur de second degré animée
par C. Aziza et R. Sctrick.

1 - Thèmes et manifestes du XIXᵉ siècle

96 pages, format 21 × 29,7, broché.

Ouvrages soulignant les rapports de l'œuvre littéraire avec le contexte économique, social et politique de son époque. Chaque texte, situé dans son contexte socio-culturel, est ensuite confronté à des textes contemporains qui permettent le mieux de saisir la permanence ou la mutation des idées.